JN412219

해석의 새로운 지평

변혁적 성경 읽기의 이론과 실제

지은이 앤서니 C. 티슬턴

앤서니 C. 티슬턴 교수는 영국 브리스톨 대학과 셰필드 대학 교수를 거쳐 더럼 대학교 세인트 존스 칼리지 학장, 노팅엄 대학교 신학과 학장을 역임하였다. 은퇴 후에도 계속 노팅엄 대학교 신학과 교수 및 레스터 주교좌 교회 정경 신학자로 봉사하고 있다. 그의 교회적, 대사회적 활동 중에는 인간 배아 및 수정 위원회, 영국 성공회 교리 위원회, 왕위 지명 위원회, 교육 위원회 위원 활동이 포함되며, 학적으로는 신학연구학회(Society for the Study of Theology) 회장, 대영 학술원 펠로 등이 포함된다. 저서로는 『두 지평』(총신대학교출판부 역간), 『성경해석학 개론』(새물결플러스 역간), 『고린도전서』(SFC출판부 역간), 『교리의 해석학』, 『고린도전서 NIGTC 주석』 등이 있다.

옮긴이 최승락

최승락 교수는 연세대 영문과를 졸업하였고, 고신대 신학대학원을 거쳐 영국 노팅엄대학교에서 앤서니 C. 티슬턴 교수의 지도하에 해석학 연구로 박사학위(Ph.D.)를 받았다. 국제신학대학원대학교 교수를 거쳐 현재는 고려신학대학원 신약학 교수로 재직하고 있다. 저서로는 『말씀사역의 본질과 능력』(좋은 씨앗, 2002), 『성경해석 산책』(SFC출판부, 2006), 『이 텍스트에 어드레스가 있는가?』(CLC, 2012) 등이 있다.

해석의 새로운 지평

변혁적 성경 읽기의 이론과 실제

앤서니 C. 티슬턴 지음 • 최승락 옮김

SFC

역자 서문

앤서니 C. 티슬턴 교수는 그 이름 앞에 "백과사전적"이라는 수식어가 늘 따라 다닐 만큼 방대한 학문분야를 아우르는 해석학계의 세계적 대가이다. 해석학과 철학, 기독교 신학, 그리고 신약 주석(고린도전서, 데살로니가전후서, 히브리서 등)에 이르는 방대한 저작들이 현재까지도 계속 출판 중에 있다. 그의 학문적 업적은 세계적 명성에서도 이미 입증이 되었지만, 2010년에는 권위 있는 대영 학술원(British Academy) 펠로(Fellow)로 선정되어 학자로서의 최고의 영예를 인정받기도 하였다.

이와 같은 그의 업적은 그가 가진 핸디캡을 생각한다면 가히 인간승리라 부를 만하다. 어릴 때 뇌수막염을 앓아 눈이 과도하게 나빴던 그는 대학에도 가지 못할 것이라는 이야기를 들으면서 자랐다. 성공회 목사로 임직받기 전 신체검사에서는 "교구목회에 필요한 만큼의 책을 읽어낼 수 없음"이라는 소견서를 받기도 하였다. 그런 그가 확대경을 들고서도 남달리 많은 책들을 읽었을 뿐만 아니라 또한 수많은 방대한 책들을 쓰기도 하였다는 것은 경탄할만한 일이 아닐 수 없다. 이는 전적으로 그의 변함없는 성실성과 진리에 대한 전폭적인 헌신 및 열정의 결과이다. 역자가 그의 지도하에 박사학위 논문을 쓸 때, 주말에 가끔 여유 있는 시간을 가지다가 그의 집 앞을 지날 때면 낮은 담장 너머로 들여다보이는 서재에서 밤늦도록 정장 차림으로 작업에 몰두하고 계시는 은사의 모습을 보면서 자책에 가까운 마음을 가졌던 적이 많았다.

이번에 번역한 이 책은 이미 오래된 책이다. 1992년에 출판되었으니까 벌써 23년의 나이를 먹은 셈이다. 하루가 다르게 새로운 이슈들이 등장하는 이 시대에 23년 전의 책이 과연 유효할까? 번역작업을 하면서도 이런 의문이 들지 않았던 것은 아니다. 오늘날 해석학을 포함하여 포스트모더니즘 사조의 흐름은 따라잡기가 어려울 만큼 다변화되고 있다. 바로 그런 이유 때문에 이 책이 더욱 필요하다는 생각이 들었다. 다양한 사조의 흐름을 제대로 맥을 짚으면서 따라 잡는 일, 이미 예고되었던 오늘날의 이런 다원주의적 상황의 단초들을 찾는 일, 그리고 그 이해와 비판을 위한 좋은 조언과 지혜를 얻는 일, 이런 일을 위해서는 가장 믿을만한 분의 도움이 그 어느 때보다 더 요긴해졌기 때문이다.

처음 이 책이 집필될 당시까지만 해도 해석학 관련 유관 학문 분야들 사이의 학제적(interdisciplinary) 대화는 개척 단계를 겨우 지나고 있던 시기였다. 티슬턴 교수는 이 분야의 선두 주자였다. 1964년에 브리스톨 대학에서 가르치기 시작하면서부터 그는 신약과 언어철학 양쪽에 관심을 기울이기 시작했고, 1970년 쉐필드 대학으로 자리를 옮기면서 본격적으로 신약과 철학적 해석학의 두 지평을 융합하는 방향으로 그의 작업의 길을 잡아가게 되었다. 티슬턴 교수는 1985년부터 1992년까지 노팅엄의 성공회 신학교 세인트 존스 칼리지 학장과 잉글랜드 북부의 명문 더럼 대학교 세인트 존스 칼리지의 학장을 각각 역임하였다. 우리의 책 『해석학의 새 지평』은 이 기간 동안의 그의 작업의 결과이다. 이 책의 출판과 때를 맞추어 그는 노팅엄 대학교 신학과 학장으로 부임하여 1992년에서 2002년까지 봉직하였고, 은퇴 후에도 오랜 시간 교수사역을 계속하였다.

이 책은 현대 해석학의 동향을 폭넓게 망라한 책으로, 이 분야에서 고급과정 교과서의 기능을 염두에 두고 집필되었다. 그러나 이 책에서 저자는 단지 해석학의 동향을 소개하는 데만 주안점을 두고 있지는 않다. 그의 주된 관심은 변혁의 결과를 목표로 하는 성경읽기의 이론적 뿌리를 집대성하려는 데 있다. 그가 가장 애착을 가지는 부분은 "목회적 해석학"을 제시하는 마지막 두 장이다. 역자가 처음 이 책을 번역하겠다는 의사를 밝혔을 때, 너무 작업이 크니까 이 두 장만 번역해서 소개하는 것이 어떻겠느냐고 제안하기도 하셨다. 그만큼 이 두 장이 가장 독창적인 부분임에 틀림없다. 그러나 한국의 상황에서는 다른 부분들 역시 이에 못지않게 요긴하다. 많은 해석학 이론들이 중구난방 쏟아져 나오지만 이것들의 전후 맥락을 잘 꿰뚫어보면서 균형 잡힌 평가의 시각을 제시하는 책이 별로 없기 때문이다.

그런 점에서 이 책이 가지는 가치를 다음 몇 가지로 정리해 볼 수 있을 것이다. 첫째, 초대 교회로부터 현대에 이르기까지 다양하면서도 폭넓은 해석학적 논의들을 일목요연하게, 그리고 탁월하게 잘 정리해주고 있다는 점이다. 둘째, 다양한 해석학적 관점이나 모델들에 대해 고백적 그리스도인의 입장에서 이를 어떻게 수용하며 또한 비판해야 할지에 대해 하나의 뚜렷한 대안 제시를 하고 있다는 점이다. 셋째, 텍스트와 상황의 상호관계를 늘 염두에 두면서 "변혁적 성경읽기" 및 "목회적 해석학"의 새 지평을 개척하고 있다는 점이다. 넷째, 일반 해석학의 틀을 빌려서 성경해석을 시도하는 관행을 넘어 변혁적 성경읽기의 모델이 오히려 일반 해석학을 변혁시키는 비전을 제시하고 있다는 점이다. 다섯째, 복잡한 해석학 이론들의 미로 속을 뚫고 나가지만, 그런 가운데서도 가장 단순하고 중심적인 축 역할을 하는 것은 다름 아닌 십자가의 선포라는 점이다. 그리스도의 십자가는 상황적 상대주의에 맞서 범상황적 판단의 기준 역할을 하며, 조작적 자기기만이나 기득권의 절대화에 맞서 자기부정과 포용의 촉매제가 되고, 나아가서 부활로 열려진 미래 약속을 통해 근원적 변혁을 현재 속에 이루어내는 통로 역할을 한다.

이 책이 처음 출판되던 때보다 지금의 이 시대는 우리가 책임 있는 그리스도인으로 살아간다는 것이 더욱 어려운 때이다. 남녀노소를 불문하고 생각하기 자체를 싫어하는 세태 속에서 교회의 전반적 흐름도 생각 없이, 관습적으로 믿는 방향으로 흘러가고 있다. 그러나 교회가 생각하기를 그치는 순간 살아 있기를 그치는 위험 속으로 떨어지고 만다. 이 책은 우리로 하여금 생각하며 살기를 자극한다. 약간의 고통이 살아 있음을 더 즐기게 만드는 것처럼, 이 책을 읽는 다소의 수고를 감내하면 반드시 알찬 유익을 거둘 수 있을 것이다.

티슬턴 교수는 은퇴 후에도 계속 책들을 저술하고 있다. 최근의 주목할

만한 저작 가운데 하나는 조직신학적 주제들을 다룬 『교리의 해석학』(*The Hermeneutics of Doctrine*) 이라는 책이다. 이 책의 출판과 더불어 티슬턴 교수가 평생 추구해오던 삼각편대가 거의 완성된 셈이다. 하나는 성경주해 분야(고린도전서주석)이고, 또 하나는 조직신학분야(교리의 해석학)이며, 나머지 하나는 가장 오래 되었지만 이번에 번역된 일반 해석학과의 대화를 다룬 책(해석의 새로운 지평)이다. 기회가 된다면 다른 두 책도 함께 찾아서 읽고 성경과 신학과 해석학 사이의 폭넓은 학제간 대화를 즐겨볼 수 있기를 바란다.

이제 한국교회 안에도 티슬턴 교수의 길을 따라 성경 및 신학, 철학적 사조에 걸쳐서 폭넓은 학문적 통찰과 통합을 갖추면서도 동시에 목회적 실천을 신실하게 구현해갈 수 있는 큰 안목의 출현이 곳곳에서 이루어지기를 소망해본다. 이 책의 출판을 위해 협조해준 시냇가교회 최광휴, 최영옥 집사 내외에게 감사를 드린다.

최승락

고려신학대학원 신약학 교수

한국어판 저자 서문

먼저 이 책의 번역을 위해 엄청난 수고를 아끼지 않은 나의 제자 최승락 박사에게 감사를 표한다. 교수 사역과 병행하여 이 번역 작업을 하느라 그의 수고가 만만치 않았을 줄 안다. 지난 40년간 해석학을 가르쳐 오면서 필자가 가졌던 가장 주된 관심은 어떻게 하면 성경이 가장 그 본질에 맞게 이해되고 사용될 수 있을 것인가 하는 점이었다. 이 책은 바로 그 목적을 위해 집필되었다. 특히 이 책의 부제 "변혁을 위한 성경 읽기의 이론과 실제"에 필자는 큰 애착을 가지고 있다. 성경은 사람들의 생각과 삶을 변혁하는 능력을 가지고 있다. 뿐만 아니라 성경의 해석은 우리가 텍스트를 어떻게 읽어야 할 것인지의 관점과 자세를 변혁하는 힘을 가지기도 한다.

우리가 이런 과제를 잘 수행할 수 있기 위해서는 성경 연구 자체의 동향을 잘 알아야 할 뿐만 아니라, 연관된 다양한 학문 분야들을 잘 알아야 할 필요가 있다. 텍스트는 성경이라는 책 속에 잠자는 상태로 머물러 있지 않고, 독자 또는 독서 공동체의 현실화 및 전용 속에 항상 살아 있고, 또한 그 속에서 변혁적 능력을 발휘한다. 이런 점을 잘 포착하기 위해 기호 이론 또는 기호학을 잘 이해하는 것이 필요하며, 무엇보다 화행론(speech–act theory)과 자기포함의 논리를 잘 아는 것이 중요하다.

해석학 이론에서 가장 영향력 있는 세 사람의 인물을 들라면 가다머와 리쾨르, 하버마스를 들 수 있을 것이다. 따라서 필자는 이들의 작업이 주는 통찰력들을 무시하지 않았다. 스펙트럼의 또 다른 한 축에는 독자반응 이론이 놓여 있다. 이 이론이 가지는 효과는 볼프강 이서(Wolfgang Iser)의 보다 온건한 노선을 따르느냐 아니면 스텐리 피쉬(Stanley Fish)나 리처드 로티(Richard Rorty)의 포스트모던 노선을 따르느냐에 따라 달라질 것이다. 최상의 문학 이론가들이 말하는 것에도 우리는 귀를 기울일 필요가 있다. 하지만 어디에서나 비판적 시각이 견지되어야 한다.

이 책 속에서 가장 중요한 부분을 꼽으라면 나는 '목회신학의 해석학'을 다루는 15장과 16장을 들고 싶다. 이 두 장은 가장 실제적인 문제들을 다루고 있다. 하지만 이 부분의 효과를 제대로 맛보기 위해서는 앞부분에서 다루는 기본적 논제들의 이해가 필요하다. 가장 쉽게 이 책의 흐름을 따라가고자 한다면 우선 1장을 먼저 읽고, 이어서 15장과 16장으로 넘어가면 좋을 것이다. 여기에 기본적 개념들이 요약되어 있기 때문에 이를 읽고 나면 다른 장들을 읽는 것이 한결 쉬울 것이다. 어쩌면 3장은 가장 어려운 장이 될지 모르겠다. 그러나 좋은 도전이 될 것이다.

궁극적으로 이 책은 십자가와 하나님의 영광을 그 가장 중심적 핵으로 삼고 있다. 한국의 독자들이 해석학의 난제들을 넘어서 십자가를 통해 하나님께서 던지는 도전의 위력을 직면하고 또한 직면케 하는 일에 함께 동참하기를 요청한다.

앤서니 C. 티슬턴

영국 노팅엄 대학교 기독교 신학 교수
레스터 주교좌 교회 정경 신학자

2012년판 저자 서문

이 책이 처음 출판된 1992년으로부터 20년이 지난 2012년을 맞아 스탠리 건드리(Stanly Gundry)와 존더반 출판사가 새로운 모습으로 이 책을 출판하게 된 것에 대해 나는 매우 기쁘고 감사하게 생각한다. 이 책에 앞서 1980년에 『두 지평』이 많은 사람들의 호응을 받으면서 폭넓게 애독된 바 있다. 『해석의 새로운 지평』은 이와는 매우 기조가 다르며, 그 자체로 독특하게 기여하고 있다. 이 책이 앞서 나온 『두 지평』의 명성에 파묻히고 말았다면 매우 불행한 일이 되었을 것이다.

두 책은 각기 저술 목적이 다르다. 『두 지평』의 목적은 어떻게 현대 독자들의 지평이 성경 텍스트의 지평과 교류하는지를 보여주고자 하는 데 있다. 따라서 해석학 이론을 실제로 특정 성경 텍스트 해석에 적용한 부분은 비교적 적다. 칭의와 믿음의 본질 문제에 대한 바울과 야고보의 입장을 다루는 데 약 50 페이지 정도가 할애되었고, 예수님의 비유를 다루는 데도 약 50 페이지 정도가 할애되었다. 나머지 약 3/4 정도는 주로 철학적 측면에서 해석학 이론을 다루는 데 할애되었다. 이에 반해 『해석의 새로운 지평』에서는 성경의 다양한 형태의 본문들을 실제적으로 살피고 적용하는 데 훨씬 더 많은 분량이 할애되었다. 그런 점에서 나는 이 책이 『두 지평』 이후 12년 동안의 계속되는 고찰을 통해 그 책 이상으로 새롭게 기여하는 것이 있기를 기대했던 것이다.

이 책이 기여하기를 기대했던 점들

첫째, 『해석의 새로운 지평』에서 나의 주된 관심은, 이 책의 부제가 잘 보여주는 것처럼, 어떻게 현대 독자들이 텍스트의 지평과 교류할 것인가를 살피는 데 머물지 않고, 성경이 어떻게 변혁적 효과들(transforming effects)을 이루어내는지를 고찰하는 데 있다. 성경은 우리가 생각할 수 있는 모든 주제들에 대한 백과사전적 정보(information)를 주기 위한 책이 아니라, 변혁(transformation)의 원천이 되는 책이며, 하나님의 목적에 따라 독자들을 빚어가는 능력이 있다. 성경 텍스트 안에 잠재된 것이 독자들에 의해 구현되고 현실화된다는 것이 이 책의 중심적 강조점이다.

하지만 어떤 경우에는 독자들이 텍스트를 하나님께서 의도하지 않으신 방식대로 바꾸기도 한다. 이런 결과를 초래하는 무지와 맹목, 오해 등은 기도로, 들음으로, 그리고 해석학을 통해 극복되어야 할 필요가 있다. 순종의 기도와 해석학은 결코 상호배타적 관계에 놓여 있지 않다. 우리가 스스로를 "타자", "초월자", 또는 "하나님의 음성"에 개방할 때, 성경 텍스트는 자기몰입이나 자기중심의 위험에서 우리를 건져준다. 독자들은 항상 텍스트를 "길들이려" 노력한다. 이렇게 함으로써 텍스트가 자신의 소망이나 관심, 기대 등과 일치하게 만들려 한다. 이렇게 될 때 성경이 독자를 변혁하는 독자변혁의 과정은 독자가 성경을 변혁하는 텍스트변혁으로 뒤바뀌고 만다. 결국 성경을 자아의 거울로 취급하는 태도를 하나님의 비전 자체와 뒤바꾸어 버리는 것이다.

둘째, 『해석의 새로운 지평』은 나의 다른 많은 책들보다 실제적인 자료들을 훨씬 더 많이 담고 있다. 이는 특히 "목회 신학의 해석학"으로 이름 붙인 15장과 16장에서 더욱 그러하다. 현재 영향력 있는 자리에서 가르치고 있는 나의 박사과정 제자 한 사람은 이 두 장이 그리스도인 사역과 삶을 위해 매우 중요한 실제적 함의를 품고 있으므로, 이 부분을 이 책의 가장 핵심적인 심장으로 보존할 수 있다면 다른 부분들은 기꺼이 희생할 수도 있을 것이라고 말한 적이 있다. 이 부분에서 제시하고 있는 것은 성경의 구체적 장르나 책들을 해석하기 위한 해석학적 절차, 또는 일련의 방법들에 관한 것이다. 약 75 페이지에 걸쳐서 다양한 방식의 성경 해석에 적용되는 열 가지의 특정 모델들을 요약적으로 검토하고 있다.

셋째, 일부 성경 장르의 해석과 관련하여 나는 "저자의 의도"를 변호하는 입장을 취한다. 이는 아직도 매우 논란이 많은 주제 가운데 하나이다. 성경 전문가들 중에서도 일부는 문학 이론가들이 말하는 소위 "의도의 오류"(intentional fallacy)를 아무 생각 없이 차용하기도 한다. 이는 우리가 저자가 무엇을 의도했는가를 물음으로써 텍스트의 의미를 찾을 수는 없다는 입장이다. 이런 입장을 견지하는 이유 중의 하나는 우리가 저자의 마음 상태 또는 "심적 상태"에 도달할 길이 없다는 것이다. 이런 성경학자들이 망각하고 있는 사실 중의 하나는 "의도의 오류"를 처음 주장했던 사람들이 이런 "오류"를 다만 시나 상징 같은 특정 문학 텍스트에만 적용하려 했다는 사실이다.

우리가 저자의 "심적 상태"에 도달할 수 없다는 주장은 같은 이야기를 표현을 조금 바꾸어서 나타내면 쉽게 논박할 수 있다. 저자가 글을 쓸 때 어떤 의도를 가진다는 말을 우리는 부사형으로 바꾸어서 표현할 수 있다. 곧 저자는 의도적으로(intentionally) 글을 쓴다. 저자가 글을 쓸 때 취하는 의지적 행위에 따라 어떤 주어진 목적을 향한 방향감이 결정되는 것이 분명하다. 칼뱅이나 슐라이어마허 같은 과거의 대가들이 이 점과 관련하여 다소 단순한 생각을 갖고 있었던 것에 대해 우리는 그들을 비난할 수는 없다. 우리는 특히 역사적 보고나 또는 신학을 다루는 본문들에 대한 그들의 판단을 존중하지 않을 수 없다. 하지만 성경의 시적 본문들, 특히 시편의 많은 부분들은 그 성격이 다르다.

실제적인 주제들을 다루는 나의 작은 책 『성경은 우리가 원하는 대로 무엇이든 의미할 수 있는가?』(*Can the Bible Mean Whatever We Want It to Mean?*, Chester Academic Press, 2005)에서 나는 창세기 31:49에 나오는 라반의 말을 예로 들었던 적이 있다. "우리가 서로 떠나 있을 때에 여호와께서 나와 너 사이를 살피시옵소서." 많은 사람들이 이 구절을 사랑하는 사람과 얼마간 떨어져 있어야 하는 상황에서의 하나의 축복의 기원으로 사용해왔다. 하지만 이것이 이 구절의 진정한 의미일까? 야곱과 라반은 지금까지 서로에 대하여 차례로 비열한 술수들을 계속 사용했다. 야곱은 자기가 라헬과 결혼했다고 생각했는데, "아침이 되었을 때 보라[원, 세상에] 레아가 아닌가!"(창 29:5). 이런 처지에 라반이 야곱과 헤어지면서 다정스런 축복의 기원을 했을 것으로 보기는 어렵다. 오히려 라반이 말한 것은 "주께서 그 눈으로 너를 지켜 보사 만일 네가 또 다른 술수를 쓰려한다면 그가 갚으시기를 바란다"는 의미이다. 이런 예는 본문의 의미가 무엇인지를 결정하는 데 있어서 역사적 맥락을 살피는 것이 결정적으로 중요함을 잘 보여준다.

또 다른 장르 또는 모델에 있어서는 "의도"가 배경 속에 숨어들 수도 있다. 예를 들어 우리에게 너무나 익숙해져버린 본문이 있을 때, 이 본문의 의미가 수동적인 독자의 주목을 받지 못하고 스쳐 지나가버리는 경우가 빈번하게 일어난다. 마치 오리의 등에 묻은 물방울처럼 이를 그냥 털어내버리는 독자들도 많이 있을 것이다. 이런 점을 염두에 둔 다양한 도구나 절차가 글쓰기의 과정에서 사용되기도 한다. 그 하나의 예가 키르케고르의 간접 의사소통(indirect communication)의 방법이다. 이는 저자가 다른 이름이나 또는 자신과는 다른 관점에 서서 말을 함으로써 독자들로 하여금 수동적 자세를 벗어버리도록 자극하고자 하는 의도를 갖는다.

또 다른 방법은 온건한 차원의 독자반응 이론의 사용이다. 이 역시 독자들의 적극적 개입을 고무시키기 위한 목적을 갖는다. 어떤 경우에는 '탈친밀화'(defamiliarization)의 방법을 사용하기도 한다. 이를 통해 친밀한 텍스트가 매우 낯선 방식으로 다가오게 하는 것이다. 텍스트에는 다양한 종류들이 있고, 그 텍스트의 성격에 맞는 해석의 방법들 또한 다양한데, 나는 이런 점을 고려하여 이 책에서 10개의 모델들을 정리해 놓았다. 성경 안에도 다양한 종류의 텍스트들이 있고, 이를 해석하는 방법들 또한 다양할 수밖에 없다. (중략)

계속되는 적실성과 실제적 도움을 기대하며

돌이켜 보면, 『해석의 새로운 지평』이 처음 나왔을 때 당시의 맥락에서 적실성과 실제성을 가지고 있었던 만큼 지금도 역시 그 적실성이 계속됨을 느낀다. 만일 지금의 시점에서 이 책을 다시 쓴다면 나는 두 사람의 사상가에게 좀 더 무게 있는 지면을 할애하였을 것이다. 그 두 사람은 한스 야우스(Hans Robert Jauss)와 미하일 바흐친(Mikhail Bakhtin)이다.

한스 야우스는 자기보다 몇 년 앞선 돕쉬츠(Ernest von Dobschütz)의 선구적인 작업에도 불구하고 수용 이론(Reception theory) 및 수용 역사(Reception history)의 실질적 창설자로 인정받는 사람이다. 그는 가다머의 제자이며 역사와 해석학에 관한 동일한 관심을 그의 스승과 공유한다. 그의 이론은 어떻게 다양한 공동체들이, 특히 여러 다른 시대의 교회들이, 성경을 수용했는지의 과정을 연구함으로써 한편에서는 독자의 정황에 주목하게 하지만, 또한 동시에 많은 독자반응 이론들이 하는 것보다 훨씬 더 크게 해석의 연속성과 안정성에 주목하게 하는 장점이 있다.

야우스의 이론은 불연속의 측면에도 동일한 관심을 기울이는데, 경우에 따라 이 불연속은 경이와 독창성의 원천이 되기도 하지만, 때로는 엉뚱함이나 이단아로 전락되기도 한다. 야우스는 독서의 과정 속에서 일어나는 기대의 지평에 특별한 관심을 기울이는데, 여기에는 경이, 역전, 확정, 만족 등의 현상들이 포함된다.

미하일 바흐친은 우리가 어떻게 다중적 목소리에 귀 기울일 것인가 하는 문제에 주목한다. 이 과정 속에서 각각의 목소리는 그 자신의 내러티브 또는 담화 세계 속에서 적극적 주체로서의 권리를 부여 받는다. 바흐친은 그런 점에서 일치(unity)보다는 화합(concordance)이라는 개념을 더 좋아하며, 순전한 다원주의나 상대주의를 거부한다. 그는 성서 정경 안의 여러 책들 사이의 대화 모델 제시에 탁월한 기여를 하고 있다. 이런 관점은 심지어 한 권의 책 안에서도 동일하게 적용될 수 있을 것이다.

총 8권으로 구성된『성경과 해석학』(*Scripture and Hermeneutics*) 시리즈의 일곱 번째 책인『정경과 성경해석』(*Canon and Biblical Interpretation*, Zondervan 2006)에서 나와 다른 동료들은 신명기와 잠언, 여호수아서 등에 나타나는 보다 낙관적인 목소리가 전도서나 욥기, 사사기 등에 나타나는 보다 비관적 또는 현실적인 목소리와 아울러 함께 말해야 할 필요가 있다는 점을 강조한 바 있다. 이 두 관점을 '모순' 또는 '충돌'이라 보는 것은 옳지 않다.

복음서 안에서도 공관복음서와 요한복음은 그 각각의 세계를 그 각각의 목소리로 이야기하고 있는 점을 볼 수 있다. 네 개의 복음서는 그런 점에서 하나님 계시의 화합적(concordant) 측면을 잘 보여준다. 이런 측면은 추상적이고 정적이며 단조로운 의미에서의 '일치'와는 차이가 나며, 하나의 목소리를 보다 우선권을 두는 다른 목소리에 동화시키려 하는 접근과는 구별된다. 복음서들은 하나의 단조로운 평면 풍경을 우리에게 주는 것이 아니라, 예수 그리스도의 삶과 사역에 관련된 다채로운 풍경을 우리에게 보여준다.

결론적으로, 내가 이제껏 말하고자 했던 것은『해석의 새로운 지평』이 왜 그 자체의 독특하고도 실제적인 목소리를 가질 수밖에 없었던가 하는 점이다. 이 책은 그 역시 독자적인 이슈들을 다루고 있는『두 지평』의 단순한 복사판이 아니다. 이런 점은 나의 펜으로 작성된 열여덟 권의 책 전부에 해당될 것이다. 다시 한번 수고를 아끼지 않은 출판사에 따뜻한 감사를 표하며, 이번의 기념판이 앞으로 더 많은 사람들에게 실제적인 도움이 되기를 기원한다. 이 책의 한국어판이 나의 제자인 최승락 박사에 의해 번역되어 곧 출판된다는 사실 또한 매우 기쁜 일이다.

앤서니 C. 티슬턴 (FBA, FKC)

2012년 4월 영국 노팅엄

목차

역자 서문 *5*

한국어판 저자 서문 *9*

2012년판 저자 서문 *11*

서문 *23*

서론: 해석학의 새로운 지평들 *27*
1. 연구의 목표와 주요 관심사 *27*
2. 대학에서의 해석학, 그리고 성경과 교회 *32*
3. 독자들을 위한 새 지평들: 변혁적 결과를 낳는 독서 *37*
4. 해석학 발전상의 새 지평들 *41*
5. 새 지평들과 독서 패러다임의 변화 *50*

제1장 텍스트의 변혁성: 예비적 고찰 *71*
1. 독자를 변혁하는 텍스트의 힘 *71*
2. 텍스트를 변혁하는 독자 및 텍스트의 힘: 간본문성(intertextuality) 문제에 관한 서로 다른 관점들 *77*
3. 변혁적 텍스트의 상황적, 지평적 요인들 *87*
4. 기호학, 해석학 이론 및 텍스트 이론상의 요인들 *93*

제2장 텍스트란 무엇인가?: 텍스트성 이해의 패러다임 변화 *101*
1. 저자는 텍스트의 일부인가? *101*
2. 상황 혹은 독자는 텍스트의 일부인가? *106*
3. 신학적 관점에서 본 성경 텍스트의 소여성 및 그 현실화 *113*
4. 텍스트와 관련된 또 다른 신학적 이슈들: 탈구체화된 텍스트인가, 아니면 의사소통적 부름인가 *120*

제3장 기호학에서 해체주의까지 그리고 텍스트성에 대한 포스트모던 관점들 *131*
1. 기호학 이론과 코드: 기호학 이론의 본질 *131*
2. 기호학이 꼭 해체주의로 갈 필요가 있는가? *137*
3. 롤랑 바르트의 언어내적 세계 및 놀이로서의 텍스트 *149*

4. 기호학과 세계관의 혼합 *159*
5. 자크 데리다와 끊임없는 기호의 지움 *166*
6. 성경해석 속에 들어와 있는 해체주의와 포스트모더니즘 *182*
7. 해체주의에 대한 철학적 평가 및 비판 *198*

제4장 전통의 해석학: 근대 이전의 성경해석 *211*
1. 전-근대, 근대, 후-근대 사이의 평행과 대조적 관점들 *211*
2. 이해의 맥락으로서의 전통: 신구약의 관계 및 영지주의와 이레나이우스 *220*
3. 알레고리적 해석: 기독교 이전 시대와 필론을 중심으로 *232*
4. 기독교 알레고리 해석의 시작 *242*
5. 알레고리인가 적용인가?: 오리게네스와 크리소스토무스의 차이점 *247*

제5장 탐구의 해석학: 종교개혁에서 근대 해석이론까지 *257*
1. '성경 명료성'의 세 가지 논쟁적 배경: 인식론, '보다 높은' 의미, 그리고 효과성 *257*
2. 신앙의 수종자로서의 탐구(질문하기) *267*
3. 칼뱅과 영국 종교개혁가들의 성경해석 *273*
4. 근대 해석학 이론의 발생과 발전 *279*

제6장 슐라이어마허의 이해의 해석학 *287*
1. 슐라이어마허의 가장 두드러진 공헌 *287*
2. 슐라이어마허 해석학의 시대적 맥락 *294*
3. 슐라이어마허 해석학의 체계: "문법적"(공유언어) 축과 "심리적"(언어사용) 축 *304*
4. 슐라이어마허 해석학의 체계: 해석학적 순환 및 저자보다 "더 잘" 이해하기 *311*
5. 슐라이어마허 신학의 문제점과 해석학적 업적 *321*

제7장 '이해의 해석학' 관점에서 보는 바울 및 기타 본문들 *329*
1. 슐라이어마허의 해석학적 순환과 바울 및 바울의 본문들 *329*
2. 해석학적 순환과 바울 사상의 "중심" 탐구 *336*
3. 딜타이와 베티의 '생활세계' 재구성의 해석학: '다시 살기' 그리고 '개방성' *343*
4. 바울 본문과 재구성 과제: 저자보다 '더 잘' 저자 이해하기? *352*
5. 익명 본문의 저자 이해: 히브리서의 경우 *364*
6. 결론적 요점들 *371*

제8장 자기포함의 해석학: 실존주의 모델에서 화행론까지 *375*
1. 독자개입과 어드레스, 그리고 사태의 정황: 실존주의 해석학과 자기포함의 논리 *375*
2. 후기 하이데거의 해석학과 불트만의 바울 해석 *384*

3. 화행론 관점에서 본 신약의 기독론적 본문들 *391*
4. 발화수반행위와 수행어, 그리고 말과 세상의 "맞춤의 방향" *403*
5. 약속의 해석학과 "말에 세상을 맞춤" *413*

제9장 메타비평 해석학과 지식의 기초 문제 *429*
1. 급진적 메타비평 해석학으로의 패러다임 전환과 가다머 해석학의 본질 *429*
2. 가다머의 "해석학적 문제의 보편성" 주장과 언어 및 지식 비평 *442*
3. 판넨베르크의 보편역사 해석학과 과학으로서의 신학의 메타비평적 결합 *454*

제10장 의구와 복구의 해석학: 폴 리쾨르의 해석학 이론 *467*
1. 인간의 타락성, 해석학적 회의, 프로이트의 심리분석: 우상과 꿈과 상징 *467*
2. 은유와 내러티브: 가능성, 시간, 그리고 변혁 *476*
3. 메타비평, 픽션, 역사, 진리: 화행론 관점에서의 평가 *487*
4. 리쾨르의 접근과 성경해석학에의 적용 *501*

제11장 사회비판이론의 해석학: 사회실용적 해석학 및 해방신학과의 관계 *509*
1. 사회비판이론 해석학의 본질 *509*
2. 하버마스의 의사소통행위 이론의 이중적 맥락 및 성경해석과의 연관성 *517*
3. 리처드 로티의 사회실용적 상황주의 대 아펠의 초월적 메타비평 *529*

제12장 해방의 해석학과 페미니스트 해석학 *549*
1. 라틴 아메리카 해방 해석학의 주된 관심, 양상 및 그 이중적 성격 *550*
2. 흑인 해석학의 다양한 접근들 *562*
3. 마르크스주의 혹은 유물론적 성경 읽기 *574*
4. 페미니스트 성경 해석학의 본질과 그 발전양상 *579*
5. 페미니스트 해석학 안에서의 사회-비판적 방법과 사회-실용적 방법의 사용 *593*
6. 비신화화와 탈가부장화의 유사성 *611*

제13장 문학이론의 맥락에서 본 '읽기'의 해석학 *629*
1. 문학적 접근의 문제의식 및 유용성, 그리고 신비평의 유산 *629*
2. 내러티브 이론 자세히 살펴보기 *642*
3. 성경 내러티브 본문에 대한 형식주의 및 구조주의적 접근들 *651*
4. 후기 구조주의로부터 기호학에 이르기까지의 '읽기' 이론 *664*
5. 성경 해석과 읽기 이론, 그리고 간본문성 문제 *670*

제14장 독자반응 이론의 관점에서 본 '읽기'의 해석학 *685*
1. 볼프강 이서의 독자 상호작용 이론과 성경 연구에의 사용 *687*
2. 움베르토 에코의 기호학적 독자반응 이론과 성경 텍스트를 위한 함의 *698*
3. 보다 급진적인 독자반응 이론들: 홀란드의 정신분석적 접근과 블라이치의 사회-정치적 접근 *706*
4. 쿨러의 독자지향적 기호학 및 피쉬의 사회 실용주의 해석학 *714*
5. 언어와 관련하여 피쉬가 놓치고 있는 점: 피쉬와 비트겐슈타인의 비교 *721*
6. 피쉬의 후기 이론과 성경 연구 및 신학과의 제한된 연관성 *731*

제15장 목회신학의 해석학(1): 다양한 독서 상황에 따른 10가지 텍스트 읽기 *739*
1. 재구성 모델: 생활세계, 의도의 지향성, 탐구적 독서 *743*
2. 실존주의 모델과 수동적 독서의 와해 *750*
3. 성경 내러티브 세계로의 초대: 독서 상황과의 관계에서 본 네 가지 내러티브 이론들 *755*
4. 성경의 상징들: 생산적, 영적 독서 및 프로이트와 융이 목회신학에 제공하는 질문들 *769*
5. 독자 효과와 관련된 다양한 모델들: 기호학, 독자반응이론, 사회-실용주의, 해체주의 *779*

제16장 목회신학의 해석학(2): 더 넓은 독서 상황들, 다원주의, 그리고 믿음으로 읽기 *795*
1. 화행론 모델과 탐구 및 믿음으로 읽기(9번째 모델) *795*
2. 텍스트의 도구적 사용을 초월하는 사회-비판적 접근(10번째 모델) *803*
3. 목회신학 및 사회과학에 대한 해석학적 접근에서의 "현재적 상황" *806*
4. 해석학적 다원주의 이해를 위한 새로운 관점 *816*

주 *830*

참고문헌 *936*

인명색인 *974*

주제색인 *986*

성경색인 *993*

서문

이 책을 쓴 목적과 이 책에서 다루고자 하는 주제들의 범위, 그리고 핵심 논지는 서론 부분에서 보다 상세히 밝히고자 한다. 이 책이 어떤 독자들을 염두에 두고 있는지도 거기에서 밝히겠지만, 이 자리에서는 각 장의 특징들을 간략하게 소개함으로써 독자들이 좀 더 용이하게 이 책에 접근할 수 있도록 돕고자 한다.

서론 부분에서는 보다 전반적인 관심사들을 망라해놓았지만, 이와 관련된 좀 더 실제적인 문제들에 관심을 가진 분들은 1, 2, 7, 8, 12장에서 많은 도움을 얻을 수 있을 것이다. 특히 15장과 16장은 이 책에서 소개하는 해석학 모델들 각각이 가진 가치가 무엇인지를 요약하면서, 동시에 이것이 특정 성경 본문들 해석과 특정 독자 상황 및 목적에 어떤 연관성을 가지는지를 다루고 있다. 16장은 이 책 전체 논지의 정점을 이룬다.

해석학의 근본적 논제들이 2장에서 14장까지 차례로 다루어지고 있다. 가다머(9장)와 리쾨르(10장)는 현대 해석학 이론의 전환점을 형성한 중추적 인물들이다. 가다머 이후 해석학은 하버마스와 아펠로 대표되는 사회비판적 해석학(11장)과 로티와 피쉬로 대표되는 사회상황적 실용주의(11, 14장)로 날카롭게 구분된다. 성경 해석과 관련된 실제적 문제들에서도 이 두 입장의 차이는 뚜렷하게 부각된다. 이는 흑인 해석학과 페미니스트 해석학(12장) 속에서 잘 예시된다. 13장과 14장(3장에 이어)에서는 현대 문학 이론이 성경 연구에 어떤 지대한 영향을 미치고 있는지를 고찰한다.

3장에서는 롤랑 바르트와 데리다를 중심으로 기호학, 해체주의 및 포스트모더니즘 해석학 이론을 다루고 있다. 뒤늦게 드는 생각이지만, 어쩌면 나는 텍스트 및 텍스트성의 본질 문제가 논리적으로 해석학보다 앞선다는 진론드(Werner Jeanrond)의 주장에 너무 쉽게 유혹을 당한 것이 아닌가 싶다. 서론 부분에서 좀 더 자세히 설명하겠지만, 사실 이 두 문제는 서로 긴밀하게 연결되어 있다. 3장이 논의의 초반에 위치하는 이유는 2장에서 보다 포괄적으로 제기한 텍스트성에 관한 근본적 문제들을 좀 더 세밀하게 다루고자 했기 때문이다. 하지만 이렇게 하는 과정에서 하나의 원치 않는 결과가 일어나게 되었다. 전반적 논의가 충분히 본 궤도에 올라가기도 전에 대단히 복잡하고 전문적인 논제가 길을 가로막아 버린 것이 아닌가 하는 느낌이 든다.

만일 이것이 다수의 독자들에게 의도하지 않은 걸림돌이 된다면, 3장을 건너 뛰어 13장과 14장을 먼저 읽기를 바란다. 이 두 장의 논제와 결론은 실질적으로 3장의 그것과 서로 연관되어 있기 때문에, 이렇게 할 때 독자들은 보다 용이하게 필자가 말하고자 하는 전체적 관점을 잘 파악할 수 있게 될 것이다.

필자가 감사를 빚지고 있는 사람들을 일일이 다 밝히기에는 그 숫자가 너무 많다. 그 중에서도 1990년 6월까지 나의 작업을 도와주었던 도린 애일링(Doreen Ayling) 부인은 필자의 작업을 위한 추진력 역할을 해주었다. 네 달의 연구 휴가가 시작될 때부터 그녀는 정기적인 원고 뭉치가 그녀의 책상에 올라와 있기를 '기대했다.' 때로는 업무 시간을 넘겨가면서까지 나의 악필을 종이에 옮기는 데 엄청난 수고를 감당해주었다. 런던으로 이사를 간 이후에도 그녀는 저자 및 주제 색인 작업을 계속해주었다.

애일링 부인을 이어 애일린 존스(Aileen Jones) 부인이 1990년 6월부터 나의 작업을 도왔다. 필자가 감당해야 하는 행정, 목회, 교수 사역의 너무나 복잡하고 과중한 업무들을 솜씨 좋은 행정 능력과 자발성으로 잘 뒷받침해주지 않았더라면 이 원고를 끝마치는 것이 거의 불가능했을 것이다. 존스 부인과 애일링 부인을 도와 유진 진티(Eugene Ginty) 씨의 탁월한 재능과 날카로운 눈이 큰 도움이 되었음을 밝힌다.

나의 아내 로즈마리(Rosemary)는 교정과 참고자료 정리 작업에 실제적인 도움을 주었다. 무엇보다 그녀는 18개월 동안의 지극히 비사교적인 가정생활을 함께 감내해야 했다. 워드(Ward) 박사 내외의 특정 시점에서의 값진 도움을 잊을 수 없다. 책이 출판사로 넘어간 직후에 상당수의 수정 사항들을 지적해준 톰 라이트(N.T. Wright) 박사의 도움에 감사를 표한다.

하퍼-콜린스 출판사의 크리스틴 휘텔(Christine Whitell)은 끊임없는 격려와 조언 및 도움의 원천이었다. 그녀의 도움과 함께 수년에 걸쳐 미국 출판사와의 개인적 접촉을 계속해준 스탠 건드리 박사(Dr Stan Gundry)의 도움에도 감사한다. 여러 대학의 학문적 동료들에게 진 빚은 낱낱이 언급할 수가 없을 만큼 많다. 쉐필드 대학에서 16년 이상이나 철학과 및 언어학과 교수들과 긴밀한 교류를 나누었던 것은 항상 나에게 값진 경험이었음을 밝힌다. 뿐만 아니라 미국 칼빈 대학의 연구 교수로 있는 동안 학제간 연구 팀의 일원으로 활동하였던 것을 늘 감사하게 생각한다. 나의 미국인 동료들은 언제나 이런 종류의 작업을 따뜻하게 격려해주었고, 대서양을 건너올 때는 항상 새로워진 비전을 품고 돌아오곤 하였다.

앤서니 C. 티슬턴

더럼 대학교 세인트 존스 칼리지
1991년 6월

서 론
해석학의 새로운 지평들

1. 연구의 목표와 주요 관심사

언젠가 해석학에 관한 고급반 교재를 쓰겠다는 약속을 한 적이 있다. 이 책은 그 약속의 결실이다. 우리는 이 책에서 오늘날 복잡하게 전개되고 있는 해석학적 논의들과 또 현재의 모습을 이루는 데 기여했던 논의들을 정리해주는 주요한 이론적 모델들을 최대한 망라하여 기술하고 또 이를 비판적으로 평가하고자 한다. 더 나아가서 이 이론적 모델들이 구체적으로 성경 텍스트나 또는 성경해석상의 논제들에 어떻게 관련이 되며 또 적용될 수 있을 것인지를 제시하고자 한다.

동시에 필자는 이 책을 통해 교수와 학습, 연구의 도구 이상의 것을 제시하고자 한다. 앞으로 전개될 내용들 가운데 나타나는 많은 논지들은 본서의 독창적인 부분을 이룰 것이며, 이는 우리의 주제를 보다 창의적이고 건설적인 방향으로 이끌어주는 시도가 될 것이다. 이런 점에서 이 책의 제목과 부제는 삼중적인 언어유희를 나타낸다. 첫째로 텍스트는 독자들의 지평을 넓혀준다. 둘째, 이 일의 발생으로 지평은 이동되고 새 지평들이 열린다. 셋째, 읽기를 통해 변혁적 결과들이 또한 따라온다. 이런 의미에서 성경 텍스트를 읽는 것은 사건적 성격을 가지는데, 즉 변혁적 성경읽기의 사건이다.

두 번째 의미에서의 새 지평들이 해석학의 발전에서 지난 이십년 사이에 하나의 학제간(interdisciplinary) 대화의 장으로 활짝 열리고 있다. 주제상의 진전이 해석학의 의제들을 재구성했으며, 그 모판을 재정의 하도록 만들어 놓았다. 최근의 많은 발전 사항들 가운데서도, 특히 독자의 역할과 개입이 어떤 것이며 또 그 목적이 무엇인지에 대한 검토가 이 의제 수정의 중요한 한 부분을 이룬다. 최근의 해석학적 이론은 우리로 하여금 텍스트를 읽고 해석하고 이해한다는 것이 무엇인지에 대한 우리의 생각을 재고하도록 요청하고 있다. 해석학은 읽기에 대한 우리의 인식을 바꾸어 놓을 수 있으며, 변혁적 성경읽기는 이런 해석학적 탐구의 한 결과일 수 있다.

앞으로 전개될 내용들을 통해 우리는 또한 세 번째 의미에서의 새 지평들이 이 학과 안에서 기존에 이미 이루어진 것들을 넘어 새롭게 열리도록 시도할 것이다. 이 책에서 필자가 제시하는 몇 가지 독창적인 논지들은 필자의 이전의 책 『두 지평』(*The Two Horizons*, 1980)에서 전개하고 있는 것들과 연속성을 가지면서도 동시에 그것들을 넘어서고 있다. 우리는 이 논지들이 어떤 성격을 가지는지 이 서론의 마지막 부분에서 간략하게 살펴볼 것이다. 혹자는 가다머(Gadamer)의 작품을 출발점으로 하는 해석학적 이론들의 다양한 전개 방향들에 주목할 것이고, 또한 이들이 여러 다른 형태의 해방의 해석학에 미치는 이론적 의의에 관심을 기울일 것이다. 예를 들어서 하버마스(Habermas)가 채택하고 있는 사회비판(socio-critical) 이론의 틀 안에서 작동하고 있는 라틴 아메리카, 흑인, 여성 해석학 등은 로티(Rorty) 같은 사람들이 개진하고 있는 상황적 실용주의에 그 이론적 기반을 두는 해석학의 지류들과는 매우 다른 기능을 가진다.

두 번째로 필자가 독특하게 개진하고 있는 분야는 화행론(speech-act theory)이다. 필자는 화행론을 구두 담화에 국한시키려 하는 사람들에 동의하지 못한다. 법률적 문서들을 예로 들면, 이들도 분명히 위임의 요소를 담고 있으며, 하나의 행위로 작용할 수 있는 실행을 구성한다. 즉, 재산을 양도하는 행위, 타인을 대리하는 행위 등이다. 성경 텍스트의 많은 부분들 역시 약속의 행위, 용서의 행위, 위임의 행위, 심판 혹은 사랑의 행위 등을 시행할 수 있는 잠재력을 가진다. 설(John Searle)과 르카나티(F. Recanati)가 제시하고 있는 언어와 언어외적 사태간의 "맞춤의 방향"(directions of fit) 또는 "상응의 방향"(directions of correspondence)에 대한 논의는 앞으로 8장에서 자세히 다루게 될 논제들의 이론적 출발점이 되고 있다. 필자는 이 접근이 성경의 기독론적 본문들에 빛을 던져 주리라고 보며, 뿐만 아니라 잠재적 약속, 잠재적 축복, 혹은 여타의 행위로 간주될 수 있는 본문들을 더욱 잘 밝혀 줄 것으로 본다.

세 번째로 '변혁적 읽기'의 특성은 기표 체계의 이론 즉 기호학이 성경해석과 해석학에 끼친 영향이 무엇인지를 논의하는 맥락 속에서 잘 드러나고 있다. 성경 '해석'이라는 전통적 용어를 '읽기'로 바꾸는 데 있어 어떤 사람들은 단순히 미용상의 목적에서 그와 같이 하는 경우가 많다. 반면 다른 사람들은 '읽기'라는 용어의 사용을 통해 하나의 패러다임의 전환을 시사하고 있는데, 이 경우 해석학이 다루어야 할 한 새로운 의제로 기호학적, 문예적 논제들이 집중적으로 떠오른다. 필자가 볼 때는 여기에서 얻는 것들도 많지만 또한 잃어버리기 쉬운 것들도 많다. 우리가 쓰는 '이해', '해석', '읽기'와 같은 말들이 기호학적 차원에서의 독자의 읽기 능력 차원뿐만 아니라, 이해, 지식, 의사소통, 진리 등과 같은 넓은 의미에서의 해석학적 논제들을 포함하는 것으로 보아야 한다.

필자는 특별히 두 독자층을 염두에 두고 있다. 하나는 해석학의 학제간 분야의 교수, 학습, 연구에 종사하는 사람들이다. 또 다른 하나는 성경이 어떻게 읽히고 사용되어야 할지를 고민하는 모든 그리스도인들이다. 모든 학문적 공동체에 공통적으로 적용되는 바, 과학적 탐구, 언어, 그리고 이해의 본질이 무엇이냐에 대한 학제간 해석학적 이론상의 질문들은, 성경 문서들의 언어가 어떻게 창의적으로 새롭게 말하게 할 수 있을 것인지, 어떻게 변혁적 결과를 위해 읽고 이해될 수 있을 것인지에 대해 동일한 긴박감을 가지고 있는 기독교 공동체에도 똑같이 적용되는 것이다. 우리가 성경 텍스트를 어떻게 읽고 이해하고 해석하고 사용할 것인가의 문제는 기독교 신앙 그 자체의 정체성과 관계있으며 또한 기독교 신학의 핵심에 위치하고 있는 문제이다.

특별히 **성경 텍스트가 우리의 사고와 삶에 끼치는 효과가 무엇인지**, 더 나아가서 **이 효과들이 어떤 바탕 위에서 이루어지는 것인지**에 대한 문제는 우리의 신학적 본령에 도전을 줄뿐만 아니라, 신앙의 육성과 현대 세계 속에서의 그 전달에 관심을 가진 모든 사람들에게 하나의 불붙는 관심을 형성한다. 따라서 이 책은 대학에서 교수와 학습, 또는 연구에 종사하는 사람들에게 적합할 뿐만 아니라, 독자와 성경 텍스트 사이의 보다 진실되고 효과적이며 생산적인 교류를 추구하는 모든 사람들에게 또한 적합하다.

필자는 1970년에 영국 셰필드 대학교 성경학부에 해석학 강좌를 처음 개설하였는데, 이는 필자가 알기로 영국의 대학들 가운데서 최초의 시도였다. 이 강좌는 학위과정의 절반을 성경학을 전공하고 다른 절반을 철학이나 언어학, 또는 문학을 전공한 고급반 학생들을 대상으로 한 것이었다. 필자는 쉐필드에서의 이 기회를 기쁨으로 누렸다. 특히 이 과정을 가르치는 중에 철학 및 언어학과의 동료들과 수업이나 박사논문 지도를 함께 나누면서 긴밀한 협조를 할 수 있었던 것이 참 좋았다.

지난 20년간 해석학을 가르치면서 필자는 이 과목을 위한 적어도 고급반 과정의 적절한 교재가 없다는 사실을 절감했다. 학생들에게 추천해준 책이 두 권 있었는데 해석학 이론의 일차 자료를 선별하여 묶어 놓은 책으로 뮐러–폴머(Kurt Mueller–Vollmer, 1985–1986)가 편집한 책과 데이빗 클렘(David Klemm, 1986)이 편집한 책이다.[1] 하지만 이 책들은 선별한 자료들을 비판적으로 자세히 평가할만한 여지를 거의 가지지 못하였다. 뿐만 아니라 이 일반 이론들이 성경 텍스트에 어떻게 적용될 수 있을 것인지 예시하지 못한다는 한계를 지니기도 하였다.

이런 부족을 채우기 위해 시도된 여러 책들이 있기는 하지만, 공통적으로 드러나는 몇 가지 딜레마를 요약해보면, 어떤 책들은 이론에는 강한데 성경해석의 실제적인 측면에는 별다른 제시가 없다는 점, 또 다른 책들은 성경학자들이 텍스트에 어떻게 접근하고 있는지 비판적으로 살피고 있지만 이론의 측면에는 매우 부족하다는 점, 그리고 세 번째의 부류로는 이론과 실제를 잘 조화시키고 있기는 하지만 특정 모델이나 접근방법, 혹은 언어이론들에 치우쳐 있어서 학생들이 폭넓게 알아야 할 해석학적 논제들과 자료들을 포괄적으로 다루어주지 못한다는 아쉬움을 드러내고 있다.

성경해석의 이론적 논의에 반감을 나타내는 영국의 두 책들이 최근 1990년에 선을 보였다. 그 하나는 롤란드와 코너(Christopher Rowland and Mark Corner)가 함께 쓴 『해방을 위한 주해』(*Liberating Exegesis*)라는 책으로 해방의 해석학을 다루고 있다. 그들이 명시적으로 주장하고 있는 것처럼 해방신학을 위한 성경적 해석학의 적절한 이해를 위해서는 우리가 리쾨르와 하버마스의 저작들을 검토해보지 않으면 안 된다고 말하는 것은 옳다. 하지만 그들의 이백 페이지에 이르는 유익한 책 속에서 이 한번의 언급 외에는 더 이상 리쾨르에 대해 언급하지 않고 있으며, 하버마스에 대해서는 한 문단과 한 문장 속에서만 간단히 언급할 뿐이다.[2]

또 다른 책 『수행의 예술』(*The Art of Performance*)에서 프란세스 영(Frances Young)은 (필자의 1980년의 책 『두 지평』에서 다루고 있는 것처럼) 텍스트 의미의 재현과 음악 및 예술의 공연 사이의 유사성에 주목하고 있다. 그러나 두 번의 짧은 각주와 또 한번 아리스토텔레스와 관련한 가다머의 논평을 인용한 것 외에는 예술, 축제, 게임의 재현과 관련한 가다머의 이론에 더 이상 개입하지 않고 있다. 이것만 빼면 매우 건설적인 그녀의 연구에서, 가다머의 이론이 신학분야와 관련하여 '논의의 촉매제'였음을 명목상으로는 인정하고 있다.[3]

위와 같은 현실을 감안하여 필자의 책에서는 가능한 한 포괄적인 논의를 담아내는 하나의 도구를 제시해보고자 노력하며, 그러면서도 해석학적 이론을 성경해석과 또 특정 성경 텍스트에 관한 구체적이고 실제적인 질문들과 잘 조합해보고자 한다. 예를 들어서 슐라이어마허와 딜타이, 베티의 '이해'에 대한 이론을 다룰 때, 일차적으로는 이를 일반 이론의 하나로 그 자체 맥락 속에서 살펴보고(6장과 7장 일부), 다음으로 이 주제를 특정 성경 텍스트와 바울 해석상의 논제들과 연관시켜서 예증적으로 살펴보는 방식을 택하고 있다(7장).

이런 과정 가운데서 필자는 일차 문헌을 매우 자세히 살피고, 나아가서 관련된 이차 비평문헌들도 수록하고 있다. 각각의 이론을 살필 때 우리는 이해하는 입장에서와 동시에 비판적인 입장에서 이를 검토하고자 한다. 이론과 실제를 조합하고자 하는 이런 노력이 마지막 장에서 가장 잘 드러나고 있다.

15장과 16장에서는 열 가지 이론적 모델들을 각각의 성경 텍스트의 예들과 함께 살피면서, 이들이 다변적인 독자상황과 관련해서 어떤 작업 가치를 가지는지 평가해보고 있다. 여기에 2장의 일부에서 언급하고 있는 것처럼 명백한 신학적 관심들이 부상한다. 상이한 해석학적 모델들과 독자상황의 다변성 사이의 관계 문제는 성경해석의 신학을 위해서뿐만 아니라 목회적 신학을 위해서도 많은 논제들을 던져주고 있는 것이다.

2. 대학에서의 해석학, 그리고 성경과 교회

이 책에서 필자는 두 부류의 독자들을 동시에 대면코자 한다. 한 부류는 대학에서 가르치거나 공부하며 연구에 종사하는 사람들이고, 또 한 부류는 확고한 기독교적 관심 위에서 성경저작들의 효용에 대한 실제적 질문들을 다루는 사람들이다. 여기에 대해 조금 더 설명을 덧붙일 필요가 있다. 필자가 결국 주장하고 싶은 것은, **학제간 논의의 틀 속에서 보면 이 두 종류의 관심사는 해석학상의 단일한 관심사로 합해진다**는 점이다. 네 가지 간단한 도입적인 예들을 통해 이 점을 좀 더 자세히 설명해보자.

해석학에서 하나의 주된 전통이 슐라이어마허(Schleiermacher)에게서 시작되고, 딜타이(Dilthey)에게서 발전되며, 최근에는 베티(Betti)에게서 재현되고 있다. 필자는 이 전통에 대해 6장과 7장에서 일반이론과 구체적인 성경본문해석 양자를 다 들추어서 논의하고 평가하고 있다. 딜타이의 '이해'에 관한 일반이론은 타인의 입장에 서보고자 하는 것이 무엇인가 하는 문제로 이어지는데, 이는 그와 같은 일이 가능한가 하는 철학적 문제와 동시에 우리가 어떻게 다른 사람과 텍스트를 이해할 것인가 하는 목회적 문제를 야기시킨다.

에밀리오 베티(Emilio Betti)는 이와 같은 해석학적 접근을 더욱 발전시켜서 타인을 향하고 텍스트를 향하는 "열림"(openness)이 해석을 위해 어떤 역할을 하는지를 살피고 있다. 그가 주장하고 있는 것은 대학에서의 인문학과 여타 학문을 위하고 또한 사회적 정치적 삶을 위해 해석학적 인지가 근본적인 요소가 된다는 것인데, 이는 해석학이 상호간의 경청과 관용, 그리고 상호존중을 권장하는 과목이기 때문이다. 베티의 작업은 열림과 경청의 역할에 우리의 주의를 끌고 있지만, 동시에 그는 경청 자체만 강조함으로써 신뢰성 검증을 위한 비판적 평가의 중요성을 무시할 수도 있는 가능성에 대해 우려를 표명하기도 한다. 슐라이어마허가 말하는 창조적, 직관적 즉각성의 자질로서의 '여성적' 요소와 비교 및 비판적 거리둠의 '남성적' 요소를 어떻게 조화시킬 것인가 하는 문제가 학제간 해석학(특히 문학과 사회학을 포함하여)과 기독교 신앙에 관련한 논제들 모두에 공히 중심적인 문제가 되고 있다.

두 번째 형태의 예는 폴 리쾨르(Paul Ricoeur)의 작업 속에 잘 나타나고 있다. 그의 해석학 이론은 명시적으로 학제적이다. 필자는 그의 해석학을 10장에서 자세히 다루고 있다. 리쾨르는 프로이트의 사상적 범주 속에서 회의와 비판을 위한 방법론적 도구를 끌어오고 있다. 하지만 그는 동시에 텍스트 안에 있는, 특히 종교적 담화 속에 담겨 있는 상징, 은유, 설화들의 창조적 힘을 재생시켜보고자 한다. 무엇보다 그는 언어의 창조성에 주목하고 있다. 즉, 상징은 사유를 일으킨다는 것이다. 성경 가운데서 그는 특별히 구약의 지혜문서와 욥기에 관심을 기울이고 있다. 일반 해석학의 용어를 통해 그는 해석자의 관심의 초점을 텍스트 '배후에' 놓여 있는 현상으로부터 텍스트 '앞에서' 일어나는 현상으로 전환시키고자 한다. 전통적 성서학이 그 연구의 범위를 지나치게 좁혀서 텍스트가 발생하여 나온 역사적 상황을 재구성하는 일에 집중하여왔다면, 해석학에서 중요한 일은 텍스트가 어떻게 독자에게 영향을 미치는지, 즉 **텍스트가 효과를 일으키는 과정들이 무엇이며, 이들 과정들이 정당한 것인지**의 문제이다.

이와 같은 접근방식은 기독교 공동체 안에서 신학적, 목회적 문제들을 위하여 상당히 중요하다. 우리가 리쾨르의 해석학에서 말하는 회의와 자아비판을 적절히 잘 활용할 때, 이는 우리 자신의 바람과 형상을 계시에 투사함으로써 우상을 섬기는 길로 나가지 않도록 막아주는 매우 중요한 역할을 한다. 자아가 스스로를 속일 수 있는 역량에 대해 말해주는 프로이트의 진술은 인간의 마음의 거짓됨에 대해 말하는 신학적 진술과 그렇게 멀리 떨어져 있는 것이 아니다. 이에 못지않게 기독교적 관심에 부합하는 또 다른 요소는, 텍스트가 **창조적으로 산출하는 결과들**이 무엇이냐 하는 쪽으로 강조점을 이동시킴으로써 이전의 보다 고고학적이요 순수 자료제공의 소임을 자처하던 접근들에 대해 하나의 환영할만한 시정제를 제시하고 있다는 점이다. 리쾨르와 최근의 문예이론의 몇몇 중요한 흐름들 사이의 공통점은 이 질문에 모아지고 있다. 즉, 이 텍스트는 무엇을 **하는가**?

일단 문제를 이런 형식으로 고쳐 잡고 나면, 여기에 여러 가지 비판적 질문들이 철학, 언어이론들, 사회-비판이론 등의 분야에서 뒤따라 일어난다. 즉, 텍스트가 이런 혹은 저런 공동체 안에서, 또는 이런 혹은 저런 경우에 무엇을 **하느냐**의 당위성을 판가름해줄 기준들을 우리가 찾을 수 있는가, 혹은 찾아야 하는가? 텍스트가 **무엇을 하기만 하면** 그것으로 만족하는 일종의 다원주의를 우리는 반길 수 있는가? 하는 질문들이다. 가다머와 리쾨르의 길을 따르는 해석학이 직면하고 있는 핵심적 문제는 메타비평(metacriticism)의 가능성과 그 역할에 대한 것이다. 즉, **이런 혹은 저런 삶의 상황 속에서 텍스트가 의미 있는 혹은 생산적인 결과를 낳는다고 여기도록 판가름해주는 상이한 기준들을 우리가 비판적으로 서열화할 수 있는가?**

바로 이런 문제는 일상의 삶 가운데 자리한 기독교 공동체가 직면한 문제일 뿐만 아니라, 대학 안에서의 다학제간 해석학이 직면하고 있는 문제이기도 하다. 스펙트럼의 한 쪽 끝에는 상황-상대적 사회-실용적(socio-pragmatic) 해석학이 자리 잡고서 '이것이 텍스트가 나와 그리고 나의 공동체에 주는 결과이다'라고 말한다. 이런 정신은 경건주의, 급진적 독자반응 이론, 내러티브 신학의 실용적 형태, 문예이론의 포스트모던 논리 등에 흐르고 있다. 스펙트럼의 또 다른 끝에는 메타비평적, 사회비평적(socio-critical) 해석학이 자리하고 있으며, 여기서는 메타비평적 서열화의 시도가 포기되지 않고 있다. 해석의 상황적 기준을 비교 평가하기 위해, 그리고 또한 목적이 있어야 그와 관련하여 각각의 기준들이 그 효용을 가질 수 있다는 시각 아래, 범상황적(trans-contextual) 근거를 얻기 위한 시도를 그치지 않는 것이다.

세 번째로 학제간 해석학과 기독교 공동체의 공통관심을 보여주는 예는 가다머가 사용하고 있는 해석학적 모델들 속에 나타난다. 가다머의 주된 관심이 비롯되는 곳은, 계몽주의 이후의 합리주의가 진리를 파악하는 수단으로서의 '방법'에 과도하게 집착함으로써 여지껏 잘못된 길을 걸어왔다는 그의 철학적 확신에서이다. '방법'은 하나의 추상적 일반화를 전제한다. 후기 비트겐슈타인(Wittgenstein)처럼 가다머 또한 인간의 삶에서 개별적인 사항의 중요성을 강조한다. 우리가 지식의 문제에 접근한다거나, 또는 이해를 추구할 때, 우리는 역사의 흐름 속에서 어떤 제한된 처지에 이미 매여 있는 지평들 속에서 그와 같이 행하는 것이다. 그러나 이 유한하고 역사적으로 한정된 지평들은 더 넓어지고 확장될 수 있다. 이해의 재현 속에서, 또는 독자와 텍스트의 만남 속에서 지평들의 경계가 넓어지고 움직이며, 이렇게 해서 계속적으로 **새로운** 지평들에 이르게 되는 것이다.

이와 같은 해석학적 모델, 혹은 인지적 은유는 신학과 교회를 위해 즉각적인 연관성을 가진다. 신학적 용어로 말하자면, 한 개인이나 집단적 자아가 중심이 되어 있던 처음의 지평이 **자아가 탈중심화되는 방식으로 확장**되는 것이다. 바로 이 일이 기독교 전통에서 볼 때, 십자가와 부활 선포의 핵심이지 않은가? 또한 성경 텍스트가 수행할 수 있는 가장 근원적인 기능들 가운데 하나가 아니겠는가?

네 번째로, 기독교적 행위로서의 신학과 학제간 해석학 사이의 관심의 합치는 가다머 이후 해석학의 발전의 시각에서 볼 때도 더욱 뚜렷이 드러난다. 그 예로 사회비판적 해석학의 발전을 들 수 있다. 사회비판적 해석학이 추구하는 것은 자기이익을 위해서나 혹은 지배적인 권력구조의 이익을 위해 텍스트를 사용하는 시도들의 가면을 벗기는 일이다. 텍스트는 사회적 조작이나 통제를 위해 사용될 수도 있으며, 어떤 개인이나 집단의 이익을 뒷받침하는 가치들을 합법화하기 위한, 또는 합법화하는 듯이 꾸미기 위한 목적으로 사용될 수도 있다. 이 때문에 하버마스와 다른 이들이 제시하는 사회비판 이론은 하나의 **비판적** 틀을 제시하는데, 이는 해방신학이라는 이름으로 시도되는 제반 접근들을 위한 이론적 도구를 제공해준다. 기독교 경건주의에서와 같이 자아의 이익에 예속된 상태로부터 자유를 얻는 것은 라틴 아메리카, 흑인, 여성 신학과 같은 해방의 해석학에서 억압적 구조로부터 해방되는 것과 유사함을 가지는 것이다.

해석학 이론상의 비교적 사소한 변동들이 함유하고 있는 급진적 결과들을 생각해볼 때, 특히 우리가 현재 살피고 있는 이런 분야의 논의가 신학적 영역에서는 엄청나게 다른 결과를 낳을 수 있다. 하버마스와 아펠(Apel) 등은 해석학에서 하나의 해방적 비판(emancipatory critique)을 발전시키고자 하는데, 이 비판의 특징은 어느 특정 개인이나 공동체의 지평을 넘어서고자 하는 것이다. 역사적으로나 사회적으로 유한하며, 개연적이고, 특수한 존재상황을 나타내기 위해 하버마스는 딜타이의 생활세계(life–world)라는 개념을 사용하고 있다. 그러나 범상황적 비판은 체계(system)의 차원에서도 동일하게 작용한다. 이것이 사회비판적 해석학의 기초이다.

이에 반해서 로티(Rorty)와 후기 피쉬(Fish)에게는 '범상황적 비판'이란 것이 성립될 수가 없다. 왜냐하면 모든 판단의 기준은 어떤 주어진 사회 공동체 안에서 판단 기준으로 여기도록 인식되는 것에 따른 상대적 성질을 가지기 때문이다. 그들이 보기에 해석학은 결코 비판이론을 만들어낼 수 없다. 오히려 해석학이 줄 수 있는 것은 주어진 상황들 가운데서 어떻게 독자효과가 효력을 가지는지를 말해줄 수 있는 하나의 실용적 진술일 뿐이라는 것이 그들의 입장이다.

이렇게 되면 **사회-실용적 해석학은 해방적 비판들이나 해방의 해석학과 같이 사회비판적 해석학이 일으켜 놓은 논의들을 역전**시키는 결과를 낳는다. 만일 어떤 공동체 **밖으로부터의** 비판이 불가능한 것이라면, 해석학이 할 수 있는 일이란 **단지 그 공동체의 집단적 자아나 그 조직, 그 집단적 가치 등을 인정해주는 일밖에 없다. 이런 해석학은 억압자들이나 억압적 권력구조가 그 자체의 이익을 대변하기 위해 텍스트를 사용하는 것과 똑같은 방식으로 텍스트를 책략적으로 사용하는 것에 지나지 않는다.** 그러므로 여기에는 십자가의 신학이 들어갈 자리가 없다. 십자가조차 그 주어진 공동체의 언어적 세계 구조에 병합되고 길들여지며 통제되고 마는 것이다. 그 결과 십자가가 가지는 범상황적 기능을 수행할 수가 없게 된다.

초대교회 교부들이 가현설 사상처럼 역사적 사건으로서의 십자가가 언어외적 세계에 깊이 뿌리내려 있음을 부인하려고 드는 영지주의적 도전을 반대했을 때, 이런 문제의 심각성을 어렴풋이 감지하고 있었다. 교부들의 신학에서는, 바울에게서와 마찬가지로, 십자가의 선포가 인간의 기대나 가치에 대한 하나의 반전으로서 어떤 공동체나 개인의 집단적 구조, 기대, 소원성취 등에 도전하는 것으로 이해되고 있다. 기존의 사회적 지평들을 반영한다기보다는, 오히려 새로운 지평들을 열고, 이를 통해 자유에 이르게 하는 범상황적 비판과 개인 및 사회의 변혁을 낳게 되는 것이다. 이런 것은 공동체가 그 자체의 이미지를 텍스트에 투사하고 그렇게 함으로서 그 의미를 구성해낸다는 인식과는 얼마나 멀리 동떨어진 외침인가!

피쉬가 주장하는 것처럼 텍스트가 너무나 "실행의 콘텍스트에 잘 맞물려 있어서" 이런 사회–상황적 조건은 그 독서의 모델을 "자연적으로 일어나는 것을 행함"에 전적으로 한정시킨다는 인식은 의문시될 수밖에 없다.[4] 사회–실용적 해석학은 이처럼 신학을 공동체의 문제로(즉 교회론으로) 전환시켜버린다든지, 아니면 지식을 상황적 실행으로(즉 사회의 역사로) 전환시켜버림으로써, 기독교 신학에서 제시하는 은혜의 역사로서의 새 창조를 허용할 여지를 두지 않으며, 또한 해석학이 제시하는 새 지평들을 받아들이지 못하는 것이다. 반복해서 말하지만, 해석학 이론의 기본적 몇몇 논제들은 이와 같이 기독교 신학의 중심적 논제들과 긴밀히 연관되어 있다.

3. 독자들을 위한 새 지평들: 변혁적 결과를 낳는 독서

앞에서 우리는 '새 지평들'이나 '변혁적 성경읽기'와 같은 말들이 삼중적 언어유희를 나타낸다고 말한바 있다. 이 지점에서 우리는 그 각각의 측면을 더 자세히 살펴보고자 한다. 첫째로 텍스트는 독자들을 위해 새 지평들을 열어준다. 변화를 일으켜낼 수 있는 그 자질 때문에 텍스트, 특별히 성경 텍스트는 독자들의 세계에 관여한다. 이는 독자들의 지평들, 그들의 태도, 그들이 가진 적실성의 기준, 혹은 그들의 공동체와 대인간 관계 등을 생산적으로 변혁시키는 방식을 통해서이다. 이런 의미에서 우리는 '변혁적 성경읽기'라는 말을 쓸 수 있는 것이다. 읽기의 과정 그 자체가 독자들이 텍스트에 처음 가지고 들어오는 기대, 추측, 목표 등을 새로이 자리매김 하게 만들어준다.

그러나 가다머도 잘 지적하고 있는 것처럼, 이런 과정이 자동적으로나 필연적으로 일어나는 것은 아니라는 점을 강조할 필요가 있다. 지평들 간의 창조적이고 생산적인 교류가 일어나기 위해서는 우리 자신의 독자지평의 독특성과 마찬가지로 **텍스트 지평의 독특성을 존중할 때만** 이것이 가능하게 된다. 이런 점을 가리켜 우리는 독자와 텍스트 사이의 거리(distance)가 가지는 긍정적인 해석학적 기능이라고 말한다. 독자 지평에 의해 투사된 관점을 텍스트 의미와 성급하게 동일시하는 것은 결국 독자를 그 자신의 기존 지평 속에 가두는 일이 되고 만다. 이런 경우 독자는 텍스트가 그 자신에게 모든 것을 다 밝혀주었다는 환상에 사로잡히기 쉽다. 뿐만 아니라 성급한 동일시로 말미암아 텍스트 지평과 독자 지평의 상호작용이 원래의 신선함 대신 무덤덤하고 의례적이며 전적으로 특색 없는 방식으로 이루어지기 쉬운 것이다.

기독교 공동체 속에서 이런 현상이 자주 일어난다. 성경 본문을 읽는 것이 형식적이고 무미건조한 방식으로 이루어지는 일이 많다. 이는 성경을 읽는 과정이 그 공동체나 공동체의 일원에 의해 이미 짜여진 기대의 지평에 따라 통제를 받고 있기 때문에 일어나는 현상이다. 설교자들의 경우 자신이 말하고 싶은 것을 이미 결정해 놓은 후에 성경을 사용하는 일이 많다. 회중들의 경우에도 자신들에게 이미 익숙해져 있는 공동체 정체성이나 삶의 방식을 재확인하기 위해 성경을 읽는다. 이렇게 될 때 성경읽기가 결국 신조의 기능과 다를 바 없게 된다. 공동체 정체성의 지속성을 강화하기 위해 기구적 공식화의 일환으로 성경읽기의 역할이 제한되는 것이다.

물론 우리는 성경 텍스트에 대한 선이해가 우리의 독자 지평을 형성하는 전통 속에 체화될 수 있다는 점에서 전통의 역할을 부인하는 것은 아니다. 성경읽기가 사건적이며 창조적이고 또한 변혁적이어야 한다는 우리의 관심은 모든 기독교 전통을 부정적으로 보는 일종의 우상타파의 노력으로 이해되어서는 안 된다. 읽기의 과정이 전통들을 부수는 방향으로만 일관되는 것은 아니다.

진정으로 창조적이라고 할 때는 단순히 어떤 것이 새롭고 진기하다는 것을 말하는 것이 아니라, 이어지는 안정된 전통의 맥락 속에서 이루어지는 창의적 사건들을 두고 말한다. 포스트모더니즘과 해체주의 이론가들은 해석학에서 텍스트가 갖는 우상타파적 역할을 집중적으로 부각시킨다. 하나의 전통으로 굳어질 수 있는 해석상의 안착점을 이들은 지속적으로 허물고자 하는 것이다. 그러나 전통은 항상 창의적 질문과 새로운 맥락 아래로 옮겨가게 된다는 점에서 그 자체가 한 자리에 머물지 않는다. 비트겐슈타인의 말대로 전통은 신념과 실천에 대하여 충분한 규칙성을 부여함으로써 공공의 세계 안에 하나의 확인 가능한 지속성을 주지만, 더 나아가서 충분한 발전과 변화와 특수성을 부여함으로써 새로운 사회–역사적 상황들이 떠오름에 따라 새로운 사회–언어적 지평들이 자라나도록 허용하기도 한다. 연속적인 우상타파만을 추구하는 것은 그 자체가 하나의 인위적 우상이 될 수 있다는 것을 알아야 한다.

이와 같이 우리는 전통이 가지는 유익과 불가피성을 인정해야 하겠지만, 그럼에도 불구하고 텍스트나 전통에 대한 해석들이 기구화되거나 화석화됨으로써 애초 이것들이 섬기고자 했던 원래의 이상을 가리게 되는 결과를 가져올 수도 있음을 간과해서는 안 된다. 전통들 속에는 오류가 포함될 수도 있으며, 또한 새로운 이해와 상황들에 의해 전통들이 극복될 수도 있다.

우리가 위의 두 가지 측면을 다 고려한다면, 성경 텍스트와 관련해서 이를 그저 예측 가능하고 단조로운 전통의 재확인 정도로 보는 것이나, 아니면 안착을 거부하는 우상타파적 비판 기능의 측면에서 보는 것 모두가 적절하지 못하다. 성경 텍스트 안에는 신조화의 장치도 나타나고 있음을 발견한다. 대표적인 예로 "이스라엘아 들어라 우리 하나님 여화와는 오직 하나인 여호와시니"(신 6:4)라는 쉐마 고백을 들 수 있다. 신약에서도 역시 고린도전서 8:4에서 볼 수 있는 것처럼 "하나님은 한 분밖에 없다"라는 고백이 포함되어 있다. 신약의 고백들은 과거의 전통에 대한 재확인의 기능을 수행한다.

또 한편 성경은 우상타파의 기능을 수행하기도 한다. 우리는 이런 예들을 욥의 말에서나 전도서의 표현들 가운데서, 또 예수의 역전의 비유들 가운데서 발견한다. 기존의 체계들을 탈중심화시키는 비판의 기능을 이들이 수행하고 있는 것이다. 욥기서의 경우, 쉐필드 대학에서의 필자의 동료교수였던 데이빗 클라인스(David Clines)가 보여주고 있는 것처럼, "도그마로서의 도그마를 무위화시키는 해체적 책략"[5]이 잘 드러나 있다.

루터와 칼뱅은 하나님의 말씀이 가장 날카로움을 가지게 되는 때는 그 말씀이 독자들에 대하여 친구로서가 아니라 적으로 다가올 때임을 강조한다. 말씀은 우리가 기존에 가지고 있던 소망이나 기대를 변화시키고 바로잡아 준다. 이는 보다 공식적인 측면에서는 전통의 시정과 관계 있다. 은혜와 심판, 거룩과 사랑은 우리로 하여금 보다 나은 새로운 길로 나아가도록 인도하는 것이다.

텍스트가 가지는 독창성도 텍스트의 종류에 따라 그 본질에 차이가 있다. 리쾨르가 강조하고 있는 것처럼, 상징이나 은유, 내러티브 등이 각각의 특성에 따라 우리의 상상이나 사고에 그 효과를 미친다. 기존의 사고체계의 한계를 뛰어넘는 새로운 가능성들을 우리에게 투사해주는 것이다. 움베르토 에코(Umberto Eco)의 경우, 두 부류의 텍스트를 구분하기도 한다. 하나는 주어진 내용을 전달하는 부류의 텍스트이고, 또 하나는 그 텍스트가 기호학적 모체의 역할을 함으로써 또 다른 의미를 발생시키는 그런 부류의 텍스트이다. 에코와 이서(Wolfgang Iser)는 텍스트 의미의 이해에서 독자의 역할이 얼마나 적극적인 기여를 하고 있는지를 밝히고 있다.

그러나 보다 급진적인 독자반응 이론들에서는 텍스트 의미를 전적으로 실용적 차원에서 이해하고 있다. 이 경우 문맥상의 의미라는 것이 전적으로 공동체 지평에 의해 결정되는 의미효과로 대체되고 만다. 텍스트 자체가 가지고 있는 창조적 측면은 부정되고 마는 것이다. 이런 이론들 가운데 일부는 성경 텍스트의 이해에 적용될 수도 있겠지만, 어떤 것들은 적용하기가 어렵다. 성경의 일부 범주에서는 이런 접근이 적용되기도 하겠지만, 모든 범주에 적용할 수는 없다.

해석학의 다양한 이론적 모델들을 살펴보는 가운데서 텍스트가 어떤 방식으로 사건적, 창조적 역할을 수행하는지를 평가하는 작업은 이제 필수적인 일로 부각되고 있다. 이미 우리에게 익숙한 텍스트와의 접촉이 반복적이고 심드렁한 경험으로 전락되어서는 안 된다. 독자 지평은 항상 변화하고 있으므로, 성경 텍스트를 읽는 일도 이런 습관화된 과정에 머무를 수 없다. 지평들이 서로 교류하고 접하는 과정 속에서 성경읽기는 진정으로 변혁적 읽기의 특성을 드러낼 것이다.

4. 해석학 발전상의 새 지평들

필자가 1970년에 고급 과정의 해석학을 대학에서 처음 가르치기 시작할 때만 해도 그 수업내용이 오늘날의 모습과는 많이 달랐다. 지금의 학생들은 훨씬 더 복잡한 논제들을 다루고 있지만, 이전의 과정에서는 세 가지 정도의 주된 이론적 모델들을 비교하고 평가하는 작업에 절반 이상의 시간이 배당되었다. 그 중 첫 번째 모델은 슐라이어마허와 딜타이, 베티, 그리고 낭만파 해석학의 전통이었고, 두 번째는 불트만(Rudolf Bultmann)의 소위 실존주의 해석학과 그 철학적 배경을 이루는 초기 하이데거 및 다른 관련된 사상가들이었고, 그리고 세 번째 모델은 가다머의 해석학적 체계였다. 특히 가다머의 해석학 속에서는 원리상 하나의 보편 현상인 언어를 통해 접근 가능한 보다 넓은 실재들의 바탕 위에서 어떻게 해석학적 이해와 의식적 판단들이 이루어지게 되는지의 문제를 주로 다루었다. 이런 점에서 가다머는 자신의 해석학을 후기 하이데거와 마찬가지로 언어에로의 존재론적 전환으로 이해하였다.

하지만 이와 같은 광범위한 언어적 전통의 현실화는 오직 역사적 유한성을 가진 변화하는 사건들 속에서만 일어난다. 하나의 놀이, 또는 하나의 예술작품은 놀이의 참가자 또는 해석자의 판단을 형성하는 하나의 '세계'를 투사한다. 놀이의 실재는 분명 놀이 참가자의 의식의 범주를 초월한다. 놀이의 구조나 목표, 또 특정 사건으로서의 매번의 놀이의 가변적 형태 등은 놀이하는 자의 지식과 행위가 적절한지를 결정한다. 어느 한 판의 게임도 다른 판과 꼭 같을 수가 없다. 마찬가지로 해석이나 이해도 정적이지 않다. 해석학의 한 범례로서 가다머의 해석학은 슐라이어마허와 딜타이 등의 소위 낭만파 해석학과, 불트만 등의 실존주의 해석학과는 구별되는 제3의 접근 방식을 제공하고 있다.

위의 세 모델들은 1970년대 초기 해석학 과정의 중심 내용을 이루었다. 그러나 점차 이 과정 속에 그 이상의 내용들이 첨가되었는데, 어떤 것은 보다 전통적인 것이었고, 또 어떤 것은 보다 현대적인 것이었다. 성경해석사의 측면에서 신구약의 관계 문제, 알레고리 해석의 문제, 중세의 4중 해석의 문제, 종교개혁적 이슈 등에 관한 연구가 필요하였고, 또 한편에서는 푹스(Ernst Fuchs)와 에벨링(Gerhard Ebeling)의 신해석학, 구조주의의 문제, 의미론의 이슈들, 라틴 아메리카 해방신학의 해석학, 폴 리쾨르의 초기 연구 등의 주제들을 다루지 않을 수 없게 되었다.

약 10년이 지나서 1980년대 초반이 되었을 때는 해석학의 다방면으로 확장되던 지평들이 상당히 새로운 형태를 갖추게 되었다. 가다머 이후 해석학의 발전은 가다머의 작업에 대한 서너 가지 다른 방향의 반응을 이끌어내었다. 가다머의 작업을 우리가 하나의 교차로로 이해를 한다면, 어떤 사람들은 이론적 기준들과 실용적 실행의 메타비평적 평가를 더 강조하는 길을 택하였다. 또 어떤 사람들은 역사적 전통과 언어의 사회-윤리적 측면을 연구하는 방향을 택하여 사회 비평 이론을 체계화하는 해석학을 발전시켰다. 세 번째의 방향은 이와는 매우 다른 결론을 취하기도 하였다. 다른 방법으로는 접근 불가능한 실재와 진리의 현실화 자체가 유한성을 띠며 또한 콘텍스트 의존적이기 때문에 여기에는 그 어떤 메타비평적 탐구가 가능하지 않으며, 해석학이 하는 일이란 단지 텍스트가 어떤 주어진 사회 공동체들 가운데서 행하는 실용적 효과들에 대한 진술 또는 이야기일 뿐이라고 보는 시각이다. 네 번째로 어떤 사람들은 가다머의 입장에서 선회하여 해석학의 보다 전통적인 접근을 옹호하는 사람들도 있다.

가다머는 이론적 이성과 대비되는 실천적 지혜를 강조하는 것으로써 자신의 메타비평적 작업의 출발점을 삼고 있다. 공동체의 실천적 판단들은 전통의 역사적 흐름을 통하여 계속 전달되는데, 이때 정립된 관행과 관습들이 언어 속에 응축된다. 이 바탕 위에서 상황적이며, 역사적으로 유한하고, 의식적인 판단행위들이 그 통용성을 얻게 된다. 계몽주의적 합리주의는 도구적 이론적 이성을 그것이 있어야 할 자리 이상의 자리에 올려놓는 실수를 범하였다. '방법'은 이론을 상황적 맥락 및 역사의 보다 넓은 삶의 흐름으로부터 단절시켜서 인식하게 만든다. 따라서 그것은 단지 파생적이고 과도하게 일반화된 도구일 뿐이다. 실제로 합리성은 보다 넓은 삶의 자리의 바탕 위에서 작용한다. 판넨베르크, 하버마스, 아펠, 그리고 일부 리쾨르도 가다머의 이런 인식을 구체화한 메타비평적 접근을 수용하여 이를 발전시키고 있다.

그러나 또 다른 사람들은 가다머의 작업을 전혀 다른 방향으로 해석한다. 한 텍스트나 역사적 언어의 '현실화'는 이전이나 이후의 다른 현실화 작업들과 전적으로 다를 수밖에 없기 때문에, 진리의 구체화라는 것은 모두가 급진적으로 상황적일 수밖에 없다고 보는 것이다. 이 관점에 따르면 지식이나 진리는 단지 유동적으로, 흘러가는 역사의 흘러가는 순간들 속에서만, 현실화될 수 있을 뿐이다. 역사 속에서는 각각의 역사적으로 유한한 지평은 그 다음의 지평 속으로 흡수된다. 그 어떤 연극이나 악보, 또는 게임의 '공연'도 다른 것과 꼭 같을 수 없다. 그렇지 않다면 그것은 연극이나 연주회, 또는 게임이라 할 수가 없다. 우리는 그 어떤 관조나 메타비평적 틀을 통해서도 하나의 공연이 새로운 상황 속에서 다른 공연과 어떤 차이를 가져올지 예측할 수 없다.

리처드 로티(Richard Rorty)는 아마도 이런 상황–상대적, 사회–실용적 해석학의 가장 잘 알려진 이론가라 할 수 있을 것이다. 로티와 피쉬의 '사회–실용적' 해석학은 하버마스와 아펠의 '사회–비판적' 해석학과 대조를 이룬다. 뒤에 가서 좀 더 자세히 보겠지만, 로버트 코링턴(Robert Corrington)이 지적하고 있는 것처럼, 독서 '효과들'을 지나치게 강조하고 있는 이 사회–실용적 해석학은 의미와 해석의 문제에서 실용적 전통을 그 맥락으로 삼기 시작했던 퍼스(C. S. Peirce)와 로이스(Josiah Royce)의 활동무대인 미국의 토양에 그 뿌리를 두고 있다. 이 두 사람은 의미를 결정짓는 데 있어서 공동체 및 공동체적 관습과 가치의 역할을 강조함으로써 사회–실용적 해석학의 길을 닦았다고 볼 수 있다.

가다머의 해석학은 이와 다른 세 번째 방향으로의 발전을 위한 도약대 역할을 하기도 한다. 하버마스와 아펠은 가다머가 해석학이 가지는 사회–윤리적 함의에 대하여 충분히 민감하지 못한 것을 비판한다. 텍스트나 진리의 현실화의 다양한편면들 배후에는 단순히 유한한 상황적 경우들만 있는 것이 아니라, 주어진 사회적 이해관계들이 놓여 있다는 것을 그들은 강조한다. 따라서 '사회–비판적' 해석학의 임무는 자유와 정의와 진리에 종사하는 해방적 비판을 통하여 이와 같은 사회적 이해들의 가면을 벗기는 일이다. 하버마스는 그의 초기 저작들을 통해 지식과 인간 '관심들'(interests)의 관계를 밝히는 데 주력한다. 후기 저작에 와서는 메타비평적, 사회적 차원의 해석학의 문제의식을 가지고 한편에서는 해석학적 '생활세계'(life–world)의 역사적으로 유한한 특정성의 측면과 또 다른 한편에서는 '체계'(system)라고 부를 수 있는 보다 넓은 범상황적 비평성의 측면 모두를 아우르는 연구를 하고 있다.[6] 이런 양면적 시각은 판넨베르크의 저작 『신학과 과학철학』(*Theology and the Philosophy of Science*) 에서도 잘 드러나고 있지만, 판넨베르크의 경우는 '체계'의 통제적 측면에 더 무게를 두는 경향을 보인다.

칼–오토 아펠(Kar–Otto Apel) 역시 특정 상황 속에서의 사회적, 언어적 실행들의 소여성을 넘어 잠정적 혹은 예기적 차원의 보편성에 대한 인식을 메타비평을 위한 기초로 정립하려 한다. 가다머와 마찬가지로 아펠도 역사적 유한성의 상황적 경계들을 깊이 고려하고 있다. 또한 비트겐슈타인을 따라 공공 세계 속에서의 주어진 언어 게임의 특정성을 잘 수용하고 있다. 하지만 로티나 피쉬와는 달리 아펠은 이런 사실이 해석자나 철학자를 어떤 국지화된 민족중심적 세계 속에 가둔다고 보지는 않는다. 아펠은 보다 넓은 차원의 인간합리성에 대한 이해를 모색하고 있으며, 우리의 탐구를 사회–실용적 측면에 국한시키기를 원치 않는다. 인간의 상호주체성은 특정 공동체 차원을 넘어간다는 것이 그의 지론이다.

우리는 위에서 가다머의 해석학이 세 가지 다른 방향으로 가지를 뻗어가고 있는 것을 보았다. 메타비평적 방향과 사회실용적 방향, 그리고 사회비판적 방향이 그것이다. 네 번째 방향은 왔던 길로의 복귀이다. 여전히 많은 사람들이 보다 전통적인 해석학적 모델로 복귀하고 있다. 미국의 맥락에서 보자면 허쉬(E. D. Hirsch)가 정리해 내고 있는 의미와 의도성의 모델이 일각에서는 매우 영향력이 있으며, 이것이 엘리엇 존슨(Elliott E. Johnson, 1990)이 채용했던 성경 해석의 한 유력한 이론적 모델이다.[7] 하지만 또 일각에서는 프랑크 렌트리치아(Frank Lentricchia)와 같은 사람에 의해 허쉬의 접근은 일종의 '순수의 해석학'(a hermeneutics of innocence)을 표방하는 것으로서 오늘날과 같은 가다머 이후 시기에는 더 이상 유지되기 어렵다는 판정을 받기도 한다.[8]

인문주의적 패러다임을 너무 쉽게 포스트모더니즘 전제들 앞에 내어주게 될 때 이것이 매우 급진적 결과들을 불러 올 것이라는 허쉬의 경고는 주목할 만한 가치가 있다. 어떤 종류의 텍스트에서는 허쉬의 입장이 비록 전부는 아니라 할지라도 많은 경우에 설득력이 있다. 하지만 전체적으로 볼 때 그의 비트겐슈타인 이전대의 개념적, 방법론적 도구들이 가다머 이후 시기의 이론 속에서 제기된 복잡한 이슈들을 제대로 포괄하지 못하는 난점을 가진다. 우선 저자 의도의 중요성에 대한 허쉬의 언어는 설이나 다른 사람들이 텍스트의 '지향성'(directedness)이라는 이름으로 수용하고 있는 비트겐슈타인 이후 시기의 이론적 용어로 전환할 수 있을 것이다. (이것은 장르 설명을 위해 허쉬가 비트겐슈타인의 '언어 놀이' 개념을 사용하고 있는 것과는 별개다.) 일부 철학자들이 인간의 행위주체자 됨이나 언어적 의사소통 상호행위성과 관련해서 제기하는 이슈들이 이 문제와 관련하여 다루어질 수도 있을 것이다.

두 번째로, 우리가 허쉬가 하는 것처럼 '의미'(meaning)를 다분히 의미론적(semantic) 차원에 국한시키거나 또는 두드러지게 상호인격적 대화의 모델에 국한시켜서 다루게 될 때, 우리는 해당 문제를 해결한다기보다 단지 연기시키는 것에 지나지 않는다. 우리가 '의의'(significance)라는 말을 하나의 만병통치약처럼 쓰는 것도, 보다 복잡하고 보다 상황–상대적 경우들을 단지 그 성격이 비슷비슷한 주관적 함의 정도로 인식하게 만든다면 이 역시 우리에게 큰 도움이 되지 못한다. 의미가 무엇'이냐' 하는 문제는 비트겐슈타인이 지적하는 것처럼 의미–통용성이 도출되는 언어놀이의 맥락 속에서 결정되는 문제이다.

그렇다고 하여 모든 종류의 텍스트 의미가 사회실용적 의미효과(meaning–effects)로 축소되는 것은 아니다. 비트겐슈타인이 강조하고 있는 것처럼, 우리는 해석상의 어떤 '실수' 또는 '오해'가 일어나게 되었을 때 그것이 실수라는 것을 분간할 수 있게 해주는 일종의 기준을 전제로 하고 있다. 만일 의미가 모두 의미효과일 뿐이라면 결코 텍스트를 잘못 이해했다는 상황은 일어날 수 없다. 공공 세계 속에서의 상호주체적 규칙들은 의사소통적 의미가 비트겐슈타인이 쓰는 전문용어로 '사적' 언어('private' language) 차원으로 전락하게 내버려두지 않는다. 다시 말해서 무엇이 해석상의 실수로 간주되어야 할 것인지에 관해 아무런 기준도 없는 상태가 일어나지는 않는다는 말이다. 이런 점에서 우리는 허쉬 자신의 지나치게 단순화된 논리들로 복귀하지 않더라도 가다머 이후 시기의 해석학이 던지는 다양한 종류의 질문들을 검토할 수 있는 보다 건설적인 근거를 가진다. 본인은 허쉬의 입장에 많은 부분 동정적이지만, 이 책에서는 이상의 이유 때문에 그의 이론에 더 많은 지면을 할애하지는 않는다.

가다머 이후 해석학의 또 다른 한 특징은 심리분석적 모델에 점차 더 많은 관심이 주어지고 있다는 점이다. 이점과 관련해서는 리쾨르나 또 다른 사람들이 '의구의 해석학'(a hermeneutics of suspicion)이라 지칭하는 해석학의 한 측면이 부각되고 있다. 언어도 인간의 정신도 결코 그 자체로 투명하거나 바르기만 한 것은 아니다. 그리스도인 사상가들의 입장에서 볼 때 프로이트나 마르크스, 니체 등 소위 의심의 대가들이 한 일을 기독교 신학과 맞지 않는다고 매도해버리고 싶은 유혹이 큰 것은 부인 못할 사실이다. 그러나 인간의 정신이 개인적 이해관계나 사회적 권력 변수 안에서 여러 가지 방식으로 스스로를 속일 수 있다는 그들의 주장은 인간 마음의 기만성, 불투명성, 이중성 등에 대한 성경적, 신학적 이해와 공통되는 부분이 많다.

이런 바탕 위에서 리쾨르는 프로이트의 이론을 비판적 도구로 사용하여 해석학의 논제를 발전시키려 노력하고 있다. 프로이트의 꿈의 해석이나 꿈 텍스트 및 꿈 작업에 대한 인식은 리쾨르의 신화, 상징, 은유 등 복합 또는 이중 의미층을 가진 텍스트 해석과 유사성을 가진다. 프로이트의 과잉결정(overdetermination 복합적인 다수 사고들의 응축이 단일 이미지를 낳는 과정을 가리키는 말-역주) 개념은 서로 다른 단계의 설명이 주어지거나 혹은 이해가 일어날 수 있는 복잡 과정 해석의 난점을 함유하고 있다.

리쾨르는 '의심'을 비판의 도구로 사용하는 것에 병행하여 상징, 은유, 내러티브 등의 힘을 재생하는 일에도 관심을 기울인다. 비판적 도구들이 우리가 신성한 언어 속에 투사하는 우상적 인식들을 타파하는 데 도움이 된다면, 복구의 해석학(a hermeneutic of retrieval)은 창조적이고 생산적인 목적을 위해 언어의 힘을 되찾고자 하는 데 그 목적이 있다. 이것 역시 리쾨르의 입장에서 볼 때는 언어의 다층적 성격을 그 배경으로 한다. 성경 텍스트 해석의 측면에서 보면, 나의 동료 교수인 로버트 피알(Robert Fyall)이 욥기서에 나타난 이미지의 세계와 관련하여 언급하는 내용이 연관성을 가진다고 본다.[10] 욥기 41:1–34의 '악어'(Leviathan)는 어떤 특정한 수생 생물체, 이를테면 하마 같은 것을 지칭하는 말인가, 아니면 그보다 큰 어떤 실체를 가리키는 다층적 이미지를 나타내는 말인가? 욥이 이와 같은 길들일 수 없는 혼돈의 괴물 크라켄(Kraken)의 위협을 하나님의 손에 맡길 뿐이라고 말하는 것은 단지 하마 같은 생물을 좌우할 수 없다는 것을 넘어서 조화로운 세상의 질서를 혼란과 무의미 속으로 몰아넣을 수 있는 어떤 원시적 세력을 가리켜 말하는 것이라고 볼 수 있다.

지난 10여 년 동안 나타난 해석학의 새로운 지평들 가운데 두 가지 더 그 주류적인 측면들을 언급하고자 한다. 하나는 해방의 해석학이다. 라틴 아메리카에서 이 문제는 이제 제2의 국면을 맞이하고 있고, 흑인 및 페미니스트 해석학이 또한 전면에 대두하고 있다. 흑인 남아프리카 해석학은 유물론 및 마르크스주의의 접근방법에서 그 이론적 모델을 취하고 있다. 그러나 북미와 흑인 아프리카 지역 나라들에서는 흑인 해석학이 다소 다른 방향으로 그 형태를 취하고 있다. 페미니스트 해석학의 경우 가장 두드러진 측면은 그 해석학적 이론상의 차이점이 대단히 크다는 점이다.

페미니스트 신학들 안에서의 입장의 차이에 따라 그 이론적 모델 역시 다양성을 가지는데, 때로는 그 모델들이 서로 상충하기도 한다. 어떤 여성주의자들은 사회–비판적 접근과 유사성을 보이는데, 이들 역시 범상황적 비판의 가능성을 염두에 두면서 자유와 정의의 이름으로 보편적 비판을 추구하고 있다. 그러나 또 다른 여성주의자들은 그와 같은 범상황적 비판의 가능성을 거부하고 사회–실용적 접근의 바탕 위에서 다만 특정 공동체–상대적 사회 규범들의 측면만을 보려하는 사람들도 있다. 원인은 아닐지라도 결과적인 측면에서 두고 보면 이처럼 대립되는 이론적 전제들의 배후에는 하버마스와 로티가 각각 놓여 있는 셈이다.

문학 이론 또한 해석학에 다양한 새로운 논의들을 불러 들여왔다. 내러티브 이론의 발전이라든지 기호체계에 대한 설명에서부터 독자 독해력 측면으로 관심이 기울어진 후기구조주의 이론들, 그리고 텍스트로부터 독자에게로의 전반적인 관심의 이동 등이 그런 것이다. 내러티브 이론에서는 그레마스(Greimas) 등에 의한 초기의 내러티브 문법 정립 차원의 관심이 주네트(Genette), 세이머 채트만(Seymour Chatman) 등의 논제로 그 관심이 넘어갔다. 조너선 쿨러(Jonathan Culler)의 경우는 구조주의와 후기구조주의 이론들이 어떻게 독자지향적인 텍스트 '틀 짓기'(framing)의 관심 속으로 넘어가게 되었는지를 관찰하고 있다.[11]

독자반응 이론이 대두된 것도 하나의 특징인데, 이서(Iser)의 경우는 보다 조심스러우면서도 철학적 논의에 바탕을 둔 접근을 하고 있으며, 에코(Eco)의 경우는 보다 균형 있고 포괄적인 기호학적 형태의 접근을 하고 있으며, 블라이치(Bleich), 홀란드(Holland), 피쉬(Fish) 등은 기존의 틀을 벗어나서 보다 확대된 실용주의의 형태로 이 논제를 이끌어가고 있다. 이런 주제들은 차후에 8장과 14장 속에서 더 상세히 다룰 것이다.

마지막으로, 텍스트의 본질 자체에 대한 논의가 일어났다. 이런 논의는 독자를 텍스트의 공동저자로 보는 독자반응 이론에 의해 촉발되고 있다. 텍스트는 독자 공동체가 특정한 실행 통용성을 그 텍스트에 부여하기 전까지는 그 자체로 완결된 것도 아니며 온전히 '주어진' 것으로 볼 수도 없다. 포스트모더니즘이나 해체주의 이론들의 관점에서 보면 텍스트는 변화되는 텍스트성을 가진다. 텍스트의 형태와 기능은 새로운 간본문(intertextual) 상황이나 독서 상황 속에서 그 의미체계나 독서 효과가 지속적으로 변하는 것으로 이해되고 있다. 특히 의미를 의미효과와 동일시하는 경향을 가진 미국의 해석학적 실용주의의 전통 속에서 이런 논의가 그 발원지인 프랑스를 능가하여 활짝 꽃을

피우게 된다. 반면 영국에서는 이처럼 문학 이론과 철학적 세계관을 복합시키는 형태의 접근이 적지 않은 저항에 부딪치고 있다.

경험주의 전통이 강한 영국에서는 특정 경우들의 지위에 더 큰 강조점을 두는 경향이 있기 때문에 이를테면 울퉁불퉁한 바위처럼, 일반화에 저항하는 고집스러운 반대 경우들을 식별하고 존중하는 분위기로 인해 모든 것을 통괄하는 이론들의 풍선을 찔러 바람을 빼기를 좋아한다. 더 상세한 논의는 뒤에서 하겠지만, 일단 움베르토 에코가 하고 있는 것처럼, 모든 텍스트보다 '어떤 종류의' 텍스트가 상대적으로 안정적인 또는 불안정적인 방식으로 작용을 하는지의 문제에 초점을 모으는 것이 보다 건설적인 방향이 될 것이다. 진정으로 창의적인 것은 안정된 틀이 있는 곳에서 배출된다. 그렇지 않다면 어떤 것이 창의적으로 새로운 것인지 아니면 기괴하고 별스러운 것인지 구별할 수 없을 것이기 때문이다.

이런 복잡한 논의들의 와중에서 우리는 텍스트의 본질이 무엇이냐에 대한 진정한 관심을 던지고자 한다. 문제의 핵심은 텍스트를 '읽는다'는 것이 무엇이냐이다. 해석학의 '새 지평들'이라고 했을 때 앞에서 말한 두 번째의 측면에 해당되는 것으로서 '변혁적 성경 읽기'의 두 번째 측면이다. 즉, 현대 해석학 이론의 도전은 우리에게 성경 텍스트를 읽는 '방법의 변혁'을 또한 요구한다는 점이다. 우리는 읽기 과정의 성격과 관련하여 기존의 전통적 인식을 당연시할 수 없는 상황에 이르렀다. 슐라이어마허로부터 가다머에 이르기까지의 주된 강조점은 이해 및 상호주체적 전통들, 그리고 인간적 판단 등에 놓여 있었지만, 문학 이론 및 기호학 이론의 충격파로 말미암아 이제 그 초점이 텍스트와 독자 간의 상호작용 및 만남의 과정으로 옮겨지고 있다. 보다 전통적 이론가들의 입장에서 보면 이런 현상은 성경읽기를 다른 무엇으로 변환시키는 일이 될 것이며, 포스트모더니즘의 입장에서 보면 이런 변화는 성경읽기를 반복적이며 예측가능한 과정으로부터 보다 창조적이고 생산적인 과정으로 변환시키는 일이 될 것이다.

5. 새 지평들과 독서 패러다임의 변화

첫 번째 장과 다른 한두 군데를 제외하고 다른 모든 부분 속에서 필자는 다른 연구에서 밝히지 않은 내용들을 첨가하고자 노력하였다. 이것이 어느 정도의 독창성을 가지는가 하는 문제는 각 장마다 그 정도가 다를 것이다.

첫 번째 장에서 주로 우리의 주제에 대한 입문적 논의들을 다루게 되겠지만, 그 중에서도 뒤에 8장에서 충분히 다루게 될 화행들(speech–acts)에 관한 논의가 다소 나타나게 될 것이다. 따라서 이 자리에서 내가 어떻게 이 화행론 모델에 특별한 가치를 두게 되었는지를 간단하게 언급하는 것이 적절하리라고 본다. 1964년경에 나는 후기 비트겐슈타인의 저작뿐만 아니라 존 오스틴(J. L. Austin)의 저작에 대해서도 강한 매력을 느끼게 되었다. 1965년과 1969년 사이의 수 차례의 구두 대화 가운데서 나는 조지 케어드(George Caird) 교수가 오스틴의 관점을 수용한 에반스(D. D. Evans)의 책 『자기포함의 논리』(*The Logic of Self–Involvement*, 1963)가 신약 연구 분야에서도 대단히 중요한 잠재력을 가지고 있다고 구두 논평을 한 것에 대해 굉장히 큰 인상을 받았다. 케어드 교수는 학제적 작업의 중요성에 대해 많이 강조했는데, 이에 대해서는 8장에서 보다 자세히 언급할 것이다.

이런 과정의 결실로 나는 1970년에 비유 해석학과 관련된 논문 한편을 출판했다. 이 논문은 에른스트 푹스(Ernst Fuchs)의 신해석학을 오스틴의 화행론의 관점에서, 더 넓게는 비트겐슈타인의 언어이론의 배경 속에서 비교 연구를 한 것이다.[12] 푹스와 오스틴 모두가 행위를 수행하는(to perform acts) 측면에서의 언어의 자질에 바르게 착안을 하고 있다. 비유들의 경우를 두고 보자면, 어떤 것은 약조나 제안을 행하기도 하고, 용서의 행위를 발효하기도 하며, 또한 사회기구적 인식들을 뒤집기도 한다.

이 모든 측면이 비트겐슈타인이 지적하고 있는 것처럼 언어 활용이 상호작용적 인간 삶의 공적 세계에 뿌리를 두고 있는 "행위의 일부"를 구성한다는 인식과 잘 맞아 떨어진다. 하지만 푹스의 철학적 바탕은 오스틴이나 비트겐슈타인과는 다르다. 특히 푹스의 경우 비유 세계를 발생시키는 언어효과들이 일차적으로 언어적, 또는 언어내적 측면에 국한되고 있다는 점에서 더욱 그러하다. 푹스는 심지어 예수의 부활조차도 본질적으로 하나의 '언어적' 사건이라고 보고 있다. 반면 오스틴에게 발화수반적(illocutionary) 화행의 효과 여부는 연관된 사태의 정황이 공적 세계 속에 어떻게 자리를 잡고 있는지, 이를테면 그것이 사회기구적 권위형태나 상호인격적 관계 속에서 사태의 정황을 어떤 식으로 가지고 있는지에 직결된다.

이런 측면이 해석학과 관련해서는 두 가지 연관된 관심을 불러일으킨다. 하나의 관심 분야는 비트겐슈타인의 언어놀이 인식과 관련된 것인데, 여기에는 정황, 훈련, 패턴, '규칙 따르기' 등에 관한 그의 작업과, 또한 공적 언어와 '사적'(특정, 전문적 의미에서) 언어의 구분 등이 유용한 개념적 틀이다. 필자의 책 『두 지평』(1980)에서 이 문제를 상세히 다루었고, 특히 비트겐슈타인의 접근이 해석학적 성찰을 위해 하나의 이론적 장치가 될 수 있다는 점을 상술한 바 있다.[13] 나는 비트겐슈타인의 작업을 하이데거, 불트만, 가다머 등의 해석학과 비교하였고, 이런 이론적 모델을 사용하여 성경 텍스트에 나타나는 대로의 '진리', '믿음', 믿음을 통한 은혜로의 칭의 등의 개념을 해석할 때 나타나는 결과들이 무엇인지 예시한 바 있다.

또 다른 관심의 방향은 우리가 계속 살펴보아야 할 분야인데, 언어 사용을 효과를 발생시키는 행위들로 본다고 할 때 이것이 해석학 이론에 미치는 결과가 무엇일까 하는 점이다. 우리는 과연 언어가 발생시키는 효과들의 타당성을 잴 수 있는 기준을 제시할 수 있을 것인가? 아니면 그저 어떤 효과들이 일어나고 있는지 진술만 할 수 있을 뿐인가? 비트겐슈타인의 말을 빌리자면, 어떤 부류의 텍스트 효과를 '실수'(mistake)라고 규정하는 것이 가능한 일일까? 보다 근본적으로는, 1970년까지의 해석학 이론의 논의 가운데 성경 텍스트가 단순히 어떤 내용들을 전달하는 것뿐만 아니라 소기의 변혁적 효과들을 발생시키기도 한다는 점에 대하여 왜 아무런 관심이 일어나지 않고 있었을까?

이런 점은 내가 리쾨르를 읽기 훨씬 전에, 독자반응 이론이 일어나기 오래 전에 가졌던 질문이다. 독자반응 이론이 해석학과 성경학 분야에 마침내 들어오게 되었지만, 그 접근각도가 오스틴이나 설과는 상당히 다르다는 것이 분명해졌다. 오스틴과 설에게는 언어외적(extra–linguistic) 요소들이 언어효과들의 작용에 큰 영향을 미친다. 그러나 독자반응 이론들에서 효과는 주어진 공동체 또는 전통 속에서의 언어적 관습의 배경 속에서 독자가 가지는 감지(reader–perceptions) 또는 기대(reader–expectations)에 국한된다. 1970년에 출판된 논문에서 필자는 오스틴의 관심을 따랐다. 이와 관련해서 두 플레시스(J. G. du Plessis)가 매우 호의적인 논평을 해 준 것에 대해 사의(謝意)를 표하고 싶다. 즉, 본인의 연구가 최초로 "화행론(오스틴이 1962년에 개진한 바 있는)을 비유 연구에 접목시켰다"라는 것이며, 또한 그 자신의 연구는 "티슬턴(1970), 아우렐리오(Aurelio, 1977), 아렌스(Arens, 1982)로 이어지는 연구 방향의 확장"이라고 밝힌 것이다.[14]

우리가 여기에서 물어볼 또 하나의 질문은 과연 화행론이 기록 텍스트에도 적용될 수 있을 것인가 하는 점이다. 예수의 비유들은 원래 구두 담화에서 비롯되었다. 구두 스피치가 이루어지는 상호인격적 상황 속에서는 스피치가 행위로 작용한다는 것을 분명히 알 수 있다. 이를테면 "내가 당신을 용서한다", "내가 당신에게 ~을 위임한다", "이것을 받으라. 이제부터 이것은 너의 것이다" 등과 같은 경우, 이 발화들은 언어외적 상호작용의 맥락 속에서 행위들로 작용을 한다. 그러나 이뿐만 아니라, 1장에서 보다 자세히 보겠지만, 법적 유언서, 연애편지, 기록된 약정서 등의 경우도 공공영역 속에서 상태의 변화를 유발하는 효과 있는 행위들로 작용한다. 성경 기록들의 경우도 언약이라는 하나의 기구적 틀 속에서 볼 수 있을 것이다. 그 안에는 약속의 행위들, 축복의 행위들, 용서의 행위들, 심판 선포의 행위들, 회개의 행위들, 예배의 행위들, 위임의 행위들, 친교의 행위들, 사랑의 행위들 등의 형태로 다양한 헌신들과 효과들이 실행된다. 필자는 이와 같은 성경 언어의 특성이 성경의 심장부에 놓여 있다고 보았기 때문에, 본인의 해석학 수업과정에는 언제나 화행론과 수행어(performative)로서의 언어이해 부분을 빠트리지 않았다.

1974년에 출판된 한 논문에서 나는 성경 기록에서 '말의 힘'을 어떻게 이해해야 할 것인지를 살펴보았다.[15] 우리가 오스틴의 이론을 보다 폭넓게 적용해보면 성경의 축복문이나 저주문 등 '능력함유적' 언어에 대한 적지 않은 구약학자들의 설명이 잘못되었다는 것을 알 수 있다. 그들의 설명에 따르면 히브리인들, 혹은 소위 '히브리식 정신'에서는 언어를 거의 언어 마술 차원에 가까운 매우 원시적이며 단순한 것으로 보았다는 것이다. 이런 견해를 입증하기 위해서 말리노브스키(Malinowski) 등을 인용하기도 하고, 또 군사용 무기류 등의 비유를 사용하기도 하였다. 예를 들면 왜 이삭이 야곱에게 한 축복을 거둘 수 없었는지, 또 왜 발람이 발락의 요구에도 불구하고 자신의 축복을 철회할 수 없었는지에 대한 설명으로 그들의 말이 마치 시간장치가 설치된 미사일이나 폭발이 연기된 폭탄과 같이 언젠가는 그 효력이 원인적으로 발휘될 수밖에 없기 때문이라는 식의 설명이다.

그러나 히브리인들이 이와 같은 원시적 언어이해를 가졌다고 볼 필요가 없다는 것이 본인의 주장이었다. 히브리어로 말을 가리키는 다바르(*dabhar*)가 '말'을 뜻할 수도 있고 '사물'을 뜻할 수도 있었다는 이유 때문에 히브리인들이 말과 사물 사이를 구분할 수 없었다고 보는 것은 옳지 않다. 오스틴이 지적하는 것처럼, 어떤 화행들은 철회를 위한 기구적 절차가 없는 경우가 있는가 하면, 어떤 경우들은 그런 절차를 가지기도 한다. 어떤 교회들이나 사회(비록 전부는 아니지만)에서는 결혼 서약을 할 때의 "네, 그렇게 서약합니다"라는 화행이 이혼의 행위에 의해 철회될 수 있다고 보기도 한다. 그러나 내가 아는 한 그 어디에서도 "내가 이 아이에게 안 세례를 줍니다(I unbaptize this infant.)" 또는 "내가 그/그녀의 재를 땅에 안 의탁합니다" 같은 말을 하는 것은 찾아볼 수 없다. 이삭이 야곱에게 한 축복을 철회할 수 없었던 것은 그와 같은 '안 축복'의 효력을 발효시키는 절차가 존재하지 않기 때문이다.

8장에 가서 우리는 예수님께서 행하신 어떤 화행들은 기독론적 함의를 내포하는 권위발효의 구조 위에서 작용한다는 것을 볼 것이다. 마찬가지로 약속 화행들(promissory speech–acts)과 관련해서도 한편에서는 헌신의 행위와 다른 한편에서는 조건들, 기대들, 변화들 등이 어떻게 자리매김 되는지의 이슈들이 제기된다. 성경 텍스트의 종교적 통용은 많은 경우에 루터가 성경의 명백성(*claritas scripturae*)에 관하여 에라스무스와 논쟁하는 가운데서 밝히고 있는 것처럼, 성경이 약속, 선포, 또는 지시하는 것에 따라 성경 독자들이 행동할 충분한 이유를 가졌느냐에 의존한다. 이 책에서 다룬 다양한 이슈들 가운데서도 설과 르카나티가 발전시킨 화행론의 결과들을 가장 만족스럽게 적용할 수 있게 한 분야는 그리스도의 사역에 대한 바울의 언어를 새롭게 이해하고자 한 샌더스(E. P. Sanders)의 논의를 재평가한 부분이다.

8장에서 나는 바울의 속죄 언어가, 설과 르카나티의 표현대로, 그 '맞춤의 방향' 또는 '상응의 방향'이 말이 사태의 정황을 따르는 방향으로 이루어지고 있음을 논하고자 한다. 반면, 바울의 '참여' 언어, 즉 그리스도와 함께 우리가 죽고 또 함께 산다고 말하는 측면에서는 그 맞춤의 방향이 약속 또는 종말론적 언어와 마찬가지로 세상(사태의 정황)이 말에 따라 변화되는 방향(world-to-word)으로 이루어진다. 샌더스가 지적하는 것처럼, '참여' 언어가 미래지향적인 반면 속죄 언어가 과거와 연관된다고 말하는 것은 어떤 면에서는 옳다. 그러나 이런 이유 때문에 속죄 언어가 참여 언어보다 덜 중심적이라거나 또는 덜 중요하다고 말하는 것은 옳지 않다. 화행론의 관점에서 볼 때, 속죄 언어는 상황적, 기구적 전제들을 진술(describe)하는 바, 이것이 없이는 부활 참여의 약속(promissory) 언어가 공허한 것이 되고 만다. 속죄의 바탕이 없이는 부활 참여의 약속이 보다 광범위한 결과들을 야기하는 효력 있는 행위를 발효시키지 못한다.

설과 르카나티의 이론이 가지고 오는 또 다른 결과 한 가지를 도입적으로 잠시 언급하고자 한다. 성경학자들 가운데는 성경의 기록 중에서 어떤 문단 또는 문장이 재상황화될 때, 그 가운데서 일어나는 언어적 내용의 변화와 언어적 힘의 변화를 잘 구분하지 못하는 사례들을 종종 알게 된다. 마이클 피쉬베인(Michael Fishbane)의 글에서 한 예를 들 수 있고(1장), 필리스 트리블(Phyllis Trible)의 글에서 한 예를 들 수 있다(12장). 피쉬베인의 경우 출애굽기 34:6, 7이 나훔 1:2, 3에서는 다른 의미를 취한다고 말한다. 그러나 우리가 고려해야 할 것은 설과 르카나티가 비트겐슈타인의 전례를 따라서 하고 있는 것처럼, 그림, 형상, 또는 명제적 내용(p)의 요소와 그것의 기능, 적용, 또는 힘(F)의 요소의 구분이다. 르카나티는 자신의 책의 제목을 아예 이 두 가지(*Meaning and Force*)로 압축하고 있다.[16] 말의 '힘'의 측면에서 일어나는 변화를 무시하고 그것을 "모순"이라고 부르는 것은 마치 말이 상황과 상관없는 공백 상태에서 이루어지는 것처럼 말을 탈역사화하고 탈상황화하는 일이 된다. 매일의 다양한 상황들 속에서 내가 "하나님은 위대하시다"(p)라고 말할 때, 그 '힘'(f)은 경우에 따라 '확신'이나 '경고' 또는 '찬양'이 될 수 있다. 이런 경우들을 "모순"이라고 부르는 것은 부정확할 뿐만 아니라 오도된 방향으로 용어를 사용하는 것이 된다.

이 책에서 한 가지 분야에서는 다른 부분만큼 뚜렷한 입장을 가지기가 어려운 부분이 있다. 나는 2장과 3장에서 '텍스트성'에 관한 논의를 균형 있게 제시하고자 노력하였다. 진론드(Werner Jeanrond, 1988)는 우리가 '텍스트'라고 할 때 그 의미가 뭔지를 분명히 하기 '전에는' 텍스트의 해석이나 읽기를 논할 수 없다고 주장한 바 있다.[17] 그러나 문제를 다르게 돌려놓아도 역시 딜레마가 일어나기는 마찬가지다. 우리가 읽기 또는 해석을 무엇으로 볼 것이냐 하는 것이 텍스트를 어떻게 볼 것이냐 하는 것과 직결된다. 예를 들어, 인간의 지각과 해석에 관한 피쉬의 사회-실용적 이론이 그의 텍스트 본질 이해를 결정했는가 아니면 텍스트에 관한 그의 이론이 그의 사회-상황적 실용주의를 도출했는가? 우리는 명확히 답할 수 없다. 해석학적 순환(hermeneutical circle)과 마찬가지로 하나에 대한 이해가 다른 하나를 위한 조건으로 작용한다. 따라서 우리는 2장과 3장의 주장들이 이 책의 후반부에 내려진 결론들(특히 6, 7, 8, 10, 13, 14장)을 위한 잠정적 전제 역할을 한다는 것을 강조하지 않을 수 없다.

우선 2장에서 나는 텍스트의 본질에 관한 폭넓은 논의들을 소개하고자 하였다. 이런 주제에 다소 생소한 독자들을 고려하여 이 단계에서는 논의의 심도를 비교적 낮게 유지하였고, 보다 심도 있는 논의는 3, 8, 14장에서 더 다루었다. 어쨌든 텍스트성이라는 문제가 추상적이고 일반적 차원의 논제로 머물러 있을 수는 없다. 비트겐슈타인과 오스틴이 결정적으로 잘 보여주었던 것처럼 "의미가 무엇이냐?" 또는 더 구체적으로 "이 한 단어의 의미가 무엇이냐?" 하는 문제는 그것의 맥락과 목적을 이탈한 추상화된 상태에서는 혼란만을 낳을 뿐이다. 마찬가지로 "텍스트가 무엇이냐?" 하는 문제도 동일한 관점에서 접근할 수밖에 없다. 13장에서 나는 텍스트 범주와 종류의 다양성에 대한 움베르토 에코의 지적을 인용하였다. 어떤 성경 텍스트는 그 성격이 전달적(아마도 빌레몬서)인가 하면 어떤 것은 생산적(아마도 요한계시록)이며, 어떤 것은 저작 상황이 심도 있게 고려되어야 한다는 점에서 저자지향적(아마도 고린도전서)인가 하면 또 어떤 것은 비교적 상황과 크게 상관없는(아마도 요나서) 텍스트도 있다. 하지만 이런 잠정적 평가도 주어진 해석 범주 안에서의 주어진 해석적 판단의 전통에 의거하여 달라지게 될 것이다.

따라서 2장과 3장의 일부 입장들은 부정적 형태를 취할 수밖에 없다. 일부에서 하는 것처럼 '모든' 기록 텍스트를, 따라서 모든 성경 텍스트를 그 저자와 또 그 삶의 정황과 분리시키려 하는 총괄적 시도를 나는 공격하게 될 것이다. 텍스트 본질에 관한 질문들은 한편 주어진 상황으로부터, 그리고 특정 목적에 답하여 일어나기도 한다. 이 상황과 목적이 기독교 공동체에 의해 제공되는 것이라면, 특정 신학적 입장이 성경 자료와 관련한 텍스트성 문제의 해답에 영향을 미치기도 한다. 만일 신학의 중심 범주를 접근 및 이해가능하게 된 하나님의 말씀 즉 성육신한 말씀에 둔다면, 그 안에서 말과 행위는 상호직조되는 것이므로 이런 경우 '모든' 성경 텍스트를 문학적 효과로 보아서 이를 그 통용성의 기반을 이루는 공공 세계와 분리시키는 입장은 복음의 본질에 부합되지 않는다고 볼 수밖에 없다.

물론 이런 주장을 한다고 해서 반드시 재현적(representational) 혹은 지시적(referential) 언어이론을 취한다는 것은 아니다. 언어와 의미가 어떻게 역사적 생활세계와, 혹은 비트겐슈타인의 "삶의 흐름"과 결부되는 것인지의 문제는 훨씬 더 복잡하고 미묘하다. 우리는 재현적 혹은 전적 투영적 언어관을 취할 것인가 아니면 언어를 가변적 공동체 기준이나 사회 관습이 발생시키는 의미효과들의 다층적 모판으로 이해하는 포스트모더니즘 언어관을 취할 것인가 사이의 양자택일을 할 필요는 없다. 복음서들은 생산적 텍스트들로 구성된다. 하지만 동시에 복음서들은 하나님의 은혜로 시발된 사건들을 증언한다. 우리가 마이클 와즈워스(Michael Wadsworth)의 "구원 사건과 공동체 반응은 하나가 된다"[18]는 문제시되는 주장을 다른 각도에서 말한다고 하면, 복음서들은 독자 공동체들이 그들 자신의 복음서를 생산하도록 초청받는 의미 모판 그 이상의 의미를 가진다.

그럼에도 불구하고 텍스트가 가지는 생산적 특성 즉 독자를 형성하고 변혁하는 능력을 도외시할 수 없다. 텍스트의 이런 능력은 독자의 현재적 지평들 안에서 실현된다. 2장 마지막 부분과 3장 초반부에서 이런 주제가 언급되고 있다. 특히 예배의 실제적 상황이 이런 면에서 중요한 의미를 가진다. 예배의 상황은 의사소통적, 생산적 행위가 사건적으로 이루어질 것에 대한 공동체적 기대 가운데서 해석학적 개방과 들음이 구현되는 살아 있는 예시의 현장이다. 나는 동방 정교회 해석학의 경우를 들어서 그것이 강조하는 말씀의 전례가 이와 같은 창조적 순간의 고전적 예를 제시한다고 보았다.

3장은 읽기에 적지 않게 어렵고 까다로운 부분이 있을 것이다. 그렇다고 느낀다면 다른 부분을 먼저 읽은 다음에 이 장을 맨 나중에 읽어도 좋을 것이다. 이 장에서 나는 롤랑 바르트(Roland Barthes)와 데리다(Jacques Derrida) 같은 사람이 가지는 특정 세계관으로부터 기호학 이론을 떼어 놓으려는 시도를 하였다. 이런 점은 아마도 1930년대에 에이어(A. J. Ayer)가 논리실증주의를 표방했던 것 속에서 유비를 찾을 수 있을 것이다. 에이어가 당시에 대단히 영향력 있고 인기가 있었던 것은 그가 자신의 작업을 '언어 이론'으로 제시를 했기 때문이다. 원리적으로 검증될 수 없는 것은 무엇이든지 인지적 '의미'를 전달할 수 없다는 것이 그의 주장이었다. 그러나 에이어의 이론은 결국 '언어이론의 옷을 입은 실증주의'였음이 탄로되었고 이내 그의 주술은 깨어지고 말았다. 비슷한 방식으로 바르트와 데리다, 그 밖의 다른 포스트모더니즘 이론가들이나 해체주의 논객들도 보기에 따라서는 문학 및 기호학 이론의 전문가들로 보여진다. 만일 기호체계의 모판(비교, 소쉬르의 '랑그')이 그 임의성이라는 특성 때문에 계속적인 변천에 예속될 수밖에 없다고 한다면, 어떻게 공공세계 속에서의 언어적 기착성이 확보될 수 있을 것이며 또한 이것이 사태의 정황이나 언어외적 실재에 대한 서술들을 충분히 안정적으로 전달할 수 있을 것인가? 모든 것이 유동적일 수밖에 없다.

내가 볼 때 다른 사람보다 특히 바르트와 데리다는 기호학 이론을 그 자체가 엄격하게 설정하는 한계 너머로 옮겨버리는 일을 하고 있다. 실질적 측면에서 그들은 '기호학의 옷을 입은 포스트모던 세계관'을 도모하고 있는 것이다. 앞에서도 잠시 지적했던 것처럼, 이와 같은 접근은 비트겐슈타인이 주의 깊게 구별하고 있는 공공영역의 언어와 종잡을 수 없는 '사적 언어'의 차이를 무효화시키고 있다. 전자는 검증가능한 규칙성(비록 발전하는 것이기는 하지만)을 가지지만, 후자는 언어외적 공적 행위의 세계와 사이에 관찰 가능한 연관성을 가지지 못한다. 그 안에서는 무엇을 잘못된 사용으로 볼 것인지의 기준이 전혀 없기 때문에 모든 언어적 표현들은 결국 다 '사적' 언어가 될 수밖에 없다. 물론 어떤 텍스트는 성상파괴적 목적을 수행하기 위해 기존의 전통들을 탈안정화(de-stabilize)하는 기능을 수행하기도 한다. 그러나 이런 탈안정화 기능은 보다 규칙적이며 안정된 전통들에 기생적이다. 비트겐슈타인의 말을 빌리자면, 의심은 오직 믿음에 따라 올 뿐이다. 거짓말이라는 것도 진실된 의사소통 행위들에 의존하는 언어놀이일 뿐이다.

현대 해석학 이론을 마치 그 전의 전역사 없이 갑자기 현재의 형태로 나타났다고 보는 것은 큰 실수일 것이다. 나는 이 책에서 해석학의 역사나 성경해석의 역사를 상세히 다루지 않고자 하는 의도적인 선택을 하였다. 이와 관련된 책들은 수도 없이 많다. 다만 나는 현대의 논의에 계속적으로 나타나면서, 또 그 논의를 새로운 모습으로 단장할 잠재력이 있는 역사적 이슈에 대해서는 특별한 관심을 기울이고자 한다.

교부 및 중세 알레고리 해석의 전통은 그 전역사인 필론 및 스토아 철학자들에 대한 관심과 더불어서 오늘의 현대 해석학 논의와 발맞추어 새로운 국면을 맞고 있다. 츠베탕 토도로프(Tzvetan Todorov)는 그의 책『상징과 해석』(*Symbolism and Interpretation*, 영역 1982)에서 해석의 역사에 나타난 두 주류 해석 전략들을 구분하고 있다. 하나는 스피노자, 볼프(Wolf), 아스트(Ast), 뵈크(Boeckh) 등으로 이어지는 '도구적'(operational) 혹은 '문헌학적'(philological) 전략이 있고, 또 하나는 교부들 속에 살아 있었던, 그리고 후에는 마르크스주의나 프로이트식 비판 속에 작용하고 있는 '최종주의'(finalist) 전략이다. 각각의 전략이 둘 혹은 그 이상의 '텍스트'와 더불어 작용한다. '기능적' 해석학에서 '입력 텍스트'는 저자 자신의 텍스트이고, '출력 텍스트'는 해석자의 텍스트이다. 토도로프의 말을 그대로 인용해보자. "해석학 역사에 흘러오고 있는 두 종류의 해석은 …… 두 가능성에 상응한다. 출력 텍스트로 입력 텍스트를 교정하려는 작용들에 압박을 주는 것이거나, 아니면 출력 텍스트 그 자체에 압박을 주는 것이다."[19] 토도로프가 볼 때 교부 해석학은 입력 텍스트의 압박을 활용하지 않는다. 오히려 이는 "또 다른 텍스트(즉 기독교 교리)와의 끊임없는 대면" 과정을 통과한다.[20]

많은 포스트모더니즘 이론가들은 교부 및 중세 해석학을 공동체 기능의 관점에서 이해하고 있고, 이를 종교개혁 이후와 계몽주의 및 근대의 개인주의와 대조되는 것으로 보고 있다. 사회사의 관점에서 보면 교부들은 이 공동체 이해를 반영하는 일종의 실용적 해석학을 도모하였다는 것이 그들의 생각이다.

그러나 4장에서 보다 자세히 보겠지만, 종교개혁 이전 시기의 교회와 포스트모더니즘 시기 사이에 하나의 유사점을 찾으려는 시도는 대단히 조심을 기울여야 한다. 특히 두 가지 점을 고려해야 한다. 첫째, 포스트모더니즘 읽기와 대비적으로 교부 및 중세기 교회의 '렉치오 디비나'(*lectio divina*) 혹은 '영적 읽기'는 보다 안정된 전통이라는 신학적 틀 안에서 이루어졌다는 사실이다. 나는 이와 같은 전반적 관점을 '전통의 해석학'(hermeneutics of tradition)이라는 이름으로 부르고자 한다. 성경 텍스트가 생산적 기능을 수행한다는 사실을 지적하는 것만으로는 충분하지 않다. 그 생산적 해석이란 것이 무엇이냐 하는 점은 또한 토도로프의 표현대로 기독교 교리라는 '텍스트'에 의해 부분적으로 결정되기도 한다. 『두 지평』에서 나는 성경 주해와 조직신학의 상관관계에 대해 특히 가다머의 해석학을 사용하여 상세히 논의한 바 있다.[21]

두 번째로, 교부들의 해석에서 공동체-상대적 기준이란 것도 주의 깊게 생각해 볼 필요가 있다. 4장에서 나는 이레나이우스의 전통 개념을 다루고 있지만, 특히 내가 받아들일 수 없는 것은 교부들의 주해가 그들의 전통 속에서 그랬던 것처럼 영지주의 주해도 그 자체의 사회상황적 틀 속에서는 결코 비이성적이거나 무책임하거나 정당성이 없는 것이 아니었다는 엘레인 페이젤스(Elaine Pagels) 등의 주장이다. 우리가 어떤 이론들을 너무 쉽게 받아들이기 이전에 "보고 또 보아야 한다"라는 비트겐슈타인의 권고를 염두에 둔다면, 교부 및 영지주의 자료들의 엄청난 다양성 자체가 이와 같은 상황적 틀에 호소하는 견해 자체를 상대화시킨다고 볼 수 있다. 영지주의 자체의 상황적 틀 안에서도 성경 텍스트를 하나의 도구적 수단으로 뒤바꾸어 놓음으로써 래우츨리(Samuel Laeuchli)가 의미론적 분열 혹은 붕괴라고 부르는 일을 자행하고 있다.

반면 오리게네스는 하나의 결정적인 해석학적 발전을 이루고 있다. 물론 그가 알레고리적 해석을 종종 사용하고 있긴 하지만, 이 범주 안에서 인용되고 있는 몇몇 예들도 때로는 본문을 목회적으로 적용하고자 하는 주의 깊고 사려 깊은 시도들이란 것을 볼 수 있다. 오리게네스의 해석학에 관한 카렌 토레센(Karen Torjesen)의 책(1986)은 이런 점을 잘 보여주고 있다. 뿐만 아니라 이 책은 오리게네스가 독자효과의 해석학을 하나의 '목회적' 자원으로 발전시키고 있다는 점도 잘 보여주고 있다.

중세기 해석학이 제기하는 이슈들에 관하여 보다 자세한 논의를 할 수도 있겠지만, 이 분야와 관련해서는 질리안 에반스(Gillian R. Evans)가 이미 상세하고도 정확한 연구물을 내어 놓은 것이 있기 때문에 나는 필요한 곳에서 그녀의 책을 언급하는 것으로 만족하고자 한다. 이 책은 해당시기의 언어 및 논리적 이론들에 관하여 주의 깊은 해설을 제공해주고 있다.[22]

종교개혁 시대의 성경해석과 관련된 주된 논점들은 루터의 성경의 명백성(*claritas scripturae*)에 대한 인식이나, 칼뱅의 성경 명료성(perspicuity)에 대한 강조와 깊은 연관성이 있다. 5장에서 나는 루터가 이와 같은 인식을 발전시키게 된 것은 지식 이론들과 관련하여 에라스무스와 논쟁을 벌이는 과정에서 비롯된 것임을 논하였다. 에라스무스는 성경이 행동을 위한 견고한 기초를 제공하기에는 그 일관성이나 명료성이 충분치 못하다고 보았다. 루터는 그와 같은 판단유보가 자기파멸적 마비 상태를 불러온다고 답하였다. 그는 우리 앞에 놓인 길은 항상 다음 단계의 실천적 발걸음을 위하여 충분히 분명하다고 보았다. 뿐만 아니라 성경의 해석자가 행동의 정당성을 위하여 텍스트로부터

'보다 고차원의' 의미를 찾으려 할 필요도 없다는 것이 루터의 판단이다. 성경은 "그리스도를 증진시키는" 작용효과를 수행한다.

루터와 칼뱅, 그리고 영국의 개혁가들은 한결같이 성경 해석에서 묻기와 탐구의 중요성을 강조하였다. 그들의 해석학은 '탐구의 해석학'(hermeneutics of enquiry)이라 할 수 있다. 그들의 질문들이 무엇이며 또한 그들의 해석학이 어떻게 근대 해석학의 발전에 기여하게 되었는지는 관련된 부분에서 상세히 다루고자 한다.

슐라이어마허의 해석학에 대해서는 6장에서 전반적으로 동조적 관점에서 상세히 다루게 될 것이다. 그의 해석학은 '이해의 해석학'(hermeneutics of understanding)이라 칭할 수 있다. 물론 그의 해석학은 대단히 복잡하다. 하지만 사람들이 그를 너무 단순화시켜서 이해하거나 또는 낮게 평가하기도 한다. 나는 그가 제시하는 해석학의 두 축, 즉 문법적 축과 심리적 축이 소쉬르가 구분하는 언어의 두 측면, 즉 상호주체적 시스템으로서의 공유된 언어(랑그)와 특정 소통 행위에서의 언어사용(파롤)의 측면을 선행한다고 보고 있다. 슐라이어마허가 제시하는 해석학의 두 기능적 측면, 즉 '이해'라는 창조적, 직관적, 상호인격적즉시적 측면과 '비판'이라는 객관적, 비교 및 거리두기의 측면은 지금까지도 해석학적 작업의 기본 뼈대를 형성하고 있다. 하버마스의 경우는 이것을 '생활세계'와 '시스템'이라는 두 축으로 발전시키고 있다.

슐라이어마허와 딜타이, 그리고 베티 등이 개진하고 있는 '이해의 해석학'이 성경 해석에 어떻게 적용되는지에 대해서는 7장에서 구체적으로 소개하고자 한다. 이 이론적 모델을 이처럼 상세하게 검증해보고자 하는 시도들이 아직은 없었다. 특별히 나는 이 이론을 바울 서신에 적용시켜 보았으며, 다양한 바울 연구의 동향들을 검토해보았다. 그 가운데서도 특별히 크리스챤 베커(J. Christiaan Beker)의 정황성(contingency)과 통일성(coherence)의 구분이 가장 일차적으로 적실성을 가지며 또한 건설적인 접근인 것으로 보인다.

또 하나의 부가적 산물이 있다면 그것은 슐라이어마허와 베티가 텍스트 이해를 그것이 작용하는 시스템과의 관계 속에서 잠정적이요 교정 가능한 것으로 보고 있다는 점을 지적한 것이다. 그렇다고 해서 그들이 오늘날의 상대주의적, 다원주의적 이론들처럼 교정가능한 지식의 증진의 추구 내지는 잠정적이긴 하나 검증가능한 지식의 작업지위 인정을 거부하는 방향으로 나가지는 않는다. 이해가 범상황적일 수 있다는 이유 때문에 베티는 들음, 개방성, 포용성, 상호 존중 등의 필요성을 강조하고 있는 것이다.

앞에서 나는 설과 르카나티의 화행론이 자기포함의 해석학(hermeneutic of self-involving)을 정초시키기 위한 자료와 모델로서 좋은 역할을 할 수 있다는 것을 지적한 바 있으며, 이것이 가진 독특한 기여는 8장에서 자세히 다루게 될 것이다. 나는 화행론이 실존주의 해석학보다 훨씬 균형 있고 또한 덜 일방적인 자기포함의 모델을 제시한다는 점을 보여주고자 한다. 하이데거와 불트만에 대해서는 이미 『두 지평』에서 상세히 다루었기 때문에 더 자세히 거론하지는 않을 것이다. 그들의 접근에 대한 궁극적 시험은 화행론이 성경 텍스트 해석에 던져주는 것과 같은 빛을 그것이 던져주고 있느냐 하는 점이 될 것이다. 특별히 그리스도의 사역에 대한 바울의 신학과 관련된 텍스트를 슈바이처나 샌더스 등이 던지는 질문들에 맞서서 바르게 해석할 수 있게 하느냐 하는 점이 주된 관건이다.

가다머의 해석학적 입장은 이미 앞에서 간략하게 살펴본 바 있다. 『두 지평』에서 나는 가다머의 해석학을 상세히 다루었고, 그의 이론이 어떻게 제4복음서에 나타나는 회고적 상황화 문제에 빛을 던져줄 수 있는지를 검토하였다. 거기에서 다룬 문제를 여기서 다시 거론하지는 않을 것이다. 이 책의 9장에서 내가 가지는 주된 관심은 언어비평에 대한 관심을 포함해서 가다머의 철학적 배경을 이루는 뒤안길들을 살피고, 왜 그의 철학이 합리주의를 거부하고 메타비평적 이론으로 전환할 수밖에 없었는지의 문제를 살펴보고자 하는 것이다. 가다머는 '방법'을 상황과 전적 무관한 하나의 결정적 절차로 보는 이전의 인식을 거부하고, 관심의 초점을 비평으로부터 메타비평으로 전환시킴으로써, 자신의 철학적 해석학을 하나의 해석의 '모델'로 정형화하려는 것에 대해 의문을 던지고 있다. 그가 관심가지는 것은 해석학의 두 주된 축 사이의 상관관계에 대한 보다 심층적인 문제이다. 즉, 텍스트 재연 및 가변적이고 유한한 현실화라는 상황적, 특정적, 역사적 축이 어떻게 이런 유한한 행위들이 전제하고 있는 보편적 존재론적 근거의 일반 언어적 축과 연관되어 있는지의 문제이다.

가다머에 대한 나의 비판은 리처드 번스타인(Richard Bernstein)이나 특히 조지아 완키(Georgia Warnke)의 비판에 근접한다. 가다머 안에 깊이 내재해 있는 애매성은 해석자들로 하여금 그의 사상체계를 둘 중 어느 한 방향으로 해석하는 것을 가능하게 만든다. 어떤 사람들은 그의 이름으로 실천적 지식의 공동체 판단을 전통으로 전수시키는 언어의 보편성 내지는 영향사의 보편성을 강조할 수 있을 것이다. 또 다른 사람들은 텍스트나 전통의 재현이 역사적으로 유한하며 상황–상대적 사건성을 가진다는 점을 들어서 본질상 그 성격이 가변적이고 예측불가적이라는 것을 강조할 수도 있다. 만일 해석자들이 이와 같은 가변적이고 유한한 효과들(effects)만을 강조한다면 이는 즉 사회–실용적 해석학(socio–pragmatic hermeneutic)을 지지하는 방향으로 가는 것을 말한다. 반면 이런 효과들이 언어의 보편성 및 전통의 지속성을 전제로 한다는 사실을 강조한다면 이는 즉 가다머가 메타비평적 해석학(metacritical hermeneutic)의 정초를 놓고 있는 셈이 된다. 나는 가다머의 체계의 한편만을 보려고 하는 실용주의자들을 반대한다. 그러면서도 또한 그의 두 축을 조화시키는 것이 쉽지 않다는 것을 인정한다. 애매성은 가다머 자신 속에 있는 것임을 인정하지 않을 수 없다.

판넨베르크는 가다머가 강조하는 역사적 유한성의 문제를 잘 인식하고 있다. 그러면서도 그가 강조하는 기독교 종말론의 궁극성 및 보편성의 지평은 자칫 공허한 것이 될 수도 있는 가다머의 보편성 개념에 실질적 내용을 공급할 수 있게 만든다. 기독교 신학의 하나님은 모든 만유의 근원이요 창조자이며 또한 목표이다. 따라서 신학은 보편성을 그 특성과 주장으로 가진다. 이는 어느 한 '종교적' 전통의 게토성 해석학적 생활세계를 초월한다. 실제로 판넨베르크의 후기 저작들 속에는 하버마스와 공통성을 이루는 부분들이 나타나고 있다. 즉, 역사적 유한성 및 상황적 사건성의 축을 구성하는 해석학적 생활세계(hermeneutical lifeworld)는 메타비평적, 일관성의 틀을 공급하며, 따라서 신학의 본질에 보다 결정적 요소가 되는 비판적 체계(critical system)와의 대화의 관계를 단절할 수 없다는 것이다.

'체계'의 기대들이 원리적으로 교정가능하고 미완적이며 개방적이란 점을 인정한다면, 우리는 판넨베르크의 접근이 건설적이라고 평가할 수 있다. 사회과학이나 심지어 제한된 범주의 자연과학에서도 해석자 공동체의 해석학적 생활세계를 비판적, 시스템 확장적 개입 속으로 이끌어가는 과제가 다양한 학과들의 주요관심사가 되고 있다. 판넨베르크가 기독교 종말론 속에 함의된 원리들을 이끌어내고 있는 것도 우리의 논의를 건설적으로 확장시키는 역할을 한다. 그가 주장하는 것처럼, 원리적으로 오직 전체의 맥락 속에서 부분이 그 진정한 의미를 취할 수 있게 된다. 예를 들어서, 한 예술 작품은 그것이 완성되기 전까지는 평가될 수 없다. 기독교 신학의 경우, 하나님 약속의 종말론적 지평이 오늘 현재의 의미에 빛을 던져 준다. 예수 그리스도와 그의 부활 사건은 이 종말론적 약속 목표의 예기적 기대를 제공해준다. 이것이 오늘의 그 어떤 특정 공동체의 미완성의 역사를 초월하는 그 너머의 틀 속에 의미를 투사한다. 제임스 맥한(James McHann, 1987)은 나의 『두 지평』과 관련하여 내가 판넨베르크의 종말론적 지평에 더 깊은 관심을 기울여야 했다고 주장하고 있다. 하지만 내가 『세 지평』(*The Three Horizons*)[23]이란 제목으로 제출된 그의 박사학위 논문을 심사할 때 그의 지적을 시비하지는 않았다.

폴 리쾨르의 해석학에 대한 나의 입장은 앞에서 잠시 언급한 바 있다. 해석학 이론의 핵심이 무엇인가 하는 점을 리쾨르는 이런 말로 아주 명쾌하게 정리해주고 있다. "내가 볼 때 해석학은 이 양면적 동기에 의해 활기를 얻는다. 회의의 의지와 경청의 의지, 엄정성의 서약과 복종의 서약이 그것이다."[24] 첫 번째의 요소는 "우상 타파"의 임무와 관계된다. 이는 우리가 텍스트 속에 우리 자신의 바람이나 생각들을 투사함으로써 텍스트가 더 이상 '타자'로서 우리 너머로부터 우리에게 말걸지 못하게 만드는 것을 비판적 시각으로 인식하는 과제이다. 두 번째의 과제는 상징과 내러티브를 개방적 자세로 경청하는 것인데, 이를 통해 창조적 사건들이 텍스트 '앞에서' 우리에게 이루어지게 되고 텍스트가 우리 위에 효과를 가지게 되는 것을 말한다.

리쾨르의 이와 같이 엄청나게 포괄적인 해석학 과제와 관련하여 한 가지

주된 비판을 가할 필요가 있다. 설과 르카나티의 경우, 픽션 텍스트와 논픽션 텍스트가 각각의 효과를 달성하게 만드는 논리적이며 전제된 배후 구조상의 차이점을 지적하는 측면에서 리쾨르보다 훨씬 정교한편을 가지고 있다. 르카나티는 무대 공연의 이미지를 사용하여 "무대 위에서" 행해진 언어적 행위와 "무대 뒤에서" 혹은 막이 내린 후에 행해진 것과의 차이를 잘 구분하고 있다.[25] 많은 성경 텍스트는 픽션과 같은 기능을 한다는 것을 부정하지 못한다. 예수님의 많은(전부는 아니라 할지라도) 비유들이 이 범주에 포함될 것이다. 어떤 텍스트는 혼합된 성격을 가진다. 아마도 요나의 이야기 같은 경우처럼 한스 프라이(Hans Frei)가 말하는 "사실주의적 유사역사 내러티브"와 지시적 역사 내러티브 사이의 구분이 희미해져서 명확하게 선을 그을 수 없는 그런 방식으로 그 기능이 작용하는 경우도 있을 것이다.[26] 그러나 이와 같은 경계의 복합 작용이 모든 성경 내러티브 텍스트에 적용되는 것은 아니다.

물론 이것은 텍스트의 모든 구성 요소 배후에 실물 지시체들이 놓여 있어야 한다는 이야기는 아니다. 어떤 것은 다소 덜 투명한 것에서부터 또 어떤 것은 보다 복잡한 경우에 이르기까지 인간의 삶과 행동, 조건 등 다면적 직조구조 속에서 텍스트는 보다 넓은 공공 세계의 언어외적 기반에 의존한다는 것을 말하고자 하는 것이다. 특정 하부 범주의 예를 들면, '역사적 내러티브'는 "유사역사" 그 이상이다. 이런 경우들에서 실제로 어떤 일이 일어났는지 혹은 어떤 일이 일어난 것을 저자가 어떻게 생각했는지를 묻는 것은 중요한 일이며, 이를 마치 '근대적' 질문인 것처럼 치부해버릴 수는 없다.

이와 관련하여 두 가지 측면을 함께 고려해볼 때 우리의 주장이 보다 힘을 얻게 될 것이다. 첫째로, 설이 잘 보여주고 있는 측면인데, 그의 표현을 그대로 인용해보자. "크게 보면, 하나의 작품이 문학이냐 아니냐 하는 것은 독자들이 결정할 문제이지만, 그것이 픽션이냐 아니냐 하는 것은 저자가 결정할 문제이다."[27] 후자의 문제는 저자가 어떤 특정 헌신과 책임, 목적 등을 취하느냐 또는 버리느냐의 측면과 연관된다. 그러나 리쾨르의 텍스트 이론에서는 저자가 어떤 책임 또는 헌신을 취하느냐 하는 문제가 극소화된다. 특히 구두 스피치가 기록 텍스트가 될 때, 즉 우리가 텍스트를 문학으로 읽을 때 저자의 존재가 우리 시야에서 속히 사라진다.

두 번째로, 초대 교부들이 2세기 및 3세기의 영지주의 문서들에 보인 반응 속에서 우리는 역사적 내러티브와 유사역사 내러티브 사이의 구분이 실물 지시체에 대한 18세기 해석학 속에서 관련 이론들이 정립되기 훨씬 이전에 이미 만들어지고 있었음을 볼 수 있다는 점이다. 사무엘 래우츨리(Samuel Laeuchli)는 '진리복음서'(*The Gospel of Truth*)와 같은 영지주의 문서들이 성경의 내러티브 텍스트들을 단지 "유사역사"로 해석함으로써 많은 성경 텍스트를 그 본래 성격과 다른 차원으로 바꾸어 놓고 말았음을 매우 상세하게 잘 보여주고 있다. 포스트모더니즘 언어로 표현해보자면, 다층적 텍스트 매트릭스들이 간본문성(intertextuality)의 바탕 위에서 새로운 의미를 창출해내는 언어적 창조성의 세계를 '진리복음서'가 잘 구가하고 있는 셈이다. 그러나 이런 과정 속에서 잃어버리게 되는 것은 래우츨리의 표현대로 "의미론적 붕괴"이다. 왜냐하면 "주해가 작용하는 틀 속에서 역사가 사라졌기" 때문이며, 또한 "해석이 이미 역사적이기를 그쳤기" 때문이다.[28] 물론 우리가 상징, 은유, 내러티브 등이 가지는 창조적 힘의 중요성에 대한 리쾨르의 건설적 가치를 의문시하자는 것이 아니다. 다만 그의 해석학적 모델들을 성경 텍스트 안의 성격이 서로 다른 하부 범주들 속에 적용할 때 그것이 과연 얼마나 총체적인가 하는 점을 평가하는 데 주의가 필요하다는 것을 지적하는 것이다.

11장과 12장에서 다루고 있는 문제는 앞에서 이미 간략하게 그 요점을 제시한 바 있다. 라틴 아메리카 해석학이나 흑인 해석학, 또는 페미니스트 해석학이 성경 텍스트를 억압자의 이익을 위해 사용하는 것을 폭로하고, 부정의와 억압에 대한 진정한 해방적 비판으로서의 그 위상을 확립하고자 한다면, 그 안에 유통되는 많은 이론적 흐름들 가운데서 사회–비판적 이론 모델들을 사용하는 것들과 사회–실용적 해석학 체계에 부수어져 흡수되는 것 사이의 구분을 잘 하는 것이 본질적으로 중요하다. 사회–상황적 실용주의는 억압자들을 억압자 자신의 억압적 무기들로 맞서서 싸우는 그 이상을 넘어갈 수 없다. 누구든 가장 전투적이고, 가장 말이 세고, 가장 조작적이며, 가장 자기확신이 가득한 사람(때로는 가장 경건한 듯이 보이는 사람)이 이 수사학적 권력 투쟁에서 이기는 자가 될 것이다. 조너선 쿨러(Jonathan Culler)의 말이 다소 가시가 돋친 말이긴 하지만, 로티 등이 의존하고 있는 상황적 '성공'의 권력 담론은 "그 기조가 레이건 시대에나 전적으로 어울리는 실용주의"와 다를 바 없다는 지적이 매우 인상적이다.[29]

사회-실용적 해석학은 공공연하게 종족중심적이다. 피쉬가 인정하는 것처럼, 자체 공동체는 그 바깥으로부터 교정되거나 개혁될 수 없다. 변화가 일어날 수 있는 유일한 희망은 그 공동체의 경계를 제국주의적 방식으로 넓혀서 다른 공동체들을 흡수하는 것이다. 그렇게 되면 마침내 그 자체의 무게와 내적 다원주의에 의해 붕괴가 일어나게 된다. 하지만 이런 해석학적 모델은 해석학적 이해를 닥치는 대로 사회사 속의 우발사건들로 바꾸어 놓은 것에 지나지 않는다. 해석학 전통이 다른 사람의 입장에 서 보는 것, 열린 상태에서 경청하는 것이 무엇인지를 묻는 데서 시작되었다고 한다면, 우리는 이런 모델에 '해석학'이라는 이름을 주기조차 어렵다. 이와는 대조적으로 하버마스와 아펠은 보다 넓은 어떤 기초 위에서 특정 공동체나 단체의 사회적 이해를 폭로하는 작업을 하고 있다. 신학적 언어로 말하자면, 사회-실용주의는 개인이나 집단적 자기이해를 탈중심화하고 나아가서 교회 자체의 비판에까지 이르게 하는 십자가의 신학에 거부반응을 일으키게 한다.

문학 및 기호학 이론이 성경 해석에 던지는 충격파 때문에 일어나는 문제들에 대해서는 13장과 14장에서 평가를 하고 있다. 새로운 도구들이 해석학 목록에 계속 첨가되고 있지만, 사실 이런 특정 해석의 절차나 기법들보다 더 근본적인 질문들이 일어나고 있음을 주목할 필요가 있다. 구조주의가 후기구조주의 및 포스트모더니즘 접근 방법들로 대체됨에 따라 많은 기호학적 역풍들이 이 영역 속으로 불어 닥치고 있음을 볼 수 있다. 텍스트 읽기 속에 포함된 과정들이 무엇인가 라는 전통적 인식들이 뒤집히고 있다. 전통적으로 해석학이 역사적 상호주체성의 바탕 위에서 생활세계 내의 인간 이해의 과정이 어떤 것인지에 초점을 맞추어 왔다면, 기호학적 접근들은 기호체계들이 상호본문성의 상황화 틀에 기초하여 어떻게 하부체계로 작용하게 되느냐의 과정에 주의를 기울인다. 기호들의 그물망이 모체의 역할을 하여 다른 텍스트와의 관계 속에서 의미를 발생시키는 것으로 보고 있다.

물론 이런 이해가 읽기 과정에서, 그리고 독자 읽기 역량과 관련된 문제에서의 기호학적 차원들을 규명하는 측면에 일정한 진전을 이룬 것은 사실이지만, 그 대가로 많은 경우들에서 이해 과정에 작용하는 인지적 차원을 무시한편이나 의사소통(communication)에 대한 관심 대신에 문학적 생산성(productiveness)의 관심을 대체한 측면 등이 부작용으로 나타났다고 할 수 있다. 이 때문에 "변혁적 성경 읽기"라는 부제가 세 번째 의미를 가지지 않을 수 없게 되었다. '해석'으로부터 '읽기'로 관심이 바뀐 것은 단지 화장을 바꾼 것에 그치지 않는다. 이는 보다 의식적인 패러다임 변천을 시사하는데, 이제 글을 쓰는 사람은 자신의 행위를 어떤 인지적 상황을 전달하는 의사소통적 행위로 보지 않고, 오히려 문학 생산의 기호학적 과정의 일환으로 알게 된다. 다소 부담스런 용어인 '해석학'이라는 용어가 가진 장점 한 가지가 있다면, 그것이 가진 포괄적이고 중립적 성격 덕분에 다른 다양한 이론들이 제시하는 '해석'이나 '이해' 또는 '읽기' 등 어느 하나의 하부범주만을 표방하는 용어로 그 논의의 초점을 제한할 필요가 없다는 점이다. 이 책에서 필자가 가지는 관심은 의사소통과 생산성 양자 모두이다. 텍스트의 효과를 독자들에게 전달하는 것과 더불어 그 효과들이 인간 삶의 언어외적 세계 속에서 유효하도록 작용하게 만드는 진리조건들에도 동일하게 관심을 기울이고 있다.

텍스트 효과의 측면은 해석학의 근본적 요소임이 분명하다. 그러나 텍스트의 의미라는 것은 그것의 실용적 효과와 전적으로 동일한 것만은 아니다. 적어도 그 이유는 해석의 과정에서 어떤 것을 기만 내지는 실수로 볼 것인가 하는 전통적 질문이 여전히 이 주제와 관련하여 중심적 자리를 지키고 있기 때문이다. 기독교 신학에서는 망상이나 속임, 또는 자기이익에 의존하는 자기주장 또는 자기정당화의 목적으로 성경 텍스트를 사용하고자 하는 모든 시도들에 대하여 십자가의 비판이 그 판단의 기준 역할을 한다. 진리 기반 위에서의 권위화 과정은 이와 별개의 문제이다. 변혁적 성경 읽기는 개인 및 집단 자기이익을 탈중심화한다. 그리고 독자들로 하여금 그들 너머에서 그들에게 '말거는'(address) '타자'에 의해 열려진 새로운 지평들을 체험할 수 있게 만든다.[30]

근자에 프란세스 영(Frances Young)이 동조를 표한 바 있는 데이빗 켈시(David Kelsey)의 말을 빌리자면, 우리가 어떤 텍스트를 "기독교 성경"이라 부르는 것은 "그것이 사람을 결정적으로 변화시킬 만큼 그 사람의 정체성을 새롭게 형성하는 기능을 가진다"라는 것을 부분적으로 의미한다.[31] 이것이 실제적으로 무엇을 함의하는가 하는 점을 우리는 이 책의 마지막 장에서 보다 상세하게 다루게 될 것이다.

제1장
텍스트의 변혁성: 예비적 고찰

"텍스트의 변혁성"이란 말은 두 가지 의미로 이해될 수 있다. 우선은 텍스트가 가지고 있는 독자나 독서 공동체의 지각과 이해, 행동을 형성하고 변화시킬 수 있는 특성을 가리킨다. 법률적 텍스트나 의학적 텍스트, 그리고 성경 텍스트 등이 이런 범주에 해당된다. 그러나 또 다른 한편에서 텍스트는 독자나 독서 공동체의 손에 의해 변혁을 당할 수도 있다. 독자가 텍스트를 오해하고 따라서 이를 오용하는 경우이다. 또는 독자가 텍스트의 모서리를 깎아내고 자신에게 좋도록 길들이는 경우에도 그러하다. 또 어떤 경우에는 독자나 독서 공동체가 텍스트의 이름으로 자신들의 신념이나 편견들을 유지하고 확립해 가기 위해 의식적으로나 무의식적으로 텍스트를 수단화하기도 한다. 경우에 따라서는 독자나 해석자가 새로운 상황 맥락 속에서 텍스트에 새 생명을 불어넣을 수도 있다.

1. 독자를 변혁하는 텍스트의 힘

해석학은 위와 같은 두 가지 의미 모두에 걸쳐서 텍스트의 변혁성과 관련하여 그 작용 과정 및 작용 조건들에 대한 연구를 수행하는 과목이다. 여기에는 해석의 목표 및 방법에 관련된 광범위한 유관 질문들이 포함되며, 또한 해석의 전제 및 그 효과에 관한 것도 포함된다. 텍스트가 가지는 변혁적 효과는 그 표기나 그림, 또는 전자 신호나 소리 등이 단지 시각적 혹은 청각적 감지를 위한 물리적–공간적 사물 이상이 되지 못한다면 그 효과 자체도 하나의 잠재력 정도에 지나지 않을 것이다. 이 **잠재력**은 독자나 독서 공동체가 이 표시들을 보거나 들으면서 이것이 보다 큰 어떤 언어적 또는 기호학적 지적 체계의 한 부분을 이룬다는 것을 감지하고 이를 해석하기 시작할 때 비로소 **현실화**되기 시작한다.

해석을 위한 필요조건들이 작동하게 됨으로써 독자의 삶과 경험의 시간적 흐름 속에 하나의 소통의 사건이 발생하게 된다. 음악 악보의 경우를 예로 들어 생각해보면 좋을 것이다. 악보 속에 그려져 있는 사분음표와 팔분음표 등의 물리적–공간적 기호들이 가지는 잠재력은 그것이 연주되는 시간적 흐름 속에서만, 또는 숙련된 음악가가 그것을 자신의 머리 속에서 "읽을" 때, 비로소 현실화되기 시작한다.

이와 같은 텍스트의 시간적 현실화가 어떤 방식으로 창조적, 변혁적 성격을 가지게 되느냐 하는 문제는 해당 텍스트의 성격이 어떤 것이냐에 부분적으로 달려있다. 해석학은 어떤 하나의 특정 해석학적 패러다임을 전체 텍스트 해석의 모델로 사용하려 하는 이론가들로 말미암아 심각하게 손상을 당해왔다. 필자는 『두 지평』(1980)과 『해석학의 책임』(1985) 두 책에서 화행(speech–acts)에 대한 이해가 내러티브 세계의 투사라는 개념과 더불어서 텍스트가 어떻게 독자들에게 창조적 효과를 미치는지를 잘 설명해줄 수 있는 양대 모델들이란 것을 밝힌 바 있다.[1]

화행 이론은 우리가 앞에서도 보았던 것처럼, 후기 비트겐슈타인을 거쳐서 오스틴과 설의 작업을 통해 정립이 되었다. 이 이론은 추가적으로 르카나티(F. Recanati)와 리치(Geoffrey Leech) 등에 의해 발전되고 수정되었다.[2] 최근에는 많은 성경 전문가들이 이 이론을 성경 해석에 접목하여 그 적실성을 검토하고 있다. 예를 들어 휴 화이트(Hugh C. White)가 편집한 『세메이아』(*Semeia*) 41권은 『화행론과 성경 비평』(*Speech Act Theory and Biblical Criticism*, 1988)이란 제목으로 출간되었다.

일부 법률 텍스트들은 텍스트가 어떻게 화행으로 작용하는지를 보여주는 좋은 예들이 될 수 있을 것이다. 여기에는 성경 텍스트와의 유사성이 매우 강하게 나타난다. 예를 들어 증인들 앞에서 적법하게 작성되고 서명날인 된 유언장은 그 수혜자로 명기된 사람에게 건물이나 땅이 돌아가도록 만드는 효과를 발휘한다. 심지어 유언장이 상당 기간 잊혀진 상태에 있다가 뒤늦게 발견이 되었다고 하더라도 그것이 정당한 것으로 입증을 받는 순간 그 텍스트는 유효한 것이 되어서 재산을 이전시키는 효과 있는 행위를 수행하게 된다. 이처럼 유언장이라는 한 텍스트는 그 수혜자의 삶을 바꾸는 효과를 가진다. 이로 말미암아 그 수혜자는 전에 없던 새로운 희망이나 자세나 행동을 취할 수 있게 될 것이다.

성경 텍스트의 경우에서도, 우리가 구약 그리고 신약이라는 이름 속에 "약"(Testament)이라는 말을 견지함으로써 이 책들을 약조 및 약속이 주를 이루는 언약적 맥락에서 받아들이고 있음을 나타내고 있다. 성경 속에는 약속들, 초청들, 판정들, 고백들, 축복 선포들, 명령들, 명명들, 사랑의 선언들 등이 가득하다. 마르쿠스 바르트(Markus Barth)는『성경과의 대화』(*Conversation with the Bible*)라는 책에서 이렇게 말하고 있다. "성경의 독특한 힘은 성경의 말들이 하나님과 사람 사이의 사랑의 말들이라는 사실에서부터 흘러나온다. 그러므로 성경을 읽는 것은 법률 책을 연구하는 것보다는 연애편지를 읽는 것과 비교하는 것이 더 잘 어울린다."[3] 연애편지를 받는 사람은 그 편지 속에서 단지 어떤 지식이나 정보만을 받는 데서 그치지 않는다. 그 편지를 읽는 일은 많은 경우(항상은 아닐지라도) 상호작용적 결과를 가져온다. 거기에는 수용과 헌신과 또 더 깊은 결속의 행위들이 포함된다.

물론 화행론이 성경의 모든 책들(성경 외의 모든 책들은 말할 것도 없고)을 읽는 총괄적 패러다임이라고 말할 수 없다. 텍스트가 독자를 형성하고 변혁하는 데에는 수없이 많은 다양한 길들이 있다. 예를 들어 어떤 내러티브 기사는 듣는 사람을 텍스트에 의해 투사된 내러티브 세계 속으로 이끌어 가서 그 안에서 이루어지는 일련의 사건들과 느낌들을 사유적 차원 이전 단계에서 상상 가운데 경험할 수 있도록 만든다. 이 경우 텍스트와의 "상호작용"은 독자가 얼마나 이 세계 속으로 기꺼이 들어가고자 하느냐, 그리고 얼마나 자신의 느낌이나 상상이 텍스트의 세계에 의해 인도되도록 허용하느냐에 달려 있다.

요나서를 예로 들자면, 이 책은 우리로 하여금 자기도취에 빠진 한 선지자와 상상 속에서 여행을 떠나도록 초청한다. 우리는 그가 뱃사람들에게 매우 정통적인 고백을 하는 것을 듣는다. 또한 우리는 그가 죽음으로부터 건짐을 받은 후에 시편과 유사한 방식으로 감사의 기도를 드리고 있는 것을 본다. 마침내 그를 따라 니느웨에 가서도 우리는 충격스럽게도 니느웨 사람들이 그의 관심의 세계에 전혀 포함되지 못하고 오히려 박 넝쿨 하나가 그의 일차적 "세계"가 되고 있는 것을 본다(욘 1:2, 9, 2:2–9, 4:1–11).[4] 이처럼 텍스트에 의해 투사된 내러티브 세계 속에 들어가서 요나와 함께 시간을 보냄으로써 우리는 자기 바깥의 보다 넓은 세계에 대한 느낌과 자세가 변혁되는 것을 경험하게 되는데, 이는 선교나 전도에 대한 그 어떤 신학적 설교나 논문이 닿을 수 있는 것보다 더 깊은 차원 속에서 일어난다.

텍스트의 변혁적 잠재력과 관련된 또 다른 형태의 접근이 딜타이로부터 베티에 이르기까지의 해석학 전통 속에서 제시된 바 있다. 딜타이와 베티가 생각하는 해석의 목적은 텍스트 저자의 마음과 삶의 과정, 생활세계를 이해하게 되는 것이다. 이를 위해 독자는 자신을 저자의 위치에 놓는 법을 배워야 한다. 특별히 에밀리오 베티는 현대 사회와 같은 정치적 대립과 양극화가 극심한 상황 속에서는 이와 같은 이해의 마음 자세가 필수적이라는 것을 강조하고 있다. 그는 이렇게 말한다. "사람으로서 우리의 마음에 다른 동료 인간을 이해하는 것보다 더 가까이 다가가는 것은 없다."[5] 이 과정 속에는 자신의 이해의 한계에 대한 인식과 인내와 존경으로 다른 사람을 경청하되 단지 그 말하는 내용만이 아니라 왜 그것을 말하는지에 대해서도 듣는 법을 배우는 것이 포함된다.

기독교 영성과 목회신학에서 우리는 이런 정향을 "열림"의 자세라고 말한다. 열려 있다는 것은 타인에 의해 자신이 자아변화에 이르도록 영향받을 만큼 충분히 노출된다는 것을 말한다. 딜타이와 베티에 따르면 "경청의 목회적 기술"과 해석학적 훈련을 통해 고대 및 현대의 텍스트를 읽는 것을 대립적으로 생각하는 것은 잘못이다. 기꺼이 듣고자 하는 열린 자세나 다른 사람의 관점에서 보는 것, 그리고 그에 따라 변화되는 것, 이 모두는 일상생활에서의 대면적 관계에서 뿐만 아니라, 해석학적 감수성을 가지고 텍스트를 읽는 것에도 꼭 같이 적용된다.

텍스트의 변혁적 잠재력에 주목하는 위의 세 모델(화행론, 내러티브 세계, 그리고 상호인격적 이해를 지향하는 해석학 전통)은 물론 텍스트(특히 성경 텍스트)가 변혁적 효과를 가져오는 보다 다양한 방법들을 다 대표하는 것은 아니다. 우리가 이 장에서 생각해볼 또 하나의 모델은 한스 야우스(Hans Robert Jauss)가 제시하는 수용이론(Reception theory)이다. 야우스는 가다머의 제자로서, 후설, 하이데거, 가다머 등을 따라 "지평" 개념을 발전시키고 있는데, 특별히 "기대의 지평"(horizon of expectation)은 그의 방법론적 중심고리 역할을 한다.[6] 다시 말해서 모든 독자는 하나의 기대의 지평을 가지고 텍스트에 임하게 된다는 것이다. 이는 독자 자신이 속해 있는 역사나 시간의 자리에 제한된 유한한 관점을 특징으로 하는 마음 상태 혹은 인식 체계를 가리킨다. 독자의 습관화된 태도나 경험, 독서훈련, 삶 등이 자신의 기대 지평을 설정 혹은 강화한다.

하지만 텍스트는 그와 같은 기대의 지평에 놀라움이나 충돌을 주기도 하고 심지어 그것을 뒤집기도 한다. 현대의 문학 이론에 앞서서 러시아 형식주의 이론가의 한 사람이었던 빅토르 슈클롭스키(Viktor Shklovski)는 이미 이런 현상을 탐구한 바 있다. 그는 창의적 문학 작품의 효과 있는 재현 속에는 독자의 인식 체계를 "탈습관화"(de–habitualize)하는 힘이 있다는 것을 강조한다.

신약 텍스트의 경우 예수와 바울, 그리고 사도적 공동체는 십자가의 선포가 사람들 속에 만연된 기대 지평과 최대한의 날카로운 대립 및 그것의 역전까지도 가져온다고 보고 있다. 사도 바울은 이렇게 선언한다. "십자가의 도가 멸망하는 자들에게는 미련한 것이요 구원을 받는 우리에게는 하나님의 능력이라 …… 우리는 십자가에 못 박힌 그리스도를 전하니 유대인에게는 거리끼는 것이요 이방인에게는 미련한 것이로되 오직 부르심을 받은 자들에게는 유대인이나 헬라인이나 그리스도는 하나님의 능력이요 하나님의 지혜니라"(고전 1:18, 23, 24). 십자가의 선포는 이전의 독자의 기대 지평을 이루었던 마음

상태 및 인식 체계의 변화를 가져오며 그 평가들을 뒤집는 결과를 가져온다.

예수 그리스도의 비유와 관련하여 이와 같은 해석학적 원리가 어떻게 적용되는지에 관해서는 소위 '신해석학파'의 주창자들인 에른스트 푹스(Ernst Fuchs) 등이 잘 보여주고 있다. 예를 들어 포도원 품꾼 비유(마 20:1–15)의 경우, 일찍 온 품꾼들과 독자들은 정의의 원칙에 의거한 기대의 지평을 함께 공유하게 된다. 하지만 이런 지평이 마지막에 가서 주인의 은혜의 부요함을 보여주는 판정의 말씀에 의거하여 허물어지고, 가리워지고, 변혁되는 결과가 일어난다. 이 밖의 다른 예들(이를테면 눅 18:9–14, 눅 10:29–37 등)을 나는 다른 글에서 상세히 다룬 바 있다.[7]

예수님의 가르침은 청중들의 기대의 지평과 빈번한 충돌을 빚는다. "그러나 먼저 된 자로서 나중 되고 나중 된 자로서 먼저 될 자가 많으니라"(막 10:31). "너희 중에 누구든지 으뜸이 되고자 하는 자는 모든 사람의 종이 되어야 하리라"(막 10:44). 보다 더 날카로운 말씀도 있다. "누구든지 제 목숨을 구원코자 하면 잃을 것이요 누구든지 나와 복음을 위하여 제 목숨을 잃으면 구원하리라"(막 8:35, 평행구절들 마 10:39, 눅 17:33, 요 12:25).

디트리히 본회퍼(Dietrich Bonhoeffer) 등이 지적하는 것처럼, 이와 같은 기대 지평의 역전 현상은 팔복 말씀 속에도 잘 나타나고 있다. "심령이 가난한 자는 복이 있나니 천국이 저희 것임이요 애통하는 자는 복이 있나니 저희가 위로를 받을 것임이요 온유한 자는 복이 있나니 저희가 땅을 기업으로 받을 것임이요 의에 주리고 목마른 자는 복이 있나니 저희가 배부를 것임이요"(마 5:3–6, 그리고 특히 눅 6:20–22). 본회퍼는 이와 같은 원리를 해석학 이론의 하나로서가 아니라 신학적 관점 특히 십자가 신학의 관점에서 볼 때 성경 텍스트가 얼마나 중요한가를 이야기하는 맥락에서 언급하고 있다.

본회퍼는 『말씀 묵상』(*Meditating on the Word*) 이란 책에서 이와 같이 적고 있다. "하나님을 찾을 장소를 내가 결정하든지 아니면 그가 발견될 장소를 그가 결정하도록 허락하든지 둘 중의 하나이다. 하나님이 어디 계셔야 할지를 말하는 것이 나라고 한다면 나는 항상 하나님을 내게 적합한 방식으로, 내가 좋아하고, 내 본성에 잘 맞는 방식으로 찾으려 할 것이다. 그러나 그가 어디 계실지 정하는 것이 하나님 자신이라고 한다면, 처음에는 그것이 전혀 내가 좋아하지 않는 곳, 나와 잘 맞지 않는 그런 곳이 될 것이다. 다름 아닌 그리스도의 십자가에서이다. 거기에서 하나님을 만나는 자는 누구든지 산상설교가 요구하는 그 방식대로 십자가에 가까이 나아가야만 한다. 이는 우리의 본성에 결코 잘 부합하지 않는다."[8] 해석학적 용어로 표현하자면 우리의 기대의 지평이 변화와 변혁에 열려야만 한다는 이야기이다.

텍스트의 영향사(history of effects)를 추적해볼 때 우리는 이와 같은 변혁과 역전의 원리가 수많은 개인 및 공동체의 삶 속에서 경험으로 입증되었음을 알 수 있다. 아마도 기독교 세계 속에서 가장 폭넓게 알려진 예가 마틴 루터의 경우일 것이다. 그는 바울의 "믿음으로 의롭게 된 자는 살 것이다"(롬 1:17)는 말씀이 자신에게 준 충격을 술회하고 있다. 그는 성경 텍스트를 대할 때마다 두려움과 분노에 휩싸여 왔었다. 그러다가 로마서 1:17과 그것을 둘러싼 더 넓은 문맥을 깨닫게 되었을 때, 자기 자신이 "거듭나고" "천국에 들어가는 것"을 느낄 수 있었다. 성경 전체가 그에게 새롭게 다가왔고, 분노와 두려움 대신 "'하나님의 의'라는 말을 싫어했던 것만큼이나 큰" 사랑을 그곳에서 찾을 수 있었다.[9]

2. 텍스트를 변혁하는 독자 및 텍스트의 힘: 간본문성(intertextuality) 문제에 관한 서로 다른 관점들

텍스트가 독자를 변혁시킬 수 있는 만큼, 독자가 텍스트를 변혁시킬 수도 있다. 해석학은 이런 과정이 일어나는 길들을 추적한다. 때로는 독자의 무지와 맹목과 오해 때문에 텍스트를 뒤바꾸어 놓는다. 그러나 또 때로는 독자가 의식적으로, 또는 자기기만의 결과로 대단히 도전적이요 변화를 불러일으킬 소지를 가진 텍스트를 자신에게 안전한 것으로 만들어버리기도 한다.

일반적으로 어떤 텍스트가 다루는 주제 문제나 그 장르 및 코드가 독자 자신의 추정이나 기대와 거리가 있다든지 아니면 전적으로 낯선 것인 경우에 그 텍스트를 이해하는 것이 매우 어려운 일이 된다. 하지만 역으로 텍스트가 한 개인이나 집단에게 너무 친숙한 경우에도 습관화된 독서 패턴으로 말미암아 그 텍스트가 "타자"로서 독자에게 다가가는 힘을 상실하게 될 수도 있다. 성경 텍스트나 또 다른 종교적 텍스트가 우리의 자아중심성에서 우리를 건져내고, 우리에게 심판의 메시지나 사랑의 메시지를 전달할 수 있기 위해서는 그 텍스트와의 만남이, 데이빗 클렘(David Klemm)이 말하는 것처럼, "타자성"과의 만남이 되어야 한다.[10]

폴 리쾨르가 지적하는 것처럼, 텍스트와의 진정한 만남은 한편에서는 독자가 텍스트와의 "거리감을 극복할 때" 이루어지고, 또 다른 한편에서는 텍스트를 타자로 만날 때 이루어진다. "자기 자신에 대한 이해의 증가는 타자의 이해를 통하여 이루어진다. 따라서 모든 해석학은 명시적이든 암시적이든 타자의 이해를 통한 자기이해이다."[11] 이와 같은 인식은 리쾨르나 기타 많은 사람들이 인정하는 것처럼 데카르트의 생각하는 자아 '코기토'(*Cogito*)의 단절된 개인주의와는 전혀 다른 출발점이다. 만일 독자의 기대나 추정으로 말미암아 텍스트가 독자 자신의 국지적이고 내부적 관심들에 종사하는 도구로 전환되고 만다면 그 텍스트가 타자적 지평으로부터 말할 수 있는 힘은 증발되고 만다.

이와는 다소 다르게, 텍스트가 새로운 맥락 속에 놓이게 되었을 때, 또는 새로운 상황들이나 발전해가는 전통들 속에서 재상황화 되는 경우에 일어나게 되는 텍스트의 변혁에 대해서는 어떻게 생각하는 것이 좋을까? 이 측면에서도 해석학은 많은 이론가들이 텍스트의 종류나 텍스트 이론 및 의미 이론과 상관없이 일반화된 해답을 제시하려는 데서 많은 혼란을 겪어왔다. 가다머의 경우 전통의 발전 및 전통 속 맥락의 변화에 따라 의미의 변화가 일어난다고 말하는 반면, 허쉬의 경우는 변화가 일어나는 것은 의미(meaning)가 아니라 그 의의(significance)일 뿐이라고 주장한다.[12]

리처드 스윈번(Richard Swinburne)은 "성경에서의 의미"라는 제목의 한 논문에서 성경 텍스트의 의미의 변화는 처음에는 문자 이전의 전승 맥락 속에 놓여 있던 작은 단위의 기사들이 한 권의 책으로 편집될 때, 그리고 이것이 다시 정경이라는 책의 맥락 속에 놓일 때, 그리고 마침내는 교회적 신조의 맥락에 놓일 때 각각 일어나게 된다고 주장한다.[13] 그는 이 원리가 성경 텍스트에만 국한되지 않는다고 보고 있다. 예를 들어서 처음 말의 형태로 언급이 되었던 어떤 스피치나 문서가 후에 한 책의 서문과 부록 사이에 놓이게 되고, 저자가 그 문서에 나타난 어떤 견해에 더 이상 동의하지 않는다고 설명하거나, 또는 그 문서는 다소 예외적이고 비통상적인 의미로 이해되어야 한다고 설명하는 경우에도 마찬가지 현상이 일어난다.[14]

그렇다면 이와 같은 현상을 "의미"의 변화라고 보아야 할 것인가, 아니면 어떤 기능이나 역할, 또는 의의의 변화라고 보아야 할 것인가? 구약의 정경적 맥락과 신약의 정경적 맥락에 관한 브레바드 차일즈(Brevard Childs)의 책들(각각 1979년과 1984년)은 단순한 의의 이상의 차원이 관여되어 있다고 제시한다.[15] 정경적 맥락에 관한 샌더스(J. A. Sanders)의 책들(1972년과 1984년)은 후대의 성경 저자들이 이전의 성경 전승들을 사용하는 과정에 초점을 맞추고 있다. 차일즈와 샌더스 두 사람은 공히 이어오는 공동체들이 전승된 텍스트들을 새로운 상황에 적용하거나 더 큰 단위의 책 속에 새롭게 배치할 때 여기에서 일어나는 의미의 재상황화를 추적해가고 있다.[16]

샌더스(J. A. Sanders)의 책이 주로 구약에 초점이 맞추어져 있다면, 제임스 던(James Dunn)의 경우는 신약의 전승이나 글들이 하나의 정경적 텍스트로 형성되는 과정을 유사한 방식으로 살피고 있다. 던은 이와 같은 과정이 일어나는 단계들을 두고 이렇게 주장한다. "매 단계들마다 해당 전승은 이를 사용하는 공동체들의 자기 이해를 위해 헌정적, 규범적 역할을 수행한다."[17] 던은 계속해서 이렇게 말한다. "이 모든 것이 함의하고 있는 것은 하나님의 말씀이 각기 다른 시대에 다르게 들려져야 한다는 인식이다."[18] 그러면서 던은 어떤 문서의 메시지라도 이것이 보다 큰 정경의 맥락 속에 포함되는 것으로 그 각각의 가치가 있겠지만, 그러면서도 가장 큰 규범적 통제의 역할은 최종 완성 단계에 주어지는 것으로 보고 있다.[19]

이와 같이 단계들을 구분하고 연속되는 맥락들을 구분하는 것이 어떤 측면에서 의의의 변화보다는 의미의 변화를 결정짓게 되는가? 혹자는 차일즈의 제시에 대한 논평 속에서 그의 작업을 "재의의화"(re–signification)라는 말로 표현하고 있다. 예를 들어, 이사야 31:4, 5에서 "시온"의 의미는 하나의 정치적 실체로 나타나고 있지만, 후에 이사야 61:2, 3에서는 "시온"이 보다 광범위한 의미로 사용되고 있다는 것이다.[20] 시편 8:4–6에서 "인자"는 보편적 인류를 가리키지만, 해그너 등이 잘 지적하는 것처럼 히브리서 2:7, 8에서는 이 단어가 예수 그리스도를 가리키고 있다.[21] 그렇다고 해서 우리가 너무 성급한 결론을 내려서는 안 될 것이다. 적어도 한 명의 학자, 이를테면 월터 카이저(Walter C. Kaiser)의 경우는 해당 주제에 관한 자신의 연구의 말미에서 이와 같은 구절들이 "신구약 전체 속에서 기본적으로 동일한 의미를 가진다"라고 주장한다.[22]

텍스트의 의미와 관련한 한 재미있는 질문이 비트겐슈타인의 『논고』(*Tractatus*) 속에 나타나고 있다. 비트겐슈타인은 1919년에서 1920년 사이에 자신의 작품의 의미를 두고 그의 스승인 러셀과 서신 및 면대면 대화를 통해 논쟁을 벌인 적이 있다. 러셀은 해당 책의 서문을 써주기로 하였다. 하지만 1920년 5월에 비트겐슈타인은 러셀에게 편지를 써서 그 서문이 많은 오해를 담고 있다고 밝힌다. 그러는 사이 비트겐슈타인과 협상을 하고 있던 출판사가 그의 원고를 거부하기로 결정을 내린다. 비트겐슈타인은 1920년 6월에 러셀에게 편지를 써서 그로서는 자신의 원고가 출판이 되든 안 되든 개의치 않으며 러셀이 원하는 대로 하라고 밝힌다. 결국 그의 『논고』는 러셀의 서문을 달고 출판되기에 이른다. 하지만 수년이 지나 두 사람이 다 죽고 난 뒤에 『비트겐슈타인의 편지들』(*Letters from Ludwig Wittgenstein*) 및 다른 책들이 출판됨으로써 비트겐슈타인이 러셀의 실증주의적 입장과 급진적 결별을 하고 있다는 것이 분명히 드러나게 되었다.[23]

비트겐슈타인은 『논고』의 결론부에서 "신비적인 것"에 대해 언급하면서 이와 같이 종결짓고 있다. "우리가 말할 수 없는 것에 대해서는 우리는 침묵할 수밖에 없다."[24] 러셀이 볼 때 이와 같은 표현들은 형이상학과 종교를 쓸데없이 혼동한 것에 지나지 않으며, 에이어(Ayer)나 비엔나 서클의 관점에서 보면 하나의 의미 없는 것 즉 "난센스"(non–sense)에 속한다. 하지만 비트겐슈타인의 관점에서 볼 때 이는 가장 중요한 것 중 하나이다. 너무 심오한 것은 순전한 기술적 언어의 그물에 포착되지 않는다.

그렇다면 이와 같은 예는 한 문서의 맥락이 변함에 따르는 의미상의 변화의 문제인가, 아니면 허쉬가 말하는 저자 의도 관점에서의 적합한 해석 복구의 문제인가? 이와 같은 질문은 대단히 복잡한 문제이고, 이 자리에서 모두 답하기에는 어려움이 있다. 다만 우리는 이 질문에 대한 만족할만한 대답을 제시하기 위해 필요한 몇 가지 이슈들만을 지적하고자 한다.

한편에서 보면, "저자의 의도"라는 말 자체가 여러 방향에서의 무거운 공격을 당해왔다는 것을 지적할 필요가 있다. 여기에는 소위 신비평으로부터의 공격이나, 독자반응 이론과 관련된 많은 텍스트 이론들, 그리고 후기구조주의나 해체주의 방면으로부터의 공격도 포함된다. 저자의 입장을 변호하는 전통적 견해가 더 이상 가다머나 리쾨르의 지원을 받지 못한다. 일단 텍스트가 글로 쓰여진 이상은 더 이상 저자 지평에 "속하지" 못한다는 것이다.

또 다른 한편에서 보면, 허쉬 등이 주장하는 것처럼, 의미는 일차적으로 저자의 뜻 내지는 의도의 관점에서 이해되어야 한다는 측면을 무시할 수 없다. 허쉬는 의미를 순전히 텍스트 자체에 위치시키려 하는 심각하고도 파괴적인 철학적 경향을 경계하고 있다. 이런 경향은 신비평과 함께 시작되어 포스트모던적 해체주의에 와서 주체의 붕괴로 이어지고 있다. 이 속에서 의미의 생산은 언어내적 기호 체계 속에서의 기호들의 상호작용 차원에서 일어날 뿐이다.[25] 이에 반해서 언어 사용에서의 의도성에 대한 강조가 그리스(H. P. Grice), 줄(P. D. Juhl) 등에 의해 옹호를 받았고, 보다 엄격하게는 존 설(John R. Searle)과 르카나티(F. Recanati) 등의 화행론 맥락 속에서 강조되고 있다.[26]

텍스트 및 그 의미의 변화/변혁성과 관련하여 독자들이 의식적으로든 무의식적으로든 고려해야 할 적어도 여섯 가지 정도의 단계들 혹은 요인들이 있다. 우리는 이것을 잠정적으로 이와 같이 정리해보고자 한다: 1) 간본문 요인들, 2) 상황적 혹은 우발적 요인들, 3) 지평적 요인들, 4) 기호학적 요인들, 5) 해석학적 요인들, 6) 텍스트 이론과 관련된 요인들. 이 중에서 첫 번째 간본문 요인들과 네 번째 기호학적 요인들은 뒤에 가서 보다 상세하게 논의할 것이기 때문에 여기서는 간단하게 정리만 하고 넘어갈 것이다. 나머지 부분들도 필자의 다른 글들 속에서 이미 상세히 다룬 바 있기 때문에 여기에서의 간단한

논의에 병행해서 참고하면 좋을 것이다.[27]

간본문 요인들

간본문성(intertextuality)이라는 말은 줄리아 크리스테바(Julia Kristeva)에 의해 처음 전문적 용어로 사용되기 시작했다. 크리스테바 자신은 이 용어를 두 세 가지 구별되는 방식으로 사용하고 있다. 조너선 쿨러(Jonathan Culler)는 이 용어를 "일단의 기존의 언설"을 나타내는 말로 사용하고 있다. 이를 통해 주어진 텍스트가 이해할 수 있는 것이 된다. 다시 말해 해당 텍스트는 이 기존의 언설을 "암시적으로든 명시적으로든 취하고, 연장시키고, 인용하고, 반박하고, 이동 배치시킨다." 쿨러는 이 말을 "전제들" 내지는 "선이해"와 거의 유사한 말로 이해하고 있다. 리파테르(M. Riffaterre) 같은 또 다른 사람들은 텍스트 안에서의 자기 가리킴 또는 언어내적 관계를 나타내는 말로 더 특정화시켜서 사용하고 있다. 간본문성과 관련된 현재의 이론들 및 접근 방법들에 관해서는 마이클 워턴(Michael Worton)과 쥬딧 스틸(Judith Still)이 편집한『간본문성의 이론과 실제』(*Intertextuality: Theories and Practices*, 1990) 도입문에서 잘 정리된 글을 찾아볼 수 있다.[28]

워턴과 스틸이 잘 지적하는 것처럼, 간본문성에 대한 인식은 문학 이론 및 후기구조주의 기호 이론에서 특별히 복잡하고도 전문적인 논제로 부상하고 있다. 이는 단지 한 텍스트가 다른 텍스트 속에 암시(allusion)된 정도만을 이야기하지 않는다. 우리는 8장에 가서 이와 같은 보다 전문화된 측면들 및 이것이 성경 연구에 연결되고 있는 방식들을 더 상세히 다루게 될 것이다.

이 접근의 관점에서 보면 하나의 텍스트는 텍스트 연결망 및 텍스트 격자를 통해 다른 텍스트의 의미 생산을 위한 모판 역할을 한다. 요한계시록의 일부 다층적 텍스트 구조는 이를 잘 보여주는 성경 텍스트의 가장 좋은 예이다. 우리는 좀 더 단순한 형태의 예들을 출발점으로 삼아보도록 하자. 이 예들은 하나의 텍스트가 또 다른 성경 텍스트 속에 어떤 다양한 방법으로 재상황화되고 있는지를 보여주는 예들이다.

마이클 피쉬베인(Michael Fishbane)의 책『고대 이스라엘의 성경 해석』

(*Biblical Interpretation in Ancient Israel*)에서는 구약 자체 속에서의 간본문적 텍스트 사용의 경우들을 상세하게 살피고 있다. 피쉬베인은 이를 "성경 내적"(inner–biblical) 주해라고 지칭한다. 후대의 구약 저자들은 이전의 텍스트를 취하여서 이를 "재사용"하거나 "재상황화"하며, 혹은 이를 "확장," "재구성," "재해석," 혹은 "변혁한다."[29] 이렇게 하여 "전승물"(*traditium*)로서의 기존의 텍스트가 이어지는 전승 과정(*traditio*) 속에서 계속 살아있게 되는 것이다.

예를 들어 역대기 저자는 열왕기서 본문 속에 나타나는 수많은 판단들을 계속 연장하거나 아니면 보다 구체화하고 있다. 열왕기상 15:11–15에서는 아사왕을 두고 "여호와 보시기에 정직하게 행하였다"라고 보다 일반적인 표현을 쓰고 있는데 반해, 역대하 14:1–4에서는 열왕기상 15장의 내용들을 반복할 뿐만 아니라 그 위에 "유다 사람에게 명하여 …… 그의 율법과 명령을 행하게 하였다"라고 구체적인 첨가를 더하고 있다.[30]

피쉬베인은 이 밖에도 창세기 1장의 이미지들이 이사야 45:18과 유관 본문들 속에 재상황화되고 있다고 지적한다. 여기에서 사용된 "혼돈과 흑암"(창 1:2)의 이미지는 우리로 하여금 창세기 1:2을 이원론적 혹은 인간형상적 방식으로 이해하는 것을 불허한다. 혼돈은 "그것으로부터" 하나님이 세상을 창조하신 선존재적 실체가 아니다. 오직 하나님만이 그의 피조물인 다른 모든 것에 앞서 존재하신다.

보다 복잡하고 또 의의가 큰 한 예는 예레미야 25:9–12에 나타나는 다중적 "재 사용"의 예이다.[31] 예레미야 25:11, 12에서 예레미야는 "이 온 땅이 황폐하여 놀램이 될 것이며 이 나라들은 칠십년 동안 바벨론 왕을 섬기리라 나 여호와가 말하노라 칠십 년이 마치면 내가 바벨론 왕과 그 나라와 갈대아인의 땅을 그 죄악으로 인하여 벌하여 영영히 황무케 하되"라고 예언한다. 그런데 예레미야의 이 본문에 대한 분명한 암시가 다니엘 9:2에 나타난다. "곧 그 통치 원년에 나 다니엘이 서책으로 말미암아 여호와의 말씀이 선지자 예레미야에게 임하여 고하신 그 연수를 깨달았나니 곧 예루살렘의 황무함이 칠십 년만에 마치리라 하신 것이니라." 그런데 다니엘 9:24에서는 이 "칠십 년"이 "일흔 이레"로 바뀌고 있다. 피쉬베인은 여기에 보다 복잡한 간본문 연결망이 작

용하고 있다고 지적한다.[32]

역대하 36:18–21을 보면 다른 두 본문에 대한 암시가 작용하고 있다. 피쉬베인은 역대기 기자가 70년 포로 생활에 대한 예레미야의 언급과 "너희가 원수의 땅에 살 동안에 …… 땅이 안식을 누리리니 …… 그 땅이 황무할 동안에는 쉬게 되리라"는 레위기 26:34–35의 본문을 동시에 사용하는 것으로 보고 있다. 땅이 그 더러워짐으로부터 회복되기 위해 쉬게 된다는 사상을 배경으로 예레미야 25장이 재해석되고 있는 것이다. 여기에서 한걸음 더 나아가서 레위기 25:1–55에 의하면 49년의 희년 사이클이 종살이의 최대치 및 유업으로 받은 땅의 원 소유권으로부터의 이탈의 최대치로 지정이 되고 있다. 예레미야 25장에 대한 다니엘의 "일흔 안식 사이클, 혹은 열 번의 안식년" 관점에서의 재해석은 "아마도 역대하 36:21에 의해 촉진된 것으로 볼 수 있는데, 이는 레위기 26:34–5의 재사용을 바탕으로 예레미야의 70년 예언을 열 번의 안식년 사이클로 이해한 것"이라고 피쉬베인은 보고 있다.[33] 만일 이와 같은 피쉬베인의 제의가 단순한 가설 이상이라고 한다면, 이 예는 간본문 요인이 의미 형성 또는 변화에 미치는 영향을 보여주는 좋은 예가 될 것이다.

피쉬베인은 이 외에도 보다 급진적인 텍스트 의미 변화의 예들을 보여주고 있다. 예를 들어 나훔 1:2, 3절에서 나훔은 앗수르 군대의 운명에 대해 예고하면서, "출애굽기 34:6, 7에 대한 언급 및 암시를 사용하여 임박한 하나님의 진노를 그리고 있다. 이 경우 옛 전승물(*traditium*)이 진노와 심판을 설교하는 현재적 전승 과정(*traditio*) 속에서 아무런 신적 자비의 여지도 찾아 볼 수 없이 급진적으로 변화되어 있다."[34] 출애굽기 34:6, 7에서 하나님은 한편에서는 "자비롭고 은혜롭고 노하기를 더디하고 인자와 진실이 많은 하나님"으로 그려지고 있으며, 또한 동시에 "벌을 면제하지는 아니하고 아버지의 악행을 자손 삼사 대까지 보응"하시는 하나님으로 그려지고 있다.

구약 속의 간본문 관계의 문제는 매우 미묘하면서 복잡하고 전문적인 문제이다. 예를 들어 데이빗 클라인스(David Clines)는 느헤미야 10:31–40을 두고 이 본문이 오경의 법(특히 레 6:5, 6) 정신 및 의도에 대한 느헤미야의 보충적 해석이라고 주장한다. 윌리엄슨(H. G. M. Williamson)의 경우 "이전의 많은 주석가들이 부분적으로 관찰했던" 일반 원리적 측면에서는 아니라 할지라도 보다 상세한 문제에 들어가서는 피쉬베인과 다른 관점을 취할 이유가 충분하다고 말하기도 한다.[35] 이런 상세한 문제들을 여기서 모두 다룰 수는 없고, 현재의 우리의 연구의 취지에 맞추어서 네 가지 짧은 지적들을 더 첨가하고자 한다.

첫째, 익숙한 이미지나 언어의 사용 및 공명과 의식적 인용 사이의 분명한 구별을 하는 것이 매우 어려운 일이라는 점이다. 만일 문학 이론이 저자 차원의 의식적 의도 문제에 관하여 소극적이고 부정적인 태도를 취한다면, 거기에 따라 "의미"의 탐구는 더욱 어려운 문제가 되고, 이전의 텍스트를 "변혁"하고 있다는 인식도 더욱 의문시될 수밖에 없다.

둘째, 우리는 경우에 따라 이미지나 그림, 또는 재현적, 명제적 내용의 측면과 그 기능 혹은 발화수반력 측면을 구분할 필요가 있다는 점이다. 예를 들어, 나훔 1:3에서 "여호와는 권능이 크시다"라고 말할 때, 이 명제적 진술은 다양한 방식으로 **사용**될 수 있으며, 여러 가지 다른 발화수반적 **힘**을 발휘할 수 있다. 이 말은 때로는 **경고**가 될 수도 있고, 때로는 **위로**가 될 수도 있으며, 또 **약속**으로 작용할 수도 있다. 그렇다면 우리가 텍스트 의미의 "재사용" 혹은 "재적용"을 말할 때 어떤 측면을 두고 그렇게 한다는 것인가? 그 명제적 내용을 변혁한다는 것인가 아니면 그 발화수반력을 다르게 조정한다는 것인가, 아니면 은유의 변혁적 확장을 통한 의미의 변화를 도모하는 것인가? 명제적 내용과 발화수반력의 구분은 존 설과 르카나티의 화행론이나 리치(Geoffrey Leech)의 화용론 속에 중심적 자리를 차지한다. 우리는 이런 점을 다양한 성경 텍스트 및 그 해석과 연관시켜서 아래 8장에 가서 보다 상세히 다루게 될 것이다.

셋째, 우리가 간본문 요인들을 어느 정도까지 "변혁적" 텍스트의 요인으로 볼 것인가 하는 문제는 우리가 해당 텍스트를 해석과 이해를 위한 새 준거틀을 제시하는 것으로 보고 있느냐 하는 데에 부분적으로 달려 있다. 다시 말해서 이 텍스트가 기호학 이론에서 말하는 새 기호 체계에 해당하는가 하는 점이다. 간본문 관계가 재의의화와 관련하여 하나의 새로운 틀을 제공할 수 있는 긍정적 예를 들자면 우리는 브레바드 차일즈가 말하는 "이탈된 신화"(broken myth)의 경우를 생각해볼 수 있을 것이다. 이를테면 성경 속에 나오는 라합, 리워야단, 용 등의 이미지들(시 74:13, 14, 시 104:26, 욥 41:1, 사 51:9, 계 12:3–17, 16:13)은 더 이상 신화 세계의 몽상적, 비자의식적, 비비판적 의미화의 방식으로 사용되지 않는다. 이들은 "의식적으로 상징화된 신화"로, 혹은 차일즈나 케어드(George B. Caird)가 선호하는 용어인 "이탈된 신화"로 사용되고 있다.[36]

넷째, 이와 같은 건전하고 분명한 차원에서의 간(상호)본문성(intertextuality)에 대해서는 우리가 그 중요성을 의심할 나위가 없겠지만, 이 말이 문학 이론 속에서 상호주체성(intersubjectivity)에 대한 암묵적 대항어로 사용되어서, 텍스트 자체를 그 배후의 인격이나 상황과 상관없이 자체적으로 운용되는 하나의 기호학적 체계로 생각하는 측면에서 이해된다면 문제는 매우 다른 방향으로 흘러가게 된다. 이와 같은 전문화된 의미를 염두에 두고 레이먼드 탈리스(Raymond Tallis)는 "오늘날의 '간본문성' 강박관념"을 우려하고 있다.[37] 우리는 이 문제를 2장과 3장에 가서 특히 기호학과 해체주의와 연관하여 보다 상세히 다루게 될 것이다. 여기서는 다만 일부 이론가들이 간본문성을 전포괄적이며 무한히 확장하는 의미화 체계의 하나로 이해하고 있다는 점을 지적하고 넘어가고자 한다. 이런 인식의 바탕 위에서 움베르토 에코는 로트만(Jurij Lotman)을 따라 "(정보)전달적"(transmissive) 텍스트에 대립되는 말로 "생산적"(productive) 텍스트를 말하고 있다. 에코의 이론에 대해서는 14장에 가서 보다 상세히 다루게 될 것이다.

유사한 방식으로 줄리아 크리스테바 역시 이렇게 말한다. "**간본문성**이라는 용어는 이와 같이 한(또는 여러) 기호체계가 다른 것 속으로 흘러가는 이동을 지칭한다. 하지만 이 용어가 흔히 '원천들의 연구'라는 넓은 의미로 비역사적이었던 점을 감안할 때 우리는 **이동**(transposition)이란 말을 대신 선호한다."[38] 새로운 준거틀로 말미암아 원래의 의미 단위는 새로운 체계 속으로 이동되는 것이다. 조너선 쿨러는, 앞에서도 보았던 것처럼, 간본문성의 개념을 넓은 의미에서 "전제"와 거의 유사한 개념으로 사용하고 있다. 반면 리파테르는 텍스트나 문학 작품의 자기 참조적 성격을 가리키는 데 이 용어를 사용하고 있다.

하나의 텍스트를 다른 텍스트의 틀 속에 집어넣는 일을 단순하게 그 텍스트를 "고양"시키는 일이라거나 아니면 그 텍스트에게 "폭력"을 가하는 일이라고 섣불리 판단할 수는 없다. 우리가 먼저 고려해야 할 것은 이와 같은 행위의 해석학적 목적이 무엇이냐 하는 것과 우리가 이런 혹은 저런 맥락 속에서 "의미"를 무엇으로 보느냐 하는 점 등이다. 성경적 전승 속에서 간본문 관계는 그 넓은 의미에서 볼 때 하나의 살아 있는 실재이다. 필자의 연구과정 학생 가운데 한 사람이었던 쟈넷 소스키스(Janet Martin Soskice)는 이렇게 적고 있다. "여타 문학 전통의 암시 기법과 유사한 방식으로 하나님의 임재 및 은혜로운 행위를 나타내는 은유 및 모델들은 …… 기독교의 중심 텍스트 및 그 연속적 해석 속에서 계속하여 사용 및 재사용되어 왔다. 따라서 하나님을 생수의 샘이나 포도원지기, 바위, 산성, 왕 등으로 이야기하는 것이 그리스도인들에게 어떤 의미를 가지는지 설명하기 위해서는 단지 샘이나 바위, 포도원, 왕 등에 대해 설명하는 것뿐만 아니라, 이전의 모든 경험상의 전통 및 이들을 기록하고 해석하는 문학적 전통까지도 이야기하는 것이 필요하다."[39]

3. 변혁적 텍스트의 상황적, 지평적 요인들

상황적, 역사적 요인들

일부 성경 텍스트의 경우 그 배후의 상황이 구체화되어 있지 않다. 예를 들어 "여호와를 경외하는 것이 지식의 근본이거늘 미련한 자는 지혜와 훈계를 멸시하느니라"(잠 1:7)는 말씀은 그 의미와 적용이 상황적이기보다 보편적이다. 같은 범주 속에 "땅과 거기에 충만한 것이 …… 다 여호와의 것이로다"(시 24:1)는 말씀이나, 필자의 책상 위에 붙어 있는 말씀, "그 인자하심이 영원함이로다"(시 136:26) 같은 말씀도 포함시킬 수 있을 것이다.

하지만 성경의 또 다른 많은 본문들은 특정 사태 또는 상황에 구체적으로 연결되어 있기도 하다. 예를 들어 레위기나 신명기에 나타나는 많은 규례들은 산업화 이전 시대의 전근대적 농경 사회의 삶을 기반으로 한다. 리처드 로바우(Richard Rohrbaugh)는 아합이 나봇의 포도원 빼앗은 일을 기록하는 기사(왕상 21:1–29)를 만일 우리가 땅을 언약의 징표로 생각하던 당대의 사회–역사적 조건들을 전혀 알지 못하는 상태에서는 제대로 이해하기가 어려울 것이라고 말한다. 그는 이렇게 적고 있다. "엘리야는 아합의 어떤 사적인 죄를 꾸짖고 있는 것이 아니다. 단지 탐욕의 유혹에 빠진 것을 꾸짖는 것이 아니라, 아합과 모든 이스라엘이 시내산 언약으로 돌아가야 할 것을 촉구하고 있다."[40] 켄 베일리(Ken Bailey)는 복음서와 관련하여 산업화 이전 농경 사회의 배경을 이해하는 것이 중요하다는 것을 역설하고 있다.[41]

바울이 고린도 교회에 대하여 "우상에게 바쳐진 제물" 문제를 거론하는 것도 오늘 우리 시대와는 다른 당대의 사회–문화적 상황을 배경으로 하고 있다(고전 8:1–13, 10:19–11:1). 심지어 이 하나의 역사적 상황 속에서도 두 가지 서로 다른 사회적 상황들이 별도로 구분되고 있는 것을 볼 수 있다. 하나는 신전 의식에 참여하여 제의적 고기를 먹는 일이고, 또 하나는 어떤 개인의 가정에서 그 주인이 이방 신전 제의에 바쳐졌던 고기를 대접하는 경우이다.

게르트 타이센(Gerd Theissen)은 바울이 말하는 양심이 "강한 자"와 "약한 자"(고전 8:7)의 언급이나 고린도전서 8:1–11:1에서 다루는 문제가 무엇을 의미하는지 오늘날의 우리의 문화와는 다른 당대의 일련의 역사적 요인들을 충분히 다 고려하지 못하고서는 제대로 이해하기가 어려울 것이라고 말한다. 고린도의 부요한 사람들은 밀가루 위주의 일상 음식을 먹던 대부분의 사람들보다 고기를 먹을 수 있는 기회가 더 많았다. 그리고 이 대다수의 가난한 사람들은 준종교적 의식의 경우에 배분되는 고기를 즐길 수 있었다. 또한 고린도 교회의 "지식"(*gnōsis*, 고전 8:1)에 대한 주장은 고린도 교회 전체를 대표한다고 생각하는 "강한 자들의 관점에서" 형성된 것이며, 실제로는 교회 전체의 사상이기보다 한 계층의 관점을 나타낸다고 볼 수 있다.[42]

이런 회색성 문제에 직면하여 바울은 일종의 타협을 생각하고 있다는 것이 타이센의 결론이다. "약한 자들의 소망(혹은 편견)이 강한 자들의 지식(그리고 사회적 특권) 만큼이나 강하게 고양되고 있다.…… 이는 현실적이고 실천적인 문제이다."[43] 오늘날 현대 해석자들이 바울의 윤리적 기준들(특히 약한 자들에 대한 관심과 사랑)을 다른 사회-문화적 상황 속에 "확장"시킬 수 있다는 것은 두말할 여지가 없다. 하지만 "우상 제물"에 관한 언어가 먼저 텍스트의 시간적, 상황적 특수성에 대한 존중 없이 바로 오늘의 상황들 속에 옮겨질 수는 없다.

특정 성경 텍스트의 **발화수반력**, 또는 보다 일반적인 말로 언어-**기능들**은 주어진 역사적, 상황적 요인들을 보다 명백하게 전제하고 있다. 약속들이나 경고들의 경우 때로는 그 성격이 일반적이거나 보편적일 수 있지만, 또 때로는 이것이 특정 개인이나 기구의 실제적 상황과 긴밀히 연관되어 있기도 하다. 우리는 특히 약속의 화행이 어떻게 작용하는지 다음 장과 또 8장에 가서 보다 상세하게 살펴볼 것이다. 약속들은 한편에서는 상호인격적 의사소통의 맥락에서 독자(또는 청자)의 시간 지평과 관계되지만, 또 다른 한편에서는 특정 사태와의 "일치" 혹은 특정 상황과 결부된 진리조건의 측면을 가지기도 하는데, 이것이 성립될 때 약속의 말이 효력 있게 된다. 어떤 사람이 불의한 군사적 도발이나 살인을 계획하면서 "여호와께서 내 편이 되사 나를 돕는 자 중에 계신다"(시 118:7)고 주장하며 자신의 행위를 지지하고 정당화할 수 있겠는가?

크론바흐(Abraham Cronbach)는 "성경의 의도되지 않은 의미들"이라는 날카로운 한 논문에서 "우리가 서로 떠나 있을 때에 여호와께서 나와 너 사이를 살피시옵소서"(창 31:49)라는 말이 서로 다른 정황의 차이를 고려하지 않음으로써 종종 의도되지 않은 방향으로 사용되고 있다는 것을 잘 지적한다.[44] 일반적으로 종교적 모임 안에서 이 말은 일종의 축복문처럼 사용되고 있는 것이다. 그러나 성경 텍스트 자체가 가지는 발화수반력은 이것과 다르다. 서로 속이고 속는 가열된 공방의 맥락 속에서 야곱과 라반은 하나님의 임재를 서로에 의한 더 이상의 속임을 막고 자신들의 이익을 지키기 위한 일종의 위협으로 사용하고 있는 것이다. 따라서 이 말의 발화수반력은 축복보다는 위협에 놓인다.

우리는 이런 문제를 여기서 더 상세히 논할 수는 없다. 필자는 『두 지평』에서 이와 같은 시간적, 상황적 거리의 문제가 문화적 상대주의와는 어떤 관계를 가지는지, 그리고 소위 "무시간적" 명제들의 논리와는 어떤 관계를 가지는지 논술한 바 있다.[45] 문화적 상대주의의 문제는 대단히 중요한 논제인데, 이 문제는 이어서 보고자 하는 지평적 요인들, 기호학적 요인들, 해석학적 요인들과도 관계된다.

지평적 요인들

독자의 지평 및 텍스트의 지평에 대한 이 자리에서의 논의는 뒤에 가서 보다 상세히 다룰 부분과 관련하여 예비적 성격을 가진다. 슐라이어마허나 하이데거, 또는 불트만의 해석학적 전통에 서 있는 사람들은 이 부분에서 대체로 "선이해"라는 용어에 익숙할 것이다. 하지만 이 용어는 워낙 다양한 방식으로 사용되고 있기 때문에 그 정의를 내리는 데 어려움이 있으며, 따라서 너무 쉽게 결론을 내리려는 경향은 경계해야 한다. 이런 점 때문에 우리는 꼭 필요한 경우가 아니면 "선이해"라는 말을 가급적 쓰지 않으려고 한다. 우리는 오히려 "기대의 지평"(horizon of expectation)이라는 표현을 선호한다.

기대의 지평이라는 용어와 관련해서 우리는 몇 가지 설명을 첨부하고자 한다. 첫째, 이는 어떤 고정된 실체가 아니라 수정과 변화에 개방된 일련의 잠정적 추정들(assumptions)로 구성된다. 둘째, 독자나 해석자는 이 기대의 지평이 불러일으키는 것, 가능하게 하는 것, 또는 배제하는 것 등을 다 의식하지 못할 수도 있다. 기대들과 추정들은 우리가 텍스트가 답해줄 것으로 예상하는 질문들 및 이슈들과 연결된다. 뿐만 아니라 텍스트가 사용하는 장르의 유형이나 의사소통의 방식 등도 우리의 기대와 연결된다. 이런 점에서 이제는 낯설지 않은 표현이 되어진 "바른 질문을 던지는 것"의 필요가 진정으로 제자리를 찾게 되는 것이다.

지평은 그 정의상 한계를 의미하기도 하며 또한 동시에 이동 및 확장을 의미하기도 한다. 인식의 주체가 그 초점을 옮김에 따라 텍스트 이해를 추구하는 과정 속에서 낯섦의 요소와 친숙함의 요소가 동시에 작용한다. 예를 들어 음악 악보나 대수학 공식을 이해하고자 하는 경우에 일차적으로 우리에게는 음악이 무엇이며 대수학이 무엇인지에 대한 기본적 이해가 전제되어 있다. 하지만 우리는 이 특정 멜로디 또는 이 특정 방정식을 전에 접해 본 적이 없다. 해석자로서 나의 지평 속에는 내 눈 앞의 텍스트가 나의 인지의 틀에 지적으로 "끼워 맞춰지는" 친숙함의 공간이 자리잡고 있다. 반면 잠정적으로 친숙해 보이던 것이 사실은 내가 기대했던 것, 내가 추정했던 것이 아니라는 사실을 깨닫게 될 때, 나의 기대의 지평은 새로운 것을 수용할 공간을 필요로 한다.

이런 점에서 "지평"이라는 개념이 "전제"라는 개념보다 더 유리하다. 이 전제라는 개념은 불트만의 "전제 없는 주해는 가능한가?"라는 유명한 논문으로 인해 영어권 독자들에게도 익숙한 개념이 되어졌다.[46] 하지만 불트만이 실제로 사용하고 있는 용어는 슐라이어마허와 특별히 딜타이의 용어인 "선이해"(*Vorverständnis*)라는 단어이다.[47] 불트만이 논하고 있는 딜타이 자신에게 이해를 위한 이 선제적 조건은 후기 비트겐슈타인에게서와 마찬가지로 삶의 관계 속에서 비롯된다. 음악이나 수학, 또는 법이나 사랑 등과 관련된 개념 이전의 나의 삶의 관계가 내가 어떻게 음악 텍스트를 이해하는지, 또는 수학이나 법률, 시, 혹은 연애편지 등을 이해하는지에 영향을 미치거나 이해의 선제 조건으로 작용한다. 이에 비해 "전제"라는 말은 다소 다른 뉘앙스를 가진다. 이를테면 이미 굳어진 확신이나 교리 같은 것을 가지고 있다는 인상을 풍기는데, 이 경우 이런 것들은 이미 인지적이고 개념화된 것들일 뿐만 아니라, 이런 것이 수정되거나 변경될 때 아픔과 어려움이 따르기도 한다. 하지만 "지평"이란 말 속에는 이런 요소들이 내재되어 있지는 않다.

"지평" 용어의 개념 이전적, 실천적, 행동적 측면을 영미권의 언어철학 속에서 가장 근접한 형태로 담아내는 표현을 찾자면, 우리는 존 설의 "배경" 혹은 "의도 이전적 배경"(pre-intentional background)이라는 용어를 들 수 있을 것이다.[48] 설의 이 용어는 하이데거의 "지평" 개념이 가지는 현상학적, 혹은 반 유심적인 잔재를 극복하는 이점을 가지기도 한다. 설에 따르면 의미는 저자 혹은 화자의 측에서의 의도된 "지향성"(directedness) 맥락에서 뿐만 아니라, "배경 및 사회적 실행을 바탕으로" 전달되고 접수된다.[49] 예를 들어 우리는 "문을 여는 것"이나 "회의를 여는 것," "불길을 여는 것"이 무엇인지는 이해하지만, "산을 여는 것"이나 "유리를 여는 것"이 무엇인지는 이해하지 못한다. 왜냐하면 우리는 이런 방식의 언어를 이해할 수 있게 하는 일상적 관행상의 배경을 아직 가지고 있지 않기 때문이다.

필자는 이와 관련된 논의를 비트겐슈타인의 공적 행위의 패턴 및 전통 이해와 관련하여『두 지평』에서 상세히 다룬 바 있다.[50] 우리는 하나님께서 사랑의 행위로 우리를 대하시기로 약속하시는 것이 무엇인지를 이해한다. 왜냐하면 우리는 하나님의 사랑의 행위 패턴을 이스라엘의 공적 전통 속에서와 예수 그리스도 안에서 그의 행위를 통해 인식할 수 있기 때문이다. 한편 이와 같은 이해는 우리를 향한 다른 사람의 사랑이나 다른 사람을 향한 우리 자신의 사랑의 경험을 통해서도 영향을 받게 된다. 우리는 여기에서 이해를 가능하게 만드는 "배경" 혹은 "지평"의 긍정적 역할을 볼 수 있다. 그러면서도 동시에 성경 텍스트의 지평과 우리 자신의 그것 사이에 놓여 있는 차이를 인식하지 못할 때 생겨나는 부정적 결과의 가능성도 볼 수 있다. 인간 경험상의 유비는 우리에게 출발점 이상의 것을 제공해주지 못한다.

"지평" 혹은 "의도 이전적 배경"은 이처럼 독자가 텍스트에 가지고 나아가는 일련의 수정 가능한 기대 및 추정들이다. 여기에는 행위와 신념의 공유된 패턴이 작용하며, 이 바탕 위에서 해석 및 이해의 과정이 작동한다. "지평"이란 용어는 시간과 역사, 문화 속에서의 우리의 유한한 존재성을 상기시켜 주며, 이로써 우리의 "세계"의 제한성(비록 항상 확장되고 있지만), 또는 우리가 "볼" 수 있는 범위의 제한성을 인식하게 만든다. 한편 "배경"이란 용어는 이와 같은 제한성이 우리의 의식적 사고의 측면과만 연결되어 있는 것이 아니라, 우리가 이 역사적 세상의 공유된 실행들 속에 참여함으로서 가능하게 되는 의식 이전의 성향이나 자질들과도 연결되어 있다는 사실을 상기시켜 준다. 예를 들어 "하나님의 음성 듣기"(시 95:7, 히 3:7, 15, 4:7)를 우리가 어떻게 이해하느냐 하는 문제는 부분적으로는 우리의 지교회 공동체나 교회적 전통, 또는 보다 넓은 문화적 환경 속에서 "하나님 말씀 듣기"를 행하는 공유된 실행들의 성격에 달려 있다.

또 다른 종류의 예는 아버지 됨에 대한 문자적 또는 은유적 언어를 사용하는 성경 텍스트의 경우들이다. 바울은 "그리스도 안에서 일만 스승이 있으되 아버지는 많지 아니하니 그리스도 예수 안에서 내가 …… 너희를 낳았음이라"(고전 4:15)고 말한다. 이런 이미지의 사용이 독자의 지평 속에 부정적으로 작용하면 "가부장적"이라는 인식을 줄 수도 있겠지만, 긍정적으로 작용하면 "친밀함과 사랑과 신뢰"의 인식을 준다. 이런 인식은 독자가 어른이 될 때까지 자라난 가정 안에서의 부모의 태도 및 실행들과 일차적으로 관계되며, 나아가서 바울이나 성경, 그리고 세계에 대한 일련의 추정 및 신념들과도 연결된다.

이런 예들은 "지평"이란 용어가 "선이해"나 "전제", 또는 "의도 이전적 배경" 등의 용어들보다 더 유용성이 있다는 것을 잘 보여준다. 비록 이것이 은유적 용어이긴 하지만, 은유가 가지는 장점이 있기도 하다. 가다머는 "지평"이라는 인식 속에 두 가지 구성 요소들이 포함된다는 것을 말해준다. 첫째, "이는 볼 수 있는 시야 가능성의 한계 속에 우리가 서 있다는 것을 말한다. …… 지평은 특정 조망점 속에 서서 바라볼 수 있는 모든 것들을 포함하는 시야의 범위를 가리킨다."[51] 또한 두 번째로, 우리는 "지평의 확장 가능성, 새로운 지평들의 열림"을 이야기할 수 있는데, 이는 "지평은 사람이 움직임에 따라 변하는 것"이기 때문이다.[52] 이런 방식으로 텍스트는 독자를 변혁시킨다.

4. 기호학, 해석학 이론 및 텍스트 이론상의 요인들

기호학적 요인들

기호학 혹은 기호 이론들과 관련된 보다 상세한 논의는 다음 3장과 13장, 14장에서 다룰 것이다. 우리는 특별히 로만 야콥슨(Roman Jakobson)이나 롤랑 바르트(Roland Barthes) 등이 즐겨 사용하는 기호학적 '코드'의 역할에 주목하게 될 것이다. 텍스트를 기호화 체계 또는 하부 체계의 하나로 볼 뿐만 아니라, 또한 하나의 텍스트는 어떤 다른 또는 새로운 기호화 체계의 틀 속에 삽입될 수 있다고 보는 관점은 거기에 따르는 많은 결과들을 가져오게 되었다. 첫째는, 텍스트를 그것을 생산한 인간 주체와 떼어서 거의 독립된 하나의 의미

체계로 보기 시작했다는 점이다. 둘째, 하나의 텍스트가 어떤 다른 또는 새로운 기호화 체계 속에 놓이게 될 때, 여기에는 그 텍스트의 의미 및 기능에서의 급진적 변화가 일어날 수 있다는 점이다.

기호학 이론이 해석학에 들어옴으로써 텍스트 이해 및 해석학에 있어 포스트모던 방향으로의 본격적 출발점이 만들어졌다고 말할 수 있다. 여기에서는 해석의 관심이 저자 혹은 의미의 생산자인 인간 주체로부터 텍스트 내의 의미 단위들인 기호들의 상호작용으로 넘어가게 되었다.

기호학 이론의 출발은 유사하면서도 서로 독립적인 사상가인 소쉬르(Ferdinand de Saussure)와 퍼스(Charles S. Peirce)의 기여에 기인한다. 소쉬르는 기호 혹은 발화(파롤)의 작용성은 언어 체계(랑그) 또는 기호 체계 내의 유사성과 차이의 상호관계에 의존한다고 주장한다. 퍼스의 경우, 기호들이 무엇인가를 나타낼 수 있는 능력은 부분적으로는 습관에 기초한다는 것, 그리고 기호들은 또한 또 다른 기호들을 가리킨다는 것을 강조한다. 우리는 아래 3장에 가서 기호학 이론의 뿌리로부터 롤랑 바르트나 자크 데리다에 이르기까지 그 발전 과정을 상세히 살펴볼 것이다. 뿐만 아니라 이 이론이 어떻게 니체 및 프로이트의 세계관과 결합이 됨으로써 기호학이 해체주의로 전환되었는지에 대해서도 살펴볼 것이다. 우리의 논의는 하나의 핵심 질문, 즉 "기호학 이론이 반드시 해체주의로 넘어갈 필요가 있었는가?"라는 것으로 요약될 수 있을 것이다. 그리고 14장에 가서 우리는 어떻게 기호학이 독자반응 이론으로(움베르토 에코의 경우), 또는 독자 중심적 해석으로(조너선 쿨러의 경우) 연결되는지 살펴볼 것이다.

성경해석과 관련해서는 이런 논의로부터 도출되는 두 가지 발전이 매우 중요한 역할을 하게 된다. 하나는 텍스트 이론에 관한 것인데, 이는 잠시 후에 다시 볼 것이다. 그리고 또 다른 하나는 성경 텍스트 속에 각기 다른 기호학 체계들 혹은 메타-언어의 층들이 "코드화"(encoding) 또는 "탈코드화"(decoding)되고 있다고 보는 관점이다. 이런 과정 속에서 텍스트를 권력 구조의 수립을 위한 코드화된 방편으로 삼아 이를 자연스러운 것으로, 혹은 "정당한" 것으로 삼으려는 동기를 폭로할 수 있다고 보는 것이다. 이런 접근이 사회–비판적 해석학의 중심에 놓여 있으며, 또한 "의구의 해석학"에 의존하기도 한다. 그 배후에는 니체, 마르크스, 프로이트 같은 사상가들이 자리잡고 있다. 일부 해방 신학과 흑인 신학, 그리고 페미니스트 신학 역시 의구의 해석학을 그 기본적 관점으로 취하기도 한다. 리쾨르의 경우 자신의 의구의 해석학을 정립하기 위해 프로이트의 틀을 사용하고 있는 것을 본다(10장 참고). 뿐만 아니라 해방, 흑인, 페미니스트 해석학 전반에 걸쳐 사회–비판 이론이 폭넓게 채용되고 있다(12장 참고).

일부 학자들은 최종 형태의 복음서 안에 "실제로 일어나고 있는" 일은 특정 교회적 권력 체계를 중심으로 한 독자 조작이라고 주장하기도 한다. 예를 들어 그레이엄 쇼(Graham Shaw)는 마가가 그리고 있는 예수의 모습은 결코 순진한 있는 그대로의 모습이 아니라고 주장한다. 오히려 여기에는 독자를 조작하려는 의도가 작용하고 있다는 것이다.[53] 페르난도 벨로(Fernando Belo)는 기호학 이론에 관한 롤랑 바르트의 저작들을 드러내 놓고 사용한다. 여기에는 구조주의에 기울어져 있던 바르트의 초기 저작들뿐만 아니라 텍스트를 다중 음성이 공존하는 의미 생산의 과정으로 보는 후기 저작들도 포함된다.[54] 바르트와 마찬가지로 벨로가 내세우는 의제들도 대단히 정치적이다. 대표적인 것을 꼽자면 대단히 복잡하고 난해한 책인『마가복음에 대한 유물론적 읽기』(*A Materialist Reading of the Gospel of Mark*)를 들 수 있을 것이다. 마가복음 텍스트를 "재읽기"하는 방법론적 근저에는 바르트 모델을 따른 기호학 이론이 놓여 있다. 우리는 3장에 가서 바르트의 기호학 이론의 기초들을 좀 더 상세히 살펴볼 것이며, 12장에 가서 다른 유물론적 접근 방법들과 남아공의 흑인 해석학을 대변하는 모살라(I. Mosala)의 접근과 더불어 벨로의 책을 다시 살펴볼 것이다.

해석학적 요인들

텍스트의 의미 이해에 미치는 결과가 해석학 이론상의 여러 모델들보다 기호학적 요인들이 보다 급진적인 것이라고 한다면, 우리가 기호학에서 해석학 쪽보다는 해석학에서 기호학 쪽으로 옮겨가는 것이 바른 방향이 아닐까?

해석학은 가장 빈번하게 해석의 이론으로 정의되는데 이것은 옳다. 하지만 다른 무엇보다 다음 두 가지 요소 때문에 해석학이 진정으로 급진적인 학문이라고 말할 수 있을 것이다. 첫째, 해석학은 텍스트 이해를 가능하게 만드는 제반 조건들이 무엇인지를 탐구한다는 점이다. 둘째, 해석학은 다양한 범위의 가용한 해석학적 모델들에 대한 평가 및 그 각각이 특정 텍스트와 관련하여 어느 정도의 가치 및 타당성을 가지는지에 대하여 평가하는 일을 포함한다는 점이다. 이런 점에서 해석학은 해석의 실제 행위와 관련하여 하나의 메타학문(meta–discipline)이다.

해석학은 구체적 해석 행위의 작업 조건들이나 그 타당성에 대해 메타비평적 반성을 수행한다. 우리는 이런 점을 9장에 가서 보다 상세하게 살펴볼 것이며, 10장과 11장에서는 리쾨르, 하버마스, 아펠의 메타비평과 로티의 상황적 실용주의의 대조적 관점을 살펴볼 것이다.

주어진 텍스트의 의미 및 메시지와 관계있는 견해의 큰 차이는 단순히 몇 가지 주해적 결론의 차이에서 오는 것만이 아니라 **해석의 목표**와 관계있는 더 원천적 차이에서 나오는 것이기도 하다. 이런 문제의 중요성과 관계있는 논의를 최근에 로버트 몰간(Robert Morgan)이 심도 있게 다룬 바 있다. 그는 이렇게 지적한다. "성경이 무엇을 의미하는가와 관련된 일부 의견의 차이는 텍스트의 애매성에서 나오기보다는 상충하는 해석자의 목표에서부터 비롯된다."[55]

예를 들어보자. 듣는 사람들로 하여금 그 내러티브 세계 속으로 이끌려 들어오도록 의도된 예수님의 한 비유를 단지 어떤 역사적 상황의 재건축을 위해서나, 아니면 그 교훈적 내용의 추출만을 위해서 "사용"한다면, 해석자는 그 비유의 기능뿐만 아니라 그 의미를 변개하였다고 볼 수 있을 것이다. 역으로, 어떤 본문이 진정으로 역사적 과정 및 사건들을 묘사하고 있음에도 불구하고, 이를 단지 "역사 같은"(history–like) 언어내적 내러티브 세계만을 투사하고 있는 것으로 본다면, 이 역시 텍스트 의미를 변개한 것이라고 볼 수 있다. 기호학적, 해체주의적 읽기 모델의 사용 역시도 어떤 주어진 해석학 방법이나 목적을 채택하려는 결정의 일환이다. 따라서 그와 같은 결정 행위에 대한 평가의 문제가 해석학적 과제의 중요한 한 축을 이룬다.

텍스트 이론상의 요인들

해석학에서 그 어떤 것보다 가장 급진적인 질문은 텍스트의 본질에 관한 질문이다. 왜냐하면 주어진 어떤 해석 목표를 취하기로 결정하는 것은 단지 독서 공동체의 필요에만 의존하는 것이 아니라, 더 근본적으로는, 이해되어야 할 필요가 있는 특정 텍스트의 본질이 무엇이냐에 의존하기 때문이다. 이는 특히 그 취하는 결정이 신학적으로, 합리적으로, 그리고 윤리적으로 책임 있는 것이 되어야 하는 경우에는 더욱 그러하다.

하지만 텍스트의 본질이란 것이 더 이상 논란의 여지없이 자명한 것으로 인식되지 않는다는 데서 어려움이 생긴다. 이를테면 텍스트라는 것이 슐라이어마허로부터 베티에 이르는 근대 해석학에서 생각하는 것처럼 저자의 사상이나 경험의 표현을 말하는가? 이런 경우라면 해석의 목표는 저자의 경험과 정신을 이해하는 것이 될 것이다. 아니면 1940년대와 50년대에 풍미하였던 신비평이 보는 것처럼 텍스트를 하나의 자율적 의미 세계로 보아야 할 것인가? 이 경우 저자나 저작의 상황은 거의 고려될 필요가 없을 것이다. 아니면 최근의 독자반응 이론의 다양한 형태들이 보는 것처럼 텍스트를 독자가 뭔가를 기여하고 완성시키도록 초청하는 그 어떤 것으로 보아야 할 것인가? 최근의 포스트모던 이론들이 보는 것처럼 텍스트를 종결된 특정 "내용"을 전달하기 위한 매체가 아니라 무한한 의미화의 고리를 이어내는 개방된 과정의 한 일환으로 보는 관점은 어떻게 생각해야 할 것인가?

텍스트성에 대한 이해의 이와 같은 급진적 패러다임의 변화가 성경 연구의 동향에 큰 결과를 미친다는 것은 어렵지 않게 확인할 수 있다. 1980년대에 들어서 기존의 "역사적" 연구의 관심보다는 "문학적" 연구에 대한 관심이 증폭되었다. 물론 여기에는 문학적 형식주의나 신비평이 사용하는 문학적 기교나 장치들을 따라잡기 하는 정도에 그치는 부분도 있다. 종전의 역사적 패러다임의 관점에서는 반복되는 패턴이나 상충되는 요소, 긴장, 삭제 등을 "자료" 사용 또는 편집의 증거로 보았지만, 문학적 패러다임에서는 동일한 현상들을 보다 긍정적 측면에서 독자에게 소정의 효과를 불러일으키기 위한 문학적 효과 장치의 일환으로 보고 있다.

이런 맥락에서 로버트 알터(Robert Alter)는 구약 내러티브 본문들은 "서로에 대한 주석으로 볼 수 있는 주제의 반복, 상황의 유사성을 고집스럽게 사용한다"라고 주장한다. 반복되는 주제들의 사용은 "내러티브 문학의 보편적 현상"이라는 것이다.[56] 문학 비평가들은 룻기나 에스더서 등에서 "대비적 요소들 사이의 긴장"이나 내러티브 템포의 변화를 즐겨 지적하며, 다윗 계승 기사에 나타나는 "역설적 초점"이나 애매성, 다의적 의미 등에 주목하고 있다.[57] 내러티브 기교들에 대한 건설적인 연구들이 데이빗 건(David Gunn)의 사울 연구, 아델 벌린(Adele Berlin)의 다윗 연구 등에서 계속 이어지고 있다.[58]

하지만 문학 이론 자체만 두고 보더라도, 텍스트를 자율적인 것으로 보았던 신비평의 관점이 성경 연구에 본격적으로 활착되기도 전에 급속히 사라져 버리고 말았다. 형식주의는 여러 가지 이유로 만족스러운 해답이 되지 못했던 것이다. 13장에 가서 보다 상세히 언급하겠지만, 한때 형식주의가 형식적, 논리적, 자연적 체계로 생각했던 구조들이 후에 가서는 사회적 역사와 **관습**의 산물로 인식된다. 특히 형식주의는 철학적 현실주의자들에게 만족을 주지 못했다. 이들은 텍스트가 현실 세계 속에 닻을 내려야만 하는 것으로 보는데, 특히 그 닻이 저자 또는 텍스트의 상황적 맥락이나 주제 등이 아니라 독자 및 독자의 반응이어야 한다고 보는 것이다. 이뿐만 아니라 칸트 이후의 철학적 이상주의자들의 관점에서 볼 때도 형식주의가 가지는 자율적 텍스트라는 거짓 객관성을 받아들이기 어려웠던 것이다.

시간이 지나면서 이제는 독자 및 독서 공동체의 수용에 초점이 모아지기 시작했다. 스탠리 피쉬(Stanley Fish) 같은 일부 문학 이론가들은 해석자의 수용성, 선이해, 기대의 그물망, 독자 공동체의 적극적 반응 등이 텍스트 자체는 아니더라도 적어도 그 효과적 의미를 구성하는 요소라고 보고 있다. 피쉬는 격언조로 이렇게 적고 있다. "해석은 텍스트의 원천이며, 사실들, 저자들, 의도들의 원천이다."[59]

이처럼 관심의 초점이 독자에게로 옮겨진 것은 성경 해석에서도 그 긍정적 유익이 적지 않다. 독자는 더 이상 메시지의 수동적 수신자로 머물지 않고, 독서 상호작용 및 반응의 과정 속에 적극적인 주체자로 참여한다. 하지만 이것이 가져온 손실 또한 심각하다. 텍스트의 맥락이나 상황, 저자의 발화의 지향성 등이 텍스트 의미에 미치는 영향을 고려하지 않는다면, 의미라는 것은 무한히 가변적이고 다의적인 것이 되고 만다. 이런 텍스트성 이해의 시각이 일부 성경 비유들에는 적용될 수 있을지 모르지만, 대부분의 성경 텍스트에는 적합하지 않다. 13장과 14장에서 이런 접근 모델이 기독교 계시 신학에도 적합하지 않다는 것을 살펴볼 것이다. 뿐만 아니라 철학적 언어 이론의 관점에서 볼 때도 그 약점이 두드러진다.

텍스트성에 대한 가장 급진적인 형태의 패러다임 변화는 해체주의 형태의 포스트모더니즘 이론들 속에서 나타나고 있다. 이 관점에서 보면, 인간 주체의 의식적 판단이란 것은 끝없는 의미화 체계의 바다 속에 흡수되어버리고 만다. 텍스트는 우리로 하여금 계속해서 움직여가게 만드는 하나의 과정이 되며, 여기에는 끝이 없다. 왜냐하면 모든 텍스트를 둘러싸고 있으면서 또한 그것을 계속되는 새로운 의미화 체계 속에 집어넣는 "간본문성"이라는 끝없는 그물망 때문에 "최종적" 의미라는 것은 있을 수 없는 것이 되어버리기 때문이다. 이와 같은 텍스트 이론은 자크 데리다에게 와서 그 철학적 정점을 맞게 된다. 그는 니체와 프로이트에 의해 구성된 세계관 및 후기 하이데거의 철학적 개념들을 뒷받침 삼아 자신의 텍스트 이론을 세워간다.

이와 같은 텍스트 이론이 성경 해석에 미치는 결과는 앞에서 잠시 보았던 페르난도 벨로의 바르트를 이용한 마가복음 읽기나, 크로산(John Dominic Crossan)의 도발적인 성경 읽기 속에 잘 드러나고 있다. 성경 텍스트는 일차적으로 모든 고착된, 또는 고착시키려는 것들을 깨뜨리는 성상파괴적 기능을 가지며, 특히 크로산의 입장에서는 비유들 중의 비유요 은유들 중의 은유의 지위를 가진다.

우리가 이 부분에서 다루고 있는 이 세 가지(기호학적, 해석학적, 텍스트 이론적) 텍스트성에 관한 논의들은 전통적 성경 해석의 관점들에 심대한 영향을 가져왔다. 해석학이 사태의 뿌리를 찾아가는 메타비평적 해석 이론이라는 의미에서 진정으로 급진적 해석학이 되고자 한다면 그 출발점을 텍스트 이론들에 대한 평가에서부터 시작하지 않으면 안 될 것이다. 여기에는 성경 텍스트의 성격에 가장 부합되는 텍스트 이론이 무엇인지에 대한 평가가 포함될 것이며, 또한 각각의 텍스트성 이해의 패러다임들이 뿌리를 두고 있는 근원적 기반들에 대한 철학적, 문학 이론적 비판도 따라야 할 것이다.

따라서 다음 장에서는 텍스트 이론의 패러다임 변화에 대해 더 상세히 살펴보고, 어떤 이론이 성경 텍스트에 대한 기독교 신학과 가장 잘 부합하는지 질문해보고자 한다. 그리고 이어지는 3장은 이 책 전체 속에서 아마도 가장 어렵고 복잡한 논의가 될 것이다. 거기에서 우리는 기호학 이론 그 자체가 해체주의의 무게를 지탱할 수 있을지 질문해볼 것이며, 또한 이것이 성경 해석에 타당한 접근인지, 이것이 가지고 오는 결과는 무엇인지 검토해볼 것이다. 이런 논의들은 좀 더 뒤에 13장과 14장에 가서 보다 온전한 형태로 그 전체 모습을 살필 수 있을 것이다.

일부 독자들은 데리다에 대한 부분은 그 난해성 때문에 건너뛰기를 원할 수도 있을 것이다. 하지만 우리는 그 주제 자체는 무시할 수 없다. 데이빗 호이(David Couzens Hoy)는 데리다야말로 모든 해석학적 사고의 전통들에 대한 "철저한 도전"을 던지는 사람이라고 지적한다. 그의 "결정 불가능한 의미" 개념은 "해석학적 철학의 죽음과 동시에 그라마톨로지적(grammatological) 철학의 신호탄"이 되었다고 말한다.[60] 존 카푸토(John Caputo)는 호이와는 다른 진단을 내린다. 즉, 데리다는 포스트모던 해석학의 정점을 대변하는 사람이라는 것이다. "데리다는 해석학을 뒤엎어버린 것이 아니라 그것을 급진화시켰다"라고 그는 보고 있다.[61] 어떤 평가를 받아들이든지 간에 우리는 데리다의 사상에 대한 논의 자체를 건너뛸 수는 없다.

제2장
텍스트란 무엇인가? 텍스트성 이해의 패러다임 변화

1. 저자는 텍스트의 일부인가?

텍스트의 본질 문제 같은 것을 논의하기 위해 구태여 시간을 쓸 필요가 있을까? '텍스트'라는 말 자체가 최소한 상식적 측면에서 이미 자명한 의미를 가지고 있지 않는가? 만일 우리가 어떤 문학 작품을 읽고 있다면, 이 경우 텍스트란 시작과 끝을 가지고 어느 정도 일관된 흐름을 형성하는 기록된 언어적 집합체를 의미할 것이다. 만일 우리가 비언어적 또는 유사 언어적 기호들을 해석하고 있다면, 텍스트란 은유적으로 확대된 의미에서 교통 신호등이나 종교적 혹은 일상적 의식들, 의상 스타일, 비언어적 신체 언어, 전기부호화된 지시물 등과 같은 기호 체계를 통해 메시지를 전달하는 매체를 가리킬 것이다. 성경과 관련해서 텍스트라고 한다면 전체 성경 즉 성경이라 불리는 책 안에 들어 있는 전체 책들을 지칭하는 말이 될 것이다.

그러나 우리가 어떤 것을 텍스트라고 할 때 그것을 텍스트라고 부를 수 있는 가장 작은 단위의 규모는 어느 정도가 되어야 하는가? 언어 일반의 맥락 속에서 존 라이언스(John Lyons)는 이와 관련하여 '진술', '질문', '명령' 등과 같은 "발화 단위들"을 그 대답으로 제시한다. 하지만 이들은 또한 "과도하게 상황의존적"이기도 하다.[1] 우리는 이들이 가지는 어떤 가능한 의미를 "인접 텍스트나 또는 상황의 맥락으로부터 주어지는 정보에 기대지 않고서는" 결정하기가 쉽지 않다.[2] 여하튼 이런 '발화 단위들'을 "언어적 행동의 기본 단위들"이라 볼 수 있을 것이다.[3]

여기까지는 크게 문제될 것이 없다. 그러나 한걸음만 더 나가면 우리는 대단히 논쟁이 많은 복잡한 영역 속으로 들어가게 된다. 논쟁이 일어나는 것은 텍스트가 무엇인가 하는 정의의 차원이 아니다. 텍스트의 본질 문제를 두고 일어나는 많은 이론적 차이들은 근본적으로 텍스트가 전달하는 의미가 무엇인가에 대한 인식의 차이와 결부된다. 일부 이론에서는 텍스트의 의미가 그 텍스트의 저자 및 저작의 상황적 맥락과 불가분리적으로 연결되어 있는 것으로 이해한다. 그러나 또 다른 이론에서는 의미라는 것을 텍스트 자체의 기호체계에 의해, 또 그것과 다른 텍스트들 사이의 관계에 의해 형성되는 다원주의적 가능성들의 범주로 이해한다. 또 다른 관점에서는 텍스트의 의미를 어떤 텍스트와 독자들 또는 독자 공동체의 관계에 의해 형성되는 것으로 본다. 일부는 텍스트 자체와 독자 양자에 의한 것으로 보기도 한다.

최근까지만 하더라도 성경해석의 역사에서 텍스트성에 대한 고전적, 인문주의적 패러다임이 주도적이었다. 이 전통에 따르면 텍스트란 저자의 사상과 아이디어를 표현하기 위해 또는 언어외적 세계의 사태의 정황을 지시하기 위해 사용된 일련의 언어적 조합물로 이해된다. 심지어 19세기의 낭만주의 해석학 속에서도 저자의 "사상"에 대한 강조점이 저자의 공유된 "삶"에 대한 것으로(부분적으로 독자의 "생활세계"에 대한 것도 포함하여) 옮겨지긴 했지만, 그 기조가 크게 바뀐 것은 아니었다. 텍스트는 여전히 상호인격적 의사소통을 매개하는 언어적 매개물로 인식되고 있었다. 성경 텍스트를 두고 볼 때에도, 하나님이나 예수 그리스도, 또는 선자자나 사도들이 텍스트를 통해 "말씀"할 수 있는 여지가 여전히 열려 있었다. 저자나 또는 그 속에서 저자가 이야기하는 그 상황이 "텍스트" 자체를 구성하는 한 요소로 받아들여지고 있었던 것이다.

신학적으로 볼 때 이와 같은 텍스트 이해는 계시를 성경 텍스트를 통해 "주어진 것"으로 보는 관점과 매우 잘 맞아 떨어진다. 계시된 말씀은 일차적으로 하나님의 바로 그 말씀이신 예수 그리스도 안에서 성육하였다. 뿐만 아니라 이 말씀은 사도적 공동체의 삶과 행위 및 하나님 백성으로서의 이스라엘의 역사 속에 구체화되었다. 이처럼 텍스트를 통한 계시는 만들어진 것이 아니라 주어진 것이다. 뿐만 아니라 이 계시는 삶과 유리된 순수한 언어로만 작용하지 않고 인격적 상호작용을 위하여 삶 속에 성육되었고 구체화되었다.

하지만 이와 같은 전통적 텍스트 이해나 그 전제들이 최근의 이론들 속에 일어나고 있는 전혀 다른 텍스트성에 대한 주장들과 대면하게 될 때 그 타당성을 새롭게 짚어보지 않을 수 없게 된다. 세 가지 요소들이 특히 이런 필요를 가중시킨다. 첫째는 문학 이론의 득세, 둘째는 기호학 및 해체주의의 발흥, 그리고 셋째는 특히 지식 사회학에 많은 영향을 입은 새로운 사회학적 전통의 발전이다. 그밖에도 또 다른 중요한 요소 가운데 하나는 월터 옹(Walter Ong)이나 워너 켈버(Werner Kelber) 등이 강조하는 (기록으로서의) 텍스트성과 구두성(orality) 사이의 차이이다.

켈버는 특히 우리의 성경 연구의 전통에서 활자 중심적 해석학은 구두적 해석학과는 다른 해석학적 활력을 가진다고 역설한다. 다른 많은 성경 연구자들과 마찬가지로 켈버 역시 자신의 이론의 핵심 근거를 폴 리쾨르의 해석학 이론에 두고 있다.[4] 리쾨르는 이런 주장을 한 바 있다. "기록은 저자의 의도와 관련된 측면에서 텍스트를 자율화시키는 역할을 한다. 텍스트가 의미하는 바는 더 이상 저자가 의미했던 것과 동일시되지 않는다."[5] 텍스트는 하나의 작품이요 구조화된 총체물이다. 따라서 텍스트는 그것을 구성하는 문장들로 축소될 수 없다. 물론 저자의 측면에서 보면 그것은 하나의 "생산물"이다. 하지만, 리쾨르가 "텍스트란 무엇인가?"라는 글에서 밝히고 있는 것처럼, "독자는 기록의 자리에 있지 않고, 저자는 읽기의 자리에 있지 않다." 리쾨르는 계속해서 주장한다. "따라서 텍스트는 독자의 부재 및 저자의 부재라는 이중적 일식의 상황을 빚어낸다. 이를 통해 텍스트는 한 사람의 말을 다른 사람의 귀에 직접 연결하는 대화의 관계를 대체한다."[6] 결국 텍스트는 구두적 상황, 즉 "발화를 둘러싼 주변적 분위기 및 상황"으로부터 "풀려나게" 되는 것이다.[7] 이런 원리가 다름 아닌 리쾨르의 "거리두기"(distanciation) 현상인데, 이로 말미암아 텍스트의 "유사 세계"(quasiworld) 속에서 "현실상황의 세계"가 사라져버리

는 결과가 일어난다.[8]

자크 데리다와 롤랑 바르트는 이런 원리를 훨씬 더 멀리 끌고 나가서 텍스트성이라는 개념 자체를 전체적으로 급진화시키고 있다. 데라다는 "경계선/상의 삶"이라는 글에서 "텍스트에 관한 질문이 …… 지난 십 수년 사이에 크게 바뀌었다"라고 말한다.[9] 보다 구체적으로 말해서 텍스트는 "더 이상 그 내용이 하나의 책이나 그 빈자리에 가두어져 있는 완성된 한 묶음의 글이 아니다. 오히려 그것은 차연적 그물망이요 흔적들의 직조물로서 끊임없이 그 자체 외의 다른 것, 또 다른 차연적 흔적들을 지시한다."[10]

바르트 역시 텍스트를 "그물망"의 메타포로 이해하며, 그 안에 저자의 사인을 소지하지 않는 것으로 보고 있다.[11] "텍스트는 복수적이다. 텍스트는 의미의 복수성을 이루는데, 이는 결코 더 이상 약분할 수 없는 복수성이다."[12] 바르트에게 텍스트는 하나의 "주어진 것"이기보다는 활동에의 초청이다. 성경 해석과 관련해서 그는 이렇게 말한다. "성경의 일부 '텍스트들'은 신학적(역사적 혹은 교훈적) 단일론에 의해 전통적으로 통제가 되어왔지만, 그 자체로서는 의미의 분절을 지향하고 있을 것이다."[13]

기호학 이론이 해석학에 미친 영향에 대해서는 그 논의를 잠시 미루고, 문학 이론과 지식 사회학이 텍스트성 이해에 가지고 온 패러다임의 변화를 생각해본다면, 우리는 왜 그토록 많은 성경 해석자들이 이를 매력적이며 건설적인 것으로 받아들이고 있는지 충분히 이해할 수 있을 것이다. 리쾨르는 텍스트 "앞에서의" 텍스트 세계와 텍스트 "배후의" 텍스트 세계를 구분하고 있다.[14] 우리가 텍스트 앞에 서게 될 때, 우리는 그 작용 효과들을 경험할 수 있게 된다. 텍스트는 독자가 들어가서 맛볼 수 있는 하나의 "세계"를 투사한다. 그리고 이 경험이 독자를 새롭게 하고 변혁한다.

노먼 피터슨(Norman Petersen)은 빌레몬서와 그 밖의 바울 서신들에 대한 자신의 연구에서 바울 텍스트들은 시간적 차원의 문학적 "내러티브 세계"와 동시에 사회적 관계 및 사회 체계의 수용에서 비롯되는 사회학적 의미 "세계"를 투사하고 있다고 주장한다.[15] 이와 같은 사회적, 인식론적 구축물은 한 사회에 속한 구성원들이 어떻게 자신의 경험을 체계화하고 거기에 질서와 형식을 부여하는지의 방식들을 반영한다고 보는 것이다.

이와 반대로 텍스트 "배후에서" 일어난 일들은 보다 멀리 떨어진 고대의 관심들을 반영하는 것으로 볼 수 있다. 전통적인 성경 연구의 흐름 속에서는 그 텍스트성 이해가 역사적 패러다임에 깊이 의존해 있었다. 우리는 텍스트를 넘어서 그 텍스트를 있도록 만든 역사적 정황이 무엇이었는지를 물어왔다. 하지만 우리가 항상 이것을 출발점으로 삼아야 할까? 로버트 몰간은 성경 해석에서 이와 같은 역사적 패러다임에 지나치게 기울어져 있는 경향을 비판하고 있다.[16] "비판적 학문과 종교적 신앙 사이의 간격을 메우는 하나의 해석 모델"을 찾고자 하는 시도의 일환으로 몰간은 "성경 해석에서의 문학적 패러다임으로의 전환"을 하나의 대안으로 제시한다.[17] 그가 공격하는 것은 성경 텍스트를 통해 그것이 투사하고 동기화시키는 것이 무엇인지에 대해서는 관심이 없고 단지 역사를 재구성하는 도구로만 사용하려는 접근이다. 역사적 **방법들**(methods)의 사용은 필요한 것이지만, 문제는 텍스트를 오직 역사적 **목적들**(aims)만을 위해 사용한다는 것이다.[18]

몰간은 이렇게 지적한다. "성경의 인물, 사건, 전승들에 대한 역사적 재구성의 작업은 전적으로 합법적인 일이다. 하지만 이런 작업은 새로 부상하는 문학적 접근들에 비해 신학을 위한 열매가 덜하다."[19] 그는 하나의 "돌파구" 즉 패러다임 전환을 모색하고 있는데, 이는 텍스트 배후의 인물이나 사건들에 대한 관심에서부터 "오늘날의 청중 및 독자들에게 텍스트가 주는 효과" 쪽으로의 관심의 이동을 통해 이루어져야 한다고 보고 있다.[20] 필자가 볼 때 이와 같은 패러다임 전환은 얻는 것도 있겠지만 또한 잃는 것도 있다고 본다. 이런 전환이 가져오는 해석학적 결과가 무엇인지에 대해서는 보다 폭넓게 살펴볼 필요가 있다. 몰간의 한 특정 논지에 대해서는 필자의 다른 글에서 집중적으로 다룬 바 있다.[21]

노먼 피터슨은 우리가 앞서 보았던 책에서, 문제의 핵심이 되는 것은 텍스트성에 대한 큰 질문의 틀 안에서 텍스트와 콘텍스트의 관계를 어떻게 설정할 것인가 하는 문제라고 잘 지적한다. 다시 말해서 "텍스트 해석에서 어느 것이 더 주도적 역할을 하는가? 텍스트 내적(intrinsic) 정보인가? 아니면 저자의 의도, 자서전적 생애, 당시의 역사적, 문화적 배경 등과 같은 텍스트 외적(extrinsic) 콘텍스트 정보인가?" 하는 것이 핵심 문제라는 것이다.[22] 피터슨은 20세기 중반의 신비평과 같은 문학 이론 및 볼프강 이서, 자크 데리다 같은 그 이후의 문학 이론가들을 자신의 논의 속에 끌어들이고 있다. 우리는 텍스트성 문제를 다루면서 이런 사람들을 다루지 않을 수 없다. 데리다에 대해서는 다음 3장에서 살펴볼 것이며, 폴 리쾨르에 대해서는 10장에서, 그리고 독자반응 이론에 대해서는 14장에 가서 보다 상세히 살펴볼 것이다. 문학 이론이 성경 해석학에 미친 영향에 대해서는 13장에 가서 보다 폭넓게 그리고 보다 근본적 차원에서 그 공과를 평가해볼 것이다.

2. 상황 혹은 독자는 텍스트의 일부인가?

우리가 신비평(New Criticism)이라 부르는 문학적 비평 방법은 텍스트 이해와 해석을 돕는다는 명목으로 텍스트 외적 자료들에 지나친 관심을 가져왔던 19세기와 20세기 초반의 비평적 관점들에 대한 반작용으로 일어나게 되었다. 이 사조는 1950년대 중반에 와서는 영미권의 문학 이론에서 하나의 정설처럼 인식되었고, 오늘날까지도 성경 해석 속에 그 영향이 짙게 남아 있다. 특히 이중의미나 은유, 아이러니, 긴장, 역설 등과 같은 효과 장치들에 대한 통찰들이 그러하다.

아마도 이 운동의 기조를 반영하는 가장 영향력 있는 교과서는 르네 웰렉(René Wellek)과 오스틴 워렌(Austin Warren)의 『문학 이론』(*Theory of Literature*, 1949)일 것이다. 이 책에서 웰렉과 워렌은 이전 세대를 지배했던 텍스트성 및 해석 이해의 패러다임이 지나치게 고전 연구 및 문헌학의 필요에 맞추어져 있었다고 지적한다. 이와 같은 고전인문주의자 패러다임의 좋은 예로는 뵈크(Philip August Boeckh)의 해석학 및 비평 이론을 들 수 있을 것이다. 그의 책 『문헌학 연구의 총괄 및 방법론』(*Encyclopedia and Methodology of the Philological Sciences*)이 1877년과 이어서 1886년에 그의 제자에 의해서 개정되어 출판되었다. 뵈크 자신은 슐라이어마허의 제자였고, 따라서 그의 스승과 같은 입장에 서서 해석자가 텍스트 배후로 들어가서 이 텍스트를 있도록 만든 상황, 경험, 의도 등을 살펴야만 한다고 주장한다. 왜냐하면 상황의 어떤 부분은 저자 자신도 다 알지 못했을 수 있기 때문이다. 이처럼 뵈크는 해석학과 비평에 대한 방대한 업적을 남겼지만(보다 상세한 논의는 5장을 참고), 그러나 그 기본 입장은 당대의 역사적 문헌학자의 틀을 벗어나지 못한다.

이런 배경에 맞서서 웰렉과 워렌은 저자의 의도라는 생각 자체가 적어도 문학의 의미 결정 기준으로서는 "대단히 잘못된 것"이라고 주장한다. "한 문예 작품의 전체적 의미는 단지 저자가 보는 의미 또는 그 당대 사람들이 보는 의미에 국한될 수 없다."[23] 텍스트는 자율적 실체이며, 그 스스로가 스스로를 말한다.

이와 같은 접근은 비슷한 시기에 출판된 윔삿(Wimsatt)과 비어즐리(Beardsley)의 논문 "의도의 오류"에 의해 지지를 받는다.[24] 저자의 의도를 한 문학 작품의 성공을 판가름하는 기준으로 사용하는 것은 오류에 기인한다는 것이다. 저자의 의도라는 것은 사적 마음의 상태를 나타내는 것인데, 이는 텍스트를 떠나서는 거의 접근이 불가능한 것이기 때문이다. 만일에 저자가 자신의 의도를 성공적으로 드러내지 못하였다고 한다면, 텍스트를 그 의도의 증거로 내세우는 것은 소용없는 일일 것이다. 반면 저자가 그 의도를 충분히 드러내는 데 성공했다면, 이 의도는 텍스트 자체와 동일한 것이고, 따라서 텍스트 "배후로" 다시 돌아갈 필요가 없다.

윔삿과 비어즐리는 위의 논문과 이후 개정판에서 저자에 관한 자서전적 정보가 전적으로 배제되어야 한다고 말하지는 않는다. 뿐만 아니라 "실제적" 발화들의 경우에서는 의도가 어느 정도의 기능을 가진다고 말하기도 한다. 하지만 텍스트의 의미 또는 의도의 성공 여부를 판가름하기 위해 텍스트 배후로 들어가야 한다는 인식은 의도의 오류뿐만 아니라, 낭만주의 사조에서 생겨난 "발생의"(genetic) 오류도 범하는 것이라고 보고 있다. 윔삿과 비어즐리는 저자의 의도라는 것이 "성공"의 기준뿐만 아니라 의미의 기준으로서도 적합하지 못하다고 강조한다.

윔삿과 비어즐리는 비트겐슈타인 이전 시기의 의도에 대한 인식이 주로 인간의 내적 정신 상태를 나타내는 것이었다고 보고 있다. 하지만 그리스(H. P. Grice)와 존 설 등은 어떤 발화가 무엇을 의미하느냐 하는 문제는 그 발화자인 사람이 무엇을 의미했느냐 하는 것을 따라 설명할 수 있다고 강하게 주장한다.[25] 꼭 "내적 정신 상태"라는 심리적 과정을 전제하지 않고서도 하나의 화행이 갖는 지향성을 밝힘으로써 의도를 파악하는 방법은 얼마든지 있을 수 있다. 이런 문제에 대해서는 15장에서 구체적 예들을 볼 수 있을 것이다.

신비평은 이런 점뿐만 아니라 보다 심각한 철학적 기반의 측면에서도 그 한계를 드러내고 있다. 텍스트를 자율적 자기완성체로 보는 신비평의 인식은 독자 또한 치우치지 않는 중립성의 자리에 서서 텍스트를 순수하게 그 자체의 관점대로 이해할 수 있을 것이라고 보는 해석학적 순진성 속에 빠져 있다. 웰렉과 워렌은 문학적 텍스트와 관련하여 "사물이 있는 그대로를 우리는 직접 경험할 수 있다"라고 믿고 있다. 하지만 이와 같은 순수 객관주의는 고전적 휴머니즘을 20세기 중반의 자유사상적 휴머니즘으로 대체하려 하는 시도로, 20세기 후반부에 접어들면서 심각한 도전에 직면하게 된다. 특히 롤랑 바르트는 문학 및 기호학 이론의 측면에서 이런 경향을 근본적으로 문제삼고 있으며, 해석학 이론의 관점에서도 이 분야의 많은 이론가들이 이를 공격하고 있다.

프랑크 렌트리치아(Frank Lentricchia)는 『신비평 이후』(*After the New Criticism*)라는 책에서 노스롭 프라이(Northrop Frye)의 『비평의 해부』(*The Anatomy of Criticism*, 1957)의 등장과 함께 그 이전은 신비평과 그 이후는 포스트모더니즘의 양 갈래가 나누어지는 전환점이 만들어지게 되었다고 지적한다. 그는 이렇게 말한다. "신비평의 주도권이 깨지던 1957년에 많은 문학 비평가들이 가졌던 큰 희망은 뮤즈가 탈신화화되리라는 것이었고 …… 많은 젊은 비평가들은 다시 한번 시와 세상과의 연결이 회복되리라는 것을 기대했다." 다시 말해서, 그들은 예술을 "역사, 의도, 문화적 맥락 등의 금지된 주제들 속에 다시 가져갈 수 있을 것"이라고 기대했던 것이다.[26]

물론 이와 같은 "큰 희망"은 텍스트를 저자 혹은 텍스트가 지시하는 실제 세계 속으로 되돌림으로써 성취되는 것은 아니었다. 텍스트가 그 자체 너머의 그 무엇과 연관이 되어 있다면, 이는 다름 아닌 **독자**와의 관계이며, 혹은 **다른 텍스트들**과의 관계이다. 수전 술리만(Susan Suleiman)은 청중과 해석에 관한 한 논문집의 서문에서 신비평의 "텍스트 자체"에 대한 관심으로부터 "콘텍스트 가치의 인식(또는 재인식)"으로의 전환을 이야기하고 있다.[27] 이 경우 역시 콘텍스트는 저자나 저자 의도에 관한 것이 아니라 독자(또는 청중)와 관련된 것을 말한다.

텍스트 및 텍스트성에 관한 한걸음 더 나아간 논의가 독일어권에서 한스 야우스(Hans Robert Jauss)와 볼프강 이서(Wolfgang Iser)의 수용 이론(Reception theory) 및 영미권에서 스탠리 피쉬(Stanly Fish), 데이빗 블라이치(David Bleich), 웨인 부스(Wayne Booth) 등의 독자반응 이론 속에서 잘 밝혀지고 있다. 볼프강 이서는 이렇게 말한다. "텍스트는 그것이 현실화될 때에만 생명을 가진다. …… 텍스트와 독자의 결합을 통해 **문학 작품은 존재를 얻게 된다**."[28]

수전 술리만과 잉게 크로스만(Inge Crosman)은 독자반응 이론을 다루는 그들의 책 『텍스트 안의 독자』(*The Reader in the Text*)에서 "독자의 위치를 텍스트 '안'에" 이끌어 들이고 있다.[29] 이 책에 수록된 한 글에서 로버트 크로스만(Robert Crosman)은 의미를 "만드는"(make) 것은 독자라고 하면서 이와 같이 주장한다. "우리가 '저자의 의미'에 도달하는 것은 거기에 이르렀다고 우리 자신이 결정하는 바로 그 순간이다. 우리가 저자의 의미를 **만든다**."[30]

스탠리 피쉬는 순수한 객관적 입장에서든 아니면 객관주의의 입장에서든 텍스트의 "주어짐"(givenness)을 말하는 입장을 철저히 배격하고 있다. 그는 이렇게 말한다. "나는 나의 해석의 원칙들이 보도록 허락하고 이끄는 것을 '본다.' 그리고 나는 돌이켜 내가 '본' 것을 텍스트와 그 의도로 돌린다. 나의 원칙들이 나로 하여금 '보도록' 이끈 것이 즉 독자들의 수행 행위들이다. 이 행위들이 수행되도록 되어 있는 것으로 내가 발견하는(더 정확히 말하면 내가 선언하는) 그 요점들이 텍스트 **안의** 표지들이 된다."[31] 하지만 이런 것들은 "순수하게 그냥 드러나 있는 것이 아니라, 그 자체가 해석 행위의 한 축을 이룬다."[32] 한스 야우스의 경우는 가다머와 같이 해석학과 전통의 관계에 더 큰 관심을 보인다. 그러면서도 그의 주된 관심은 독자의 "기대의 지평"에 놓여 있다. 이 밖에 피쉬, 블라이치, 이서 등에 대해서는 14장에서 보다 상세히 살펴보고자 한다.

이 모든 과정들은 텍스트성에 대한 이해가 얼마나 고전 세계나 르네상스 휴머니즘 및 종교개혁자들의 그것과는 멀어지게 되었는지를 잘 보여준다. 아리스토텔레스 이후로 18세기 말에 이르기까지 텍스트는 저자의 사상과 생각, 그리고 외부 세계의 지시물을 전달하는 통로로 이해되어 왔다. 해석 또는 지적 이해의 과정은 다름 아닌 텍스트의 중심적 개념들을 찾는 데 놓여 있었다. 이런 과정은 키케로가 아리스토텔레스로부터 차용한 용어로 표현하자면 인벤치오(*inventio*, '발견')라고 할 수 있다. 아리스토텔레스 경우는 해석자가 찾아야 할 중심적 개념들을 토포이(*topoi*, '주제들')라고 불렀고, 키케로는 같은 의미의 라틴어 로치(*loci*)라는 말을 사용했다. 멜랑히톤과 에라스무스는 종교개혁 시대에 성경 텍스트의 주제들과 관련하여 '로치'라는 용어를 사용하였다. 칼뱅과 클라데니우스는 주제들(*topoi*) 방식으로 본문을 선정하여 사용하는 것이 해석자의 자의적 판단에 따라 본문의 흐름을 깨뜨리는 결과를 가져올 수 있다고 보았고, 칼뱅의 경우는 본문에 대한 연속적 주석의 방식을 선호하였다. 이와 같은 칼뱅의 방식이 오늘날의 주석방식을 결정했다고 볼 수 있다. 칼뱅은 바울의 서신들을 통해 "바울의 정신"을 이해하고 설명하는 것이 자신에게 주어진 과제라고 생각하였다(보다 상세한 논의는 5장 참고).[33]

문제는 이와 같은 텍스트성 이해가 오늘날에도 여전히 지속될 수 있느냐 하는 점이다. 우리는 이 장의 시작 부분에서 오늘날의 언어학의 대가이면서 의미론에 대한 표준적 저술을 남긴 존 라이온스(John Lyons)의 텍스트에 대한 정의를 살펴본 바 있다. 그는 다분히 전통적인 방식으로 텍스트를 이해하는데, 이를테면 '진술,' '질문,' '명령' 등으로 지칭될 수 있는 특정 언어행위를 구성하는 발화 단위의 하위 요소들로 보고 있다.[34] 라이온스는 의미에서 상황맥락의 중요성을 강조하는 퍼스(J. R. Firth)의 초기 저작들을 좋은 시각으로 받아들이고 있다.[35]

퍼스는 런던대학교의 언어학 교수직을 처음 맡았던 사람으로 모든 발화들을 언어적 행위의 구체 예들로 보았고, 그 발화들의 의미는 "우리의 행위들의 연속적 상황화, 문맥 내적 문맥"으로 구성되는데, 그 속에서 "각각의 문맥이 더 큰 문맥의 한 기능 또는 기관으로 작용하며, 모든 문맥들은 문화의 문맥이라 불릴 수 있는 틀 속에 위치한다."[36] 라이언스는 퍼스의 접근이 한계를 가지며 또 비판의 여지가 있다고 보지만, 그럼에도 불구하고 그의 통찰들을 무시할 수 없다고 결론짓는다.

진론드(Werner G. Jeanrond)는 보다 최근의 해석학 이론에서 의사소통의 상황을 "텍스트"의 한 부분으로 보는 텍스트관을 가장 명료하게 표현한 바 있다. 언어적 행위들의 내적 관계뿐만 아니라 "외적 연관성"이 함께 텍스트를 구성한다. 진론드가 볼 때, 텍스트는 "단일 주장들을 일관되게 묶어 놓은 것 이상이다."[37] 발화들의 의미는 "단어들의 선택이나 문장 구성의 방식 등으로만 결정되는 것이 아니라, 하나의 표현이 자리 잡고 있는 상황(또는 문맥)에 의해서도 결정된다. 이와 같은 발화의 자리는 한편에서는 언어적 문맥을 가리키는 것이지만, 또 다른 한편에서는 의미의 중요한 축을 이루는 의사소통의 상황을 가리키는 것이기도 하다." 이어서 진론드는 이렇게 결론짓는다. "이와 같은 언어적 행위들의 외적 연관성 및 그 내적 관계의 양면을 고려할 때 우리는 언어적 연구를 수행할 때마다 언어적 표현의 이 두 가지 연결된 특성들 즉 '텍스트'를 가장 공정히 대할 수 있는 접근을 취하도록 해야 할 것이다."[38]

텍스트의 본질에 관한 이와 같은 이해는 한편에서는 더 많은 논의를 필요로 한다. 그러면서도 또 다른 한편에서는 의미의 본질 및 해석자의 해석 목표라는 주제와도 긴밀하게 연관되어 있다. 제프리 스타웃(Jeffrey Stout)은 "텍스트의 의미가 무엇인가?"라는 한 글에서 "텍스트의 의미"에 관한 해석자 자신의 문제 설정과 저자의 의도, 상황적 의의, 현 독자의 방향성에 대한 해석자의 강조는 서로 순환적 연관성을 가진다고 주장한다. "해석자가 자신이 해석하는 텍스트의 의미를 '창조한다'는 인식은 서로 다른 관심들이 서로 다른 텍스트 읽기 속에서 매우 자연스럽게 도출된다는 측면에서 볼 때 옳으면서도 무해한 인식이다. 다만 우리가 해석의 과제를 텍스트의 **'그 의미'**를 찾는 일로 생각할 때만, 이와 같은 인식은 역설적 문제를 야기하는 것처럼 보이게 된다."[39]

이와 같은 스타웃의 입장은 독자중심적 상황적 실용주의와 가깝다(14장 참고). 성경해석과 관련해서 로버트 몰간은 유사한 다원주의적 입장을 내비치고 있다. "텍스트는 마치 죽은 사람과 같아서 아무런 권리도, 목적도, 관심도 가지지 않는다. 텍스트는 독자나 해석자가 선택하는 방법대로 사용될 수 있다. 만일 해석자가 저자의 의도를 존중하기를 선택한다면, 이는 해석자 자신의 관심이 그렇게 하는 것을 좋아하기 때문이다."[40]

성경 텍스트와 관련하여 해석자가 얼마나 그 "선택"하는 목적에서 자유로운 상태에서(만일 그런 것이 가능하다면) 텍스트성을 정의할 수 있을 것인지의 문제는 다음과 같은 복잡한 이슈들을 고려한 후에야 어느 정도의 답이 나올 수 있을 것으로 본다. (1) 기독교 신학이 제공하는 관점들 속에서 성경 텍스트와 관련된 텍스트성 문제에 대한 신선한 기여 요소들을 찾을 수 있을 것인가? (2) 기호학 이론이 제공하는 이슈들 속에서 해석자의 선택과는 거리를 둔 텍스트성 이해의 새로운 결정 요인들을 찾을 수 있을 것인가? (3) 해석의 행위 및 과정들 자체가 이 문제에 새로운 답을 줄 수 있을 것인가? (4) 해석학 이론 속에서 우리는 특정 해석 목적들을 평가하고 순위를 정하는 기준들을 발견할 수 있을 것인가?

우리는 이와 같은 논의들을 현재 진행되는 다양한 해석 및 의미 이론들의 맥락 속에서 살펴볼 것이다. 먼저 우리는 텍스트성과 관련된 현재의 논의가 신학적 문제들과 어떻게 연관이 되는지를 살펴보고자 한다. 이 장의 나머지 부분에서 주로 이 문제를 다루게 될 것이며, 3장에서는 기호학 및 해체주의의 텍스트 이해의 문제들을 살펴볼 것이다. 이어서 해석학 역사상 전 근대 및 근대의 제반 이론들을 살펴보고 나서, 9장에 가서 해석학에서의 메타비평적 문제들에 대해 살펴보고자 한다. 그리고 10장에서 14장까지에서는 문학 이론 및 사회비판적 접근들이 이런 문제와 어떻게 관계되어 있는지를 살펴볼 것이다.

3. 신학적 관점에서 본 성경 텍스트의 소여성 및 그 현실화

해석학의 출발점을 프랑수와 보봉(François Bovon)의 표현대로, "독자로서의 우리의 지위에 대한 성찰"로부터 잡는 사람들이 많이 있다. 이런 접근은 "텍스트에는 단 하나의 문이나 단 하나의 열쇠만 있는 것이 아니다"라는 점을 부각시킨다.[41] 슐라이어마허 이후로 많은 해석학 이론가들은 해석학을 인간 이해의 측면에서 정의해왔고, 또한 그 구체적 연구를 인간 주체의 해석 과정에 대한 탐구에서부터 시작해왔다. 근대 해석학에 대한 일부 비평가들은 이런 접근이 결국은 성경 해석에 불가피한 상대주의를 불러왔다고 지적한다. 그들은 이와 같은 해석 과정 및 인간 주체성의 출발점이 신학 속에 주관주의와 상대주의를 도입하게 되고, 이는 기독교 계시의 객관성 및 소여성(주어짐)에 어긋난다고 보고 있다.

이런 이유 때문에 우리의 현재의 연구는 의식적으로 그리고 의도적으로 인간 주체보다는 텍스트에 대한 고려를 출발점으로 삼는다. 텍스트성에 대한 탐구를 마친 후에야 우리는 해석, 이해, 해석학 이론 등에 대한 질문으로 자유롭게 넘어갈 수 있을 것이다. 전통적인 기독교 신학은 '주어진 것'을 일차적으로 인간의 해석 과정에서 찾지 않고 오히려 성경 텍스트와 그것이 전달하는 메시지에서 찾는다. 물론 우리가 무엇을 '주어진 것'으로 여기느냐 하는 문제에 있어 해석의 역할 또한 무시하지 않는다.

텍스트를 그것이 속한 역사적 과정들의 흐름이라는 닻으로부터 느슨하게 풀어 놓으려는 텍스트성에 대한 그 어떤 재정의도 얼핏 볼 때 '주어진 것'으로서의 텍스트의 지위 및 그 메시지를 약화시키는 것처럼 보인다. 뿐만 아니라 독자를 텍스트의 일부로 텍스트 "안에" 위치시키는 독자 혹은 청중중심적 텍스트 정의는 "텍스트의 메시지"와 관련된 인식 전체를 훨씬 더 분명하게 상대화시키고 주관적(혹은 최소한 상호주체적)인 것으로 만드는 것처럼 보인다. 하지만 이에 관한 판단은 좀 더 신중할 필요가 있다. 성경 전승들 자체에서 "선물"과 "주어진 것"의 논리를 좀 더 깊이 살펴볼 필요가 있다. 하나님께서 약속의 땅을 여호수아와 이스라엘 백성에게 "주셨을" 때, 이 주심은 백성들이 그 속으로 들어가서 그것을 누림으로써 가시화되고 확실한 것이 되었다(수 1:25, 13–14, 6:2, 8:1, 10:12, 11:23). 가르치는 일과 병고치는 일, 또 특별한 믿음 등을 포함한 성령의 "선물(은사)들"(고전 12:4–11)은 그것을 받은 사람들의 실제적인 가르침과 병고침과 특별한 믿음의 실행 속에서만 실행적인 것이 된다. 에베소서에서 부활하시고 높이 되신 그리스도께서 주신 "선물들"(엡 4:7–13)은 역시 마찬가지로 선포와 목회와 가르침과 하나님의 백성을 세우는 일들 속에서 현실화된다.

이런 예들이 잘 보여주는 것처럼, 성경 속에서 선물(은사)들 및 은혜에 강조점이 더 크게 주어지면 주어질수록 이에 부합한 인간의 반응을 통하여 해당 은사들을 현실화시키는 능력 및 필요에 또한 강조점이 더 크게 주어지는 것을 볼 수 있다. 은혜를 "현금화"하고 확증하는 것은, 야고보서가 힘있게 상기시키고 있는 것처럼(약 2:14–26), 다름 아닌 인간의 반응이다.

이런 점들을 감안할 때, 텍스트성 이해의 패러다임 변천에 대한 우리의 논의와 성경 텍스트 및 이 텍스트를 통한 계시의 본질로서의 "주어짐" 사이의 관계 문제에 일정한 선이 그어지는 것을 볼 수 있다. 무엇보다 먼저, "주어짐"에 대한 합당한 강조는 거의 모든 텍스트성 이론들 속에 나타나는 기본적 두 축의 구분과 충돌을 일으키지 않는다는 점이다. 이 두 축은 첫째는 주어진 생활세계 속에서 어떤 메시지를 전달하기 위한 **기호들의 한 하부 체계로서의 텍스트가 갖는 자질**의 측면이고, 둘째는 독자 혹은 독서 공동체의 시간 지평 속에서 **한 특정 의사소통 행위로서 텍스트의 현실화**가 이루어지고 있다는 측면이다.

텍스트에 대한 이와 같은 양면적 이해가 기독교 신학적 가르침이나 그리스도인의 경험과 공통되고 공감되는 점이 있다는 것을 지적하는 것만으로 충분하지는 않다. 그보다 한걸음 더 나아가서 성경 텍스트는 예배 공동체 속에서 성령의 역사라는 맥락 가운데 살아 있는 **효과성**을 발휘한다는 점을 주목해야 한다. 대부분의 기독교 전통들은 성경 텍스트의 기원 및 전승에서 성령의 영감과, 이어지는 독자 세대들 속에서 그 텍스트 메시지의 현실화를 위한 성령의 역사 사이에 동일체 일관성이 있다는 것을 인정한다. 또한 그 현실화가 일어나는 시간 지평들 사이에도 구분과 일치가 있다는 것을 주목할 필요가 있다. 성경 텍스트들이 현재적 공동체의 시간 지평 속에서 현실화될 때, 이 텍스트들은 예배의 상황 속에서, 주의 만찬의 현장에서, 공동 기도 가운데서, 설교와 가르침 속에서, 침묵과 기대로 하나님을 연합적으로 기다림 속에서 독특하게 "말씀한다."

존 브렉(John Breck)은 그의 책 『예배하는 교회 속에서의 말씀의 능력』(*The Power of the Word in the Worshipping Church*) 에서 예전 속에서의 말씀의 효과성에 대해 논하고 있다. 동방 정교회 관점에서의 해석학 작업의 주도적 인물인 플로로브스키(Georges Florovsky)와 같은 목소리로 브렉은 교회의 전통과 예배 속에 활동적이고 효과 있는 말씀을 위치시키면서, 이것이 개신교의 개인주의나 로마 가톨릭의 예전주의와 다른 동방 정교회 해석학의 특징이라고 주장한다.[42] 하지만 동방 정교회만이 아니라 성령론과 교회론에 대한 바른 입장을 가진 거의 모든 기독교 전통들 속에서 현실화된 말씀의 효과성을 이런 방식으로 이해하고 있다.

독자가 공동체 활동과 단절되어서 순전히 한 사람의 고립된 개인으로 텍스트와 마주하고 있다는 인식은 독서 행위의 시간 지평을 그 전후 과정으로부터 분리시켜 인위적으로 상황을 설정한 결과에 지나지 않는다. 실제로 한 독자가 자신의 방에서 홀로 텍스트를 읽을 수도 있지만, 그러할지라도 그 기대의 지평은 그 개인이 속한 공동체로부터 도출되거나 또는 그 공동체에 의해 형성된 것이다. 지교회나 교파적 전통, 가정이나 학교, 대중 매체 등에 의해 형성된 학습 과정들이나 추정들 등이 개개인의 기대 지평에 결정적 영향을 미치게 된다. 한 독자의 텍스트와의 상호작용 관계가 비록 개인적 차원에서 이루어진다고 하더라도 그와 같은 상호작용을 가능하게 하는 독서 및 해석의 과정은 그 개인 자체보다는 훨씬 더 공동체 요소들에 기인한다. 문학이론에 있어 신비평의 경우 이와 같은 고립된 개인 독자의 모델을 취하는 편이지만, 기호학이나 독자반응 이론의 경우는 독서 공동체의 역할을 강조하고 있다.

또 다른 측면 한 가지를 살펴보자. 일부 성경 텍스트들은 독자중심적 해석학을 요청하는 방식으로 작용한다는 것을 많은 사람들이 어려움 없이 받아들이고 있다. 이를테면 예수님의 일부 혹은 많은 비유들이 이런 방식으로 작용한다. 1930년대에 다드(C. H. Dodd)는 일부 비유들이 그 정확한 적용과 관련하여 독자의 마음을 "적극적 생각 속으로 유혹하는" 방식으로 의문의 여지를 남긴다는 지적을 한 바 있다.[43] 펑크와 크로산 같은 최근의 비유 해석자들도 율리허(Adolf Jülicher)처럼 비유들을 일반적 진리의 전달을 위한 통로로 보는 견해가 적합하지 않다는 것을 지적해주고 있다.

욥기와 전도서 같은 책들도 잘 정리된 어떤 정보를 패키지로 전달해주기 위한 목적보다는 독자들로 하여금 자기 스스로가 어떤 관점 혹은 결론을 찾아갈 수 있을지 생각하게 하는 위치에 세우는 기능을 한다고 말할 수 있다. 이 책들의 내용을 요약하거나 또는 "이 책의 메시지"라는 방식으로 무미건조한 기술을 하는 것은 결코 이 책들을 직접 읽는 것과 같은 효과를 낼 수 없다. 만일 독자 스스로의 투쟁과 동떨어진 어떤 패키지 "해답"이 주어진다면, 독자는 지레 문제를 알려고 하지도 않을 것이다.

심지어 전도서 12:13이나 욥기 42:10–17은 그 저자가 제기하는 질문들에 대한 "해답들"을 주지도 않는다.[44] 욥기나 전도서, 비유들 등은 일차적으로 기독교 교리를 위한 원 재료의 역할을 하지 않는다. 이 책들이 만일 그런 방식으로 사용된다면, 책임 있는 해석학의 입장에서는 이 책들을 독자가 선 위치와 덜 의존적인 차원에서 그 의미를 밝힐 수 있는 책들과 비교하면서 읽기를 강력히 요청하게 될 것이다. 이 책들의 일차적 기능은 독자들로 하여금 제기된 이슈들과 적극적으로 씨름하도록 초청하거나 자극하고자 하는 것이다. 그렇게 함으로써 하나의 유사한 시각을 독자들이 취할 수 있게 하는 것이다. 키르케고르는 이런 종류의 "간접 의사소통"의 독특한 특성을 잘 간파하고 설명한 바 있다. 볼프강 이서는 보다 온건한 형태의 독자반응 이론 입장에서 이런 원리들을 잘 추적해가고 있으며, 움베르토 에코는 각기 다른 독자반응 모델들의 적용은 문제가 되는 텍스트의 성격 여하에 달려 있다고 지적한다.

또 다른 고려 사항이 한 가지 더 있다. 성경 텍스트의 또 다른 범주에 속한 경우들 속에서는 텍스트의 의미 형성에 결정적 영향을 갖는 삶과 역사의 정황적 맥락으로부터 텍스트를 이탈시켜서는 안 되는 경우들도 있다. 이런 경우에서 그 정황적 맥락은 책임 있는 독자에게 가용한 해석의 선택 범위에 제한을 가한다. 스타웃이나 몰간이 주장하는 것처럼 독자 또는 해석자가 "텍스트의 의미"를 선택할 자유가 있다고 말하는 것은 다만 이차적, 파생적 차원에서만 그러할 뿐이다. 해석자의 해석학적 목적이 적어도 어떤 주어진 틀 안에서 무엇을 "텍스트의 의미"로 **간주**할 것인지를 결정하는 데 불가피하게 작용한다는 점에서 이 말은 옳다. 하지만, 모든 선택들이 다 동일한 합리적 혹은 윤리적 정당성을 갖는 것으로 볼 수는 없다. 어떤 텍스트들은 그 본질상 그 의미가 행위들이나 역사, 삶의 경험 등과 불가분리적으로 엮여 있는 경우도 있다.

초기 기독교 공동체 속에서 그 한 예를 찾아보자면, 먼저 우리는 "그들이 그를 십자가에 못박았다"(막 15:24, 그리고 평행 구절들 마 27:35, 눅 23:33, 요 19:18)라는 진술을 들 수 있다. 이 진술의 의미는 보다 넓은 신학적, 문학적 문맥뿐만 아니라, 이것이 가리키는 역사적 사태의 지시적 측면에 의해서도 규정된다. 이론적 차원에서 오늘날의 현대 독자들은 이 진술을 복음서 기자의 내러티브 세계가 투사된 단지 하나의 내러티브 사건으로 읽을 수도 있다. 그러나 이렇게 읽는 것은 이를 기록하고 전승시킨 공동체의 신학과 삶, 목적 가운데서 이 텍스트가 가졌던 기능을 심각하게 변질시켜 놓는 결과를 낳는다. 이천 년에 걸친 해석의 전통도 이 목적과 일치하고 있다.

만일 새로운 해석상의 선택을 취하는 경우에는 그것을 합리적으로나 윤리적으로 신중하게 고려할만한 근거들을 제시해야만 할 것이다. 물론 독자 편에서의 해석적 판단이 전혀 필요 없다는 말이 아니다. 또는 아무런 주의 깊은 성찰도 없이 '역사 같음'(historylikeness)을 역사로 받아 들여서도 안 될 것이다.[45] 오히려 그 반대로, 데이빗 트레이시가 지적하는 것처럼, 우리가 어떤 판단을 내리든 그 때마다 우리는 해석을 하고 있다.[46] 이와 관련된 보다 상세한 논의들은 8–11장, 13장, 그리고 14–16장에서 찾아볼 수 있을 것이다.

또 다른 하나의 예를 들자면, 예수님의 하나님 나라 언어를 생각해 볼 수 있을 것이다. 노먼 페린(Norman Perrin)은 그의 책 『예수와 왕국 언어』(*Jesus and the Language of the Kingdom*)에서 "예수의 메시지에서 하나님의 나라는 하나의 **개념**이기보다는 하나의 **상징**이다"라고 주장한다.[47] 필립 휠라이트

(Philip Wheelwright)의 용어를 차용해서 그는 이것이 그 의미가 쉽게 연상되는 하나의 '고착상징'(stenosymbol 고착어는 사회적 습관과 약정에 따라 그 상징의미가 이미 굳어 있는 경우를 말한다-역주)이기보다는 보다 다중적 의미층들이 복합된 '긴장성 상징'(tensive symbol)이라고 말한다.[48] 따라서 그 나라의 선포 과정의 한 일환으로 비유나 은유, 역설, 이미지 등의 언어를 사용하고 있다는 것이다. 하지만 페린은 "신화"라는 말에 너무 과중한 무게를 싣고 있어서 그의 논의가 갖는 흥미와 가치를 이내 잃어버리고 있다. 청중 혹은 독자가 "하나님의 나라"의 의미에 대해 나름대로 판단을 내리는 것이 필요하겠지만, 여기에는 또 다른 한 원리가 작용한다. 즉, 예수님 자신이 제시한 그의 언어의 지시 틀은 그의 가르침의 움직이는 동사적 문맥만이 아니라 바로 그 자신의 삶과 행위들이라는 점이다.

하나님 나라에 관한 텍스트가 갖는 이중적 기능에 대해서는 라테간(Lategan)과 포스터(Forster)의 책『텍스트와 현실: 성경 텍스트의 지시적 측면』(*Text and Reality: Aspects of Reference in Biblical Texts*, 19850 속에 건설적으로 잘 다뤄지고 있다.[49] 라테간은 예수님의 언어가 한편에서는 관심을 끌기에 충분할 만큼 낯설지만, 또 한편에서는 누구나 금방 알아들을 만큼 친숙하다는 점을 지적한다.[50] 그것은 단순한 평면적 기술 언어가 아니다. 한편 포스터는 예수님께서 그 나라에 **대한**(about) 언어를 사용하고 있다고 지적한다.[51] 예수님은 언어로 다 환원될 수 없는 하나의 실재를 지시하고 계시는 것이다. 특히 이 언어는 언어외적 배경 및 예수님 자신의 행위들의 맥락 속에서 이해해야만 한다. 이 행위들은 즉 "계속되는 삶과 역사의 흐름 속에서의 원천적 사건들"이다.[52] 하나님의 나라는 어떤 의미에서 예수님 자신의 행위들 속에서 현재적이다(눅 11:20, 마 12:28). 이런 사실은 상황 맥락이 텍스트의 부분을 이룬다는 점을 보여줌으로써 적어도 "텍스트의 자율성을 상대화시킨다."

우리가 페린이 하는 것처럼 하나님의 "나라"를 은유로 이해한다고 해서 그 나라의 지시적, 언어외적 측면을 반드시 손상시키는 것은 아니다. 폴 리쾨르 등이 지적하고 있는 것처럼 은유는 전적으로 언어내적 세계에 갇혀 있는 것만은 아니다. 은유의 지시적 자질에 대한 주의 깊은 연구가 자넷 소스키스

(Janet Martin Soskice)에 의해 상세히 제시된 바 있다.[53] 8장에 가서 우리는 이런 논의들을 기독론적 텍스트와 관련하여 화행론의 관점에서 좀 더 상세히 살펴볼 것이다. 여기서는 다만 일부 기독론적 진술들은 언어외적 세계 속에서의 정황들을 전제하지 않으면 효력 없는 껍데기 진술이 될 수도 있다는 점만을 지적해두고자 한다.

세 번째, 좀 더 논란이 될 수 있는 한 예로, 누가가 세례 요한의 사역을 소개하면서 삼중적으로 그 연대를 명시하고 있는 부분을 들 수 있다(눅 3:1, 2). 이 자료는 누가에게만 있는 자료인데, 세례 요한의 활동 연대를 첫째는 디베료 황제와 본디오 빌라도와 연결 짓고 있다. 두 번째는 분봉왕 헤롯과 빌립, 루사니아와 연결 짓고 있으며, 세 번째는 대제사장 안나스와 가야바와 연결 짓는다. 이런 스타일은 고대의 역사가들, 폴리비우스나 요세푸스뿐만 아니라 특히 투키디데스의 스타일과 많은 유사성을 가진다. 하지만 이런 역사적 연대의 언급이 갖는 기능이 무엇인가? 노먼 피터슨 등이 주장하는 것처럼 누가의 내러티브 세계의 한 무대장치의 역할을 하는가?[54] 아니면 구원 역사를 보다 넓은 세계 역사의 맥락 속에 위치시키고자 하는 누가의 진정한 역사가적 관심을 반영하는가? 누가복음 서론부(눅 1:14) 속에 반영된 기존 자료들, 목격자들, 전승들 등에 대한 누가의 관심 역시 이런 논의와 연관이 있다. 그가 자기 앞의 증인들에게서 받아서 그의 독자 "데오빌로"에게 알리고자 하는 자료들은 '주어진 것'의 성격을 가진다(문학 비평과 관련된 보다 상세한 논의는 3, 10, 13, 14장 참조).

성경 텍스트를 '주어진 것'으로 보는 신학적 이해는 독자 및 독자반응의 문제들을 배제시키지 않는다. 또한 우리가 살펴보아야 할 해석 및 이해의 과정들에 관한 문제들을 도외시하지도 않는다. 뿐만 아니라 이런 시각이 텍스트성 이론상의 두 가지 기본적 대비 축, 즉 텍스트를 하나의 기호들의 하부 체계로 보는 관점과 독자(들)의 시간 지평들 속에서의 의사소통 행위(또는 사건) 가운데서 텍스트가 현실화되어야 한다고 보는 관점의 관계를 무시하지도 않는다. 이런 문제는 다음 장에서 기호학적 코드화 및 탈코드화 과정과 연관시켜서 보다 상세히 다뤄질 것이다.

하지만 우리가 간과할 수 없는 것은, 특정 텍스트의 성격을 고려하지 않고 저자나 언어외적 정황 맥락들을 무시하는 접근들에 대해서는 그 정당성을 심각하게 묻지 않을 수 없다는 점이다. 많은 경우에서 이런 정황 맥락들이 책임있는 해석자가 취할 수 있는 선택의 폭에 제약을 가한다. 다시 말해서 텍스트의 의미가 항상 해석자의 해석 목표의 선택에 전적으로 의존하는 것은 아니라는 것이다. 그렇다면 이런 제약들이 얼마나 심각한 것인지, 그 강도가 얼마나 강하거나 약한 것인지, 이런 문제들은 해석의 본질을 다루는 자리에서, 또는 서로 다른 해석학적 목적들을 어떻게 선택하며 순위 매김할 수 있을 것인지의 문제를 다루는 자리에서 보다 상세히 살펴볼 수 있을 것이다.

4. 텍스트와 관련된 또 다른 신학적 이슈들: 탈구체화된 텍스트인가, 아니면 의사소통적 부름인가

계시 그리고 계시와 성경 텍스트의 관계에 관한 모든 신학적 논의의 중심에는 그리스도 자신이 육신이 되신 "그" 말씀이라는 기독론적 인식이 놓여 있다. 하나님의 진리는 나사렛 예수의 인격 속에 범례적으로 그리고 가장 지고하게 계시되었다. 그리스도 안에서 하나님의 진리가 말씀되었고, 구체화되었고, 또 살아내어졌다. 예수의 언어는 듣고자 하는 사람들에게 상호인격적 의사소통으로 건네졌다(addressed). 우리가 누군가를 향하여 말건넴(address)을 한다고 할 때, 이 말이 갖는 강한 의미와 약한 의미를 구분해서 쓸 수 있을 것이다. 딕 레이스(Dick Leith)와 조지 마이어슨(George Myerson)은 이와 관련하여 이렇게 말한다. "언어는 항상 누군가를 향하여 주어지고 있다. 때로 그 상대가 눈앞에 없는 경우도 있을 것이고, 또는 구체적으로 알지도 상상하지도 못한 사람일 수도 있다. 그런 점에서 '어드레스'라는 말이 '의사소통'이라는 말보다는 낫다고 본다. 왜냐하면 '의사소통'이란 말은 흔히 한 사람에게서 다른 사람에게로 단순한 '정보의 전달'이 이루어지는 것으로 인식되기 때문이다."[55] 이 책에서는 '어드레스'라는 말을 대체로 강한 의미로 사용할 것인데, 여기에는 레이스와 마이어슨이 말하는 차원도 포함이 된다.

기독교회는 그리스도의 성육신을 도외시하고 이를 영적인 것으로 보려 하는 가현설에 대해 언제나 경계의 자세를 가져왔다. 하지만 예수님의 삶과 행위 속에 구체화된 그의 구두 가르침이 하나의 기록 텍스트가 되어서 그것이 자리한 삶의 맥락과는 독립적으로 전승되게 될 때, 성육신하였던 그 말씀이 다시금 순전히 '말'이 되어버리는 것이 아닐까?

요한복음은 말과 행위를 행동화된 표적들의 흐름 속에 서로 섞어서 짜내고 있다. 이를 통해 보여주고자 하는 것은 예수님께서 성육신된 그리고 행위화된 말씀으로 말씀하신다는 원리이다(요 2:11, 20:30). 예수님께서 자신을 가리켜 생명의 떡이라 하시는 말씀은 오천 명을 먹이시는 사건을 그 지시 틀로 가진다(요 6:35, 참조 6:1–14). 또한 자신을 세상의 빛이라 선포하시는 말씀은 눈먼 자를 보게 하는 자신의 행위를 배경으로 한다(요 8:12, 참조 9:1–11). 또한 자신을 부활과 생명이라 선포하시는 말씀은 나사로를 살리시는 행위의 맥락 속에서 나오는 말씀이다(요 11:25, 참조 11:38–44). 섬김에 대한 그의 말씀도 그가 친히 제자들의 발을 씻기신 일을 배경으로 한다(요 13:5–11, 참조 12–17절). 요한의 "예수께서 또 가라사대 너희에게 평강이 있을지어다 아버지께서 나를 보내신 것같이 나도 너희를 보내노라"(요 20:21)는 사명문은 예수님의 부활 이후에도 이와 같은 말씀과 행위의 상호관계가 계속되어야 한다는 것을 보여준다. 예수님의 제자들은 세상 속에서 보냄 받은 사도적 증인들로 말하고 일해야 하는 것이다.

아래 8장과 13장에서 우리는 특별히 설과 르카나티의 시각을 통하여 이와 같은 "행위" 측면이 단지 요한의 무대 장치 차원에 지나지 않는 것인지의 문제를 더 상세하게 다루게 될 것이다. 다시 말해서 하나의 행위가 단지 무대 위에서의(텍스트 속에서만의) 행위일 뿐인가, 그래서 무대의 불이 꺼지고 나면 사라지고 마는 그런 것인가 하는 질문이다.

바울의 경우에 말과 행위의 상관성의 패턴은 더욱 명시적으로 강조되고 있다. 그는 복음의 말씀에 부합되는 자신의 행위의 일관성을 지속적으로 상기시킨다(살전 2:7, 고전 9:12–23, 고후 1:9, 12, 24, 4:2–12, 6:3–10, 12:9, 15, 13:4). 가끔 그가 '말'과 '능력'을 대조적으로 말하는 경우에서도 바울이 의미하는 바는 단순한 빈 말이 아니라 삶 속에서 효과를 실행시키는 말의 차원을 염두에 두고 있다(살전 1:5, 고전 4:19–20). 그러면서도 바울은 기록 및 기록된 텍스트를 사용한다. 이런 경우 우리는 리쾨르 등이 문학 이론들 속에서 제시하는 것처럼, 기록된 텍스트를 탈구체화된 소리로, 그 저자나 저자의 상황에서 이탈된 것으로, 따라서 더 이상 상호인격적 의사소통의 행위와는 상관없는 것으로 보아야 할까?

신학적으로 구두 발화와 기록 언어 사이의 이와 같은 대조적 인식은 복음 언어의 탈구체화나 그 기능의 제한으로 말미암아 더욱 문제를 불러일으키는 요인이 되고 있다. 전통적 기독교 신학에서 성경 기록들은 하나님에 **대한** 말씀뿐만 아니라 하나님**으로부터**의 말씀으로 이해되어 왔다. 마르쿠스 바르트(Markus Barth)는 성경 텍스트를 연애편지에 비교하고 있는데, 두 연인이 공유하고 있는 삶의 상황 속에서 그 편지는 어드레스로 읽혀질 뿐만 아니라, 그 자체가 하나의 사랑의 **행위**로 받아들여지게 된다. 그러나 이런 상황을 떠나 법률가나 형사, 전기 작가의 손에 그 편지가 들어가게 되면, 그것은 단지 하나의 기록자료 이상이 되지 못한다. 존 오스틴이 제시하는 보다 일상적인 한 예를 들어 말하자면, 화가 난 한 부모가 이웃의 불평에 대한 반응으로 아들을 향해 "윌리, 너 약속하는 거지?"라고 말하는 상황과도 유사하다. 이런 말이 갖는 논리는 "내가 약속해!"와 같은 1인칭 약속이나 어드레스가 갖는 논리와는 큰 차이를 가진다. 예수님께서, 또는 그리스도 안에서 하나님께서 "내가 너를 용서한다"든지 "내가 너를 사랑한다"라고 말씀하시는 것이 단지 **무대 위에서의** 행위일 뿐일까?

하나님의 약속 및 어드레스로서 언어에 관한 문제는 매우 복잡한 이슈이며, 이에 대해서는 8장에 가서 보다 상세하게 살펴볼 것이다. 여기서 우리는 이 문제를 예수님과 바울의 언어와 관련하여 다소 제한된 신학적 측면에서만 잠시 살펴보고자 한다. 핵심적인 질문은 예수님과 바울의 구두 발화가 기록 텍스트로 변환될 때, 여기에는 과연 저자 및 저자의 삶의 측면을 기록 텍스트로부터 지워버리는 "해석학적 거리두기"가 필연적으로 일어나게 되는가 하는 점이다. 리쾨르 등이 암시하는 것처럼, 구두 발화와 달리 기록에서는 저자가 읽기의 과정에 "부재"한다고 볼 수밖에 없는가?[56]

켈버(Werner Kelber)는 구두 발화와 기록 사이의 이와 같은 대조 문제를 신약 텍스트와 연관시켜서 매우 선구적인 연구를 한 바 있다. 그의 글은 루 실버만(Lou Silberman), 월터 옹(Walter Ong) 등에 의해 『세메이아』(*Semeia*, 1987)의 한 논제로 다뤄지기도 했다. 켈버는 성경에 대한 우리의 연구가 "비대칭적으로 활자 중심적 해석학"에 의해 지배당해 왔다고 지적한다.[57] 그는 바울이나 Q자료, 기록 이전 단계의 복음 전승 등에 보다 적합한 구두 텍스트성 모델과 마가 등에게 적용될 수 있는 기록 텍스트성 모델 사이에 주의 깊은 구분이 이루어져야 한다고 주장한다.

바울의 글과 관련해서 켈버는 로버트 펑크(Robert Funk) 등과 한 목소리로 바울의 여행기록을 "구두 발화 및 인격적 임재의 단초"로 보아야 한다고 주장한다.[58] "구두적 유비가 바울 복음의 핵심"이라고 그는 말한다.[59] 바울의 언어에서 "귀가 눈을 이긴다"라는 것이다. 켈버는 바울의 말을 항상 그의 행위와 연결시켜서 이해해야 한다고 바르게 지적하고 있다. 비트겐슈타인의 비유를 빌려서 표현하자면, 바울의 말은 행위의 황금에 의해 뒷받침되는 지폐같다.[60] 바울에게서 이와 같은 "말과 행위의 일치성"(켈버의 표현대로)은 고린도전서 4:11–12, 9:1–19, 고린도후서 4:7–14, 6:3–13, 10:11, 11:7–15, 12:13–16, 데살로니가전서 2:8–9, 데살로니가후서 3:8–9 등과 같은 구절들 속에서 잘 확인된다. 켈버는 이렇게 지적한다. "가르치는 자는 자신의 메시지에 부합되는 삶을 산다. 구두 해석학에서는 말이 인격과 이탈되어서는 존재할 수 없기 때문에 메시지에의 참여와 화자를 닮는 것은 서로 불가분리적이다. '우리가 이같이 너희를 사모하여 하나님의 복음으로만 아니라 우리 목숨까지 너희에게 주기를 즐겨함은 너희가 우리의 사랑하는 자 됨이니라 형제들아 우리의 수고와 애쓴 것을 너희가 기억하리니 너희 아무에게도 누를 끼치지 아니하려고 밤과 낮으로 일하면서 너희에게 하나님의 복음을 전파하였노라'(살전 2:8–9)."[61]

기록 이전의 복음 전승에서도 "사회적 상황들 속에서 살아 있는 말의 발화, 인격으로부터 우러나온 말, 구두 발화가 즉 화행으로 작용"하고 있었다고 켈버는 지적한다.[62] 이런 종류의 구두성이 어록 자료 Q의 특성을 이루었다는 것이다. 하지만 마가의 복음서 기록은 이와 차이를 가진다고 말한다. 마가는 구두적 생활세계를 뒤집고, "구두적 삶을 텍스트의 정적 삶으로 냉동시켜 놓았다." 켈버는 리쾨르의 "독자는 책의 기록에 부재하고, 저자는 그 읽기에 부재한다"라는 말을 인용하고 있다.[63] 이를 통하여 "말이 그 구두적 모판으로부터 탈상황화"되고, "그 역동적 요소가 탈활성화" 되었다고 말한다.[64] 마가는 이렇게 자신의 삶의 흐름에서 비켜나게 함으로써 이제는 텍스트를 조작할 수 있는 위치에 자신을 놓게 되었다는 것이다. 그는 자기 자신의 일관된 내러티브를 구성할 수 있게 되었다. 하지만 여기에는 거리두기의 대가가 지불되지 않을 수 없었다. 마가는 자기 텍스트의 제공자이면서도 그 텍스트 뒤로 자기를 숨기는 자가 된다.[65] 그는 해석의 과정에 관한 통제권을 잃어버리고 만다.

『세메이아』에서의 한 논평에서 어떤 사람은 마가에 대한 켈버의 작업을 "획기적"이라고 평가한다. 하지만 실버만과 옹은 기록 텍스트의 경우라 할지라도 그 안에 구두성이 갖는 해석학적 의의가 여전히 크게 작용한다는 것을 강조한다. 실버만은 기록 텍스트는 "절대적으로" 독자에게 속한다는 해체주의적 추정에 대해 단지 회의 이상의 의문을 표하고 있다. 그는 이렇게 묻는다. "만일 그 텍스트가 구어적으로 구성되었다면 어떨까? 이런 경우에도 저자의 목소리는 침묵되어야만 하는가?"[66]

옹의 경우 기록과 구두성의 기본적 구분은 하나의 해석학적 원리라는 것을 인정한다. 하지만 구두 문화 속에서 기록 텍스트의 경우 기록 텍스트의 해석학과는 다소 다르게 접근할 필요가 있다는 것을 지적한다. "지속적으로 구두적인 환경"이 "고도로 발전된 텍스트성" 속에서도 작용할 수 있다는 것을 주목해야 하며, 이것이 "텍스트의 작성과 해석에 공히 영향을 줄 수 있다"라는 것을 인식해야 한다.[67] 따라서 마가복음을 마가 이전의 구두 전승과 "전폭적인" 불연속 속에서 볼 것이 아니라, 마가를 그가 받은 전승의 "해석자"로 보는 것이 더 낫다고 옹은 주장한다.[68]

이와 같은 관점은 마가를 전승의 해석자로, 즉 그가 받은 전승들을 창의적으로 조합하여 하나의 일관되고 총체적인 내러티브 또는 이야기로 형성해낸 사람으로 보는 최근의 많은 연구 동향과 궤적을 같이 한다. 어니스트 베스트(Ernest Best)의 『마가: 이야기로서의 복음』(*Mark: the Gospel as Story*)은 이를 보여주는 좋은 예이다.[69] 마가의 독특한 공헌은 하나의 연속적인 내러티브 구조를 제공한 것인데, 이 구조가 메지지를 전달하는 통로가 되고, 각각의 부분들이 전체적인 의미를 갖게 된다. 예를 들어 마가는 '즉시'(헬라어 *euthus*)라는 단어를 31번에 걸쳐서 사용함으로써 독자들로 하여금 빠른 속도로 이야기를 따라오게 하지만, 수난 이야기가 도입되는 9장과 10장에 가서는 이 속도가 느려지기 시작한다. 이를 통해 모든 내러티브의 움직임이 십자가를 중심으로 하고 있음을 보여준다. 이런 방식의 구성을 통해 마가는 그의 전승 자료들을 십자가 중심성의 관점에서 해석하고 있다.

뿐만 아니라 예수님의 생애 속에 나타나는 사건의 인과적 연결성과 하나님의 목적의 성취 사이에 전혀 충돌이 일어나지 않는다. 탄생 기사가 빠져 있는 대신 도입의 구조를 형성하는 것은 구약과 세례 요한이다. 때로는 하나의 에피소드가 다른 이야기의 틀 속에 끼어들기도 한다. 때로는 생략과 침묵, 느슨한 종결과 거친 다듬질 등이 들어 있기도 한데, 이는 독자들에게 질문을 던지기 위함이며, 또한 그들로 하여금 텍스트 속에 적극적으로 개입하도록 하기 위함이다.

마가가 자기 이전의 전승 자료들을 '뒤집기'보다는 '해석'하고 있다는 주장에 대하여 켈버는 마가 속에 나타나는 전승과의 불연속의 예들을 들어 자신의 입장을 재확인하고 있다. 즉, 마가 속에는 제자들의 "역할 반전"이 일어나고 있다는 것이다. "내부자들이 외부자들로 바뀌고 있으며," 마가의 내러티브 속에서 화자의 관점과 제자들의 관점 사이에 거리가 생겨나고 있다는 것이다.[70] 하지만 이런 종류의 불연속(이를 불연속이라 할 수 있을지 모르겠지만)은 상호인격적 의사소통으로서 구두 스피치의 역동성과 기록문서 해석학 사이의 대조를 보여주는 결정적 증거로 제시되기에는 역부족이다. 마가가 이야기의 종결을 처음부터 알고 있는 익명의 화자로서 이야기의 무대로부터 자신을 숨기기를 선택했다는 점은 기꺼이 수용할 수 있을지 모른다. 패트릭 그랜트(Patrick Grant)와 같은 문학이론가들을 따라, 우리는 마가의 "목소리"가 바울의 그것과는 다르다고 말할 수도 있을 것이다. 마가 속에서는 비밀 모티브, 전체적 조망, 내러티브 거리 등이 중요한 역할을 하고 있으며, 텍스트 자체가 때로는 움베르토 에코의 표현대로 창조적, 창발적 텍스트로서 단순한 정보전달의 통로로만 그치는 것이 아니다. 켈버의 지적처럼 마가가 자신의 텍스트로부터 어느 정도 물러서 있고, 그런 점에서 바울의 경우와는 차이가 있다는 점을 인정한다 하더라도, 우리는 이것을 정도의 문제로 보아야지 다른 종류의 문제로 볼 필요는 없을 것이다. 우리가 마가의 신학, 또는 마가의 신학적 목적이라고 말하는 것이 전혀 무의미한 것은 아니다. 마가는 한 사람의 목적을 가진 작인자이지, 단순한 기호학적 요인에 그치는 것이 아니다. 그의 목적은 독자가 자기의 글을 가지고 "무엇이든 자기 좋을 대로 하게" 하는 것은 아니다.

우리가 켈버의 주장을 어떻게 받아들일 것인가 하는 점은 말과 글 사이를 구분하는 데 있어 폴 리쾨르 등을 얼마만큼이나 따르는지에 달려 있다고 말할 수 있다. 성경 텍스트의 경우에서는, 말과 글 사이를 그처럼 분명하게 구분하려는 입장을 주의하지 않을 수 없는 분명한 신학적, 해석학적 이유들이 있다. 이런 문제는 상호인격적 의사소통과 화행의 본질, 그리고 간본문성과 간주체성의 관계 문제 등과 같은 더 넓은 논제와 관련이 되어 있다. 뿐만 아니라 계시를 선포 및 어드레스로 보는 리쾨르의 주장이 그의 텍스트 이론과 무리 없이 잘 맞아 들어가는 것 같아 보이지는 않는다.

성경 텍스트를 통한 계시라는 개념이 하나님 편에서의 상호인격적 어드레스라는 인식을 포함하는 것일까? 우리는 앞에서 이미 이와 같은 어드레스가 탈구체화된 텍스트를 통해서가 아니라 삶과 역사가 함께 직조된 텍스트를 통하여 일어난다는 것을 지적한 바 있다. 우리는 이런 점을 폴 리쾨르의 일부 저작과 관련해서 논의해보는 것이 도움이 될 줄로 생각한다. 왜냐하면 리쾨르는 기록 텍스트의 독서 과정 속에서의 저자 부재성 문제[대표적으로 그의 책 『해석 이론』(*Interpretation Theory*)과 『해석학과 인문 과학』(*Hermeneutics and Human Sciences*)에서 주로 다룸]와 성경 계시가 1인칭 및 이인칭 어드레스를 구체화한다는 사실을[특히 그의 책 『성경 해석 논집』(*Essays on Biblical Interpretation*)에서 주로 다룸] 동시에 입증하려 하고 있기 때문이다.[71] 이 두 관점을 조화시켜 보고자 하는 구체적 방향의 모색이 특히 그의 논문 "계시 사상의 해석학 모색" 및 "성경 해석학" 속에 잘 나타나고 있다.[72] 여기서는 주로 이 글들을 중심으로 도입적 논의에 그치고, 보다 상세한 것은 10장에 가서 다룰 것이다.

리쾨르는 성경 텍스트 속에서 특별히 다섯 가지의 담론 형태를 구분하고 있다. 즉, 예언 모드, 내러티브 모드, 찬양 모드, 법규 모드, 그리고 지혜 모드가 그것이다. 예언 모드는 단지 선지자 자신의 말로만 그치지 않고 하나님으로부터의 어드레스를 대변한다. 그럼에도 불구하고 이와 같은 계시 모델도 다른 네 개의 담론 모드에 의해(특히 지혜 모드에 의해) 검정을 받는 것이 필요하다. 여기서 리쾨르는 이언 램지(Ian Ramsay)의 모델과 검정자 개념을 암시하고 있다.[73] 리쾨르에게 하나님과 사람 사이의 상호인격적 의사소통이라도 하나님의 초월 및 숨김이라는 조건에 의해 검정 받아야 할 필요가 있는 인격적 모델로 이해된다. 이런 점에서 리쾨르는 마틴 부버(Martin Buber)나 가브리엘 마르셀(Gabriel Marcel) 같은 사람의 "인격주의"와는 구별된 입장을 취한다.[74]

예언 담론 모드와 관련하여 리쾨르는 "선지자가 자기 자신의 이름이 아니라 타자의 이름, 즉 하나님의 이름으로 말한다"라는 사실을 상기시킨다.[75] 여기에는 "말과 글의 이중 저자"가 작용하는 것이다(렘 2:12, 3:12, 4:27). 마찬가지로 시편과 같은 찬양의 담론 모드에서도 찬양의 시나 감사, 탄원 등이 역시 하나님을 향한 어드레스로 작용하고 있다. 찬양은 스토리를 부름으로 전환시킨다.[76]

내러티브 모드, 특히 모세오경과 공관복음서, 사도행전 같은 글에서는 저자가 사라지고 마치 사건들이 스스로를 진술하는 것처럼 보인다. 하지만 이런 글들의 본질적 요소는 사건들을 "하나님의 행위의 표시 혹은 흔적"으로 보는 것이다.[77] 법규 담론들은 하나님의 뜻이 무엇인지를 나타낸다. '언약' 관계의 틀 안에서 명령과 순종의 관계를 잘 보여준다. "언약이라는 사상은 모든 다양한 관계들을 포괄한다." 여기에는 하나님의 법에 대한 주의 깊은 순종도 포함되며 마음과 뜻과 힘을 다하여 여호와 하나님을 사랑하는 일(신 6:56), 그리고 새 마음과 영(겔 11:19)으로 섬기는 일 등이 다 포함된다.[78] 예수님은 이런 원리를 황금률(마 7:12)로 요약하고 있다.

또 하나 지혜의 계시 모드가 있다. 지혜는 한계 상황들 속에서 모든 사람에게 말을 건넨다. 여기에는 외로움, 분노, 고통, 죽음 등이 포함된다. 히브리 지혜문서들은 이와 같은 상황들을 "하나님의 불가해성, 즉 그의 침묵과 부재"를 나타내는 것으로 해석하고 있다.[79] 리쾨르는 수년에 걸쳐서 욥기에 대한 자신의 관심을 발전시켜오고 있다. 그는 욥기를 구약의 지혜문헌의 대표적 예로 보고 있으며, 이 책에 대한 그의 지속적인 고찰의 결과, 그는 지혜 모드의 계시를 예언 모드에 종속시키기를 거부한다. 우리의 현재의 논의와 관련하여 가장 의의가 깊은 것은 대화와 침묵, 간접 의사소통, 하나님의 부재 의식, 또는 적어도 그의 자기 숨김 같은 요소들이 동시적으로 나타나고 있다는 사실이다. 리쾨르는 그의 초기의 책『악의 상징』(*The Symbolism of Evil*) 에서 욥기 23:8, 30:20 등과 같은 본문을 두고 "하나님의 고통스러운 부재의 상황에 직면하여 이 사람(욥)은 그 자신의 부재를 꿈꾼다"라고 주석하고 있다.[80] 그의 후기의 글 "종교와 무신론, 그리고 신앙"에서 리쾨르는 욥이 자신의 질문에 대한 아무런 대답도 얻지 못하고 있다고 지적한다. 그는 이렇게 주장한다. "하나님께서 말씀하신다는 사실, 그것이 본질적이다. 그는 욥에 **대해** 말씀하시는 것이 아니라, 욥**에게** 말씀하신다."[81]

리쾨르는 이처럼 하나님의 어드레스라는 개념과 욥기 42:16에 나타나는 것처럼 "말 혹은 로고스로 나타낼 수 없는" 하나님의 초월이라는 측면을 함께 붙들고자 노력하고 있다.[82] 지혜는 "숨겨진 하나님"을 나타내는데, 이 하나님은 "익명적 사건들"의 탈을 취하고 자신을 숨긴다.[83] 욥은 더 이상 자기보호의 필요에 사로잡히지 않아도 되는 지점까지 내려가고 있다. 리쾨르는 이런 욥에게서 본회퍼가 이야기하고 있는 십자가에 달리신 자의 하나님을 만나는 것으로 보고 있다. 여기에서는 "대화 자체가 위로의 방식이다."[84]

하나님은 자신을 성경 텍스트에 나타난 상호인격적 어드레스를 통해 계시하시는가? 리쾨르는 이런 질문과 관련하여 제한된 차원에서만 긍정적 답을 할 수 있을 것이다. 하나님은 숨어계신 분이고 "인간의 생각과 말을 무한히 초월하여 계신 분이다."[85] 따라서 상호인격적 어드레스를 포함한 모든 의사소통의 모델들은 "전적 타자"에 대하여 또는 그로부터 **유비적으로** 혹은 상징으로 말하는 것으로 "전환되어" 이해되어야 한다.[86] 예언의 1인칭 모델이나 찬양의 2인칭 모델 역시 이를 우리가 유비적으로 이해하는 한에서 상호인격적 의사소통 모델로서의 타당성을 가진다. 우리는 이런 이슈들을 리쾨르의 접근을 뒷받침하는 철학적, 신학적 맥락들과 연계시켜서 10장에 가서 보다 상세하게 살펴볼 것이다. 리쾨르의 접근에 대한 신학적 평가와 관련해서는 특히 케빈 밴후저의 글을 참고할만하다.[87]

유비에 대한 변호가 부분적으로는 인간 속의 하나님의 형상 신학으로 뒷받침될 수도 있지만, 보다 결정적인 근거는 예수 그리스도의 인격 안에 나타난 하나님의 전적이고 결정적인 계시(히 1:2–3, 골 1:15, 19, 요 14:6–9) 속에서 찾을 수 있다. 하지만 유비가 하나님에 대한 **진술들**의 이해를 위해 유용한 통로라는 것은 분명하지만, 어드레스의 범주가 어떤 의미에서 유비적인지에 대해서는 분명하지 않은 점이 있다. 만일 어떤 사람이 하나님을 "들을" 수 없다면 우리는 그 사람에게 보청기를 사서 끼라고 충고하지는 않는다는 점에서 유비가 작용하고 있는 것이 분명하다. 하지만 우리가 이런 의미의 유비를 인정한다고 하더라도, 어드레스는 하나님께서 "말씀하신다"라고 할 때 이것이 무엇을 의미하는지를 규정하는 논리적 문법의 핵심적 측면을 구성한다. 비트겐슈타인은 이것의 개념적 정의를 이와 같이 표현하고 있다. "'당신은 하나님이 다른 누구에게 말씀하시는 것을 들을 수 없다. 당신은 오직 당신 자신이 말 건넴 되고 있을 때만 하나님이 말씀하시는 것을 들을 수 있다.' 이것은 문법적 진술이다."[88]

하나님께서 텍스트 속에 구체화된 언어의 유형들을 통하여 그의 백성에게 어드레스하실 수 있다고 말하는 것과, 텍스트가 화자로부터나 또는 화자의 발화 정황으로부터 이탈되었다고 말하는 것 사이에는 내적 긴장이 존재한다. 번 포이스레스(Bern Poythress)는 우리가 "성경의 신적 의미"를 고려할 때, 상황의 맥락이나 텍스트와 그 저자의 관계를 살피는 것이 더욱 중요하게 되었다는 것을 강조한다.[89] 그의 결론은 성령의 역할이 텍스트 자체에만 관계되는 것이 아니라 그 텍스트를 직조하는 삶과 행위들과도 관계된다는 것이다.[90]

언어내적 세계 및 간본문성의 측면에만 의존하는 텍스트성 이해를 기반으로 하는 해석학은 텍스트가 상호인격적 의사소통의 상호주체적 상황들 속에 뿌리를 두고 있다고 보는 텍스트 이론에 기반하는 해석학과 서로 대립적인 위치에 놓여 있다. 이런 대립의 관계는 우리의 논의를 펼쳐가는 과정 속에 반복적으로 제기될 것이다. 신학적 언어로 이야기하자면, 삶의 상황에 뿌리를 둔 텍스트 이해의 해석학은 계시가 말과 삶의 직조관계 위에서 작용한다고 보는 성육신적 기독론과 비견될 수 있다. 뿐만 아니라 이런 해석학적 관점은 공동체 속에서 선포되고 읽히는 말씀이 그 공동체의 행위와 증거에 의해 신빙성을 얻고 이해가 증진된다는 점에서 공동체 역할에 대한 신학과도 그 맥을 같이 한다. 텍스트는 "가현적" 탈구체화된 기표들의 체계 그 이상이다.

그렇다고 해서 우리가 우리 자신의 신학적 입맛에 맞는 별도의 텍스트성 이론을 만들 수는 없다. 우리는 여러 텍스트 이론들을 그 자체의 토대 위에서 평가한다. 탈구체화된 기표들의 체계에 대한 가장 강력한 주장들이 문학적 형식주의에서 제시되었을 뿐만 아니라(13장 참조), 일부 기호학 이론의 적용 속에서도 나타나고 있다. 따라서 우리는 다음 장에서 소쉬르와 퍼스, 그밖의 최근의 기호학 이론가들의 입장들을 살펴보고, 기호학 이론이 그 자체로 순수한 언어내적 텍스트 이론이나 해체주의 방향으로 반드시 나아갈 수밖에 없었는지의 문제를 다뤄보고자 한다. 바르트와 데리다 등과 관계된 텍스트 이론들은 진리 및 진리주장에 관한 질문들을 야기시키는데, 우리는 이런 문제와 관련해서는 8장 이후 부분에서 보다 상세히 다룰 것이다.

제3장

기호학에서 해체주의까지 텍스트성에 대한 포스트모던 관점들

1. 기호학 이론과 코드: 기호학 이론의 본질

일반적으로 말해서 기호학은 기호들에 관한 이론이다. 하지만 실제적 차원에서 기호학이 가장 두드러진 공헌을 하는 곳은 특별히 두 가지 영역 속에서이다. 이 두 영역 모두 텍스트성에 관한 우리의 논의와 밀접한 연관성을 가진다. 그 첫 번째 영역은 텍스트가 의미를 전달하는 통로가 되는 코드의 지위 및 본질에 관한 것이다. 두 번째 영역은 비언어적 사회적 행위에 관한 것인데, 이는 전제된 코드를 통해 의미를 지닌 메시지가 된다. 모든 텍스트는 코드를 전제로 한다. 예를 들어 의사의 처방전이라는 텍스트도 직업의 관습에 따라 어떤 의사에 의해 코드화된 문서이며, 약사는 그 공유된 관습을 좇아 이를 현실 속에서 해독(탈코드화)한다. 음악 악보 역시 한 작곡가에 의해 코드화된 텍스트이며, 오케스트라나 성악가들에 의해 연주회 속에서 연주(탈코드화)되기를 기다리고 있다.

하지만 이런 경우들에서는 '코드'가 '메시지' 자체를 구성하는 정보의 항목들은 아니다. 코드는 기호 체계요 격자무늬 혹은 그물망이다. 이를 통해 메시지를 구성하는 언어적 선택들이 표현된다. 어떤 작곡가로 하여금 특정 시간 동안 특정 음을 내는 음표를 표시하도록 만드는 음악적 코드는 음표(메시지 자체라고 할 수 있는) 자체는 아니다. 오히려 오선지 위의 보표들(음자리표와 정한 위치 등에 따라 음정과 박자의 선택이 가능하게 되는)은 주어진 음표들이 선택되고 그 특정 기능을 수행하게 하는 하나의 구조를 구성한다.

복잡한 텍스트들은 여러 다른 코드의 층들로 구성되기도 한다. 예를 들어 요한계시록은 한 층에서 보면 헬레니즘 헬라어 체계 속에서 가용한 어휘 및 문법적 선택을 바탕으로 하고 있다. 그러나 또 다른 한 층에서 보면 그 이전의 묵시적 텍스트들 속에 사용된 관습 체계를 바탕으로 하고 있기도 하다.[1] 이를테면 에스겔, 스가랴, 다니엘 같은 책들을 바탕으로 하는 암시들은 단순히 이전 전승들의 상기물 정도의 기능에 그치지 않는다. 때때로 이들은 단지 스타일 차원만이 아닌 기호학적 차원의 기능을 가지며, 또 하나의 코드화의 층을 이룸으로써 이를 통해 메시지가 전달되기도 한다.

이런 경우와 관련해서 우리는 줄리아 크리스테바(Julia Kristeva)가 기호학에 관한 그녀의 책에서 **"간본문성"**(intertextuality)이라고 불렀던 한 예를 볼 수 있을 것이다. 그녀는 이렇게 말한다. "간본문성이라는 용어는 이와 같이 한(또는 여러) 기호체계가 다른 것 속으로 흘러가는 이동을 지칭한다. 하지만 이 용어가 흔히 '원천들의 연구'라는 넓은 의미로 이해되어왔던 점을 감안할 때 우리는 **이동**(transposition)이란 말을 선호한다. 왜냐하면 이 말은 하나의 기호화 체계로부터의 글이 다른 체계 속으로 옮겨가게 될 때 여기에는 새로운 해명이 필요하다는 것을 분명히 하기 때문이다."[2]

따라서 기호학적 코드에 관해 오해하게 되면 텍스트에 대한 위배가 일어나고 의미의 변질이 발생한다. 요한계시록 속에서의 "십사만 사천"이라는 언어는(계 7:4) 수학적 명제 속에서 십사만 사천이라는 숫자가 불러일으키는 의미와 다른 것을 의미한다. 수학적 코드의 경우 십사만 사천은 "십사만 사천 일"이나 "십사만 삼천 구백 구십 구"와는 완전히 다르다. 그러나 계시록의 텍스트 속에서는 이 코드가 "열 둘"이라는 관습적 의미에 익숙해 있는 특정 공동체의 전통의 역사를 바탕으로 완전함과 불완전함의 대비적 차이를 나타내는 기호로 사용되고 있다. 말들의 머리가 사자들의 머리와 합쳐지는 듯한 형상(계 9:10)도 경험적 관찰이나 묘사를 전제하는 코드가 아니다. 성전 측량(계 11:1–2)의 경우도 존 코트(John Court)의 주석이 보여주는 것처럼 다중적인

간본문 기호화 체계의 층들이 복합적으로 작용하는 것으로 볼 수 있다.[3]

코드들은 특정 문화에 한정되는 특성을 갖는데, 이는 특히 우리가 앞서 말했던 비언어적 사회적 행위의 경우에서 더욱 그러하다. 계시록의 묵시적 관습들은 오늘날의 서구 사회에서 더 이상 낯선 것이 아니지만, 오늘날의 교통신호등 같은 것은 고대 세계의 사람들에게는 이해할 수 없는 것이 될 것이다. 하지만 그와 같은 코드에 익숙한 현대의 사람들에게는 "내가 기도했더니 하나님께서 파란등을 주셨다"라고 말하는 것이 은유적 차원에서 충분히 이해가 될 수 있다.

자연 상태의 꽃들은 일반적으로 어떤 메시지도 전달하지 않는다. 하지만 이 꽃들을 엮어서 장례식장에 화환으로 보낸다면 이는 공유된 사회적 코드의 바탕 위에서 조의를 나타내는 하나의 **신호**가 된다. 그런데 장례식 화환을 결혼식장에 보내는 경우처럼, 이런 코드를 오해하게 되면, 여기에는 사회적 실수가 따르게 된다. 요한계시록의 언어를 경험적 기술로 해석하는 것이 이에 비견될 수 있을 것이다. 옷차림 역시 특정한 경우에 특정한 신호를 전달하는 기호가 될 수 있다. 어떤 사람이 선택한 옷차림이 부정적 신호를 유발할 수 있는데, 이는 그 사람이 실수를 한 경우일 수도 있고, 아니면 의식적으로 자신이 속한 사회적 그룹이 공유한 관습에 저항을 표시하기 위한 것일 수도 있다.

롤랑 바르트(Roland Barthes)는 영화, 가구, 요리, 스포츠, 정치적 구호들, 의상 패션, 수염, 향수, 광고, 스트립쇼, 자동차, 사진 등 다방면에 걸친 비언어적 사회적 행위들이 어떻게 의미를 생성하는 코드화된 기호의 역할을 할 수 있는지를 매우 흥미 있게 살펴온 바 있다.[4] 이와 같은 예들의 경우, 특정 자동차나 특정 옷차림의 선택 자체가 코드가 되는 것이 아니라, 다양한 선택의 가능성을 낳는 연결망이 즉 코드인데, 그 안에서 특정 자동차나 특정 옷차림의 선택이 "의미 있는" 것이 되게 된다. 움베르토 에코(Umberto Eco) 역시 유사한 지적을 하고 있다. "의사소통을 한다는 것은 온 세상을 다 하나의 기호학적 장치로 사용한다는 것을 말한다. 나는 **문화**가 즉 그런 것이요 그밖에 다른 어떤 것이 아니라고 믿는다." 이를테면 "나는 나의 옷차림을 통하여 말한다. 만일 내가 모택동의 옷차림을 하고 있다면, 만일 내가 넥타이를 하고 있지 않다면, 내 말의 이데올로기적 함의는 달라지게 될 것이다."[5]

우리는 벌써 코드가 의미 및 의미의 해석과 관련하여 얼마나 "급진적" 성격을 갖는지를 엿볼 수 있게 되었다. 하지만 이것은 시작에 불과하다. 롤랑 바르트 등과 같은 사람들에게 이런 문제들이 갖는 심각한 철학적 논점들은 대체로 언어와 세상, 더 구체적으로 말하면 언어와 사회 문화의 관계에 관한 것이다. 바르트나 줄리아 크리스테바의 사상에서 기호학 이론은 메타언어의 차원 또는 언어와 기호들에 대한 제이차적 비판의 차원을 의미한다.[6] 크리스테바의 표현을 따르자면, "그 어떤 형태의 기호학도 기호학의 비판이 아닌 것은 없다."[7] 바르트에게 이와 같은 메타반성이 의미하는 것은 때로 기호들이 세상을 거울 반영한다고 추정하는 것이 실상은 특정 **생각 방식**이거나 **사회적 구성물**에 지나지 않는다는 것을 기호학 이론이 급진적으로 폭로해야 한다는 것이다. 만일 언어 활용이 언어적 코드에 의존하는 것이라면, 이런 원리는 모든 언어에 적용되어야 한다는 것이 바르트의 주장이다.

바르트가 볼 때 많은 사람들은 언어가 외부 세계를 거울 반영한다고 믿고 있다. 그들은 언어에 객관성을 담아낼 능력이 있다고 믿는다. 하지만 이런 관계는 문화제약적이고 인위적이다. 바르트는 이를 지적하는 자리에서 마르크스주의의 용어 및 이데올로기 일부를 사용하고 있다. 부르주아 문화들은 이와 같은 혼동된 "신비화"를 사용하여 대중들로 하여금 자신들이 접하는 것은 문화 체계 내의 "자연" 혹은 "객관적인 것"이라고 생각하는 환상 속에 가두어 두기를 좋아한다는 것이다. 따라서 기호학자들의 임무는 이와 같은 거짓 객관성의 탈을 벗기고, 단순히 관습에 지나지 않는 것을 "숨기고" "자연적인 것"으로 둔갑시키려 하는 의미의 그물망을 "해독"하는 것이다. 신비화는 부르주아 문화들이 자체의 가치들을 객관적 진리로 포장하여 존속시키려 하는 도구의 하나이다.

이런 방식으로 기호학의 역할을 정의한다면 그 결과는 매우 급진적인 것이 될 수밖에 없다. 언어와 텍스트의 세계는 철저하게 언어내적 문제가 된다. 이들은 외부 세계의 사태의 정황과 차단되어 있다. 텍스트 및 의미는 무한히 유동적인 것이 되고 또한 복수성을 가질 수밖에 없다.[8]

따라서 우리의 일차적인 질문은 이것이다. 현대 기호학 이론의 세계가 바르트 등이 인식하는 것처럼 이렇게 급진적일 수밖에 없는 것인가? 기호학의 전(前)역사는 고전 시대까지로 거슬러 올라간다. 히포크라테스는 의학적 진단 및 처방 과정에서 기호들의 역할을 강조한 바 있다. 아리스토텔레스는 필연적 기호 또는 표시들(예를 들어 병의 표시로서의 발열 등)과 개연성에 근거한 기호 또는 표시들(예를 들어 가쁜 숨이 발열의 표시일 수 있는 개연성)을 구분하였다. 아우구스티누스는 기호들이 그 자신 너머를 지시할 수 있는 능력에 주목하였고, 로크와 유사한 방식으로 언어적 기호들이 생각과 사상의 표시자라고 보았다. 홉스와 로크는 언어에서 기호들의 본질에 관한 이론을 제시한 바 있다. 하지만 이와 같은 기호학의 전역사 속에는 현대에서와 같은 급진적 인식들을 찾아보기 어렵다.

현대 기호학 이론을 정립한 가장 창의적인 두 사상가는 찰스 퍼스(Charles S. Peirce 1839–1914)와 소쉬르(Ferdinand de Saussure 1857–1913)이다. 스위스 출신의 언어학자인 소쉬르는 아마도 자신의 작업이 바르트나 데리다, 기타 후기구조주의 해체주의자들이 내세우는 것과 같은 결론으로 이어지리라고는 전혀 생각하지 못했을 것이다. 데리다는 소쉬르의 작업이 "급진화" 되면 논리적으로 이런 방향으로 이어질 수밖에 없다고 주장한다. 소쉬르의 가장 일차적인 공헌은 일반 언어학을 하나의 건실한 과학적 학문으로 자리매김 시킨 데 있다. 존 라이언스(John Lyons)는 이 분야의 주류적 입장의 견지에 서서 소쉬르를 현대 언어학의 실질적인 창시자로 지칭하고 있다.[9]

소쉬르는 우리가 차차 살펴볼 세 가지 근본적 원리들을 주장하였다. 첫째, 그는 "기호의 **인위적** 성격"을 하나의 핵심 원리로 내세웠다.[10] 둘째, 그는 언어가 "상호의존적 체계"로 기능한다는 것을 지적하였다.[11] 의미는 이 체계 안에서의 **차이**의 관계로 인해 생성된다. 예를 들어 색깔을 나타내는 단어들의 하부체계 속에서 "오렌지"는 나무에 달린 오렌지를 가리키기보다 인접해 있는 색깔 표시인 "빨강"과 "노랑"과의 차이로 그 의미가 자리매김 된다. 셋째, 소쉬르는 구체적 발화 행위(파롤)와 순수하게 형식적, 추상적 구조로서의 언어체계(랑그)를 구분하고 있다. 이 랑그의 수없이 많은 가능성의 그물망 가운데서 구체적 발화가 발생하게 된다. 랑그는 그런 점에서 외부 세계 속에 "존재"해 있지 않다고 말할 수 있다.

소쉬르가 죽은 지 오십년이 약간 지난 후에 자크 데리다(Jacques Derrida)가 그의 "인위성" 및 "차이"의 원리를 언어나 사상, 세계에 대한 반(反)형이상학적 방향으로 급진화시키는 시도를 하였다. 특히 "차이"가 핵심적인 반(反)존재론적 개념으로 바뀌고 있다. 앞서 보았던 것처럼 바르트는 "신비화"의 과정을 통해 단지 문화적인 것이 거짓 객관성의 지위를 얻게 된다고 보고 있는데, 데리다는 이를 좀 더 세분화하여 기록 텍스트보다는 구두 발화에서 이와 같은 환상이 더 잘 먹혀 들어간다고 보고 있다. 마치 말이 세상이나 실재를 거울 반영하는 것인 양, 말 중심적 "현전의 형이상학"이라는 환상을 뒷받침하는 것은 오직 구두 발화의 영역일 뿐이다. 기록에서는 저자의 부재가 전제되고, 무수한 가능한 의미들의 해석의 복수성이 개방된다.

만일 언어가 차이의 그물망이고, 또 이 차이들이 의미들을 생성하는 것이라면, 우리는 언어적 "실재들"("로고스 중심주의" Logocentrism)에 주목할 것이 아니라 기호들 사이의 차이들에 주목해야 한다는 것이 데리다의 주장이다. 따라서 데리다의 해석의 중심 원리는 **차이**(differentiation, 불어로 *différence*)가 **연기**(defer–ment, 불어로 *différance*)로 이어지고 또 이를 불러온다는 것이다.[12] 우리는 결코 의미 해석의 "마지막" 지점에 도달할 수 없다. 하나의 기호학적 과정은 또 다른 과정으로 이어지고, 이 가운데 그 어떤 것도 "실재" 혹은 외부 세계에 근거하고 있는 것은 없다.

우리는 여기서 앞서 소쉬르가 이야기했던 세 가지 원리들로 다시 눈을 돌려서 그것들을 재평가해 볼 필요가 있다. 우선 우리는 여기에서 찰스 퍼스의 영향을 언급하지 않을 수 없다. 퍼스는 종종 실용주의 철학과 결부되는 사람이다. 물론 퍼스에게 위의 원리들은 일차적으로 의미에 관한 그의 작업 속에 나타난다(진리 이론에 관해서는 윌리엄 제임스보다 덜 뚜렷하게 개입하고 있다). 하지만 퍼스가 구성한 다수의 원리들이 소쉬르의 "급진화"와 넓은 의미에서 매우 유사한 결과를 낳고 있다. 일차적으로 퍼스는 모든 인간 지식이나 신념, 진술 등의 오류 가능성을 지적하고 있다. 특히 신념은 크게 보면 "행위의 습관"과 다를 바가 없다. 둘째로 퍼스는 사유 또는 사상이 기호들의 사용과 관계있다는 것을 지적한다. 기호들은 자신을 넘어 다른 기호들 및 기호관계들을 가리킨다. 셋째로, 의미는 일차적으로 의미-**효과**의 관점에서 볼 필요가 있다는 것이다. 이 점에서 퍼스의 실용주의가 가장 광범위한 영향을 미치고 있다. 의미를 "현금화"할 수 있는 것이 중요한데, 이는 삶의 행위 속에서 드러나게 된다.

근자에 로버트 코링턴(Robert S. Corrington)은 퍼스가 미국식 해석학, 다시 말해서 현대 미국의 철학적 사고의 특징을 담고 있는 해석학적 전통의 기초를 놓은 사람이라는 견해를 제시한 바 있다.[13] 그는 유럽에서 소쉬르를 급진화시킨 것과 같은 유사한 흐름이 미국 속에도 일어나고 있음을 지적한다. 코링턴은 퍼스에게 "순수하게 주어진 것"은 없다는 점을 강조한다. 그는 조시아 로이스(Josiah Royce)를 암시하는 말을 덧붙여서 "실재는 기호들 및 기호의 관계들로 구성된다"라고 말한다.[14] 이런 인식은 퍼스의 의미-**효과**에 대한 실용주의적 관심과 일치한다고 볼 수 있다.

이런 전통의 배경 위에서 청중비평 및 독자관련 텍스트 이론들이 해석학 및 문학 이론 속에서 각광을 받고 있다. 유럽과 미국에서 일어나고 있는 이 두 유사한 흐름을 앞에 두고 우리가 묻지 않을 수 없는 근본적 질문은 이것이다. 이와 같은 "급진적" 방향으로의 이해가 주류 기호학 이론의 진정하고도 불가피한 함의인가? 이 질문에 답하기 위해서 우리는 우선 소쉬르의 작업을 좀 더 상세히 살펴보고, 이것이 기호학, 언어학, 그리고 성경 해석에 미친 결과가 무엇인지를 평가해보고자 한다.

2. 기호학이 꼭 해체주의로 갈 필요가 있는가?

소쉬르는 "기호의 **인위적** 성격"을 그의 첫 번째 원리로 내세우고 있는데, 이는 "모든 언어학의 주도적 원리이며, 그 결과는 모두 헤아릴 수 없다."[15] 기호가 인위적이란 것은 예를 들어 프랑스 사람들이 값이 싸다는 의미로 *bon marché* 두 단어를 사용하지만, 영국 사람들은 *cheap* 한 단어를 사용하는 것 같은 예에서 잘 드러난다. 또 영국 사람들은 파란색을 뜻하는 색깔 단어로 *blue* 하나만을 가지고 있지만, 러시아 사람들은 *goluboj*(옅은 파랑)과 *sinij*(짙은 파랑) 사이에서 선택해야 한다. 갈색과 관련해서도 영국 사람은 단지 *brown*만을 가지고 있지만 프랑스 사람들은 *brun*과 *marron* 두 단어 중에서 선택해야 한다. 뿐만 아니라 라틴어와 헬라어에서는 '내가 사랑한다'를 나타낼 때 *amo*나 *philo*, *ero* 등 한 단어만을 사용하지만, 영어나 독일어에서는 *I love*나 *Ich liebe*의 두 단어를 사용하는데, 이것도 언어의 인위적 측면을 보여준다. 소쉬르는 존재 동사(be 동사 같은 경우)나 형용사 같은 문법적 범주에 속하는 단어들은 습관이나 관행, 편리 등과 같은 추상적 구분을 나타내기 위한 것이라고 보고 있다. 이런 것들은 세상의 자연 상태에 의해 부과된 것이 아니다. "이들은 언어적 실재들이 아니다."[16]

소쉬르의 두 번째 원리는 의미를 지닌 모든 언어적 기호는 그 자체로서보다는 하나의 체계 혹은 구조의 부분으로서 그와 같은 작용을 한다는 점이다. 이 체계는 그 안에 속해 있는 것들의 유사성 및 차이들의 상호작용을 통하여 그 구성 요소들의 가치, 힘, 의미 등을 산출한다. 소쉬르는 이렇게 말한다. "언어는 상호의존적인 용어들의 체계인데, 그 속에서 각 용어의 가치(*la valeur*)는 다른 것들의 동시적 존재로부터만 비롯된다."[17] 소쉬르는 이런 원리를 체스의 각 말들이 가진 "가치"를 통해 예시하고 있다. 각 말들의 위치는 전체 체스판의 조합에 의존하며, 각각의 작용상 의미는 전체 게임 구조 속에서의 다른 말들과의 관계에서 도출된다. 의미는 하나의 기호단위가 어떻게 외부 세계의 실재를 거울 반영하느냐 하지 못하느냐에 달린 것이 아니라 어떻게 그것이 전체 체계 속의 다른 기호단위들과 연관되어 있느냐에 따라 산출되고 평가된다.

언어적 기호 체계의 격자는 수직적 축과 수평적 축으로 구성된다. 의미는 이 각각의 축 속에서의 관계 및 차이에 의해 생성된다. 수직적 측면에서 하나의 단어의 사용이 다른 단어의 사용을 배제하는 방식으로의 **양자택일적** 용어들의 **선택**이 가능한 곳에서 근본적 차이가 발생한다. 이 용어들은 동일한 구문적 기능을 가지겠지만, 그 의미는 다르다. 이런 용어들은 다른 것들에 대해

계열적(paradigmatic) 혹은 연상적 관계에 놓여 있다. 예를 들어 교통 신호등을 이야기하는 맥락 속에서 "빨강"과 "파랑"은 각각에 대하여 계열적 관계를 이룬다. 그래서 하나의 적합한 문장의 같은 자리 속에 양자택일적 선택을 통해 이 용어들이 삽입될 수 있는 것이다. 각각의 의미는 다른 것과의 대조적 차이에 의해 설정된다.

여기에는 수직적 축만이 아니라 수평적 축도 작용한다. "빨강"과 "파랑"은 모두가 색깔을 나타내는 단어들이다. 그런 점에서 이들은 동사 형태의 "본다", "주의한다", "신호한다" 등의 단어들과는 차이가 있다. 이런 단어들은 수평적 맥락 혹은 **통합적**(syntagmatic) 관계를 구성하는 것들로서 하나의 문장 속에서 색깔 단어들이 이런 단어들과 인접 관계의 용어들로 짝을 이루게 된다. 따라서 "빨강"이라는 단어의 일부 의미는 이것이 통합적 관계 속에 들어오게 될 때 "내가 본다"라는 동사의 한 대상, 또는 "신호"라는 말을 꾸미는 한 형용사로서의 의미를 가지게 되는 것이다. 그렇게 해서 "내가 빨간 신호를 본다"라는 방식으로 하나의 연결된 문장을 구성하게 된다. 이때 내가 보는 것은 "파란" 신호가 아니다. 그런 점에서 계열적 차이와 통합적 차이가 동시에 작용한다.

이런 부분은 자연스럽게 소쉬르가 강조하는 세 번째 원리로 우리를 인도해준다. 한 사람의 발화자는 매번 말을 할 때마다 자신이 선택할 수 있는 모든 양자택일적 가능성들을 구두적으로 다 섭렵해보지는 못한다. 상이한, 그러면서도 상호연관된 용어들의 격자 혹은 구조는 한 발화자가 구체적 발화의 정황 속에서 특정 선택을 실행에 옮길 때까지는 하나의 **추상적 잠정상태**로 남아 있다. 소쉬르는 이런 추상적 잠정상태와 구체적 실행을 구분하기 위해 랑그(*langue*)라는 말을 일관되게 사용하고 있다. 랑그는 언어의 "저장고"이며, "필요한 관습들의 집합"이다. 이와 대조적으로 그는 파롤(*parole*)이라는 단어를 사용하는데, 이는 **구체적 발화 행위**를 가리킨다. 파롤은 랑그의 기초 위에서 가능하게 된다. 랑그가 형식적, 추상적 구조를 가리키는 것이라면, 파롤은 구체적, 특정 발화를 가리킨다.

소쉬르의 언어 이론과 이것이 성경 연구를 위해 갖는 함의에 관해서 나는 다른 곳에서 보다 상세히 다룬 바 있다.[18] 소쉬르의 랑그와 파롤의 구분은 언어학과 기호학 속에서 본질적으로 중요한 부분을 차지한다. 기호학에서 이 구분은 기호(보다 엄밀하게는 특정 상황 속에서의 특정 기호의 사용)와 특정 기호가 의미를 띄게 되는 기반으로서의 기호 관계들의 상이한 그물망 사이의 차이와 연결된다. 소쉬르의 "기호론"(semiology) 속에서의 랑그와 파롤의 구분은 로만 야콥슨(Roman Jakobson)의 코드(code)와 메시지(message) 사이의 대비구조와 유사성을 가지며, 또한 찰스 퍼스의 유형(type)과 표시(token)의 구분과도 유사성을 가진다. 퍼스의 기호학 이론에서 '표시들'은 주어진 시공간 속의 한 장소에 자리 잡고 있는 특정 물리적 사물 또는 사건을 가리킨다. '유형'은 이 '표시들'을 실제적 실례들로 거느린 추상적 구분 또는 패턴을 가리킨다.

퍼스의 기호학 이론에서 기호들 및 기호화, 그리고 외부 세계와의 관계는 어떻게 되는 것일까? 퍼스의 기호학은 대단히 복잡하지만, 우리는 다음의 몇 가지 원리들로 정리해볼 수 있을 것이다. 퍼스는 기호와 그것이 나타내는 대상 사이의 관계를 세 가지 모드로 구분하고 있다. 만일 어떤 기호가 순수하게 하나의 색인(index)의 기능을 가진다면, 기호와 외부 세계와의 관계는 일차적으로 물리적, 혹은 준 물리적 원인–결과 관계와 같은 성격을 가지게 될 것이다. 이를테면 풍향계가 바람의 방향과 관련된 메시지를 갖는 것과 같다. 하나의 색인은 "그것이 가리키는 대상에 의해 실질적으로 영향을 받음으로써 그 대상을 지시하는 기호"로 작용한다.[19]

아이콘(icons)의 기능을 하는 기호들 역시 유사한 방식으로 그 대상과 관계를 가진다. 예를 들어 지도나 도표, 또는 대상을 재현하는 그림 같은 것들은 그것이 묘사하는 요소들이나 서로간의 관계에 대해 동형(同形)의 방식으로나 아니면 최소한 "합치"(fitness) 정도의 상응성을 가지게 된다.

그러나 상징(symbols)으로 작용하는 기호들은 그와 같은 인과적 혹은 준 물리적 "합치"의 특성을 가지지는 않는다. 그런 점에서 상징들을 기호로 사용하는 것은 인위적이거나, 아니면 일반적으로 습관화된 연상 패턴에 의거한다. 이런 차원에서는 해석자가 의미를 파악하기 위해서는 "유형"을 포함한 패턴 인지의 과정이 필요하게 된다. 퍼스는 이렇게 말한다. "상징은 어떤 법칙 혹은 일반적 사상들의 연상에 의거하여 정한 대상을 지시하는 하나의 기호이다. 이 법칙은 상징을 그 정한 대상을 가리키는 것으로 해석하게 만든다. 따라서 상징은 그 자체가 하나의 일반 유형 혹은 법칙, 즉 **법적 기호**(*Legisign*)이다."[20]

퍼스는 기호학을 논리학과 철학의 한 분파로 생각했다. 하지만 "유형들"이나 "법적 기호들"이 논리적 필연성의 산물인가, 아니면 경험상의 자료에 의해 뒷받침되는 일정한 습관에 기초를 둔 일반화의 산물인가? 이런 문제와 관련하여 퍼스의 사상은 더욱 복잡해지고 있으며, 다중적인 해석이 가능하게 된다. 문제의 복잡성의 원인 가운데 하나는 퍼스 자신이 색인, 아이콘, 상징의 구별을 세가지 다른 **종류**로 보지 않고 오히려 셋이 동시에 작용하기도 하고 또 그 정도의 차이를 나타내기도 하는 세가지 다른 작용 **모드**로 보고 있는 것 때문이다. 하지만 보다 결정적인 어려움은 퍼스가 한편에서는 실용적, 행동적, 기능적 기호학을 옹호하면서, 또 다른 한편에서는 논리학에 대한 자신의 관심과 공동체 차원의 상호주체적 판단에 대한 관심을 심각하게 견지하려 하는 데서 일어난다. 이런 점과 관련하여 우리는 적합한 자리에서 칼-오토 아펠(Karl-Otto Apel)이 퍼스의 기호학을 어떻게 이해하고 있는지 살펴볼 것이다.

찰스 모리스(Charles W. Morris)는 일반적으로 미국 기호학 이론의 영역에서 퍼스의 후계자로 인식되고 있다. 모리스는 목적지향적 기호행위라는 관점에서 기호학 이론을 발전시키고 있다. 그는 행동 심리학의 자극과 반응 모델에서 자신의 접근 방법의 일부를 취하여 온다. 그의 의미 이론의 핵심에는 "반응의 성향"이 놓여 있다. 그는 퍼스보다 더 세분화된 방향으로 기호학의 영역들을 구분하고 있다. 구문학(syntactics)은 기호들 사이의 내적 관계들을 다룬다. 의미학(semantics)은 기호들과 그것이 가리키는 대상 사이의 관계를 다룬다. 그리고 실용학(pragmatics)은 기호들과 기호 사용자들 사이의 관계를 다룬다. 이 실용학과 관련해서는 모리스 자신이 약간의 차이를 보여주고 있다. 1938년의 책에서는 이를 "기호들과 **해석자들** 사이의 관계"(강조는 첨가)를 다루는 것으로 정의하고 있지만, 1946년에 가서는 이를 보다 행동주의적 관점에서 "기호들이 일어나는 행동 내에서의 그 기호들의 원인, 활용, 결과"를 다루는 영역으로 재정의하고 있다.[21]

이와 같은 행동주의적 징후의 측면에서 우리는 모리스와 퍼스 사이에 큰 간격이 벌어지고 있는 것을 볼 수 있다. 이런 점은 산도르 허비(Sándor Hervey)가 잘 지적하고 있다.[22] 퍼스는 기호학을 논리학의 한 분파로 이해하면서 유형, 패턴, 강제, 원리 등의 문제들을 주로 질문하였지만, 모리스의 일차적 관심은 경험적으로 관찰 가능한 기호적 행위들, 과정, 말 표시들, 의미 효과들, 그리고 그 반응들 등에 있었다. 철학적으로 그와 동조를 이루는 사람을 찾자면 우리는 반형이상학적, 논리실증주의자인 루돌프 카르납(Rudolf Carnap)을 들 수 있을 것이다.

모리스와 같이 의미 **효과**에 기능적 강조를 두고 있는 접근 방법들을 우리는 미국적 사상의 전통 속에서 다양한 형태로 만날 수 있을 것이다. 언어학 속에서 레너드 블룸필드(Leonard Bloomfield, 1933), 행동주의 심리학 분야에서 스키너(B. F. Skinner, 1957), 언어철학 분야에서 부분적으로 콰인(W. V. O. Quine, 1960), 그리고 전적으로 리처드 로티(Richard Rorty, 1979), 청중중심적 문학 이론 분야에서 노먼 홀랜드(Norman Holland, 1975), 그리고 스탠리 피쉬(Stanley Fish, 1980) 등을 들 수 있다.[23]

로버트 코링턴은 퍼스와 로이스에게 나타나는 전형적인 미국식 철학적 해석학의 기저들을 이와 같이 몇 가지로 정리하고 있다. 인간의 사상은 오류성을 가진다는 것, "순수하게" 주어진 것은 없다는 것, 지식은 자기를 넘어 다른 것을 가리키는 기호들에 의존한다는 것, "법칙들"이 처음에는 논리에서 비롯되는 듯이 보이지만 실질적으로는 사상의 연상을 생성시키는 습관화된 행동 패턴에 기인한다는 것 등이다. 만일 단 하나의 존재론만을 말하라고 한다면 코링턴은 "공동체 존재론"을 남길 수 있을 것이라고 말한다.[24]

우리는 뒤에 가서 바르트와 데리다 같은 프랑스 철학 및 문학 전통 속에서의 급진적 소쉬르 해석이 어떻게 폴 드 만(Paul de Man)이나 해롤드 블룸(Harold Bloom), 조프리 하르트만(Geoffrey Hartman) 등의 문학 이론에, 그리고 크로산(J. D. Crossan), 마크 테일러(Mark Taylor), 칼 라쉬키(Carl Raschke)

등의 신학에 접목되어 발전되었는지를 살펴볼 것이다. 크로산은 "존재신학(ontotheology)으로부터의 단절의 필요성"을 부르짖고 있다.[25] 칼 라쉬키는 텍스트를 "메시지도 아니요 통로도 아니"라고 하면서,[26] 텍스트 의미는 그 자체를 가리키는 것을 넘어 무한한 유동성 속으로 "해방되어야" 하며, "습관에 의하여 고정되어온 '기호들'의 격자"가 "녹아져야" 한다고 주장한다.[27] 마크 테일러는 소쉬르의 차이 개념과 데리다의 차연(*différance*) 개념, 그리고 헤겔의 "부정" 개념을 끌어와서 "'성경적' 계시"가 발붙일 곳이 없는 포스트모던 신학 체계를 형성해보려 시도하고 있다.[28] 포스트모더니즘에 대한 매우 뛰어난 한 연구서에서 데이빗 하비(David Harvey)는 "단편화, 미결정성, 모든 보편적 또는 '전체화하는' 담론에 대한 강한 불신 …… 이런 것들이 포스트모던 사상의 표지"라고 지적한다.[29]

퍼스의 기호학에 대한 또 다른 방식의 반응도 있다. 유럽에서 퍼스의 사상을 기호학과 해석학에 일부 차용하고 있는 가장 중요한 사상가들로는 칼-오토 아펠과 줄리아 크리스테바가 있다. 크리스토퍼 노리스(Christopher Norris)는 자크 데리다와 데이빗 흄 사이의 "동일하게 어지러울 정도의" 회의주의적 요소들을 비교하고 있는데, 아펠의 경우는 퍼스를 "미국 철학의 칸트"로 견주고 있다.[30] 위르겐 폰 켐프스키(Jürgen von Kempski)는 1952년의 한 글에서 퍼스의 논리적 형식과 습관화된 경험의 범주 사이의 관계에 대한 연구를 칸트의 범주와 판단의 관계에 대한 연구와 비교하여 그 유사성을 밝힌 바 있다. 아펠은 한걸음 더 나아가서 퍼스를 칸트와의 비교 맥락뿐만 아니라, 후기 비트겐슈타인 및 가다머의 언어 이론과의 관계에서도 살피고 있다. 이 세 사람의 사상가들을 함께 묶어서 볼 때, "상호주체적 합의의 도출"이 효과적인 기호 작용 및 의사소통을 위한 전제조건을 이루는 것으로 결론을 지을 수 있다고 아펠은 강조한다.[31]

가다머의 전통 및 공동체의 범문화적 지평에 대한 강조와 비트겐슈타인의 의미의 공적 기준에 대한 강조는 퍼스와 로이스가 강조하고 있는 핵심과 잘 조화를 이룬다는 것이 아펠의 관찰이다. 이 "규범적 원리"는, 아펠에 따르면, "비판적 토의에 참가할 수 있는 모든 사람(즉, 생각할 수 있는 사람이면 누구나)을 전제하는 **무제한적 해석 공동체**, 이것이 하나의 **이상적** 통제기제가 되어야 한다"라는 인식이다.[32]

아펠의 상호주체적 공동체는 습관과 관습에 따라 그 자체의 문화화된 코드들을 생산해내는 문화제약적 경험상의 공동체를 말하는 것은 아니다. 그가 말하는 "이상적" 공동체는 "다양한 국가들, 계층들, 언어 게임들, 삶의 형태들" 등을 망라한다.[33] 그는 퍼스가 말하는 "습관"은 "경험적 사회과학의 한 대상" 정도로 환원될 수 없다고 항변한다.[34] 인식의 "관습적" 요소를 깔보듯이 말하는 것도 상호주체적 관점을 갖추지 못한 개인주의적 인식을 노출할 뿐이다.

아펠이 "생각할 수 있는 사람이면 누구나"를 이야기할 때 염두에 두고 있는 것은 "합의"가 아니라 넓은 의미에서의 합리성의 기준이다. 비트겐슈타인은 이 두 범주를 혼동하고 있는 한 비평가를 상상 속에서 그려내고 있다. 그는 이렇게 이야기를 이끌어 간다. "'그렇다면 당신은 인간 합의가 무엇이 옳으며 틀린지를 결정한다는 것을 말하는가?' – 사람이 **말하는**(say) 그것이 옳든지 아니면 틀리든지 한 것이다. 그들이 합의하는 것은 그들이 사용하는 **언어**(language)이다. 이는 의견의 합의가 아니라 삶의 형태상의 합의이다. 만일 언어가 의사소통의 수단이 된다면, 개념의 정의뿐만 아니라 (이상하게 들릴지 모르지만) 판단에서도 합의가 있어야만 한다. 이는 논리를 폐하는 것 같지만, 사실은 그렇지 않다."[35] 아펠은 퍼스가 하나의 적절한 해석학을 만들어 내었다고 주장하지는 않는다. 하지만 그는 "퍼스 기호학의 초월 해석학적 해석"을 제시하고 있는데, 이 속에서 핵심적인 강조점은 "상호교류적 공동체로서의 해석 공동체"에 놓여 있다.[36]

많은 사람들이 퍼스 사상의 복잡성을 이야기한다. 자연히 그의 사상은 다양한 방식으로 해석될 수 있고 또 그 간접적 효과도 다양할 수 있다.[37] 소쉬르의 "기호론" 역시 서로 다른 방향으로 해석되고 적용되어 왔다. 그의 가장 일차적인 영향은 현대 언어학의 과제를 설정하고 그 자신이 그 기초를 제공하고 있다는 점이다. 데리다는 소쉬르가 "쓰기"에 대해서는 "어둡다"라고 공격하지만, 소쉬르 자신은 후대의 언어학자들에게 구어가 우선적이라는 전통적으로 합의된 원칙을 그대로 물려주었다. 음성학적 기술(description)은 언어학의 대표적인 한 영역이다. 이와 관련하여 소쉬르의 통시적 기술과 공시적 기술의 잠정적 구분은 언어학의 한 주요 원리를 이룬다. 하지만 무엇보다 중요한 것은 우리가 위에서 살펴보았던 세 가지 핵심 원리들이 데리다가 제기하는 철학적 함의가 어떠하든지 간에 언어학에서 여전히 중요한 작용원리로 남아 있다는 점이다.

다시 한번 정리해보자면, 첫째, 언어적 기호들은 그 성격이 인위적, 혹은 관습적이기 때문에 언어학은 그 본질이 규정적(prescriptive)이기보다는 기술적(descriptive)일 수밖에 없다는 것이다. 둘째, 랑그와 파롤의 구분은 근본적 성격을 갖는데, 이는 때로 촘스키의 용어를 따라 언어 역량(competence)과 언어 수행(performance) 사이의 구분으로 대변되기도 한다. 셋째, 언어(랑그로서의)가 관계들의 체계 또는 일련의 상호연관성을 가진 체계들이기 때문에, 모든 언어학은 원리상 구조 언어학일 수밖에 없다는 점이다. 그런데 이런 용어가 때로는 언어학 속에서 보다 형식주의적 접근을 가리키는 데 한정되고 있다.

구조에 대한 이와 같은 강조가 하나의 교조적 지위(구조주의로서)를 가지게 된 것은 1929년경부터 프라하 언어학 서클 속에서 소쉬르의 관점을 발판삼아 언어학이 언어의 개별 "사실들"이 아니라 이것을 의미 있게 만드는 "체계"를 그 출발점으로 삼아야 한다는 것을 강조하면서부터이다. 언어학의 모델이 더 이상 구체 항목 중심이 아니라 관계 중심으로 옮겨가게 된 것이다. 보다 덜 명시적이긴 하지만, 미국에서 출판된 사피르(Eduard Sapir)의 책『언어』(*Language*, 1921)나 러시아 형식주의자인 빅토르 슈클롭스키(Viktor Shklopsky) 등의 책들 역시 이후의 구조주의에로의 발전 소지들을 안고 있었다.

1931년에 트리어(J. Trier)는 '현장 의미론'(field semantics)의 명제를 정리한 바 있다. 한 단어가 그 의미를 견지하는 것은 "오직 현장 속에서만" 그리고 "전체의 한 부분으로서만" 그러하다는 것이다.[38] 블룸필드가 그의 책『언어』(*Language*, 1933)를 출판하던 그 해에 프라하 서클 출신의 트루베츠코이(N. Trubetzkoy)는 언어학의 구조주의가 언어학을 넘어 다른 학문 분야들 속에서도 하나의 모델이 될 수 있다는 주장을 펼친 바 있다.

초기의 이와 같은 이론적 발전들이 보다 급속하게 정리가 된 것은 1950년대에 로만 야콥슨(Roman Jakobson)과 레비스트로스(Claude Lévi–Strauss)에게 와서이다. 1956년에 로만 야콥슨은 실어증 문제를 진단하는 과정 속에서 소쉬르의 두 구조적 축, 즉 통합적(수평적) 축과 계열적(수직적) 축의 관계를 사용하고 있다. 환자들은 대체로 선택적(계열적, 은유적) 축에 문제가 있든지, 아니면 조합적(통합적, 환유적) 축에 문제가 있든지 어느 하나에 지장을 나타내지 둘 모두에 문제를 보이는 경우는 드물더라는 것이다. 야콥슨의 표현을 따르자면, 하나의 "메시지"는 "**코드**"에 의해 가용한 것이 된 수많은 가능성들 가운데서 실제로 **선택되어진** 요소들의 **조합**이다.

구조주의가 다른 학문 분야에도 적용이 되어 하나의 보편적 관심의 중심 자리를 차지하게 된 것은 레비스트로스의 책『구조주의 인류학』(*Structural Anthropology*, 1958)으로부터이다. 이 책에서 그의 출발점을 이루는 질문은 "언어학에서 사용된 개념들의 도움을 통해 사회적 삶의 다양한 측면들이 유사한 방식으로 연구될 수 있지 않을까?" 하는 것이다.[39] 언어학과 사회 현상들은 구조와 코드로 이루어져 있다는 면에서 "동일하다." 레비스트로스는 그의 박사학위 논문에서 친족관련 용어들을 연구하고 있다. 그의 결론은 친족관계 규칙들과 언어의 규칙들이 "동일한 무의식적 구조들에서 비롯되었다"라는 것이다.[40]

줄리아 크리스테바에 따르면 레비스트로스의 연구는 "상징적인 것과 사회적인 것 사이의 동질성을 재확인"시켜주고 있다.[41] 구조는 관계들의 관계이다. 여기에는 형제–자매의 관계, 남편–아내의 관계, 아버지–아들의 관계, 삼촌–조카의 관계 등이 포함된다. 레비스트로스는 이런 조직망을 하나의 결혼체계로 보면서, 이것이 여성의 결혼을 위한 가용성 혹은 "가치"에 관한 일종의 "논리" 혹은 그가 말하는 "순환"을 생성한다고 말한다.[42] 그는 코드 및 의미화의 예들을 결혼에 관한 법, 결혼 예식, 심지어 요리 방법 등에서 찾고 있다. 그에게는 많은 이원적 상반성(binary oppositions, 소쉬르의 통합–계열 관계와 비교) 구조가 문화적으로 대단히 중요한 의미가 있다. 여기에는 오른손

잡이와 왼손잡이, 날 것과 익힌 것, 땅과 하늘, 육지와 바다, 마른 것과 젖은 것, 도시와 황야 등의 상반적인 것들이 포함된다.

하지만 레비스트로스의 가장 큰 관심 분야는 신화의 구조 및 의미에 관한 것이다. 신화의 구조 속에 근본적 상반성이 전제되어 있는데, 이를테면 삶과 죽음, 인간과 신, 선과 악 등의 대립이다. 우리가 어떤 한 문화의 코드를 알든지 모르든지 "신화는 전 세계의 어느 독자라도 그것을 신화로 느낄 수 있는" 그런 성격을 가진다.[43] 신화는 하나의 심층 구조이며, 문화적, 역사적 조건으로부터 독립된 하나의 보편적 내러티브 모델을 이룬다. 신화는 그 자체가 익명적이다. 하지만 신화를 구성하는 핵심 단위들인 "신화소들"(mythemes)을 포함하여 특정 신화적 스토리들이나 민담 텍스트들은 문화상대적인 구조를 가지기도 한다. 레비스트로스에게는 모든 코드들 또는 체계들이 문화상대적인지 아니면 범문화적 보편적 요소들이 신화적 코드를 관장하는지의 문제와 관련하여 분명하지 않은 점이 있다. 레비스트로스 자신이 "공학자"가 갖는 과학적 객관화의 관점과 브리콜라주(주위의 가용한 것들을 사용하여 새로운 것을 만들어내는 작업–역주)를 하는 사람이 갖는 다소 메타비평적 관점 사이의 차이를 강조하고 있긴 하지만, 그럼에도 불구하고 그의 애매성은 데리다를 비롯하여 리치(Edmund Leach), 렌트리치아(Frank Lentricchia), 숄스(Robert Scholes) 등에 의해 지적되고 있다.[44] 리치는 이런 애매성이 말리노브스키와 래드클리프–브라운의 접근들을 자신의 사회 인류학 속에 통합시키고자 하는 레비스트로스의 열망에서부터 일부 기인한다고 지적하고 있다.

텍스트나 그 밖의 유관 현상들 속에서 형식적 혹은 준 보편적 구조들을 찾아내고자 하였던 초기 구조주의의 관심은 공동체 상대성 및 관습에 대한 인식 및 그 함의에 즉 길을 내어주게 되었다. 그레마스(A. J. Greimas) 등에 의해 개발된 형식주의적 관점에서의 내러티브 문법 연구 및 이를 성경연구에 지속적으로 적용한 시도들(주로『세메이아』초기 본들을 중심으로)에 대해서는 13장에서 상세히 다루게 될 것이다. 13장의 또 다른 한 부분 속에서 우리는 구조주의가 어떻게 주어진 공동체 속에서 의미체계의 모판을 이루는 사회적 관습들에 기초한 독서역량 및 독서과정에 대한 기호학적 설명으로 대체되었는지를 다룰 것이다.

구조주의와 전혀 연관이 없다고는 볼 수 없는 두 가지 독특한 관점들 특히 성경 텍스트의 해석과 어떻게 연결이 되고 있는지를 잠시 살펴보고자 한다. 그 하나는 노스롭 프라이(Northrop Frye)의 『위대한 코드: 성경과 문학』(*The Great Code: The Bible and Literature*, 1982)이라는 책이다. 이 책에 나타난 관점은 "구조주의"의 관점이라기보다는 "구조적" 관점이다. 프라이가 볼 때 성경은 시작과 끝을 갖는 "하나의 전체적 구조"를 형성한다. 그 속에는 반복되는 패턴들의 구조가 선명하게 드러난다.[45] 도시나 산, 빵, 포도주, 동산, 나무, 기름, 샘 등의 이미지들이 빈번하게 반복되고 있어서 이들이 "일종의 통일적 원리"를 이루고 있다. 성경 텍스트는 하나의 통일된 내러티브 및 이미지 구조를 반영한다.

이와 대조적으로 에르하르트 귓게만스(Erhardt Güttgemanns)는 성경 텍스트에 대한 전적인 "구조주의적" 접근을 시도하고 있다. 그는 수시로 소쉬르 및 소쉬르의 랑그-파롤 구분에 호소하고 있다.[46] 그가 사용하는 "생성 시학"(generative poetics)이라는 말은 용어적 측면만을 두고 보면 후기구조주의 및 간본문 놀이의 생산효과에 관한 문학 이론을 반영하는 것처럼 보인다. 하지만 귓게만스는 노암 촘스키(Noam Chomsky)의 변형생성문법의 형식적 모델에 의존하고 있으며, 나아가서는 데카르트의 논리-보편성 및 수학적 방법에 의존하고 있다. 귓게만스는 자신의 접근을 두고 "모든 인간이 만든 텍스트에 적용할 수 있는 언어적 텍스트 분석의 새 방법"이라고 평가한다.[47] 여기에서 "랑그는 담화적 파롤보다 존재론적으로 우선적이다."[48]

우리가 지금까지 살펴본 기호학 및 구조주의적 접근의 그 어떤 부분에서도 소쉬르 및 그의 후계자들이 텍스트에 대한 보다 전통적 접근 방식들을 바르트나 데리다, 기타 해체주의자들이 주장하는 방향으로 전환시키는 것이 필요하다고 요구하지는 않음을 볼 수 있다. 롤랑 바르트와 줄리아 크리스테바가 기호학을 기호학에 대한 비판으로 보는 관점을 받아들인다 하더라도, 해체주의자들이 제시하는 바와 같은 결론들은 **기호학 이론 자체에 기인하는 것이라기보다 기호학과 포스트모던(더 엄밀하게는 신 니체주의) 세계관과의**

혼합에 기인한다고 볼 수밖에 없다.

우리는 여기서 유사한 예 한 가지를 거론해볼까 한다. 1936년에 에이어(A. J. Ayer)는『언어, 진리, 그리고 논리』(*Language, Truth, and Logic*)라는 자신의 책을 출판한 바 있다. 이 책은 1930년대와 40년대에 영국에서 매우 영향력 있었던 책이다. 이 책이 광범위한 인기를 얻을 수 있었던 이유 가운데 하나는 영국 독자들이 좋아하는 양식에 근거한 경험주의적 접근을 취하고 있기 때문이다. 하지만 이것만이 전부는 아니고, 이보다 더 깊은 차원의 이유가 있었다. 에이어는 기술 및 관찰의 결과에 의거하여 언어 및 의미에 관한 논리실증주의의 입장을 옹호하고 있는 것처럼 보였다. 하지만 실제로는 이 책이 철학적 실증주의의 교리를 **언어학의 옷을 입혀서** 제시한 것에 지나지 않는다. 이런 점은 거의 20년이 지나 1950년대 초반에 가서야 분명하게 드러났고, 따라서 사람들 위에 드리워 있던 이 책의 주술도 깨어지고 말았다.

우리가 이런 유사한 예를 드는 이유는 이 단원의 초반에서 우리가 제기했던 질문에 대한 답을 좀 더 선명하게 하기 위함이다. 해체주의의 텍스트 및 언어 이론의 관점들이 진정으로 기호학의 원리들 위에 서 있는가 아니면 **기호학의 옷을 입힌** 또 다른 교조주의나 세계관을 표방할 뿐인가?

3. 롤랑 바르트의 언어내적 세계 및 놀이로서의 텍스트

우리는 롤랑 바르트(Roland Barthes, 1915–1980)의 텍스트 이론에 영향을 미친 적어도 네 가지의 중요 요소들을 다음과 같이 정리해볼 수 있을 것이다. 첫째, 초기 바르트는 급진 "좌파" 혹은 넓은 의미의 신마르크스주의가 가졌던 사회–정치적 관심에 강하게 영향을 받았다. 둘째, 세 위대한 "회의의 대가들"이라 불리는 마르크스, 프로이트, 니체의 영향으로 말미암아 바르트는 해석학적 "순수"와 일대 교전 가운데 있는 사회–비판적 해석학의 모델들을 취하였고, 그의 작품들 속에는 프로이트와 마르크스의 전통 및 용어들이 스며들게 되었다. 세 번째로 인지와 언어 그리고 언어내적 세계의 관계에 대한 바르트의 관점은 메를로퐁티(Maurice Merleau–Ponty)의 철학을 배경으로 이해되어야만 한다. 포케마(Fokkema)와 쿤느–입쉬(Kunne–Ibsch)는 1978년에 공저한 한 책에서 이런 점을 잘 지적하고 있고, 메를로퐁티와 비트겐슈타인을 비교 연구한 드와이어(Dwyer)의 책(1990년)도 그와 같은 개연성에 무게를 더하고 있다.[49]

바르트는 메를로퐁티가 소쉬르를 프랑스 철학계에 처음 소개한 사람이라고 보고 있다. 하지만 많은 사람들은 메를로퐁티의 소쉬르 해석이 다소 변칙적이며 공정하지 못하다고 지적한다. 아마도 이런 굴절된 통로가 바르트의 소쉬르 사용 및 해체주의의 소쉬르에 대한 호소의 본질에 영향을 미쳤을 것으로 보인다. 연관해서 네 번째로, 바르트는 기호학 이론을 그 자신의 정치적, 문학적 관심에 종사하는 방향으로 사용하고 있으며, 이런 맥락 속에서 소쉬르와의 대화에 두드러지게 개입할 뿐만 아니라, 레비스트로스와 유사한 방식으로 "코드"에 대한 그의 인식을 발전시켜가고 있다.

바르트는 그의 첫 번째 책인 『글쓰기의 영도』(*Writing Degree Zero*, 불어판 1953년) 출판 이후로 줄곧 문학이론의 한 관점과 후에 그가 **사회-비판적 해석학 이론 모델**이라 부르는 관점을 결합시키고자 노력하고 있다. 이 모델은 비교적 중립적이고 객관적이며 순수한 지위를 갖는 것처럼 보이는 텍스트도 한 사회나 문화, 종교 속에서 기존의 권력 구조나 권력 관계를 유지하기 위한 관심과 맞물려 있다는 것을 해석의 과정 속에서 폭로하는 역할을 한다.

바르트의 『글쓰기의 영도』는 17세기부터 19세기까지의 프랑스 고전주의 문학을 살피는 가운데서, 당시에는 "옳았다"라고 보였던 것이 결코 자연적이거나 객관적 자질을 갖추었기 때문이 아니라 단지 당대의 부르주아 가치와 삶을 표현하는 우월적 지위를 가졌기 때문이라는 해석학적 진단을 던지고 있다. 고전적 스타일의 파괴와 더불어서 "스타일 없는"(0도의) 글을 시도하였지만, 이 역시 또 하나의 "스타일"이 될 수밖에 없었다는 것이 바르트의 관찰이다. 객관적 글쓰기는 불가능이다. 심지어 17세기 프랑스의 "선명성" 또는 "명료성"의 목표조차도 하나의 자연적 가치가 아니라 당시의 엘리트주의의 특권을 표방하는 하나의 "계급 관용어"에 지나지 않는다. 바르트는 이런 진단을 이후의 『비평과 진리』(*Criticism and Truth*, 1966)에서도 재확인하고 있다.[50]

이런 접근은 일종의 사회–비판적 해석학의 한 부류라고 볼 수 있겠지만, 그러면서도 여기에는 근본적인 해석학적 질문들이 따라온다. 바르트는 해석학적 원리들을 따라 이런 종류의 문제를 해석학 이론상 언어의 역사성이라고 우리가 불러야 할 문제와 분리시켜서 접근하고 있는 프랑스 문학 이론가들의 순진성을 폭로하고 있다. 다시 말해서 그들은 언어가 작가의 역사적 지평 및 독자 또는 해석자의 역사적 지평에 의해 제약을 받는다는 사실을 망각하고 있다는 것이다. 앞에서도 지적했던 것처럼, 바르트의 관심을 형성하고 있는 배경에는 이데올로기와 부르주아 문화에 대한 마르크스주의의 비판이 놓여 있다. 뿐만 아니라 권력 및 우상파괴의 문제와 관련해서는 니체의 유산이 작용하고 있다. 바르트는 정신분석 및 무의식의 세계를 고려하지 않는 모든 종류의 학문적 활동의 나이브한 "순수성"을 폭로하는 프로이트의 접근에 전심으로 동조하고 있다. 프로이트의 접근은 바르트뿐만 아니라 자크 라캉(Jacques Lacan)의 해체주의나 줄리아 크리스테바의 기호학에 주된 버팀목의 역할을 하고 있다.

바르트는 이런 우상파괴적 작업을 보다 대중적인 영역 속으로도 몰아가고 있는데, 이런 작업이 그의 또 다른 중요한 책 『신화론』(*Mythologies*, 불어판 1957년) 속에서 이루어지고 있다. 여기서 그는 객관적 기술이라고 추정되는 다양한 현상들이 실상은 하나의 환상에 지나지 않는다고 폭로하고 있다.[51] 예를 들어서 사진을 두고 볼 때, 피사체의 옷이나 자세, 사진가가 메시지를 전달하는 방법이나 관습 등은 단순히 있는 그대로의 실상을 묘사하는 것 그 이상이다. 어떤 잡지의 표지에 프랑스 국기를 향해 경례를 하고 있는 한 흑인 병사를 싣고 있다면, 여기에는 알제리 상황 속에서 제국주의적 입장을 재강화하기 위한 의도가 작용하고 있다는 것이다.[52] 바르트는 심지어 레슬링의 화려한 동작 배후에도 단순한 경기 이상의 제식적 의도가 있다고 지적한다.[53] 바르트는 자신의 이 책을 "신문이나 예술, 일반 상식 등이 끊임없이 현실 위에 '자연성'을 덧씌우고 있는 것을 참을 수 없어서" 쓰게 되었다고 솔직히 술회하고 있다. 그는 "자연과 역사가 매번 혼동되는 것을 보고 참을 수 없었다"라고 말한다.[54]

바르트는 『신화론』의 마지막 장에 "오늘날의 신화"라는 제목을 붙이고 두 가지의 기본적 요점들을 제시하고 있다. 첫째, 그가 사용하는 "신화"라는 개념은 하나의 기호론적 체계를 가리킨다는 주장이다. 이 부분에서 바르트는 소쉬르를 독자들에게 소개하고 있다. 신화의 액면가는 이것이 의미화의 한 단계라는 데 있다. 그러나 이것이 "보다 넓은 기호론적 체계" 속에 놓이게 될 때, 여기에는 제2의 폭로적 의미가 나타난다.[55] 바르트는 이 부분이 표면 아래 숨어 있는 제2의 의미에 대한 프로이트의 해석 원리와 공통점을 가진다고 지적한다. 이를 통해 우리는 의미된 것이 무엇인지를 "해독"할 수 있다는 것이다.[56]

두 번째로 바르트가 제시하고 있는 것은, 신화들이 얼핏 보면 중립적이고 비정치적으로 보이지만, 이를 "해독"하고 보면 이들이 체제 확립이나 부르주아 입장의 강화를 위한 도구로 사용되고 있다는 것이다. 이와 같은 "해독"의 작업은 정치적 좌파에 속한 자들을 통해 이루어지게 된다고 보고 있다.

이렇게 기호학, 또는 소쉬르의 표현대로 "기호론"은 언어뿐만 아니라 다양한 문화적 현상들의 탈코드화, 탈신화화, 혹은 탈이데올로기화를 위한 하나의 설명 도구를 제시한다(또는 제시하는 듯 보인다). 바르트가 『신화론』을 내었던 그 해는 레비스트로스가 자신의 『구조주의 인간론』의 출판을 준비하고 있던 때였다. 바르트는 로만 야콥슨의 "코드"가 의미하는 바를 너무 지나치게 확대하고 있다는 인상을 풍기면서까지 기호학에 두 단계의 과제, 즉 기술적 과제와 메타언어적 과제를 부여하고 있다. 기술의 과제는 자명한 메시지로 여겨지던 전통적 코드들이 실상은 부르주아 가치들을 담고 있다는 것을 드러내고, 객관적 순수성이란 것이 하나의 환상에 지나지 않는다는 것을 폭로하는 기능을 말한다. 두 번째로 기호학은 하나의 메타언어, 즉 자신이 기술하는 언어 바깥에 서 있는 하나의 언어기술의 체계를 제공한다. 이 두 단계 모두에서 기호학은 바르트의 문학적 관심과 정치적 관심을 위한 하나의 유용한 도구를 제공하는 듯 하다.

바르트가 소쉬르를 가장 근접하여 그와 대화하고 있는 책이 그의 『기호론의 요소들』(*Elements of Semiology*, 불어판 1964년)이다. 그는 체계에 대한 소쉬르의 논증이나 통합적 축과 연상적 혹은 계열적 축의 관계 문제, 체계 속에서의 차이와 상반성의 문제 등을 탐구하면서, 소쉬르의 작품을 보다 정교하게 발전시키고자 애를 쓰고 있던 다른 언어학자들, 특히 야콥슨, 옐름슬레브(Hjelmslev), 마티넷(Martinet) 등과도 대화를 벌이고 있다. 바르트는 순수하게 언어적 체계로 머물 수도 있는 소쉬르의 관점이 어떻게 의복 체계, 음식 체계, 가구 체계, 건축 체계 등에 적용될 수 있는지에 대해 주의 깊게 살피고 있다.[57] 예를 들어 옷을 선택하는 것이나 가구를 선택하는 것이 통합(syntagma)의 관계에 놓일 수도 있고 또한 연상적 혹은 계열적(paradigma) 선택의 문제일 수도 있다. 물론 바르트는 이런 선택이 일상적 삶의 다양한 조건들에 의해 영향을 받을 수 있다는 것을 주의 깊게 인식하고 있다. 예를 들어 어떤 사람이 긴 치마를 입을 것인지 아니면 짧은 치마를 입을 것인지 선택하는 것이 기호론적 의미를 가질 수도 있지만, 단순히 날씨를 고려하여 취하는 선택일 수도 있기 때문이다.[58]

계열적 축 속에서의 상반되는 것들은 어떤 경우에는 단순한 이원적 대비를 이루기도 한다. 예를 들어 콩고 족들의 '말하는' 북은 대비적인 두 음조를 가지고 있다. 모르스 부호나 컴퓨터의 디지털 체계 속에도 이런 단순한 형태의 상반적 대비 요소들이 그 기초를 이룬다. 때로 우리는 보다 다변적인 대비 형태를 가지기도 한다. 이를 테면 고속도로 표지판에 사용되는 서로 다른 색깔들의 조합이나 원과 삼각형의 대비 등과 같은 경우이다.[59] 결성어(privative, 접두, 접미어로 대비 관계를 구성하는 단어들–역주) 대비 관계에 있는 단어들 중에서의 표시된 말들이나 표시되지 않은 말들(예를 들어 개/암캐, 남자/아내, 간호사/남자 간호사 등의 경우 앞의 단어는 표시되지 않은 혹은 "중립적" 단어들이다)은 하나 이상의 방법으로 설명될 수 있다. 바르트에게 이런 경우는 "0도"의 대비이며, "순수한 차별적 상태"에서의 "의미있는 결여"이다.[60]

이원적 상반성만이 유일한 것은 아니다. 바르트는 소쉬르가 연상적 혹은 계열적 영역을 유일한 이원적 경우로 생각하지는 않았다는 점을 지적하고 있고, 또한 "이원성"이 보편적인 것도 자연적인 것도 아니라는 마티넷의 결론에 동의하고 있다.[61] 의복 패션과 같은 문화적 체계에는 대비의 조직망이 다의적일 수도 있기 때문이다. 바르트는 이와 같은 언어적, 기호학적 모델을 사회적 삶의 더 넓은 영역으로 확대 적용하는 것이 소쉬르 자신도 내다보았던 일이고, 또 그렇게 하는 것을 그도 용인했을 것이라고 주장한다.[62]

이런 점은 모두 전통적 기호학 이론과 호환되는 면을 가진다. 언어 사용이 언어 사용 공동체의 역사성에 근거를 두고 있다는 점에서 기호학은 여전히 해석학 이론에 종사하는 역할을 하고 있는 것이다. 바르트의 후기 저작들(특히 1966년 이후의) 속에 나타나는 것과 같은 의미와 해석을 기호학적으로 생성된 끊임없는 변칙들로 보는 강조점이 아직까지는 그렇게 부각되지 않고 있음을 볼 수 있다. 하지만 바르트는 기호학 이론에 매일의 언어 및 문학을 해독하고 탈코드화하는 메타언어의 지위를 부여하고자 하는 사상 속에 내포된 논리적 문제점을 내다보기 시작하고 있다. 이 때문에 그는 프레드릭 제임슨(Fredric Jameson) 같은 마르크스주의 문학 이론가가 그랬던 것처럼 마르크스주의를 모든 텍스트 해석의 "넘을 수 없는 지평"을 형성하는 최종적 위대한 "해석의 마스터 코드"로 보는 시각에 만족할 수 없었던 것이다.[63] 바르트는 자신의 사상에 대한 비판의 가능성도 이미 내다보고 있다. 실제로 산도르 허비는 "'기호파괴'의 역설"이라는 이름으로 이렇게 논평한다. "바르트주의가 성공적인 이데올로기들의 필연적 운명에 사로잡혔다는 것은 아이러니가 아닐 수 없다. 이제는 그것이 하나의 도그마가 되었다."[64]

메타언어는 이론상 언제나 새 신화들 및 새 전통들의 통로가 된다. 따라서 바르트는 하나의 메타언어가 다른 것에 의해 판별되고 "해독되지" 말아야 할 이유가 이론상 전혀 없다고 주장한다. 따라서 이론상 무한한 기호학적 층위들이 형성되는 것이 가능하고, 그 속에서 "최종적" 읽기 또는 "최종적" 기호학 체계에 도달하는 것은 있을 수 없는 일이다. 따라서 의미는 무한히 복수적일 수밖에 없다.

일부 학자들은 바르트 사상의 명시적인 전환점이 1966년의 『비평과 진리』에서부터 두드러지게 드러나고 있다고 지적한다.[65] 이 작품은 그의 1963년의 책 『라신에 관하여』(*On Racine*)에 대한 레이먼드 피카르드(Raymond Picard)의 비판에 답하는 글이다. 피카르드는 "신비평"이 라신의 말을 17세기에 이해되어졌을 것으로 추정되는 측면에서의 일차적 의미대로 읽음으로써, 그리고 또한 정신분석적 읽기나 그 밖의 외적 준거틀에 의거한 읽기들의 역할을 배제함으로써, 언어를 하나의 우연의 게임으로 바꾸어 놓았다고 지적한다. 이에 대한 대답으로 바르트는 우선 해석학적 근거를 출발점으로 삼는다. "자명한 진리"처럼 보이는 것도 실상은 해석학적 준거틀에 의거하는 것이요, 또한 해석의 "선택들"이 작용하고 있다는 것이다.[66]

바르트는 두 번째 부분에서는 이보다 한걸음 더 나아간다. 그는 이렇게 밝히고 있다. "각 시대는 자신이 그 작품의 정경적 의미를 가진다고 믿고 있다. 하지만 조금만 더 넓은 역사적 관점을 가지고 바라보면, 이 순환적 의미가 복수적 의미로 바뀌게 되고, 그 닫힌 작품이 열린 작품으로 변하게 된다. 작품의 정의 자체가 변하고 있는 것이다. 작품은 더 이상 하나의 역사적 사실이 아니다. …… **작품은 그 어떤 조건에 의해 포위되지도, 지정되지도, 보호되지도, 지시되지도 않는다. 작품에 어떤 의미가 주어져야 할 것인지를 우리에게 알려주는 실천적 삶도 없다.**"[67] 우리가 저자의 조건보다는 독자의 조건이 어떤 것인지를 물을 때, "이 조건[독자의 조건]이 작품을 **제작한다**. 이는 작품의 재발견이 아니다."[68]

이를 볼 때 우리는 바르트가 역사성에 근거를 둔 해석학적 회의로부터 자신의 근거를 이미 옮겨 갔음을 알 수 있다. 그는 텍스트 및 문학에 적용할 해석의 모델로서 "**생성적**"(generative) 언어학 및 기호학 모델에 호소하고 있다. 이 생성적 모델은 **파롤** 혹은 "메시지"의 이해나 해석보다는 **랑그** 차원에서의 **생산** 및 **제작** 가능성들에 관심을 모은다. 바르트는 그 자신이 기호학의 두 다른 차원 사이에서의 이동을 하고 있다는 것을 의식하고 있다. 이와 같은 이동을 위한 이론적 정당화를 찾자면 우리는 『기호론의 요소들』 가운데서 흔들리는 체계들과 내포적(connotative) 기호학, 그리고 메타언어의 주제를 다루는 약 다섯 페이지 정도의 글에서 찾아볼 수 있을 것이다. 내포적, 메타언어적 언어 층위들의 무한한 연속에 대한 바르트의 이론적, 가설적 주장들을 볼 때, 그의 역사로부터 형식적 언어체계로의 이동이 이미 1964년부터 이루어지고 있었음을 알 수 있다.

만일 우리가 외연(denotation)의 언어체계를 출발점으로 삼는다면, 이는 그

"위"에 제이차적 내포의 체계를 생기게 하는 결과를 낳게 될 것이다. 그러나 우리가 외연 언어체계의 묘사 및 비판을 위해 사용하는 언어체계는 그 "아래"의 언어체계를 구성한다. 메타언어를 우리가 보다 하위 단계의 메타–메타언어 체계의 관점에서 설명하는 것이 이론상 가능한 일일 것이다. 거울 속에 반영된 거울의 이미지처럼 이 층위들은 그 어떤 방향으로든지 무한히 반복될 수 있을 것이다. 다만 하나 차이가 있다면 그것은 이 층위들이 재현된 이미지를 구성하는 것이 아니라, 인위적 기호관계들에 근거한 기호체계라는 점이다.

바르트는 이를 다음과 같이 설명하고 있다. "내포적 기호학에서는 두 번째 체계의 기표들이 첫 번째 것의 기호들로 구성된다."[69] 그런데 이것이 메타언어에서는 반대로 된다. 즉, 두 번째 체계의 기표들이 첫 번째 언어를 "접수한다." 그러나 "원칙상 그 어떤 것도 하나의 메타언어를 새로운 메타언어의 언어적 대상물이 되도록 가로막는 것은 없다."[70] 역사가 흘러가면서 "메타언어의 통시성"이 생길 것이며, 기호론을 포함한 모든 과학은 "그 자체의 죽음의 씨앗을 그것을 말하도록 정해진 언어의 형식으로 그 속에 간직하고 있다."[71] 따라서 "해독자"의 객관적 기능이란 것은 단지 상대적, 잠정적 객관성일 뿐이다. 왜냐하면 이 자체도 언어를 새롭게 만들어 가는 역사에 예속되어 있기 때문이다.

이런 점은 산도르 허비가 "기호파괴의 역설"이라는 이름으로 정리하고 있는 난점에 대한 부분적 해답이 될 수 있을 것이다. 다만 의미론적 다원주의가 이제는 하나의 새로운 도그마가 되고 있다. 언어학적, 기호학적 모델을 이와 같은 방식으로 적용하게 되면 더 이상 여기에는 언어 과학의 문제들이 들어설 자리가 없다. 오히려 우리는 하나의 철학의 영역 속으로 들어선 셈이 된다.

언어학자들이 "내포"를 이차적 함의라고 말할 때는 여기에 외연 체계를 일차적인 것으로 본다는 전제가 작용하고 있다. 마찬가지 방식으로 메타언어적 체계도 언어 사용 공동체나 관찰자의 상호주체적 판단을 고려한 일차적 언어 체계를 섬긴다. 하지만 각 메타언어가 그 단계를 일차 언어로 바꾸어 가는 끊임없는 움직임이 계속될 때, 상호주체적 세계의 현실은 사라지게 되고, 체계의 중심에 상호주체적 세계 대신 언어 자체가 들어서게 된다. 언어학적 **방**

법이 이제는 언어학적 **세계관**이 되고 있는 것이다. 이것이 옳으냐 그르냐를 떠나서, 실증주의자들이 과학적 방법을 과학적 세계관으로 바꾸어버리게 될 때 남는 것은 기호학적 방법이 아니라 하나의 과학적 방법일 뿐임을 부인하지는 못하게 된다. **상호주체성(inter-subjectivity)을 간본문성(intertextuality)으로 대체하는 것은 기호학적 또는 언어학적 차원을 넘은 하나의 철학적 전환이다**.

바르트가 인지와 언어의 관계에서 어느 정도 메를로퐁티에게 영향을 받았다고 보는 포케마(Fokkema)와 쿤느–입쉬(Kunne–Ibsch)의 진단은 타당하다고 본다.[72] "약간의 오해를 감수하면서" 로버트 디트와일러(Robert Detweiler)가 현상학과 급진적 구조주의에 대한 대략적인 비교를 시도하고 있는 것도 유용성이 있다. 결과는 "어떻게 의식이 존재와 의미의 체계를 형성하느냐가 아니라 어떻게 체계가 의식의 존재 및 의미를 형성하느냐를 발견하는 것"이다.[73]

바르트는 『라신에 관하여』에서 밝혔던 자신의 의도, 즉 "문학을 인간 개인으로부터 절단하는 것"에서 훨씬 더 나아가고 있다.[74] 바르트는 그의 책 『S/Z』(불어 초판 1970년)에서 그가 별로 좋아하지 않는 유형의 문학 즉 "하나의 관점" 또는 역사 속에 위치한 어떤 시각을 투사하는 문학과 "쓸 수 있는"(writerly) 텍스트 즉 그 속에서 기표들이 자유롭게 놀이하고 독자들 또한 텍스트 **제작**에 참여하도록 초청받고 있는 그런 텍스트를 비교하고 있다. 이런 텍스트 속에서는 저자가 무엇을 말했는지, 또는 언어를 통해 들은 것이 무엇인지 보다도 **언어 그 자체**가 연구의 대상이 된다. 바르트는 『S/Z』의 시작을 내러티브 문법의 보편성을 주장하는 일부 구조주의 입장에 대한 반박으로 시작하고 있다. 이는 그의 1966년의 책에서 즐겨 언급했던 그레마스(A. J. Greimas), 토도로프(T. Todorov), 프롭(V. Propp) 등으로부터의 이별의 신호이다.[75] 이들의 접근과 대조적으로 "세상의 모든 이야기들"이 하나의 보편적 내러티브 문법에 귀속되는 것은 아니라고 바르트는 선언하고 있다. 단일한 내러티브 모델을 추구하는 것이 이제는 "바람직한 일이 아니다."

바르트는 『S/Z』에서 발자크의 단편 '사라진느 Sarrasine'를 분석하면서 두 가지 목적을 염두에 두고 있다. 그 하나는 발자크의 인생 혹은 "현실"관이 그 자신의 언어 및 기호학 세계에 의해 코드화되고 있다는 것을 보여주고자 하는 것이다. 그리고 또 다른 하나는 이 이야기를 여러 다중적 차원에서 탈코드화 또는 코드전환 함으로써 이를 하나의 "쓸 수 있는" 텍스트로 바꾸어 놓고자 하는 것이다. 이렇게 함으로써 이 텍스트는 독자들이 그 제작에 참여할 수 있는 다중 의미의 텍스트가 될 수 있다는 것이다.

바르트의 "읽을 수 있는"(readerly) 텍스트와 "쓸 수 있는"(writerly) 텍스트 사이의 대조는 그보다 앞서(1960년) 두 종류의 작가들을 구분하였던 것과 맥을 같이 한다. 즉, 언어를 언어외적 목적을 위해 사용하는 작가(the *écrivant*)와 언어를 순전히 자기 목적적 언어 행위로 사용하는 작가(the *écrivain*) 사이의 구분이 그것이다. 후자(에끄리뱅)의 글쓰기에서 의미는 복수적이고, 따라서 그 의미는 "연기된다." 존 스터록(John Sturrock)에 따르면 바르트의 에끄리뱅은 외부 세계보다 "단어들에 우선권을 부여한다." 그는 이어서 말한다. "텍스트는 일종의 말의 잔치요 …… 언어적 진풍경이다. 독자들은 이 진풍경을 그 자체대로 즐기도록 초청받고 있다. 언어를 통해 세계를 보려 해서는 안 된다."[76] 제임스 조이스의 『피네간의 경야』(*Finnegan's Wake*)가 이런 종류의 글이다. 그런 점에서 이 글은 하나의 문학 **작품**이라기보다 **텍스트**이다.

바르트는 『S/Z』에서 두 가지 방법론적 장치들을 통해 발자크의 '사라진느'가 가진 명백한 내용 중심적 성격을 해체하려 하고 있다. 첫째, 그는 발자크가 문단이나 에피소드별로 자신의 이야기를 내용구분하고 있는 것을 무시해버린다. 이 이야기는 561개의 어휘소들(lexemes)로 구성된 하나의 단선적 연속체로 읽어야 한다는 것이다.[77] 두 번째, 바르트는 이 이야기와 관련하여 하나의 코드만이 아닌 적어도 다섯 개의 코드를 제시하고 있다. 그것은 해석학 코드, 문화 코드, 상징 코드, 의미 코드, 그리고 행위 코드이다.[78]

이 중에서 상징 코드는 아마도 소쉬르의 '랑그', 또는 야콥슨의 '코드', 레비스트로스의 '코드' 개념에 가장 가깝다고 볼 수 있을 것이다. 이 상징 코드는 이야기의 시간적 진행이 전제하고 있는 대비들 및 범주들의 체계로 구성된다. 의미 코드는 상징 코드의 다양하면서도 구체적인 예를 나타낸다. 해석학 코드는 이야기가 그 종결을 향하여 나아감으로써 풀리는 일련의 의문들을 말한다. 행위 코드는 연속적 차원의 행위들과 연관된다. 마지막으로 문화 코드는 인식론적 범주와 유사하다고 볼 수 있다. 이는 이야기 속에서 "일반적 지식"으로 "받아들여지고" 정형화된 가치 및 지식의 체계를 가리킨다.

이런 복수적 코드를 염두에 둘 때 '사라진느'는 그 저자인 발자크의 작품이기를 떠나서 그 안에 다양한 목소리들(계속 이어지는 독자들의 목소리를 포함하여)이 어울려 의미를 **생산**하는 하나의 **과정**이 된다. 이런 인식은 바르트의 1971년의 글 "작품에서 텍스트로"에 나타난 텍스트성 정의와 정확히 일치한다. 그는 이렇게 적고 있다. "텍스트는 이미 정의된 사물처럼 생각되어서는 안된다. …… 텍스트는 하나의 방법론적 장이다."[79] 바르트는 계속해서 이렇게 말한다. "텍스트는 하나의 활동, 하나의 생산으로 경험될 뿐이다. 따라서 텍스트는 결코 멈출 수 없다."[80] 이런 면에서 바르트는 데리다와 한 목소리를 내고 있다. "오히려 텍스트는 의미된 것의 무한한 연기(deferral)를 실행한다."[81] 바르트는 이와 같은 연기의 무한성을 "해석학적 심화 과정상의" 수정가능성 정도로 생각해서는 안 된다고 강조한다. "오히려 계속적인 이탈 및 변이의 움직임으로 말미암는 …… 하나의 **축소 불가능한** 복수성"을 말한다.[82]

바르트가 『텍스트의 즐거움』(*The Pleasure of the Text*, 불어판 1973년)에서도 반복하고 있는 것처럼, 저자인 "주체" 혹은 "나"는 하나의 "종이"로만 존재하는 실체가 되고, 마치 거미가 거미줄 속에 숨어들듯이 사라지고 만다.[83] 이제는 텍스트 자체만이 모든 가능한 의미들의 복수성 속에서 "놀이한다." 그리고 독자들은 "마치 게임을 놀듯이 텍스트를 놀면서 겹으로 놀이한다." 이것이 텍스트를 "재생산"하는 것이며, "사람이 음악을 연주하듯이 텍스트를 연주하는 일이다."[84] 바르트는 이를 청자가 악보의 "공동 저자"가 되는 후기-음렬음악(post-serial music)과 비교하고 있다.

4. 기호학과 세계관의 혼합

이 모든 논제들은 무거운 정치적 함의를 가지기도 한다. 전통적 개신교 부르주아 자본주의 사회 속에서 한 사람의 특권적 엘리트, 즉 저자가 전통적 가치 및 양식들의 코드가 전제된 사상을 글로 표현하고, 이것이 하나의 특권적 "정경"으로, 또는 문학이나 종교의 "고전"으로 받아들여져 왔다는 것이다. 뿐만 아니라 부르주아 계층의 사람들은 전문 "해석자들"(또 다른 엘리트 계층)로 하여금 텍스트의 "그" 의미를 지키는 임무를 부여해왔다. 하지만 포스트모던 문학 이론 및 기호학 이론들은 우리로 하여금 이런 전통적 모델들과 결별할 수 있도록 만들어준다. 이런 것이 바르트의 주장이 갖는 정치적 함의이다.

바르트에 따르면 인간 주체로서의 저자는 사라진다. 텍스트는 더 이상 저자의 "메시지"를 전달하지 않는다. 텍스트는 단지 멈추지 않는 연속적 과정이요, 누구라도 그 속에 참여하도록 청함을 받는다. 텍스트는 저자로부터, 그리고 상황으로부터, 또한 언어외적 세계로부터 단절되어 끊임없는 의미화의 무한히 열린 자체 체계를 이룬다. 바르트는 이렇게 말한다. "하나의 기구로서의 저자는 죽었다. 저자의 공적 지위, 자전적 인격은 사라졌다."[85]

우리가 앞에서도 언급했던 것처럼 1966년 이후의 바르트의 책들 속에서는 소쉬르의 기호학 이론이나 그의 언어학 후계자들이 제시하는(요구하는 것은 말할 것도 없고) 기본적 원리들을 크게 벗어난 새로운 방향이 나타나고 있다. 특히 그의 책 『S/Z』나 『텍스트의 즐거움』에서는 소쉬르의 랑그와 파롤의 구분의 방향을 역으로 돌려놓고 있다. 구체적 가능성들을 생성하는 추상적, 이론적 체계는 랑그이다. 파롤은 말하는 주체를 전제로 하며, 실제적인 언어 사용의 상황 속에서 실행된다. 소쉬르에게 파롤은 말하는 주체의 목적 있는 선택 행위 차원과 상관없이 하나의 무주체적 체계에 의해 생성되는 법이 없다.

우리가 바르트와 소쉬르 사이의 차이를 충분히 드러내는 데 성공했다면, 이를 바탕으로 우리는 바르트의 복수주의 텍스트 이론이 일차적으로 기호학에서부터 도출된 것은 아니라고 주장할 수 있지 않을까? 대단히 넓은, 그리고 철학적으로 별다른 의미도 없는 차원에서, 모든 것이 다른 모든 것의 기호가 될 수 있다고 본다면, 바르트가 말하는 것도 기호학적이라고 할 수 있을 것이다. 하지만 이런 넓은 의미로 본다면, 기독교 신학 안에서의 전통적인 "성례

전적”(표호적) 세계관도 마찬가지 자리를 요구할 것이다. 이를테면 물은 내적 정화를 가리키고, 샘은 부활을, 바람은 성령의 새롭게 하는 능력을 가리킨다고 주장할 수 있을 것이다. 문제는 기호학적이라는 용어의 보다 전문적인 의미에서 볼 때, 양자의 관계를 정당하다고 볼 수 있을 것인가 하는 점이다. 여기에 대한 답은 바르트의 문학 이론의 어떤 측면을 우리가 염두에 두고 있는가 하는 것에 따라 달라지게 될 것이다. 이와 관련해서 두 가지 핵심적인 질문을 던지지 않을 수 없다.

(1) 첫째, 의미의 **가능성들**이라고 할 때 이것이 해석적 선택, 또는 체계가 생성하는 것의 선정, 사용, 적용에 관한 선택의 범주에 예속되어 있는 순수한 언어학적 또는 해석학적 가능성을 말하는 것인가? 아니면 보다 **철학적인 의미에서** 헤겔과 마르크스로부터 물려받은 바 가능성의 조건들을 가리키는 것인가? 기호학 자체로서는 인간 주체와 독립된 차원에서의 **가능성의 조건들**에 관한 철학적 교리를 떠안아야 할 아무런 책임이 없다.

(2) 둘째, 우리가 살피고 있는 것이 의사소통의 **전제들**인가(여기에는 간본문성 또는 상호주체적 공동체와 전통 등이 포함), 아니면 의사소통의 **행위들**(기록되고 읽히는 텍스트 자체) 및 이것이 의미를 수행하는 데 작용하는 조건들과의 관계(코드, 패턴, 언어의 선택이나 언어 행동과 관계된 실제 사항들)인가? 간본문성 자체는 하나의 기호학적 개념이라고 볼 수 있지만, 간본문성과 상호주체성 사이의 관계는 하나의 철학적 주제로 넘어간다. 유사한 방식으로, 텍스트가 의미의 복수성을 가질 수 있다고 보는 관점은 해석의 목표와 전략이 무엇이냐와 관련된 해석학적 결정에 속하는 문제라고 볼 수 있다. 하지만 모든 텍스트가 복수적 의미를 가지며, 이 복수성은 환원될 수 없는 무한성을 가진다고 주장하는 것은 좋게 보면 기호학의 한 특수 관점이라 볼 수 있지만, 나쁘게 보면 기호학의 탈을 쓴 일부 언어철학의 한 부류라고 볼 수 있다.

(3) 소쉬르의 언어 및 기호 이론에서 “가능성”의 본질에 관한 매우 혼란스러운 오해가 1940년대 후반에 메를로퐁티가 처음 소쉬르를 프랑스 철학계에 소개하면서부터 본격적으로 증폭되기 시작했다.[86] 제임스 슈미트(James Schmidt)는 메를로퐁티가 소쉬르의 “존재”와 “가능성”의 관계를 헤겔과 마르

크스가 규정하는 가능성에 관한 보다 심층적인 철학적 문제의 틀로 해석하려 했던 것에 대해서 매우 정확한 자료적 근거를 들어 신랄하게 비판하고 있다.[87]

슈미트는 메를로퐁티가 소쉬르와 관련해서 두 가지 측면에서 오해했다고 지적한다. 첫째, 세부적인 내용의 실수이다. 예를 들어 메를로퐁티는 소쉬르가 랑그를 통시적 관점과, 그리고 파롤을 공시적 관점과 동일한 것으로 생각하였다는 것이다.[88] 따라서 그는 소쉬르의 "차이"를 그의 "음의 형태"나 "개념"과 연결시키지 않고, 오히려 그의 인식의 연결고리와 연결시키고 있다. "차별화" 역시 파롤에 적용되고 있다. 그러나 무엇보다 심각한 혼동은 두 번째 측면에서 일어난다. 메를로퐁티는 소쉬르의 기호학적 용어들을 철학적 범주 속에서 번역하고 있다. 그래서 마치 소쉬르가 가능성의 조건들 문제에 대한 철학적 답을 주고 있는 것처럼 해석되게 만들었다. 슈미트는 소쉬르의 진술과 메를로퐁티의 진술을 함께 제시함으로써 이런 부적절한 해석의 오류를 잘 드러내어 보여주고 있다. 슈미트는 이를 가리켜 "느슨"하고 "변칙적"인 해석이라 비판하고 있다.[89]

그와 같은 해석이 가지고 오는 결과는 메타언어적 기술(description)이 소쉬르가 생각했던 것과는 달리 그 기술되어야 할 언어 역시 이를 전제로 하는 랑그와는 상관이 없고, 다만 다른 단계들 속에서 작용하는 다른 체계들과 관계된다고 보는 이론을 더욱 부추기는 결과를 낳는다. 소쉬르에게 랑그는 일차적으로 통시적 범주에 속하지 않는다. 물론 소쉬르가 이를 통시적으로 이해하기도 한다. 그러나 바르트가 이해하는 것은 소쉬르와는 거리가 멀다. 바르트는 "메타언어들의 통시성"을 이야기하는데, 그러나 여기에는 너무나 급진적인 불연속성이 있어서 이전의 언어 체계의 "죽음"이 일어난다.[90] 하지만 소쉬르는 랑그의 통시적 측면을 하나의 점진적 진화의 체계로 보았고, 그 변화는 원칙상 파롤을 바탕으로 해서 일어나는 것으로, 다시 말해서 파롤이 수행되던 때에 동시대적으로 존재하였던 언어 체계로부터의 특정 선택의 결과로 일어나는 것으로 보았다.

승(T. K. Seung)은 이와 관련하여 다음과 같이 잘 지적하고 있다. "롤랑 바르트는 언어적 범주들을 과도하게 확장시킴으로써 …… 자신의 기호론을 보편 과학처럼 보이도록 만들었다."[91] 레이먼드 탈리스(Raymond Tallis)는 『소쉬르가 아니다』(*Not Saussure*, 1988)라는 탁월한 제목의 글에서 바르트와 데리다에 대한 통찰력 있는(그러나 항상 공정한 것은 아니지만) 비판을 제시하고 있다. 그는 바르트와 데리다가 소쉬르에 대해 여러 가지 근본적인 면에서 충실하지 못하다고 잘 지적한다. 그 가운데 하나는 그들이 언어외적 세계의 지시점을 잃어버렸다는 것이고, 또한 그들이 기호 체계(랑그)와 기호 사용(파롤)을 혼동하고 있다는 것이다.[92]

(4) 조너선 컬러(Jonathan Culler)는 바르트의 텍스트 이론과 간본문성과와 관계에 관하여 매우 날카로운 지적을 하고 있다. 컬러는 이 지적의 출발점으로 소쉬르 속에 있는 하나의 역설을 주목한다. "소쉬르에 따르면 랑그(*la langue*)에 속한 모든 것들은 먼저는 파롤(*parole*) 속에 있었어야만 한다. 하지만 파롤은 랑그가 있어야만 가능하게 되기도 한다. 만일 어떤 사람이 자신이 처음 시작하는 어떤 말이나 글을 확인해보고자 한다면 이 사람은 그 말이나 글이 기존의 코드에 의존하고 있음을 발견하게 될 것이다. 새로운 코드화는 그것이 기존의 코드로 이미 코드화되어 있음으로 인해 시작될 수 있다. 보다 간단히 말하자면, 이미 항상 존재하고 있다는 것, 그래서 그 원조성을 항상 간과한다는 것, 이것이 코드의 본질 속에 들어 있다. 그런 점에서 '간본문성'(intertextuality)은 이중의 초점을 가진다. 그 하나는 이것이 우리로 하여금 기존의 텍스트가 얼마나 중요한지를 인식하게 만든다는 점이다. 텍스트의 자율성이란 잘못된 인식일 수밖에 없다. …… 하지만 또 다른 측면에서 간본문성이 인지성 및 의미와 연관해서는 우리로 하여금 기존의 텍스트를 다양한 의미화의 효과들이 가능하도록 만들어주는 기여물로 볼 수 있도록 이끌어준다."[93]

간본문성이 갖는 이 두 가지 측면은 이를 우리가 상호주체적 판단들, 전통들, 실행들, 그리고 주어진 지평 속에서의 선택, 목적, 판단의 행위들과 분리하여 지나치게 좁은 시각에서 정의하지만 않는다면 기호학적 기초 위에 굳건하게 그 기반을 가진다. 이 두 측면은 후기 비트겐슈타인의 훈련, 전통, 실행의 패턴 개념과 매우 유사한편을 가진다(특히 "기존 텍스트의 중요성" 측면). 뿐만 아니라 의미의 공적 기준이라는 개념과도 유사성을 가진다(특히 "다양한 의미화의 효과들이 가능하도록 만들어주는 기여물"). 뿐만 아니라 코드의 "잃어버린 원조성"이라는 인식도 비트겐슈타인의 "규칙의 순종"이라는 개념과 유사성을 가진다. 비트겐슈타인에게 "'사적으로' 규칙에 순종한다는 것은 있을 수 없다."[94]

소쉬르와 마찬가지로 비트겐슈타인 속에서도 사상과 언어가 뗄 수 없이 서로 엮여 있고, 또한 의사소통이 초–개인적, 상호인격적 기반을 가진다는 사실이 강조되고 있다. 이 뿐만 아니라 비트겐슈타인은 소쉬르와 마찬가지로 언어–사용을 언어적 가능성의 그물구조와 동일시하기를 거부하고 있다. 비트겐슈타인은 이렇게 말한다. "명명(naming)은 아직은 언어 게임에서의 말 이동이 아니다. 판 위에 체스의 말 하나를 올려 놓는다고 해서 그것이 체스 게임에서 말이 이동했다고 할 수 없는 것과 같다."[95]

이 비유를 조금 더 확대시켜 보자. 내가 어떤 말을 움직이고 또 그것을 어느 범위까지 할 수 있는지를 결정하는 것은 체스판의 상태, 또는 코드이다. 그런 상황 가운데서 하나의 말이 이동했다는 것은 특정 시간과 공간 속에서 인간 판단의 결과로 이루어진 일이다. 비트겐슈타인은 "**그림**이 우리를 사로잡았다"라고 말한다. "그리고 우리는 그 그림으로부터 벗어날 수 없다. 왜냐하면 그것이 우리의 언어 속에 자리를 잡고 있고, 또한 언어는 그것을 우리에게 쉴 새 없이 반복시키고 있기 때문이다."[96] 이 때문에 우리에게는 "언어를 통하여 우리의 지성이 현혹되는 것에 대항하여" 투쟁과 판단이 있어야 한다는 것이다.[97] 하나의 기호학적 하부 체계로서 다양한 의미의 가능성을 가진 그림은 어떤 특정한 상황에 특정한 방식으로 적용될 수 있다.

비트겐슈타인은 그림의 주문이 특히 언어 체계가 삶으로부터 분리되어 있을 때 일어나게 된다고 말한다. 한편 적용은 인간의 판단 행위와 연동되어 삶 속의 위치라는 상황성으로부터 일어난다.[98] 혼동이 일어나는 것은 언어가 "자유로울" 때, 즉 비트겐슈타인의 말처럼, "멈춰 있는 엔진처럼, 그것이 일하고 있는 상태가 아닐 때"이다.[99] 간본문성이 기호학 속에 하나의 건설적 범주로 정당하게 자리 잡는다는 사실을 인정하는 것은 하나의 일이다. 하지만 바르트 식의 텍스트 이론을 모든 텍스트에 적용되는 정당한 기호학 이론으로 보는 것은 또 다른 차원의 일이다.

(5) 다소 사색적인 각주의 일환으로 우리는 1950년대 후반과 1960년대 초반에 상당한 인기를 끌었던 볼프(B. L. Whorf)의 언어 및 언어와 사상의 관계에 관한 이론을 두고 철학자들 및 언어학자들이 제기했던 비판들을 잠시 살펴보고자 한다. 소위 말하는 볼프 가설은 사회-인류학적 고찰의 바탕 위에서 빌헬름 훔볼트(Wilhelm von Humboldt)가 제기했고 사피르(E. Sapir)와도 연관된 언어적 상대성 이론을 부활시켜보고자 하는 시도였다. 볼프가 볼 때 언어적 체계는 "단지 재생산의 도구가 아니다." 오히려 "그 자체가 사상의 드러난 꼴이다. …… 우리는 우리의 고유 언어가 그려 놓은 길을 따라 자연을 해부한다. …… 우리는 자연을 자르고, 그것을 개념들로 조직한다. …… 왜냐하면 우리는 그것을 이런 방식으로 조직하도록 합의에 참여하고 있기 때문이다."[100]

볼프의 이론은 나이다(Nida)나 막스 블랙(Max Black) 같은 학자들에 의해 적대적인 비판을 받을 수밖에 없었다. 왜냐하면 그는 사상에 대한 언어의 영향을 언어 사용에 반영된 개념적 유형의 관점에서가 아니라 단순한 어휘나 문법의 관점에서만 보고 있기 때문이다.[101] 텍스트에 관한 우리의 현재 논의와 관련하여 이런 비판적 반응이 갖는 두 가지 측면 정도가 우리의 관심을 끈다.

첫째, 특히 색깔 언어와 관련된 구체적 예들의 고찰을 통해 일부 학자들은 의미론적, 기호학적 습관에 대한 이해가 우리의 지각 구조를 형성하기도 하는 유전자 코드상의 생체 물리적, 신경 물리적 요소와 같은 언어외적 요인들에 대한 합당한 고찰이 없이는 불완전할 수밖에 없다고 지적한다. 색깔 용어 및 그 지각과 관련된 벌린(B. Berlin)과 케이(P. Kay)의 연구가 이를 잘 보여준다.[102]

둘째, 언어들 속에서 기본적 차원의 상호 번역 가능성 및 통용 가능성이 있다는 사실은 언어 습관이 사상과 언어 가능성들의 **조건**이 되기는 하지만, 그 한계를 **결정**짓지는 못한다는 것을 보여준다. 습관화된 패턴들 때문에 새로운 혹은 상이한 언어 사용이 더 힘들어지기도 하고 또는 더 쉬워지기도 한다. 여기에는 적지 않은 비판적 노력 및 상상력의 작용이 필요하다. 하지만 이런 것들이 의사소통의 비전이나 가능성을 전적으로 결정하는 것은 아니다. 볼프의 작업과 관련하여 나는『두 지평』에서 간략하게 논의한 바 있고, 또 다른 글에서 보다 상세하게 다룬 바가 있다.[103]

이상 다섯 가지의 고찰은 해체주의 텍스트 이론이 그 안에 붙박여진 철학적 교리들을 살피는 일을 문학 이론가들이나 성경 해석자들에게서 면제해줄 수 있는 것처럼 생각하지 못하도록 우리에게 경각심을 주고 있다. 해체주의 텍스트 이론들은 기호학적 고찰들 자체에 의해 반드시 "요구되는" 텍스트 이론은 아니다. 포스트모던 관점에의 호소 역시 전부냐 아니면 전무냐의 선택이 될 필요가 없다. 안드레아스 하이센(Andreas Huyssen)이 그의 책『대분열 이후』(*After the Great Divide*, 1986)에서 잘 지적하는 것처럼, 포스트모더니즘은 그 자체가 하나의 새로운 자기 완성적 운동을 이룬다기보다, 모더니즘 안에서 그 발전을 가로막는 모순들 및 긴장들을 적발해내는 일에 기여를 하고 있다고 볼 수 있다.[104] 우리는 뒤에 적당한 자리에 가서 모더니즘을 두고 하버마스와 리오타르가 서로 어떤 상반된 평가를 하고 있는지를 살펴볼 것이다.

5. 자크 데리다와 끊임없는 기호의 지움

문학 이론에서 배태된 해체주의는 종종 포스트모더니즘의 철학적 사조의 가장 강경한 입장의 하나로 인식되기도 하는데, 데리다는 이 두 영역 속에서 가장 힘 있는 목소리를 내고 있는 사람 가운데 하나이다. 현재에 와서는 이 논의가 폴 드 만이나 해롤드 블룸, 조프리 하르트만 같은 예일 학파의 사람들에게까지 확대되고 있다. 하지만 성경해석과 신학의 분야에서는 대체로 해체주의적 접근의 대표자들로 후기 바르트와 초기 데리다를 들고 있으며, 따라서 이 장에서의 논의도 대체로 이 두 사람에게 국한되고 있다.

데리다와 바르트 사이에는 특히 철학적 입장의 차이가 엄연하지만, 그럼에도 불구하고 두 사람의 텍스트에 대한 이해의 측면에서는 실질상 상당한 유사성이 있다. 소쉬르에 대한 논의 가운데서 데리다는 글쓰기가 “서명자의 부재” 또는 “지시물의 부재”를 내포한다고 하면서 “글쓰기는 이 양자의 부재를 가리키는 이름”이라고 주장하고 있다.[105] 즉 텍스트는 저자의 서명을 소지하지도 않으며, 그 자체 바깥의 지시 영역을 가지지도 않는다는 이야기다. “텍스트는 더 이상 책이나 그 테두리 안에 어떤 내용을 가두어 둔 글쓰기의 종결된 몸체가 아니다. 오히려 텍스트는 차연의 그물망이요, 끊임없이 그 자신 아닌 다른 어떤 것, 다른 차연의 흔적들을 가리키는 흔적들의 직조물이다.”[106] 데리다는 문학보다는 철학적 통로를 따라 이와 같은 텍스트 이해에 도달하고 있다.

데리다는 1930년에 태어나서 파리에서 철학을 공부하였고, 또 공적으로 철학을 가르치기도 하였다. 그의 가까운 동료요 번역자인 스피박(Gayatri Spivak)은 “그의 공인된 ‘선구자들’”로 니체와 프로이트, 후설, 하이데거를 들고 있다. 그녀는 데리다의 『그라마톨로지』(*Grammatology*) 에 붙인 서문에서 니체와 프로이트, 하이데거와 관련하여 이와 같이 말한다. “이 세 사람 모두가 글쓰기론의 원조들(protogrammatologues)이다. 니체는 지식의 근원을 잘라버린 철학자요, 프로이트는 정신을 문제 삼은 정신분석가이고, 하이데거는 존재를 지워버린 존재론자이다. 그들의 힘을 ‘산출’해내고 그라마톨로지를 ‘발견’한 사람은 다름 아닌 데리다이다.”[107]

데리다의 첫 번째 책의 주제는 후설의 철학이었다. 여기에서 데리다는 기하학의 기원과 그 논리적 지위에 관한 후설의 사상과 관련하여 그 안에 나타나는 주관적 구조와 객관적 구조 사이의 관계 문제를 다루고 있다.

데리다의 가장 잘 알려진 책은 아마도 『그라마톨로지』(*Grammatology*, 1967)일 것이다. 그가 말하는 그라마톨로지는 “글쓰기의 이론” 또는 “글쓰기의 과학”인데,[108] 이것의 전제 조건은 “단연코 로고스(말 또는 음성)중심주의의 전복(*sollicitation*)이다.”[109] 데리다는 구두적 말보다 글이 우선한다고 주장한다. 아이들의 성장 과정이나 사회의 역사를 살펴보면 구두적 말이 먼저 오고 글이 따라오는 것을 볼 수 있는데, 이런 점에서 데리다의 주장이 얼핏 보면 이상하게 보일 수 있다. 하지만 데리다가 말하는 “글쓰기”는 구두체 이외의 모든 의사소통의 수단들을 일컫는 말이다. "우리가 '글쓰기'라고 할 때는 영화 촬영술이나 안무, 그림, 뮤지컬, 조각 등 흔적을 일으키는 모든 것을 가리킨다."[110] 데리다는 소쉬르가 하는 말, 즉 구어와 글쓰기의 두 체계에서 "후자는 전자를 표현하기 위한 오직 하나의 목적만을 위하여 존재한다"라는 말을 집중적으로 공격하고 있다.[111]

데리다는 글에 관한 이와 같은 소쉬르의 견해가 플라톤과 아리스토텔레스에게까지 거슬러 올라가는 긴 전통을 가지고 있다는 것을 인정한다. 글은 기존에 일어난 발화를 덧입히는 "옷"으로 여겨져 왔던 것이다.[112] 하지만 이런 관점의 배후에는 음과 감각을 연결짓고, 또한 이를 의미된 것의 실재에 연결시키는 심리적 과정이 자리 잡고 있다고 본다. 이와 대조적으로 기록된 수학 공식 같은 것은 하나의 "빈" 상징이다.[113] 논리나 수학의 기호들은 저자의 현전을 요구하지도 않고 언어외적 세계의 지시체를 가지지도 않는다. 소쉬르가 "보지 못하고 본 것"은 모든 기호가 또 하나의 기호를 지시한다는 것이다. 그런데 이 "'기호의 기호'가 즉 글쓰기를 의미한다."[114] 데리다는 "기호의 임의성"이라는 바로 그 이름으로 "소쉬르가 글쓰기를 언어의 '이미지'(따라서 자연적 상징)로 정의하였던 것"에 도전하고 있다.[115]

데리다는 소쉬르가 자신의 작업이 갖는 함의를 분명하게 잘 볼 수 없었다고 평가한다. 이는 그가 플라톤에서부터 근대에 이르는, 그리고 심지어 마르크스주의와 구조주의까지도 포함하는 충분히 비판적이지 못한 형이상학적 전통의 후예였기 때문이라는 것이다. 니체와 프로이트, 그리고 후기 하이데거에 와서 형이상학의 종언을 맞기까지 기호학자들 가운데서 이런 문제를 거론한 보기 드문 인물 가운데 한 사람으로 데리다는 퍼스(Charles Peirce)를 들고 있다.

퍼스와 관련하여 데리다는 이렇게 지적한다. "퍼스에 따르면 논리는 하나의 기호적인 것일 뿐이다. …… 퍼스는 내가 지칭한 바 있는 초월적 기의의 해체라는 방향으로 멀리 발걸음을 옮긴 사람이다."[116] 퍼스는 "사물 그 자체를 하나의 기호로" 인식하고 있다. 따라서 "기의의 자기정체성은 스스로를 끊임없이 숨기는 것이요, 또한 항상 이동 중에 있다는 것이다."[117] 우리는 오직 기호들 속에서만 사유한다. 그런 점에서 퍼스는 후설보다 더 급진적이며, 더 철저하게 현상학적이다.

데리다가 자신의 차연(*différance*) 개념 속에서 소쉬르의 "차이" 개념을 더 특이하게 발전시키고 있다는 것에 대해서는 앞에서 이미 언급한 바 있다. 아마도 이런 발전과정을 가장 명확하게 보여주는 글이 데리다의『말과 현상, 그리고 후설의 기호이론에 관한 글들』(*Speech and Phenomena and Other Essays on Husserl's Theory of Signs*) 일 것이다.[118] 디페랑스(*différance*)는 일차적으로 "공간화/시간화 하는 것과 동시에 모든 단절된 것을 구축하는 운동으로서 언제까지나 연기하는 것"을 가리킨다.[119] 데리다는 연기(*différance*)라고 할 때의 a음과 차이(*différence*)라고 할 때의 e음이 불어의 발음상으로는 잘 구분이 되지 않는 점을 이용하여 양자의 의미를 조합한 새로운 개념을 만들어내고 있다. 시간적 공간적 차이들은 그 앞에 있었던 차이들의 산물이며, 이들 또한 또 다른 차이들을 만들어내게 된다. 따라서 차이(différence)는 끊임없는 연기(différance)를 낳으며, 그 속에서 글쓰기는 이중적 의미(전에 있었던 것의 "표시"이면서 또한 앞으로의 운동을 추진하는 "트랙")에서 "흔적들"을 이룬다.[120]

데리다가 퍼스 및 소쉬르와 대화를 나누고 있고, 또 그의 이론이 기호 이론과 매우 밀접하게 연관되어 있는 것을 볼 수 있지만, 우리는 얼마만큼이나 그의 논증이 기호학 이론과는 구별되는 철학적 문제들에 의존하고 있는 것으로 평가할 수 있을 것인가?『말과 현상』에 수록된 한 글에서 데리다는 처음 소쉬르와 대화를 시작하지만, 즉 그 대화를 헤겔, 니체, 프로이트, 하이데거 등에게로 넓혀가고 있다. 이렇게 하는 이유가 그가 기호학 이론이 철학을 위해 어떤 함의를 갖는지 보여주기 위함일까, 아니면 그의 근본적 관심이 자신의 기호학 이론을 뒷받침하는 보다 넓은 철학적 주제들 자체에 있기 때문일까? 어떤 점에서 보면 이 두 측면은 서로 분리될 수 없는 문제이기도 하다. 왜냐하면 모든 철학은 언어 비판으로 보일 수도 있기 때문이다. 이런 점은 후설보다 약간 앞선 동시대인인 프리츠 마우트너(Fritz Mauthner, 1849–1923)에게서 강조되기도 하였는데, 이 사람에 대해서는 뒤에 9장에 가서 살펴볼 것이다.

사상가로서 데리다의 출발점은 애초에는 후설의 철학적 주제들에 놓여 있었다. 후설에게 의미화의 이론은 주체성 및 의도성의 성격, 시간의식과 잠정성, 구조와 논리, 그리고 본질 문제 등과 같은 광범위한 철학적 이슈들과 서로 맞물려 있다. 이런 점이 우리의 질문을 쓸데없는 것으로 만들기보다는 더 요긴한 것으로 만든다. 데리다가 후설을 비판하면서 그로부터 멀어지게 될 즈음, 그에게는 후기 하이데거(특히 하이데거의 니체 "읽기"를 포함하여)에서 두드러진 개념들 및 사유의 범주들이 나타나고 있는 것을 볼 수 있다. 일차적으로 이런 틀 속에서 소쉬르 및 그의 언어학 후계자들의 작업이 특별한 의미를 가지고 데리다의 사유 속에 새로운 자리를 잡기 시작했다. 뿐만 아니라 프로이트의 신념 및 사유 범주들도 나름대로의 특별한 역할을 하게 되었다.

데리다는 자신의 사상과 후기 하이데거와의 관계에 대하여 오해들이 있어 왔다고 지적한다.[121] 하지만 그런 오해들은 하이데거의 사상을 데리다의 출발점으로 과도하게 평가한 데서 일어난 것이기보다는, 오히려 그 둘 사이의 근본적 차이점을 과소평가한 데서 생겨난 것이라고 해야 옳을 것이다. 데리다는 하이데거가 언어를 로고스(*logos*)로 보는 관점이나, "사유가 존재의 흙 속에 깊은 고랑을 만든다"라는 주장으로부터 급진적으로 이탈한다.[122] 그럼에도 불구하고 데리다는 후기 하이데거와 더불어 플라톤 이후로부터의 서구 철학의 전통에 대한 깊은 불만을 공유하며, 또한 하이데거의 개념적, 방법론적 도구들을 사용하여 자신의 사상의 폭을 넓혀가고 있다. 그런 점에서 일부 학자들은 데리다를 "하이데거의 학생"이라 부르면서 다각적인 측면에서 하이데거의 영향을 살피고 있다.[123]

필자는 이전의 책 『두 지평』에서 거의 100 페이지를 할당하여 특히 해석과 언어와 관련된 하이데거의 초기 및 후기 사상의 발전 과정을 논의한 바 있다.[124] 따라서 여기서 그 과정을 다시 되풀이 할 필요는 없을 것이다. 하지만 현재 우리의 논의와 연관시켜서 특히 그의 후기 사상의 두 세 가지 핵심적인 요점들을 짚고 넘어가는 것이 도움이 되리라고 본다. 하이데거에게 데리다와 가장 크게 차이가 나는 점 한 가지는 그가 존재의 문제에 관하여 지속적인 관심을 나타내고 있다는 것이다. 하이데거는 1954년에 일본을 방문한 자리에서 이와 같은 존재론적 관심이 자신의 두 시기 모두에 공통적이라고 밝힌 바 있다. 그의 구두 강연이 1959년에 언어에 관한 책으로 출판이 되었다. 여기서 그는 이렇게 밝힌다. "그때나 지금이나 내가 관심갖는 것은 존재들의 존재를 드러내는 것이다. 하지만 더 이상 형이상학의 방식을 통해서는 아니니다."[125]

하이데거와 데리다가 공유한 확신은 형이상학이 종언의 길목에 다다랐다는 것이다. 두 사람은 모두 플라톤 이후로의 서구 철학의 전통에 부정적 견해를 갖는데, 하이데거는 이를 가리켜서 "존재로부터 떨어져나간" 비극이라고 표현한다.[126] 하이데거는 니체의 『우상의 황혼』(*The Twilight of Idols*)을 인용하면서 이와 같은 전통이 "증발해가는 현실의 마지막 희미한 광선"을 좇고 있다고 말한다.[127] 하이데거 자신도 『존재와 시간』(*Being and Time*)에서 시작했던 존재에의 추구를 버려야만 했다. 그가 내고자 계획했던 두 번째 책은 결코 나오지 못했다. 왜냐하면 작업 그 자체가 원칙상 불가능한 것이었기 때문이다. 하이데거는 『형이상학 입문』(*Introduction to Metaphysics*)에서 '존재'라는 말 자체가 "더 이상 어느 것에도 적용되지 않는다"라고 밝힌다.[128]

그렇다면 하이데거가 이런 추구를 계속하고 있다고 말하는 것이 무슨 말인가? 이에 답하고자 한다면 우리는 서로 급진적으로 다른 두 종류의 언어 사이의 대조를 볼 수 있어야 한다. 이런 차이의 이해가 그의 후기 사상의 이해를 위한 열쇠이다. 데리다와 마찬가지로 하이데거는 인간의 개념들을 해명하는 일을 돕는 언어는 그것이 도출되어 나온 이전의 언어 및 개념들을 단순히 반영할 뿐이라고 보고 있다. 개념어로서의 언어, 혹은 삶에 종사하는 데 사용되어 왔던 언어는 인간을 "그 자신이 나왔던 길로" 돌려보낸다. 우리는 우리 자신의 길 속에서 "발이 묶였다." 왜냐하면 언어가 우리를 이전에 여러 번 와 본 곳으로 데리고 갈 뿐이기 때문이다. 언어는 인간을 "자신의 울타리 안에서 맴돌게 만든다."[129]

하지만 하이데거는 인간의 "개념들" 및 이를 위한 기능적, 기술적 언어를 넘어설 수 있는 일말의 희망의 가능성을 시적 비전 속에서 보고 있다. "만일 우리가 심지어 전 생애가 걸릴지라도 기다릴 줄만 안다면" 우리는 하나의 "열림"(Opening)을 만날 수 있을 것이다.[130] 하이데거는 우리가 "형이상학으로부터 물러서야" 한다고 말한다. 왜냐하면 여기에서는 존재를 **생각**의 대상으로 삼으려 하기 때문이다. "시간과 존재"라는 세미나에서 하이데거는 이렇게 설명한다. "물러섬 속에서 열림 그 자체가 나타난다. 그러나 이것이 어느 방향으로 비출 것인가? …… '행선지'는 결정될 수 없다."[131] 계속해서 그는 이렇게 덧붙인다. "그 미결정성은 오직 지식을 위해서만 존재한다. 하지만 이는 행선지 자체의 존재 방식의 미결정성이다."[132] 이런 표현 자체도 "적절하지 못하고" 지워져야 한다. 왜냐하면 우리가 알 수 있는 것은 "이 행선지가 어떠하냐"가 아니고 다만 "이 '행선지'라는 곳의 '그것'" 뿐이기 때문이다.[133] 하이데거는 시인 스테판 조지(Stefan George)의 시구 하나를 인용하고 있다. "말이 깨어지는 곳에, 아무것도 있을 수 없네."[134]

바로 이런 철학적 토양 속에서 해체주의적 텍스트 이론이 잘 자라고 번성할 수 있는 것이다. 텍스트는 미결정의 "행선지"를 위한 공간을 제공한다. 개념적, 내용관련 언어가 우리를 이미 닦인 길로 되돌려 보낸다면, 이런 미결정의 텍스트는 우리로 하여금 앞으로 나아가도록 약속해주고 있는 것처럼 보인다. 더군다나 후기 하이데거에게는 인간의 상호주체성이나 말하는 주체로서의 인간이라는 측면이 언어 자체에게 그 기능을 양도하고 있다. "**언어**가 말한다(하이데거의 강조) …… 언어는 말함으로써, 다시 말해서 보여줌으로써 말한다." 하이데거는 묻는다. "언어라는 존재는 무엇에 의거하고 있는가?" "어쩌면 우리가 근거를 물음으로써 언어의 본질 그 자체를 잃어버리고 있는 것이 아닌가?"[135] 과연 우리가 언어 자체를 "생각"하거나 "볼" 수 있는가? 반성은 "그것이 찾는 **언어의 길**을 보는 데까지 왔을 뿐이다. 그러나 그 **흔적**(traces) **위에** 있지는 못하다."[136] (앞의 것은 하이데거의 강조, 뒤의 것은 필자의 강조)

앞에서도 본 것처럼 데리다에게 텍스트는 끝이 없는 "흔적"이면서 "트랙"이기도 하다. 앞서 있었던 것들의 산물이라는 측면에서는 흔적이요, 또 다른 흔적들을 향하여 움직여간다는 측면에서는 트랙이다. 그에게 언어가 그 어떤 외적 근거를 가진다고 보는 것은 다 환상일 뿐이다. 이런 면에서 니체의(그리고 하이데거의 니체 "읽기"의) 흔적을 그에게서 발견할 수 있다. 소쉬르와 비트겐슈타인이 사용하는 비유를 들어 언어를 하나의 체스 판으로 본다면, 데리다에게 이 체스 판은 "바닥이 없는 체스 판"이다. 그것을 받쳐줄 수 있는 기반도 없으며, 그 놀이 또한 오직 그 안에서만 의미를 가질 뿐이다.[137] 후기 하이데거에게도 언어 속에서는 "모든 '있는 것'과의 결별이 일어난다."[138]

데리다는 후기 하이데거 속에 남아 있는 하나의 애매성을 제거하려 하고 있다. 하이데거는 존재들의 존재가 말 속에 거한다고 보기 때문에 "따라서 …… 언어는 존재의 집"이라고 여전히 주장하고 있다.[139] 이 유명한 문구가 나오는 전후 문맥을 보면 하이데거가 이 말을 하나의 존재론적 진술보다는 하나의 은유로, 하나의 확장된 의미로 말하고 있는 것을 알 수 있다. 하이데거 자신이 이 표현이 "꼴 사납다"라는 것을 인정한다. 그러면서 그는 이것이 "언어의 본질에 대한 하나의 개념을 제공하는 것은 아니"라고 말한다.[140] 그는 이렇게 해명한다. "이 표현은 우리가 '존재'라는 말의 애매함을 생각하는 순간 무효화된다. …… 나는 존재들의 존재라는 말을 형이상학적인 의미로 말하는 것이 아니다."[141] 하이데거가 자신의 텍스트 속에서 이 말을 가지고 하는 일은 이를 철회하고 다른 곳으로 옮겨가기 전에 위치를 바꾸는 기능을 부여하는 정도이다. 데리다의 용어를 빌리자면, 이것은 얼마 안 가서 "지워질"(under erasure) 자리에 "주어지고" 있다. 우리는 지금 이 자리에서 두 사람 중 누가 해체의 정신에 더 근접한 관점을 취하고 있는지 판단을 내리기는 어렵다. 데리다의 '존재'의 배제는 반(反) 형이상학적 철학을 위한 차원에서의 더 큰 "형이상학적 확신"을 내비치는 것이라고 말할 수도 있을 것이다. 주저하며 왔다 갔다 하는 하이데거의 애매한 입장은 무언가를 내비추고 또한 지우는 시공 작업의 한 과정이라고 볼 수 있다.

지움(erasure)이라는 방법론적 장치는 데리다와 후기 하이데거를 더 가깝게 이어주는 축의 역할을 하고 있다. 데리다는 자신의 사상에서 중심적 자리를 차지하는 이 방법론적 장치와 관련하여 하이데거를 그 원조요 "권위"라고 기꺼이 인정한다. 그는 이렇게 말한다. "기의(記意)의 순서는 기표(記標)의 순서와 결코 동시적이지 않다. 기껏해야 어긋난 역이거나 평행 정도이다."[142] 기호는 하나의 흔적 또는 표시이기 때문에 그것은 손대지 말고 그대로 두어야 한다. 하지만 기호는 또한 앞을 향해 계속 움직이도록 자극하는 하나의 트랙으로서의 흔적이기 때문에 그 표시가 또한 지워져야할 필요도 있다. 기호는 하나의 부유하는 존재성을 가지며, "지움 아래"(*sous rature*) 처하여진다.

이 때문에 데리다는 하나의 단어를 써 놓고서 이것이 부정확하기 때문에 또한 그것을 지워버린다. 출판된 글에서는 보면 단어와 그것을 지운 것이 같이 나타나는데, 데리다가 볼 때는 이 두 가지가 다 필요하기 때문이다. 데리다는 이런 방식을 처음 사용한 사람이 하이데거[그의 책 『존재의 문제에 관하여』(*On the Question of Being*, 독일어판 1956년)에서]라는 것을 밝힌다. 앞에서도 언급했던 것처럼, 하이데거는 '존재'라는 말을 두고 딜레마에 봉착했다. '존재'에 대해 말하기는 원하지만, 그것을 엄밀하게 말할 수 없다는 것도 그는 알았다. 따라서 그는 이렇게 말한다. "이 '존재'(Being)라는 영역을 생각 있게 잠시만 들여다보아도 우리는 이 말을 ~~Being~~이라고 쓸 수밖에 없다."[143] 이처럼 단어 위에 가위표를 함으로써 지금까지의 언어적 해석의 습관을 배제하고 있는 것이다. 하지만 이런 지움의 표시는 그 단어를 전적으로 철회한다는 부정적 의미만을 가진 것은 아니고, 이를 기반으로 앞으로 나가면서 뺄 것은 뺀다는 하나의 과정을 표시하기도 한다.

하지만 데리다는 이런 지움의 표시를 사용함에 있어서 하이데거를 단순히 답습하고 있는 것은 아니다. 하이데거는 이를 주로 형이상학의 끝자락에 놓인 단어들에 적용했다. 스피박에 따르면 "데리다의 '지움'(*sous rature*) 개념은 하이데거의 그것과는 다르다. 하이데거의 '존재'는 표현 가능한 현전을 가리키는 것일 수 있다. 그러나 데리다의 ~~trace~~는 현전의 부재의 표시이다. 여기에는 항상 현전의 부재만이 있다."[144] 부재(absence)는 데리다의 핵심 용어 가운데 하나이다. 그는 『글쓰기와 차이』(*Writing and Difference*) 같은 책에서와 마찬가지로 『그림엽서』(*The Post Card*, 1980)라는 책에서도 하이데거의 "~이 있다"(*es gibt*)라는 표현을 두고 성찰을 하고 있다. 하이데거는 이 표현의 독일어 문자적 의미 "그것이 준다"(it gives)를 두고 "줌"은 동시에 "스스로를 돌이키고 철회함"을 포함하기도 한다고 말한다.[145] 데리다는 이에 대하여 이렇게 덧붙인다. "줌 자체가 '뭔가'의 바탕 위에서 주어지지만, 이 '뭔가'는 아무것도 아닌 것, 즉 뭔가도 아닌 것이다."[146]

데리다는 그의 책 『시네퐁주』(*Signéponge*) 에서 유명한 프랑스 시인 프랜시스 퐁(Francis Ponge)의 이름과 스폰지(*l'éponge*)를 두고 말장난을 하고 있다(두 단어가 붙어 발음상 유사하다. 하이데거 역시 이런 분야의 대가이다). "스폰지는 고유한 이름을 지워버린다. …… 그 흔적을 없애고 또한 그것을 잃어버린다. …… 하지만 동시에 스폰지는 이름을 유지하고 빨아들이고 보관할 수도 있다. …… 스폰지는 더러운 물뿐만 아니라 깨끗하고 적합한 물을 간직하기도 한다."[147]

스폰지는 지움과 보존의 동시성을 나타내는 하나의 은유인데, 그 은유적 힘은 스폰지와 스폰지에 스며든 것 사이의 부재성에 근거하고 있다. 저자가 자신의 텍스트에 서명을 하는 경우와 관련하여 또 다른 은유 하나가 사용되고 있다. 전령과 관계된 용어 *mise en abyme*를 두고 이를 발음이 유사한 *mise en abîme*와 연결시켜 말놀이를 하고 있는 것이다. 다시 말해서 전령의 "자기제시"(*abyme*)는 "나락"(*abîme*)에 빠짐과 같다는 것이다.[148] 이런 "나락"의 은유는 데리다의 책 『회화 안의 진리』(*The Truth in Painting*) 에 거듭해서 나오는 중심 개념 중 하나이다.[149]

데리다가 후기 하이데거로부터 빌린 개념들 및 도구들과 관련하여 두 세 가지 정도 더 언급할 것이 있다. 첫째, "해체"라는 말과 관련된 것이다. 이 단어는 데리다가 자신의 텍스트 이론을 묘사하는 데 즐겨 사용하는 용어는 아니다. 하지만 그렇다고 해서 이를 사용하지 않거나 버리는 것도 아니다. 실제로 파괴(*Destruktion*)라는 말은 하이데거에게서 나왔다. 후에 『타인의 귀』(*The Ear of the Other*) 라는 제목으로 출판된 연속 세미나에서 데리다는 이렇게 밝히고 있다. "내가 이 말을 쓸 때는 문맥 속에서 필요에 따라 하이데거의 두 말을 번역된 의미로 사용하고 있다. 하나는 하이데거가 사용하는 파괴(*Destruktion*)라는 말인데, 이는 파기를 의미하는 것이 아니라 체계 안의 구조적 층들을 벗겨내어 탈구조화하는 작업을 가리키는 말이다. 또 다른 하나의 말은 와해(*Abbau*)라는 말인데, 이 역시 유사한 의미를 가지고 있다."[150] 그리고 이 탈구축이 적용되는 대상은 "서구 철학의 전체 역사"이다.[151]

두 번째로, 하이데거가 플라톤에서 니체에 이르는 서구 철학의 고전들을 탐구가 아니라 "다시 읽기"하고 있는 것이 두 가지 측면에서 큰 영향을 미치고 있다. 그 하나는 해체주의 그룹 안에 "고전 텍스트 읽기"의 하나의 새로운 모델을 제시하고 있다는 것이다. 또 다른 하나는 이것이 데리다로 하여금 니체를 형이상학적 도그마의 원천으로 다루지 않는 것처럼 **보이면서** 니체를 방대하게 원용할 수 있도록 만들어 주었다는 점이다. 하이데거의 니체 "읽기"는 데리다에게 후기 하이데거 자신의 영향만큼이나 큰 영향을 주고 있다. 니체의 직접적 영향도 크겠지만, 스피박이 지적하는 것처럼 "데리다와 니체 사이에는 하이데거가 서 있다. 데리다가 니체에 대해 논하는 거의 모든 경우에 하이데거의 니체 읽기가 동반되고 있다."[152]

이는 하이데거가 니체를 "바르게" 해석하고 있다는 이야기가 아니다. 데리다가 주장하는 것처럼, 어떤 의미에서 하이데거는 니체를 "형이상학의 역사 속의" 인물로 만들어 놓음으로써 그를 오도하고 있다. 하지만 니체의 "텍스트"는 니체와 함께 끝나는 것이 아니다. 그렇게 된다면 그 텍스트는 하나의 '소여물' 또는 도그마가 될 텐데, 니체 자신이 모든 소여물 및 도그마들의 환상을 부수고자 하였던 사람이다.[153] 하이데거와 데리다가 공통적으로 언급하고 있는 것처럼 "순환 속에 들어간다는 것"은, 데리다의 『글쓰기와 차이』 속에 나오는 말을 빌리자면, "이들 파괴자들이 서로를 상호적으로 파괴하도록 허락하는 것을 말한다. 예를 들어, 하이데거가 니체를, 한편에서는 명료함과 엄정함으로 또 한편에서는 불신과 오해로, 마지막 형이상학자, 마지막 '플라톤주의자'로 대하고 있는 것처럼 말이다. 이런 일은 하이데거 자신에 대해서도 할 수 있고, 또 프로이트나 다른 어떤 사람들에 대해서도 할 수 있다."[154]

데리다와 니체의 유사점은, 데리다 자신이 밝히고 있는 것처럼, 두 사람의 공통된 형이상학 불신, "진리"에 대한 환상적 인식에 대한 회의, 그리고 특히 교리나 고정된 의미 또는 내용이 실제로는 "유동적 은유들의 군단"에서부터 도출된 것이며 은유적, 유동적 성격이 결국에는 억압되고 망각 또는 무시되었다는 확신 등이다. 데리다는 이렇게 말한다. "니체는 은유적인 것의 한계를 말의 모든 음의 사용에 은유적 힘을 부여하는 데까지 몰아가고 있다."[155] 니체에게 "진리"는 환상적 성격의 "은유들, 환유들, 그리고 신인동형론적 표현들" 등일 뿐이다. 이런 것들이 수사적으로 고양되고 변이되어 오랜 습관적 사용이 있은 후에는 마치 처음부터 "단단하고, 정경적이고, 불가피한" 것처럼 여겨지게 된다는 것이다.[156] 본래 그것이 가졌던 은유적, 환상적 본질이 망각되고, 너무 오래 써서 닳아버린 동전처럼 하나의 금속 조각 같은 것이 되어버렸다고 보고 있다. 니체의 형이상학 비판은, 데리다에 따르면, "존재나 진리와 같은 환상적 범주들 대신에 놀이, 해석, 기호(진리 부재의 기호) 개념들"을 대체하였다.[157]

데리다의 글 "구조, 기호, 그리고 놀이"에서도 지적하고 있는 것처럼, 니체의 관점은 그 어떤 형태의 구조, 의미, 체계 등의 인식을 "탈중심화"하고, 이런 것들 대신 렌트리치아(Lentricchia)가 말하는 "놀이", "즐기기", "활동" 등과 같은 "새로운 쾌락주의"를 도입시켜 놓았다.[158] 이런 주제들은 데리다의 문학 이론상의 예일 동료들인 폴 드 만, 조프리 하르트만, 힐리스 밀러(J. Hillis Miller) 등에게도 중심 주제가 되고 있다. 데리다는 "중심은 …… 그것이 여는 놀이를 또한 닫는다"라고 말한다.[159] 사상의 역사는 수많은 "중심들" 혹은 은유들을 만들어 왔고, 이를 중심으로 체계, 교리, 의미가 형성되어 왔다. 이에 맞서서 니체는 "세상의 놀이의 즐거운 인정, 되기의 순수, 거짓도 진리도 없는 기호 세계의 인정"을 부르짖고 있다.[160]

니체가 볼 때, 이와 같은 인정 과정 및 인간 의지의 행위가 인간으로 하여금 세상 위에 고정성 및 논리를 부여하게 만든다. 이는 다만 우리 자신의 존재를 가능토록 하기 위함이다. 우리는 "진리"의 이름을 과정에 준다. 데리다는 『에쁘롱: 니체의 문체들』(*Spurs: Nietzsche's Styles*)나 『자서전』(*Otobiographies*) 같은 책에서 니체를 상대주의 "교리"의 반포자로 읽을 것이 아니라, 오히려 독자인 우리가 스스로 완성해야 할 길을 시작한 사람으로 볼 것을 촉구한다.[161] 따라서 데리다는 우리가 "니체의 서명 또는 '사인'을 읽고 있다는 생각을 할 때마다 이를 극도로 경계해야 한다"라고 말하면서, "텍스트의 효과나 구조는 그것의 '진리'나 그 저자의 의도된 의미로 축소할 수 없다"라고 주장한다.[162]

데리다는 니체가 "나는 그 어떤 '신봉자들'도 원치 않는다"라고 했던 말을 인용하고 있다. 그는 "없는 사람"이다. 또한 그는 "지금껏 믿어 왔던 모든 것에 대항하는 충돌"이다.[163] 니체는 자기 시대에 자기가 말하는 것을 들을 "귀"

를 기대하지 않았다.[164] 우리는 키르케고르가 자신이 익명으로 썼던 것을 스스로 공격하는 방식을 취하고 있는 것을 상기해 볼 필요가 있다. 이는 진리가 포장된 채 가만히 있을 수 없다는 것, 그리고 진리는 독자들 편에서의 투쟁, 개입, 결정 등에 붙어야 한다는 것을 보여주기 위함이다.

이제 우리가 데리다의 텍스트 및 언어 이론에 대한 해설을 마무리 짓는 자리에서, 한 가지만 더 보충적인 내용을 주목해보고자 한다. 이는 데리다의 프로이트 사용에 관한 문제이다. 니체와 프로이트는 두 사람이 다 "때론 매우 비슷한 방식으로" 무의식 위에 의식의 우선권을 두려는 것에 대해 강하게 반대하고 있다.[165] 크리스토퍼 노리스(Christopher Norris)와 스피박은 데리다에게 중요한 영향을 준다는 차원에서 니체와 프로이트 사이의 공통점들이 무엇인지를 몇 가지 더 지적하고 있다.[166] 가장 일반적 차원에서 볼 때, 두 사람은 모든 의식적 진술들에 대해 해석학적 회의를 가지고 접근한다. 왜냐하면 이는 무의식적 힘에 의해 조성된 가장의 결과일 수 있기 때문이다. 정신(Psyche)은 어떤 감각의 자극들로부터 "보호" 받는 자리에 숨겨 있다. 데리다는 "프로이트와 글쓰기의 감각"이라는 글에서 프로이트가 구두 발화보다는 글쓰기(데리다 자신이 즐겨 사용하는 넓은 의미의 용어로)로부터 도출된 은유적 모델에 얼마나 가까이 다가가고 있는지를 보여주고 있다.[167]

의식적 마음은 일련의 순간적 지각들을 경험한다. 그런데 이것들이 사건이 지난 오랜 후까지도 무의식 속에 "흔적들"을 남긴다. 무의식 속에 깊이 숨어 있는 흔적들을 해독하기 위해서는 전통적인 명제적 언어 이상의 것이 필요하다. 여기에 프로이트의 정신분석 방법이 중요한 기능을 수행한다. 프로이트는 『꿈의 해석』 등의 책들에서 드러냄과 숨김의 상호작용에 대해 이야기하고 있다. 스피박에 따르면 "숨김이 계시이며 계시가 숨김이라는 이런 인식이 니체와 프로이트를 하나가 되게 한다."[168] 데리다는 이런 논제와 관련하여 폴 리쾨르가 어떤 주장을 하고 있는지 의식하고 있다. 그러나 그 자신은 리쾨르와는 급진적으로 다른, 비 유신론적 방식으로 이 문제에 답하고 있다.

라캉과 크리스테바 같은 또 다른 포스트모더니즘 사상가들은 언어와 텍스트, 그리고 인간 인격체 사이의 관계에 대한 자신들의 이론에서 프로이트의 작업이 얼마나 근본적 자리를 차지하는지를 인정하고 있다. 하지만 데리다는 매우 급진적 함의 하나를 프로이트로부터 취하고 있다. 즉 **인간 정신 그 자체보다 기록된 텍스트가 우선한다**는 인식이다. 이는 실제보다는 이론과 방법의 측면에서 보다 근본적 자리를 차지한다. 데리다의 후기 글들 속에서는 정신분석을 실제적 차원에서 더 많이 사용하고 있으며 "해석"의 범주로서 성적(sexual) 용어들의 사용이 증가하고 있는 것을 본다.

일반적인 측면에서 보면, 데리다는 라캉이나 리쾨르, 줄리아 크리스테바 등과 마찬가지로 프로이트의 "응축"(condensation) 및 "전이"(displacement) 개념들을 소쉬르와 야콥슨의 기호학 체계 속에서 은유, 계열적 관계, 간격의 축(프로이트의 "응축"에 해당)과 환유, 통합, 중심으로부터의 이동의 축(프로이트의 "전이"에 해당)과 연결시켜서 이해하고 있다.[169] 이런 과정의 다중의미 차원에서의 계속적인 반복을 프로이트의 사상 속에서는 "과잉결정"(overdetermination)이라 부른다(연관된 논의는 10장 참고). 하지만 이런 "근본적 개념들"(라캉이 사용하는 표현대로) 못지않게 데리다에게 중요하게 차용되는 이미지 하나가 있다. 이는 프로이트가 무의식의 세계를 하나의 "신비로운 글쓰기 판"에 비유하고 있는 인식이다.[170]

프로이트는 이 은유를 매우 상세하게 설명해준다. 하나의 투명한 셀룰로이드 종이를 얇은 반투명의 왁스먹인 종이 위에 얹는다. 왁스먹인 종이 밑에는 또 송진이나 왁스 판이 놓여 있다. 사건 또는 사물의 지각은 셀룰로이드 판 위에 긁힌 흠집이 생기는 것과 같다. 이 셀룰로이드는 얇고 상처입기 쉬운 종이, 즉 의식적 자아를 "보호"한다. 그런데 의식의 단계 아래에 놓여 있는 왁스판에는 긁힌 흠집의 "흔적들"이 남는다. "외부 자극을 받았던 그 층에는 아무런 지속적인 흔적들이 남지 않는다. …… 그러나 그 '지각된 것'은 과거 속에서만, 그것도 지각 작용 아래에서 사후에 읽힌다."[171]

데리다가 볼 때 이런 인식은 무의식에 대하여 의식의 우선권, 글쓰기보다 말의 우선권을 주장하던 전통적 인식을 뒤집어 놓는다. 뿐만 아니라 이는 글쓰기와 정신의 관계에 대해서도 급진적 새 인식을 가져온다. 프로이트의 은유는 우리로 하여금 정신과 관련하여 이런 질문을 던지게 만든다. **"과연 텍**

스트라는 것이 무엇인가? 만일 정신이 텍스트에 의해 재현될 수 있다고 한다면 그 정신은 어떤 것이 되어야만 하는가?"[172] 데리다의 결론은 이것이다. "흔적은 자아성의 지움이며, 자기 현전의 지움이다."[173]

이런 인식은 기호학 이론으로부터는 거리가 크게 멀어진 하나의 철학적 세계관임을 볼 수 있다. 여기에는 언어와 텍스트, 기호들이 어떻게 작용하는가 하는 질문만이 아니라, 사상과 언어 자체의 본질이 무엇인가, 그리고 이것이 인간 의식 및 상호주체적 세계에 어떤 연관성을 갖는지에 대한 거대한 질문이 걸려 있다. 우리는 데리다의 텍스트와 문학에 대한 관심을 이것이 속해 있는 철학적 틀로부터 분리시켜 취할 수는 없다. 그런데도 다수의 사람들이 그렇게 하고 있다. 텍스트를 "끊임없이 다른 차연적 흔적들을 가리키는 흔적들의 직조물"로 보는 데리다식의 접근이 기독교 신학과 성경 해석을 위하여 큰 가치가 있다고 보는 사람들이 있다.[174]

이런 접근을 긍정적으로 평가하는 사람들은 데리다의 텍스트성 모델이 우리를 고착된 도그마들이나 거짓 안전의 노예상태로부터 구해준다고 믿는다. 뿐만 아니라 개념적 언어를 통해서나 또는 그 속에서 초월적인 것을 진술하려 하기보다 오히려 다중적 비유의 방식으로 초월을 향하게 하는 언어 모델을 제시한다고 보고 있다. 뿐만 아니라 어떤 사람들은 이런 접근이 하라리(Harari)의 표현대로, "포스트모던 비판적 자세가 무엇인지에 대한 정의"라고 평가하기도 하고, 꼭 있어야 할 "포스트모던 위기"를 알리는 종소리라고 반기기도 한다.[175] 힐러리 로슨(Hilary Lawson)의 경우는 기존의 "참과 거짓의 세계, 지위와 우상들, 즉 고정되고 불변적인 것들의 세계가 그렇게 오래 생존할 수 있을 것이라고" 믿지 말도록 권유하고 있다.[176]

"고정되고 불변적인 것들"에 대한 포스트모던 사상가들의 공격은 헤겔 이후, 그리고 딜타이 이후 인간의 언어와 이해의 역사적이고 상황적이며 유한한 성격에 관한 해석학적 통찰이 가져왔던 충격과 유사한 측면이 있다. 하지만 명백히 다른 점이 있다면, 포스트모던 사상가들이 모든 진리와 거짓의 문제, 그리고 모든 우상적인 것들에 대한 비판이 너무나 상황에 의존되어 있기 때문에 모든 것이 불안정하고 급진적으로 다원주의적일 수밖에 없다고 보고 있는 점이다. 이런 차이점을 어떻게 평가할 것인가 하는 문제는 차후에 계속 이어지는 논제들 가운데서 별도로 다룰 것이다. 가다머에 대한 급진적 사회-상황적 해석에 대해서는 9장에서, 아펠과 하버마스, 로티와 리오타르의 주장들에 대해서는 11–12장에서, 사회-문학적 관점들과 독자반응 이론에 관해서는 13–14장에서, 해석학적 다원주의에 의해 제기되는 질문들과 관련해서는 15–16장에서 각각 다룰 것이다.

우리는 다시 한번 에이어(A. J. Ayer)의 논리실증주의가 자체의 세계관을 인기 있는 언어 이론의 옷을 입혀서 팔려고 하였던 일을 상기해보자. 비록 이 세계관 자체에는 문제가 많았고, 또한 언어에 대해 과도하게 단순화된 관점도 문제였지만, 이 사상의 한 부분을 이루었던 반증 가능성 원리의 유산은 어떤 주어진 상황 속에서의 의미 문제와 관련하여 어느 정도 가치 있는 잣대를 제공한 바 있다. 비록 항상 그런 것은 아니겠지만, 어떤 특정한 탐구의 목적을 위해서는 (특히 신학적 진리 주장의 맥락 속에서) 우리가 이 반증 원리의 가치를 제한적이나마 인정할 필요가 있을 것이다.

이런 관점에서 우리가 계속해서 고찰해볼 필요가 있는 두 가지 서로 다른, 그러면서도 연관된 질문들은 이것이다. 첫째, 데리다 및 바르트 방식의 텍스트 이해가 성경 해석을 위해 뭔가 긍정적인 것들을 제시해줄 수 있을 것인가? 이런 관점이 성경 해석에 적용될 때 어떤 득과 실이 따라오게 될 것인가? 둘째, 만일 포스트모더니즘 또는 해체주의적 텍스트 이론이 그 어떤 타당성을 가진다고 한다면 다음 두 가지 명제 가운데 어느 하나가 옳은 것이 될 것이다. 하나는 이것이 뿌리를 내리고 있는 철학적 틀이나 세계관과는 독립적으로 그 스스로의 권리를 가진 텍스트 이론 혹은 기술적 기호학 이론으로 받아들이든지, 아니면, 그 철학적 틀이나 세계관과 아울러 하부 텍스트 이론을 함께 조합해서 취하든지 해야 할 것이다. 하지만 이 두 명제 가운데 어느 하나 또는 둘 모두가 충분히 우리의 동의를 이끌어낼 만한가?

6. 성경해석 속에 들어와 있는 해체주의와 포스트모더니즘

성경 텍스트에 대한 포스트모더니즘 및 해체주의적 접근들에 대한 논의를 시작하기 전에, 그리고 또 이들이 갖는 언어 이론의 정당성을 평가하기 전에, 우리는 먼저 해체주의적 텍스트 이론과 성경 텍스트의 본질에 관한 신학적 입장들(앞서 2장에서 언급한 바 있다) 사이에 커다란 비호환성이 드러나고 있음을 먼저 지적하지 않을 수 없다.

우선 성경 텍스트의 지위와 관련하여, 이를 상호인격적 의사소통의 통로로(심지어 잠재적 통로로)나 인격적 어드레스의 언어로 보는 것이 어렵게 된다. 뿐만 아니라 성경 텍스트를 나사렛 예수의 성육신한 삶과 살아 있는 공동체의 사도적 증거를 그 준거점으로 가진 하나의 체화된 텍스트로 보는 성육신적 원리를 견지하기도 어렵게 된다. 데리다나 바르트에게 상호주체적 세계는 상호본문성(간본문성)에 의해 대체되었다. 자아는 지움의 대상이요, 현전은 부재에 의해 지배당한다.

그렇다고 해서 해체주의가 성경 텍스트의 어떤 구체적 예들에 전혀 연관되는 것이 없다는 말은 아니다. 앞서 서론에서도 언급한 바 있지만, 데이빗 클라인스(David Clines)는 욥기에 나타나는 대화들의 "해체"의 특성을 잘 간파하고 있다. 그에 따르면 욥기는 하나의 교리가 가진 부적합한 측면들을 또 다른 체계화된 교리로 대체하려는 책이 아니다. 잠시 뒤에 가서 보다 자세히 보게 되겠지만, 크로산(J. D. Crossan)은 일부 비유들의 경우 그 작용력이 '세계'를 뒤엎는 방식으로 나타나며, 전도서 같은 책 속에는 성상파괴적 효과의 흔적들이 내재되어 있다는 것을 지적한다.

하지만 여기에는 좀 더 주의 깊은 구분이 필요하기도 하다. 리쾨르가 구분하는 담론 모드들의 성격을 잘 고려해야 한다(앞서 2장의 논의 참고). 예언 모드의 경우는 그 저자인 선지자가 텍스트로부터 이반되면 문제가 생긴다. 찬양 모드와 법규 모드의 담론들도 연결이 쉽지 않다. 어쩌면 연결이 가장 쉬운 모델은 지혜 모드의 경우일 것이다. 이 경우 모든 언어는 비직접성을 가지며, 하나님은 부재하거나 가려 있다. 하나님은 인간의 생각을 능가하며, 텍스트는 독자들의 잘못된 안전장치를 뒤집는 기능을 한다. 데리다는 "묵시론적 어조"에 익숙한 사람이다. 약속된 묵시론적 미래가 현실화, 물질화된다는 차원에서가 아니라, 그것이 **항상 움직여가게** 만든다는 점에서 그러하다.[177] 데리다는 "계속해서 살아가기"를 "고고학과 종말론 사이"의 차연(*différance*)으로, "묵시 안에서의 차연"으로 보고 있다. 그러면서 "그것이 오는 것은 순식간이다"라고 덧붙인다.[178]

글쓰기가 인간 의식보다 우선한다는 해체주의적 인식은 "태초에 말씀이 계시니라"(요 1:1)와 같은 요한 문헌의 말씀에 대한 강조와 뭔가 연결되는 것이 아닐까 라고 생각하는 사람도 있을 것이다. 하지만 이것은 요한의 성육신 신학과 더할 수 없이 멀리 떨어져 있는 사상이다. 앞서 2장에서도 언급했던 것처럼, 성경의 전통들 속에는 언어와 실천, 말과 증거와 삶의 관계가 너무나 긴밀하게 연결되어 있어서, 그 정점이 말의 육화, 즉 말씀이 육신이 된 일(요 1:14) 속에서 이루어졌다.

조프리 하르트만(Geoffrey Hartman)은 자신이 편집한 책『해체와 비평』(*Deconstruction and Criticism*, 여기에는 데리다, 해롤드 블룸, 폴 드 만 등의 글들이 수록됨) 서문에서 이와 같이 밝힌다. "해체는 문학의 힘을 어떤 체화된 의미와 일치시키기를 거부하며, 나아가서 그와 같은 로고스 중심적, 혹은 성육신주의적 관점이 얼마나 우리가 예술에 대해 생각하는 방식에 깊은 영향을 주었는지를 폭로한다. …… 모든 것은 '상호텍스트적/간본문적' 영역 안에 놓여 있다."[179] 말이 전에는 육신이 된 적이 있었을지 모르지만, 이제는 다시금 말은 오직 말일 뿐이다.

여기에서 우리의 목표는 기독교 신학에 근거하여 해체주의의 문제에 대하여 답하고자 하는 것은 아니다. 오히려 어떤 신학적 입장들이 텍스트성에 대한 해체주의식 접근과 호환 또는 비호환되고 있는지를 지적해보고자 한다. 우리는 적당한 자리에서 언어 또는 기호 체계들이 삶과 이반될 수 있다고 보는 잘못된 인식을 언어철학을 바탕으로 논박하게 될 것이다. 이는 주로 비트겐슈타인이 제시하였고, 설 등이 발전시켰던 주제들을 중심으로 하게 될 것이다.

비트겐슈타인은 우리가 언어 "바깥에" 서는 일이 불가능하다는 것을 예리하게 인식하고 있다. 헨리 스테이튼(Henry Staten)은 『비트겐슈타인과 데리다』(*Wittgenstein and Derrida*)라는 책에서 언어에 대한 접근의 측면에서 비트겐슈타인은 해체주의자라고 주장하고 있다.[180] 물론 이 둘 사이에는 "유사점들"이 있고 또한 언어의 문제에 대한 비트겐슈타인의 **진단**은 어떤 면에서는 데리다의 그것을 예견한다고도 볼 수 있다. 하지만 비트겐슈타인이 내놓은 **처방**은 데리다의 그것과 매우 다르다. 비트겐슈타인에게 **특정 경우와 판단들**을 배태하는 **삶과 행위의 양식들**은 기호 체계의 지폐가 유통되는 것을 가능하게 하는 금과 같은 성격을 가진다.

성경 해석의 영역 속에서 우리의 주제에 적합한 특정 예들을 선택하는 데에는 약간의 자의성이 개입된다고 보지 않을 수 없다. 하지만 일부 해석자들에게서 우리는 다른 사람들보다 텍스트 의미의 축소될 수 없는 복수성을 더 강조하는 경향을 찾아볼 수 있다. 이런 방향으로 지속적인 움직임을 보이고 있는 사람의 하나로 우리는 크로산(John Dominic Crossan)을 들 수 있을 것이다.

크로산의 첫 번째 책인 『비유들로: 역사적 예수의 도전』(*In Parables: The Challenge of the Historical Jesus*, 1973)에는 이미 역사를 언어내적 관점에서 이해하는 시각이 드러나고 있다. 뿐만 아니라 비유 텍스트를 하나의 내용 또는 메시지 전달을 위한 통로로서 보다는 어떤 움직임의 작동 과정을 위한 설치 차원으로 이해하는 관점이 두드러진다.[181] 비유들은 독자들의 기대를 뒤집는다. 개념적 기술이 '전적 타자'를 온전히 나타내지 못하는 반면, 은유는 하나의 언어 세계를 확립하고 세운다는 것이다.[182] 그의 강조점은 텍스트 측에서의 독자 효과라는 측면에 놓여 있다.

크로산의 접근에 대한 매우 유용한 비판적 평가 작업을 하고 있는 린 폴란드(Lynn M. Poland)는 이 단계에서의 크로산에게 큰 영향을 주고 있는 문학 이론적 배경은 다름 아닌 신비평(New Criticism)이라고 지적한다.[183] 크로산은 자신의 책에서 클렌스 브룩스(Cleanth Brooks), 에즈라 파운드(Ezra Pound), 엘리엇(T.S. Eliot) 같은 작가들을 자주 인용한다. 필자는 『두 지평』에서 크로산의 배후에 후기 하이데거와 에른스트 푹스 같은 사람들의 영향이 있다고 지적한 바 있다. 이는 크로산 자신이 하이데거와 소위 말하는 '새로운 역사적 예수 탐구'에 관심을 가지기 때문만은 아니고, 예수의 비유들 속의 은유 구조에 관하여 그와 로버트 펑크(Robert Funk) 사이에 긴밀한 유사성이 나타나는데, 이 면에서 하이데거와 푹스, 메를로퐁티 등의 영향이 드러나고 있기 때문이기도 하다.[184]

우리는 두 부분의 영향이 다 작용하고 있다고 보는 것이 좋을 것이다. 린 폴란드는 크로산의 책 속에 나타나는 두 가지 방법론적 특징들을 지적하고 있다. 첫째는 그가 역사를 언어에 포함시키고 있다는 것이고, 둘째는 그가 인지적 내용 대신 형식과 기능에 강조점을 두고 있다는 점이다. 크로산은 이렇게 말한다. "'역사적' 예수라는 용어는 실제로는 예수의 언어와 특히 그의 비유 자체를 일컫는 말이다."[185] 이에 대해 린 폴란드는 이렇게 논평한다. "신비평 비평가들과 마찬가지로 크로산은 이야기 속에 구현되어 있는 의미나 신앙의 내용 대신에 구조와 기능에 초점을 맞춘다. …… 그는 은유의 구조뿐만 아니라 그 내용 또한 해당 내러티브가 묘사하고 또한 청자들이 알아듣는 구체적 상황에 의존하고 있다는 사실을 보지 못하고 있다."[186] 린 폴란드 자신은 여기서 은유를 "주어진 문화적 상황 속에서"의 일상적 의미의 확장으로 바르게 이해하고 있다.[187] 은유가 때로 놀람과 충격을 동반하기도 하지만, 진리의 계시에는 이런 요소 이상이 포함된다는 것을 그는 잘 간파하고 있다.

보다 급진적인 언어 이론의 발전을 우리는 크로산의 두 번째 책인『어두운 간격』(*The Dark Interval*, 1975)에서 감지할 수 있다.[188] 여기서 그는 비유들의 성상파괴적 역할에 초점을 맞춘다. 신화들은 청중을 확신시키는 기능을 하지만, 비유들은 뒤집는 일을 한다. 그리하여 청중들로 하여금 고착된 자리를 떠나 계속 움직이게 만든다. 하지만 이는 적어도 정말로 중요한 일이 걸려 있는 경우 언어로부터 우리가 기대할 수 있는 전부이다. 크로산은 이 점에서 초기 비트겐슈타인이 했던 말, 즉 우리는 우리가 말할 수 없는 것에 대해서는 침묵해야 한다는 말에 호소하고 있다.[189] 이 원리는 형이상학적 명제인 척하는 모든 것에 대해 가차없이 적용되어야 한다는 것이다. 우리가 최대한으로 할 수 있는 일은 비유적 이야기들을 다양하게 말하는 것뿐이다. 그렇지 않은 다른 모든 것은 환상이요 우상이라는 것이다.

이런 원리는 하나님에 대한 모든 언어에 적용된다. 그렇게 될 때 언어는 하나의 불가피한 딜레마를 가져다준다. 다시 말해서 우리는 "'저 바깥에' 무엇이 있느냐 하는 것을 그것을 형상화하고 있는 이야기를 떠나서는" 물을 수 없다는 것이다. 그런데 "만일 그런 이야기가 오직 하나만 있다면" 하나님은 그 이야기 "속에" 있어야 할텐데, 그러면 결국 나는 하나의 우상을 만든 것이 되고, 그렇지 않고 하나님이 내 이야기 "밖에" 있다면, 그런 하나님은 "전적으로 알 수 없는" 존재일 수밖에 없다는 것이다.[190]

린 폴란드는 이를 두고 이렇게 논평한다. "모든 언어가 '간접적'일 뿐만 아니라 비지시적이 되고 있다. …… 하나님에 대해 말하고자 하는 모든 시도가 우상적인 것이 되고 만다. …… 비유들은 계시적이 아니라 전복적이다."[191] 여기에 보태서 말하자면, 비유들은 우리가 가진 유일한 효과적 언어 수단이 된다. 우리가 성경 텍스트에서 기대할 수 있는 최상의 것은 결국 "하나님에게 자리를 제공해주는 것은 비유들" 뿐이라는 인식이다.[192] 다른 것들은 다 "지진과 같은 오류" 위에 집을 지은 것과 같다. 비유는 우리로 하여금 "이야기의 어두운 밤" 속에서 초월의 경험을 할 수 있도록 준비시킴으로써 우리의 모든 안전망을 파괴한다.[193]

크로산이 다음으로 낸 책은 『분명한 것에 대한 급습: 예수와 보르헤스의 유희적 종말론』(*Raid on the Articulate: Comic Eschatology in Jesus and Borges*, 1976)인데, 이 책의 제목은 T.S. 엘리엇의 시에 나오는 "분명한 것에 대한 급습"이라는 문구를 따른 것이다. 이 책의 서문에서 크로산은 구조주의 **철학**(구조주의 방법론이 아니라)에 대한 자신의 지대한 관심을 언급하고 있다.[194] 롤랑 바르트에게 호소하는 자리에서 크로산의 가장 큰 관심은 그의 성상파괴에 관한 것이다. 우리는 실재를 "오직 언어 안에서만" 알 수 있지만, 이것은 사실 "비현실적 실재"이거나 아니면 "현실적 비실재"이다.[195] 우리는 우리의 언어적 세계의 덫에 걸려 있는데, 이를 깨고 우리가 초월의 단초나마 잡을 수 있는 "균열" 또는 "절단"이 있다면 그것은 "웃기에는 너무 심오한 코메디"를 통해

서이다.[196]

크로산은 언어 및 텍스트를 놀이로 보는 인식을 수용하고 있다. 데리다와 바르트와 마찬가지로 크로산에게도 이 놀이는 분명한 확인과 철회 양자를 다 경험하게 한다. "우리는 무한한 심각함으로 영원한 숨바꼭질 놀이를 준비하는 어린아이들이다."[197] 어만(J. Ehrmann)을 따라 크로산은 "놀이는 고정되고 안정된 실재의 배경 위에서 노는 것이 아니"라고 말한다.[198] 그리고 데리다를 따라 크로산은 우리를 텍스트의 "자유놀이, 즉 무한한 교체들이 이루어지는 마당" 속으로 인도하고 있다.[199]

그렇다면 크로산에게 성경 해석의 목적과 본질이 무엇인가? 예수는 모세와 마찬가지로 우상 파괴자의 모습을 가진다. 크로산은 성경 텍스트 안에 나타나는 아이러니, 패러디, 비유, 역설 등에서 "유희적"(다시 말해서 성상파괴적) 차원을 발견하고 있다. 그 하나의 예로 이방 결혼과 관련하여 룻기가 던지고 있는 "유희적 질문"을 들고 있다. 에스라–느헤미야 전통 속에는 이방 여인들과의 결혼이 금지되어 있다. 그런데도 룻은 이방인이라는 사실을 잊어서는 안 된다(룻 1:16, 4:17–22).

또 다른 예로 크로산은 지혜 전통을 패러디 하는 것으로 보는 전도서를 들고 있다. 이 책의 저자는 솔로몬의 마스크를 걸치고 이렇게 선언한다. "오호라 지혜자의 죽음이 우매자의 죽음과 일반이로다"(전 2:16). "빠른 경주자라고 선착하는 것이 아니요 용사들이라고 전쟁에 승리하는 것이 아니며 지혜자들이라고 음식물을 얻는 것도 아니니다"(전 9:11). 이런 예를 통하여 크로산이 내리는 결론은 "하나님은 율법의 그물에 걸리지 않는 것처럼 지혜의 그물에도 걸리지 않는다"라는 것이다.[200]

여기에 언급된 대부분의 경우들 속에는 슈클롭스키(V. Shklovski)가 말하는 "탈친밀화"(defamiliarization)의 문학적 기법이 사용되고 있다. 시적, 경구적, 비유적 이미지들은 우리에게 너무 익숙한 것들(성경의 경우는 확립된 전통들)을 새로운 빛으로 보게 하거나 아니면 이들을 전혀 기대치 못했던 상황 속에 집어넣는다. 예를 들어 마태복음 5:39–41(비교, 눅 6:29)에 나타나는 예수의 언어를 볼 때 처음에는 하나의 친근한 법정 사례의 전통을 발전시키고 있는 것처럼 보인다. 만일 누군가 너의 오른뺨을 치거든 다른 뺨을 돌려대며, 누군가 송사하여 속옷을 가지고자 하는 자에게 겉옷까지 주며, 오리를 억지로 가게 하는 자에게 십리를 함께 가라는 것이다. 크로산이 볼 때 이는 "판례 법상의 신중하고 지혜로운 대비를 의도적으로 전복하는 하나의 패러디"이다.[201] 이는 사람들에게 매우 익숙한 판례 법 형식을 취하지만, 실제적으로는 "우리 자신의 것을 빼앗기는 데 참여하라"는 이상한 명령으로 끝이 나고 있다. 그런 면에서 예수가 법적 전통을 공격하는 것으로 제시된다.

크로산은 자신의 본 영역으로 돌아와서 예수의 전복의 비유가 갖는 역설적 성격을 집중적으로 탐구하고 있다. 그는 세 가지 환유적 역설의 비유를 예로 든다. 그것은 선한 사마리아인의 비유(눅 10:30–37), 바리새인과 세리의 비유(눅 18:9–14), 그리고 부자와 나사로의 비유(눅 16:19–31)이다. 사마리아인과 바리새인, 그리고 나사로는 그 각각이 속한 종교적, 사회적 세계를 대표하는 환유들이다. 은유적 성격의 역설의 비유들로는 탕자의 비유(눅 15:11–32)와 큰 잔치 비유(눅 14:16–24)를 들고 있다. 이 비유들은 은유적 의미의 세계를 열면서 또한 이를 의문에 붙이고 있다.

크로산은 비유들이 저마다의 다른 기능들을 가진다고 보고 있다. 하지만 그의 언어 이론의 관점에서 볼 때, 모든 비유들은 다 '놀이 과정으로서의 텍스트'라는 성격을 가지며, 성상파괴적 "파괴"의 힘을 가진다. 예를 들어 씨뿌리는 자의 비유(막 4:3–20, 비교 마 13:1–9, 18–23)는 알레고리적 비유인데, 이때 "이 알레고리적 비유가 생성하는 해석적 의미는 **다중적**이면서 또한 **역설적**이다."[202]

크로산은 예수의 비유를 아르헨티나의 현대 시인 보르헤스(Jorges Luis Borges)의 비유들과 비교하고 있다. 보르헤스의 경우 그 비유들 속에 어떤 신앙 "체계"가 내재되어 있는 것은 아니다. 하지만 그 성격이 역설적이어서 자체 주장을 스스로 뒤집고 있으며, 반대되는 것을 부수고 있다. 따라서 그의 비유들의 기능은 어떤 주장을 하거나 사실 묘사를 하자는 데 있는 것이 아니라, 독자의 관점을 바꾸고 계속 움직여가게 만드는 데 있다. 바로 이런 점이 크로산의 언어철학뿐만 아니라 그의 신학을 잘 반영해주는 특성이기도 하다. 즉,

우리는 어떤 진리의 계시로서가 아니라 "우리 자신의 유한성을 기꺼이 받아들임으로써"초월을 경험한다는 것이다.[203] "예수는 이스라엘의 반(反)우상적 하나님의 이름으로 말과 형식의 한계를 우리에게 가르쳤다면, 보르헤스는 즐거운 웃음의 이름으로 …… 책의 한계를 우리에게 가르쳤다."[204]

크로산이 『분명한 것에 대한 급습』에서 간단하게 다루고 있는 감추인 보화의 비유(마 13:44, 비교 도마 76, 109)는 그의 다른 책 『발견이 첫 번째 행위: 보물찾기 민담과 예수의 보화 비유』(*Finding is the First Act: Trove Folktales and Jesus' Treasure Parable*, 1979)에서 급진적인 포스트모던 텍스트 이해와 결부되어 상세하게 다루어지고 있다.[205] 랍비들의 비유 속에서는 밭의 거래와 발견의 과정이 먼저 소유권의 이전, 그리고 보물찾기의 순서로 이어진다. 그러나 예수는 이 순서를 뒤집어 놓고 있는데, 그렇게 하면 비유 속의 사람의 행위가 윤리적 측면에서 문제가 될 수도 있다. 랍비들의 비유에서는 발견에 이르는 과정에서의 윤리적 가치에 관한 교육적 내용이 중심이 된다.

크로산이 볼 때 예수의 이 비유의 핵심은 현재의 기회이다. 밭을 사는 것은 발견의 공간을 확보하는 수단이다. 하지만 내용 자체는 여전히 감추어져 있다. 따라서 이 비유는 언어가 그 자체 너머를 가리킬 수 없다는 것을 보여준다는 것이다. "이 비유는 하나님의 나라가 무엇과 같은지를 말해주겠다고 한다. 그 방법을 주의 깊게 살피라는 것이다. 그런데 내가 그렇게 하기를 **실패**하고 그것이 **될 수 없는 일**이라는 것을 배우게 될 때 …… 내 실패가 더 크면 클수록 내 성공이 더 크게 된다."[206]

마지막으로 크로산의 책 『추락의 절벽: 예수의 비유 속에 나타난 역설과 다의성』(*Cliffs of Fall: Paradox and Polyvalence in the Parables of Jesus*, 1980)에서는 다의적 의미 개념을 극단적으로 급진화하면서 "성경 깨우기"나 "다의적 이야기술을 위한 메타모델" 등에서 개진했던 주제들을 더 발전시키고 있다.[207] 이 책에서는 텍스트와 언어를 놀이로 보는 그의 인식이 반성(reflection)이 반사(reflexivity)로 대체된 포스트모던 사고의 특징과 연결되고 있다. 여기서는 더 이상 비유들 자체에 대한 이야기보다는 무한한 자기–지시적 기호들의 흐름 속에서의 "비유들의 비유"에 대한 이야기가 주를 이루고 있다. 이와 관련하여

린 폴란드는 이렇게 논평한다. "크로산이 언어의 영역을 확장함에 따라 그는 자신의 신학적 의도를 옮기거나 아니면 최소한 더 명확히 하고 있다. 비유들은 초월성의 그 어떤 것도, 심지어 아리송하게라도, 계시할 수 없다. 왜냐하면 그것은 전적으로 불가지(不可知)의 신적인 일이기 때문이다. 하나님의 행위는 '감추어진 채 현전'하는 것이 아니라 …… 의미와 질서의 부재 상태로 오직 비어 있을 뿐이다."[208]

크로산에 대한 린 폴란드의 결론적 언급은 이런 것이다. "예수는 이제 우리의 이야기들의 잘못과 자기만족을 충격적으로 일깨우는 선지자적 존재로서보다는 한 사람의 '고대 팔레스틴의 신비가'의 모습으로 묘사되고 있다. 그의 평온하면서도 성상파괴적 정신은 그를 불교의 선사(禪師)들이나 아레오바고의 디오니시우스, '알지 못함의 구름'(Cloud of Unknowing)의 익명의 저자와 같은 반열에 서게 한다. …… 크로산이 왜 데리다에게 매료되고 있는지 이해할 만하다. 메이어 아브람(Meyer Abram)의 적절한 표현대로 데리다는 서양철학의 선사이기 때문이다."[209]

필자는 언어사건의 관점에서 비유를 다룬 1970년의 한 논문에서 푹스와 신해석학에 미친 후기 하이데거의 영향으로 말미암아 예수님의 비유가 마치 선불교의 고안(*koan*, 公案: 인간 사고의 한계를 보여주고자 수행자들에게 모순되고 무의미한 질문들을 던지는 것–역주)처럼 인식되게 되었음을 지적한 바 있다. 후기 하이데거는 스즈키의 선불교에 관한 글을 보고서 "이것이 내가 나의 모든 글들 속에서 말하고자 하였던 바이다"라고 언급하였던 적이 있다.[210] 신학적 해체주의에 대한 비평가의 한 사람인 조셉 프라부(Joseph Prabhu)와 신학적 해체주의의 열렬한 주창자들인 토마스 알티저(Thomas Altizer), 마크 테일러(Mark Taylor)는 한 가지 관점, 즉 "해체된 기독교"와 불교 사이에 긴밀한 유사점이 있다는 지적에는 그 인식을 같이 한다. 마크 테일러는 이렇게 덧붙인다. "데리다의 해체의 어떤 측면은 마드야마카(Madhyamaka) 불교나 또는 나가르주나(Nagarjuna)에 의해 발전된 '중도적 길'(중도론, 즉 존재의 본질과 관련하여 존재하지 않으면서도 존재한다는 나가르주나의 중관사상–역주)과 매우 의미 깊은 유사성이 있다."[211]

이런 측면에서 볼 때 크로산이 은유를 "은유의 은유"로 보는 데리다의 관점을 취하여 예수의 비유 안에서 다의적 이야기술의 모델을 발전시키고 있는 것도 전혀 놀라운 일이 아니다.[212] 크로산은 언어의 미궁 속으로 들어와 있는 두 가지 다른 철학의 종류를 구분하고 있다. 그 하나는 실존주의인데, 이 미궁 속에서 실존주의자들은 구토와 "존재론적 실망"을 경험하게 된다. 왜냐하면 이 안에는 중심이 존재하지 않기 때문이다. 반면에 "구조주의자"나 포스트모더니즘 사상가들은 오히려 이 안에서 편안함을 느낀다. 왜냐하면 "우리는 우리 자신이 미궁을 만드는 자들이라는 것, 또 그 안에는 중심이 없다는 것, 또 그것은 무한히 확장될 수 있다는 것, 그리고 우리는 그것을 놀이로 또 놀이를 위하여 만든다는 것"을 잘 알고 있기 때문이다.[213]

크로산은 이와 같은 놀이로서의 텍스트 이해의 뒷받침을 위해서 기호학 이론으로 돌아가서 찰스 모리스(Charles Morris)와 소쉬르에 대해 잠시 언급하고, 연이어서 바르트와 데리다에게로 나아가고 있다. 텍스트는 끊임없이 놀아야 할 놀이의 대상이라는 것이다. 그렇게 보면 비유의 역설은 "정경적 해석을 배제한다"라는 데 있다.[214] 『추락의 절벽』에서 비유는 "메타비유들"(metaparables), 즉 비유로 말함에 관한 비유들로 정의되고 있다.[215] 비유는 하나의 "완전한 거울"인데, 이 경우 이 거울은 세상이나 하나님의 나라를 비추지 않고 다만 "그 자신"을 비춘다.

크로산의 성경 해석 작업의 일부는 보다 "내용" 중심적으로 설정되어 있기도 하다. 그러나 그의 주된 관심은 "계속하여 움직이는" 텍스트 내에서의 "(때로는 충돌하는) 힘들의 놀이"에 초점이 맞추어져 있다. 예를 들어 "요한복음 6장의 구조적 분석"(1980)이라는 글에서 크로산은 빵과 "먹음" 및 그의 육신과 피에 대한 예수의 비유(요 6:35, 41, 52–66)의 의미가 제자들에 의해서나 유대인들에 의해서 "완성"되었는지 여부에 따라 두 가지 다른 대립되는 텍스트 흐름이 나타나고 있다고 지적한다. "'유대인들'에게 주어진 것에 대해서는 그 마지막 반응이 여태 기록되지 않고 있다."[216]

크로산은 자신의 『추락의 절벽』에서 접근했던 것과 일관된 방식으로 『데리다와 성경 연구』라는 제하의 『세메이아』 특집호(1982년)에 실린 글에서도 자신의 사상을 주장하고 내세우기보다는 데리다와 연관된 질문을 풀어나가는 방식의 접근을 취하고 있다. 특히 그는 데리다의 차연 개념(끊임없는 텍스트 놀이로 독자들을 초청하는)과 부정을 통한(*via negativa*) 신학 사이의 관계 문제에 대한 질문을 던지고 있다. 데리다는 부정의 언어를 사용하여 하나님을 "최상의, 생각할 수 없는, 말로 나타낼 수 없는 존재"로 인식하는 것이 불가능하다고 말한다. 왜냐하면 차연 속에는 현전하든 부재하든 "부정 신학의 최대의 부정으로도" 존재의 범주가 포함될 수 없기 때문이다.[217]

크로산은 여기서 나타나는 딜레마를 취하여 질문을 던진다. 어떤 것이 덜 "형이상학적" 입장인가? 부정신학의 불가능성을 주장하는 쪽인가? 아니면 부정신학의 가능성을 인정하는 것이 덜 형이상학적인가? 크로산은 부정신학이 "좋게 보아도 비정통적인 것으로 의심받아 왔고, 나쁘게 보면 무신론적으로 받아들여졌던" 일을 의미 깊게 보고 있다.[218] 하지만 그런 딜레마 앞에서 크로산은 그 어떤 대답도 미루고 있는 것을 본다. "어떤 질문들은 그 질문을 다르게 바꾸어 표현하는 이상의 대답을 받지 못하는 것이 많다."[219] 이런 결론은 데리다의 정신을 그대로 반영한다.

크로산의 두 책『비유들로』와『분명한 것에 대한 급습』은 어떤 면에서는 성경 해석에 기여하는 바가 있다. 일부(전부는 아니라도) 비유들의 기호학적, 기능적 역동성을 밝히는 측면뿐만 아니라, 성경 전통 속에서 다소 불편하게 생각되는 요소들, 즉 이전의 성경 전통의 "정적" 해석에 안주하려는 경향을 문제시하고 뒤흔드는 일에 주목하게 하는 측면에서도 마찬가지다. 룻기와 에스라-느헤미야 전통의 관계라든지, 전도서와 잠언의 관계 등을 볼 때 우리가 정경의 어느 하나를 다른 것을 무시하고 하나의 "중심"으로, 또는 통제 모델로 삼는 것이 적합하지 않다는 것을 잘 보여준다. 보다 긍정적 용어로 표현하자면 "하나님에게는 하나님이실 수 있는 약간의 자리가 주어졌다."[220]

보다 최근의 글들 속에서 크로산은 예수의 경구들과 관련하여 "발생적 모델"(generative model)을 제시하려 하고 있다. 다시 말해서 "경구적 핵심" 안에서의 "자유 놀이"를 허용한다는 점이다.[221] 이런 표현은 크로산이 해체주의의 "탈 중심" 운동으로부터 미약하나마 방향을 돌리고 있는 것이 아닌가 생각해

볼 수 있게 한다. 어찌 되었건 다만 성상파괴, 의심, "놀이"에만 관심을 갖는 텍스트 이론은 자기파괴적이 되거나 아니면 기껏해야 그것이 허물어뜨리려는 것에 대해 기생적이 될 수밖에 없다. 키르케고르는 이런 점을 잘 간파하고 있었다. 이 때문에 그는 전복의 선지자는 "한 줌의 향신료" 이상이 될 수 없다고 말하는 것이다.

쉐필드 대학의 나의 이전 동료였던 데이빗 클라인스(David Clines)는 수 년에 걸친 히브리어 욥기 텍스트에 대한 연구의 결과로 "욥기 해체하기"(1990)라는 논문을 내놓았다. 그가 해체주의에서 취하고 있는 기본적 인식은 하나의 담론은 "그것이 주장하는 철학을 허물어뜨리거나, 아니면 그것이 의존하고 있는 수직적 전제들을 무너뜨리는 것으로" 보아야 한다는 것이다.[222] 이는 텍스트 안에 나타나는 불일치의 요소를 적발해서 보여주는 차원은 아니다. 클라인스가 말하는 핵심은 이런 허물기의 과정이 표면에 드러난 것보다 훨씬 덜 명료하게 숨어서 진행된다는 점이다.

클라인스는 욥기 속에 서로 다른 두 철학이 대결상태 속에 있다고 보고 있다. 하나는 의로운 사람이 보상을 받고, 고통 받는 것은 악한 자라는 인식이 주변을 맴돌고 있는 전통적 도그마이다. 이런 인식은 욥기 1:1–3, 1:9 등에 그 모습이 드러나고 있다. 그러나 이보다 훨씬 강한 두 번째의 대립되는 원리는 의로운 자도 역시 고통당하며, 경건은 반드시 번영으로 연결되는 것은 아니라는 사상이다. 이 둘은 서로를 은밀하게 허물지는 않는다. 이 둘 사이의 갈등은 표면에 드러나 있다. 하지만 해체의 과정은 욥기 42:7–17의 에필로그 부분에서 나타난다. 이 부분은 사실상 이 책 전체의 중심적 주제를 이루는 위의 두 번째 사상의 불안을 드러낸다. 정면충돌의 양상은 아니지만, 갑자기 지지를 철회하는 방식으로 이 사상을 위태롭게 만들고 있다.

클라인스는 또 다른 해체적 과정이 작용하는 부분을 지적하고 있다. 욥은 전통적 교리와는 반대로 사람이 그 행한 일에 역비례해서 고통을 받을 수도 있다는 것을 보여주는 하나의 대항 모델처럼 보인다. 하지만 클라인스가 볼 때, 욥은 분명히 하나의 모델 역할을 하기도 하지만, 또 다른 한편에서는 우리가 그를 받아들이고 적용하는 것이 적지 않은 불안을 내포하는 인물이기도 하다. 욥의 이야기 속에서 욥은 저항할 권리가 있다는 것을 강조한다. 그러나 이 책은 "또한 사람이 우선 욥의 도덕적 입장에 서 있지 못하다면 욥과 같이 행동하는 것이 아무 것도 좋을 것이 없다는 간접적 경고가 아니겠는가? 만일 그러하다면 우리는 이 책이 격려를 주는 것인지 경고를 주는 것인지 더 이상 분간하기가 어렵다. 욥과 같이 행동하라는 것인가, 아니면 욥처럼 행하지 말라는 것인가? 욥에 대한 이야기는 욥이 제공하는 예 자체를 해체하고 있다."[223]

클라인스의 접근은 욥기 텍스트와 관련하여 매우 타당성 있는 질문을 던지고 있으며, 이제까지 나타난 성경 텍스트에 대한 해체주의적 접근 방법의 예들 중에 가장 좋은 예라고 볼 수 있을 것이다. 그는 여기서 해체주의적 전략의 목적이 도그마로서의 도그마를 제거하는 것이라고 결론짓고 있다. 이런 전략은 욥기서뿐만 아니라 전도서나 일부 예수의 비유에도 동일한 효과를 산출할 수 있을 것이다. 하지만 이것이 그밖의 성경 텍스트들에 똑같은 비중으로 적용되기는 어렵다.

이런 점에서 클라인스의 접근은 마크 테일러(Mark C. Taylor)의 접근과는 다른 차원에 속한다. 테일러의 초기 작품 속에서는 데리다의 해체주의 모델을 일부 성경 텍스트보다는 기독교 신학 자체에 적용하고자 하는 시도가 나타난다. 그는 데리다를 "현재 작업 중인 철학자 가운데 가장 중요한 사람"으로 부른다. 그러면서 자기 자신의 지적 기초를 빚지고 있는 사람들로 헤겔(특히 그의 동일성과 차이의 문제)로부터 키르케고르와 니체, 하이데거를 거쳐 데리다에 이르도록 거론하고 있다.

테일러는 포스트모더니즘이 나타날 수밖에 없었던 결정적 촉매제가 해석의 필요성에서부터 "해석을 해석하기"로의 관심 이동이었다고 주장한다.[224] 이는 다르게 표현하면 반성에서 반사(되비추기)로의 이동이다. 하지만 이와 같은 메타비평적 이동은 자아의 일체성을 포함하여 우리가 믿는 모든 것을 "폭로시키는" 일을 한다. 테일러는 "포스트모더니즘의 특징들 가운데 하나가 자아의 죽음"이라고 밝힌다.[225] 그는 바르트의 "저자의 죽음" 및 데리다의 "현전 비판"을 수용하고 있다. 그에게 텍스트성은 "끝없는 흐름"이다. 그 흐름은 어떤 범주라도 넘어 들어갈 수 있다.

테일러는 데리다의 "현전의 부재" 개념을 신학화하여 "모든 절대적 자기 현전의 비움(*kenosis*)"이라는 일종의 성육신적 신학을 세워가고 있다.[226] 그에게 성경 텍스트는 "십자가형 말씀"의 무한한 놀이를 보여준다. 그 안에서 연기 및 해체, 그리고 지움 등이 십자가 및 윤리적 "무자아성"의 경험 속에서 은유적 확장을 이루어간다. 크로산과 마찬가지로 테일러도 그 자신이 "**급진적** 비판의 성상파괴" 작업에 개입하고 있노라고 밝힌다.[227] 키르케고르와 헤겔, 니체, 데리다 등이 함께 만들어낸 "도미노 효과"가 포스트모더니즘을 불가피한 것으로 만들어 놓았다. 이 속에서 "세상은 미결정적이고 불가해적가면 놀이의 장이 되고 있다." 텍스트 놀이는 "계시(revelation)가 다시 숨김(reveilation)"이 되는 곳에서 일어나며, 이 모든 것이 "실수하기(erring)를 끝이 없는 일로 만든다."[228]

소위 상식(common sense) 철학이 지배적인 영국의 토양에서는 과연 이와 같은 이론에 대하여 반증이나 오류 검증을 제시할 만한 것이 무엇이 있겠는가라는 질문을 던지고 싶은 충동이 일어나지 않을 수 없다. 다시 한번 우리가 강조하고자 하는 것은 만일 해체주의나 포스트모더니즘의 성상파괴적 방법이 반형이상학을 표방하는 하나의 세계관으로 부풀려지게 될 때, 그러면서 실제적으로는 그 자체가 하나의 대안적 형이상학으로 기능하게 될 때, 이 모든 체계는 결국 다른 누군가의 긍정에 대한 단순한 부정에 지나지 않게 되고, 마침내 자기파괴의 결과에 빠지게 될 것이다. 뿐만 아니라 이를 그 자체로 하나의 텍스트성 모델로 받아들이게 될 때, 이는 하나의 체계(그것도 표면적으로는 그 어떤 체계도 인정하지 않는) 안에 모든 텍스트들을 몰아 넣어 그 위에 군림하려는 입장이 되고 말 것이다.

철학자들이나 신학자들이라면 주전 5세기와 6세기의 파르메니데스(Parmenides)와 에베소의 헤라클레이토스(Heraclitus of Ephesus) 이후로 실재를 형이상학적 존재로 보는 관점과 항상 변하는 흐름으로 보는 관점 사이의 양극화된 차이가 있어 왔다는 것을 잘 알고 있을 것이다. 헤라클레이토스는 실재의 본질을 키케온(*kykeōn*: 포도주와 보리죽, 그리고 채로 친 치즈를 섞은 것, 호메로스의 *Iliad* II 624, 641)을 마시는 일에 비교하면서, "만일 이것을 섞지 않으면 따로 따로 떨어지고 만다"라고 말하고 있다(Heraclitus, *Fragments* 125). 그는 실재를 투쟁과 갈등, 운동, 대립적인 것들 사이의 여러 가지 긴장 관계 등으로 구성된 것으로 보았다. 이와 같은 철학적 입장에 내포된 논리와 함의는 항상 논쟁의 대상이 되어 왔다. 아리스토텔레스는 헤라클레이토스가 모순 논리를 어기고 있다고 지적한다. 우리는 테일러에게서도 이런 면을 볼 수 있다. 그는 해체의 모델이 "기독교의 무자아성"이나 "유대교의 유배", 또는 불교의 "공(空)"의 개념에 똑같이 우호적이라고 말한다.[229]

하틴(P. J. Hartin)은 텍스트를 "이미 정의된 물체"로 보지 않는 롤랑 바르트의 관점을 따라 신약 비유 텍스트를 해체주의적 시각에서 연구하는 두 연구물을 내 놓은 바 있다(1988년과 1991년). 하틴은 해체주의가 하나의 독립 "방법"이라고 보지 않는다. 오히려 그것은 텍스트를 그 저자의 "군림" 상태로부터, 또는 바르트의 표현대로 "아버지의 사인"으로부터 자유롭게 분리시켜 놓는 일을 한다. 하틴은 1991년의 논문에서 씨 뿌리는 자의 비유(막 4:1–9)가 다양한 "상호본문들/간본문들"(intertexts) 속에 재상황화됨으로써 끝없는 읽기에 열려있다고 주장한다. 그는 테일러의 결론을 따라 텍스트는 "언제까지나 미완성"이라고 말하면서 독자를 저자로 바꾸어 놓고 있다.[230] 이와 같은 의미 이해는 전통적 역사 비평의 의미 이해와 급진적으로 다르다고 그는 스스로 평가한다.

신학 쪽에서 데리다나 해체주의 사상의 일부 측면에 공감을 나타내는 사람들 중에는 그 사상 자체를 끝까지 다 따라가지 않는 사람들도 있다. 예를 들어 칼 라쉬키(Carl A. Raschke) 같은 사람은 데리다를 단지 하나의 출발점으로만 취하고 있다. 그는 데리다의 기호 철학을 수용하면서, 기호의 상대성 및 자기지시적 성격을 강조하기 위해 데리다의 차연(*différance*) 개념을 끌어들이고 있다. 그는 "기호는 그 자신의 의미화의 의도를 말소한다"라고 주장한다.[231]

하지만 라쉬키는 하이데거에서 데리다로 옮겨가지 않고, 오히려 데리다에서 하이데거로 옮겨가고 있다. "언어의 해체는 언어로 하여금 무언가를 **의미하는 힘**을 가지도록 해방하는 것을 말한다."[232] 이런 과정을 라쉬키는 "급진적 해석학"이라고 명명하는데, 이것이 목표로 하는 것은 기록된 텍스트로부터

"의미론적 잠재력"을 해방시키는 일이다.[233] 그 결과는 데리다의 그것과는 다르고, 오히려 리쾨르나 가다머, 하이데거에 가까운 것이 되고 있다. 그가 보는 "신학은 대화론이 되고 있다."[234] 라쉬키는 언어를 기호 체계의 '나와 그것'(I–it) 관계에서 건져내야 한다고 주장한다. "모든 기호들은 우상들이다. …… 하나님의 말씀은 기록된 문자의 멍에로부터 풀려나야만 한다. 대화는 말과 말 사이에 이루어지는 것이 아니라 살아 있는 인격들 사이에서 이루어진다. 이것이 **말씀**(*logos*)이 육신이 되었다는 신학이 갖는 종말론적 의미이다."[235] 이와 대조적으로 데리다에게 "원초적 음성"은 더 이상 들리지 않는다. 사람은 다만 쓰고 또 쓸 뿐이다. 라쉬키는 데리다의 유대적 뿌리를 명시적으로 언급하지는 않지만, "데리다의 방법은 가장 일차적으로 탈무드적"이라고 지적한다.[236]

이제 마지막 예로 우리는 데리다 자신이 묵시 문학 및 요한의 묵시록에 관심을 기울이고 있는 것을 주목해보고자 한다. 데리다는 이런 형식의 글들 속에서 중요한 강조점은 "깨어라 …… 내가 네게 올 것이다"(계 3:1–3)와 같은 표현 속에 잘 나타나는 것처럼 과정과 약속에 놓여있다고 주장한다. 무엇보다 데리다가 주목하고 있는 것은 이런 점이다. 즉, "묵시 장르보다 더 보수적인 것은 아무것도 없다. 감추어져 있고, 감추기도 하며, 마스크에 가려져 있고, 코드화되어 있다." 그것은 "목소리들과 장르들과 코드들을 섞어서" 막힌 것을 뒤집는 방식으로 흘러간다.[237] 따라서 여기에는 로마의 안정이 보장해주지 못하는 다른 것을 향한 깨어 있음이 요구된다. 묵시록의 복잡한 언어는 암시 위에 암시를, 그리고 해석 위에 해석을 구축함으로써 마치 하나의 "조성 음악" 또는 "음조의 그물망"과 같은 결과를 빚어낸다.

데리다가 그의 글 "살아가기"(Living On)/"경계선"(Border Lines)에서 표현하고 있는 것과 유사한 방식으로, "오라"고 부르는 반복적인 초청(계 6:3, 5, 7, 17:1, 21:9, 22:17)은 반사, 반향, 공명, 운동들을 빚어낸다. 이는 "묵시론적 소리"이다. 그러고 보면 데리다가 요한계시록에 관심을 갖는 것이 우리에게는 전혀 이상한 일이 아니다. 그는 이렇게 말한다. "텍스트가 텍스트인 것은 첫 눈에 읽을 때, 또 처음 오는 사람에게 그 제작의 법칙과 그 놀이의 규칙을 감추는 한에서만 그러하다."[238]

7. 해체주의에 대한 철학적 평가 및 비판

이제 우리는 앞서 살펴본 것들을 바탕으로 네 가지 일반적인 결론들을 제시해보고자 한다. 그 중 첫 번째의 것은 포스트모던 텍스트 이론이 성경 해석과 관련하여 전적으로 부정적인 것만은 아니라는 점에 대한 지적이다. 그리고 나머지 세 개는 해체주의에 대한 심층적인 비판에 해당된다. 이 부분에서의 우리의 논의를 위해 후기 비트겐슈타인의 견해들을 주로 참조해볼 것이다. 물론 이 부분 속에서 필자의 관심은 비트겐슈타인을 상세히 해설하는 데 있는 것은 아니다. 이 작업은 다른 곳에서 다루어진 바 있다.[239] 다만 우리의 주된 강조점은 해체주의 철학에 내표된 문제점들을 조형해내는 데 비트겐슈타인과의 대화가 도움이 된다는 것이다.

(1) 우리가 이 장에서 헤쳐 나온 긴 여정은 결코 부정적인 결론만 남기는 것은 아니다. 사회적 습관과 논리 사이의 관계에 대해 퍼스가 남긴 철학적 질문들은 아직도 해명해가야 할 여지가 남아 있고, 또한 소쉬르와 보다 최근의 기호학 이론에서 개진한 개념적 틀들은 의미와 코드, 그리고 텍스트와 관련된 질문들에서 빼놓을 수 없는 도구들이다. 문화적 전통들을 자연스러운 것으로 보지 않고 그 안에 붙박여 있는 코드들을 의심의 눈으로 바라보는 롤랑 바르트의 시각 또한 오늘날의 의구의 해석학에서 중요한 요소의 하나로 작용하고 있다. 더 나아가서 이런 요소는 마르크스주의, 페미니즘, 흑인 신학 등을 포함하는 사회-비판적 해석학의 다양한 접근 방법들과도 긴밀하게 연관되어 있다.

예수의 비유 연구 및 성경의 서로 다른 전통들 사이의 관계에 관한 크로산의 작업은 일차적으로(물론 전적으로는 아니겠지만) 성상파괴적 성격을 가진다. 그는 우리가 성경 텍스트 읽기를 "끝마칠" 수 있다고 생각하는 안일한 인식을 문제 삼는다. 비유나 경구, 상이한 전통들의 관계에 관한 그의 연구는 모두가 성경 해석에서 일말의 긍정적 측면을 가진다.

클라인스의 해체주의적 관점에서의 욥기 연구는 그 동안 간과되어 왔던 이 책의 특성을 밝히는 측면에서 긍정적 기여를 하고 있다. 텍스트에 대한 단순한 해석은 그 자체가 우리의 삶에 하나의 통제적 패러다임의 지위를 차지하여서, 우리가 거기에다 절대적 신뢰를 부여하는 일종의 준 우상적 역할을 할 수도 있다. 특히 이는 이 해석이 전능적 지시자의 지위를 가지고 "영원히 불변적인" 고정성을 확보할 때 더욱 그러하다. 따라서 환상이 깨뜨려져야 할 필요가 있고, 특히 어떤 교리나 해석이 전적으로 은유 위에 서 있는 경우에는 그 사고와 행위의 은유적 기초가 잘 점검되어야 할 필요가 있다. 비트겐슈타인은 "철학의 전체 구름이 한 방울의 문법 속에 집약될 수 있다"라고 말한다.[240]

텍스트를 하나의 고정된 정적 실체로보다는 움직임으로 또는 자라가는 구조물로 보는 은유적 시각은 우리로 하여금 성경 텍스트와 관련해서도 우리가 그 텍스트를 한번 읽고서 마치 "정복했다"라는 듯이 끝낼 수 없다는 것을 상기시켜 준다. 오히려 성경은 우리를 계속하여 더 나아가도록 이끌어준다. 언어적 발화와 관련하여 비트겐슈타인이 그의 책 『문화와 가치』(*Culture and Value*)에서 했던 말이 성경 텍스트에도 적용될 수 있을 것이다. "어떤 말은 씨를 뿌리는가 하면, 또 어떤 말은 거두어들인다."[241]

하지만 해체주의적 접근이라는 모델이 텍스트성 이해에 대한 총괄적 범례가 될 수는 없으며, 특히 성경 텍스트와 관련해서는 더욱 그러하다. 우리가 마이클 피쉬베인이 말하는 "성경 내적" 주해 및 그 역동성이나, 간본문적 텍스트가 일으키는 힘들의 놀이를 충분히 수용한다고 하더라도, 이것이 이야기의 전부는 아니다. 초대 기독교 공동체들은 이전 세대에서 "여러 부분과 여러 모양으로(히 1:1)" 주어졌던 말씀이 예수 그리스도 안에서 결정적이고 최종적, 종말론적 지위를 가지게 되었다고 선포하는데, 이것이 갖는 함의가 무엇이겠는가?

야콥 노이스너(Jacob Neusner)는 유대인 탈무드 텍스트와 관련하여 "텍스트 구조" 혹은 "직조망" 같은 은유적 표현을 더 선호하고 있다. 샤마 프리드만(Shamma Friedman)의 경우는 "성층화"(stratification)라는 표현을 사용한다.[242] 마이클 와즈워스(Michael Wadsworth)는 그의 책 『성경 읽기의 방법들』(*Ways of Reading the Bible*, 1981)에서 유사한 표현을 사용하고 있다. 하지만 우리가 신약의 메시지를 이와 동일한 텍스트 이해 속에 포함시켜서, 계속되는 텍스트 해석이라는 관점보다는 과정과 흐름이 지배적인 텍스트성이라는 은유의 관점으로 그 메시지를 볼 때, 과연 우리는 그 종말론적 성격이나 그것이 갖는 기독론적 진리 기준을 바르게 포착하고 평가할 수 있겠는가? 우리가 뒤에 가서 볼 사회–실용적 해석학이나 피쉬의 독자반응 모델과 관련해서도 우리는 마치 해석이 오직 해당 사회 역사의 산물이기만 한 것처럼 자기 공동체 바깥으로부터의 비판이나 폭로가 있을 수 없다고 보는 결론에 동일한 반대를 표하고 있다.

(2) 우리는 여기에서 **세계관**이냐 아니면 **방법**이냐를 엄격히 구분할 필요가 있다. 의미가 단순히 언어적 요소들과 언어외적 세계 사이의 지시적 관계에만 국한되는 것이 아님을 우리가 충분히 인정하고, 또 해석학이 텍스트 해석들의 해석들을 다루는 영역이라고 인정한다고 하더라도, 왜 굳이 이것이 무한한 기호들의 고리라는 인식이나 또는 무한한 메타언어나 코드의 층위들이라는 인식으로 귀결되어야만 하는가? 우리가 하이데거에 의해 정형화된 그런 언어관을 받아들인다 하더라도, 우리는 이 틀 안에서도 예를 들어 허버트 드레퓌스(Hubert Dreyfus)의 철학적 입장을 얼마든지 선택할 수 있고, 기호를 언어 이전 단계의 **공유된 실행들**의 바탕 위에 세우는 것이 여전히 가능한 일이다. 드레퓌스의 "전체론"(holism)에서는 언어상호적 "차이들의 놀이" 대신 공유된 실행 개념이 대체되어 강조되고 있다.[243]

리처드 팔머(Richard Palmer)는 "포스트모던 전환"이 인간 주체성 및 의식을 넘어가려는 시도를 하고 있다고 지적하며, 특히 기호학적 체계가 인간 주체의 판단을 고려하지 않고서도 의미를 생성할 수 있다고 보는 이론이 이런 움직임을 정당화시켜주는 것처럼 보인다고 지적한다.[244] 하지만 여기에는 치명적 결함이 놓여 있다. 체계(랑그)는 그것이 인간의 선택과 판단을 전제로 하는 실제 파롤 속에서 실행되기 전까지는 단지 잠정적이고 추상적인 것으로 머무르고 만다는 점을 놓치고 있는 것이다.

우리는 앞에서 소쉬르와 그의 후계자들이 제시한 중심 개념들, 즉 "기호의 임의성"이나 랑그와 파롤의 구분, "차이" 범주의 적용 등이 포스트모던 이론의 가능성을 열어 놓는 정도의 일을 하고 있음을 보았다. 그러나 이것이 프로이트나 니체의 회의나, 후기 하이데거의 서양 철학 “다시 읽기”와 같은 하나의 철학적 세계관과 결합되었을 때 그 가능성이 현실로 드러나게 되었다. 의구의 해석학을 **하나의 방법으로 사용하는 것**과 회의의 원리를 **하나의 세계관으로 삼는 것**과는 전적으로 다른 문제이다. 10장에서 우리는 리쾨르가 프로이트의 방법들을 사용하면서도 그의 세계관은 거부하는 예를 보다 상세히 볼 것이다.

자연과학 속에서도 전문가들이 실증주의적 원리나 과학적 방법을 정당하게 사용할 수 있지만, 일부는 이를 실증주의나 과학적 세계관으로 바꾸어버리는 것을 볼 수 있다. 해체주의자들은 기호학 이론을 이런 방식으로 전환시켜버린 사람들이다. 순수하게 언어에 적용되는 **방법**으로서의 언어적 모델을 언어와 실재를 **동일시**하는 하나의 **세계관** 모델로 바꾸어버린 것이다.

해체주의자들의 이와 같은 전환은 그 자체의 문제점을 피해갈 수 없다. 첫 번째 문제는 우리의 모든 인지가 **언어적**이기 때문에 우리는 언어 바깥에 설 수가 없고, 따라서 언어가 우리의 실재를 **구성한다**는 주장과 관련된다. 이런 논리는 철학적 유아론(solipsism)이 갖는 논리와 유사하다. 즉, 내가 알 수 있는 것은 나 자신의 마음 상태뿐이다. 따라서 나는 나 자신의 마음 상태 외에는 그 어느 것도 믿을 수 있는 근거를 가지지 못한다는 것이다. 만일 이런 인식론적 유아론이 존재론적 유아론으로(다시 말해서 하나의 세계관으로) 바뀌게 될 때, 여기에 따라오는 결과는 나 자신의 마음 상태가 실재의 모든 것을 **구성한다**는 논리로 귀착될 것이다. 분명히 그렇지 않다고 생각하는 비판자라도 자신이 내 마음의 투사가 아니라는 것을 나에게 논리적으로 증명해 보일 길이 없다. 크로산은 “우리는 물고기가 바다에서 헤엄치듯이 언어 속에서 헤엄친다”라고 말하는데, 이 말은 “우리는 우리 마음 상태 속에서 헤엄친다”라고 주장하는 것과 철학적으로 크게 다르지 않다.

이 두 진술과 관련하여 비트겐슈타인은 유아론자가 이야기하는 것이나 언어 철학자가 이야기하는 것이 그 의미의 측면에서는 옳지만, 그러나 이런 입장이 결코 도움이 되지도 않고 건설적이지도 않다고 말한다. 왜냐하면 이런 명제가 어떻게 인간 행동과 실행들로 구성된 상호주체적 세계 속에서의 실제적 삶에 영향을 주는지 확인할 수 있는 길이 없기 때문이다. 돈 큐핏(Don Cupitt)은 신학적 측면에서 우리의 인지의 언어적 본질과 언어내적 텍스트성 속에서의 인간의 자리를 다루는 책을 출판한 바 있다. 그는 신학을 그와 같은 영역 속에 축소시키는 입장을 취하고 있다. 우리는 이런 견해가 갖는 문제점을 14–16장 속에서 좀 더 자세히 살펴볼 것이다.

이런 문제들에 대한 비트겐슈타인의 '대답'(그 자신이 이런 표현을 쓰는 것은 아니지만)은 **의미의 공적 판단 기준**의 필요성이라는 말로 집약이 될 수 있을 것이다. 언어가 어떻게 상호주체적 세계와 실제적으로 연계가 되는지를 우리가 볼 수 있을 때, 여기에서 우리는 어떻게 언어적 지폐를 실물로 바꿀 수 있는지를 알 수 있게 된다. 현실주의자와 유아론자(현재의 문맥에서는 우리가–마주치는–그대로의–현실을 언어내적 세계와 동일시하는 사람들) 사이의 논쟁이 갖는 문제점은 "한 쪽이 일반적 표현 형식을 공격하면서 마치 하나의 성명을 공격하듯 하는데 반해, 다른 쪽은 스스로를 방어하되, 합리적인 사람이면 누구나 지각할 수 있는 사실들을 마치 성명을 발표하듯 한다"라는 것이다.[245] 하지만 비트겐슈타인은 『쪽지』(*Zettel*) 에서 "단어가 어떻게 이해되어야 할 것인가 하는 문제는 단어만 가지고 말할 수 있는 것은 아니다"라고 밝힌다.[246]

데리다주의자들은 니체식 회의주의가 하나의 **세계관** 자체를 제시하는 것은 아니라고 논박할지 모른다. 왜냐하면 니체 자신이 후기 하이데거나 그 밖의 사람들에 의해 급진적으로 "다시 읽힌" 관점 및 문제의식의 통로일 뿐이기 때문이라는 것이다. 하지만 이런 형태의 과정으로서의–텍스트 이론이 해체주의의 원인인가 아니면 결과인가? 이 이론이 그 자체의 기반 위에 스스로 설 능력이 있는가 아니면 소위 "회의주의의 역설"(내가 알지 못한다는 것을 어떻게 아는가?) 문제에 대처하는 표준적 철학적 움직임의 기호학적 가장의 한 형태인가?

앞서 마크 테일러의 글을 다루는 자리에서 보았던 것처럼, 데리다식 접근 방식은 전통적인 방식은 아니다. 주장과 반대의 전통적 틀을 벗어나서 메타언어들의 층위들(체계들 안의 또는 하부의 체계들, 다른 텍스트에 의존하는 텍스트들, 해석들의 해석들의 해석들)을 구분해내는 일을 그 과제로 삼는다. 이렇게 할 때 전통적 틀은 허물어지고, 통상적인 주장들과 반대들은 더 이상 주장들과 반대들로서의 성격을 유지할 수 없게 되고 만다.

(3) 또 하나의 중요한 문제점은 데리다와 바르트에게 "말하는 주체"의 기능이 상실되고 있다는 점이다. 우리가 앞서 보았던 것처럼, 이런 점은 "포스트모던 전환"(팔머의 표현대로)의 가장 두드러진 특징 가운데 하나이다. 다시 한번 이런 점은 언어를 체계들의 그물망(랑그)으로 이해하는 소쉬르의 원래 취지와 맞지 않는 요소이다. 왜냐하면 랑그의 잠재적 가능성들은 말하는 사람 편에서의 **의식적 판단들**의 결과로 일어나는 파롤의 사건 속에 구체적으로 현실화되기 때문이다. 특히 이런 부분에서는 허쉬(E. D. Hirsch)의 소쉬르 해석이 탈리스의 예리한 지적과 더불어 전적으로 타당성을 가진다.[247] 심지어 하나의 메타시스템으로 생성된 어떤 새로운 체계를 누군가가 이론적으로 가공한다고 할 때도, 이는 이전의 인간 판단의 선택들이 반영된 파롤의 구체적 용례와 관습으로부터 자라난 것일 수밖에 없다. 이와 같은 직조관계가 판단의 가능성을 위한 기초를 제공하기도 하고 또한 그것을 조건화하기도 한다. 비트겐슈타인은 이렇게 말한다. "모든 기호는 그 자체로는 죽은 것처럼 보인다. 그것에게 생명을 주는 것이 무엇인가? 사용 속에서 그것은 **살아난다**."[248]

비트겐슈타인은 우리가 어떤 질서를 이해하고자 할 때, "있는 것은 오직 소리와 잉크 자국들 뿐"이라고 생각하는 유혹에 빠지기 쉽다고 지적한다. "마치 기호들이 우리 속에서 이해를 만들어 내는 것처럼 생각한다. …… 여기에서 우리는 철학의 그 막다른 길에 빠지기 쉽다."[249] 비트겐슈타인은 묻는다. 어떻게 화살표가 "가리키는가"? "종이 위의 죽은 선이 그렇게 할 수 없다. …… 화살표가 가리킬 수 있는 것은 **어떤 살아 있는 존재가 이를 적용하여 사용하는 경우뿐이다**." "**오직 사상과 삶의 흐름 속에서만** 말들은 의미를 가진다."[250]

비트겐슈타인의 후기 철학을 보면, 이런 주장이 단순히 의미를 "사물 또는 실체들" 속에서나 "정신적 사건들" 속에서, 또는 모든 것이 언어적으로 존재하고 우리는 그것을 벗어날 수 없는 그런 세계 속에서의 지시의 과정 속에서 찾는 것이 아님을 잘 알 수 있다. 오히려 그가 강조하고자 하는 것은 말하는 주체로부터나 상호주체적 판단 및 실행으로부터 분리된 언어는 안정성도 구매력도 가지지 못한다는 사실이다. 의미의 공적 판단 기준이 없이는 우리는 의미들을 나 자신의 의미 추정들을 가지고 평가할 수 있을 뿐이다. 이는 마치 어떤 사람이 "신문에서 말하는 것이 다 참되다고 스스로를 확신시키기 위해서 여러 종류의 조간신문들을 사는 것"과 같다.[251] 상호주체적 세계 속에서의 삶과 판단의 패턴과 분리된 언어는 "다른 것이 함께 돌지 않고 그 하나만 돌고 있는 바퀴를 기계의 일부라고 말할 수 없는 것"과 같다.[252]

언어는 패턴들, 규칙성, 체계의 "규칙들"을 전제로 한다. 하지만 어떤 살아 있는 사람이 어떤 상호주체적 삶의 맥락 속에서 그 **적용**(비트겐슈타인의 Anwendung, 소쉬르의 parole)을 위한 판단을 하지 않는 한, "이 규칙은 공중에 매달린 것이 되고 만다. 왜냐하면 그 사용(Anwendung)의 장이 결핍되어 있기 때문이다."[253] 규칙들의 해석에 관한 규칙들은 롤랑 바르트가 이해하는 것처럼 무한한 메타언어들의 연장으로 구성되기보다는 비트겐슈타인과 가다머가 보는 것처럼 "훈련"(Abrichtung)이라 부를 수 있는 언어적 경험과 비판적 판단의 패턴으로 구성된다.[254]

언어 체계를 물려받는 것은 체스 판 위에 말들을 놓는 것과 같다. 그 위에서 말들을 움직일 때 수많은 판단들이 작용하는 것과 마찬가지로 화행이나 파롤은 구체적 판단에 기인한다. 앞서도 인용한 바 있지만, 비트겐슈타인은 이렇게 말한다. "명명(naming)은 아직은 언어 게임에서 말의 이동이 아니다. 판 위에 체스의 말 하나를 올려놓는다고 해서 그것이 체스 게임에서의 말을 이동시키는 것은 아닌 것과 같다."[255]

칼-오토 아펠은 기호학 이론과 포스트모던 사상의 기본 요건들 사이에 우리가 심각하게 받아들여야 할 진정한 관계성이 있다는 것을 심도 있게 인지하고 있다. "자체 반사적 수단"이요 "메타 기구"로서의 언어는 "모든 반성되지 못한 사회적 규범들에 대한 비판의 기능을 가진다. 그러면서도 또한 동시에 모든 기구들의 메타 기구로서" 언어는 개별자들로 하여금 "자신들의 단순히 주관적 생각" 이상으로 넘어갈 수 있도록 이끌기도 한다.[256] 이런 점은 바르트나 대부분의 포스트모더니즘 사상가들이 동일하게 이야기하고 싶어 하는 그런 지적일 것이다.

하지만 아펠은 계속 이어서 언어의 바로 이런 특성이 사람들로 하여금 "상호주체적 의사소통이나 사회적 규범들에 참여하도록 강제한다"라고 강조한다. 이와 같은 사회-비판적 해석학은 상호주체적 인간 공동체를 기본 출발점으로 가지며, 언어적 기호들이 "가능한 실천 및 가능한 경험"과 연관되어 있다는 것을 전제한다. 실용적 기호학은 사회적 삶과 관계된 상호작용적 판단을 포함함과 동시에 "해석의 행위가 그 자신 역사적 존재인 인간 주체를 부인할 수 없는 지시체로 가진다는 사실"을 또한 포함한다.[257]

기호와 인간 주체 혹은 작인자(agent)의 관계에 관련된 토론에 참여하게 된 또 다른 중요한 한 인물이 있다. 많은 면에서 데리다와 매우 가까운 입장을 취하는 줄리아 크리스테바(Julia Kristeva, 1941년생)이다. 그녀는 불가리아에서 태어났고, 파리에서 롤랑 바르트 밑에서 언어학과 기호학을 공부하였다. 자크 라캉을 따라 그녀는 기호학에 대한 후기 구조주의 및 포스트모더니즘 관점에서의 접근을 프로이트의 정신분석적 방법과 결합시키는 시도를 하고 있다. 그런데 데리다와는 대조적으로 그녀는 "말하는 주체"를 기호학에 다시 이끌어 들이는 일을 하고 있는데, 이는 언어와 인간 몸의 관계에 관한 그녀의 관심을 반영하며, 나아가서는 문학 사회학의 기초를 놓는 일과도 관계된다.[258]

그렇다고 크리스테바가 '텍스트 배후의 저자'라는 전통적 인식으로 되돌아가고 있는 것은 아니다. 텍스트는 "저자"를 갖는 것이 아니라 "글쓰는 주체"를 가진다. 우리는 앞서 간본문성(intertextuality) 주제가 그녀의 핵심 개념 가운데 하나라는 것을 보았다. 여기서 "글쓰는 주체"는 텍스트에 의식적 생산 및 반응뿐만 아니라 무의식적 존재 양식을 가져다준다. 크리스테바는 바르트와 마찬가지로 기호학이 언어 속에 숨겨진 문화적, 문학적, 정치적 이데올로기들을 폭로하는 기능을 가진다고 보고 있다. "기호학의 비판이 아닌 기호학은 있을 수 없다"라는 것이다.[259]

하지만 그녀의 책 『시적 언어의 혁명』(*Revolution in Poetic Language*) 에서 크리스테바는 기호학적인 것과 상징적인 것을 구분한다. 그리고 이것이 언어의 생체–물리적, 사회학적 선제 조건이 된다고 보고 있다. 생체–사회–물리적 동기들은 "에너지와 그 각인 모두를" 옮기고 집약시키는 기능을 한다.[260] 이 "동기들"(drives)이 몸 속에 "에너지"를 흐르게 만들고 "표시들"(marks)을 남긴다. 이 표시들은 엄마와 아기의 관계와 같은 원초적 관계에 의거한 생체–사회적 성격을 가진다. 크리스테바에게 "상징적인 것"은 사회적 산물이다.[261]

크리스테바는 바르트와 데리다를 따라 텍스트(text)를 미완성의 확장해가는 직물구조(texture)로 보고 있다. 하지만 그러면서도 그녀는 언어의 체계가 "말하는 **주체**"를 **또한** 포함한다는 것을 강조한다.[262] 우리는 크리스테바가 포스트모더니즘 안에서의 해체주의의 지위를 의문시하고 있다고 볼 수는 없다. 하지만 그녀의 작업이 갖는 기여는 언어와 생체–사회–물리적 실현 사이에는 그 어떤 작용 기제가 있어야만 한다는 것을 보여준 점이다. 여기서부터 비트겐슈타인의 공공적 행위의 세계 및 하버마스와 아펠의 의사소통적 상호작용까지는 그렇게 멀지 않다.

(4) 이제 마지막으로, "텍스트 놀이"라는 개념의 문제점을 생각해보자. 음악의 경우 우리가 어떤 곡의 작곡자 상황이나 그 의식적 지평에 대해 굳이 캐묻지 않고서도 이를 끝없이 연주하고 즐기는 것이 가능하다. 어떤 소설 문학이나 시 문학의 경우도 이런 범주에 속한다. 하지만 우리가 성경 텍스트를 이런 범주 속에 놓는 것은 전적으로 다른 문제이다. 철학적 텍스트나 신학적 텍스트, 전기, 법률, 역사 문서 등도 마찬가지이다. 그럼에도 불구하고 많은 해체주의 사상가들은 자신들의 모델이 **보편적**인 텍스트 이론 자체에 해당되는 것처럼 생각하는 경향이 있다.

성경 텍스트의 지위와 관련하여 잘 알려진 성경학자 중의 한 사람인 아모스 와일더(Amos N. Wilder)가 최근의 문학 및 기호학 이론에 대한 유보적 입장을 표명하는 것을 주목해볼 필요가 있다. 이는 특히 해체주의에 대한 열정이 대단한 크로산이 『깨어지기 쉬운 기예: 아모스 와일더의 작업』(*A Fragile Craft: The Work of Amos Wilder*) 이라는 책에서 와일드가 성경 해석에서 문학 이론을 과감하게 수용하고 있다고 추켜 세운지 1년 뒤인 1982년도에 나온 입장 표명이기 때문에 더욱 우리의 눈길을 끈다.

크로산은 와일더의 작업이 "본체적이고 대상적이기보다 구조적이고 관계적"이라고 지적한다.[263] 하지만 여기에 대한 와일더의 대답은 폭탄적이다. 그는 이렇게 경고한다. "아이러니하게도 어떤 사람은 문학적 접근으로 '과도 개종'을 당하는 것 같다. …… 문제의 핵심은 이런 종류의 텍스트의 경우(다시 말해서 비유를 포함한 복음서들) '기록된 것'은 심도 깊게 **지시적** 성격을 가진다는 것이며 단순히 어떤 단절된 '이야기 세계'에만 속하지는 않는다는 것이다."[264]

와일더는 이런 관점을 형식주의적, 해체주의적 성경 해석의 시도에도 동일하게 적용시키고 있다. 그는 이렇게 말한다. "성경의 레토릭은, 심지어 그것이 가장 비유적인 경우라 할지라도, 상당히 견고한데, 이는 선지자들의 신탁이나 예수의 비유들과 같이 그것이 짙은 경험적 현실 속에 뿌리를 두고 있기 때문이다. …… 여기서 일각에서는 '해체' 이론 및 기호와 기표에 대한 그 열린 견해와 다의성에 대한 강조에 자극을 받아서 비유들을 그 역사적 맥락에서 단절시켜 …… 현대 문학이나 동양적 역설 및 수수께끼 문학과 연결시키려는 시도가 일어나고 있다."[265] 이렇게 할 때 일어나게 되는 큰 손실은 예수의 말씀이나 사역이 시간과 공간 속에 뿌리를 두고 있다는 사실 및 이것이 불러오는 역사적, 우주적 변혁의 비전의 상실이다.

와일더의 결론은 이것이다. "문학비평에서 계속 되풀이 되는 실수는 문학 작품을 비시지적 성격의 음악 작품과 동일시하려는 인식이다. …… '가상적 세계'가 이처럼 자율성을 부여받게 될 때 정당한 긴박성 및 현실주의가 망각되게 된다." 성경 언어에서는 상징들조차도 "이와 같은 인격적 및 역사적 현실주의에 닻을 내리고 있으며 또한 그것에 의해 통제를 받는다. …… 무엇보다 먼저, 해체주의자들처럼 담론을 '탈중심화'하는 것을 문제삼을 필요가 없다." 성경의 증거는 "말 자체로만 구성된 것이 아니라 …… 말의 증거가 행위 및 행동의 증거와 불가분리적 성격을 가진다."[266]

텍스트성 자체와 관련해서도 많은 표준적인 비판들이 제기된 바 있다. 예를 들어 프랑크 렌트리치아(Frank Lentricchia)는 이론적 차원에서의 판단 기준의 거부는 실제적인 측면에서 쾌락 또는 윤리적 쾌락주의의 판단 기준을 불러들이는 결과를 낳는다고 지적한다.[267] 데리다가 해체주의를 "하나의 방법"으로 보지 않는 것은 받아들일 수 있다고 하자.[268] 그러나 어떤 텍스트를 읽기의 즐거움을 위해 읽고, 일부 성경 텍스트도 기쁨을 고조시키기 위해 읽는다 하더라도, 이런 원리를 하나의 **보편적**인 것으로 고양할 근거는 아무데도 없다. 더군다나 보편성 자체를 허용하지 않는 철학 위에서는 더 말할 것도 없다.

데리다는 "구조, 기호, 그리고 놀이"라는 글에서 일면에서는 해석의 해석이 "진리와 관련된다"라고 하면서, 또 다른 일면에서는 니체의 "진리 없이 …… 세상의 놀이를 즐겁게 수용함을 반영한다"라고 말한다.[269] 데리다는 이 양자가 "선택"의 문제는 아니라고 주장한다. 운명은 쾌락의 비평을 받아들이지 않을 수 없게 한다는 것이다.[270]

크리스토퍼 노리스는 그의 영향력 있는 책 『학과들간의 경쟁: 해체 이후의 이론과 철학』(*Contest of Faculties: Philosophy and Theory after Deconstruction*)에서 이런 점과 관련하여 두 가지 상호보완적 요소들이 작용하고 있다는 것을 지적한다. 다시 말해서 "텍스트의 **결정 불가능성**이라는 수사와 끊임 없는 **논리적** 정밀성의 요구" 사이의 "해결되지 않는 공존"이 자리잡고 있다는 것이다. 특히 이는 폴 드 만의 경우에서 더욱 그러하다. "드 만의 경우 문제를 더욱 복잡하게 만드는 것은 각각의 읽기가 다른 것을 '뒤엎어야' 한다는 요구가 있기 때문이다."[271] 아마도 이런 문제는 데리다의 철학적 신념들을 미국에서는 문학계 차원에서 받아들임으로 말미암아 일어난 문제인 것으로 보인다.

노리스는 다음과 같이 올바른 지적을 하고 있다. "문학 비평가들 가운데서 데리다의 다소 광범위한 논증들을 기꺼이 받아들이려 한 데에는 기구적 동기들이 강하게 작용하고 있었을 것으로 보인다. 비평이 철학과 빈약하나마 관계가 있다는 것을 보여줄 뿐만 아니라, 철학이 진리 주장을 독점하는 것을 허물 수 있는 수사적 도구를 가지게 된 셈이다. 하지만 이런 문제들에 관한 데리다의 면밀한 사고와 그의 미국 추종자들에 의해 그의 결론들이 취해진 방식 사이에는 매우 큰 차이가 놓여 있다."[272] 노리스는 데리다의 텍스트 놀이라는 개념이 단순한 "해석 면허증"보다는 훨씬 복잡한 문제라고 지적한다.[273]

레이스와 마이어슨(Leith and Myerson)은 "놀이" 개념을 어떤 발화가 화자 또는 저자의 의식적 통제를 항상 넘어가는 경우에 국한하여 사용하고 있다. 따라서 여기에는 항상 "느슨함" 또는 의미의 놀이가 따른다.[274] 반면 줄리아 크리스테바의 놀이(jouissance) 개념은 라캉의 정신분석적 접근 모델을 따라 해방된 영적, 성적 환희를 포괄하는 말로 사용되고 있다. 하지만 비트겐슈타인의 경우, **어떤** 언어 사용은 끝이 흐려진 상태로(다시 말해서 다소 애매성을 띠고) 작용한다. 그러나 또 **어떤** 경우들은 그렇지 않다. 움베르토 에코는 어떤 텍스트는 정보전달적이고 의사소통적이지만, 또 어떤 텍스트는 생산적이고 다의적이라고 구분한다.

만일 우리가 해체주의자들이 하는 것처럼 **모든** 텍스트를 다 놀이의 모델 아래 예속시키고자 한다면, 텍스트는 더 이상 합리적 행위의 기초로 작용할 수 없게 될 것이다. 일부 사회-문학 이론가들이 내세우는 평등주의는 저자로부터나 또는 "훈련된" 해석자들로부터 "특권"의 지위를 박탈하고, 그 안에서 텍스트가 일률적으로 상이한 행위 양상을 낳든지 아니면 일률적으로 무행위를 낳든지 하는 방향으로의 그런 불안정성과 아나키를 조성하기도 한다. 루이 알튀세르(Louis Althusser)나 테리 이글턴(Terry Eagleton)은 각각의 정치적 관점에 따라 이와 같은 텍스트 이해를 개진해가고 있다.

데이빗 트레이시(David Tracy)는 이런 맥락 속에서 서로 다른 관점들 사이에 생산적 대화조차도 어렵다고 불평하면서, "대화가 멈추었다"라고 지적한다.[275] 필자가 미국의 칼뱅 대학에서 일 년간 가까이 지내며 함께 작업했던 로저 룬딘(Roger Lundin)은 문학과 미학 이론에서 "행위에서 즐거움으로의 후퇴"가 일어나고 있다고 지적한다.[276] 그는 이 "쾌락"의 판단 기준이 하나의 단절된 기준이 되기까지, 그리고 교훈적인 것, 미학적인 것, 실용적인 것이 인위적이고도 불필요한 양자택일의 문제가 되기까지 어떻게 철학적, 신학적, 정치적 요인들이 작용해왔는지를 역사적으로 추적하고 있다. 하나의 목적만을 단절시켜서 취하려는 것은 어떤 특정 철학 및 미학 전통에 발목이 잡혀 있다는 징후이다.

성경 텍스트는 단 하나의 목적을 초월한다. 성경은 교훈을 주기도 하며, 하나님의 통치와 행위들을 기쁨으로 누리도록 초청하기도 한다. 또한 세상과 실재에 관한 진리를 전하기도 하며, 우리로 하여금 불편하지만 심판의 수용자들이 되게도 하고 동시에 편안함이 넘치는 은혜의 수용자들이 되게도 한다. 성경은 우리의 우상들을 전복시키기도 하며, 또한 우리를 고치고 세우고 변혁시키기도 한다. 이와 같은 다양한 텍스트 기능들을 수용할 공간을 가지지 못한 텍스트 이론은 그 어느 것도 성경 해석에서 범례적 지위를 요구할 수 없다.

제4장

전통의 해석학: 근대 이전의 성경해석

1. 전-근대, 근대, 후-근대 사이의 평행과 대조적 관점들

근대 이전 시대의 성경해석을 단일한 것으로 일반화시키려 한다면 이는 큰 실수가 될 것이다. 신약성경 자체를 차치하고라도, 교부들과 중세교회의 해석의 관점들은 매우 폭넓은 다양성을 보이고 있다. 예를 들어 알레고리적 해석과 관련하여 오리게네스(Origen, 186–254년경)가 갖는 관점과 몹수에스티아의 데오도로스(Theodore of Mopsuestia, 350–428년경)나 요하네스 크리소스토무스(John Chrysostom, 347–407년경)가 갖는 견해는 큰 대조를 이룬다. 이런 대조들은 다양한 분야에서 다양한 방식으로 나타나고 있다. 영지주의 이단과 맞섰던 이레나이우스(Irenaeus, 사망 202년)의 경우 성경해석에서 교회의 살아 있는 전통 또는 신앙의 규칙(*paradosis*, *traditio*)이 필수불가결한 요소로 강조하고 있지만, 키프리아누스(Cyprian, 사망 258년)의 경우 교리적 전통은 성경 자체에 속하는 것이라는 입장을 취하고 있다.

근대 이전 시대 성경해석 상의 차이점들을 보다 잘 보여주는 예는 특히 중세 수도원 생활에서 렉치오 디비나(*lectio divina*) 즉 영적 읽기의 역할과 관련된 견해의 차이일 것이다. 도이츠의 루페르트(Rupert of Deutz, 1070–1129년경)의 경우, 성경의 다채로운 이미지의 만화경 속을 오가는 가벼운 명상을 허용하고 있는데, 이는 포스트모던식 텍스트 유희 개념을 연상시키고 있다. 그러나 거의 동시대 인물인 캔터베리의 안셀무스(Anselm of Canterbury, 1033–1109)는 성경을 주해 및 교리적 목적을 위해 엄격하게 읽는 방법을 취하고 있다.

이런 접근상의 차이는 그 바탕에 깔려 있는 보다 넓은 신학 및 철학적 관점의 차이에 기인한다. 이를테면 성경해석 이론이라 할 만한 것을 아마도 처음 체계화시켰다고 볼 수 있는 오리게네스의 경우, 자신의 알레고리적 해석을 뒷받침하기 위한 원리적 측면들을 길게 설명하고 있다.[1] 반면 안디옥 교부들이 이런 해석 방법에 거부감을 나타내는 배후에는, 론지네커(Richard Longenecker)가 지적하고 있는 것처럼, "역사적 발전에 대한 보다 생생한 인식"이 작용하고 있다.[2]

이런 특이점들을 잘 인식하면서도, 한편에서 우리는 근대 이전 시대의 성경해석을 특징짓는 넓은 의미의 특성들을 식별해볼 수 있을 것이다. 이를 통해 우리는 또한 이런 특성들이 근대 및 후근대 해석 사조와 어떤 유사성 및 차이점이 있는지에 대해서도 생각해볼 수 있을 것이다. 놀라운 점은 우리가 흔히 인식하는 전근대 혹은 "비평 전" 해석과 근대 및 후근대 해석의 단순 구분이 여기에 잘 통하지 않는다는 점이다. 어떤 면에서는 전근대적 관점이 후근대적 관심들을 비추어주는 거울 역할을 하기도 한다. 둘 사이에는 많은 유사점들이 있으며, 그러면서도 급진적 차이들이 있다. 몇 가지 예들을 통해 예비적으로 이런 점들을 살펴보도록 하자.

(1) 모더니즘은 전근대나 후근대 사조와 비교해 볼 때 지극히 개인주의적이라는 특성을 가진다. 데카르트의 합리주의는 근대의 서막을 알리는 표지와 같다. 데카르트는 사상의 중심에 사고하는 개인 자아를 위치시키고, 다른 모든 것을 방법론적 회의에 복속시키는 방식으로 자신의 합리주의 체계를 구성하고 있다. 이런 사고방식이 두 세기 이상 성경 해석계를 물들여왔다.

이에 비해 전근대 및 후근대 사고에서 개인의 위치는 결코 독립적이 아니다. 개인은 공유된 신념과 실행들, 관습과 전통들이 자신의 이해에 결정적 역할을 수행하는 공동체의 한 일원이다. 한 개인은 결코 합리적으로 자족적 개체로 머무는 것이 아니다.

또 한편, 전근대와 후근대 사이의 날카롭고도 급진적인 차이가 나타나는 곳도 바로 이곳이다. 전근대 시대의 통일된 기독교 세계에서는 집단적으로 공유된 신념과 실행들을 존중되어야 할 고백과 신조들로, 따라야 할 믿음과 행실의 전통들로 보았다. 그러나 후근대 세계에서는 프로이트나 니체, 마르크스를 따라, 이런 것들은 의심해보아야 할 관습들로, 가면을 벗겨야 할 이해들로, 설명하고 해체해야 할 신화들로 이해되고 있다. 급진적 의구의 해석학이 일차적 신뢰의 해석학을 대체하고 있는 것이다.

물론 전근대의 사상가들이 비판적 질문들을 전혀 던지지 않았다는 말은 아니다. 다만 그 질문과 회의도 근본적으로는 신학적 범주 안에, 즉 기독론과 신조들의 범주 틀 안에 속하는 것이었고, 최소한 잠정적 신뢰를 버리지는 않는 것으로 인식되고 있었다는 점을 말하는 것이다. 하나님을 믿는 믿음에 근거해서 '신뢰'(trust)가 전근대 시대 해석의 방법론적 주축 역할을 했다면, 근대에서는 데카르트의 합리주의로 예시되는 '회의'(doubt)가, 그리고 후근대에서는 사회비판적 해석학이나 해체주의 등에서 강조되는 '의심'(suspicion)이 역할을 대신하고 있다고 볼 수 있다.

(2) 전근대주의나 후근대주의 모두에서 텍스트를 하나의 과정 및 가변체로 보는 인식이, 근대 합리주의의 논리적 사고의 산물 또는 근대 낭만주의의 인간 경험의 표현으로 보는 관점과 차이를 나타내고 있다. 물론 이렇게 이야기할 때 교부 및 중세 시대의 많은 성경해석의 방향이 가르침과 교리 확립 및 사상의 판별의 목적으로 수행되었음을 도외시하는 것은 아니다. 그럼에도 불구하고 알레고리적 해석의 경향은 텍스트를 통하여 또 다른 층위의 의미를 산출하는 것을 허용해 왔다. 노스롭 프라이(Northrop Frye)는 독서에서 가장 일반적인 경험 가운데 하나는 "동일한 언어 구조 가운데서 그 이상의 발견들이 만들어지는 것"이라고 말한 바 있다.[3] 새로운 의미가 일어나게 하는 열쇠 역할을 하는 것은 "우리의 경험에서의 새로운 맥락(상황)"이다. 그러할지라도 이 모든 것은 "다른 의미들이 아니라, 다른 강도를 지닌, 혹은 보다 넓은 맥락 속에서의, 하나의 단일한 그 정교성 및 포괄성상의 성장 과정"에 속한다.[4]

프라이는 중세 성경해석과 유사한 냄새를 풍기고 있는 단테의 네 '단계'

맥락 및 의미의 예를 들어 이를 설명하고 있다. 단테가 취하는 성경 본문은 시편 114:12이다. "이스라엘이 애굽에서 나오며 야곱의 집이 방언 다른 민족에게서 나올 때에 유다는 여호와의 성소가 되고 이스라엘은 그의 영토가 되었도다." 이 본문의 '역사적'(historical) 의미 단계는 이 배후의 언어외적 사건 즉 모세 시대의 역사적 출애굽 사건에 그 근거를 둔다. 실제적 감각 경험이 지식의 바탕이다. 하지만 그리스도인 경험과 믿음의 맥락에서는 또 다른 묵상적 단계가 있다. 즉, 그리스도의 세상 구속이라는 차원에서의 '알레고리적'(allegorical) 의미 단계이다. 어떤 특정 역사적 사건을 보다 넓은 차원의 다른 어떤 것과 공명이 일어나게 만드는 하나의 패턴 또는 모형이 작용하는 것이다. 묵상은 또한 실제적 적용으로 이어진다. 그래서 '도덕적'(moral) 의미 단계에서는 이 본문은 새로운 유업 속으로 들어오라는 강한 부름의 기능을 한다. 마지막으로 우리는 영원 및 미래 상태의 궁극적 지평 속으로 우리의 눈길을 돌린다. 이런 '신비적'(anagogic) 단계에서는 이 본문은 만물이 하나님의 주권 아래로 돌아오는 천상적 비전을 불러일으킨다.

이와 관련하여 후에 밀턴이 "그 어떤 성경 본문도 하나 이상의 의미로 해석되어서는 안 된다"라며 소위 '근대식' 비판을 한 것을 두고 프라이는 이렇게 변호하고 있다. 즉, 이 사중적 구도는 그 어떤 식의 자의적 해석이라도 허용하는 다중의미의 하나가 아니라, 맥락 또는 지평이 그 궁극점에 이르도록 계속하여 넓혀짐으로 말미암아 드러나게 되는 그런 차원의 의미라는 것이다. 이런 면에서 다시 한번 우리는 전근대의 관점과 후근대의 관점이 상당한 유사점과 동시에 근본적 차이점을 가진다는 것을 볼 수 있다. 한편에서 보면 일차적(역사적) 기호학적 체계를 넘어서 그 이상의 의미들이 만들어지도록 기독교 신학과 전통이 일련의 기호학적 체계들을 제공하고 있음을 볼 수 있다. 그러나 또 다른 한편에서는, 이 일련의 기호학적 체계들이 무제한적 확장을 허용하지는 않는다는 제한성을 가진다. 오리게네스가 영지주의자들의 알레고리적 해석을 비판하는 초점도 여기에 있다. 알레고리적 해석을 사용하는 그 자체를 비판의 표적으로 삼은 것이 아니라, 의미의 생성을 위해 인위적이고 자의적인 체계들을 끌어들인 일을 비판했던 것이다.

전근대주의와 후근대주의 사이의 유사점 및 차이점을 보다 두드러지게 보여주는 한 예는 수도원 생활에서 사용되던 묵상적 렉치오 디비나(*lectio divina*)의 경우일 것이다. 질리안 에반스(Gillian Evans)는 이와 관련하여 도이츠의 루페르트와 캔터베리의 안셀무스의 두 대비적인 관점을 제시하고 있다. 루페르트가 볼 때 성경 텍스트의 가장 흥미로운 점은 "그 페이지들 속에 들어있는 서로를 비추어주고 또한 마주쳐 변경을 일으키기도 하는 수많은 이미지들 …… 그리고 그가 그 속에서 무한한 은밀성을 찾고 있는 성경의 풍성한 비유적 의미들의 세계이다……. 루페르트가 성경 속에서 영적 이해와 분리될 수 없는 미학적 만족을 찾는 곳마다 …… 거기에는 영적으로 고양된 감각적 즐거움이 따른다."[5]

얼핏 보면 이런 표현은 우리에게 바르트와 데리다가 이야기하는 즐거운 유희로서의 텍스트 개념을 연상시킨다. 그런 점에서 우리는 양자 사이의 유사점을 이야기할 수 있겠지만, 한편에서는 급진적인 차이도 존재한다. 우리는 바르트와 데리다에게서 즐거움의 극대화 외에 다른 판별의 기준들 즉 효율성, 타당성, 생산성, 적실성 등의 기준들을 찾을 수 없기 때문이다. 그러나 루페르트의 묵상에는 항상 전통과 맥락이 전제되어 있어서 그의 '영적' 독서의 목적도 이 틀 속에서 이해되어야 한다.

루페르트와 거의 동시대 인물이었던 안셀무스의 경우는 그와 다른 방식으로 성경 텍스트에 접근하고 있다. 안셀무스는 알레고리적 해석에 매료되지 않는다. 오히려 그 자신의 신학적 주제, 즉 진리의 본질 및 성육신 교리를 밝히는 일을 위하여 성경 본문을 까다롭고도 엄정하게 사용하고 있다.[6] 안셀무스는 루페르트 같은 사람이 묵상의 방식으로 본문의 의미를 향유할 수 있도록 그 범주적 틀, 즉 신학과 전통의 틀을 형성하는 데 일조하고자 했던 사람이다. 이렇게 할 때 성경의 이미지와 비유적 의미들은 믿을만한 틀, 즉 중심과 궁극성을 동시에 가진 신학과 전통의 맥락 속에 놓이게 된다.

(3) '해석학'이라는 단어에는 스토아학파와 플라톤, 아리스토텔레스, 랍비 힐렐, 이스마엘, 에벤에저 이후로 하나의 공통된 의미가 담겨 있다. 어떤 주어진 목표점에 이르기까지 해석하는 일의 방법들에 대한 성찰이라는 의미이다.

플라톤은 이런 관점에서 스토아학파 사람들이 호메로스와 헤시오도스를 알레고리적으로 해석하는 문제를 다루고 있으며, 랍비 힐렐은 본문의 확장과 재적용을 허용하는 일곱 가지 해석의 '규칙들'을 정리하고 있다.

하지만 이후에 와서 '해석학'이라는 말 속에는 또 다른 의미가 부가되었는데, 즉 해석학은 이해의 가능성을 위한 기초와 목표 및 조건들에 대한 메타비평적 평가라는 관점이다. 이런 의미에서 볼 때 엄밀한 의미에서의 해석학이라는 학문은 칸트와 그의 후계자들이 제기한 초월적 질문들 이후에야 발생했다고 볼 수 있을 것이다. '비평적 사고'가 전통에 대한 방법론적 접근을 신뢰 대신 회의로 대체시킨 데카르트로부터 시작되었다고 본다면, '해석학적 사고'는 사고의 한계에 대한 칸트의 작업을 이어서, 그리고 특별히 이해과정에서 사회적 삶의 흐름이 갖는 역할에 대한 딜타이의 탐구를 이어서 활발하게 되었다고 볼 수 있다. 이런 '해석학적 사고'는, 나중에 9장에 가서 자세히 보겠지만, 마우트너(Mauthner), 비트겐슈타인, 가다머 등의 사상가들에 의해 제기된 언어비평의 차원을 전제로 하고 있다. 존 카푸토(John Caputo)는 또 한 차원의 메타비평적 발전이 키르케고르로부터 발생하여 데리다에 이르면서 '급진적' 해석학으로 자리 잡았다고 분석한다. 이를 가리켜 카푸토는 "해석학적 판뒤집기의 위대한 프로젝트"라고 이름을 붙이면서 이는 "오직 굳센 자들만을 위한 것"이라고 말하고 있다.[7]

이와 같은 메타비평적 접근에 비하면 전근대의 해석 이론들은 그야말로 순진무구의 해석학(a hermeneutic of innocence)이라 말할 수 있을 것이다. 데카르트적 모더니즘에 비교해 볼 때 전근대의 기독교 사상가들은 자신들이 얼마나 전통의 맥락적 틀에 의존하고 있는지를 잘 인식하고 있었다. 포스트모더니즘의 시각에서 볼 때 다양한 형식으로 되살아나는 전통은 군주적, 봉건적, 부르주아적 사회정치적 가치들을 강압하기 위한 권력 장치의 일환으로 이해되어서 그 자체가 맹렬한 의심의 대상이 되고 있지만, 전근대의 통합 기독교 세계에서는 이런 전통의 틀이 신뢰의 대상으로 받아들여지고 있었다는 데에 큰 차이가 있다. 이 전통의 틀은 그리스도 안에서 결정적으로 계시된 역사적 사도적 신앙에 대한 공동체의 고백을 구체화하는 실체이다.

이레나이우스와 테르툴리아누스, 오리게네스, 아우구스투스 등은 이러한 전통으로부터 의도적으로 이탈하는 것은 미지의 상대주의의 바다 속으로 뛰어드는 것임을 의심하지 않았다. 전근대 신뢰의 해석학과 후근대 의구의 해석학은 근대 개인주의와 달리 이해와 해석을 가능하게 하는 초개인적 삶의 틀의 중요성을 공통적으로 인식하고 있다.

하지만, '전통'이 무엇이냐 하는 점과 관련해서는 주의가 필요하다. "참 지식의 비밀한 전통들"을 호소하는 영지주의적 함정에 빠지고 있는 알렉산드리아의 클레멘트를 제외하고, 교부들은 전반적으로 사도적 신앙과 실천에 대한 계속적인 공동체 고백을 강조한다. 이 공동체 고백은 공적이면서 동시에 시험 가능한 것이어야 하는데, 그 점검의 기준은 일관성, 지속성, 그리고 공통적 믿음에 대한 공적 승인 같은 것들이다.[8] 이것이 성경해석의 실행적 준거 틀로 작용하고 있었다. 하지만, 이것이 종교개혁 이전 시기의 교회 교도권(*magisterium*) 방식으로 굳어 있지는 않았다.

핸슨(R. P. C. Hanson)이 잘 지적하는 것처럼, 거의 모든 교부들이 "이 신앙의 규범이 성경에 의해 수정될 수 있는 것으로 보았다. 반면, 그들 가운데 어느 누구도 성경의 권위가 그 규범에 의하여 보완되어야 한다고 보지는 않았다. …… 신앙의 규범이 성경과 무관하게 그 전통의 진정성과 원천성을 주장한다면 그 주장은 깨어질 수밖에 없다."[9] 오직 5세기의 알렉산드리아의 시릴(Cyril of Alexandria)에게서만 "교부로부터의 증명"을 조직화된 방식으로 "성경으로부터의 증명"과 나란히 놓는 관습이 일어났고, 이는 당대의 네스토리우스와의 논쟁의 맥락 속에서 일어난 일이다.[10]

한편에서는 신뢰의 창구로 또 한편에서는 수정과 질문에 개방되어 있는 것으로 인식론적 틀로써 전통의 지위와 관련하여 두 가지 정도의 언급을 더 덧붙일 필요가 있다. 첫째는 구약의 원천적 전통이 신약의 전통 틀 속에서 재해석되고 있는 것과 관련된 문제이며, 둘째는 근대 계몽주의 사조 속에서 전통이 부정적으로 이해되고 있는 것에 대한 가다머의 논평에 관한 것이다.

첫 번째 문제와 관련하여, 다드(C. H. Dodd)는 다음과 같은 언급 속에서 문제의 핵심을 잘 포착하고 있다. 즉, 성경의 전통들은 "수많은 세기에 걸쳐 이것들을 시험하고, 확증하고, 또한 수정해온 전체 공동체에 의해 매개되었다"라는 것이다. 그래서 우리는 "좁은 개인적 경험 차원을 떠나서 성경의 드넓은 관점 속으로" 옮겨가는 것이 필요한데, "여기에서 우리는 여러 가지 궂고 좋은 환경 속에서 하나님에 대한 자신들의 신앙을 검증하고 또한 다양한 신앙의 형태들을 시험해온 바 있는 신앙 공동체의 긴 역사를 만날 수 있다."[11] 다드는 이와 같은 집합적 경험과 기억이 우리로 하여금 "진정한 판단의 객관성"을 가지도록 돕는다고 말한다. "그리스도인 경험의 집합적 요소가 일단 수용되기만 하면, 여기에는 역사적 전통의 요소가 결코 배제될 수 없다."[12]

두 번째 측면은 보다 철학적인 문제이다. 한스게오르그 가다머는 다른 어떤 사상가보다 그가 지칭하는 바 "전통과 역사적 연구 사이의 추상적 대비 이해"를 강하게 공격한다.[13] 가다머가 이해하는 "이해"는 결코 "한 개인의 주관적 행위"가 아니다. 오히려 그것은 "자신을 전통의 과정 속에 위치시키는 행위이며, 그 가운데서 과거와 현재가 계속적으로 융합된다."[14] 이해의 맥락으로서의 이 전통은 우리의 "의미의 기대"를 물들이는 역할을 한다. 가다머가 볼 때 전통이나 맥락, 또는 공동체를 모더니즘이 배격하였고, 또 포스트모더니즘이 정죄하고 있는 "권위"로 받아들이는 것은 사실은 비이성적 행위가 아니라 오히려 이성적 행위이다. 왜냐하면 어떤 주어진 공동체나 전통, 또는 개인들이 우리가 이해하기를 원하는 것과 관련하여 우리보다 더 많은 것을 알고 있을 수 있기 때문이다. 따라서 이 일은 "그 스스로의 한계를 잘 알고 있는 이성 자체의 행위이다. 즉, 다른 사람들이 나보다 더 나은 이해를 가질 수 있다는 것을 인정하는 일이다."[15] 이런 관점에서 볼 때 "권위"는 "맹목적 복종과는 아무 상관이 없다."[16]

조지아 완키(Georgia Warnke)가 옳게 지적하고 있는 것처럼, 우리는 이 주제와 관련하여 가다머가 말하고 있는 내용을 두세 가지 측면에서 잘 분별을 할 필요가 있다.[17] 첫째, 해석과 이해는 후설과 하이데거가 말하는 인식론적 원리, 즉 우리가 어떤 사물을 이해할 때는 그것을 추상적으로가 아니라 경험과 연관된 '~으로' 안다는 원리와 연결된다. 그런데 우리가 그것을 무엇으로 보느냐 하는 것은 그 사물의 인지 자체에 부여되어 있다기보다는 설(John

Searle)이 말하는 "백그라운드"(Background) 경험, 또는 후설과 하이데거가 말하는 해석의 "지평"에 뿌리를 두고 있다. 예를 들어 우리가 어떤 사물을 창문 너머로 볼 때, 우리의 시각 속에 들어오는 것은 이차원이지만, 실제로 우리는 그것을 삼차원으로 해석하고 있다. 우리는 그 사물에 예측된 또는 기대된 의미를 투사하고 있는 것이다.

이론적 측면에서는, 만일 우리가 데카르트적 비판이나 의구의 해석학에 따라 살고자 한다면, 우리는 창 너머로 보이는 것과 관련하여 우선적으로는 그것을 회의해 보든지 아니면 어떤 조직이나 정치적 힘이 우리를 조작하려 하고 있는 것으로 추정하고 시작하지 않을 수 없다. 하지만 실제적 측면에서 우리는 이미 형성된 어떤 관점에서부터 시작하여 우리가 무엇을 어떻게 이해해야 할 것인지에 접근하고 있다(하이데거는 이를 "먼저 봄" 혹은 "선파악"이라고 부른다). 데카르트에 반대하여 가다머는 모든 이해 속에는 투사(projections)가 작용하며, 이는 해석자가 계속 이어져가는 신념과 실천의 양태들 속에 위치하고 있는 데서부터 비롯된다.

또 하나 주의할 것은, 우리가 이런 논의를 하는 것은 전통과 관련된 가다머 이후 혹은 후근대의 인식을 교부시대나 전근대 시대의 교회가 지녔던 전통 개념에 집어넣어서 읽도록 제안하고자 함이 아니라는 것이다. 그럼에도 불구하고 여기에는 우리가 주목해야 할 되풀이되는 딜레마가 놓여 있다. 이는 성경해석의 맥락으로서 신앙과 실천의 주어진 전통이 중요하다는 것을 강조하면서, 동시에 그 대적자들의 해석의 인위적 또는 비합리적 성격을 드러내는 데 주력하였던 이레나이우스나 다른 교부들이 경험했던 것이기도 하다. 우리는 근대 및 후근대 시대에서 이와 관련된 논쟁들을 9장에서 보다 상세히 다룰 것이다. 이 자리에서 한 가지 지적하고 넘어갈 것은, 우리가 합리적이다 혹은 일관성 있다라고 간주하는 것들이, 계속 이어져가는 상호주관적 신념 및 실천의 "열린 체계들"과 단절된 채 이해될 수 있느냐 하는 문제가 성경해석의 분야를 넘어서 과학철학에서는 토마스 쿤(Thomas Kuhn), 파울 파이어아벤트(Paul Feyerabend), 메리 헤세(Mary Hesse) 등에 의해서, 그리고 철학 및 사회과학 분야에서는 피터 윈치(Peter Winch), 위르겐 하버마스(J.

Habermas), 칼 오토 아펠(Karl Otto Apel) 등에 의해 설득력 있게 제기된 바가 있다는 점이다.[18]

오늘날 많은 개신교 진영의 그리스도인들에게는 성경해석과 관련하여 '계속 이어지는 전통'의 문제를 어떻게 보아야 할 것인지 대단히 본질적이고도 실제적인 딜레마가 사라지지 않고 있다. 한편에서는 많은 소종파 및 유사 집단의 성경해석의 도전에 직면하여 "어떻게 주류 교회들이 성경을 해석하는지 보라"는 논리를 사용하고 싶은 유혹이 클 것이다. 그러나 또 다른 한편에서는 종교개혁의 후예들로서 성경 자체가 전통의 전제된 틀을 의문시할 수 있는 능력을 가진다는 것을 인정하기에, 다양한 해석의 전통과 관련하여 어떤 것이 '성경적' 신앙인지에 관하여 날카롭게 단정적인 목소리를 내기도 어렵다.

2. 이해의 맥락으로서의 전통: 신구약의 관계 및 영지주의와 이레나이우스

신약성경에 나타나는 바울 이전의 가장 초기의 신앙고백문 형태들을 보면 예수 그리스도의 죽음 및 부활의 사건들이 얼마나 결정적으로 구약의 맥락 속에서 그 해석의 지평이 만들어지고 있는가 하는 것을 잘 알 수 있다. 바울은 이미 형성된 전통(*paradosis*)그 자체도 하나의 전통 속에 위치하고 있는을 받아서 그 자신이 또한 이를 전승하고 있다. "성경대로 그리스도께서 우리 죄를 위하여 죽으시고 장사 지낸 바 되셨다가 성경대로 사흘만에 다시 살아나사 게바에게 보이시고 후에 열 두 제자에게와……"(고전 15:35). 바울이 여기서 "성경대로"라는 표현을 쓰는 것은 구약의 어떤 구체적 예언적 문구를 염두에 두고 사용했다기보다, 십자가와 부활의 사건을 "우리 죄를 위한" 하나님의 행위로 이해할 수 있게 만드는 하나님의 행위와 약속의 전반적 방식을 나타내기 위해 사용되었다. 구약은 이런 점에서 가장 특권적인 준거틀의 역할을 하고 있다. 이에 근거해 볼 때 해당 사건을 다르게 볼 수 있는 가능성, 즉 정치적 순교나 비극적 오살로 볼 가능성을 배제할 수 있게 된다. 예수께서는 순교자나 정치적 희생양으로 죽으신 것이 아니라, 하나님의 약속의 성취로 죽으셨고 또한 부활하셨다. 이와 같은 대속적 고난과 입증의 패턴은 이미 구약의 핵심 주제 가운데 하나를 형성하고 있다.

부활 후 초대 기독교회 가운데 일어난 최초의 사건들 역시 해석적 전통의 맥락 속에서 그 이해가 촉진되어지고 있다. 오순절 성령강림의 현상(행 2:1–14)은 요엘 2:28–36을 준거틀로 사용하는 베드로의 설교 속에서 그 해석의 자리를 얻고 있다. 비슷한 방식으로 엠마오 길의 부활하신 그리스도께서는 "모세와 모든 선지자들의 글"(눅 24:27)을 준거틀로, 또는 해석의 맥락으로 사용하셔서 두 제자들의 이해의 문을 열어주고 계신다.

바울의 경우에서는, 울리히 루츠(Ulrich Luz)가 잘 지적하는 것처럼, "구약이 이해해야 할 어떤 대상이 아니라, 그 자체가 이해를 창출하는 것이었다."[19] 루츠나 핸슨(A. T. Hanson), 리처드 론지네커(Richard Longenecker), 그리고 보다 최근에 애게슨(J. W. Aageson), 무디 스미스(D. Moody Smith) 등은 바울이 로마서와 고린도전후서, 그리고 갈라디아서에서 사용하는 100여 회 정도의 구약 인용들은 바울신학의 핵심 재료의 역할을 할 뿐만 아니라 그 이상의 일을 하고 있다고 지적한다.[20] 구약의 잠정적, 역사적 지평이 하나님께서 이제 "때가 차매"(갈 4:4) 그리스도 안에서 이루신 일들을 이해할 수 있게 하는 하나의 전통을 형성하고 있다는 것이다.

구약 전통들이 제공하는 이해의 차원은 한편에서는 잠정적, 역사적이면서 또 다른 한편에서는 집단적이다. 무디 스미스는 이런 점을 설득력 있게 강조하고 있다. "바울 신학의 진면목은 개인 존재의 지평만 가지고서는 바르게 세워질 수 없다."[21] 우리가 이것을 바르게 볼 수 있기 위해서는 "바울이 어떻게 구약과 그 이해를 자기 신학의 틀로(뿌리는 아닐지라도) 사용하고 있는지를 진지하게 고려해야 한다." 바울의 "의미의 지평"은 "하나님께서 그 위에서 통치하시고, 또 그 속에서 자신의 목적을 계시하시는 성경적으로 구성된 역사의 틀이다."[22] 따라서 이런 역사의 틀을 감안할 때, 우리가 바울의 메시지를 단지 개인주의적 또는 실존주의적 방식으로 이해하는 것은 합당치 않다. 뿐만 아니라 그의 구약 사용을 유대 그리스도인들과의 논쟁을 위한 대중적 논쟁 도구일 뿐이었다고 보는 견해도 합당치 않다.

핸슨(A. T. Hanson)은 하나님 이해와 역사 이해 사이의 유사점 몇 가지를 지적하고 있다. 그러면서 또한 바울을 포함한 신약 저자들의 경우 구약이 어떻게 기독론적 의미를 담아내기 위한 틀로 사용되고 있는지를 지적한다. "바울은 사실 유대인 성경을 그리스도를 위하여 사용했으며, 이런 점에서 초대교회를 위한 한 모델을 세운 셈이다. …… [구약]성경이 그리스도를 알리는 것으로 충만하다는 바울의 확신이 없었다면, 기독교회도 역사 속 삶에서 자신도 성경 없이 지내게 되었을지도 모른다."[23]

핸슨이 제시하는 준거틀 혹은 이해의 맥락으로서의 구약 사용의 예들 가운데 가장 주목을 끄는 것은 하나님의 예상치 못한 구원의 방식에 관한 것이다. 즉, 그리스도의 사역을 이스라엘과 온 세상을 향한 하나님의 목적의 정점 내지는 중심으로 보면서도 그를 통한 구원이 예상치 못한 방식으로 일어난 것을 우리가 이해할 수 있게 만들어 준다는 점이다. 신약의 저자들은 십자가의 "어리석음"(고전 1:18)을 이해할 수 있게 하는 맥락으로 시편 118:22 "건축자가 버린 돌이 집 모퉁이의 머릿돌이 되었나니"(눅 20:17, 벧전 2:7), 또는 이사야 29:14 "그들 중에서 지혜자의 지혜가 없어지고"(고전 1:19), 하박국 1:5 "너희의 생전에 내가 한 가지 일을 행할 것이라 누가 너희에게 말할지라도 너희가 믿지 아니하리라"(행 13:41) 등을 사용하고 있다.[24]

신약의 저자들은 일차적으로 구약을 그리스도 이해의 맥락으로 사용하고 있지만, 또 다른 한편에서는 그리스도를 구약 이해의 해석적 열쇠로 사용하고 있는 것도 사실이다. 누가복음 24:27, 45은 구약을 그리스도 이해의 준거틀로 사용한다. 그러면서도 그리스도가 구약 해석의 열쇠가 되기도 한다. 고펠트(Goppelt)의 말을 빌리자면, 각각이 서로를 가리키는 가운데 이해가 촉진되고 있다.[25] 비일(G.K. Beale)과 카슨(D. Carson)은 계시록과 요한의 복음서 및 서신서들 속에서 동일한 원리를 지적하고 있다. 요한계시록 속에서 "그리스도 사건은 구약을 이해하는 '그' 열쇠가 되고 있으며, 또한 거슬러 올라가 구약을 잘 살필 때 그리스도 사건을 보다 잘 이해할 수 있는 길이 열린다."[26] 카슨이 지적하는 것처럼 초대교회는 "십자가의 참혹한 사건을 이해할 수 있게 하는 성경적 범주들이 필요했다."[27] 요약하자면, 신약 속에서 구약이 사용된 것은 구약과 상관없이 이해될 수 있는 독립적인 메시지를 위해 논쟁적 상황 속에서의 '보조' 또는 '증거' 차원에서 된 일이 아니다.

그레이엄 스탠턴(Graham Stanton)은 마태복음에서의 구약 사용과 관련하여 "구약이 이 복음서의 씨줄과 날줄 속에 촘촘히 짜여있다"라고 지적한다. 특히 마태의 10번의 공식적 구약 인용("이는 ~함을 이루려 함이라" 또는 "~함이 이루어졌느니라")은 "모두가 예수의 이야기에 사용되고 있으며, 그 모든 핵심 요소들이 다 성경의 성취로 이루어졌다는 것을 강조함으로써 보다 깊은 의미를 도출하고 있다."[28] 때때로 신약 저자들은 구약과의 잠정적 긴장이 일어날 수 있다는 것을 알고 있었다. 안식일에 병자를 고친 일(막 3:16)을 포함하여 마가복음에 나타나는 이런 예들을 살피는 자리에서 모나 후커(Morna Hooker)는 그렇다고 하여 마가가 다른 이해의 맥락을 대체하기보다는 발생되는 일 그 자체가 "율법이 해석되는 방법"이라고 지적한다.[29] 이런 원리는 마태복음에 나오는 예수님의 율법 해석의 예에서도 잘 나타난다(마 5:21–26).

특히 이 단락의 서론적 진술은 주해적으로 까다로운 본문이다. "내가 율법이나 선지자를 폐하러(*katalusai*) 온 줄로 생각하지 말라 폐하러 온 것이 아니요 완전하게 하려(*plerōsai*) 함이라. 진실로 너희에게 이르노니 천지가 없어지기 전에는 율법의 일점 일획도 결코 없어지지 아니하고 다 이루리라(*panta genētai*)"(마 5:17–18). 데이빗 힐(David Hill)이 잘 지적하는 것처럼, 마태는 이 구절을 통해 뒤따르는 일련의 재해석("옛 사람에게 말한 바 ~을 너희가 들었다, 그러나 나는 말한다")에 대한 오해가 일어나지 않도록 하나의 안전판의 차원에서 이 일반적 원리를 제시하고 있다고 본다. 마태 공동체 속에서의 율법의 역할이라는 보다 넓은 맥락 속에서 5:17의 "완전하게 하려"(*plerōsai*, 인준? 참 의미를 드러냄? 지시하는 것을 발생시킴?)의 의미를 새겨볼 수 있다. "율법과 선지자"라는 표현은 일반적인 유대적 용법에 따르면 구약 전체를 가리키는 문구이다. 따라서 이 구절의 요체는 구약 전체가 그리스도를 가리킨다는 것이며, 이런 맥락 속에서 예수님 자신의 해석이 연속성과 새로움을 동시에 수렴하는 변증법적 방식으로 이루어지고 있다는 것이다. 그리스도는 하나님의 뜻을 결정적으로 계시하시는 분으로 자리매김 된다.

현재의 상황을 성경적 이해의 맥락 속에서 해석하는 관행은 신약과 초대

교회에만 국한되지는 않는다. 베드로가 오순절날 일어난 사건을 가리키면서 "이는 선지자로 말씀하신 것이다"(행 2:16)라고 해석하는 방식은 쿰란 공동체가 즐겨 사용하던 구약 인용 도입구와 유사성을 가진다. 이는 페쉐르(*pesher*)라고 부르는 해석 방법이다. 페쉐르라는 단어 자체는 다니엘서에서 꿈의 해석과 관련하여 약 30여 차례 사용되고 있는 말이다(단 2:4, 7, 16, 28, 비교 5:5–16). 후에 쿰란 공동체는 마지막 세대를 위한 이해의 맥락으로 인식되어진 성경 구절들을 '풀기' 위해 이 단어를 채용하였다. 예를 들어 1Qp Hab. 1:12에는 하박국 1:12a를 인용하면서 이와 같은 풀이를 첨가하고 있다. "이 구절의 풀이(*pesher*)는 하박국이 마지막 시대에 올 세대를 두고 예언하였던 모든 것과 관련된다." 페쉐르 해석이 갖는 의의와 관련해서는 여러 학자들 가운데 특히 홀간(M. P. Horgan), 브루스 칠턴(Bruce Chilton), 핸슨(A. T. Hanson), 패트(D. Patte), 론지네커(R. Longenecker) 등이 보다 상세히 소개해주고 있다.[30]

패트와 핸슨, 칠턴 등은 탈굼 전통들 속에 나타나는 또 다른 해석의 예들을 살피고 있다. 칠턴은 예수님 자신이 자신의 메시지 선포 가운데서 이사야 탈굼의 전통을 반영하고 있다고 지적한다.[31] 패트는 주류 유대교의 경우 성경이 공동체 가운데 두 가지 주된 기능을 수행한다고 말한다. 하나는 유대 공동체로 하여금 부름 받은 백성으로서의 자기 정체성을 가지게 하는 기능을 하며, 또 하나는 이런 소명을 새로운 상황들 속에서 어떻게 구현할 것인지의 기준점 역할을 한다는 것이다. 이런 맥락 속에서 미쉬나와 탈굼은 구약 본문의 원 지평을 보다 넓게 확장하고 적시하는 해석적 기능을 수행한다.

미쉬나에 나타나는 가장 대표적인 예 가운데 하나가 출애굽기 20:8–11의 안식일에 일하지 말라는 일반적 규례를 보다 확장해서 구체적 상황들 속에 적용시키고 있는 예이다. 또 다른 예는 음식 문제와 관련하여 랍비식 탈굼이 보여주는 예이다. 육류와 우유 제품을 한 식사 시간에 함께 취하지 못하도록 하는 유대식 금지 조항은 이해의 맥락과 독립된 어떤 성경 구절에 근거하는 것이 아니라 출애굽기 23:19(비교 출 24:26) "너는 새끼를 그 어미의 젖으로 삶지 말지니라"는 구절에 대한 탈굼 옹켈로스(Targum Onqelos) 해석에 의거한다.

기독교회에서 본문 해석과 이해의 맥락으로서의 전통과의 관계 문제는 2세기에 들어서 매우 중요한 문제로 부각된다. 이 시기에 성경해석과 관련된 위기가 두 전선에서 첨예하게 대두되었다. 한 쪽에서는 마르키온(Marcion)이 구약을 '기독교' 정경으로 볼 것인가의 문제를 부각시켰고, 또 다른 한 쪽에서는 영지주의적 교사 및 저술가들이 신약의 언어와 이미지들을 채용해서 영지주의적 사상 체계를 세워나가는 데 이를 사용하고 있었다. 그렇게 함으로써 신약에 나오는 유사한 구절과 개념 속에 전혀 새로운 의미가 담겨지도록 만들어 놓은 것이다.

이와 같은 두 가지 도전에 직면하여 이레나이우스 같은 교부는 성경의 일체성과 전체성을 강조하였다. 이는 이단들의 원자화된 언어 이해를 배격하는 것이며, 또한 이해의 맥락으로서 사도적 증거의 역할 및 공적 사도적 전통의 발전을 재확인하였다는 의의를 가진다. 이해의 맥락으로서의 전통에 대한 이레나이우스의 입장이 얼마나 당대의 두 논쟁적 정황과 연결이 되는가 하는 것을 정확하게 판단하기는 어렵다. 우리가 유스티누스 마터(Justin Martyr)의 초기 저작들과 비교를 해보면, 유스티누스는 윌리스 쇼트웰(Willis Shotwell)의 전문적 연구가 잘 보여주는 것처럼, 이해를 일차적으로 개별적 인간 합리성 차원에서 이루어지는 것으로 보고 있다. "지적인 사람은 이해할 수 있다(*ho nouneches katalabein dunēsetai*)."[32] 이에 비교해 볼 때 이레나이우스는 이해를 믿음의 공동체 안에 위치시키고 있다.[33] 그는 성경과는 다른 사상 체계가 성경에 충실한 것 같은 외양을 취하여 공동체 속에 들어옴으로써 성경 자체를 전혀 다른 맥락 속에 던져 놓고 있는 위험성을 누구보다 날카롭게 인식하고 있었고, 또 이에 대한 분명한 반대의 목소리를 높였다.[34]

이레나이우스가 직면하였던 도전이 얼마나 어려운 것이었는지를 좀 더 잘 이해하기 위해 우리는 영지주의자들이 성경 본문을 어떻게 사용하고 있었는지 살펴볼 필요가 있다. 이와 관련해서는 사무엘 래우츨리(Samuel Laeuchli)의 비교 연구와 엘레인 페이젤스(Elaine Pagels)의 두 책(*The Gnostic Paul, The Johannine Gospel in Gnostic Exegesis*)이 도움이 될 것이다.[35] 고린도전서에서의 바울의 언어는 영지주의적 색채를 가지고 있지도 않으며, 혹자가 주장하는 것처럼 아직 발전되지 않은 "초기 영지주의"에 대항하여 의식적으로 반영지주의적 입장을 취하는 것도 아니다. "우리가 다 지식(*gnōsis*)이 있다"(고전 8:1)고 말하는 것도 바울의 영지주의의 발로가 아니라, 고린도 교인들의 편지에서 따온 말임이 거의 확실할 뿐만 아니라, 바로 이어서 바울 자신의 "지식은 교만하게 하며 사랑은 덕을 세운다"(고전 8:1b)는 원리에 의해 제한을 받고 있다.

동일한 원리가 "신령한 자"(고전 2:15, 비교 고전 12:1)의 정의에도 적용된다. 바울은 스스로를 신령한 자라고 주장하는 독자들에 대하여 "형제들아 내가 신령한 자들을 대함과 같이 너희에게 말할 수 없다"(3:1)고 응대한다. 나는 다른 글에서 "신령하다"라는 용어와 관련하여 고린도 서신의 "설득적 정의"(persuasive definition) 방식의 사용을 논하였던 바가 있다.[36] 바울이 "온전한 자들 가운데서 지혜를 말하노니 …… 은밀한 가운데 있는 하나님의 지혜를 말하는 것으로서 즉 감추어졌던 것"(고전 2:6–7)이라고 말하는 부분도 영지주의와는 거리가 멀다. 영지주의 문서인 '진리 복음서'(The Gospel of Truth)에는 지혜(Sophia)가 이 세대의 영지주의자들에게 계시된다(Ev. Ver. 23:16–21). 하지만 이런 표현이 바울과 사상적으로 연결이 되어 있다고 볼 수는 없다.

엘레인 페이젤스는 영지주의적 주해가 이레나이우스나 테르툴리아누스만큼이나 '자의적'인 것은 아니었다는 주장에 동정적인 입장을 취한다. 각각이 그 주어진 이해의 맥락 속에서 상대적 여지가 있음을 인정해야 한다는 것이다. 그가 주장하는 것처럼 "이레나이우스, 히폴리투스, 클레멘트, 오리게네스 등이 영지주의적 주해를 그 자체의 관점에서 보는 데에는 관심이 없었다"[37]는 말이 옳을 수도 있다. 그러나 래우츨리가 보다 확고하게 잘 지적하는 것처럼, 성경의 단어나 문구의 의미는 그것이 사용된 사상의 틀 또는 맥락 속에서 그 의미가 결정되어야 하는데, 영지주의적 체계들은 자주 "의미론적 좌초"(semantic breakdown)를 일으키며, 교부들에게서는 찾아보기 어려운 자체적 고질성을 빈번히 드러낸다.

그로벨(Grobel)의 짧은 주석의 도움을 받아 '진리 복음서'를 읽어보면 이런 특성을 금방 알아차릴 수 있다. 예를 들어 선한 목자가 뒤에 남겨둔 "아흔 아홉 마리 양"(마 18:12–14)은 손가락을 사용하여 계산을 하던 당대 풍속 속에서의 수이지만, 영지주의에서의 "백"은 왼손에서 오른손으로 그 초점이 전환된다(Ev. Ver. 32:4–5). "완전한 것"(고전 13:10)에 대한 종말론적 관점은 부분적인 것을 넘어가게 만든다. 하지만 바울의 주된 관심은 종말론적 사랑이지만, 영지주의 속에서는 지식이 중심이다(Ev. Ver. 25:2–3). "지체"(*melos*, 고전 12:12) 개념도 바울에게는 사회적, 교회론적 의미로 사용되지만, 영지주의 속에서는 우주론적 개념이 되고 있다(Ev. Ver. 18:40).

이런 예들은 '진리 복음서'에만 국한되지 않는다. '요한의 비밀'(Apocryphon of John)이라는 문서를 보면 창세기 기사를 하나의 명상적 형이상학으로 변환시켜서 지혜와 사상을 반 신격화된 존재인 이알다바오스(Ialdabaoth)로 바꾸어 놓고 있다. 출애굽기 20:5의 "질투하는 하나님"이나 "우리의 형상대로 사람을 만들자"고 말하는 천상 권능자들도 이 이알다바오스이다. 이런 방식의 영지주의자들의 성경 언어 사용에 대한 광범위한 예들은 포어스터(Werner Foerster)의 두 권짜리 영지주의 문헌 수집록 속에 잘 나타나고 있다.[38]

래우츨리는 요한이 사용하는 언어와 영지주의 문헌의 언어 사이에 외관상 유사한 부분이 많이 나타난다고 지적한다. 그러나 '진리 복음서' 같은 글 속에서는 "살과 피를 가진 분으로서의 그리스도가 의미 없는 것이 되고 만다. 왜냐하면 영지주의적 언어는 인간을 영과 육의 일체성을 지닌 피조물로 볼 수가 없기 때문이다."[39] 한걸음 더 나아가서 "영지주의 문헌들이 여전히 구약의 용어들을 쓰는 것은 사실이지만, 이 용어는 이해의 기반을 잃어버리고 있다. …… 고린도전서와 '진리 복음서'를 비교해보면 신실한 자의 몸과 관련하여 두 개념이 충돌을 빚고 있음을 알 수 있다."[40] 비록 영지주의적 해석이 그 자체의 일관성을 가지고 있다고 주장한다 하더라도, "그 배후에는 성경적 틀 안에서 생각하는 면에서의 실패가 놓여 있다"[41]는 것이 래우츨리의 결론이다.

우리가 경계해야 할 것은 "주변적 언어가 …… 중심이 되는"[42] 이런 방식의 "의미론적 좌초"이다. 우리가 성경의 어휘를 쓴다고 해서 그것이 "성경적" 언어가 되는 것은 아니다. 성경적 개념들을 그 주어진 틀 속에서 주어진 목적을 따라 사용하는 내적 관계성이 중요하다. 비록 전부는 아니라 하더라도 많은 영지주의 문서들 속에 나타나는 "친숙한 성경적 개념들"이 "외면상 성경적 용어들의 실질적 의미의 전환"[43]이라는 수난을 당하고 있다.

이레나이우스와 영지주의 문헌들의 관계에 관한 래우즐리와 페이젤스의 관찰은 아타나시우스와 아리아누스주의자들의 성경해석에 관한 그렉(R. C. Gregg)과 그로(D. E. Groh)의 관찰과 유사성을 가진다.[44] 아리아누스주의자들은 히브리서 14장을 자신들에게 유리하도록 해석한다. 하나님께서 그리스도를 섬김을 위해 세우신다(히 1:2, 1:9, 3:2). 따라서 그리스도는 존귀와 영광으로 높임 받는다(1:4, 2:9, 5:6). 뿐만 아니라 아들은 "순종을 배운다"(히 5:8). 거룩하게 하는 자와 거룩하게 함을 입은 자들이 "다 하나에서 났다"(2:11). 그리고 그리스도는 한 형제처럼 되셨다(2:14, 16). 이런 표현들을 아리아누스주의자들은 다 자신들의 기독론적 전제를 뒷받침하는 것으로 읽는다.

이에 반해 아타나시우스는 아리아누스주의자들의 히브리서 해석은 이 서신의 전체적 흐름 또는 '목적'(*skopos*)을 따르는 데 실패하고 있다고 지적한다.[45] 그렉과 그로는 "그리스도를 본질적으로 하나님과 다른 분으로 보는 그들의 인식을 따라 이 동일한 본문을 읽을 때 그들의 화염은 더 크게 불붙게 된다"라고 주장한다. 그렉과 그로는 "히브리서 2:11, 14과 5:1–10 같은 이미 구비된 아리아누스 본문이 우리 자료 속에는 없다"라고 인정하지만,[46] 오히려 그들의 사용은 히브리서로부터 도출된 것이다.

우리가 이와 같은 당대의 역사적 상황들을 잘 고려한다면, 왜 이레나이우스가 마르키온과 영지주의자들에 맞서서 두 가지 서로 연관된 대응을 하지 않을 수 없었는지 보다 잘 이해할 수 있게 된다. 첫 번째로, 이레나이우스는 성경해석의 유일하게 적절하고 합당한 이해의 맥락으로써 사도적 증거에 바탕을 둔 신앙규칙의 연속성에 호소하고 있다. 성경은 그리스도라는 보화가 감추어진 밭과 같다(참고, 마 13:46). 성경이 그리스도인 이해의 맥락 바깥에서 읽히게 되면 그것은 단지 하나의 우화 같은 것이 될 수도 있다. 그러나 그리스도인으로서 성경을 읽으면 "그것은 밭에 감추인 보화인데, 이는 그리스도의 십자가에 의해 빛 속으로 드러나게 된다."[47]

유대인 독자들이 갖는 문제들에 관한 이레나이우스의 암시는 바울의 그리스도인 이전 경험과 관련하여 수건을 쓴 것과 같다고 말하는 부분(고후 3:14)을 반영하고 있다. 이레나이우스는 당대의 시대적 정황 속에서 그리스도인 이해의 맥락이 갖는 집단적 성격을 강조하였는데, 이는 오늘날 우리의 인쇄 지향적 문화가 갖는 보다 개인주의화된 '읽기'와 큰 대조를 이룬다. 그럼에도 불구하고, 조셉 스미스(Joseph P. Smith)가 제시하는 것처럼, 교회의 연속성 차원뿐만 아니라 사도직의 역사적 연결고리로써 장로의 역할까지도 염두에 두면서 이레나이우스가 "교회의 장로들과 더불어서 부지런히 성경을 읽도록" 권하고 있는 것은 오늘날까지도 살아 있는 원리이다.[48]

이레나이우스가 호소하는 두 번째 강조점은 성경의 전체성에 대한 이해이다. 이런 원리는 구약을 신약과 단절시킬 뿐만 아니라 신약의 책들 가운데서도 오직 소수의 책들에만 권위적 기능을 돌리려 하였던 마르키온에 대한 반박에서부터 부분적으로 비롯되고 있다. 우리가 마르키온을 보다 작은 규모의 정경으로 작업을 하였던 사람이라고 규정한다면 이는 일부 시대착오적인 일이 되겠지만, 어쨌거나 뒤에 가서 공식화된 일의 실질적 부분이 그의 속에 이미 작용하고 있었다고 보는 것은 틀리지 않다. 마르키온의 이원론적 체계 및 바울식 복음을 유대 율법과 엄격하게 대립시켜 이해하는 인식은 마르키온파의 성경해석 방식에 작용했을 뿐만 아니라 마르키온 정경을 형성하기도 하였다. 이 정경은 10개의 편집된 바울 서신과 보다 심하게 편집된 누가복음서를 포함한다.

아돌프 하르낙(Adolf Harnack)은 "2세기에 마르키온만큼 바울을 이해했던 사람은 없다"라는 프란츠 오버벡(Franz Overbeck)의 말을 지적하고 있다.[49] 그러나 마르키온의 기꺼이 성경에 칼을 대려고 했던 자세(테르툴리아누스의 표현대로)가 우리에게 확인시켜 주고 있는 것은, 성경해석을 통해 어떤 체계를 세울 수 있느냐 없느냐 하는 것보다 더 근본적인 것은 성경의 '전체성'을 견지하고자 하느냐하는 문제라는 점이다. 마르키온과는 달리 많은 수의 교부들이 알레고리적 해석을 통해 성경해석의 안정성을 약화시켰다는 것을 인정하지 않을 수 없다. 하지만 그럼에도 불구하고 그들은 다음과 같은 세 가지 서로 연결된 원리들에 대한 확신을 가지고 있었다. 첫째, 이해의 맥락으로서의 사도적 신앙, 둘째, 총괄적 신학적 지평으로서의 성경의 전체성, 셋째, 성경 본문 및 그 해석의 '중심'으로서의 그리스도에 대한 성경적, 교회적 증거이다.

이레나이우스의 성경해석상의 약점 하나를 지적한다면 그의 알레고리적 해석의 경향을 들 수 있을 것이다. 보다 엄격하게 이야기한다면 이는 모형론적 해석(단지 아이디어가 아니라 사건들 사이의 상응하는 패턴에 근거)이며, 이미 교회 안에 통용되고 있던 알레고리적 이미지를 반영하는 경우가 많다. 이런 해석적 관습은 기독교 이전 시기에 이미 형성되어 있었고, 사도 이후 시기의 글들 속에도 자주 등장한다. 알레고리적 해석의 기원 및 목적에 대해서는 잠시 후에 보다 상세히 살펴볼 것이다.

이레나이우스가 알레고리적 해석을 수용하는 이유는 성경의 모든 부분이 궁극적으로는 그리스도를 가리키거나 그와 관련된 의미를 가지며, 또한 복음을 섬긴다고 믿기 때문이다. 앤드류 라우스(Andrew Louth)는 교부들에게 알레고리의 이와 같은 신학적 목적에 대하여 상세히 설명하고 있다.[50] 이레나이우스는 다르게 보면 대단히 "비 건덕적" 본문인 롯의 딸들의 근친상간(창 19:30–38)과 같은 구약의 본문들을 인위적이고 의문시되는 알레고리의 방식으로 설명하고 있으며, 여리고 성에 보낸 여호수아의 정탐꾼들(출 17:11, 12)을 삼위일체적 시각에서 설명하기도 한다.

이레나이우스는 '바나바서'(The Epistle of Barnabas)와 순교자 유스티누스 마터를 따라 모세가 아말렉과의 전투 시 그의 손을 뻗었던 것을 알레고리적 방식으로 읽고 있다. 즉, 모세는 우리를 자기 나라로 이끌기 위해 십자가에서 "그의 손을 뻗으신 예수"를 나타낸다는 것이다.[51] 에덴의 나무(창 3:16)와 관련하여 "나무를 통하여 들어온 죄는 나무에서의 순종, 즉 인자가 나무에 달림으로써 악의 지식을 멸하심을 통해 극복되었다"[52]는 이레나이우스의 설명은 엄밀하게 말하면 알레고리라기보다는 일종의 언어유희이다. 원시간과 마지막 시간(*Urzeit–Endzeit*) 모티프가 작용하고 있다. 자기 복장을 포도즙에 빠는 미래 유다지파로부터의 통치자에 대한 야곱의 말(창 49:11)을 이레나이우스는 그리스도께서 "자기 피로 우리를 씻으시고 구속하신 일"[53] 속에서 성취된 것으로 해석하고 있다. 여기에서도 유스티누스와의 유사성이 나타나며, 이 역시 알레고리보다는 모형론에 더 가깝다고 볼 수 있다.[54]

해석의 실제에 나타나는 다소의 이탈들이 기본적 원리 자체를 무효화 시키지는 않는다. 특별히 이미 기준적 이미지로 통용되고 있던 해석의 선례들을 반영하고 있는 경우에는 더욱 그러하다. 원리적으로 이레나이우스는 단절된 텍스트의 원자적 주해 방식을 거부하고 있다.[55] 약 한 세기 전의 파러(F. W. Farrar)의 부정적 논평이나, 최근의 엘레인 페이젤스의 주장처럼 영지주의적 해석과의 차이란 단지 상대적일 뿐이라는 견해가 있기는 하지만, 핸슨(R. P. C. Hanson)의 결론이 보다 설득력이 있다. "일반적인 도덕적 가르침이나 또는 플라톤 식의 철학적 논리에 맞추기 위한 알레고리화는 찾아볼 수 없다."[56]

이레나이우스가 영지주의 대적자들을 두고 그들이 성경을 마음대로 다룬다고 불평하는 데에는 일말의 체계상대성의 요소가 있을 수도 있다. 그러나 이레나이우스가 다른 어떤 것보다 더 강하게 반대하고 있는 것은 특유의 개인주의에 바탕을 둔 의미론적으로 기발하고도 비밀스런 해석의 방식이다. 이는 "환자의 변덕에 맞추어 약을 처방하는 것"과 같다.[57] 성경 텍스트의 전체성은 해석학적 "～으로 보기"를 함축한다. 그러나 영지주의적 해석은 "마치 어떤 솜씨 좋은 예술가가 귀한 보석들을 가지고 아름다운 왕의 형상을 만들어 놓았는데, 이를 보고 있던 한 사람이 이것을 가져다가 조각을 내고 그 보석들을 다시 맞추어 개나 여우의 모양을 만들어 놓은 것과 같다. 그러면서 바로 이것이 아름다운 왕의 형상이었다고 주장하는 것이다."[58] 영지주의 해석자들은 성경의 어구나 표현들을 인용하지만, 그 용어들을 자신들에게 유리하도록 이용함으로써 "이를 그들 자신의 체계로 변환시켜 버린다."[59]

이레나이우스의 사상은 계속적인 관심을 필요로 하는 많은 해석상의 이슈들을 제시해주고 있다. 켈리와 라우스가 지적하는 것처럼, 그가 말하는 신앙의 규칙(*regula fidei*)의 실제적인 내용은 사도신경의 표현과 자구적으로 대단히 가깝다.[60] 그가 해석학적 원리 내지는 열쇠로 그리스도 중심성을 강조하는 것이나, 성경의 전체성을 강조하는 것은 루터와 기타 종교개혁가들의 가장 근본적인 두 가지 원리를 예기한다. 스케빙턴 우드(Skevington Wood)가 결론짓고 있는 것처럼, 2세기 상황 속에서의 그의 작업은 성경이 "그 자체의 해석자"가 되게 해야 한다는 16세기 종교개혁의 원리 속에 그대로 이어지고 있다.[61]

피상적으로만 본다면 오히려 이레나이우스가 이야기하고 있는 것은 종교개혁의 원리와 정반대되는 듯이 보인다. 하지만 그가 말하는 '전통'을 신앙의 규칙이라는 의미에서 이해를 위한 맥락으로 본다면, 그래서 이것이 최초의 이해의 맥락과 연속성을 이루며, 또한 그 자체가 그리스도에게 초점을 맞추고 있는 것으로 본다면, 종교개혁의 성경 원리는 이로 인해 더욱 큰 이해력과 신빙성을 더하게 된다.

연속성은 주기적이고 반복적인 신앙 및 실행의 형식 틀 속에서 더욱 활성화된다. 여기에는 상호주체적 판단들도 포함된다. 이해의 맥락은 개별적이기보다는 집단적이며, 만들어진 것이기보다는 주어진 것이다. 이런 바탕 위에서 볼 때 이레나이우스가 보다 애매한 본문은 보다 명료한 본문에 비추어 해석해야 한다고 말하는 것이 결코 쳇바퀴 논리가 아님을 알 수 있다. 오히려 개인주의의 극단적 주관주의야말로 자기 안에만 맴도는 결과를 낳게 된다. 왜냐하면 그렇게 함으로써 한 개인은 "발견의 방법 그 자체"를 거부한 채 해답 없는 질문의 여정만을 계속할 것이기 때문이다.[62]

3. 알레고리적 해석: 기독교 이전 시대와 필론을 중심으로

알레고리 해석의 가치를 결정짓는 데는 여러 가지 요소들이 작용한다. 해석의 목적이 무엇인지, 해석해야 할 텍스트의 성격이 무엇인지, 또 '알레고리적'이라는 용어의 정의를 얼마나 넓게 혹은 좁게 잡을 것인지 등의 요소들이다. 예를 들어 존 번연의 '천로역정'(*Pilgrim's Progress*)처럼 텍스트 자체가 일련의 알레고리들로 구성되어 있는 경우에는 이를 해석하는 유일하게 적합한 방법은 알레고리적 해석이다. '기독도'가 '의심의 성'에서 '절망의 거인'(Giant Despair)에 의해 감옥에 갇히게 된다는 이야기는 실제 시공간적 상황 속에서 거대한 체구를 가진 어떤 행위자에 의해 행해지는 사건의 묘사가 아니다.

'알레고리'라는 용어의 범위와 관련해서도 질문이 일어난다. 1세기의 헤라

클레이토스 스토이쿠스(Heraclitus Stoicus)는 이 용어를 "어떤 것을 말하면서 말하는 그것과는 다른 어떤 것을 의미하는 것"이라고 정의한다.[63] 하지만 이 말이 레슬리 바나드(Leslie Barnard)가 그리스 수사학의 용례를 바탕으로 주장하듯이 알레고리는 "일련의 메타포들"이라는 의미인가?[64] 존 번연은 그의 알레고리를 통하여 결정적이고도 교육적인 내용을 전달하기를 원하였다. 반면 움베르토 에코는 교부 및 중세 알레고리적 해석 속에서 "무한계의 세미오시스(semiosis: 기호생성작용이나 기호화 현상을 가리키는 말 – 역주)의 아름다움"의 예들을 찾아내고 있다.[65] 이는 우리를 다시금 포스트모던 이론 및 해체주의의 세계 속으로 되돌려 놓고 있는데, 이 맥락 속에서 크로산은 성경 언어를 메타포들의 메타포들이라고 규정하고 있다.[66]

알레고리적 해석의 목적이 무엇인가 하는 점 역시 해석적 도구로서의 알레고리의 타당성을 결정짓는 한 요소로 작용한다. 성경학 전문가들은 알레고리적 해석을 배제할 준비가 가장 잘 되어 있는 사람들일 것이다(물론 성경 자체의 알레고리들을 해석할 때를 제외하고). 이는 로버트 몰간(Robert Morgan)의 표현대로, 역사적 연구의 패러다임이 도전 받지 않은 채 오랫동안 주도적 지배를 해왔기 때문이다. 하지만 최근에 와서는 성경 텍스트에 대한 알레고리적 해석을 옹호하는 사람들이 나타나고 있다. 예를 들어 앤드류 라우스(Andrew Louth)는 이 접근 방법에 대한 적대감이 잘못된 인식에서 비롯된다고 주장한다. 다시 말해서 해석자가 자기 자신의 생각을 권위 있는 텍스트 속에 교묘히 집어넣어서 읽으려고 하는 다소 정직하지 못한 절차라는 것이다.[67] 하지만 라우스가 볼 때 알레고리적 해석은 해석 공동체 차원에서 해석의 집단적 지평을 증진시키는 기능을 한다. 이를테면 기독교 교리의 발전의 빛 아래에서 성경 텍스트를 읽을 수 있도록 만들어 준다는 것이다.

알레고리는 저자의 역사적 의미에만 관심을 두지 않는다. 오히려 오리게네스의 표현대로 "하나님의 협주곡"의 다성적 하모니를 제공한다. 이에 따라 우리는 "그 의미하는 바의 깊이"를 가늠해볼 수 있다.[68] 알레고리는 우리로 하여금 "성경의 궁극적 '어려움' 즉 신비를 직면하게 하는데, 이를 통해 우리는 의미라는 것이 과연 무엇을 뜻하는 것인지 우리의 기존의 이해를 돌이켜 보지 않을 수 없게 된다."[69]

여기에서도 우리는 해석자와 해석 공동체가 의식적 혹은 무의식적으로 취하는 의미 이론들이 저자 또는 독자의 목적을 무엇으로 보느냐 하는 질문과 얼마나 긴밀하게 묶여 있는가 하는 것을 볼 수 있다. 우리가 도이츠의 루페르트의 예에서 이미 보았던 것처럼, 렉치오 디비나(묵상적 읽기)는 이미 존재하고 있는 믿음과 이해의 틀 안에서 명상의 신선함과 자극을 위해 의미의 층들을 벗겨내는 작업을 한다. 하지만 만일 해석의 목적이 성경 저자의 사상의 조사나 아니면 성경적 신학 혹은 윤리의 내용을 도출해내고자 하는 데 있다면, 알레고리적 해석은 루터가 비꼬는 투로 말하였던 것처럼 "그러면 나는 맥주가 포도주보다 더 좋다는 것을 성경을 가지고 쉽게 입증할 수 있지"[70]라는 대꾸를 피할 수 없게 될 것이다. 바로 이런 이유 때문에 많은 사람들은 역사적 재구성을 위한 표준적 방법들, 즉 양식비평이나 편집비평, 혹은 유사한 접근 방법들을 전통적 개혁가들의 유산이라고 본다.

해석의 역사 속에서 알레고리적 해석의 목적이 무엇인가 하는 것을 평가해 보면, 우리는 여기에 흥미 있는 대조 한 가지가 나타나는 것을 볼 수 있다. 대부분의 기독교 이전 시기 그리스와 유대 알레고리적 해석의 목적은 '비신화화(demythologizing)' 혹은 추상적 비객관화(deobjectifying) 내지 비특정 일반화(departicularizing)의 경향이 있는데 비해, 교부나 중세의 기독교 알레고리적 해석의 목적은 '신령화(spiritualizing)' 혹은 기독론적, 도덕적 특정화 및 구체화의 방향으로 초점이 맞추어져 있다는 것이다. 움베르토 에코는 약간의 차이 나는 방식으로 이와 같은 대조를 설명하고 있다. 기독교 이전 시기 알레고리적 해석은 종교적 텍스트로부터 세속적 의미들을 도출하고 있는 데 비해, 교부와 중세 교회는 역사같은 이야기나 일반 세상 이야기를 담고 있는 텍스트로부터 고도의 종교적 의미를 도출해내고 있다는 것이다.[71]

아마도 알레고리적 해석의 기원은 기원전 6세기의 레기움의 테아게네스(Theagenes of Rhegium)에게 거슬러 올라간다고 볼 수 있을 것이다. 비록 그의 저작들은 남아 있지 않지만, 스토아 전통에 따르면 테아게네스는 호메로스의 글을 알레고리적 방식으로 해석하였다. 즉, 신들의 행위에 대한 호메로스의 신인동성동형론적 이야기들은 자연의 힘에 대한 상징적 묘사이거나, 아니면 윤리적 가치를 전달하기 위한 도덕 담론으로 볼 수 있다는 것이다. 기원전 5세기에 람프사쿠스의 메트로도루스(Metrodorus of Lampsacus)는 호메로스의 이야기를 인간 신체 부위들에 대한 알레고리로 해석하기도 하였다. 이를테면 아폴로는 담낭을, 데메테르는 간을 의미한다는 식이다.

이와 같은 해석 과정에는 적어도 세 가지 추정이 작용한다. 첫째, 텍스트의 현재 모습 그대로에 대해서는 뭔가 불안함을 느끼는 데서 비롯되는 일종의 내용비평(*Sachkritik*)이 이루어지고 있다는 것이다. 둘째, 사람들에게 존중 받는 텍스트를 보다 "현대화된" 방식으로 "사용"해보고자 하는 바람이 작용하고 있다. 셋째, 해석하고자 하는 글의 저자는 자신이 알고 있는 것 이상의 것을 말하도록 영감을 받았다고 믿는 믿음이 작용하고 있다. 이를테면 플라톤의 초창기의 작품을 보면 그는 신이 호메로스를 통해 말한다는 믿음을 수용하고 있는 것을 볼 수 있다.[72]

스토아파 사람들은 호메로스의 신들을 자연의 힘에 대한 알레고리로 받아들였다. 제논 역시 헤시오도스를 알레고리적으로 해석했다. 헤라클레이토스 스토이쿠스는 호메로스를 문자적으로 해석하면 신들에 대한 기괴한 인식을 가지게 될 것이라고 지적한다. 그는 불트만의 비신화화 작업을 그 당대 차원에서 수행하였던 사람이다. 일리아드에 아테네 여신이 아킬레우스의 머리카락을 잡고 그를 제지하는 장면이 '객관적으로' 묘사되고 있는 것은 아킬레우스 자신의 주관적 자제력을 묘사하기 위한 것으로 '비객관화된' 해석을 해야만 한다는 것이다. 아레스나 포세이돈, 헤파스투스의 이야기 역시 철이 물속에 놓일 때 그 성분의 변화가 일어난다는 것을 나타낼 뿐이다. 오딧세이가 사이렌의 노래를 듣지 않으려고 자기 귀를 막는다는 이야기도 악의 유혹에 맞서서 의를 보호하는 것의 알레고리로 보고 있다.

하지만 그리스 사람들 가운데서도 이와 같은 알레고리적 해석 방법을 탐탁찮게 여겼던 사람들이 있다. 그래서 1세기에 이르기까지 알레고리아(*allegoria*)라는 단어보다는 휘포노이아(*hyponoia*, '배후의미')라는 말이 주도적으로 사용되었다. 플라톤 역시 자신의 책 『국가』에서 의인화된 신들에 대한 알레고리적 해석을 좋아하지 않는다고 밝힌다. 플루타르코스는 '비객관화' 해석 자체를 받아들일 준비는 되어 있었지만, 신들을 자연의 힘에 대한 은유적 확장으로 보는 것은 달가워하지 않았다.

구약의 많은 신인동성동형론적 표현들을 두고 유대 사상가들 역시 같은 고민들을 하였다. 혹자는 기원전 2세기의 유대 저술가인 알렉산드리아의 아리스토불루스(Aristobulus of Alexandria)를 알레고리적 해석의 예로 들고 있다. 하지만 알레고리의 가장자리에는 언어의 은유적 차원도 놓여 있다는 것을 무시할 수 없다. 아리스토불루스는 신학이 성경해석과 어떻게 연계되는지를 고민했던 사람이다. 신학은 성경 텍스트의 전체성에 의거하여 하나님을 편재적인 분으로 묘사한다. 그러나 성경 텍스트에서는 하나님이 시내산에 "강림하신"(내려가신, 출 19:18) 것으로, 그리고 모세가 시내산에서 하나님 앞에 "올라간"(출 19:3) 것으로 묘사하고 있다. 이런 동사들 배후에는 일반적 맥락 속에서 우리가 이해하는 그 이상의 의미확장이 내포되어 있다. 비슷한 방식으로 하나님께서 일곱째 날에 "쉬셨다"(창 2:2)라고 말하는 것도 단지 모든 활동의 중지라는 의미만이 아니라 이제까지 묘사되어온 특정 창조 활동의 완료라는 의미를 담고 있다.

아리스토불루스는 역시 알렉산드리아에 그 뿌리를 두고 있는 가명 유대문헌 '아리스테아스의 편지'(Letter of Aristeas, 기원전 100년경)와 큰 대조를 이룬다. 이 글 속에는 교육 받은 그리스인들이 레위기 율법을 볼 때 느낄 수 있는 당혹감을 덮기 위한 보다 철저한 방식의 알레고리적 해석이 사용되고 있다. 그래서 "모든 짐승 중 굽이 갈라져 쪽발이 되고 새김질하는 것은 너희가 먹되"(레 11:3) 같은 구절을 현명한 분별력을 가지라는 알레고리적 훈계라고 해석한다.

알렉산드리아의 필론(Philo of Alexandria, BC 20–AD 50년경)은 유대 알레고리적 해석의 전형을 보여주는 사람이다. 필론을 어떤 사람으로 자리매김할 것인가 하는 문제는 필론 전문가들에 따라 차이가 난다. 어떤 사람들은 굿이너프(E. R. Goodenough)를 따라 필론을 디아스포라 상태의 헬라화된 유대인들의 전형적인 대표자로 보기도 하고, 또 다른 사람들은 울프슨(H.

Wolfson)을 따라 그를 보다 넓은 의미의 바리새적 유대교의 대변자로 보기도 한다. 혹은 사무엘 샌드멜(Samuel Sandmel)을 따라 넓은 의미의 헬레니즘적 유대교 안에서도 대단히 독특한 특성을 가졌던 사람으로 보기도 한다.[73]

이런 차이에도 불구하고 한 가지 주된 면에서는 다들 동의하고 있다. 즉, 필론은 견고한 유대교 신앙의 바탕 위에 선 변증가였다는 점이다. 그러면서도 그는 "그리스의 사상 세계와 유대적 사상 세계 사이에 위치하고 있었다."[74] 특히 그는 성경에 대한 철학적, 신학적 주해가의 역할을 선택했지만, 그 작업 자체는 헬라 텍스트에 근거해서 헬라 개념적 도구들을 힘입어 수행되었다.[75] 클라우스 오테(Klaus Otte)는 필론의 언어이론이 유대와 헬라 사상의 복합체라고 말한다. 거기에는 치유파(the Therapeutae), 에세네파, 70인경 번역가들 등이 포함되어 있다.[76]

필론은 할 수 있는 한 최대한 교육 받은 그리스 지성인들의 사상과 사고틀을 취하고자 하였다. 그러면서도 유대인 성경의 가르침에 충실하고자 하였다. 이 헬라와 유대의 양대 축이 필론의 사상과 또 그의 알레고리적 해석 방법 사용의 준거틀의 역할을 한다. 한편에서는 유대인 성경이 "거룩한 신적 말씀"으로, "신성한 신탁"으로 자리 잡고 있다.[77] 필론에게 성경은 영감된 하나님의 말씀이었다. 또 다른 한편에서 필론은 호메로스, 핀다로스(Pindar) 유리피데스(Euripides), 소포클레스(Sophocles) 등을 빈번히 인용하였고, 제논, 클레안테스(Cleanthes), 피타고라스학파 등의 사상에 흠뻑 젖어 있었으며, 심지어 "위대한 플라톤"이라는 말까지 하고 있다.

필론이 어떤 경우에 알레고리적 해석을 사용하고 있는가? 그 기준은 성경 텍스트의 스타일이나 장르에서 비롯되는 것이 아니라 특별히 신론과 관련하여 성경의 신학적 함의가 무엇이냐 하는 질문에서부터 비롯된다. 때로는 명백한 이론적 모순이 있는 경우에, 또 때로는 전적으로 유대인 문화에 속하는 것을 보다 넓은 헬라적 관점으로 보편화하고자 하는 경우에 알레고리적 해석이 시도되고 있다.

움베르토 에코가 지적하는 것처럼, 교부들의 알레고리 해석의 사용은 의미를 보다 좁게 기독론적 교리에 제한시켜 놓고 있는데 비해 필론의 알레고리 해석의 사용은 보다 좁은 종교적 틀을 보다 넓은 의미 범주 속으로 옮겨 놓는 방향을 취하고 있다. 아담이 하나님을 피하여 숨은 것(창 3:8)과 관련하여 필론은 하나님이 모든 것을 다 보시는 분임을 안다면 여기에는 "뭔가 다른 의미"가 숨어 있다고 말한다. 또한 가인이 등장인물이 네 명밖에 나오지 않는 이야기 속에서 도시를 세우고 아내를 얻는다는 것(창 4:17)은 논리적으로 앞뒤가 맞지 않기 때문에, 이 이야기를 문자적으로 읽는 것은 옳지 않다고 말한다.[78] 창세기의 두 창조기사와 관련해서도 필론은 창세기 2:7은 현실 인류의 창조로, 창세기 1:27은 '이상적'(플라톤의 의미에서) 혹은 '영적' 인간의 창조로 구분하여 이해하고 있다.[79] 어쩌면 바울이 고린도전서 15:46에서 이와 역순 전환을 제시하고 있는 것은 이런 해석을 간접적으로 시사하고 있는 것인지도 모른다.

필론은 또한 시공간적으로 특정성을 띤 본문을 보다 일반화시키기 위한 목적에서 알레고리적 해석을 사용한다. 성경은 이스라엘 땅의 "작은 국가"에 제한되지 않고 "보다 큰 나라, 즉 이 세상 전체"와 관계된다고 보는 것이다.[80] 따라서 아브라함의 여행(창 12:18)은 아브라함이 한 지역에서 다른 지역으로 옮겨가는 시공간적 사건이 아니라, 감각적 이해로부터 보다 높은 실재에 대한 명상으로 옮겨가는 여정을 가리킨다고 해석한다. 야곱이 지팡이를 들고 요단강을 건너가는데, 이때 지팡이는 훈련을 의미하며, 이를 통해 초보적인 것(요단강)이 극복될 수 있다는 것이다.

필론이 이처럼 '무시간적' 진리를 찾느라고 시간적 내러티브를 멸시하는 태도를 가졌다는 지적은 어느 정도는 타당성이 있는 말이다. 필론은 특히 하나님께 돌려진 내러티브 행위들 속에 신인동성동형론적 특성이 많이 나타나는 것을 당혹스러워했다. 그래서 하나님이 "에덴에 한 동산을 심었다"(창 2:8)는 표현을 "터무니없는 우스갯소리"로 치부하면서, 이 구절은 하나님께서 인류 가운데 덕을 '심었다'는 것을 의미한다고 해석한다.[81] 그는 또 에덴에서부터 흐르는 강은 '선함'을 의미하며, 그 네 강줄기는 실제적 강이 아니라 플라톤이 말하는 네 가지 기본 덕목을 가리킨다고 말한다. 비손(Pheison, 창 2:11)은 '내가 남겨둔다'는 의미의 페이도마이(*pheidomai*)에서 유래한 것으로 볼 수 있기 때문에 '분별력'(prudence)과 연결되며, 기혼(창 2:13)은 보다 복잡한 언어적 뿌리를 추적하여 '용기'와 연결시키고 있다.

가인과 아벨은 어느 시기 어디에서나 찾아볼 수 있는 두 캐릭터 유형을 대변한다. 가인은 말은 유창하지만 성품은 결함이 많은 사람을 대변하고 아벨은 말은 부족하지만 심성은 곧은 사람을 대변한다. 조상들의 시대에는 성경 속 인물들이 때로 덕이나 악덕의 상징으로 해석되기도 하였다는 것이다. 이를테면 야곱은 투쟁 후에 얻는 보상을, 롯은 감각성을, 라헬은 순결성을 나타낸다.[82]

필론의 알레고리적 해석과 스토아학파 사이에는 분명한 유사점이 있다. 샌드멜은 이 관계가 의식적인 것이었다고 주장한다. 샌드멜이 그 근거로 제시하는 것은 오딧세이, 페넬로페, 그리고 페넬로페의 하녀들에 대한 스토아학파의 알레고리적 해석과 아브라함, 사라, 하갈에 대한 필론의 알레고리적 해석 사이의 유사성이다. 각각의 경우 '지혜'(페넬로페, 사라)와의 연합은 '폭넓은 공부'(하녀들, 하갈)가 우선되지 않고는 이루어질 수 없다.

필론이 알레고리적 해석을 사용하는 목적이 무엇인지를 알 수 있게 하는 핵심 열쇠는 앨런 리처드슨(Alan Richardson) 등이 이야기하는 히브리기독교 전통 속에 있는 "상대적 특정성의 걸림돌" 의식, 또는 그로 말미암는 당혹감에 있다. 샌드멜은 "필론으로 하여금 성경을 만인의 본성과 경험에 관한 것으로 바꾸어 놓게 만든 것이 이 알레고리해석"이라고 옳게 지적한다.[83] 이를 통해 성경 내러티브는 각 사람이 영적 완전을 향하여 나아가는 여행이라는 알레고리가 되고 있다.

우리가 기독교 이전 시기의 알레고리적 해석을 후에 불트만이 "비신화화"라고 명명하였던 작업의 예초라고 보는 것은 전적으로 시대착오적인 것만은 아니다. 불트만은 이렇게 적고 있다. "신화의 참 목적은 세상에 대한 객관적 그림을 제공하고자 함이 아니라 …… 자신이 살고 있는 세상 속에서의 사람의 자기 이해를 표현하고자 함이다. 신화는 우주론적으로나 인간론적 방식으로가 아니라 실존적으로 해석되어야 한다."[84] "신화적" 텍스트의 드러난 의미를 바꾸어 해석해야 하는 필요성을 불트만은 세 가지로 제시하고 있다. 첫째,

특정 사태의 정황을 묘사하고 있는 것처럼 보이는 이야기를 보다 넓게 통용될 수 있는 자아개입적 언어로 '비객관화'할 필요성, 둘째, 텍스트 속에 나타나는 모순이나 터무니없는 것에 반응해야 할 필요성, 셋째, 신적 초월성이나 우주론에서 때 지난 신인동성동형론적 표현들을 재해석할 필요성이다. 나는 이 세 가지 기준을 다른 곳에서 매우 상세하게 검토했다.[86]

필론과 불트만 사이에는 두 가지 결정적인 차이들이 있다. 첫째, 불트만은 구 자유주의의 무시간적 진리 개념을 거부하고 있다. 특히 그것이 교훈적 사상의 형태로 제시될 때 더욱 그러하다. 그의 양식비평 작업의 연장선 위에서 불트만은 복음이 시간적 '사건'으로 선포된다는 것을 강조한다. 복음은 무시간적 아이디어가 아니라 케리그마 선포이다. 불트만은 이렇게 적고 있다. "자유주의 신학에 반대하는 이유는 그것이 이 걸림돌을 제거 내지 최소화하려 하기 때문이다."[87] 둘째, 불트만은 '자연적인 것'과 '내적인 것' 사이의 이상주의적 대비를 거부한다. 그는 '내적' 심리적 과정에 관심이 없고, 오히려 인간 의지의 실천적 지향에 관심을 두고 있다.

이런 근본적 차이들을 제외한다면, 다른 많은 면에서 불트만의 비신화화 작업과 기독교 이전 시기 알레고리적 해석 사이에 유사점들이 있다는 것은 부정할 수 없으며, 이는 불트만 자신이 인식하고 있는 일이기도 하다. 그 자신의 "앞서의 비신화화 시도들은 …… 알레고리적 해석 즉 신화적 사건들을 신령화함으로써 영혼 속에서 일어나는 과정들의 상징이 되게 하는 일"을 포함한다고 적고 있다.[88]

필론은 재해석되어야 할 명백한 '신화'의 한 예로 창세기 3:1의 말하는 뱀을 들고 있다. 이 본문은 필론에 따르면 "경이와 놀라움을 안겨준다. …… 그러나 보다 깊은 의미로부터 도출된 설명을 제공하면 신화적인 것은 눈에서 사라지고 진리가 자명하게 살아난다."[89] 그러면서도 필론은 텍스트의 시공간적, 혹은 '외적' 의미를 전적으로 다 무가치한 것으로 여기지는 않는다. 오리게네스를 예견하게 하는 방식으로 그는 이렇게 말한다. "우리는 '외적'인 것을 …… 몸과 닮은 것으로, 그리고 내적 의미를 영혼을 닮은 것으로 보아야 한다. 우리가 몸을 돌보는 것은 그것이 영혼의 의복이기 때문인 것처럼, 마찬가지로 우리는 율법의 문자에 주의해야만 한다. 우리가 이 외적인 것을 지킬 때 그것이 상징하고 있는 [더 깊은] 것의 의미를 획득할 수 있게 된다."[90]

필론의 주된 관심은 신학적인 것이다. 하지만 우리는 플라톤식 이상주의가 필론의 사상에 끼친 영향을 과소평가해서는 안 될 것이다. 클라우스 오테가 지적하는 것처럼, 필론은 언어를 '존재'에 이르는 문으로 생각한다. 하지만 플라톤에게서와 같이 실재는 감각적 영역 그 너머에 놓여 있다. 따라서 고펠트는 "필론에게 알레고리화 한다는 것은 이 눈에 보이는 세상으로부터 이념들의 더 높은 세계로 올라가는 것과 같다"라고 지적하는 것이다.[91] 몸과 영혼의 관계가 이를 잘 이해할 수 있게 한다. "우리가 몸을 잘 돌보아야" 하는 이유는 그것이 "영혼의 거처"이기 때문이다. 고펠트가 필론의 견해를 잘 분석하고 있는 것처럼, 시공간적 의미 그 자체가 역사 속의 공적 사건들을 통해 자기 백성과 세상 가운데서의 "하나님의 일하심"을 말해주지는 않는다. 오히려 인간의 자질과 실제적 자세들, 가치들, 영혼의 상태 등을 말해준다.

기독교 이전 시대의 알레고리가, 에코가 단순화시키고 있는 것처럼, 전적으로 '세속화하는' 언어인 것만은 아니다. 필론은 궁극성과 영성에 관한 플라톤식 이해와 부합되지 않는 역사적 특정성의 요소를 제거하기를 원하였다. 이것을 긍정적으로 볼 것인지 아니면 부정적으로 볼 것인지는 우리가 플라톤식 세계관에 얼마만큼의 동정심을 가지느냐에 따라 달라지게 될 것이다. 보다 긍정적이고 진지한 자세로 알레고리에 접근하고 있는 사람으로 제럴드 보스톡(Gerald Bostock)을 들 수 있는데, 그는 이렇게 진단한다. "이 시기의 알레고리는 세상을 보다 높은 실재의 양면적 이미지로 해석하는 플라톤적 세계관의 문학적 한 양태라고 볼 수 있다. 이 수단[알레고리]을 통해 두 차원의 실재 사이의 숨겨진 연결고리가 지시되고 또한 밝혀진다."[92] 하지만 부정적 평가도 있다. 프레데릭 파러(Frederic Farrar)는 필론의 알레고리적 방법을 성경에서 "철학의 일반적인 것들"을 찾아내는 기법 정도로 폄하한다.[93]

4. 기독교 알레고리 해석의 시작

사도 바울은 갈라디아서 4:24–26에서 여종 하갈을 통한 이스마엘의 출생과 자유한 여자 사라를 통한 이삭의 출생 이야기를 다루고 있다(창 16:15, 21:2). 그러면서 그는 "이것은 비유(알레고리적으로 진술된 것, *allegoroumena*, 24절)니"라고 말한다. 즉, 이 두 여인을 두 언약에 빗대고 있는 것이다. 하나는 시내산으로부터 종 된 자녀를 낳는데, 즉 하갈이다. 하갈은 아라비아에 있는 시내산으로, 그리고 이어서 현재의 예루살렘으로 연결되고 있다. 여기에는 그녀와 그 자녀가 다 종이다. 반면 위에 있는 예루살렘은 자유하고 이것이 우리의 어머니다. 바울의 결론은 이방인 그리스도인들 "너희가 이삭과 같이 약속의 자녀이며 …… 자유 있는 여자의 자녀"라는 것이다(28, 31절).

오리게네스는 자신의 광범위한 알레고리적 해석을 정당화하기 위한 선례로 바울의 이 구절에 호소하고 있다. 하지만 우리가 이것을 일반적으로 알레고리화한다고 할 때 생각하는 것의 진정한 예로 볼 수 있을까?

브루스(F. F. Bruce)와 바렛(C. K. Barrett)을 포함하여 대다수의 바울 전문가들은 보다 상세한 정의가 내려져서 이 범주 안에서도 더 세부적인 구분이 만들어지기까지는 넓은 의미에서 우리가 이것을 알레고리로 보아야 한다는 입장을 취한다. 그러나 오토 미헬(Otto Michel) 같은 사람은 이를 모형론의 한 예로 보기를 좋아한다.[94] 모형론은 둘 혹은 그 이상의 역사적 **사건들** 사이의 유사나 상응을 찾아서 연결시키는 방법이다. 그러나 알레고리는 둘 혹은 그 이상의 **아이디어들** 사이의 유사나 상응을 따라 의미 확장을 꾀하는 방법이다.

람프와 울콤브(Lampe and Woollcombe)는 모형론을 "구약의 어떤 사건, 인물, 사물들과 신약의 유사한 사건, 인물, 사물들 사이에 역사적 연결을 짓는 것"이라고 정의한다.[95] 얼 엘리스(Earle Ellis) 역시 모형론의 역사적 성격을 강조한다. 그러면서 구약을 "보다 깊은 의미를 감추고 있는 메타포들의 책"으로 보려하는 알레고리적 해석과 모형론을 구분하고 있다. 모형론에는 "역사적 상응성과 점강성이라는 두 원리"가 지배적이라고 엘리스는 말한다.[96] 그런 점에서 신약의 대형(antitype)은 구약의 모형(type)을 보완하면서도 능가한다. 보다 최근에 애게슨(J. W. Aageson)은 엘리스의 논의와 폰 라드(Gerhard von Rad)의 '상응'(correspondences) 개념을 통합하여, 바울이 명시적으로 '모형'(또는 '본')이라는 용어를 사용하는 로마서 5:12–21과 고린도전서 10:1–13의 경우를 제외하면 "상응이라는 용어가 바울의 성경적용적 연결을 나타내는 데 모형론보다 더 적합한 용어"라고 결론짓고 있다.[97]

우리가 알레고리든, 모형론이든, 상응이든 그 어떤 용어를 쓰든, 바울의 관점은 역사 속에서 하나님의 행위를 떠나지 않으며, 또한 그가 연결시키고자 하는 유비에는 상황적 성격이 있다는 것이 분명하다. 그런 점에서 그의 접근은 앞서 우리가 보았던 필론의 것과는 다르다. 핸슨(R. P. C. Hanson)은 비록 '모형론'이란 용어를 쓰고 있지는 않지만, 이렇게 말한다. "바울은 성경 구절의 의미를 그 역사적 맥락에서 이탈시켜 도덕적 교훈이나 철학적 진리로 변형시키려 하지 않는다. 이런 일은 알렉산드리아식 알레고리의 전형적인 예이다. …… 바울은 옛 언약에서 일어났던 결정적 사건이 새 언약 아래에서 일어난 일을 예고하고 또 반복되는 것으로 보고 있다."[98]

우리가 갈라디아서의 이 구절들을 알레고리적 해석으로 규정한다면, 이는 구약에 대한 바울의 특징적인 접근 방식에 전혀 부합되지 않는다. 론지네커는 '알레고리'라는 말을 여기에 붙이고 있기는 하지만, 이 이미지 혹은 유비는 "팔레스틴 알레고리적 해석의 한 극단적 형태를 대변하며, 논쟁적 상황 속에서 사용된 것으로 대단히 정황적이며 응대적"이라고 진단한다.[99] 종교개혁가들 가운데도 갈라디아서 4:24–26을 두고 그 입장이 서로 달랐던 것을 본다. 루터의 경우는 여기에 알레고리가 사용되고 있다고 인정하면서 "기초가 잘 놓여 있으면 …… 괜찮은 것"이라고 말한다. 그러나 칼뱅은 오리게네스가 자신의 알레고리적 해석을 옹호하기 위하여 이 구절에 호소하는 것을 두고 이는 "성경을 그 진정한 의미를 떠나(*a genuino sensu*) 이리 저리 비틀기 하는 것"이라고 공박하고 있다.[100]

우리가 신약성경 속에서 얼마만큼의 "알레고리적 해석"을 찾을 수 있느냐 하는 문제는 부분적으로는 우리가 알레고리라는 말을 얼마나 넓게 또는 얼마나 전문적으로 정의할 것이냐 하는데 달려있다. 고린도전서 9:9–10에서 바울은 신명기 25:4 "곡식 떠는 소에게 망을 씌우지 말지니라"는 말씀 속에 나타나는 정신을 보다 넓은 틀 속에 위치시키고 있다. 그의 신학적 이해의 맥락 속에서 보면 이 원칙은 일차적으로 "우리를 위하여" 제정된 것이다. 고린도전서 10:14에서 바울은 과거 광야에서 반석으로부터의 물의 공급을 "그 반석은 곧 그리스도"라는 말과 함께 그리스도에게 돌리고 있다. 마가복음 12:1–9에서는 이스라엘이 하나님의 포도원(사 5:1–2)이라는 이미 친숙한 유비, 상응, 또는 알레고리를 보다 넓게 확장시키고 있다. 그란트(R. M. Grant)와 블랙맨(E. C. Blackman)은 히브리서에서의 구약 사용과 필론의 알레고리적 해석 사이의 유사성을 주장하고 있지만(예를 들어, 히 4:8–9, 7:1–3), 로널드 윌리엄슨(Ronald Williamson)은 둘 사이의 중요한 차이점들을 적시하고 있는데, 히브리서 속에서는 역사적, 종말론적 강조점과 현실적 지평이 두드러지지만 필론에게는 이런 측면이 거의 나타나지 않는다는 것이다.[101]

전반적으로 볼 때 알레고리적 해석이 텍스트의 일차적인 의미론적 틀을 건너뛰어서 이를 다른 어떤 외부적 체계 속에 집어넣기를 좋아하는 데 반해, 신약 저자들은 구약 본문을 "전체로 …… 전체적 맥락에 대한 지시물로"[102] 보고 있다. 우리는 여기에서 다드(C. H. Dodd)의 "**총체적 맥락**이 고려되고 있다"라는 앞서의 결론을 다시 설명할 필요는 없다. 이 맥락은 "역사에 대한 고유한 이해의 바탕 위에서" 일반적으로 존중되었다.[103] 다드는 "[신약 저자들은] 전반적으로 성경 저자들의 주된 의도에 충실하였다"라고 보고 있다.[104] 예외가 일어나는 경우가 있다면 이는 처하여진 상황 속에서의 특정한 요소 때문이지 신약 저자들이 알레고리적 해석을 규칙적인 해석적 도구로 사용했기 때문은 아니다.

우리가 이레나이우스의 경우에서도 보았던 것처럼, 알레고리적 해석과 신앙 공동체 속에서 이미 신학적 공명을 획득하고 있는 구약 이미지들의 관습적 사용 사이에 명확한 선을 긋기는 대단히 어렵다. 속사도 교부들의 글에서 이런 예들을 많이 찾아볼 수 있다. 클레멘트 전서(AD 95년경)는 기생 라합의 창에 걸었던 붉은 줄(수 2:18, 21)을 하나님을 믿는 자들이 "주님의 피로" 건짐 받을 것을 "미리 확실히 하기 위한"(*prodēlon poiountes*) 조치였다고 해석한다(1 Clem. 13:7). 이런 해석이 당시 교회 속에서 이미 폭넓게 상징화되고 있던 이미지를 반영하는 것이라고 볼 수 있는 가능성은 클레멘트가 일반적으로 알레고리적 해석을 하지 않는다는 데서 더욱 분명해진다. 디다케(Didache, 100–110년경)와 이그나시우스 진서들(Epistles of Ignatius, 110–120년경) 속에도 역시 알레고리를 찾아볼 수 없다. 반면 바나바서(The Epistle of Barnabas) 속에는 구약 레위기 법을 무시간적 도덕적 원리로 이해하려 하는 알레고리적 해석이 나타나고 있다(Barnabas 10:1–12). 뿐만 아니라 아브라함에게 속한 318명의 훈련된 무리들에 대해서도 숫자법에 의거한 알레고리적 해석을 시도하고 있다(Barnabas 9:8).

조직적인 형태의 알레고리화는 영지주의와 알렉산드리아의 클레멘트, 그리고 뒤에 가서 다루겠지만 오리게네스 속에 나타나고 있다. 영지주의자 발렌티누스(Valentinus) 계열의 전통에서 보면 알레고리는 성경 텍스트의 상황적 내러티브 의미 위에 약간의 다른 부가물을 '첨가'하는 정도만이 아니다. 엘레인 페이젤스가 보여주는 것처럼, 헤라클레온(Heracleon)이나 다른 발렌티누스 계열의 문서들 속에 나타나는 그들의 해석학이 "세 존재론적 차원의 형이상학적 주해 원리"[105]에 의해 통제되고 있는 것을 본다. '물질지향적'(hylic) 차원의 사람과, '심적인'(psychical, 또는 '종교적' religious) 사람, 그리고 '영적인'(pneumatic, 또는 '영지적' gnostic) 사람이 텍스트 이해를 위해 가지고 들어오는 각각의 준거틀 또는 이해의 맥락은 다 다르다. 단지 공적으로 '열린' 이성적 탐구의 차원이 아니라 그 너머의 의미 차원 속으로 들어가려면 '영지'(*gnosis*)의 비밀한 계시가 있어야만 한다.

헤라클레온의 해석학적 원리에 의하면 시공간적, 혹은 상황적 의미는 결코 일차적 의미가 될 수 없다. 그의 해석학적 방법은 "육적(물질적) 이미지들을 체계적으로 영적 진리로 옮겨 놓는 것"이다.[106] 따라서 요한복음의 사마리아 여인(요 4:7–26)은 사마리아에 살았던 한 여성이 아니라, 그 참 남편인 영지주의적 '충만'(*pleroma*)에게 맺어져야 할 선택받은 영적 존재를 가리킨다. 그리심 산은 일상의 '물질지향적'(hylic) 사람들이 가진 감각적 경험을 가리키며,

예루살렘은 '심적'(psychical) 사람들의 종교적 경험을 가리키는데, 오직 '영적' 사람들만이 성령과 진리 안에서 예배할 수 있다(요 4:23).

교부들 가운데서 이와 같은 영지주의적 해석학에 가장 가까이 다가가는 사람이 알렉산드리아의 클레멘트(약 200년경)이다. 클레멘트의 '전통' 혹은 이해의 맥락은 이레나이우스의 경우와 같은 공적으로 개방된 신앙과 실천 양식이 아니다. 영지적 혹은 '영적' 신자에게 주어진 '지식'의 계시와 일반 '단순한' 신자가 경험하는 그것은 크게 차이가 난다. 전통이나 계시는 누구에게나 열려 있는 것일 수는 없다. 왜냐하면 하나님의 진리는 그 본성상 "수수께끼와 상징들, 알레고리와 은유들, 그밖의 비슷한 비유들"을 통해서만 전달될 수 있기 때문이다.[107] 감추어진 가르침이 탐구를 촉진시킨다. 만일 성경 언어가 명료하다면 계시적 '지식'이 필요치 않을 것이다. 그래서 시편(시 78:2)에서는 그리스도와 관련하여 "내가 입을 열어 비유로 말한다" 하였고,[108] 성경의 문체가 비유적이라는 것이다.[109] 그리고 비유들은 가려져 있어서 "그들이 보아도 보지 못한다"(마 13:13).

군네벡(Gunneweg)에 따르면 알렉산드리아의 클레멘트는 두 파트로 구성된 그리스도인 성경과 관련하여 명시적으로는 처음으로 '테스타먼트'(*diathēkē*)라는 단어를 사용한 사람이다[바울은 유대인들과 관련하여 "구약(*diathēkē*)을 읽을 때"(고후 3:14)라는 말을 쓰고 있다].[110] 또한 클레멘트는 알레고리적 해석을 조직적으로 사용하여 의심스럽고 의문시되는 신학적 목적, 즉 '영지' 신학에 기초한 "거대 알레고리"를 추구하였던 적어도 교부들 가운데서는 첫 인물이다. 리처드 핸슨(Richard Hanson)의 지적에 따르면, 클레멘트는 "성경 어디를 보든지 모든 곳에 감추인 의미가 들어 있는 것을 볼 수 있는 경지에 이르렀다. 그는 이런 부류의 교리를 확립한 최초의 기독교 학자인데, 그 방법적 틀은 필론에게서 따온 것이다."[111] 움베르토 에코의 표현을 빌리자면, 알레고리는 "무제한의 세미오시스와 …… 수수께끼의 그물"을 제공하는데, 알렉산드리아의 클레멘트를 통하여 이것이 기독교 해석학 속에 최초로 접목되었다.

예를 들어 값진 진주의 비유(마 13:45–46)를 해석하면서 클레멘트는 굴과 굴 껍질 속에서 진주가 만들어지는 과정에 의미를 확대시켜 이 비유가 예수 그리스도의 성육신의 진리를 나타낸다고 주장한다.[112] 탕자의 비유(눅 15:11–32)와 관련해서는 좋은 옷(15:22)은 영원불멸을, 반지는 삼위일체의 신비를, 잔치는 성만찬을 의미한다고 해석한다.

기독교 영성과 개인주의의 관계에 대한 질문이 클레멘트의 '영지' 개념에 대한 라우스(Andrew Louth)의 변호 속에서 제시되고 있다. 라우스는 클레멘트의 이 개념을 "침묵으로서의 전통"이라는 인식이 살아 있는 맥락 속에서는 "전통의 기관으로서의 영적 안내자"에 비견되는 것으로 보고 있다.[113] 이는 동방교회 전통에서 보면 그리스도인들이 침묵 수행중인 사막 교부들을 찾아 "말씀을 구하는 일"과 연관된다는 것이다. 하지만, 이레나이우스의 전통의 공적, 집단적 성격에 대한 강조가 텍스트의 의미와 그 연속성을 위한 보다 안정된 틀을 제공할 뿐만 아니라, 이것이 종교개혁가들의 공적으로 접근 및 검증 가능한 것으로서의 전통, 즉 그리스도에 대한 증거로서의 그 진정성을 검증할 수 있는 것으로서의 전통 개념과 보다 가까운 일체성을 이룬다.

5. 알레고리인가 적용인가?: 오리게네스와 크리소스토무스의 차이점

알렉산드리아의 클레멘트를 계승한 사람이 오리게네스이다. 그의 저술 활동은 거의 3세기 전반부에 걸쳐 있다(254년 사망). 그의 책『원리에 관하여』(*De Principiis*) 제 4권에서 그는 성경 영감의 교리(IV.1)와 성경의 '영적' 해석 및 이해(IV.2,3)의 문제를 논하고 있다. 오리게네스의 성경해석 원리는 많은 학자들의 연구의 대상이 되어왔는데, 그 중에서도 최근의 카렌 토레센(Karen Jo Torjesen)의 연구가 가장 인상 깊다. 이 연구는 오리게네스의 해석학적 절차뿐만 아니라 독자효과(readereffect) 차원의 그의 목회적 관심에 대해서도 주목하고 있다. 제럴드 보스톡(Gerald Bostock)의 연구는 주로 오리게네스의 알레고리를 옹호하는 방향으로 치우치고 있다.[114]

오리게네스를 클레멘트와 함께 엮어서 그가 성경을 필론의 방식을 좇아 그 안에서 무한대의 다중의미들을 찾아내는 알레고리적 해석을 했다고 범주화하고자 하는 유혹이 크다. 실제로 톨린턴(R. B. Tollinton)은 오리게네스의 "전체 주해가 성경이 하나를 말하면서 다른 것을 의미하고 있다는 원리에 의존한다"라고 말한다. 즉 오리게네스는 "모든 내러티브와 모든 명령이 실제로는 신비이며, 오직 유일하게 참된 가치인 비밀한 의미를 가리킨다"라고 보았으며 "그는 성경에서 그 자신이 찾기를 원하는 것만 찾았다"라는 것이다.[115] 하지만 오리게네스의 해석 방법은 성육신 신학 및 세상에 대한 '성례전적' 이해에 보다 깊이 뿌리를 두고 있다. 톨린턴은 보다 큰 그림의 한 부분만을 그리고 있을 뿐이다.

카렌 토레센과 폰 발타사르(Hans Urs von Balthasar)는 오리게네스의 성경해석에서 로고스 중심적 원리를 독립적으로, 그러나 공통적으로 강조한다. 로고스인 그리스도는 세 '성육신적' 몸으로 우리와 소통하신다. 첫째는 그의 역사적, 부활의 몸이고, 둘째는 그의 몸인 교회를 통해서이며, 셋째는 그 문자가 성령으로 말미암아 생명을 얻게 되는 성경의 '몸'을 통해서이다.[116] 오리게네스의 사상의 중심을 차지하는 것은 요한복음식 로고스이다. 따라서 오리게네스는 시공간적 특수성을 무시하지 않는다. 왜냐하면 이를 통해 그리스도의 영광과 진리가 분명하게 드러나기 때문이다. 오리게네스는 '문자적' 의미에서부터 시작한다. 만일 성경 텍스트의 문자적, 의미론적 구성이 그에게 중요한 문제가 아니었다고 한다면, 구약의 여러 다른 이문들을 비교하여 읽을 수 있도록 한 헥사플라(*Hexapla*)를 공들여 만들 필요가 없었을 것이다. 당대의 많은 교사들과는 달리 오리게네스는 헬라어 텍스트뿐만 아니라 히브리어와 히브리어 텍스트도 직접 연구하였다. 그의 많은 성경 주석들 속에서(특히 로마서) 오리게네스는 문법과 어휘 및 다른 맥락 속에서의 의미론적 차이 같은 문제들을 심도 있게 논하고 있다. 물론 그가 언어적, 의미론적 차이들 속에 너무 많은 것을 읽어 넣기 하고 있다는 것이 그의 약점으로 지적되고 있다.

오리게네스가 문자적 의미에서부터 출발하지만, 거기에서 그치지는 않는다. 그가 "영적 복음서"라고 지칭하는 요한복음에 대한 그의 주석에서 그는 이렇게 적고 있다. "우리가 이제 해야 할 일은 감각적 복음(*aistheton euaggelion*)을 영적 복음(*euaggelion noetou kai pneumatikou*)으로 전환시키는 일이다. 만일 감각적 복음의 이야기가 영적인 것으로 이어지지 않는다면 무슨 소용이 있겠는가? …… 누구라도 그것을 읽을 수 있고 또 그것이 말하는 것들을 안다고 할 수 있다. 그러나 그것뿐이다. 우리의 모든 에너지가 집중되어야 할 곳은 복음 의미의 더 깊은 곳이다. 그것을 꿰뚫고 모형들을 다 벗겨버린 후에 그 속에 있는 진리에 도달하는 것이다."[117]

카렌 토레센은 오리게네스의 주된 관심이 철학적이거나 유사 영지주의 같은 것이 아니라 오히려 성경 텍스트의 '독자 효과'와 관련한 **목회적** 관심이었다고 날카롭고도 지속적으로, 또 설득력 있게 논증하고 있다. 오리게네스가 '문자'를 넘어가야 한다고 말하는 것은 어느 누구도 "말들의 거친 도구" 그 자체에 의해 감동되거나 설득되거나 변화되지는 않기 때문이다. 말들이 **생명**으로 살아나야 한다.[118] 이 일은 "성령의 나타나심과 능력으로"(*en apodeixei pneumatos kai dynameōs*, 고전 2:4) 가능하게 된다. 오리게네스의 성경 영감의 교리는 그의 책『원리에 관하여』(*De Principiis*) 제 4권 1장에 잘 나타나는데, 그 주된 관심은 성경 각권의 기원에 관한 것이 아니라 **현재의 시간 지평 속에서 성경이 효력 있게 역사하는 능력**에 관한 것이다. 만일 사람이 경외심을 가지고 부지런히 성경을 읽으면 "바로 그 행위 가운데서 …… 자신이 읽는 책들이 인간적 방식으로 만들어진 것이 아니라 하나님의 말씀이라는 것을 깨닫게 될 것이다."[119] 성령이 없이는 말들은 단지 "질그릇"에 지나지 않는다.

오리게네스는 텍스트의 세 단계 의미라는 잘 알려진 해석 구도를 목회 지향적 해석이론이라는 틀 안에서 개진하고 있다. 공동체를 위한 성경해석이라는 맥락 속에서 그는 이렇게 기록한다. "인간이 몸과 혼과 영으로 구성된 것처럼, 사람의 구원을 위해 하나님의 은혜로 주신 성경 역시 그러하다."[120] 이와 같은 아이디어는 부분적으로는 "삼중적으로 모략과 지식 가운데서 진리의 말씀이 분리되고 구분되는 과정"(잠언 22:20의 오리게네스식 전용)에, 또 부분적으로는 "문자(*to gramma*)는 죽이나 영은 살린다"(고후 3:6)는 바울의 인식에 기반을 두고 있다.

이 주제와 관련된 대부분 학자들의 주장과는 달리 카렌 토레센은 "모든 구절이 이 세 단계로 해석되어야 한다는 것이 중세의 성경의 사중의미 원리처럼 아직 하나의 원리로 확립된 것은 아니"라고 주장한다.[121] 성경의 강해가 이루어지는 청중은 최소한 세 그룹으로 구성되는데, 오리게네스는 목회적 차원에서 이를 "서로 다른 영적 능력"으로 파악한다. 그 속에서 성경의 몸은 예배 맥락에서 읽히는 텍스트 자체를 가리킨다. 성경의 혼은 성도들을 교화하고 유익을 주는 차원을 말한다. 그리고 마지막 세 번째 단계는 "텍스트를 장차 올 축복의 그림자로 이해하는 것을 의미한다."[122] 이 모든 것이 영적 성장의 점진적 단계를 이룬다고 보는 것이다.

오리게네스에 대한 이와 같은 이해가 그가 여러 구체적인 본문들을 실제로 어떻게 다루고 있는지 예증적으로 제시되지 않는다면 그저 하나의 이론으로 머물고 말 것이다. 그래서 좋은 예로 시편 38편에 대한 오리게네스의 주해를 살펴보자. 의미의 첫째 단계와 관련해서 오리게네스는 먼저 시편기자의 **정황**을 생각해보라고 요청한다. "주의 화살이 나를 찌르고 주의 손이 나를 심히 누르시나이다"(시 38:2). 오리게네스는 화살을 양심의 찌름으로, 하나님의 손을 일종의 훈련으로 생각한다. 그 다음 두 번째 단계는 **영적 태도**와 관계된다. 시편기자는 지금 기도를 하고 있는 중이며, 하나님을 "주님"(Thou)이라고 부른다. 마지막 세 번째 단계는 오늘날 흔히 적용이라고 부르는 단계이다. "오리게네스는 **그의 청중들**을 향하고 있다. …… 시편의 말들이 그의 청중이 하고 있는 말인 양 …… 청중들 자신의 고백으로 삼아서 다시금 시편기자의 고백으로 돌아가려 하고 있다."[123] 보다 엄밀하게 말하면 여기에는 네 가지 요소들이 나타난다. 첫째, 시편기자의 말들이 어떻게 이루어져 있는가? 둘째, 이 말들은 어떤 자세를 보여주고 있는가? 셋째, 현재의 청중이 어떤 자세로 이 말들을 해야 하는가? 넷째, 현재의 청중은 무엇을 기도해야 하는가?

복음서와 관련해서는 오리게네스는 또 다른 해석학을 사용하고 있다. 특히 요한복음의 경우, 앞서 우리가 보았던 것처럼, '감각적 복음'이 '영적 복음'이 되어야 한다는 것을 강조한다. 청중은 로고스 앞에 직접 나서야만 하고, 로고스의 전체성은 역사적 몸과 신적 충만 모두를 포함한다. 성경의 영감은 "역사적, 질료적 형태로 제시된 가르침이 청중에게 이르러 그 의도된 형태를 이룰 때" 그 목적을 달성한다. "로고스의 활동으로 이해되는 성경은 그것이 작용하는 듣고 수용하는 주체를 필요로 한다."[124]

흔히 오리게네스의 "알레고리적" 해석의 대표적인 예로 인용되는 본문들도 이와 같은 보다 넓은 해석학적, 목회적 틀 속에서 이해되어야 할 필요가 있다. 어떤 예들은 단지 알레고리이기보다는 넓은 의미의 언어의 '확장' 범주에 속하는 것도 있다. 필론과 마찬가지로 오리게네스도 하나님께서 "에덴의 동산에 나무를 심으셨다"(창 3:8)는 말씀이나, 해와 달의 창조 전에 이미 첫 번째 '날'을 말하고 있는 것(창 1:5, 16) 등을 액면 그대로의 시공간적 사건 차원으로 받아들이지 않는다.[125] 아담이 모든 것을 보고 계시는 하나님을 피하여 "숨었다"든지(창 3:8), 노아 방주의 규모(창 6:15), 예수님께서 높은 산 위에서 세상 모든 왕국들을 둘러보셨다는 말씀(마 4:8) 등과 같은 '현대적'으로도 난해한 구절들을 오리게네스는 별도로 취급을 하면서 그의 독자들로 하여금 그들의 지성을 사용하여 이런 언어가 무엇을 전달하려 하는지 헤아리도록 요청하고 있다.[126]

어떤 예들은 전형적인 알레고리들도 있다. 갈라디아서 4:21–24에 나타나는 바울의 선례에 호소하면서 오리게네스는 사라와 하갈을 이스라엘의 무지함에 대한 알레고리로 풀이하고 있다. 모세의 법 가운데 일부는 윤리적으로, 또는 영적으로 해석하면서, 그 문맥을 떠나 비역사화하고 있다. "우리에게 일용할 양식을 주옵소서"(마 6:11)라는 기도도 음식을 구하는 것을 넘어서 참 만나인 그리스도를 구하는 것이라고 해석한다. 오리게네스는 이것이 고린도전서 10:14과 같은 본문에 나오는 바울의 예를 따르는 것이라고 하면서, "바울이 우리에게 주는 의미는 텍스트의 내러티브 자체와는 얼마나 다른지 알게 된다"라고 주장한다.[127]

오리게네스의 알레고리적 해석의 가장 두드러진 예는 포도원 품꾼 비유나 선한 사마리아인 비유의 해석 속에 잘 나타난다. 포도원에서 일하도록 부름을 받은 사람들(마 20:1–16) 가운데 온 종일토록 일한 사람은 아담으로부터 노아 시대까지의 사람들을 나타낸다. 제 삼시에 부름을 받은 자들은 노아에서부터 아브라함 시대까지의 사람들을 나타내며, 제 육시에 일을 시작한 자들은 아브라함에서 모세 시대의 사람들, 그리고 마지막으로 부름 받은 자들은 여호수아로부터 예수 시대에 속한 사람들을 나타낸다. 선한 사마리아 사람의 비유(눅 10:30–37)에서 여리고로 내려가는 사람이 반쯤 죽은 채로 버려졌다는 것은 죄와 타락 속에 빠져 있는 인류의 모습을 나타낸다. 제사장은 율법을, 그리고 레위인은 선지자를 나타내며, 그리스도를 상징하는 사마리아인이 사용한 기름은 자비를, 주막은 교회를, 주막 주인은 사도들을 나타낸다. 두 데나리온은 신약과 구약 등 쌍으로 된 여러 가지 것들을 가리킬 수 있다.[128]

이런 알레고리적 해석의 단적인 예들에 근거해서 근대 역사적 해석의 맥락 속에서 아돌프 폰 하르낙 같은 사람이 오리게네스의 해석 방법을 가리켜 "성경적 연금술"이라고 부르는 것이 이해가 가기도 한다. 하지만 이런 것만이 오리게네스의 전형적인 모습은 아니다. 뿐만 아니라 그에게 알레고리는 무제한의 "끝없는" 세미오시스 기능을 하는 것도 아니다. 왜냐하면 그런 차원에서의 알레고리는 의미상의 역사적, 의미론적 제한을 인정하려 하지 않지만, 오리게네스는 성경적 전통의 틀을, 적어도 이론상으로는, 벗어나려 하지 않는다. 그는 성경을 성경의 관점에서 해석하려 하고 있다. 오리게네스가 가장 급진적으로 텍스트를 변환시키고 있는 곳은 그 **기능**의 변화 차원에서이다. 비유와 알레고리는 각각 다른 청중들을 대상으로 하며 또한 각각 다른 기능들을 수행한다.

비유의 내러티브 세계는 청중들을 그 속으로 끌어 들여서 그 '세계' 안에서 청중들의 기존의 가치와 태도들이 인지 이전 차원에서 도전받고 변화되게 만든다. 그런 점에서 비유는 비판자들과 구도자들, 관찰자들을 (주된) 대상으로 한다. 하지만 알레고리는 다소 다른 차원을 가진다. 알레고리는 '내부자들'이 내러티브 세계의 하나하나의 구성요소들을 전환적으로 잘 활용함으로써 이해의 코드를 풀어나갈 수 있게 하는 해석적 열쇠를 가졌다는 것을 전제한다. 비유는 하나의 전체로서 인지 이전 차원에서의 담론 효과를 도모하지만, 알레고리는 교육적이요 인지적 차원에서 내러티브를 여러 가지 다른 것으로 전환시킬 수 있는 개별적 단위들의 집합체로 보고 있다.

에타 린네만(Eta Linnemann)은 이런 차이를 이와 같이 잘 비교해주고 있다. "이 열쇠를 가지지 않은 사람은 이 말들을 읽을 수 없고, 그 보다 깊은 의미는 그 사람에게 가리워져 있다. 알레고리는 오직 입문자들에게만 이해될 수 있는 코드화된 정보를 전달하는데 사용된다. …… 비유는 (주로) 적대자들을 위한 것이다. 그러나 알레고리는 입문자들을 위한 것이다. 비유는 적대의 해소를 위해 사용되지만, 알레고리는 이해를 전제로 한다."[129] 그래서 존 번연의 알레고리 작품인 '천로역정'의 이해를 위해서도 독자가 어느 정도의 성경 이해를 가져야만 하는 것이다.

우리가 앞서 오리게네스의 목회적 관심에 대해 말한 것이 타당성을 가진다면, 비유를 알레고리로 전환시키는 것도 부분적으로는 오리게네스가 상대하고 있는 청중의 변화에 따른 것이라 볼 수 있다. 물론 이것이 앞의 두 비유를 재해석하는 '올바른' 방법이라는 말은 아니다. 다만 오리게네스는 청중의 변화가 가져오는 해석학적 지평의 문제를 인식하고 있었을 것이라는 말이다. 만일 그가 자신의 알레고리가 제시하는 특정 신학적 메시지를 전달하고자 원하였다면 그는 다른 성경 본문이나 일련의 구절들을 바탕으로 보다 책임 있게 이를 전달할 수 있었을 것이다.

우리는 오리게네스의 "알레고리적" 해석이 다양한 형태를 가지며, 또 특정 상황들 속에서의 그의 목적에 따라 해석학적 성공 또는 실패의 층들이 달랐다는 결론을 내릴 수 있다. 때로 그의 "알레고리적 해석"은 오늘날 우리가 말하는 '목회적 적용'에 근접하는 형태인데, 이런 측면에서는 오리게네스가 최고의 기량을 발휘한다. 또 때로는 그 말이 많은 경우에 우리가 성경 언어가 은유적 성격을 가지며, 최소한 잠정적 시공간의 적용 너머로 확대될 수 있다고 말하는 것과 큰 차이 없는 의미를 가지기도 한다. 핸슨(R. P. C. Hanson)이 잘 지적해 주고 있는 것처럼, 오리게네스는 한편에서는 마르키온파에 맞서서 하나님에 대한 신인동성동형론적 언어나 일견 모순적인 표현들을 문제 삼아 구약을 멸시하는 태도와 싸웠지만, 또 한편에서는 텍스트에 대한 문자주의적 해석을 무기 삼아 공격을 가해오는 교회 밖의 사람들의 전면적 성경비판과 맞서 싸우기도 하였다.[130] 그들은 "근대 세속적" 시각에서도 여전히 난해 구절로 문제시 되었던 스가랴의 하나님의 "일곱 눈"(슥 4:10)이나 시편기자의 하나님의 "날개"(시 91:4)와 같은 표현들을 문제 삼았다.

때로 오리게네스의 "알레고리적 해석"은 평범하고 달갑지 못한 결과를 낳기도 한다. 주변의 '세속적' 도전이나 비판을 의식하고 수용하고자 하는 열심 때문에 오리게네스는, 쿠겔과 그리어(Kugel and Greer)가 지적하는 것처럼, 너무 지나치게 나가서 어떤 성경 텍스트에 대해서는 그 내러티브적 의미를 사실상 다 비워버리기도 하였다.[131] 그럼에도 불구하고 그가 전적으로 자의적인 다중의미 해석을 추구하였던 것은 아니다. 그런 점에서 오리게네스의 해석은 때때로 자의적 해석의 예들이 발견되기는 하지만, 필론이나 클레멘트의 것과 같은 '거대 알레고리'(grand allegory)는 아니다.

레이먼드 윌리엄스(Raymond Williams)는 한 시사적인 논문에서 오리게네스의 성경해석상의 기호학적 전환을 레비스트로스의 신화의 전환과 비교하고 있다. 오리게네스는 "그가 말씀의 논리라고 믿었던 한 주의 깊은 논리"를 따라 해석을 수행하고 있다.[132] 이때 텍스트는 다른 텍스트의 문을 열어주기도 한다. 이런 면은 성경이 항상 성경으로 해석된다는 일종의 간본문성(intertextuality) 인식에 상응한다. "오리게네스는 무엇보다 문자에 관심을 가졌다. 왜냐하면 오직 문자를 통해서만 영적 해석의 높이에 이를 수 있기 때문이다."[133] 그럼에도 불구하고 결과적으로 볼 때는, 던칸 퍼거슨(Duncan Ferguson) 역시 지적하고 있는 것처럼, 오리게네스와 또 다른 알렉산드리아 교사들이 성경 속에 말씀과 행위로 계시된 하나님의 목적을 **역사적** 차원에서 적합하게 이해하지 못한 것으로 평가하는 안디옥 교부들의 지적이 옳았다고 볼 수밖에 없다.[134] 윌리엄스는 바로 이런 면에서 오리게네스의 방법과 무역사적 체계로의 전이에 과도하게 사로잡혀 있는 구조주의자들 사이의 유사점을 찾고 있는 것이다.

오리게네스의 알레고리에 관한 보다 최근의 한 논문에서 제럴드 보스톡(Gerald Bostock)은 오리게네스가 다중 의미의 부당한 확장에 반대하여 한계와 제한, 즉 "안전판"이라고 부르는 것을 세워 두었다는 점을 인정하고 있다. 여기에는 성경의 일체성, 성경의 관점에서의 성경의 해석, 그리고 교회의 신앙의 규칙 등이 포함된다.[135] 보스톡은 한걸음 더 나아가서 오리게네스가 성경 역사 속에 일어난 사건들과 인간의 실존적 경험 속에 반복적으로 일어나는 사건들은 '이것이냐 저것이냐'의 관계보다 '이것도 그리고 저것도'의 관계를 가진다고 보기 때문에 사실은 역사를 무시하는 태도를 가지지는 않았다고 주장한다. 그는 C. S. 루이스의 말을 인용하고 있다. "우리가 이스라엘의 출애굽 사건을 죄로부터의 영혼의 탈출의 한 모형으로 본다고 할 때, 그런 이유 때문에 출애굽 사건의 역사성을 제거하는 것은 아니다." 성육신과 십자가 사건은 구체적 역사적 사건이면서 또한 "실존적 실재의 경험들이 따를 것을 내다본다."[136] 비슷한 방식으로 오리게네스는 이렇게 적고 있다. "그의 십자가 못박힘은 '내가 그리스도와 함께 십자가에 못박혔나니'(갈 2:20)라는 말 속에 나타난 진리를 포함한다. …… 따라서 그의 묻히심은 그의 죽음에 연합한 자들에게로 확대되고 …… 바울이 말한 것처럼, '세례로 우리는 그와 함께 묻혔고'(롬 6:4) 또한 우리는 그와 함께 일어났다."[137]

우리가 이상과 같은 변호를 다 받아들인다고 하더라도 오리게네스는 역사에 대한 보다 강한 강조와 다중의미에 대한 강한 의심의 면에서 안디옥 교부들을 따르지 못한다. 여기에 보다 강한 대비가 나타난다. 오리게네스는 앞에서도 보았던 것처럼 "단순한 말들"과 텍스트가 이해되는 맥락을 구분한다. 그러면서 지향점은 주로 본문 상호간(intertextual) 관계에 모아지고, 조금 더 나아간다면 간본문적 전이와 청중과의 관계로 발전된다. 그러나 이와 대조적으로 존 크리소스토무스(John Chrysostom, 347–407년경)는 다음과 같은 기본적인 해석학적 원리를 밝힌다. "우리는 말들을 빈 말들로 보아서는 안 되며 …… 언어를 그 자체로 살펴서도 안 된다. 우리는 **저자의 정신**이 무엇인지에 주목해야 한다."[138] 크리소스토무스는 이런 원리를 생명 이해의 관점에서 적용하고 있다. 즉, 우리 이웃을 이해하는 일, 우리 주변의 행위 양식들을 살피는 일 등이다.[139]

우리가 위의 두 접근 방법을 현대의 용어를 사용하여 정리한다면, 오리게네스를 위시한 알렉산드리아파의 사람들이 '독자관련 상호본문성'(readerrelated intertextuality)을 강조한다면, 크리소스토무스를 위시한 안디옥파의 사람들은 '저자관련 상호주체성'(authorrelated intersubjectivity)을 강조한다고 볼 수 있다. 이런 이유 때문에 안디옥파 사람들은 의미의 다중성에 대해 보다 효과적이고 현실적인 제지를 가하였던 것이다.

우리가 알렉산드리아파의 해석을 너무 일반화하지 않도록 주의해야 하는 것과 꼭 마찬가지로, 안디옥파의 해석 전통 속에도 다양한 형태의 목적 및 실제들이 나타나고 있음을 간과해서는 안 된다. 이를테면 존 크리소스토무스 자신도 때로는 알레고리적 해석을 하고 있다. 잠언에 대한 그의 주해 속에는 오리게네스를 연상시키는 부분이 나타난다. 잠언 21:9의 "지붕 한 모퉁이"는 의의 태양으로 인하여 빛을 받게 된 선한 행위를 상징한다는 것이다.

그러나 이런 예가 있음에도 불구하고 전반적인 해석의 이론 및 실제에서 크리소스토무스의 의미 규정의 핵심 기준은 역사와 맥락이다. 예를 들어 바울의 결혼에 관한 언어(고전 7:1이하)를 성직자들에게만 적용해야 한다는 주장에 대해서 크리소스토무스는 "따라 오는 내용들에 비추어 판단할 때" 그것은 옳지 않다는 것이다. "바울이 자신의 의미를 따라오는 말들에 따라서 해석하고 있다."[140] "화자의 목적"이 무엇인지를 살피는 것이 필수적이다. 이는 상황의 문맥을 살피는 일도 포함한다. 따라서 고린도전서 8:4에서 바울이 우상에 대한 믿음의 지위를 이야기할 때, 그것이 절대적 차원에서(*apolelumenos*, 초상황적으로) 말하는 것인지, 아니면 특정 사람들을 대상으로 특정 상황 속에서 하는 말인지를 주의 깊게 잘 구분해야 한다는 것이다. 이런 것을 살피는 것이 저자의 말들을 이해하는 데 대단히 중요한 역할을 한다.

해석자는 이와 같은 문맥적, 목적적 차원에서의 "문자적" 의미를 추구해야 한다. 이 "문자적" 의미에는 저자의 목적과 언어적 맥락이 의도한 것이라면 은유나 다른 비유적 표현들이 포함될 수 있다. 오리게네스에게 텍스트들 사이의 상호관계를 통해 수행되었던 기능 또는 효과가 크리소스토무스에게는 텍스트와 그 저자의 삶의 정황 사이의 상호관계에 의해 유사한 방식으로 달성되고 있다. 기호 체계와 사람들 사이의, 또는 상호본문성과 상호주체성 사이의 이와 같은 대비관계는 슐라이어마허의 해석학을 살피는 자리에서 다시 상세하게 다룰 것이다.

제5장

탐구의 해석학: 종교개혁에서 근대 해석이론까지

1. '성경 명료성'의 세 가지 논쟁적 배경: 인식론, '보다 높은' 의미, 그리고 효과성

종교개혁가들 및 정통 개신교회와 밀접한 관계를 가지고 있는 성경 명료성(*claritas scripturae*) 교리는 두 가지 방향에서 피상적 오해를 불러일으킬 소지가 있다. 한편에서는 일부 경건주의 진영에서 그러했던 것처럼 해석학 이론이나 탐구가 전혀 필요 없다는 신호로 받아들였다. 왜냐하면 그 자질이나 훈련에 상관없이 모든 신자에게 성경은 그 의미나 적용이 자명한 것이라고 이를 이해하기 때문이다. 또 다른 한편에서는, 전통이나 교회의 교도권과의 철저한 독립의 신호로 받아들여서, 순수한 이성적 해석에로의 초대로 이해되기도 하였다. 왜냐하면 성경의 의미는 바른 절차만 따라가면 탐구하는 대로 바로 드러나는 것으로 보기 때문이다.

이 두 가지 방향의 성경 명료성 이해는 종교개혁가들 자신의 이해와는 거리가 멀다. 첫 번째 측면과 관련하여 특히 칼뱅이(물론 루터와 다른 개혁가들도 마찬가지지만) 수많은 주해적 주석들을 쓰고, 또 성경해석과 관련된 논의들을 하였던 사실 자체가 이에 대한 반증이 된다. 그들이 했던 수많은 고통스러운 수고가 다 필요 없는 것이겠는가? 그렇게 믿었다면 그들은 이런 수고를 하지 않아도 되었을 것이다.

두 번째 측면과 관련해서도 주의가 필요하다. 종교개혁가들은 성경이 독립적으로 그 자체의 발로 서 있기 때문에 그 이해와 사용을 위하여 당대 교회의 교도권(*magisterium*)에 의존할 필요가 없다는 것을 믿었다. 그러면서도 루터와 칼뱅은 초대 교부들의 전통을 깊이 존중했다. "루터와 학문"이란 주제의 비텐베르크 대학 루터 심포지움이 잘 보여주는 것처럼, 루터의 초기 스콜라주의적 훈련과, 대학 교육에 대한 심도 깊은 관심, 그리고 당대 인문주의 학자들에 대한 친숙한 지식 등이 한 사상가에게 학문적 훈련이 얼마나 필수적인가 하는 것을 잘 보여준다.[1] 그럼에도 불구하고 루터와 칼뱅은 기독교 신앙과 이해의 굳은 틀을 벗어난 이성적 탐구의 한계가 무엇인지를 강조하기도 하였다.

루터와 칼뱅의 '성경 명료성' 강조가 실제로 어떤 함의를 가지고 있는가 하는 것을 알기 위해서는 이것이 어떤 논쟁적 맥락 속에서 나왔는지를 주의 깊게 살필 필요가 있다. 여기에는 인간 지식의 지위를 어떻게 이해할 것인지의 질문도 포함된다. 종교개혁가들의 '성경 명료성' 교리는 적어도 세 전선의 배경을 가진다. 첫째, 앞서 보았던 알렉산드리아의 클레멘트 등과 같이 성경의 의미를 원리상 애매하다거나 또는 다중적이라고 보는 사람들에 대해서는 이것이 하나의 '해석학적 원리'로 자리매김 된다. 둘째, 성경이 오직 교회 교도권의 지도 아래에서만 해석되어야 한다는 주장에 맞서서는 이것이 하나의 '기독론적, 교회론적 판단 기준'으로 작용한다. 셋째, 그 어떤 지식도 충분히 확실하지는 않기 때문에 신학적 판단이 급진적 행동으로 이어질 수는 없다고 주장하는 것에 대해서는 이것이 하나의 '인식론적 원리'로 작용한다.

루터의 많은 글 속에서 성경 명료성의 주제를 다루는 강도가 각기 다르게 나타난다는 점을 감안할 때, 우리의 출발점을 그의 『노예의지론』(*On the Bondage of the Will*, 1525)에 나타난 지식의 지위 문제에 관한 에라스무스와의 논쟁에서부터 시작하는 것이 적절할 것으로 보인다. 제임스 엣킨슨(James Atkinson)은 누구보다도 문제의 핵심이 어디에 있었는지를 잘 간파하고 있다.[2] 1524년에 이르기까지 에라스무스는 종교개혁을 두 가지 방향으로 추진시켰다. 긍정적 측면에서는 고전 및 성경 연구와 교부들의 연구를 다시금 꽃

피우는 방향으로, 또 부정적 측면에서는 당시 교회의 인식이나 관행에서의 부적절하고, 과도하고, 왜곡된 측면 등을 노출시키는 방향으로 개혁을 이루어 갔다. 교회를 보다 단순하면서도 정결한 모습으로 만들기를 힘썼던 것이다. 하지만 에라스무스는 루터와 두 가지 면에서 일치하지 않는 측면이 있었다. 하나는 지식의 정초와 관련하여 루터가 주장하는 만큼 그 확실성에 대한 자신감을 가지지 못하였다는 점이고, 또 하나는 루터의 죄와 은혜, 인간의 본성 교리에 전적으로 동의하지 못하였다는 점이다.

그들 사이의 분기점은 대략 1520에서 1524년 사이에 일어났다. 이점과 관련하여 제임스 엣킨슨은 이렇게 기록하고 있다. "종교개혁 자체에 관한 한 에라스무스는 계속하여 그 사상을 유지하고 있었다. 그러나 루터가 1520년에 교황의 칙서와 교령을 불태우고, 1521년에 보름스에서 자신의 입장을 분명히 한 이후로 에라스무스는 물러서기 시작했다."[3] 역설적이게도 에라스무스 자신의 품위와 선함이 오히려 루터의 급진적인 죄와 은혜 교리를 받아들이는 데 방해 역할을 하였다는 것이 엣킨슨의 지적이다. 이는 에라스무스의 지식론에 대해서도 동일하게 적용된다. 그의 판단의 관대함이 너무 지나쳐서 어떤 행동의 결단을 불러일으키는 신학적 문제에 대해 그의 대적자들이 마음대로 회의하는 것을 금하지를 못하였다. 리처드 팝킨(Richard H. Popkin)은 그의 인식론과 관련하여 이와 같이 지적한다. "에라스무스가 이성적 신학적 토론을 좋아하지 않았던 것이 그로 하여금 가톨릭 교회 안에 그래도 머무르게 하는 일종의 회의적 근거를 제시했다고 본다. …… 인간의 일들은 너무나 불분명하고 다변적이어서 어느 하나도 명확하게 알 수 없다."[4] 팝킨의 철학적 논의가 이런 면과 관련된 가장 유익한 정황적 해석을 제공하고 있다.

이런 맥락 가운데서 루터는 성경 '명료성'의 주제를 특별히 『노예의지론』 속에서 개진하고 있다. 루터는 사람의 획기적인 행동 결과를 불러오는 진정으로 확고한 지식적 결론에 도달하는 것이 어렵다는 에라스무스의 주장에 맞서서, 지식의 출발이 되는 성경의 가르침은 결단코 애매하거나 불분명한 것이 아님을 강조하고 있다. 루터는 특정 본문의 주해 측면과 관련하여 확실성이나 명료성을 이야기하기보다, 성경 전체를 두고 볼 때 그것이 지식의 기준을 제시하기에 합당한 능력을 가진다는 것을 이야기하고 있다. 루터는 이렇게 말한다. "만일 법이 애매하거나 불확실하다면, 논란이 되는 문제를 해결할 수도 없을 뿐더러, 행위의 확실한 기준도 존재하지 않게 될 것이다."[5] 표준이나 잣대의 역할을 해야 할 것은 그 의미가 명확하고 결정적이어야 한다는 주장이다.

이런 측면은 시편기자가 하나님의 말씀을 등불과 빛으로 묘사하고 있는 부분에서도 마찬가지이다(시 119:105). 성경은 그 "전적인 확실성"의 측면에서 우리의 길이다. 신약에서도 그리스도는 빛이며(요 8:12) 그리스도인들은 "더 확실한 예언"(벧후 1:19)을 가지고 있다는 말씀을 루터는 상기시킨다. 하나님께서 주신 그 말씀이 어떻게 불분명할 수가 있겠는가? "성경이 불분명하다고 말하는 것은 뻔뻔스러운 신성모독이다. …… 성경의 명료성과 단순성을 부정하는 사람들은 우리에게 오직 어두움만 남길 따름이다. 나는 성경 전체와 관련하여 그 어떤 부분이라도 불분명하다고 말하는 것을 허용할 수 없다."[6] 루터는 또 이렇게 말하기도 한다. "이제 성경의 전체 내용이 환하게 빛으로 드러났다. 물론 어떤 부분 속에는 아직도 알려지지 않은 말들이 밝혀져야 할 부분이 남아 있지만 말이다."[7] "이제 그 어떤 것도 불분명하거나 애매한 것이 없다."[8]

루터에 대한 이와 같은 정황적 이해는 에라스무스에게 대해서도 동일하게 적용될 수 있다. 레벤틀로(H. G. Reventlow)는 에라스무스가 "비본질적"이라고 판단되는 부분에 대해서만 관용과 주의를 요구했다고 주장한다. 그에 따르면 에라스무스는 처음으로 "신앙에서의 본질적 원리와 비본질적 원리를 구분하고자 하였던 사람이며, …… '그에 따라 교회가 서기도 하고 넘어지기도 하는 교리'라는 표현을 만들기도 하였다."[9] 그럼에도 불구하고 에라스무스가 주의 깊지 못한 주장을 하고 있는 것을 덮을 수는 없다. 『우신예찬』(*The Praise of Folly*) 에서 에라스무스는 "인간의 일들은 너무나 불분명하고 다변적이어서 어느 하나도 명확하게 알 수 없다"라고 주장한다.[10] 또한 그의 『자유의지』(*The Freedom of the Will*, 1524)에서는 성경조차도 명료성의 결핍을 그 특성으로 가진다고 말한다. 이런 점에서 그는 루터와의 뚜렷한 대조를 이룬다. 신플라톤주의 사상의 영향 아래에서 에라스무스는 영적, 알레고리적 해석을 반대함과 동시에, 텍스트의 문자적, 상황적, 역사적 의미 영역도 그 가치를 감소시키고 있다. 그는 성경 언어와 관련하여 "숨겨진" 지혜에 호소하고 있다.

여기에 대한 답변으로 루터는 "그대는 성경의 불가침적 권위나 교회의 결정이 허락하는 한 최대한 회의주의자의 입장을 기꺼이 수용하려 하고 있다"라고 지적한다.[11] 하지만 "그 어떤 그리스도인이 우리가 아무런 주장도 하지 말아야 한다는 생각을 받아들일 수 있겠는가?"[12] 루터는 하나님의 뜻이 헤아리기 어렵다는 로마서 11:33 말씀을 에라스무스가 인용하는 것을 기꺼이 받아들인다. 우리는 하나님의 존재나 뜻의 깊이를 다 측량하지 못한다. 하지만 이것이 회의주의의 근거가 되는 것은 아니다. 그 어떤 사람이 전적으로 헤아릴 수도 표현할 수도 없는 그런 뜻에 자신을 맡길 수 있을 것인가? 루터가 볼 때 에라스무스는 "루시안이나 에피쿠로스 무리의 돼지를 소중히 품고 있다. …… 성경은 결코 불분명하지 않으며, 그가 우리 마음에 쓴 것은 의심이나 의견이 아니라 감각이나 생명 그 자체보다 더 분명하고 확고한 주장들이다."[13]

그렇다고 하여 성경해석의 노력이나 해석학적 질문들이 필요치 않다는 것은 아니다. 이 첫 번째 인식론 논의의 맥락 속에서 루터가 공격하는 것은 성경의 바탕 위에서 진리 주장들을 할 수 있는 가능성을 부정하는 입장이다. 에라스무스에게는 성경해석의 비최종적 성격이 강조됨으로써 부드러운 회의주의가 강화되는 특성이 나타나는 반면, 루터에게는 성경이 그 전체적 측면에서 원리상 이해가능한 문맥적 의미를 가진다는 사실이 강조됨으로써 이를 바탕으로 신앙과 행위의 견고한 프로그램이 강화되는 특성이 나타나고 있다.

하인리히 보른캄(Heinrich Bornkamm)의 책은 1521–1530년의 기간 동안에 루터가 직면해서 싸워야 했던 여러 가지 문제들을 잘 보여주고 있다.[14] 루터의 성경 명료성의 논쟁적 배경이 일차적으로 인식론적 문제였지만, 또 다른 맥락들 역시 적지 않은 역할을 하고 있다. 즉, 해석학과 기독교 신앙, 그리고 교회의 역할에 관한 문제이다. 이 세 측면에 대한 전문가적 연구가 프리드리히 바이서(Friedrich Beisser)에 의해 제시된 바 있다.[15] 루터는 특정 성경 텍스트의 해석이 탐구와 논란을 필요로 한다는 것과 또 이를 풀기 위한 많은 노력이 필요하다는 것을 부인하지 않는다. 다만 그가 거부하는 것은 교회의 교도권(*magisterium*)이 이런 문제들을 권위에 의거하여 해결할 수 있다는 인식이다. 이는 마치 하나님의 말씀을 "가감하는 일"(신 4:2)과 같다.[16] 루터가 경계하였던 것은 한편에서는 교회의 교직이 자기수호적 해석을 견지하려 하는 것이었고, 또 다른 한편에서는 특정 선택된 개인에게 성령의 계시로 말미암아 의미의 비밀한 열쇠가 주어졌다고 주장하는 일이었다.

루터의 입장은 이런 면에서 종종 오해를 받아 왔다. 그는 성경이 명확한 목소리를 발하도록 하는 데 그 한 수단으로 권위적, 자기수호적 전통에 의존하는 것을 공격하였다. 하지만 그렇다고 해서 그가 전통 대신 계몽주의적 합리주의와 유사한 형태의 개인의 의견을 대체하고자 하였던 것은 아니다. 루터에게 교부들의 위치는, 너무 지나친 무게가 주어지지만 않는다면, 대단히 중요한 것이었다. 성경 주해가로서의 루터에 대한 한 연구에서 펠리칸(Jaroslav Pelikan)은 이렇게 결론짓고 있다. "루터는 전통주의를 반대하였지만, 전통 자체를 반대하지는 않았고, 또한 신학 속에서 전통을 바르게 사용하는 것을 반대하지도 않았다. 다만 그는 전통의 남용을 반대하였다. 그는 전통을 남용하는 자들에 맞서서 그것을 수호하는 입장을 취하였던 것이다."[17] 교부들 자신이 자기들의 해석을 신앙의 조항으로 승격시키기를 원하지 않았다.

만일 성경이 기존 전통의 단순한 반영이 아니라 그것의 **판단 기준**과 **시정자**의 역할을 가진다면, 이는 많은 중세 스콜라주의 학자들의 특징이었던 성경의 "다중 인지성"(*multiplex intelligentia*) 개념을 의문시하는 것이라고 루터는 보고 있다. 우리는 앞에서 도이츠의 루페르트의 렉치오 디비나(*lectio divina*) 방식과 캔터베리의 안셀무스의 보다 역사적, 문맥적 해석 사이의 대조를 살펴본 바 있다. 이 양대 전통이(비록 전자가 더 지배적이긴 하였지만) 그레고리우스(Gregory the Great, 540–604년경) 시대 이후로 루터 시대에 이르기까지 중세기의 성경해석의 특징을 형성했다. 오리게네스의 "삼중 의미"와 알렉산드리아 해석 전통이 암브로시우스를 거쳐서 아우구스투스에게 영향을 미쳤으며, 아우구스투스와 그레고리우스의 접근이 중세기의 해석 전통을 주도했다고 볼 수 있다.

성경의 4중 의미 개념은 5세기 초반에 일어나서 아우구스투스도 이를 사용하기는 하였지만, 보다 본격적으로는 그레고리우스에 의해 정형화되었다. 첫 번째 의미는 문자적(literal) 의미이다. 여기에는 비유적 언어나 은유도 포함된다. 이 문자적 의미는 텍스트의 역사적 정황과 문맥에서 도출된다. 두 번째로 알레고리적(allegorical) 의미는, 앞에서도 보았던 것처럼, 역사적 의미의 신학적, 기독론적 목적의 파악으로서나 경건적 의미확대 또는 의미전환의 일환이다. 세 번째 도덕적(moral) 의미는 현 상황에서의 행동을 위한 실제적 적용의 일환이다. 네 번째 신비적(anagogical) 의미는 미래 완성의 지평 속으로의 의미의 확대이다.

그레고리우스 자신은 이와 같은 4중적 구도를 지속적으로 일관되게 사용하지는 않았다.[18] 중세기의 해석 전통 속에서도 안셀무스처럼 역사적 의미에 우선권을 두었던 사람들도 있다. 여기에는 성 빅토르의 휴(Hugh of St. Victor, 1096–1141년경)나 토마스 아퀴나스(Thomas Aquinas, 1225–1274년경) 등이 포함된다.[19] 하지만 베데(Bede, 672–735년)나 다른 대부분의 사람들은 그레고리우스의 패턴을 따르고 있고, 프란체스코수도회 설교자들 대부분도 이 네 의미 모두에 동일한 중요성이 있다고 생각했다.[20]

루터는 수도사로서 자신의 젊은 시절 동안에는 그 역시 "모든 것을 알레고리화했다"라고 인정한다.[21] 그러나 후에는 그런 자신의 알레고리와 유비들이 "쓰레기일 뿐임을 안다"라고 밝히고 있다.[22] 루터가 알레고리적 해석과 관련하여 일관되지 못하다는 비판을 종종 받고 있지만, 우리는 그의 사상에서 이와 같은 연대기적 발전을 염두에 두는 것이 필요하다. 초기의 루터는 중세기식 4중 해석 방법을 그대로 따르고 있다. 후기의 루터 역시 알레고리적 해석을 사용한다. 하지만, 이는 그가 제시하는 가르침의 내용이 다른 독립된 기초 위에서 능히 확립될 수 있다고(또는 되었다고) 믿었던 경우에 한한다. 성경이 하나님으로부터 온 말씀일 뿐만 아니라 현재의 살아 있는 전통에 대한 판단의 기준이요 시정자이기도 한데, 그렇다면 교회의 권위자나 아니면 신비한 가르침을 주장하는 어떤 사람이 성경의 역사적, 문맥적 의미는 "보다 높은" 어떤 의미를 위한 문일 뿐이라고 말한다면, 일반 신자가 여기에 대해 어떻게 성경 텍스트의 개방된 의미에 호소할 수 있을 것인가?

이런 면에서 루터의 "단순한" 혹은 "자연적" 의미에 대한 호소는 마치 그 어떤 것도 이해의 맥락과는 전혀 상관이 없는 양 생각하는 순진한 객관주의의 산물이 아니다. 바이서 등이 이런 문제에 관하여 논하고 있는 내용을 잠시 후에 살펴볼 것이다. "자연적" 의미라고 할 때 그 의미론적 대조의 초점은 일차적으로 "자연적" 의미와 "다중적"(알레고리적) 의미 사이의 차이에 놓여 있다. 후자가 비록 명상적 상상력을 자극하기는 하지만, 이것이 성경 다른 곳에서 입증되는 진리의 예증 차원이 아니라면 그 자체의 권리로서는 하나님과 그의 복음에 대한 참된 주장들의 체계형성에 도움을 주지 못한다. 에벨링(Gerhard Ebeling)은 우리가 논의하고 있는 이런 문제의 요점을 잘 지적해주고 있다. 비록 성숙기의 루터가 알레고리를 사용하고 있긴 하지만, 이는 대체로 설교적, 예증적 목적을 위한 것이며, 또한 다른 근거 위에서 이미 입증된 것과 관련하여 그렇게 하고 있다는 것이다.[23]

따라서 루터는 이렇게 선언한다. "그리스도인 독자는 문자적 의미를 찾는 것을 자신의 일차적 과제로 삼아야 한다. 오직 그것만이 기독교 신앙과 신학의 전부이기 때문이다. 오직 그것만이 시련과 시험의 때에 그 신앙과 신학의 기초가 되기 때문이다."[24] 또 다른 곳에서 그는 이렇게 말한다. "참되고 건전한 교리의 기초를 제공하는 것은 오직 역사적 의미일 뿐이다."[25] 비록 루터가 교사로서의 오리게네스를 존중하고 있긴 하지만, 그의 알레고리적 해석은 위험한 것으로 보고 있다. 열광주의자 칼슈타트(Andreas Karlstadt) 같은 사람도 바로 이런 해석을 바탕으로 성경의 의미를 다른 곳으로 던져서 전환시키는 일을 하고 있다. 루터는 개인적으로는 "단순한" 혹은 "자연적" 의미라는 표현을 더 좋아하지만, "문자적"이라는 용어도 수용한다. 알레고리와 대조적으로 "문자적 의미 속에는 생명과 위로, 능력, 교훈, 기교가 있으며, 다른 것은 바보짓거리에 지나지 않는다"라고 루터는 말한다.[26]

성경의 명료성과 관련한 루터의 세 가지 논쟁적 배경을 함께 모아 놓고 보면 한 가지 더 지적할 점이 부각된다. 즉, 성경의 명료성은 관계적, 정황적, 기능적 개념이라는 것이다. 헤르만 바빙크를 따라 벌카우어(G. C. Berkouwer)

가 주장하는 것처럼, "명료성이 과학적 주해를 불필요한 것으로 만들지는 않는다."[27] 프리드리히 바이서는 루터의 사상 안에서 '내적' 명료성과 '외적' 명료성이 구분되는 것을 주의 깊게 관찰하고 있다. 루터는 이렇게 기록한다. "내적 명료성이라고 할 때는 하나님의 영을 가지지 못한 자는 성경 속에 있는 것을 조금이라도 바르게 볼 수 없다는 것을 말한다. 모든 사람은 그 마음이 어두워져 있어서, 비록 성경 속에 있는 모든 구절을 그들이 다 인용하고 논할 수 있다고 할지라도, 그것이 진정으로 무엇인지를 이해할 수 없다."[28]

'외적' 명료성도 주어진 목표 또는 어떤 필요 및 의도에 따라 그 정도가 다르게 나타난다. 바이서가 지적하는 것처럼, 루터는 외적 명료성을 "하나님의 말씀이 선포될 때" 나타나는 것으로 보고 있다.[29] 루터는 추상적 차원에서가 아니라 그리스도의 현존을 매개하는 능력의 차원에서 성경의 명료성을 이야기하는 것이다. "그리스도를 성경에서 빼버린다면 거기에서 다른 무엇을 찾을 수 있겠는가?"[30]

'성경의 명료성'(*claritas scripturae*)은 따라서 성경 텍스트의 의미가 맥락과 무관한 '자명성'(obviousness)을 가진다는 사상이 아니다. 벌카우어, 바빙크, 버나드 램(Bernard Ramm) 등이 지적하는 것처럼, 이 개념은 "효력" 또는 "충분성" 등의 기능적 개념에 보다 가까우며, 연관해서 우리는 "무엇을 위한 효력?" 또는 "무엇을 위한 충분성?"이라는 질문을 합당하게 던질 수 있을 것이다.[31] 인식론의 맥락에서 이에 답한다면, 성경은 **우리가 자신 있게 앞으로 나아갈 수 있도록** 그 기반을 제공한다. 신학의 맥락에서 이에 답한다면, 성경은 **우리가 자신 있게 응답할 수 있도록** 그리스도에 대한 증거를 제공한다. 루터가 이해하는 성경 명료성은 결코 해석 및 해석학적 문제들을 피해갈 수 있는 지름길을 제공하지는 않는다.

칼뱅의 1559년판『기독교강요』에 대한 마이크로필름 컨코던스 속에서 배틀즈(F. L. Battles)는 칼뱅이 이 책에서 클라리타스(*claritas*)라는 용어 자체는 거의 사용하지 않는다고 밝힌다. 명사형(*claritas*)이나 형용사형(*clarus*)의 그 어느 것도 찾아보기 어렵다.[32] 대신 칼뱅은 펄스피퀴타스(*perspicuitas*)라는 단어를 사용하고 있는데, 이는 수사학적 개념이다. 토랜스(T. F. Torrance)와 파커

(T. H. L. Parker)는 칼뱅이 이 점에서 키케로의 영향을 받았다고 지적한다.[33] 키케로는 해석자의 역할을 저자의 의도가 텍스트로부터 마치 살아 있는 스피치를 듣는 것처럼 분명하게(perspicuous) 되도록 도와주는 것이라고 인식하고 있다. 칼뱅은 이 경우 해석자가 텍스트의 "자연적" 의미(다중적 의미의 층이 아니라)에 이르러야 한다는 것을 강조한다. 그 목표는 "성경의 참된 의미(*verum sensum scripturae*), 즉 진정하고도 단순한(*germanus et simplex*) 것"을 얻고자 함이다.[34]

칼뱅은 또한『기독교강요』에서 명료성 개념을 인간의 시각을 바꾸어 놓는 성경의 능력과 관련해서 사용하기도 한다. 시력이 약한 사람이 책을 읽을 때 "한꺼번에 두 연속된 단어를 읽기가 어렵지만 안경의 도움을 받으면 뚜렷하게 읽게 되는 것처럼, 성경도 또한 하나님에 대한 그림들을 모아서 …… 어두움을 흩어버리고 참 하나님을 분명하게 볼 수 있게 만들어준다."[35]

칼뱅은 알레고리적 해석에 관해서는 루터보다 더 불관용적 입장을 취한다. 서로 다른 맥락들 속에서의 성경 명료성의 역할에 대한 루터의 인식과 유사한 강조점이 칼뱅의 경우에는 성경의 강력한 효력성(effectiveness)에 대한 여러 언어적 표현들 속에 잘 나타나고 있다. 성경 텍스트의 의미 자체가 과녁을 향하는 화살과 같다. 데모스테네스나 키케로의 말들이 잠시 감동이나 기쁨을 줄지 모르겠지만, 성경은 "사람에게 깊은 영향을 주며, 사람의 마음을 꿰뚫고, 골수에까지 그 힘을 미치기 때문에, 웅변가나 철학자가 일으킨 인상은 이내 사라져버리고, 그 속에 신적 진리가 있다는 것을 드러낸다"라고 칼뱅은 강조한다.[36] 성경의 권위는 단지 그 내적 내용에 대한 이론적 논리의 차원에서가 아니라 그것이 행하는 일 속에서 입증된다.

종교개혁 이후 시기의 프로테스탄트 사상 속에서 성경 명료성 개념은 보다 고립된 덜 맥락 의존적인 개념으로 그 의미가 변화되어갔다.[37] 루터와 칼뱅을 이은 다음 세기에 와서 이 개념은 성경해석을 위한 보다 치열한 사고의 노력이 필요하다는 입장에 맞섰던 경건주의자들의 방어 구호 정도로 사용되었다. 하지만 이는 루터의 생각으로부터의 이탈이다. 루터가 이 원리를 정형화하였던 세 가지 논쟁적 맥락 속에서 볼 때는, 이 개념은 오히려 성경의 해석과 그 본질의 탐구가 보다 시급하다는 것을 함축하고 있다. 바로 이런 점에서 루터는 중세기를 떠나 근대의 질문들을 향하도록 길을 열었고, 해석과 관련된 근본적 질문들의 문을 열었던 것이다.

2. 신앙의 수종자로서의 탐구(질문하기)

전문적 의미에서 보면 지식에 대한 '비판' 이론은 칸트 이후에나 일어났다고 말할 수 있다. 칸트는 지식의 한계, 지식과 판단이 성립될 수 있는 전제 조건들 등에 대한 진정으로 비판적인 성찰을 철학으로 확립한 최초의 사상가이기 때문이다. 유사하게, 전문적 의미에서의 '비판적' 성경 해석은 데카르트의 합리주의 철학 속에 사용된 방법론적 의심의 원리로부터 시작되었거나, 또는 역사적 탐구가 신학으로부터 독립된 데서부터 시작되었다. 이런 현상은 부분적으로는 스피노자와 라이마루스에게서 일어났고, 보다 전적으로는 제믈러(J.S. Semler)에게서 일어났다. 레벤틀로(Henning Graf Reventlow)는 영국 이신론을 "성경 비평의 클라이막스"로 보고 있으며,[38] 크렌츠(Edgar Krentz)는 데카르트와 라이마루스를 결정적 전환점으로 지목하고 있다.[39]

우리가 '비판적 성찰'을 신앙의 기초를 점검하고자 신앙과 신학의 틀 안에서 행하는 질문하기로 다소 넓게 정의를 해본다면, 소위 '비판적' 사상가들 사이에 상상의 선을 그어 놓고 구분하는 것이 얼마나 타당한 일일까? 이를테면 한 쪽에는 좀 더 '비판적' 태도를 취하였던 존 콜레(John Collet), 발라(Laurentius Valla), 에라스무스, 데카르트, 홉스 등을 두고, 다른 한 쪽에는 보다 덜 '비판적'이었다고 분류되는 루터, 틴데일, 칼뱅, 후커 등을 두는 것이다. 이런 식의 구분 자체가 비판적 성찰이 무엇이냐에 관한 계몽주의적 정의와 이해를 전제로 하는 것이 아니겠는가?

루터와 틴데일, 그리고 칼뱅은 신앙의 범주틀 안에 서서 해석의 공적 판단 기준의 문제를 질문하였다. "비판적 인식"이란 것이 과연 탐구자가 신학으로부터 얼마나 독립 내지는 단절되어 있는가 하는 관점에서 정의될 것인가 아니면 진리를 점검하고자 하는 열의와 자질의 관점에서 정의되어야 할 것인가?

우리는 가다머를 통해서 비판적 합리성이 꼭 계몽주의적 잣대로, 다시 말해서, 발전되어가는 전통 속에서의 상호주체적 관계성을 배경으로 하는 공동체 증거와 대립된 차원에서 개별 주체적 판단을 최고의 자리에 두는 인식의 틀로 정의될 필요는 없다는 것을 본 바가 있다. 또 다른 한편 비판적 판단을 한 개인이 어떤 판단에 이르는 자유를 정하여진 지적 범주 안에서만 허용하는, 그래서 전통이 항상 최종적 호소가 되며 탐구는 오직 국지적 영역 속에 제한되어 수행되는 그런 것으로 정의할 것도 아니다. 토랜스(T. F. Torrance)는 종교개혁가들의 지적 자유를 "모든 기존의 개념들과 전제들을 다시 생각해보고, 모든 전통적 사상들을 시험에 붙여보고자 하는 참회적 자진성"으로 정의하고 있다.[40]

무엇을 비판적이라 할 것인지의 선을 긋기가 어렵다는 점은 데카르트 자신의 예에서도 잘 드러난다. 크렌츠는 데카르트가 성경 비평에 결정적 영향을 미친 세 가지 방법론적 원리들을 사용했다고 주장한다. 첫째는 탐구의 중심에 그 핵심이요 출발점으로서 개별 인간의 주체적 의식을 위치시키고 있다는 점이다. 두 번째는 스스로 자명한 것, 또는 그 자명한 것으로부터 추론될 수 있는 것 외에는 모든 것을 의심에 붙여야 한다는 원리이다. 세 번째는 견고한 지식의 유일한 기준은 이성이라는 원리이다. 이런 관찰은 데카르트의 '방법'에 대한 정확한 진단이다. 하지만 데카르트는 하나님에 대한 믿음이 기초와 틀로서 본질적 기능을 하는 사상의 맥락 속에서 자신의 방법을 정형화하였다. 이런 맥락 안에서 데카르트는 수학적 지식의 모델을 철학 속에 접목시켜서 회의주의의 도전과 난제들을 극복하는 길을 찾고자 하였던 것이다. 데카르트의 "합리주의 비판"은 그 자신의 인격적 유신론적 신앙의 틀 안에서 비판적 검증의 한 모델로 고안되고 또한 작용하였다.

이런 문제의식을 염두에 두면서 우리는 루터와 다른 종교개혁가들에게로 다시 돌아가 볼 필요가 있다. 신앙과 상관없는 인간 이성의 한계에 대한 그들의 강조가 또 다른 한편에서 진리나 진리 주장을 테스트하고 또 이를 위한 판단 기준을 세울 필요가 있다고 말하는 그들의 또 다른 주장을 무효화하는 것은 아닌가? 루터는 인간의 독자적 이성이 갖는 한계와 오류성을 굳게 강조한다. 『구약 성경 서문』(*Prefaces to the Old Testament*) 이란 글에서 루터는 이렇게 기록하고 있다. "모든 사람들 가운데 가장 어리석은 자를 지혜와 이해의 사람으로 만드는 것이 성경이다. 성경은 그리스도께서 마태복음 11:25에서 말씀하신 것처럼 오직 어린 아이들과 단순한 이들에게만 열려 있다. 그러므로 너희 자신의 의견이나 느낌을 물리치라. 성경을 거룩한 것들 가운데서도 가장 지고하며 존귀한 것으로, 그 광맥을 다 탐색할 수 없는 가장 값진 금광으로 여기라. 그렇게 할 때 너희는 하나님께서 너희 앞에 놓으신 신적 지혜는 모든 교만을 물리치는 가장 단순한 옷을 취하고 있음을 발견하게 된다. 너희는 여기에서 그리스도를 쌌던 헝겊과 그가 누우셨던 구유를 발견하게 된다."[41] "성도들은 오류가 있을 수 있다. 그러나 성경은 오류가 없다."[42] "성경은 하나님의 말씀을 향하여 경의와 두려움을 표하며, 끊임없이 '나를 가르치소서, 나를 가르치소서, 나를 가르치소서'라고 외치는 겸손한 독자를 찾는다." "성령은 교만한 자를 대적한다."[43] 루터는 또 이렇게 말하기도 한다. "믿음이 오기 전에는 이성은 어두움이다 …… 하나님의 모든 피조물들이 헛됨에 예속된 것처럼 이성 또한 헛됨에, 즉 어리석음에 예속되어 있다."[44]

그럼에도 불구하고 루터는 사도 바울과 같이 이성이 좋게도 또 나쁘게도, 선을 위해서도 악을 위해서도 양면적으로 사용될 수 있는 도구인 것으로 이해했다. 그는 하나의 유비를 제시한다. "다윗이 활과 칼, 그 밖의 무기들을 사용하였는데, 그가 하나님을 향하여 '나는 내 활을 의지하지 아니할 것이라'(시 44:6)라고 말하면서도 자신의 무기를 무시하지는 않았다."[45] 비판적 점검이나 평가가 없다면 우리가 성경을 바르게 다루고 이해하고 있는지에 대한 분별도 있을 수가 없다. 루터는 이렇게 말한다. "우리는 성경을 분명하게 다루어야 한다. 처음부터 이 말씀은 다양한 방식으로 우리에게 왔다. 우리가 이 말씀이 하나님의 말씀인지, 하나님이 이것을 주셨는지를 살피는 것만으로는 충분하지 않다. 누구에게 이 말씀을 주셨는지, 그것이 우리에게 잘 맞는지를 또한 살펴보아야만 한다. 이 차이는 낮과 밤의 차이이다. 하나님은 다윗에게 '너로부터 왕이 날 것이다'(삼하 7:12)라고 말씀하신다. 하지만, 이것이 나에게 해당되는 것은 아니다. …… 나에게 해당되는 말씀은 내가 담대히 믿고 강한 반석처럼 의지할 수 있다. 하지만 나에게 해당되지 않는 말씀의 경우에는 가만히 있어야 한다. 거짓 선지자들은 '사랑하는 백성이여, 이것이 하나님의 말씀이다'라고 열심히 부르짖는다. 맞는 말이다. …… 그러나 우리가 그 해당 백성이 아니다. 하나님께서 그 지시를 '우리에게' 주신 것은 아니다."[46]

우리는 루터의 이 말을 당대의 역사적 맥락 속에서 이해할 필요가 있다. 루터는 적어도 두 종류의 반대자들과 싸워야 했다. 한 쪽에서는 로마에 의한 교회의 '바벨론 포로' 상태와 싸워야 했는데, 이 문제와 관련해서 루터는 인간의 판단력의 자유를 사용하여 교회의 그리스도가 진정으로 성경의 그리스도인지 점검하고자 하였다. 또 다른 한 쪽에서는 한 때 그의 추종자였던 대적자들과 맞서야 했다. 우리가 바로 앞에서 인용했던 문구는 루터의 글 『그리스도인은 모세를 어떻게 볼 것인가』(*How Christians Should Regard Moses*) 에서 나온 것인데, 이 글에서 다루는 일차적 논제는 율법과 복음의 관계 문제가 아니라, 토마스 뮌처(Thomas Münzer) 등이 1525년의 농민 봉기를 통하여 16세기 유럽에서의 급진적 정치 실험을 위한 청사진으로 성경을 사용하고자 하였던 것과 관계된다.[47] 루터는 종교개혁의 원리를 이런 급진적 열광주의의 방향으로 끌고 가고자 하는 반체제적 입장에 동의하지 않았다. 합리적 반성과 비판적 분별력이 필요했던 이유는 단지 성경에 호소만 할 것이 아니라, 구약의 유대 신정주의에 '역사적으로' 관계되는 구절들을 16세기 유럽의 비유대적 정치 형태 속에 단순히 옮겨 놓으려는 것이 합당치 않음을 볼 수 있어야 했기 때문이다.

루터의 성경해석의 특성은 또 다른 '열광주의자' 또는 '광신자들'(*Schwärmer*)과의 논쟁 가운데서 더욱 그 색채가 분명해졌다. 루터가 볼 때 칼슈타트(Andreas Karlstadt)의 부당한 성경 사용은 그의 믿음의 부족이나 주관적 확신의 부족에서 나온 것은 아니었다. 그와 그의 추종자들은 "성령을 사도들보다 더 많이 소유하고 있다고 자랑한다."[48] 루터는 이렇게 말한다. "비록 그리스도인이 죽을 때까지 계속하여 믿음을 붙들지만, 때로는 걸려 넘어지기도 하고 의심을 품기도 한다. 그러나 광신자들을 그렇지를 않다. 그들은 항상 굳게 선다고 말한다."[49] 그들은 성경 구절들을 "문맥에서 이탈시키고," 마치 바닷가

돌무더기에 조개들이 달라붙듯 특별한 의미들을 "첨가하고 찢어 붙인다."[50] 결과적으로 칼슈타트는 "자기 스스로의 그리스도를 만들어 내고 있다."[51]

문제는 바로 이런 점에서 도출된다. 성경의 그리스도 증거에 대한 그 어떤 사람의 이해라도 테스트 받아야 할 필요가 있으며, 필요하다면 시정되어야 한다. 성경의 기독론적 해석의 구조틀 안에서의 비판적 성찰이 필요한 이유는 교회의 오류가능성 때문이다. 여기에는 성경에 대한 교회의 현재적 이해나 해석의 오류가능성까지 포함된다. 왜냐하면 그리스도는 오직 성경의 그리스도일 뿐이기 때문이다. 제임스 스마트(James Smart)의 표현을 빌리자면, 성경이 없이는 "기억된 그리스도가 상상의 그리스도가 되고 만다." 즉 "그의 예배자들의 종교성이나 무의식적 갈망에 따라" 그리스도가 만들어진 그리스도가 되고 만다는 것이다.[52] 만일 우리의 신앙이 인간의 주관성이나 경험, 상상 등이 아니라 그리스도 안에 잘 닻을 내리고자 한다면, 성경이 우리가 제 마음대로 주무를 수 있는 "왁스 코"가 되어서는 안 된다는 것이 루터의 주장이다.

루터의 기독론적 해석은 비판적 성찰이나 평가의 필요성을 결코 간과하지 않는다. 오히려 이를 더욱 절실한 것으로 요구한다. 루터는 우리가 "여기에서 [성경 속에서] 그리스도를 쌌던 헝겊과 그가 누우셨던 구유를 발견하게 된다"라고 선언한다. 그러면서 계속하여 덧붙이기를 "이 헝겊이 단순하고 사랑스럽겠지만, 진정으로 귀한 것은 그 보배, 즉 그 안에 누이신 그리스도 자신"이라고 말한다.[53] "모든 성경이 오직 그리스도만을 가리킨다는 것, 이는 의문의 여지가 없다."[54]

이 모든 것이 진리와 의미의 판단기준을 위하여 엄정한 반성이 필요하다는 것을 더욱 절박하게 만든다. 험멜(Horace D. Hummel)이 지적하는 것처럼, 루터의 "그리스도에 대한 집중적 강조"(*was Christum treibt*)는 주해적 노력이나 해석학적 반성에 대립된 믿음이나 복음, 또한 그리스도에 대한 "주관적" 강조에로 이어지지 않는다. 이는 오히려 "주해에서 항상 중심이 되어야 할 것이지, 주해와 맞서 싸워야 할 것이 아니다."[55]

루터에게 성경과 전통, 영적 경험, 그리고 이성의 관계 문제는 대단히 복잡하고 또 주의 깊게 연결되어 있어서 단순한 형태의 도식화를 거부한다. 골딩게이(John Goldingay)는 이와 같이 관찰하고 있다. "그의 논쟁의 목표는 비교적 최근의 관행이 된 것들을 없애고자 함이었다. …… 그는 성경에 위배되지 않는 전통을 버리는 것에 반대했다. 전통보다는 텍스트의 우선권을 강조했지만, 그러면서도 또한 이성주의나 열광주의보다 전통의 우선권을 강조하였다."[56]

이 모든 부분들, 즉 그리스도에 대한 이해나 주장에 대하여, 전통들에 대하여, '영적' 경험의 주장에 대하여, 그리고 성경의 해석에 대하여 평가가 필요하다. 그리고 이런 평가는 또한 '비판'을 통하여 이루어진다. 이런 방향으로의 루터의 관심은 그의 인문주의 학문 및 연구에 대한 선택적 사용 속에 잘 반영되고 있다. 루터는 공공 대학 교육 및 그 개혁에 많은 관심이 있었다. "루터와 인문주의"라는 논문에서 루이스 스피츠(Lewis Spitz)는 루터가 33년 동안 성경학 교수로 있으면서 사용하였던 지적, 개념적 도구들이 어떤 것들이었는지를 고찰한다.[57] 제임스 키틀슨(James Kittleson)은 루터가 인문주의 학문의 기술들을 신속히 채득하여서 "그 자신의 대학의 커리큘럼의 전폭적인 개혁과 또 다른 부분들 속에 이를 도입하였다는 것 …… 그리고 종교개혁은 때맞추어 전 인구들 속에 그 영향을 끼친 거대한 교육적 과업이었던 것으로 이해함이 옳다"라고 주장한다.[58]

루터는 1520년의 『그리스도인 귀족들에게』(*To the Christian Nobility*)라는 글에서 인문주의 교육 프로그램을 분명하게 인정하고 있다.[59] 루터는 목회자들이 높은 단계의 교육을 받아야 한다는 데에 특별히 관심을 보였다. 키틀슨은 16세기 중반에서 후반에 이르는 시기 동안 대학 교육을 받은 성직자들의 비율이 급격하게 높아졌음을 보여주는 여러 분야의 통계자료들을 제시하고 있다.[60]

키틀슨은 이렇게 결론짓는다. "마음과 머리를 나눈 것은 계몽주의와 특히 존 로크였다. …… 그러나 교육을 대중에게 전달한 사람은 그 누구보다 루터였다."[61] 성직자뿐만 아니라 평신도들까지도 잘 교육 받고 지식적으로 구비될 필요가 있다고 본 것은 루터와 칼뱅 모두의 중심적 관심사 중의 하나였다. 정신을 포함하여 전 인격의 개입 없이 단순히 물려 받은 말들과 예전적 행위들을 답습하는 것만으로는 충분하지 않다. 특별히 독자나 청중의 정신이 성경 텍스트의 정신과 교류할 수 있어야만 한다.

우리는 이 자리에서 루터의 해석학과 관련하여 그를 성경 비평의 선구자로 보아야 할 것인지, 아니면 근대 역사적 비평 방법들을 배제하는 성경관의 소유자로 보아야 할 것인지에 대한 복잡한 논쟁을 다 다룰 수는 없다. 이 문제는 존 류만(John Reumann)의 『루터의 해석학 연구』(*Studies in Lutheran Hermeneutics*) 속에 잘 요약되고 있다.[62] 많은 사람들이 전자의 입장을 취하지만, 쿠르트 마카르트(Kurt Marquart)는 후자의 입장을 대변한다.[63] 류(M. Reu)는 루터가 야고보서를 두고 "지푸라기 서신"이라 칭한 것과 같은 예를 들어서 우리가 그 역사적, 신학적 맥락에 대한 고려 없이 너무 성급한 결론을 내리려는 것을 경계하고 있다.[64] 보른캄이 지적하는 것처럼, 루터는 구약 성경의 "유대인성"과 또한 그리스도 및 하나님의 은혜에 대한 구약의 증거를 동시에 말할 수 있었던 사람이다.[65]

루터는 질문하기(탐구)를 믿음을 섬기기 위한 도구로 사용하였다. 그가 성경조차도 그리스도가 없이는 아무것도 아니라고 말하는 것은 성경해석에서 판단기준의 성찰이 회피해야 할 문제가 아니라 오히려 신학적, 지적 필수사항이라는 것을 보여준다. 이런 점에서 성숙기의 루터를 젊은 날의 루터의 관점에서 해석해서는 안 된다.[66] 그의 사상의 발전과정은 연이은 투쟁들, 그리고 이것이 낳은 신학적, 지적, 목회적 성찰의 단계들을 살피는 가운데서 이해될 필요가 있다.

3. 칼뱅과 영국 종교개혁가들의 성경해석

거베이스 두필드(Gervase Duffield)는 1965년판 틴데일 전집 서문에서 윌리엄 틴데일을 영국에서 성경해석의 원리들을 사고하고 또 정리한 최초의 인물들 중의 하나로 평가한다.[67] 틴데일은 『그리스도인의 순종』(*The Obedience of a Christian Man*) 이란 책에서 중세기의 성경의 4중 의미에 대해 논의하고 이를 단호하게 거절한다. 성경은 "하나의 단순하고도 문자적 의미를 갖는데

…… 이것이 모든 것의 뿌리요 근거이다."[68] 이 문자적 의미에는 비유나 수수께끼, 또 성경이 그것을 사용하는 한에서 알레고리 등이 포함되는데, 이것이 사람들의 보다 높은 의미들에 대한 비판 기준의 역할을 수행한다. 왜냐하면 "어떤 텍스트로부터 한 사람은 지옥을 말하는데, 다른 사람은 연옥을 말한다. 또 어떤 사람은 림보(*limbo patrum*)를 말하며 …… 어떤 사람은 동일한 본문에서 원숭이가 꼬리를 가졌다는 것을 증명하려 할 것이다."[69]

틴데일의 구약 이해는 오늘날 우리가 '역사적' 이해라고 부르는 것에 가깝다. 구약 법과 의식들은 세상을 향한 하나님의 목적이 펼쳐지는 과정의 한 특정 시기에 속하는 것들이다. 이런 의식들은 아이들이 글을 배우는 과정에서 사용하는 ABC 알파벳에 비교될 수 있으며, 유모가 아이들에게 먹이는 젖과 같다. 그것들은 "구약 백성들의 수용 능력에 따른 것이다."[70] 질리언 에반스(Gillian Evans)는 이와 관련하여 이렇게 평한다. "구약의 명령들은 문자적으로 받아들일 수 있다. 그러나 그것들은 **그들의 시간과 장소라는 맥락에서** 문자적으로 적용되는 것들이다. 그것들은 결코 무가치한 것들이 아니며, 오히려 신적 입법자의 자비로운 배려이다."[71]

틴데일은 "사사로운 해석"(벧후 1:20–21)의 위험성을 반복해서 경계하는데, 이는 **공동체적 검증**의 필요성을 잘 일깨워준다. 틴데일은 이렇게 말한다. "내가 성경을 사용할 때마다 여러분은 텍스트를 잘 보고 내가 그것을 바르게 해석하고 있는지 살피라."[72] 이런 공동체적 검증은 환경과 절차를 살피는 것도 포함되지만 또한 그리스도에 대한 믿음의 반응을 포함하기도 한다. 프라이데이(Dean Freiday) 역시 이와 같은 "틴데일의 '사사로운 해석'에 대한 반복된 경고"에 많은 강조점을 두고 있다.[73] 틴데일의 깊은 목회적 관심은 그로 하여금 성경해석의 판단의 질문들을 추상적 차원의 이성과 관련해서만 아니라 인간 삶과 관련하여 제기하도록 만들었다.

틴데일이 이처럼 의미와 진리의 판단기준을 개별적이고 비밀한 전통에 두지 않고 공적, 역사적, 공동체적, 실천적 원리들에 두고 있는 것은 그의 위치가 믿음의 봉사를 위해 비판적 성찰을 사용하는 사람들과 같은 반열 속에 있다는 것을 잘 보여준다.

멜랑히톤(Melanchthon)은 보다 분명한 의식을 가지고 이성적 탐구를 수용하고 또한 사용하였다. 루터의 시급한 목회자 교육의 비전에 부응하고자 하는 동기도 일부 작용함으로써, 멜랑히톤은 고전적인 키케로의 방식을 채용하게 되는데, 즉 성경의 내용을 주제들 또는 항목들(*loci*) 중심으로 해설하는 방식이다. 그가 취한 학문적 방식에 대한 멜랑히톤의 전반적 생각은 그의 『방법론』(*De Methodo*) 속에 잘 나타나고 있다. 이는 "한편에서 논증의 참 줄기들을 정의하고 나누고, 연결시킴으로써, 그리고 또 다른 면에서 잘못된 것들 또는 부합되지 않는 것들을 반박하고 풀어냄으로써 가르칠 것을 바르게 가르치는 기술 또는 방법"이다.[74] 파커(T. H. L. Parker)는 이에 대해 이렇게 평한다. "이 프로그램은 대단히 명료하다. 비평가의 방법은 연구와 발견이다. 그 목적은 주된 개념들을 찾고 연결시키고자 함이다. 그 직무는 혼란을 줄이고 질서를 잡는 일이다. 그는 탐구자인데 …… 그의 여정은 발견(*inventio*)이며, 그가 얻은 표본들은 항목들(*loci*)로 정리된다."[75]

칼뱅에 대한 보편적인 미신과는 달리, 칼뱅은 신학적 체계를 성경 텍스트 위에 부과하고자 하였던 사람이 아니다. 멜랑히톤과는 달리 그는 성경이 그 스스로를 말할 수 있도록 두 가지 특별한 단계를 취하였다.[76] 첫 번째로 칼뱅은 멜랑히톤 등이 사용하는 고전적인 주제적(*loci*) 방법을 사용하지 않고 연속 주석의 방식을 선호하였다. 두 번째로, 『기독교강요』 둘째판(1539) 서문에서 칼뱅은 자신의 주해작업이 교리적 논의들로 벗어나려고도 벗어날 필요도 없었다고 밝히는데, 이는 이런 논의들은 『기독교강요』에서 별도로 정리하고자 하는 전략을 취했기 때문으로 보인다. 칼뱅은 그 같은 해에 로마서 주석을 완성하였고, 1551년에 이르기까지는 서신서들 전부에 대한 주석을 마무리하였다. 1553년과 1557년 사이에 칼뱅은 복음서 주석들을 출판하였고, 이어서 구약 주석들에 관심을 집중했다. 크리소스토무스과 마찬가지로 칼뱅 역시 "성경 저자의 정신"(*mens auctoris*)을 이해하고 드러내어 밝히는 일을 자신의 과제로 삼았다.[77] 저자의 정신 속으로 들어가는 길은 텍스트와 그 맥락, 그리고 저자의 언어를 통하는 길밖에 없으며, 역사적 정황 맥락 역시 해석자의 관심을 요하는 부분이다.[78]

앞에서 이미 언급했던 것처럼, 칼뱅은 오리게네스가 알레고리 해석의 선례로 갈라디아서 4:22–24과 고린도후서 3:6에 호소하는 것을 거부한다. '문자'와 '영'에 대한 바울의 대조는 성경의 문자적 의미와 영적 의미 사이의 차이와는 아무 상관이 없다는 것이다. 성령을 역사적 맥락 속에서 전달된 말씀과 분리시키는 것은 '열광주의자들'의 오류이다.[79] 칼뱅이 "문자는 효과 없는 죽은 설교를 의미하며 …… 영은 영적 설교를 의미한다"라고 해설하는 것은 비교적 최근에 웨스터홀름(Westerholm)이 『신약 연구』(*New Testament Studies*) 에서 "문자와 영은 성경을 읽는 두 방법이 아니라, 두 언약 아래서의 사역의 본질을 말한다"라고 한 것과 궤적을 같이 한다.[80] 오리게네스의 해석은 "많은 악의 근원 역할을 하였다"라고 칼뱅은 진단한다. "이는 성경 의미를 변질시키는 면허증을 내주었을 뿐만 아니라, 알레고리 해석자들이 더 원칙 없이 해석하면 할수록 마치 더 권위 있는 해석자가 되는 것 같은 나쁜 인상을 심어주었다."[81]

칼뱅의 해석학에 관한 최근의 연구에서 토랜스(T. F. Torrance)는 그가 이전의 책들에서 계속 주장하여 왔던 내용 즉 칼뱅은 언어적 해석과 인식론적 명료화 양면에 모두 관심이 있었다는 것을 다시 한번 강조하고 있다. 칼뱅이 『기독교강요』 서두에서 지적하고 있는 것처럼, 하나님에 대한 지식과 인간의 자신에 대한 지식은 서로 밀접하게 결합되어 있기 때문에, 하나님에 대한 언어 역시 객관적 측면과 자아개입적 측면을 동시에 가진다. "우리 자신에 대한 지식이 없이는 하나님에 대한 지식이 일어나지 않는다. 하지만 하나님에 대한 지식이 없이는 우리 자신에 대한 그 어떤 뚜렷한 지식도 없다. 우리 스스로만으로는 우리는 아무것도 아니다. 왜냐하면 우리는 우리의 본질을 오직 하나님 안에서만 가지며 또 그렇게 살고 움직이기 때문이다."[82]

토랜스는 계속하여 이렇게 말한다. "하나님에 대한 지식과 관련하여 한 인간 인격자에게 자아보유적 주체로서의 지위를 주었다는 것은 대단히 의미심장한 일이다. 왜냐하면 이는 프란체스코의 가르침의 도움과 더불어서 중세에서 근대적 신학적 사고의 방식으로 옮겨가는 데 칼뱅이 끼쳤던 영향의 한 부분을 이루기 때문이다."[83] 여기에는 "인격적"인 것과 "객관적"인 것이 함께 온다. 물론 이는 이후의 주체와 객체가 엄격히 구분된 차원에서 이해되는 인식론적 관계를 말하는 것은 아니다.

질리언 에반스는 중세 성경해석에 관한 그녀의 책에서 배후에 놓인 의미와 언어에 대한 인식이 어떻게 텍스트 해석상의 관점, 추정, 가능성 등에 긴밀한 영향을 미치는지를 잘 보여주고 있다.[84] 중세기에는 의미 이론의 대부분이 두 전통 중 하나에 기인한다. 하나는 히포의 아우구스투스(354–430년)이고, 또 다른 하나는 보에티우스(Boethius, 480–524년경)인데 여기에는 그가 쓴 아리스토텔레스의 『명제론』(*De Interpretatione*)에 대한 주석이 포함된다.[85] 아우구스투스는 단어를 의미의 단위로 보았고, 결국 지시로서의 의미 이론을 취하였다. 그는 자신의 유년기에 단어들을 자주 들음으로써 "이 단어들이 지시하는 사물들을 점차 인식할 수 있었으며 …… 내 곁의 사람들과 우리의 소원들을 나타내는 언어적 기호들을 교환하였다"라고 술회한다.[86]

반면 보에티우스는 언어를 연속된 개념 또는 이어져 있는 인지를 서로 다른 방식으로 쪼개어 놓은 '체계들'로 이해하고 있다. 이와 같은 각 언어의 구분 작업은 실제적 편리를 위한 것이지 '본질'이나 논리를 위한 것은 아니다. 알레고리적 해석은 적어도, 질리언 에반스가 지적하는 것처럼, 유비와 유사체 사이에 요점 대 요점 사이의 상응관계는 유지한다. 하지만 그레고리우스식의 4중 의미 구조 속에는 유비관계의 비교가 그렇게 직접적이지 않으며, "원래의 기호로부터 여러 단계의 이탈"이 일어난다.[87] 뿐만 아니라 비유론적 의미화 과정 속에는 "인간 행위에 관한 교훈을 만들어 내기 위한 교묘한 '구부림'(bending)"이 작용한다.[88] 이런 '의미들'은 추론적 논리에서 나오는 것이기보다 '묵상'(*contemplatio*)에서부터 나온다. 서로 다른 기호학적 체계들 사이의 관계를 효과적으로 점검할 수 있는 방법은 없다.

칼뱅주의 신학의 관점에서 볼 때 이런 원리는 판단의 기준을 말과 텍스트의 공적 의미의 주어짐 상태로부터 청자나 독자의 창의적 상상력 속으로 옮겨 놓는 일이 된다. 토랜스는 루터에게 많은 빚을 진 것으로 보는 칼뱅의 작품 *De Scandalis*에 주목하고 있다. 토랜스는 이렇게 말한다. "칼뱅의 이 작품 전체는 루터가 말하였던 요점을 더 자세히 풀어 놓은 것이라고 볼 수 있다. 즉, **우리 자신이 성경의 공격을 당한다고 느낄 때**, 우리의 본성적 이성이 성경에 의해 거스림을 받을 때, 우리가 혼란 속으로 내던져질 때, **바로 이때가 진정한 해석이 일어나는 때이며 심오한 이해가 포착되는 때이다**. 바로 이 순간에 …… 우리는 우리 스스로가 말하지 못하는 것을 들으며, 우리 스스로가 생각해내지 못하는 새로운 어떤 것을 진정으로 배울 수 있게 된다."[89]

이와 같은 입장은 종교개혁 이후 시기에 일어났던 경건주의의 개인주의 경향과는 근본적으로 다르다. 신학적 논란들에 대한 반작용으로 이 시기에 일어났던 현상은, 스튜어트 알렌(Stuart Allen)이 잘 지적하는 것처럼, "성경에 대한 유일한 관심은 거기에서 자기 개인을 위해, 또 자신의 안위를 위해 무엇을 얻을 수 있을 지에만 관심을 가진 그리스도인 유형이다. …… 이 사람의 목적은 자기 자신이요 또 자신의 특별한 경험이다. …… 이런 부류의 사람은 교묘한 방식으로 자기 자신에 대한 집착을 그리스도와 하나님의 영광스럽고 위대한 구속의 계획에 대한 관심과 뒤바꾸어 놓는다."[90]

이에 반해서 칼뱅의 관심은 보다 광범위하고 보다 객관적이었으며, 인간 사회를 포함한 보다 넓은 삶의 영역들에 관계된 것이었다. 토랜스는 칼뱅이 인문주의적 학문을 철저히 섭렵했을 뿐만 아니라 또한 법과 관련된 훈련을 받은 것이 대단히 의미가 깊은 것으로 보고 있다. 그는 언어와 논리를 공공 세계 속에서의 행동으로 연결시켰던 사람이다.[91] 칼빈 신학교 교과연구위원회의 1970년도 보고서는 칼뱅의 교육에 대한 관심에 집중하여 이런 점을 유사한 방식으로 표현하고 있다. "칼뱅 자신이 제네바 아카데미 설립에 지대한 노력을 기울였다. 기금 마련을 위해 독려에 나섰고 …… 자신이 강사로 봉사하였다. 칼뱅주의의 영향 아래에서 하이델베르그 대학도 개혁되었다. …… 기독교 복음은 개인과 교회뿐만 아니라 사회 전반의 개혁을 요구한다."[92]

다른 16세기 종교개혁가들 가운데서 대부분의 영국 국교회 개혁가들 역시 루터와 틴데일, 그리고 칼뱅의 개혁적 원리들을 따라, 이성적 반성(성경 아래에서) 뿐만 아니라, 교부 및 종교개혁 전통에 큰 가치를 부여하고 있다.[93] 토마스 크랜머(Thomas Cranmer, 1489–1556년)는 성경과 교부들, 그리고 종교개혁 신학자들과의 일치가 있는 곳 위에서 자신이 가장 굳건한 기초 위에 서 있음을 느꼈다.[94] 리처드 후커(Richard Hooker, 1504–1600년경)는 당시의 몇

몇 청교도들과는 달리, 성경과 더불어 전통과 이성, 그리고 상식이 일치를 이루어야 한다고 주장하였는데, 이는 성경의 어떤 부분이 특정 시기와 특정 사람들에게만 국한되기 때문이기도 하지만, 또한 성경이 현 시대의 많은 실제적인 문제들에 대해 말하지 않기 때문이기도 하다. 청교도들은 "골풀을 쓸지 짚을 쓸지"를 두고도 성경의 인도를 구하였지만, "성경은 많은 문제에서 명령도 금지도 하지 않고, 다만 침묵을 사용한다."[95] 이는 후커가 범사에 성경의 최고의 권위를 인정하지 않았다는 말이 아니다. 후커는 대륙의 교회들이 보다 긴 설교에 강조점을 두는 것과 영국 국교회가 성경일과표를 많이 사용하는 일을 비교하고 있다. "우리가 성경을 읽고 낭독함으로써 청중들에게 하나님의 말씀을 합당하게 전하는 것이다. 우리의 설교에 대해 말하자면, 이는 선지자들의 설교처럼 그렇게 건전하지도 완전하지도 않으며, 그의 말씀도 아니다. 오히려 우리의 설교들은 애매할 따름이지만, 그의 말씀으로 불린다."[96] 이런 글을 보면 우리는 왜 "조심스런 후커"라는 말이 유래되었는지를 쉽게 이해할 수 있다. 성경에 대한 우선적 헌신과 교회에 대한 헌신은 결코 이성과 상식의 적이 아니다.

4. 근대 해석학 이론의 발생과 발전

학문적 연구 분야로서의 '해석학'이란 용어는 아리스토텔레스의 다소 다른 의미의 용례 외에는 단하우어(J. C. Dannhauer)의 『성 해석학』(*Hermeneutica Sacra*, 1654)에서 최초로 사용되었다는 것이 일반적으로 받아들여지고 있는 견해이다. 하지만 에벨링은 해석학의 역사적 발전을 다루는 짧은 글에서 단하우어 이전의 선구자 두 사람을 언급하고 있다. 한 사람은 불링거(Heinrich Bullinger)인데, 성경 권위에 관한 그의 책이 1538년에 출판되었고, 또 다른 한 사람은 플라키우스 일루리쿠스(Matthias Flacius Illyricus)로 그의 책 『성경의 열쇠』(*Clavis Scripturae Sacrae*)가 1567년에 출판되었다.[97]

불링거는 해석자가 고려해야 할 사항들로 저자가 처한 특정 상황들, 역사적 시기의 차이들 등을 들고 있고, 아울러서 연구하고 있는 구절들 전체의 핵심이 무엇인지를 잘 살펴야 한다고 지적한다. 텍스트 기록의 시기나 경우 같은 주변 환경들은 대단히 주요한 요소들이다. 여기에는 동기(*causa*), 장소(*locus*), 경우(*occasio*), 상황(*tempus*), 수단(*instrumentum*), 방법(*modus*) 등과 같은 요소들이 포함된다.[98] 불링거는 후에 해석학적 순환으로 알려진 해석의 절차에 매우 근접하는 인식을 가지고 있었다. 텍스트의 상황적, 언어적 요소와 그 내용에 대한 이해는 논증 전체가 무엇을 향하고 있는지에 대한 인지 여하에 의존한다. 역으로 저자의 논증의 본질이 무엇인지를 알고자 하면 해석자는 상황적, 언어적 세부 사항들을 자세히 알지 않으면 안 된다.

불링거와 거의 동시대 사람이었던 플라키우스 역시 이 두 측면을 잘 인식하고 있었다. 한편에서는 성경 전체의 이해가 그 해석의 열쇠 역할을 한다. 또 다른 한편에서는 자세한 어휘 및 문법적 연구가 없어서는 안 된다. 플라키우스는 특별히 성경의 전체성을 강조하였는데, 이는 이레나이우스의 경우에서처럼 초기 전승과의 연속성 차원에서가 아니라, 당대 교회 전통들에 맞선 논쟁의 상황 속에서 초래된 일이었다.

17세기 말에 이르러서는 해석학이 보다 넓은 분야로 확대되었다. 1689년에 법률가인 요하네스 폰 펠데(Johannes von Felde)는 모든 종류의 텍스트에 적용될 수 있는 해석의 원리들을 정리한 바 있다. 1713년에 크리스챤 볼프(Christian Wolff)는 역사적 텍스트와 교리적 텍스트를 분리하여 접근하는 방식으로 해석에 관한 책을 출판하였다. 교리적 텍스트는 채택된 논증의 효력을 판단해보는 것이 필요하겠지만, 역사적 텍스트는 저자가 관계된 정황적 요소들이 보다 큰 작용을 한다고 보고 있다. 볼프는 "저자의 의도"(오늘날 우리가 이해하는 것과 동일한 의미로 쓰인 것은 아님을 어떤 이는 지적하지만)라는 말을 사용한다.[99] 18세기에는 해석학과 관련된 많은 책들이 출판되었다. 1728년에 제네바의 투레티누스(Jean Alphonse Turretinus)는 해석의 목적은 해석자가 자신을 저자와 동일한 환경과 시대 속에 두는 것이라고 하면서, 텍스트에 사용된 말을 통하여 그 시대에 살았던 사람들 속에 어떤 개념이 일어났을 것인지를 살펴야 한다고 말한다.

아마도 이 시기의 가장 중요한 해석 이론가 세 사람을 꼽으라면 클라데니우스(Johann Martin Chladenius, 1710–1759년), 어네스티(Johann August Ernesti, 1707–1781년), 그리고 할레의 제믈러(Johann Salomo Semler, 1725–1791년)를 들 수 있을 것이다. 한스 프라이(Hans Frei)는 18세기와 19세기 해석학에 관한 자신의 책에서 어네스티와 제믈러를 "'일반' 성경해석학의 아버지들로 여겨진다"라고 말한다.[100] 어네스티는 텍스트에 사용된 언어의 이해(이는 일반 해석학의 과제)와 그 내용의 이해(이는 신학의 과제)를 엄격히 구분하였다. 해석학은 의미의 문제를, 신학은 진리의 문제를 다룬다는 것이다. 해석학적 탐구의 주된 관심은 저자의 당대의 언어 사용, 저자의 의도, 그리고 텍스트의 역사적 정황, 이 세 가지이다. 이에 반해 제믈러는 해석학이 성경 텍스트의 의미와 진리 이 두 부분을 다 다룬다고 주장하며, 더 나아가서 해석학은 모든 신학 및 교의학적 관심과 독립적으로 수행되어야 한다고 주장한다.

제믈러는 그 자신의 신앙적 모태인 경건주의를 떠나 영국 이신론의 영향 아래로 들어갔다. 그는 또한 존 로저슨(John Rogerson)이 지적하는 것처럼, 리처드 시몬(Richard Simon, 1678년 저서)과 스피노자(1670년 저서)의 초기 성경 비평에도 영향을 받았다.[101] 제믈러의 해석학은 세 가지 과제에 초점을 맞추고 있다. 첫째, 해석자는 텍스트의 언어를 적절하게 그리고 정확하게 연구해야 한다. 둘째, 역사적 정황을 구성하는 모든 특정 사항들, 특이 사항들을 잘 살펴야 한다. 셋째, 해석자는 텍스트의 주제문제를 재진술하되 시간과 상황의 변화를 온전히 고려하여 그와 같이 해야 한다.

제믈러보다 몇 년 앞서서 클라데니우스는 『이성적 담론 및 저술에 대한 정해 입문』(*Introduction to the Correct Interpretation of Reasonable Discourses and Books*, 1742)이라는 책을 출판하였다. 여기에서 그는 해석학을 구드 담화이든 기록 저술이든 그 말하고자 하는 바를 온전히 이해하는 기술이다고 정의한다. 보다 후기의 낭만주의 해석학이 '삶'과 '경험'을 강조하는 것이 비해 클라데니우스는 이성을 강조하는 계몽주의 강조점을 그대로 유지하고 있다. 그럼에도 불구하고 그는 무엇인가를 이해하고 해석하는 일은 그것을 특정 관점(*Sehe–Punkt*)에서 바라보는 것임을 강조한다. 클라데니우스는 이렇게 기록하고 있다. "해석학은 우리에게 오해 및 오반영을 적발하고 피하도록 도와준다.

왜나하면 이런 것들이 세상 속에 많은 악을 빚어내었기 때문이다."[102]

그렇다면 왜 이런 오해들이 그토록 쉽게 일어나는 것일까? 클라데니우스는 대부분의 경우 이런 오해들은 "서로 다른 사람들이 세상 속에서 일어나는 일들을 서로 다르게 지각하기 때문"에 발생한다고 답한다.[103] "한 사건을 두고 많은 사람들이 이를 묘사할 때도 각각의 사람들이 자신이 보는 특별한 점들에 관심을 기울일 것이다." 예를 들어 어떤 싸움 장면을 세 사람이 목격을 하고 이 동일한 사건에 대한 진술을 한다고 생각해보자. 그들의 관점은 그들이 서 있던 물리적 장소, 그들의 관심 등에 따라 차이가 날 것이다. 정치적 차원의 반역 사건도 충성된 시민이 그것을 보는 관점과 스스로를 억압받고 있다고 여기는 반골파가 보는 관점이 서로 다를 것이다. "이것이 모든 역사의 본질이다. …… 이것이 특별히 더욱 그러한 때는 인간 행위들이 우리가 이전에 가졌던 것과는 다른 관점에서 우리와 연관되는 경우이다."[104]

이런 강조에도 불구하고 클라데니우스는 아직은 이성에서 '삶'으로 옮겨가지는 않았다. 이 '삶'의 강조점은 슐라이어마허, 딜타이, 베티 등 소위 낭만주의 해석학 전통의 핵심적 원리 가운데 하나가 되었다. 뿐만 아니라 클라데니우스 단계에서는 아직은 칸트의 『순수이성비판』(*Critique of Pure Reason*, 1781)에 나타나는 해석학 이론의 전이점을 이룬 비판적 단계에 이르지도 못하였다. 하지만 그의 "관점"(*Sehe–Punkt*)에 대한 인식은 후에 후설과 하이데거가 정립한 "지평" 개념으로의 이동의 시작을 보여준다. 우리가 한 작품을 이해하기 위해서는 그것이 작성된 배경과 언어를 알아야 할 뿐만 아니라, 저자의 관점이 무엇인지를 이해해야 한다. 해석자의 관점이 무엇인지에 대한 질문은 아직 초보적 단계에 머물고 있지만, 슐라이어마허와 딜타이에게 와서는 칸트 사상의 배경 위에서 이 문제가 보다 심도 있게 발전된다. 종교개혁 및 프로테스탄트 신학과 전적으로 공명을 이루고 있는 부분은, 최근의 번 포이트레스(Vern Poythress)의 논문이 상기시켜주고 있는 것처럼, 저자와 독자 사이의 상호인격적 의사소통에 대한 강조점이다.[105] 앞서 2장과 3장에서도 보았던 것처럼, 이런 강조점은 최근의 텍스트성에 대한 전환된 인식 및 포스트모더니즘 시각과는 큰 차이를 보이는 부분이기도 하다.

슐라이어마허(Friedrich Schleiermacher, 1768–1834년)로 말미암아 해석학은 새로운 전기를 맞게 된다. 그를 통해서 해석학은 탐구의 해석학에서 이해의 해석학으로 옮겨가게 되었다. 해석학은 이미 전제되어 있는(루터와 칼뱅에게는 기독교적 전제, 제믈러 등에게는 반초자연주의적 전제 등) 이해의 맥락 위에서 비판의 기준을 정하는 문제가 아니라 이해의 전제조건들을 그 자체대로 점검하는 과제가 되었다. 슐라이어마허의 해석학 체계가 매우 복잡할 뿐만 아니라 또한 대단히 중요한 데 비해, 이를 일방적으로나 공평하지 못하게 다루는 경우들이 많이 있기 때문에, 우리는 이에 관해서는 다음 한 장 전체를 할애하여 다루고자 한다.

우리가 20세기의 보다 친숙한 주제로 넘어오기 전에 두 사람의 사상가를 더 언급할 필요가 있다. 한 사람은 슐라이어마허와 거의 동년배인 빌헬름 폰 훔볼트(Wilhelm von Humboldt, 1767–1835년)이다. 슐라이어마허와 마찬가지로 훔볼트 역시 이해의 기반은 언어적 요소와 상호인격적 요소 양면 모두인 것으로 보고 있다. 뿐만 아니라 해석학을 사고 및 발화의 본질 차원에 위치시키는 점도 동일하다. 그러나 훔볼트는 슐라이어마허보다는 좀 더 분명하게 20세기의 강조점, 즉 뮐러–볼머(Mueller–Vollmer)가 훔볼트의 말을 잘 요약해서 표현하고 있는 것처럼, "의미는 동일한 언어 수행력을 공유하는 화자와 청자의 공동산물"이라는 점을 자각하고 있었다.[106]

또 다른 한 사람은 베를린의 뵈크(Philip August Boeckh, 1785–1867년)이다. 프리드리히 아스트(Friedrich Ast), 볼프(F. A. Wolf), 그리고 뵈크는 해석학 이론상 트리오에 해당하는 인물들이다. 아스트와 볼프는 슐라이어마허를 다루는 자리에서 함께 다루고자 한다. 뵈크는 성경학자나 철학자는 아니었고, 고전학자요 문헌학자였다. 그의 연구의 대부분은 역사적, 언어학적, 문학적 요소들의 탐구 방법에 집중되었다. 가장 흥미를 끄는 점은 이미 슐라이어마허에게서 강조되고 있는 것처럼, 해석학의 주된 과제는 저자를 저자 자신의 자기이해나 자기 작품의 이해보다 "더 잘" 이해하는 일이라고 보는 점이다.[107] 이렇게 할 수 있는 이유는 인과적 사건의 연속과정에 대한 역사적 연구와 재구성을 통해 해석자가 저자의 지평 속에 들어가서 저자 자신도 다 알지 못하였던 요소들을 파악할 수 있게 되기 때문이다. 이런 원리는 20세기 후반에 들어서 후기 프로이트 및 신마르크스주의 의구의 해석학 속에서 핵심적 자리를 차지한다.

19세기 성경 비평의 맥락에서 살펴보면 바우어(Ferdinand Christian Baur)가 당대의 해석학적 흐름과 대체로 유사한 입장을 취하고 있었던 것을 알게 된다. 이런 모습은 바울과 고린도 교회 분파들에 대한 그의 연구(고전 1:12에 근거)에서나, 그의 책 『바울』(*Paulus*, 1845), 그리고 그 밖의 신약시대 발전과정에 대한 광범위한 연구들(1853, 1864년) 속에 잘 나타나고 있다. 바우어에 따르면 바울은 그 자신이 전적으로 다 알지는 못하였던 상황적 압박들 속에 놓여 있었다.[108] 의구의 해석학의 보조를 받는 역사 비평은 단지 과거에 어떤 사건들이 일어났느냐에만 관심 가지지 않는다. 저자보다 저자를 "더 잘" 이해하는 방법론적 방편의 하나로서 텍스트나 그 저자도 다 알지 못하였던 사건의 원인과 과정들을 부여하는 일을 한다. 프로이트의 『히스테리 연구』(*Studies in Hysteria*)나 『꿈의 해석』(*The Interpretation of Dreams*)이 1895년과 1899년에 가서야 출판되었다는 점을 감안한다면, 뵈크가 늦어도 1867년에 다음과 같이 말한 것은 대단히 주목할 만하다. "해석자는 저자가 **무의식적으로** 창조한 것을 분명한 인식 속으로 가지고 올 수 있어야 한다. 그렇게 하는 가운데서 많은 것들이 열려질 것이고, 저자 자신에게는 닫혀 있을 수도 있었던 많은 창문들이 열려질 것이다."[109]

우리는 이제 거의 20세기의 분위기 속으로 들어섰다. 더 이상 연대기적 발전 순으로 해석의 이론들을 나열할 필요가 없다. 오히려 해석학 이론상의 상이한 모델들 중심으로 접근하는 것이 보다 건설적인 작업이 될 것이다. 이제 곧 살펴볼 슐라이어마허의 "낭만주의" 모델은 빌헬름 딜타이(Wilhelm Dilthey, 1833–1911년)에 의해 보다 체계적인 발전을 거쳤다. 딜타이의 "역사적 이성 비판"의 작업이 그의 생애 말기에 끝을 보게 되었다. 딜타이가 해석학 분야에서 칸트의 『순수이성비판』이 철학에 대해 갖는 위치에 필적하는 것으로 보았던 이 책은 1926년에 가서야 처음 출판되었다.[110] 이 작품은 슐라이어마허를 넘어 헤르더와 아스트까지 거슬러 올라가지만, 기존의 이성이나

‘영’ 대신 ‘삶’(*Leben*)을 해석학의 핵심 열쇠로 삼음으로써, 바우만(Bauman)이 주장하는 것처럼, 20세기 사회과학적 해석학의 기초를 놓았다.[111] ‘삶’은 하나의 공유된 활동이다. 그 속에서 해석자 자신의 역사 및 사회 속에서의 위치가 이해의 중요한 조건이 된다.

제6장
슐라이어마허의 이해의 해석학

1. 슐라이어마허의 가장 두드러진 공헌

해석학 이론에 대한 슐라이어마허(Friedrich Schleiermacher, 1768–1834)의 기여는 사람들이 보통 생각하는 것 이상으로 복잡하고 또 그 범위가 넓다. 그는 종종 해석학적 과제의 목표를 저자의 생각 또는 느낌을 재생 혹은 재사고하는 데 두고자 하였던 첫 번째 사상가로 인식되곤 한다. 해석학의 목표를 이런 방식으로 설정하는 것은 슐라이어마허가 속하였던 낭만주의 해석학 모델의 특징 가운데 하나이다. 하지만 이 문제에 대한 슐라이어마허 자신의 방향 설정이 무엇이었는지는 매우 주의 깊게 다룰 필요가 있으며, 하나의 특정 사상의 맥락 속에서 이를 살펴볼 필요가 있다. 또 한편 슐라이어마허가 해석학적 순환(hermeneutical circle)의 원리를 정립한 최초의 주요 사상가라고 흔히들 평가한다. 하지만 그런 평가 배후에 놓인 전제가 어떤 것인지도 점검해볼 필요가 있다. 우리가 어떤 저작의 개별 요소들을 이해하기 위해서는 전체 메시지에 대한 어느 정도의 파악이 있어야 한다는 것을 강조한 사람들이 슐라이어마허 이전에도 있었다. 슐라이어마허는 이런 문제가 해석학에 어떤 이론적, 실제적 함의를 갖는지를 가장 심각하게 물었던 최초의 사람이라 할 수 있을 것이다.

해석학에 대한 슐라이어마허의 보다 두드러진 공헌은 몇몇 연관된 요소들의 종합에 있다. 얼핏 보아서는 이런 요소들이 그 자체로서는 해석학의 전기점이 될만한 것들로 보이지 않겠지만, 자세히 살펴보면 그 각각이 이 과목의 방향과 내용을 변화시켜 놓은 중요한 함의를 품고 있다. 도입의 성격으로 다음 몇 가지 요소들을 먼저 짚어 보고자 한다.

1) 첫째, 슐라이어마허는 그의 전임자들과 달리 해석학이 어떤 특정 연구 분야에 종사하는 데 그 기능이 한정된다는 생각을 버렸다. 그 이전의 다른 사상가들은 해석학을 그레코로만 세계의 고전 텍스트들이나 성경 텍스트 이해를 돕기 위한 과목으로 생각하고 있었다. 그러나 슐라이어마허는 해석학을 **인간의 이해행위 그 자체의 문제**로 보았다. 이런 시각의 차이가 어떤 의미를 갖는지 하나의 유비를 통해 잘 설명할 수 있을 것이다. 이를테면 언어에 대한 연구와 특정 언어를 배우는 것 사이의 차이를 생각해보면 된다. 헬라어나 히브리어, 또는 프랑스어를 배우는 것은 언어의 한 특정 분야를 배우는 일이다. 여기에서 주된 논제는 문법이나 어휘, 또 해당 언어로 기록된 문학 등이 될 것이다. 하지만 우리가 언어 그 자체를 다룬다고 할 때는 논제가 달라지게 된다. 언어학이나 언어철학에서는 일반적으로 특정 문법이나 어휘, 해당 문학 등을 일차적으로 다루지는 않는다. 오히려 언어가 언어로 기능하는 보다 근원적인 원리들이 무엇인지를 다루게 되는 것이다.

해석학의 범위를 넓힘으로써 슐라이어마허는 그 논제 자체도 바꾸어 놓게 되었다. 우리가 주제의 범위를 탈국지화시킬 때 다룰 질문 역시 다르게 제기된다. 슐라이어마허의 경우 가장 큰 차이로 나타난 것은 해석학을 지식 이론의 맥락 속에 위치시키게 된 점이다. 해석학의 주된 질문이 이제는 "우리가 어떻게 한 사물이나 사태를 그것이 있는 그대로 이해할 수 있는가?" 하는 것이 되었다. 언어와 인간 이해에 관한 슐라이어마허의 독특한 질문들은 이런 맥락의 변화 속에서 일어나게 되었다.

2) 둘째, 슐라이어마허 이전에는 해석학적 원리들이 역방향적 지식 인식 위에서 어떤 길만 잘 따라가면 성공적인 해석이 이뤄질 수 있다는 추정에 따라 구성되고 있었다. 이렇게 볼 때 해석학은 어떤 한 이론가가 옹호하는 입장에 다른 해석자들이 도달할 수 있도록 하는 일종의 교육적 절차 정도로 인식

되었다. 제시된 가이드라인이나 규칙 등은 이미 이해가 이루어져 있다는 가정 아래 달리 일어날 수 있는 오해의 영역들을 점검하는 기능을 한다. 이와 달리 슐라이어마허는 '어떻게 그 추정된 이해에 도달할 수 있는가'라고 묻지 않고, '인간의 이해가 일어날 수 있게 하는 전제 조건들이 무엇인가'라고 묻고 있다. 이런 점에서 하나의 **초월적 질문**이 제기되고 있는 것이다. 즉, **인간의 이해 자체의 기초 및 가능성에 대한 질문**이다. 이런 측면은 칸트의 지식론과 유사성을 가진다. 칸트 역시 인간 지식을 가능하게 하는 조건들이 무엇인지를 묻고 있다. 이런 점이 슐라이어마허의 해석학 속에 나타나고 있는 두 번째 특징이다.

3) 셋째, 이제 해석학이 더 이상 기존의 추정된 이해를 바르게 따르고 있는지를 점검하는 정도의 과목이 아니라면, 여기에는 슐라이어마허가 강조하고 있는 것처럼 이해의 과정 속에 인간 정신의 창의적 기능이 어떻게 작용하는지를 보는 것이 필요하게 되었다. 논리적 추론과 이성적 반성이 테스트의 기능은 할 수 있겠지만, 인간의 인격이나 삶 차원의 이해를 창조하지는 못한다. 점검의 과정은 다분히 기계적이다. 그러나 이해는 보다 복잡하며, 슐라이어마허의 생각에 따르면, 여기에는 마치 친구를 이해하고자 하는 것과 유사한 과정이 포함된다. 슐라이어마허 사상의 이런 측면은 딜타이가 가장 강조하고 또 발전시키고 있는 측면이기도 하다. 하지만 슐라이어마허 자신의 입장에서는 이는 그가 생각하는 해석학적 과정의 두 본질적 축 중의 하나일 뿐이다. 한 텍스트를 이해한다는 것은 이를 만든 저자의 개별성에 대한 관심과 아울러, 그 텍스트가 나오게 된 언어상황, 언어세계에 대한 연구를 동시에 필요로 한다.

4) 넷째, 하인츠 킴멀(Heinz Kimmerle)은 슐라이어마허에게 저자적 측면 또는 "심리적"(또는 "기술적") 해석의 강조와 더불어서 언어적 측면 또는 "문법적" 해석이 강조되고 있음을 잘 지적하고 있다. 킴멀이 정리하여 출판한 슐라이어마허의 『해석학 수고』(*Hermeneutics: The Handwritten Manuscript*, 1959) 비평판이 나오기 전까지는 이 분야의 그의 업적이 『해석학과 비평』(*Hermeneutics and Criticism*, 1838, 슐라이어마허 사후 그의 제자인 F. 루케가

편찬)이라는 책과 딜타이의 『슐라이어마허의 생애』(*Life of Schleiermacher*) 등을 통해서 부분적으로 알려졌을 뿐이다. 킴멀은 슐라이어마허의 후기 작품들 속에 많이 반영되고 있는 심리적, 기술적 해석의 강조에도 불구하고 언어 또는 문법적 해석의 강조가 한번도 사라진 적은 없다고 주장한다.[1]

킴멀의 주장은 비판을 받기도 하였다. 예를 들어 마틴 레데커(Martin Redeker)는 슐라이어마허의 사상에 대한 보다 결정적인 자료로 딜타이의 『슐라이어마허의 생애』를 들고 있다. 즉, 슐라이어마허는 후기에 가서 그의 초기의 관심을 바꾸었다는 것이다. 하지만 『해석학 수고』를 볼 때, 무엇이 저자의 사상을 낳았는지의 관심(낭만주의 해석학의 중심적 특징)이 슐라이어마허의 유일한 관심은 아니었음을 분명히 알 수 있다. 그의 『개요』(*Compendium*, 1819)에 남긴 여백 메모(1828년)에서도 확인되고 있는 것처럼, "이해에는 항상 두 전기가 포함된다. 하나는 언어와 그 가능성들을 통하여 무엇이 말하여지고 있는지를 이해하는 것이며, 또 하나는 그것을 저자의 사고 속에서 이해하는 것이다. …… 이 두 해석학적 과제는 전적으로 동등하다. 문법적 해석을 '보다 낮은' 것으로, 심리적 해석을 '보다 높은' 것으로 이름 붙이는 것은 결코 옳지 않다."[2]

이런 면에서 슐라이어마허는 해석학 속에서 언제까지나 중요하게 인식될 수밖에 없는 질문 한 가지를 던져놓고 있다. 즉, 우리가 텍스트의 의미를 순전히 그 언어의 측면에서만 해석해야 할 것인지, 아니면 순전히 저자의 의도 측면에서 해석해야 할 것인지, 아니면 **이 양자 사이의 상호관계 혹은 상호작용 속에 텍스트 의미가 있다고 보아야** 할 것인지의 문제이다. 슐라이어마허가 이 질문과 씨름하는 가운데서 또 다른 연관된 질문 하나를 제시하고 있다. 즉, 이성적 반성 혹은 논리적 추론만이 오직 유일한 해석학적 도구인가 하는 문제다. 텍스트의 내용을 주어진 상황 속에서 도출되는 그 사고의 흐름을 따라 파악하는 데에는 비판적 반성 혹은 비교가 필요함과 동시에 논리적으로나 이성적으로 보다는 직관적으로 "예료"(divine: 다양한번역어가 사용되나 슐라이어마허 전문가 가운데 한 사람이었던 강돈구의 번역어를 취하기로 한다–역주)하는 능력이 필요하다. 후대의 비트겐슈타인이 했던 것과 유사한 단문장 기록 가운데 하나로 슐라이어마허는 이런 말을 남기고 있다. "모든 아이는 단어들의 의미를 오직 해석학을 통하여 이해하게 된다."[3]

5) 다섯째, 이와 같은 "예료"에 대한 관심은 해석학을 말건네는 상대 혹은 해석자의 개인적 인지 능력에만 제한시키는 결과를 낳는 것이 아닌가? 슐라이어마허 비판가들 가운데는 이런 점에서 그를 환원주의자라고 보는 사람도 있다. 고든 미켈슨(Gordon E. Michalson)은 "슐라이어마허와 더불어 우리는 문화인 경멸가들[그의 『종교론』(*On Religion: Speeches to its Cultural Despisers*, 1799)의 대상이 된 사람들]이 신학적 논제를 정의하도록 허용하는 치명적 실수를 범하게 되는 셈"이라고 말한다.[4] 일부 그의 영향 아래에서 "신학은 점차 해석학적인 것이 되었고 …… 명백히 역사적인 주장들을 자기지시적 명제들로 바꾸어서 신학적으로 존중할 만한 것으로 바꾸어 놓았다."[5]

슐라이어마허의 사상이 이런 경향을 불러일으킬 소지가 있다는 것은 부정할 수 없다. "종교적 의식"이 하나님의 행위의 신학보다 더 중심적 자리를 차지할 가능성이 있는 것이다. 그럼에도 불구하고 슐라이어마허는 고립된 한 개인의 주관성에 관심을 두는 것은 아니다. 해석은 "들음"을 포함한다. "자신만의 마음의 틀에서 걸어 나와야 한다."[6] 해석의 가능성 자체가 이미 먼저 주어진 것들, 공유된 언어, 소통을 가능하게 하는 확립된 언어 체계 등에 의존하는 것이다.

슐라이어마허는 한 개별자의 자의식과 그 개별자의 공유된 언어에 근거한 상호적 의사소통의 잠재 능력 사이의 관계 문제를 분명하게 다루고 있다. 해석학적 용어로 말하자면, 이는 사고와 발화, 이해, 그리고 언어의 본질 사이의 관계의 문제이다. 슐라이어마허는 이렇게 적고 있다. "해석학은 생각하는 기술의 한 부분이다."[7] 이 말은 한 개인의 의식 속에서 일어나는 내면적 과정을 포함하면서도 그것을 능가한다. "말하기의 기술과 이해의 기술은 서로 상관관계를 형성한다. 말하기는 사고의 바깥쪽 면일 뿐이다. …… 말하기는 사고의 공공성을 위한 통로이다. …… 모든 말하기의 행위는 언어의 전체성 및 발화자의 사고의 전체성에 관계된다."[8]

슐라이어마허가 말하는 이런 측면은 상호인격적 의사소통이 이루어지는 사회–언어적 맥락에서도 참되고, 하나님에 대한 지식 또는 이해를 다루는 신학적 주장의 맥락 속에서도 참되다. 슐라이어마허는 칼뱅의 명제, 즉 "하나님에 대한 지식과 우리 자신에 대한 지식은 상호적 끈으로 함께 묶여 있다"[9]는 말을 기꺼이 수용하였을 것이다. 실제로 칼뱅은 이렇게 주장한다. "이 둘이 많은 끈들로 함께 연결되어 있기 때문에 둘 중 어느 것이 더 앞서는지, 어느 것이 다른 것을 낳는지 결정하기가 쉽지 않다."[10] 슐라이어마허의 개별자의 의식에 대한 관심 때문에 그의 해석학이 주관주의 내지는 개인주의로 전락되는 것은 아니다. 그는 개별자의 자아가 그 속에서 초월되기도 하고 어쩌면 변혁되기도 하는 언어적, 상호인격적 상호작용을 분명히 전제하고 있다.

6) 여섯째, 슐라이어마허는 텍스트 및 텍스트의 저자 이해와 관련된 다양한 고려 사항들을 '종합적으로' 정리한 최초의 사람이라는 이름이 합당하다. 그는 이렇게 말한다. "한 작품의 세계는 …… 이 두 가지 요소의 동시적 고려를 통해서만 옳게 이해될 수 있다. 즉, 텍스트의 **내용**과 또한 그 **효과들의 범주**이다."[11] 역으로 이 효과들은 말건넴의 상대인 청중의 성격이나 상황에 의존한다. 해석자는 "이 사람들이 누구인지, 또 이 구절들이 이들에게 어떤 효과를 가져왔는지를 살펴야 하는데 …… 왜냐하면 이런 요소들이 그 작품을 존재하게 했기 때문이다."[12] 우리가 슐라이어마허의 해석학을 단지 "발생학적" 혹은 환원주의적 차원에서만 알게 된다면, 19세기 해석학 속에 일어난 **독자-효과**에 대한 이와 같은 중대한 발전을 무시 또는 망각하는 결과를 낳게 될 것이다.

슐라이어마허의 해석의 목적 개념은 일반적으로 인식하고 있는 것보다 훨씬 광범위한 것임을 알 수 있다. 특별히 그의 해석학을 텍스트의 기원과 관련된 "발생학적" 측면에서만 보려한다든지, 아니면 텍스트 "배후"의 저자에게만 초점이 맞추어져 있는 것으로 보려하는 것은 적절하지 못하다. 보다 명시적 형태의 독자반응 해석학 모델이 나온 것은 슐라이어마허의 때로부터 한 세기 이상이 지나서이긴 하지만, 슐라이어마허가 원 청중과 후대의 독자, 그리고 그 각각에 대한 텍스트의 효과에 대한 관심을 가지고 있었던 것은 분명한 사실이다. 공유된 언어의 세계를 통한 텍스트와의 상호작용은 개개인 독자의 측면에서 보면 이는 자의식 발전의, 또는 심지어 자기 정체성 확립의 한 조건이 된다. 이와 같은 상호주체적 해석과정을 통해 독자의 인격성은 고양될 뿐만 아니라 또한 초월된다.

제임스 듀크(James Duke)는 이런 점을 꽤 상세하게 다룬다. 특히 슐라이어마허에게 "언어는 유아론(唯我論)을 넘어 모든 사람이 공유할 수 있는 사회적 세계를 열어준다. 이를 통해 개별 인지자는 자신의 특정 관점으로부터 시작하여 그 세계와 관계 맺을 수 있다."[13] 이런 점은 특히 슐라이어마허의 "예료"(divining) 개념과 그의 언어 이해 속에서 많이 강조되고 있으며, 듀크와 킴멀이 이런 점을 잘 지적하고 있다. 저자의 목적을 '간파함'을 통해 "해석자는 자신을, 말하자면, 저자에로 변혁할 수 있다."[14] 이상에서 우리는 해석학적 과제에 대한 슐라이어마허의 인식이 대단히 넓고 포괄적임을 알 수 있다. 여기에는 저자의 생각, 경험, 상황 등이 포함되고, 또한 텍스트의 내용, 맥락, 언어, 효과 등이 포함되며, 또한 텍스트의 첫 독자들의 정황, 그들의 언어적 자질이나 기타의 자질들, 나아가서 후대 독자들의 의식 및 경험 등이 포함된다.

7) 일곱째, 슐라이어마허는 지금 언급한 이런 모든 요소들을 성경해석학 속에 가지고 온다. 예를 들자면, 그는 흔히 '신약성경 입문(Introduction)'으로 불리는 과목의 전체 핵심은 단지 신약 책들의 저자문제나 저작 연대, 언어, 배경 등을 아는 데만 있는 것이 아니라, 오히려 "(역사적 지식을 모음으로써) 신약 저자들이 그 글을 썼던 원 독자들의 위치 속에 우리 자신을 세우는 데 있다"라고 강조한다.[15]

성경 연구와 관련하여 슐라이어마허가 던지고 있는 질문은 얼마만큼이나 성경의 책들 자체가 일반 해석학 이론 속에서 제기된 이슈들을 예시화해주고 있느냐 하는 점이다. 슐라이어마허 자신은 어떤 특정 성령 영감론 같은 것이 성경을 이보다 넓은 해석학적 질문들에 의거하여 살피는 것을 면제해 주지는 않는다고 보고 있다. 왜냐하면 성경 역시 인간이 처한 상황 속에서 그 인간 존재에게 전해진 언어로 기록된 텍스트이기 때문이다. 우리가 이 자리에서 이와 같은 슐라이어마허의 성경론의 적실성을 따지고자 하지는 않는다. 우리의 요점은 보다 단순하고 겸손한 것이다. 즉, 슐라이어마허는 성경의 언어 이해와 관련하여 새로운 단계의 해석학적 질문들을 던지기 시작했다는 사실의 확인이다. 이런 해석학적 질문들은 그 이전의 사람들에게 그랬던 것처럼, 단지 고전 작품의 언어나 문학, 법 등 특정 영역의 언어에만 국한되지 않았다.

2. 슐라이어마허 해석학의 시대적 맥락

슐라이어마허는 "근대 해석학의 설립자"이면서 또한 "근대 프로테스탄트 신학의 설립자"로 불려지고 있다.[16] 칼 바르트는 슐라이어마허가 "무엇이 위대한 사람을 만드는가?"라는 제목으로 학술원 연설에서 프레데릭 대제에게 사용했던 말을 써서 "그는 학파도 만들지 않았고, 한 시대를 만들지도 않았다"라고 말한 바 있다.[17] 그러면서 바르트는 "그는 사실 모든 시대에 살아 있게 될 것"이라고 덧붙인다.[18]

슐라이어마허가 남긴 약 30여권의 저술 가운데서 약 삼분의 일 정도는 신학에 관한 것이고, 또 다른 삼분의 일은 철학에 관한 것이며, 나머지는 설교들이다. 1805년에 그는 해석학에 관한 단편록을 명제 형태로, 혹은 한 두 문장 길이의 예비적 개요 형태로 기록하고자 작정하였다. 이 해석학 수고를 1809–1810년 사이에 완성하였고, 보다 발전된 형태의 연구를 1819년에 『개요』(*Compendium*)라는 이름으로 출판하였다. 이는 그 자신이 1810년에 설립하여 1834년 사망할 때까지 가르쳤던 베를린 대학교에서 해석학 강의의 기초로 사용되었다. 1828년에 그는 여기에 여백에 여러 메모들을 첨가하였다. 1829년의 두 번에 걸친 학술원 강연에서 그는 볼프와 아스트의 해석학과 자신의 이론과의 유사점 및 차이점을 직접 지적하였다. 이런 점을 두고 볼 때, 슐라이어마허의 해석학은 당대의 신학 및 철학적 논의와 관심의 맥락 속에서 발전되어 온 것임을 알 수 있다.

슐라이어마허의 저작 가운데 가장 널리 알려진 책은 『종교론』(1799)과 『기독교 신앙』(*The Christian Faith*, 1821)일 것이다. 하지만, 여기에도 해석학적 관심이 배후에 놓여 있다. 『기독교 신앙』의 표제 페이지에 슐라이어마허는 안셀무스의 "경험치 못한 자는 이해하지 못한다"라는 유명한 문구를 인용하고 있다. 우리는 슐라이어마허가 해석학에 끼친 미묘하면서도 강한 힘을 그가 살았던 당대의 지적, 종교적, 문화적 배경에 대한 이해 없이는 제대로 평가하기 어려울 것이다.

1) 첫 번째로, 우리는 슐라이어마허와 낭만주의와의 관계를 생각해보아야 한다. 이 측면에서 그가 베를린에서 함께 방을 쓰기도 했던(1797년부터) 프리드리히 슐레겔(Friedrich Schlegel)과의 우정이 큰 역할을 하고 있다. 레데커는 우리가 슐라이어마허에게 미친 낭만주의의 영향을 너무 과대평가하지는 말아야 한다고 경고하고 있다. 그럼에도 불구하고 슐라이어마허는 『종교론』을 출판하기 직전의 몇 년 동안 한 무리의 낭만파 시인들과 정기적으로 모임을 가지고 있었다. 이 모임에서 슐레겔은 그에게 글을 써서 발표하도록 재촉을 하였다.[19] 루돌프 오토(Rudolf Otto)는 후에 『종교론』에 붙인 서문에서 이 작품을 특히 자연 및 역사에 관한 관점에서 "낭만주의의 진정한 선언문"이라고 지칭한다.[20]

슐라이어마허는 슐레겔이나 낭만주의 시인들의 입장이나 가치관들을 그대로 다 공유하고 있는 것은 아니다. 그렇지만 많은 면에서는 그들과 공통점을 갖는데, 특히 인간 감정의 창조적 힘을 믿는 면에서나, 이전의 계몽주의의 지적 합리주의와 대조적으로 삶의 경험의 중요성을 믿는 면 등에서 그러하였다. 이런 점은 게리쉬(B. A. Gerrish)가 잘 지적하는 것처럼,[21] 슐라이어마허의 짧은 작품 『크리스마스 강연』(*The Celebration of Christmas: A Conversation*, 1805) 속에 잘 나타난다. 이 가상적 대화 가운데서 슐라이어마허는 크리스마스의 기쁨이 신학적 강론보다는 음악 속에서 훨씬 더 잘 표현된다고 말한다.[22] 뿐만 아니라 그것은 유아기의 단순함 속에서도 잘 표현된다. 이런 이해는 직관적이며, 그런 점에서 남성적 성향보다는 여성적 성향 속에 더 깊이 뿌리를 두고 있다.[23] 여성들은 크리스마스의 정신을 인간 삶의 따뜻한 기억들과 그들의 인격 속에서 더 잘 표현한다. 이와 대조적으로 남성들은 성육신에 대한 신학적 논쟁을 벌이느라 어울리지 않는 정신을 끌어온다. 『크리스마스 강연』 제일 마지막 페이지에서 슐라이어마허는 크리스마스의 정신을 "내가 세상에게 준 긴 달콤한 키스"라고 표현하면서 "기뻐하면서 경건하고 즐거운 노

래를 부르자"고 권한다.[24]

슐라이어마허가 낭만주의 정신과 공유하고 있는 것 한 가지는 이성적 논쟁이나 반성 자체만 가지고는 아무것도 이룰 수가 없다는 불신감이다. 잭 폴스트맨(Jack Forstman)은 "낭만주의 삼인방" 슐라이어마허, 노발리스, 슐레겔 세 사람 사이의 관계를 살피고 있다.[25] 잠시 뒤에 우리가 보겠지만, 슐라이어마허의 낭만주의는 그의 사상에서 또 다른 중요한 요소들로 인해 조절되고 수정되었다. 그의 해석학 속에는 항상 "여성적" 직관적 의미 감지와 "남성적" 비교와 추론의 작업 사이의 상호관계가 공존한다. 그럼에도 불구하고 슐라이어마허는 헤르더나 기타 다른 사람들과 더불어 정형화된 것들이나 논쟁, 사태의 정황, 기구들 "배후"로 들어가서 이런 것들을 산출한 인간 삶의 창조적 순간들 속에 도달해야 한다고 강조한다. 슐라이어마허에게 가장 적절한 해석학적 모델은 아마도 두 친구 사이에 직관적 이해가 이루어지는 과정일 것이다.

아룬델 채프만(J. Arundel Chapman)은 슐라이어마허의 낭만주의와 워즈워스의 시를 비교하고 있다.[26] 둘은 시기적으로 겹치며, 주제적인 측면에서도 슐라이어마허의 『크리스마스 강연』에 나타나는 동일한 주제들이 워즈워스의 시 속에 나타나고 있다. 『크리스마스 강연』보다 7년 전, 그리고 『종교론』보다는 일 년 전인 1798년에 워즈워스는 이성과 창조적 감정 사이의 비교를 "일어나라, 일어나라, 나의 친구여, 그대의 책을 떠나라"로 시작되는 한 시 속에서 이와 같이 표현하고 있다.

> 자연이 안겨주는 지식은 너무나 달콤해
> 허나 우리의 간섭쟁이 지성은
> 사물의 아름다운 형태를 그릇 빚어내네
> 우리는 해부하기 위해 죽이는도다

슐라이어마허가 어린 아이의 단순성 속에서 강력한 비전을 보는 것처럼, 워즈워스도 이와 같이 노래하고 있다.

우리의 유년기에 천국이 우리 곁에 있었지
아이가 자랄수록
감옥의 그림자가 그 위를 덮네

슐라이어마허나 워즈워스는 루소나 슐레겔이 가졌던 것과 같은 생짜배기 낭만주의를 보여주지는 않는다. 그러나 감정이나 삶에 대한 강조, 창조적 상상력에 대한 강조, 무한의 감각 및 만물의 일체성에 대한 강조 등은 그들과 공유하고 있다. 워즈워스에 따르면 "분석적 열심"은 오직 차이만을 본다. 반면 전체에 대한 비전은 "창조적 정신"으로부터 나온다.[27] 워즈워스에게 시가 "고요 가운데 정화된 감정"으로부터 빚어지는 것이라면, 슐라이어마허에게는 시의 표현 배후로 들어가서 그것을 빚어낸 감정 자체에 도달할 수 있게 하는 것이 해석이다.

2) 두 번째로, 낭만주의와 연관된 철학적 영향들에 대해 살펴보기 전에 먼저 슐라이어마허의 초기 경건주의 뿌리에 대해 생각해보는 것이 좋겠다. 슐라이어마허는 그의 아버지가 개혁 교회 목사였던 가정에서 자라났으며, 그의 초기의 경건심은 모라비아 교도들과 같은 것이었다. 열 여섯 살 때에 그는 그리스도와 관련하여 "그가 거기 그의 피로써 나의 죄를 낱낱이 다 씻어주셨다"라고 고백하고 있다.[28] 후에 그는 그리스도의 대리적, 대속적 사역의 신학을 거부한다. 그렇지만 그는 자신의 경건주의 신앙의 특색을 결코 버리지는 않는다. 거기에 따르면 기독교 신앙은 교리적 사상들을 받아들이는 데 있는 것도 아니고, 어떤 도덕적 행위 규범을 따르는 데 있는 것도 아니라, 하나님과의 신뢰적, 경험적 관계 속에 놓여있다. 『기독교 신앙』에서 슐라이어마허는 모든 참된 경건의 중심에는 "절대 의존의 의식" 또는 "하나님과의 관계 속에 있음"이 놓여 있다고 말한다.[29] 이런 경건의 감정이 지적 본질에 대한 깊은 관심과 "문화인 경멸자들"의 귀를 얻고자 하는 열망과 결합됨으로써, 피셔(G. P. Fisher)나 게리쉬가 지칭하는 것처럼, 슐라이어마허를 당대의 "자유주의적 복음주의자"로 만들어 놓고 있다.[30]

우리는 슐라이어마허의 신학이 인간 조건에 깊은 영향을 미치는 인간의 죄에 대해 충분히 고려하고 있는지 의심하지 않을 수 없다. 그런 점에서 우리가 그를 "복음주의자"라고 부르는 것은 적절하지 못할 것이다. 하지만 그가 말하는 감정이 단순히 인간 자신에 의해 발생된 것이라고 말하기는 어렵다. 레데커는 이렇게 말한다. "슐라이어마허가 말하는 경험은 경건주의자들이 자신의 회심 경험을 이야기할 때 쓰는 것과 거의 유사한 의미의 은혜의 행위를 가리킨다. 사람은 여기에 아무것도 기여할 것이 없다. 직관과 경험은 실재를 자기 아래 통제하는 인간 영의 활동이 아니라, 그 안에서 실재가 주체와 객체로 나뉘지 않는 그 영의 원천적 행위의 결과이다. 직관은 감각 지각을 의미하는 것이 아니라 …… 무한의 활동이 유한 속에서 작용할 수 있도록 허용하는 것을 의미한다."[31]

슐라이어마허는 당대의 철학적 이슈들과 맞서 싸우고자 하는 지적 결단을 가졌음에도 불구하고(혹은 바로 그 이유 때문에), 한편에서는 자신의 설교자로서의 부름에 전적 헌신하였다. 1805년에 그는 설교에 대한 글을 쓰면서 이를 자신의 "본업"이라 하였고, 대학에서의 자리에도 불구하고 베를린에서 정기적으로 설교를 하였다. 칼 바르트는 그의 신학에 대해서는 매우 날카로운 비판을 하면서도, 설교에 대한 그의 헌신에 대해서는 매우 따뜻한 시선을 보내고 있다. 슐라이어마허에 대한 비판적 연구에서도 바르트는 그를 먼저 설교자로 대하고 있다. 바르트는 이렇게 적고 있다. "그의 후기의 발언들의 성향을 살펴볼 때, 우리는 여기에서 그의 업적의 중심을 찾아야 한다는 것을 볼 수 있다. …… 청중을 믿음으로 일깨우기 위한 설교가 그의 삶의 가장 간절한 갈망이었다."[32] 해석학에서와 마찬가지로 설교에서도 이해를 동반하는 의사소통은 단지 "우리의 생각 방식을 이 세대나 또는 다음 세대에 강요하는 것"이 아니라, 듣는 사람들을 "감동"시키기 위해 "음악을 연주하는 것"과 같다. "잠자는 불꽃"을 깨워서 그들 스스로가 비전을 얻을 수 있도록 하기 위함이다.[33]

3) 셋째, 이제까지 우리가 슐라이어마허와 관련하여 그려본 그림은 일부는 계몽주의의 지적 분위기의 어떤 부분에 대한 그의 헌신에 의해, 또 일부는 당대의 철학적 이슈들에 대한 그의 심도 깊은 연루에 의해 보완될 필요가 있

다. 그의 생애 초기의 모라비안 공동체 분위기 속에서 형성된 경건주의 신앙은 이후에 보다 넓은 지적 도전들과 충돌을 빚는 듯 하였다. 1785년에 그는 목사가 되기 위하여 바르비의 신학교에 들어가게 되었다. 이 신학교의 방침은 목사후보자들을 당시의 철학적 사상이나 세속 문학과 단절시키고자 하는 것이었다. 그러나 젊은 슐라이어마허는 이런 게토식 접근에 만족할 수가 없었다. 1787년에 그는 인근의 할레 대학교에 들어가게 되었고, 여기에서 당시의 신학과 철학 속에서 맹위를 떨치고 있던 계몽주의 사상을 전적으로 접할 수 있게 되었다. 특히 할레의 성경학자였던 제믈러(J. S. Semler)의 성경비평에도 친숙하게 되었는데, 이 방법은 성경을 정경으로 인정하는 모든 교의신학의 시각을 벗어나 오직 역사적 문헌으로 해석하는 것을 그 목적으로 가진다. 뿐만 아니라 칸트의 『순수이성비판』이 당시로부터 단 6년 전인 1781년에 출판되었고, 슐라이어마허는 철학자 에버하르트(J. A. Eberhard)를 통해 칸트 철학을 자신의 철학적 기반으로 취하게 되었다.

슐라이어마허는 급속하게 근본적인 철학적, 윤리적 질문들을 흡수해갔다. 1794년에 그는 란트스베르크의 보조목사로 임명을 받았다. 이 무렵에 그는 또한 스피노자의 사상을 접하고 있었음을 엿볼 수 있다. 어떻게 무한이 유한 속에 계시될 수 있는지의 문제를 다루는 그의 작품 『독백』(*Soliloquies*)도 이 무렵에 시작되었다. 그 배후에서 그가 스피노자의 범신론적 유일신론, 즉 "존재하는 것은 무엇이든 그것은 하나님"이라거나, "하나님 없이는 아무것도 있을 수 없고, 생각할 수도 없다"라는 사상을 의식하고 있었음을 의심할 수 없다. 같은 해인 1794년에 피히테(J. G. Fichte, 1762–1814)가 그의 『지식론』(*Theory of Knowledge*)을 출판하였다. 피히테는 칸트 철학과 낭만주의 철학의 다리를 이은 사람이라고 말할 수 있다. 그는 지식의 가능성의 조건들에 관한 칸트의 초월적 질문들을 발전시키고 있다. 하지만 그는 하나님을 '존재'와, 또 존재하는 모든 것들과 동일시하고 있다. 피히테는 1810년에 슐라이어마허가 교수로 있던 베를린 대학교의 첫 총장이 되었다. 그와 슐라이어마허 사이에는 물론 차이도 무시할 수 없지만, 많은 일치점과 영향이 있다. 리처드 브랜트(Richard Brandt)는 피히테와 셸링(Schelling)이 슐라이어마허에게 미친 철학적 영향을 비판적으로 평가하고 있다. 서스킨드(H. Suskind)는 셸링의 영향에 대한 특별한 연구를 하기도 하였다.[34] 셸링의 철학은 낭만주의 사상 쪽으로 많이 이동해 있다. 특히 그의 자연 철학이나 예술론, 개별성, 정체성, 일체성 등에 대한 생각에서 그러하다. 셸링에게 창조성은 이성적 의식보다 훨씬 더 깊은 곳으로부터 솟아나온다.

슐라이어마허는 어느 한 사상가의 사상 체계를 그대로 이어 받지는 않는다. 오히려 많은 사상가들이 제기해 놓은 철학적 이슈들과 깊이 씨름하고 있다. 이는 두 가지 방향의 결과를 빚는다. 하나는, 포어맨(T. Foreman)이 강하게 주장하고 있는 것처럼, 슐라이어마허는 종교적 의식을 오직 이것만이 인간의 가장 높은 차원의 개인적 문화(Bildung)에 대한 갈망을 채워줄 수 있는 그런 것으로 이해하고 있다는 점이다.[35] 특히 그의 『종교론』은 '문화화된' 경멸가들(*an die Gebildeten unter ihren Verachtern*)을 대상으로 하고 있다. '문화'는 고도의 개인적 가치 추구와 관계되는 문제인데, 슐라이어마허는 바로 이런 점을 기반으로 삼아 동시대인들에게 다가가고자 하였던 것이다.

또 다른 결과는, 슐라이어마허의 해석학적 작업은 이들 철학적 이슈들을 의식하면서 이루어지고 있다는 점이다. 칸트의 비판 철학의 정신 속에서 슐라이어마허는 이미 "주어진 어떤 것"(given)을 출발점으로 삼지 않는다. 다시 말해서 해석자가 이해의 과정과는 독립적으로 고찰 중인 어떤 것의 본질과 내용, 의미 등을 이미 이해하고 있다고 전제하지 않는 것이다. 따라서 그는 먼저 이해를 가능하게 만드는 조건들을 탐구한다. 하지만 슐라이어마허가 칸트와 다른 점은 오직 도덕적 명령을 통해서만 알 수 있는 절대자 혹은 보편자의 인식을 상정하지 않는다는 점이다. 무한은 사상으로나 명령으로 계시되는 것이 아니라, 개별 혹은 집단적 인간 삶의 유한한 특정성 가운데서 계시되는 것으로 보고 있다.

논리적 추론이나 이성적 성찰로서의 지식은 모든 것을 일반화하는 추상화 혹은 보편화 개념에 의존한다. 하지만 인간 삶은 개별적 특정체들로 구성된다. 따라서 해석학적 이해는 논리적 추론 자체에만 관심갖는 것이 아니라, 보편적인 것과 특정적인 것 사이의 상호관계에 관심을 가진다. 바로 이런 점이 딜타이가 슐라이어마허 해석학을 발전시키고 있는 출발점이다. 그렇지만 슐라이어마허 자신은 그의 논제들을 자기 당시의 철학적 사조의 배경 위에서 조형화했다. 일반성의 축은 일차적으로(배타적으로는 아니겠지만) 슐라이어마허의 "문법적" 언어 해석학을 통해 표현된다. 그리고 특정성의 축은 그의 "심리적" 혹은 "기술적" 해석학을 통해(배타적으로 오직 이것만을 통해서는 아니겠지만) 표현된다. 이 양자는 서로를 떠나서 일면화될 수 없다. 언어는 보편적 특성들 뿐만 아니라 개별적 특성들을 또한 나타낸다. 그리고 의미와 목적의 "예료"는 전체에 대한 직관적 감지를 전제한다.

4) 넷째, 슐라이어마허는 자기 이전의 해석학적 작업들을 계승하고 있다는 점을 살펴볼 필요가 있다. 해석의 어떤 원리들은 매우 자명한 것들도 있다. 그러나 또 어떤 원리들은 새로운 발전의 전기 역할을 하는 것들도 있다. 성경 및 고전 문헌들, 그리고 법률 문헌들의 해석과 관련된 기존의 작업들이 슐라이어마허 해석학의 바탕을 이룬다. 앞 장에서 살펴보았던 르네상스와 종교개혁 시대의 해석학, 단하우어, 요하네스 폰 펠데, 어네스티, 클라데니우스 등의 해석학적 작업들이 여기에 포함된다. 슐라이어마허는 어네스티의 입장을 잘 알고 있었고, 보다 특별하게는 자신의 동시대 사람들인 프리드리히 볼프 및 프리드리히 아스트와 교류하고 있었다. 그의 1829년 "학술원 연설"의 제목이 "해석학의 개념에 관하여: 볼프의 지침들 및 아스트의 교재를 참조하여"(On the Concept of Hermeneutics, with Reference to F. A. Wolf's Instructions and Ast's Textbook)로 되어 있는 점도 이를 잘 보여준다.[36]

프리드리히 볼프(Friedrich Wolf, 1759–1824)는 할레 대학교에서 슐라이어마허가 그곳의 학생이었던 시절에 고전 언어 및 문학을 가르치고 있었다. 슐라이어마허가 볼프의 입장을 가장 크게 비판하고 있는 점은 "그것이 보편 해석학 이론의 스케치에도 이르지 못하고 있다"라는 점이다. 단지 그것은 "고전 시기 문학에 특정하게 방향 맞춰져 있다."[37] 볼프는 해석학과 비평을 문헌학의 전단계로 이해했다. 하지만 슐라이어마허가 볼 때 그의 연구는 일차적으로 문헌학적 관찰들의 수집에 지나지 않았다. 슐라이어마허는 볼프가 해석을 특정 기록 문서들의 이해를 위한 도구들의 사용 정도로만 보고 있다고 비판한다.

하지만 실제로 볼프는 단순한 문헌학적 관심을 넘어간다. 그는 저자의 의도나 미묘한 목적 관계가 해석을 통해 밝혀져야 한다고 믿고 있으며, 또한 이해의 단계를 세 단계로 명확하게 구분하고 있다. 첫째는 언어적 지식과 분류를 사용하는 단계이다. 두 번째는 저자 및 텍스트의 정황에 대한 역사적 지식을 바탕으로 재구성적 이해를 도모하는 단계이다. 그리고 세 번째는 이런 해석적 이해가 온당한 것인지를 비판적으로 점검하는 반성적 혹은 철학적 단계이다. 볼프가 이런 구분이 갖는 함의를 보다 발전된 방향으로 적절하게 추적하지 못한다고 슐라이어마허가 비판하고 있긴 하지만, 우리는 여기에서 둘 사이의 관심의 공통점이 나타나는 것을 부인하지는 못할 것이다.

프리드리히 아스트(Friedrich Ast, 1778–1841)는 슐라이어마허와 훨씬 더 가까운 입장을 취한다. 그는 슐라이어마허보다 10살이 어린 사람으로, 1808년에 자신의 주저『해석학과 비평』(*Hermeneutics and Criticism*)을 출판했다. 요아킴 바흐(Joachim Wach)는 슐라이어마허 자신도 인정하고 있는 것, 즉 아스트가 해석학적 순환의 원리를 정형화한 점에서 그를 앞섰다는 것을 확인해주고 있다.[38] 아스트의 주된 관심 영역은 그리스와 로마의 고전 문학 및 문화가 19세기 유럽 세계에 미친 영향과 역할이 무엇이었는가 하는 점이다. 르네상스 시대로부터 계몽주의에 이르기까지 고전 세계는 동경의 대상이었다. 하지만 대체로 이를 다룰 때는 정적 스콜라주의의 틀 속에서 하나의 멀리 떨어진 "연구의 대상" 정도로 다루고 있었다. 아스트는 낭만주의 사상가들의 비전과 일치된 방식으로 고전 세계를 단순한 수동적 사유의 '대상'으로 보기보다는 창조적 힘의 원천으로 보았으며, 그 의의가 다시 한번 후대 세대들 속에 살아 있는 실재로 되살아 나야한다고 보았다. 이 창조적 힘은 그 본래의 삶의 맥락으로부터 일어나서 근대 세계의 살아 있는 경험과 역사 속에 재구현되어야 할 것으로 보고 있는 것이다.

과거의 문서들과 법률, 기관들, 역사적 사건들 등에 대한 연구는 과거 속에서의 "그 실태가 어떠했느냐"에 관한 과거지향적 호기심을 만족시키기 위한 것이 아니다. 헤르더(J. G. Herder)와 마찬가지로 아스트 역시 한 민족의 문화는 그 창조적 정신의 산물이라고 믿었다. 그 문화가 "말하는 것"을 듣고자 한다면 오늘의 세계는 문서들, 법률들, 기구들, 사건들 배후를 보아야만 한다. 즉, 그 문화를 낳은 정신을 이해해야 한다는 것이다. 마찬가지로 아스트에게 이해(해석)의 목적은 창조적 삶의 객관화된 유물로 남아 있는 자료들 속에 표출되어 있는 "그 정신을 사로잡는 것"이다.

아스트의 해석학은 그 형식은 하나의 해석학적 이론의 모습을 취하고 있지만, 그 내용은 낭만주의의 확신, 즉 삶 자체, 또는 인간 정신은 말이나 예술이나 기구적 형태의 그 어떤 표현들보다 항상 더 충만하고 크다는 인식을 담고 있다. 따라서 해석자는 언어에 대한 문헌학적 연구와 더불어서 언어 배후에 놓여 있는 것이 무엇인지를 "예료"하려고 노력해야 한다. 볼프와 유사하게 아스트 역시 해석 과정을 세 단계로 구별하고 있다. 첫째, 한 작품의 정황 및 내용에 관한 역사적 이해, 둘째, 언어적 "문법적" 연구, 그리고 셋째, 저자의 개별적 특성 및 시대정신의 맥락 속에서 저자의 "영적", 직관적 비전에 대한 총체적 이해가 그것이다. 아스트는 해석 과정 속에서 이런 여러 요소들이 상호의존적 관계를 이루고 있다는 것을 잘 인식하고 있다.

이런 점에서 슐라이어마허는 아스트가 해석학적 순환의 개념을 잘 정리하고 있는 것을 인정한다. 그는 이렇게 말한다. "아스트가 제시하였고, 또 여러 가지 측면에서 매우 폭넓게 발전된 해석학적 원리는 다름 아니라 전체가 부분을 통해 이해되어야 하는 것과 마찬가지로, 부분도 전체를 통해서만 이해될 수 있다는 것이다. 이런 원리는 …… 너무나 논란의 여지가 없는 것이어서 이를 사용하지 않고는 해석 자체를 시작할 수조차 없다."[39]

아스트와 슐라이어마허는 많은 관심을 공유하고 있으며, 관점도 일치하는 것이 많다. 그들의 공통적인 관심은 그들보다 몇 년 후의 동시대 사람이면서 슐라이어마허의 제자이기도 한 뵈크(Philip August Boeckh, 1785–1867)에 의해 더욱 구체적으로 발전된다. 뵈크는 특히 텍스트의 언어 자체와 그리고 그 배후를 동시에 봄으로써 해석자는 문자화된 텍스트나 예술작품을 그 저자보다 원리상 "더 잘" 또는 더 온전하게 이해할 수 있다는 인식에 초점을 맞추고 있다.

슐라이어마허는 아스트보다 더 넓은 사상틀을 가지고 있다. 그러면서 해석학적 과제에 포함된 다양한 측면들을 보다 더 광범위하게 파악하고 있다. 그는 아스트의 "공식"이 어떤 또는 모든 텍스트에 다 잘 들어맞지는 않을 것이라고 진단한다.[40] 슐라이어마허는 보편과 특수의 관계에 대한 설명이나 "문법적" 해석과 "심리적" 해석의 상호관계의 문제가 아스트가 생각하는 것보다 훨씬 복잡하면서도 긴밀하다고 보고 있다.

우리가 위에서 살펴본 네 영역에 걸친 슐라이어마허 해석학의 맥락, 영향, 또는 관심은 그로 하여금 아스트보다는 더 큰 화면 위에서 그림을 그리도록 만들어 주었으며, 그 전에 살펴본 슐라이어마허의 일곱 가지의 기여가 그 자신의 매우 독창적인 업적임을 다시 한번 확인시켜 준다.

3. 슐라이어마허 해석학의 체계: "문법적"(공유언어) 축과 "심리적"(언어사용) 축

슐라이어마허 해석학의 여러 주제들에 대한 다양한 연구들이 있어왔다. 그 주제들은 이런 것들이다. (a) 이해는 텍스트 저자의 심적 과정을 재경험하는 데서 이루어진다는 것, (b) 이해는 부분의 의미를 전체를 '예료'함으로써, 또 전체는 부분을 파악함으로써 이루어진다는 것, (c) 이해를 위해서는 공유된 언어의 인간 사용자로서의 저자의 개별성을 알아야 한다는 것, (d) 해석은 텍스트가 표면적으로 표현하고 있는 것 이상을 추구해야 한다는 것, 그래서 저자가 이해하고 표출한 것보다 더 온전하게 저자의 생각과 목적을 파악할 수 있어야 한다는 것 등이다. 우리가 "성경의 무한한 의의"를 말할 수 있겠지만, "오직 역사적 해석만이 신약 저자들이 시공간 속에 뿌리박고 있었다는 사실에 공정을 기할 수 있다."[41] "각각의 텍스트는 특정 사람들에게 주어진 것이므로, 이 일차 독자들이 이를 이해하지 못한다면 후대에 이를 바르게 이해하기는 어려울 것이다."[42] 이런 모든 요소들이 슐라이어마허 해석학의 중요한 주제들을 이룬다.

하지만, 이것들이 가지고 있는 해석학적 의의나 그 힘은 이것들이 어떻게 함께 엮여져서 하나의 사상 체계를 구성하는지를 볼 수 없다면 온전하게 다 파악하기가 어려울 것이다. 슐라이어마허 해석학 이론이 가진 인상적인 힘은 그것이 하나의 잘 짜여진 직조물로 구성되어 있다는 데서 나타난다. 슐라이어마허 자신이 자기 앞의 사상가들의 해석학 이론에 만족할 수 없었던 이유 중의 하나도 그것이 단지 "관찰들의 수집" 정도에 지나지 않는다고 보기 때문이다. 우리는 다음의 단계들을 따라 그의 정연한 논리체계를 추적해볼 수 있을 것이다.

1) 첫째, 슐라이어마허는 "해석학은 사고하는 기술(또는 예술)의 한 부분이며, 따라서 철학적"이라는 신념에서부터 출발하고 있다.[43] 하지만 사고한다는 것은 단지 유아(唯我)적 자기탐조가 아니다. 이는 공유된 경험과 언어의 주어짐(소여성)이 없이는 일어날 수 없는 지각, 개념, 언어적 습관 등을 전제한다. 사고 작용을 단지 개인적 차원에서 생각해서는 슐라이어마허의 요점을 포착할 수 없다. (이는 최근 철학계의 소위 사적 언어 논쟁에서도 마찬가지이다. 다른 곳에서도 밝힌바가 있지만, 이 주제와 관련하여 비트겐슈타인의 논지는 대단히 설득력이 있으며, 에이어(Ayer)의 "사적" 언어 개념의 변호는 비트겐슈타인의 주장에 대한 온당한 대응이 되지는 못한다.[44] 비록 시대는 다르지만, 슐라이어마허의 입장은 에이어보다는 비트겐슈타인에게 보다 가깝다고 볼 수 있다.)

슐라이어마허에게 "말하기"는 사고하는 것의 "바깥쪽 면"이다. (오늘날의 논쟁의 관점에서 말하자면 '사적' 언어가 아닌 '공적' 언어의 측면과 관계있다.) 말은 "사상의 공공성을 위한 통로"이다.[45] 이런 측면은 오늘 현대의 상호본문성(intertextuality)이나 상호주체성(intersubjectivity) 논쟁과도 밀접한 연관성을 가지며, 현대 해석학에서 언어이론, 철학이론, 문학이론들 각각이 제기하는 논제들과도 매우 밀접하게 연관되어 있다.

2) 둘째, 우리가 인격체들 사이의 의사소통이 일어나는 과정을 간단하게 살펴만 보아도, 사고 또는 이해는 언제나 두 가지 불가분리적이면서도 또한 구분된 축들, 즉 보편성과 특수성의 두 축을 포함한다는 것을 알 수 있다. 우리가 언어나 전수된 개념들, 공유된 말의 관습들 등을 사용하는 것은 보편성

의 축 위에서 일어나는 일이다. (현대 학자들 가운데는 이를 '규칙지배적'이라 부르기도 하는데, 최소한 여기에는 인식할 수 있는 공통 패턴이 작용한다.) 이 보편성은 우리가 언어를 어떤 선택 가능성들을 발생시키는 하나의 체계로 보는 것과 연결된다. 언어학에서는 소쉬르(Ferdinand de Saussure) 이후로 이와 같은 공유된 언어-가능성들의 측면을 '랑그'(*la langue*)라는 말로 지칭하고 있다.[46]

또 다른 축은 개별적, 특수 경우의 축이다. 여기에서 우리가 관심갖는 것은 인간의 삶의 흐름 속에서 특정 발화가 어떤 구체적 내용을 갖는가 하는 점이다. 또한 특정 저자의 개별성으로부터 비롯되는 특정 성격에 대한 관심도 여기에 포함된다. 이는 소쉬르의 '파롤'(*la parole*) 개념에 해당된다. 이 개별성은 다른 특정 경우들과의 비교나 대조를 통해 구별되게 파악된다. 듀크(J. Duke)와 폴스트맨(J. Forstman)은 이와 같이 바르게 지적하고 있다. "슐라이어마허는 해석자로 하여금 다시 한번 랑그와 파롤 사이의 관계가 해석학에 미치는 영향이 무엇인지를 살펴보도록 촉구하고 있지 않은가?"[47]

3) 이어서 슐라이어마허 해석학의 세 번째 단계는, 언어와 관계된 "문법적" 해석과 인간의 인격 및 사상의 표현과 관계된 "심리적"(또는 기교적) 해석 사이의 보다 확대된 대조의 발전이다. 여기에는 또 다른 복잡한 문제가 연루된다. 이 대조는 앞의 대조와 어떤 관계가 있는가? 이와 관련하여 그저 단순하게 문법적 해석학을 공유된 언어의 보편적 구조와 연결시키고, 심리적 해석학을 인격성의 특정성 및 역사적 사건이나 작인의 특정성과 연결시키고 싶은 유혹이 일어난다. 하지만 슐라이어마허 자신은 언어 안에서 일반적인 것들뿐만 아니라 특수적인 것들도 보고 있다. 또한 개별 인격체에 의해 표현된 사상과 관련하여 일반적 비교 고찰을 할 뿐만 아니라 그 개인 자체를 어떻게 이해할 것인지 직관적 "예료"(divine)를 해야 할 필요도 강조하고 있다.

그렇다면 우리가 하나의 주어진 언어-사용(language-use)을 언어(*language*)의 특수 예로 볼 것인가(문법적 해석학), 아니면 특정 화자(*speaker*)의 자기표현으로 볼 것인가(심리적 해석학)? 슐라이어마허는 심리적 측면이 문법적 측면에 맞서서, 또는 역으로 문법적 측면이 심리적 측면에 맞서서 하나의 특권적 지위를 차지하는 것은 아님을 분명히 한다. 특수가 보편에 맞서서 어떤 궁극적 의미에서의 특권 혹은 우선권을 가지지도 않으며, 또한 보편이 특수에 대해서도 그러하다. 그럼에도 불구하고 어느 하나에 우선권이 주어지고 있는 것처럼 보인다면, 그것은 단지 선택된 과제 혹은 목표에 따라 해석자가 전략적 결정을 취하는 데서 비롯된다.

우리는 이제 이 두 대비된 측면들(문법적 해석학과 심리적 해석학, 또는 보편적 언어 체계와 특수 발화 행위들)이 어떤 방식으로 서로 연관되어 있는지를 잘 알 수 있다. 이 각각이 다른 하나에게 개념적 틀을 제공하며, 그 틀 속에서 다른 대비의 의의가 분명해진다. 슐라이어마허는 이렇게 말한다. "말을 하는 행위는 그것이 또한 언어와의 관계 속에서 이해되지 않으면 한 인격체의 발전의 한 전기로 이해될 수도 없다." "모든 말을 하는 행위는 언어의 전체성과 화자의 사상의 전체성 모두에 동시에 연관되어 있다. …… 이해에는 항상 두 전기가 포함된다. 하나는 언어와 그 가능성들을 통하여 무엇이 말해지고 있는지를 이해하는 것이며[소쉬르의 '랑그' 측면], 또 하나는 그것을 저자의 사고 속에서 이해하는 것이다['파롤' 측면]."[48]

심리적 해석과 문법적 해석의 이 두 측면은 상호의존적이며 "전적으로 동등하다." 슐라이어마허는 이렇게 말한다. "심리적 해석이 보다 높게 보이는 것은 사람이 언어를 자기 사상 전달의 배타적 수단으로 생각할 때이다. …… 문법적 해석과 언어가 더 높은 것이 되는 경우는 …… 사람이 자신과 자기 말을 언어가 그 자체를 드러내는 경우로 여기는 때이다."[49] 우리는 둘 중 어느 것이 더 우선적인 해석학적 목적인지 물을 수 없다. 어디서부터 시작할 것인지, 어디에 강조점을 두어야 할 것인지는 해석자가 어떤 질문을 가지고 나가느냐의 결정에 달린 문제이다. 하지만 이 두 요소의 상호작용이 없이는 해석자는 결코 멀리 나가지 못할 것이다.

우리는 여기에서 슐라이어마허와 후기 비트겐슈타인 사이의 유사성 두 세 가지를 지적하지 않을 수 없다. 첫째, 언어는 기호 체계이기만 한 것이 아니라는 점이다. 비트겐슈타인은 "언어를 말한다는 것은 행위 또는 삶의 형태의 한 부분"이라고 정의한다.[50] 그것은 "언어와 그리고 그 속에 함께 직조된 행위들의 총체"이다.[51] "오직 사상과 삶의 흐름 속에서만 말들은 의미를 가진다."[52] 둘째, 추상적 일반화의 경향에 반대한다는 점인데, 비트겐슈타인은 이와 관련하여 "특수 경우를 경멸하는 자세를 가지지 말라"고 경고한다.[53] 언어는 공유된 것으로서 "표지나 관습의 일상적 사용을 체화하고 있다. …… 오직 한 경우에만 의거하여 규칙을 따르게 하는 일이란 있을 수 없다."[54] 셋째, 어떤 의미이론이나 철학 속에 전제되고 있는 많은 대비들이나 종속관계 등은 탐구자의 목적에 따라 기능적 성격을 가진다는 점이다. 이런 대비 또는 종속관계들은 주어진 질문이나 의제, 또는 삶의 정황 등을 벗어나면 그 의미가 무너지고 만다. "의미가 저자에게 있는가 텍스트에 있는가?"와 같은 질문이 지금 말하는 대비관계의 한 예이다.

문법적 해석이 더 중요한지 아니면 심리적 해석이 더 중요한지의 문제는, 슐라이어마허가 인정하고 있는 것처럼, 해석자의 관심에 달려 있을 뿐만 아니라, 보다 더는 텍스트의 성격이 무엇이냐 하는 데 기인한다. 예를 들어, 고전 텍스트들을 다루는 경우라면 그 언어의 측면에 더욱 초점을 맞추는 것이 합당할 것이다. 특히 그 속에 낯선 단어 형태나 발전이 나타나는 경우는 더욱 그러하다. 하지만 "어떤 선언이 지극히 개인화된 것이라고 한다면 여기에는 심리적 해석이 보다 요긴하게 된다." 예를 들어 "편지들, 특히 개인적 편지들을 다루는 경우"에 그러하다.[55] 우리가 역사 자료에서 교훈적 자료로 넘어 올 때, 또 교훈적 자료에서 개인적 편지들로 넘어 올 때, 문법적 축보다 심리적 축이 더 두드러진 기능을 하게 된다. 이런 점은 뒤에 바울서신을 다루는 자리에서 다시 한번 생각해보도록 하겠다.

4) 슐라이어마허 해석학의 네 번째 논점은 바로 위 단계로부터 도출되는데, 문법적 해석이나 심리적 해석 그 어느 쪽도 '최종적' 혹은 완전한 결과를 낳을 수는 없다는 것이다. 여기에는 계속 이어져가는 과정 속에서의 잠정성 또는 수정가능성이 있을 뿐이다. 다시 한번 비트겐슈타인의 말을 빌리자면 "이해"는 날카로운 경계를 가지고 있지 않다. 해석자는 어떤 기계적 규칙이나 과학적 추론을 좇아 "완전한" 이해에 도달할 수는 없다. 슐라이어마허는 이렇게 말한다. "문법적 측면의 해석을 완성하자면 언어에 대한 완전한 지식

을 가져야 할 것이다. 심리적 측면을 완성하자면 한 인격체에 대한 완전한 지식을 갖는 것이 필요하다. 양쪽 경우 모두 그와 같은 완전한 지식을 갖는 것은 불가능하므로 우리는 문법적 측면과 심리적 측면을 옮겨 다니는 것이 필요하다. 그 어떤 규칙도 어떻게 정확하게 이를 수행해야 하는지 규정할 수 없다."[56]

이와 같은 이해의 잠정적 성격에 대한 관찰은 슐라이어마허가 해석학을 보편적 혹은 "탈지역화된" 영역으로 보는 것과 직접 연결되어 있다. 여기에는 이미 완성된 해석 같은 것은 전제될 수 없다. 슐라이어마허는 의사소통 과정에서의 세 등급을 대비시켜서 보여준다. 첫째는 길거리나 시장에서 매일 일상적으로 이루어지는 의사소통이다. 여기에서 이해는 그야말로 "기계적"이다. 두 번째는 매우 독특한 경험이나 관찰을 전제하고 있는 의사소통 또는 사상의 경우이다. 여기에서 이해는 단지 기계적 단계를 넘어 공유 경험이 요구되는 단계로 들어간다. 그런데 세 번째로 한 개인의 독특한 사상이 창의적인 방식으로 표현되어 있는 경우에 이를 이해한다는 것은 하나의 "예술"(art)이다. 오해가 일어날 가능성도 있고, 서로 다른 이해 사이의 경쟁이 일어날 수도 있기 때문에, 여기에서 해석학(슐라이어마허가 부여하는 의미에서의)이 필요하게 되는 것이다.

슐라이어마허의 초기 해석학적 "단상들" 속에서 그는 이해와 관련된 두 가지 서로 상이한 명제들을 비교한다. "(1) 나는 모순이나 헛소리가 아니면 모든 것을 다 이해한다. (2) 나는 내가 필요하다고 느끼고 예료할 수 없는 것은 아무것도 이해하지 못한다."[57] 하지만 슐라이어마허의 입장은 나는 저자와 그리고 텍스트를 발생시킨 언어 모두를 온전히 이해하지 못하고서는 "아무것도" 이해할 수 없다는 것이다. 또한 서로 경쟁할 가능성이 있는 생각이나 의미가 궁극적으로 다 배제될 수 없는 한 그 어떤 이해도 "필연"이라고 말할 수는 없다는 것이다.

폴 리쾨르(Paul Ricoeur)는 슐라이어마허의 해석학적 입장을 비판 철학과 낭만주의 철학 양자 모두의 배경 위에서 보아야 한다고 바르게 지적하고 있다. "'오해가 있는 한 해석학이 있다'는 인간적 구호의 기치 아래 오해와 대항하여 싸워야 한다는 주장은 비판 철학적 입장이다. 한편 '저자가 자신을 이해하는 것만큼, 또한 그보다 더 잘 저자를 이해한다'고 주장하는 것은 낭만주의적 입장이다."[58] 칼 바르트 역시 슐라이어마허의 입장을 이와 같이 분명하게 요약하고 있다. "이해가 예술[위의 세 등급 구분 참조]이 아닌 경우에서는 그 기본 전제는 이해가 자연스럽다는 것, 그리고 우리가 할 일은 다만 오해를 피하기만 하면 된다는 것이다. 하지만 이해가 예술인 경우에서는 그 기본 전제가 오해가 자연스럽다는 것, 그래서 우리의 첫 번째 관심은 모든 것 하나 하나 속에서 이해를 찾아야 한다는 것이다. 다른 누군가의 표현된 사상 속으로 들어가는 필연적이고도 강제적인 시각이 있는가? 슐라이어마허의 대답은 '아니오'이다. …… 우리가 고려해야 할 역사적, 언어적 요소들이 다양하고, 또 특히 저자의 독자성을 고려해야 하기 때문에 가장 근사한 이해와 다른 이해의 가능성이 항상 있지 않는가? 따라서 해석학의 예술은 가장 확실한 이해라는 목적에 상대적 근접(relative approximation)을 이루기 위한 예술이라 할 수 있다."[59]

슐라이어마허는 성경해석학을 위한 몇 가지 함의를 이끌어내고 있다. 첫째, 성경 텍스트는 이해가 단순한 기계적 작용[위의 첫 번째 등급]이 아니라 하나의 "예술"[위의 세 번째 등급]임을 보여주는 좋은 예이다. 성경 저자는 독자성과 창의성을 보여주는 가장 뛰어난 예이다. 슐라이어마허가 볼 때 성령을 성경의 저자로 보아야 한다는 교의학적 원리는 한편에서는 인간 저자들의 독자성을 감하거나 약화시키기 때문에, 또 다른 한편에서는 "기분의 변화나 관점의 수정 같은 부인할 수 없는 요소들을 성령에게 돌려야 한다는 것" 때문에 일방적이다.[60] 특히 바울과 요한은 "보다 독자적 성격이 강한 저자"에 속한다.[61] 이런 이유 때문에 그들은 그리스도와의 관계를 살과 피가 흐르는 실제적인 것으로 증거할 수 있었다. 따라서 해석자의 측면에서는 이를 바로 이해하기 위해 단지 기계적 차원 이상의 것이 요구된다. "각각의 텍스트는 특정 사람들에게 주어진 것이므로, 이 일차 독자들이 이를 이해하지 못한다면 후대에 이를 바르게 이해하기는 어려울 것이다. …… 이 일차 독자들은 그들 자신의 상황에 특별하게 관계된 것들을 찾았을 것이다. …… 저자들이 단지 성령의 수동적 도구들이었다고 하더라도, 성령은 그들이 자기 자신들로서만 말하였을 그것을 그들을 통해 말씀하셨다."[62]

두 번째 함의는, 성경해석학의 기능을 오직 "어려운" 구절들의 해석에만 제한시키고, 나머지 "보다 쉬운" 구절들은 전적으로 기계적, 철학적 방법으로 해석할 수 있다고 보는 것은 매우 위험하다는 점이다. 그 이유는 단지 어떤 구절의 중요도나 강조, 혹은 효과와 관련하여 "양적 차원의" 오해가 일어날 수 있다는 사실 때문만 아니라, 그 전체가 모여서 하나의 메시지를 형성하는 부분에서나 또는 그 핵심 포인트를 무엇으로 볼 것이냐의 문제에 관한 "질적 차원의" 오해도 일어날 수 있기 때문이다. 슐라이어마허는 "양적 차원과 질적 차원의 이해가 동등한 관심을 요한다"라고 지적한다. "해석자는 어려운 구절들만 가지고 출발할 수는 없다. 쉬운 구절들도 다루어야 하며, 언어의 형식과 질료의 양측면 모두를 다 다루어야만 한다."[63]

4. 슐라이어마허 해석학의 체계: 해석학적 순환 및 저자보다 "더 잘" 이해하기

이제 우리는 슐라이어마허의 해석학적 순환 개념이 아스트의 그것보다 한결 치밀하고 그 범위가 넓다는 것을 볼 수 있다. 이는 어떤 한 메시지나 텍스트의 부분과 전체 이해가 상호 의존적 관계를 형성한다는 것뿐만 아니라, 문법적 해석과 심리적 해석 사이의 상호작용 및 이해의 서로 다른 등급들 사이의 상호작용에 대한 관심까지를 포함한다. 슐라이어마허의 해석학적 순환 이해는 다음과 같은 이중적 원리에 기반을 둔다. (a) "텍스트를 저자처럼 뿐만 아니라 심지어 저자보다 더 잘 이해하기" 그리고 (b) "해석자는 자신을 객관적으로 그리고 주관적으로 저자의 자리에 놓아야만 한다"라는 것이다.[64] 여기에는 저자의 독특한 사상이나 경험뿐만 아니라 "저자 시대의 역사와 어휘"를 파악하는 것도 포함된다.

5) 다섯 번째 논점은 이와 같은 맥락 속에서 슐라이어마허가 자기 방식대로의 해석학적 순환 구조를 조형하고 있다는 점이다. 그는 이렇게 말한다.

"온전한 지식은 언제나 하나의 원을 형성한다. 즉, 각각의 부분은 그것이 속한 전체 속에서만 이해되며, 그 역도 마찬가지이다. …… 자신을 저자의 자리에 놓는다는 것은 이 전체와 부분 사이의 관계를 따라서 돌아간다는 것을 의미한다. …… 우리가 저자에 대해 더 많이 알수록 우리는 더 잘 이해할 준비를 갖추게 된다. 어떤 텍스트든 바로 이해되는 법은 없다. 반면, 매번 읽을 때마다 우리는 보다 잘 이해할 수 있는 자리에 서게 된다. …… 별로 중요치 않은 텍스트들(시장통에 돌아다니는 것들처럼) 경우에만 우리는 처음 읽고 이해하는 것으로 만족할 수 있다."[65] 이는 초기의 그의 명제 즉 "온전한 문법적 차원의 해석을 이루기 위해서는 저자의 인격에 대한 온전한 지식을 가져야 한다"[66]는 원리를 더 확대하여 발전시킨 것임을 알 수 있다.

부분과 전체라는 두 축이 언제나 상호의존적 관계에 놓여 있지만, 실제적 차원에서는 슐라이어마허는 전체를 우선적으로 먼저 파악하는 데서부터 시작하고 있다. 텍스트 또는 저자의 생각이 무엇인지를 알고, 핵심이 무엇인지를 아는 것이 우선이라는 것이다. 그는 이렇게 말한다. "그 과정은 이런 것이다. 전체의 일체성은 전체 속에서의 각 부분이 그 전체와 어떤 관계 속에 놓여 있는지를 파악하는 데서 드러난다. …… 일단 그 작품의 전반적 목적이 무엇인지를 알게 되면 이 시각이 세부 내용들 속에 적용된다. …… 첫 번째 과제는 작품의 주제상의 내적 일체성을 찾으라는 것이다."[67]

하지만 슐라이어마허는 전체에 대한 그와 같은 예비적 평가는 이어지는 세부적 검토에 의해 확인, 역 확인 또는 수정될 소지가 있는 잠정적 성격의 것임을 분명히 한다. "전체에 대한 잠정적 파악은 …… 필연적으로 불완전할 수밖에 없다. …… 전체에 대한 우리의 일차적 파악은 잠정적이며 불완전할 뿐이다."[68] 따라서 계속적인 재점검의 과정이 이어진다. "한 작품에 대한 우리의 일차적 인식이 재점검된 이후에도 우리의 이해는 여전히 잠정적일 뿐이다."[69]

해석학적 순환은 부분과 전체의 상호작용에만 그 강조점이 있는 것이 아니라, 해석자의 설명적 이해를 텍스트의 관점에서 계속하여 수정해 가는 것을 포함한다. 보다 완숙한 형태의 해석학적 순환, 또는 해석학적 나선(hermeneutical spiral)의 개념은 한스-게오르그 가다머에게 와서 보다 온전한 표현을 얻고 있다.[70] 슐라이어마허의 관점을 논리적으로 확장해서 우리는 성경해석의 역사 속에 나타나는 추세나 유행, 운동들, 발전들 등에 대해서도 설명할 수 있을 것이다. 적당한 자리에서 이 문제를 다루어보도록 하겠다.

6) 여섯 번째 논점은, 이 순환적, 또는 나선적 관계구조는 문법적 해석과 심리적 해석 사이에서나 보편과 특수의 관계에서만 작용하는 것이 아니라, 예료와 비교의 방법 사이에서도 작용한다는 점이다. 칼 바르트가 살피고 있는 것처럼, 이 심리적 극과 예료의 양 극 사이에는 넓은 그러나 결코 일정하지는 않은 상관관계가 놓여 있다.[71] 슐라이어마허는 이렇게 말한다. "심리적 해석은 전체 사고의 흐름을 발생시킨 근원적 사고를 포함한 창의적 사상을 이해하고자 노력한다."[72] "심리적 과제 속에서 우리는 보다 큰 강조점을 예료에 두지 않을 수 없다. …… 하지만 우리는 그와 같은 가설적 방식으로 그려진 그림을 그 모든 각도에서 세밀히 점검하지 않으면 안 된다."[73]

역으로, 텍스트에 사용된 언어와 그 구조를 살피는 측면에서는 "그 방법이 주도적으로 비교의 성격을 가진다. …… 하지만 여기에서도 사람이 기본적으로 한 작품에 대하여 질문을 던지는 것과 같은 방식으로 일정한 예료의 작용이 이루어진다."[74] 문헌학적, 비판적 연구와 같은 비교의 방법이 없이 "예료"만 하게 될 때 여기에는 해석학적 "모호론자"(nebulist)가 생겨난다. 반면 텍스트 저자의 정신이나 그 주제문제에 대한 직관적이고 살아 있는 인지가 없이 비교적, 문헌학적 연구에만 집중하게 되면 해석학적 "현학자"가 생겨나게 된다.[75]

"예료"(divining)의 기능에 대한 슐라이어마허의 이해는 그의 해석학 속에서 더 나아가서는 그의 전체 사상 속에서 대단히 영향력 있는 부분을 차지한다. 우리가 앞에서 본 1895년의 그의 『크리스마스 강연』 속에서 그가 이 창조적, 직관적 기능을 여성적 특성으로 돌리고 있는 것을 보았다. 이것이 해석학 속에서 하는 기능과 관련해서는 1819년의 그의 책 『개요』(*Compendium*) 속에 잘 설명이 되고 있다. "예료적 지식은 인지자들 속에 여성적 힘을 부여한다. 반면 비교적 지식은 남성적이다. …… 예료적 측면은 각 사람을 그 자체로서 독자적 개별자로 볼 뿐만 아니라, 타인의 독자성에 대한 이해와 인정을 갖는 데서 출발한다."[76] 해석자는 "자기 자신을 마치 저자인 양 전환시켜야" 한다.[77] 이 점과 관련하여 슐라이어마허가 즐겨 사용하는 모델은 친구들 사이의 직관적 라포르(intuitive rapport)이다. "예료적(divinatorische) 방법은 한 개인으로서의 저자에 대한 즉각적 통찰을 얻으려 한다."[78]

통상적인 해석학 교재에서는 슐라이어마허를 공감적 상상력 사용에 호소하고 있는 사람으로 그리고 있다. 이것이 그의 부분적 관심인 것은 사실이다. 그러나 보다 중요한 것은 저자의 사상과 느낌 속으로 "들어가는 것"이다. 현대의 실존주의 심리분석이나 포스트모던 이론가들은 어느 누구도 자신을 다른 사람과 그토록 가깝게 일치시킬 수 없다고 말한다. 왜냐하면 '나'는 '그' 또는 '그녀'가 아니기 때문이다. 이를 감안하면서도 슐라이어마허의 강조점이 무엇인지 두 가지 정도의 설명을 첨가하는 것이 좋겠다.

첫째, 슐라이어마허가 호소하고 있는 것은 때때로(반드시 자주일 필요는 없다) 매우 가까운 사람들 사이에서 볼 수 있는 직관적 수용의 경험이다. 어떤 사람은 다른 사람과 더불어 라포르 공감을 형성할 수 있는 매우 뛰어난 목회적, 개인적 은사를 가지고 있는 것을 볼 수 있다. "다 이해해. 더 설명할 필요 없어"라고 진심으로 말할 수 있는 상담가나 친구, 또는 부부들의 경우와 같다. 둘째, 슐라이어마허는 "삶의 형태를 나누는 것"을 강조하고 있는데, 이런 원리는 '예료'에 대한 그의 생각을 **단지 심리적인 것으로 받아들일 수 없게** 만든다. 그가 이야기하는 "삶"은 설(John Searle)의 공유된 사회적 관습으로서의 "백그라운드" 개념과 유사하다(상세한 논의는 8, 10, 15장에서).

슐라이어마허는 느낌 혹은 직관의 기능을 비교, 비판적 반성의 기능과 결별시키지 않기 위해 애를 쓰고 있다. 심리적, 기교적 해석은 "두 가지 방법을 포함한다. 즉, 예료의 방법과 비교의 방법이다. 각각이 다른 하나를 전제로 하기 때문에 이 둘은 결코 분리될 수 없다."[79] 비교의 방법은 우리로 하여금 텍스트를 생산한 한 개인을 주어진 카테고리 안에서의 한 유형으로 보도록 만든다. 다시 말해서 이 사람은 공유된 관심의 맥락 속에서, 다른 사람들이 함께 쓰는 공통의 양식과 어휘와 언어적 기호를 사용하여 자신의 생각이나 느낌을 표현하고 있는 사람이다.

만일 우리가 위의 두 방법을 바울 서신 이해에 적용해본다면, 우리는 우선 바울과 함께 살아보는 것이 필요할 것이다. 그래서 그의 관심, 그의 열정, 그의 목적과 라포르를 이루는 것이 필요하다. 뿐만 아니라 우리는 그를 선교사–목사의 한 전형으로 이해해서 그가 1세기의 그레코로만 세계를 여행했던 일이나, 당시의 편지형식이나 관습을 따라서 의사소통 했던 일, 예배하는 기독교 공동체의 소속된 일원이었던 일 등을 잘 이해해야 할 것이다. 이런 바탕 위에서 비교 연구는 당시의 다른 헬라어 언어 사용자들, 다른 종교 사상가들, 다른 선교사 및 유랑 설교자들, 사도 공동체의 다른 대표자들 등과의 상대적 유사점 및 차이점들이 무엇인지를 살피는 일을 한다. 반면 직관적 통찰은 무엇이 바울을 그 자신만의 독특함을 가진 사람으로 만들었는지 이해할 수 있게 한다. 서로 분리될 수 없는 이 양측면이 함께 신약성경 해석을 뒷받침 한다.

슐라이어마허는 이 두 방법을 "심리적" 해석의 영역에만 아니라 "문법적", 언어적 영역에도 똑같이 적용하고 있다. 왜 비교 방법이 근원적인지를 우리는 쉽게 알 수 있다. "문법적 해석"이라는 항목 아래에서 슐라이어마허는 이렇게 적고 있다. "첫번째 기준: 주어진 텍스트에서 그 요점을 보다 정확히 결정하는 일은 **저자와 그 원청중이 공유했던 언어** 사용의 기반 위에서 이루어진다."[80] 앞에서도 보았던 것처럼 슐라이어마허에게 말은 사고의 공공성을 위한 통로이며, 따라서 이는 "언어의 전체성과 말하는 자의 사상의 전체성 모두와 관련된다."[81] 이어서 슐라이어마허는 두 번째 기준으로 문법적 해석은 "각 단어의 의미를 …… 그것이 나타나는 맥락에 의거하여" 결정한다고 밝히고 있다.[82]

슐라이어마허는 이와 같은 원리를 신약해석에 적용하여 약 12 페이지에 이르는 제안을 하고 있다. 예를 들면, 우리가 신약성경 언어의 의미를 결정하고자 할 때, 칠십인경의 헬라어 사용과의 공통점이나 차이점, 신약 자체의 히브리어적 색체, 헬라어 불변화사(접속사 등)나 내러티브 연결어들, 언어의 선택과 저자의 교훈적 또는 역사적 목적 사이의 관계 등을 주의 깊게 살피지 않으면 안 된다고 강조한다. 이 모든 일에는 두 가지 과제가 포함된다. 즉, "텍스트를 하나의 단일체로 보는 일반적 시각과 또한 그것의 특수성 또는 개인적

한정성을 보는 시각이다."[83] 그런데 이 두 번째 과제는 단순한 비교적 방법을 넘어선다. 슐라이어마허는 이렇게 말한다. "문법적 해석에서 개별성은 개념으로 포착될 수 없다. 개별성은 직관으로 이해된다."[84]

언어적 해석은 어떻게 한 작품이 "같은 유형의 다른 작품들"과 관계되고 있는지를 보아야 함과 동시에 구별된 경험이나 통찰이 작용하고 있는 창조적 순간을 또한 볼 수 있어야 한다.[85] 초기 단상록 속에서 슐라이어마허는 동의어 및 다중 의미어 연구의 중요성에 관심을 쏟고 있다.[86] 유사한 방식으로 1810–1811년 사이의 한 글에서도 그는 이렇게 기록한다. "저자에게 가용한 모든 가능성들이 무엇인지를 우리는 알아야 한다. 이를 파악하기 위한 도구들로는 유비, 유사 저자들, 반제 등이 있다."[87]

해석학적 목적과 관련하여 가장 잘 알려진 슐라이어마허의 진술로 돌아가 보자. 1829년의 학술원 강연에서 그는 이렇게 말한다. "해석학의 과제는 저자가 사상을 종합할 때 따랐던 그 내적 과정 전체를 재생하는 것이다. …… 단어나 내용 설명 그 자체만 가지고 이를 해석이라 할 수 없다. 이는 단지 해석의 한 부분일 따름이다."[88] 리처드 팔머(Richard Palmer)는 여기에 덧붙여 이와 같이 언급한다. "이는 만들어지던 과정의 역순이다. 이미 완성되고 고정된 표현에서 출발하여 그것이 발생한 내적 삶 속으로 되돌아가는 것이다."[89]

그렇다고 해서 우리가 슐라이어마허의 복잡한 해석학적 체계를 "발생학적"이라거나 "환원주의적"이라는 짧은 슬로건으로 요약하려 해서는 안 된다. 그렇게 하면 그의 체계가 가지고 있는 치밀함이나 다층적 성격이 사라져버리고 만다. 그의 해석학 체계 속에서는 여러 층의 양극 구조가, 칼 바르트가 "가로지르는 전선들"이라고 표현한 것처럼,[90] 서로 교차 또는 중첩되고 있다. 이것을 하나의 도식 속에 요약하기는 어려울 것이다. 이를 굳이 시도해보고자 한다면 아래와 같은 이중적 구도가 작품형성 및 해석 과정을 나타내는 데 부분적으로 도움이 될 수 있을 것이다.

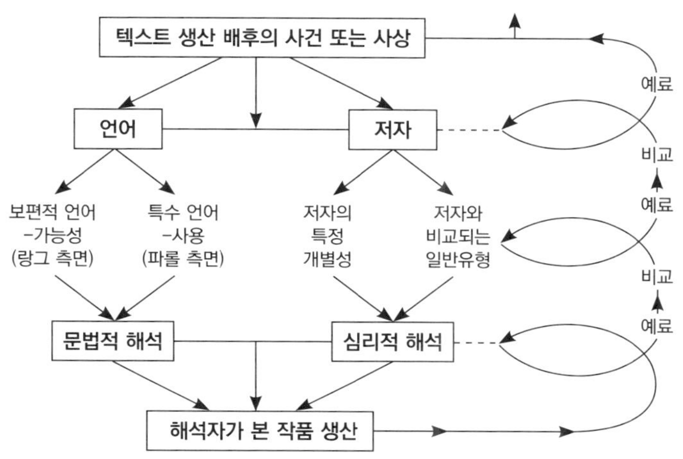

7) 이상의 여섯 가지 슐라이어마허 해석학 체계의 중심 요소들이 하나의 양극 또는 대비구조 속에 놓여 있다는 것을 우리는 볼 수 있다. 그것은 사고와 말하기 사이, 보편과 특수 사이, 언어 가능성 영역과 언어 사용의 영역 사이, 문법적 해석과 심리적 해석 사이, 부분과 전체 사이, 예료와 비교 사이의 대비이다. 여기에 우리는 하나를 더 첨가시킬 수 있을 것이다. 한편에서 슐라이어마허는 텍스트의 의미가 원 상황 속에 뿌리를 두고 있다고 주장한다. 이는 역사적, 언어적 맥락의 고찰을 통해 파악할 수 있다. 또 다른 한편에서 그는 해석자는 텍스트의 의미를 저자보다 더 잘, 또는 더 온전히 알 수 있다고 믿는다. 그는 이렇게 말한다. "[해석학의] 과제는 이와 같이 정리해볼 수 있을 것이다. 즉, 텍스트를 일단은 저자만큼 잘, 그리고 다음으로는 저자보다 더 잘 이해하는 것이다. …… 이 과제는 끝이 없는 과정이다."[91]

이 양극의 각각의 측면이 다 중요하며 또 잘 설명될 필요가 있다. 종종 슐라이어마허의 역사적 해석에 대한 관심이 충분한 강조를 받지 못하거나 저평가되어 왔다. 그리고 두 번째의 측면은 낭만주의의 영향을 반영한다. 듀크와 폴스트맨은 패치(Patsch)의 연구를 따라 슐라이어마허가 이 부분에서 슐레겔의 영향을 많이 받았다고 주장한다. 슐라이어마허는 이것을 자신의 해석학의 하나의 중심적 요점으로 발전시켰다. 슐레겔과 슐라이어마허는 공히 헤르더(J. G. Herder)의 전제를 취하고 있다. 즉, 하나의 문학작품이나 예술작품을 이해하기 위해서는 그 작품에 "깔려 있는" 정신이 무엇인지를 아는 것이 중요하다는 것이다. 따라서 한 작품의 의미라는 것은 인간 주체 또는 행위자의 창조적 정신의 기념물인 작품 속에 객관적으로 구체화되어 있는 외형 "그 이상의 것"이다.

이 두 요소 가운데 첫 번째 원리는 슐라이어마허의 언어에 대한 논의 속에 잘 나타난다. 오늘날 우리는 이것을 의미론적 측면이라 부른다. 그는 이렇게 적고 있다. "한 단락 속에서의 각 단어의 의미는 그것이 놓여 있는 맥락 속에서 결정되어야만 한다."[92] 이 원리는 언어적 영역에만 국한되지 않는다. 역사적 영역에서도 마찬가지이다. 이는 특히 슐라이어마허의 신약해석 속에서 잘 예시되고 있다. 신약의 각 책들은 "기독교 세계 모두에게" 주어진 것이 아니라 "특정 사람들에게" 주어졌다.[93] 따라서 그 의미 해석의 첫 번째 출발점은 이 "첫 독자들"이 그 책을 어떻게 이해했느냐 하는 것이다. 여기에는 "그들의 정황이 어떠했느냐 하는 문제들"이 포함된다.[94] 따라서 "해석자는 객관적으로 그리고 주관적으로 저자의 자리 속에 자신을 놓을 수 있어야만" 하며, 여기에는 "저자 시대의 언어와 역사"를 아는 것이 포함된다.[95]

슐라이어마허의 초기 해석학적 단편들 속에 보면 이 맥락과 관련해서도 몇 가지 단계들을 구분하고 있는 것을 볼 수 있다. 가장 근접한 맥락에서부터 가장 일반적인 맥락에 이르기까지의 각 단계들이 해당 발화의 의미를 결정하는 데 모두 영향을 미친다. 후에 그의 『개요』(*Compendium*)에서 슐라이어마허는 "오직 역사적 해석만이 신약 저자들이 그들 자신의 시간과 공간 속에 뿌리를 두고 있다는 사실에 공정성을 기할 수 있다"라고 말한다.[96] 그러면서도 그는 역사적 설명이 환원주의의 제한된 시각에 가두어져서는 안 된다고 적시성 있는 경고를 덧붙인다. 새롭고 창의적인 것을 기존의 개념이나 범주 속에서만 설명하려 해서는 안 된다는 것이다. 이런 방식의 역사적 해석은 일면적인 것이 되고 만다. 하지만 역사적 해석이 오용될 수 있다는 이유 때문에 그것을 전적으로 부정하는 것도 적절하지 않다.

의미에 대한 이와 같은 접근은 슐라이어마허의 알레고리적 신약해석에 대한 논의 속에도 반영되고 있다. 이 부분에서도 그의 논의는 대단히 복잡하고 근대적이다. 한편에서 우리는 텍스트가 오직 '하나의' 의미만을 가진다는 교리적, 추상적 원리 때문에 알레고리적 해석 '모두'를 부정해서는 안 된다고 말한다. 특히 비유나 알레고리가 성경 저자에 의해 실제로 사용되고 있는 경우에는 더욱 그러하다. 성경 언어가 암시성을 띠는 경우에서도 암시들(allusions)은 항상 두 번째 의미를 내포한다. 또 다른 한편, 저자의 입장에서 볼 때 독자들이 암시나 알레고리적 의미들을 취하여 내리라고 기대하지 않는 곳에서 이런 것들을 찾으려고 하는 것은 "오류"일 뿐이다.[97] 다시 한번 "신약서론"으로 알려진 연구 속에서 추구하는 역사적 연구가 우리로 하여금 언어사용이나 역사적 정황, 언어적 기호(오늘날 우리가 그렇게 부르는 대로) 등과 관련하여 저자의 위치 속에 우리 자신을 세우는 일을 위하여 필수불가결의 요소가 되고 있다.

그렇다면 이와 같은 원 언어상황 및 저자에 대한 강조가 또 다른 두 번째 측면, 즉 해석자가 저자보다 "더 잘" 이해해야 한다는 것과 어떻게 조화될 수 있는가? 헤르더나 슐레겔 등의 낭만주의자들을 따라 슐라이어마허는 문서 텍스트 또는 예술 작품은 그것을 만들어낸 창조적 정신을 충만하게 다 드러내지는 못한다고 보고 있다. 그렇다면 논리적으로 생각해볼 때 해석자는 오직 텍스트만을 접할 수 있기 때문에 해석이 저자가 나타내고자 했던 것보다 더 클 수는 없다. 그런데 어떻게 해석자가 저자보다 "더 많이" 또는 "더 잘" 이해할 수 있겠는가? 대답은 텍스트 "배후"(behind)로 들어간다는 말 속에 들어 있다. 슐라이어마허는 해석자가 저자의 수행 능력이나 실제 수행, 텍스트 속에 나타내고자 하는 뜻 등과 관련된 모든 사항들을 다 살피는 것으로 추정한다. 하지만 저자 자신은 이 모든 요소들을 다 알지 못할 수가 있다. 해석자는 저자가 기껏해야 희미하게 의식하고 있었을 사태의 정황에 대한 자료와 비평적 평가들을 다 취합하여 보다 온전한 판단을 내릴 수 있다.

이런 생각 방식과 셸링의 철학적 배경 사이의 연관성은 결코 우연적인 것이 아니다. 우리는 앞에서 이미 슐라이어마허에게 끼친 셸링의 영향과, 이와 관련된 서스킨드와 브란트의 평가를 살펴본 바 있다. 셸링의 자연 철학은 피히테의 그것과 차이를 나타낸다. 어떻게 피히테가 잘 드러내고 있는 것 같이 자기 제한적이요 반성적 차원에 머무는 정신의 활동이 무한과 관계맺을 수 있을 것인가? 셸링은 자연을 그 자의식 가운데서 정점을 이루는 하나의 발전단계상의 체계로 이해한다. 따라서 자연은 정신의 산물이지만, 의식적 정신의 산물은 아니다. 그것은 하나의 무의식의 변증법으로서, 어떤 개별적 자아가 자연 안에서 무의식적이었던 것을 사상 가운데 재생하고자 할 때 의식적 표현을 향하여 움직여가는 그런 것이다. 따라서 의식과 자연은 하나이며, 무한(그 실제적 표현에서는 의식적 사고인)은 유한하며 제한된 형식을 취하게 되는 것이다. 셸링은 이런 생각을 처음『자연철학의 이념』(*Ideas for Philosophy of Nature*, 1797) 속에, 이어서『자연철학 체계의 첫 개괄』(*First Sketch of a System of Nature Philosophy*, 1799) 속에 담아내고 있다. 이어서『초월적 관념론 체계』(*System of Transcendental Idealism*, 1800)에서는 이런 접근을 하나의 지식론으로 발전시키고 있다. 감각에서 지각으로의 전이 속에서 의식이 발생하고, 지각은 다시 반성으로, 그리고 반성은 최종적으로 의지로 이어진다는 것이다.

플라톤이 지식을 회고로 이해한 이래로 이와 같은 접근은 아마도 사상의 역사 속에서 첫 번째 철학적 무의식 이론 또는 예술적 창조성의 철학이라 부를 수 있을 것이다. 슐레겔의 말을 브란트가 옮겨서 지적하고 있는 것처럼, 셸링과 슐라이어마허는 비록 그들의 성격이나 개성은 많은 차이가 있었지만, 그럼에도 불구하고 이 시기 그들의 철학적 성향은 매우 유사하였다.[98] 만일 어떤 예술작품이나 기록문서의 해석자가 그 의식적 생산물을 넘어 그 속에 담긴 사상을 표출시킨 의식적 및 무의식적 힘의 배후에 도달할 수 있기만 한다면, 그 작품 속에 담긴 저자의 뜻과 목적을 적어도 원리상으로는 그 저자보다 더 잘 감지할 수 있게 된다. 슐라이어마허는 이렇게 적고 있다. "우리는 저자가 의식하지 못하였던 것들을 최대한 많이 알고자 노력해야 한다. …… 이렇게 그려놓고 볼 때, 이 과제는 끝이 없는 과정이다."[99]

이와 같은 논의들은 프로이트가『꿈의 해석』(*The Interpretations of Dreams*, 1899)에서 무의식과 관련하여, 그리고 이를 바탕으로 그 이후의 사상가들, 특히 폴 리쾨르 같은 사람이 '의구의 해석학'을 정립하기 거의 한 세기 전에 일어났던 논의들이다. 슐라이어마허는 해석에서 자기기만의 가능성을 이와 같이 지적한다. "적극적 오해(active misunderstanding)는 …… 자신의 편견에 의거하여 텍스트 속에 무엇인가를 읽어넣으려 할 때 일어난다. 이런 경우 저자의 의미가 일어날 수 없게 된다."[100] 우리는 읽고 또 읽어야 한다. 매번 읽을 때마다 그 자료에 대한 우리의 지식이 증가하고 따라서 우리는 더 잘 이해할 수 있게 된다. 이 과정 속에서 해석자는 환상과 기만이 작용하지 않도록 주의를 기울여야 한다. 의심스러운 언어적, 역사적 연구를 위해, 또는 그 자체가 의심스러운 해석의 산물인 어떤 결과를 위해 독립된 연구가 희생되어서는 안 된다. 슐라이어마허는 이렇게 말한다. "신약 연구에서는 특별히 이런 부분에 실패할 때 해석의 자의성이나 의문성이 일어난다고 말할 수 있다."[101]

"전체에 대한 조망점"을 얻고자 예료적(divinatory) 도약을 필요로 하는 곳에 오해의 가능성이 증대한다는 것은 말할 것도 없다. 하지만 이것은 불가피한 출발점이다. 계속하여 비교와 비판적 반성이 그 기능을 수행하는 과정 속에서 오해는 제거된다. 슐라이어마허가 감정과 직관에 어떤 기능을 부여하든, 이 점에서 그가 낭만주의 정신과 얼마나 긴밀하게 연관되어 있든 간에, 그의 해석학 체계 속에는 빈틈없는 치밀함이 있으며, 이성적 반성만이 갖는 한계 또한 잘 지적하고 있다.

5. 슐라이어마허 신학의 문제점과 해석학적 업적

슐라이어마허에 대한 지금까지의 평가는 당대의 맥락 속에서의 그의 탁월함이나 그가 이룬 해석학적 업적보다는 그의 약점 또는 신학적 문제점 등을 지적하는 데 급급했던 편이다. 그는 저자 초점을 텍스트 초점과 조화시켰을 뿐만 아니라, 해석학적 목적 및 해석의 전략 여하에 따라 강조점들이 달라진다는 것을 간파한 첫 번째 사상가였다. 종종 실망스럽고도 단순화된 방식으로 그의 해석학을 '재구성파' 해석학 또는 '발생의' 해석학이라고 부르지만, 실제로 슐라이어마허 자신은 이런 관심을 다양한 차원의 독자효과와 연결시켜서 생각한 최초의 사상가였다. 하지만 그의 해석학적 체계의 건설적인 힘이 그의 사상의 또 다른 한 축인 신학적 입장에서 약점이나 모호함 때문에 상쇄되는 것은 아닌가?

앞에서도 지적했던 것처럼, 우리는 슐라이어마허의 신학에 심각한 정도의 부적절함이 있다는 것을 인정하지 않을 수 없다. 많은 비평가들이 줄을 이어서 매킨토시(H. R. Mackintosh)의 부정적인 판정을 되풀이하였다. 즉, "슐라이어마허에게 신학은 하나님보다는 오히려 사람의 하나님 의식에 관한 것"이라는 평가이다.[102] 슐라이어마허 자신이 이런 평가를 수용할까? 과연 매킨토시가 묻고 있는 것처럼 그의 신학은 단지 "기독교 영혼의 내용에 속한 것들을 조직적으로 차용한 것"일 뿐일까? 슐라이어마허는 이를 거부할 것이다. 왜냐하면 그에게 "감정"은 심리적인 마음의 상태 그 이상을 의미하기 때문이다. 무한자의 느낌이란 단지 인간의 이해나 지각, 또는 감정 상태를 나타내는 것이 아니라, 하나님의 임재가 즉각적으로 알게 되는 것을 이야기한다.

그럼에도 불구하고 매킨토시의 결론은 옳다. 즉, 아무리 좋게 보아도 슐라이어마허의 언어는 모호하다는 것이다.[103] 같은 식의 모호함이 반(半) 펠라기우스적 성향의 경건주의에서 강조되는 "믿음" 이해 속에도 나타난다. 즉, 은혜는 그 효과가 인간의 수용여부에 달려 있다는 인식이다. 폴 틸리히(Paul Tillich)의 "궁극적 관심"이라는 용어에서도 동일한 모호함을 찾아볼 수 있다. 틸리히는 이 용어를 인간의 이해 또는 수용 방식을 가리키는 말로 사용함과 동시에 개념적 이해 너머에 놓여 있는 수용되는 실재를 가리키는 말로 사용하기도 한다. 틸리히와 슐라이어마허 모두에게 그 배후에 피히테와 셸링의 철학적 배경이 놓여 있다는 것이 의미심장한 일이다.

우리는 슐라이어마허 신학의 문제로 지적될 수 있는 부분을 세 가지 정도로 정리할 수 있을 것이다. 첫째, 그는 기독론의 특수성에 공정을 기하려고 애를 쓰고 있는데, 이 때문에 그가 기독론의 핵심 이슈를 그리스도의 보편적 하나님 의식 경험이 그 정도상 유일한 것으로 보고 있다는 인상을 피할 수 없다. 특히 그의 『크리스마스 강연』에서 이와 같은 그리스도 및 기독교 이해가 강하게 나타난다.[104] 둘째, 슐라이어마허의 내재주의 및 낭만주의적 인식 속에는 인간의 죄와 그 결과에 대한 합당한 만큼의 진지한 이해가 들어갈 틈이 없다는 점이다. 이것이 인간의 의식에 미치는 영향만이 아니라, 인간의 상황 및 방향성 전체에 미치는 영향을 분명히 밝히지 않는다. 칼 바르트가 날카롭게 지적하고 있는 것처럼, 슐라이어마허가 구약을 설교에 적합지 못한 책으로 보는 것이나, 구약 문학 및 신학과의 공감을 전혀 느끼지 못하고 있는 것이 결코 우연한 일은 아니다.

세 번째 그의 신학의 문제점은 충분히 예견할 수 있는 것이면서도 또한 놀랍기도 한 부분이다. 성경의 독특성과 영감성에 대한 그의 견해가 한편에서는 충분히 예견할만하다. 그는 초자연적 개입의 시각에서 영감을 보려하지 않는다. 그러나 또 다른 한편에서는 의외의 측면이 있는데, 이는 바르트가 지적하는 것처럼, 슐라이어마허가 다른 영역에서는 그토록 양극 사이의 균형을 맞추려고 노력하면서 성경과 관련된 신학적 입장에서는 어느 하나의 극만을 선택적으로 취하려 하고 있다는 점이다. 성경 저자들의 개별성과 창조성에 호소하면서 슐라이어마허는 기계적, 혹은 구술식 성경영감 견해를 배격한다. 이 바탕 위에서 그는 성경을 다른 여느 책들과 동일한 책으로 취급하며, 다만 그 언어와 인간적 창조성 측면에서의 독특성만을 구별된 요소로 보고 있다.

우리가 이와 같은 그의 신학상의 문제점들을 인정한다면, 더불어서 이것이 그의 해석학 체계의 가치를 인정하는 측면에서도 치명적 역할을 하는가? 헬무트 틸리케(Helmut Thielicke)와 칼 바르트는 그럴 수도 있다고 답한다. 왜냐하면 주된 관심이 하나님으로부터 '나'로 옮겨져 있기 때문이다. 틸리케는 이런 신학을 "데카르트적 신학"으로 규정한다.[105] 이 경우 "하나님에 대한 확실성은 '하나님께서 말씀하신다'에 근거할 수 없다. '하나님'이란 말이 뭔가 의미가 있는 것이 되기 위해서는 나의 주체성 속에 그것을 수용할 준비가 되어 있어야 한다. 바로 이런 이유 때문에 슐라이어마허는 『기독교 신앙』을 하나님에 대한 말로 시작하지 않고 오히려 주체성 분석으로 시작하고 있다."[106]

이와 같은 비판과 관련하여 약간의 해명이 필요하다. 첫째, 슐라이어마허를 "데카르트적"이라고 부르는 것은 적절하지 않다. 특히 그의 언어 철학이나 그가 이해를 목적으로 하는 '해석학' 자체를 추구하고 있다는 사실이 그를 개인주의적 자아중심의 "데카르트적" 접근과는 구별 짓는다. 슐라이어마허는 하나의 개인적 행위인 사고와 상호주체적 실체인 언어 사이의 관계에 지대한 관심을 쏟았다. 데카르트는 개인의 의식을 논리적 추론 활동 외에는 다른 모든 것들과 단절시켰다. 하지만 슐라이어마허는 한 개인이 자기를 알게 되는 그 자체도 공유된 언어의 주어진 틀 속에서 다른 사람들과의 상호작용이 없이는 이루어질 수 없다는 것을 잘 알고 있었다. 이해는 "자기 자신의 마음의 틀을 벗어나" 나올 때 이루어진다.[107] 이런 이유 때문에 우리는 슐라이어마허의 해석학적 관점이 신학을 자기참조적 전제 체계로 바꾸어 놓았다는 미켈슨의 판결에 의문을 표하는 것이다. 슐라이어마허 자신의 말을 빌려서 답하자면, "말하기는 사고의 공공성을 위한 통로이다."[108]

데카르트의 개인주의적 자아가 아니라 지식을 위한 출발점으로서 회의에 초점을 맞춘다면 어떨까? 슐라이어마허를 이런 면에서는 "데카르트적"이라 부를 수 있을까? 이런 면은 바르트가 슐라이어마허를 불안하게 여기는 보다 깊은 근거이며, 틸리케와 미켈슨도 이를 공유하고 있다. 과연 슐라이어마허는 모든 일차적 해석들(성경이든 다른 문학 작품이든)이 회의나 대체적인 이해에 개방되어야만 한다는 믿음 위에 하나의 해석학적 체계를 세우고 있는 것일까? 과연 해석은 텍스트의 주제문제 및 언어를 향한 해석자 편에서의 예료적 도약(divinatory leap)을 통해 비로소 진정하게 **시작**될 수 있는 것일까? 이런 시작점 문제와 관련하여 바르트는 하나의 신학적 질문의 형태로 슐라이어마허에게 반대를 표하고 있다. "왜 하나님께서 사람에게 필연적으로 그리고 제압적으로 이해될 수 있는 그런 방식으로 말씀하지 않으셨겠는가?" "진리나 하나님의 말씀을 오해할 수 있는 질적, 양적 가능성들이 전혀 없이" 하실 수도 있지 않았겠는가?[109]

이런 질문은 하나의 논리적 딜레마를 제공한다. 만일 우리가 그 어떤 질적 혹은 양적 오해가 일어날 수도 없고, 일어나지도 않는다는 것을 분명히 할 수만 있다면, 슐라이어마허 자신도 솔직하게 인정하고 있는 것처럼, 여기에는 해석학 자체가 아예 필요 없게 될 것이다. 개신교 신학의 딜레마가 일어나는 것도 한편에서는 하나님의 말씀의 소여성을 인정(그리고 주장)하면서도 또한 동시에 교회의 집단적 이해를 포함하여 인간의 해석이 틀릴 수도 있다는 것을 인정하는 데서 일어난다.

해석학은 오해의 가능성을 전제로 하며, 또한 수정의 필요성과 새로운 이해의 가능성을 전제로 한다. 슐라이어마허가 강조하고자 하였던 것은 해석의 **잠정성**(provisionality)이다. 해석과 이해의 과정에 따라 이전의 해석이 확증되거나 확증이 무너질 수도 있다. 슐라이어마허 자신 역시 실제로 공백 상태에서부터 시작하지 않는다. 리처드 니버(Richard Niebuhr)가 지적하는 것처럼, 슐라이어마허의 기독론은, 비록 그 약점에도 불구하고, 역사적 특수성의 소여성에서부터 시작하고 있다.[110] 하지만 신학이 아니라 해석학의 맥락에서 보면, 인간 이해의 오류 가능성, 심지어 교회의 오류 가능성이야말로 이 모든 작업이 필요한 이유가 된다.

이와 유사한 하나의 유비를 생각해보자. 종교철학에서 하나님의 존재를 논하는 이론들의 장단점들을 살펴보는 것은 가치 있는 일이 될 것이다. 그런데 하나님에 대한 질문 자체가 하나님에 대한 회의나 불가지론적 혹은 무신론적 전제를 포함하고 있다고 생각해서 이런 논의 자체의 논리적, 철학적 가치를 의문시한다면 이는 이상한 일이 될 것이다. 비슷한 방식으로 종교적 경험의 심리학적 요소들이나 기독교 교회의 발전상의 사회학적 요소들을 살피는 것이 이 [다 설명될 수 없는] 실재 자체의 심리학적, 사회학적 '설명'을 의미하는 것은 아니다. 마찬가지로 슐라이어마허의 해석학은 해석과 이해의 과정에 관한 때로 기묘하고 탁월한 통찰력을 제공해주고 있으며, 이는 [비록 모든 문제에 대한 해답은 되지 못할지라도] 그 자체로서 이 주제에 대한 좋은 기여가 된다. 그의 중요한 업적들을 다섯 가지 정도로 요약해서 정리해보고자 한다.

1) 첫째, 슐라이어마허는 해석학을 지식 이론의 맥락 속에 위치시켰다는 점이다. 이는 전-근대와 후-근대 해석학 모델들 모두와 대비를 이룬다. 전-근대의 입장에서는 해석자 또는 해석 공동체가 텍스트를 원리상 이미 알고 있다고 너무 쉽게 전제하고서 출발한다. 해석학은 서로 다른 해석자나 공동체가 도달한 결론들에 이르는 다른 길들을 설명하는 도구일 뿐이다. 고대 세계에서나 교부들의 생각 속에서 해석학은 신뢰의 틀 속에서(여기에는 순수와 순

종도 있지만, 맹신과 자기기만도 포함된다) 이루어지는 해석에 대한 반성의 기능을 하였다. 종교개혁시기에 와서 해석학은 하나의 탐구의 해석학으로 자리매김하였고, 지식과 이해의 본질이 무엇인지에 대한 질문이 증가하기 시작했다. 슐라이어마허의 해석학은 칸트를 따라 초월적 성격을 가진다. 다시 말해서 이해를 가능하게 하는 언어적, 상호주체적 조건들을 탐구한다. 가다머는 슐라이어마허가 전통과 상호주체성의 역사적 조건지워짐의 상태를 충분히 고려하지 않았다고 말하지만, 그렇다고 해서 슐라이어마허가 이 문제에 대해 할 말이 없는 것은 아니다.[111] 그의 작업은 그 복잡다단함이 충분히 잘 이해되기만 한다면 오늘날의 보다 심각한 해석학 이론들을 위한 하나의 중요한 재료가 되고도 남는다.

2) 둘째, 슐라이어마허에 대한 대중적 차원의 해석은 그의 "문법적" 해석학과 "심리적" 해석학 사이의 대조를 너무 피상적으로 이해하는 데 그치고 있다. 하지만 우리가 본 것처럼 그의 해석학 속의 다양한 대비적 범주들이 서로 교차 연결되고 있는 것을 본다. 그의 언어에 대한 이해가 한편에서는 그 공유적, 집단적, 사회적 현상(랑그 차원)으로서의 특성에, 또 다른 한편에서는 구체적 언어사용(파롤 차원)으로서의 특성에 다같이 주목함으로써, 이에 근거한 해석학적 작업이 단순한 개인주의적 차원에나 단순한 심리적 차원에 머물 수 없다는 것을 잘 보여준다. 무엇보다 중요한 것은 그가 어느 한 방향의 극단에 치우치지 않는다는 점이다. 텍스트에 초점을 맞추느라 저자를 무시하지도 않으며, 저자에 초점을 맞추느라 텍스트를 무시하지도 않는다. 의미는 저자와 텍스트의 단일 통일성에서 비롯된다. 후대의 용어를 사용하여 표현하자면, 언어는 그 속에 함께 직조되어 있는 행위들 또는 삶을 포괄한다. 슐라이어마허는 20세기의 언어적 관점들을 이미 예견하는 것처럼, 어디에 강조점을 두어야 할 것인지는 해석자의 선택된 목적에 따라 달라질 수 있다는 점을 인식하고 있다.

3) 셋째, 슐라이어마허가 텍스트 "배후"에서 일어났던 일에 집중하는 것은 득도 있고 실도 있다. 낭만주의자들은 사고나 언어를 보이지 않는 배면에서 작용하는 창조적 경험의 잔여물 정도로 이해한다. 슐라이어마허는 이 면에서

는 다른 낭만주의자들과 많은 차이가 난다. 오히려 슐라이어마허의 "배후"에 대한 관심은 해석자에게 역사적 재구성의 필요성이 고대 세계에 대한 현학적 관심이나 또는 진리 문제에 관한 발생론적 접근 같은 것보다는 훨씬 더 심도 깊고 중요한 문제라는 것을 일깨워준다. 무엇보다 슐라이어마허의 진가가 돋보이는 부분은 텍스트 "배후"에 대한 그의 관심 때문에 텍스트의 "효과"에 대한 관심을 등한시하지 않는다는 점이다. 그의 관심의 영역에는 텍스트의 내용, 맥락, 상황, 저자, 효과, 첫 독자, 후대의 독자 등이 다 포함된다.

4) 넷째, 슐라이어마허의 해석학적 순환의 개념은 일부 그에 대한 대중적 해석이 그리고 있는 것처럼 그렇게 단순한 것이 아니다. 이는 단지 텍스트의 부분과 전체의 관계 문제에 국한되지 않는다. 여기에는 다차원적인 상호관계가 작용한다. 전체에 대한 직관적 예료적(divinatory) 인식과 언어적 요소들과 범주들, 그리고 장르에 관한 비교 판단 및 비판적 평가와의 관계도 포함되며, 언어–가능성과 언어–사용의 관계도 포함되고, 인간 개별성과 구조적 패턴 혹은 일반성과의 관계도 포함된다. 성경해석과 관련해서는 세부적인 꼼꼼한 주해의 작업과 보다 넓은 신학적, 역사적 판단(즉 한 책의 "핵심"이나 저자의 "정신"이 무엇인지와 관련하여)의 관계 문제에 연관성을 가진다. 아마도 이런 측면은 왜 성경학자들 사이에 추세나 유행들이 나타나는지 그 이유의 설명이 되기도 할 것이다. 어떻게 보면 이것이 단지 하나의 원을 이루면서 이동하는 것 같은 모습을 보인다. 그러나 실제로는 이전의 질문들을 대신하는 새로운 질문들이 텍스트에 제기됨으로써 집단적 이해가 증진하는 방향으로의 이동이 이루어지고 있는 것을 본다.

5) 다섯째, 슐라이어마허가 고민하였던 질문들은 오늘날의 해석학적 논의 속에 그대로 남아 있다. 이를테면 텍스트의 의미가 그 저자의 지평 혹은 의식을 "넘어"(beyond) 가는 것인지, 아니면 그것이 배출된 역사적 상황 속에 붙박여 있는 것인지의 질문이 그러하다. 한 사람의 '중재적' 사상가로서 슐라이어마허는 이 양측면을 함께 견지하기를 원하였다. 맥락과 정황, 그리고 저자가 사용한 언어 등이 결정적으로 중요한 요소들이기 때문에, 텍스트의 역사적 뿌리는 의미 결정에 불가결한 부분이다. 그럼에도 불구하고 해석자는 저

자의 의식을 벗어나게 만드는 요소들에 대해 알고 있어야 한다. 신약성경 해석과 관련하여 이것이 어떤 함의가 있는지는 이어서 계속 이야기해보고자 한다. 여기에는 앞 장에서도 보았던 것처럼 바우어(F. C. Baur)가 제기했던 역사적 강제성 혹은 불가피성의 문제도 포함되며, 신약의 책들이 삼위일체 신학을 포함하는지에 대한 정통 그리스도인들의 질문도 포함된다.

제7장

'이해의 해석학' 관점에서 보는 바울 및 기타 본문들

1. 슐라이어마허의 해석학적 순환과 바울 및 바울의 본문들

앞에서 우리는 해석학적 순환에 대한 슐라이어마허의 주의 깊고 상세한 관찰을 살펴보았다. 우리는 이것을 바울의 서신들을 이해하는 데 잘 적용해 볼 수 있을 것으로 본다. 한편으로 본문의 흐름을 따라 보다 상세하게 본문의 의미를 밝혀내는 주해작업의 수고를 대신할 수 있는 것은 아무것도 없다. 예를 들어 우리가 바울의 율법관을 살펴보고자 한다면 우선 우리는 믿을만한 주석가들(이를테면 크랜필드, 바렛, 던 등)의 도움을 받아 헬라어 텍스트를 잘 연구하는 과정을 거쳐야 할 것이다.[1] 이런 과정은 슐라이어마허의 관점에서 볼 때 비교, 분석적 작업, 즉 '남성적' 성격의 작업에 해당된다. 또 다른 한편, 해석자가 도달한 어떤 주해적 결론은 그 자신이 바울의 정신 또는 바울 사상 전체에 대해 기존에 가지고 있던 예비적 이해와 분리된 것일 수는 없다.

물론 바울이 자신의 사상을 잘 정리된 신학 체계로 조직화하고자 했던 오늘날의 조직신학자였던 것은 아니다. 다만 우리가 그를 해석할 때는 그가 한 어떤 말을 그에 대한 보다 넓은 이해의 맥락 속에서 해석할 수밖에 없다는 것인데, 이런 과정 속에는 상세한 합리적 분석 이상의 인지 능력이 개입된다는 것을 말하는 것이다. 슐라이어마허는 이런 측면을 가리켜서 보다 직관적인 '여성적' 인지 능력이라 말하고 있다. 이 창조적이며 총체적인 이해의 측면은 순전히 이성적, 기계적 차원의 과학적 방법을 넘어선다. 뿐만 아니라 이 자질은 단순한 '심리학적' 상상이나 동감력 차원도 아니다. 우리가 앞에서 보았던 것처럼, 여기에는 저자의 세계를 우리 자신의 이해의 지평 속에 상황화한 삶의 형태의 공유, 또는 생활세계(life–world)에의 참여가 포함된다.

이런 접근은 넓은 의미에서 여전히 '낭만주의적'이라 부를 수 있을지 모른다. 특히 바울을 그 자신의 삶의 흐름과 압박들 가운데서 서신들을 기록한 한 사람의 살아 있는 인물로 보고 있다는 점에서 그러하며, 또한 '이해'의 과정으로서 해석의 작업을 단지 이성적 분석의 차원에만 국한시키지 않는다는 점에서 그러하다. 합리주의에 대한 낭만주의의 반격은 이후의 바울 해석 속에서 유사한 순환을 맞고 있다. 뭉크(Johannes Munck)가 지적하는 것처럼, 19세기 말에 바울을 신학자로 보는 "일방적 시각"이 주도적이었던 때가 있었다. "사람들은 그를 자신의 연구실로부터 당시의 치열한 논쟁의 현장으로 나아가는 한 사람의 기독교 사상가로, 즉 자기 사상(바울주의)의 날카로운 논리적 대변자로 만들고 있었다."[2] 여기에서 뭉크가 말하는 "자유주의 시대"가 따라왔다. "그 강조점은 사도의 종교적 삶의 깊은 감성에 놓여졌다. …… 여기에서 바울의 자리는 신학이 아니라 종교이다."[3] 이런 맥락 속에서 다이스만(Adolf Deissmann)은 그의 책 『바울』(*Paul*, 1912)에서 만일 바울의 설교들이 '바울주의' 논문의 형태를 띠었더라면, "이고니아와 데살로니가, 고린도의 사람들은 모두가 드로아의 유두고 짝이 났을 것"이라고 말한다.[4]

하지만 뭉크는 다이스만이 바울의 신학자로서 자실을 과소평가하는 것을 용납하지 않는다. 판넨베르크 역시 "성령을 의지하면서도 바울은 결코 사고와 논증을 제쳐두지 않는다"라고 말하고 있다.[5] 따라서 뭉크는 바울을 신학적으로 사고하는 선교사–목사로 이해할 때 그를 가장 잘 이해하는 것이라고 보고 있다. 그의 사고가 그의 사도적, 목회적, 선교사적 사역과 비전을 뒷받침하고 있는 것이다. 뭉크는 이렇게 결론짓는다. "그의 신학은 사도로서 그의 사역으로부터 발생하며 또한 그 사역에 직접적으로 봉사한다."[6] 슐라이어마허의 해석학으로 다시 돌아가서 정리해보자면, 우리가 하고자 하는 것은 단순히 한 세트로 구성된 개념들을 이해하는 일이 아니라, 바울의 언어적 표현들과 주어진 삶의 자리들 속에서 이 말들을 했던 한 사람 사이의 관계를 이해하는 일이다.

이런 측면에서 본다면 우리는 슐라이어마허가 말하는 개별적 해석의 오류가능성 및 수정가능성 강조가 옳다고 볼 수 있다. 주해적 결론들은 항상 잠정적이다. 이 결론들은 한 인격체요 동시에 위임된 사도로서의 바울에 대한 온전한 이해를 기다린다. 또 한편, 이론적으로 볼 때 '전체'로서 바울에 대한 해석자의 그림은 그의 서신들에 대한 주해적 작업에 의존할 수밖에 없으며, 나아가서 신약 본문이 함의하거나 또는 당연한 것으로 받아들이고 있는 당대의 사회-역사적, 목회적 정황들 속에서 여러 다발적 요인들에 의하여 발생되었던 효과들을 잘 이해하는 것이 필요하다. 그런 점에서 전체 교회로서 우리의 **연합적**(corporate) 바울 이해는 원리적으로 역사 확장 과정을 통과한다. 이 과정 속에서 때로 후퇴나 역전이 일어나서 그 이전의 연합적 진전의 성과들을 일시간 잃어버리는 일도 있겠지만, 다시금 그 잃어버린 기반을 도로 찾아 나아간다.

본인의 책 『두 지평』(*The Two Horizons*)에서 다룬 문제이기도 하지만, 주해와 신학의 관계에서 일어날 수 있는 실수는 두 방향으로 나타난다.[7] 하나는 전체로서 바울 사상 이해를 구축하고자 하는 성급한 욕망 때문에 조직신학이 주의 깊은 역사적 주해의 수고를 삼켜버리는 것이다. 또 다른 한편에서는, 상황적, 역사적 특정성에 대한 존중 때문에 전체로서의 바울의 신학을 구축하려는 시도를 끊임없이 유보하려는 입장이 있는데, 실제로는 이런 입장이 주해적 작업 그 자체를 저해하고 부정하는 결과를 낳는다. 왜냐하면 특정성을 이해하자면 보다 넓은 전체에 대한 잠정적 파악이 전제되어야 하기 때문이다. 이 전체적 이해의 구축은 숨은 작업 전제들로 남아 있을 수도 있는 것을 밝히 드러내는 일이며, 따라서 비판과 평가에 공개적으로 노출시키는 일이다. 혹은 다르게 표현하자면, 우리는 설명적 주해를 금하는 판단 중지에 맞서야 한다. 우리는 잠정상태 및 수정가능상태의 조건 아래에서"바울 신학"을 말할 수 있으며, 따라서 이것은 상황적-역사적 성격의 주해적 탐구 및 검증 아래에 항상 돌려져야만 하는 것이다.

바울의 신학적 정신세계에 이르는 "열쇠들"의 양면성 및 잠정성에 대해서는 크리스찬 베커(J. Christiaan Beker)가 그의 책 『사도 바울』(*Paul the Apostle*)에서 심도 있게 역설한 바 있다. 베커는 그가 "교리적 중심의 탐구"라고 부르는 바울 연구의 역사를 살피고 있다.[8] 종교개혁가들은 바울의 반유대적 논쟁 속에서 그 중심을 찾았고, 이를 바탕으로 은혜를 인하여 믿음으로 말미암는 칭의의 신학을 구축하였다. 반면 19세기 말과 20세기 초에 종교사학파 진영에서는 처음에는 부세(Wilhelm Bousset)의 "제의적 바울"을, 다음에는 다이스만의 "신비적 바울"을, 그리고 마지막으로는 슈바이처(Albert Schweitzer)의 유대–기독교 종말론 배경 속에서의 바울의 신비주의를 제시하였다.[9] 그러다가 20세기 중반에 이르기까지는 논쟁의 방향이 바울 사상의 핵심을 헬레니즘 틀 속에서 이해할 것인지(대표적으로는 낙스[W. L. Knox]의 경우), 아니면 랍비 유대교의 틀 속에서 이해할 것인지(대표적인 예는 데이비스[W. D. Davies])에 모아졌다.[10]

이 시기에 루돌프 불트만(Rudolf Bultmann)은 바울의 "중심"을 그의 인간 본질 및 인간 존재 이해에서 찾아야 한다는 견해를 제시했다. "바울의 신학을 다루자면 그의 인간론에서 가장 잘 다룰 수 있다"라는 것이 불트만의 주장이다.[11] 1950년대에서 1970년대 사이에 뭉크와 스텐달(K. Stendahl)은 바울에게 구원역사의 중심적 역할에 주목하였고, 케제만의 경우는 특별히 묵시론의 틀 속에서 이해되는 신적 은혜와 하나님의 의를 바울의 중심 사상으로 강조하였다.[12]

바울 사상의 "중심"이 역사적 정황 및 목회적 대화의 맥락 속에서 일어났다는 점은 아이히홀츠(Georg Eichholz)와 조지 하워드(George Howard)를 포함한 많은 사람들에 의해 강조된 바 있다.[13] 하지만 바울의 사상을 그 핵심뿐만 아니라 그 일관성(coherence)이 무엇이냐를 통해 가장 잘 이해할 수 있다고 바르게 지적한 사람은 베커이다. 베커는 이렇게 말한다. "어떤 종료된 사상 구조와 제한된 개념 단위들을 바탕으로 조직적, 지시적 사고를 해 가는 우리의 사고 습관 때문에, 종종 우리는 잘못된 양자택일을 해왔다. 이를테면 '교리'를 반대하는 학자들은 '합리주의적' 바울에 대한 혐오 때문에 '신비주의'를 대신 제안하고 있다. 바울 사상의 중심은 하나의 **이론적** 명제 형태로 존재하다가 사회학적 상황사건들 속에 적용되는 그런 종류의 것이 아니다."[14] 오히려 역사의 묵시론적 정점의 도래라는 틀 안에서 그리스도를 선포하도록 부름받았다는 사실이 바울을 이해할 수 있게 하는 하나의 일관성의 근거가 된다고 베커는 보고 있다.

따라서 베커는 이렇게 주장한다. 바울의 "해석학은 복음의 일관된 중심과 그 정황적 해석 사이의 끊임없는 상호작용으로 구성된다."[15] 한편에서 보면 "바울은 복음의 일관된 핵심을 그리스도 사건의 묵시론적 해석에 두고 있다."[16] 또 다른 한편에서 바울은 복음을 "인간의 특정 상황 속에 성육화하고 있다. …… 하나의 복음이 다양한 인간 상황과 매 특정 요소들 속에 그 성육신적 깊이와 적실성을 성취하고 있다."[17]

베커가 "바울 사상의 의도와 요체는 그것을 불러일으키는 특수한 상황과 불가분리적"이라고 말하는 것은 슐라이어마허를 거의 그대로 인용하는 것에 가깝다. 우리는 바울을 "대화 속에서 상대자를 응대하는 그의 사고의 역사적 연결고리로부터" 단절시켜서 추상화해서는 안 된다는 것이다.[18] 예를 들어 갈라디아서 3:6에서 바울은 창세기 15:6을 사용하고 있는데, 이를 바르게 이해하기 위해서는 바울의 대적자들의 신학 속에서 아브라함이 어떤 중심적 자리를 차지하고 있었는지 당대의 맥락 속에서 이해하는 것이 필수적이다.[19]

로마서에 대해서도 그렇다. 이 서신의 상황적 성격에 대한 찬반 논란이 뜨겁다는 것을 우리는 알고 있다. 칼 돈프리드(Karl Donfried)가 편집한『로마서 논쟁』(*The Romans Debate*) 속에 수록된 논문들이 이 문제의 실태를 잘 보여주고 있다.[20] 베커는 로마서를 로마교회 안에서 이방인 그리스도인들과 유대인 그리스도인들 사이의 관계 구조를 배경으로 해서 상황적으로 해석해야 한다는 입장을 대변하고 있다. 로마교회의 목회적 문제는 유대인 그리스도인 그룹에 대하여 부당한 우월감을 가지고 있던 이방인 그리스도인들에 기인한다는 인식을 바탕으로(참고, 롬 14:15, 15:1) 베커는 "로마서의 해석학적 열쇠는 일차적으로 상황적이다"라고 주장한다.[21] 이 바탕 위에서 로마서는 구원역사 가운데 이스라엘의 위치가 무엇인지의 문제를 답하고 있는 것이다.

로버트 주엣(Robert Jewett) 역시 로마서의 핵심 이슈가 로마서 15:7 속에 압축되어 있다고 보고 있다. 이방인 그리스도인들과 유대인 그리스도인들은 "서로를 받으라"고 권면 받고 있다. 왜냐하면 그들 모두가 동일한 근거, 즉 하나님의 은혜 위에서 믿음으로 나아오게 된 사람들이기 때문이다.[22] 따라서 로마서는 "이 서신의 주 수신자들인 다수파 이방인 그리스도인들로 하여금 유대인 그리스도인들과 한 회중을 이루어 살도록 돕기 위한 것이다."[23]

주엣의 이와 같은 역사적 재구성과 주해는 바울을 목회자요 신학자 및 인간으로 바라보는 그에 대한 전체적 그림과 분리시킬 수 없다. 주엣이 볼 때 바울은 복음을 "급진적 은혜"에 기초하는 것으로 보고 있기 때문에 그는 관용뿐만 아니라 심지어 다원주의까지 수용하는 사도이다.[24] 바울이 말하는 '강한 자'와 '약한 자'(롬 14:1)를 정치적으로 각각 '자유주의자'와 '보수주의자'에 비슷하게 맞추어 본다면, 바울은 그들을 향하여 그리스도께서 그들을 받으신 것처럼 그들 또한 서로 받아야만 한다고 말하는 것으로 주엣은 보고 있다.[25] 물론 주엣은 자신이 그리고 있는 바울의 그림이 전통적으로 그에게 돌려진 구절들과 긴장 관계에 놓여 있다는 것을 기꺼이 인정한다. 목회서신들이 이런 그림을 명백하게 뒷받침하고 있지만, 바울의 주된 서신들 가운데서 고린도전서 4:17, 7:17, 11:16 같은 구절들은 그 반대의 어려움을 제시하기도 한다.[26]

특정 구절들에 대한 비교분석적 판단과 바울 자신에 대한 '영감적', 상호인격적 감지 사이의 변증법적 상호작용이 바울 해석의 과정 속에 여전히 계속되고 있다. 주엣은 바울의 전체성이라는 종종 무시되었던 측면에 우리의 관심을 잘 이끌어주고 있다. 하지만 이런 그림도 결코 결정적이거나 최종적이지는 않다. 주엣이 관용을 이야기한다면 우리는 사도적 진리의 틀 안에서 관용의 한계를 어디까지 허락해야 할 것인지 계속적으로 논의하는 가운데서 이 전체 그림을 바로잡아갈 필요가 있다. 바로 이런 면에서 슐라이어마허가 이야기하는 해석학적 순환의 잠정성이 적용된다고 볼 수 있다.

복음과 상황의 상호성의 원리는 고린도 서신들 속에 그 적실성이 더욱 분명하게 드러나고 있다. 우리가 이 서신들을 바르게 이해하기 위해서는 정황적, 사회-역사적 요소들을 잘 고려해야 한다는 것을 앞에서도 언급한 바 있으며, 그 대표적인 예로 게르트 타이센(Gerd Theissen)을 들었다. 특히 그는 "우상에게 바쳐진 음식" 문제(고전 8:1이하)를 구체적으로 다루고 있다.[27] 고린도후서와 관련해서는 많은 학자들이 다양한 방식으로 주해와 더 넓은 바울 이해 사이의 상호관계 문제를 다루고 있는데, 그 중에서도 가장 중요한 예 한 가지는 바울에게 능력과 권위의 문제를 집중적으로 다루고 있는 쉬츠(J. H. Schütz)와 홀름버그(Holmberg, 보다 적은 규모로)를 들 수 있을 것이다.[28] 쉬츠가 볼 때, 고린도후서에서는 이 능력의 문제가 예수의 십자가 및 그의 죽으심에 연합되는 경험 및 실재와 긴밀히 연관되어 있다(참고, 고후 4:7–15, 5:14–15, 6:3–10). 바울에게 능력은 자기주장의 능력이 아니다. 오히려 십자가에 못 박히신 그리스도의 복음의 능력이다. 그 안에서 자아는 십자가의 그리스도와 동일화됨으로써 그 자신을 버리게 된다. 이런 주제를 다룰 때 쉬츠는 막스 베버 등의 사회학 이론뿐만 아니라 케제만의 신학적 바울 이해를 또한 사용하고 있다.

우리가 현재 논의하고 있는 이 해석학적 원리는 바울 사상의 보다 구체적 영역 속에도 똑같이 적용될 수 있다. 예를 들어 성령에 관한 바울의 서신 본문들을 생각해보자. 이 본문들을 이해하기 위한 가장 일차적이요 근본적 절차는 말할 것도 없이 주해적 작업이다. 하지만 우리는 이런 세밀한 주해적 작업을 보다 넓은 틀 안에서 해당 본문이 갖는 기능에 대한 잠정적 가설과 전적으로 분리시켜서 진행할 수는 없다. 제임스 던은 그의 책『성령으로의 세례』(*Baptism in the Holy Spirit*)에서 우리가 너무 쉽게 어떤 일반화된 추정을 가지고 바울의 성령론에 접근하려 하는 것을 경계하고 있다. 이 추정을 바탕으로 성령에 관한 어떤 본문들은 "분명하다"라고 단정하며(다시 말해서 그 추정에 잘 맞아 떨어진다는 말이다), 또 다른 어떤 본문들은 "어렵다" 내지는 "모호하다"라고 말한다(다시 말해서 그 추정에 의거한 기대에 잘 맞아 떨어지지 않는다는 말이다).[29] 그러면서 "분명한" 본문들을 주도적 본문으로 삼고 싶어 한다는 것이다. 던은 성령론과 관련하여 "개혁파"(또는 개신교), "성례주의자", 그리고 "오순절파"의 크게 세 가지 다른 관점들을 분류하고 있다. 이 각각의 그룹이 "분명하다"라고 생각하는 본문들을 서로 다르게 설정하는 경향이 있다는 것이다. 첫 번째 그룹에서는 성령을 하나님의 은혜와 신자의 믿음에 연결시키는 본문들이 "분명하다"라고 보고 있다. 두 번째 그룹에서는 성령을 세례와 연결시키는 본문들을, 그리고 세 번째 그룹에서는 경험과 연결시키는 본문들을 "분명하다"라고 생각한다. 그러면서 "문제가 되는" 모호한 구절들은 미리 설정된 시각에서 제각기 다르게 해석한다.

던이 이와 같은 경계를 주고 있는 이유는 우리가 각 세부 본문들의 주해에 더 주의 깊은 관심을 기울여야 한다는 것을 말하기 위해서이다. 하지만 이 말은 앞서 우리가 언급했던 또 다른 보완적 요소를 더욱 강화시켜주기도 한다. 우리가 가진 작업 추정들이 해석자의 이해의 과정 속에서 작용을 하고 있는지, 또 언제 작용을 하는지를 분명히 할 때 우리의 주해적 이해는 더욱 촉진된다. 그때에 우리는 보다 넓은 범위의 작업 재구성이 다른 형태를 취하게 됨에 따라 어떤 주해적 선택이 수정되거나 재개될 수 있을 것인지에 대한 비교분석적 판단을 더 잘 할 수 있게 된다.

2. 해석학적 순환과 바울 사상의 "중심" 탐구

앞에서 보았던 것처럼 베커와 던은 본문 주해와 더 넓은 바울 사상의 이해 사이의 양방향적 상호작용에 대하여 매우 예리한 관찰을 하고 있다. 해석자들이 바울 사상의 "중심" 찾기에 너무 지나치게 경도되어 다른 것들을 다 한쪽으로 밀쳐놓게 될 때 여기에서 해석학적 일면성 또는 난점이 너무 쉽게 일어날 수 있다고 베커는 지적한다. 이것이 마르키온의 오류였다고 그는 보고 있다.[30] 웨인 믹스(Wayne Meeks)는 마르키온의 오도된 열정을 말해주는 하르낙을 언급하고 있다. 이에 따르면 마르키온은 주류 기독교가 아니라 그 자신이 바울을 진정으로 바르게 이해했다고 믿었다. 주류 교회는 오히려 구약의 신과 신약의 신을 동일시하고, "철저히 유대화" 됨으로써 바울의 자유를 잃어버렸다고 인식했다.[31]

보다 정확하게 말하자면 일면성은 두 가지 방향에서 일어날 수 있다. 한편에서는 너무나 성급하게 바울의 중심을 규정하고 싶은 욕구 때문에 다른 모든 특수 상황들을 무시하거나 중심에 종속시킬 때 일어난다. 또 다른 면에서는 특수 상황들의 상황적 측면에 너무 매달리는 나머지 우리가 정말 "바울 신학" 같은 것을 말할 수 있을 것인지에 대해 회의적이 되는 경우에 일어나기도 한다. 우리는 이 두 문제들을 뒤에 가서 좀 더 자세히 살펴볼 것이다. 바울의 "중심"이라고 추정하는 것에 너무 지나치게 집착하는 가운데서 주해적 측면들을 무시해온 많은 해석의 예들을 웨인 믹스가 잘 정리해주고 있다.[32] 한 예로 믹스는 바우어(F. C. Baur)가 붓칠을 너무 두텁게 입힌 바울 초상화를 언급하고 있다. 바우어는 이런 말을 하였다. "바울과 바나바가 그토록 격렬하게 저항했던 대적자들이 누구이겠는가? 선배 사도들 자신이 아니겠는가? …… 따라서 이제 두 복음이 존재하였다. …… 이 둘은 이제 분리되고 독립된 채, 서로의 길을 침범하지 않고 나란히 나아가게 되었다. …… 사도가 역사의 현장에서 사라지게 되는 바로 그 시간까지 우리 앞에는 차이와 반대만이 놓여 있었다."[33]

프리드리히 니체(Friedrich Nietzsche)는 또 다른 하나의 예이다. 그는 이렇게 말한다. "우리가 바울의 글을 읽었다면, 아니 진정으로 읽었다면, 다시 말해서 '성령'의 계시로서가 아니라, 솔직하고 독립적인 정신으로 읽었다면 …… 기독교는 이미 오래 전에 끝이 나고 말았을 것이다. …… 이 사람은 경직된 사고의 병을 앓고 있었다. …… 유대 율법의 의미가 무엇인가? …… 하나 이상의 그리스도인이 존재하지 않았다. 그리고 그는 십자가에서 죽었다. 복음은 십자가에서 죽었다. 그 이후로 '복음'이라고 불린 것은 바로 그 복음의 반대 …… 즉 '악한 소식'(*dysangel*: '나쁜'을 의미하는 '*dys*'와 '소식'을 뜻하는 '*angelion*'을 복합시킨 언어유희–역주)이다."[34] 바울을 "유사 기독교"의 창시자로 보는 이런 견해는 버나드 쇼(George Bernard Shaw)가 이어 받고 있다. 그는 이렇게 말한다. "예수가 미신의 용을 넘어뜨리자마자 바울이 용감히 예수의 이름으로 그 용의 발을 잡아 다시 일으켜 세웠다. …… 바울 기독교 안에는 예수의 특징적 언설이 한마디도 없다."[35]

웨인 믹스는 이와 같은 다양한 바울 초상화들을 최근의 것들, 이를테면 다이스만, 디벨리우스, 불트만, 쉡스(Schoeps), 스텐달 등의 것들까지 포함하여 일별을 하고 있다. 그는 결론적으로 "바울은 기독교 프로테우스(Proteus)," 즉 어떤 형태라도 마음대로 취할 수 있는 바다 신이라고 부르고 있다.[36] 믹스는 그 이유를 이렇게 말한다. "우리는 순수한 바울의 사상이 그 자체의 내적 논리를 좇아 여유롭게 발전되는 것을 한번도 보지 못하였다. 바울은 항상 압박 아래에서, 대체로 당장 직면한 뜨거운 논쟁의 맥락 속에서 사고하였기 때문이다."[37]

하지만 우리가 슐라이어마허 해석학의 적법성을 찾을 수 있다고 한다면, 그것은 말과 행위를 아우르는 바울의 사도적 증거가 "여유롭게 발전된 사상" 차원으로 전락될 수 없다는 데 있다. 우리가 2장에서 논한 바 있는 성육신적 구현화의 원리가 효력이 있는 것이라고 본다면, 성경 텍스트가 전달하는 진리와 증거는 그 진리내용 측면뿐만 아니라 삶과의 연계 또한 함유하고 있다. "여유롭게 발전된 사상"의 비현실성에 대한 키르케고르의 비판은 잘 알려져 있다. 어떤 특정 정황과 경험들이 어떻게 한 저자의 사상을 불러오는지를 간파하는 능력이 이 사상을 더 잘 이해할 수 있게 하는 도움이 될지언정 방해가 되지는 않는다는 것이 슐라이어마허의 요점이다. 우리가 이런 접근을 하게 될 때 한 인격체를 인격체로 볼 수 있게 됨으로써 보다 균형 잡힌 이해를 할 수 있게 된다. 사람은 단지 사상을 뽑아내는 자원이 아니다.

여기에 우리는 두 가지 단서를 붙여야 할 것이다. 첫째는, 세밀한 주해 작업에 바탕하여 저자에 대한 총체적 판단이 점검되고 수정되는 이 상호적 검토 과정이 잘 이루어져야 한다는 것이다. 이런 과정을 통해 도출된 수정된 결과물조차도 그 이후의 계속되는 연구 과정이 진행됨에 따라 또 다시 재검토되어야 할 것이다.

두 번째 단서는 보다 근본적인 인식론적, 논리적 문제와 연관된다. 바울에 대한 상황적 이해를 말한다고 해서 바울이 아무런 "신학적 체계"를 가지지 않았다고 말하는 것은 아님을 주의해야 한다는 것이다. 현재 우리가 다루고 있는 이 해석학적 원리가 던지는 질문은 바울 사상의 신학적 내용 자체의 유무가 아니라, 우리가 이 사상에 어떻게 도달하며 또 그것을 이해할 수 있을 것인가 하는 문제이다. 이런 점은 본인이 다른 곳에서 특히 바울과 야고보의 예를 들어서 믿음의 성향적 진술 문제를 다루었던 것과 유사점이 있다.[38] 비트겐슈타인은 하나의 주어진 마음의 상태로서 '믿음을 가짐'을 생각하는 것이 원리적으로는 얼마든지 가능하다고 말한다. 그러나 우리가 다음과 같은 질문들을 생각해본다면 여기에는 적지 않은 혼란이 일어난다. 이를테면, 우리가 잠을 잘 때는 '믿기'를 멈추는 것인가? 어떤 다른 일에 몰두해 있을 때는 어떤가? 우리가 전적으로 '단절 없이' 믿는 것이 가능한가?[39] 믿음이 실재와 접목을 이루는 순간들은 그 믿음이 말과 태도, 지향점, 행위 등과 관련하여 작용적으로 효력을 나타내게 되는 상황들 속에서이다. 이 때문에 버논 뉴펠트가 신약의 '고백' 또는 '고백적 믿음'의 본질과 관련하여 다음과 같은 결론을 내리는 것도 결코 놀라운 일이 아니다. 즉, 고백은 인지적 내용과 자신의 색깔을 깃더에 다는 측면을 동시에 포함한다는 것이다.[40] 바울은 분명 '신학'을 형성하고 있다. 하지만 우리는 이것을 그가 사도요 목사, 선교사, 친구, 상담자, 말 들어주는 자(고전 7:1–11:1 참조) 그리고 한 사람의 인간으로서 매일의 삶의 행위 속에 구현되는 다양한 양상들 속에서 접할 수 있다.

이제 우리는 주해적 연구와 바울 사상을 전체로 이해하려 하는 잠정적 시도 사이의 상호관계에 대한두 가지 예를 더 제시해보려 한다. 첫 번째의 예는 바울에 대한 종말론적 접근과 관계된 것이다. 세 가지 주목할 만한 바울 해석이 이와 관련하여 제시되고 있다. 하지만 이 모두는 일면적 성향을 보이고 있으며, 주의 깊은 주해를 통해 검증될 필요가 있다. 그럼에도 불구하고 이들은 모두 주어진 바울 본문들과 또 기독교 사상의 발전 속에서 바울의 위치를 대단히 예외적인 시각으로 관찰하고 있다. 이 종말론적 접근에 바탕한 세 관점은 첫째는 알버트 슈바이처, 두 번째는 유대인 학자 요아킴 쉡스(Hans Joachim Schoeps), 그리고 세 번째는 교리의 발전을 재림의 연기와 연결시키는 마틴 베르너(Martin Werner)이다. 지면상의 이유로 우리는 논의를 슈바이처에게만 국한하고자 한다.

슈바이처의 바울 해석과 관련해서는 다른 곳에서 보다 상세히 논한 바 있다.[41] 슈바이처가 볼 때 바울 사상의 열쇠는 그의 모든 생각들이 그 속에서 움직이는 종말론적 인식 틀에 놓여 있다. 하지만 여기에는 해석학적 문제가 따른다. 슈바이처는 이렇게 밝히고 있다. "왜 바울의 가르침이 첫 세대 그리스도인들에게 낯선 것으로 드러나지 않았는가 하는 문제는 동일하게 알쏭달쏭한 문제, 즉 왜 그것이 바로 따라오는 세대들 속에서는 낯선 것이 되었는가 하는 문제와 쌍벽을 이룬다."[42] 이런 점은 바울 사상의 모든 측면은 아니더라도 여러 측면들과 관련하여 대단히 의미심장하다. 특히 바울의 부활 신학이 그러한데, 바울은 이 그리스도의 부활 사건을 "독립된 사건으로 볼 수 없었다."[43] 그가 일으키어진 것은 새 공동체를 위한 "첫 열매"로서였다(고전 15:20). 그를 믿는 자들은 "모든 죽은 자들의 일반적 부활이 일어나기 이전에 부활의 존재 양태를 이미 얻을 수 있게 된다."[44]

바울의 예수 및 복음서와의 역사적 연속성 문제는 "모든 것이 예수와의 친교의 실현에 달려 있다"라는 슈바이처의 말 속에 잘 집약되고 있다.[45] 바울에게는 특별히 이것이 그리스도와 함께 죽고 함께 일으키어짐이라는 형태로 경험되고 있다. "내가 그리스도와 함께 십자가에 못박혔나니"(갈 2:20); "우리가 …… 그와 함께 장사되었나니"(롬 6:4); "만일 우리가 그리스도와 함께 죽었으면 또한 그와 함께 살 줄을 믿노니"(롬 6:8); "내가 그리스도와 그 부활의 권능과 그 고난에 참예함(*koinonia*)을 알려하여 그의 죽으심을 본받아 어찌하든지 죽은 자 가운데서 부활에 이르려 하노니"(빌 3:10–11) 등과 같은 표현들이 이것을 잘 보여준다. 이들이 모두 "그리스도께 속함" 또는 그리스도 안의 존재의 본질을 나타내고 있는 것이다.[46]

슈바이처는 이런 구도를 바탕으로 "그리스도 안의 존재라는 개념이 바울의 사상을 지배하고 있다"라고 단언한다.[47] 그리스도인들은 그들의 몸 안에 그리스도의 '죽어감'을 짊어지고 있다(고후 4:10–12). "예수의 흔적들"(*stigmata*, 갈 6:17)을 가진다는 것은 "노예가 그 주인의 소유임을 표시하기 위해 지녔던 낙인"을 가리키는 것으로 보고 있다.[48] 따라서 그리스도에의 참여는 부활뿐만 아니라 고난도 포함한다. 성령을 받는 것은 "예수의 메시아 인격에 따르는 삶의 원리"를 취하는 것을 말한다.[49]

바울 사상에 대한 슈바이처의 관점 속에는 참신한 요소들이 많이 포함되어 있다. 그러나 그는 모든 것이 다 종말론을 중심으로 회전하고 있다고 보기 때문에 결국 일면적으로 치우칠 수밖에 없었다. 바울은 그리스도인이 "사랑의 법" 아래에 있다는 것을 말하고 있지만, 슈바이처의 기본적 논점은 율법과 종말론이 서로 공존할 수 없는 것이기 때문에 그리스도인의 법 및 자연 세계와의 관계도 적실성이 없다고 보고 있다. 그리스도인의 이전의 생활뿐만 아니라 심지어 "새 존재"조차도 결국 부수기 위해 팔린 집과 같은 것이기 때문에, "이를 수리하는 것은 어리석은 일이다."[50] 믿음으로 의롭게 된다는 가르침도 바울의 사상 속에서는 주변적 기능을 가질 뿐이라고 보고 있다. 논쟁의 와중에서 이것이 눈에 띄는 자리에 서게 되었을 뿐이라는 것이며, 보다 핵심적인 "그리스도 안의 존재"라는 주제와도 논리상 아무 연관성이 없다는 것이다.[51]

이런 약점이 있음에도 불구하고 슈바이처는 바울을 해석하는 인식의 틀이 급진적으로 헬라화되고 그 종말론적 배경에서 이탈됨으로써 매우 다른 바울 이해 또는 바울에 대한 이해의 결핍이 일어나게 되었음을 설득력 있게 잘 보여주고 있다.

이런 점을 가장 날카롭게, 또 가장 급진적인 방향으로 몰고 간 사람이 마틴 베르너이다. 물론 베르너는 너무 지나치게 이런 점을 과장하는 경향이 있다.[52] 그가 지적하는 인식의 틀의 변화는 모리스 와일스(Maurice Wiles)가 지적하는 교부들의 바울 해석과도 일면에서는 상통하는 점이 있다고 본다. 와일스는 교부들의 해석에 많은 가치가 있다는 것을 인정하지만, "그럼에도 불구하고 [종말론적 지향점의 감퇴는] 독자들에게 바울이 길들여졌다는 전반적 인상을 남긴다"라고 지적한다.[53]

마지막으로 우리는 샌더스(E. P. Sanders)의 예를 살펴보고자 한다. 전통적으로 개신교 신학에서는 인간의 곤궁에서부터 시작하여 이에 대한 '해답'으로서의 바울의 기독론 및 구원신학을 파헤치는 접근법을 가져왔다. 스텐달은 "사도 바울과 서구의 내향적 양심"(1963년에 처음 발표)이라는 글에서 이런 접근법을 문제 삼고 있다.[54] 아우구스투스와 루터의 바울 이해의 패러다임이 과연 타당한지에 대해 도전하고 있는 것이다. 샌더스는 1977년의 책에서 스텐달이 하고 있는 것을 더욱 확대발전시키고 있다. 문제의 핵심은 그의 책의 표제 가운데 하나인 "문제에 앞서는 해결" 속에 잘 압축되어 있다.[55] 불트만이나 콘젤만, 보른캄 등과 달리 샌더스는 이렇게 말한다. "바울의 사상은 곤궁에서 해결로가 아니라 해결에서 곤궁으로 전개되고 있다. 로마서 7장을 바울이 유대교 아래서 생활할 때의 실제적 갈등으로 보고자 하는 관점은 이제 대부분 포기되었다. …… 빌 3장에 의거해서 볼 때 바울이 '율법 아래' 있을 때 자신을 구원이 필요한 '곤궁' 아래 있는 자로 인식하지 않았다는 것이 보다 분명해진다."[56]

샌더스가 보는 바울의 **선제** 확신(해결)은 다름 아니라 하나님이 구원자를 보내주셨다는 것이다. 그의 죽음은 구원이 **필요하다**는 것을 보여준다. 여기에 **따라오는** 결론이 구원이 다른 어떤 방식으로 올 수 없다는 것, **결과적으로** 모든 사람이 구원자를 필요로 한다는 것이다.[57] 샌더스는 이렇게 결론짓는다. 바울은 "사람의 죄와 범법으로부터 시작하지 않았다. 오히려 구원의 기회로부터 시작하였다…… 달리 말하자면, 바울은 사람에 대해 설교한 것이 아니라 하나님에 대해 설교한 것이다."[58]

뒤에 가서 좀 더 자세히 논평하겠지만, 샌더스의 이런 주장은 강조의 초점을 사람의 '실존적' 상황에서부터 하나님의 우주적, 역사적 행위의 선포에로 옮기는 효과를 지닌다. 그의 주장이 기초하고 있는 해석적 판단은 슐라이어마허가 구성하는 해석학적 순환의 일면을 반영하고 있다. 한편에서는 로마서 7:7–25과 빌립보서 3:4–7 같은 본문에 대한 상세한 주해적 관찰을 기반으로 삼고 있으며, 또 다른 한편에서는 이것이 바울을 사도와 한 사람의 인간으로 보는 전반적 바울 이해와 상호작용을 빚고 있다.[59] 하지만 샌더스의 접근 속에서는 슐라이어마허가 구분하는 비교분석적 측면과 직관적 측면 각각의 역할이 그렇게 명확하지 않다. 샌더스는 "종교의 총체적 패턴들"에 관한 **비교분석적** 접근을 시도하고 있다. 그리고 로마서 7:7–25과 같은 본문들에 대하여 부분적으로는 분석적 방식으로 또 부분적으로는 직관적 이해를 통해 이 본문이 서신 전체 속에서, 또한 바울의 목회적 관심과 신학적 사상의 흐름 속에서 어떤 기능을 하고 있는지 살피고 있다.

"바울에게서, 또는 유대 문헌에서, 선행이 '안에' 머무름의 조건이었으며, 그들이 구원을 **획득**해야 했던 것은 아니"라는 샌더스의 확신은 부분적으로는 로마서 11:22과 고린도전서 6:9–10과 같은 본문들에 대한 그의 **특정** 해석에 의거한다.[60] 하지만 이런 인식은 또한 "바울은 일관성을 가지기는 하지만 조직적 사상가는 아니었다"라는 그의 **일반적** 판단에 의거한 것이기도 하다. 이런 일반적 인식의 틀 속에서 샌더스는 이와 같이 주장하고 있다. "바울의 '종교 패턴'은 '언약적 신율주의'(covenantal nomism)라고 볼 수 없다. 바울은 팔레스틴 유대교 문헌들에서 발견되는 것과는 본질적으로 다른 의의 개념을 제시하고 있다."[61]

슐라이어마허의 해석학적 순환은 우리로 하여금 바울의 본문들에 어떻게 접근해야 할지를 보다 분명히 볼 수 있도록 만들어줄 뿐만 아니라, 오늘날의 바울 해석에서 왜 같은 본문을 두고도 서로 다른 다양한 바울관이 만들어지게 되는지를 잘 이해할 수 있게 만들어준다. 이런 이유 때문에 우리가 해당 본문들에 대한 언어적, 주해적 작업의 결과들을 단지 한 데 모아 놓기만 하면 하나의 전체적 그림이 만들어질 수밖에 없다고 보는 것은 지나치게 순진한 객관주의적 입장이라 할 수 있을 것이다. 우리는 명사와 동사들의 의미를 살피는 것 이상으로 하나의 창조적 비전을 형성하는 일에 연루되어 있다.

또 다른 한편, 우리의 주해작업이 전체를 관조하는 비전 때문에 때로 왜곡을 일으키기도 한다는 이유 때문에 객관적 주해의 시도 자체를 포기해서도 안 될 것이다. 우리가 살펴보았던 것처럼 이레나이우스 이래로 교회의 전통 속에서는 상세한 주해적 연구와 병행해서 '전체'에 대한 호소가 필요하다는 것을 강조해 왔다. 이 양측면 모두가 이해를 위하여 반드시 있어야만 한다. 어느 하나가 다른 하나를 지배하려 할 때 이해는 깨어지게 된다. 보다 구체적인 바울 및 여타 본문들을 살펴보기 이전에 우리는 먼저 이런 원리가 딜타이와 베티의 해석학을 통하여 어떻게 보다 정교하게 발전되었는지를 살펴보고자 한다.

3. 딜타이와 베티의 '생활세계' 재구성의 해석학: '다시 살기' 그리고 '개방성'

빌헬름 딜타이(1831–1911)는 해석학에 관한 그의 작품 대부분을 1900년에서 1910년 사이에 발표했다. 그의 초기의 학문적 작업 가운데 하나는 슐라이어마허의 글들을 편집하는 것이었다. 딜타이는 슐라이어마허의 해석학에서 지대한 영향을 받고 있다. 그는 이를 더 발전시키는 것을 자신의 과제로 삼았다. 그는 대체로 칸트와의 대화 속에서 자신의 지식 이론을 형성시켰지만, 헤겔을 통하여서 역사적 변화 과정의 일환으로서의 실재 개념을 여기에 접목시키기도 하였다. 리크만(H. P. Rickman) 등은 딜타이를 넓은 의미에서의 낭만주의 범주 속에 포함시키고 있는데, 이는 그가 사유 자체보다도 삶과 경험을 높이 평가하고 있기 때문이다.[62]

슐라이어마허를 따라 딜타이는 인간 개개인의 특정성 및 고유성을 강조하였고, 또한 인간의 상상력이 가진 창조적 능력을 중시하였다. 핫지스(H. A. Hodges)는 딜타이의 "고유한 개개인의 가치 및 의미의 존중 이해"를 주목해야 한다고 강조한다.[63]

딜타이의 해석학 이론에서 핵심적 역할을 하는 개념들은 '삶'(*Leben*) 또는 '(살아본) 경험'(*Erlebnis*) 등이다. 딜타이는 로크, 흄, 심지어 칸트 등과 같은 헤겔 이전, '역사주의 이전' 시기의 지식론과 관련하여 "'인지하는 주체'의 핏줄 속에는 …… 실제의 피가 흐르지 않는다"라고 비판적으로 평가하고 있다.[64] 그가 말하는 '삶'이란 인간 활동 및 경험의 공유된 흐름을 이야기하는데, 이는 사회적 다양성과 개개인의 특정성 모두에서 인간의 경험을 형성하는 요소이다. 딜타이는 이와 같이 기록하고 있다. "우리가 경험과 이해를 통해 포착하게 되는 것은 모든 인류의 함께 짜임으로서의 삶이다."[65] 따라서 "다른 사람을 이해하고 또 그들의 표현들을 이해하는 일은 자아이해 및 경험의 바탕 위에서, 또한 그들과의 끊임없는 상호교류의 바탕 위에서 증진된다."[66] 딜타이가 말하는 '표현들'(*Lebensäusserungen*) 속에는 기호들, 상징들, 말, 글, 실천들, 행위들 등이 포함된다. "표현들은 그 어떤 내면 살핌이 발견할 수 있는 것보다 더 많은 심리학적 맥락을 함유하고 있다. 표현들은 의식이 보여주지 못하는 깊이로부터 그것을 들어 올린다." "내면 살핌이 아니라 역사를 통하여 우리는 우리 스스로를 알 수 있게 된다."[68]

해석자가 해야 할 일은 타인의 경험을 "다시 살기"(*nacherleben*)함을 통해 타인에 대한 이해를 얻는 것이다. 이를 위해서는 "공감"(*Hineinversetzen*) 또는

"전이"(*Transposition*)를 통하여 타인의 자리에 서보아야 한다.[69] 물론 딜타이는 '나'가 타인과 다르다는 것을 너무나 잘 알고 있다. 타인의 경험을 "다시 살기" 한다는 것이나 또는 "나 자신을 모세나 바울의 몸 안에 넣기"를 한다는 그의 생각을 실존적 개별성을 무시하는 "지름길" 찾기의 시도라고 평가하는 만프레드 메츠거(Manfred Mezger)나 에른스트 푹스(Ernst Fuchs), 제임스 로빈슨(James Robinson) 등의 지적을 딜타이가 직접 들었더라면 그는 크게 실망하였을 것이다.[70] 딜타이는 자신이 말하는 이해의 과정에 포함된 다양한 요소들을 주의 깊게 설명하고 있다.

첫째로, 자아 이해는 내면 살핌에 의존하는 것이 아니라 공통점과 차이점의 발현, 변이와 특정성의 발현에 의존하는데, 이런 것들은 단지 정신적 반성이 아니라 사회적 상호작용 속에서 나타나며, 이를 통해 한 개인은 공감을 배우고 상상력을 발전시키게 된다.

둘째로, "전이"나 "다시 살기"는 내가 이해하기 원하는 그 삶의 표현을 불러 일으켰던 "정황들 속으로 나 자신을 전이시키기" 하는 것을 말한다.[71] 딜타이는 한 예로 루터의 글들을 이해하는 과정을 소개하고 있다. 해석자는 물론 루터의 편지와 글들을 읽어야 할 것이다. 그러나 그것만으로는 안 된다. 당시의 공회 기록과 토론들에 관해서도 읽어야 할 것이며 루터와 교회 및 정치 지도자들 사이에 오갔던 교류의 기록들도 읽어야 할 것이다. 이를 통해 해석자는 삶과 죽음이 걸린 상황 속에서 "폭발적 힘과 에너지" 속으로 들어갈 수 있게 될 것이다. "우리 시대의 사람이 이것을 직접 경험하는 것은 결코 가능하지 못하다. 그러나 나는 그것을 다시 살기 할 수는 있다. 나 자신을 그 상황들 속에 전이하는 것은 가능하다."[72]

세 번째로, 우리는 이 모든 과정을 딜타이의 "역사적 이성 비판"이라는 틀 속에서 이해해야 한다. 그가 기록하고 있는 핵심적인 문장 하나를 인용해보자. "이해(*Verstehen*)는 너 속에서의 나의 재발견이다. 보다 높은 단계의 복잡한 개입 속에서 정신은 그 자신을 재발견한다. …… 만일 우리가 이런 방식으로 정신으로 구성된 세계를 객관적으로 알 수 있다면, 우리는 이것이 인식론의 일반적 문제를 푸는 데 얼마만큼이나 기여를 할 수 있을지 물을 수 있을 것이다."[73]

이 세 번째 요소는 좀 더 설명이 필요할 줄 안다. 이 문제는 딜타이의 중심적 관심사였던 역사적 이해의 본질에 관한 문제이며, 해석학 및 사회과학(이 양자는 독일의 대학에서는 *Geisteswissenschaften*의 이름 아래 함께 묶여 있다)에서 '객관화'의 문제와 연관된다. 칸트의『순수이성비판』은 이론적 사상의 범주 및 한계를 설정함으로써 철학사에서 하나의 전환점을 제공하였다. 딜타이는 자신의 역사적 이해 비판을 통해 칸트의 추상적 "지식 주체" 또는 "인지하는 정신"을 극복하려 하였을 뿐만 아니라, 인간 삶의 흐름 속에 이미 발을 담그고 있는 역사적으로 조건 지어진 살과 피가 있는 주체 개념을 설정하고자 하였다.

얼핏 보면 자연과학의 세계와 인문학 및 사회과학의 세계는 질서와 혼돈의 대조만큼이나 그 대조가 큰 것처럼 보인다. 인간의 삶은 다양성과 특정성의 성격 및 계속하여 변화하는 과정을 가지고 있기 때문에 과학의 특성으로 여겨지는 법칙이나 규칙, 또는 기준의 적용을 거부하는 것처럼 보인다. 만일 이것이 진정으로 그러하다면, 우리는 인문학(*Geisteswissenschaften*)과 관련해서는 객관적 이해의 개념을 전적으로 포기해야만 하는 것일까?

칸트가 질서화 및 조직화의 원리로서 "범주들"이라는 개념을 형성시켰지만, 딜타이는 이것이 인간 삶의 역사적 흐름에는 적용되지 않는다고 믿었다. 딜타이는 자신의 '이해의 해석학'을 위하여 슐라이어마허의 개념적 도구들을 빌려오고 있다. 딜타이는 이와 같이 선언한다. "전체는 그 개별적 부분의 관점에서, 또 개별적 부분들은 전체의 관점에서 이해되어야만 한다. 한 작품 전체를 이해하기 위해 우리는 그 저자와 또한 관련된 문헌을 참조해야 한다. …… 전체의 이해와 개별적 부분들의 이해는 상호의존적이다."[74] 모든 인간의 표현은 그것을 있게 만든 정황과 경험의 관점에서 이해되어야만 한다. 이해는 작품 형성에 이른 역의 과정을 추적한다. "이해는 그 자체가 사건 순서의 역방향으로 움직인다."[75]

딜타이는 이와 같은 해석학적 원리들을 두 가지 방향으로 더 발전시키고 있다. 하나는 후설(Husserl)과 그 뒤에 하이데거 및 실존주의 해석학이 이어간 방향으로의 확장이다. 자연과학의 데이터들은 서로 간에 다분히 "중립적"으로 머무를 수 있겠지만, 감지나 이해와 같은 역사적 주체의 행위 차원으로 넘어 오게 되면 자아와 타자 사이에는 분명 **삶의 관계**가 형성된다. 그래서 딜타이는 이렇게 적고 있다. "자아를 향하여 요청하는 어떤 사물이나 사람이 그 존재의 지위를 점하면서, 그것이 도움이나 방해의 원천이 되거나, 추구하든 회피하든 욕망의 대상이 될 때 …… 이는 우리의 사실적 지각을 넘어서 우리 위에 어떤 의미를 획득하게 된다."[76] 한 개인은 이렇게 해서 어떤 주어진 문화적 체제나 공동체 내의 주어진 장소나 시간에 의해 적어도 일부에서나마 결정되는 하나의 역사적 존재로서의 특성을 갖는다.

딜타이의 두 번째 방향의 발전은 삶의 "연결성"(*Zusammenhang*)과 객관화의 원리에 관한 것이다. 딜타이는 이렇게 말한다. "모든 단어, 모든 문장 …… 모든 정치적 행위 등은 이를 통해 자신을 표현한 사람들과 또 이를 이해한 사람 사이에 공통적인 어떤 것이 있기 때문에 인지 가능하다."[77] 이 점과 관련하여 하워드 터틀(Howard Tuttle)은 이렇게 지적한다. "타인의 '내적' 삶은, 과거의 것이든 현재의 것이든, 우리 자신의 것과 유사한 '인간적인 것'이요, 따라서 이해가 가능하다."[79]

일반성에 대한 자연과학의 관심과 달리 해석학적 접근의 중심에는 **한편에서는 일치점, 유사성, 일반성과 또 다른 한편에서는 특정성, 고유성, 상황성 사이의 관계**의 문제가 놓여 있다. 이런 이유 때문에 딜타이는 슐라이어마허의 비교 판단들(평행과 유사성을 전제로 하는)과 직관적, 공감적 이해(삶의 흐름 속에서의 인격적 개별성에 근거한) 사이의 양면적 강조를 수용하여 이를 발전시키고 있다. 또한 마찬가지 이유로 딜타이는 헤겔의 역사 진전에 대한 강조에 힘입어 해석학을 '인간' 과학 안의 지적 기반으로 이해했다. 그는 이렇게 적고 있다. "인간 연구에서 우리가 직면한 첫 번째의 인식론적 문제는 이해의 분석이다. 이런 문제에서 출발하여 그 해결을 도모하는 해석학은 오늘날 [1900년 당시] 학자들의 의식을 점하고 있는 인간 연구의 본질 및 근거에 관한 질문과 연관성을 맺고 있다."[80] 해석학의 기초는 "논리적 추상성"이 아니라 계속 이어지는 삶의 흐름 속에서의 특정성과 일반성 사이의 상호관계이다.

딜타이가 슐라이어마허 등으로부터(아마도 가장 결정적으로는 헤르더로부터) 물려받은 '낭만주의' 요소가 가장 두드러지게 드러나는 부분이라면, 텍스트와 같은 "삶의 표현들"을 "삶의 경험"이 남겨 놓은 죽은 침전물로 본다는 점일 것이다. 이런 흔적들은 창조적인 산 경험들의 "객관화물"로서, 이제는 이것이 실제 경험의 결과들이요 그것을 향한 추적 포인트 역할을 한다. 해석자는 무엇이 이들을 있게 만들었는지 이해하기 위해, 다시 말해 텍스트 그 자체를 이해하기 위해, 그 객관화된 흔적들 "배후"(behind)에 꼭 도달할 수 있어야만 한다. 해석자 역시 그 자신의 역사적 자리에 한정되어 있는 사람이라는 딜타이의 해석자 이해는 슐라이어마허도 공감하였던 이런 해석의 관점을 더욱 강화시켜 준다. 바로 이런 특징 때문에 이와 같은 해석적 전통을 '재구성파'뿐만 아니라 '낭만주의'라는 다소 넓은 이름으로 부를 수 있게 되는 것이다.

신학적 관점에서 볼 때, 인간 경험 속에 존재하는 특정성과 더불어 일치성과 통용성에 대한 딜타이의 강조는 다소 애매함을 가진다. 한편에서 볼 때 성경 텍스트들은 모든 인간들에게 있는 공통적인 본성들, 즉 자기애와 노예성, 자기기만, 타락성 등의 자질과 또한 동시에 반성과 자기인식, 회개, 예배 및 하나님과의 교제의 자질에 대한 신학을 제시한다. 인간의 연합적 유대성은, 그것이 옛 아담 안에서든 새 아담 안에서든, 그 안에서 보다 개인주의적 특성들, 즉 성품이나 책임, 결단, 책무성 등이 드러나는 하나의 큰 구조 틀을 형성한다. 그러나 또 다른 한편에서 볼 때는, 이와 같은 이해의 지평이 무한히 확장하게 될 때, 판넨베르크가 잘 지적하는 것처럼, 이런 해석학적 접근은 기독교 종말론 지평의 궁극성이라는 문제에 직면하지 않을 수 없게 된다.[81] 이 문제와 관련하여 최근 「세 지평」(*The Three Horizons*)이란 제목으로 아버딘 대학교에 제출된 박사학위 논문에서 제임스 맥한(James C. McHann Jr.)은 나의 『두 지평』(*The Two Horizons*)에서 다룬 바 있는 논제들을 판넨베르크의 신학이 제시하는 종말론의 "세 번째 지평"과 접목시키려는 시도를 하고 있다.[82]

딜타이의 체계를 전체적으로 두고 볼 때, 그의 시도는 역사적 이성을 위한 총괄적 비판을 제시하는 데 실패하고 있으며, 인문학 및 사회 과학에서 상호주체적 이해의 기반을 놓는 데 실패하는 것으로 볼 수 있다. 사회학에서는 막스 베버가, 그 자신 딜타이와의 공유점이 없지 않음에도 불구하고, "이해"를 보다 보편적 성격의 준과학적 "유형"과 연결 짓는 입장을 취하고 있다. 해석학의 스펙트럼 속에서 가다머는 전혀 반대 측면에서 딜타이를 비판하고 있다. 즉, 딜타이가 객관적 혹은 과학적 "방법"과의 유사성을 추구하는 방향으로 나가고 있다는 것이다. 가다머는 이렇게 말한다. "해석자 자신이 [역사적으로] 조건화되어 있음에도 불구하고, 그는 항상 역사적으로 조건화되어 있는 것에 대한 지식을 객관적 과학의 업적인 것처럼 정당화하려 하였다."[83]

우리는 딜타이의 작업이 역사적 이해에 관한 총괄적 체계를 형성한다고 보기는 어렵지만, 그럼에도 불구하고 적어도 두 가지 이유에서 가다머가 딜타이를 비판하는 것보다는 더 큰 공감을 그에게 표하지 않을 수 없다. 첫 번째 이유는, 역사와 신학에서 보편적 방법들과 개별적 특정 사항들 사이의 관계는 딜타이가 해결하고자 싸웠던 유사한 질문들을 계속적으로 던지고 있기 때문이다. 우리는 성경 연구에서 얼마만큼이 "과학적" 방법에 속하는 것이며, 또 얼마만큼이 인간적 판단과 시각, 상상력과 창의적 직관, 나아가서 수용적이며 탐구적인 믿음에 속하는 것인지 계속 묻지 않을 수 없다. 그리고 두 번째 이유는 과학 철학 속에서 "대상" 또는 "객관성"에 대한 이해가 변화되고 있으며, 여러 경성(勁性) 과학 내에서 관찰자의 지위에 대한 재평가가 일어나고 있기 때문이다. 약 한 세대 전에 맨체스터 대학에서 물리화학 교수직과 사회과학 교수직을 연이어 맡은 바 있는 마이클 폴라니(Michael Polanyi)는 모든 학과들에서 지식이 참여적 성격을 가진다는 것에 대해 역설한 바 있다.[84] 나의 『두 지평』(*The Two Horizons*)에서는 불트만이 딜타이의 생의 철학을 사용하고 있는 것과 관련하여 다소 다른 측면에서 딜타이의 사상을 다룬 바 있다.[85] 가다머가 해석학 속에서 "방법"의 역할을 거부하고 있는 이유와 관련해서는 아래 9장 속에서 보다 상세하게 다루고 평가할 것이다.

수용성과 개방성, 그리고 탐구에 대한 우리의 관심은 해석학적 주제에 대하여 상세하고도 심도 있는 저술을 이태리어(1955년)와 독일어(1967년)로 각각 출간한 바 있는 에밀리오 베티(Emilio Betti)에게 관심을 가지게 만든다. 그는 법률 역사가였지만, 헤겔과 하르트만을 비롯하여 철학에도 조예가 깊은 사람이었다. 그의 책의 서두에서 밝히고 있는 두 가지 핵심 논제는 한편에서는 객관성의 본질과 또 다른 한편에서는 이해의 해석학 이 양자를 어떻게 연결시킬 것인가 하는 점이다.[86] 베티는 슐라이어마허와 딜타이를 따라 재구성 및 "삶"의 가치를 높이 사고 있으며, 인간 과학 안에서의 방법의 지위에 대한 딜타이의 문제의식을 함께 공유하고 있다.[87]

하지만 베티가 딜타이와 차별을 보이고 있는 점은 의미(meaning)라는 것을 주어진 역사적 정황맥락 속에서 일어나는 의미 차원과, 해석자에 의해 어떤 새로운 혹은 더 넓은 맥락 속에서 어떤 개인 혹은 텍스트가 의미하는 것으로 드러나는 차원을 구분하고 있다는 점이다. 베티는 객관성에 대한 자신의 논의를 헤겔의 역사진전 및 역사내적 존재성에 대한 인식과의 대화 속에서, 그리고 보다 구체적으로는 신칸트 및 신 헤겔 철학자인 니콜라이 하르트만(Nicolai Hartmann)과의 대화 속에서 전개시키고 있다. 우리 스스로가 실재에 대한 우리의 이해를 형성한다는 칸트의 인식과, 역사적으로 상황화 된다는 것의 의미에 대한 헤겔의 진단을 염두에 두면서 베티는 "이해"가 어떻게 객관성을 확보할 수 있을 것인가의 문제를 천착한다. 베티는 개방성 혹은 "열린 자세"(*Aufgeschlossenheit*) 및 수용성(*Empfänglichkeit*)이라는 개념에서 많은 유용성을 찾고 있다.[88] 슐라이어마허와 딜타이와 마찬가지로 베티는 이해를 하나의 지속적이며 계속되는 과정으로 보고 있다. 따라서 이해는 항상 수정과 개선에 열려 있으며, 계속적인 발견의 개방성에 의존한다.

이런 이유 때문에 베티는 해석학이 삶을 위해 필수적인 지적 연단이요 교육적 훈련인 것으로 믿고 있다. 오늘날에 인류가 서로를 이해하기 위해 인내와 관용이 필요하다는 것, 그리고 서로가 상호 이해 가운데 살아야 한다는 것을 아는 것보다 더 중요한 것이 무엇이 있겠는가? 우리가 어떤 역사 문헌을 해석하든, 아니면 대화 속에서 다른 사람의 말을 듣든, 우리에게 필요한 것은 말 그 자체의 배후에 이르러서 무엇이 이를 있게 만들었는지, 왜 그런 말이 나오게 되었는지, 이를 있게 만든 주된 사상의 흐름이 무엇인지 등을 아는 것이다. 따라서 공감과 직관을 이용한 상상적 재구성(*Rekonstruktion* 또는 *nachvollziehen*)이 이해에서는 꼭 필요하다.[89]

하지만, 이해되어야 할 것은 어떤 텍스트나 발화의 의미론적 의미를 초월한다. 텍스트는 한 정신이 다른 사고하는 인격체를 향하여 자신을 개방하는 역동적 과정의 "객관화물"이다. 이 점에서 우리는 가다머가 지적하는 것처럼 슐라이어마허에 매우 가깝다. 이해는 "창작 과정의 되새기기 혹은 역순으로, 해석자는 창조의 길을 거꾸로 되돌아가 다시 사고하는 과정을 수행하게 된다."[90] 해석은 그 방향의 측면에서 창작의 역과정이다.

이런 점에서 베티는 슐라이어마허의 금언, 즉 해석자는 저자보다 저자를 더 잘, 혹은 더 온전히 이해할 수 있다는 것을 받아들인다. 왜냐하면 해석자의 역사적, 언어적, 심리적 재구성은 저자 자신도 충분히 다 알지 못했던 요소들을 포함할 수 있기 때문이다. 이해의 문제는 언어와 사회적 역할 이 모두의 측면에서 "일반화 또는 정형화"(typifications)에 근거한 지각과 평가를 구체화하는 과정이라 할 수 있다. 베티는 이렇게 말한다. "역사적 재구성 과정 속에는 말의 형태들에 따른 일반화의 과정이 전적으로 정당화된다."[91] 베티는 이와 같은 일반화 개념이 막스 베버의 사회학 이론에도 채용되고 있다고 논증한다.[92] 이해의 과정에서 해석자는 상호주체적 과정의 도움을 통해 해석에 이르거나 또는 그 해석의 정당성을 평가받을 수 있다. 딜타이와 마찬가지로 베티 역시 자기이해를 내면탐조의 결과로 보지 않고 상호주체적 삶과 만남의 흐름의 결과로 보고 있다. 이런 면은 후기 비트겐슈타인이나 아펠의 인식과 그렇게 멀지 않다. 베티는 비트겐슈타인과 거의 같은 개념으로 "삶의 형태들"(forms of life)을 이야기한다. 단지 이론적이거나 내면탐조적 지식은 이와는 다른 작동방식을 가진다.

마지막으로, 베티는 해석학적 "방법"에 대해 부정적 시각을 가진 가다머와 달리, 해석학적 과정의 네 "계기들"이 함께 이해를 촉진시킨다고 보고 있다. 첫째로, 해석자는 발화나 텍스트의 언어학적 현상들을 조사한다. 두 번째로, "비판적 계기" 속에서 해석자는 상대를 듣고 이해하는 데 필요한 진정한 개방성을 방해하는 사회적 이해관계나 이데올로기들, 헌신들, 비관용의 동기들 등에 대한 자각을 가지려고 노력한다. 세 번째로, 슐라이어마허와 특히 딜타이를 따라 베티는 해석자로 하여금 상상력과 직관을 이용하여 자신을 타인의 위치 속에 세우는 과정으로 초대한다. 네 번째로, 재구성의 과정을 통해 발화나 텍스트의 생산이 있기까지 함께 작용하였던 전체적 상황 또는 일련의 조건들을 살핀다.[93]

베티는 이 과정의 많은 부분들이 역향적(retrospective)이요 발생론적(genetic)이기는 하지만, 여기에는 또한 전향적(prospective)이며 진전적(evolutionary) 요소도 포함된다는 것을 강조한다. 왜냐하면 이해되어야 할 대상은 발전의 과정 속에서 그것을 앞서기도 하고 또한 따라오기도 하는 역사적 삶의 흐름 내에 위치하고 있기 때문이다. 슐라이어마허가 보았던 것처럼, 전체로서의 역사적-사회적 실체는 역사적 분석과 "예지적" 혹은 "선지자적" 직관을 동시에 요청한다고 베티는 보고 있다.[94] 그가 정교하게 정리하고 있는 소위 "해석학적 표준들" 역시 한 가지 점을 제외하고는 슐라이어마허와 딜타이의 관점에 가깝다.[95] 베티는 슐라이어마허의 해석학적 순환의 가치를 발견적 원리요 동시에 점검적 원리로서 높이 평가하고 있다.

베티는 저자와 텍스트가 그 자체의 역사적 특정상황 안에서, 그 자체의 용어 그대로, 그리고 그들이 채용하는 논리를 좇아서 이해되어야 한다고 주장한다. 조셉 블라이허(Josef Bleicher)는 베티의 이런 입장이 슐라이어마허와 딜타이의 입장에 매우 가깝다는 것을 지적한다.[96] 하지만 판넨베르크는 베티가 후퇴의 발걸음을 취하고 있다고 평가한다. 그는 "가치를 역사 과정 그 자체의 산물로 이해한 딜타이 이전 단계로 돌아갔을 뿐만 아니라, 가치와 존재를 분리하고 '모든' 역사적 지식을 '가치 상대적'으로 취급한 리케르트(Rickert) 이전으로 돌아갔다"라는 것이다.[97]

4. 바울 본문과 재구성 과제: 저자보다 '더 잘' 저자 이해하기?

바울의 주 서신들이 슐라이어마허나 딜타이, 베티 등이 표방하는 해석학적 방법들을 뒷받침하는 견고하고도 유용한 범례적 예들이 될 수 있는가 하는 것은 논란이 될 수 있는 문제일 것이다. 앞에서 우리는 이미 바울 본문들에 대한 주해 작업이 바울 및 바울 사상을 주해뿐만 아니라 전체로 이해하는 것과 상호작용을 할 수밖에 없다는 것을 슐라이어마허의 해석학적 순환 개념과 관련하여 생각해본 바 있다. 우리는 이런 해석학적 모델을 저자가 밝혀지지 않은 익명 저자 본문에도 적용해볼 것이다. 그전에 우리는 먼저 지금까지의 바울 연구가 어떻게 '이해의 해석학' 및 삶의 정황의 재구성 작업과 연관이 되고 있는지를 적어도 세 가지 측면에서 좀 더 상세하게 살펴보고 넘어가고자 한다.

(1) 첫째, 딜타이와 베티는 텍스트 이해의 기반이 되는 역사적 삶의 맥락 속에는 저자 및 저자의 표현을 있게 만들었던 실제적인 삶과 사상의 주변물들이 포함된다고 주장한다. 많은 성경 본문들 가운데서도 이 문제와 가장 근접된 논의의 대상이 되는 것은 바울의 고린도 서신들일 것이다. 고린도전서 해석자들에게 일어나는 처음 두 가지 질문은 아마도 이런 것일 것이다. (a) 바울이 응대하고 있는 고린도인들 자신의 신학적 입장은 어떤 것이었을까? (b) 고린도인들의 신학과 바울의 응대 모두를 조건 짓고 있는 고린도 교회의 실제적 삶과 관련하여 어떤 사회–역사적 요인들이 결정적 단서를 제공해 줄 수 있을 것인가? 이런 질문들에 답하고자 하는 많은 시도들이 있어 왔다. 허드(J. C. Hurd)는 특히 고린도인들 자신의 신학을 추적해보고자 하였고, 타이센(Gerd Theissen)은 고린도의 사회–역사적 요인들에 주목하였다. 피터 마샬(Peter Marshall)의 책『고린도 교회의 적대감』(*Enmity in Corinth*) 역시 같은 주제를 천착하고 있으며, 제롬 머피오코너(Jerome Murphy–O'Connor)는 클라우디우스 황제의 칙령 및 갈리오의 총독직 관련 문서 등 유관된 그레코로만자료들을 연구하고 있으며, 또한 가정교회의 모습이나 신전 연회, 바울의 작업장 등을 추적하기 위한 고고학적 발굴에 지대한 관심을 쏟고 있다.[98]

우리는 앞에서 바우어(F. C. Baur)가 바울 정황의 역사적 당위성의 발전과 관련된 그의 이론을 통하여 바울 연구에 짙은 영향력을 행사하고 있는 것을 보았다. 특히 그는 고린도전서 1:12, "너희가 각각 이르되 나는 바울에게, 나는 아볼로에게, 나는 게바에게, 나는 그리스도에게 속한 자라 한다"라는 구절을 그 출발점으로 삼고 있다. 그의 책『바울』(*Paul*)에서 바우어는 이 구절을 한편에서는 유대 그리스도인파(소위 게바파와 그리스도파)와 또 다른 한편에서는 이방인 관련파(소위 바울파와 아볼로파) 사이의 대립을 반영하는 것으로 해석하고 있다.

상당히 오랜 기간 동안 사람들은 이 구절이 반영하고 있는 분열은 주로 교리적 문제에 기인한다고 생각해왔다. 예를 들어 맨슨(T. W. Manson)은 초대 기독교에서의 바울의 역할과 관련된 바우어의 견해를 논박하면서, 여기에 언급된 게바(베드로)파는 다름 아닌 고린도의 유대화주의 그룹이었을 것이라고 주장한다. 고든 피(Gordon Fee)는 최근의 그의 고린도전서 주석에서 이런 점과 관련하여 "이 구절이야말로 고린도전서 전체를 어떻게 이해할 것인지, 특히 바울이 대응하여 편지를 쓰고 있는 그곳의 역사적 정황을 어떻게 이해할 것인지의 문제를 푸는 핵심 구절"이라고 밝히고 있다.[99]

1954년(영어로는 1959년)에 뭉크는 고린도 교회는 "분열이 없는 교회"라는 주장을 내놓았다. 문제가 되고 있었던 것은 교리적 차이가 아니라 지도적 인물들을 중심으로 한 "불화와 말다툼"이었다고 보고 있다.[100] "바울은 고린도전서 1–4장에서 거짓 교리와 맞서고 있는 것은 아니"라고 뭉크는 강조한다.[101] 실제로 문제가 되었던 것은 그들로 하여금 패권주의적 인식을 갖게 하고 그래서 큰 이름들을 자랑하게 만들었던 신학적, 종교적 우월의식이었다고 보고 있다.[102] 고든 피 역시 뭉크의 결론을 좀 더 넓은 범주에서 바르게 따라가고 있다. 그렇다면 이런 관점을 위해 어떤 구체적인 증거들을 들 수 있을 것인가?[103]

이를 위해 고린도의 신학의 재구성 작업은 불가피할 것이다. 하지만, 이런 문제는 제롬 머피오코너 같은 학자에 의해 제공되고 있는 고고학적 재구성과 긴밀히 연계되어 있다.[104] 처음 교회의 생활은 가정집들을 중심으로 이루어졌을 것이다. 고린도에서 A. D. 50년경의 저택 하나가 발굴된 적이 있다. 훌륭한 모자익 유물이 남아 있는 것을 볼 때 이 집은 보다 부유한 계층의 시민이 살았던 제법 큰 저택에 속한다. 이 집의 트리클리니움(*triclinium*)이라 불리는 식당은 가족이나 손님들이 식사를 하는 곳으로 약 40 평방미터 정도의 규모이다. 여기에 딸린 입구 홀 아트리움(*atrium*)은 약 30 평방미터 정도가 된다. 여기에서 의자나 장식품을 놓은 공간을 빼야 할 것이고, 또한 홀에 있는 물 저장을 위한 장소인 임플루비움(*impluvium*)도 빼야 할 것이다. 2세기의 다소 큰 다른 주택들과 평균을 내어서 계산해본다면, 당시 저택의 아트리움에는 약 30에서 40명 정도의 사람들을 수용할 수 있었을 것으로 보인다.

머피오코너는 그 밖의 몇 가지 부가적인 요소들을 염두에 두면서 이런 결론을 내리고 있다. "바울이 고린도전서 1:12에서 언급하고 있는 다양한 그룹들은 각각 따로 정기적인 모임을 가졌던 것으로 볼 수 있다. 그와 같은 비교적 독립된 상황으로 인하여 각 그룹이 그 자체의 신학을 발전시켰을 것이며, 이것이 다른 견해들과의 대면 이전에 어느 정도 잘 뿌리를 내리고 있었을 것으로 보인다. 한 장소에서 모든 교회가 정기적으로 함께 모이기가 어려웠던 상황은 그 분열의 이유를 잘 설명해준다."[105]

이런 고고학적 재구성은 고린도전서 11:20–22의 주의 만찬에 관한 바울의 표현들을 이해하는 데에도 역시 빛을 던져 준다. "그런즉 너희가 함께 모여서 주의 만찬을 먹을 수 없으니[너희가 먹는 것이 주의 만찬이 아니니] 이는 먹을 때에 각각 자기의 만찬을 먼저 갖다 먹으므로 어떤 이는 시장하고 어떤 이는 취함이라. 너희가 먹고 마실 집이 없느냐? 너희가 하나님의 교회를 업신여기고 빈궁한 자들을 부끄럽게 하느냐?" 우리가 고고학적 재구성에 의거하여 이 상황을 상상해보면, 모든 참석자들이 다 의자에 기대어 잘 꾸며진 분위기에서 식사를 할 수 있는 9–10명 정도 수용 가능한 트리클리니움에 들어 갈 수 없었기 때문에, 늦게 온 사람들이나 일부 사람들은 트리클리니움 밖의 아트리움에 비좁게 자리를 잡아야 했을 것으로 보인다. 이처럼 "일급 신자들은 트리클리니움에 초청을 받는 반면 나머지 사람들은 바깥에 있어야 했다."[106] 한 그룹은 기대어 누웠지만, 다른 그룹은 그냥 앉아야 했다(비교, 고전 8:10, 14:30). 아마 음식도 다르게 제공이 되었을 것이다. 이런 상황으로 인해서 그리스도의 죽음과, 또 이로 말미암아 가능하게 된 모든 성도들의 동등성 및 하나됨에 초점을 맞추는 주의 만찬의 의미가 퇴색되고, 나아가서 이런 상황 속에서는 "주의" 만찬이 그 자체의 목적을 온전히 잃어버리게 되었다. 이렇게 볼 때 바울 텍스트의 의미가 보다 명료하게 드러난다.

(2) 슐라이어마허, 딜타이, 베티는 바로 이런 방식으로 저자의 사고와 저

작을 배출한 사회-역사적 삶의 맥락의 재구성을 요청하고 있다. 바울이 실제적으로 응대하고 있는 사람들과의 상호주체적 실체들을 보다 잘 재구성해냄으로써 우리는 그가 기록하고 있는 것들의 의미를 더 온전하게 이해할 수 있게 된다. 이런 재구성 해석이 필요한 또 다른 이유가 있다. 바울을 한 인간으로, 한 사상가로, 한 그리스도인 신자요 목사요 사도로 보는 시각이 역시 우리의 이해를 증진시킨다는 점이다. 크게 보면 현대의 바울 해석 연구들이 두 가지 면에서 해석학적 상호보완 역할을 해왔다. 한편에서 19세기 말과 20세기 초반, 특히 바이스(Johannes Weiss)와 슈바이처의 경우, 바울의 역사적 독특성에 초점을 맞추면서 바울과 현대세계의 사고 구조 사이의 거리를 부각시켰다. 그러면서도 바울을 성급하게 '현대화'하려는 시도를 하기도 하였다. 오늘날의 일부 사람들도 그와 같이 하는 경향이 있다. 그러나 브루스(F. F. Bruce) 같은 학자들의 경우에는 바울을 우리가 보다 쉽게 관계 맺을 수 있는 깊은 신앙과 관대한 판단의 사람으로 재생시키기도 한다.

다수의 19세기 말, 20세기 초의 바울 연구들은 가다머가 말하는 "텍스트와 현재 사이의 긴장", 또는 딜타이와 베티가 말하는 그의 고유성 및 역사적 특정성을 주목하였다.[107] 그 가운데서도 가장 급진적으로 이 긴장 또는 고유성을 표현한 사람은 프란츠 오버벡(Franz Overbeck)일 것이다. 그는 이와 같은 도발적인 발언을 하고 있다. "오늘날 누구든지 자신이 바울과 동의할 수 있다고 생각하는 사람은 결코 바울을 이해하지 못한 것이다." 19세기 바울 해석의 역사를 비판적으로 돌아보면서 슈바이처는 리처드 립시우스(Richard Lipsius, 1863), 헤르만 뤼데만(Hermann Lüdemann, 1872), 오토 플라이더러(Otto Pfleiderer, 1873) 등이 모두 난관에 봉착할 수밖에 없었다고 말하는데, 이는 그들이 바울의 개념들을 그 의미와 통용성의 바탕인 삶의 정황 및 사상의 맥락에서 이탈시켜 단지 추상화된 개념들로만 취급했기 때문이라고 지적한다. 그들은 "바울의 말의 원래적 의미가 오늘날 우리가 포착하지 못하는 전제들에 의존하고 있을 수 있다는 가능성을 고려하지 않기 때문에 실패했다"라는 것이다.[108] 슈바이처는 바울의 삶의 맥락을 종말론에서 찾고 있다.

요하네스 바이스의 경우 바울의 사상의 뿌리로 구약과 묵시론적 유대교를 들고 있다.[109] 그러면서 그는 또한 바울의 회심 경험 및 선교에의 부름이 갖는 해석학적 의의에 대해서도 특별히 관심을 모으고 있다. "그의 삶의 변환"이 가지고 온 결과는 "그의 사상의 모든 곳에 남겨진 커다란 '단절'이다. …… 이런 점 때문에 후대의 사람들에게 실제적인 어려움이 남게 되는 것이다. …… 우리 대부분은 유대교나 또는 이교로부터 기독교로 건너가보지 못한 사람들이다."[110] 여기에다가 묵시적 세계의 배경 위에서 우리는 새 창조(고후 5:17)에 대한 바울의 언어를 이해해야 하는 어려움을 가진다.[111]

20세기 중반에 이르기까지 바울의 역사적 특정성이 우선은 그의 사상을 헬레니즘 배경 속에서 그리고 또 이어서는 실존주의적 관점에서 해석하려는 시도들 때문에 부분적으로 모호해졌다. 그러나 최근에는 한 인간으로서의 바울의 고유성이 두 가지 다른 방향에서 조명을 받고 있다. 한편에서 크리스터 스텐달은 바울을 우리가 접하는 것과는 매우 다른 상황들을 접하고 있는 사람으로 그리고 있다. 또 다른 한편에서 F. F. 브루스는 바울을 한 사람의 그리스도인이요 깊은 동정심과 인류애를 지닌 목회자로 그리고 있다.

스텐달은 "바울과 그의 사역의 고유성"에 대해 거듭해서 강조한다.[112] 뿐만 아니라 그는 "한계는 고유성의 또 다른 면"이라는 것을 열정적으로 강조한다.[113] 바울에 대한 루터식 또는 아우구스투스식 접근을 버려야 한다는 그의 주장 또한 강력하다. 왜냐하면 이것이 인간의 죄 의식을 바울과 다른 모든 세대의 사람들을 엮는 "공통분모"로 삼고 있기 때문이다. 스텐달은 바울이 이런 것과는 매우 다른 예기치 못한 자세를 취한다고 보고 있다. 바울은 율법이 요구하는 의의 관점에서 자신을 판단할 때 "흠이 없다"라고 스스로를 판단하고 있다(빌 3:6).[114] 바울이 율법이나 유대교와 관련하여 보다 객관적이고 정황적 문제들에 관심을 가졌다고 보는 것이 스텐달의 관점이다. 그는 캐드베리(H. J. Cadbury)가 『예수를 현대화하는 일의 위험』(*The Peril of Modernizing Jesus*)이라는 책에서 복음서 연구를 통해 얻고자 했던 것을 바울 연구를 통하여 얻고자 하고 있다. 우리가 바울을 우리 자신들의 세계와는 "이격"시키는 일을 하게 될 때, 우리는 토랜스(T. F. Torrance)가 루터 및 칼뱅의 해석학에서 보여주고자 했던 것처럼, 성경 텍스트의 낯설고 친숙치 못한 요소들이 이미 다 길들여졌을 때보다도 기대치 못했던 것들에 의해 우리가 흔들린다고 느낄 때, 바로 그때 성경의 변혁적 이해가 더 잘 일어난다는 것을 기억할 필요가 있다.

하지만 우리가 앞서 해석학적 순환에 대한 논의에서도 언급하였던 것처럼, 바울의 초상화로 그 어떤 것이 제시되었든지 간에 그것은 주해적 세부 사항들에 비추어 점검을 받아야만 한다. F. F. 브루스는 바울의 신학 사상의 발전을 상세한 삶의 정황들의 흐름 속에서 추적해가고 있다. 이를 통해 제시된 바울의 그림은 동정적 공감을 불러일으키는 인물이다. 브루스가 볼 때 바울은 "사회적이요 공존적인 사람이다. 그는 남녀 동료들과 함께 있기를 즐거워했다."[115] 브루스는 "바울에 대한 일반적 미신의 가장 믿기 어려운 점 가운데 하나는 그를 여성혐오자로 그리고 있는 것"이라고 지적한다. "오히려 바울은 여성들을 인격적으로 대하였다. 그는 겐그레아 교회의 일군(집사)인 뵈베를 천거하고 있으며 …… 빌립보에서 복음을 위하여 그와 함께 일하였던 유오디아와 순두게의 수고를 높이 사고 있다"(롬 16:1–2, 빌 4:2–3).[116]

바울의 인간성은 친구들의 헌신을 불러일으킬만한 것이었다. 아굴라와 브리스길라는 그를 위해 자기들의 목숨까지 위태롭게 하였으며(롬 16:3–4), 에바브로디도는 바울을 돕기 위해 건강을 잃기까지 하였다(빌 2:25–30). 갈라디아서에서 바울이 폭발하는 모습을 보게 되는데, 이는 약한 자들 또는 "작은 자들"을 넘어뜨리려 하는 자들에 대하여 그리스도의 엄한 마음을 그가 공유하기 때문이다(갈 4:9, 눅 17:2, 비교, 고후 11:29). 뿐만 아니라 바울은 약한 자들을 보호하고 있으며(고전 8:1–11), 복음을 위해서는 자신의 안락이나 안전도 돌보지 않는 자세를 가진다(고후 11:23–27, 빌 2:17, 롬 9:3). 그는 일 자체나 추상적 원리가 아니라 사람을 지향하는 사람이다.[117]

1980년대에 와서 사회학적 혹은 사회–역사적 도구들을 사용하여 바울을 당시의 사회적 맥락 속에 놓고 살피려고 하는 많은 연구들이 시도되었다. 예를 들어 로널드 호크(Ronald Hock)은 천막장이인 바울의 경력에 대한 일반적 합의에 도전장을 던지고 있다. 바울이 그의 약함을 자랑할 때나(고후 11:30, 12:9–10) 또는 '수모'를 자청할 때(고전 4:9–13) 실제로 가죽을 다듬어 천막을 만드는 자로서 자신의 일을 염두에 두고 있었다는 호크의 주장이 얼마나 설득력을 갖는지에 대해서는 의심스러운 부분이 있다. 하지만, 호크의 접근은 베티가 말하는바 바울의 '전체적 삶의 맥락'이라는 중요한 측면에 관심을 돌리는 면에서는 좋은 기여를 하고 있다. 여기에는 작업장의 세계도 포함된다. 이 세계는 "아굴라나 바나바, 그리고 어쩌면 야손과 같은 기술공 친구들과 함께 하는 세계요, 가죽과 칼, 송곳 같은 도구들이 있는 세계이며, 지치도록 땀을 흘리고 노예처럼 작업대 위에 엎드려 있어야 하는 세계이다."[118]

제롬 머피오코너의 고고학적 재구성은 이 그림 위에 더 상세한 요소들을 덧붙이고 있다. "[작업장의] 출입구가 유일하게 빛이 들어오는 곳이며, 이 때문에 추운 겨울에는 어려움이 가중되었을 것이다. 화로의 열도 찬바람에 다 날려 갔을 것이다. …… 작업 여건은 말할 수 없이 불편했을 것이다. 바울이 추위 속에서 맨 손으로 일을 해야 했다면, 그가 왜 굳이 큰 글자로 글을 써야 했는지(갈 6:11)도 설명이 된다."[119] 이것뿐만이 아니었다. "매우 복잡한 시장의 가게에 앉아서 바울은 동료 및 고객들만 만나는 것이 아니라 또 다른 사람들과의 관계도 있었다. …… 힘든 일이 있을 때마다 교인들은 그를 찾아가 만났다. …… 그런 면에서 바울의 작업장은 선교 센터로서는 매우 기발한 선택이었다."[120]

노먼 피터슨(Norman Petersen)은 바울과 빌레몬서의 관계에 대한 그의 연구에서 상호인격성 및 기구적 역할들에 대한 사회학적 범주화의 방법을 사용하고 있다.[121] 어떤 의미에서는 이런 접근은 일반화(typification)의 해석학적 가치에 대한 베티의 언급을 충분히 충족시킨다고 볼 수 있다. 그러나 또 다른 한편에서 보면 언어**내적**(*intra*–linguistic) 내러티브 세계 범주 안에 사회이론 내지는 지식사회학적 실재의 '구성'을 비벼 넣는 것은 문제를 보다 복잡하게 만들기도 한다. 이는 해석학 속에서의 재구성과 라포르(rapport)의 역할을 넘어서는 일이다. 우리가 앞서 보았던 피터 마샬(Peter Marshall)의 경우는 바울과 고린도 교인들의 관계 속에 나타난 사회적 관습의 문제를 다루고 있는데, 비록 그의 논리 가운데서 수사학적 기능의 문제들이 중요한 부분을 차지하고 있긴 하지만, 그래도 그의 접근은 보다 덜 추상적인 언어적 함축의 틀 안에서 이루어지고 있다.

(3) 슐라이어마허와 딜타이, 베티는 우리가 살피고 있는 이런 연구가 해석자들로 하여금 텍스트의 저자를 저자보다 더 잘, 더 전적으로 이해할 수 있도록 만들어준다고 보고 있다. 우리가 바우어(F. C. Baur)의 신약 역사 해석에 관한 경우에서도 보았던 것처럼, 원리상으로는(실제적으로는 바우어가 이것을 극복했는지 알 수 없지만) 언제나 한 개인이 그 자신이 전적으로 다 의식하지 못하는 역사적 요인들에 사로잡혀 있을 수가 있다. 바우어 자신의 재구성이 신빙성 있는 비평을 필요로 한다는 사실은 이 특정 사례가 어디까지나 가설적이라는 것을 의미한다. "역사적 필연들"이라고 가정하는 것들은 항상 잠정적 성격을 가지며 더 많은 논의나 증거에 의해 수정될 수 있다.

뿐만 아니라 저자가 충분히 다 인지하지 못하는 또 다른 요인들이 있다. 후대의 개념적 발전이 일어나는 경우 앞서 표현되었던 것들을 보다 일반적 차원에서, 또는 덜 발전된 의미의 차원에서 뒤돌아보며 살펴야 하는 경우이다. 이런 예들을 찾아볼 수 있는 것 가운데서 두 가지 경우를 살펴보고자 한다. 하나는 후대의 심리학적 개념의 발전이 일어나는 경우이고, 또 하나는 신학적 교리의 발전과 관련된 문제이다.

심리학적 예 가운데 가장 주목을 끄는 것은 인간 마음(*kardia*)에 관련된 바울의 언어이다. 바울은 구약으로부터 마음(히브리어 *lebh*)이라는 것이 꼭 외적 형태로 인지되지는 않더라도 한 인격체의 감추인 깊이를 포괄하는 개념이라는 것을 물려받고 있다. 이 마음의 의미를 대비적으로 잘 보여주는 본문이 사무엘상 16:7의 "사람은 외모를 보거니와 나 여호와는 중심(*lebab*)을 보느니라"는 구절이다. 바울은 마음을 감정과 갈등, 고뇌 등의 좌소로 보는 구약의 관점을 공유하고 있다. 그래서 그는 자신의 "마음에 그치지 않는 고통이 있다"(롬 9:2, 비교, 시 22:14)라고 표현하는 것이다. 로마서 10:1의 "내 마음에 원하는 바(열망)" 같은 표현을 NEB 같은 영어 성경은 "내 가장 깊은 열망"으로 정당하게 옮기고 있다. 어떤 확고한 결정이 이루어질 때, 그래서 전 인격의 의지적이고 지속적인 자세가 형성될 때, 바울은 이를 두고 "그 마음을 굳게 한다"(고전 7:37)라고 표현하고 있다. 완고한 마음은 그 무엇도 침투할 수 없는 고집을 의미한다(롬 1:28, 2:5, 고후 3:14, 15). 자기 스스로에게 말하는 것, 또는 혼자 깊이 숙고하는 것을 "그 마음에 말한다"(롬 10:6)라고 표현한다. 가장 특징적인 용례는(이 역시 구약의 주제를 반영하는 것이다) 오직 하나님만이 인간의 마음의 목적을 드러내시며(고전 4:5, 롬 8:27), 마음에 감추인 것을 감찰하신다는 것, 즉 표면으로 끄집어내신다는 것이다(살전 2:4).

불트만은 이런 많은 예들을 살펴본 후에 결론짓기를 의지와 의도가 개입되는 경우, 이것이 "**의식의 영역**을 관통할 필요는 없고, 자아의 **감추인 성향**을 지칭하는 것일 수 있다"라고 말한다.[122] "육체의 모양을 내려하는" 사람들(갈 6:12)은 스스로의 **의식적** 의도들을 모를 수도 있으며, "그 은밀한 동기가 그들 자신에게도 가리워져" 있을 수 있다.[123] "마음의 뜻"(*boulai*, 고전 4:5)은 의식의 문턱이 미치지 못하는 곳에 놓여있어, 때로 마음이 "어두워"지기도 하며 기만의 희생물이 될 뿐만 아니라(롬 1:21, 16:18) 때로는 기만의 행위자가 되기도 한다.

어쩌면 불트만이 말하고자 하는 것은 만일 바울이 프로이트 이후의 무의식 및 하부의식의 개념들을 알았다고 한다면 그는 이런 개념적 도구 또는 용어들을 틀림없이 사용했으리라는 것이다. 로버트 주엣(Robert Jewett)이 로마서에서의 카르디아(*kardia*)의 용례에 대해 연구한 것을 보면 오늘 현대 및 포스트모던 상황에서의 해석학적 '의심'(suspicion)에 대한 논의들을 떠올리지 않을 수가 없다. "어두워지고 감각 없는 '마음'(롬 1:21)으로부터 하나님과 그의 창조세계의 진리를 고의적으로 왜곡하고 억압하는 사상들이 흘러나온다."[124] 우리는 바로 이런 근거 위에서 우리의 구원과 성화가 인간의 '마음' 속에 성령의 부으심(롬 5:5)을 포함한다는 것을 주장하지 않을 수 없다. 치유는 가장 깊은 곳에서 일어나야 한다.

바울의 카르디아(*kardia*)가 즉 프로이트의 무의식 및 하부의식을 '의미한다'고 말하는 것은 시대착오적이며 비역사적이다. 하지만 바울이 마음이라고 할 때는 우리가 계속적으로 겪고 있는 것들을 부사적 방식으로(~같이, ~식으로 등) 의미한다고 말할 수 있으며, 또한 프로이트 이후의 임상적, 개념적 도구들이 우리로 하여금 바울이 이런 임상적 경험이 구체화되기 이전의 세계에서 표현하였던 것들의 함의를 더 잘 이해할 수 있도록 돕는다고 말할 수 있다. 이런 분야와 관련된 더 많은 이슈들을 게르트 타이센(Gerd Theissen)이 그의 책 『심리학적 측면에서 본 바울신학』(*Psychological Aspects of Pauline Theology*, 영역 1987)에서 심도 있게 다루고 있다.

두 번째로 기독교 신학에서의 교리의 발전의 예를 생각해보자. 이는 주로 정통 기독교에서 많이 제기되는 이슈인데, 대부분의 정통 그리스도인들은 한편에서는 그 교리가 '성경적'이라고 주장하면서 동시에 '삼위일체적' 신학을 견지한다. 많은 사람들은 휫틀리(D. E. H. Whiteley)나 켈리(J. N. D. Kelly)의 표현대로 바울의 서신들이 "삼위일체론의 설계도 흔적들"을 가지고 있다는 데에 동의한다.[125] 바울은 그리스도인들이 한 분 하나님을 믿는다는 것을 분명하게 말하고 있다(고전 8:6). 그리고 많은 구절들 속에서 아버지 하나님과 주 예수 그리스도 그리고 성령 사이의 결합 및 구분이 이루어지고 있는 것을 볼 수 있다(롬 1:4, 8:11, 14–16; 골 1:15). 그리스도와 성령의 관계는 많은 연구들 속에서 진행된 바 있으며, "주는 영이시다"(고후 3:17)와 같은 본문에서 "이다"라는 "구약 인용구 안에서의 의미로" 보아야지 동일시의 의미로 보기는 어렵다.(다시 말해서 '예수가 영이다'의 의미가 아니라, 출 34:34의 주가 즉 성령이라는 의미–역주)[126]

영국 성공회 교리위원회에서 간행한 두 편의 연속 보고서(1987년과 1991년)에서, 우리 위원들은 삼위일체 교리의 기원을 처음 3세기 동안의 역사적, 신학적 논쟁의 상황적 맥락 속에서 찾기보다 바울과 다른 신약 저자들이 공유하였던 그리스도인 경험, 즉 신자의 기도가 성령에 의해 조성되어서 주 예수 그리스도를 통하여 아버지 하나님께 드려지는(롬 8:14–17, 26–27) 이 "신적 대화"의 맥락 속에서 찾아야 한다는데 대체로 일치된 견해를 표방한 바 있다.[127] 신자나 신앙 공동체의 본질이나 그들의 하나님과의 관계 등은 삼위일체적 언어를 사용하지 않고서는 명시적으로 그리고 전적으로 묘사한다는 것이 불가능하다.

또 다른 한편, 초대 그리스도인 신조나 고백이 삼위일체론 보다는 예수 그리스도의 주되심(고전 12:3 등), 그리고 성경을 따라 "우리 죄를 위하여" 그가 죽으심과 부활하심을 믿고 고백함(고전 15:3–5, 비교, 고전 11:23–25, 롬

4:25)에 그 초점이 맞추어지고 있음을 부인할 수 없다. 어떤 단계에서부터 바울과 바울 공동체들이 삼위일체의 공식 교리의 언어로 그들의 신앙을 표현하기 시작했을까? 만일 고린도전서 8:6을 그 단초의 하나로 본다면 왜 그 고백이 그리스도에 관한 두 번째 항목에서 갑자기 그치고 마는 것일까? 이에 대해 정통 신학은 삼위일체 교리가 바울 서신들 속에 이미 내재되어 있던 것을 "논리적으로 외현화한 것"이라고 대답한다. 이것이 제시하는 바는 이후의 반성적 사고가 "바울의 사상이 인도하는 곳"을 부분적으로는 그 자신이 의식하는 지평을 넘어가는 방식으로 명료화한다는 것이며, 이 해당 사실들을 "더 잘" 혹은 "더 충만히" 이해하도록 체계화한다는 것을 말한다.

하지만 여기에서 나타나는 어려움은 해석적 판단을 위한 기준의 문제이다. 만일 우리가 관심갖는 것이 바울이 무엇을 의미하기를 바라는가보다 그가 엄밀하게 무엇을 "의미했는가"의 문제라면, 우리에게는 저자(바울)의 인지 범위를 넘어서는 요소들에 관한 추상적 가설이 작용하고 있는지를 가늠해볼 수 있는 기준이 있어야만 할 것이다. 이런 면에서 해석자가 바울 텍스트를 어떤 새로운 상황 속에 놓고 해석하고자 한다면 여기에는 해석학적 신실성 및 책임성과 어느 정도의 용기 사이의 균형을 잘 맞출 필요가 있다. 예를 들어 바울과 여성 사역 주제와 관련하여 영국의 신약학자 가운데 가장 주의 깊고 보수적인 사람 중의 하나인 도널드 거스리(Donald Guthrie)는 일련의 바울 텍스트들의 '참' 의미를 두고 이와 같은 판단을 내리고 있다. "너희는 …… 남자나 여자 없이 다 그리스도 예수 안에서 하나이니라"(갈 3:28)는 이 구절이 "그의[바울의] 다른 진술들을 이해하기 위한 열쇠 역할을 하는 것으로 보아야만 한다."[128]

슐라이어마허, 딜타이, 베티 등이 주장하는 것처럼, **먼저** 우리가 우리 자신을 저자의 상황 속에 놓기 전에는 "더 충만한" 이해를 발전시킬 수 없으며, 또한 "보다 충만한" 의미라고 가정하는 가설들을 위해 역사적 맥락이 "통제"의 역할을 해주어야만 한다. 앞서 2장에서 논의한 바 있는 텍스트를 생활세계 또는 그 정황 맥락에서 이탈시키는 텍스트 관은 바울 텍스트의 경우에는 허용될 수 없다. 제롬 머피오코너 등이 제시하는 여러 자료들은 이런 점을 의심의 여지없이 분명히 한다. 이해의 해석학은, 오스틴(J. L. Austin)의 표현을 빌리자면, 마지막 말은 아닐지라도 분명 처음의 말이기는 하다.

5. 익명 본문의 저자 이해: 히브리서의 경우

슐라이어마허, 딜타이, 베티 등에 의해 정립된 '이해의 해석학'은 저자상황의 재구성뿐만 아니라 상호인격적 이해(interpersonal understanding)의 바탕위에서 그 기능을 수행하기도 한다. 하지만 텍스트나 저자 어느 쪽에 더 큰 비중을 둘 것인가 하는 문제와 관련해서 슐라이어마허는 이것이 실제적으로 '해석적 전략'의 문제에 해당하는 것으로 보고 있다. 결국 중요한 것은 우리가 저자의 이름이나 배경을 알고 있다는 그 자체가 아니라, 저자가 생산한 텍스트가 그 세세한 부분들을 고려하여 이해되고 있는가 하는 점과, 더 나아가서 **그것이 인간 정신의 비전을 반영하며 또한 보다 넓은 생활세계의 정황에 속하는 전체성의 측면에서 이해되고 있는가** 하는 점이다.

실제로 히브리서와 같은 익명 저자의 경우 그 역사적 재구성의 과제는 바울 서신을 통해 그 저자의 사상과 배경을 재구성하는 일과 그 난이도의 면에서는 대단히 큰 차이가 있다. 하지만, 그 본질에서는 근본적인 차이는 없다. 바울의 정황을 재구성하는 것은 비교적 쉽다. 물론 우리가 사도행전 9:1–30, 13:2–28:31의 자료를 사용하는 측면에서는 다소의 주의가 필요하긴 하겠지만, 그럼에도 불구하고 바울 자신이 스스로의 자서전적 언급들을 많은 곳에서 남기고 있으며(예를 들어, 갈 1:11–2:21, 고후 11:21–33, 빌 3:4–16 등), 또한 다른 서신들 속에서도 그의 삶의 정황들을 반영해주는 많은 자료들이 있다. 그러나 히브리서에서는 바울의 자서전적 언급에 비견될 만한 것들을 찾을 수 없으며, 단지 텍스트만을 가지고 있을 뿐이다.

하지만 우리는 이 텍스트를 통하여 저자의 특성을 보여주는 일종의 사상체계 및 삶의 정황을 재구성해볼 수 있다. 최소한 우리는 베티 등이 이야기하는 일반화(typification) 정도는 이룰 수 있으며, 저자의 신학적 논증과 목회적 관심에 방향성을 제공하는 비전의 전체성이 어떤 것인지를 엿볼 수 있다.

히브리서의 경우 우리는 보다 많은 것을 얻을 수 있다. 왜냐하면 이 책의 저자가 신약 안에서도 대단히 특징적인 신학적 비전을 견지하고 있으며, 그(만일 저자가 브리스길라라면 그녀) 자신만의 독특한 종말론 및 기독론의 틀 안에서 남다른 개념적 구도를 펼치고 있기 때문이다. 저자의 실제적인 권면적 자료들은 종종(항상 그런 것은 아니지만) 바울에게서 나타나는 것처럼 논증부의 끝 부분에 돌려져 있지 않고 오히려 논증의 여러 단계 속에 반복적으로 산재되어 있다(예를 들어, 히 2:1–4, 3:7–19, 4:14–16, 5:11–6:12, 10:26–39, 12:1–17, 25–29). 이를 볼 때 이 저자가 자신의 논증을 있게 만든 독자들의 상황에 매우 실제적인 관심을 보이고 있다는 것을 쉽게 알 수 있다.

히브리서는 매우 강한 종말론적 비전을 반영하고 있다. 로버트 주엣(Robert Jewett)은『순례자들을 향한 편지』(*Letter to Pilgrims*)라는 제목의 히브리서 연구서에서 이 책이 "영구한 도시들의 환상을 배격한다"라고 지적한다.[129] "우리가 여기는 영구한 도성이 없고 오직 장차 올 것을 찾는다"(히 13:14). 윌리엄 맨슨(William Manson)은 이 편지의 수신인 회중이 그들의 이전 유대교적 삶의 방식과 관련된 안정망에 집착하고 있는 것으로 보고 있다. "그들의 그리스도인 됨의 유대교적 부분에 너무 의존하려 한 나머지 종말론적 부름의 차원을 잃어버리고 있다"라는 것이다.[130] 제도적 성전보다 장막의 이동성 이미지를 사용함으로써 그리스도인들이 계속 옮겨가야 한다는 것, 또는 "밖으로 나가야" 한다는 것을 강조하고 있다. 아브라함은 "갈 바를 알지 못하고 나갔다"(히 11:8, 참고 창 12:1–8). 따라서 우리도 "파이오니어 예수를 바라보면서"(히 12:2) "영문 밖으로 그에게 나아가자"(히 13:13)고 권면한다.

에른스트 케제만(Ernst Käsemann)은『하나님의 떠돌이 백성』*The Wandering People of God*)이라는 제목의 히브리서 연구서에서 광야에서 자기 백성을 인도하는 자로서 예수의 예표인 여호수아를 범례적 모델로 내세우고 있다. (케제만이 처음 이 책을 쓸 당시의 배경을 고려할 필요가 있다. 히틀러의 통치 아래에 있던 1937년의 독일 교회를 향하여 그는 세상의 안전망을 벗어버리고 그리스도께서 자유케 하신 자들로 살아가도록 도전하고 있다. 이 책의 초판은 대부분이 감옥에서 집필되었는데, 이는 그의 도전에 대한 국가 사회주의의 응답이었다.) 케제만은 "기독교적 삶의 모형으로서 …… 광야길의 떠돌이 삶의 실존적 필요성"에 대해 역설하고 있다. "안식은 나그네 기간의 수고와 쉬지 못함이 다한 후에 약속으로 임한다."[131] "그런즉 안식할 때가 하나님의 백성에게 남아 있도다"(히 4:9). 만일 '안식'이란 것이 여호수아(그 이름이 헬라어로는 예수와 동일)가 이스라엘을 위하여 벌써 다 이루어버린 것이라 한다면 "하나님은 그 후에 다른 날을 말씀하지 아니하셨을 것이다"(히 4:8).

보다 최근에 이와 같은 종말론적 순례자 주제를 더 집중적으로 연구한 학자로 올프리드 호피우스(Olfried Hofius)가 있는데, 히브리서에 대한 그의 연구서의 제목 자체가 『카타파우시스』(*Katapausis*)이다. 이 말은 히브리서 4:3, 4:8 등에 나오는 단어로서 '안식'을 의미한다. "영원한 안식"의 이미지는 영지주의적 사고와는 전혀 관계가 없고, 그 자체가 종말론적이라고 호피우스는 강조하고 있다. 이는 종말론적 순례길이 마침내 다다르게 되는 미래의 목적지를 나타낸다.[132] 히브리서 4:3의 하나님의 안식(카타파우시스)에 들어감은 즉 "마지막 구원의 날"을 가리킨다.[133]

우리는 바울이 이 히브리서의 저자가 아니라는 것에 대한 내증 및 외증을 가지고 있다. 로마의 클레멘트(Clement of Rome)는 주후 95년의 글에서 다른 저자들에 대해서는 인용시 그 이름을 언급하면서 히브리서의 인용에서는 저자의 이름을 밝히지 않는다. 알렉산트리아의 클레멘트(Clement of Alexandria)는 히브리서의 헬라어 문체가 바울의 것과는 다르다는 것을 인식하면서 그 이유로 누가가 번역자 역할을 하였기 때문이라고 가정을 한 바 있다. 그러나 그의 후계자인 오리게네스는 이 서신의 저자가 누구인지는 아무도 모른다고 밝혔다. 테르툴리아누스과 히폴리투스 역시 이 서신의 바울 저작권을 부인했다. 이 서신을 바울과 연결짓는 전통은 제롬과 아우구스투스 시대에 가서 이들이 정경성과 사도성의 관계 문제에 치중한 이후로 그 터를 굳히게 되었다. 그러나 종교개혁 이후로는 그 익명성이 널리 받아들여지게 되었다.

히브리서 자체의 내적 증거도 같은 방향을 가리킨다. 히브리서의 신학은 바울에게는 특징적이지 않은 강조점들을 내포하고 있다. 첫째로 바울은 구원을 설명할 때 인격적 또는 사회적 관계 용어를 즐겨 사용한다. 그래서 화목과 칭의 등이 핵심 용어가 되고 있다.[134] 그러나 히브리서에서는 동작 또는 접근 언어가 중심 역할을 하고 있다. 히브리서 저자는 "앞으로 나아감"과 같은 예전 또는 예배 이미지의 용어들을 즐겨 사용한다(히 4:16, 7:25, 10:22 등). "그러므로 우리가 …… 은혜의 보좌 앞에 담대히 나아갈 것이니라"(4:16, '향하여 나아간다'는 의미의 헬라어 프로스에르코마이(*proserchomai*) 그 자체는 바울이 로마서 5:2에서 '나아감'[헬라어로 *prosagōgē*]이라는 말을 쓰고 있는 것에 비추어 너무 과장되게 부각시킬 것은 아니라고 본다).

두 번째로 바울은 그리스도의 높아지심을 자주 '부활'로 표현한다. 바울에게 부활은 기독론 및 그리스도의 사역 그리고 구원 모두에서 중심적 역할을 개념이다. (아마도 엡 4:8–10은 바울 문헌 가운데서 유일한 예외라고 볼 수 있고, 혹자는 여기에 빌 2:5–11을 포함시킬 수도 있을 것이다.) 이와는 대조적으로 히브리서에서는, 쉬렌크(Schrenk)가 지적하는 것처럼, 부활에 대한 언급이 거의 나타나지 않고(13:20 예외) 대신 그리스도의 오르심(ascension)이 강조되고 있다.[135] 이런 점은 하나님 앞에 나아감이라는 예배적 이미지와도 일맥상통하는 점이다. 믿음의 "파이오니어"로서 그리스도는 그의 백성을 가장 깊은 '성소' 안으로 또는 하나님의 천상 보좌 앞으로 이끌어가신다(히 10:12, 13).

세 번째로, 바울은 은혜와의 관계 속에서, 또 순종, 계명, 행위 등과의 관계 속에서 율법의 역할을 논하고 있다. 그러나 히브리서의 저자는 제사제도나 희생제의, 또는 예배와의 관계 속에서 율법의 역할이 어떤 것인지를 다루고 있다.

네 번째로, 구약을 인용할 때 바울과 히브리서 저자는 서로 다른 인용방법을 사용하고 있다. 그레이엄 휴즈(Graham Hughes)는 히브리서 자자의 미래지향적, 개방적, 역동적–종말론적 관점이 구약본문 해석의 관점에도 영향을 주고 있다는 것을 잘 보여주고 있다. 연속성 또는 '이어짐'은 하나님의 목적 있는 행위에 대한 확신에 기인한다는 것이다. 한편 히브리서 저자가 대면하고 있는 그리스도인 공동체 역시 "그 스스로의 비종결성을 인식하고 있어야 하며, 여전히 역사의 흐름 속에 놓여 있는 자신을 볼 수 있어야 한다."[136] 구약 본문은 단순한 과거 및 현재 지평들 '너머'를 가리킨다.

강력한 신학을 목회적 관심과 접목시켜내는 창의적 사상가로서의 히브리서 저자의 독창성과 독특성은 여러 가지 면에서 그 진가가 두드러진다. 첫째로, 히브리서 저자는 처음 볼 때는 알렉산드리아의 문화를 통해, 그리고 어쩌면 필론을 통해 매개된 플라톤 사상과 상당히 유사성을 보이는 개념적 도구들을 사용하고 있다. 하지만 그 개념적 도구들은 본질적으로 상이한 또한 기대치 못했던 방식으로 하나의 확고한 잠정적 종말론과 결합을 이루고 있다. 이런 점과 관련해서는 로날드 윌리엄슨(Ronald Williamson)의 책이 대단히 중요한 기여를 하고 있다고 본다. 윌리엄슨은 당대 알렉산드리아 플라토니즘의 대변인이었던 필론과 히브리서 사이의 개념적 연관성을 매우 주의 깊게 그리고 꼼꼼하게 살피고 있다. 그러면서도 그 속에 나타나는 조화시킬 수 없는 큰 차이들을 찾아내고 있다. 그는 이렇게 옳게 지적하고 있다. "필론의 사상과 히브리서 저자 사이의 근본적인 차이는 **시간**에 대한 서로 다른 관점 속에서 가장 두드러진다."[137]

한편에서 보면 히브리서 저자는 불완전하고 인간적이며 지상적 현실 즉 "모형"(*hypodeigma*, 히 8:5)과 완전한 천상적 실재 즉 불완전한 모형의 바탕이 되는 신적 이상 또는 목적 있는 "본"(*kata ton typon*, 히 8:5) 사이의 플라톤적 대비를 제시하고 있다. 그런 점에서 이 서신의 저자는 "지극히 높으신 이는 손으로 지은 곳에 계시지 아니 하신다"(행 7:48, 히 9:24)는 스데반 서클이 가지고 있던 것과 같은 일반적인 헬레니즘적 유대교의 관점을 공유하고 있었던 것으로 볼 수 있다. 그럼에도 불구하고 또 다른 한편에서 보면 저자의 종말론적 인식으로 말미암아 플라톤적 공간 이미지가 시간적 개념 틀로 바뀌고 있는 것을 본다. 성전과 그 제사장 및 제물 등을 포함하는 불완전한 지상적 요소들은 마지막 때의 천상적 실재들을 가리킨다. 믿음은 "보이지 않는 것"을 붙잡게 한다(히 11:1). 그러나 이것의 의미는 보다 높은 세계를 갈망한다는 의미에서가 아니라, 하나님께서 약속하신 것, 아직은 가시적으로 일어나지 않은 그것을 향하게 한다는 의미에서이다.

두 번째로 히브리서 저자의 독특성이 두드러지는 점은 이와 같은 알렉산드리아식 인식의 강력한 종말론적 변형을 이번에는 그의 독특한 고(高) 기독론 차원의 "성취"와 "기다림"구조와 결합을 시키고 있다는 점이다. 어떤(전부는 아니라 해도) '종말론적' 혹은 '완전한' 실재가 이미 역사 속에 결정적이고도 제할 수 없는 방식으로 들어왔다. 그리스도의 오심 이전에도 하나님의 계시가 조각 혹은 부분적 방식으로 나타났지만, "이 마지막 때에" 하나님은 그리스도로 밝히 말씀하셨다(히 1:1).[138] 그리스도는 "하나님의 본체(본질)의 형상"이므로 그리스도 안에서의 하나님의 계시는, 몬테피오르(Hugh W. Montefiore)의 표현을 빌리자면, 하나님의 "몇몇 부분들을 닮은" 정도가 아니라, "하나님이 하나님 되게 하는 것"을 "정확하게 그대로 반영한다."[139]

하지만 그리스도는 하나님의 완전한 계시 그 이상이다. 그의 제사장적 직무와 희생속죄는 완전하고도 전적이며 종결적이다. 그것은 완결된 사역이다. 그는 죄를 정결케 하는 일을 다 하시고 그의 자리에 앉으셨다(히 1:3). 그의 사역은 되풀이될 필요가 없으며 '단번에'(*ephapax*, 히 7:27, 9:12, 10:10, 비교, 9:26, 28) 이루셨다. 히브리서의 이와 같은 기독론과 구원론이 이제는 알렉산드리아식 개념의 형태를 띤 종말론적 구도와 결합이 되고 있는 것이다. "그리스도께서는 참 것의 그림자(모형)인 손으로 만든 성소에 들어가지 아니하시고 오직 참 하늘(하늘 그 자체)에 들어가사 이제 우리를 위하여 하나님 앞에 나타나신다"(히 9:24).

히브리서 저자는 여기에서 그치지 않고 또 다른 개념적 모델 하나를 더 추가한다. 부캐넌(G. W. Buchanan) 등이 지적하는 것처럼, 히브리서 저자의 사상 속에는 시편 110편이 매우 중요한 자리를 차지한다.[140] 어쩌면 그는 이 서신의 논증을 구상하기 전에 이 시편을 묵상하고 있었는지도 모른다. 여기에서 그는 멜기세덱의 존재를 이끌어내고 있는데, 이 인물은 당대의 유대교 사상 속에서 중요하게 주목을 받고 있었다는 것이 쿰란 문서들을 통해 입증되고 있다(참고, 11Q. Melch, 4Q. Florilegium).[141] 히브리서 저자는 시편 110:4(비교, 창 14:18–20)을 그리스도에게 적용시키고 있다. 그는 '완결된' 혹은 '영원한' 제사장직을 가지신 자로서, '끝내지 못한' 일을 후계자들에게 항상 물려주어야 하는 아론 계열의 불완전한 제사장들과 대비가 되고 있다. 유대교의 대제사장들이 항상 그 제사 드리는 일을 되풀이할 수밖에 없는 것은 그들 자신이 불완전하고 미완성적이기 때문이다. 반면 예수께서는 완전한 제사와 제물을 단번에(*ephapax*) 드리셨다.

세 번째로 히브리서 저자의 특성을 볼 수 있는 부분은 이 서신의 독자들과 관련된 부분이다. 그 독자들 자신은 아직도 종말론적 최종성과 완전성을 이루지 못하였다. 그들은 여전히 그들의 최종 목표의 완성 즉 그들의 일이 다 마쳐진 후에 들어가게 될 '안식'(*katapausis*)을 기다린다. 하나님의 모든 순례 백성이 그러한 것처럼(히 11:4–40) 그들 역시 현재의 상황 속에서 담대히 행동하여야 하며, 순례길 여행자로서의 고난과 인내를 받아들여야 한다.

그들은 하나님의 미래 목적과 관련된 약속들에 부합하여서, 또한 그 위에서 살아가게 하는 앞을 바라보는 믿음이 필요하다. 아브라함처럼 그들 역시 모험적으로 나아가야 한다(히 11:8–9). 그들은 떠내려감이나 미혹, 침체, 또는 옛 안전물 속에 피하고자 하는 욕망 등에 맞서서 늘 새로운 비전과 새로운 용기, 새로운 인내, 새로운 마음이 필요하다. 이 때문에 그들은 "인내로 우리 앞에 당한 경주를 믿음의 파이오니어요 또한 완성자이신 예수를 바라보면서 달려가자"(히 12:1–2)고 권함을 받고 있는 것이다. "구름 같이 둘러싼 증인들" 즉 하나님께서 미래의 약속된 실재들을 가져다주실 것을 믿었던 믿음의 증인들(11:4–40)이 현재의 공동체로 하여금 동일한 비전을 견지하도록 격려하고 있다.

이상에서 우리가 하고자 했던 것은 히브리서라는 이 서신의 독특하고도 독창적인 저자의 사상 세계를 뒷받침하는 삶의 정황들을 재구성해보고자 하는 것이었다. 이 저자는 신약 속에서도 매우 탁월한 신학자 가운데 한 사람이다. 그 사상 역시 강력한 독창성을 뿜어낸다. 하지만 우리가 한 일이 텍스트 자체를 하나의 텍스트로 살핀 일 그 이상이라 할 수 있는가? 우리가 저자에 대해 알게 된 것이 텍스트 자체로부터 나왔다는 것을 기꺼이 인정하지 않을 수 없다. 또한 우리가 저자에 대하여 그려본 그림 역시 바울에 대한 우리의 이해와는 달리 대체로 베티가 말하는 일반화(typification) 정도의 차원에 그친다는 것도 인정한다. 하지만 우리는 이를 통해서 이 목회자요 신학자인 저자가 그로 하여금 이 글을 쓰지 않을 수 없게 만들었던 당시 교회의 문제들을 어떻게 인식하고 있었는지, 그리고 자신의 논증의 흐름을 구축하기 위해 어떤 개념적 자료들을 사용하였는지를 보다 잘 이해할 수 있게 되었다. 우리는 의식적으로 이 저자의 독특한 신학적 정신이 어떤 것이었으며 또한 자신의 독자들이 처하여 있던 문제들을 다루는 그의 목회적 마음이 어떤 것이었는지에 초점을 맞추어왔다. 이런 독특한 자질들이 모여지게 되면 한 인물의 남다른 모습이 구체화되어 드러난다. 한 사람을 한 인격으로 이해하는 데에는 한 텍스트를 텍스트로 설명할 때의 상황을 초월하는 특질들이 있다. 한 인격체의 비전과 목적, 그 목회적 관심 등을 이해하는 것은 슐라이어마허, 딜타이, 베티 등이 주장하는 것처럼 우리를 '설명'의 단계를 넘어 '이해'의 해석학으로 이끌어준다.

6. 결론적 요점들

이상의 논의들을 바탕으로 이제 우리는 네 가지 요점들을 정리해보고자 한다. 첫째로, 과연 '모든' 성경 텍스트들이 이런 방식으로 다루어져야 할 것인가? 우리는 그렇게 보지는 않는다. 이점과 관련해서는 10장과 13–15장에서 보다 자세히 논할 기회가 있을 것이다. 일부 내러티브 자료들(예를 들어 요나서나 욥기)은 그 의미가 특정 삶의 정황들의 반영이라기보다는 그 자체의 텍스트적 '내러티브 세계'의 범주 안에서 흔쾌히 전달된다고 볼 수 있다. 또한 일부 역사적 정황들은 좀 더 확실하게 그 본모습을 되살려내는 데 어려움이 있는 경우도 있다. 예를 들어 요한복음 7:53–8:11에 최종적으로 안착이 된 간음 현장에서 잡힌 여인 이야기와 같은 '표류' 내러티브 본문이 그러하다. 또 어떤 경우에는 매우 주의 깊은 판단을 내려야 하는 경우도 있다. 마태와 누가의 독특한 관심이 각각 무엇이었는지를 설명하는 이론들이 때로는 추상적이거나 기이해 보이기도 있다. 반면 마태의 율법에 대한 관심이나 유대인들에 대한 민감성, 또는 누가의 보다 넓은 사회 속에서의 사회적, 역사적 현실에 대한 깊은 관심 등은 많은 사람들이 인정하는 특징들이다. 다시 한번 주해적 세부사항들이 보다 큰 그림과 상호 교차검토하는 방식으로 서로에게 종사하는 해석학적 순환에 대한 인식이 이런 면에서 해석의 연합적 진보를 위하여 비록 느리기는 하지만 꾸준한 도구의 역할을 할 수 있다는 것을 강조한다.

두 번째로, 역사적 재구성이 없이는 그 어떤 이해도 불가능하다고 말하는 것은 옳지 않다. 슐라이어마허, 딜타이, 베티 등이 주의를 주고 있고, 또 하인리히 오트(Heinrich Ott) 등이 확인해주고 있는 요점 한 가지는 이해라는 것이 하나의 단일 사건이라기보다 일련의 과정이라는 점이다.[142] 때때로 우리는 이해에서 '도약'(leaps)의 경험을 한다. 하지만 그렇다고 해서 그 경험 이전에는 이해가 전혀 없었다거나, 그 뒤에 따라 오는 이해가 아무런 새로운 발전이 없는 것이라고 말할 수는 없다. 이해에는 정도가 있다. 많은 사람들이 성경을 두고 "다함이 없다"(inexhaustible)고 말하는 데에는 이유가 있다.

역사적 재구성이 부재하다는 것은 이해를 위한 어떤 측면들이 빠져 있다는 것을 말하며, 그만큼 오해를 예방할 수 있는 구비사항들이 적다는 것을 말한다. 실질적으로 기독교 공동체들 안에서 어떤 역사적 재구성 정황들이 별 생각 없이 그것을 받아들이는 사람들에 의해 단순히 전제가 되어 있는 경우들이 일어나기도 한다. 이런 것들은 종종 강의실에서나 강단에서 건네 듣기로 전달이 되어지고, 무의식 중에 이것이 본문의 '자연적' 의미라고 생각하게 만든다. 이것이 주는 결론은 역사적 해석이 필요없다는 것이 아니라, 우리가 건네 받는 것들이 보다 책임있고 주의 깊은 판단들 위에 기초하는 것이 되어야 한다는 점이다.

세 번째로, 우리가 앞서도 언급하였으며, 또 뒤에 가서 다시 한번 언급하기도 하겠지만, 배경 및 언어적 체계에 대한 슐라이어마허의 강조는 우리가 그의 해석학을 결코 심리주의적 해석으로 취급해서는 안 된다는 것을 말해준다. 이 문제에 관해서는 15장에 가서 저자의 '의도' 문제와 관련하여 다시 한 번 다룰 것이다.

네 번째로, 우리는 이 부분에서 슐라이어마허, 딜타이, 베티 등이 정립한 '이해의 해석학'이 얼마나 중요한가 하는 점을 살펴보았지만, 그렇다고 해서 우리는 이것이 해석학 이론의 전부라고 말한 것은 아니며 또 그렇게 말해서도 안 된다는 것을 마지막으로 언급하고자 한다. 우리가 바울 서신들이나 그 밖의 신약 텍스트들을 이용한 이유는 이 모델의 가치와 효용성을 예시해보이기 위함이었다. 여기에는 마찬가지로 빠진 것이 무엇인지도 분명하게 드러난다. 성경 텍스트를 해석한다는 것은 과거 현상으로서의 인물 및 텍스트, 그리고 그들이 매개해준 과거의 언어와 사건들을 이해한다는 것 그 이상이다. 또 다른 해석학 이론들은 텍스트와 독자와의 관계, 텍스트 효과의 문제, 해석의 현지평의 문제 등에 관심을 기울이기도 한다. 이제 우리는 이런 관심을 보여주는 해석학 이론 또는 모델로 넘어가 보기로 한다.

제8장

자기포함의 해석학: 실존주의 모델에서 화행론까지

1. 독자개입과 어드레스, 그리고 사태의 정황: 실존주의 해석학과 자기포함의 논리

앞서 2장에서 우리는 신학적 관점에서 성경 텍스트로부터 기대할 수 있는 상호인격적 어드레스의 측면이 있다는 것을 살펴본 바 있다. 성경 텍스트를 고대 역사적 세계의 재구성을 위한 단순한 도구로만 인식하는 순수한 역사적 모델(로버트 몰간이 잘 지적하는 것처럼)이 부적절하다는 것도 살펴보았다. 칼 바르트의 초기 저작들과 루돌프 불트만에게서 우리는 하나의 해석학적 전환이 일어나는 것을 본다. 그들은 성경을 순수한 역사적 탐구의 자료로만 보지 않고, 현재의 독자들을 그 세계 속으로 초청하는 선포요 어드레스며, 약속과 경고라는 측면을 상기시키고 있다.

초기 바르트의 변증법적 신학과 불트만의 해석학적 이론 배후에는 키르케고르의 실존주의 사상이 놓여 있다. 물론 불트만의 경우에는 그 영향이 훨씬 다중적이다. 신칸트주의와 초기 하이데거로부터 루터파 경건주의와 양식비평의 영향이 복합적으로 작용한다.

하지만 해석학 이론의 발전 과정 속에서 볼 때, 실존주의 철학과 변증법적 신학의 결합은 독자 관련 해석을 위해서는, 적어도 이것이 하나의 **총체적** 해석학 모델로서의 지위를 요구하는 한, 잘못된 방향으로의 전조를 이룬다. 실존주의는 근본적으로 개인주의적이다. 그런 점에서 이는 가다머 이후의 독서 공동체 및 전통의 긍정적 기능에 대한 강조와 긴장 관계 속에 있다. 보다 핵심적인 문제는, 실존주의가 언어의 사실적, 기술적 기능과 가치담부적, 선포적, 변혁적 기능 사이에 부당한 양극화를 설정하여 마치 후자가 전자와 독립적으로 작용하는(또는 해야 되는) 것처럼 생각하고 있다는 점이다.

그럼에도 불구하고 실존주의 해석학은 **독자 상황**에 대한 인식을 성경 연구 속에 이끌어 들였다는 점에서 매우 건설적인 기여를 하였다. 뿐만 아니라 변혁적, 창조적 이해의 과정 속에서 기존의 사회적, 종교적 관습의 **와해**가 일어난다는 데 대한 키르케고르식의 강조는 하나의 **보완적** 해석학 모델로서 대단히 중요한 가치를 갖는다. 우리는 15장에서 이 두 가지 측면을 좀 더 상세히 살펴볼 것인데, 한편에서는 다양한 독자 상황과 관련된 해석학적 모델들을 살펴볼 것이며, 또한 동시에 키르케고르 자신이 아브라함과 이삭 기사(창 22:1–19)를 어떻게 실존주의적 시각에서 읽고 있는지를 살펴볼 것이다.

성경 텍스트 자체를 두고 보면, 성경 저자들은 청자나 독자를 향하여 어드레스를 하고 있음을 본다. 특히 예수와 바울, 그리고 누가–행전의 저자 등은 그들의 자료나 어휘, 의사소통의 방식 등을 그들이 상대하고 있는 청중의 특성을 고려하여 결정하고 있는 것을 볼 수 있다. 예수님의 비유는 듣는 사람들의 능력이나 지위와 연계하여 의사소통이 이루어지고 있음을 보여주는 전형적인 예이다.

에른스트 푹스(Ernst Fuchs)가 잘 보여주는 것처럼, 예수께서는 단순히 메시지를 던져주는 것이 아니라, 비유 텍스트 속에서 청중들을 **만나고** 있다. 푹스는 이렇게 기록한다. "이것이 진정한 사랑의 길이 아니겠는가? 사랑은 불쑥 던져놓는 방식으로 말하지 않는다. 오히려 사랑은 만남이 일어날 곳을 먼저 준비한다."[1] 아더 베어드(J. Arthur Baird)는 예수의 언어 연구와 관련된 청중 비평(audience criticism)의 시작을 맨슨(T. W. Manson)에게서부터 추적하면서 이와 같은 그의 말에 주목하고 있다. "그 내용과 방법에서 예수의 가르침은 청중의 본질에 따라 조건지어지고 있다."[2]

바울 역시 그의 독자들의 "세계" 속으로 들어감으로써 그들과의 만남의 장소를 만들고 있다. 그는 자신의 해석학 속에서 우리가 고린도전서 9:20–23에서 찾아볼 수 있는 핵심적 원리를 잘 적용하고 있다. "유대인들에게 내가 유대인과 같이 되었고 …… 율법 없는 자에게는 …… 내가 율법 없는 자와 같이 되었고 …… 약한 자들에게 내가 약한 자와 같이 되었고 …… 내가 여러 사람에게 여러 모습이 된 것은 아무쪼록 몇 사람이라도 구원하고자 함이니 내가 복음을 위하여 모든 것을 행한다." 필자는 다른 글에서 바울이 어떻게 잠정적으로 고린도인들의 "영" 및 "신령한 사람/것"의 개념적 논리를 따라가지만, 종국에 가서는 이를 십자가의 관점에서 그들과의 공유된 "세계" 안으로부터 변혁시키고 있는지를 살핀 적이 있다.[3]

누가–행전의 경우에는 그 속에 나타나는 설교문들이 특정 청중의 상황과 잘 연계되어서 선택되고 제시되었다는 점을 주목할 필요가 있다. 베드로는 예루살렘의 유대인 청중들을 향하여 구약을 인용하면서 마지막 날에 대한 언급을 하고 있다(행 2:14–36). 반면 바울과 바나바는 루스드라의 이방인 주민들을 향해 설교하면서 마지막 날에 대해서는 언급하지 않고 오히려 그들의 헛된 일들을 버리고 살아계신 하나님께 돌아올 것을 강조하고 있다(행 14:15–18). 아테네의 교육받은 도시인들을 위해서는 보다 정교한 창조 신학에 바탕한 설교를 하고 있다(행 17:22–31).

실존주의 해석학 모델은 이와 같은 텍스트들이 갖는 자기포함적 측면 및 독자관련 어드레스의 측면을 잘 포착하고자 노력하고 있다. 하지만 하이데거와 불트만과 관련된 실존주의의 시대가 이제는 거의 지나간 일이 되고 있는데, 여기에는 앞서 언급한두 가지 요인(개인주의적 경향과 언어 기능의 양극화)이 큰 원인으로 작용하고 있다. 하지만 이와 같은 다른 모델들로의 전환이 갖는 장점이나 단점들이 무엇일까? 실존주의 해석학 모델 속에는 우리가 간직해야 할 통찰들이 전혀 없는 것일까? 아니면 이런 통찰들을 수용하면서도 새롭게 표현해내는 새로운 더 나은 개념적 도구들이 있는 것일까?

우리가 이 장에서 강조하고자 하는 핵심 가운데 하나는 자기포함적 해석학은 보다 넓은 해석학의 과제 속에 근본적 요소의 하나로 그 자리를 존속하게 될 것이라는 점, 그러나 우리가 그 개념적, 논리적 틀은 오스틴(J. L.

Austin)이 정립하고 도날드 에반스(Donald Evans)가 이어서 사용했고, 또한 존 설(John Searle)과 르카나티(F. Recanati) 등이 발전시킨 화행론 속에서 더 나은 것을 가지고 있다는 점이다.

키르케고르에서 불트만으로 이어지는 실존주의 해석학 모델은 오스틴의 화행론을 포함한 언어철학 전통에서의 자기포함적 특성에 대한 설명보다 그 틀이 더 좁고 일면적이다. 하이데거는 "개입"이라는 단어를 사용한다. 하지만 그것을 자신의 핵심 개념 가운데 하나로 사용하지는 않는다.

도날드 에반스는 "자기포함의 논리"라고 스스로가 이름 붙인 이론적 연구를 1963년에 출판했지만,[4] 안타깝게도 이 가치 있는 책이 크게 주목을 받지는 못했다. 에반스는 오스틴의 언어철학에 심대한 영향을 받고 있다. 또한 엄슨(J. O. Urmson)과 램지(Ian Ramsey)로부터도 보다 간접적인 영향을 받고 있다. 그가 추구하고자 하는 과제는 텍스트 형태의 발화와 상황적으로 이와 연관된 "실제적 헌신, 태도, 감정"과의 논리적 관계가 어떤 것인가 하는 점이다.[5] 그는 이런 탐구를 창조에 관한 성경 언어에 특별히 적용시키고 있다.

순수한 기술적, 혹은 역사적 해석학 모델의 관점에서 보면 창조 기사(창 1:1–2:25)는 과거에 일어난 사건들을 지시하는 내러티브 형식의 기록이고, 여기에 독자들은 있지도 않았으며 일차적으로 개입되지도 않았다. "여호와의 말씀으로 하늘이 지음이 되었으며 …… 그가 말씀하시매 이루어졌다"(시 33:6, 9). "여호와 하나님이 동방의 에덴에 동산을 창설하시고 그 지으신 사람을 거기 두시니라. 여호와 하나님이 그 땅에서 보기에 아름답고 먹기에 좋은 나무가 나게 하셨다"(창 2:8, 9).

에반스는 오스틴의 제시를 따라 이 창조 텍스트가 갖는 두 가지 서로 다른 논리적 기능을 구분한다. 한편에는 하나님, 또는 하나님의 말씀이 놓여 있는데, 이는 창조의 작인자 또는 **원인적 능력**으로 작용한다. 여기에서의 강조점은 **사건 및 사태의 정황**에 놓여진다. 그러나 또 다른 한편에서 하나님의 명령은 "행사행위의 힘"(exercitive force)을 가진다. 이런 용어는 오스틴의 수행어 분류를 따른 것인데, 창조의 언어가 "행사행위의 힘"을 갖는다는 것은 단지 피조물이 있게 되었다는 것(원인적 능력)만을 말하는 것이 아니라, 피조물에게 또한 하나의 역할 또는 특정 지위가 주어졌음을 말한다. 이 경우 창조의 언어는 **독자에게 어드레스로 다가온다**. 이는 우리로 하여금 우리 자신의 **피조물로서의 지위**, 창조된 질서의 **청지기로서의 책임**, 또한 보시기에 좋았더라는 피조세계의 한 부분으로서 우리를 향한 **하나님의 평가** 등에 개입되게 만든다.

에반스는 이와 같은 측면을 화행론에 의거하여 상세히 발전시키고 있다. 독자의 자기개입에 관한 이런 인식은 칼뱅이 말하는 하나님에 대한 지식과 우리 자신에 대한 지식의 불가분리성에 대한 인식과 일맥상통한다. 뿐만 아니라 불트만의 주장 즉 "하나님에 대한 모든 진술은 또한 동시에 인간에 대한 진술이며, 그 역도 마찬가지"라는 인식을 반영하기도 한다.[6] 에반스에 따르면 하나님을 창조자라 부르는 것은 인간의 지위, 역할, 헌신, 정향 등과 관련하여 자기포함적 언어를 사용하는 것이지, 단순히 원인과 결과 관계의 평면적 진술을 하는 것은 아니다.

언어의 자기포함적, 또는 실존주의적 기능의 측면과 어떤 외적 사태의 정황을 주장하는 차원에서의 언어 사용 사이의 관계는 실존주의 해석학의 문제점을 가장 잘 보여주는 시험대의 역할을 한다. 오스틴은 불트만과는 달리, "어떤 수행어 발화가 행복하기 위해서는(다시 말해서 효과적으로 사람을 개입시키고 그 수행력을 발휘하기 위해서는) **그 진술이 참이어야 하는** 경우가 있다"라고 강조한다.[7] 오스틴의 진리 개념은 보기보다 훨씬 복잡하며, 이에 대해서는 존 휘틀리(John Wheatley) 등이 탁월한 비판을 제시하고 있다.[8] 오스틴은 "사실과의 상응성"을 매우 중요하게 생각한다.

에반스는 오스틴의 관점을 따라서 사태의 정황을 나타내는 원인 결과 관계의 언어가 동시에 자기포함적 성격을 갖는 성경적 창조 언어의 기반을 형성한다고 보고 있다. 이에 반해 실존주의 해석학 모델에서는 그 접근 방법이 전적으로 다르다. 여기에서는 언어의 자기포함 및 인간의 경험, 신적 어드레스 등의 성격에 너무 지나친 강조점을 두는 나머지 그 진술, 내러티브, 보고, 성명의 성격으로부터 너무 많이 멀어져가고 있다.

불트만은 이와 관련하여 '이것 그리고 저것'의 관계보다는 '이것 아니면 저

것'의 관계를 취하고 있다. 그의 『신약신학』(*Theology of the New Testament*) 결론 부분에서 불트만은 해석자가 신약을 초대 기독교 역사의 재구성을 위한 "자료"로 보든지(either), "아니면(or) 신약의 책들이 현재를 위하여 말할 것이 있다는 전제 하에 그 재구성이 신약 해석을 섬기도록 하든지" 양자택일을 해야지 둘 다를 취할 수는 없다고 말한다.[9]

『공관복음서 역사』(*The History of the Synoptic Tradition*)나 양식비평에 관한 그의 글 속에서도 불트만은 공관복음서 언어가 선포와 어드레스, 논쟁, 도전, 공언, 설교, 변증 등은 포함하지만, 보고나 기술은 최소한의 것만 가질 뿐이라고 말한다. 그레이엄 스탠턴(Graham Stanton)은 그의 책 『신약 설교에서의 나사렛 예수』(*Jesus of Nazareth in New Testament Preaching*)에서 초기 그리스도인들이 예수에 관한 "보고"나 "기술"에는 크게 관심이 없었다는 주장에 대하여 매우 건설적인 교정을 제시하고 있다.[10]

왜 불트만이 역사와 신앙, 또는 기술과 어드레스에 관하여 그와 같이 비타협적인 "이것 아니면 저것"의 태도를 취하고 있는 것일까? 나는 이런 질문에 답하기 위해 『두 지평』에서 거의 100페이지에 달하는 상세한 논의를 제시한 바 있다.[11] 부분적으로 그 이유는 불트만이 자기 스승 빌헬름 헤르만(Wilhelm Herrmann)을 통해 소개받은 신칸트주의 사상과의 연관성 때문이다. 나의 박사학위 학생 가운데 한 사람이었던 클라이브 개릿(Clive Garrett)은 불트만에 대한 헤르만의 영향을 상세히 연구한 바 있다.[12] 헤르만은 믿음이 "사상"의 문제가 아니라 갱신된 실천적 응답의 문제임을 강조한다. 신칸트주의 철학자들인 코헨(Cohen)과 나토릅(Natorp)은 우리가 개념적 사고-구조에 앞서서 "사물들"을 말할 수는 없는 것이라고 주장한다. 자연과학의 영역에서도 하인리히 헤르츠(Heinrich Hertz) 등은 법칙을 따라 사물을 묘사하는 "모델" 또는 "구조 틀"의 우선적 가치를 강조하고 있다.

불트만은 이와 유사한 방식으로 단순 사물의 기술(description)을 루터파 경건주의 언어를 빌려 "행위"라고 지칭한다. 반면 "은혜"는 신적 부름과 어드레스로부터 나온다. 여기에 따르는 결과는 하나의 이원론이다. 자기 의 차원의 "행위"는 "법칙"이나 "구성", "기술", "객관화" 등과 연결되는 반면, 은혜로 주어지는 "믿음"은 "어드레스의 대상이 됨", "현 순간 앞에서의 결단" 등과 연결된다. 따라서 불트만에게 그리스도의 십자가를 믿는다는 것은 "하나의 객관적 사건(*ein objectiv anschaubares Ereignis*)에 관심갖는 것이 아니라 …… **오히려**(강조 첨가) 그리스도의 십자가를 우리의 것으로 삼는 것, 그와 함께 십자가에 못박히는 것을 말한다."[13]

이처럼 신칸트주의 방식의 사물(율법 축)과 가치(믿음 축) 사이의 양극화가 불트만에게 중요한 인식론적 틀로 작용하고 있지만, 이 밖에도 다른 몇 가지 영향들이 작용하고 있는 것을 주목할 필요가 있다. 경건주의의 영향도 중요하며, 종교사학파를 통하여 매개된 "신화"에 대한 일련의 인식들, 변증법적 신학의 영향, 딜타이의 "삶" 및 생활세계의 철학, 콜링우드의 역사관, 초기 하이데거 철학에 나타나는 개념적 틀 등이 다 각각의 영향을 미치고 있다.

하지만 이 모든 것 배후에는 키르케고르가 서 있다. 그는 진리와 이해의 문제에 대하여 최초로 실존주의식 접근을 시작한 사상가로 받아들여지고 있다. 키르케고르는 초기 바르트와 불트만에게만 영향을 미친 것이 아니라, 칼 야스퍼스와 하이데거의 철학에도 큰 영향을 미치고 있다.

쇠렌 키르케고르(Søren Kierkegaard, 1813–1855)는 헤겔 철학을 매우 격렬하게 반박한다. 진리의 보편적 "체계"라는 인식 자체는 개개인 인간 존재의 구체적 상황성이나 정향, 역사적 유한성 등을 간과한다. 키르케고르에 따르면 진리는 오직 삶과 연계될 때에만 존재하며, 진리의 소통은 개인의 삶의 정향을 전적으로 고려하는 것이 되어야 한다.

키르케고르의 의사소통 이론(우리가 이렇게 이름을 붙일 수 있다면)은 그가 죽은 뒤에 출판된 작은 책『저자로서 나의 작품에 대해 갖는 관점』(*The Point of View for My Work as an Autor*)에 명확하게 잘 나타난다. 그는 자신의 일부 글을 가명으로, 또 자신과는 다른 관점에 서서 쓰고 또 출판하였다. 이렇게 한 이유는 독자들로 하여금 너무 성급하게 **수동적 자세로 어떤 사상에 동의하거나 반대하는 일**을 하지 못하도록 하기 위함이었다.

이런 방식의 **간접** 의사소통(indirect communication)은 **결단과 헌신을 포함한 독자반응**을 요구한다. 독자는 수동적으로 다 만들어져 있는 것들을 받아들이기만 하는 것이 아니다. 오히려 독자는 제시된 서로 다른 접근들 사이에서 선택해야만 한다. "이중성은 처음부터 있었던 것이다."[14] 키르케고르가 "직접 의사소통"을 사용할 수 없었던 이유는 이것이 "수용자의 수용 능력을 정지된 것"으로 전제하기 때문이다. "하지만 여기에는 하나의 환상이 길을 막고 있다."[15] 이 환상은 독자가 단지 "사상에 동의"만 하는 것으로, 말하는 것을 이해하고 전용하기만 하는 것으로 생각하는 잘못된 추정이다. 이런 추정은 해를 끼치거나 잘못된 길로 인도할 수 있다. 키르케고르는 이렇게 주장한다. "어떤 사람이 결과를 가지고 있다고 해서 단순히 그 자체로 그것을 소유하는 것은 아니다. 왜냐하면 그 사람이 길을 가지고 있지는 않기 때문이다."[16]

키르케고르에게 이런 원리는 적어도 세 가지 영역에서 무엇보다 분명하게 드러난다. 즉, 기독교의 본질 문제, 그 자신의 자전적 경험, 그리고 성육신과 십자가의 역설에서이다.

첫째, 그가 볼 때 "기독교왕국"(Christendom)이라는 개념은 기독교의 본질을 본래의 그것과 전혀 다른 어떤 것으로 변질시켜 놓았다. 예를 들어 덴마크 교회에 세례와 장례를 위한 비용을 지불할 수 있는 사람이라면 누구나 자동적으로 "명목상의 그리스도인"이 된다. 키르케고르는 아우구스투스가 성경적 신앙을 플라톤-아리스토텔레스 방식의 지식 내적 신앙으로 바꾸어 놓음으로써 "이루 헤아릴 수 없는 해악"을 끼쳤다고 비난한다.[17] 사람이 어떤 정형화된 고백에 동의를 표하기만 하면 "괴악한 술수"가 일어나서 "사실은 그렇지 않은 것을 기독교라 부르게 되고, …… 그리스도인이 된 놀라운 특권에 대해 하나님께 감사한다."[18] 우리가 독자반응을 어떤 사상에 대한 단순한 동의와 일치시키게 되는 순간 기독교는 "그 확장으로 말미암아 붕괴하게 된다." 키르케고르의 표현대로 "진리는 이 사람 저 사람의 입 속에서 비진리가 된다."[19]

두 번째로, 키르케고르는 자신의 삶 속에서 이 원리가 참되다는 것을 경험하였다. 그 자신이 "그리스도인으로" 자라났다. 심지어 아버지의 요청으로 신학교에 들어가기도 하였다. 하지만 그가 경험하게 된 고뇌와 고난, 죄책, 실망 등의 경험을 통해 그는 진리에 대한 단순한 이론적, 수동적 "들음"은 아무것도 아니라는 것을 알게 된다. 진리와의 직접적 대면만이 전부이다. 만일 진리가 진정으로 진리라면 그 효과는 변혁적인 것이 되어야 하는데, 이는 단지 정신에만 미치는 것이 아니라 자신의 전 인격(키르케고르가 "주관성"이라 부르는)에 대한 날카로운 의식에까지 이르러야 한다. 그래서 키르케고르는 이렇게 적고 있다. **"객관적 진술은 단지 말해진 것의 내용(What)에만 머문다. 그러나 주관적인 것은 그것이 어떻게(how) 말해졌느냐에 동조한다.** …… 객관적인 것은 그 관심이 사상의 내용에 집중된다. 그러나 주관적인 것은 내면성에 그 관심이 모아진다. …… 이 내면적 '어떻게'는 무한에의 열정이며, 그것은 주관성의 성격을 가진다. 따라서 주관성이 진리가 된다."[20]

세 번째로, 성육신과 십자가 속에는 구체적인 것, 특정적인 것, 심지어 역설적인 것이 나타난다. 여기에서 삶과 행위를 통한 진리가 표출되는데, 이는 모순성을 초월하는 사상 속에서 나타나는 것과는 다르다. 따라서 인격적 헌신이나 삶의 재조정이 아닌 단순한 "동의" 차원의 반응으로 그치는 것은 진리의 본질 자체를 오해한 것이고 또한 복음의 부름을 잘못 들은 것이다. 그 메시지가 바르게 이해되었다면, 그것은 일반 진리의 "체계"가 아니라 **"나를 위한** 참된 진리이며 …… 이를 위해 내가 살고 죽게 된다."[21] 초기 칼 바르트는 1919년 당시 자신을 가장 사로잡고 있었던 키르케고르의 매력은 그가 개인을 위한 복음에의 강한 주장을 놓지 않았던 것과 또 복음을 "무해한" 것으로 만들려는 시도들에 대해 강하게 저항하고 있었던 점이라고 밝힌다.[22]

우리는 앞에서 오스틴과 에반스가 자기포함의 측면을 기술적 진리주장과 통합적으로 이해하려 하는 데 비해 불트만의 경우는 객관적 기술과 실존적 어드레스의 측면을 거의 배타적인 양자택일의 문제로 인식하고 있는 것을 대비시켜 보았다. 키르케고르는 이런 문제를 불트만보다 훨씬 첨예하게 대립시킨다. 그는 해석과 이해 속에 참여와 결단은 기꺼이 포함시키지만, 어떤 것을 선택해야 하는 상황 속에서 순수한 믿음 외에는 다른 어떤 합리적 또는 논리적 기초를 가진 기준을 포함시키려 하지는 않는다.

키르케고르의 믿음-결단의 전형은 아브라함이다. 아들이 살아야 하나님의 약속이 성취될 수 있음에도 불구하고 아브라함은 기꺼이 아들을 희생하고자 하였다. 키르케고르는 그의 책 『두려움과 떨림』에서 아브라함의 믿음은 자기 모순과 역설을 포함한다고 강조한다. 하지만 이는 윤리적 기준(살인의 금지)과 신학적 기준(하나님의 약속의 성취)을 초월한다.[23] 구체적 "존재하는" 개인은 그와 같은 기준점을 찾기에는 그 자신의 관점이 급진적으로 제한되어 있고, 또한 치유할 수 없이 유한적일 뿐이다. 이와 관련해서는 15장에 가서 좀 더 상세하게 살펴볼 것이다.

이와 같은 기준의 결핍은 나의 "주관성"만이 전적으로 작용하게 된다는 것을 의미한다. 믿음의 결단을 내리는 것은 전적으로 "나" 자신이다. 이는 결코 어떤 주어진 기준의 논리나 힘에 의해 강요될 수 없다. 우리는 이런 유형보다 더 급진적인 방식으로 "자기포함"을 강조하는 예를 찾아보기 어려울 것이다. 하지만 이를 얻기 위해 지불되어야 하는 것은 합리적인 것이나 집단적인 것, 심지어 윤리적인 것의 긍정적 역할에 대한 인식이다. 이런 것들이 모두 개인의 주관성에 삼켜지고 만다. 역설적이게도 키르케고르에게 그 결과는 오히려 자아의 버림이다.

비록 키르케고르가 진리의 소통 문제와 관련하여 일정한 기여를 하였지만, 그보다 그가 해석학 이론의 발전에 끼친 가장 큰 기여는 단순한 이성을 초월하는 삶에 대한 강조, 그리고 자기개입에 대한 강조이다. 칼빈 슈라그(Calvin Schrag)은 "일상 삶의 해석학"을 추구하는 그의 책 『급진적 반성』(*Radical Reflection*)에서 "니체와 특히 키르케고르가 끼친 가장 독특한 기여는 합리성의 기준으로 생각하는 기교적 이성에 대한 불신을 주지시키고 있는 점"이라고 평가한다.[24] 가다머 이후 해석학에 와서 키르케고르가 시작한 "도구적" 이성과 보다 넓은 역사적 지평 사이의 대조 문제는 그 정점에 이르게 된다.

2. 후기 하이데거의 해석학과 불트만의 바울 해석

급진적 인간 한계와 이해의 부분적 혹은 파편적 성격에 대한 키르케고르의 인식은 거의 동시대를 살았던 두 인물 칼 야스퍼스(Karl Jaspers, 1883–1973)와 마틴 하이데거(Martin Heidegger, 1884–1976)의 사상에 큰 영향을 미쳤다. 하이데거는 후설에게도 많은 영향을 받고 있는데, 특히 관심의 방향을 표현하는 지평 개념을 그에게서 빌려오고 있다. 야스퍼스와 하이데거 모두는 "실존"을 하나의 주어진 일차적 조건으로, 그래서 지식이나 이해를 앞서고 또한 그 본질을 조건 짓는 것으로 강조하고 있다.

하이데거에게 "해석학"은 두 가지 의미를 동시에 내포한다. 하나는 어떤 특정 정향성 안으로부터의 해석과 이해의 과정을 나타내며, 또한 동시에 이해의 가능성이 기반하고 있는 기초들을 탐구하고자 하는 초월적, 메타비평적 작업을 가리키기도 한다. 하이데거는 해석학에 관하여 이렇게 적고 있다. "그것은 이와 같은 해석의 작업을 가리킨다. …… 이 해석학은 또한 모든 종류의 존재론적 탐구의 가능성이 의존하고 있는 조건들이 무엇인지를 살피는 의미에서 하나의 '해석학'이기도 하다."[25]

이런 정의의 배후에서 하이데거가 출발점으로 삼는 세 가지 전제들이 있다. 첫 번째는, "존재의 이해를 위한 지평"은 시간이라는 점이다.[26] 우리는 "역사성"의 질문을 벗어날 수 없다. 해석자 자신도 역사 안에 조건지어져 있다. 이는 해석자가 이해하고자 하는 모든 것들이 다 마찬가지이다. 두 번째로, 하이데거는 딜타이를 따라 과학의 "분류"와 인간 삶의 실존적 성격 사이에 날카로운 구분을 내리고 있다는 점이다. 따라서 "**객관화**"는 "**탈인격화**"와 거의 다를 바 없다.[27] 하이데거에게 단순 "기술"(description)은 삶의 특정성에 대한 부당한 대접이 된다. 우리는 주체–객체 관계를 넘어가야 한다.

하이데거가 전제하는 세 번째 요소는 우리가 살고 있는 "세상"이 우리 스스로가 만들거나 생각해낸 것이 아닌 상황으로 우리가 태어나게 되었다는 점에서 하나의 "던져짐" 혹은 우리 "실존"의 "우발성" 차원에서 이해되어야 한다는 점이다. 이 때문에 우리의 존재에는 특정성이 따른다. 따라서 하이데거는 늘 새로운 용어를 만들기를 좋아하고, 우리의 존재와 관련해서도 추상적 차원에서의 "존재"(being)보다는 "거기 있음(현존재)"(being–there, Dasein)이라는 말을 사용한다.

하이데거 해석학의 본질을 규정하기 전에 한 가지 요소를 더 생각해 볼 필요가 있다. 그는 우리가 우리 주변에 놓여 있는 것들을 "볼" 때, 이를 **삶 속에**

서의 우리의 실제적 관심과의 관계에서 본다는 것을 강조한다. 따라서 "객관적"이라는 것도 많은 경우에 **인위적**일 뿐이다. 이는 우리의 "세상"에 대하여 일종의 인위적 준-철학적 투사를 하는 것에 지나지 않는다.

예를 들어 망치를 나무 자루가 한 뭉치의 금속에 연결되어 있는 물건으로 보는 것이나, 부서진 망치를 나무 자루가 이 금속 뭉치로부터 이탈된 것으로 보는 시각이 있다. 또 다르게 우리는 망치를 못을 박는데 쓰는 도구로 보거나, 부서진 망치를 임시적으로 쓸모없게 된 상태의 도구로 보기도 한다. 전자의 경우는 조금 더 "객관적" 시각일 뿐이고, 하이데거는 이를 "전재성"(前在性, present-at-hand: 사물의 사물로서의 존재적 차원-역주)이라 부른다. 두 번째의 경우는 보다 기능적, "시원적" 시각이며, 하이데거는 이를 "용재성"(用在性, readiness-to-hand: 사물의 도구적 사용 가능성 차원-역주)이라 부른다.[28] 실존주의 해석학에서는 관계적, 지향적, 투사적, "가능적"인 것이 현실적, 객관적인 것보다 더욱 근본적 지위를 갖는 것으로 인식된다.[29]

따라서 이해는 사물에 대한 추상적 이해가 아니라 사물을 "어떤 것으로" 보는 것을 말한다. 그러나 우리가 사물을 무엇으로 보느냐 하는 것은 우리의 "용재(用在)적" 연계성을 결정짓는 우리의 지평, 우리의 세계, 일련의 관심 등에 달려 있다. 하이데거는 이렇게 말한다. "해석에서 우리는 우리 앞에 펼쳐져 있는 어떤 벌거벗은 사물 위에 '의미'를 던지는 것이 아니다. 세상 속에 있는 무엇인가가 그 자체로서 우리와 대면하게 될 때, 문제의 그 사물은 세상에 대한 우리의 이해 속에 이미 그 밝혀진 지위를 가지고 있다. …… 모든 경우에 이 해석은 우리가 먼저 가진 어떤 것에 의거한다. …… 해석은 결코 우리에게 제시된 어떤 것에 대하여 전제 없이 이를 인식하는 일이 아니다."[30]

우리는 이해가 필요한 어떤 현상에 대하여 일종의 기대를 "투사"한다. 여기에는 하이데거가 말하는 해석학적 순환(hermeneutical circle)이 포함된다. 우리는 뒤에 가서 우리의 잠정적 이해가 바른 것이었는지를 점검한다. 이 순환은 결코 "나쁜 것"이 아니다. 하이데거는 이해의 과정에 작용하는 "～로서"(as)를 "해석적 as" 또는 "시원적 as", "실존적-해석학적 as" 등의 이름으로 부른다.[31]

하이데거는 그의 책『존재와 시간』하반부에서 "진정한" 실존의 문제를 다룬다. 진정한 실존은 자아를 "결심" 혹은 결단 속에서 발견한다. 하이데거는 이렇게 적고 있다. "'결심'은 자아가 '그들' 속에 빠져 있는 상태로부터 스스로를 불러내는 것을 의미한다."[32] 여기서 말하는 "그들"은 익명의 군중을 가리키는데, 이들은 그 삶의 방향성을 "결심"에 의해서가 아니라 "시끄러운 한담"에 이끌려 대중의 관습에 따라 결정짓는 사람들이다.[33]

진정한 실존은 "진정으로 미래적"이다.[34] 불트만이 바울 신학과 관련하여 말하고자 하는 내용과 매우 유사한 방식으로 하이데거는 실존이 비진정한 것이 될 때는 "그 위에 '과거'의 유업이 짐처럼 드리워 있지만", "진정한" 실존에서는 역사성 자체도 현재를 "비전의 순간 속에" 개방된 "가능성"의 관점에서 바라보는 것이 되게 한다.[35]

필자는 다른 곳에서 하이데거의『존재와 시간』에 나타난 철학적 입장 및 불트만이 이를 그의 신학 속에 어떻게 사용하고 있는지에 대해 매우 상세하게 논의한 바 있기 때문에,[36] 이 자리에서는 요약적인 형태로만 그의 해석학적 관점의 핵심을 제시하는데서 그치고자 한다. 해석학 및 "존재" 문제에 대한 하이데거의 실존주의적 접근은 불트만의 바울 신학에 대한 실존주의적 해석에 하나의 개념적 도구를 제공한다. 하이데거의 실존의 진정성과 비진정성 대조와 매우 유사한 방식으로 불트만은 바울 사상을 "신앙의 계시 이전의 인간"과 "신앙 아래의 인간" 사이의 방법론적 대조의 틀 속에서 이해하려 한다. 불트만은 이렇게 말한다. "바울의 신학은 인간에 관한 교리로 볼 때 가장 잘 다루는 것이 된다."[37]

불트만이 볼 때 "육체를 따른" 실존은 바울이 말하는 것처럼 "세상적인 것을 사용하여 그리고 자기 스스로의 능력으로 그 삶을 구할 수 있을 것처럼 생각하는 자기 자신에 대한 믿음"(비교, 롬 8:7)을 표방하는 존재이다.[38] "육체" 지향적인 삶은 "인간의 자기 의존적 자세를 나타내는데, 이 사람은 자기 스스로의 능력을 믿으며 또한 자신이 통제할 수 있는 것만을 믿는다"(비교, 빌 3:3–7, 9).[39]

한편에서 죄와 죽음은 과거에의 종살이를 의미하며, 율법은 인간이 과거로부터 비롯된 원인–결과의 고리에 의거하여 언제까지나 성취와 실패의 기준에 빠져 있는 체계 아래 예속된 상태를 의미한다. 또 다른 한편에서, 칭의는 하나님의 "종말론적 판정"을 말하는데, 이는 믿는 자들을 과거에 얽매인 그 삶에서 해방시켜주는 은혜의 행위를 지칭한다.[40] 믿음은 일차적으로 "신념"이 아니라 "결단의 문제"이다.[41] 믿음은 미래를 지향한다(갈 3:11).[42] "믿음의 결단은 과거를 벗어버리게 한다."[43] 물론 믿음의 사람은 계속해서 새로워져야 할 필요가 있다. 성령의 자유는 "진정한 미래를 향하여 열린다는 것, 미래로 말미암아 자아가 결정되도록 허용하는 것을 말한다. 따라서 성령은 미래의 능력이라 부를 수 있다."[44]

불트만의 실존주의 해석 범주들의 사용이 어떤 면에서는 바울 신학의 일부 측면들을 잘 밝히는데 도움을 주고 있다. 예를 들어 "육신"(*sarx*) 개념에 대한 실존주의적 해석은 바울의 가장 특징적이고 또 중요한 신학적 용어 사용의 중심점 속으로 우리를 신속히 안내한다. 존 매쿼리(John Macquarrie)나 로버트 주엣(Robert Jewett) 등이 강조하는 것처럼, 이 사륵스라는 단어는 바울의 가장 특징적 용례들을 살펴볼 때, 어떤 물질적인 것을 가리키기보다 인간 실존의 존재 방식이나 상태, 가능성 등을 나타내고 있다. 율법 원리가 지배하는 과거와 관계된 인과적 연결망이 성령의 자유로 말미암는 미래 가능성에로의 창조적 개방성과 서로 대립적 위치에 마주하고 있다. 이와 같은 개념적 대비는 바울의 옛 존재와 새 창조 사이의 대비를 잘 포착하며 또한 거기에 실존적 공명을 주고 있다.

하지만, 바울 신학을 포괄적으로 담아내기에는 실존주의 해석의 틀은 고치기 어려울 만큼 일면적이며 또한 선택적이다. 이방인과 이스라엘 관계에 관한 역사적 질문들(스텐달과 E. P. 샌더스 등이 차례로 부각시키고 있는)은 그의 글에서 거의 찾아볼 수 없으며, 교회론에 대한 접근 역시 지극히 우발적으로만 나타나고 있고, 그것도 죄와 구원 문제의 개인주의적 틀 속에서 다루어지고 있을 뿐이다.

이와 같은 일면성은 불트만의 비신화화(demythologizing)라는 해석학적 작업 속에서 결정적 결함으로 작용하고 있다. 신화는 이미지 언어를 사용하여 초월적인 것을 단순히 객관화시켜 기술해 놓은 것이 아니다(물론 이는 불트만이 정의하는 신화의 세 가지 정의의 하나에 포함되기는 하지만). 뿐만 아니라 신화에 대한 불트만의 두 번째 정의(초자연적 세력들이 그 안에서 활동하고 있는 "삼층천" 우주에 대한 믿음) 역시 문제의 본질 속으로 우리를 이끌어주지는 못한다.[45] 근본적인 문제는 "탈객관화"의 과제가 무엇을 지향하느냐에 달려있다. 불트만에 따르면 신화는(여기에는 속죄나 부활도 포함된다) "객관적" 사건들을 다루는 것처럼 보인다. 하지만 실제로는 형식이 기능을 가리고 있을 뿐이다. 신화적 언어의 기능은 오직 실존적이거나 자기개입적 차원 외에는 없다. 그것은 결코 객관적 사건을 기술하지 않는다.

불트만에게 마지막 심판의 언어는 미래 심판의 현실에 대한 기술이나 진술이 아니다. 그것은 다만 인간의 **책임 있는 자세의 요청** 이상이 아니다. 유사한 방식으로 불트만은 이렇게 선언하기도 한다. "그리스도의 십자가를 믿는다는 것은 우리나 우리 세계 바깥에서 이루어진 어떤 신화적 과정, 어떤 객관적 사건에 관심을 가진다는 의미가 아니라, 그리스도의 십자가를 우리의 것으로 만든다는 것을 의미한다."[46]

불트만의 해석학적 접근에서 가장 큰 피해를 당하는 영역은 다름 아닌 기독론일 것이다. 그는 1951년의 세계교회협의회(WCC) 기독론적 고백과 관련된 한 강연에서 이와 같은 하나의 핵심 질문을 던지고 있다. "예수가 나를 돕는 것은 그가 하나님의 아들이기 때문인가, 아니면 그가 나를 도우기 때문에 그가 하나님의 아들인가?" 불트만은 탈객관화되고 비신화화된 기독론은 구원론과 다를 바 없다고 말한다. 신약은 그리스도의 **"나를 위한"** 의미 차원에서의 기독론을 제시할 뿐이라고 주장한다.

만일 실존주의 해석학이 하나의 총체적 해석학으로 받아들여지게 된다면, 그 일면성이 가져오는 피해는 기독교 신학에 치명적인 것이 될 수밖에 없으며, 또한 우리의 신약 이해에 큰 폭행을 가하는 결과가 될 것이다. 기독교 신앙의 공동체적, 공적 차원은 제대로 된 대접을 받지 못하게 될 것이고, 많은 관심의 영역들이 시야 밖으로 사라지게 되고 말 것이며, 인간 경험의 범주를 초월하는 그리스도 안에서의 하나님의 실재에 관한 교회의 증거 역시 타협되어지고 말 것이다.

교회는 하나님을 "태초에 계셨던 것처럼, 지금도 계시고, 앞으로도 영원히 계실 분"으로 고백하며 찬양한다. 하나님의 지혜는 "산이 세워지기 전에" 이미 세움을 받았다(잠 8:25). 이런 하나님께 천상의 예배 속에서 "주 하나님 곧 전능하신 이여, 전에도 계셨고 이제도 계시고 장차 오실 이시라"는 찬양이 돌려지고 있다(계 4:8).

시편기자는 자기포함적 경험의 방식으로 하나님을 향하여 이렇게 나아가고 있다. "나의 소망은 주께 있나이다 …… 여호와여 나의 기도를 들으소서. 나를 기가 막힐 웅덩이와 수렁에서 끌어 올리시며 …… 내 입에 새 노래를 두셨다"(시 39:7, 12, 40:2–3). 이런 경험들은 과거를 돌아보면서 또한 약속된 미래를 바라보는 사람들의 말과 행위의 전통 속에 상황화된다. 그래서 판넨베르크(Wolfhart Pannenberg)는 이렇게 언급하고 있다. "묵시 운동의 출발점이 된 선지자 서클들에서는 이스라엘 및 전 세계의 먼 미래에까지 이어지는 전 역사가 하나님 활동의 연속적 전체성의 시각에서 최초로 이해되기 시작했다. 그 역사 속에서 창조 때로부터 결정되어진 계획이 실현되어 가고 있다."[47] 그리스도인들은 "이 역사를 하나의 전체로 묶게 될 마지막 종말론적 때"를 바라보고 있다.[48]

해석학 이론의 관점에서 실존주의 모델에 던질 수 있는 질문은 한편에서 그 일면성 및 환원주의적 역사관의 약점을 어떻게 극복하면서, 또 다른 한편에서 그 고유한 가치를 잘 살릴 수 있을 것인가 하는 것이다. 특히 도널드 에반스는 존 오스틴에 의거하여 자기포함적 언어가 사태의 정황 또는 사건들에 대한 진리 주장을 **배제**하기보다 오히려 **전제**한다고 밝힌다. 하지만 오스틴과 에반스는 이후에 보다 복잡하게 발전되어진 화행 이론의 기초를 다지고 있을 뿐이다. 우리가 이 길을 더 폭넓게 펼쳐가기 위해서는 존 설, 르카나티, 레빈슨 등의 작업들을 더 계속해서 고찰해볼 필요가 있다.

3. 화행론 관점에서 본 신약의 기독론적 본문들

바울의 기독론적 본문들에 접근하고자 할 때, 우리는 바울 기독론의 보다 객관적, 기술적 측면에서 시작하든지 아니면 자기포함적 측면에서 시작하든지 선택할 수 있을 것이다. 어쩌면 요하네스 바이스(Johannes Weiss)를 따라 바울 이전 가장 초기의 기독교 신앙고백인 "예수는 주"(고전 12:3) 선언이 갖는 실제적, 활용적, 자기포함적 측면을 먼저 살펴보는 것이 유익할지도 모르겠다. 바이스는 "이것이 실제적, 종교적 차원에서 무엇을 의미하는지는 그리스도의 '종'이라는 연관된 개념을 통해 가장 분명하게 될 것"(롬 1:1, 고전 7:22–23, 갈 1:10, 빌 1:1)이라고 말한다.[49]

자신을 그리스도의 종으로 여기는 사람은 전적으로 자신의 "주"이신 분의 처분에 달린 사람이다. 이 사람은 오직 그리고 전적으로 자신의 주인에게 책임을 져야하는데, 그 주인을 복종의 자세로 대해야 될 뿐만 아니라 신뢰로 대하기도 한다. 주인은 1세기 상황 속에서 볼 때 종에게 필요한 모든 것들을 공급해야 했다. 종은 자신의 필요를 스스로 걱정할 필요가 없었다.

불트만은 이 고백의 자기포함적 측면을 잘 살려서 이와 같이 언급하고 있다. 바울에게 신자는 "자신의 삶에 대해 스스로 걱정할 필요가 없다. 이 걱정과 함께 자기 자신을 전적으로 내려 놓아야 한다. …… '우리가 살아도 주를 위하여 살고, 죽어도 주를 위하여 죽나니 그러므로 사나 죽으나 우리가의 주의 것이로다'(롬 14:7–8). …… 신자가 갖는 염려는 오직 한 가지, 즉 '어찌하여야 주를 기쁘시게 할까'(고전 7:32) 하는 것이다. 또한 신자의 열망도 오직 한 가지, 즉 '주를 기쁘시게 하는 자가 되는 것'(고후 5:9) 뿐이다."[50]

워너 크래머(Werner Kramer)는 이와 같은 자기포함적 특성을 잘 살리면서도 해석의 지평을 더 넓혀 여기에 공동체 차원과 미래 측면을 더 포함시키고 있다. 그는 이렇게 말한다. "교회(그리스도인 개개인을 포함해서)는 전적으로 주께 속하였기 때문에, 그 속에 두려움이 있을 곳이 없다. 오직 확신과 기쁨이 있을 뿐이다. …… 심지어 미래에서도 주님의 능력에는 한계가 없다. 또한 교회는 그 어느 때라도 그에게 속하기를 그치지 않을 것이다. 주님께 해당되는 모든 것이 교회에 대해서도 계속되어야만 한다."[51]

이와 같은 자기포함의 측면은 논리적으로 그리스도에 대한 주장들(assertions)의 진리성에 의존한다. 이런 면에서 불트만이 복음서와 바울의 기독론적 언어가 "예수의 본질에 관해서는" 아무것도 말해주지 않는다고 말하는 것은 대단히 의심스러운 표현이 아닐 수 없다.[52] 오스틴과 에반스는 주와 종 관계의 자기포함적 성격과 유관성이 있는 다수의 동사들의 수행어적, 발화수반적 힘에 대해 주의 깊은 연구를 한 바 있다.[53] 오스틴은 이런 부류의 동사들이 하나의 "전적 화행"으로 작용하는 데 그 효과성을 뒷받침해주는 전제 조건들이 무엇인지에 큰 관심을 가진다. 특히 오스틴과 에반스는 그들이 행사행위(exercitives)로 분류하는 동사들의 작용을 주의 깊게 고찰하고 있다.

어떤 권위를 가진 사람이 발화한 말이 어떻게 소정의 효과를 일으키는지를 나타내는 "행사행위"(오스틴과 에반스의 용어)라는 용어가 존 설, 르카나티, 스티븐 레빈슨(Stephen Levinson), 조프리 리치(Geoffrey Leech) 등에게서는 거의 유사한 의미를 가진 "지시행위"(directive)라는 용어로 대체되고 있다.[54] "주님의 말씀"이 지시하고, 임명하고, 위임하고, 명령할 능력을 가진다는 것은 지시적 권위가 행사행위의 발화 속에서 실제적으로 작용한다는 것을 말한다. 에반스는 이와 같은 행사행위의 예들로 "내가 임명한다 …… 내가 승인한다 …… 내가 위임한다 …… 내가 수여한다 …… 내가 명한다" 등을 들고 있다.[55] 오스틴의 경우는 여기에 "권력의 시행, 임명, …… 촉구, 권고, 경고, 명령, 선정, 행사, 주장, 지시 행위 등"을 포함시키고 있다.[56]

이런 행위들이 적합한 그리고 실효적 조건들 아래에서 올바르게 수행되기 위해서는 종의 실제적 자세 차원 이상의 것이 요구된다. 누군가 "주권"을 적법하게 수행할 자격이 없는 사람에게 그것을 돌리는 것은 언어적 관점에서 **공허**할 뿐만 아니라, 논리적 차원에서 인위적이며, 신학적 차원에서는 **우상숭배적**이다. "예수가 주시다"라는 표현은 사실적 혹은 기구적 진리와 자아포함 양자를 동시에 나타낸다.

바울의 텍스트가 이런 점을 결정적으로 잘 확인해주고 있다. 바울은 부활을 통하여 하나님께서 그리스도를 "주"로 지명하셨다고 말한다. 그리스도의 높이 되심(승귀)과 "주"의 이름을 받으심은 하나님의 존재론적, 기구적 행위에 의해 되어진 일이다(롬 1:4, 10:9, 빌 2:11). 로마서 10:9과 관련해서 제임스 던(James D. G. Dunn)은 바울이 복음의 두 핵심적 강조점들, 즉 "하나님께서 그리스도를 죽은 자 가운데서 일으키셨다"와 "예수는 주시다"를 함께 결합시켜 놓았다고 말한다.[57]

이와 같은 자기포함의 논리 측면은 오스틴과 에반스가 탐구하는 수행어의 또 다른 두 하부 범주들을 살펴볼 때 더욱 분명하게 드러나게 된다. 그 하나는 오스틴과 에반스가 "판정행위"(verdictive)라고 분류하는 범주이다. 이를 설과 르카나티는 "선언행위"(declarative)라고 부른다. 이 판정행위의 범주에는 "판단하기, 되갚아주기, 판결하기, 평가하기" 등이 포함된다.[58] 사도 바울은 자신과 관련하여 "내가 자책할 아무 것도 깨닫지 못하나 이로 말미암아 의롭다 함을 얻지 못하노라 다만 나를 심판하실 이는 주시니라"(고전 4:4)라고 밝힌다.

또 하나의 범주는 행동의 맥락과 연관된 것이다. 오스틴과 에반스가 "행태행위"(behabitive)로 구분하는 범주[설의 경우는 "정표행위" (expressive)]인데, 여기에는 "칭찬하기, 비난하기, 질책하기, 성원하기" 등이 포함된다.[59] 이와 연관된 바울의 말로는 "옳다 인정함을 받는 자는 자기를 칭찬하는 자가 아니요 오직 주께서 칭찬하시는 자니라"(고후 10:18)를 들 수 있을 것이다.

바울 텍스트 및 신약 다른 곳에서(그리고 70인경에서 하나님과 관련해서도) 주권자를 가리키는 용어로 퀴리오스(*kyrios*)를 선택한 데에는 다른 이유들도 있겠지만, 주권자를 가리키는 또 다른 용어인 데스포테스(*despotēs*)에 함의된 다분히 "자의적" 주 되심의 인식에 비해 퀴리오스의 "정당한" 주 인식이 예수께 보다 적합했기 때문이라고 보는 휫틀리(Whiteley)와 쿨만(Cullmann)의 관점이 여전히 옳다고 본다.[60] 서포(Cerfaux)는 퀴리오스 용어를 그리스도의 재림(*parousia*)와 연관해서 사용할 때 그 배후에는 존재론적, 객관적 근거가 놓여 있다는 것을 강조한다. 그는 과거 주권자나 통치자가 한 도시를 방문할 때 축제적 영접이 이루어졌던 일 속에서 이 용어의 유비적 근거를 찾고 있다. 바울도 이런 의미를 살려서 "우리도 …… 구름 속으로 끌어 올려 공중에서 주를 영접하게 하시리라"(살전 4:17)고 밝힌다.[61]

불트만이 퀴리오스 본문의 제의적 혹은 예전적 맥락을 살피는 자리에서도 그의 주된 관심은 실존적 경험에 돌려지고 있다. 그래서 그는 초대 그리스도인들의 그리스도의 주권에 대한 경험과 그들이 회심 이전에 이방 신들의 제의에서 경험했던 것 속에는 긴밀한 유사성이 있다고 보고 있다. 이런 경험과 관련해서는 부세(W. Bousset)의 『퀴리오스 크리스토스』(*Kyrios Christos*, 1913, 1921)를 그대로 수용하고 있다.

하지만 우리가 볼 때 퀴리오스 본문의 논리적 기능에는 실존적, 가기포함적 성격과 존재론적, 기구적 측면이 동시에 포함된다고 본다. 실존적, 자기포함적 측면에서는 이 본문들은 **신뢰와 순종, 굴복과 헌신을 요구**한다. 이들은 단순히 교리적 진리나 천상적 사실에 대한 추상적 기술을 하고 있는 것이 아니다. 또 다른 한편 이 본문들의 진리 주장의 측면에서는 **하나님께서 그리스도를 주로 세우시고, 임명하시고, 높이신** 일에 대해 선언하고 있다. 이런 측면은 사람들이 이를 의식적으로 인정하든 하지 않든 진실로 남는다. 하지만 이것이 갖는 작용적 효과 및 해석학적 통용성은 이런 인정이 구체적으로 만들어지는 곳에서 가장 명확하게 보여지게 될 것이다.

주로서의 예수의 본질에 대한 질문은 이들 두가지로 분리되지만 또한 연관된 논리적 기능들을 통합할 뿐만 아니라, 바울 텍스트와 공관복음서 자료들 사이의 연계점을 제공해주기도 한다. 예수께서 신뢰와 순종을 요구하시는 근거에는 부활 사건을 통하여 하나님께서 그를 높이심과 인증하신 일 뿐만 아니라, 예수의 지상 사역 시 그의 행위와 말들 속에서 나타난 그의 본성 및 아이덴티티의 측면도 동시에 놓여 있다. 제임스 던은 이 아이덴티티 측면을 신약 텍스트의 다양성 속에서도 이들을 하나로 통합하는 중심축이라고 바르게 이해하고 있다. 신약 텍스트들은 하나 같이 "인간 예수의 아이덴티티를 부활하신 주와 동일시하는 데 일치"하고 있다는 것이다.[62]

공관복음서 속에는, 그 중에서도 특별히 마가복음 속에는 예수의 기독론적 지위와 관련하여 그 진리를 명확히 밝히는 측면에서 다소 억제된 분위기를 느낄 수 있다. 그럼에도 불구하고 예수님의 선포들이 갖는 자기포함적 요구들은 그 배후에 기독론적 전제들을 기반으로 가지고 있다. 불트만은 예수의 부름이 "결단에의 부름"이라고 말한다. 이 부름의 배후에는 "솔로몬보다 더 큰 이 …… 요나보다 더 큰 이"(눅 11:31, 32)가 계시고, 그는 "죽은 자들이 그들의 죽은 자들을 장사하게 하고 너는 나를 따르라"(마 8:22)고 명하신다. 불트만은 가장 초기의 그리스도인들에게 "예수의 결단에의 부름은 기독론을 포함한다"라는 것을 인정한다.[63]

예수의 말씀은 언어내적 기능 이상의 것을 수행한다. 이 말씀은 모든 것을 버리고 순종하는 제자도(눅 14:27)를 요청하고 또한 낳으며, 이 말씀은 또한 1세기 유대인들의 삶의 형태를 빚어낸 구약 전승들을 재해석하며(마 5:21–37), 또한 새로운 시대를 열고 또 그 특징을 결정짓는 하나님의 통치의 도래를 선포한다. 유대 종말론 및 묵시적 세계의 전제 속에서 볼 때 이 예수의 오심 안에서의 하나님의 나라의 도래는 단지 민족적 차원만이 아닌 우주적 전환점의 도입을 의미한다(막 1:15, 비교 막 2:21, 22).

마가와 마태, 누가 모두에 공통적인 삼중 전승 속에는 특히 그 첫 몇 장들 속에서 오스틴의 수행어 발화 범주들의 관점에서 볼 때 행사행위(exercitive)에 해당되는 일련의 발화들이 많이 포진되어 있는 것을 볼 수 있다. 예수께서는 친구들이 메고 온 한 중풍병자를 향하여서 "작은 자야 네 죄 사함을 받았느니라"(막 2:5, 평행 마 9:2, 눅 5:20)고 말씀하신다. 마가와 마태는 현재형 동사(*aphientai*)를 사용하는데, 이는 수행어 발화에서 전형적인 일이다. 반면 누가는 완료형(*apheōtai*)을 사용하고 있다. 하워드 마샬(I. Howard Marshall)은 이를 두고 용서의 "지속되는 힘"을 표현하기 위함이라고 설명한다.[64]

귀신을 쫓아내는 예수의 효력 있는 말씀도(막 1:25, "잠잠하고 그 사람에게서 나오라") 삼중 전승 속에서는 단지 기적 그 자체로서 제시되기보다, 말속에서 "강한 자"의 결박이 이루어지고 그 세간을 강탈하는 "행위"가 이루어지는 메시아적 말–행위로 해석되고 있다(막 3:23–27, 평행 마 12:22–30, 눅 11:14, 15, 17–23). 이 역시 오스틴의 발화수반 화행들에 대한 기준에 정확히 일치한다. 즉, "무엇을 말하는 가운데서(in) 행위의 수행이 이루어진다."[65]

풍랑 이는 바다를 향하여 "잠잠하라 고요하라"고 명하시는 권위 있는 말씀 역시 행사행위의 화행이며, 이 또한 그 효력이 발화 가운데서 이루어지고 있다(막 4:35–41, 평행 마 8:23–27, 눅 8:22–25). 마태와 마가, 누가 모두는 이와 같은 행사행위의 발화가 효과적으로 수행되게 하는 발화자의 지위적 전제가 무엇일까와 관련하여 독자들이 스스로 생각해보도록 초청하고 있다. “이이가 어떠한 사람이기에 바람과 바다도 순종하는가?”(마 8:27).

이 본문들에 대한 주석가들 및 해석자들은 풍랑에 흔들리는 교회 상황 속에서의 신뢰에의 초청이라는 실존적 유사성을 읽고 있다. 특히 마태의 독자들은 그들의 주님께 신뢰를 두도록 권면을 받는다. 보른캄(G. Bornkamm)은 이 기사에 관한 한 논문에서 이런 주제를 집중적으로 연구하고 있다.[66] 데이빗 힐(David Hill)은 마태가 예수를 “창조물 위에 신적 권위를 가진 분으로, 따라서 제자들이 당하는 위기와 어려움 속에서 그에게 절대적 신뢰를 던질 수 있는 분”으로 소개한다고 지적한다.[67] 한걸음 더 나아가서 프랜스(R. T. France)는 이렇게 언급한다. “구약에서는 바다가 그 명령을 순종한다는 것은 그가 하나님의 권능을 가졌다는 표시였다(욥 38:8–11, 시 65:5–8, 89:8–9). 어쩌면 시편 107:23–32의 본문이 이 이야기를 전개하고 있는 마태의 마음 속에 작용하고 있었는지 모른다.”[68]

삼중 전승을 넘어서 각 복음서 기자 각각의 신학을 잘 보여주는 자료들 속에서도 우리는 동일하게 다양한 행사행위와 판정행위, 행태행위(설의 용어대로 하면 지시행위, 선언행위, 정표행위)의 예들을 볼 수 있다. 그리고 이 각각은 그것이 가진 진리주장에 의거해서 현재의 독자들에게도 실존적 공명을 불러일으킨다. 오토 미헬(Otto Michel), 뵈크틀(A. Vögtle), 후바트(B. J. Hubbard) 등 많은 학자들은 부활 이후 제자들에게 사명을 주시는 기사(마 28:18–20) 속에서 위임 행위의 명백한 예를 찾고 있다. 미헬이 볼 때 이 기사는 마태 기독론의 핵심 가운데 하나이다.[69] “하늘과 땅의 모든 권세를 내게 주셨다”라는 표현 속에 위임의 행사행위 화행이 작용하는 조건이 명백하게 잘 표현되어 있다. 그레이엄 스탠턴은 보른캄의 지적을 따라 이 본문이 존귀롭게 되신 권위의 주님이 교회를 향한 지상 예수의 명령을 인준하는 것으로, 또한 그의 임재를 서약하는 것으로 보고 있다.[70]

여기에는 수행어의 세 가지 하부 범주 또는 발화수반력이 작용하고 있다.

"가서 제자들 삼으라"(마 28:19)는 말씀은 "기구적" 역할을 부여하고 명하고 세우는 행사행위에 해당된다. "내가 너희에게 분부한 모든 것을 가르쳐 지키게 하라"(마 28:20)는 말씀 속에는 위임 과정 속에 작용하는 행사행위와 행태행위 양면의 결합이 부각되고 있다. "볼지어다 내가 세상 끝날까지 너희와 항상 함께 있으리라"(마 28:20)는 말씀은 전형적인 "언약행위"(commissive)의 예이다. 보른캄은 이 말씀이 약조 혹은 약속의 자기헌신을 담고 있다고 지적한다.

오늘 현대의 독자들이 이 말씀의 처음 수신자들과 하나의 일체감을 느낄 수 있다면, 이 언어가 주는 효과는 단순한 정보나 내러티브 보고 차원을 넘어선다. 위임은 하나의 사명 또는 역할을 부여한다. 이는 또한 기구적 지위를 창출한다. 약조 혹은 약속은 신뢰를 부른다. 뿐만 아니라 약속에 의거한 행위를 유발시킨다.

우리가 답해야 할 하나의 문제가 남아 있다면, 그것은 왜 예수의 말씀 속에서나, 복음서 기자들의 명시적 선언들 속에서 그 발화의 발화수반력 및 실존적 헌신을 더욱 확실하게 해 줄 수 있는 예수의 기독론적 지위를 밝히는 측면에서 다소의 억제된 분위기가 남아 있는가 하는 점이다. 이 질문에 대한 대답 가운데 하나는, 부활 이전까지는 기독론이 신적 역사의 개입을 기다리는 가운데서 아직도 완성되지 않은 상태에 있었다는 점을 들 수 있을 것이다. 제임스 던이 지적하는 것처럼, 기독론은 부활 이전 지상 예수의 삶과 의식에만 관계된 것이 아니라, "예수 자신의 아들됨 및 종말론적 사명에 대한 성찰"을 포함하여 "전체 그리스도 사건"과 관계된다.[71]

위의 질문과 관련하여 우리는 예수의 특유성(uniqueness)이라는 측면을 하나 더 고려할 필요가 있다. 예수의 바른 이해를 위해서는 그 자신의 말씀 및 그 완성된 사역의 측면에서 기존의 "메시아적" 언어 해석이 지배되어야지, 역으로 이미 형성되어 있는 메시아 언어의 추정들이 예수 이해를 지배하게 해서는 안 된다는 사실이다.

이런 점과 관련하여 페린(Perrin)은 예수의 하나님 나라 언어와 관련하여 하나의 개방된 특성을 잘 지적하고 있다.[72] 하나님의 적극적 통치의 본질이 무엇인가 하는 점은 십자가와 부활을 포함하여 예수의 삶과 사역 속에서 그것이 범례적으로 시현되기 이전까지는 사람들이 진정으로 그것이 무엇인지를 잘 알 수 없다. 이는 "인자" 언어와 관련해서도 마찬가지이다. 이 용어는 매우 다양한 방식으로 해석되고 있다.[73] 우리가 다니엘 7:13, 14의 아람어 용례를 그 해석의 열쇠로 삼든지 아니면 시편 8:4을 근거로 삼든지 간에, 중요한 것은 이 용어 자체가 예수에 대한 이미 잘 구성된 이해를 우리에게 전달해주는 것이 아니라, 오히려 예수의 이해는 그의 권위 있고 구원하는 말씀과 행위 속에 나타난 그의 아이덴티티에 의거한다는 사실이다.

하나님 나라의 언어는 존재론적 차원과 실존적 차원 양면을 다 포함한다. 묵시적 전통 속에서의 하나님의 나라는 하나님의 우주적 통치를 의미한다. 한편 랍비적 전통 속에서 "스스로의 위에 그 나라의 멍에를 메는 것"은 하나님의 통치 앞에서의 순종과 반응을 의미하기도 한다.

복음서 기자들은 보다 명시적 기독론을 표방하는 자료들을 가지고 있기도 하다. 마가의 경우 기독론에 대한 핵심적 관심을 가지고 있고, 이를 내러티브 형식으로 전개해간다는 것에 대해 많은 학자들이 합치된 견해를 나타내고 있다. 로버트 파울러(Robert Fowler, 1981), 로즈와 미치(Rhoads and Michie, 1982), 어니스트 베스트(Ernest Best, 1983), 유진 보링(Eugene Boring, 1985) 등이 모두 기독론과 관련하여 마가가 독자들을 그들 나름의 판단에 도달할 수 있도록 내러티브 방식들을 사용하고 있다는 점을 강조한다.[74] 보다 상세한 논의는 독자반응 이론을 다루는 자리에서 다시 살펴보도록 하겠다.

그레이엄 스탠턴은 마가의 내러티브 세계 안에서(within) 작용하는 기독론적 추정들과 마가 자신이 독자에게 직접 알리는 것 사이에 구분을 하고 있다. 마가는 복음서의 바로 시작 부분에서 예수가 "하나님의 아들 그리스도"(막 1:1)라고 밝힌다. "그런데 이야기가 전개되어 감에 따라 예수의 참 아이덴티티는 이야기의 참여자들에게 비밀로 가리워지기 시작하고 종종 오해를 빚기도 한다. 그러나 독자들에게는 비밀이 없다."[75]

최근의 『세메이아』 한 책 전체에서 성경 해석과 화행론의 관계를 다루고 있다. 여기에서 휴 화이트(Hugh White)와 마이클 핸처(Michael Hancher)는 화행론을 내러티브 해석학과 연결시키고 있다.[76] 하지만 그들의 주된 관심은 화행론을 성경의 구체적 본문 해석에 적용하고자 하는 것보다는 이를 리쾨르, 에벨링, 롤랑 바르트, 데리다 등과 연결시켜 보고자 하는 것이다. 핸처는 이 이론에 대한 데리다의 관심이 실제로는 이에 대한 역설적 "배신"이라고 잘 지적한다. 왜냐하면 데리다와 같이 저자를 배제하는 것은 화행론의 기반을 침해하는 일이기 때문이다.

마태의 기독론은 마가의 경우보다 화행론과의 관계를 훨씬 더 쉽게 연결시킬 수 있을 것이다. 그 이유 중의 하나는 마태의 관심이 예수의 말씀 및 가르침에 모아지고 있기 때문이다. 비록 마태의 가장 명시적인 기독론적 선언이 부활 이후의 위임 화행(마 28:18–20) 속에 나타나고 있긴 하지만, 복음서 전체 속에서 마태는 예수의 가르침 및 명령을 그의 인격의 특유성과 잘 엮어 나가고 있다.

존 마이어(John P. Meier)는 마태의 관점을 매우 탁월하게 잘 포착하고 있다. 그는 이렇게 말한다. "예수의 가르침의 진리성, 적합성, 영구성 등은 그 자신의 인격에 의존한다. 가르치는 자와 가르침이 서로 분리될 수 없을만큼 잘 연결되어 있다. 가르치는 자가 누구인지 이해하지 못하면 가르침이 무엇인지를 온전히 이해할 수 없다. 그 가르치는 자를 주로 받아들이지 않으면 그 가르침이 참되다고 할 수 없다."[77]

그렇다면 왜 이것이 꼭 이래야만 하는 것인가? 왜 독자는 개입될 수밖에 없는 것인가? 그 대답은 마태가 제시하는 발화수반행위들(풍랑을 잔잔케 하는 언어, 위임과 사명을 부여하는 언어 등)이 그 작용의 근거를 두고 있는 기독론적 전제에 있다. 만일 암시된 기독론이 틀리다면 마태가 제시하는 모든 행사행위 등의 화행들도 단지 인간의 경건한 상상의 산물 그 이상이 아닌 것으로 와해되고 말 것이다.

이 부분을 마무리 짓기 전에 우리는 요하네스 두 플레시스(Johannes G. du Plessis)의 스텔렌보쉬 대학 연구 결과물인『명료성과 불명료성』(*Clarity and Obscurity*, 1985)에 대해 잠시 언급하고자 한다. 이 건설적이고 긍정적인 책에서 두 플레시스는 그의 연구의 출발점과 관련하여 이와 같이 밝히고 있다. "현재의 연구는 티슬턴(1970)에 의하여 시작되고 아우렐리오(T. Aurelio,

1977), 아렌스(E. Arens, 1982)에 의해 이어진 연구의 흐름을 확장시킨 것이라 볼 수 있다. 티슬턴은 오스틴(1962)에 의해 정립된 화행론을 비유 연구에 접목시켰다. …… 이런 접근은 아우렐리오에 의해 이어졌다. …… 아렌스는 자신의 연구를 티슬턴과 아우렐리오와는 구분하고 있는데, 이는 그들이 비유를 개별 화행들로 보고 분석하고 있기 때문이다."[78] 이와 달리 아렌스는 보다 넓은 이해의 모델에 관심을 모아 예수의 언어의 본질을 의사소통 행위로 이해하고 있다.

아렌스는 비유에 대한 화행론 관점에서의 연구를 통하여 보다 넓은 신학적 행위 이론의 기반을 세워보고자 계획하고 있다. 이를 위해서는 신약 비유 본문들의 "배후"를 보아야 하고, 수행되고 있는 전체 화행들을 살펴야만 할 것으로 보고 있다. 요하네스 두 플레시스는 이를 받아들인다. 하지만 그는 포스터(W. S. Vorster)와 더불어 화행의 맥락은 비유들이 기반하고 있는 보다 넓은 텍스트 맥락을 포함한다고 강조한다. 두 플레시스의 상세한 논의들은 우리가 이 부분에서 다루었던 내용과 그 핵심이 일치한다.

두 플레시스는 이렇게 주장한다. "이 연구의 논지는 복음서의 내러티브 세계의 배경 속에서 비유들이 갖는 일차적 기능은 비유를 말씀하시는 자로서의 예수를 **권위적 지위** 가운데 세우고자 하는데 있다는 것이다. 비유의 명료성 그리고/또는 불명료성은 상징 담론으로서의 비유가 갖는 고유한 특징 가운데 하나이다. 이 양측면 모두가 예수의 권위적 지위를 세우는데 사용되고 있다. 복음서들은 예수와 그의 청중의 관계를 복음을 듣는 사람들이 **예수와의 관계** 속에 들어오게 하려는 목적의 관점에서 제시하고 있다. …… 비유들의 주된 목적은 듣는 자들로 하여금 하나님과의 구원의 관계에서 유일한 원천으로서 **예수의 권위를 인정**하도록 하기 위함이다."[79]

두 플레시스는 이런 주장을 신학적 방식에 의거하여서보다는 비유를 의사소통 행위의 일환으로 보는 관점에 의거하여 제시하고 있다. 이를 위해 그는 오스틴, 그리스(Grice), 설, 아우렐리오, 아렌스, 조프리 리치 등의 연구들을 사용하고 있다. 그는 특히 그리스의 대화적 함축성 명제들 중에서 상호협력적 목적의 원리에 주목하고 있는데, 이에 대해서는 뒤에 리쾨르의 내러티브 이론을 다루는 자리에서 상세히 논의할 것이다.

두 플레시스는 텍스트 속에서의 명시적인 것과 암시적인 것의 관계, 드러냄과 감춤의 관계에 관한 볼프강 이서(Wolfgang Iser, 1980)의 작업을 사용하기도 한다. 그는 저자와 청자 사이의 의사소통 과정과 연관된 "가상성"(fictionality)과, 텍스트의 특성, 텍스트의 내용, 텍스트의 기교 등과 관계된 "가상"(fictiveness)을 구분한다. "가상"은 순수하게 상상력의 산물이다. 이에 비해 "가상성"은 화행의 한 범주 혹은 모드에 속한다. 두 플레시스는 내러티브를 "재진술"(redescription)로 보는 리쾨르의 관점의 기능적 가치를 조심스럽게 받아들이지만, 그 한계를 결정하는 지시적, 상황적 맥락에 대해 강조하기를 그치지 않는다.

우리는 이런 논의를 10장과 15장에서 존 설의 가상의 논리 및 니콜라스 월터스토프(Nicholas Wolterstorff)의 중요한 책 『예술 작품과 세계』(*Works and Worlds of Art*, 1980)와 연관하여 보다 상세히 살펴보고자 한다. 월터스토프는 하나의 행위가 다른 행위로 "간주"되는 언어적 수행의 과정 속에서 인간 작인자의 역할이 무엇인지에 대해 대단히 정밀하게 이를 분석하고 있다. 그의 "인과-발생"과 "간주-발생" 사이의 구분은 오스틴과 에반스의 인과적 작효와 발화수반적 힘 사이의 구분과 대체로 일치한다. 뿐만 아니라 월터스토프는 존 설의 발화의 "기구적 사실들"에 대한 이해를 활용하기도 하는데, 이는 "C의 맥락 속에서 X가 Y로 간주되는 일"을 정리한 것이다. 이런 관점 위에서 우리는 인간 작인자에 의한 "세계"의 투사가 주어진 명제적 내용과 다양한 형태의 발화수반 효과들로 구성된 한 총괄적 틀 안에서 이루어진다는 하나의 언어 철학을 얻을 수 있다.

월터스토프나 설, 두 플레시스 모두가 **어떤 화행들의 작용 및 효과를 위해서는 언어외적 상황 속에서의 인간 작인자의 역할이 결정적으로 중요하다**는 것을 다 함께 강조하고 있는 점을 잘 주목할 필요가 있다. 역사적 보고와 픽션, 거짓, 역사 같은 내러티브 등의 차이가 무엇이냐 하는 점은 저자라는 작인자의 **지위나 자세, 헌신, 책임** 등과 관련하여 어떤 것이 전제되어 있고 또 받아들여지고 있느냐 하는 것에 달려 있다. 이런 문제는 단지 독자 공동체가 인과 및 간주 발생의 세계와는 상관 없이 문학적 효과의 체계 그 자체만을 두고 내리는 어떤 판단들에 달린 문제가 아니다. 우리는 이런 점을 하나의 화행이 다양한 발화수반적 기능들을 행사할 수 있는 점과 관련하여 10장과 15장에서 좀 더 상세히 살펴보고자 한다. 특히 15장에서는 이런 문제를 **"저자 의도"** 문제와 연관시켜서 생각해볼 것이다.

두 플레시스는 아우렐리오 및 필자의 글과 같은 시각에서 예수의 비유들이 **동시에 여러 가지의 발화수반 행위들로 작용**할 수 있다는 점을 잘 지적한다. 예를 들어 잃어버린 아들의 비유(눅 15:11–32)는 잠재적으로 적대적인 청중들을 죄인들에 대한 예수 자신의 헌신의 바탕 위에서 무조건적인 용납과 나눔 속으로 나아오도록 **지시**하는 것일 수도 있고, 또한 **초청**하는 것일 수도 있다. 두 플레시스는 로버트 펑크(Robert Funk)와 한 목소리로 청중은 은혜를 택할지 아니면 정의를 택할지 선택할 자유가 있다고 지적한다. 하지만 두 플레시스는 펑크와는 달리 그 메시지를 더 이상 구체화하는 것은 거부한다. 이 비유의 "함의" 에는 "첫 아들들"의 소외나 아버지의 사랑의 처소인 "집으로 돌아옴"의 경험 같은 것은 포함될 수 있다고 지적한다.

두 플레시스는 펑크나 크로산, 단 오토 비아, 수전 위틱, 메리 앤 톨버트(Mary Ann Tolbert) 등의 보다 개방적이고 다중의미 관점에서의 비유 해석과는 달리 총체적 화행으로서의 비유들의 지위 및 기능에는 복음서 텍스트의 일차적 대화적 맥락과 화자와 청자 사이의 스피치 관계가 동시에 포함된다고 지적한다. 따라서 많은 경우에 비유들은 "더 넓은 대화적 패턴 속에서의 책략들"을 보여주고 있다는 것이다. 이 "책략들"은 화자의 **권위적 지위**가 필수적 구성요소가 되는 "거대(macro) 스피치"의 전략의 일부이다.

두 플레시스는 이런 접근을 여러 구체적인 본문들 속에 적용하면서 이어지는 후속 연구들 속에 발전시켜 나가고 있다. 그 속에서 다양한 측면들이 각각 부각되고 있는데, 여기에는 언어외적 실재에 대한 강조(1984년), 대화적 함축성의 차원(1985, 1988, 1991년), 그리고 화용론과의 관계(1987년) 등이 포함된다.[80] 필자의 연구(1970년)가 그에게 끼친 영향에 대해 그가 인정하고 있지만, 그 자신은 화행 이론을 대체로 그리스와 아렌스, 리치 등의 계열을 따라 발전시키고 있다. 그리고 필자의 작업은 주로 설과 르카나티와 연결시키고 있다.

그 구체적 통로는 달리 할 수 있겠지만, 우리는 기독론적 텍스트의 작용상 통용성의 근거와 관련하여 공통된 결론을 도출한다. 기독론적 진리는 텍스트의 화행들이 효과있게 작용하도록 하는 근거를 이룬다. 이는 르카나티의 표현을 빌리자면, 배우들이 무대 위에서 행하는 것처럼 단순히 텍스트적 혹은 언어내적 주장을 그 스피치 발화를 통해 수행하는 차원과는 다르다. 기독론적 진리 위에서의 화행들은 화자와 청자 사이의 언어외적 관계에 변혁을 가져온다. 뿐만 아니라 독자들로 하여금 그와 같은 언어외적 변혁 및 관계에 동참하도록 초청한다.

4. 발화수반행위와 수행어, 그리고 말과 세상의 "맞춤의 방향"

존 설은 그의 두 스승 존 오스틴과 스트로슨(P. F. Strawson)에게 자신의 사상을 빚지고 있다고 명시적으로 밝힌 바 있다. 오스틴을 따라, 그리고 보다 덜 직접적이긴 하지만 비트겐슈타인을 따라 설은 이렇게 선언한다. "언어적 의사소통의 단위는 일반적으로 생각하는 것처럼 상징이나 단어, 문장이 아니다. 심지어 단어나 상징, 또는 문장의 표시도 아니다. 오히려 그것은 화행의 수행 속에서의 상징이나 단어, 또는 문장의 생산 또는 실시이다."[81] 설은 구체적 발화들이 그 다양한 행위들을 수행하는 과정에 대한 복잡한 이론적 틀을 정리하고 있다. 여기에는 주어진 명제적 내용도 포함된다.

설은 "발화"를 규칙에 의해 지배되는 행동 양태의 한 부분으로 이해한다. 그러면서도 그는 자신의 작업이 소쉬르의 파롤(*parole*) 영역에 국한되는 것이 아니라고 강조한다. 오히려 그는 랑그(*langue*) 측면을 구성하는 전제들과 관련하여 더 깊은 차원의 질문들을 제기하기도 한다.[82] 이처럼 그가 보다 더 넓고 깊은 이론적 모델을 정립하고자 시도하는 것은 오스틴의 작업에 대한 한층 진일보된 기여라고 볼 수 있다.

설이 자신의 작업을 언어철학에 대한 기여라고 보고 있는데 비해, 오스틴은 옥스퍼드 언어 철학의 소위 "일상 언어" 분석의 방식을 취하고 있다. 물론 오스틴 자신이 도덕적 책임성 및 진리 이론과 관련하여 "변명을 위한 탄원"이나 "진리" 같은 글에서 진지한 철학적 문제들을 제기하고 있고, 또한 판(K. T. Fann)이 편집한 책에서도 오스틴이 제기한 철학적 질문들을 다루고 있지만, 그럼에도 불구하고 오스틴의 작업은 주로 일상의 예들 속에서 찾아볼 수 있는 발화수반 행위들과 수행어 성격의 언어를 다루는데 많이 치우치고 있다.[83] 그러할지라도 우리는 설과 르카나티 등에 의해 개진된 이론적, 방법론적 장치들에 대해 살펴보기 전에 우선적으로 오스틴의 화행론의 배경을 먼저 살펴보는 것이 좋겠다.

오스틴은 발화수반 화행들이 작용하는 전반적 상황상의 전제들에 많은 관심을 가지지만, 그가 보다 치중하고 있는 부분은 이에 대한 이론적 틀의 구축보다는 일상적 예들의 분석이다. 그가 이 예들을 분류하는 방식은 참 흉내내기 어렵다.

오스틴은 발화의 작용 과정과 관련하여 이런 구체적 질문들을 던진다. 만일 한 운동 팀의 감독이 "나는 조지를 선발한다"라고 말하는데 조지는 "난 안 뛴다"라고 말한다면 감독의 말은 어떤 효력을 갖는 것일까?[84] 하나의 발화가 행위가 되기 위해서는 관습적 절차가 받아들여지는 것이 필요한데, 만일 어떤 사람이 논쟁을 종결지으면서 "내가 너의 말에 동의한다"라고 말하는 것을 우리가 그것을 무시해버린다면 그 말의 효력은 어떻게 되는 것일까?[85] 한 지역 교회의 목사가 "내가 너에게 세례를 주노라"하고 하면서 다른 아기를 안고 있다면 그 말의 효력은 어떻게 될까? 또는 그 목사가 "내가 아기 번호 2704번에게 세례를 주노라"라고 말하는 것은 효력이 성립될까?[86] 만일 대학의 총장이 "내가 이 도서관을 여노라"라고 말하는데 열쇠가 돌아가지를 않는다면 어떻게 될까?[87]

오스틴이 이런 예들을 들고 있는 것은 말에서 인과적 힘과 **기구적**(institutional) 작용을 구분하기 위함이다. 오스틴의 이런 구분은 에반스에 의해 성경 텍스트 이해에 접목되고 있다. 오스틴의 책이 나오고 바로 1년 뒤인 1963년에 도날드 에반스의 건설적인 책『자기포함의 논리』가 출판되었다. 필자는 1970년에 비유 연구와 관련하여 오스틴과 푹스를 비교한데 이어, 1974년에 두 번째로 오스틴의 작업을 성경 해석과 접목을 시킨 바 있다. 특히 구약에서 발견되는 축복 및 저주의 언어를 "능력" 언어 관점에서 보려고 하는 일반적 시각에 제동을 걸기 위한 작업이었다.[88]

많은 구약 전문가들이 "말의 타고난 능력"에 대한 소위 "히브리적" 관점에 호소하면서 왜 이삭이 그의 축복의 말을 되돌릴 수 없었는지(창 27:33–37)를 이런 관점으로 설명하기를 좋아했다. 이는 발락의 압박에도 불구하고 발람이 이스라엘에 대한 축복의 말을 되돌릴 수 없었던 일(민 23:20)에 대해서도 동일한 설명 방식으로 작용했다. 게하르트 본 라트를 비롯하여 많은 사람들은 히브리인들이 말에 관하여 거의 언어 주술에 가까운 시각을 가지고 있었다고 주장한다. 다시 말해서 말에는 "객관적 실재가 신비로운 능력과 함께 부여되어 있다"라고 보는 것이다.[89]

또 다른 학자들은 군사적 무기와 관련된 다채로운 은유들을 사용하기도 한다. 그레터(Grether)와 짐멀리(Zimmerli) 같은 사람들은 유대인들의 사고 속에는 말을 "시간 장치가 달린 미사일"과 같은 것으로 보는 인식이 있었다고 주장한다. 뒤르(Dürr) 같은 경우는 히브리어는 인과적 힘을 가진 "능력체"와 같은 것으로 보고 있다. 제이콥(E. Jacob)은 히브리인들이 말을 "적진에 던져진 폭탄 같은 것으로 그 폭발이 때로는 지연될 수 있지만 언젠가는 반드시 일어날 수밖에 없는 것"으로 보고 있다.[90]

하지만 오스틴의 관점에서 볼 때, 이런 방식의 생각은 전혀 필요가 없다. 이삭과 발람은 축복을 위한 관습적 절차들을 잘 알고 있었다. 하지만 이런 축복의 말들을 거두어들이는 절차는 없었고, 또 일반적으로 그렇게 받아들여지고 있었다. 이는 마치 신부나 신랑이 결혼식 과정 중에 "예, 내가 약속합니다"라고 말해놓고 뒤에 가서 "미안합니다만, 내가 마음을 바꾸었습니다"라고 말하는 것이 결혼 예식 속에서의 말과 동일한 수행적 힘을 갖는 하나의 보완적 부록으로 볼 수 없는 것과 같다. 오스틴이 드는 예를 가지고 말하자면, 이는 마치 세례 철회 예배를 요청하는 것과 같다. 하지만 "내가 이 아이를 세례 철회합니다"라고 말하는 것은 이런 절차가 존재하지도 않고 받아들여지지도 않기 때문에 "내가 이 아이에게 세례를 줍니다"라고 말하는 것과 동일한 수행력을 가질 수는 없는 것이다.

필자는 1974년의 논문에서 이런 접근을 좀 더 넓게 적용해서 소위 "말의 능력"이라고 생각하는 부분과 관련해서도 지적을 한 바 있다. 필자의 결론은 "말의 능력"이란 것이 흔히 생각하는 "히브리식" 언어관의 근거 위에서 인과적 방식으로 작용하는 그런 것이 아니라는 것이다. 오히려 그 효력은 언약의 하나님과의 관계에 의거한 약속의 맥락에서 하나의 발화가 발생되고 수용되는 절차 및 전제에 의거하고 있다. 그 효력은 이스라엘의 삶 전반에 관계된 기구적 측면과 연관되어 있으며, 그 바탕 위에서 합당하게 발화된 말은 그 화행으로서의 합당한 효력을 발휘한다.

존 설은 오스틴을 넘어서 이런 점을 보다 정밀하고 체계적인 언어 이론으로 발전시켰다. 그는 연관된 다양한 주제들을 다루는 연속적인 글들을 1969년, 1979년, 1980년, 1983년, 1985년, 그리고 가장 최근까지도 계속해서 출판하였다.[91] 기본적으로 오스틴은 발화행위, 발화수반행위, 발화효과행위의 세 범주로 화행들을 분류하였다. 그러면서 그는 이 각각을 다음과 같이 정의한다. 첫째, 발화행위(locutionary act)는 "소정의 의미와 지시를 담고 있는 어떤 문장을 입으로 말하는 것과 대체로 같은 것"이라고 말한다. 둘째, 발화수반행위(illocutionary act)는 알리기, 명하기, 경고하기, 떠맡기 등에서처럼 어떤 발화가 소정의(관습적) 힘을 갖는 경우를 말한다. 셋째, 발화효과행위(perlocutionary act)는 "믿게 하기, 설득하기, 겁주기 등과 같이 뭔가를 말함으로써(by) 어떤 것을 일으키거나 성취하려 하는 것"을 가리킨다.[92] 발화수반행위와 발화효과행위의 근본적 차이점은 발화를 통해 일어나는 효과가 **관습적** 절차에 의거하느냐 아니면 **인과적** 힘에 의거하느냐 하는 것이다.

설은 약간의 유보는 있지만 그래도 큰 반대 없이 오스틴의 "발화수반행위"라는 용어를 받아들인다. 여기에는 기본적으로 "경고하다", "명령하다", "승인하다", "약속하다", "요청하다" 등의 동사들이 포함된다. 하지만 설은 여기에 세 가지 부가적 언어 기능상 범주들을 첨가한다. 이는 부분적으로 중복되는 것이지만, 또 다른 더 넓은 논제들이 연관되어 있기도 하다. 첫째, 발화행위(utterance acts) 수행하기로, 이는 단어나 문장을 발화하는 것을 말한다. 둘째, 명제적 행위(propositional acts) 수행하기로, 여기서는 지시하기(referring)나 단언하기와 같은 행위들이 일어난다. 셋째, 발화수반행위(illocutionary acts) 수행하기로, 이 속에서는 진술들, 질문들, 약속들, 명령들 등이 가동된다. 설은 이렇게 말한다. "누군가가 발화수반행위를 수행할 때 그 사람은 특징적으로 명제적 행위와 발화 행위를 수행하는 것이다."[93]

이와 같은 구분은 의도성에 관한 연구를 포함해서 그의 글 전체에 작용하고 있는 기본적 구분 하나를 낳는다. 즉, "**발화수반력 지시체**"(대체로 가변적 *F*로 표시)와 "**명제 지시체**"(*p*로 표시)의 구분이 그것이다.[94] 발화수반행위를 나타내는 이론적 기본형 *F*(*p*)는 이것이 경고(Warning)의 발화수반행위일 때는 *W*(*p*)로, 약속(Promise)의 발화수반행위일 때는 *Pr*(*p*)로 표시된다. 예를 들어 "내가 거기에 있기로 약속할께"라고 누군가가 말했다면 우리는 이를 "*F* 또는 *Pr*[내가 약속한다] (*p*)[거기에 있겠다]"로 표기할 수 있다.

오스틴이 지적하는 것처럼(뒤에 르카나티도 동일하게 지적한다), *F* 차원은 명시적이기보다는 대체로 암시적이다. 그래서 예를 들어 "내가 거기에 있겠다"라는 말은 어떤 맥락에서는 *Pr*(*p*)로 표시될 수 있지만, 그러나 모든 맥락에서 다 그런 것은 아니다. 이 때문에 명제적 내용의 부정은 발화수반력의 부정과 구분될 필요가 있다. 따라서 "내가 안 오기로 약속한다"라는 말은 *Pr*(–*p*)로 표현해야 되겠지만, "내가 오기로 약속은 안 한다"의 경우는 –*Pr*(*p*)로 표현되어야 할 것이다.

발화수반행위의 이 양 구성 요소의 구분은 해석학 이론과 성경 텍스트의 관계에 관련하여 이 장에서 논의하였던 것을 이해하는 데 핵심적 중요성을 가지고 있다. 두 가지 별도의 요점을 지적할 필요가 있다. 첫째는, 이런 관점에서 볼 때 우리는 키르케고르, 하이데거, 불트만이 제시하는 한편에서 기술과 객관화, 보고, 명제의 측면과 또 다른 한편에서 어드레스, 약속, 이해, 실존적 자기포함의 측면 사이의 이원론적 접근이 논리적 오류에 빠질 수밖에 없음을 보다 명확히 볼 수 있게 된다. 성경 텍스트는 경고와 명령, 초청, 심판, 약속, 사랑의 서약 등의 방식으로 독자들에게 다가간다. 하지만 이런 화행들은 명제적 내용을 또한 포함한다. 따라서 가장 초기의 케리그마 형태는 전형적으로 *F*(*p*) 형태, 즉 "*F* [우리는 선포한다] (*p*)[그리스도께서 십자가에 못 박히신 것을]"를 취한다(고전 1:23).

때로는 이중적 기능이 복합적으로 작용하여서 같은 발화 안에서도 전체적 강조의 포인트가 달라질 수도 있다. 예를 들어 바울이 "예수는 주시다"(고전 12:3)라고 고백하는 경우에 그 강조점은 단순히 *p*나 *F*에 놓이기보다 *F*(*p*)의 복합적 기능, 즉 사태의 정황을 포함하는 언약행위(commissive)의 발화수반력 *Com*(*p*)를 구성한다.

두 번째 요점은 첫 번째의 것보다 훨씬 근본적이다. 설은 그의 책 『표현과 의미』(*Expression and Meaning*)에서 약속의 논리와 주장의 논리 사이에 중요한 차이가 놓여 있다고 지적한다. 설은 이 차이를 "말과 세상 사이의 맞춤의 방향의 차이"라고 묘사한다. 어떤 발화수반행위들은 그 목적 또는 "지향점"이 "**말을**(보다 엄격히 말하자면 그 명제적 내용을) **세상에 맞추려는**" 것이다. 이는 **주장들**의 경우가 그러하다. 그러나 또 다른 화행들은 그 기능이 반대이다. 즉 "**세상을 말에 맞추는**" 것이다.[95] **약속이나 명령**의 경우가 그러하다.

일상생활 속에서의 예를 들어 이를 설명하기 위해 설은 엘리자벳 앤스콤(Elizabeth Anscombe)의 의도에 관한 책에 나오는 한 유비를 빌려온다. 어떤 사람이 쇼핑을 하러 가고 있는데, 형사가 그를 추적하고 있다. 쇼핑을 하는 사람은 조그만 종이 쪽지에 자신이 살 "버터, 달걀, 빵, 베이컨 등"의 물건 목록을 적어 놓았다. 이 사람의 목표는 현실 세계의 물건들을 자신의 목록에 있는 말들에 맞추는 것이다. 이 경우 **지시나 약속, 의도** 등을 구체화한 **말들에 따라서 언어외적 세계의 물건들이 바뀌게 된다**.

반면에 이 사람을 따라 다니는 형사의 경우는 상황이 다르다. 이 형사는 자기가 따라 다니는 사람에게 일어나는 일을 자세히 기록하고 있다. 그래서 그 사람이 무엇을 사고 있는지 자신의 목록을 만든다. 그의 목록의 목적은 세상의 현실에 맞추는 방식으로 기술적 보고서를 말로 적는 것이다. 이 두 사람의 목록에 들어 있는 명제적 내용(*p*), 즉 "버터, 달걀, 빵, 베이컨 등"은 동일하다. 그러나 그 힘(*F*)은 전혀 다르며, 또한 말과 세상의 맞춤의 방향도 전혀 다른 방식으로 작용한다.

우리가 성경 텍스트와 관련하여 오직 언어내적 세계에만 관심을 가질 뿐이라고 말하는 해석학은 이 예를 통해 그 약점과 한계가 명확히 드러나는 것을 볼 수 있다. 앞의 예에 나오는 형사가 집에 돌아간 다음에 자신이 보고서의 한 항목을 잘못 썼다는 것을 발견하게 된다. 그러면 이 사람은 "마가린"을 지워버리고 "버터"라고 써넣기만 하면 된다. 그러나 쇼핑을 한 사람이 자신이 목록에 지시된 대로 바르게 하지 못했다는 것을 발견하게 되면, 이 사람은 다시 가게로 가서 그 문제를 바로잡아야만 한다. 이는 단지 "언어내적" 차원의 문제만이 아니기 때문이다.

르카나티는 이 동일한 예를 취해 "말과 세상 사이의 '상응의 방향'"에서의 차이를 설명하고 있다.[96] 우리가 보았던 것처럼 설과 오스틴, 르카나티의 경우 발화수반행위의 구체적 하부 범주들을 분류하는 측면에서 다소의 차이가 나타난다. 하지만 설은 오스틴의 작업을 그 이상의 발전을 위한 "탁월한 기반"이라고 평가한다. 설의 경우는 오스틴이 "의미"와 "힘"을 얼마나 날카롭게 구분하고 있는지 의심하는 입장이지만, 르카나티의 경우는 이를 변호한다. 이와 같은 르카나티의 입장은 매우 중요한 함의를 가진다.

르카나티는 이렇게 말한다. "만일 어떤 발화가 그것이 표현하는 의미의 측면에서 하나의 특정 발화수반력을 가진 것으로 스스로를 제시한다면, 그 발화가 실제로 그 자체에게 부여된 발화수반력을 가졌는지에 대해 확신하기는 어려울 것이다. …… 우리가 오스틴이 말하는 바를 따른다면, 어떤 발화의 힘은 항상 그 [문장]의미를 넘어 간다. 의미는 발화의 힘 자체가 아니라 발화의 발화수반력의 '투사'를 포함한다. 이런 면은 청자가 화자의 추정된 의도의 근거 위에서 추론해가야만 한다."[97] 따라서 여기에는 상황적 추론의 연구가 필요하다.

세부적인 측면에서 다소의 차이는 불가피하겠지만, 이 장에서의 우리의 목적과 연관시켜 볼 때 오스틴과 설, 르카나티 모두가 넓은 시각에서 볼 때 유사한 방식으로 발화수반행위의 하부 범주들을 분류하고 있음을 볼 수 있고, 또한 설과 르카나티는 말과 세상의 관계와 관련하여 "맞춤의 방향" 또는 "상응의 방향"이라는 중요한 관점을 제시하고 있는 것을 보았다. 이런 점들은 두 가지 측면에서 우리에게 유용한 방법론적 도구 역할을 할 수 있다. 우선 설은 오스틴의 분류를 부분적으로 수정하고 있는데, 이는 그가 볼 때 오스틴이 발화수반 "행위"를 발화수반 "동사들"과 혼동하고 있기 때문이라는 것이다. 설은 단언행위(assertives), 지시행위(directives), 언약행위(commissives), 정표행위(expressives), 선언행위(declarations)의 다섯 범주들로 구분한다. 이는 오스틴의 평서행위(expositives), 행사행위(exercitives), 행태행위(bahabitives), 판정행위(verdictives), 언약행위(commissives, 이 부분은 오스틴과 설, 르카나티가 다 동일)로 구분하고 있다.

설이 단언행위를 발화수반행위의 하부 범주 속에 포함시키는 것은 다소 놀랍게 보이지만, 여기에는 약간의 유익이 있다. 어떤 명제적 내용을 담고 있는 하나의 주장이 제시될 때, 그 발화수반력의 정도에서 편차가 있을 수 있다. 어떤 것은 하나의 잠정적 가설로 제시될 수도 있고, 또 어떤 것은 전적 확신을 담은 진리 차원에서 제시될 수도 있다. 이 양대 축 사이에서 주장들이 갖는 힘의 스펙트럼은 대단히 넓다. 그러할지라도 이런 관점이 갖는 유익 가운데 하나는 불트만식의 "신앙"과 합리적 논증 및 증거 사이의 대립적 인식이 위험하다는 것을 잘 보여준다는 점이다. 믿음의 확증은 단언행위와 언약행위의 두 중첩되는 힘을 잘 결합한다.

설의 분류 방법이 오스틴의 것을 모든 면에서 더 낫게 만들고 있는지에 대해서는 확답을 하기 어렵다. 디터 분더리히(Dieter Wunderlich)가 지적하는 것처럼, "화행들에 대한 결정적인 분류는 있을 수 없다. 오스틴의 것도, 설의 것도, 다른 누구의 것이라도 전적으로 만족스러운 것은 없다."[98] 분류들의 가치는 해석자들이 가진 목적과 논증에 따라 기능적, 실용적 우열을 가질 것이다. 해석적 전략이 무엇이냐에 따라 어떤 체계가 자신의 목적 및 특정 질문에 더 잘 맞는지가 결정되기 쉽다.

우리의 목적과 관련하여 설의 체계가 갖는 또 하나의 장점은 발화수반행위들의 분류와 맞춤의 방향 사이의 상관성을 그 자신이 잘 추적해가고 있다는 점이다. 단언행위(assertives)의 경우 이 맞춤의 방향이 말을 세상에 맞추는(word–to–world) 방식이다. 그러나 지시행위(directives)나 언약행위(commissives)의 경우 그 맞춤의 방향이 세상을 말에 맞추는(world–to–word) 방식이다. 무엇이 말해졌느냐가 무엇이 있어야 할지를 빚는다. 정표행위(expressives)의 경우는 그 맞춤의 방향이 둘 다가 될 수 있다. 선언행위(declarations)의 경우는 발화 자체가 특정 맞춤의 방향을 불러일으킨다. 르카나티의 선언행위는 설의 그것보다 더 범주가 넓다. 르카나티는 선언행위 문장들이 "힘 중립적"이라고 말한다. 하지만 그 안에 발화수반행위로서의 잠재력은 지니고 있다. 모든 진정한 수행어 발화들은 "그것이 표방하고 또 그것을 자신의 명제적 내용으로 갖는 사태의 정황을 단순히 기술하는 대신 그것을 불러일으키려는 목적을 가진다."[99]

정리해서 말하자면, 언어적 기술(description)은 말을 세상에 맞추는 방식으로 어떤 주어진 사태의 정황을 묘사하거나 반영한다. 반면 세상을 말에 맞추는 방식의 언어에서는 원리상 발화된 말에 맞추어 세상을 변화시키는 일이 발생된다. 특히 약속이 그 대표적인 경우이다. 설은 이런 분류와 그 맞춤의 방향에 대한 인식을 그의 또 다른 책 『지향성』(*Intentionality*)에서도 그대로 지속하고 있다.[100] 이제 우리가 성경 텍스트에 대한 고찰에 들어가기 앞서 설의 작업 전체를 통털어서 두 가지 요점을 더 짚고 이 부분을 정리하고자 한다.

첫째, 설은 오스틴과 에반스가 먼저 탐구한 바 있는 화행의 효력과 관련하여 기구적, 언어외적 조건들이 중요하다는 것을 확인하고 있다. 특별히 이는 지시행위(오스틴의 행사행위)에서 더욱 그러하다. 설은 이렇게 말한다. "교회나 법률, 사유 재산, 국가, 그리고 이런 기구들 속에서의 화자와 청자의 특정 지위 등의 주어진 기구들이 있을 때만 우리는 출교를 하든지, 임명을 하든지, 증여나 상속을 할 수 있다."[101]

설은 이런 원리 속에 "빛이 있으라"(창 1:3)와 같은 일부 하나님의 발화들 및 "명명"(naming)과 같은 언어내적 수행어들의 몇 경우만을 제외시키고 있다. 하지만 많은 신적 발화들도 하나님의 언약적 약속에 의거하여 언약행위의 방식으로나 지시행위의 방식으로 행위들을 수행한다. 뿐만 아니라 "명명"과 같은 언어내적 행위들도 기구적 조건들의 여부에 따라 그 행위적 기능이 구별된다. 예를 들어 어떤 배의 기술자인 조 블록스 같은 아무개가 그 배의 이름을 부르는 것과 조선소 대표자가 배의 진수식에서 수행적 방식으로 그 배에 이름을 주는 것과는 성격이 다를 수 있다. 부모가 출생신고서에 공식적으로 아이의 이름을 올리는 것은 지나가는 학교 악동이 아무개의 이름을 부르는 것과는 다른 종류의 수행적 성격을 가진다.

둘째, 설은 특히 약속의 논리 속에 포함된 언어외적 요인들의 작용에 대해 잘 주목하고 있다. 약속은 성경 텍스트에서 매우 중요한 화행 범주 가운데 하나이다. 우리는 화자와 청자 사이의 약속된 언약행위 쌍방관계 속에 작용하고 있는 바람 및 목적의 위치를 무시할 수 없다. 설은 그의 책 『지향성』에서 이런 측면을 대가다운 견지에서 매우 설득력 있게 잘 논의하고 있다. 만일 우리가 의도라는 것을 하나의 "정신적 행위"로 보지 않는다면, **어떤 행위적, 상황적 요인들의 관계구조를 배경으로 한 화자의 의도가 목적된 지향성을 가진다**고 보는 것은 논리적으로 가능할 뿐만 아니라 균형 잡히고 종합적인 의미 이해를 위해 본질적이기까지 하다.[102] 그것이 의도이든 아니면 목적이든, 이 개념의 논리 및 삶 속에서의 실제적 작용의 배후에는 화자의 소정의 **바람**이 놓여 있다는 것, 특히 약속의 경우에는 화자와 청자 모두의 **바람**이 놓여 있다는 것을 부인할 수 없다.

만일 그렇지 않다면 우리는 약속과 협박을 논리적으로 구분하는 것이 어려울 것이다. 이와 관련하여 설은 이렇게 관찰하고 있다. "약속은 내가 너를 위하여(for) 무엇을 하겠다는 서약이다. 그러나 협박은 너를 위하여가 아니라 너에게(to) 무엇을 하겠다는 서약이다. 만일 약속된 일이 약속을 받는 사람이 **원치 않는** 어떤 일이라면 그 약속은 결함을 가진다. …… 더 나아가서, **약속은 초청**과 달리, 대체로 **그 약속을 요망하는 경우나 상황을 전제**로 한다."[103] 약속의 논리에 반드시 본질적인 요소 가운데 하나는 약속을 하는 사람 편에서의 헌신의 자세이다. "이는 어떤 행위를 수행하겠다는 의무를 떠맡는 일이다."[104]

이런 측면에서도 설의 작업은 오스틴의 작업을 이론적인 측면에서 대폭 발전시키고 있다. 성경 텍스트 이해와도 긴밀한 연관성이 있는 몇 가지 측면에서 설의 기여를 정리해볼 수 있다. 첫째, 설은 발화수반행위의 하부 범주들을 일부 수정하고 있다. 둘째, 그는 발화수반행위가 시행되는 상호인격적, 기구적 배경과 관련하여 보다 폭넓은 이론적 틀을 정립하고 있다. 셋째, 그는 화자 편에서의 발화의 목적, 지향성, 의도성 등이 갖는 중요성을 잘 지적하고 있다. 넷째, 그는 특히 약속 및 여타 언약행위 화행들의 논리에 특별한 관심을 기울이고 있다. 마지막으로, 무엇보다 중요한 것은 말의 맞춤의 방향과 관련하여 그가 말을 세상에 맞추는 방식의 언어와 세상을 말에 맞추는 방식의 언어를 잘 구분하고 있다는 점이다.

르카나티는 몇 가지 핵심적 측면에서 설과 의견의 차이를 보이고 있는데, 여기에는 발화의 해석이 문장 해석으로 환원될 수 있는가 하는 문제가 포함된다. 우리의 현 논의의 관점에서 볼 때, 언어외적 맥락 속에서의 화자와 청자의 역할에 대한 르카나티의 강조는 그의 작업이 갖는 유용성을 증가시켜준다. 오스틴과 방브니스트(Benveniste)가 지적하는 것처럼, 명시적 수행어라도 그 성격이 자기-지시적인 경우가 있을 수 있다. 때로 이런 것들은 "이에……"("이에 내가 ~라고 선언합니다"와 같은 경우-역주)와 같은 문구에 의해 표시되기도 한다. 하지만 언어내적 수행력의 표시들이 효력 있는 언어외적 실행의 보증이 되지는 못한다. 그런 점에서 르카나티가 올바르게 결론짓고 있는 것처럼, 우리가 무대 위의 배우들의 행위와 같은 것이 아니라 실제적 삶 속에서의 행위들이 갖는 수행력을 평가하기를 원한다면, 우리는 "무대 뒤의" 언어외적 맥락을 들여다 볼 필요가 있다.

5. 약속의 해석학과 "말에 세상을 맞춤"

우리는 규칙적으로 "변혁하는 텍스트"라는 표현을 사용해 왔다. 텍스트가 독자나 상황, 혹은 현실을 변혁하는 예는, 존 설이 잘 지적하는 것처럼, 특히 약속 혹은 약조의 경우에나, 또는 위임 혹은 명령의 경우에 그 힘과 기능이 특징적으로 잘 드러난다. 구체적 말의 발화는 그 상호인격적, 기구적 사태의 정황이 합당한 조건을 갖춘다면 소정의 사태의 정황을 형성하는 하나의 행위로 작용한다. 예를 들어 앞서 우리가 다루었던 기독론적 텍스트의 경우에서, "너의 죄가 사하여졌다"(마 9:2)라는 발화가 실제적으로 어떤 사태를 변화시키느냐 하는 것은 무엇보다도 그 발화자의 권위나 기구적 지위에 달려 있다.

또 다른 한편, 특정 사태의 정황이 옳다는 선언(예를 들어 "그리스도께서 묻히시고 사흘만에 일으키어졌다", 고전 15:4)은 단언행위(assertive)의 힘을 갖는데, 이때 그 발화된 말의 진정성을 결정하는 것은 특정 사태의 정황이다. 이런 점에서 약속은 특징적으로 세상을 말에(world–to–word) 맞추어 형성한다고 볼 수 있다면, 단언 또는 주장은 말을 세상에 맞추어(word–to–world) 형성한다고 말할 수 있다.

일부 성경 텍스트는 이 두 기능을 동시에 수행하기도 한다. 어떤 경우에는 이 두 요소가 분리되어 거리를 유지한다. "우리는 그리스도가 십자가에 못 박힌 것을 선포한다"(고전 1:23)와 같은 경우이다. 그러나 어떤 경우에는 동일한 형태가 동시에 이중적 힘을 발휘하는 경우도 있다. 예를 들어 "예수가 주시다"라고 할 때 한편에서 이는 "우리가 그리스도의 종이다"의 **언약행위**(세상을 말에 맞춤)로 작용하지만, 또한 "하나님이 그리스도를 주로 만드셨다"의 **단언행위**(말을 세상에 맞춤)로 작용하기도 한다.

설은 오스틴이 발화수반 "행위"를 그런 행위 수행에 사용되는 일련의 "동사들"과 혼동하는 경향이 있다는 것을 지적하지만, 그럼에도 불구하고 오스틴, 에반스, 르카나티, 그리고 설 자신이 정리한 동사의 목록들은 해석자들로 하여금 발화수반 행위들의 **잠재적** 경우들의 범주를 식별하는데 도움을 주고 있다. 성경 텍스트에 대한 콘코던스를 일별해볼 때, 약 70개 정도의 동사들을 우리는 잠재적 발화수반 행위들의 하부 유형들로 분류해볼 수 있을 것이라고 판단한다.

앞에서도 지적했던 것처럼, 오스틴의 분류나 오스틴에 대한 설의 수정, 또 설에 대한 르카나티의 수정 모두를 결정적인 것으로 보기는 어렵다는 디터 분더리히(Dieter Wunderlich)의 평가는 옳다. 따라서 다음에 나온 분류들은 하나 이상의 분류 체계들을 염두에 둔 것이고, 또한 하나의 동사라도 둘 이상의 범주에 동시에 포함될 수 있다는 것을 먼저 언급하지 않을 수 없다. 분더리히의

"작업 구분"(결정적이진 않지만 잠정적으로 분류에 사용하는 틀)의 요청은 설이나 르카나티, 또 분더리히 자신의 작업 사이에 나타나는 이론적 논란에도 불구하고 여전히 필요한 것 중의 하나이다.

먼저 행사행위(exercitives) 또는 지시행위(directives)에 속하는 것들로는 임명하다, 입양하다, 축복하다, 부과하다, 선택하다, 명령하다, 위임하다, 부여하다, 바치다, 확정하다, 고치다, 저주하다, 선언하다, 지시하다, 금하다, 용서하다, 보증하다, 거룩히 하다, 초청하다, 의롭다 하다, 명명하다, 안수하다, 사면하다, 선포하다, 꾸짖다, 보내다 등을 들 수 있다.

언약행위(commissives)에 속하는 것들로는 인정하다, 입양하다(지시행위에도 속함), 축복하다(지시행위에도 속함), 주다, 사랑하다(정표행위에도 속함), 높이다, 순종하다, 약조하다, 약속하다, 회개하다(정표행위에도 속함), 맹세하다, 증거하다, 신뢰하다, 증인이 되다 등을 들 수 있다.

선언행위(declaratives) 또는 판정행위(verdictives)에 속하는 것들로는 무죄 선언하다, 수정하다, 선언하다, 부인하다, 면제하다, 심판하다, 의롭다 하다(지시행위에도 속함), 사랑하다(언약행위와 정표행위에도 속함), 사면하다, 선포하다(지시행위에도 속함), 공포하다, 평가하다, 비난하다(정표행위에도 속함) 등을 들 수 있다.

정표행위(expressives) 또는 행태행위(behabitives)에 속하는 것들로는 간청하다, 고백하다, 부르짖다, 불평하다, 위로하다, 격려하다, 위탁하다, 권면하다, 간구하다, 사랑하다(언약행위에도 속함), 높이다, 애도하다, 찬양하다, 기뻐하다, 회개하다, 축하하다, 감사하다, 촉구하다, 예배하다 등을 들 수 있다. 물론 이상의 목록은 가장 대표적인 것들이며, 결코 전부를 다 포괄하지는 못한다.

성경 텍스트 속에는 기구적, 상황적, 상호인격적 맥락 속에서 수행어 화행들로 작용하는 이런 동사들의 예들이 수없이 많다. 이런 화행들이 발생하는 가장 중요한 맥락 가운데 하나는 예배 혹은 예전의 상황이며, 특히 시편이 이런 많은 예들을 보여준다. 그래서 "내가 전심으로 주께 감사하며"(시 138:1)라고 할 때는 하나님께 단지 자신의 마음 상태를 알려드리는 것이 아니라, 감사의 **행위**를 하고 있는 것이다. "하나님이여 우리가 주께 감사하고 감사함은"(시 75:1)이라는 이 감사의 행위 뒤에는 또한 "주의 이름이 가까움이라 주의 기이한 일들을 전파하리이다"라는 부름의 행위와 찬양의 행위가 따르고 있다. 예전 속에는 전형적으로 설이 말하는 정표행위(오스틴의 행태행위)에 속한 발화수반행위들이 많이 사용된다.

발화수반행위들의 작용을 위해서는 **기구적** 조건들이 중요한 작용을 하기도 한다. 바울은 사도의 직분적 권위에 의거하여 "내가 너희에게 권하노니 너희는 나를 본받는 자가 되라"라고 말한다(고전 4:16). 히스기야는 이스라엘의 왕으로서 또한 그 나라를 위한 간구자로서 하나님을 향하여 "선하신 여호와여 …… 결심하고 하나님 여호와를 구하는 사람은 누구든지 …… 사하옵소서"라고 기도하고 있다(대하 30:18–19). 예수께서는 하나님의 권위를 가지신 자로서 "작은 자야 …… 네 죄 사함을 받았느니라"고 선언하신다(마 9:2, 비교 요 20:23). 사도들이 각 집을 방문하며 "이 집이 평안할지어다"(눅 10:5)라고 말할 때에는 여기에 행사행위의 권위와 언약행위의 약속이 복합적으로 작용한다. 유사한 방식으로 예수께서 "내가 평안을 너희에게 끼치노라"(요 14:27)라고 말씀하실 때도, 이는 단지 사태의 진술이 아니라 그의 지위에 의거한 약속을 행함과 선물을 줌의 행위가 수행되는 것이다.

일부 발화수반행위들의 경우는 보다 복잡한 기구적 요인들보다는 단지 상호인격적 관계의 상황만이 전제되기도 한다. 이를테면 사랑의 언어는 사랑의 행위를 나타낸다. "나의 힘이신 여호와여 내가 주를 **사랑하나이다** 여호와는 나의 반석이시오 나의 요새시오 나를 건지시는 이시오 …"(시 18:1–2). 목격자의 증거는 공적인 것일 수도 있고 관계적, 상황적인 것일 수도 있다. "아버지가 아들을 세상의 구주로 보내신 것을 우리가 보았고 또 **증거한다**"(요일 4:14). "그러므로 내가 이것을 말하며 주 안에서 **증언하노니** ……"(엡 4:17). 많은 경우 발화수반화행들은 보다 공식적인 지위를 전제하거나 요구한다. 예를 들어 "여호와께서 사탄에게 이르시되 사탄아 여호와께서 너를 **책망하노라** 예루살렘을 택한 여호와께서 너를 **책망하노라**"(슥 3:2)라고 할 때는 하나님의 권위가 전제되고 있다.

이와 같은 종류의 언어 사용에서 중요한 점은 화자나 청자 모두가 불포함, 비변화 상태로 머무르지 않는다는 사실이다. 에반스의 표현대로 하자면 이 언어적 용례들은 그 성격이 자기포함적이며, 설의 말대로 하자면 모두가 특정한 말과 세상의 "맞춤의 방향"을 가지고 있다. 오스틴의 작업 이전에는 후기 비트겐슈타인이 언어의 이런 원리에 주목을 했던 바가 있다. 그는 "나는 고통 중에 있다"와 "나는 너를 사랑한다"라는 말이 각각 갖는 논리적 힘을 서로 비교한다. 그는 이렇게 말한다. "사람은 '그것은 정말 고통이 아니었어, 그렇지 않다면 그것이 그렇게 빨리 가버릴 수 없어'라고 말하지 않는다." 하지만 사랑에 대해서는 "사랑은 느낌이 아니야"라고 말하는 것이 가능하다.[105]

사랑은 언약행위 결과를 함유한다. 그래서 "나는 당신을 사랑합니다"라고 말하는 사람은 그 말이 나타내는 방식 그대로 행동한다. 그렇지 않으면 그 말은 빈말에 지나지 않는다. 우리는 "나는 잠간 동안 깊은 슬픔에 빠졌다"라고 말하지 못한다.[106] 우리가 "나는 믿는다", "나는 사랑한다", "나는 애통한다", "나는 준다"라고 말할 때, 비트겐슈타인에 따르면, "나의 말에 대한 나 자신의 관계는 다른 사람들의 그것과는 전혀 다르다."[107]

약속의 해석학과 관련하여 조금 더 이야기할 필요가 있다. 하나님께서 이스라엘을 향하여 "내가 영원한 사랑으로 너를 사랑하였다"(렘 31:3)라고 말씀하시는 데에는 세상을 말에(world–to–word) 맞춤의 맞춤 방향이 작용한다. 하나님의 이 말씀은 이에 부응하는 행위와 사태의 정황이 일어나게 될 것이며, 그렇지 못한 것은 배제될 것임을 보증한다. 특히 세상을 말에 맞추는 맞춤의 방식은 성경 텍스트 가운데서도 약속과 관련된 말씀의 특징을 이룬다. 하나님의 약속은 "현재 있는 것"과 "장차 되어질 것" 사이의 간격을 메운다. 여기에는 언약의 주제와 종말론의 주제가 함께 복합되어 있다. 뿐만 아니라 약속들이 작용하는 상황적, 기구적 배경을 고려할 때는 여기에 일정한 사태의 정황도 포함됨을 알 수 있다. 따라서 여기에는 세상을 말에 맞추는 약속 언어의 특성과 더불어, 말을 세상에 맞추는 주장(단언) 언어의 특성도 수반됨을 알 수 있다.

이런 원리를 염두에 두면서 이제 십자가의 능력에 대한 사도 바울의 언어에 초점을 맞추어 보자. 이 부분에서 우리는 특히 바울에 대한 샌더스(E. P.

Sanders)의 주장을 검토해보고자 한다. 첫째, 샌더스는 스텐달(K. Stendahl)을 따라 바울이 죄의 문제에 대한 고민에서부터 시작하여 십자가를 그 "해답"으로 보게 되었다는 전통 루터파 해석을 반대한다. 둘째, 샌더스는 바울의 십자가 신학을 이해할 때 "대속" 언어와 "참여" 언어를 날카로운 대립 관계로 갈라놓는다. 일단 샌더스가 참여 모델에 우선권을 두고 있는 것은 잘못이라는 점을 지적하지 않을 수 없다.

화행론의 관점에서 볼 때, 대속의 언어는 어떤 완성된 실재와 관련된 사태 정황의 주장을 담고 있다. 참여 언어의 경우, 그 맞춤의 방향이 이와 다르게 작용한다. 말에 따라 현실들이 빚어지는 종말론적 약속의 언어와 그 작용의 방식이 같다. 대속의 언어는 이런 변혁의 특성을 포함하지만, 그 효력의 근거는 그 주장이 갖는 언어외적 사태의 정황이다.

바울 해석의 현안의 이슈와 관련하여 이와 같은 우리의 인식은 한편에서는 최근의 강조점을 인정하면서(수정의 방향으로) 또 한편에서는 이를 심각하게 문제삼지 않을 수 없다. 첫째, 1970년대 이후의 강조점(스텐달의 1963년의 질문으로부터 시작하여)은 로마서 9:1–11:36을 단순히 로마서 1–8장의 부록으로 보지 않고, 오히려 하나의 신학적 왕관으로, 또는 최소한 논증의 연속으로 보고 있다. 1970년대 이전까지 독자와 바울 사이를 이어주던 연결점은, 스텐달이 지적하는 것처럼, 바울이 로마서 7:7–25에서 표현하고 있는 죄의 노예 상태에 대한 공통적 경험이었다. 이런 인식은 전통적 루터파 해석학이나 실존주의 해석학과 그 기조를 함께 했다. 하지만 스텐달과 샌더스, 그리고 보다 최근에는 프랜시스 왓슨(Francis Watson), 웨더번(A. J. M. Wedderburn) 등이 이와는 다른 주장을 하고 있다.[108]

샌더스는 이렇게 말한다. "바울의 사상은 곤궁에서 해결로 가기보다는 오히려 해결에서 곤궁으로 가고 있는 것 같다. 로마서 7장이 바울의 실천적 유대인 생활 동안에 느꼈던 고뇌를 보여준다는 견해는 이제는 거의 포기되었다."[109] 이 구절들 속에 나타나고 있는 "나"는 꼭 자서전적일 필요는 없다. 핵심적인 문제는 하나님께서 어떻게 그의 불순종하는 백성을 향해 자신의 언약적 약속을 이루시고자 하시는가 하는 점이다.[110] 하나님 자신은 서약의 언약행위 발화수반력을 취하시는데 반해, 그의 백성은 이를 취하지 않는다면 그 결과는 어떻게 될 것인가?

로마서의 핵심 본문들(롬 8장을 포함하여)은 세상을 말에 맞추는 약속 언어의 맞춤의 방향을 견지하고 있다. 또 다른 한편에서는 인간의 곤궁과 관련된 주장들이 말을 세상에 맞추는 방식으로 묘사되어 있기도 하다. 하지만 이것만이 전부가 아니다. 하나님께서 그리스도 안에서 어떤 결정적 행위를 하셨는가 하는 것이 또한 주장되고 있다. 인간의 곤궁과 하나님의 행위라는 이 두 가지 주장들의 맥락 속에서 약속의 효력적 힘이 이행된다. 이를 위하여 주장의 차원과 약속의 차원은 결코 서로 분리될 수 없다. 스텐달은 우리가 모든 것을 실존적으로만 해석하려 하는 것은 "우리가 하나님보다 또는 그의 피조물의 운명보다 우리 자신에게 더 관심을 기울이고 있다는 것"을 나타낸다고 신랄하게 잘 지적한 바 있다.[111] 마르쿠스 바르트(Markus Barth)의 지적처럼, 핵심적인 문제는 하나님의 신실하심과 "이스라엘과의 자매관계의 공존"을 교회가 인정하는 것이다.[112]

두 번째, 여기에는 보다 복잡한 문제가 연관되어 있다. 그리스도의 오심이 신자의 상황에 어떤 방식으로 작용하게 되는가? 바울에게 그의 사상의 핵심적 개념은 그리스도 안에 있음과 같은 "참여적" 개념인가, 아니면 그리스도의 사역을 대속으로 이해함에서 오는 구원의 문제인가? 샌더스는 전자가 보다 중요하고 또 미래 지향적이라고 말한다. 대속 언어는 단지 과거와 관계될 뿐이라는 것이다. 하지만 이 두 "논리"가 바울 안에서 어떻게 관련되어 있는가?

첫째로, 그리스도 안에 있음이라는 "참여"의 논리 자체도 매우 복잡하다. 슈바이처(Albert Schweitzer)는 그리스도 안에 있음이 하나의 **종말론적** 개념이라고 옳게 지적하고 있다. 우리의 용어대로 표현하자면 그것은 약속의 차원을 가진다. 슈바이처는 이 개념이 "일반적 죽은 자들의 부활이 일어나기 전에 부활의 존재 양식을 먼저 취하게 된" 새 피조물들에게 적용되고 있다고 말한다.[113] 그는 "그리스도 안에 있음이 주관적 경험을 말하는 것이 아니"라고 바르게 지적한다.[114] 오히려 이는 그리스도의 죽음과 부활을 함께 나누는(롬 6:4, 5, 13) "하나의 새 존재"(갈 3:28)를 나타낸다. "그리스도의 신비적 몸"을 나눔이라는 사상이 "아담 안에" 있음과 대비를 이루고 있다(고전 15:22–27, 45, 롬 5:12–21).[115] 다이스만의 경험 중심적 접근은 종말론적 관점을 무시하고 있다.[116]

알프레드 비켄하우저(Alfred Wikenhauser)는 슈바이처의 관점을 더 발전시키고 있다. 그는 이렇게 지적한다. "그리스도와의 이 연합은 객관적 성격을 가진다."[117] 이는 "단순히 그리스도의 가까움을 느끼는 주관적 느낌이 아니다."[118] 그렇다고 해서 이 용어가 단순 주장의 언어로만 그치는 것도 아니다. 왜냐하면 첫째, 그리스도의 부활은 하나님의 종말론적 약속에 붙잡히게 될(고전 15:20, 롬 8:29) 신자들의 부활을 위한 하나의 **약조**(롬 6:8)이기 때문이다. 둘째, 이 개념 속에는 그리스도께서 신자들 안에 사심(갈 2:20)이라는 자기포함적 차원이 함유되어 있기 때문이다. 따라서 비켄하우저는 "그리스도 안"이라는 이 용어가 한편에서는 객관적 성격을 가지면서도, 또한 여기에는 "완성되지 않은" 점진성의 차원도 있다는 것을 바르게 잘 지적하고 있다.[119] 이는 그 자체가 "종결된" 어떤 것이 아니라 **약속에 근거한** 개념이다.

유사한 지적이 그리스도와 함께 죽고 일어남이라는 바울의 언어에 대한 로버트 탠느힐(Robert Tannehill)의 해석이나, 십자가의 역설에 관한 핸슨(A. T. Hanson)의 연구 속에 잘 나타나고 있다.[120] 그리스도의 죽음과 부활에 참여한다는 언급은 한편에서 볼 때는 주장(단언)이 갖는 말을 세상에 맞춤의 성격을 가진다. 여기에는 그리스도 안에서의 하나님의 고유한 구원의 행위에 대한 주장이 담겨 있다. 그러나 또 다른 한편에는 지시행위나 약속의 언약행위로서의 발화수반력이 담겨 있기도 하다. 이 경우 그 주된 관심은 세상을 말에 맞추는 방향으로의 현실의 변혁이다(고후 4:10, 롬 6:11).

이제 이런 점을 염두에 두고 바울의 그리스도의 사역 이해에 대한 샌더스의 관점을 평가해보도록 하자. 샌더스는 십자가의 참여적 의의에 대해 강조하는 텍스트와 그 대속적 의의를 말하는 텍스트를 날카롭게 구분한다. 전자의 범주 속에 포함될 수 있는 구절은 이런 것이다. "한 사람이 모든 사람을 대신하여 죽었은즉 모든 사람이 죽은 것이라 [이는] 살아 있는 자들로 하여금 다시는 그들 자신을 위하여 살지 않고 오직 그들을 대신하여 죽었다가 다시 살아나신 이를 위하여 살게 하려 함이라"(고후 5:14-15). 샌더스가 말하고자 하는 것의 핵심은 바울의 강조점은 분명히 "과거 범과들의 대속을 향하여 **뒤를** 지향하지 않고, 그리스도와의 삶의 확신을 향하여 **앞을** 지향하고 있다는 것이다. 바울은 이것이 그리스도의 죽음의 **목적**이라고 말한다."[121]

샌더스가 "참여" 본문과 "대속" 본문의 "논리"를 각각 추적하고자 하는 것은 부분적으로 정당성을 가질지 모른다. 그러나 라이트(N. T. Wright)는 샌더스의 접근 속에 내포된 바울의 이중 논리를 너무 날카롭게 구분하려는 시도가 적절하지 않다고 바르게 지적하고 있다. 오히려 작용 원리상의 이중성은 수년전에 리드(J. K. S. Reid)에 의해 제시된 바 있다. 즉, 바울의 본문들 속에는 "상응의 원리"("그리스도께서 사시기 때문에 우리 또한 살 것이다")와 "상반의 논리"("그리스도께서 우리를 위해 얻으신 유익들은 그 자신을 위해서는 필요치 않은 것들이다")가 동시에 작용하고 있다는 사실의 지적이다.[122]

샌더스가 바울의 강조점이 분명히 모아지고 있다고 보는 "참여"의 범주를 위해 어떤 근거를 제시하고 있느냐 하는 점은 매우 분명하지 않다. 문제는 단순히 과거 지향이냐 아니면 미래 지향이냐에 놓여 있지 않다. 설의 용어를 빌리자면, 대속의 언어는 그리스도의 완성된 사역에 대한 주장(단언)을 내리고 있는데, 이 경우 그 맞춤의 방향은 말을 세상에 맞추는 방식이다. 이 맥락에서는 십자가의 말이 하나님께서 무엇을 행하셨느냐에 대한 실재의 전달 내지는 주장의 기능을 수행한다. 이것이 과거적이라는 것은, 이 완성된 사역에 대해서 인간이 다른 어떤 것도 기여할 것이 없다는 사실을 말한다. 하지만 이 **참여**의 언어는 **약속**과 **헌신**, **선언** 및 **지시**와 함께 묶여 있다. 따라서 이 언어는 세상을 말에 맞추는 방식으로 그리스도인의 아이덴티티를 형성하며, 또한 새 창조의 현실을 빚어낸다.

다른 각도에서 우리는 슈바이처나 비켄하우저가 말하는 "그리스도 안에 있음"에 대해서도 문제를 좀 더 명확하게 인식할 수 있다. 이 어구는 다층적 논리를 함유하고 있다. 그 근거는 객관적 차원을 가진다. 그러면서도 그 종말론적 성격은 약속의 논리를 따라 작용한다. 비켄하우저는 그 객관성과 더불어 그리스도의 형상을 따라 점진적 변혁을 불러오는 미래적 자기포함적 성격을 잘 간파하고 있다. 그리스도의 죽음과 부활에 대한 로버트 탠느힐의 연구나 십자가에 관한 핸슨의 책도 유사한 결론을 도출하고 있다.

일부 바울 텍스트는 세상을 말에 맞추는 지시행위(directives)의 발화수반력을 가진다. "너희 자신을 죄에 대하여 죽은 자로 여기라"(롬 6:11) 같은 본문이 대표적이다. 하지만 또 다른 본문들은 그리스도 안에서의 하나님의 행위를 말을 세상에 맞추는 방식으로 제시함으로써 이를 근거로 세상을 말에 맞추는 약속이 작용하여 현실을 새롭게 구성하고 만들기도 한다. 하나님의 "종말론적 행위"는 "이에 의하여 옛 세상이 침범 당하고 새 세상에서의 새 삶이 만들어지는 결정적 행위"를 이룬다.[123]

십자가의 말씀은 즉 이 하나님의 행위의 선포이다. 그리고 그 능력은 세상을 변혁하는 그 효력의 작용에 있다. 해석학 이론의 관점에서 이 모든 것의 결론은 자기포함의 해석학은 보다 복잡하고 보다 총체적 과정인 역사적 재구성을 요청하는 이해의 해석학에 의존하고 있다는 사실이다. 주장들 또는 "명제적 내용"에 대한 우리의 설명은 르카나티 보다는 설을 좀 더 가까이 따르고 있다. 르카나티는 설과 몇 가지 중요한 문제에서 차이를 보이는데, 여기에는 발화행위와 발화수반행위 구분의 범위 및 본질 문제도 포함된다. 르카나티는 설이 발화행위들을 발화수반행위의 명제적 내용과 일치시키고 있다고 비판한다. 이런 차이에도 불구하고 설과 르카나티는 오스틴 및 대니얼 반더베켄(Daniel Vanderveken) 등과 더불어서 화자(그리고 청자)의 발화의 맥락 요인이 발화수반행위의 **실제적 수행**(단순한 **의미론적 수행지시**만이 아니라)에 영향을 미친다는 것을 공통적으로 지적하고 있다.[124] 레빈슨은 경계선상에 놓여 있는 다소 어려운 예들을 지적하기도 하지만, 전반적으로는 이 원리에 동의하고 있다.[125]

구약에서 **약속**의 근본적 중요성에 대해서는 필자의 이전 동료였던 데이빗 클라인스(David Clines)의 모세오경의 주제 연구 속에 잘 제시된 바 있다. 그는 모세오경 전체가 "다양한 요소들 및 다양한 형식들로 구성된 족장들의 약속"으로부터 그 "추진력을 얻고 있다"라고 설득력 있게 논증한다.[126] 그 약속이 창세 12:1–3에는 이렇게 기록되어 있다. "여호와께서 아브람에게 이르시되 너는 너의 고향과 친척과 아버지의 집을 떠나 내가 네게 보여줄 땅으로 가라 내가 너로 큰 민족을 이루고 네게 복을 주어 네 이름을 창대하게 하리니 너는 복이 될지라 너를 축복하는 자에게는 내가 복을 내리고 …… 너로 말미암아 복을 얻을 것이라."

클라인스는 이 약속 안에 포함된 일곱 가지 요소들을 세 주요 그룹으로 나누어 분류하고 있다. 이는 즉 창대함의 약속과 하나님과의 관계의 약속, 그리고 땅의 약속이다. 모세오경 속에는 이 약속의 부분적 성취가 나타난다. 그러나 또 성취되지 않는 것들도 있다. 창세기 12–50장 속에는 창대함의 약속이 주도적이다. 하나님과의 관계의 약속은 출애굽기와 레위기의 중심을 이루며, 땅에 대한 약속은 민수기와 신명기의 중심을 이룬다.

클라인스는 이 세 범주 아래에 포함되는 다수의 약속의 언약행위 발화수반행위들을 예시해주고 있다. 창대함의 약속과 관련해서는 "네 자손에게 주리라"(창 12:7), "하늘을 우러러 뭇별을 셀 수 있나 보라 …… 네 자손이 이와 같으리라"(창 15:5), "내가 네 씨를 크게 번성하여 …… 셀 수 없게 하리라"(창 16:10), "네 아내 사라가 네게 아들을 낳으리니 …… 내가 그와 내 언약을 세우리라"(창 17:19), "내가 나를 가리켜 맹세하노니 …… 내가 네게 큰 복을 주고 네 씨가 크게 번성하여 하늘의 별과 같게 하리라"(창 22:16–18) 등을 포함하여 약 20가지의 약속들을 예로 들고 있다.

하나님과의 관계와 관련해서는 클라인스는 언약적 약속에 해당되는 다수의 구절들을 여기에 포함시킨다. "내가 내 언약을 나와 너 사이에 두어"(창 17:2, 전체 17:1–11), "내가 그[이삭]와 내 언약을 세우리니 그의 후손에게 영원한 언약이 되리라"(창 17:19) 등이 그 예이다. 관계의 약속은 다양한 형태를 띠기도 한다. 때로 그것은 "내가 너와 함께 있으리라"(창 26:3, 24, 28:15)는 약조의 형식을 가지기도 한다. 이에 대해 클라인스는 이렇게 말한다. "이를 말씀하시는 하나님이 그 아버지 및 자손들에게 자신을 약조로 묶으신 분이라는 것을 확인함으로써 이를 듣는 자 스스로가 하나님과의 관계를 재확인할 수 있게 된다."[127]

클라인스는 모세오경 속에서 거의 200회에 달하는 약속들 및 조상들에게 주신 약속에 대한 암시들의 목록을 제시하고 있다.[128] 이 모든 경우들이 다 세상을 말에 맞추는 언약행위의 화행들이다. 분명한 헌신의 화행들(이를테면 "나는 너희의 하나님이 되리라", 출 6:7; "그는 나의 하나님이라", 출 15:2)은 그 발화자들과 청자들 속에 달리는 일어날 수 없는 상황과 기대와 행동의 변화를 불러일으킨다.

약속의 화행과 더불어서 지시행위나 행사행위의 발화들도 자주 일어나고 있다. 예를 들어 모세가 하나님 앞에 부름을 받을 때 하나님의 말씀은 처음에는 약속의 언약행위로 시작하여, 다음에는 임명의 행사행위 내지는 사명위임의 지시행위가 되고 있다. "나는 네 조상의 하나님이니 …… 이제 내가 너를 바로에게 보낸다"(출 3:6, 10). 하나님의 계시는 또한 밝힘의 행위가 되고 있다(출 6:3, 6). 어떤 경우에는 주장(단언)의 힘을 담은 화행들이 사용되기도 한다. 출애굽기 6:1–9의 본문 속에는 약속과 사명위임, 선언, 명제적 내용을 가진 밝힘 등이 복합적으로 작용하기도 한다. "내가 아브라함과 이삭과 야곱에게 주기로 맹세한 땅으로 너희를 인도하리라"(출 6:8)는 말씀은 $F(p)$ 또는 $Pr(p)$의 구조를 가진다. 이 때의 명제적 내용 속에는 말을 세상에 맞추는 주장(단언)의 맞춤 방향이 작용하고 있다.

신적 약속의 언어는 언약의 맥락에 소속된다(출 34:10). "너희가 내 소유가 될 것이다"와 "여호와께서 명령하신 대로 우리가 다 행하리이다"(출 19:5, 8)는 말씀은 소위 언약 코드 안에서 서로 짝을 이룬다. 유사한 방식으로 레위기 안에서도 하나님의 약속에 대한 이스라엘의 반응이 예배의 행위를 취하며, 기구적 "규례와 법도"로 나타나기도 한다(레 26:46).[129] 안식일(레 26:43), 희년(레 27:23), 죄의 고백(레 26:40), 십일조(레 27:30) 등이 이런 기구적 맥락 속에서 하나님을 향한 응답으로 행하여진다. 반면 민수기 속에서는 하나님의 약속이 약속의 땅을 향하여 나아가는 과정 속에서의 물리적 움직임으로 동반되기도 한다. 이스라엘과 함께 움직이는 "구름"은 하나님께서 약속하신 땅으로 들어가게 될 것이라는 약조의 의미이다(민 10:11, 12, 29).

우리는 이와 같은 약속의 역할에 주목하기 위해 구약 속에서의 언약 개념의 기원 등에 관한 별도의 부가적인 설명을 덧붙일 필요는 없을 것이라고 본다. 어니스트 니콜슨(Ernest Nicholson)의 언약에 관한 좋은 연구는 이스라엘 가운데서 언약이 단순히 기존의 사회적 질서를 말을 세상에 맞추는 방식으로 합법화하기 위한 목적에서 고안된 것이 아님을 잘 보여준다.[130] 니콜슨은 알트(A. Alt)나 노트(M. Noth) 등의 구약학자들 위에 막스 베버의 사회학적 이론이 어떤 영향을 주고 있는지 평가하고 있다. 나아가서는 보다 최근의 펄릿(L. Perlitt)이나 쿠취(Kutsch) 등의 작업에 대해서도 평가하고 있다.

니콜슨의 결론은 히브리 선지자들, 특히 호세아의 경우, 주권자 하나님에 대한 독특한 관계에 의거하여 기존의 사회적 구조들을 탈-합법화하는 방식으로 언약의 신학을 발전시키고 있다는 것이다(호 6:7, 8:1). 따라서 언약에 관한 니콜슨의 연구는 세상에 말을 맞추는 방식보다는 말에 세상을 맞추는 방식으로 이스라엘 속에 언약적 약속이 작용하고 있음을 잘 보여준다. 하나님의 주도권 및 초월성에 대한 충분한 강조가 없는 것이 아쉽지만, 이것만 갖추어진다면 아이히로트(W. Eichrodt)의 언약의 언약행위 본질에 관한 초기의 언급이 충분히 제 힘을 발휘할 수 있을 것이다. 그 속에서 볼 때 인간이 자신이 선 관계적 위치가 어디인지를 알 수 있게 하는 것은 다름 아닌 언약이다.[131] 말씀을 말에 맞추는 약속의 힘(F)은 그 내용(p)의 관점에서 정의될 수도 있다.

우리는 요한 문헌 속에서도 유사한 화행론적 강조점을 찾아볼 수 있다. 제4 복음서의 목적은 기록 자체 속에 명시적으로 드러난다. "오직 이것을 기록함은 너희로 예수께서 하나님의 아들 그리스도이심을 믿게 하려 함이요 또 너희로 믿고 그 이름을 힘입어 생명을 얻게 하려 함이니라"(요 20:31). 이 구절이 염두에 두고 있는 기록의 목적("믿게 하려 함")이 이미 믿는 그리스도인의 믿음의 강화 차원인지("믿게 하려"를 현재 시제로 읽을 때), 아니면 믿지 않는 자들을 믿음으로 이끄는 전도적 목적인지("믿게 하려"를 단순과거 시제로 읽을 때)는 잘 알려진 토론의 제목 가운데 하나이다.

이 복음서 전체를 두고 볼 때 자기포함적 언약행위 화행들이 다수 나타나고 있는 것을 발견한다. 예를 들어 요한은 목격 혹은 증언의 언약행위 및 선언행위 성격을 강조한다. 세례 요한은 증언자의 역할을 가진 사람으로 나타난다(요 1:7, 8, 15, 32, 34, 3:26, 5:33). 사마리아 여인 역시 자기 이웃들 앞에서 예수 그리스도에 대해 증언한다(요 4:39). 제자들과 복음서 기록자 자신이 또한 증언자의 역할을 수행하고 있다(요 15:27, 21:24). 예수께서는 아버지에 대해 증언하신다(요 3:32, 33). 그리고 아버지께서도 아들에 대하여 증언하신다(요 5:32, 37, 8:18).

요한서신 속에서도 "우리가 증언한다"라는 형식은 하나의 발화수반행위로서의 지위를 가진다(요일 1:2, 4:14, 비교 5:6, 9, 요삼 3). 많은 경우들에서 이 증언이 담고 있는 "~을"의 요소는 주어진 명제적 내용을 담고 있다. 이는 요한복음에서 사마리아 사람들에 대한 진술 속에 나타나고 있는 형식이다. 많은 사마리아인들이 예수를 믿었는데 이는 그 여인이 증언하기를(*F*) "내가 행한 모든 것을 그가 내게 말하였다"(*p*) 하였기 때문이다(요 4:39). 동일한 형식이 자기포함적 신앙고백의 발화들 속에 사용되고 있다.

이런 기독론적 신앙고백의 발화들은 한편에서는 이를 행하는 사람들 자신에게 깊은 영향을 주며 그 삶을 새롭게 조정한다. 또 다른 한편에서 이런 고백적 발화들 속에는 믿는 바의 내용이 포함된다. 앞서 사마리아 여인이 "내가 행한 모든 것을 그가 내게 말하였다"(요 4:39)라고 낮은 차원에서 말한 내용이 뒤에 도마의 경우에서는 "나의 주 나의 하나님"(요 20:28)이라는 장엄한 기독론적 고백으로 승화되고 있는 것을 본다.

요한에게 신앙고백적 발화가 갖는 세상을 말에 맞추는 방식으로의 맞춤의 방향은 그리스도에 대한 믿음과 그리스도인 삶의 상관관계 속에서 잘 예시된다. 죽은 나사로에게 생명을 준 사건(요 11:1–44)이 요한복음의 소위 "표적의 책" 부분의 클라이맥스를 구성하는 것이 결코 우연이 아니다. 이런 맥락 속에서 예수께서는 "나를 믿는 자는 죽어도 살 것이라"(요 11:25)라고 선언하신다. 다시 한번 이 말씀은 세상을 말에 맞추는 약속 화행의 발화수반력을 가진다.

세상에 대하여 예수님의 말씀이 갖는 변혁적 효력은 약속이나 자기포함적 고백의 작용 속에만 나타나는 것이 아니라, 그 말씀이 불가피하게 가지고 오는 구분과 갈등, 판정행위 발화수반력 속에서도 드러난다. 그래서 예수님의 급진적 말씀 앞에 많은 사람들이 물러갔고, "너희도 가려느냐?"는 질문 앞에 시몬 베드로는 "주여 영생의 말씀이 주께 있사오니 우리가 누구에게로 가오리이까"고 답하고 있다(요 6:68). 뿐만 아니라 "예수로 말미암아 무리 중에 쟁론이 일어나기도" 하였고(요 7:43), 예수님 자신이 "내가 심판을 위하여 왔다"(요 9:39, 비교 16:8)고 말씀하기도 하신다. 이런 가운데서 믿음과 결단, 고백으로의 부름은 소정의 사태의 정황을 기반으로 하는 진리에 전적으로 의존한다.

레이먼드 브라운(Raymond Brown)은 불트만의 요한복음에 대한 "실존주의적 해석"이 "요한 연구에 불이익을 주지는 않았다"라고 평가한다. 왜냐하면 그가 요한이 강조하는 결단과 긴박성을 잘 드러내었기 때문이다.[132] 그러나 존 설이 잘 보여주는 것처럼, 진정으로 약속이나 약조, 그밖의 세상을 말에 맞추는 방식의 발화들이 그 효력을 온전히 발휘하기 위해서는 말을 세상에 맞추는 방식으로의 주장(단언)들의 맥락이나 배경이 전제되어야 한다는 것을 잊어서는 안 될 것이다. 예수 그리스도의 성육신 속에 나타난 것처럼(요 1:14), 하나님의 약속의 말씀이 세상 속에 구현되는 과정 속에는 이 **양측면으로의 "맞춤의 방향"이 한 단일한 변혁적 인격의 실체 속에 하나로 통합**되는 것이 핵심적으로 중요하다.

요한 문헌 속에서 예수님은 한편에서는 선재하시는 궁극적 실재(요 1:1–18)인 말씀으로 독자들에게 다가오신다. 그러면서 또 한편에서는 세상을 말에 맞추는 방식의 변혁을 약속하신다(요 20:31). 부활 이후 시대에서 진리되신(요 14:6) 예수님의 말씀은 진리의 성령을 통해 매개된다(요 16:13). 보혜사 성령은 "그리스도의 이름으로" 진리를 가르칠 것이다(요 14:26). 성령의 말씀 역시 그리스도의 진리를 바탕으로 **세상을 말에 맞추는 방식의 변혁**을 불러일으키게 될 것이다.

제9장

메타비평 해석학과 지식의 기초 문제

1. 급진적 메타비평 해석학으로의 패러다임 전환과 가다머 해석학의 본질

클렘(Klemm)이 잘 지적하고 있는 것처럼, "다른 어떤 사람보다 한스-게오르그 가다머는 1960년 이후의 해석학적 논의를 강화하고 활성화시킨 중추적 인물이다."[1] 클렘이 언급하는 1960년은 가다머의 주저『진리와 방법』(*Truth and Method*) 첫 판이 출판된 해이다. 데이빗 트레이시(David Tracy)를 비롯하여 많은 학자들은 가다머의 작품이 일반해석학 뿐만 아니라 성경해석의 분야에도 폭넓은 기여를 하였다고 지적한다.[2] 가다머는 이 책에서 해석학에서의 '방법'의 주도적 역할에 대한 전면적 공격을 감행한다. 우리가 슐라이어마허나 딜타이, 베티, 불트만, 오스틴과 설, 심지어 하이데거의 해석학 모델들이 특정 성경 본문 이해에 어떤 결과를 가져오는지 각각 살펴본 바 있지만, 가다머의 경우는 그의 해석학이 성경해석에 어떤 즉각적 효과를 낳을 수 있는지 분간하는 것이 매우 어렵다. 그 이유는 그의 작품 속에 있을 법한 어떤 결점 때문이 아니다. 오히려 해석학의 본질 자체에 하나의 패러다임 전환이 일어났기 때문이다. 가다머와 하버마스를 비교하는 자리에서 리쾨르는 두 사람 모두에게 와서 "해석학은 궁극적으로 하나의 비평, 혹은 메타비평의 지위를 주장하게 되었다"라고 옳게 결론짓고 있다.[3]

그럼에도 불구하고 우리가 가다머의 해석학이 성경해석에 미친 영향을 함축적인 방식으로나 유비적인 방식으로 묘사해보는 것은 가능하다. 이 자리에서는 이 일을 하고자 하지는 않는다. 오히려 가다머의 작품이 가진 보다 깊은 차원의 메타비평적 성격을 탐구해보고자 한다. 필자의 이전 책『두 지평』에서 가다머가 가진 실제적 함의들을 세 방향에서 정리해본 바 있다.[4] 첫째로, 그의 전통 및 영향사 개념을 성경 주해와 조직신학의 상관관계 문제와 결부시켜 논의해 보았다. 둘째, 그의 '세계'(예술 작품의 '세계', 게임의 '세계' 등)라는 주 범주를 예수님의 비유가 투사하는 '세계'에 접목시켜 보았는데, 이런 문제는 푹스와 에벨링의 소위 '신해석학'과 연관된 문제이기도 하다. 셋째, 요한복음의 특징 가운데 하나인 부활 후 회고적(retrospective) 의미지평이라는 측면을 가다머의 관점과 관련하여 생각해 보았다.

필자의 박사과정 학생 중 한 사람이었던 스티븐 파울(Stephen Fowl)은 가다머 해석학과 차일즈(Brevard Childs)의 정경으로서의 성경 이해 사이의 관계를 연구한 바 있다.[5] 파울 역시 우리가 앞서 지적했던 난점을 이런 방식으로 표현하고 있다. "가다머는 무엇이 사람의 선이해에 부합되는지 또는 부합되지 않는지를 결정할 때 '판단', '감각', '양식' 등과 같은 개념들에 대해 이야기한다. 이론적 측면에서 보면 이들은 매우 유용하다. 그러나 이 원리들을 실제 상황들 속에 어떻게 적용할 것인지의 문제에 오면 가다머는 괴로우리만치 입을 열지 않는다. 이는 가다머가 전반적으로 이해의 '방법'을 기피하려 하는 데서 오는 결과이다."[6]

그렇다면 가다머는 어떻게 그와 같은 심오한 영향을 오늘 현대 해석학에 남길 수가 있었을까? 이 자리에서 필자의 이전 책에 밝혔던 그의 사상의 기반을 다시 추적할 필요는 없다고 본다. 오히려 그가 어떻게 해석학의 초점을 이해의 기초 및 진리와의 관계 가능성과 관련된 일련의 메타비평적 질문에 맞추고 있는지를 살펴보고자 한다. 이 문제를 대하는 가다머의 독특성은 해석학 이론상의 새 패러다임으로의 전환을 의미할 뿐만 아니라, 그를 근대와 후근대 사상의 경계선 위에 두게 만든다. 필자의 1980년도 저서 이후에 가다머 해석학과 관련된 세 사람의 뛰어난 저술들이 선을 보였다. 이 셋 모두가 가다머의 작품 속에 나타난 이 독특하면서도 때로는 애매함을 가진 근대와 후근대 사이의 경계선 넘나들기에 주목하고 있다.

조엘 와인샤이머(Joel C. Weinsheimer)는 자신의 뛰어난 비판적 가다머 연구 속에서 이 문제를 이와 같이 잘 지적한다. "가다머의 예술과 연기, 그리고 진리의 삼위일체는 [근대에 대한] 대응이든지 아니면 후근대의 도입으로 볼 수 있다."[7] 어떤 의미에서 보면 가다머의 해석학은 "절대적 상대주의에 보복하는 상대주의"라고 볼 수 있다. 왜냐하면 "작품은 그 재현 속에서만 존재하는 것"으로 보기 때문이다.[8] 해석학은 **모든 실재가 다 해석적**이라는 의미에서 그 자체가 존재론적이다. 모든 작품들과 또한 '진리'는 '수행' 속에서만 그 존재를 실현한다. 또 다른 의미에서, 가다머의 해석학 속에 방법 또는 법칙이 설 자리가 없는 반면 판단의 역할은 여전히 중요한 자리를 차지한다. '진리'가 드러나는 과정 속에서 해석자는 "그래, 이것이 바로 그거야"라고 인정할 수 있다.[9] 우리가 전자의 측면을 가다머 해석학의 포스트모던 특성이라고 한다면, 후자의 측면은 거의 문자 그대로 전통적이다. '법칙들'이 더 이상 적용되지 않는 자리에 '판단'과 양식이 그 자리를 대신하고 있다.

조지아 완키(Georgia Warnke) 역시 그녀의 날카로우면서도 신중한 1987년판 저술 속에서 가다머를 근대와 후근대의 접점 속에 위치시키고 있다.[10] 하버마스와 아펠의 관점에서 접근하면 가다머는 인간의 신념이나 사회적 관습들 속에 작용하는 합리성의 문제를 다루는 보다 사회적 성향의 시도들보다는 전통의 규범을 더 기꺼이 용인하려 한다는 점에서 여전히 전통적이다. 하지만 이런 가다머 해석 속에는 뭔가 부족한 부분이 있다. 또 다른 한편 가다머의 작품을 상황적 실용주의의 관점에서 해석하려 하는 리처드 로티(Richard Rorty)의 시도는 훨씬 더 일면적이다.[11] 가다머는 역사적 다원주의의 문제를 수용하고 있다. 그러나 상호적 대화를 통해서나, 양식적 판단을 통해서, 그리고 역사와 전통의 맥락 속에서 일어나는 상호주체적 "문화적 형성"(*Bildung*)의 확장을 통해서 "실천적 이성"이 증진될 수 있다는 것을 가다머는 제안한다.

세 번째 가다머에 대한 매우 중요한 저작 가운데 하나는 리처드 번스타인(Richard Bernstein)의 책이다. 그는 가다머를 당대의 철학의 보다 넓은 맥락 속에서 다루고 있다. 여기에는 하버마스, 로티, 한나 아렌트(Hannah Arendt)

등이 포함된다. 번스타인은 이렇게 주장한다. "가다머의 철학적 해석학의 전체 구도 속에서 진리의 개념이 가장 기본적인 것은 사실이지만, 이는 또한 동시에 그의 작품 가운데서 가장 애매한 개념이기도 하다. …… '진리'가 무엇이냐는 긍정적 진술보다는 그것이 무엇이 아니냐를 말하는 것이 훨씬 더 쉽다."[12] 한편에서 가다머는 아리스토텔레스의 "실천적 지혜" 즉 프로네시스(*phronēsis*)를 새롭게 이해하는 데 많은 공헌을 하고 있다. 그러나 또 다른 한편에서 보면 그는 우리에게 "우리의 비판적 판단의 근거가 무엇인가?"라는 질문을 안겨 주고 있다. 번스타인은 그의 또 다른 연구에서 가다머의 프로네시스 이해와 포스트모던 다원주의 사이의 관계성 문제를 다루고 있다.[13]

해석학이 급진적 메타비평적 반성으로 패러다임 전환을 이루게 될 때, 여기에는 헤겔 이후 사조의 역사적 유한성 인식의 문제, 언어 비판 및 언어와 사상의 관계성 문제, 인간의 인지적 탐구의 기초의 문제 등 많은 이슈들이 일어나게 된다. 우리가 이런 복잡한 문제들 속으로 뛰어들기 전에 먼저 메타비평적 반성이란 것이 무엇을 함의하는지를 보다 단순화된 형태로 간단하게 이야기하고 넘어가는 것이 좋을 것으로 보인다. 우리는 메타비평적 질문들로 말미암아 야기된 딜레마가 무엇인지, 또한 이것이 해석학의 초석들을 비판적으로 점검할 수 있도록 만들어준 기회가 무엇인지 양자를 모두 살펴볼 필요가 있다. 이를 위해 잠시 우리는 곁길로 들어서서 포스트모던 사고의 문제점들과 하이데거 이후 철학에서의 역사적 유한성의 문제에 관해 단순화된 형태의 이해를 먼저 제시해보고자 한다.

비평전(pre-critical) 단계에서 독자가 텍스트와 관련하여 하는 일은 "해석"에 의식적으로 개입하는 것보다는 단순히 "텍스트를 읽는" 일이다. 해석학적 반성이 실제로는 독자들로 하여금 텍스트에 사로잡히는 것을 가로막는 역할을 하기도 한다. 융에 대한 짧은 연구에서 프랑크 스태치(Frank Stach)는 "우리가 더 인지적으로 이해하면 할수록 우리는 실제로 거기에 있는 것에서부터 더 멀어진다"라는 융의 말을 인용하고 있다. 융의 표현을 따르자면, "우리가 뭔가를 이해하고 설명했다는 느낌을 가지지만, 그러는 가운데서 우리는 살아 있는 신비로부터 더 멀어지고 있다"라는 것, 또는 "해석이 예술 작품을 감축

시키고 있다는 느낌"을 받게 된다는 것이다.[14]

이를테면 우리가 어떤 영화의 내러티브 세계 속에 스스로를 투사하고 있다고 생각해보자. 이 영화의 "세계" 속에서 우리는 겨우 구명정을 얻어 타고 가라앉는 배를 탈출하여 성난 파도를 헤쳐가고 있다. 높은 파도에 배가 떠밀려 올라갔다가 다시 파도 사이로 곤두박질 칠 때 우리는 속이 다 뒤집히는 경험을 한다. 부서지는 물보라의 소리를 들을 수 있고, 하늘에 번개가 번쩍이는 사이 빠져나왔던 배가 물속으로 가라앉는 것을 마지막으로 볼 수 있다. 천둥소리가 귀를 울리고 있는 사이 우리 곁에서 누군가가 낮은 목소리로 말한다. "저걸 만들려고 감독이 2미터도 안 되는 수조 속에서 50–60센티짜리 모형배를 쓰고 있는 줄 아무도 모를거야!" 이 비평가의 한마디에 우리가 빠져들었던 마법의 세계는 순식간에 깨어지고 만다.

영화를 만드는 사람들의 입장에서는 이와 같은 비판적 접근이 반드시 필요하다. 과연 이렇게 하면 효과가 있을 것인가? 이야기가 자체적 일관성이 있는가? 의상이 실제로 그 당시의 옷 입는 습관을 반영해주고 있는가? 전체 이야기에 비추어 이 단락의 이야기가 어떤 목적을 갖는가? 전체적 짜임이 제대로 잘 되어 있는가? 이런 비판적인 질문들을 물어보지 않을 수 없다.

로버트 파울러(Robert Fowler)는 독자의 기능과 비평가의 기능 사이의 차이를 잘 정리해주고 있다.[15] 독자는 텍스트가 자신을 지배하도록 허용한다. 텍스트는 우리에게 그 영향력을 행사한다. 우리의 기대를 불러일으킬 뿐만 아니라 때로는 조작하기도 한다. 우리는 느끼도록 만들어져 있는 그것을 느끼게 된다. 우리는 이야기를 직접 살아낸다. 하지만 비평가의 역할은 그 반대이다. 비평가는 텍스트를 자신의 탐구의 대상으로 삼는다. 자신과 텍스트 사이에 충분한 거리(distance)를 두며, 최대한 추상화된 방식으로 '이것이 어떤 작용을 하나? 이것이 무엇과 연결되나?'라고 묻는다. 독자는 텍스트의 초청을 받아들여 어디로 가든 그것이 이끄는 대로 따라가지만, 비평가는 텍스트 바깥으로부터 텍스트 안을 들여다본다. 파울러는 독자가 비평적 독자가 아니라 전적으로 독자이기만 할 때, 또는 비평가가 경험하고 경청하는 비평가가 아니라 전적으로 비평가이기만 할 때, 그 결과는 결코 만족스러운 것이 되지 못할 것이라고 잘 지적한다. 우리는 "독자적 열정"과 "비평가적 거리"를 동시에 가져야 한다고 말한다.[16]

첫 단계의 참여적 읽기가 비평가의 비평적 평가에 부쳐지는 것과 꼭 마찬가지로, 비평가 자신의 비평적 틀도 메타비평적 평가에 부쳐질 수 있다. 비평가의 판단은 영화나 책 자체를 직접적인 대상으로 삼는다. 비록 그것이 고도의 추상화 단계에서 이루어지는 것이라 하더라도 그렇다. 그러나 비평가가 한 영화를 두고 그것이 영화로서 성공이냐 실패냐를 말할 때, 메타비평적 단계에서의 논의는 그 비평가가 사용하는 기준을 따진다. 무엇을 성공 또는 실패의 기준으로 삼고 있느냐, 어떤 기준을 더 우선적인 것으로 보느냐 하는 것이다. 예를 들어서 표가 많이 팔려서 수익이 많이 나는 것을 성공으로 생각할 것인지, 아니면 감독이 자기 아내에게 좋은 배역을 맡기는 것을 성공으로 생각할 것인지, 아니면 어떤 사회–정치적 메시지를 관객의 가슴에 꽂히게 하는 것을 성공으로 생각할 것인지, 그 기준이 다를 수 있다는 것이다.

전문 비평가 그룹이 통상적으로 생각하는 것보다 더 근본적인 측면들이 있을 수 있다는 것을 생각해 볼 때, 과연 무엇이 '성공'이라 할 수 있을 것인가? 이점에서 메타비평적 탐구를 종종 난감하게 만드는 원리 하나가 떠오른다. 즉, 해당 당사자들의 목표나 이해관계와 무관한 "객관적" 대답이 여기서 제시될 수 없다는 것이다. 앞의 예를 다시 생각해보자면, 감독의 상업적 이해나, 또는 그의 가족적 이해, 아니면 저자의 정치적 이해 등이 해당 당사자의 입장에서 볼 때는 비평가들의 통상적 기준들보다 훨씬 더 '근본적인' 것으로 여겨질 수 있다는 것이다. 그렇다고 한다면 무엇을 성공을 판가름하는 가장 근본적인 기준으로 판단할 것인지 그 기준의 성격을 두고 어떻게 서로간 합의를 도출할 수 있겠는가?

이런 문제는 해석학 속에서의 가장 깊은 차원의 문제들과 유사성을 가진다. 비평전(pre–critical) 단계와 달리 비평(critical) 단계에서는, 비평가가 텍스트와 관련하여 주어진 공동체들 내에서 수용되고 있는 기준들을 적용하여 이 텍스트들이 역사적으로 정확한가? 이들이 하나의 일관성 있는 내러티브 세계를 투사하고 있는가? 이들이 독자의 반응이나 참여를 허락하고 있는가? 등과 같은 질문들을 던지고 답하게 될 것이다. 그러나 메타비평적(metacritical) 단계에서는 그 질문들이 보다 심층적이다. 해석학적 '성공'을 판단하는 기준이 무엇인가? 해석자가 저자와 상호인격적 이해에 도달하는 것인가? 신앙의 양육이 이루어지는 것인가? 텍스트에 의해 압도되고 변혁되는 것인가? 그렇다면 또 어떤 방향으로의 변혁인가? 텍스트가 제시하는 것 같긴 하지만 실제로 말하지는 않는 어떤 방향으로 "가는 법을 아는" 데까지 가야 하는가?

로버트 몰간(Robert Morgan)의 책 『성경 해석학』(*Biblical Interpretation*) 속에서 그가 다루고 있는 주된 문제도 바로 이런 것이다. 즉, 해석에서 거의 모든 것이 해석자가 하나 또는 그 이상의 어떤 "이해들"을 선호함으로 말미암아 내게 되는 **결정**에 의존하게 된다는 것이다. 그는 이렇게 말한다. "텍스트는 죽은 사람과 같아서 권리도, 목표도, 이해도 없다. 오직 독자나 해석자가 선택하는 방향대로 사용될 수 있을 뿐이다. …… 모든 경우에서 가장 결정적인 것은 텍스트 자체의 주장이 아니라 해석자의 이해 또는 목표이다. 텍스트가 그 자체의 권리를 가진다고 주장하는 것은 누군가의 이해를 감추고 있는 하나의 기만에 지나지 않는다."[17]

하지만 우리는 너무 성급하게 이런 결론을 내릴 수는 없다. 가다머는 이런 질문과 관련하여 우리를 한걸음 더 진전하게(비록 결정적 진전은 아닐지 모르지만) 만든다. 앞으로 더 자세히 보겠지만, 가다머는 한편에서는 우리가 합리적 기준이라고 간주하는 것이 우리가 처한 공동체나 전통의 맥락에 의존한다는 것을 인정한다. 물론 어떤 해석자들은 이런 인식이 진리의 문제를 우리가 속한 독서 공동체에서 통용되는 합의 또는 실용적 질문 차원으로 상대화시키는 것으로 보기도 한다. 또 다른 한편에서 가다머는, 트레이시가 주장하는 것처럼, "대화"의 모델을 진리가 "도출"되는 통로로 극대화하기도 하였다.[18] 우리가 앞에서 사용했던 영화의 유비를 다시 사용해보자면, 감독과 연출가, 그리고 작가가 모든 해당 사항들을 책상 앞에 솔직하고 공개적으로 내어 놓고 이야기를 나누기까지는 상호 합의된 어떤 성공의 기준에 도달했다고 말하기 어렵지 않을까? 서로 주고 받는 이런 대화 가운데서 새로운 관점들이 "도출"되기도 하는 것이다. 이런 면에서 해석학은 리처드 로티가 "드레퓌스와 테일러에 대한 답변"(Reply to Dreyfus and Taylor)이라는 글에서 밝히고 있는 것처럼 방법에 대한 연구로부터 근본적 태도 취함의 문제로 옮겨 갔다고 볼 수 있다.[19] 하지만 이 대화 속에는 여전히 동종의 관심을 공유한 사람들 혹은 어떤 방식의 해석 모델을 보다 규범적인 것으로 이성적으로나 윤리적으로 옹호하려는 사람들 사이의 대화도 포함된다.

메타비평적 단계에서의 해석학적 논의는 어떤 해석 모델의 설정을 어떤 해석 목적과 연결시켜서 생각하게 하는 면에서 적지 않은 기여를 하고 있다. 하지만 그럼에도 불구하고 우리는 어떤 주어진 목적이 이성적, 윤리적, 철학적, 문학적, 상황적, 신학적 관점에서 볼 때 적합성을 가지느냐 하는 문제를 결정하는 데 텍스트 자체가 아무런 역할을 하지 못한다는 결론에 대해서는 강하게 저항하지 않을 수 없다. 상호주체성이나 해석 공동체의 역할에 주목하는 사람들 가운데는 해석의 목적을 단지 사회–실용적 기준에서만 보려 하는 사람들이 있다. 일각에서는 이와 다른 입장을 취하는 사람들도 있다. 그 예로 하버마스와 아펠, 그리고 아마도 비트겐슈타인을 들 수 있을 것이다. 반면 리처드 로티와 같은 사람은 비트겐슈타인과 가다머를 사회–실용적 상대주의의 방향으로 몰아가려 하고 있다.

칼빈 슈라그(Calvin Schrag)는 이런 논의들을 함축하여 "확장된 이성 인식"이라는 말을 사용하고 있다. 이 "확장된" 이성은 계몽주의식 합리주의의 "기술적" 이성과는 대조적으로 실제적 삶과 공동체의 "살아온 삶의 의미"를 포함하며, 또한 "비전과 통찰"까지도 포함한다.[20] 가다머가 말하는 "해석학적으로 훈련된" 판단이나 슈라그가 말하는 "확장된 이성 인식"을 고려한다면, 우리가 어떤 성경 텍스트의 지향성(directedness, 단지 '자료'만이 아니라 이를테면 '증거'처럼 그 자체가 무엇인가를 가리키거나 태도를 유발시키는 텍스트의 특성–역주)을 적합한 해석학적 모델과 연결시키는 것이 전적으로 불가능한 일은 아님을 볼 수 있다. 해석 모델들 상호간에도 꼭 배타적 관계만 있다고 볼 수도 없다. 해석자가 취하는 가장 협소하고도 부적합한 자세는 어떤 하나의 해석 모델만을 선택하여 모든 종류의 텍스트 해석에 그것을 총괄적 열쇠로 사용하려 하는 접근방식이다.

이제 우리는 다시 가다머의 메타비평적 철학적 해석학으로 돌아가서 그것을 배태하고 있는 철학적 맥락을 잠시 살펴보고자 한다. 해석학을 급진적 메타비평으로 전환시킨 집적된 문제의식들은 세 가지 방면으로 그 모습을 정리해볼 수 있다. 첫째는 급진적 역사적 유한성의 인식이라는 문제이다. 이런 문제에 대한 심도 있는 인식은 드로이센과 딜타이, 그라프 요크(Graf Yorck)와 후설을 거쳐 하이데거와 가다머에게 이어져 왔다. 두 번째는 상호인격적 및 개인적 이해과정에서의 언어의 핵심적 역할에 대한 문제인식이다. 훔볼트(Wilhelm von Humboldt)의 시험적이면서도 집중적인 언어 연구에서부터 시작하여 보다 덜 알려진 프리츠 마우트너(Fritz Mauthner)와 보다 잘 알려진 비트겐슈타인의 연구에 이르기까지 언어에 대한 관심이 급증되어 왔다.

가다머의 메타비평적 해석학의 배경을 이루는 세 번째의 논제는 리처드 번스타인이 지칭하는 "불편"의 요소이다. 이는 많은 분야의 학문 영역들이 그 방법의 "기반"으로 여겨왔던 것을 근본적으로 재검토되지 않을 수 없게 된 상황 속에서 일어나는 불편이다.[21] 이 불편은 때로 객관주의와 상대주의 사이의 대립 관계를 넘어서려는 시도의 형태로 표출되기도 한다. 이런 갈등은 특별히 해석학을 사회과학의 영역으로 확대할 때라든지 문학이론 상의 해체주의와 접목을 시도하는 곳에서 첨예하게 두드러진다. 최근에 브루스 왁터하우저(Bruce Wachterhauser)가 편집한 해석학 관련 논문집 속에는 이와 같은 급진적 해석학과 포스트모더니즘 사이의 대화가 어떤 방면에서 일어나고 있는지를 잘 보여준다. 그 안에는 가다머 자신이 데리다의 철학적 방향성을 논하는 글 하나도 포함되어 있다.[22]

앞서 보았던 것처럼 슐라이어마허는 적어도 원리적 차원에서는 해석학에서의 초월적 문제에 대해 질문을 던지고 있는 것을 보았다. 실제적 차원으로는 깊이 들어가지 못하고 있지만, 원리적 차원에서는 해석학의 본질을 메타비평적인 것으로 이해하고 있다. 하지만 슐라이어마허가 다루고 있는 문제들은 아직은 순수이성의 한계와 관련하여 칸트가 설정한 비역사적 문제들의 테두리 안에 머물고 있는 것을 볼 수 있다. 역사적 유한성 및 역사적으로 조건지어짐의 인식은 헤겔과 키르케고르에 와서야 전적으로 부각되게 된다. 가다머가 볼 때, 우리가 그 속에서 태어난 "생활세계"의 "먼저 주어짐"의 조건을 가장 부각되게 잘 정리한 사람은 후설이다. 그 안에서 우리는 이것 또는 저것을 "~으로" 인지한다. 가다머는 이렇게 말한다. "'생활세계'라는 개념은 모든 객관주의에 대한 대립 개념이다. 이것은 본질적으로 역사적 개념이다. …… 세상의 모든 타당성 및 모든 것의 먼저 주어짐의 조건을 제거했다고 생각하는 초월적 반성 그 자체도 스스로를 생활세계 속에 속한 것으로 볼 수 있어야만 한다."[23]

후설 자신은 인간 의식을 둘러싸고 있는 역사적, 사회적 요소들을 "괄호로 묶는" 현상학적 방법을 사용함으로써 그가 부각시킨 역사적으로 조건지어짐의 상황이 가져올 수 있는 급진적 결과를 피해보려 하였다. 하지만 이미 그는 결정적 발걸음을 내디딘 상태였다. 모든 사물들은 "의식(*Bewusstsein*)에 알려진" 상태대로만 존재하거나 "주어져" 있다. 독립된 채로 "거기에 그저" 있는 것은 아무것도 없다. 인간의 역사 속 존재성의 인식을 급진적으로 발전시킨 사람은 그의 제자인 하이데거였다. 하이데거에게 "객관적"인 것은 심지어 그것이 "사실들"에 대한 주장이라 할지라도 주어진 지평 속에서의 해석학적 이해로부터 파생되거나 아니면 그것에 의존한다. 과학의 사실 진술 언어가 그 정당한 자리를 갖는 것은 사실이지만, 그 차원은 기술적, 혹은 도구적 차원에서만 그러하다.

하이데거의 후기 사상은 직접적으로 가다머와 연결된다. "객관주의"에 대한 후기 하이데거의 공격은 주로 "계량적"(방법 주도적) 사고와 "명상적" 사고 또는 "내맡김"(*Gelassenheit*) 사이의 대비라는 형태로 표출된다.[24] "이 각각이 정당성을 가지고 또 그 자체로 필요하기도 하다"라는 것을 하이데거는 인정하지만, "계량"은 단지 기술적이거나 도구적일 뿐인데, 근대 과학 주도적 문화는 너무 지나치게 이런 사고방식에 경도되어 있다는 것이 그의 지적이다.[25] 이에 반해 "내맡김"은 하나의 새로운 패러다임을 제시한다. 이는 "한 발짝 물러서는" 것이며 시인의 "포기"를 반영한다.[26] 하이데거는 이런 관점을 그의 언어 비평에 직접적으로 적용한다. "시인은 사물과 말의 관계에 관하여 전에 소중히 품었던 자신의 견해를 포기하도록 배운다."[27] 부정적 측면에서 보면, 분석이나 주장, 주관–객관 형식의 사고 등은 다만 기술적 기능을 수행할 뿐이다. 보다 긍정적 측면에서는 창의적 언어와 근본적 사고가 하나의 "세계"를 연결시켜 주는데(로고스는 원래 '모아짐'을 의미한다), 그 안에서 우리는 "현전"(presence)을 경험한다.[28]

가다머는 하이데거가 인간의 역사적 유한성을 극대화하고 또한 예술 및 예술의 "세계들"을 의사소통 및 이해의 하나의 새로운 패러다임으로 추구하는 것을 수용하고 있다. 가다머가 '방법으로서의 해석학'을 일관되게 거부하고 있는 것은 그의 스승이 "계량적" 사고를 파생적이요 이차적인 것으로 인식하고 있는 것과 그 맥락을 같이 한다. 인간의 세상 속 존재성은 과학적 '방법'을 통해 극복될 수 없다. 한편, 가다머는 하이데거의 "세계" 개념을 어떤 예술작품이 투사하는 세계의 측면뿐만 아니라, 게임의 놀이 속에서 창조되고 또한 전제된 세계의 측면으로도 확대하고 있다. 가다머는 이렇게 말한다. "놀이는 놀이하는 자가 자신을 놀이 속에서 온전히 잃어버리게 될 때 그 목적을 달성한다. …… 노는 자체에 진지하게 되는 것, 이것만이 놀이를 놀이로 만든다. …… 놀이는 노는 자의 의식과 독립된 그 자체의 본질을 가지고 있다. …… 놀이가 놀이하는 자의 의식보다 우선한다는 이 사실이 근본적이다. …… 놀이의 구조가 놀이하는 자를 삼킨다."[29] 조지아 완키는 가다머의 요점을 표현을 바꾸어서 이렇게 말하고 있다. "우리가 책을 읽을 때나 그림을 감상할 때, 또는 놀이를 할 때, 우리는 우리의 일상적 존재로부터 다른 곳으로 옮겨진다. …… 놀이하는 자는 하나의 새로운 총체적 환경 속으로 들어간다. …… 놀이자는 그 자신의 관심이나 욕구를 버리고 게임 자체의 목적에 자신을 복속시킨다."[30]

이처럼 가다머가 이 놀이 메타포에 큰 무게를 두면서 인간 경험을 진리에 개방됨이라는 차원에서 이해하고 있는 점은 그를 근대와 후근대 사상 사이의 경계선상의 사상가로 보도록 만드는 요소이다. 한편에서 보면 그는 포스트모던적이다. 의식은 이차적 자리에 놓여지고, 반성(reflection)은 반사성(reflexitivity)으로 대체되고 있다. 놀이자는 놀이가 부여하는 과제와 규칙에 단순히 반응할 뿐이다. 가다머의 표현대로 하자면 "놀이가 놀이자를 지배한다.

…… 놀이는 놀이자 위에 주문을 건다."[31] 각각의 놀이는 또한 그 자체의 정신과 그 자체의 규범을 갖는데, 이는 종종 놀이를 위한 장소나 자리를 따로 떼어 놓는 데서 상징화된다. 놀이의 실재는 개별 놀이자를 능가하며, 놀이자는 관람자 또는 청중에게 제공되는 전체 놀이의 한 부분이다.[32] 놀이는 관람자와의 상호작용의 사건 속에 존재한다. "시인 혹은 작곡가가 놀이자의 하나로 여겨짐에 따라 더 이상 존재하지 않는 것은 놀이자이다."[33] 가다머는 작품이 오직 실행 또는 연주 속에서만 존재하는 전형적인 예로 음악을 들고 있다.

한편에서 보면 이런 인식은 철학적으로 순진하다고 할 수 있다. 가다머는 "드라마는 그것이 상연될 때만 존재하고 …… 축제는 그것을 즐길 때만 존재한다"라고 선언한다.[34] 우리는 앞서 2장에서 성경 텍스트는 듣는 자의 생활세계 혹은 현재 지평 속에서 실현되고 수행되는 것을 통하여 '말한다'는 점을 이야기한 바 있다. 그러나 놀이의 경우는 그 각각의 판이 다 상이하다. 전에 했던 움직임을 엄격하게 재연해내는 것은 놀이가 아니다. 와인샤이머가 지적하고 있는 것처럼, 가다머의 해석학 속에는 "바른 해석을 위한 결정적 기준이 있을 수 없으며, 또한 단 하나의 바르고 정경적인 해석이란 것도 있을 수 없다."[35] 바로 이런 이유 때문에 그의 해석학이 급진적 사회 상황성의 철학으로나 다원주의적 실용적 상황화의 방향으로 발전해 갈 수 있는 소지를 남긴다.

그러나 또 다른 한편에서는, 와인샤이머나 조지아 완키가 지적하는 것처럼, 가다머의 사상 속에 "보수적" 측면도 있다. 이런 측면은 포스트모더니즘과 잘 상통되지 않는다. 가다머는 후기 하이데거가 플라톤 이후로부터의 전통에 대해 부정적 평가를 하고 있는 것에 찬동하지 않는다. 오히려 그는 "실천적 이성"의 강조가 긍정적 측면에서 계속되어 온 것을 소크라테스로부터 플라톤, 아리스토텔레스, 로마의 법률 사상, 비코, 샤프츠베리, 토마스 리드(Thomas Reid), 헤겔, 베르그송에 이르기까지 추적하고 있다. 가다머의 입장에서 볼 때 영국의 경험주의나 계몽주의식 합리주의는 이런 전통을 인위적으로 축소시켜 실증주의적, 이론적, 개인중심적 이성을 전통과 공동체로부터 이탈시켜 놓은 것에 지나지 않는다.

가다머는 소크라테스의 견유학파들과의 대화 속에서 부각된 "학자와 그 학자가 의존하는 현자" 사이의 구분을 긍정적으로 수긍하고 있다.[36] 또한 그는 아리스토텔레스나 후대의 로마의 법률학에서 이론적 지혜인 소피아(*sophia*)보다 실천적 지혜로서의 프로네시스(*phronēsis*)의 역할에 더 큰 강조점을 두고 있는 것을 주목하고 있다. 놀이의 세계 속에서조차도 플라톤이 말하는 "인정"의 개념이 작용한다는 것을 강조하기도 한다.[37]

가다머가 볼 때 플라톤의 가장 중요한 기여는 대화(dialogue)를 그 주고받는 질문 가운데서 진리가 "일어나는" 과정으로 인식하고 있다는 점이다.[38] 또 하나의 중요한 전기는 비코(Vico)가 자신의 인문주의적 전통을 배경으로 데카르트나 합리주의자들의 "과학적 방법"에 맞서서 상식(*sensus communis*)의 가치를 재고한 데서 찾을 수 있다.[39] 상식의 맥락 속에서 지혜로운 사람의 가장 두드러지는 자질 가운데 하나가 '판단'의 자질이다. 여기서 말하는 '판단'은 보편 속에서 특수를 판가름하는 식의 지적 판단 또는 논리적 추론을 말하는 것이 아니다. 오히려 이것은 실제적, 상호주체적 준거 틀 속에서 "무엇이 보다 더 중요한지"를 분간하는 자질을 가리킨다. 유사한 방식으로 "기호"(taste)가 공동체 가운데 작용하며, 그 배후에는 "문화"(*Bildung*)가 놓여있다.[40]

가다머는 메타비평적 해석학을 정립하고자 하는 자신의 목적과 병합하여 "선-판단"(독일어로 *die Vorurteile*, 영어에서는 prejudices로 번역)의 역할을 강조하고 있다. 가다머는 이렇게 말한다. "개인의 편견들(prejudices, 즉 선-판단들)은 그 자신만의 판단이라는 측면을 넘어 그의 존재의 역사적 실체성을 가리킨다."[41] 매우 "보수적" 인식으로 읽힐 수 있는 이 부분에서 가다머는 다시 한번 포스트모더니즘에 가까운 관점으로 선을 넘어가고 있다. 덧붙여서 그는 이렇게 말하고 있다. "한 개인의 자기 인식은 역사적 삶의 폐쇄된 회로 속에서의 하나의 명멸점에 지나지 않는다."[42]

우리는 아직 왜 가다머가 이처럼 이중적으로 읽힐 수 있는 애매한 입장을 취하고 있는지 다 보지는 못하였다. 이런 측면은 하이델베르크 대학의 그의 후계자인 라이너 빌(Reiner Wiehl)을 포함하여 여러 비평가들이 지적하는 요소이다.[43] 우리가 가다머의 관심사를 좀 더 잘 이해하기 위해서는 계몽주의 및 합리주의의 "이성" 인식에 대한 그의 메타비평적 재검토를 세밀히 살펴볼 필요가 있으며, 또한 그가 말하는 "해석학적 문제의 보편성"을 그가 어떻게 이해하고 있는지 잘 살펴볼 필요가 있다.

2. 가다머의 "해석학적 문제의 보편성" 주장과 언어 및 지식 비평

가다머의 「해석학적 문제의 보편성」(The Universality of the Hermeneutical Problem)이라는 제목의 논문이 1966년에 출판되었고, 그의 『철학적 해석학』(*Philosophical Hermeneutics*) 속에 수록이 되었다.[44] 이 논문에서 가다머는 해석학을 오해를 피하기 위한 "하나의 기술" 정도로 정의하려는 모든 시도들에 대한 불만을 표시하고 있다. 첫 부분에서 그는 우리로 하여금 인간의 다양한 영역의 탐구 배후에 얼마나 많은 것이 전제되어 있는지를 살펴보도록 초청하고 있다. 그가 볼 때 슐라이어마허와 딜타이는 해석학을 "인간" 과학에 국한시킨 면에서 잘못을 범하고 있다. 해석학의 문제는 "정말로 보편적이다."[45]

자연과학이 경험적, 이성적, 관찰의 기초 위에서 작동하는 것으로 보이지만, 실제로는 "앎의 가능성"이라는 "반쯤 어둠 속에 가리워져 있는" 전제들이 배후에 놓여 있다. 예를 들어 통계학이 오직 "사실들"의 기초 위에서 움직이는 엄밀한 관찰 및 수학적 학문일 것이라고 생각한다. 하지만 "이 사실들이 어떤 질문에 대한 대답인지, 그리고 다른 질문들이 제기될 때 어떤 사실들이 말을 하게 될 것인지와 같은 문제들은 전적으로 해석학적 질문들이다."[46] 과학적 조사의 많은 부분이 "흥미로운 사실의 발견"이나, 상상력의 사용, 또는 올바른 질문의 제기 등에 의존한다. 이런 사실은 우리가 "세상의 언어적 구성"을 살필 때나 "이해가 언어에 묶여 있다"라는 사실을 생각할 때 더욱 그러하다.[47] 해석학은 인간의 **모든** 탐구활동과 관계있다.

우리는 앞서 가다머가 급진적 역사적 유한성의 문제를 다루고 있는 것을 살펴보았지만, 그의 언어에 대한 주장들 및 그 배경에 대해서는 아직 생각해 보지 않았다. 가다머는 언어야말로 이른바 '해석학적 문제'를 구성하는 핵심이라고 보고 있다. 왜냐하면 우리의 이해는 우리의 언어적 한계에 의해 제한되기 때문이다. 좀 더 근본적 차원에서 언어는 이해의 해석학적 조건으로서의 보다 긍정적 역할을 가지기도 한다. 왜냐하면 언어적 세계는 상호주체적 세계이며 따라서 의사소통의 가능성을 열어주고 그런 점에서 "보편적" 차원을 가지기 때문이다.

사상의 역사 속에서 가다머는 빌헬름 폰 훔볼트(Wilhelm von Humboldt, 1767–1835)의 선구적 언어연구에 큰 의의를 부여하고 있다. 훔볼트는 개별 인간의 언어가 세상 또는 사물을 비추는 역할을 하기보다는 "민족들의 개별 심성들을 비추는 거울" 역할을 한다고 보고 있다.[48] 언어가 없이는 우리는 "세상"도 가질 수 없다. "이 세상이 본질상 언어적이기 때문이다."[49] 또 다른 한편 가다머는 언어적 세계의 개념적 독립에 대한 훔볼트의 비판을 두고 이렇게 평가한다. "이는 세상에 대한 사람의 관계가 언어적으로 구조화된 서식지에 가두어져 있다는 의미와는 거리가 멀다. 오히려 그 반대로 "……" 이 서식지로부터의 자유가 있다. ……" 이런 서식지 위로 올라갈 수 있다는 것이 처음부터 인간적, 다시 말해 언어적 의의이다. ……" 사물들이 언어가 된다."[50] 가다머는 또 이렇게 말한다. "언어를 가진 사람은 누구나 세상을 가진다." 그러나 중요한 것은 언어가 이 세상을 객관적 방식으로가 아니라 상호주체적 방식으로 매개한다는 사실이다.[51]

가다머 자신에게는 모든 인간 언어와 의사소통을 특징짓는 끊임없는 상호주체성이라는 이 특성이 "해석학의 보편성"을 말할 수 있게 하는 근거이다.[52] 언어 속에서 "'나'와 세상이 만난다." 여기에서 해석학의 "존재론적 전환"이 일어난다.[53] 물론 언어의 문제가 모든 학과나 모든 인간 지식 및 이해와 보편적 연관성을 가진다는 인식을 하고 있는 사람은 가다머가 전부인 것은 아니다. 어떤 언어 비평은 보다 부정적이고 자기파괴적인 경우도 있다. 예를 들어 비교적 덜 알려진 보헤미아 철학자인 프리츠 마우트너(Fritz Mauthner, 1849–1923)의 경우가 다분히 그러하다. 어떤 면에서 그의 작업은 후에 비트겐슈타인에게서 찾아 볼 수 있는 특성 및 방법을 갖추고 있기도 하며, 또 어떤 면에서 보면 자기 시대를 앞서서 데리다의 접근과 거의 유사한 측면을 가지기도 한다.

마우트너는 자신의 책 『언어 비평에의 기여』(*Contributions to a Critique of*

Language, 1901–1903)에서 '말의 통치'(logocracy)라는 조어를 사용하고 있는데, 이는 말이 그 자체로 자명한 진리지위를 가진다고 보는 환상을 가리키는 말이다. 이런 환상에서 자유를 얻기 위해서는 언어에 대한 비평(*Kritik an der Sprache*)이 불가피하다고 마우트너는 말한다.[54] 그는 가장 깊은 철학적 문제들은 다름 아닌 "언어 사용의(*Sprachgebrauchs*) 문제"로 압축될 수 있다고 말한다.[55] 따라서 우리는 언어의 관습성과 유통성을 꿰뚫어볼 수 있어야 한다. 언어는 우리를 오도하기도 하기 때문에 우리는 그 기초가 무엇인지를 보편적 관점뿐만 아니라 그 특수한 경우에 이르기까지 엄격하게 재점검을 해야 한다는 것이다. 게르숀 웨일러(Gershon Weiler)는 마우트너의 책에 대한 심도 있는 전문가적 연구의 결론으로 이와 같이 말한다. "마우트너가 제기한 문제, 즉 우리의 언어에 대한 총체적 설명 및 언어로 표현된 모든 것에 대한 전적으로 관습주의적 시각에서의 설명의 가능성의 문제는 아직도 계속되고 있는 논제 가운데 하나이다. 관습주의적 전제 위에서의 언어 분석은 자멸적이라는 그의 궁극적 메시지는 우리가 지금도 배워야 할 교훈일지도 모른다."[56]

비트겐슈타인은 그의 초기 저작 『논고』(*Tractatus*)에서 "모든 철학은 '언어 비평'이다"라고 명시적으로 밝힌다.[57] 이 인용된 문장 속에서 비트겐슈타인은 내가 아는 한 유일하게 한번 마우트너를 언급한다. 문장 전체를 다 옮기면 이렇다. "모든 철학은 '언어 비평'이다(비록 마우트너의 의미에서는 아니겠지만)." 비트겐슈타인과 마우트너 사이의 유사성과 차이는 둘 다 매우 두드러진다. 『논고』에서 비트겐슈타인은 "언어가 사고를 가장한다"라고 말한다.[58] 그의 초기 저작의 목적은 칸트가 사고의 한계를 정하고자 하였던 것과 유사한 방식으로 "내 언어의 한계"를 정하고자 하는 것이었다.[59] 언어가 가장하고 있는 것은 "그 아래에 있는 사고의 형태", 또는 형식 논리의 모습을 띠고 있는 명제의 본질이다. 하지만 논리 자체는 근본적이다. "명제는 실재의 그림이다."[60] "명제에는 그것이 표현하는 상황 속에서와 같은 되도록 많은 구별된 부분들이 있어야만 한다."[61]

초기 비트겐슈타인에게 언어 비평의 과제는 "단순 대상들" 자체의 구조를 드러내기 위한 엄정한 논리적 분석 외에 다른 것이 아니었다. 이 분석에는 세상 속에서 단순한 사태의 진상을 묘사하는 "기초적 명제들"의 조합과 나아가서는 원리상 세상 속에 있는 모든 것들을 다 묘사할 수 있는 복잡한 명제들의 논리적 상호관계의 분석이 포함된다. 비트겐슈타인은 이렇게 적고 있다. "만일 모든 참된 기초 명제들이 주어진다면, 그 결과는 즉 세상에 대한 완전한 묘사이다."[62] 물론 여기에서 윤리적인 것과 신비적인 것은 제외된다. 비트겐슈타인에게 이런 것들이 비실재적이거나 덜 중요한 것은 아니다. 다만 이런 것들은 "보여질" 뿐이고, "말할"(기술될) 수는 없는 것들이다.[63] "세상의 의미[세상의 기술이 아니라]는 세상 밖에 놓여져야만 한다."[64]

이에 반해서 마우트너는 세상과 사상 사이의 그와 같은 단절을 전적으로 거부한다. 웨일러가 지적하는 것처럼, 그는 "명제는 실재의 그림"이라는 진술을 결코 수용하지 않았을 것이다.[65] 마우트너에게 모든 언어는 전기 비트겐슈타인이 자연 세계에 대한 명제에서 제외시키는 범주 속에 포함된다고 볼 수 있다. 이런 차이에도 불구하고 두 사람은 철학의 과제가 언어 비평, 즉 언어의 한계를 설정하는 일이라고 보는 데는 일치하고 있다. 뿐만 아니라 두 사람은 비트겐슈타인이 그의 전환기적 "중기"에 말하였던 것처럼 "나는 언어를 수단으로 언어 밖으로 나갈 수는 없다"[66]라는 인식에도 일치점을 보이고 있다.

후기에 와서 비트겐슈타인은 논리만의 힘에 대한 신뢰를 접고, 근본적 인간의 문제에 대해 순전한 언어적 명제의 논리적 분석만으로 답할 수는 없다고 보는 점에서 마우트너의 견해에 더 가까이 다가간다. 웨일러는 이와 관련하여 이런 가설을 제시한다. 초기 비트겐슈타인이 마우트너의 『비평』을 약 30페이지 정도 읽다가 견해의 차이를 발견하고 이를 내려놓았다는 것이다. 이 부분 속에 들어 있는 세 가지 정도의 주제가 동일한 방식으로 비트겐슈타인의 글에 나타난다. 즉, 언어 비평의 자기파괴적 성격과 관련하여 사다리 이미지를 사용하고 있는 것, 언어의 성장을 도시의 성장과 비교하고 있는 것, 그리고 언어의 작동에서 게임의 규칙이 하나의 중심적 범례가 되고 있는 점이다.[67] 웨일러는 결론적으로, 비트겐슈타인이 후에 자신의 초기 견해를 버리게 됨에 따라 "일찍이 마우트너를 읽었던 것을 기억하고 그의 게임의 규칙(*Spielregel*) 개념을 유용하게 사용할 수 있게 되었다"라고 보는 견해를 제시한다.[68]

마우트너와 비트겐슈타인 모두에게 언어 비평은 보편적 특성을 가진다. 두 사람 모두에게 이 사실은 지적 탐구의 기초에 대한 단순히 이론적 차원의 질문들이 아니라 **기능적**이요 **실제적** 이슈들이 중요하다는 것을 의미한다. 하지만 마우트너가 환상 또는 "언어 미신"이라고 말하는 부분과 관련해서 비트겐슈타인은 전적인 회의적, 실용적 결론과는 어느 정도의 거리를 두고 있다. 왜냐하면 어떤 것이 "실수"라고 간주하게 될 때, 여기에는 공적으로 인식 가능한 지각성이 인간의 사상과 실천의 상호관계 속에 작용하고 있다는 것이 전제되어 있기 때문이다.

비트겐슈타인의 철학은 "보편 해석학"에 매우 근접한다. 그는 어떤 맥락 속에서는 "참"과 "거짓"이라는 말을 쓰는 것이 "'이것이 사실과 맞아 떨어지느냐 아니냐'라고 말하는 것과 같은 차원"이라고 말하면서 "실제로 문제가 되는 것은 '맞아 떨어진다는 것'이 무엇을 말하느냐"의 문제라고 지적한다.[69] 비트겐슈타인은 실천 또는 실제를 핵심적 요소로 제시한다. "기초를 공급하고 …… 증거를 입증하는 일은 이제 마지막이다. …… 언어 게임의 바닥에 놓여 있는 것은 우리의 실행이다."[70] 물론 이 실천(*praxis*)이 이야기의 전부는 아니다. 의사소통은 "개념 정의에서의 일치뿐만 아니라 …… 판단에서의 일치이기도 하다."[71] 하나의 공식, 실행, 패턴 혹은 활동을 **이해**한다는 것은 기본적으로 "어떻게 할 줄[또는 놀 줄]"을 아는 것이다.[72] 하지만 여기에는 "훈련"의 요소뿐만 아니라, 인지적, 실천적, 상황적, 해석학적 요소가 또한 포함된다.[73]

우리는 앞에서 후기 하이데거가 어떻게 급진적 역사적 유한성의 문제와 "계량적 사고"(비교, 가다머의 "방법")를 자신의 언어 비평과 접목시키고 있는지 언급한 바 있다. 사물을 조각으로 나누는 "분석"의 언어가 아니라 시적 언어만이 근원적 그 무엇(하이데거는 이를 "존재" 혹은 "사건으로서의 존재"로 부르고 있다)과 교류할 수 있다. 도구적 언어는 단지 우리가 이미 사용하고 있는 개념들을 되비추어 낼 뿐이다. 그런 점에서 단지 "우리의" 세계만을 되비추어 준다.

신해석학과 관련해서는 앞서 여러 부분에서 조금씩 언급한 바 있기 때문에 여기서 상세하게 푹스와 에벨링이 제기한 문제들을 다 다룰 필요는 없다고 본다. 단지 에벨링이 말하는 소위 "언어의 신학적 이론"이 후기 하이데거가 말하는 것과 매우 유사하다는 점만 지적하고자 한다. 에벨링은 "언어의 심대한 위기, 아니 어쩌면 언어의 전적인 와해"가 올지도 모른다고 지적한다.[74] "우리는 언어를 독살하여 죽이려 한다."[75] 따라서 신학적 해석학은 "최대한 넓은 지평을 가진 언어 이론"을 모색해야 하며, "어떻게 언어의 좌초가 극복될 수 있을지"를 고민해야 한다.[76] 해석학은 "언어의 기호적 기능 즉 말들이 단지 풀어야 할 암호가 되고 라… 연산의 문제로 축소되는 차원"을 넘어가야 한다.[77]

가다머는 해석학의 문제가 모든 학과에 걸친 보편성을 가진다는 것을 강조한다. 이는 단지 이해가 언어적 특성을 가진다는 이유 때문만은 아니고, **실천 이성 그 자체가 영향사의 맥락 속에서, 그리고 그 한 부분으로(그것에 반해서나 그것을 초월해서가 아니라) 작용하기 때문이기도 하다**. 비록 가다머가 다른 방향으로의 발전을 직접 시도하지는 않았지만, 그의 원리 자체는 사회 과학의 발전 속에 해석학이 차지한 역할 속에서 잘 입증된 바 있다. 이 분야에 관해서는 지그문트 바우만(Zygmunt Bauman)의 연구서 『해석학과 사회과학』(*Hermeneutics and Social Science*)을 보면 잘 정리가 되어 있다.[78]

우리는 사회 및 사회–정치적 비판의 해석학에 관한 보다 상세한 검토를 11장과 12장 속에서 하게 될 것이다. 여기서는 다만 큰 틀에서의 흐름만 짚고 넘어가고자 한다. 바우이 지적하고 있는 것처럼, 칼 마르크스는 곡해의 뿌리를 합리주의가 하는 것과 같이 "인식 주체의 마음에 두지 않고, 오히려 객체를 구성하는 지배 구조 속에 두고 있다. 다시 말해서 **마르크스는 인식론을 사회학으로 전환시키고 있다**."[79] 하지만 사회학은 막스 베버(Max Weber)에게서 볼 수 있는 것처럼 주관적 지향성을 가진 인간 행동의 "객관적" 양태를 이해하고자 하는 시도를 포함하고 있다. 이것을 가능하게 한 것은 근대의 인식과는 다른 비판적 합리성의 발현 때문이라고 베버는 믿고 있다.

하지만 비판적 합리성에 대한 평가는 이와 전혀 다르게 해석될 수도 있다. 칼 만하임(Karl Mannheim, 1893–1947)은 각 역사적 시대는 그 자체의 합리성의 기준이나 잣대를 가진다고 주장한다. 따라서 진리의 추구는 주어진 시대정신(Zeitgeist)에 따라 상대적이며, 역사 너머의 "궁극적" 진리를 추구하는 것은 불가능하다고 말한다. 만하임에게는 시대정신과의 관계성 자체가 진리 또는 합리성의 기준을 이룬다. 환상이나 왜곡은 한편에서는 역사적으로 뒤떨어져서 시대에 걸맞지 않는 이데올로기를 적용하려 하는 데서 일어나든지, 아니면 역사적으로 너무 앞서 나가서 유토피아 사상을 끌어들이려는 데서 일어난다.[80] 이런 이유 때문에 만하임은 자신의 지식사회학 입문서의 제목을 『이데올로기와 유토피아』(*Ideology and Utopia*, 1936)로 붙이고 있다.[81]

알프레드 슈츠(Alfred Schutz)의 책에 대해서는 뒤에 15장에 가서 보다 상세하게 다루고자 한다. 여기서는 다만 그가 딜타이와 후설, 하이데거 등으로부터 이끌어오고 있는 "생활세계" 개념이 그의 사상 속에 어떤 역할을 하는지, 또한 이것이 그의 다른 핵심 개념들인 "적실성" 및 "타입화" 등과 어떤 관계를 갖는지에 주목해보고자 한다.[82] 슈츠에 따르면 모든 의미는 생활세계 속에서 발생하는 주어진 목적 및 이해문제와 관련하여 해석 차원(다시 말해서 '해석학적' 성격)을 가진다. 이는 다르게 보자면 모든 의미는 새로운 이해관계나 변화된 목적이 부상하게 될 때 그 새로운 적실성의 양태에 따라 계속적인 재수정에 열려 있다는 것을 뜻하기도 한다. 사회적 실재에 대한 인식이나 해석은 이와 같은 양태의 변화에 따라 달라져 가는 적실성 및 타입화에 의존한다.

슈츠의 학생이며 후에 그의 동료 및 조력자를 지냈던 토마스 룩크만(Thomas Luckmann)은 슈츠의 관점을 보다 확대 발전시키고 있다. 그는 피터 버거(Peter Berger)와 함께 대단히 폭넓은 영향을 끼친 인기 있는 책『실재의 사회적 구성』(*The Social Construction of Reality*, 1966)을 공저하였다. 이 책의 서문에서 버거와 룩크만은 해석학을 사회 과학과 접목시키는데 선구적 역할을 하였던 마르크스, 딜타이, 만하임, 탈콧 파슨스(Talcott Parsons), 알프레드 슈츠 등에게서 자신들이 받은 영향을 밝히고 있다.[83]

가다머의 "해석학적 문제의 보편성"에 대한 문제제기는 피터 버거가 그의 책『모더니티에 맞서』(*Facing Up to Modernity*)에서 사회학의 본질에 대해 밝힌 문제와 동일한 차원의 메타비평적 성격을 지닌다. 버거는 사회학의 기능을 한 사회가 그 위에 기반을 두고 있는 숨겨져 있는 전제들을 폭로하는 데 있다고 본다. 이 전제들은 슈츠의 표현을 빌리자면, 이미 너무나 당연한 것으로 받아들여져 있기 때문에 잘 감지되지 않는다.[84] 가다머 역시 피터 윈치(Peter Winch)의 책『사회 과학의 이상』(*The Idea of Social Science*)에서 밝히는 것과 유사한 질문을 제기한다. 윈치는 이렇게 적고 있다. "실재가 아무런 열쇠를 가지고 있지 않다는 것을 아는 것은 인지성이 다수의 다양한 형태들을 가진다는 것을 아는 것과 연관되어 있다."[85] 한걸음 더 나아가서 윈치는 이렇게 말한다. "논리적 관계라는 사상이 가능할 수 있는 이유는 사람과 그 행위 사이에 비트겐슈타인이 말하는 것과 같은 일종의 일치가 있기 때문이다."[86] 가다머는 슈츠와 버거, 그리고 윈치 등에게서 볼 수 있는 삶과 공동체와 연관된 실제적, 실천적 차원의 접근 방식을 취하고 있다. 그러면서도 그의 속에 작용하고 있는 보수주의적 사고로 말미암아 판단, 전통, 실천적 지혜 등의 역할을 강조하고 있으며, 이는 즉 위의 사상가들이 향하고 있는 사회적 상대주의에로의 길을 그가 피하고 있다는 것을 보여준다.

가다머의 사상에서 핵심적 자리를 갖는 "영향사"(*Wirkungsgeschichte*)라는 개념을 통해 그는 전통이 그 속에 속하는 사람에게 미치는 실행적 힘에 대해 주목하도록 우리의 관심을 모으고 있다. 그는 이렇게 말한다. "역사가 우리에게 속하지 않고 우리가 역사에 속한다. 우리가 자기성찰의 과정을 통해 우리 자신을 알기 오래 전부터 우리는 우리가 속하여 있는 가족과 사회, 국가 속에서 자명하게 드러나는 방식으로 우리 자신을 알고 있다. 주관성이라는 관점은 왜곡시키는 거울이다."[87] 여기에는 진리 이해의 패러다임이 계몽주의 시대의 개인중심적 이성적 반성이 아니라, 과거와 현재 세대를 아우르는 상호주체적 공동체로부터 비롯된 상황적 기반들(편견 혹은 선-판단들)이다. 이런 기반들이 한 개인의 "역사적 실재"를 구성한다.

계몽주의식 합리주의는 '비판적 이성'에게 적합한편견(선-판단)과 그릇된 편견 사이의 구별을 내리게 하는 기능을 부여했다. 하지만 여기에는 이성과 권위를 대립적인 것으로 보는 인위적이고 파괴적인 부작용이 따랐다. 권위는 그 진정한 의미에서 보면 결코 이성의 포기가 아니다. 권위의 인정은 "자기 스스로의 한계"를 이성적으로 알고, 또한 "타인이 더 나은 이해를 가진다"라는 것을 받아들이는 전적으로 "이성적인 판단"에 의거한다.[88]

사회 속에서 우리가 선생이나 전문가 등의 도움을 찾는 것은 가다머가 이야기하는 것과 같은 권위를 인정하고 받아들인다는 것을 말한다. 낭만주의에서도 고전의 뿌리나 기원에 대한 관심 때문에 전통으로부터 배워야 할 것과 관련하여 권위가 긍정적으로 받아들여졌다. 해석학에서 중요한 것은 "우리가 우리 자신을 전하여져 온 것과 소격 및 이탈시키는 것이 아니다. 오히려 우리는 항상 전통 안에 서며, 이는 결코 객관화의 과정이 아니다. …… 그것이 항상 우리의 일부를 이룬다. …… 전통과 역사적 연구 사이의 추상적 대립 관계는 폐기되어야만 한다."[89] 역사적으로 위치함과 전통 사이의 관계에 대한 가다머의 결론은 리처드 번스타인과 조지아 완키가 사용하는 용어를 통해 정리해볼 수 있을 것이다. 즉, 객관주의를 넘어(beyond objectivism), 그러면서도 또한 상대주의를 넘어(beyond relativism) 가고자 하는 것이다.[90]

하지만 보다 어려운 문제는 번스타인, 와인샤이머, 조지아 완키 등이 한결같이 지적하는 것처럼, 가다머가 어떤 기준에 의거하여 "바른 편견"을 그렇지 못한편견과 구별하고 있느냐 하는 점이다. 가다머가 사용하고 있는 네 가지 핵심적인 모델은 놀이의 세계, 예술의 세계, 상호 대화 가운데서 진리의 "부상", 그리고 양식 및 판단의 실천적 덕목들이다. 하지만 텍스트 해석과 관련하여 특별히 어려움이 야기되는 것은 여기에서는 "대화" 또는 "세계"라는 것이 준은유적(quasi–metaphorical) 현상이 되기 때문이다. 가다머의 저술들이나 그의 공적 구두 논평 등을 종합해볼 때, 결국 많은 무게가 전통과 영향사의 맥락 속에서 잘 개발되고 예민한, "해석학적으로 훈련된" 판단에 주어지고 있는 것을 볼 수 있다. 이 판단은 우리가 더 이상 "책대로" 또는 방법과 법칙을 따라 할 수 없는 상황 속에서 그 진가를 발휘한다. 하이데거 이후 급진적으로 역사적, 메타비평적 차원의 가다머 속에는 법칙들이 사라져버린 것을 볼 수 있다. 반면 보수적, 전통적 진리의식 차원의 가다머 속에는 실천적 지혜, 대화, 판단 등이 언어적, 역사적 맥락 속에서 여전히 그 긍정적 역할을 간직하고 있는 것을 볼 수 있다.

이 급진적 역사적 맥락 속에서 주도권은 인간 의식 속에 있기 보다는 텍스트나 예술 작품, 또는 말의 "수행"(performance)에 있다. 이 측면에서 가다머의 사상 배후에는 후기 하이데거의 '개념으로서의 존재'와 '사건으로서의 존재' 사이의 대비 관계가 놓여 있다. 텍스트의 실재와 그 진리는 그 상호작용과 수행을 떠나서는 존재하지 않는다.

여기에 근본적인 문제가 따른다. 우리의 판단의 행위가 적합성을 가진다는 것을 우리가 어떻게 알 수 있는가? 과연 수행의 경험이 진정한 것일까? 가다머는 우리로 하여금 뒤로 상호주체적 전통을 돌아보게 하며, 또한 앞으로 대화로부터 도출되는 "전진", 그리고 그 이상의 "완성의 기대"를 내다보도록 초청하고 있다. 이런 기대가 우리에게 하나의 관점을 제공한다. 하지만 좋은 판단의 기준이 될 수 있는 규범들이 원리적 차원에서는 역사적 상황 속에서 판단의 행위 그 자체와 분리될 수 없다. 왜냐하면 "매 시대는 전수된 텍스트를 텍스트 자체의 방식대로 이해해야 하기 때문이다. 텍스트는 그 안에서 매 시대가 객관적 관심을 취하고, 또 그 안에서 자기 스스로를 이해하고자 하는 전통의 한 부분을 이룬다."[91] 해석의 기준은 "저자나 또는 그 저자가 원래 대상으로 삼았던 사람들의 상황적 요소들 속에 놓여 있지 않다. …… 가끔씩이 아니라 항상, 텍스트의 의미는 그 저자를 넘어 간다."[92]

이해는 게임이 똑같은 동작이나 사건의 반복이 될 수 없는 것과 마찬가지로 항상 똑 같이 되풀이 되지는 않는다. 와인샤이머가 이 점을 잘 표현하고 있다. "어느 게임도 두 번 똑 같이 되풀이 되는 것은 없다. 그러면서도 이 모든 다양한 변수들이 다 하나의 게임이다."[93] 만일 축구 게임이나 카드 게임이 하나의 무대극이 되어서 "똑 같이 반복적으로 되풀이 된다면 그것은 더 이상 게임이 아니다."[94] 예를 들어 포프의 『머리카락을 훔친 자』(*Rape of the Lock*)에서 맨 처음 상연되었던 카드 게임은 하나의 게임으로 시작되었겠지만, 이것이 대본 속에 규정된 대로 계속 반복이 된다면 더 이상 게임이 아니다. 따라서 바른 판단의 기준을 미리 규정해 두는 것은 방법, 또는 객관주의, 또는 전적으로 역사적 이해가 아닌 것으로의 복귀를 말한다. 역으로 게임에서 모든 규칙을 제거하는 것은 더 이상 참여자들의 반응 및 목적을 규제하거나 그 세계를 창조하는 일을 할 수 없게 함으로써 하나의 상대주의로 나아가게 만든다. 가다머의 "보편적" 해석학은 이런 방식으로 객관주의와 상대주의의 두 상반되는 함정에 빠지는 것을 피하게 만든다.

다른 시각에서 보면, 가다머의 해석학이 계속적으로 그리고 반복적으로 두 진영으로부터 공격을 받는 것이 전혀 이상한 일이 아니다. 예를 들어 위르겐 하버마스(Jürgen Habermas)는 실증주의와 합리주의에 대한 가다머의 공격에 공감을 표하면서도, 그가 전통에 돌리는 기능과 관련해서는 이것이 순진함에 가깝다고 주장한다. 왜냐하면 이것이 이데올로기적 왜곡이나 정신분석적 해석학이 말하는 기만에 충분히 대처하지 못하기 때문이다.[95] 앞에서도 본 것처럼 에밀리오 베티는 가다머가 객관성의 끈을 너무 쉽게 놓아버린 것을 비판한다. 아펠의 경우도 가다머의 상호주관성에 대해서는 공감하면서도, 합리성과 관련하여 그가 상대화 내지는 타협의 방향으로 가고 있는 것을 비판한다. 아펠은 이렇게 말한다. "가다머의 '철학적 해석학'의 강점은 역사주의가 가지고 있는 방법주도의 객관주의적 이상에 대한 비판에 있다. 하지만, 그가 방법주도식 해석학의 추상화된 의미를 논박하느라 진리의 문제로부터 너무 멀어져 버린 것이나 판사나 연출가의 모델을 해석자의 역할과 동일시하는 것은 문제이다."[96] 아펠의 "방법주도식 해석학의 추상화" 지적은 가다머가 해석의 "기준"을 판단행위 자체와 동일시하고 있는 것에 대한 비판이다. 이상하게 보이겠지만 아펠은 가다머를 "과학주의적 오류"(scientistic fallacy)에 빠지고 있다고 지적한다. 왜냐하면 가다머는 자연과학에서 "객관성"의 인식을 인문학보다는 자연과학에만 국한시키려 하는 경향에 동조하고 있기 때문이다.[97] 아펠은 "이해"의 문제가 보편적이라는 가다머의 인식에 전적으로 공감한다. 그러면서도 그는 해석학이 상대성의 방향으로 나아가기 보다는 합리성에 대한 '확장된' 이해를 취한다고 강조한다.

이상의 비판과는 반대로 리처드 로티는 다른 각도에서 가다머를 공격하고 있다. 로티는 가다머가 선-판단, 전통, 영향사의 역할을 강조하고, 급진적 역사적 유한성이 가져오는 상대성의 인식을 강조하는 것에 대해 공감을 표시한다. 그러면서도 로티는 가다머가 "진리"를 좀 더 실용적 차원으로 전환시키지 못한 것에 대해 공격하고 있다. 로티는 해석학을 "인식론의 종언이 남겨 놓은 문화적 공간이 결코 채워지지 않을 것이라는 전망의 표현"이라고 보고 있다.[98] 그는 진리의 자리에 "교화"(edification)를 채우고 있으며, 가다머의 '문화적 형성'(*Bildung*) 대신에 지식을 채우고 있다.

로티는 그의 논문 「연대성이냐 주체성이냐」(Solidarity or Subjec tivity)에서 "전통들" 사이의 판별은 오직 실용적 차원에서만 내려질 수 있다고 주장한다. 왜냐하면 윤리적이든 이성적이든 모든 규범은 전통들 자체에 상대적이기 때문이다.[99] 비록 로티가 가다머를 자신의 해석학적 전선의 동지로 취급하고 있지만, 다른 한편에서 보면, 조지아 완키가 잘 지적하는 것처럼, 그 자신의 "신실용주의"가 가다머의 "해석학의 보편성" 인식과는 매우 큰 차이를 가진다는 것을 숨기지 못한다. 그의 책 『우연성, 아이러니, 연대성』(*Contingency, Irony, and Solidarity*, 1989)에서 로티는 언어와 자아, 그리고 자유주의적 공동체의 상황성의 측면을 크게 부각하여 강조한다.[100]

가다머의 저작은 해석학적, 역사적, 상황적 이해가 그 어떤 종류의 비역사적 합리주의(예를 들어 계몽주의식 비판적 합리주의 등)의 주장이라도 급진적으로 상대화시켜 버린다는 것을 설득력 있게 잘 보여준다. 가다머는 해석학의 보편적 기능, 전통, 영향사, 공동체 내적 실천적 지혜 등 합리주의 아래에서 무시 또는 망각되어 왔던 이런 요소들의 근본적 본질을 확고하게 잘 정립한다. 그는 또한 상호주체성 및 공동체성이 진리와 연관하여 갖는 결정적 중요성을 성공적으로 잘 보여주고 있다. 그럼에도 불구하고 그의 작품 속에 나타나는 애매성의 요소는 로티 등이 상황적 상대주의의 방향으로 확장시켜 나갈 빌미를 주고 있는데, 이 점에 대해서는 뒤에 좀 더 자세히 살펴보도록 하겠다.

아펠, 리쾨르, 판넨베르크 등이 강조하는 "설명", 주장, 또는 규범적 범주 등의 기능은 가다머의 작품과 병행해서 살펴볼 필요가 있다. 신학적 관점에서 본다면, 텍스트 자체의 "수행"(performance)과 공동체 및 영향사의 맥락 속에서 인간적 판단에 부여된 다소의 기능 외에 다른 어떤 텍스트 해석의 기준이 제시되지 않는 것은 대단히 만족스럽지 못한 일이 아닐 수 없다. 그러나 또 다른 한편에서 "법칙"이나 "방법"의 주도가 바닥난 상황에서 공동체 맥락 속에서의 실천적 지혜의 기능에 대해 가다머가 강조하고 있는 것은 좋은 점이라고 볼 수 있을 것이다. 신학적 전통들은 특별히 텍스트를 새롭게 부상한 지평들 속에서 새로운 상황들 속에 적용해야 할 필요가 나타날 때, 잘 훈련되고 길러진 "실천적 지혜" 혹은 "목회적 판단"이 제 기능을 다할 수 있도록 격려하고 허용해야만 할 것이다.

판넨베르크는 기독교 종말론(기독론적 관점에서의)이 주어진 전통들 속에 반영된 인간적 판단을 넘어서는 규범 혹은 기준의 역할을 한다는 것을 강하게 논증하고 있다. 그리스도 안에서, 그리고 그의 십자가와 부활 안에서 역사의 마지막과 목적이 부분적으로, 예기적으로 드러났다. 이런 관점 속에서 판넨베르크는 이와 같이 선언한다. "[성경] 텍스트는 과거를 현재에 묶고 …… 또한 미래 지평에 묶는 전체 역사의 맥락 속에서만 이해될 수 있다."[101] "현재의 의미가 미래의 빛 속에서 조명된다"라고 말하는 것은 헤겔만이 아니라 성경의 종말론이다.[102] 역사는 "마지막의 관점에서 제시된 전체"이며, 비록 이것이 오직 "잠정적으로 그리고 예기적으로만 접근할 수 있을 뿐"이라 할지라도 그러하다.[103]

이 때문에 기독교 신학의 전통들은 최후 심판을 모든 "사실들"이 그 의미를 취하게 되는 가장 결정적, 공적, 우주적 지평으로 보고 있다. 이런 사실이 기독교 신학에 어떤 특별한 강조점을 부여하게 될까? 판넨베르크의 사상을 특징짓는 어떤 것이 있다고 한다면 그것은 일반적으로 받아들여진 어떤 공적 기준에 맞추어 신학의 보편적 의미를 찾으려 하는 것과 같은 식의 특별한 호소를 의식적으로 피하고 있다는 것이다. 그렇다면 판넨베르크는 어떻게 자신의 접근 방법을 확보하면서 지식에 대한 메타비평적 설명을 제시하고 있는가? 이제 판넨베르크에게로 눈길을 돌려보자.

3. 판넨베르크의 보편역사 해석학과 과학으로서의 신학의 메타비평적 결합

볼프하르트 판넨베르크(Wolfhart Pannenberg, 1928년생)는 지식의 기반과 관련하여 지속적으로 메타비평적 질문을 제기해왔다. 가다머의 『진리와 방법』이 나타나기 전부터 그는 전체로서의 역사를 이해 및 기독교 신학의 총체적 지평이라고 강조해왔으며(1959년), 또한 『신학과 과학철학』(*Theology and the Philosophy of Science*, 독일어판 1973년, 영어판 1976년)에서도 해석학적 이해와 과학적 설명을 통합한 단일 지식이론을 제시했다.[104]

판넨베르크가 가다머와 공유하고 있는 점은 해석학적 이해와 상관없이 기초적 "사실들"만을 가지고 지식체계를 세우고자 하는 단순화된 실증주의에 대한 혐오이다. 아울러 두 사람은 이해가 근본적으로 역사적 성격을 가진다는 데 동의한다. 우리가 앞서 보았던 베티나 아펠, 하버마스 등과도 공통적으로 판넨베르크는 해석학 및 해석학적 이해의 근본적 중요성을 강조하고 있다. 한편 그들과 같은 어조로 가다머에게 객관성의 필요성에 대한 과소평가가 있다는 것을 지적하고 있다. 이는 방법에 관한 질문들이 메타비평적 해석학 이론과 호환성을 이루지 못한다고 보는 데서 기인한다는 것이다. 판넨베르크는 어떤 특정적, 우발적 상황화 또는 재현을 초월하는 보편적 지식의 기반을 추구하고 있다. 그는 가다머의 해석학을 리처드 로티의 사회적 또는 상황적 실용주의 방향과는 정반대의 방향으로 발전시키고 있다.

판넨베르크가 볼 때, 메타비평적 차원에서의 지식의 기반 문제에서 다른 어떤 것보다 더 확실한 기초를 제공할 수 있는 것은 다름 아닌 신학적 접근이라고 보고 있다. 철학적으로는 그는 전체의 관점 속에서 볼 때 의미가 바르게 결정될 수 있다고 보는 헤겔의 시각에 공감을 나타내고 있다. 정황이 불완전할 때 전체 그림이 왜곡될 수밖에 없는 것이다. 신학은 하나님을 만물의 창조자요 종결자로 보고 있기 때문에 "그 무엇이든 모든 진리를 포괄한다. 신학의 보편성은 그것이 하나님에 대해 말한다는 사실과 불가피하게 결부되어 있다. …… 다신론적 혹은 다귀신론적 종교현상학 단계로 되돌아가고자 하는 사람이 아니라면 하나님을 만물의 창조자로 생각해야만 한다. 모든 것을 하나님과 연관하여 이해하는 것, 그래서 그 어떤 것도 하나님이 없이는 이해될 수 없게 하는 것이 신학의 과제이다."[105]

판넨베르크는 보편적 메타비평적 접근과 역사적 해석학적 접근을 동시에 견지하면서, 부정적으로는 이와 대비되는 접근 방법을 식별하여 공격하고 있으며, 긍정적으로는 공감되는 철학적 전통을 활용하고 있다. 우선 부정적 측면에서는 첫째, 그는 소위 성경신학 운동에서 강조하는 "구속사"적 접근 방법을 "인간 역사의 보편적 상호연관성"에 상반하는 "구속 역사의 게토화"라 하여 공격하고 있다.[106] 둘째, 그는 가다머 등이 이미 포화를 퍼붓고 있는 일종의 실증주의를 공격한다. 그와 같은 실증주의는 "초월성을 배제"하는 경향을 가지며 "방법론적 인간중심주의"와 다를 바 없다.[107]

이런 종류의 실증주의가 성경해석에 적용되면, 역사적 탐구가 어떤 전혀 새롭고 기대치 못한 사건의 발생을 배제하는 것인 양 인식하게 되는 시각을 낳는다. 새로움은 현존하는 "법칙들"의 과정 보고(progress-reports) 너머에 놓여 있고, 트뢸치(Ernst Troeltsch) 등이 말하는 해석의 유비들 너머에 놓인 것이 된다. 이런 접근이 어떻게 예수 그리스도의 부활을 역사적 사건으로 수용할 수 있겠는가? 이는 단지 하나의 비인지적, 비지시적 관점의 문제요 신앙의 문제일 뿐이다. 이런 인식은 판넨베르크의 세 번째 공격 대상, 즉 사실과 가치를, 또는 역사의 예수와 신앙의 그리스도를 엄격하게 구분하고자 하는 시각과 긴밀히 연결되어 있다. 아마도 이와 같은 이원론적 인식을 가장 잘 대변하는 사람이 루돌프 불트만일 것이다. 마틴 켈러(Martin Kähler)의 발자취를 따른 이 이원론적 관점은 불트만 학파 전체의 경향을 이룬다.

긍정적 측면에서 판넨베르크는 모든 실재를 근본적으로 역사적인 것으로 이해하는 철학적 관점을 따른다. 이 측면에서 그는 비판적으로 점검되고 신학적으로 수정된 형태의 헤겔의 역사철학을 가장 건설적이고 동질적인 철학의 형태로 보고 있다. 이는 해석학의 본질에 대한 판넨베르크의 인식과도 관계된다. 그는 이렇게 말한다. "역사는 기독교 신학의 가장 포괄적인 지평이다. 모든 신학적 질문과 답변은 하나님께서 모든 인류와, 또 인류를 통하여 모든 피조물과 가지시는 역사의 범주틀 속에서만 의미를 갖는다. 이 역사는 아직은 이 세상에 대하여 가리워져 있는 미래를 향하여 나아가지만, 이미 예수 그리스도 안에서 밝혀지기도 하였다."[108]

해석학은 "전체와 부분 사이의 상관관계의 분석"에 관여한다.[109] 가다머가 주장하는 것처럼 의미의 지평은 역사의 지평과 독자들의 지평이 확장됨에 따라 움직이게 되어 있다. 또 다른 한편, 해석의 공동체뿐만 아니라 텍스트의 배태를 둘러싼 사건들 역시 역사적 전통에 속하여 있다. 따라서 판넨베르크 해석학의 근본적 출발점은 사건과 의미, 말과 행위, 전통과 해석이 분리될 수 없이 서로 결합되어 있다는 것이다. 켈러와 불트만은 이런 점을 간과하였다.

판넨베르크는 그의 잘 알려진 영향력 있는 논문「나사렛 예수 안에서의 하나님의 계시」(The Revelation of God in Jesus of Nazareth, 1967)에서 이렇게 주장한다. "우리는 사실들과 그 의미 사이의 원래의 일체성을 오늘날 다시 한 번 강조할 필요가 있다. [모든 사건은] 그 스스로의 의미를 지지는데 …… 그 맥락, 즉 전통의 맥락 속에서 그 의미를 지닌다."[110] 이 전통 역시도 그 연속성 및 식별할 수 있는 반복적 패턴의 함의와 더불어 "역사를 전체와 묶어주는 그 종말론적 사건"을 가리킨다.[111] 하나님 지식도 역사에 의해 가능하게 되는데, 이를 위해서도 우리는 "예언의 말씀들과 사건들 사이의 상관성을 고려해야만 한다."[112] 때로 사건들이 말들을 능가하는 경우도 있어서 말에 새로운 의미와, 심지어 새로운 지시체를 주기도 한다. 하지만 역으로 말이 단지 단순 사실로 머물렀을 사건들에 보다 큰 전체의 한 부분으로서의 의미를 부여하기도 한다. 이것이 예언자들의 일인데, 특히 "제2이사야서와 신명기 기자"(참고, 신 18:9–22, 렘 28:6–9) 속에 그 예가 잘 나타난다는 것이다.

이런 원리는 역사의 전체를 다 포용하기까지 확대될 수 있다. 판넨베르크는 이렇게 말한다. "오직 종말의 관점 속에서만 창조자와 그의 피조물 사이의 가까움이 드러나며, 따라서 그의 창조의 참 본질이 무엇인지가 드러난다."[113] 불트만과 대조적으로(또한 다음에 볼 리쾨르와도 대조적으로) 판넨베르크는 "지식은 신앙 너머의 무대가 아니다. 지식은 신앙으로 인도한다. …… 신앙 또는 신뢰의 행위는 상대의 신빙성에 대한 지식을 전제로 한다."[114] 한편 지식은 역사가 움직임에 따라 수정되고 진전된다. 따라서 "전적으로 변화된 맥락, 급진적으로 바뀐 상황 속에서는 정확하게 같은 말로 전달된 메시지라도 똑같은 것을 의미할 수는 없다."[115] "각각의 개별적 사항들은 그것이 속한 전체와의 관계 속에서만 의미가 있다."[116]

이런 강조점 속에서 우리는 판넨베르크와 헤겔 사이의 유사성 및 차이점을 찾아볼 수 있을 것이다. 뿐만 아니라 우리는 그의 접근방법을 가다머와 비교해 볼 수도 있을 것이다. 특히 판넨베르크는 가다머가 딜타이의 보편 역사론을 다루고 있는 것에 주목하고 있다.[117] 자신과 가다머의 관계에 관해서는 「해석학과 보편 역사」(Hermeneutics and Universal History, 1963)라는 글에서 상세히 언급하고 있다.[118] 그는 이렇게 말한다. "가다머는 과거와 현재가 이해의 과정 속에서 서로 관계를 맺게 되는 것을 '지평의 융합'이라는 표현으로 아주 뛰어나게 묘사하고 있다. …… 그 가운데서 하나의 새로운 지평이 형성된다."[119] 판넨베르크는 또한 가다머의 대화 모델을 매우 유용한 것으로 평가하고 있다. 그 가운데서 대화자 쌍방이 기존에 가지고 왔던 것을 넘어서 무언가 새로운 또는 제3의 것이 도출될 수 있다. 이런 모델은 물론 텍스트 해석 모델로서는 한계가 있다. 가다머의 "말해지지 않은"(unspoken) 의미 지평에 대한 인식은 판넨베르크의 종말 관점에서 제시된 전체로서의 역사 인식과 다소 유사하다.

철학적 관점에서 볼 때 이 부분에서의 판넨베르크의 입장은 가다머의 입장과 매우 근접성을 가진다. 이는 하이데거의 "가능성"(possibility) 개념을 가다머나 리쾨르가 해석학에 채용하여 사용하는 측면에서도 그러하다. 가다머와 마찬가지로 판넨베르크도 자신의 생각이나 말이 헤겔을 너무 가까이 따르지 않기 위해 주의를 기울이고 있다. 그러나 그가 가다머와 다른 점은 주장이나 명제와 관련하여 가다머보다 이를 보다 긍정적으로 평가하고 있다는 점이다. 판넨베르크는 이렇게 말한다. "텍스트는 과거를 현재에 묶고 …… 또한 현재적으로 가능한 것의 바탕 위에서 미래 지평에 묶는 전체 역사의 맥락 속에서만 이해될 수 있다. …… 현재의 의미는 오직 미래의 빛 속에서만 분명하게 된다."[120] 판넨베르크는 헤겔의 역사 개념을 의미 깊게 수정하려 하고 있다. 역사의 종말은 "오직 **잠정적으로만**(provisionally) 알려진다."[121] 그런데 신학적으로는 "그 종말이 예수의 역사와 그 유대 전승과의 관계를 통해 오늘에 나타나게 되는 잠정적, 예기적 방식으로 이미 접할 수 있게 되었다."[122]

가다머는 판넨베르크의 주장을 두고 "나의 책에 대한 대단히 유익한 논의"라고 평가하면서 이와 같이 덧붙인다. "판넨베르크와 나 사이에는 실제로 아무런 차이가 없다. …… 판넨베르크는 헤겔의 주장을 갱신하려고 하지는 않는다." "단 하나의 차이"가 있다면 기독교 신학이 "성육신의 절대적 역사성 속에 하나의 고정점"을 정하려 하는 것이다.[123] 하지만 이런 "단 하나의 차이"가 신학뿐만 아니라 철학적 해석학에서도 결정적 분기점이 되는 것을 부정하지는 못할 것이다.

우리가 앞에서도 간단하게 언급했던 것처럼, 가다머의 철학은 이와 같은 하나의 "고정점"을 갖지 못함으로 인해 깊은 모호성을 드러내고 있으며, 리처드 로티 같은 사람은 이런 방향으로, 아펠은 다른 방향으로, 그리고 하버마스는 또 다른 제3의 방향으로 각각 그의 철학을 다르게 발전시키는 길을 열어주고 있다. 특히 로티의 사회적, 상황적 실용주의 방향으로의 발전은 메타비평적 논의를 아예 불가능한 것으로 거부하고 있으며, 반면 하나의 사회적 내러티브 방식의 해석학을 대체하고 있다.

판넨베르크는 이와 정반대의 방향을 지향한다. 그의 책 『신학과 과학철학』에서 판넨베르크는 해석학과 협동하는 지식의 단일성에 대한 깊이 있는 메타비평적 논의를 제시하고 있다.[124] 그는 우선 아우구스투스의 말을 인용하여 과학과 지식이 지혜를 섬겨야 한다고 강조한다. 또 다른 한편, 만일 신학이 하나님의 창조와 여타 활동을 반영하는 "전체"와 관련하여 자신의 진리주장을 하고자 한다면, 신학은 "일반적으로 받아들여진 기준들"과 함께 작업을 해야 할 것이다.[125] 기독교는 하나의 섹트가 아니다. 우리는 신학이 다른 과학들과 진리의 기준을 공유하는 것이 말이 안 된다고 주장할 수 없다. 판넨베르크는 실증주의에 대한 공격이 이를 감싸고 포함하는 비판적 지식의 패러다임 안에서 이루어져야지, 이를 무시하거나 또는 "바깥으로부터" 공격하는 방식으로는 될 수 없다고 보는 점에서 하버마스와 의견의 일치를 보인다.[126]

판넨베르크는 칼 포퍼(Karl Popper)의 단순화된 형태의 실증주의에로의 수정과 과학적 탐구 속에 형이상학적, 혹은 "과학적으로 검증되지 않은" 추정들도 포함된다는 입장을 비판적으로 다룬다.[127] 그는 포퍼의 이중 작용, 즉 "비판적 사고"와 검증을 통한 가설의 수정 "개방성"을 재점검하고 있다. 지나치게 단순화된 형태의 반증가능성 인식은 쿤(T. S. Kuhn)의 시각에서 수정될 필요가 있다. 반증가능성의 기준들이 보다 넓은 맥락이나 지식 체계를 고려하지 않고 아무 때나 전방위적으로 적용될 수 있다고 보는 것은 "허상"이다.[128] 이론들은 자연을 단순히 비추어주는 "거울"이라기보다는 증거 문제를 다루는 설명의 기제들이라고 볼 수 있다. 과학 속에서도 가설들 속에는 추측이나 기대의 요소가 포함된다. 즉, "진리 이해의 기대"가 작용한다는 것이다.[129] 이를 우리는 실증주의라기보다는 비판적 합리주의라 부를 수 있을 것이다.

사회과학의 영역 속에서도 설명과 이해는 하나의 짝을 이룬다. 판넨베르크는 이런 점을 딜타이, 베버, 탈콧 파슨스, 하버마스 등의 사상을 배경으로 논구해가고 있다. 그는 이렇게 말한다. "설명은 기존의 이론에 잘 맞아 떨어지지 않고 오히려 그것과 갈등을 일으키는 어떤 새로운 사태가 발생하는 곳에서 그 필요성이 부각된다."[130] 이해는 항상 설명을 전제로 하는 것은 아니다. 하지만, 때때로 설명의 틀을 요구하기도 한다.

판넨베르크는 해석학 이론의 발생(플라키우스와 종교개혁 이후 시기의 선-역사에 이어서)을 슐라이어마허와 딜타이, 하이데거, 가다머 등에게 돌리고 있다. 그가 베티의 논의에 대해서는 많은 부분에서 부정적 입장을 취하기도 하지만, 그러나 근본적으로는 베티가 가다머 속에 "객관성의 상실"이 일어났다고 비판하는 것에 동의한다.[131] 이런 상실이 일어난 이유는 가다머가 하이데거를 따라 "명제적 진술에 대한 실존주의적 무시"를 답습했기 때문이라고 보고 있다.[132] 판넨베르크는 명제들이 "자아개입의 전체성"이라는 보다 넓은 틀 속에 뿌리를 두고 있다는 하이데거의 관점을 부정하지 않는다. 이는 그가 가다머의 "표현되지 않은 의미 지평"을 수용하는 것과 마찬가지이다. 하지만 판넨베르크가 볼 때 해석의 과정 속에는 보다 "객관화"될 수 있는 명제적 내용이 여전히 포함되어 있다. 이 점에서 판넨베르크는 그의 이전 논문 「해석학과 보편 역사」에서 강조하였던 기본적 인식을 강화하고 있다. 해석은 해석자의 지평을 "명백한 진술"의 차원으로 전환시켜준다.[133]

가다머와 마찬가지로 판넨베르크도 인간의 역사적 유한성을 강조하고 있으며, 그 어떤 지식주장 배후에 또는 그 안에 해석학적 이해의 측면이 놓여 있다는 것을 강조한다. 하지만 가다머와 달리 판넨베르크는 훨씬 더 많은 강조점을 검증 가능한 명제 및 주장의 측면에 두며, 신학의 과학적 지위를 강조한다.[134] 물론 이는 판넨베르크가 앞서 강조해왔던 보편 역사나 기독교 종말론에 대한 주장을 버렸다는 것을 의미하지는 않는다. 프랑크 터퍼(E. Frank Tupper)는 이 점과 관련하여 이와 같이 논평하고 있다. "판넨베르크는 헤겔식 접근의 실패라는 이유 때문에 역사에 대한 신학적 이해가 희생되어서는 안 된다고 강조한다. 오히려 보편 역사의 관점을 세워나가는 것이 필수적인 이유는 헤겔과는 달리, 인간 경험의 유한성과 미래의 개방성, 그리고 특수적인 것들의 본질적 정당성 등을 잘 살리는 것이 필요하기 때문이다. 판넨베르크가 제시하는 보편 역사의 개념 속에는 역사를 전체로 묶는 역사의 종말이 오직 잠정적으로 드러난 것으로 인식되고 있다. 나사렛 예수의 종말론적 활동과 운명 속에 전체 역사의 의미가 예견되는 종국의 예기(prolepsis of the eschaton)가 내포되어 있다."[135]

종말론적 "가능성"의 지평에 대한 강조와 더불어 설명과 이해가 둘이 아니라는 판넨베르크의 인식은 폴 리쾨르의 해석학과 많은 면에서 유사성을 이룬다. 앨런 갤로웨이(Allan Galloway)는 이렇게 논평한다. "세계의 참된 개방성은 사람이 항상 어떤 경험 '너머' …… 새 가능성들을 볼 수 있다는 사실에 달려 있다. …… 상상력을 발판으로 우리는 근본적으로 새로운 어떤 것에 열려 있고, 또한 세계 '너머'에 대하여 무한히 열려 있다. …… 상상력의 창조성은 새롭고도 예견할 수 없는 그 어떤 것과 상응한다."[136]

이런 인식 때문에 지식의 근거와 관련하여 실증주의와는 매우 다른 진술이 나타날 수밖에 없다. 특히 이는 예수 그리스도의 부활과 관련된 신약 자료들에 대한 판넨베르크의 해석학적 논의 속에 그 대표적인 차이가 나타난다. 실증주의적 인식의 틀 속에는 진정으로 새로운 어떤 것에 대한 자리가 전혀 허용되지 않는다. 만일 해석이란 것이 전적으로 과거 경험이나 사건 또는 해석되는 텍스트와의 유비에만 국한되는 것이라고 한다면 여기에는 어떤 처음 일어나는 새로운 것이 아무것도 담겨질 수 없는 셈이 된다. 우리는 현존하는 비유나 은유, 상징 등을 통해 이에 접근한다. 따라서 판넨베르크는 이렇게 기록하고 있다. "잠자다가 갑자기 깨거나 일어난 익숙한 경험이 죽은 자에게 기대되는 전적으로 겪어보지 못한 일에 대한 비유로 작용한다."[137] 또 한편 실증주의가 기대고 있는 진리 이론이 정적이고 비역사적이며 비시간적인데 반해, 해석학적, 보편적, 혹은 메타비평적 진리 이해는 역사적, 시간적 차원을 배제하지 않는다. "진리란 무엇인가?"(What is Truth?)라는 중요한 글에서 판넨베르크는 이렇게 밝히고 있다. "하나님의 진리는 미래에 새롭게 스스로를 증거해야 한다. …… 하나님의 진리는 다른 모든 진리를 포괄한다."[138]

이와 같은 진리의 잠정성에 대한 이해는 헬라 철학의 진리관보다는 히브리-유대식 및 성경적 전통과 일치하는 것이라고 판넨베르크는 보고 있다. 그는 이렇게 말한다. "이와 같은 역사적 차원이 헬라적 진리 개념 속에는 전적으로 결핍되어 있다."[139] 이와 같은 히브리, 헬라식 진리 개념에 대한 이해가 얼마나 타당성을 갖는지의 문제를 떠나서, 판넨베르크가 바로 이 지점에서 성경적 진리 개념에서 떠나 "헬라적 우주적 신학" 또는 "전체로서의 실재"에 대한 목적론적 구도로 전환하고 있다는 위르겐 몰트만(Jürgen Moltmann)의 지적은 매우 놀랍게 다가온다.[140] 프랑크 터퍼는 이런 지적을 판넨베르크에 대한 몰트만의 "부당한 비판" 가운데 하나라고 밝히는데,[141] 이는 옳다고 본다.

몰트만과 판넨베르크 두 사람은 다같이 종말론과 약속의 중요성 및 역사 속에서의 창조적 새로움의 가능성을 강조한다. 그러나 판넨베르크가 인식론적 문제들에 주된 관심을 모으고 있는데 비해, 몰트만은 종말론적 인식이 갖는 해방 및 사회 변혁의 해석학적 실천(*praxis*)의 문제에 관심을 모으고 있다. 소망의 전제 위에서 그리스도의 십자가와 그 사역에 대한 몰트만의 관심과 그리스도의 부활 및 인격에 관한 판넨베르크의 관심, 이 양자는 구분되기는 하지만 서로 무관한 관심 영역이 아니다. 몰트만은 사회 변혁 및 사회-비판적 해석학의 맥락 위에서 종말론을 보는데 비해, 판넨베르크는 지식의 근거에 대한 질문 위에서 종말론을 접목시키고 있다.

역사적 새로움에 대한 판넨베르크의 강조가 가장 두드러지게 나타나는 곳은 아마도 신화에 대한 그의 논문과 또 "종말론과 의미 경험"을 다루는 그의 논문 속에서일 것이다.[142] 판넨베르크는 성경 기록 속에 "신화적 주제들"이 들어 있다는 것을 기꺼이 인정한다. 하지만 이것들이 종말론으로 변환되었거나 재적용되었다고 보고 있다. 신화적 주제들은 주로 묵시적 글들 속에서 중요한 기능을 수행한다. 하지만 신화가 역사나 세계 또는 실재에 대한 "순환적" 이해를 갖는 데 비해 성경의 신화적 언어는 항상 초월된다.[143] 이런 점은 예표론적 유비와는 다르다. 판넨베르크는 이렇게 말한다. "역사적 새로움의 요소는 예표론적 생각 방식과 …… 신화적 사고 사이의 본질적 차이점을 낳는 요소인데, 무엇보다 이는 미래와 현재 사이의 이와 같은 질적 차이라는 주제로 표현된다."[144] "초대 기독교 종말론에는 신화적 요소들이 나타나지 않는다."[145]

종말론적 지평의 결정적 중요성은 일상 경험의 세계 속에서도 잘 나타난다. "전에는 별로 중요해 보이지 않았던 것들이 후에는 정말 중요한 일로 나타날 수 있으며, 이것이 역으로 되는 경우들도 있다."[146] 판넨베르크는 토마스 룩크만과 다른 사회 이론가들의 주장에도 귀를 기울이고 있다. 즉, 종교현상학의 입장에서 보더라도 "종교는 삶의 의미 전체에 관계된다"라는 것이다.[147] 제임스 맥한(James McHann)은 「세 지평」(*Three Horizons: A Study in Biblical Hermeneutics with Special Reference to Wolfhart Pannenberg*, 1987)이라는 논문에서 해석학 이론은 "두 지평"을 넘어 "과거와 현재와 미래"의 세 지평을 염두에 두어야 하며, 그렇게 할 때 해석학이 존재론과 종말론의 기반 위에 보다 잘 정초될 수 있다고 주장한다.[148]

판넨베르크는 가다머의 해석학을 수용하여 역사적 유한성의 문제와 이해의 역사성, 전통과 공동체 속에서의 해석학의 상황적 본질 등을 신중하게 받아들이면서도, 또 다른 한편으로는 가다머의 이론을 대폭 수정하는 방향으로 자신의 근본적 메타비평적 이론을 발전시키고 있다. 그의 메타비평적 접근은 가다머의 사상 속에서 찾을 수 있는 핵심적인 요소들을 로티의 반메타비평적 사회 실용주의 방향과는 반대의 방향으로 발전시켜 나간 것이다. 아펠과 하버마스, 리쾨르 등과 같이 판넨베르크도 이해와 설명을 뗄 수 없는 한 쌍으로 보고 있으며, 이런 점에서 가다머가 딜타이로부터 유래한 이 양자 사이의 분리를 영속화하려 하는 것으로 비판하고 있다.

판넨베르크는 위에 언급한 사상가들 즉 아펠, 가다머, 하버마스, 리쾨르,

로티 모두와 공통적으로 전통적인 실증주의의 입장들에 의문을 표하고 있다. 그는 자신의 독특성을 견지하면서도 위의 사상가들과 마찬가지로 지식과 행위를 결합시키고자 노력하고 있다. 하지만 판넨베르크는 역사의 언어외적(extra–linguistic) 실재의 세계에 보다 깊은 관심을 보이고 있으며, 역사적 전통들 속에서의 언어와 사건들 사이의 상호작용 및 연결관계에 대하여 관심의 끈을 놓지 않는다. 그런 점에서 그는 다음 장에서 볼 리쾨르보다 더 강점을 가졌다고 볼 수 있는데, 이는 기독론을 그 사상의 축으로 삼고 있는 점뿐만 아니라, 언어적 지시가 언어내적(intra–linguistic) 세계를 넘어서는 것으로 보는 측면에서도 그러하다. 이를테면 하나님에 대한 말은 단지 인간 존재와 사상에 대해 말하는 것을 넘어선다. 하나님은 나사렛 예수의 하신 일과 말 속에 계시되었는데, 우리는 이 "하신 일"을 종종 리쾨르가 하는 것처럼, 마치 이 단어가 준 은유적 또는 언어내적 의미로 작용하는 듯이, 인용부호 속에 넣어 처리할 필요가 없다.

판넨베르크의 텍스트 의미 해석학 역시 우리의 논의를 한 단계 진일보시키는 기여를 하고 있다. 한편에서 그는 텍스트가 증거하고 있는 역사적 지평과 전통의 맥락을 신중하게 받아들이고 있다. 또 다른 한편에서 그는 역사적 이해의 지평이 시간에 따라 더 확대됨과 더불어서 텍스트 의미의 지평들도 더 확대된다고 보고 있다. 설명 혹은 과학적 축은 역사적 재구성(실증주의적 입장과는 다르겠지만)을 시도하며, 가설적 의미들에 대한 비판적 검증을 가한다. 반면 해석학적 축은 텍스트나 그 맥락을 역사적 한 지점에 못박아 버림으로써 인지적 추상화 차원에 머무르려는 유혹에 강하게 반대하여 텍스트가 갖는 의미잠재력을 찾고자 노력한다. 과학철학에 대한 그의 책에서 판넨베르크는 체계이론과 "연관된 사이버네틱(cybernetic) 관련 사항들"이 과거의 주어짐과 전체의 기대 사이의 해석학적 관계에 대한 우리의 이해를 도와줄 수 있을 것이라고 제안한다.[149]

우리가 신약의 세계로 눈을 돌려보자면, 메타비평적 혹은 근원적 실재와 미래성의 관계에 대한 강한 근거를 히브리서 속에서 찾아 볼 수 있다. 앞서 7장에서도 보았던 것처럼, 히브리서는 믿음을 우리가 바라는 것들의 "실상"(*hypostasis*)이라고 말한다(히 11:1). 이 때의 대비관계는 공간적인 것이 아니라 시간적인 것이다. 믿음을 보지 못하는 것들의 "증거"(*elegkhos*)라고 말하는 것도 그것이 시간적으로 아직 일어나지 않았기 때문에 보이지 않는다고 말하는 것이다. 케제만이 지적하고 있는 것처럼, "우리가 여기는 영구한 도성이 없고 오직 장차 올 것을 찾는다"(히 13:14)고 말하는 것이 이 서신 전체에 적용된다.[150] 히브리서 11:10에서 히브리서 저자는 종말론적 완성이 이루어진 상태를 가리켜 "터가 있는 성"이라고 말한다. 또한 그리스도인의 "소망"을 가리켜 기초가 든든하고 고정된 "닻"이라고 말하기도 한다(히 6:19). 이런 것들이 우리로 하여금 보다 고백적 신학의 길로 인도해 준다.

이런 관점을 판넨베르크는 해석학적 이론의 한 핵심 원리로 채택하여 그 일관성과 인식가능성을 심도 있게 보여주었을 뿐만 아니라, 해석학적 논의를 그 가능한 가장 넓은 맥락 속으로 이끌어갔다. 그런 점에서 그의 해석학적 원리는 지식의 기반에 관한 신학적 이해의 지평을 넓히는 데 큰 기여를 하였다.

제10장

의구와 복구의 해석학: 폴 리쾨르의 해석학 이론

1. 인간의 타락성, 해석학적 회의, 프로이트의 심리분석: 우상과 꿈과 상징

폴 리쾨르(Paul Ricoeur, 1913년 출생)는 가다머와 함께 20세기 후반의 해석학 이론에 가장 광범위하고도 중대한 영향력을 행사한 사람이다. 판넨베르크, 아펠, 하버마스와 마찬가지로(그러나 가다머와 로티와는 달리) 리쾨르는 "설명"(explanation)과 "이해"(understanding)의 두 축을 하나로 묶고자 노력하고 있다. 설명만으로는 환원주의에 빠지게 되고, 이해만으로는 무비판적 개인 혹은 공동체적 환상 혹은 자기기만의 늪에 빠질 수 있다고 보기 때문이다.

리쾨르는 가다머가 영향사 의식 속에서 전통의 정당성을 검증하기 위한 메타비평적, 혹은 비평적 절차에 관해 원리적으로 아무런 취급을 하지 않는다는 점을 판넨베르크, 아펠, 하버마스 등과 한 목소리로 비판하고 있다. 리쾨르에게 해석학은 하나의 메타비평적 학문이다. 여기에는 숨은 것들을 들추어내는 설명의 기능과 새로운 세계를 창조하는 이해의 기능이 다같이 포함된다. 설명이 비판적, 사회-비판적, 메타비평적 차원을 갖는 데 비해, 이해는 "비평 이후" 차원에서 작용한다. 설명은 인간 의지의 투사에 지나지 않는 우상들을 파괴하고 폭로하려 하는 반면, 이해는 상징들과 "비직접적" 언어를 열린 자세로 경청하려 한다.

해석학의 이 두 영역, 즉 설명과 이해는 메타비평적 혹은 사회-비판적 의

구(suspicion)를 통해 가치의 재평가를 가져오려 함과 동시에 비평 이후 차원의 복구(retrieval)을 통해 갱신이나 변화를 불러일으키는 새 "가능성"에 대하여 개방적 자세를 각각 취하려 한다. 사람은 근본적으로 유한하며 깊은 오류성을 가지고 있지만, 그럼에도 불구하고 하이데거가 말하는 "가능성"을 향하여 "저 너머"로 나아갈 수 있는 존재이다.

리쾨르의 해석학 이론이 광범위하고 중대한 영향력을 행사한 또 다른 이유는 그것의 건설적 학제간(interdisciplinary) 성격 때문이다. 리쾨르는 처음 현상학과 실존주의 철학에 대한 관심에서부터 시작하여, 문학이론, 정신분석, 구조주의, 텍스트 이론, 은유와 내러티브, 기독교 신학과 종교 등의 영역을 넘나들며 그 속에서의 해석의 문제를 탐구해왔다. 리쾨르의 복잡한 해석학 이론의 발전 과정을 추적해보기 위해서는 그의 초기 시대로부터 지적 순례의 발걸음을 연대기적으로 살펴보는 것이 도움이 되리라고 본다.

리쾨르는 1930년대에 파리에서 가브리엘 마르셀(Gabriel Marcel, 1889–1973)의 학생이었다. 마르셀의 철학은 종종 기독교 실존주의라는 이름으로 평가된다. 그는 상호인격적 이해는 과학이나 기술과 같은 보다 조작적 성격의 지식과는 다르다는 점을 강조한다. 사람은 단순히 대상이 아니라 이름을 부르고 서로 말 걸 수 있는 주체들이다. 이런 시각에서는 마틴 부버(Martin Buber)와의 상당한 유사성이 있다. 마르셀로부터 리쾨르는 인간 주체성의 문제와, 과학적, 추상적 지식(이 부분은 리쾨르 해석학의 '설명'의 축에 수렴된다)과 참여적 이해(이 부분은 '이해'의 축에 수렴된다) 사이의 차이에 대한 관심을 이어받는다. 아울러 그는 인간의 유한성 및 오류성, 인간의 의지, 유한성과 죄책 사이의 차이 등의 문제에 대한 관심도 이어받으면서, 이런 문제들에 대한 현상학적 접근을 시도하고 있다.

다음 단계의 발전에 관해서는 리쾨르 자신이 직접 쓴 시카고 대학에서 1971년도 강연의 내용이기도 한 그의 자전적 글에서 찾아볼 수 있다(이 글은 그의 책 『은유의 규칙』에 수록되어 있다).[1] 로레타 도니쉬(Loretta Dornisch)는 이 자료를 기반으로 『세메이아』(*Semeia*) 리쾨르 해석학 특집호의 서문을 작성한 바 있다.[2] 2차대전 기간인 1939–1945년 동안에 리쾨르는 독일의 전쟁포로로 잡히게 되는데, 이 기회를 잘 활용하여 그는 독일 철학, 특히 야스퍼스, 후설, 하이데거의 철학을 집중적으로 공부하게 된다. 하이데거의 "가능성" 개념은 그의 내러티브 해석학의 핵심 주제로 수용되고 있고, 야스퍼스의 한계상황 개념이나 심리학, 망상, 진리 사이의 차이에 대한 문제 등이 리쾨르에게 수용되고 있다.

초기의 리쾨르는 『의지의 철학』이라는 전체 제목 하에 삼부작을 계획했다. 이 시기의 그의 주된 관심은 인간 유한성의 소여성(givenness)과 죄책의 경험 사이의 차이를 탐구해보고자 하는 것이었다. 실존주의 작가들은 인간의 죄책을 단순히 "유한성의 한 특수 경우로, 따라서 치료와 용서 너머에 놓여 있는 것으로" 보려한다는 것이다.[3] 이 삼부작 구상의 첫 번째 책이 1949년에 불어판(*La voluntaire et l'involuntaire*, 『의지적인 것과 비의지적인 것』)으로 출판되었고, 1966년에 영어판(*Freedom and Nature: The Voluntary and Involuntary*)으로 번역되었다.[4] 그리고 두 번째 책이 『유한성과 죄책』(*Finitude and Guilt*)이라는 제목 하에 『오류 가능한 인간』(*Fallible Man*)과 『악의 상징』(*The Symbolism of Evil*) 두 권으로 분리되어서 1960년에 불어로(영어 번역은 1967년) 출판되었다.[5]

리쾨르는 자신의 자전적 강연에서 악의 상징에 관한 이 책이 그가 그때까지 취하여왔던 현상학적 언어관의 심각한 부적절성을 드러내게 되었다고 밝힌다. 현상학은 "실제적인 삶의 경험으로부터 본질적 의미들을, 그리고 목적, 기대, 동기, 갈망, 추구 등의 구조들을 분리시키려 한다." 이에 비해 "악의 문제에 대한 성찰이 새로운 언어적 복잡성을 연구의 영역 속으로 끌어들였다."[6] 죄와 죄책의 언어가 왜 그토록 무겁게 격리, 방황, 짐, 속박 등의 은유와 연결되어 있는 것일까? 이와 같은 상징 또는 이미지들은 금지와 유혹과 어김과 추방의 이야기와 같은 원초적 내러티브의 주어진 맥락에 그 뿌리를 두고 있다. 이와 관련하여 리쾨르는 "나는 반성적 사고 속에 해석학적 측면을 소개해야 했다"라고 말한다.[7] 이처럼 인간의 의지에 대한 탐구는 상징의 구조에 대한 질문을 야기시킨다. 또한 상징에 대한 질문은 해석학과 언어 철학에 대한 보다 근원적인 성찰을 불러온다.

상징들은 리쾨르가 말하는 "이중 의미 표현들"을 함유한다. 우리가 죄책이나 악을 '짐' 또는 '속박'이라 부르는 것은 이 단어들이 가지고 있는 시공간적, 혹은 경험적 차원의 의미를 범경험적, 또는 은유적 차원으로 확장하고 있다는 것을 말한다. 하지만 리쾨르는 여기에 더 생각해 볼 점이 있다고 지적한다. 우리가 의미의 "층"이나 "차원"의 가능성을 살펴보기 시작하는 순간 여기에는 정신분석 이론 속에서 의미의 층들에 대하여 말하는 것을 돌아보지 않을 수 없게 된다는 것이다. 의지나 "악한 뜻", 죄책 등에 대한 성찰과 이런 실체들을 표현하는 상징들의 지위 및 기능 모두는 정신분석의 방향을 향하여 다같이 갈 수밖에 없다는 것이 리쾨르의 주장이다.

정신분석은 하버마스나 마르크스 이론의 이데올로기 비판과 유사한 방식으로 하나의 **비판**의 기능을 가진다. 그러면서도 여기에는 하나의 **언어적** 기능도 있다. 다시 말해서 "설명"의 축만 갖는 것이 아니라 "이해"의 축도 갖는다. 정신분석에서는 인과적 설명을 사용하는 설명적 과정과 심층화된 자기인식의 이해 모두를 통해 환자의 증상적 행위를 극복하도록 돕는다. 진단적 과정 속에도 이 양측면 모두를 포함하는 문진 도구를 사용한다. 리쾨르는 이렇게 말한다. "정신분석은 언어적 복잡성과 직접적으로 연결되어 있다. …… 꿈이나 증상들은 일종의 비직접적 언어가 아니겠는가?"[8]

설명적 축의 관점에서 볼 때, 종교적 신앙과 관련해서도 여기에는 지적 도전의 차원이 포함된다. 프로이트가 개척한 정신분석의 기제 속에도 종교와 문화의 상징들을 환원적 방식으로 해석하려 하는 시도가 한 축을 이루고 있다. 리쾨르는 이에 관해 이렇게 말한다. "프로이트는 환원적 해석학의 한 대표자일 뿐이다. …… 마르크스와 니체, 그리고 그 이전의 포이어바흐 등이 모두 이런 환원적 방법의 대가들이다. 상징과 신화를 무의식 세계를 드러내는 열매들로, 또는 욕망적 충동들과 억압적 초자아 관계의 뒤틀린 표현들로 보는 정신분석의 시각이 나로 하여금 해석학에 대한 나의 애초의 인식을 바꾸어 이중의미 표현들의 단순한 의미론적 분석 이상의 차원으로 개념을 확장할 수 있도록 만들어 주었다."[9]

이런 이슈들에 대한 리쾨르의 상세하고도 건설적인 반응이 『프로이트와 철학』(*Freud and Philosophy: An Essay on Interpretation*, 불어 1965, 영역 1970) 속

에 집약되어 있다.[10] 이 핵심적인 책에서 리쾨르는 상징의 원래적 의미에 대한 **환원적 설명**과 **건설적 복구** 각각의 역할에 대해 상세히 논술하고 있다.

리쾨르는 프로이트를 언어에 대한 보다 넓은 탐구의 맥락 속에 위치시킨다. 언어는 비트겐슈타인이나 영국 언어 철학, 하이데거와 현상학, 불트만과 성경 해석학, 정신분석의 신화, 제의, 신앙 등에 대한 질문들이 만나는 공동의 대화 장소이다. 프로이트는 꿈을 통해 "욕망과 언어의 다양한 관계들"을 엿볼 수 있도록 초청한다.[11] **꿈은 "인간의 욕망 및 기원에 대한 변장되고 대리적이며 가상적인 표현들"이다.**[12] 따라서 **해석되어야 할 것은** 단지 꿈이 아니라, **재진술되는 상태로서의 꿈 텍스트**이다. 정신분석은 욕망의 원초적 언어를 복구하고자 하는 것이다. 따라서 꿈은 이중 의미의 가장 고전적인 모델이 된다. 그 안에는 나타남과 숨김이 동시에 들어 있다. 우리가 앞서 2장에서 보았던 것처럼, 리쾨르는 이와 같은 나타남과 숨김의 양면적 특성이 하나님의 계시 속에서도 나타내심과 동시에 숨기심의 모습으로 특징있게 드러난다는 것을 강조하고 있다.

특히 리쾨르에게 "해석을 한다는 것은 즉 이중 의미를 이해하는 것"으로 인식되고 있다.[13] 상징은 해석을 필요로 하는 이중 의미 언어적 표현물이다. 이런 면에서 리쾨르는 카시러(Ernst Cassirer) 같은 사람의 상징에 대한 정의가 너무 광범위하다고 지적한다. 특히 여기에는 단의적 의미화와 다중적 의미화 사이의 근본적 차이가 무시되고 있다. 리쾨르는 악과 관련된, 그리고 그 고백 및 제거와 관련된 언어들이 한편에서는 물리적 의미로 이해될 수 있는 용어들을 쓰면서도 또 다른 한편에서는 다른 의미 층을 가진다는 점을 지적하고 있다. 이를테면 "점"이나 "얼룩"이 제거되고, 씻기고, 닦였다는 방식으로 말한다는 것이다. 또는 죄는 길을 "벗어남"이나, "방황"으로, 또는 "노예됨"을 가져오는 것으로 표현되기도 한다. 따라서 리쾨르는 프로이트의 "과잉결정"(overdetermination, 다른 맥락에서 루이 알튀세르도 이를 채용한다) 개념을 취하여서, 다중 의미화 속에 나타나는 상호혼합 혹은 겹침의 현상을 표현하고 있는데, 이런 요소로 인해서 언어의 "풍부함" 혹은 "다의적" 성격이 드러나며, 따라서 해석 또한 적어도 원리적 측면에서는 "아마도 끝이 없는" 과제

가 된다고 지적한다.[14]

우리는 여기에서 리쾨르의『프로이트와 철학』의 중심적 논지를 만날 수 있다. 이 논지는 성경 해석을 포함한 해석학 일반에서 매우 근본적 원리로 자리매김하고 있다. 리쾨르는 이렇게 말한다. "나에게 해석학은 이 이중 동기에 의해 활기를 얻는 것으로 보인다. 하나는 **의구하고자 하는 욕구**요 또 하나는 **듣고자 하는 욕구**이다. 하나는 **엄정에의 서약**이요 또 하나는 **순종에의 서약**이다. 우리 시대에 우리는 아직도 **우상들**을 다 제거하지 못하였으며, 또한 우리는 **상징들**을 제대로 듣기조차 못하고 있다."[15] 진리나 진정성, 믿음에 이르는 길에서 단적인 우상파괴는 피할 수 없는 길이다. 가장과 탈은 벗겨져야만 한다. 이 측면에서 우리는 야스퍼스나 마르셀의 목소리가 리쾨르의 목소리 뒤에서 함께 울리고 있는 것을 들을 수 있다. 그러나 또 다른 한편에서 우리는 "비평을 통과한 믿음 즉 비평이후의 믿음"을 필요로 한다. "그것은 해석을 수행한다는 면에서 합리적 믿음이지만, 그러나 그것은 해석을 넘어 제2의 단순함(second naïveté)을 추구한다는 점에서 (순수한) 믿음이다. …… '이해하기 위해서 믿어라, 믿기 위해서 이해하라'는 이 원리가 믿음과 이해 의 '해석학적 원' 그 자체이다."[16]

리쾨르는 "의심의 세 대가들"로 마르크스와 니체, 그리고 프로이트를 든다. 이들은 긍정적 측면에서 "보다 진정한 말, 그리고 진리의 새 영역의 지평을 환하게 만들기 위해 '파괴적' 비평만을 통해서가 아니라 해석의 예술을 고안함으로써 …… 의미의 주해를 통해 이를 이루었다."[17] 근본적으로 해석학의 과제는 "우상들을 부수고 상징들을 듣는 것"이다.[18] 여기에서 언어 비평이 "성찰의 위기"와 함께 일어난다.

리쾨르와 가다머의 가장 큰 차이가 나타나는 부분도 다름 아닌 이곳이다. 의구의 해석학은 이해의 축과 더불어 설명의 축을 견지하도록 요구하고 있다. 인문 과학에서 "설명"은 가다머가 "방법"이라고 규정했던, 그러면서 공들여 부정하였던 그 요소를 가리킨다. 데이빗 재스퍼(David Jasper)는 가다머와 리쾨르 사이의 차이점을 이렇게 정리하고 있다. "가다머의 경우에는 진리냐 방법이냐 사이의 양자택일이 요구되었다. 그러나 리쾨르의 경우에는 설명(방법)과 이해(진리) 사이의 변증법적 관계가 요구되었다. 이에 따르면 우리는 자아와 타자의 긴장을 더 잘 기술할 수 있게 되고, 설명적 방법들에 대해서도 보다 책임있는 자세를 취할 수 있게 된다."[19]

리쾨르는 이런 상관적 원리를 세 가지 방면으로 발전시키는데, 즉 언어철학과의 관계와 정신분석적 해석 및 기술과의 관계, 그리고 구조주의와의 관계가 그것이다. 언어와 관련해서 리쾨르는 이렇게 논평한다. "다중의미의 논리가 그 반성적 기능에 기초하지 않는 한 이는 반드시 형식 및 상징 논리와 충돌을 일으키게 되어 있다. 논리학자의 시각에서 볼 때 해석학은 다중 의미에 대한 석연찮은 만족감을 증폭시키고, 단순히 감정적, 호칭적 기능만을 가진 표현들에 간교하게 정보적 기능을 부여한다는 의심을 받게 될 것이다."[20] 이런 이유 때문에 리쾨르는『프로이트와 철학』이래로 점점 더 많이 유럽 언어 이론들뿐만 아니라 영미 언어 철학을 포함하여 광범위한 언어 철학에 관심을 증폭시켜 왔다.

리쾨르는 프랑스의 구조주의에 대한 관심은 언어학에서 그 모델을 취하여 왔다고 지적한다. 언어학과 기호학 쪽으로 관심을 돌린 리쾨르는 "모든 기호학적 학문들"을 고찰하고 "언어적 문제들에 보다 정통하게 되고자 하는" 목표를 갖는다.[21] 이런 접근이 리쾨르로 하여금 비판의 폭을 넓히고 당시의 프랑스 지성계와 교류할 수 있도록 만들어 준 것은 부인할 수 없지만, 구조주의로의 이와 같은 우회가 오히려 그로 하여금 일차적으로 언어내적 장치에 국한되는 "설명적" 비판에 표적을 맞추게 하는 부정적 결과도 가져왔다. 구조주의는 그의 텍스트성 이해에 오히려 손실을 입혀 놓지 않았나 생각된다.

프로이트 비판 속에서 리쾨르는 특별히 프로이트의 "응축"(condensation) 및 "전이"(displacement) 개념에 특별한 관심을 갖는다. 프로이트에 따르면 꾸어진 대로의 꿈("꿈-생각들")의 잠복된 내용이 기억된 대로의 꿈("꿈 내용" 또는 꿈 진술)으로 전이될 때, 실제로 재현된 것은 본래 꿈의 "짧고 빈약하고 간결한 형태"로의 "응축"이기 쉽다. 여기서는 본래 꿈의 이미지나 순서들이 의식적 정신의 억압에 의해 "뒤섞이고" 변화된다. 따라서 정신분석적 해석에서는 꿈 내용 아래에 있는 더 깊은 꿈 텍스트를 찾아내고자 노력한다. 이와 같은 프로이트의 구분은 로만 야콥슨에 의해 언어학 속에 도입되어 은유(응축)와 환유(전이)의 개념으로, 또 자크 라캉(Jacques Lacan)의 정신분석적 후기구조주의로 발전되고 있다. 응축과 전이는 "의미의 측면에서는, 해석을 필요로 하는 '과잉결정'이 존재함을 입증한다. …… 꿈 내용의 요소들 하나 하나는 그것이 '꿈 생각들 속에서 수차례 거듭 재현될 때'마다 과잉결정되고 있다고 말할 수 있다."[22]

프로이트는 이런 과정을 "힘"이라는 용어로 기술하고 있다. "정신적 강도의 전환 및 전이가 꿈 형성의 과정 속에 일어나고 있다."[23] 하지만 리쾨르는 프로이트의 상징화 과정의 진술 속에는 애매성이 있다고 지적한다. 프로이트 자신이 그의 이론을 세워가는 데 많은 은유적 언어를 사용한다. "억압"이나 "전이" 등이 그러한데, 나중에는 그 은유적 성격을 잊어버리게 되는 것처럼 보인다. 하나의 분명한 예를 들자면, 경제적 투자의 은유인 "집중"(cathexis)이라는 용어의 사용을 들 수 있다. 프로이트는 이를 다른 사람 또는 사물에 "투자되는" 성적 에너지를 나타내는 데 사용한다.[24] 이 경우 "경제적 기제"와 "에너지"의 은유가 설명적(자연주의적) 기능과 해석학적(해석적) 기능을 동시에 수행한다고 리쾨르는 보고 있다.

리쾨르의 주된 결론 가운데 하나는 이것이다. "분석적 상황 그 자체는 관찰할 수 있는 것들의 기술로 환원될 수 없다. …… 분석적 경험은 자연적 설명 보다는 역사적 이해와 더 큰 유사성을 가진다."[25] 이런 맥락 속에서 리쾨르는 후설과 프로이트와 헤겔 세 사람 사이의 삼각 논의를 전개하고 있다.[26]

『프로이트와 철학』에서 리쾨르는 해석학의 관심을 하이데거의 철학적 개인주의와 현상학적 인간 의식에 대한 이해로부터 다른 방향으로 옮겨 놓고 있다. 그는 프로이트가 이해하는 개인의 의식과 "나르시시즘" 사이의 관계에 대해 살피고 있다. 한편에서 의식은 "가장 잘 알려진 것이기를 그치고, 문제거리가 된다."[27] 데카르트의 의식하는 존재(의식하여가는 존재이기보다)라는 개념은 더 이상 자명한 것이 아니다. 또 다른 한편에서, 개개인의 의식은 "진리에 대한 저항의 중추로서의 나르시시즘의 모순성"을 드러낸다.[28] 코페르니쿠스 혁명은 인간이 우주의 중심이라는 인식을 뒤흔들었다. 정신분석적 혁명도 같은 방식으로 에고가 자기 집의 주인이라는 인식을 뒤흔들어 놓고 있다.

무의식은 단순히 의식의 부재가 아니다. 이는 의식으로부터 벽으로 구분되어 있는 의미의 잠재적 원천이다. 리쾨르는 이에 대해 이렇게 말한다. "벽의 의미는 무의식이 적절한 기법을 사용하지 않고는 접근하기 어렵다는 것을 말해준다. …… 그것은 의식의 텍스트 아래에 놓여 있으면서 정신분석이 해독하기를 기다리는 또 다른 텍스트이다. 현상학은 이를 또 다른 텍스트로 보기는 하지만, 이 텍스트가 타자라는 것을 말하지는 않는다."[29] 현상학적 접근들은 우리의 언어 및 세계의 경험이 상호주체적 차원을 가진다는 것을 인정하며, 또한 주체 속에 잠복되어 있을 수도 있는 것을 사람들이 표면적으로 드러낼 때 여기에 "객관성"이 일어나게 된다고 보고 있다.[30] 하지만 프로이트의 독특한 기여는 "주체라는 것이 사람들이 흔히 생각하는 그 주체가 아니라는 것"을 분명히 하고 있다는 점이다.[31] 리쾨르는 프로이트의 이런 기여에도 불구하고 "프로이트주의의 반성적 재해석이 우리의 반성에 대한 인식을 바꾸는 것 이상의 도움을 주지 못하며, 프로이트주의에 대한 이해가 바뀌면 자아에 대한 이해도 바뀌게 된다"라고 지적한다.[32]

리쾨르는 프로이트에 대한 자신의 책의 말미에서 숨기기도 하고 밝히기도 하며, 가장하기도 하고 보여주기도 하는 상징의 이중성에 대한 그의 핵심적 논의로 되돌아오고 있다. 이 점은 그의 의구 및 복구의 해석학을 암시해준다. 상징의 이중성에 대한 그의 관점은 인간 주체를 의식의 문턱 아래에 또 다른 숨기고 가장된 의미의 원천을 가진 실체로 보는 관점과 정확하게 일치한다. 오직 설명적 축만이 상징을 "탈신화화"하고 그 가린 것을 벗겨낸다. 하지만 설명은 또한 해석학에 의해 보완될 필요가 있다. 리쾨르의 결론대로 "우상들은 죽어야만 한다. 그러할 때 상징들이 살 수 있다."[33] 이어서 그는 말한다. "나는 종교의 정신분석과 관련하여 예스의 측면과 노의 측면을 함께 세워가고자 한다." 리쾨르는 프로이트가 우상과 상징을 구분하는 것을 그대로 받아들이고 있다. 그러면서도 리쾨르는 프로이트주의가 하나의 세계관을 반영한다고 보고 있다. 그런 측면에서 리쾨르는 이를 거부한다. "'상징들은 사상을 낳는다,' 하지만 상징들은 우상을 낳기도 한다. 이 때문에 우상 비판이 상징들의 승리의 조건이 된다."[34] 바로 이런 이유 때문에 복구의 해석학 또한 의구의 해석학에 의해 보완되어야만 하는 것이다.

결론적으로 리쾨르는 프로이트의 이론과 실제적 절차들이 해석학에 꼭 있어야 할 긍정적 공헌을 한다고 보지만, 그러면서도 또한 그 역할을 묻고 수정하고 조절하지 않으면 안 된다고 보고 있다. 여기에는 메타비평적 차원에서 점검해보아야 할 고려 사항들이 많이 있지만, 또한 여기에는 의구과 복구의 해석학을 위한 방법론적 도구로 사용될 부분들도 많이 있다는 것이다.

2. 은유와 내러티브: 가능성, 시간, 그리고 변혁

리쾨르는 그의 후기 저작들, 특히 『은유의 규칙』(*The Rule of Metaphor*, 불어 1975, 영어 1978)과 『시간과 이야기』(*Time and Narrative*, 불어 1983–85, 영어 1984–1988)에서 상징뿐만 아니라 은유와 내러티브와 관련해서도 언어의 창조적 힘에 대해 관심을 집중시키고 있는 것을 볼 수 있다. 지적 개념이나 사실의 보고 등은 이미 인지된 실상들을 비추어줄 뿐이지만, **은유와 내러티브는 세상과 인간의 삶을 이해하고 바라보는 새로운 가능한 방식들을 창조한다**. 은유와 내러티브에 대한 이와 같은 입장은 그가 앞서 출판하였던 "상징의 해석학과 철학적 성찰"[후에 그의 책 『해석의 갈등』(*The Conflict of Interpretations*)에 수록됨] 같은 글 속에 이미 나타나고 있던 주제들을 보다 발전시킨 것이다.[35]

한편에서 리쾨르는 앞서 『악의 상징』에서 제시하였던 유명한 명제, "상징은 사유를 낳는다"라는 "정말 호소력이 큰 명제"를 기반으로 삼으면서,[36] 또 다른 한편에서 그는 프로이트와 정신분석학이 제기하고 있는 문제들을 직접 상대하고 있다. 그는 이렇게 적고 있다. "무의식의 옛 신화들 속으로 뛰어들 때, 성스러운 것의 새 기호들이 수면 위로 솟아오른다. 의식의 종말론은 언제나 그 스스로 고고학의 창조적 반복이다."[37] 리쾨르는 『은유의 규칙』및 『시간과 이야기』에서 이런 관심을 언어의 창조적 힘에 관한 방향으로 이어가고 있다. 은유는 상상력과 비전의 새 가능성들(new possibilities)을 생산한다. 또한 이야기는 개인 및 집단 경험을 구성하는 새 배열들(new configurations)을 창조한다.

케빈 밴후저(Kevin J. Vanhoozer)는 『폴 리쾨르 철학에서의 성경 내러티브』(*Biblical Narrative in the Philosophy of Paul Ricoeur*)라는 연구서에서 '가능성'에 대한 리쾨르의 강조가 칸트보다는 마틴 하이데거의 철학에 보다 직접적으로 연결되어 있다고 지적한다.[38] 나의 책 『두 지평』에서도 언급하였던 것처럼, "하이데거는 현존재를 위해 실존하는 '존재–가능'를 '논리적 가능성'과 구별하며, 또한 '눈 앞에 있는 것의 우연성'과도 구별한다."[39] 하이데거의 표현을 빌리자면 "실존태(*existentiale*)로서의 가능성은 가장 원초적이며 궁극적 긍정의 길로서, 현존재가 이를 통하여 그 존재론적 특성을 부여받는다."[40] 하이데거에게 이해는 "사물이나 사태 자체를 보는 것이 아니라 그것들의 **가능한** 용도, **가능한** 맥락, **가능한** 섬김의 방법 등을 보는 것"을 말한다.[41] 하이데거는 이것을 "잠재성의 존재"라고 부른다. 그에게 "해석은 **이미 우리가 가진 것, 즉 선취**(*Vorhabe*) …… 위에서 이루어진다."[42]

구체적 '결정'으로 이어지는 실천적 이해는 진정한 가능성들이 무엇인지를 아는 것에서부터 출발한다. 이런 의미에서 비트겐슈타인은 특히 수학의 맥락 속에서 "이해"는 "어떻게 하는지를 아는 것"이라고 정의한다.[43] 유사한 방식으로 에른스트 블로흐(Ernst Bloch)의 희망의 철학에서도, 밴후저가 잘 지적하고 있는 것처럼, 희망을 "가능성을 향한 열정"으로 또는 "아직 아니의 존재론"으로 그리고 있다.[44]

따라서 은유가 현실태가 아닌 가능태를 나타내는 것이라고 한다면, 은유적 담론은 순전한 기술(記述)적 또는 과학적 진술보다는 더 새로운 이해에 개방되어 있다고 말할 수 있을 것이다. 리쾨르의 은유 해석학은 후기 하이데거의 시와 예술에로의 점차적인 '전환'을 반영하고 있으며, 뿐만 아니라 과학적, 개념적 사고를 순전히 "계량적"인 것으로 보는 상대적 폄하의 시각을 반영하기도 한다.

리쾨르는 자신의 『해석 이론』(*Interpretation Theory*)에 실린 "은유와 상징"이라는 글에서 상징과 은유의 본질은 "애매성의 생산적 사용" 등을 포함한 "이

중의미의 의미론적 구조"에만 있는 것이 아니라, "기분(mood)을 구성하고 표현하는" "의미론적 혁신" 및 "의미의 확장"에도 있다는 사실을 강조한다.[45] 리쾨르는 이 면에서 막스 블랙(Max Black)의 말에 공감을 표하면서 그의 글을 이렇게 인용하고 있다. "기억할만한 은유는 하나가 다른 하나를 보여주는 렌즈와 같은 방식으로의 언어의 사용을 통해 각각 독립적인 두 개의 영역을 인식상, 감정상의 연관관계 속으로 이어주는 힘을 가진다."[46]

기분(mood)에 대한 리쾨르의 언급은 하이데거의 어휘를 따른 것이기도 하다. 하이데거는 『존재와 시간』에서 "마음의 상태"(*Befindlichkeit*), "(마음의) 조율"(*die Stimmung*), 그리고 "기분" 등의 해석학적 기능에 대해 말하고 있는데, 특히 "기분"은 단순히 주관적 "느낌"에 그치는 것이 아니라 하나의 존재론적 지위를 가진다고 주장한다.[47] 존 매쿼리(John Macquarrie)는 이 "기분" 또는 "느낌"의 이중적 의의를 슐라이어마허나 루돌프 오토, 폴 틸리히 등의 존재론적 주장들과의 관계 속에서 논의하기도 하였다.[48]

리쾨르의 은유 이론의 핵심은 다음과 같은 진술 속에 잘 나타나고 있다. 『은유의 규칙』 서론 부분에서 그는 이렇게 말한다. "은유는 스스로를 하나의 담론의 전략으로 제시하는데, 그 안에 언어의 창조적 힘을 견지, 발전시키면서 또한 픽션이 갖는 발견케 하는(heuristic) 힘을 견지, 발전시키기도 한다."[49] 그러면서도 은유는 "사실에 관하여 무엇인가를 말한다." 은유의 힘은 모든 지시체를 유보하는 데 있는 것은 아니다. 물론 우리는 여기에 야콥슨이 말하는 "분화된 지시체"(split reference)의 의미가 담겨 있다고 말할 수 있을 것이다.[50]

리쾨르는 자신의 은유 이론을 보다 상세히 풀어나가는 과정 속에서 하이데거의 철학을 넘어 넬슨 굿맨(Nelson Goodman)의 『예술의 언어들』(*Languages of Art*, 1968)과 막스 블랙의 『모델과 은유』(*Models and Metaphors*, 1962) 등을 보다 폭넓게 수용하고 있다. 실제로 리쾨르는 "픽션"과 "재묘사"의 이중적 연결이 아리스토텔레스가 『시학』(*Poetics*)에서 말하는 핵심 포인트를 잘 포착한 것이라고 보고 있다. 즉, 언어의 창조적 작용(*poiēsis*)은 신화(*mythos*)와 모방(*mimēsis*) 사이의 연결에서 발생된다는 인식이다.

리쾨르는 『은유의 규칙』에서 다루는 총 여덟 가지의 연구 주제들 가운데서 아리스토텔레스의 은유 이론을 제일 먼저 다루고 있다. 아리스토텔레스는 은유를 수사학과 시학의 중간지대에 위치시키고 있는데, 수사학 속에서는 은유가 설득 수단으로서의 기능을 갖고, 시학 속에서는 인간행위의 재구축을 위한 기능을 갖는다. 아리스토텔레스는 은유를 "어떤 것에게 다른 어떤 것에 속하는 이름을 주는 것"이라고 정의한다(*Poetics* 1457b, 6–9). 그가 볼 때 은유는 언어의 통속적 사용으로부터의 이탈이라는 측면에서 하나의 움직임(*phora*)을 갖는다.

하지만 이 "이탈"(deviation)과 관련하여 현대 이론가들 가운데 일부는 이것이 마치 은유의 '대체'(substitution) 이론을 말하는 것인 양 잘못 이해하고 있다고 리쾨르는 지적한다. 은유는 "사람이 같은 자리에서 발견했을 일상적 언어를 대체"하는 것이 아니다.[51] 아리스토텔레스 자신이 은유와 관련하여 다분히 애매한 혹은 일관되지 못한 입장을 취하지만, 그러할지라도 그에게 언어적 '상호작용'(interaction)이 대체보다 훨씬 더 핵심적이고 중요한 위치를 갖는다는 것이다. 여기에는 하나의 축으로부터 다른 축으로의 위치변동(*epiphora*)이 일어난다. 따라서 "은유를 구사한다는 것은 두 가지를 하나로 보는 것이라고 말하는 현대 저자들은 [아리스토텔레스의] 이런 관점에 충실하다"라고 볼 수 있다.[52]

리쾨르는 은유를 단순한 장식물로 보는 전통과 더불어서, 토마스 홉스(Thomas Hobbes)와 같이 은유를 환상을 부추기는 언어의 오용으로 보는 실증주의적 입장도 배격하고 있다. 리쾨르는 『은유의 규칙』 세 번째 연구 주제로 은유를 단순히 단어적 차원에서 다루는 입장을 넘어 문장 단위에서 은유를 다루는 이론으로 넘어가고 있다. 다시 말해서 은유적 담론(metaphorical discourse)의 영역으로 넘어가고 있는 것이다. 리쾨르의 독특성이나 참신성이 돋보이는 부분이 이 부분부터이다. 은유가 단순히 감정의 전달만이 아니라 인지적 진리를 전달하는 힘을 가진다는 사실을 지적한 "중추적 텍스트"(pivotal text, 테드 코헨의 표현을 빌려)는 막스 블랙의 1955년도 논문이다. "긴장 언어" 또는 "이중 언어"로서 은유의 창조적 힘에 대해서는 필립 휠라이트(Philip Wheelwright)의 1954년과 1962년 저작들이 잘 보여주고 있다. 이

부분은 또한 오웬 바필드(Owen Barfield)의 1947년 저작이 예초를 제공하고 있다.[53]

바필드는 언어 철학자이기보다는 법률 전문가로서, 법적 담론에서 픽션의 사용을 은유를 통한 창조적 전환 혹은 확장과 유비적으로 연결시켜 이해하고 있다. 바필드에 따르면, 기존의 법 아래에서 이미 표현 및 적용된 바 있는 것들을 이전에 가시화되지 못했던 새로운 상황 속으로 확장시키고자 할 때에는 법적 픽션이라는 도구를 불가피하게 사용하게 된다. 기존의 확립된 법적 장치를 확장하고자 하는 목적에서 가상적 인물이나 위치, 상황 등이 하나의 가설로서 설정되고 "수용"될 수 있는 것이다. 유사한 방식으로 은유 또한 두 번째 의미 층을 가진 픽션들을 사용함으로써 언어의 의미 영역을 확장하게 되는 것이라고 바필드는 보고 있다.

바필드의 글은 막스 블랙이 편집한 언어에 관한 에세이 모음집에 재수록되어 있다. 여기에는 루이스(C. S. Lewis)의 은유에 관한 글("Bluspels and Flalans")도 수록되어 있는데,[54] 이 글에서 루이스는 은유를 두 가지로 구분한다. 하나는 단순히 예시적, 교육적 기능을 수행하는 "학생 은유들"이고, 다른 하나는 개념적 창조성의 불가결한 요소로서 사실에 대한 새롭고도 진정한 인식들을 표현할 수 있게 만들어주는 "선생 은유들"이다. 루이스는 "선생 은유"의 제시력은 개념의 형성 및 발전에서 지대하고도 번역 불가능한 역할을 갖는다고 강조한다. 은유가 번역 또는 바꿔쓰기 가능한가 하는 문제는 오랜 역사적 논쟁인데, 어번(W. M. Urban)과 필립 휠라이트 사이의 대립되는 찬반론은 그 유명한 예이다.[55]

은유가 창조적 상상력을 통해 새로운 연결 관계를 형성한다는 리쾨르의 주장은 전혀 새로운 것은 아니다. 막스 블랙은 1962년의 『모델과 은유』라는 책을 통해 과학철학의 맥락 속에서 매우 의미 깊은 진술을 이와 같이 하고 있다. "아마도 모든 과학은 은유로 시작하여 대수학으로 끝난다. 은유가 없이는 대수학도 없었을 것이다."[56] 메리 헤세(Mary Hesse) 역시 1966년의 글에서 과학에서 이론들의 생산적 가치는 단순한 공식들의 논리적 연장보다는 모델들을 통한 가능성들의 제시 능력에 있다고 주장한다.[57] 리쾨르의 보다 새롭고도 영향력 있는 기여는 이와 같은 은유 이론을 그의 담론 및 내러티브 이론과 서로 접목시킨 데에 있다.

이야기들은 인간 행위의 가능성들을 시간이라는 틀의 관점으로 이해하여 제시한다. 『시간과 이야기』 첫째권의 서문에서 리쾨르는 은유의 경우 의미의 혁신이 "적절해보이지 않는 것을 통해 새로운 의미론적 적절성을 생산해 내는데" 있는 반면, "이야기의 경우, 그 의미론적 혁신은 새로운 종합, 즉 플롯을 고안해 내는데 있다"라고 말한다. 이 플롯을 중심으로 "목적들, 대의들, 그리고 기회 등이 잠정적 단일체 또는 통일된 이야기 속에 취합된다. **이야기를 은유와 가깝게 만드는 것은 이와 같은 이질적인 요소들의 종합**이다."[58]

리쾨르는 자신의 은유에 대한 연구와 이야기에 대한 보다 확충된 관찰이 "하나의 짝을 이룬다"라고 밝힌다.[59] "차이를 두고 따로 따로 출판되긴 했지만, 이 작품들은 함께 구상되었다"라는 것이다. 은유와 이야기 모두에서 리쾨르가 관심갖는 것은 "의미 효과"(meaning–effects) 및 "의미론적 혁신"(semantic innovation)이다. 은유는 두 다른 상황 의 접목이 일으키는 긴장을 주는 반면, 이야기는 하나의 "살아 있는 은유"로서, 그 창조적 힘이 "사건들의 구성을 새롭게 조합한 하나의 꾸며진 플롯"으로부터 나온다.[60] 이 플롯은 서로 다른 것들을 "함께 취합하고" 또한 "흩어져 있던 다양한 사건들을 하나의 완성된 전체 이야기로 통합하여, 이제는 하나의 전체로 간주되는 내러티브 안에서 인식 가능한 의미화의 작업을 구현한다."[61]

리쾨르에 따르면, 은유는 하나의 개념적 조합으로서, 흩어져 있던 사고의 구성요소들을 하나의 일관된 구조 속으로 전이시키는 기능을 하지만, 이야기는 흩어져 있던 단편적 경험이나 사건들을 일관된 인간 시간의 구조 안에서 새롭게 질서를 부여하는 기능을 한다. 그는 이렇게 적고 있다. "모든 이야기 작품이 펼치는 세계는 항상 시간적 세상이다. …… 시간이 이야기의 방식으로 구조화되어 있는 한, 그 시간은 [자연적 시간이기보다는] 인간적 시간이 된다. 또한 이야기는 시간적 경험의 측면들을 묘사하는 한에서 유의미한 것이 되게 된다."[62]

리쾨르의 작품 『시간과 이야기』의 영어 제목(*Time and Narrative*)은 약간의 단점이, 이는 다름 아니라 리쾨르가 내러티브 이론에서 일반적으로 받아들이고 있는 '플롯'(plot: **인간 시간**의 구성체)과 '이야기'(story: **자연 시간** 안에서의 사건, 상황, 배경 등의 연속) 사이의 구분을 배경으로 이 주제에 접근하고 있다는 것을 쉬 잊게 만드는 경향이 있다는 점이다. 그래서 케빈 밴후저는 프랑스어 제목(*Temps et Récit*)을 따라 "시간과 말하기"(Time and Telling)를 대안으로 제시하는데, 어쨌건 이 제목은 제라르 주네트(Gérard Gennette) 등의 내러티브 이론에서 말하는 이야기(*histoire*)와 말(*récit*) 사이의 구분을 전제로 한다.[63]

이와 같은 구분은 또 다른 내러티브 이론가들에 따라서는 이야기와 내러티브, 또는 이야기와 플롯으로 구분되기도 하며, 러시아 형식주의에서는 꾸민 이야기(*fabula*)와 플롯(*sjuzhet*)으로 구분하기도 한다. 세이머 채트만(Seymour Chatman)의 영향력 있는 책『이야기와 담론』(*Story and Discourse*)의 제목 자체가 이 구분을 반영하기도 한다.[64] 채트만은 이렇게 적고 있다. "구조주의 이론은 각각의 내러티브가 두 부분의 구성요소를 가진다고 말한다. 하나는 이야기(*histoire*)로서, 여기에는 내용 또는 사건들(행위들, 일어난 일들)과 존재자들(등장인물들, 배경 항목들)이 포함된다. 또 하나는 담론(*discours*)으로서, 이는 내용의 전달을 위해 사용되는 표현의 도구이다. …… 이야기가 '함께 엮어진 일련의 사건들'이라면, …… 플롯은 '일어난 일을 독자가 어떻게 알게 되느냐'와 관계된다."[65] 채트만의 '이야기'와 '담론'의 구분은 에밀 방브니스트(Emile Benveniste)의 용어를 반영하고 있다.

플롯의 '말하기'(*récit*)는 연속적 자연시간(*histoire*)보다는 '인간의' 시간(내러티브 시간)이라는 구성 원리에 따라 조직된 구성체 위에서 작용한다. 예를 들어 어떤 탐정 이야기가 있다고 할 때, 연속적으로 앞서 일어난 사건들을 알 수 있는 정보가 거의 끝부분에 가서야 밝혀지게 하는 방식으로 플롯이 구성되는 것을 볼 수 있다. 서로 다른 목격자들의 눈으로 본 사건들을 플래시백(회상) 방식으로 재구성하게 되는데, 이 과정을 주도하는 것이 다름 아닌 화자의 목적과 플롯의 움직임이다. 찰스 디킨스의『위대한 유산』(*Great Expectations*)의 예를 들면, 핍의 후원자의 정체가 거의 마지막에 가서야 독자에게 밝혀지는

데, 이는 '자연' 시간의 순서가 아닌 플롯의 흐름에 따른 것이다.

리쾨르는 아리스토텔레스의 미토스(신화) 개념과 미메시스(모방) 개념 모두가 세상 속에서 실제 행동(*praxis*)의 단순 '모방'이기보다는 '재구성'이라는 측면에서 이해되어야 한다고 보고 있다. 플롯(아리스토텔레스의 *mythos*)은 인간 시간의 관점에서 구성된 논증(*logos*)을 구체화한다. 논리적 추론의 과정 속에서 일어나는 논리적 전제나 결론 대신에 이야기 속에서 우리는 "하나의 시작"을 갖는 인간 시간의 흐름을 따라 일련의 주어진 사건들의 흐름을 통과하여 "결론" 혹은 "종결"에 도달하게 된다. 이는 하나의 일관된 시간적 전체로 경험된다. 세이머 채트만이 지적하는 것처럼, 하나의 동일 이야기를 두고도 많은 플롯들이 만들어질 수 있다.[66] 리쾨르는 우리가 아리스토텔레스의 미메시스 개념을 이야기할 때, 이를 마치 어떤 행위 또는 사건의 "복사 내지는 동일한 복제"를 말하는 것으로 보아서는 안 된다고 지적한다. 오히려 이는 "플롯화를 통한 사건들의 (재)구성"을 이야기한다.[67]

따라서 내러티브 구성체는 단순 사건들을 연속으로 이어놓은 것만이 아니라 플롯의 적극적 활동에 따라 그 흐름과 움직임이 구성된다는 것을 알 수 있다. 이 양자가 하나의 전체를 구성한다. 역으로, 그 각각의 중요성은 이 일관된 전체 속에서의 각각의 위치로부터 비롯된다. 이 '전체'가 또한 독자의 '내러티브 세계'(narrative world)가 된다. 독자가 이 "재구상된"(re–figured) 세계에 사로잡히게 될 때, 소기의 내러티브 효과가 계시적으로, 변혁적으로 일어나게 된다고 리쾨르는 주장한다. 그는 이렇게 선언하고 있다. "픽션의 효과들, 계시와 변혁은 본질적으로 읽기의 효과들이다."[68]

은유와 마찬가지로 이야기(내러티브) 또한 가능성의 세계를 구축해낸다. 하이데거는 단순한 논리적 가능성과 결정 및 해석학적 이해와 연관된 구체적 가능성을 구분하는데, 이와 꼭 마찬가지로 시간과 관련해서도 연속적 자연 시간과 인간 시간으로서의 시간성(혹은 잠정성 *Zeitlichkeit*)을 구분하고 있다. 시간성은 시간 속에서의 현존재(Dasein)의 경험을 "실존적 방식으로" 구성한다.[69] 하이데거에게 시간성은 시간 속에서 인간 존재의 필연적인 "존재론적 조건"이다.[70]

리쾨르는 하이데거의 『존재와 시간』의 이 부분에 관하여 역시 비판적 입장을 취한다. 특히 리쾨르는 하이데거의 개인중심적, 혹은 현존재중심적 해석학과는 매우 다른 입장을 취한다. 하이데거와 인간 주체성에 관한 그의 논문에서 리쾨르는 하이데거의 "'아이 엠(I am)'의 해석학"을 정당하게 비판한다.[71] 『존재와 시간』의 이 부분에서 자아가 잠시 눈에 들어오지만, 후기 저작들에서 또 다시 사라지고 있으며, 외로운 인간 주체는 기껏해야 "일종의 익명의 자아일 뿐"이다.[72] 이와 대조적으로 리쾨르는 그의 "해석학의 과제"라는 논문에서, 인간의 역사적 유한성을 인정하면서, 이 때문에 "헤겔과 같은 방식에서 전체적 조망 혹은 최종적 종합을 배제"하지 않을 수 없지만, 그러면서도 "하나의 지평은 확장될 수 있다"라는 사실에 의거하여 해석학적 목적을 상호작용의 관점에서 정리하고 있다.[73]

리쾨르는 『세메이아』지에 재수록된 "내러티브 기능"(1977)이라는 글에서 "플롯의 결정적 개념"을 "하나의 **특정 지향성**"을 가지고 독자들로 하여금 "전 과정의 유인점"으로서의 결론을 향하여 나아가도록 이끌어가는 요소라고 규정하고 있다.[74] 이는 물론 결론이 미리 예견되어 있다는 것을 말하지는 않는다. 하지만 비틂과 놀람의 요소들을 따라가다 보면 독자들은 하나의 "관점"을 포함한 반성적 판단을 구체화시켜 놓은 전체의 "배열적"(configurational) 구조를 이해할 수 있는 지점에 이르게 된다.[75] 이런 과정 속에서 독자가 이전과는 다른 변화를 체험할 수 있게 되고, 이야기하는 자와 독자 사이의 해석학적 상호작용이 발생하게 된다.

이 지점에서 케빈 밴후저가 제기하는 것과 같이 역사적 내러티브와 소설적 내러티브 사이의 관계 문제가 일어난다. 리쾨르는 "실증주의적 역사 인식론의 비판과 더불어 역사의 픽션적 성격에 대한 총체적 인식의 길이 열렸다"라고 믿고 있다.[76] 실증주의자들에게 역사가의 작업이란 "사실을 파내는 것"이지만, 오늘날의 인식론에서는 역사가 "상상을 통한 재구성"으로 이해되고 있다는 것이다.[77] 리쾨르가 볼 때 결정적으로 새로운 요소는 문학 이론과 기호학에서처럼 역사를 "문학적 가공물"로 보는 시각이다.[78] 예를 들어 하이든 화이트(Hayden White)는 "메타역사"를 구성하는 역사의 설명적 과정을 문학적 시학, 즉 "플롯화를 통한 설명"과 같은 것으로 보고 있다.[79] 역사가는 이야기를 하나의 전체로 "만들며," 주어진 어떤 조망점에 서서 "이것이 어디에 연결되는지" 개념적 논증을 덧붙여간다는 것이다.

하지만 리쾨르가 역사적 내러티브를 픽션과 동일시하기를 원하는 것은 아니다. "역사는 문학 작품이면서 동시에 실재의 재현이다."[80] 그러면서도 리쾨르는 "픽션"과 "실재의 재현"이 "대립적 용어는 아니"라고 강조한다.[81] 리쾨르는 이렇게 결론짓고 있다. "역사와 픽션 모두가 인간 행위를 지시한다. 하지만 그 지시적 방식은 다른 두 주장 위에 근거하고 있다. 모든 종류의 과학에 일반적인 증거의 규칙에 부합하는 지시적 주장을 내걸 수 있는 것은 역사뿐이다. …… 소설적 내러티브는 이와 다른 종류의 지시적 주장을 갖는데, 이는 시적 담론의 분절된 지시와 유사한 종류의 것이다."[82] 소설적 지시는 소설의 상징적 구조에 따른 사실의 "재진술"(redescription)이다. 따라서 역사와 소설을 다같이 "참되다"라고 말할 수 있지만, 그 참의 기준은 상이하다. 리쾨르는 내러티브 기능에 관한 자신의 글을 매우 역설적인 방식으로 마무리 짓는다. "우리를 다름에 개방시킴으로써 역사는 우리를 가능성에 개방시키며, 우리를 비사실에 개방시킴으로써 픽션은 우리를 다시 본질에 회귀시키는 것이라고 말할 수 있지 않을까?"[83]

리쾨르는 픽션이 세상의 흩어져 있던 요소들을 새로운 종합 가운데로 이끌어 들임으로써 실재를 "다시 만드는" 힘이 있다고 주장한다. 뿐만 아니라 픽션은 독자들에 대하여 계시적, 변혁적 힘을 발휘한다. 역사적 내러티브 역시 독자들을 변혁시킬 수 있다. 왜냐하면 픽션과 마찬가지로 이 또한 독자들의 현실 경험과 대비적 위치에 서 있기 때문이다. 리쾨르는 역사적 내러티브도 과거에 대한 하나의 "모델"로 이해한다. 다만 "이 모델을 대조해 볼 수 있는 원천적 소여는 없다."[84] 소설적 내러티브와 달리 역사적 내러티브는 이야기 자체뿐만 아니라 다른 활동들을 초청한다. 리쾨르는 이렇게 말한다. "역사가들은 단순히 이야기꾼이 아니다. 그들은 주어진 일련의 사건들의 원인과 관련하여 **다른 것이 아닌** 왜 이런 특정 요소들을 고려하게 되었는지에 대한 이유를 제시한다."[85]

우리는 리쾨르가 가다머에 대해 지적하고 있는 바대로 해석학은 설명과 이해 양자를 다 필요로 한다는 전체 구도 속으로 되돌아온다. 리쾨르는 이렇게 지적한다. "과학으로서의 역사는 내러티브의 직조물로부터 설명적 과정을 떼어내어 이를 별도의 문제로 취급한다."[86] 하지만 독자**효과** 이론을 위하여 필수적인 요소는 "역사의 기록과 플롯화의 작용 사이의 관계에 대한 탐구이다."[87]

케빈 밴후저는 리쾨르의 인간 의지 철학에서 이 플롯화라는 핵심 요소와 가능성 및 상상력의 역할에는 긴밀한 관계가 있다는 것을 옳게 지적하고 있다. 밴후저는 이렇게 관찰한다. "픽션은 세상 속에서의 인간존재의 가능성의 방식들에 관한 것이다. …… 시간이 '인간의' 시간이 되는 것은 사람이 역사적 세계와 픽션의 세계의 복합 속에 거주할 때일 뿐이다. …… 상상력 넘치는 가능성의 전용이 없다면 의지는 실현시킬 그 어떤 과제도 가지지 못하게 될 것이다."[88]

한편 밴후저는 역사와 픽션의 관계 문제에서 리쾨르가 취하는 애매성에 대해 유보적 입장을 표명하기도 한다. 그는 이렇게 지적한다. "리쾨르는 기술적(descriptive) 언어가 우리를 현재의 한계 속에 가두고 미래에 대한 우리의 상상력을 폐쇄함으로써 가능성에 대한 열정을 질식시키지 않을지 두려워하고 있다."[89] 픽션 혹은 이를 위한 도구들이 어떻게 진리에 대한 새로운 인지적 차원을 열어 주었는지의 예들을 생각해보는 것은 그다지 어렵지 않다. 밴후저는 리쾨르의 창의적 고안에 관한 언급의 맥락 속에서 미술사 속에 있었던 몇 가지 예들을 인용하고 있다. 이를테면 15세기의 유화의 도입으로 말미암아 플란더스 화가들이 세상의 "광휘"(luminosity)를 묘사하기 시작했고, 인상주의자들은 자신들의 도구를 통하여 세상의 부유성(fleetingness)을 전달하고자 하였다.[90]

이제 우리가 리쾨르에게 관심 있게 묻고자 하는 질문은 이것이다. 리쾨르가 픽션 모델에서 플롯 통합 및 플롯 움직임이 갖는 변혁적, 계시적 힘에 그와 같은 결정적 역할을 부여함으로써 역사적 내러티브의 "지시성"이 문학내적, 언어내적 "재구상"(refiguration)의 세계를 넘어가지 못하게 만들어 놓은 것이 아닌가? 성경 내러티브에 대한 리쾨르의 접근이 신해석학 진영의 접근과 유사함이 있고, "리쾨르의 경우 주체성을 하나의 새로운 열쇠로 전환시켜 놓았다"라는, 다시 말해서 "지시"의 대상이 결국은 인간 자아 안에 머물 뿐이라는 밴후저의 지적이 옳은 것이 아닌가?[91] 밴후저는 성경 내러티브에 관한 리쾨르의 접근과 데이빗 트레이시(David Tracy)의 고전 해석에 관한 접근 사이에 공통점이 있다고 지적한다. 트레이시는 "고전과 대면할 때 묘사되고 있는 것은 결국 **우리**라는 것을 인정해야 한다"라고 주장한다.[92] "텍스트[고전]의 지시체는 세상 속에서 존재의 **가능한** 방법, 현실의 비전, 삶의 형태"라고 보는 것이다.[93]

3. 메타비평, 픽션, 역사, 진리: 화행론 관점에서의 평가

케빈 밴후저는 역사적 내러티브의 지위 및 이것과 픽션의 힘과의 관계 문제에 대한 리쾨르의 설명 속에 애매성이 있다는 것을 잘 지적한다. 하지만 이 애매성이 모순은 아니다. 이것이 생기는 이유는 논의의 차원이 **해석적 차원인지, 비평적 차원인지, 아니면 메타비평적 차원인지**의 일관된 정리의 부족 때문이다. 리쾨르는 가다머(그리고 그와 함께 바흐터-하우저, 리처드 번스타인, 크리스토퍼 노리스 등)를 따라 해석학이 메타비평적 학문이라는 것을 인정한다. 슐라이어마허와 특히 딜타이에게 "해석학은 하나의 인식론으로 생각되었던" 반면, "하이데거와 가다머는 바로 이런 점을 문제 삼고 있다"라는 것이 리쾨르의 시각이다. 오히려 해석학은 "인식론적 작업 자체의 밑바닥을 파서 그것의 존재론적 조건을 밝혀내어야 한다"라는 것이다.[94]

슐라이어마허의 해석학이 해석학 이론에서 하나의 코페르니쿠스적 혁명에 해당한다면, 리쾨르는 가다머와 하버마스 등과 더불어 자신이 가담하고 있는 운동을 "제2의 코페르니쿠스적 반전"으로 보고 있다.[95] 가다머 해석학과 하버마스의 이데올로기 비판 사이의 비판적 상호작용의 필요성을 주도면밀하게 논하는 자리에서 리쾨르는 "해석학이 궁극적으로 비평의 비평, 즉 **메타비평**으로 자신의 자리를 설정한다"라는 인식을 긍정하고 있다.[96]

앞에서 우리는 리쾨르가 가다머에 반대하여 해석학에서 **이해**의 요소뿐만 아니라 **설명**의 요소가 또한 필요하다는 것을 역설하고 있음을 보았다. 하지만 여기에는 하나의 딜레마가 생긴다. 한편에서 리쾨르는 가다머에 공감하여 메타비평적 탐구에 의해 드러나게 되는 기반성의 주장을 더 타당성 있게 할 수 있는 것은 보다 추상적, 파생적 차원에서 작용하는 방법이나 설명보다는 오히려 언어 자체(어떤 의미에서는 상호주체적 공감)라고 인식하고 있다. 그러나 또 다른 한편에서, 방법과 설명에 대한 가다머의 평가절하는 증거를 평가하는 기준 제시에 실패하고 있다. 이것은 어떤 면에서는 전진이라기보다는 후퇴이며, 비평의 차원에서 보자면 설명이 반드시 그 기능을 되찾아야만 한다. 그런데 설명은 그 기준으로서의 기능에도 불구하고 여전히 파생적이다. "방법론적 거리두기"와의 싸움의 맥락 속에서 리쾨르는 이렇게 말한다. "우리는 시지푸스의 바위를 다시금 밀어 올려야만 하고, 방법론이 갉아먹은 존재론적 근거를 복구해야만 한다."[97]

비평과 메타비평의 너머에는 리쾨르가 말하는 "두번째 순진함"(second naïveté)이 놓여 있다. 리쾨르의 초기 작품『악의 상징』에서 그는 "언어의 재 창조에 대한 희망"을 불태우고 있다. "비평의 사막 저 너머로 우리는 다시 부름을 받기 원한다"라는 것이다.[98] 잘못에 대한 인간 의식의 제2차적 비판적 반성은 "여전히 감정과 두려움, 고뇌의 좌소에 자리잡고 있는 맹목적 경험"으로서 제1차적 고백의 경험에서 파생한다.[99] 철학자는 이런 일들을 "자기들의 첫번째 순진함" 차원에서 "느끼지" 않는다. 오히려 이를 "중립화된 상태로, '만일 그러하다면'의 상태로" 간접적으로 느낀다.[100]

메리 게하르트(Mary Gerhart) 등이 지적하는 것처럼, 내적 경험은 리쾨르가 말하는 "진단적" 방식을 통해 단지 간접적으로 해석될 수 있을 뿐이다. 리쾨르의 글 속에는 주장 언어의 파생적 성격에 대한 하이데거의 논의가 반영되고 있다. 은유와 내러티브 플롯과 마찬가지로, 상징과 신화는 인간 경험을 일차적 단계에서 표현한다. 첫째, **신화**는 시간적 이야기를 위하여 우주적 상징들을 사용한다. 둘째, **꿈**은, 우리가 리쾨르의『프로이트와 철학』에서도 보았던 것처럼, 상징적 텍스트로서의 차원을 가진다. 셋째, **시적 상상력**은 인간 경험을 인간 시간 및 가능성의 재구상의 관점으로 빚어내는 내러티브 플롯들을 창출한다.

상징과 꿈에 대한 리쾨르의 작업들 속에는 그의 의구의 해석학이 복구 및 재구성의 해석학과 어떻게 상호작용을 하고 있는지가 좀 더 명확하게 드러나는 편이다. 하지만, 내러티브 픽션과 내러티브 역사의 보다 애매한 상호관계를 이해하는 데도 이런 구분은 결정적 작용을 한다. **언어 · 효과** 혹은 **해석**의 차원과 관련해서는 리쾨르는 재구성의 해석학에 초점을 집중시키고 있다. 이 속에서 내러티브 플롯 및 내러티브 움직임은 독자들에게 힘과 개입, 변혁을 제공한다. 이 차원과 관련해서 밴후저는 우리가 좋은 은유와 나쁜 은유, 또는 내러티브 픽션과 내러티브 보고를 어떤 기준에 의거하여 구분할 수 있을 것인지의 문제를 정당하게 제기하고 있다. 하지만 이런 질문에 대한 답을 기대하기는 어렵다. 왜냐하면 리쾨르는 답 자체가 **불필요**하다고 보기 때문이다. 다만 리쾨르는 비평적 차원에서는 이런 질문에 기꺼이 응하려 하고 있으며, 메타비평적 차원에서도 어떤 고려 사항들을 답으로 여길 것인지에 대해 논의하고 있다. 하지만 이런 단계들에서 우리는 더 이상 텍스트에 개입되지는 않는다.

비평의 차원에서 리쾨르는 증거의 소여에 의해 강제 받는 역사를 픽션과 구분하고 있다. 이런 점은 앤서니 하비(Anthony E. Harvey)의 책『예수와 역사의 강제들』(*Jesus and the Constraints of History*, 1982)을 상기시킨다. 하지만 문제가 그렇게 순탄하지만은 않다. 리쾨르는 하이든 화이트 등을 따라 역사적 재구성 문제에 관하여 매우 특색있는 관점을 취한다. 그 어떤 역사 기술도 가치중립적일 수 없다는 현대적 공감대 위에서 리쾨르는 한걸음 더 나아간다. 즉, 역사적 탐구의 패러다임을 문학적 구성의 패러다임과 동일시하고 있는 것이다. 메타비평적 차원에서는 이런 논의가 결국 순환적이 된다는 것을 의미한다.

하지만 이 경우 "설명"의 비평적 층이 관심에서 밀려날 위기를 맞게 되는데, 이는 한편에서는 리쾨르의 주된 관심이 인간 가능성과 관련하여 상징이나 은유, 내러티브 등이 갖는 의미 **효과**에 있기 때문이며, 또 다른 한편에서는 설명과 "방법" 아래에는 기존의 전통적 "지시" 개념이 현상학적 체계 내부에서 내적 관계로 전환되어 버린 하나의 언어내적 세계 중심의 철학 이론이 자리해 있기 때문이다.

이런 점이 리쾨르의 해석학 이론 전반과 어떻게 연관되는지를 데이빗 클렘(David E. Klemm)과 존 톰슨(John B. Thompson) 등이 잘 밝혀주고 있다.[101] 클렘은 리쾨르가 후설이나 하이데거에게 어느 정도의 빚을 지고 있는지를 잘 보여준다. 그 가운데서도 특히 "시적인 것과 개념적인 것 사이의 분리"가 핵심적 역할을 한다.[102] 클렘은 이렇게 지적한다. "**첫번째 순진성**(first naïveté)의 특징은 믿음의 즉각성이다. 그리고 이 즉각성은 언제나 시적 텍스트에(따라서 무엇보다 종교적 텍스트에) 따라 다닌다. 반면 **비평**의 특징은 주장들의 내용을 비평적 관념론에서 확립된 지식의 기준에 적용시키는 중개성이다."[103] 생산적, 재구성적 상상력은 "해석학에서 두 번째 순진성이라 부르는 반성적 인식"을 불러일으킨다. 이를 통하여 자아의식이 깊어지고 또한 넓어지는 **변혁**이 일어나는 것으로 리쾨르는 보고 있다는 것이다.

하지만 여기에는 "해석학적 의식이 시적 언어의 **참 혹은 거짓**을 말해 줄 수 있는지 없는지"의 문제가 따라온다고 클렘은 잘 지적하고 있다. 그는 이렇게 결론짓는다. "비판적 의식은 진리를 사상과 인지의 상응으로 측정한다. 그것의 자리는 판단 속에 있다. 시적 언어에서는 은유가 인지된 세상에 대한 지시를 현실의 재진술을 위해 보류하기 때문에, 자연히 좁은 의미에서 진리 가치에 대한 자신의 주장을 희생해야만 한다."[104]

이와 같은 비판들에 대해 리쾨르는 하이데거의 "있게 함" 또는 "현시"로서의 진리 인식에 호소함으로써 답하고 있다. 나는 이와 같은 진리 이해의 한계점들을 다른 곳에서 지적한 바 있고, 클렘 역시 리쾨르의 해석학 이론이 상응으로서의 진리 이론의 모든 면을 전적으로 다 버리는 것은 아니라고 지적한다.[105] 우리가 리쾨르의 글들을 통하여 **총괄적** 해석학 이론을, 아니, 총괄적 내러티브 해석학이라도 찾고자 한다면 이는 실수일 것이다. 리쾨르가 밝히고 있는 자신의 목표는 낭만주의 해석학이 잘못 이끌어 놓은 텍스트 "배후"(behind)에 대한 관심을 텍스트 "앞에서"(in front of) 이루어지는 일로 옮겨 놓고자 하는 것이다. 이것이 갖는 "계시적" 역할은 "분절된 지시"를 통해, "이중 의미"를 통해, "재구상"을 통해, 또는 키르케고르가 지칭하는 "간접 의사소통"을 통해 분명하게 드러난다.

여기서 계시되는 진리는 다름 아닌 인간 자아에 관한 것이다. 또는 상호주체적 의식의 구성에 관한 것이다. 돈 이드(Don Ihde)는 이렇게 지적한다. "리쾨르에게는 인간이 자신을 직접적으로나 혹은 내면성찰적 방식으로 안다는 것은 불가능하다. 오직 여러 가지의 우회로들을 통해 인간은 자기 존재의 복잡성과 전체성을 배울 수 있다. …… 리쾨르의 방법론 전체에는 이와 같은 간접성의 강조가 산포되어 있다. …… 해석학은 다의적 상징들에 대한 일련의 성찰들을 발전시킴으로써 이와 같은 간접성을 재조명한다."[106] 리쾨르 자신의 말을 그대로 빌리자면, "세상과 우리의 관계 전부는 상호주체적 차원을 갖는다. …… 암시적인 것은 타자가 명시적인 것으로 만드는 것이라는 점에서, 모든 '객관성'은 상호주체적이다."[107]

하지만 프로이트 이론의 바탕 위에서 "거짓 의식"의 문제를 다룰 때는 그토록 강력한 작용을 하는 의구의 해석학이 역사적 내러티브의 설명적 주장들을 평가하는 효과적 도구로서의 증거를 다루는 데는 왜 그렇게 힘을 쓰지 못하는가? 뿐만 아니라 은유에 대한 리쾨르 자신의 책에서도 밴후저가 제기하는 이와 같은 질문이 일어나는 이유가 무엇인가? 즉, "다른 측면에서는 은유에 대해 탁월하게 취급하고 있는 리쾨르의 책에 결핍되어 있는 한 가지는 어떻게 우리가 좋은 은유와 나쁜 은유의 차이를 판단할 수 있느냐 하는 점이다."[108]

이런 문제점의 중심에는, 우리가 앞에서도 이미 지적했던 것처럼, 리쾨르가 역사기술 또는 역사적 보고의 본질을 어떻게 보고 있느냐 하는 문제가 놓여 있다. 한걸음 더 나아가면, 그의 해석학 체계 속에 "일상 언어" 철학 혹은 화행론(speech–act theory)이 제기하는 발화의 힘, 명제적 내용, 전제들(또는 "배경") 사이의 관계에 어느 정도의 인식 또는 역할이 부여되고 있는가 하는 문제가 놓여 있다.

리쾨르는 이와 관련하여 이렇게 말한다. "나는 비트겐슈타인, 오스틴, 스트로슨 등에게서 비롯되는 일상 언어 분석 및 행위의 철학에 매우 큰 관심을 가지게 되었다."[109] 비트겐슈타인과 오스틴이 제시하는 일상 언어 분석이 갖는 특별한 가치는 이해가 상호주체적 맥락 속에서 이루어진다는 것, 그리고 언어가 "그 맥락적 사용을 떠나서 고정된 표현을 가지지 않는다"라는 것이다.[110] 그러므로 언어의 "다의적 가치들을 실현"하는 것은 언어 사용이다.[111] 필자는 『두 지평』 속에서 비트겐슈타인의 언어 철학의 중요성과 이해가 본질적으로 해석학적 성격을 갖는다는 것을 강조한 바 있다.[112]

비트겐슈타인에게 다른 많은 것들 가운데서도 특별히 두 가지 요점이 강조되고 있다. 첫째, 그 자신의 책을 통해 언어 **사용** 또는 언어 **기능들**에 대한 기술적(descriptive) 진술을 제시하고 있다는 점이다. 그는 이렇게 말한다. "우리는 모든 **설명**을 제거해야만 한다. 오직 기술만(*nur Beschreibung*)이 그 자리를 대신해야 한다."[113] 그는 또 이렇게도 말한다. "철학은 모든 것을 우리 앞에 단순히 펼쳐 놓는다. …… 철학자의 일은 특정 목적을 상기시켜 주는 것들을 조립하는 데 있다."[114] 리쾨르의 설명과 이해의 범주 구분의 관점에서 볼 때 비트겐슈타인의 작업은 주로 이해의 범주 아래 있다. 비트겐슈타인 자신이 그의 한 후기 저작 속에서 그의 목적이 "당신의 보는 법을 변화시키고자 하는 것"이라고 분명하게 밝히고 있다.[115]

스탠리 카벨(Stanley Cavell)은 비트겐슈타인의 목적과 관련하여 매우 탁월한 주해를 제시한 바 있다.[116] 그가 볼 때 비트겐슈타인의 스타일은 내적 **변화**가 수반되지 않는 이해를 금하는 방식의 특성이 있다. 비트겐슈타인의 작업은 주로 삶 속에서 상호인격적 행위 양식에 의거하는 **개념들의 문법** 및 그 형성에 집중한다. 하나의 언어 게임은 어떤 주어진 특정 상황 속에서의 서로 연관된 구성체 전체를 가리킨다. 비트겐슈타인은 이렇게 적고 있다. "언어 게임이 바뀌면 개념들의 변화가 따르고, 또한 개념들과 함께 단어들의 의미도 바뀐다."[117]

비트겐슈타인의 두 번째 강조점은 현재 우리의 논의와 더 밀접하게 연관된 것인데, 즉 개념들의 형태 배후에 놓여 있는 **언어 행위**의 범주에 관한 문제이다. 비트겐슈타인이 말하는 "전체"는 청자 혹은 독자의 행위나 지위만이 아니라 화자까지도 포함한다. 비트겐슈타인의 언어 게임 모델은 구어적 혹은 살아 있는 발화의 상황을 바탕으로 한다. 리쾨르의 경우에는 기록 텍스트에서 그 텍스트 "배후"의 저자의 상황 및 목적과 관련된 전제들은 기껏해야 이차적, 혹은 상대적으로 최소한의 중요성만 가질 따름이다.

그러나 화행론에서는 많은 사람들이 지속적으로 오스틴이 이야기하는 "전제들", "내포 요소들", "함의들" 및 설이 말하는 "배경"(Background)의 중요성에 관심을 기울이고 있다. 여기에는 "일련의 언어외적, 비의미론적 관습들"이 포함되며 또한 언어외적 헌신, 자세, 행위 등이 포함된다. 뿐만 아니라 프랑수와 르카나티(François Recanati)가 말하는 "장면 배후를 들여다보기"가 중요한 기능을 가진다.[118]

때로 그의 논증이 충분히 복잡하지 못하다는 지적을 받기도 하지만, 그럼에도 불구하고 오스틴이 이야기하는 언어의 "행복한" 기능에 대한 이야기는 매우 설득력이 있다. 특별히 리쾨르가 텍스트 "앞에서"를 강조하는 것과 관련하여 오스틴의 경우 이 차원의 기능이 행복하게 이루어지기 위해서는 텍스트 "배후의" 어떤 사태의 정황이 전제되어야 한다는 것을 강조하고 있다.[119] 이와 관련된 보다 복잡한 논의는 설의 글 "픽션 담론의 논리적 지위" 속에 잘 나타난다.[120]

설은 픽션 텍스트 및 논픽션 텍스트가 공유하는 작용상의 효과적 측면과, 그 작용들이 의존하는 상이한 기초들과 관련된 **텍스트 외적** 요인들 사이를 주의 깊게 구분하고 있다. 설은 이렇게 말한다. "텍스트를 하나의 픽션 작품으로 규정하는 것이 구문론적이든 의미론적이든 텍스트 자체 특성으로 드러나는 것은 없다. 그것을 픽션 작품이 되게 만드는 것은 저자가 이와 관련하여 취하는 발화수반적 자세이다."[121] 이런 관점은 니콜라스 월터스토프에 의해서도 철학적 치밀함과 함께 설득력 있게 제시되고 있다.

설은 적어도 **기능의 측면에서**는 "픽션 텍스트에 의해서도 심각한(다시 말해서 논픽션적) 화행들이 전달될 수 있다"라고 지적한다. "거의 모든 중요한 픽션 저작들이 하나의 '메시지' 또는 '메시지들'을 그 텍스트를 통해(그 텍스트 속에는 아닐지라도) 전달한다."[122] 이런 점은 우리가 어린이 이야기들이나 우화들의 "교훈"이나 "톨스토이 같은 지겹도록 교훈적인 작가들"의 경우를 생각해 보면 쉽게 이해가 될 것이다.

하지만 상황의 문제를 포함해서 인간적 헌신이나 목적 등과 같은 **텍스트 외적 전제**들의 측면을 두고 보면 여기에는 또 다른 문제가 개입되어 있다. 화자나 저자는 픽션 텍스트의 화행들에는 적용되지 않는 헌신을 논픽션 담론 속에서는 드러나지 않게 하는 수가 있다. 이런 점은 월터스토프가 철학적 논리로 잘 예시화해주고 있는데, 이에 대해서는 뒤에 가서 다룰 것이다.

이와 같은 "전제들"은 때로 드러나지 않는 관습으로 작용하기도 한다. 설은 픽션 담론과 논픽션 담론에 각각 적용될 수 있는 두 종류의 관습의 예들을 보여준다. 그러면서 그는 이를 한 체계의 수직적 측면과 수평적 측면으로 생각하면 될 것이라고 말한다. "수직적 규칙들은 언어와 현실 사이의 관계를 수립한다. …… 픽션을 가능하게 하는 것은, 내가 볼 때, 일련의 언어외적, 비 의미론적 관습들인데, 이들은 앞에서 말한 규칙들에 의해 수립된 말과 세상의 연결을 깨뜨린다. 픽션 담론의 관습들은 수직적 규칙들에 의해 수립된 관습들을 깨뜨리는 일련의 수평적 관습들이라고 보면 된다. 이들은 이 수직적 규칙들에 의해 수립된 통상적 요구 사항들을 보류시킨다."[123]

그렇다면 어떤 의미에서 이 "통상적 요구 사항들"이 언어 외적 성격을 갖는가? 이를 위해서는 주장들(assertions)의 통상적 조건들을 생각해보면 될 것이다. 누군가가 어떤 주장을 하는 경우 통상적으로 그 화자나 저자가 신중하거나 "진지한" 사람으로서 자신들의 말 배후에 서기를 기대하게 된다. 여기에는 소정의 **헌신, 태도, 책임감** 등이 포함된다. 우리는 이런 점을 15장에서 월터스토프와 연관해서 보다 자세히 살펴볼 것이다.

설의 논리의 전개를 살피다 보면 그의 입장과 리쾨르의 입장 사이에 큰 두 가지 차이점이 있는 것을 알게 된다. 첫째, 설은 논픽션 담론에서 드러나지 않는 헌신의 역할이 얼마나 중요한가 하는 점이 발화수반적(illocutionary) 화행의 경우 보다 뚜렷하게 되지만, 발화효과행위(perlocution)로서의 화행의 경우는 숨겨지게 된다는 것을 잘 지적하고 있다. 화자 또는 저자는 어떤 발화 효과나 의미의 힘을 그에 결부된 소정의 자세를 취함으로써 수립하게 되지만, 어떤 경우에는 이 힘이나 효과가 발화나 텍스트를 통하여(*by*, 수단화의 의미로) 이루어지기도 한다(발화효과행위의 경우). 이 후자의 경우에서는 거의 **텍스트 내적 자료만으로** 텍스트 **효과**가 설명된다. 바로 이런 점이 리쾨르의 관심과 연결되는 부분이다. 그의 해석학은 텍스트 **앞에서**(그 배후가 아니라) 일어나는 일에 집중된다.

리쾨르의 이와 같은 관심은 특히 두 부류의 언급 속에서 분명해진다. 첫째, 그는 이렇게 말한다. "발화수반행위와 발화효과행위의 차이는 청자 속에 어떤 정신적 행위를 일으키고자 하는 의도(그래서 그 청자가 이것이 나의 의도라고 인식할 수 있도록)가 전자 속에는 있지만, 후자 속에는 없다는 정도 외에는 아무것도 아니다."[124] 그가 말하는 "정신적(mental) 행위"에 우리의 관심을 빼앗길 필요는 없다. 왜냐하면 설은 이런 인식이 문학적 의도에 꼭 필수적인 부분은 아님을 잘 보여주고 있기 때문이다. 오히려 설이 강조하고자 하는 것은 화자가 저자 측에서의 목적 있는 지향성 측면이다. 또는 소정의 "배경"(Background)을 바탕으로 저자가 취하는 자세나 헌신을 말하고 있다.[125] 이에 반해 리쾨르는 그의 주된 관심을 텍스트의 발화효과적 기능에 쏟고 있으며, 발화수반행위는 대화적 상황에 제한시키고 있다.

두 번째 리쾨르가 강조하는 것은 "기록 텍스트의 경우 대화적 상황이 상실되었다"라는 것이다. "텍스트는 저자가 살았던 유한한 지평을 벗어났다."[126] 따라서 리쾨르는 "해석학은 대화가 끝나는 곳에서 시작된다"라고 말하는 것이다.[127]

오스틴과 설, 그리고 나아가서는 리쾨르와 또 하나의 결정적 차이점은 의미에 관한 질문들에 총괄적으로 답할 때 언어 외적 요인들의 불가피성에 대한 설의 입장과 관련된 것이다. 리쾨르에게 해석학의 필요성이 부각되는 것은 **독자 측면에서의 다중적 의미 가능성들**이 일어나는 곳에서이다. 하지만 설에게는 의미의 문제가 두 가지 가변적 가능성들의 관계에 달려 있다. 그 하나는 텍스트나 내러티브 또는 발화가 의존하고 있는 **배경 상황의 가변적 가능성들**이요, 또 하나는 그것이 청자 또는 독자에게 미치는 효과상의 힘 또는 영향과 관계된 가변적 가능성들이다.

프랑수와 르카나티는 오스틴과 설의 관점을 더 발전시켜서(일부 부분에서는 설과 다른 방향으로 나아가기도 하지만), 언어적 힘(force)과 언어적 내용(content)을 상세하게 구분하고 있다. 리쾨르가 텍스트 "앞에서" 일어나는 일과 관련해서 언급하는 것과 동일한 차원의 발화수반적 힘의 작용을 르카나티는 심지어 사태의 정황들에 대한 주장들 속에서도 볼 수 있다고 지적한다. 물론 그는 모든 명제들을 다 주장들로 보는 것은 아니다. 명제들은 다른 언어 사용의 범주들 속에서도 다양한 방식으로 발화의 기반 역할을 할 수 있다. 이를테면 선언적 무드 속에서 누군가의 주장으로나, 가정으로, 또는 픽션으로, 아니면 또 다른 중립적 의미의 선언으로 언급될 수 있는 것이다.

르카나티는 헤어(R. M. Hare)를 따라 프레게(Frege)와 러셀이 말하는 "주장적 힘"이라는 개념의 애매성을 지적하면서, 실용적으로 중립적 명제적 내용을 가리키는 "*p*"와, 무드 지시와 "중립성"(neustic)을 동시에 나타내는, 다시 말해서 "어떤 무드 상태 속에서 화자가 자신이 말하는 명제에 '동조'를 표하는 "*p*" 사이에 구분선을 긋고 있다.[128] 르카나티는 "문장 의미"와 "화자 의미"를 세밀하게 구분하는 설의 방법을 따르지는 않는다. 이런 점에서 그는 설보다 리쾨르로부터 더 멀어지고 있다. 발화의 내용뿐만 아니라 그 힘조차도 문장 의미 혹은 텍스트 의미 바깥의 상황적 영향에 대한 지시 없이는 그 성격이 명확해지지 않는다고 지적한다. 따라서 르카나티는 "선언적 문장들이 힘-중립적"이라고 하면서도, 주장의 문장들이 주장의 발화수반적 행위가 갖는 것과 같은 수행력을 가진다고 보는 면에서 오스틴이 프레게와 매우 가까운 입장을 가진다고 비판한다.[129] 그가 볼 때 주장의 행위는 그 텍스트 내용 또는 문장 의미 차원으로 다 축소되어서는 안 된다.

르카나티는 이렇게 주장하고 있다. "하나의 발화가 아무리 명백하다 하더라도, 그 의미의 지식이 그 발화수반력을 결정하는 데 충분한 요인이 되지 못하는 것은, 심각/신중성의 문제가 의미의 차원에서 다 해결되는 것이 아니라 그 **상황에 대한 고려**를 필요로 하기 때문이다."[130] 그의 결론은 이것이다. "발화적 차원에서 무엇인가를 말한다는 것은 하나의 발화수반적 행위를 수행하는 행위임이 분명하다. 그러나 우리가 어떤 행위자(또는 배우)의 실제 행위를 이해하고자 한다면, 그 행위자(배우)가 무대 위에서 담당하는 등장인물의 연기만 볼 것이 아니라, **무대 뒤**를 들여다보는 것이 좋다."[131]

르카나티의 화행이론에서 그가 생각하는 "텍스트 세계"는 무대 위에서의 연기행위와 같은 성격을 가진다. 관객으로서 우리는 그 연기에 감동을 받고 변혁을 경험할 수도 있다. 그러나 우리가 그 주문을 깨뜨리고 등장인물들 배후를 들여다보기 전까지는 그것의 기능 및 진리성에 관한 그 어떤 비판적 질문도 던질 수 없다. 리쾨르의 "설명"에 대한 강조나 의구의 해석학이 이론상으로는 이런 문제를 거론하고 다룬다. 그러나 실제적 측면에서는 그의 역사 및 언어 이론이 그의 내러티브 이론상의 이와 같은 비판적 기능을 축소시키거나 예속시켜 버린다.

보다 최근의 화행론(특히 언어학 쪽에서) 속에서는 "대화적 내포성"에 큰 강조점이 주어지고 있는 것을 볼 수 있다. 이런 인식은 그리스(H. P. Grice)의 강의 "논리와 대화"(1967년, 부분적으로만 출판)에서 처음 제시되었다.[132] 리쾨르는 대화의 모델을 오직 구두적 상황에만 제한된 것으로 보기 때문에 이런 영역이 그의 텍스트 이론에 별다른 영향을 끼치지 않는다. 그러나 르카나티와 레빈슨을 포함하여 많은 학자들이 이런 인식의 중요성에 주목하고 있다.

그리스는 대화가 상호 협력적 의사소통의 숨은 목적에 의해 주도된다고 주장한다. 여기에는 네 가지 "대화의 원리들"이 포함된다. 대화는 순수한 언어내적 관습들 이상의 합리적, 언어외적 기초를 전제한다. 대화의 상호 협력적 노력 배후에는 어떤 태도나 목적이 전제되는데, 이는 대화 속에서의 진리나 정보, 적실성, 애매함이나 모호함의 기피 등과 같은 목적에의 헌신과 관계된다. 따라서 대화적 내포성은 리쾨르의 텍스트 이론에서는 큰 관심을 두지 않는 텍스트 "배후"의 요소들에 관심을 기울인다. 이와 관련하여 르카나티는 이렇게 말한다. "대화적 내포성이라는 인식은 사람들이 문자적으로 말하는 것 이상의 의미를 이해하게 하는 데 도움을 준다."[133] 화자의 의미는 텍스트 의미 이상일 수 있다는 말이다.

스티븐 레빈슨(Stephen Levinson)은 그리스의 이론을 보다 상세히 발전시킨다. 그가 볼 때 이 이론은 "화용론에서 가장 중요한 사상 중의 하나이다."[134]

특히 이 이론은 대단히 큰 설명적(explanatory) 힘이 있다. 레빈슨은 그리스의 이론을 발전시켜서 대화의 원칙들이 의도적으로 "조롱" 당하거나 "오용"될 때 말의 기교들이 일어나게 된다고 주장한다.[135] 레빈슨은 전통적으로 은유에 대한 비교이론이나 대체이론(이는 리쾨르가 부정)과 상호작용이론(이는 리쾨르가 인정) 모두가 "공히 의미론적 은유 이론들로 생각되어 왔다"라고 지적한다. 하지만 이들은 다양한 "현상들에 대한 합당한 설명을 제시하는 데 실패하고 있다."[136] 언어 변화의 전개 및 은유들이 태어나서 살고 죽는 과정들에 대한 이해를 위해서는 이들 **배후**의 **상황적 추정들**을 볼 수 있어야 한다. 예를 들어 완곡어법 표현들은 처음에는 정중한 은유들로 시작되지만, 얼마가지 않아서 그 원래 함의했던 의미를 되찾게 된다. 레빈슨은 공포 표현들에 대해서도 동일한 지적을 하고 있다.

일부 언어학자나 철학자들에게는 언어의 전제 및 상황 의존적 특성이 받아들이기 어려운 문제이기도 하다. 특히 롭 판 데르 산트(Rob A. Van der Sandt)는 1988년의 책에서 그리스의 접근과 카르투넨(L. Karttunen), 가즈달(G. Gazdar) 등의 접근을 함께 공격하고 있다.[137] 반면 퀜틴 스키너(Quentin Skinner)의 경우는 "우리가 어떤 명제 자체를 이해하기 위해서는 왜 그 명제가 제시되었는지를 이해하는 것이 필요하다"라는 것을 인정한다.[138] 세부적인 측면에서는 많은 차이를 보이기도 하지만, 스키너는 전반적으로 오스틴, 설, 스티븐 쉬퍼(Stephen R. Schiffer) 등의 관점을 변호하고 있다.

비트겐슈타인이 선언했던 것처럼 만일 "말이 행위"라고 한다면, 발화수반적 행위들은 어떤 의도된 발화수반력을 지향하는 발화 혹은 기록이다. "신중한 발화들"은 오스틴이 말하는 "전체적 화행 상황"에 의존한다. 따라서 우리가 하나의 화행이나 발화, 또는 텍스트를 이해하기 위해서는 "왜 그런 정확한 행위를 할 필요가 있었는지를 파악하고, 이를 하도록 한 전제와 목적을 재포착하는 것이 필요하다."[139] 스키너는 사상의 역사 속에서 순수한 개념들의 역사 그 자체는 있을 수 없다고 지적한다. 다만 그것들이 논증 속에서 어떻게 **사용**되었는지의 역사가 있을 뿐이라는 것이다.

퀜틴 스키너는 그의 비평가 중의 한 사람인 존 키인(John Keane)이 그를 가리켜 "저자-주체" 관점의 접근을 취한다고 공격하는 것을 두고 이렇게 대답한다. "이렇게 말하는 것은 내가 바르트와 푸코에 의해 선언된 저자의 죽음에 대해 들어야 할 필요가 있다는 것이다. 나에게는 이런 선언이 조그마한 것을 크게 부풀려 놓은 것으로 밖에 들리지 않는다. 나는 키인이 말하는 식으로 저자는 '손에 펜을 들고 자기들의 담론의 영역 안에 갇힌 포로들' 이상이 아니라고 보는 것에 동의할 수 없다."[140]

저자가 하나의 관습에 도전하거나 그것을 뒤집기로 선택하는 순간이 있을 수 있고, 또 우리의 사회적 세계가 우리의 개념에 따라 구성되는 측면이 있기 때문에, 하나의 개념 사용상의 성공적 변화는 동시에 우리의 사회적 세계의 변화를 의미하는 것이기도 하다. 스키너는 비트겐슈타인의 행위에 대한 논의의 바탕에 서서, 그 자신이 가다머 이전의 공감의 해석학이나 정신적 과정의 해석학으로 복귀하는 것은 아니라고 그의 비평가들에게 답하고 있다. 건너편 들에서 두 손을 흔들고 있는 한 사람의 의도를 이해하기 위해서는 그의 머리 속에 들어 있는 생각이 무엇인지를 규정하려 할 것이 아니라, 손을 흔드는 것이 경고로 받아들여지는 관습적 맥락을 이해하는 것이 필요하다는 것이다.

이와 같은 접근은, 비트겐슈타인에 대한 그 명시적 혹은 암시적 호소와 함께 우리로 하여금 리쾨르의 은유 이해의 주된 문제점을 보다 잘 인식할 수 있도록 만들어준다. 비트겐슈타인은 "그림"과 적용을 구분한다. 은유가 니체로부터 데리다에 이르기까지의 하나의 지속적인 공격 앞에 노출되어 왔던 이유는 판단 행위에 의존하는 사용의 차원과 그것이 단절되어 있다는 점 때문이다. 리쾨르는 이런 문제점을 부분적으로 인식하고 있기에 자신에게 대한 비판에 답하여 살아 있는 은유와 죽은 은유를 구분하고 있다. 죽은 은유는 우리를 환상 속에 가두고 그것을 강화하는 작용을 하지만, 산 은유는 환상이나 "우상"의 틀을 깨뜨리는 일을 한다는 것이다.

하지만 밴후저가 잘 지적하는 것처럼, 은유와 진리의 관계와 관련하여 적합한 기준을 제시하는 측면에서 리쾨르의 "설명"의 축은 그 양면성을 다 벗어버리지 못한다. 밴후저는 앞서 우리가 보았던 소스키스(Janet Martin Soskice)의 저작 속에서 인식상 보다 건실한 은유 이론의 한 모델을 찾고 있다. 만일 우리의 언어 이론이 우리를 근본적으로 언어내적 세계 속에 가두어서, 인간 행위의 맥락이 적어도 화자나 저자의 측면에서 볼 때 기껏해야 이차적 지위밖에 가지지 못하게 된다면, 우리는 결국 비트겐슈타인이 말하는 "그림이 우리를 사로잡는" 상황의 희생자가 되고 말 것이다. 그리고 우리는 그 그림으로부터 벗어나지 못한다. "왜냐하면 그것이 우리의 언어 속에 놓여 있고, 언어는 그것을 우리에게 굽히지 않고 반복할 것이기 때문이다."[141] 이런 경우에 그 그림은 우리로 하여금 주어진 논리적 문법을 취하지 않을 수 없도록 마법을 걸고, "철학의 전체 구름이 한 방울의 문법에 압축되게 된다."[142]

하나의 그림 또는 은유가 좋으냐 나쁘냐 하는 것은 그것이 **적용**되는 방법에 달린 문제이며, "철학은 언어에 의한 우리 지성의 마법 걸림에 대항하는 싸움이다."[143] 라코프와 존슨(Lakoff and Johnson)의 인기 있는 책『삶으로서의 은유』(*Metaphors We Live By*)에서 저자들은 은유적 언어의 힘을 추적하여 우리로 하여금 하나의 일을 마치 다른 일처럼 경험하는 방식 속으로 초대하고 있다. 그들의 합리적 논증은 우리가 공격이나 방어, 파괴, 적을 쏘고 쓸어버린다 등의 언어를 사용할 때 하나의 전쟁의 모양을 띄게 된다.[144] 은유는 대결과 공격성을 증폭시킨다. 그런 점에서 그림은 강력하며, 또한 동시에 유혹적이기도 하다.

바로 이런 측면에서 리쾨르의 "설명"의 기능은 양면적이다. 메타비평적 차원에서 보면 의구의 해석학은 전통적인 합리주의 기준들보다 더 급진적 효과를 발휘하는 것처럼 보인다. 위르겐 하버마스와 마찬가지로 리쾨르 역시 프로이트 등을 통해 이데올로기 비판의 "유혹적" 기능에 이끌리고 있으며, 이것이 전통적 경험주의나 합리주의 등의 접근들보다 더 진정으로 "비판적"이라는 것을 보고 있다. 하지만 실제적 측면에서 보면, 이런 급진적 효과는 텍스트의 "지시"를 텍스트 배후의 지시적 측면들이 아니라 텍스트 앞에서 투사된 것으로 보는 관점에 의해 현저하게 약화되고 만다. 리쾨르의 접근 속에는 이와 같은 일면성이 놓여 있는데, 이런 점은 화행론에서 제시하는 일부 측면들을 그가 잘 수용했더라면 피할 수 있었던 문제라고 생각된다.

4. 리쾨르의 접근과 성경해석학에의 적용

성경 텍스트에 대한 리쾨르의 접근은 키르케고르의 "간접 의사소통"과 근본적인 면에서 많은 유사성을 갖는다. 물론 리쾨르의 복잡한 이론 속에는 훨씬 더 많은 것들이 들어 있지만, 본질적인 차원에서는 텍스트의 독자가 해석들간의 갈등이 있을 수 있는 상황 속에서 오직 **결단**을 통하여 실현될 수 있는 "가능성들"과 관여하고 있다는 점을 함께 강조하고 있다. 진리는 해석을 통해 전달된 자아지식과 결부되어 있다. 이 진리에의 간접적 우회로는 상징, 은유, 내러티브를 통해 우리 앞에 **상상력의 상호주체적 세계**를 열어주는 텍스트를 통과한다. 따라서 텍스트는 독자를 개별적 자아 이상으로 인도한다.

리쾨르와 키르케고르의 차이점이 부각되는 곳이 바로 이 지점이다. 키르케고르에게 개별적 자아성은 그의 사상의 중심적 자리를 차지한다. 뿐만 아니라 리쾨르는 키르케고르보다 지식의 "객관적" 또는 설명적 측면에 더 높은 지위를 부여하고 있다. 이해의 자리 옆에는 설명이 함께 동반하고 있는 것이다. 앞 단락에서 우리의 논증의 초점은 주로 리쾨르의 일반 텍스트 이론에 관한 것이었고, 그 측면에서는 텍스트 외적 실재가 상대적으로 무시되었지만, 성경 해석학과 관련해서는 리쾨르가 역사 비평의 기교들이 비록 주된 것은 아닐지라도 필요하다는 것을 인정하고 있다.

하지만 리쾨르의 의구의 해석학과 복구의 해석학 사이의 상호작용이 우리로 하여금 성경 텍스트의 진리를 단지 인간 자아성 인지의 새 길을 창출하는 기능 이상으로 이해하고 수용할 수 있도록 만들어 주는 것일까? 다시 한번, 리쾨르 자신의 서로 다른 관찰 및 논평이 이 문제와 관련해서도 서로 다른 방향을 가리키는 것으로 보인다. 왜냐하면 이 질문에 대한 답은 상황적 맥락 속에서만 제시될 수 있을 것이기 때문이다.

리쾨르는 그의 논문 "해석학과 이데올로기 비판"에서 가다머의 해석학과 하버마스의 비판 이론 모두가 각각의 정당성을 가지고 있고, 또 양자가 서로 "상호침투적"이 될 때 가장 유익한 결과가 나올 수 있다고 지적한다. 우리 모두가 주어진 전통에 속해 있기 때문에 한편에서는 가다머의 선이해의 존재론을 인정하지 않을 수 없으며, 또 한편에서는 모든 전통이 정신분석적, 사회적 비판을 통과해야 하기 때문에 우리가 자유의 종말론을 지향하는 하버마스의 이데올로기 비판을 인정하지 않을 수 없다. 존 톰슨(John B. Thompson)의 유익한 책 『비판적 해석학』은 리쾨르와 하버마스의 관점을 비교하면서 우리가 말하는 이런 요점을 동일하게 지적해주고 있다.

그렇다면 이것이 과연 우리로 하여금 인간 "가능성"의 인식 그 이상의 자리로 나아갈 수 있도록 만들어주는 것일까? 린 폴란드(Lynn Poland)와 데이빗 클렘(David Klemm)은 이 또 다른 문제의 영역을 잘 파헤치고 있다. 결국 해석자는 가능성의 문제를 두고 **도박을 걸어야** 한다. 이 점은 리쾨르 철학에서는 **인간 의지**의 문제와 연결되며, 또한 키르케고르에게로 직결되는 문제이기도 하다.

린 폴란드는 설명과 이해의 해석적 작업이 "텍스트 의미를 구성하는 데 **가능한** 방법들 사이의 비교와 갈등"을 내포한다고 지적한다. "성경의 책들과 관련시켜 볼 때, 텍스트의 **가능한 유혹적 설명**에 관여하지 않고서는 그 어떤 전용도 이루어질 수 없다. 그런데 전용의 문제 너머에는 **진리**의 문제가 놓여 있다. 셰익스피어, 멜빌, 오든의 존재를 각각 이해하는 것이 다 참일 수 있을까? 리쾨르는 이 차원의 진리의 문제는 **해석의 작업 너머**에, **철학적 사유**의 영역에 속하는 것으로 보고 있다."[145]

데이빗 클렘 역시 리쾨르의 판단 기준이 텍스트 내적, 언어 내적 성격을 가진다는 것을 잘 지적하고 있다. 그는 이렇게 말한다. "가장 적합성 있는 읽기는 최대한 많은 세부 사항들이 하나의 전체를 구성하여 의미를 만들어내도록 하는 읽기일 것이며, 또한 텍스트가 줄 수 있는 모든 것을 이끌어내는 읽기일 것이다."[146] 이는 슐라이어마허가 강조하는 모든 해석의 수정가능성을 상기시켜주면서도 또한 그 이상의 것을 제시하고 있다.

리쾨르는 『악의 상징』 말미 부분에서 이렇게 기록하고 있다. "우리가 어떻게 '해석학적 순환'을 넘어갈 수 있을까? 이를 **도박**으로 전환시킴으로써이다. 내가 만일 상징적 사고가 가리키는 것을 따라가면 보다 나은 인간 및 만유 이해를 가질 수 있을 것이라고 도박을 거는 것이다. 이런 도박이 또한 나의 도박 자체를 검증하고 그것을 지성으로 적시는 과제가 된다."[147] 우리가 상징과 은유와 내러티브의 바탕 위에서 그와 같은 도박을 한다는 것은 "반성적 의식의 질적 전환"의 가능성을 여는 일이 된다.[148] 이런 일은 지식에 의거한 믿음이라는 전통적 방식이 아니라 "본질적으로 안셀무스적 방식"을 따르는 길이다.[149] 로레타 도니쉬(Loretta Dornisch)는 이와 관련하여 이렇게 말하고 있다. "진리의 규칙들을 적용한 이후에도 여전히 해석들의 갈등이 남아 있을 때에는, 결국 **헌신**을 할 수밖에 없다. 하나의 해석이 다른 것보다 더 좋은 의미를 준다고 **도박**을 거는 것이다. 결국 해석자는 하나의 **믿음**을 고백해야만 한다."[150]

이런 차원에서 리쾨르는 텍스트 측면의 "지시성"을 인정하고 있다. 이 때문에 우리가 앞서 2장에서 텍스트성과 신학의 주제를 다루는 자리에서도 보았던 것처럼, 리쾨르는 성경 텍스트의 "**간접 어드레스**"로서의 특성에 대한 여지를 남기고 있다. 그는 텍스트의 내용 또는 메시지를 단순한 기호학적 코드들의 상호작용으로만 보는 구조주의적 접근에 만족하지 못한다. 그는 이렇게 말하고 있다. "내가 볼 때 구조주의는 그 어떤 '메시지'를 배면에 놓인 '코드'의 단순한 '인용'으로 보는 바로 그 순간 막다른 길에 봉착하고 만다. …… 나는 모든 구조적 분석이 다 막다른 길이라고 말하는 것은 아니다. 다만 심층구조로부터 표면구조로 되돌아가는 일을 필요 없는 것으로 여기는 인식이 그렇다는 이야기이다."[151] 그는 이렇게 덧붙이고 있다. "해석학의 목적은 '텍스트 자체'가 아니다. 오히려 담론으로서의 텍스트, 또는 텍스트로서의 담론이다."[152]

이런 원리는 성경 텍스트에 대한 리쾨르의 접근 속에서 매우 명료하게 드러난다. 예수의 비유들은 수난 기사와 사이에 하나의 상징적 상호작용을 이루고 있다. 리쾨르는 이렇게 말한다. "'못 박힌 자'로서의 예수의 설교가 그의 '행위들' 및 '말씀들'에 관한 내러티브들과 함께 직조되는 순간, 하나의 **구체적 해석의 가능성**이 열리는데, 나는 이것을 '상호의미화 공간'의 수립이라고 부른다."[153] 하지만 예수의 선포가 은유 또는 "하나님의 비유" 이상일 수는 없으며, 따라서 비유적 선포 이상일 수가 없다. 그 어떤 다른 종류의 "지시"도 기껏해야 하나의 모델일 뿐이며, 이것의 자질은, 이언 램지가 말하는 것처럼, 모델들을 넘어 창의적 재진술과 재구상을 허용하는 수정자들에 의해 갖추어지게 된다. 성경적 담론 형태들은 "그 일차적 의미화 작용을 넘어서 전적 타자를 가리키는" 방식으로 "위반"을 범하고 있다.[154]

밴후저는 "리쾨르가 자신의 해석학적 의도를 칼 바르트와 매우 근접하는 것으로 생각하는 상당한 증거가 있다"라고 인정한다. 그러면서도 또한 동시에 리쾨르는 가장 근본적 측면들에서 바르트와 매우 다른 정향성을 갖는다고 지적하기도 한다.[155] 밴후저는 이렇게 말한다. "프라이나 바르트와 달리 리쾨르는 성경 내러티브를 일반 텍스트 담론 이론의 맥락 속에서 읽고 있다."[156]

리쾨르 자신의 핵심적인 선언이 『세메이아』에 수록된 그의 글 "성경 해석학" 속에 이런 방식으로 나타나고 있다. "종교적 언어가 하는 일은 **재진술**하는 일이며, 그것이 재진술하는 것은 **인간 경험**이다. 이런 의미에서 우리는 **비유들이나 잠언들, 그리고 종말론적 이야기들이 갖는 궁극적 지시가 하나님의 나라 자체가 아니라 전체로서 인간의 현실**이라고 말해야 한다."[157] 이런 점을 볼 때 우리는 리쾨르의 작업을 칼 바르트와 연결시키기보다는 노먼 페린, 단 오토 비아, 크로산 등과 연결시키는 것이 더 옳다고 본다. 그럼에도 불구하고 리쾨르 속에는 적어도 두 가지 면에서 바르트 신학의 강조점이 드러나고 있는 것을 본다. 하나는 하나님의 말씀을 독자의 시간 지평 속에서 **사건적**으로 이해하고 있다는 점이며, 또 하나는 하나님을 전적인 초월자, **전적 타자**로 보고 있다는 점이다.

루이스 머지(Lewis Mudge)는 리쾨르가 불트만보다는 바르트에 더 가깝다고 주장한다. 리쾨르에게 우리가 말씀을 듣지 못하도록 가로막는 것은, 불트만이 보는 것처럼, 신화나 상징에 반응하는 능력이 우리에게 없는 것이 아니라, 오히려 우리가 상징과 은유, 그리고 초월의 간접 의사소통을 거부함으로써 "우리 자신이 급진적 악이나 은혜로 충전된 소망 같은 실재들을 말할 수 있는 가능성을 잃어버린 것"이 문제라고 보고 있다.[158] 우리는 인간 조건을 간접적으로 밝혀주는 "진단적 기호들"(메리 게하르트의 표현대로)에 열려 있어야 한다.[159]

하지만 린 폴란드와 케빈 밴후저는 리쾨르와 불트만 사이에도 매우 가까운 유사성이 나타난다는 것을 설득력 있게 지적하고 있다.[160] 리쾨르는 이렇게 말하고 있다. "나는 불트만이 하이데거의 '길'을 충분히 따르지 않는 것을 탓하지 않는다. …… 다만 그가 지름길을 택했다는 것이 문제이다."[161] 리쾨르 자신의 해석학적 작업이, 그 자신의 말을 따르면, "불트만에 대한 거부이거나 그의 작업에 대한 보완이 아니라, 그것을 뒷받침하는 기초의 하나로" 작용한다는 것이다.[162] 결국 성경 내러티브는 인간 "존재"를 그 일차적 지시체로 가진다는 이야기이다.

리쾨르는 계시가 다섯 가지의 담론 형태로, 즉 예언 모드, 내러티브 모드, 법규 모드, 지혜 모드, 그리고 찬양 모드로 구성된다는 것을 인정하면서도, 또한 이렇게 말한다. "우리는 계시가 두 사람 사이의 의사소통이라는 이런 방식으로 완전하게 전달될 수 있다고 말할 수는 없다. 우리가 본 것처럼, 지혜는 그의 얼굴을 가리시는 감추어진 하나님과, 익명적 비 인간적 사건들의 과정을 인식하고 있다."[163] 특히 리쾨르에게 지혜 모드에 속하는 욥기는 매우 중요한 위치를 차지한다. 욥기 42:1–6에서 욥의 질문들에는 답이 주어지지 않는다. "욥이 전제하고 있는 것은 말 혹은 로고스로 전환될 수 없는 의심되지 않는 의미이다. …… 계시된 것은 그럼에도 불구하고의 소망 가능성이다."[164] 리쾨르는 이렇게 결론짓는다. "지혜의 주제는 칼 야스퍼스가 말하는 한계 상황들, 즉 고독과 실패, 고통, 죽음 같은 것들이다. …… 자신을 나타내시는 하나님은 은닉된 하나님이며, 은닉된 일들은 또한 하나님께 속한다."[165]

리쾨르에 대한 밴후저의 결론적 평가는 몇 가지 타당성 있는 요점들을 드러내어 준다. 무엇보다 리쾨르는 "하나의 신학보다는 하나의 '신앙적 철학'"을 만들어내고 있다는 것이다.[166] 그의 건설적 기여가 있다면 그것은 "나의 가능성들의 범위인 …… 상상력의 재발견" 속에 놓여 있다.[167] "하지만 리쾨르 자신이 선포자(설교자)인 것은 아니다. 그의 작업은 선포를 위한 '공간 만들기'의 보다 겸손한 작업이다."[168]

리쾨르의 해석학 속에는 밴후저가 인정하는 것처럼 깊은 양면성이 놓여 있다. 이 때문에 그에 대한 "좌파" 해석과 "우파" 해석이 마치 헤겔을 두고 헤겔주의자들이 갈라지듯이 서로 갈라질 수 있다.[169] 리쾨르에 대한 최소주의 해석의 입장에서는 칸트의 "한계" 개념 및 하이데거의 "가능성" 개념과의 관계나, 그의 철학적 목적, 즉 돈 이드의 표현대로 "인간의 이해를 통해 자아 이해를 얻으려고 하는 소크라테스적 전통" 속에서 그를 보려는 입장을 취하게 될 것이다.[170] 그러나 리쾨르는 "즉각적 의식의 주체인 좁은 나르시스트적인 '자아'"의 개인주의를 지속적으로 반대하고 있다.[171] 텍스트와의 대면은 우리의 지평을 계속 확장시키기 때문이다.

화행론의 관점에서 우리는 리쾨르 해석학의 한두 가지 문제점 및 한계들을 지적할 수 있겠지만, 동시에 이 관점에서 그의 몇 가지 기여들을 조명해볼 수도 있다. 설과 르카나티가 사건적 약속의 말에 세상을 맞추어 가는 발화적 범주의 한 예를 언급하고 있는 부분이 리쾨르의 "가능성"과 종말론적 소망의 관계에 대해 말하고 있는 것과 유사하다.[172] 언어는 창조적이다. 돈 이드는 이와 관련하여 "미래의 선존재"가 "소망"을 위한 표시가 된다고 부연한다. "이 소망은 해석학적 현상학이 가능성들 …… '가능한 것에 대한 창조적 상상력'을 밝힘으로써 열리게 되었다. …… 소망이 악에 대한 '답'이다."[173]

리쾨르는 이렇게 선언한다. "정신분석은 주체의 고고학에 그 기반을 두고 있으며, 정신의 현상학은 목적론에, 그리고 종교 현상학은 종말론에 그 기반을 두고 있다."[174] 리쾨르의 성경 해석학에서 약속의 언어, 소망의 언어, 종말론의 언어는 대단히 중요한 자리를 차지한다.

성경 텍스트를 포함한 종교의 지평은 리쾨르에게 그 안에서 상상력적 가능성이 메타비평적 해석학 이론에 근거한 비판과 들음과 인정을 통한 창조적 발전의 이중적 기능을 수행할 수 있게 하는 하나의 틀을 제공하고 있다. 리건과 스튜어트가 편집한 리쾨르 선집의 결론 부분에서 그는 해석학의 "이중적 날 또는 이중적 기능"의 주제로 되돌아오고 있다. 그가 볼 때 해석학은 "우상들을 대항하는 투쟁적 노력의 한 일환이다. …… 그것은 마르크스의 의미에서 이데올로기 비판이다. 또한 니체가 말하는 모든 이탈 및 도피에 대한 비판이다. 또한 정신분석이 말하는 유아적 성인 및 환상의 고착에 대항하는 싸움이다. …… 이것이 야훼의 말씀을 듣고 바알을 대항한 싸움에 자신을 묶어야 했던 제2 이사야의 과업이었다."[175]

또 다른 한편 해석학은 "우리를 향하여 주어진 언어임에도 우리가 더 이상 듣지 않고 있는 그것을 듣는 행위이기도 하다."[176] 이와 같은 파괴와 부름의 이중적 사건이 예수의 비유들 속에서도 동일하게 일어난다. 비유들은 "길을 잃게 함으로 다시 길을 찾게 한다. …… 내가 볼 때, 예수의 비유들을 듣는 것은 이 짧은 드라마들의 향연을 통해 드러난 새로운 가능성들을 향하여 자신의 상상력이 열리게 하는 것을 말한다."[177]

욥기의 경우도 비슷한 방식으로 "도덕적 비전을 부숴버린다."[178] 욥기의 "신랄함"은 그 어떤 문화의 그것을 능가한다. 왜냐하면 그 배후에는 비교를 불허하는 "윤리적" 하나님의 비전이 전제되어 있기 때문이다. 그런데 이런 "윤리적 비전이 행위의 가장 깊은 근저에 이르도록 침식당하고 있다."[179] 욥은 부르짖는다. "참으로 나는 …… 하나님과 변론하려 하노라"(욥 13:3). "내가 어찌하면 하나님을 발견하랴!"(욥 23:3). "전능자가 내게 대답하시기를 바라노라"(욥 31:35). 욥은 "윤리적 비전을 관통하여 믿음의 새 차원 속으로 나아가고 있다." 하지만 이는 "**검증할 수 없는** 믿음의 차원"이다.[180] 욥기 38장과 42:1–6에서 "마지막 신현은 그에게 아무런 설명도 주지 않는다. 그러면서도 이것이 그의 관점을 바꾸어 놓고 있다."[181]

욥기에 대한 리쾨르의 접근에 반응하는 많은 글들을 담고 있는 『세메이아』 1981년도 판의 서문에서 로레타 도니쉬는 리쾨르가 때로는 텍스트에 접근하기 위해 광범위한 "설명적" 도구들을 사용한다고 지적한다.[182] 하지만 실제적 차원에서 설명은 환상을 깨뜨리고 이해를 돕기 위해 사용된다. 성경 텍스트의 주된 기능은 관점형성적이며 재구상적이다. 성경 텍스트는 우리를 변혁하고 "우리의 관점을 변화시키는" 가능한 세계들을 투사하여 준다.[183]

이와 같은 변화가 텍스트 및 언어의 세계를 넘어서 실제적 사태의 정황에 관한 진리와 일치하느냐 하는 문제는 아직까지는 하나의 도박의 문제로 남아 있다. 그러할지라도 리쾨르의 설명의 기능에 대한 존중이나 메타비평적 반성에 대한 존중을 고려할 때 이 도박은 맹목적인 것이 아니라 지적인 도박이라고 말할 수 있다.

리쾨르의 핵심적 강조점은 해석학의 이중적 기능에 놓여 있다. 의구의 해석학은 인간의 욕망의 얼굴을 드러내고 우상들을 깨뜨린다. 반면 복구의 해석학은 상징들 및 상징적 내러티브 담론을 귀담아 듣는다. 그의 해석학 체계 속에 비평이 작용하지만, 이는 비평의 사막 저 너머에 놓여 있는 비평 후의 창의성에 도달하기 위한 목적을 위한 것일 뿐이다.

제11장

사회비판이론의 해석학: 사회실용적 해석학 및 해방신학과의 관계

1. 사회비판이론 해석학의 본질

사회비판 해석학은 텍스트(전통들과 기구들을 포함하여)의 표면 기능을 넘어 그 배후의 권력, 지배, 사회적 조작의 도구로서의 기능을 캐내고자 하는 접근이라고 정의할 수 있다. 하버마스의 말을 빌리자면, 사회비판 해석학은 권력이나 사회적 조작의 대상이 되는 사람들의 해방을 목적으로 삼는다는 점에서 "비판적" 해석학(이런 면은 마르크스에게 연결)이며, 또한 "심층" 해석학(이런 면은 프로이트에게 연결)이다. 가장 진정한 형태의 사회비판적 해석학 이론에서 이와 같은 해방의 효과는 해당 텍스트나 전통들의 지평을 넘어 이들이 어떻게 조작적 혹은 억압적 기능을 하고 있는지를 보여주는 하나의 메타비평적 혹은 초월적 관점을 확보함으로써 가능하게 될 수 있다.

서구 전통들 속에서 일부 성경 읽기 또는 사용의 방법들이 독자들을 변혁으로 이끌기보다는 기존의 편견들, 전통들, 태도들, 사회적 관계들 등을 재확인하는 데 쓰여 왔던 것이 사실이다. 그와 같은 맥락 속에서 사회비판 해석학은 한편에서는 잠재적 해방 및 진리의 재발견의 도구로, 또 다른 한편에서는 개인 혹은 집단적 자기기만에 맞서는 무기의 역할이 있다. 이는 독자의 해방을 가져올 뿐만 아니라, 성경 텍스트 자체의 해방을 가져오기도 한다. 롤란드(Christopher Rowland)와 코너(Mark Corner)는 그들의 공저『해방의 주해』

(*Liberating Exegesis*, 1990)에서 이런 양면적 특성을 목표로 삼고 있다.[1] 사회비판 해석학은 페미니스트 해석학이나 흑인 해석학 등의 해방의 관심을 위한 메타비평적 차원에서의 해석학적 이론의 틀을 제공하고 있다.

한편 여기에는 진정한 메타비평적 이론의 차원과 보다 실용적 차원의 해방 해석학 사이의 깊은 단절이 놓여 있기도 하다. 예를 들어서 일부 페미니스트 해석학은 "여성 독자 시각에서의" 사회실용적, 또는 내러티브적 "읽기"를 시도한다. 또 어떤 사람들은 메타비평적 차원에서의 사회비판적 이론에 의거한 페미니스트 해석학을 시도하기도 한다. 일부는 매우 모호하거나 또는 공개적으로 이론 자체를 거부하기도 한다. 예를 들어 롤란드와 코너는 한편에서는 "성경해석 문제에 관한 해방신학의 접근을 알려면 약간의 지식사회학 및 폴 리쾨르와 위르겐 하버마스의 저작들에 대한 이해가 없이는 어렵다는 것이 분명하다"라고 밝히는데,[2] 실제적으로는 그들의 책에 리쾨르에 대한 언급이 이 한 문장 외에는 전혀 나타나지 않으며, 하버마스에 관해서는 약 8줄 정도의 인용과 짧은 논평 하나가 전부이다. 그들은 책의 서두에서부터 "고도의 전문적 '신학 및 프락시스'에 대한 논의"는 아이러니한 자기모순성을 나타낼 뿐이라고 명시하고 있다. 그러면서 그들의 초점을 주로 사회–종교적 삶의 다양한 맥락들 속에서 해방 해석학의 구체적 사례 연구 중심으로 모아가고 있다.

프락시스(*praxis*)라는 말은 전문적인 용어이면서도 쓰기에 따라 의미가 달라질 수 있는 말이다. 철학적으로 이 말은 아리스토텔레스가 한편에서는 이론(*theōria*)과 대비적으로, 또 다른 한편에서는 행위(*poiēsis*)와 대비적으로 사용함으로써 그 용례가 처음 자리를 잡게 되었다. 아리스토텔레스는 이 말을 단순한 '행위'가 아니라, 실천적 이성 혹은 지혜를 가리키는 프로네시스(*phronēsis*)에 의해 인도받는 도덕적 또는 정치적 행위를 지칭하는 말로 사용하였다. 하지만 해석학에서는 칼 마르크스의 초기 철학에 나타나는 프락시스의 의미가 보다 중심적 자리를 차지하게 되었다. 이 용어는 1840년대의 그의 작품들 속에 가장 빈번하게 나타나지만, 그의 모든 작품 속에 기본적인 방법론적 개념으로 자리를 잡고 있다. 리처드 번스타인(Richard Bernstein)은 이 주제에 대한 자신의 전문적인 연구의 결론으로 마르크스에게 프락시스는 "활동,

생산, 노동 …… 혁명적 실천" 등을 이야기할 뿐만 아니라, "치열한 비판"을 의미하기도 한다고 밝힌다.[3] 이는 "사람과 그 세계에 대한 총체적이고도 일관된 이론"의 한 본질적 부분이다. 폴 애비스(Paul Avis) 역시 유사한 지적을 하고 있다. "마르크스주의가 말하는 프락시스는 …… 아리스토텔레스가 허용하는 것보다 더 긴밀하게 이론(*theōria*)에 연결되어 있다." 그것은 "행위(*poiēsis*)에 의존"하면서도 동시에 "이론을 구체화한다."[4] 폴 애비스는 "비판적 철학"에서 이론적 측면은 "비판적 신학"에서보다 그 지위가 더 확고하다고 바르게 지적하고 있다.

위르겐 하버마스(1929년생)는 오늘날 사회비판 해석학의 이론가로서 가장 중요하고 영향력 있는 인물로 자리를 잡고 있다. 그는 1964년 이래로 프랑크푸르트에서 철학 및 사회학 교수로 일하고 있다. 그의 주된 저작으로는 『이론과 실천』(*Theory and Practice*, 독일어 1963, 영어 1973), 『인식과 관심』(*Knowledge and Human Interests*, 독일어 1968, 영어 1971), 『의사소통행위 이론』(*The Theory of Communicative Action*, 독일어 1982, 영어 1984, 1987), 『근대성에 대한 철학적 담론』(*Der philosophische Diskurs der Moderne*, 1985) 등이 있다. 이 마지막 책은 근대성과 포스트모더니즘에 대한 리오타르와의 토론을 주제로 한다.

영어권에서 하버마스에 대한 논평자들로서는 스티븐 화이트(Stephen White), 데이빗 인그람(David Ingram), 존 톰슨(John Thompson), 리처드 번스타인 등이 있는데, 이들은 모두 그의 보다 최근의 저작 속에 나타나고 있는 중요한 발전의 한 전기를 포착하고 있다.[5] 맥카티(T. McCarthy)와 게우스(R. Geuss)의 연구서들은 이런 전환을 잡아내기에는 다소 일찍 출판이 되다.[6]

포스트모더니즘은 보다 실용적이고 반메타비평적 방향의 해석학적 사고를 장려하고 있는데, 우리는 이런 점을 리처드 로티의 예를 통해 살펴볼 것이다. 이에 반해서 하버마스는 아펠(Karl–Otto Apel)과 더불어 한편에서는 도구적, 기술적 이성에 병행 또는 반대하여 상호주체적, 사회적, 의사소통적 상호작용에 뿌리를 둔 비판적 혹은 "준초월적" 사회이론을 확립하고자 하면서, 또한 동시에 인간 합리성의 보편적, 범상황적(trans–contextual) 특성을 견지하는 초월적, 메타비평적, 철학적 입장을 세워가고자 노력하고 있다.

하버마스가 맞서 싸우고 있는 딜레마는 만일 그가 실증주의나 계몽주의 이후의 합리주의, 그리고 "근대성"을 포용하는 사회 체계의 비판을 제공하고자 한다면, 그에게는 이 비판의 합당성을 부여할 수 있는 하나의 초월적 틀이 있어야 하겠다는 것이다. 그런데 만일 사회적 실천이나 의사소통적 상호작용이 그의 사회이론에서 중심적 역할을 갖는다면, 이 틀이라는 것이 근본적인 것이 될 수 없을뿐더러 심지어 "틀"이라고 말할 수 없게 될지도 모른다. 스티븐 화이트는 이와 같은 철학적 입장을 "비토대적 보편주의"라고 부른다.[7] 하지만 이런 접근에서 존재하는 불만족스러운 점이 후에 하버마스 사상의 또 다른 발전을 추동한다.

번스타인은 철학과 사회이론의 상호작용 속에서 생겨나는 딜레마를 이와 같이 날카롭게 지적하고 있다. "만일 '근대성의 병리'를 말하고자 한다면 …… 과연 무엇이 병적인가에 대한 판단의 규범적 기준이 있어야만 할 것이다. …… 우리가 이 시대에 아직도 보편적 규범적 기준을 위한 합리적 정당성을 가질 수 있을 것인가? 아니면 그런 궁극적 규범을 전적으로 임의적인 것으로 보는 상대주의, 결단주의, 정의주의(emotirism) 등만을 갖는 것인가?"[8] 사실 아도르노와 호르크하이머가 가졌던 질문이 이와 같은 것인데, 이에 대해서는 잠시 후에 다시 언급하도록 하겠다. 하버마스의『인식과 관심』에서 다루고 있는 문제도 바로 이런 것이며, 그의『의사소통행위 이론』에서도 보다 발전된 대답과 함께 이 문제를 다루고 있다.

자신의 초기 저작들에 대한 하버마스의 유보적 입장을 우리가 고려해야 하겠지만, 그럼에도 불구하고『인식과 관심』에서는 가다머, 리쾨르, 판넨베르크, 아펠, 로티 등의 해석학 이론과 유사한 방식으로 실증주의적 지식 이론에 대한 근본적 비판이 이 책의 주종을 이룬다. 아울러 이 책에서는 그의 다른 책들 속에도 나타나게 될 해석학에 대한 비판도 부각되고 있다. 즉, 해석학의 "보편성"과 관련된 가다머의 주장에 대한 그의 범주적 부정(이는 로티에 대해서는 더욱 그러하다)이 나타난다. 하버마스는 이와 같은 해석학 비판을 "메타해석학"(meta-hermeneutics)이라고 부른다.[9] 이런 논의는 1971년의 그의 논문

"보편성에 대한 해석학적 주장"(The Hermeneutic Claim to Universality) 속에 잘 나타나고 있다.[10] 여기에서 하버마스는 리쾨르와 한편에서는 공조적으로 또 한편에서는 그와 차이점을 드러내면서 정신분석과 해석, 언어 등의 상관 관계 문제를 프로이트와 알프레드 로렌쩌(Alfred Lorenzer)를 들어서 논의하고 있다. 하버마스는 가다머의 해석학적 이해의 본질에 관해 기본적으로는 공감하고 있지만, "언어적 전통이 존재론적으로 불가피하게 우선적 자리를 가지며 …… **모든 가능한 비판 위에** 언어적 전통의 존재론적 우선권이 있다"라는 그의 주장에 대해서는 반대하고 있다.[11]

하버마스가 볼 때 가다머의 가장 근본적인 결점은 그의 사회에 대한 이해 속에 있다. 가다머는 "권위가 근거하고 있는 합의는 **외부 압력(force)에 대해 자유롭게** 일어나고 발전한다"라고 전제하지만, "왜곡된 의사소통의 경험에 의거해볼 때 이와 같은 전제는 모순된다."[12] 막스 베버는 어떻게 외부 압력이 기구적 권위로 "정당화"되는지 잘 보여주고 있으며, 칼 마르크스 등의 저작들은 "심층 해석학"의 필요성을 잘 보여준다.[13]

해석학 이론에 대한 이와 같은 하버마스의 평가를 바탕으로 그의 저서 『인식과 관심』를 좀 더 자세히 살펴보도록 하자. 이 책의 서문에서 하버마스는 인식론의 비판이 필요하다는 것을 역설한다. 하지만 이는 해석학적 비판 이상이다. 이와 같은 "급진적 지식 비판은 오직 사회 이론으로서만 가능하다."[14] 하버마스가 말하는 사회적 인식 틀은 마르크스에게 내재되어 있지만, 그러나 마르크스의 사상이나 마르크스주의 자체는 아니다. 후에 하버마스가 헤겔에 대한 마르크스의 "메타비평"을 본격적으로 다루는 자리에서, 그는 "노동 또는 작업이 인간 존재의 범주만이 아니라 인식론적 범주이기도 하다"라는 관점에 동의를 표하고 있다.[15]

이런 접근이 가능한 것은 하버마스가 인간 주체의 인식적 활동을 가능하게 하는 형식과 범주들에 대한 "비판"을 확립하려 할 때 칸트와 헤겔, 마르크스를 따르고 있기 때문이다. 헤겔은 역사 발전의 변증학이라는 관점에서 칸트의 가능성의 초월적 조건들에 대한 인식을 발전시키고 있다. 마르크스는 포이어바흐와의 교류 가운데서 헤겔의 이성, 또는 정신(*Geist*)을 사회적 삶 속에 드러난 필요와의 관계에서의 노동 및 생산이라는 물질적 범주로 전환시켜 놓았다. 『정치경제 비판 입문』(*Introduction to the Critique of Political Economy*, 1859)에서 마르크스는 이와 같이 핵심적으로 진술한다. "인간의 존재를 결정짓는 것은 그 의식이 아니라 오히려 **그들의 의식을 결정하는 그들의 사회적 조건**이다."[16] 이 사회적 조건이 사람들의 지식의 방식을 결정짓는 하부구조 역할을 한다는 것이다. 이와 같은 원리는 흔히 현대 지식 사회학의 출발점으로 간주되고 있다. 지그문트 바우만(Zygmunt Bauman)은 이러한 마르크스주의 원리를 가리켜 "사회학으로 변환된 해석학 프로그램"이라 부르고 있다.[17]

하버마스의 비판이론에서 지식과 해석학의 관계는 훨씬 더 복잡하다. 그는 근본적으로 세 가지 인식상의 관심들(interests)을 구분하는데, 기술적, 실천적, 해방적 관심들이 그것이다. 그는 이렇게 말한다. "경험적–분석적 과학의 접근에서는 기술적(technical) 인식상의 관심들을 취합하며, 역사적–해석학적 과학에서는 실천적(practical) 인식상의 관심들을, 비판적 과학에서는 해방적(emancipatory) 인식상의 관심을 취합한다."[18]

경험적 혹은 실증주의적 지식도 그것을 하나의 지식의 유형으로 보는 한에서는 과학 안에서의 한 방법으로의 지위를 인정한다. 번스타인이 지적하는 것처럼, "이것이 모든 형태의 지식의 정경적 표준처럼 취급되어서는 안 된다."[19] 하버마스는 이런 점에서 "설명" 혹은 경험적 검증을 "이해"와 대비되는 지식의 한 유형으로 상대화시키는 해석학적 전통을 따르고 있다. 다른 곳에서 그는 과학적 방법을 전체 실재 이해의 "방법"으로 혼동하는 잘못된 객관주의를 공격하는 가다머의 해석학에 공감을 표하고 있다. 하버마스는 이렇게 말한다. "실증주의는 과학주의의 원리와 함께 서기도 하고 넘어지기도 한다. 이는 즉 지식의 의미가 과학이 무엇을 하느냐에 따라 정의된다는 원리이다."[20] 하지만 실증주의적 지식은 오직 도구적 관심들에 대한 대답을 줄 뿐이다. 하버마스는 콩트의 실증주의의 한계를 지적할 뿐만 아니라, 이런 한계를 잘 인식하고 있었던 퍼스(C. S. Peirce)와 딜타이조차도 "실증주의의 주문 아래에 놓여 객관주의로부터 전적으로 벗어나지는 못하고 있다"라고 지적한다.[21]

그럼에도 불구하고 딜타이는 선이해와 또 그것을 가능하게 하는 "상호주체적 참조틀"을 전제로 하는 역사적-해석학적 이해의 유형을 열고 발전시켰다.[22] 하버마스는 딜타이가 해석학적 이해와 "삶"을 결합시킨 일을 높이 사고 있다. 상호주체적 교류는 언어와 행위 양면에 걸쳐서 타인에게 영향을 미친다. 이 측면에서 아펠과 마찬가지로 하버마스는 후기 비트겐슈타인에게 건설적인 방향으로 호소하고 있다. "언어와 행위는 각각을 상호적으로 해석한다. 이런 관점은 비트겐슈타인의 언어 게임 개념으로 발전되었다."[23]

하버마스는 해석적 혹은 상호주체적 관심들(interests)을 위한 해석학의 역할을 인정하고 있다. 여기에서 목표는 실증주의적 과학의 "기술적" 관심(interest)과는 달리 상호주체적 이해(understanding)와 사회적 협력 또는 하버마스가 말하는 "실천적" 관심(interest)이다. 하버마스가 사용하는 용어들은 부분적으로는(전적으로 그렇다고 볼 수는 없지만) 가다머가 "아리스토텔레스의 해석학적 의의"라는 표제 아래에서 다루고 있는 것들과 공통점을 가진다.[24] 아리스토텔레스의 테크네(*technē*)는 물질적 생산 행위와 관계있다. 프락시스(*praxis*)는 인간적 의사소통과, 그리고 프로네시스(*phronēsis*)는 비판적 자아성찰과 관계있다.

하지만 하버마스는 딜타이와 하이데거의 해석학적 전통과는 다른 길을 걷고 있다. 해석학적 이해가 초월적 비판, 특히 사회적 비판을 필요로 한다고 보는 점에서 그러하다. 전통들 속에는 사회적 강제나 인식론적 왜곡이 구축되어 있을 수 있기 때문에 이와 같은 사회적 비판이 필요하다. 하버마스는 철학적 입장에서는 아펠과, 또 신학적 측면에서는 판넨베르크와 유사한 메타비평적 접근을 시도하고 있다. 리쾨르의 '의구의 해석학'은 정신-사회 비판이라는 측면에서 유사성을 가지기도 하지만, 은유와 이야기와 관련하여 그 효과성의 측면에서는 앞 장에서도 보았던 것과 같은 양면성이 있다. 하버마스의 메타비평적 접근은 사회이론과 실천을 통합시킨다. 한편에서는 이데올로기 비판으로서, 이 비판적 접근을 통제하는 '관심'(interest)은 해방적(emancipatory) 관심이다.

리쾨르와 마찬가지로 하버마스는 자신의 비판적 접근의 원천을 프로이트와 알프레드 로렌쩌의 프로이트식 정신분석에서 찾고 있다. 이 접근은 마르크스주의 사회이론이 추구하는 '자유'의 요구와 그 맥이 통한다. 하버마스는 이렇게 말한다. "정신분석 이론은 억압된 내용들의 **자유롭고** 공개적인 의사소통을 가로막는 압제적 힘의 경험에서부터 출발한다. ……무의식적 충동들은 기억되기를 원치 않는다."[25] 하버마스는 억압에 대한 프로이트의 이론이나 꿈의 해석과 관련하여 매우 상세한 논의를 하고 있는데, 이런 점은 리쾨르의 『프로이트와 철학』과 부분적으로 유사한 측면이 있다.[26] 비판이론의 틀은 '심층 해석학'의 형태를 지니는 것을 볼 수 있다.[27]

하버마스 비판이론의 또 다른 원천은 니체와 마르크스이다. 하버마스가 볼 때 마르크스의 한계는 "권력과 이데올로기가 왜곡된 의사소통이라는 것을 보지 못했다는 것"이다.[28] 그럼에도 불구하고 그는 비판적 자기반성의 핵심 목적이 "실질화된 권력 의존"으로부터의 자유라는 것을 보았다. "자기반성은 해방적 인식상의 관심에 의해 결정된다."[29] 이런 점이 하버마스의 『인식과 관심』의 핵심적인 논지이다.

데이빗 인그람은 하버마스가 보다 최근의 저작들 속에서 "비판적 사회이론을 인식상의 관심 위에 정초시키고자 하는 시도를 거의 포기했다"라고 지적한다.[30] 『인식과 관심』 둘째 판에 붙인 후기에서 하버마스는 이 책에 대한 자신의 불만족을 토로하고 있다. 두 가지의 긴밀하게 연관된 문제들(번스타인은 두 "주된 결함"이라 부르고 있다)은 하버마스의 자기반성적 비판의 본질이 무엇이냐 하는 것과 또 그 지위가 무엇인가 하는 점이다. 이 비판이 과연 진정으로 초월적이라 할 수 있는가? 아니면 이것이 사회이론으로부터 출발하고 있다는 점에서 상황적 내지는 귀납적 성격의 것이 아닌가?[31] 어떻게 하나의 특정 형태의 사회적 혹은 정치적 투쟁에의 참여를 필연적 혹은 보편적 지식 기반 위에서의 초월적 반성과 동일시할 수 있는가? 하버마스는 자신의 "후기"에서 이런 고민을 이와 같이 표현하고 있다. "우리가 경험의 이론적 틀을 벗어나지 못하면서 …… 지식의 '초월적' 기반을 이야기한다는 것은 과연 어떤 의미에서인가?"[32]

이런 고민을 담고 있다고 해서 그의 『인식과 관심』이 사회비판적 해석학에 더 이상 도움이 되지 않는 것은 아니다. 오히려 그 반대이다. 이 책에서 다룬 논제들이 보다 최근의 하버마스의 두 권으로 된 책 『의사소통행위 이론』에서 보다 날카로운 방식으로 다시 다뤄지고 있다. 그의 이전 책의 대화 상대자들은 주로 비판 철학자들(칸트, 헤겔), 실증주의자들(콩트), 해석학 이론가들(딜타이), 정신–사회 메타비평가들(프로이트, 마르크스, 니체) 등이었지만, 보다 최근의 책에서는 두 가지 다른 영역에 보다 상세한 관심을 기울이고 있다. 하나는 사회이론과 인간 합리성의 관계 문제를 막스 베버와 탈콧 파슨스(마르크스와 뒤르케임을 포함하여)를 대화상대로 삼아 심도 있게 다루고 있으며, 또 하나는 영미쪽에서 일어난 화행론(speech–act theory)에 관심을 기울이면서, 후기 비트겐슈타인과 오스틴, 그리고 설 등과의 대화를 발전시키고 있다. 우리는 이제 이 두 영역에서의 하버마스의 사상의 전개를 추적해보기로 한다.

2. 하버마스의 의사소통행위 이론의 이중적 맥락 및 성경해석과의 연관성

흔히 하버마스의 "언어적 전환"이라 부르는 중요한 한 전기의 본질 및 결과를 보다 잘 이해하기 위해서는 우선 그의 "해방적 비판"의 배경이 되는 헤겔과 마르크스, 그리고 아도르노와 호르크하이머 같은 프랑크푸르트 학파와의 관계를 살펴볼 필요가 있다. 이 배경의 핵심 낱말은 '실천'(*praxis*)이며, 그 아래에서 언어, 이해, 사회적 실천의 상관관계에 관한 그의 논의가 펼쳐졌다.

사회비판적 해석학이나 해방신학에서 핵심적 자리를 차지하는 "자유" 또는 "해방" 같은 개념들은 마르크스에게 많이 빚지고 있다. 마르크스는 헤겔의 사회적 상대자와 인간 지식의 상호관계의 변증법을 수용하고 있다. 헤겔은 "자의식이란 …… 알아줌이나 인정받음을 통해서만 존재한다"라고 말한다.[33] 이와 같은 "인정"을 얻기 위해 하나의 의식이 다른 하나를 "지배"하려 하는 것으로 헤겔은 보고 있다. 지배받는 자, 즉 노예는 주인을 위하여 그들이 쓰는 물품들을 생산한다. 하지만 변증법적 부정을 통해 이 노예는 바로 그 노동의 과정 속에서 자기이해에 이를 수가 있게 된다.[34] 자아 바깥의 통제력에 의해 강제된 행동은 '소외'를 낳는다. 그러나 자기 스스로의 동기나 확신에 의한 행위는 '자유'를 증진시킨다.

마르크스는 1844년의 파리 수고(Paris Manuscripts)에서 헤겔의 『현상학』(*Phenomenology*)에 나타나는 이와 같은 부정의 변증법 속에 '노동'의 본질에 대한 진정한 개념설정이 이루어지게 되었다고 지적한다.[35] 경제적, 사회적 체계들이 소외라는 형태의 갈등을 야기하고, 권력이 지배적이요 적대적인 것이 될 때, 소외된 형태의 노동 및 생산이 그 가려진 모습을 드러내게 해야만 한다는 것이다.

해석학 이론의 관점에서 볼 때, 불트만의 "탈객관화" 프로그램으로 이어지는 실존주의 철학의 "탈인격화" 개념과, "탈이데올로기화" 프로그램으로 이어지는 마르크스 및 베버식의 "소외" 개념은 기본적 유사성을 가진다는 것을 지적하지 않을 수 없다. 소외를 일으키는 사회–경제적 구조 및 기제들을 벗기는 해방의 과정을 가로막는 것은 다름 아닌 이데올로기들이다. 이데올로기들은 사회적 차원에서 결정되며, 외부적 혹은 기정화된 이해들을 보호하고 정당화하는 기능을 한다. 따라서 해방의 변증법은 이데올로기 비판을 포함하지 않을 수 없다. 이를 통해 이데올로기가 사회적 압제의 한 수단이며, 사회적 구성요소들로 쌓아올린 하나의 신화라는 것을 폭로하는 것이다.

이와 같은 "해방적" 비판의 작업은 프랑크푸르트 학파에 의해 보다 심도 있게 추구되었는데, 이에 속한 사람들로는 테오도르 아도르노(Theodor Adorno, 1903–1969), 막스 호르크하이머(Max Horkheimer, 1893–1973), 헤르베르트 마르쿠제(Herbert Marcuse, 1898–1979) 등이 있다. 하버마스는 1956년에 아도르노의 조수로 여기에 가담하게 된다. 아도르노와 호르크하이머는 계몽주의식 합리주의가 "기술적" 과학이 자연 세계의 예속으로부터 인간을 자유롭게 한 것에 비견될만한 사회적 권력 및 지배 관심의 압제로부터의 해방을 가져오는 데는 실패했다고 지적한다. 하지만, 프랑크푸르트 학파의 비판적 작업의 한계는 **비판 그 자체의 합리성**을 충분히 설명할만한 철학적 혹은 사회적 이론을 제시하지는 못하였다는 데 있다. 하버마스가 볼 때 이들의 작업은 이와 같은 메타비평적 문제를 해결하기보다는 오히려 심화시켜 놓았다.

하버마스는 그의 친구요 동료인 칼–오토 아펠과 함께 후기 비트겐슈타인과 오스틴에 의해 개진된 언어철학에 관심을 돌리게 된다. 아펠은 그의 『분석적 언어철학과 인문과학』(*Analytical Philosophy of Language and the Geisteswissenschaften*, 1967)에서 이미 후기 비트겐슈타인과 해석학 전통 사이에 유사성이 있다는 것을 논한 바 있다. 하버마스는 『의사소통행위 이론』에서 "사회과학의 정초를 의사소통 이론에 놓는" 패러다임 전환이 있어야 한다는 것을 강조한다.[36] 그는 "의사소통 행위의 세 뿌리들"로 그 내용적(propositional) 측면, 발화수반행위의(illocutionary) 측면, 그리고 표현행위(expressive) 측면을 들고 있다.[37] 이런 점은 명확하게 화행들에 관한 오스틴의 연구를 반영하고 있으며, 좀 더 넓게 보면 후기 비트겐슈타인의 접근과도 연관성을 갖는다.[38]

하버마스의 『의사소통행위 이론』의 핵심 논제는 **사회적 실천과 상호주체성, 언어, 그리고 체계 사이의 연관관계**를 언어적–행동적 범례의 관점에서 살피고자 하는 것이다. 비트겐슈타인과 오스틴의 화행론적 접근을 포함하여 해석학적 전통의 강조점은 화자와 그 상대의 주체성에 놓여 있다. 이들은 공유된 지평과 공통의 행동 정황들로 구성된 하나의 생활세계를 나누는 행위자들이다. 또 다른 한편에서 보면, 언어와 사회적 실천은 이와 같은 상황적 주체성을 초월하는 하나의 체계에 관한 문제이기도 하다. 이 두 측면은 방법론상의 큰 분기점을 형성하는 문제이기도 한데, 단지 언어이론(화행론과 해석학 대 구조 및 기호학 이론)에서만 그런 것이 아니라 현대 사회학(해석학적 가치지향적 접근 대 구조–기능적 준 객관주의적 접근)의 서로 다른 전통들 속에서도 그러하다. 기능적 체계 측면에서 하버마스에게 가장 큰 영향을 준 것은 탈콧 파슨스(Talcott Parsons, 1902–1979)의 사회학 이론이다.

하버마스는 『의사소통행위 이론』을 통해 사회 이론과 인간 합리성의 관계에 대한 사회학적 문제에 답을 던지려 하고 있다. 이와 관련하여 번스타인은 이렇게 지적한다. "이 책은 하버마스의 오랜 확신, 즉 비판이론은 철학적 측면과 과학적–경험적 분석의 측면을 함께 아울러야 한다는 확신을 반영하고 있다. …… 그는 어떻게 마르크스, 베버, 뒤르케임, 미드, 루카치, 호르크하이머, 아도르노, 파슨스 등이 합리성 및 합리화 과정에 대한 전적 이해에 근거하여 총체적 사회학 이론을 형성하는 데 각각의 기여를 하고 있는지를 보여줌으로써 자기 자신의 기본적 이론을 세워가고 있다."[39]

"생활세계"(또는 해석학적 측면)와 "체계"(또는 과학적 측면)의 분리는 그 고전적 형태가 막스 베버(Max Weber, 1864–1920) 속에 잘 나타난다. 베버는 딜타이의 해석학 이론과 씨름을 하면서, 도구적 이성이 생활세계 내부에서 작용하는 것이지 밖으로부터 그것을 평가할 수는 없다는 것을 바르게 간파하였다. 하지만 그는 계량화와 통계적 기술(description)과 같은 가치중립적 방법에 집중하였고, 합리성의 개념도 도구적 이성 차원으로 제한하였다. 그는 사실–가치 사이의 이원론을 해결하지 않고 그대로 남겨 놓았다. 지그문트 바우만은 이와 관련하여 이렇게 지적하고 있다. "그는 사회학을 역사적 해석학의 문제에 대한 해결책으로 제시하고자 했지만, 이렇게 하는 과정에서 그는 역사적 이해에 의해 제기된 모든 과제들을 푸는 방법으로 경제학의 패턴을 따르는 사회학적 방법을 취하게 되었다."[40]

베버의 접근은 세 가지 부류의 반응을 이끌어냈다. 첫째는 게오르그 루카치(Georg Lukács)의 반응인데, 그는 계몽주의식 합리주의의 상대화를 통해 자신의 마르크스주의적 사회이론을 확립할 수 있다고 보았다.[41] 두 번째는 아도르노와 호르크하이머의 반응으로, 이들은 베버의 작업을 근대의 병리에 대한 진단의 방법으로 발전시켰다. 세 번째는 탈콧 파슨스의 반응인데, 위의 두 경우와는 매우 다른 방향으로의 발전이다. 파슨스는 기능적 접근을 보다 확대하여 하나의 일반적 체계이론으로 정립하고자 하였다. 이것이 합리성에 대한 그의 견해의 작업 기초를 제공한다. 파슨스에게 합리적인 것이란 역사적, 상황적인 것이 아니라 형식적, 논리적인 것을 의미한다. 해석학과 사회과학의 관계를 다루는 글에서 바우만은 이런 접근을 후설의 프로그램의 논리적 확장이라고 지칭하면서 이렇게 말하고 있다. "파슨스는 본질적으로 주관적인 인간 행위가 객관적으로 이해될 수 있는 것으로 인식하고 있다. …… 인간 행위의 초월적 구조에 대한 현상학적 탐구는 파슨스식의 사회 체계 모델 전체에 대한 유일하고도 견고한 기초를 제공한다."[42]

하버마스는 그의 모든 작업 가운데서 언어와 행위의 상호작용의 모델을 탐구함으로써 타당성의 요소들을 포용하려고 한다. 그는 비트겐슈타인과 오스틴뿐만 아니라 조지 미드(George H. Mead)의 실용주의적 사회 심리학까지도 포용하고 있다. 우리가 어떤 말을 한다는 것은 하나의 행위를 수행하는 것이며, 이와 같은 언어적 행위의 수행은 주어진 어떤 전제들에 의존하여 이루어진다. 이 전제들은 삶 속에서의 사회적 역할과 관련되어 있다. 이런 점에서 하버마스는 미드의 작업에 주목하고 있다. "미드는 **사회적 역할**이라는 개념을 그룹 멤버들로 하여금 어떤 주어진 상황 속에서 서로의 행위들을 기대하도록 **지위를 지우는** 규범의식과 연계시키고 있다."[43] 하버마스가 볼 때 언어는 단지 "이해에 이르는 기능"만을 가진 것이 아니라 "행위를 조정하고 행위자를 사회화하는" 기능까지를 갖는다. "**이해에 이르게 하는 기능**의 측면에서 의사소통적 행위는 **문화적으로 축적된 지식의 전수** 역할을 한다. …… **조정행위**의 측면에서 보면 이 동일한 의사소통적 행위가 어떤 주어진 상황에 부합되는 **규범의 성취** 역할을 하기도 한다."[44] 언어적 의사소통의 수단을 통해 사회적 통합이 일어나기도 하는 것이다.

하버마스 사회이론의 이와 같은 "언어적 전환"은 두 가지 연관된 보완점들을 보다 명료하게 드러낸다. 한편에서 언어는 **사회적 행위자**의 행위라는 측면이다. 이런 관점에서 보면 모든 것을 체계로 이해하려는 것은 일방적이고 불완전할 수밖에 없다. 체계는 인간 행위자의 측면과 상황적 해석학의 측면을 무시하는 경향을 갖는다. 또 다른 한편에서, 우리는 **체계의 도움 없이는 생활세계 속에서의 상호인격적 언어게임을 초월적 관점에서 비판적으로 이해 또는 평가할 수 없게 된다**. 이 두 가지 축은 인간 합리성의 각기 다른 영역을 반영한다.

하버마스에게 "의사소통적" 합리성은 "목적지향적" 합리성과 구분된다. 그는 여기에서부터 몇 가지 근본적인 사회비판적 함의들을 도출하고 있다. 생활세계는 상호인격적 이해와 상호협력적 행위의 해석학적 차원과 연관되어 있다. 이런 측면은 가다머가 강조하는 대화 및 의사소통의 해석학적 성격과 일치를 이루며, 또한 필자의 『두 지평』에서도 상세히 논의했던 것처럼 후기 비트겐슈타인의 언어게임과 삶의 형태, 전통의 바탕이 되는 행위 패턴들 사이의 연계성 강조와도 일치를 이룬다.[45] 하지만 이와 같은 해석학적 차원은 단지 심리–사회적 비판 차원에만 머물 수는 없다. 상황적–행위적 측면들이 이를 초월하는 보다 넓은 체계 속에서 점검될 필요가 있다. 체계는 이데올로기적, 사회적 비판을 위한 하나의 틀을 제공한다. 우리가 생활세계 차원에만 머무르게 되면 언어와 행위의 표면적 전달 그 자체가 전부인 것처럼 보일 수 있다. 하버마스는 이와 관련하여 이렇게 말한다. "의사소통 행위자들이 수행적 자세만을 고집하는 한, 그들의 의사소통의 체계적 왜곡을 그들은 알 수 없게 된다."[46]

하버마스는 우리가 체계를 생활세계와 혼동하거나, 또는 생활세계 지평 안에만 머무르게 될 때, 우리는 어떤 "가공물들"을 탐지하지 못하게 된다고 지적한다. 데이빗 인그람은 이를 다른 말로 표현하여, 우리가 비판적 사회 체계의 관점에서 볼 때 "의미의 상실 …… 존중의 결핍 …… 규범 없는 동기 …… 허무주의, 소외, 신경증" 등으로 간주될 수 있는 것들을 탐지할 수 없게 된다고 말한다.[47] 체계가 없이는 우리는 마치 언어가 그 자체로 투명하며 표면의미를 그대로 전달하는 것인 양 착각하기 쉽다. 뿐만 아니라 우리는 화행의 주체들 또는 행위자들이 그들을 몰아가는 동기들 또는 강제들에 대해 전적으로 잘 알고 있다고 무비판적으로 믿기 쉽다.[48] 이는 다름 아닌 순진무구의 해석학(hermeneutics of innocence)이 될 것이다.

따라서 체계는 인간을 억압 또는 주관하면서 자유를 빼앗고 소외를 가중시켰던 외적 강제들을 노출시키는 기능을 갖는다. 이런 강제들은 시장 경제와 관료주의적 조직의 힘을 포함하기도 한다. 이에 반해서 진정으로 공유된 가치들을 중심으로 하는 실제적 조직화의 행위는 생활세계에의 참여에 의존한다. 생활세계는 체계로 환원되어서는 안 된다. 역으로 체계가 생활세계로 환원되어서도 안 된다.

하버마스는 이와 같은 구도를 바탕으로 사회 역사와 '근대성' 속에 나타난 압제와 소외 현상들에 대한 사회적 진단을 시도한다. 부족 사회로부터 국가 중심적 문화로의 이전 과정 가운데서 생활세계와 체계 사이의 본래적 통일이 깨지기 시작하고, 근대 사회에 와서는 체계와 생활세계 사이의 점진적 "결별"이 일어나게 된다.[49] 이런 상황 속에서 보다 자율화된 하부조직들이 관료주의적 정부 조직들, 시장 경제, 일부 그룹의 배타적 이해관계를 기반으로 하는 법률 등의 형식으로 나타나게 된다. 부족 사회 속에서는 "체계적 조직들이 사회적 통합을 위한 효율적 기구들과 아직 분리되지 않았다."[50] 여기에서는 사회적 '역할'의 개념이 문제시되지 않았던 것이다. 그런데 부족 사회 속에서의 성이나 나이 등에 의거한 보다 "상대화된" 차원의 사회적 역할이, 후대의 문화가 생산 과정 지향적이 됨에 따라 사회–경제적 "직위의 권위" 개념으로 변화되어서 사람의 개인적 "지위"를 이와 같은 생산 과정의 관점에서 인위적으로 정해지도록 만들어 놓았다.[51]

하버마스의 이와 같은 사회 분석과 마르크스주의 이론 사이에는 상당한 유사성이 존재한다. 마르크스주의 이론 역시 생산과 노동, 교환 가치, 부속된 사회적 역할 등의 관점에서 사회적 분석을 시도한다. 베버의 개념과는 다른 의미에서이긴 하지만, 자유의 본질 문제를 다룰 때 사회–경제적 요소들을 우선적 자리에 놓는 것은 이들의 공통적 특징이다. 하버마스는 체계적 명령들이 근본적으로 "자유와 정의를 보장하는 정책 규범들과 조화를 이룬다"라는 생각은 "정치 경제학의 고전들"이 배양한 "환상"이라는 마르크스의 주장에 동조한다. 하버마스가 볼 때, 마르크스는 자본주의 경제구조가 "부르주아 이상을 흉내 낸" 규범 또는 법률들을 그 밑바닥에 깔고 있다는 것을 밝혀냈다.[52]

사회적 역할들을 바탕으로 한 사회적 상호작용의 일환으로서의 화행 개념으로 언어를 이해하는 것은 마르크스주의 사회이론에 일치할 뿐만 아니라 보다 견고한 기초를 제공하기도 한다. 소비에트 사회주의 철학자인 볼로치노프(V. N. Vološinov)는 마르크스–레닌주의 원리들에 의식적으로 부합하는 언어철학을 제시한 바 있다. [이 볼로치노프가 바흐친(M. M. Baxtin)과 동일 인물인지에 대해서는 잠시 후에 간단하게 언급할 것이다.] 볼로치노프는 딜타이의 해석학에서 많은 유용성을 찾고 있다. 하지만 그는 딜타이가 "의미의 사회적 성격에 대해서는 다루지 않는다"라고 비판한다.[53] 그는 이렇게 주장한다. "의식이란 사회적 상호작용 가운데서 조직된 그룹이 만들어낸 일단의 기호들 안에서 그 존재와 양식을 형성한다. …… 모든 형태의 발화의 교류는 사회적 상황이라는 조건과 대단히 밀접한 연관성 속에서 이루어진다."[54]

우리가 볼로치노프의 책을 읽어가면 갈수록 하버마스의 『의사소통행위 이론』에 나타나는 기본적 논지들이 상당 부분 예고가 되어 있음을 알 수 있다. 볼로치노프는 언어에 대한두 가지 다른 접근 방법을 구분하고 있다. 하나는 언어를 행위로 보는 것이다. "언어는 행위요, 개별 화행들 속에서 실현되는 …… 끊임없는 창조의 과정이다."[55] 다른 하나는 언어를 체계로 보는 시각이다. "언어는 규범적으로 동질적인 언어 형태들의 안정된 체계이다."[56] 이 양자는 각기 다른 하나를 배제하고서는 온전할 수 없는 관계이다.

볼로치노프는 소쉬르와 행동주의 관점에서의 사회–윤리적 문제들을 상세히 다룬 후에 이와 같은 핵심적 결론을 제시하고 있다. **"언어-담화의 실제적 실체는 언어적 형태들의 추상적 체계나, 고립된 독백 발화가 아니다. 그것은 또한 정신신체학적 행위의 수행도 아니다. 오히려 그것은 단일 발화 또는 발화들을 통해 수행된 사회적 상호작용의 사건이다**. 따라서 구두적 상호작용이 언어의 기본적 실체이다."[57] 볼로치노프는 여기에서 한걸음 더 나아간다. 언어적 탐구의 과제에는 세 가지 양태가 있다는 것이다. 첫째는 언어의 "형식 및 유형들"을 탐구하는 것이다. 둘째는 "발화 수행들"을 살피는 것이다. 그리고 세 번째는 "언어적 형식들의 이와 같은 새 기초를 그 일상적 언어 사용의 맥락 속에서 재검토"하는 일이다.[58] 이렇게 할 때 언어적 형식들이 "사회적 관습이나, 사회적 정황 …… 공휴일이나 노는 시간 …… 일터 …… 노동의 과정이나 판매의 과정" 등과 어떤 관계를 맺고 있는지 분명하게 드러나게 된다는 것이다. 볼로치노프는 결론적으로 "마르크스주의 언어철학은 말을 언어–담화로, 그리고 사회학적 구조물로 보는 관점 위에 세워져야만 한다"라고 주장한다.[59]

하버마스는 철학, 사회학, 언어이론 등에서 매우 광범위한 배경들로부터 자신의 생각을 풀어내고 있지만, 이상하게도 그의 『인식과 관심』이나 『의사소통행위 이론』 그 어느 곳에서도 볼로치노프의 글을 언급하지 않는다. 이런 점은 볼로치노프의 정체와 관련하여 다소 아리송함이 있다는 것이 이유가 되지 않는다. 이바노프(V. V. Ivanov)는 1973년에 우리가 위에서 살핀 이 책의 저자가 사실은 바흐친(M. M. Baxtin)이라고 주장한다. 볼로치노프의 이름이 바흐친(Baxtin, Bahtin, Bakhtin)과 교체 사용되고 있다는 것이다. 하지만 이 책의 1986년판 번역자들은 이를 수용할 수 없다고 밝힌다. 어쨌든 그 어느 형태의 이름도 하버마스의 책들 속에는 언급이 되지 않는다.[60]

지식의 초월적 조건들 및 합리성의 기초에 관한 하버마스의 사회비판적 결론들은 볼로치노프의 그것과는 차이가 있다. 뿐만 아니라 생활세계와 체계의 결별 과정에 대한 하버마스의 설명 또한 마찬가지다. 가장 근본적 측면에서 하버마스의 사회비판 이론은 그것만의 독특한 특성이 있다. 비록 볼로치노프의 접근이나 관심이 하버마스와 중첩되는 부분이 있지만, 이것이 하버마스에게 중심적 위치를 갖는 것은 아니다.

하버마스의 후기 저작은 그 성격이 해석학적이다. 그는 해석학적 이해의 과정을 상호인격적 의사소통의 모델로 취하고 있으며, 딜타이, 베티, 가다머, 리쾨르, 아펠, 그리고 후기 비트겐슈타인 등의 해석학적 함의들을 긍정적으로 수용하고 있다. 그러나 또 한편에서 하버마스의 접근은 사회비판적 해석학의 특성이 있다. 그는 생활세계의 해석학적 측면을 고려함과 동시에 사회적 체계의 관점에서 이해 및 사회적 상호작용에 대한 초월적 비판을 시도하고 있다. 이와 같은 비판적 작업은 "폭로적" 성격이 있다. 하지만 신학적 관점에서 보면 사회이론이 주장하는 지위와 관련하여 대답되지 않은 질문들을 남기는 것도 사실이다. 비교하자면, 판넨베르크의 접근은 보다 설득력 있는 메타비평적 기초를 제공하고 있다. 다만 판넨베르크의 경우는 사회비판이 갖는 보다 치열한 역동성이 떨어지는데, 이런 점은 사회비판적 해석학의 독특한 기여라고 할 수 있다.

필자의 이전 동료였던 존 로저슨(John Rogerson)은 하버마스의 체계와 생활세계의 관계 개념을 성경 해석의 한 유용한 도구로 사용한 바 있다. 종교적 합법화 과정을 전적으로 사회적 관점에서 신마르크스주의 방식의 인과론적 설명을 시도하는 노먼 갓월드(Norman Gottwald)와 달리 로저슨은 구약시대 이스라엘의 부족사회로부터 왕정 사회로의 이전을 하버마스가 사용하는 범주의 관점에서 살피고 있다.[61] 도구적 지식을 통해 다윗은 건축이나 축성, 농업 등의 부분에서 큰 성공을 이룬다. 하지만 새로운 노동체계의 구성은 기존의 부족사회 체계를 교란시키고 체계적 변화를 가져온다. 합리적 정당화가 신학적 차원에서 다윗 중심의 왕정 합법화의 방식으로 이뤄졌다. 하지만 북쪽 지역의 지파들은 집단 정체성과 생활세계를 그대로 유지하면서 새로운 합리화 체계를 수용하려 하지 않았다. "하버마스의 이론적 관점에서 볼 때 …… 정치적 통합 체계가 북쪽 지파들의 의사소통적 생활세계에는 성공적으로 먹혀들지 못했다"라고 로저슨은 지적한다.[62]

로저슨은 하버마스의 개념적 도구를 창세기와 출애굽기 기사에도 적용시키고 있다. 원초적 장면(창 1:26–2:25) 속에서 우리는 남자와 여자 사이에, 하나님과 인간 사이에 체계와 생활세계가 완벽한 의사소통적 일체를 이루고 있는 모습을 발견할 수 있다. 하지만 아담과 하와가 서로를 비난하고 고소하는 장면이나, 가인이 아벨에 대한 책임을 거부하는 장면(창 3:12, 16, 4:9–10)에 와서는 의사소통적 조화가 깨지고 있는 것을 본다. 라멕은 보복과 폭력, 분열의 악순환을 고조시키고 있으며(창 4:23–24), 바벨탑은 혼란과 분열, 분화의 상징이 되고 있다(창 11:7–9).

이와 같은 체계와 생활세계 사이의 분열이 있는 곳에는 자유가 있을 수 없다. 그런데 아브라함이 하나의 새로운 통합의 초점으로 부상되고 있다. 그리고 그 통합의 범주도 잠정적으로 보편적 성격을 가진다. 그의 선택과 복은 "땅의 모든 족속"을 위한 것이다(창 12:3). 출애굽기 기사 역시 "강한 의사소통적 잠재력"을 갖는다고 로저슨은 말한다. "하나님께서 자유케 하신 자들은 서로를 종 삼아서는 안 되며, 어려움 속에 있는 형제들에게 등을 돌려서도 안 된다."[63] 제사 및 회개의 체계들 역시 깨진 의사소통의 회복을 위한 통로이다. 의사소통적 상호작용에 바탕한 사람들 사이의 사회적 상호의존성이야말로 진정으로 "인간다운 것"이 무엇인지를 의미하는 중요한 요소 가운데 하나라는 것이다.[64]

로저슨은 이와 같은 원리를 권력추구적인 왕들과 새롭게 회복된 세상에 대한 선지자적 비전 사이의 대조 속에도 적용하고 있다. 선지자들은 주께서 "열방 사이에 판단하시며 많은 백성을 판결하시리니 무리가 그들의 칼을 쳐서 보습을 만들고 그들의 창을 쳐서 낫을 만들" 때를 바라보았다(사 2:4). 이제까지 분열되어 있던 생활세계가 체계와 다시금 재결합되는 것이 선지자적 비전의 핵심을 이룬다. 권력추구적인 왕들의 야망 속에서 **소외**를 야기시키는 하부체계들이 분열된 생활세계에 강압적으로 부과되어졌다. 이에 반해 선지자적 비전 속에서 모든 인류는 **자유**를 누린다.

로저슨이 볼 때 비록 하버마스의 이론이 관념적 성격을 가지기는 하지만, 그럼에도 불구하고 그의 이론은 하나의 작업 도구로서 유용할 뿐만 아니라, 또한 보다 급진적인 형태의 해방신학 논리들과 또 다른 면에서 시장 경제의 힘과 틀 안에서 작업을 해야 하는 성경학자들의 사회–경제적 맥락 사이에 놓인 괴리를 연결하는 하나의 통로로서도 그 유용성을 가진다.[65] 우리는 하버마스의 이론을 하나의 개념적 해석학적 설명의 틀로 사용하여서, 어쩌면 좀 더 관념적일지 모르겠지만, 신약신학의 한 주제를 다루는 데에도 이를 적용해볼 수 있지 않을까 생각해본다.

신약신학의 상황 속에서 우리는 체계와 생활세계 사이의 관계 문제를 다소 다른 각도에서 볼 수밖에 없다. 인간의 생활세계는, 16장에서 보다 자세하게 다루겠지만, 개별적 혹은 집단적 자아를 중심으로 적실성의 기준에 따라 그 형태가 이루어진다고 말할 수 있을 것이다. 상호적 의사소통의 생활세계는 신학적 관점에서 볼 때 인간의 자기관심(self–interest)에 의해 집단적 오류나 구조적 결함에 항상 노출되어 있다. 협력적 상호관계라고 해서 항상 좋은 면만 있는 것은 아니고, 때로는 이것이 집단적 자기관심에 종사하는 방향으로 작용할 수 있다. 이런 면은 생활세계에서뿐만 아니라 체계의 측면에서도 동일하게 나타난다. 사도 바울은 율법이 두 가지 체계적 기능을 가진다는 것을 간파하고 있다. 한편에서 율법은 인간의 생활세계에 대한 비판을 제공함으로써 하나의 외부적, 초월적 가치틀로서의 기능이 있다. 이런 점에서 바울이 말하는 것처럼 "율법으로 말미암지 않고는 내가 죄를 알지 못하였다"(롬 7:7). 다시 말해서 죄에 관한 한 나는 비판이전의 내러티브 단계에 머물러 있었을 것이라는 말이다. "율법은 거룩하고 …… 의로우며 선하다"(롬 7:12). 왜냐하면 율법은 인간에게 필요한 초월적 비판적 체계의 지위를 가지기 때문이다.

하지만 이런 율법의 체계가 또 한편에서는 인간의 생활세계에 갈등을 유발시키기도 한다. 바울이 말하는 것처럼 "율법이 없으면 죄는 죽은 것임이라 …… 계명이 이르매 죄는 살아나고 나는 죽었도다 생명에 이르게 할 그 계명이 내게 대하여 도리어 사망에 이르게 하는 것이 되었다"(롬 7:8–10). 인간에게 필요하긴 하지만, 그러면서도 이와 같은 자기파멸적 모순을 불러일으키는 체계에 반해서 바울은 새로운 통합, 새로운 "하나"의 창조(고후 5:17)를 가져오는 은혜의 원리를 갈파하고 있다. 바울은 이 새로운 원리를 율법의 체계로부터의 "자유"라는 관점에서 이해하고 있다(롬 8:2, 갈 5:1). 하지만 이는 펠라기우스식의 자유 이해와는 달리 아무런 생활세계라도 만들 수 있는 그런 자유는 아니다.

바울이 바라보는 자유는 성령으로 말미암아 하나님의 사랑과 목적의 종말론적 체계와 불일치로부터 일치를 향하여 나아가고 있는 의사소통적 상호성의 공동체적 생활세계가 통합을 이룰 수 있도록 생활세계에 창조적 변혁을 가져오는 힘이다. 율법 아래에서 인간의 생활세계와 법적 체계가 서로 등을 돌리고 있었지만, 하나님의 은혜는 체계가 반영하고 있는 그것을 멸하는 대신 체계와 생활세계를 새로운 하나의 변혁된 통합체로 결합시켜 놓았다. 여기에 보편적 전체로서의 복음의 치유적 갱신의 능력이 놓여 있는 것이다.

이런 관점은 하버마스의 사회 이론을 신학적 측면에서 낯설고 새로운 상황 속으로 옮겨놓은 것일 수도 있다. 어쩌면 리쾨르가 프로이트에 관해 말하고 있는 것이 여기에도 적용될 수 있을 것이다. 우리가 프로이트의 세계관에 동의하지 않고서도 그의 비판적 개념적 도구를 해석학 속에 가져와서 사용할 수 있다. 하버마스 역시 그의 사회비판적 이론 속에 그가 유익하다고 생각하는 다양한 범주의 이론들을 기꺼이 사용하고 있다. 신학적 측면에서 볼 때 율법은 인간 조건에 대한 초월적, 체계적 비판의 관점을 부여하지만, 동시에 체계와 생활세계가 분리된 상황 속에서는 율법이 궁극적 결함을 도출하기도 한다. 그래서 바울은 "율법으로 말미암지 않고는 내가 죄를 알지 못하였다"(롬 7:7)고 하며, 또한 "율법은 거룩하고 …… 의로우며 선하다"(롬 7:12)고 말하지만, 동시에 "생명에 이르게 할 그 계명이 내게 대하여 도리어 사망에 이르게 하는 것이 되었고, …… 내가 원하는 것은 행하지 아니하고 도리어 미워하는 것을 행한다"(롬 7:10, 15)라고 말하는 것이다. 그러나 은혜 아래에서 새로운 공동체가 일어나 이와 같은 분절을 극복할 수 있게 되었다. 바울은 이를 가리켜 "새 것이 되었다"(고후 5:17)라고 말하며, 또한 "너희는 그리스도 예수 안에서 하나"(갈 3:28)라고 말한다.

신약과 관련된 이와 같은 특정한 분석이 수용할 만하든 그렇지 않든 상관없이, 하버마스가 해석학에 제시하고 있는 사회비판적 개념적 도구는 메타비평적 탐구를 위하여 매우 유용하다고 말할 수 있을 것이다. 하버마스는 메타비평적 질문의 불가피성을 인정하고 있으며, 인간 행동의 공유된 세계 속에서 언어의 언어외적 전제들의 중요성을 잘 간파하고 있다. 조너선 쿨러(Jonathan Culler)가 지적하는 것처럼, 하버마스는 사회과학이 언어에 주목해야 한다는 것을 잘 내다보고 있다. 쿨러 자신의 체계에 대한 일방적 강조로 인해 하버마스의 비트겐슈타인 해석에 반감을 갖는 것이나, 합리적 "규범들"에 대한 그의 주장을 거부하는 것은 하버마스 자신의 문제는 결코 아니다.[66]

하버마스는 해석학적 판단의 준거를 위하여 초월적 기초의 탐구가 필요하다는 것을 원리적으로 잘 변호하고 있다. 그런 점에서 그의 작업은 아펠의 해석학과 많은 공유점을 가지며, 로티의 사회–실용주의적 해석학과는 엄연한 대조를 이룬다. 뒤에 가서 우리가 해방신학 및 페미니스트 이론들을 다룰 때 사회비판적 관점과 사회실용적 관점 사이의 차이가 어떤 것인지를 각각의 해석학적 효능과 힘의 관점에서 보다 구체적으로 평가할 수 있게 될 것이다. 이제 우리는 이론적 측면에서 이 양자의 비교 평가를 위하여 로티와 아펠의 사상을 나란히 살펴보고자 한다.

3. 리처드 로티의 사회실용적 상황주의 대 아펠의 초월적 메타비평

리처드 로티와 칼–오토 아펠은 넓게 보면 유사한 철학 및 철학적 전통들을 배경으로 하고 있고, 이것이 그들 각각의 해석학적 입장을 뒷받침하고 있기 때문에 이 두 사람을 나란히 놓고 비교하는 일이 결코 무리는 아니라고 본다. 물론 좀 더 자세히 들여다보면 두 사람의 사상적 체계가 가지고 있는 철학적, 사회–윤리적 함의는 매우 큰 차이가 있다. 뿐만 아니라 두 사람은 어떤 해석 공동체가 그 자체의 범주를 넘어서 범–상황적 차원의 기반을 가진 규범들과 관련한 메타비평적 평가를 내릴 수 있을 것인지에 대한 질문과 관련해서는 정반대되는 입장을 제시하고 있다. 하지만 두 사람 모두가 후기 비트겐슈타인 및 분석 철학적 전통의 중요성을 깊이 인식하고 있고, 또한 가다머 및 후기 칸트주의 해석학과의 대화에 깊이 관여하고 있고, 그러면서도 찰스 퍼스(Charles S. Peirce), 조시아 로이스(Josiah Royce), 그밖의 미국 실용주의 전통들에도 깊은 관심을 보이고 있다.

리처드 로티는 1967년에『언어적 전환』(*The Linguistic Turn*)이라는 책을 편집하면서 여기에 길버트 라일(Gilbert Ryle), 존 위즈덤(John Wisdom), 리처드 헤어(Richard Hare), 엄슨(J. O. Urmson), 스트로슨(P. F. Strawson) 등의 분석 철학자들의 글을 싣고 있다. 이 책의 긴 서문에서 로티는 철학이 "관점의" 변화 이상을 제시할 수 있을 것인지의 질문을 제기하고 있다.[67]

같은 해인 1967년에 아펠은『분석적 언어철학과 인문과학』(*Analytical Philosophy of Language and the Geisteswissenschaften*)이라는 책을 내었다. 이 책에서 아펠은 초기 비트겐슈타인에 대한 비판을 제시한다. 그러면서도 비트겐슈타인의『청색 책 · 갈색 책』(*Blue and Brown Books*)을 "'의미 있는 의도들'의 해석학"이라 부르며, 그의 언어 게임 사상을 변호하고 있다. 이를 가리켜 "언어 사용, 삶의 형태, 세상을 보는 특정한 관점 등 각각 별도이지만 또한 서로 연관된 구체적 일체물들"이라 부르고 있다.[68] 이 각각은 자율적이지도 않고, 또한 급진적 상대주의로 기울지도 않는다고 보고 있다. 오히려 이들은 피터 윈치(Peter Winch)가 지적하는 것처럼 사회 과학에 대하여 해석학적 접근이 필요하다는 것을 보여준다.

아펠은 같은 해에 퍼스의 저작들을 독일어판으로 소개하였고, 뒤에 가서는(1975년) 퍼스의 사상에 대한 책을 출판하기도 하였다.[69] 퍼스에 대한 아펠의 책『철학의 변형을 향하여』(*Towards a Transformation of Philosophy*)의 주된 논지는 "퍼스의 철학적 접근은 칸트의 초월 논리에 대한 기호학적 변형이라고 볼 수 있다"라는 것이다.[70] 반면 로티는 퍼스보다 존 듀이(John Dewey)와 더 두드러진 대화를 하고 있다. 그의 철학에서 미국 실용주의의 영향은 핵심적 자리를 차지한다.

로티는 가다머의 철학적 해석학을 한 쪽 방향으로 과도하게 몰아간다. 가다머 자신 속에 이런 소지가 있었던 것은 하버마스나 아펠, 판넨베르크 등이 가다머의 가장 큰 취약점으로 지적하여 왔던 문제이기도 하다. 앞서 9장에서 우리가 가다머를 평가하는 자리에서도 보았던 것처럼, 가다머의 사상 속에는 긴장과 양면성이 잠재하고 있으며, 이런 점은 가다머 학자들인 조엘 와인샤이머, 조지아 완키, 리처드 번스타인 등이 잘 지적하고 있다. 가다머의 사상 속에는 '양식 있는 판단'이라는 보다 '보수적인' 측면과 아울러서 매우 급진적인 측면도 함께 자리 하고 있다. 와인샤이머의 표현을 빌리면, "작품은 그 재현의 현장 외 그 어느 곳에도 존재하지 않는다. …… 올바른 해석에 대한 결정적 판단기준은 있을 수 없다."[71] 조지아 완키 역시 가다머의 해석학은 "어떻게 모든 형태의 지식이 일련의 역사적 형성물인 규범 및 관습에 의존하는지를 보여준다"라고 논평한다.[72]

로티는 해석학을 "또 다른 앎의 방식"으로가 아니라 "또 다른 대처의 방식"으로 정의하고 있다.[73] 지식은 있는 그대로의 자연을 "거울 반영"하지 못한다. 해석학은 모든 지식 주장, 또는 지식으로 간주되는 모든 것이 다 주어진 사회적 전통 안에서, 관습의 맥락에서 볼 때 '합리적'이라고 판단되는 것에 한하여 그것을 지식으로 여긴다고 보고 있다. 로티는 윌프리드 셀라스(Wilfrid Sellars)를 따라 모든 것이 주어져 있다고 보는 "소여의 신화"(myth of the given)를 공격한다. 이런 점은 좀 더 뒤로 와서 스탠리 피쉬가 문학이론과 관련하여 주장하는 내용과 유사성을 가진다. 피쉬는 1980년의 한 글에서 이렇게 밝히고 있다. "한 때 나는 나의 선대의 사람들처럼 해석이 텍스트와 사실, 저자, 의도 등을 압도하거나 가리지 않도록 해야 한다는 데 동의했지만, 지금은 나는 해석이 텍스트와 사실, 저자, 의도 등의 원천이라는 사실을 믿는다."[74] 1989년의 글에서 피쉬는 "자연스럽게" 보이는 것도 실상은 "결코 자연적이지 않은" 어떤 과정의 산물이며, 사회적 형성의 과정 속에서 형성된 "실행의 맥락 속에 놓일 때 따라오는 비의식적인 행위들"의 산물이라고 주장한다.[75]

우리는 이와 같은 철학적 입장이 문학이론에 어떤 결과를 가져오는지에 대해 13장과 14장 속에서 보다 상세히 살펴볼 것이다. 다만 여기서는 독서 공동체에 관한 문학이론적 관심이 사회–윤리적 이슈들과 긴밀한 연관성을 갖는다는 사실만 언급하고 넘어가고자 한다. 데이빗 블라이치(David Bleich)는『이중관점』(*The Double Perspective*, 1988)이라는 그의 책에서 피쉬를 비판하고 있는데, 이는 독서 공동체에 대한 그의 견해에 관한 것이 아니라, 그가 사회적 "규범들"을 남여양성 및 모든 사회적 배경과 연결시키기보다는 남성적, 학문사회 공동체의 인식과 동일시하고 있다는 점에 관해서이다.[76] 블라이치에게 '합리적' 내지는 '자연적'인 것으로 인식되는 것의 범주는 피쉬보다는 훨씬 넓다. 하지만 여전히 사회적 맥락에 의해 결정되는 것은 마찬가지이다.

하버마스, 아펠, 로티는 모두가 퍼스, 조시아 로이스뿐만 아니라 후기 비트겐슈타인, 하이데거, 듀이 등의 철학적 전통의 바탕 위에 서 있다. 로티는 그 가운데서도 실용주의적 행동주의에 가까운 쪽으로 기울고 있으며, 진리에 관한 합의 이론(consensus theory)을 지지하고 있다. 이에 반해 하버마스와 아펠은 보편적, 초월적, 범–상황적 질문들을 버리기를 원치 않는다. 비트겐슈타인에 관한 해석 하나만을 두고 보더라도, 두 가지 서로 다른, 그러면서도 서로 연관성을 가진 강조점들이 나타나고 있다. 호던(W. Hordern), 폴 반 뷰렌(Paul van Buren), 헨리 스테이튼(Henry Staten) 같은 사람들은 비트겐슈타인의 언어 게임을 사실상 자기 제한적인 상황적 설정 속에서 보아야 할 것으로 생각하지만, 아펠은 이 언어 게임을 상호작용적인 것으로 보고 있다. 이와 같은 해석의 차이에 대해서는 필자의『두 지평』속에 상세히 설명을 한 바 있다. 만일 언어 게임이 상호작용하거나 중첩되는 것이 아니라면 비트겐슈타인이 의미의 공적 판단기준에 대해 애써 강조하는 것이 그 가치와 힘을 잃게 되고 말 것이다.[77]

이와 대조적으로 로티는 자신의 책『우연성, 아이러니, 연대성』에서 진리를 만들어진 것보다 주어진 것으로 보는 인식은 "관심을 단어들에 반하여 오직 단편 문장들에 국한시키는 인식"에 의존하거나 아니면 "언어 게임 내에서의 기준 지배적인 문장들로부터 언어 게임 전체, 즉 기준들에 의거하여 선택을 바꿀 필요가 없는 게임으로" 이동하기를 실패한 데서 촉진되는 것으로 보고 있다.[78] 이런 이유 때문에 그는 언어에 대한 "철저한 비트겐슈타인식의" 접근이 필요하다고 주장한다.[79]

로티는 두 종류의 "역사주의" 사상가들에게 공감을 표하고 있다. 이 양자가 모두 우리로 하여금 "진리 대신 자유를 우리의 사유의 목적으로 대체하는 데" 일조를 하였다고 보고 있다.[80] 그 하나는 하이데거와 푸코로 대변되는 조류인데, 이들은 인간의 연대 및 사회적 실행의 절대성에 의문을 제기하였다. 또 다른 하나는 듀이와 하버마스로 대변되는 사상으로, 이들은 인간의 사회적 차원에 우선적 지위를 부여한 사람들이다. 하지만 로티는 앞에서 우리가 지적했던 것처럼, 하버마스가 했던 것과 같은 사회적 공동체의 범상황적, 초월적 판단 기준의 추구를 거부하고 있다. 로티는 자신이 가장 크게 동조하고 있는 사상적 조류는 "자유주의적 아이러니파"(liberal ironist)라고 밝힌다. 그가 볼 때 자유주의는 잔인성을 배격한다. 하지만 "자유주의적 아이러니파들에게서 '왜 잔인해서는 안 되는가?'라는 질문에 대한 대답을 얻기는 어렵다. 잔인성이 끔찍한 것이라는 신념에 대한 비순환적 이론적 뒷받침을 찾기 어렵다"라는 것이다.[81]

아마도 로티에게서 유일하게 보편적 성격을 가진 가치 또는 특질을 찾으라고 한다면 그것은 보편적 비평 혹은 메타비평의 부정이라고 말할 수 있을 것이다. 그는 자신의 책에서 이렇게 밝힌다. "이 책에서 나의 목표 중의 하나는 자유로운 유토피아의 가능성을 제시하고자 하는 것이다. 그 안에서는 아이러니즘이 …… 보편적이다."[82] 앞 장 마지막 부분에 이르기까지 필자의 많은 논의는 주로 이와 같은 해석학적 이론과 실천의 목표가 과연 어떤 지위를 가지며 또한 그 결과가 무엇인가에 관한 것이었다.

로티의 1979년에 출판된 또 다른 책 『철학 그리고 자연의 거울』에서는 비트겐슈타인과 하이데거, 듀이를 가리켜 "이 세기의 가장 중요한 세 사람의 철학자들"이라고 지칭하고 있다.[83] 로티가 볼 때 이 세 사람 모두가 초기에는 철학의 기초 문제를 정립하고자 애를 썼지만, 후기에 와서는 초기의 노력들이 자기기만적임을 알게 되었다. 로티의 해석에 따르면 이 세 철학자들은 지식의 기초를 구성하는 것들이 결국은 상황적 성격의 사회적 실행들, 언어 게임들, 혹은 심지어 사회적 자기 이미지들 그 이상이 아니라는 것을 보여주었다.

『철학 그리고 자연의 거울』의 한 핵심적인 장에서 로티는 콰인(Quine)의 필연적 명제와 우연적 명제 구분의 기초에 대한 비판과 아울러 셀라스(Sellars)의 "소여"에 대한 비판을 옹호하고 있다. 로티는 이와 같이 말한다. "우리가 지식이란 것을 자연을 반영하고자 하는 시도보다는 하나의 대화요 사회적 실행의 문제로 본다면, 우리는 굳이 모든 가능한 형태의 사회적 실행들을 비판하기 위한 메타실행(metapractice) 같은 것을 상정할 필요는 없을 것이다."[84] 합리성이란 것은, 로티가 볼 때, "사회가 우리로 하여금 말하게 하는 것"의 일부에 지나지 않는다.[85] 비판적 차원에서 과연 무엇을 합리적 기준으로 여길 수 있을 것인지의 문제와 관련하여 로티는 이와 같이 대답한다. "우리가 이미 수용하고 있는 것과 연결되지 않는 정당화는 없다. …… 우리의 신념이나 우리의 언어를 초월하여서 일관성 외의 다른 어떤 시험의 기준을 찾을 길은 아무데도 없다."[86] "전체론"(holism)은 "인식론적 작업 전체의 불신"을 불러올 뿐이다.[87]

그렇다면 우리는 서로 다른 철학적 전통들에서 비롯되는 철학들을 어떻게 서로 중재할 수 있을 것인가? 인식론도, 그 어떤 의미 이론도 여기에 그 어떤 기초를 제공할 수 없다. "왜냐하면 철학이 기초를 가지고 있다는 인식은 지식이 기초를 가지고 있다는 인식만큼이나 잘못된 것이기 때문이다."[88] 과학적 패러다임의 사회적 맥락에 대한 토마스 쿤(Thomas Kuhn)의 인식을 채용하여 로티는 철학적 진보라는 것을 오류에 대한 합리적 논증의 승리로 보기보다는 "옛 문제들을 밀어 젖히는 새로운 철학적 패러다임"으로 보고 있다.[89] 우리는 이것을 사회적 실용주의라 부를 수 있을 것이다. 기존의 인식론에서 합리성이나 논증에 주어졌던 역할이 여기에서는 부여되었거나 획득된 사회적 기대규범들에 돌려짐으로써 모든 것이 공동체의 본질에 의존할 수밖에 없기 때문이다.

이런 이유 때문에 로티는 해석학을 그 나름대로 새롭게 규정하고 있다. 그 한 특징은 해석학을 보다 두드러지게 인식론과 결별시키는 것이다. 우리 자신이 하고 있는 일을 우리가 이해하고 있다고 '생각'하면 우리는 이것을 인식론이라 부를 수 있을 것이고, "우리가 무슨 일이 일어나고 있는지 이해할 수는 없지만 그것을 인정할만큼 솔직하다면" 우리는 그것을 해석학이라 부를 수 있다는 것이다.[90] "뭔가를 바르게 알았다"라는 것은 사후 끼워맞추기 식의 인식론적 혹은 합리적 작업의 형태를 갖는다. 이런 의미에서 과학의 역사는 다분히 해석학적이다. 과학적 지식의 평가 내지는 정당성의 문제는 역사적으로 우발적이거나 사회적으로 조건화된 문제이다.

로티는 이와 같은 철학 및 합리성의 재평가가 야기하는 자신이 판단하는 두 가지 건설적 결론을 도출하고 있다. 첫째는, 만일 어떤 문화를 이해하는 기준이 상대적이라고 한다면, 우리는 "어떻게 그것이 우스갯거리가 되지 않을 수 있게끔 번역할 수 있을 것인지에 관한 해석학적 발견"을 존중할 필요가 있다는 것이다.[91] 하지만 이런 문제는 프레이저의 『황금 가지』(*The Golden Bough*)에 관한 비트겐슈타인의 논급 속에 이미 다루어지고 있으며, 또한 비트겐슈타인의 접근은 피터 윈치(Peter Winch)에 의해 사회 과학과 관련하여 보다 발전된 바 있다.[92]

두 번째로, 로티의 접근은 상대주의와 실용주의를 장려한다. 『철학과 자연의 거울』 마지막 장에서 로티는 가다머와 "해석학"의 "논쟁적" 성격에 관하여 논평하고 있다.[93] 가다머의 "영향사 의식"을 두고 로티는 그것이 "우리가 자연과 역사로부터 **우리 자신의 용도를 위하여** 무언가를 얻을 수 있다"라는 것을 의미한다고 해설한다.[94] 교양(Bildung)에 관해서는 이것이 "새롭고 보다 낫고 보다 흥미로우며 보다 열매 있는 말하기의 방식을 찾는 것"이라고 설명한다.[95] 그러면서도 로티는 "조직적"이기보다는 "주변적"인 철학자들, 즉 듀이, 비트겐슈타인, 하이데거의 "실용주의적" 전통을 고수하려 한다.[96]

『철학과 자연의 거울』 마지막 부분에서 로티는 아펠과 하버마스의 보다 덜 실용주의적이고, 보다 덜 상황–상대적인 해석학 이론의 추구를 "불행한 일"로 치부하고 있다.[97] 그가 볼 때 아펠과 하버마스는 어떤 새로운 종류의 초월적 관점을 잘못 찾아들어가고 있다. "보편 화용론" 또는 "초월적 해석학"이란 "대단히 의심스러운" 작업이다. 로티는 하버마스의 『인식과 관심』 후기에 나타난 그의 작업 계획에 대해 공격하면서, 실제적 삶의 "보편적" 맥락 속에서의 지식의 기능을 분석할 "공관적 방식"은 있을 수 없다고 주장한다.[98]

"실용주의와 철학"(Pragmatism and Philosophy, 1982)이라는 논문에서 로티는 철학이 어떤 주어진 것의 발견보다는 "만듦"을 위한 과업이라는 자신의 기존의 견해를 더 상세히 발전시키고 있다.[99] 우리는 13장과 14장에서 지식과 진리에 관한 이와 같은 견해가 어떻게 문학작품에 대한 스탠리 피쉬의 사회-실용적 접근에 접목되고 있는지를 살펴볼 것이다. 무엇인가를 "주어진 것"으로 받아들이는 것은 기존의 해석에 의해 그것이 어떻게 조건지어지는지에 의존한다고 말하는 것으로는 충분하지 못하다. "포스트모더니티에 대한 하버마스와 리오타르의 견해"(1984)라는 논문에서 로티는 하버마스와는 거리를 두면서 철학을 "일상의 상세한 것들의 의미를 명료하게 또한 일관되게" 하는 일로, 또는 "사회적 공학"으로 이해하는 존 듀이의 입장을 선호하고 있다.[100] 그는 리오타르(Jean-François Lyotard)와 더불어 **"메타내러티브에 대한 회의"**(리오타르의 표현)라는 "포스트모던식의" 태도를 취하고 있다.[101]

번스타인이 지적하는 것처럼, 후기 구조주의 및 해체주의 주제들을 다루고 있는 리오타르의 『포스트모던적 조건』(*The Postmodern Condition*)과 하버마스의 "보편 화용론" 또는 의사소통행위 이론을 대립적 위치에 설정함으로써 로티는 "많은 것을 위태롭게 만들고 있다."[102] 비록 로티 자신은 리오타르와 하버마스 사이의 "차이를 구분하기 위함"이라고 말하고 있지만, 문제는 그렇게 단순하지 않다. 하버마스는 비판적, 초월적 철학을 회복하기를 원하는 반면에 로티와 리오타르는 모든 메타비평적 "이론"에 대한 "포스트모던식의" 회의어린 반감을 공유하고 있다.[103]

로티는 "텍스트와 등불"(Texts and Lamps, 1985)이라는 논문에서 이와 같은 실용주의적 원리들을 텍스트 의미 해석학에 적용하고 있다.[104] 그에게 텍스트 의미는 피쉬와 마찬가지로 더 이상 "주어진 것"이 아니다. 의미에 관한 논쟁들은 다름 아닌 해석 공동체들의 "관심"의 차이일 따름이다. 가다머의 해석학이 사회 실용주의가 말하는 상황에 따른 가변적 "소여들"의 차원으로 급진화되고 있는 것을 볼 수 있다.

우리가 앞에서 본 것처럼, 하버마스와 아펠은 가다머에게 비판적, 혹은 사회-비판적 인식이 부족한 것을 지적하고 있다. 하지만 그렇다고 하여 가다머가 우리를 이끌고자 하는 곳이 로티가 제시하는 것과 같은 것일까? 가다머에 대한 매우 탁월한 글을 쓴 조지아 완키(Georgia Warnke)는 가다머에 대한 로티의 해석은 지나치게 일방적이라고 설득력 있게 잘 지적하고 있다. 특히 그는 가다머 사상에서 두 가지 핵심적 요소들을 무시하고 있다. 첫째로, 가다머는 해석학적 대화를 강조하고 있는데, 이는 "우리의" 이해관계를 넘어선다. 완키는 이렇게 지적한다. "우리는 배울 수 있고 …… 또 배우는 것을 통해 변화될 수 있다. 해석학은 로티가 이끌어가고자 하는 것처럼 그렇게 주관주의적인 것이 아니다."[105] 가다머 자신의 표현대로 하자면, 대화 가운데서 전에 우리의 마음이나 추정 속에 들어 있지 않았던 어떤 내용이 "일어나거나" "떠오른다." 이를 통해 우리는 "도전을 받고" "서로의 다른 관점을 보게" 되며, 개념들이 "공유된다."[106] 데이빗 트레이시(David Tracy)는 이와 같은 "대화" 개념이야말로 해체주의의 부정적 침입에 맞설 수 있는 핵심적 자원이라고 보고 있다.[107]

두 번째로 조지아 완키는 내용 또는 사실(die Sache)에 대한 가다머의 강조를 무시하지 말아야 한다고 지적한다. 가다머가 말하는 것처럼 텍스트는 다른 상황들 속에서의 현실화 안에서만 "존재한다"라는 것이 한편에서 옳지만, 또 다른 한편에서 현실화되는 것은 다름 아닌 바로 그 텍스트라는 사실도 꼭 같이 강조되고 있다. 독서 공동체가 자신의 주어진 전통 안에서 그 자체의 목적을 위해 텍스트를 마음대로 할 수 있는 것은 아니다. 로티는 자신의 견해가 "솔직히 종족중심적(ethnocentric)"으로 귀착될 수 있음을 인정한다. 조지아 완키는 이런 견해를 "단순히 비합리적"이라고 부를 수 있지 않겠느냐고 묻는다.[108] 그녀는 로티가 사회 실용주의 틀 안에서 윤리적 관점으로 판단의 기준들을 제시하고자 하는 것을 마땅하게 여기지 않는다. 로티의 "연대냐 객관성이냐?"(Solidarity or Objectivity?, 1985)라는 논문에 대한 응답으로 완키는 그의 사회-윤리적 주장들이 실용주의의 기초 자체에 비추어 볼 때도 잘못된 것이라고 지적한다.[109] 그러면서 "가다머의 입장은 로티가 줄 수 없는 대안을 제

시한다"라고 결론 짓고 있다.[110]

대단히 도전적인 책인 『학과들의 경합』(*Contest of Faculties*)이란 책에서 크리스토퍼 노리스(Christopher Norris)는 로티의 신–실용주의 철학을 받아들이기 어려운 세 번째의 이유를 제시한다. 앞에서도 본 것처럼 하버마스와 리오타르에 관한 논의를 통해 로티는 우리가 사회적 실행들을 넘어서 또는 그 배후에서 어떤 메타비평적 관점을 세울 수 있다는 인식을 전적으로 의심스러운 것으로 매도함으로써 하버마스의 입장을 거부하고 리오타르의 포스트모더니즘을 편들고 있는 것을 보았다. 하지만 이렇게 할 때 일어나게 되는 심각한 결과 가운데 하나는 노리스가 말하는 것처럼 "로티의 공공연한 포스트모더니즘 입장과 이를 뒷받침하기 위해 그가 사용하는 이야기 사이의 날카로운 대립"이다.[111] 노리스가 볼 때 철학에 대한 로티의 진술은 하나의 내러티브의 형태를 취한다. 그것은 하나의 잘 구성된 내러티브 플롯과 흡사하며, 그 안에서 방해물들이 극복되고 최종적으로 굴복을 당하고 있다. 로티 자신의 말대로 하자면, 우리는 내러티브 관점을 고수하되, 메타내러티브 판단 기준들은 피해야 한다. 그가 제시하고자 하는 것은 "우리(부르주아 자유 사상가들)가 전통적 사고의 문제들을 버리고 상식 차원의 단정한 실용주의자들로 탈바꿈을 해야 한다는 단도직입적인 설득의 이야기"이다.[112]

그런데 노리스가 볼 때 여기서 문제가 되는 것은 로티가 주장하는 포스트모던 비판과 그가 자신의 이야기를 제시하는 방식 사이의 유사성이다. 포스트모더니즘은 "사건의 이야기 형태의 흐름 바깥의 또는 위의 조작적 입장 또는 계책을 가진다. …… 일차적인 '자연스런' 이야기를 순진하게 믿는 습관을 공격하는 하나의 강한 '메타내러티브' 경향이 있다."[113] 노리스는 로티의 철학 속에 하나의 숨겨진 권위주의가 작용하고 있다고 결론짓는다. 그는 이렇게 말한다. "그 자유–다원주의적 논리들 배후에서, 그의 이야기는 '제임스와 듀이'라고 표시된 출구 외에는 다른 출구를 다 깨끗이 봉쇄해버리고 있다. …… 하나의 권위적 메시지를 자유주의적 수사로 포장하는 것은 로티의 실용주의와 19세기 내러티브 형태들 사이의 유사점이다."[114]

노리스의 이와 같은 지적은 우리로 하여금 로티의 실용주의와 19세기의 사상적 분위기 사이의 관계를 생각해보게 만든다. 이 점은 로티에 대한 네 번째의 반대 이유이다. 앞에서도 언급했던 것처럼, 20세기로 접어드는 시점에서부터 실용주의는 미국 사상가들 속에서 매우 매력 있는 사상으로 받아들여진다. 로버트 코링턴(Robert S. Corrington)은 그의 책『해석자들의 공동체』(*The Community of Interpreters*)에서 이런 현상을 긍정적인 시각에서 진술하고 있다. 코링턴은 해석학 이론에 관한 매우 미국적 특색을 지닌 이와 같은 흐름이 어떻게 찰스 퍼스와 조시아 로이스에게서 시작되어 가다머로부터 신-실용주의적 강조점과 일치되는 점들을 취해냄으로써 그 흐름을 이어가게 되었는지를 보여준다.[115]

퍼스와 로이스는 인간의 판단과 개념에서의 정복할 수 없는 오류성의 문제에 대한 "대답"으로 "공동체 존재론"을 상정한다.[116] 로이스는 해석의 목적 및 판단 기준을 "주어진 그것"과의 교응에서 찾지 않고(왜냐하면 그런 것은 없기 때문에), 대신 "사랑하는 연합된 공동체"를 "세우는"[로티의 "교화"(edification)] 효과(effects) 차원에서 찾고 있다. 코링턴의 책이 나오기 전에, 따라서 그와는 독립적인 견지에서 크리스토퍼 노리스 역시 이와 같은 접근 방식을 특징적으로 미국적인 "실용주의적 문화 정치학"이라고 이름 붙이고 있으며, 조너선 쿨러는 "신-실용주의"를 "레이건 시대의 특징인" 무사안일주의와 결부시키고 있다.[117]

로티는 실용주의와 미국적 사상 사이의 긴밀한 연관성을 인정한다. 실용주의는 다민족, 다문화적 전통들을 감싸 안아야 하는 대륙적 문화를 위하여 사회적으로 가장 적합한 철학 형태라고 말할 수 있다. 그런 점에서 볼 때 로티와 피쉬가 진리-가치들에 대한 질문을 그것이 작용하는 사회적 맥락을 벗어나서 묻는 것은 공허하고 적절치 못하고 불필요하며, 다만 "성공"이나 "승리"와 같은 실용적 보편 요소만을 추구할 뿐이라는 주장을 환영하는 무리들 가운데서 공통적인 지적 지도력을 발휘하고 있는 것이 결코 놀라운 일이 아니다. 이렇게 함으로써 다양한 하부 문화들 사이의 불필요한 경쟁이나 위협을 피할 수 있고, 하나의 전통을 보편적인 것으로 은밀하게 또는 순진하게 내세우려 하는 선동가들을 색출할 수 있게 된다.

사회 실용주의자들이 알아두어야 할 것 가운데 하나는 공간적 확장보다는 시간적 확장이 더 지배적인 문화 속에서는 상황적 실용주의의 목소리가 그렇게 잘 먹히지 않을 수 있다는 점일 것이다. 필자의 작업 공간 및 숙소(이 책을 집필할 당시 그는 잉글랜드 북부의 유서 깊은 도시 더럼에서 가르치고 있었다 – 역자 주)는 커스버트(Cuthbert)와 베데(Bede)의 유골을 안치하고 있는 노르만식 대성당 바로 인근에 위치해 있다. 그들의 무덤 곁에 서 있는 나로서는 진리에 대한 그들의 증거가 단지 그들만의 시간 속에서 주어진 사회적 합의 안에서만 작용했다고 생각하기가 어렵다. 오히려 하나의 연속선이 13세기의 시간을 뛰어넘어서 지금까지도 계속 이어지고 있다고 생각하는 것이 훨씬 쉽다. 더럼 대성당의 견고한 위용은 오히려 나 자신의 사회적 맥락을 상대화시키고, 나의 맥락 너머로부터의 어떤 관점에 의거하여 나의 자리를 돌아보게 만든다.

이 예는 다시 한번 우리로 하여금 로티의 가다머 해석이나 비트겐슈타인 해석이 단편적임을 자각하게 만든다. 전통의 역사적–시간적 연속성이라는 주제는 가다머에게 그 안에서 역사적으로 유한한 현실화의 사건들이 일어나는 하나의 연결층 역할을 한다. 이 현실화 사건들은 다원주의 문화의 하부 그룹들이 주장하는 동등하게 자율적인 "순간의 일들"에 그치는 것이 아니다. 비트겐슈타인에게도 언어 게임들은 상호 관통하며(inter–penetrate), 다른 층들이 중첩되며(overlap), 또한 가족 유사성(family resemblances)을 나타낸다. 수 세기에 걸쳐서 커스버트와 베데의 무덤을 찾는 순례객들의 믿음이 그들 각각의 특정성을 가짐에도 불구하고 진리에 대한 교차적 증거나 그 가족 유사성 측면에서 중첩되는 요소를 갖는 것과 같다.

다섯 번째로, 노리스는 로티의 접근이 사회적 무기력감과 철학적 취약성을 드러내고 있는 것을 간파한다. 그가 볼 때 로티의 사회 실용주의는 공적으로는 열린 마음의 관용을 내세우고 있지만, 실제적으로는 그 자체의 자유주의 문화적 가치들에 특권을 부여하고 있다. 현 시점 중심의 지위유지적 철학으로서의 로티의 사회 실용주의는 억압 받는 자들에게 계속 억압 받는 자리에 있으라는 것 밖에는 줄 것이 없다. 왜냐하면 그 현 지위를 도전할만한 아무런 근거를 제공하지 못하기 때문이다. 한걸음 더 나아가면 이에 대한 저항의 목소리가 일어난다. 코널 웨스트(Cornel West)는 미국 흑인 신학의 입장에 서서 사회–실용주의 철학이 사회–비판적 이론이나 사회적 행동의 규범을 제시해주지 못하는 것에 대해 강한 비판을 가하고 있다. 웨스트는 이렇게 묻고 있다. "로티의 신–실용주의는 부르주아 자본주의 사회 안에서 그 철학적 지지대를 차버릴 뿐, 우리의 문화적, 정치적 실천을 위해서는 아무런 변화도 도모하지 않는 것이 아닌가?"[118] 웨스트는 로티가 그토록 호소하고 있는 존 듀이 자신도 전면적인 상대주의적 역사주의는 다만 네 가지 결과들만을 낳게 될 뿐임을 인정하고 있다고 지적한다. 즉, 마비를 초래하는 회의주의나, "힘이 곧 옳은 것"이라는 입장, 순진한 직관주의, 아니면 자기중심적인 상황주의이다. 이 넷 가운데 그 어느 것도 사회적 행동을 위한 비판적 이론을 제공하지 못한다.

로티는 그의 책 『우연성, 아이러니, 연대성』 마지막 장에서 이와 같은 도덕적 딜레마를 해결해보고자 무척 애를 쓰고 있지만 성공적인 결과를 내놓지는 못한다. 그의 속에 있는 자유주의적 다원주의자의 시각은 가장 다양한 부류의 사람들이라도 "우리와 같다"라고 보는 점에서 도덕적 진보를 내다보고 있다. 그러나 그의 안에 있는 또 다른 시각, 즉 아이러니스트의 입장은 보편성을 오직 부정적 측면에서만 정의한다. 다시 말해서 우리나 우리가 속한 공동체도 다른 누군가가 겪는 상실과 고통의 아픔이 진정으로 무엇인지를 알 수 없다는 것이다. 고대 회의주의자들의 보편적 의심과 마찬가지로, 유일하게 보편적인 것은 버림의 보편성이다. 하지만 겉으로 볼 때 대단히 겸손하고, 약자와 소수자들을 포용하는 관용적 다원주의의 모습을 나타내는 이 입장이, 실제적으로는 자신들을 억압하는 자들에게 맞설 수 있는 아무런 논리도 제공할 수 없다. 로티 자신이 『우연성, 아이러니, 연대성』의 첫 부분과 마지막 부분에서 밝히고 있는 것처럼, '왜 잔인해서는 안 되는가?'라는 질문에 대해 그 자신으로서는 원리상 아무런 답을 줄 수 없다.

로티가 범하고 있는 실수는 시간과 장소, 역사 바깥의 어떤 절대화된 정초주의를 맞서는 데 역사적 우연성과 상황주의의 역할에 대해 혼동하고 있다는 것이다. 그는 상황적 우연성에만 초점을 맞추면서 그것과 공개적 체계의 형태로 계속 이어지는 메타비평적 설명 및 검증 사이의 긍정적이고 변증법적인 관계의 측면을 고려하지 않고 있다. 이런 점은 하버마스와 아펠이 잘 고찰하고 있다. 이 두 사람에게는 상황적 생활세계나 설명적 체계 어느 하나만이 최종성을 주장하지 못한다. 양자는 상호교류적 전체를 위한 각각의 기여를 할 수 있을 따름이다.

이제 우리는 대조적 입장에서 칼–오토 아펠의 해석학을 좀 더 자세히 살펴보고자 한다. 하지만 여기에서도 로티와 사회–실용적 해석학에 관한 논의가 무관한 것은 아니다. 우리는 다음 장에서 사회–비판적 접근과 사회–실용적 해석학 사이의 대립적 차이가 어떻게 해방 신학들 및 페미니스트 해석학 이론들 사이의 서로 다른 분기점을 형성하고 있는지를 살펴볼 것이다. 그리고 13장과 14장에 가서는 우리가 로티와 관련하여 살펴본 5 가지 문제점들을 스탠리 피쉬와 관련하여 또 다른 각도에서 살펴볼 것이다. 사실 비트겐슈타인이 로티와 피쉬의 실용주의적 상황 이론들의 옹호자로는 거리가 멀지만, 그들이 내세우는 일부 논증들은 비트겐슈타인의 언어 철학에 기초를 두고 있다. 우리는 이런 점을 좀 더 상세하게 살펴볼 것이며, 나아가서 그들의 접근이 기독교 신학에 적용될 때 나타나는 결과들도 살펴볼 것이다. 사실 그 결과는 로티도 기대하고 있는 것처럼, 대단히 기괴한 것이 될 수밖에 없다. "해석학"이 처음 일어날 때의 목적, 즉 단순히 주장하는 또는 전투적인 목소리를 합리성의 이름으로 억제하기 위하여 해석의 바탕 위에서 비판적 반성을 제공하고자 한 것, 간략하게 말하자면 아나키적 혼란 대신에 비판적 반성을 대체하고자 한 것이 로티나 피쉬의 결론들을 따를 때 여지없이 무너지고 만다.

아펠은 이와 같은 결과를 피하려 하고 있다. 사회 실용주의로 환원되어 버릴 수 있는 진리 이론을 거부하고 있는 것이다. 그의 목표는 인식론을 해석학으로 전환시키려는 것이 아니다. 오히려 "전통적 '인식론'을 '인지적 인간론'의 관점에서 보다 확장시키고자" 하는 것이다. 그는 "지식의 가능성을 위한 선제 조건들"에 대한 칸트의 초월적 질문을 보다 확대하려 하고 있다.[119] 하버마스와 마찬가지로 그 역시 이 논제를 "특수한 인지적 관심(interest)과 관련하여 …… 인간 상호간의 살아 있는 교류" 속에서 찾고 있다.[120]

아펠의 후기 비트겐슈타인에 대한 논의는 로티의 그것보다 훨씬 방대하고 상세하며 또한 정교하다. 아펠은 그의 논문 "비트겐슈타인과 해석학적 이해의 문제"에서 의도와 의미에 관한 비트겐슈타인의 견해는 슐라이어마허와 딜타이 속에 나타나는 "심리학적" 해석학의 요소와는 반대되는 것이라고 말한다.[121] 그러면서도 "비트겐슈타인은 행동주의를 또한 반복적으로 배척한다."[122] 아펠이 볼 때 비트겐슈타인의 가장 핵심적인 요지는 해석학적 이해가 "공적 '관습' 또는 사회적 '기구'의 요소"를 전제하고 있다는 인식이다.[123] 역사적 전통은 인간의 삶이 역사적으로 전개되어 나아가는 과정에서 "분열되기도 하고 새롭게 떠오르기도 하는 언어 게임들을" 중재하는 연결고리의 역할을 수행한다.[124]

한편 각기 다른 다양한 방식의 지식 및 이해를 포용하는 것은 다름 아닌 인간의 인지적 관심들(interests)이다. 하버마스의 『의사소통행위 이론』이 출판되기 전인 1973년에 아펠은 "개념들의 삼분할 즉 '과학'과 '해석학', 그리고 '이데올로기 비판'"을 정립한다.[125] 리쾨르와 같은 목소리로(그런 면에서 가다머에 반대하여) 아펠은 "설명"과 "이해"가 상호보완적이라는 것을 강조한다.[126] 경험적 자료들은 자체의 틀 속에 고립되어 있지 않고 "언어 게임의 맥락 속에 위치해 있다."[127]

조지아 완키는 아펠의 책 『이해와 설명』에 대한 유용한 "번역자 서문"에서 아펠의 요점을 이와 같이 잘 요약하고 있다. "요약하자면, 아펠은 사회 과학의 세 가지 합당한 접근 방법들을 세 가지 '지식–규정적' 이해들과 연결시켜서 이와 같이 구분하고 있다. 첫째는 연역적–법칙론적 접근으로 이는 인간 행동을 예측하고 통제하려 하는 '공학적' 관심(interest)과 결부된다. 두 번째는 역사적–해석학적 접근으로 이는 의사소통적 이해를 확장하고자 하는 관심과 결부된다. 세 번째는 비판적–재구성적 접근으로 이는 병리적, 이데올로기적 이해 장애로부터의 해방이라는 관심과 결부된다. 아펠의 작품 속에서 이와 같은 관심들(interests)에 관한 이론이 칸트 철학을 초월적–실용적 차원에서 변형하고자 하는 그의 목적의 한 축을 형성한다."[128]

아펠의 책 『철학의 변형을 위하여』(두 권으로 출판, 독일어 1973; 영어

1998)에서는 상호주체성, 인지적 이해들, 그리고 지식의 초월적 조건들의 상관관계 문제를 다루고 있는 반면,『이해와 설명』(독일어 1979, 영어 1984)에서는 현대 사회 이론의 핵심 논제들을 다루고 있다. 그는 사회 이론들 가운데서도 일반 법칙과 인과적 설명에 의존하는 접근 방법(막스 베버, 칼 헴펠, 신-실증주의자들 등)과 해석학을 활용하는 접근 방법(딜타이, 피터 윈치, 찰스 테일러, 신-비트겐슈타인파 등) 사이의 단절의 문제를 다루고 있다. 아펠은 가다머의 작품을 해석학적 접근의 한 예증으로 보면서도 동시에 이것이 보편적 지식 양태 또는 비판적 이해의 패러다임이 되기에는 부적절하다는 것을 지적한다.

아펠은 또한 헴펠의 인과적 설명 개념이 갖는 한계를 예리하게 지적하는 게오르그 폰 라이트(Georg H. von Wright)에게 많은 주의를 기울이고 있다.[129] 상호주체성 및 사회적 상호관계의 소여성이라는 측면을 고려할 때 "초월적-실용적" 이론을 취하지 않을 수 없으며, 이는 또한 인과적 모델의 관점에서 인간 행위들을 설명하는 일이 가능하다는 인식도 수용한다. 해석학적 측면 없이 과학적 설명만으로는 사회과학은 역설에 봉착할 수밖에 없고, 반면 해석학 자체만으로는 충분히 비판적이 될 수 없다.

이런 지적은 아펠의『철학의 변형을 위하여』에서도 유사한 방식으로 나타나고 있다. 두 책 모두에서 아펠은 역사적 설명이 일반 법칙 아래 전적으로 다 흡수될 수는 없다는 윌리엄 드레이(William Dray)의 주장에 호소하고 있다. 역사적 설명은 "연역적-법칙론적" 설명을 넘어선다.[130] 선이해라는 상황적 질문들을 무시해서는 안 된다. 설명적 요소와 해석학적 요소는 "서로 서로를 보완한다."[131] 아펠은 이렇게 덧붙이고 있다. "퍼스가 인정하고 있는 것처럼, 자연과학자들의 실험 공동체는 기호학적 해석 공동체와 항상 함께 한다."[132]

아펠은 이런 맥락 속에서 퍼스와 로이스 모두와의 대화를 개진하고 있다.[133] 그가 볼 때 퍼스와 로이스, 그리고 가다머 모두는 지식과 언어의 가능 조건들을 설정하는 데 있어 사회적 공동체의 역할에 올바르게 관심을 돌리고 있다. 다만 가다머는 "방법론적-해석학의 추상화"를 범주적으로 부정하려 했던 점에서 실수를 범하고 있다. 비판적 해석 모델을 판사나 감독, 또는 연극과 게임의 참가자들의 그것과 같다고 말하는 것만으로는 충분치 않다.[134] 대화의 모델 자체만 두고 보더라도, 단지 "경청"과 "조정"만이 전부는 아니다. 떠로는 대화의 결렬과 왜곡이 일어날 수 있으며, 왜 이것이 그러한지에 대한 평가의 여지를 남겨 놓아야 한다. 정신분석학 이론에서는 그와 같은 결렬 및 왜곡의 인정 및 진단이 근본적 위치를 차지한다.

로티와 아펠의 해석학을 서로 비교할 때 아펠이 미국의 실용주의 전통과 얼마나 깊이 대화하게 되었는가 하는 점을 살피는 것이 매우 흥미 있는 일이다. 아펠의 두 논문이 이런 점을 잘 보여준다. 하나는 "칸트에서 퍼스로: 초월 논리의 기호학적 변형"이라는 글이며, 또 하나는 "과학주의냐 초월 해석학이냐?: 실용주의 기호학에서의 기호들의 해석"이라는 글이다.[135] 아펠은 찰스 모리스(Charles Morris)의 행동주의 및 신-실증주의가 다른 사람도 아닌 모리스 자신에 의해 훼손되고 있다고 지적한다. 기호들의 논리는 오직 사회적 상호작용의 맥락 속에서만 그 기능을 수행하는데, 이런 점은 모리스 자신이 "구문론" 및 "의미론"과 구분해서 "화용론"을 이야기할 때 전제가 되고 있는 점이다.

퍼스는 기호 이론과 관련하여 "**실제적 해석자의 해석**을 투과하지 않고는 하나의 기호가 무엇을 그 무엇으로 재현할 수 없다"라고 지적한다.[136] 하지만 이것이 의미의 개념을 환원적 혹은 반초월적 방식으로 이해하도록 이끌지는 않는다. 퍼스는 "의미에 관한 가능한 실험적 경험들과 관련하여 **의미 분석의 메타과학적 규칙들**"을 언급하고 있다.[137] 퍼스와 특별히 로이스는 "해석학에 대한 초월 해석학적 해석"을 주장한다.[138] 그 안에서 설명과 이해는 상호보완적 관계를 가진다. (우리는 앞에서 리쾨르 역시 이 두 요소를 함께 통솔하는 입장을 견지하고 있음을 보았다.)

아펠은 퍼스와 로이스가 인식론에서 초월적 측면의 가능성을 굳이 부정하는 것은 아니라는 결론을 내린다. 다만 그들은 전통적 인식론의 경우 그 "방법론적 독주"로 인해 그 범주가 좁게 한정되어 있었던 것을 들추어내어 문제 삼고 있는 것일 뿐이다.[139] 로이스가 전통이 갖는 해석학적 매개자로서의 기능에 대해 강조하는 점을 보면 어떤 의미에서 "헤겔주의자 로이스"를 말하는 것도 무리가 아니다. 한편 그의 해석 공동체에 대한 인식은 "모든 시대의 모든 사람들에게 타당한 목적적 합리적 행위"에 기반을 두고 있다. "사회적 상호작용의 규범들"은 "항상 **모든** 목적적 합리적 행동을 전제로 한다"라는 출발점을 갖는 것이다.[140] 이런 점은 비트겐슈타인의 경우 언어의 준거점을 인간의 공통적 행위 차원에 두고 있는 것과 유사성을 가진다.

아펠은 하버마스와 매우 유사한 어조로 "어떤 주어진 사회의 역사적으로 구성된 삶의 형태(하버마스의 "생활세계", 비트겐슈타인의 "언어 게임")는 그 자체 기구들의 규범적 기구화(하버마스의 "하부 체계들", 비트겐슈타인의 "훈련")를 초월한다"라고 선언한다. 계속해서 아펠은 이렇게 덧붙인다. "이는 또한 교조적 지위를 확립한 모든 기구들에 대한 '메타기구'이기도 하며 …… 모든 반성되지 않은 사회적 규범들에 대한 비판의 역할을 한다."[141] 언어들은 상호번역이 가능하고, 또한 언어 게임들은 중첩되기도 하고, 합하기도 하며, 나누어지기도 하고, 다시 통합되기도 하기 때문에, 바로 이런 "메타기구들"은 **"무한한 의사소통의 통로"**(하버마스의 "일반 체계", 비트겐슈타인의 "인간의 공통적 행위") 역할을 가진다.[142]

아펠은 해석학과 사회 이론, 그리고 내부 충족적으로 머물 수 없는 사회 및 전통들에 대한 정신-사회적 비평을 가능하게 하는 초월적 탐구를 함께 엮어 놓는 작업을 이루어 놓았다. 이 때문에 그는 로티와 달리 실용적 다원주의나 민족중심주의에 빠지지 않는 비판적 사회 이론을 구성할 수 있었던 것이다. 아펠과 로티의 많은 차이점들의 중심에는 퍼스와 로이스, 그리고 무엇보다도 비트겐슈타인을 어떻게 읽고 해석할 것이냐의 차이가 놓여 있다. 아펠의 관점은 하버마스와 유사하다. 하버마스보다 한 가지 더 장점이 있다면 아펠의 초월 비판은 어떤 특정 사회 이론들에 덜 얽매여 있다는 점이다. 그러나 또 다른 각도에서 보면 그의 일반성이 이론가들에게는 더 잘 수용이 될 수 있겠지만, 실제적으로 사회 비판이나 해방적 해석학에 관여하고 있는 사람들에게는 거리감을 줄 수도 있다.

우리가 위에서 하버마스와 아펠, 그리고 로티를 비교해 보았는데, 이런 작업이 갖는 의의는 우리가 해방 신학 영역에서의 구체적인 사회-비판적 해석학 체계들을 검토해 봄으로써만 그 충분한 전모를 볼 수 있게 될 것이다. 라틴 아메리카 해방 해석학이나, 흑인 해석학, 페미니스트 해석학 등은 모두가 성경 해석 및 재해석의 구체적 실행 속에 나타나는 지식과 언어, 이해의 틀과 관련된 근원적 질문들을 출발점으로 삼는다. 따라서 우리는 이 실제적 측면들을 살피면서도 초월적, 보편적 원리들에 대한 논의를 배제하지는 않을 것이다. 어쩌면 각각의 해방 해석학들 속에서 우리가 물을 수 있는 가장 중요한 질문은 그 해석학적 틀이 다음 둘 중 어느 하나를 취하고 있느냐 하는 점일 것이다. 즉, 하버마스와 아펠이 제시했던 것과 같이 합리성 및 합리적 규범들에 대한 범-상황적 인식을 도외시하지 않는 비판적 원리들을 취하고 있는지, 아니면 로티에게서 우리가 볼 수 있었던 것처럼 체계가 사회-상황적 실용주의 차원으로 붕괴되는 입장을 취하는지 하는 점이다.

아울러서 스탠리 피쉬가 사회-실용적 철학 이론에 발맞추어 자기 자신의 독자반응 이론을 제시하고 있는 것을 검토하는 자리에서는 아펠이 제기했던 것과 같이 자라가는 언어 게임들 상호간의 상호작용, 중첩들, 통합 등과 같은 요소들이 있다는 것을 반드시 기억할 필요가 있다. 피쉬의 이론이 비록 저돌적이고 번득이는 면이 있지만, 그 철학적 이론은 취약성과 부적절함을 벗어버리지 못한다. 로티나 피쉬와의 비교를 통해서 우리는 비트겐슈타인에 대한, 그리고 합리성의 본질 및 해석의 제반 문제들에 대한 아펠의 식견이 보다 두드러지게 부각되는 것을 볼 수 있다. 하버마스와 마찬가지로 아펠 역시 사회-비판적 해석학의 창의적인 이론가 가운데 한 사람이다.

제12장

해방의 해석학과 페미니스트 해석학

이번 장에서 다루고자 하는 주제는 바로 앞 장에서 논의했던 것의 연장이다. 라틴 아메리카 해방 해석학과 흑인 해석학, 그리고 페미니스트 해석학은 그 핵심적인 주제들이 많은 부분에서 공통적이다. 무엇보다도 먼저 이 세 해석학 모델들은 지배적 전통들이 사용하거나 전제하고 있는 해석의 틀에 대하여 비판적 자세를 취한다. 해방 신학들 안에서는 서구적, 사상 중심적, 부르주아 자본주의의 틀이 그 주된 비판의 대상이 된다. 흑인 신학들 안에서는 백인 식민주의자들, 인종차별주의자들, 제국주의자들 등이 그 비판의 대상이 되며, 페미니스트 신학들 안에서는 남성중심적, 가부장적 틀이 그 비판의 대상이 된다. 이 지배적 전통들의 해석의 틀은 그 이데올로기를 영속화하는 선이해와 상징적 체계들을 계속적으로 전승시킨다.

나아가서, 이 세 해석학적 접근들은 **특정 경험 및 행위 맥락 관점에서 성경 텍스트에 대한 대안적 재해석**을 제공하려 한다. 여기에는 사회적 억압의 역사나 "여성 경험"의 진술 등이 포함된다. 한 가지 더 공통적인 점은, 이 세 접근들은 성경 텍스트를 **지배와 조작, 억압의 사회적 관심에 종사하기 위해** 사용하는 것을 폭로하기 위한 비판적 도구 및 자원들을 찾고 있다는 점이다. 이 세 접근이 다 각각의 비판적 원리를 갖고 있다. 이를 통해 조작적 해석 절차들이 갖는 정의롭지 못한 목적들을 밝히고자 하는 것이다.

이와 같은 해석학적 주장들을 평가하고자 할 때, 우리는 자연스럽게 앞 장에서 제기했던 중심적 질문으로 되돌아가지 않을 수 없다. 해방 신학들이나 페미니스트적 접근들이 사용하는 해석학적 체계들이 주어진 사회적 그룹의 희망과 기대를 단순히 확인시켜 주는 차원에서 실용적으로 작용하고 있는가, 아니면 억압의 얼굴을 폭로하는 **진정한 사회-비판적 원리** 차원에서 보다 넓은 범상황적 비판의 한 부분으로 작용하고 있는가? 또 다르게 표현하자면, 이 해석학적 체계들이 저항 공동체의 자체 지평을 자기–확인 차원에서 단순히 되비추고 있는가, 아니면 그 아래서 모든(또는 많은) 공동체들이 자기 지평의 확장이나 수정, 변혁을 체험할 수 있게 하는 하나의 사회적 비판을 제공하고 있는가?

1. 라틴 아메리카 해방 해석학의 주된 관심, 양상 및 그 이중적 성격

사실상 거의 모든 해방 해석학 주창자들은 이 모델이 그 **해석학적 이론**으로서의 차원과 **실천적 행위의 풀뿌리적 성격** 차원을 동시에 아우른다고 주장한다. 브라질의 레오나르도 보프(Leonardo Boff)와 클로도비스 보프(Clodovis Boff)는 하나의 은유를 통해 이런 점을 잘 표현한다. "해방신학은 하나의 나무에 비유될 수 있다. 그 안의 전문 신학자들만을 보는 사람들은 나무의 가지들만을 보는 것일 뿐이다. 그들은 둥치를 보지 못하고 있다. 이 둥치는 신부들과 또 다른 목회 사역자들을 가리킨다. 더 나아가서는 땅 속에 이 모두, 즉 둥치와 가지들을 떠받치고 있는 뿌리가 놓여 있다. 이 뿌리는 그들의 신앙과 사상을 해방의 열쇠로 삼아 이를 살아내는 수천 수만의 기초 공동체들의 실천적 삶과 생각이다."[1]

레오나르도 보프와 클로도비스 보프는 해방신학 내의 층들을 구분해낸다. "전문가들"의 층에서는 "사회–분석적, 해석학적, 이론–실천적" 주제들을 살피는 작업을 하는 반면, 또 다른 층에서는 사역자들이 판단하고 행동하는 일을 하며, 기초 공동체에 속한 사람들은 행위 지향적 해방에의 헌신으로 기독교 복음을 살아내는 일을 한다. 이런 층들을 결합해주는 것은 "역사를 변혁하는 믿음인데 …… 그 기초적 내용은 동일하다."[2] 우리는 앞에서 롤란드와 코너의 경우를 통해 지나치게 이론적인 해방 해석학은 그 자체가 모순적이라는 것을 살펴본 바 있다.

우루과이의 세군도(Juan Luis Segundo)는 1984년에 해방의 신학들 안에서도 구분이 필요하다는 것을 지적하였다. 첫 번째 계통은 대학교육을 받은 신학자들로서 이들은 비판적, 사회-비판적 도구들, 그리고 프로이트 이후 및 신마르크스주의의 의구와 이데올로기 비판의 도구들을 잘 알고 있는 사람들이다. 두 번째 계통은 단순히 "사고"나 "명상" 차원만이 아니라 성경적, 그리고 신마르크스주의적 "행위" 차원에서 가난하고 억압받는 자들 속에 살며 또한 그들로부터 배우고자 하는 사람들이다.[3]

훌리오 데 산타 아나(Julio de Santa Ana)는 이 후자의 관점에서 신학이 "사람들과 함께 …… 집을 옮겨야 한다"라고 말한다.[4] 주로 브라질에서 활동하였던 네덜란드 사람 카를로스 메스터스(Carlos Mesters)는 그의 저작에서 이 일반 공동체 강조점을 일관되게 진술하였다. 그는 이렇게 지적한다. "성경이 사람들의 손에서 탈취 당하였다. 그러나 이제 그들이 성경을 다시 되찾고 있다. 그들이 몰수자들로부터 빼앗겼던 것을 몰수하고 있다. '이것은 우리의 책이다. 이것은 우리를 위해 쓰인 것이다.' …… 성경이 이제 가난한 자들의 편으로 옮겨갔다. 어쩌면 그것이 계급 지위를 바꾸었다고 말할 수도 있을 것이다."[5]

크리스토퍼 롤란드(Christopher Rowland)와 마크 코너(Mark Corner)는 성경이 브라질 상 파울로의 기독교 기초 공동체들 속에서 어떻게 사용되고 있는지에 대해 언급하고 있다.[6] 특히 예수의 비유들이 많이 사용되고 있다. 그들은 이 비유들을 하나님의 정의와 선의 기초 위에서 세상을 바꾸는 일을 하도록 초청하는 것으로 읽고 있다. 마태복음 18:10–14의 잃어버린 양의 비유는 교회가 "보존"에 지나치게 관심가지지 말고, 목자가 아흔 아홉 마리의 양을 버려두고 한 마리의 양을 찾으러 나갔던 것처럼, 잃어버린 자들과 힘없는 자들을 섬겨야 함을 말한다고 강조한다.

마태복음 25:31–46의 양들과 염소들은 억압받는 자들과 억압자들로 각각 연결된다. "억압자들"은 그들의 긍휼 없는 행위에 대한 지적 앞에서 항변하고 자신들의 정당성을 주장하려 하지만 소용이 없다. 양과 염소들이 나뉘는 것은 그들의 서로 다른 정치적 행동 때문이다. 누가복음의 탄생 기사(눅 1:26–2:51)를 통해서 사람들은 특히 어머니들이 경험하는 고초와 수모, 비인간적 대우 등을 읽는다. 동시에 그들은 하나님께서 이런 천한 어머니들을 그의 목적 수행에서 핵심 역할을 할 수 있도록 높여주시는 확인의 경험을 이 본문을 통해 읽기도 한다.

롤란드와 코너가 지적하는 것처럼, 기독교 기초 공동체들의 성경 읽기에서는 "비판적 거리두기"나 "역사적 이해" 등과 같은 감각이 별로 없다. 가인과 아벨의 이야기(창 4:1–26)는 지주와 소작인들, 또는 농장주나 목동들의 투쟁 경험에 바로 적용이 된다. 창세기 4:8–16에서는 억압자가 억압받는 자로 바뀌고 있고, 아무런 안전망도 없는 상태에서 억압받는 자들로부터의 보복에 그대로 노출되고 있다.

롤란드와 코너는 이를 가다머의 "지평의 융합" 차원에서 보는 듯하다.[7] 그들은 이 모델이 해방 해석학에서 매우 중요하다고 여기는 것 같지만, 그러면서도 그들은 가다머의 경고를 별로 신경쓰지 않는 것 같다. "지평의 융합은 …… 단순히 하나의 지평을 만든다는 것이 아니다. …… 모든 교류는 텍스트와 현재 사이의 긴장의 경험을 포함한다. 해석학의 과제는 순진한 복합을 통해 이 긴장을 덮어버리는 것이 아니라 이를 의식적으로 드러내는 데 있다."[8] 그 분리가 존중되는 것만이 종국적으로 "융합"될 수 있다.

우리의 주제와 관계된 또 다른 한 자료를 니카라과의 성경 연구 그룹들에 대해 기록하고 있는 에르네스토 카데날(Ernesto Cardenal)의 책 『실천 속의 사랑』(*Love in Practice: The Gospel in Solentiname*, 4권, 스페인어 1975, 영어 1977–1984)에서 찾아볼 수 있다. 여기에 보면 마리아의 송가(눅 1:46–55)를 두고, 헤롯이 이런 마리아의 말을 어떻게 생각했을까? 라는 질문이 나온다. 여기에 대해 로지타라는 사람은 그가 마리아를 공산주의자로 보았을 것이라고 대답한다. 라우레아노가 이를 더 부연해서 설명한다. "그녀는 공산주의자였다. …… 그것은 혁명이다. 부자와 권세 있는 자들이 낮아지고, 가난한 자들과 아래에 있던 자들이 높여지고 있지 않느냐?" 그런데 이런 일이 오직 마리아의 때에만 있어야 하는가? 그 그룹에 참석하고 있던 젊은 사람 하나가 이렇게 대답한다. "그녀는 미래를 위해 말한 것이다. …… 우리는 그녀가 선포한 해방을 이제 조금 맛보기 시작하고 있다."[9]

보프나 메스터스, 그리고 롤란드와 코너의 실천적 측면에 대한 강조가 다 옳은 관찰이지만, 그럼에도 불구하고 라틴 아메리카 해방 운동은 이론에 대한 관심에서 시작되었다. 이 때문에 라틴 아메리카 해방 해석학은 이중적 성격을 갖는다. 해방 신학의 지적 기초를 닦는데 기여하였던 전문 신학자들의 경우, 그들의 작업은 이후의 기초 공동체들이 생각하는 것 이상으로 매우 복잡한 해석학적 체계 위에서 이루어지고 있음을 본다. 우리는 그 대표적인 예를 세군도의 책『신학의 해방』(*The Liberation of Theology*, 1975)에서 찾아 볼 수 있다.

세군도의 해석학 이론은 적어도 다음의 일곱 가지 요소들을 포함한다. (1) 해석학적 순환 개념, (2) 일반적 현실 인지 이론, (3) 해석학적 및 이데올로기적 의구 개념, (4) 리쾨르가 발전시키는 방식대로의 프로이트, 니체, 마르크스 등의 해석학적 역할, (5) 막스 베버의 가치중립적 사회 분석 이론에 대한 비판, (6) 우주론적 객관주의에 대한 불트만의 비신화화 작업에 비견되는 탈이데올로기화 프로그램, (7) 정황적, 특정적 의지의 행위(특히 칼 만하임과 제임스 콘에게서 강조되는)와 역사적, 합리적 보편성 사이의 해석학적 상관관계에 대한 평가가 그것이다.[10]

하지만 이와 같은 복잡한 이론적 장치들이 세군도에게만 나타나는 것이 아니다. 리쾨르에 많이 의존하는 세베리노 크로아토(J. Severino Croatto)의 해석학 이론도 역시 복잡하다. 휴고 아스만(Hugo Assmann)은 해석학과 이데올로기 비판의 관계 문제를 다루고 있다. 또한 보니노(J. Miguez Bonino)와 클로도비스 보프는 해석학에서 실천의 문제와 진리 주장의 인식론적 지위의 상관관계 문제를 탐구하고 있다.[11] 세베리노 크로아토의 경우 해석자 또는 해석 공동체의 상황성 문제를 단지 역사적 상황성 차원에서뿐만 아니라 그 상황성의 일부인 상징적 체계들의 정치적 의의 차원까지를 다루는 하나의 비판적 해석학 이론을 제시하고 있다.

이와 같은 정치적 해석학은 비정치적이 아니면서도 또한 해방의 관심보다 특권의 관심에 사로잡히지도 않은 비판적 틀을 필요로 한다. 하지만 이것이 이론과 실천 사이의 구분이 생각하는 것보다 덜 날카롭고 분명해도 된다는 것을 말하는가? 세베리노 크로아토는 보프의 언어로 표현될 때는 실용적으로 해석될 수도 있는 하나의 원리를 그 자신은 이론적 방식으로 이를 표현하고 있다. 그의 글 "제3 세계 신학이란 무엇인가?"에서 그는 이렇게 말한다. "해방신학은 억압받는 자들을 위한 선호적, 복음적 관심을 갖는다. 이 신학은 그들의 해방을 위해 무엇을 도울 수 있을지의 관심을 갖고 그들의 눈을 통해 바라보는 시각으로 사회를 바라보려 한다."[12]

필립 베리만(Philip Berryman)이 지적하는 것처럼, 라틴 아메리카 맥락에서는 미국 실용주의나 영국 경험주의에서와 같이 "이론"과 "실천"이 대립적 관계에 놓여 있지 않다. 베리만은 이렇게 말한다. "이론은 현상을 뚫고 사물의 본질 속으로 들어갈 수 있게 하는 도구이다. …… 실천(*praxis*)은 '실용성'(practicality)과는 구분된다."[13] 우리는 마르크스주의에서 생각하는 실천 개념을 이미 살펴본 바 있다. 특히 초기 마르크스가 포이어바흐에 관하여 정리한 11개의 핵심 논지들을 주목해보았다. 이 글은 원래 1845년에 작성되었지만, 마르크스가 죽은 후에 가서야 출판되었다.

우리는 또한 리처드 번스타인(Richard Bernstein)이 아리스토텔레스와 마르크스를 비교하면서 이들이 프락시스 용어를 각각 어떻게 사용하는지를 살피고 있는 것도 보았다. 뿐만 아니라 폴 애비스(Paul Avis)는 프락시스의 이론적 차원이 "비판" 신학들에서 보다는 사회-비판 이론 속에서 더 그 본질에 적합한 의의와 대접을 받고 있다고 지적한다. 번스타인에 따르면, 1840년대에 헤겔의 "좌파" 급진 해석가들이 헤겔의 체계가 뭔가 잘못된 방향으로 가고 있다는 것을 감지하기 시작한 것도 다름 아닌 "프락시스" 속에서였다고 지적한다. 이런 맥락 속에서 치즈코프스키(A. V. Ciezkowski)가 "사회적 삶에 직접적 영향을 끼치는 실천적 행위 철학으로서 이 '새로운' '프락시스' 개념의 사용을 제안하였다."[14]

번스타인이 볼 때, 마르크스는 이런 인식 자체도 뭔가 부족함이 있다고 보았고, 따라서 보다 총체적인 "**프락시스 이론**"을 발전시키기 시작했다. 마르크스 사상에서 이것이 갖는 중심성이 1940년대 후반과 1950년대 전통적, 공식적 마르크스주의 안에서 거의 망각되고 있었지만, 사르트르에 의해 이것이 다시 부각되기 시작했고, 보다 최근에 와서 신마르크스주의에 의해, 특히 유고슬라비아를 중심으로 『프락시스』(*Praxis*)지를 발간하는 휴머니스트 마르크스주의 그룹에 의해 다시 부활되고 있다. 포이어바흐에 대한 11가지 논지들 가운데서 마르크스 학자들이 계속적으로 인용하고 있는 것은 11번째 논지이다. "철학자들은 다양한 방식으로 세상을 **해석**만 했을 뿐이다. 핵심은 세상을 **변화**시키는 것이다." 하지만 마르크스는 이런 혁명적 프락시스도 구체적 이론적 사고에 의해 여전히 지도를 받을 필요가 있다고 지적한다.

번스타인은 **행동**과 행동 **이론**의 관계에 관한 그 자신의 뛰어난 연구서에서, 마르크스의 프락시스와 키르케고르 및 사르트르의 구체적 실존, 존 듀이의 실천적 판단, 그리고 비트겐슈타인 이후 분석 철학에서 행동의 강조 사이에 하나의 일맥성이 있다는 것을 잘 보여준다. 특히 비트겐슈타인에게는, 개념 형성 및 개념적 판단을 위한 참조틀의 역할을 하는 것이 다름 아닌 행동의 패턴이다. 번스타인은 이것이 마르크스의 원리적 강조점과도 그렇게 멀지 않다고 지적한다. 마르크스는 사람을 규정하는 것은 "그들이 행하는 일이며 …… 그들의 사회적 프락시스는 역사적 기구들 및 관습들의 복잡한 그물망을 형성하기도 하고 또한 이들에 의해 형성되기도 한다."[15]

라틴 아메리카 해석학 이론 속에서 이런 측면을 가장 잘 발전시키고 있는 사람 가운데 하나가 클로도비스 보프이다. 그의 책 『신학과 프락시스, 그 인식론적 기초들』(*Theology and Praxis: Epistemological Foundations*, Petrópolis 1978, 영어 1987)에서 보프는 마르크스주의뿐만 아니라 포스트모더니즘의 여러 접근들 속에서도 개념이나 사상을 사회 역사적 상황들이나 실행, 사태의 정황 등으로부터 분리시켜 추상화하고자 하였던 계몽주의 이후 합리주의의 시도들을 거부하고 있다는 것을 지적한다. 따라서 보프는 자신의 해석학적 이해를 **사회적 삶의 사회-역사적 정황들**과 구조적, **일관적 원리로서의 신학** 사이의 변증법적 관계 위에 세우려 하고 있다.

이와 같은 보다 넓은 논의의 배경 위에서 우리는 라틴 아메리카 해방 해석학의 기원과 발전을 살펴볼 필요가 있다. 해방 신학의 체계를 잡기 위한 첫 번째 공식적 논의가 1968년에 콜롬비아의 메들린에서 모인 제2차 라틴 아메리카 주교회의에서 구체화되었다. 페루 출신의 신학자 구티에레즈(Gustavo Gutiérrez, 1928년생)가 이 회의를 위한 기초 자료를 집필하였고, 이 자료들은 더 발전되어서 뒤에 그의 책 『해방신학』(*The Theology of Liberation*, 리마 1971, 살라만카 1972, 영어 1973)으로 출판되었다.[16] 이 책은 해방 신학 운동을 대변하는 주된 저작 가운데 하나이다.

같은 해에 이 운동의 또 다른 사상적 건축가라고 할 수 있는 브라질 사람 휴고 아스만의 책 『억압과 해방』(*Opresión–Liberacion*)이 출판되었고, 이어서 멕시코 출신의 호세 미란다(José Porfirio Miranda)의 책 『마르크스와 성경』(*Marx and the Bible*)이 출판되었다.[17] 1975년에 이르면 이 운동의 신학적 지도자들로 부상된 사람들이 대거 늘어나게 되는데, 여기에는 앞서 언급한 사람들 외에도 세베리노 크로아토(Severino Croatto, 아르헨티나), 후안 세군도(Juan Luis Segundo, 우루과이), 레오나르도 보프(Leonardo Boff, 브라질), 엔리케 두셀(Enrique Dussel, 아르헨티나), 카를로스 메스터스(Carlos Mesters, 브라질), 미구에즈 보니노(J. Miguez Bonino, 아르헨티나) 등이 포함된다. 대부분이 로마가톨릭 출신들이지만, 루벰 알베스(Rubem Alves), 훌리오 데 산타 아나(Julio de Santa Ana), 미구에즈 보니노, 에밀리오 카스트로(Emilio Castro) 등은 개신교 배경을 가지고 있다.

구티에레즈는 『해방신학』에서 해방 신학뿐만 아니라 전 영역에서의 보다 넓은 이해를 위해서도 꼭 필요하다고 생각하는 네 가지 근본적 도움 요소들을 정리하고 있다. 그 첫 번째는 라틴 아메리카의 가난한 자들의 사회–경제적 상황을 이해하는 것은 "자아를 넘어 가는 것, 하나님과 이웃에 대한 헌신, 타인들과의 관계"를 의미하는 그리스도인 사랑과 믿음과 직결되어 있다는 것을 알아야 한다는 것이다.[18]

이런 원리는 그 다음 세대의 해방 신학자들에게도 하나의 논리적 우선권을 가진 출발점 역할을 하고 있다. 그래서 15년이 지난 후(1986년)에 레오나르도 보프와 클로도비스 보프는 해방 신학에 대한 그들의 작업을 북동부 브라질 지역의 극심한 고통의 현장에 대한 이야기로부터 시작하고 있다. 그들은 "긍휼, 즉 함께 고통당함"이라는 제목 하에 "5억의 사람들이 굶어 죽어가고 있고 …… 10억의 사람들이 절대적 빈곤 가운데 놓여 있는" 현실을 지적한다. 그러면서 그들은 이렇게 결론짓는다. "최소한의 '함께 고통당함'이 없다면 …… 해방 신학은 존재할 수도 이해할 수도 없다."[19]

"제3 세계" 의식과 관련하여 구스타보 구티에레즈는 하나의 집단적 자의식과 제3 세계 연대가 1955년의 아프리카–아시아 반둥 회의에서부터 비롯되었다고 지적한다. 서구 자본주의나 동구 마르크스주의 경제가 각각의 부의 창출의 길들을 가지고 있었지만, 그래도 1950년대까지만 하더라도 "개발"을 위한 원조의 희망이 제3 세계 가난한 자들에게 낙관적 전망을 주고 있었다. 그러나 1960년대 중반에 들어서면서 비개발 국가들의 가난한 자들은 보다 부요한 국가들의 영원한 개발 부산물 정도로 자리매김 되는 모양새가 더욱 뚜렷해졌다. 양자 사이의 간격은 좁혀지지 않고 더욱 벌어져만 갔다. 이 속에서 하나의 "급진적 단절"이 있어야만 한다는 의식이 커가기 시작했다. "사유 재산 체제의 심대한 변혁이 필요하다. …… 해방은 개발이라는 일상의 용어와는 전적으로 다른 급진적 변화의 순간이 불가피하다는 것을 표방한다."[20]

구티에레즈는 1960년대와 1970년대에 개발 국가들이 약 50%까지 그 부를 증식한 반면, 제3 세계 국가들은 여전히 가난을 벗어나지 못하고 있음을 지적한다. 오직 쿠바만이 1959년의 혁명 이후 라틴 아메리카 세계 속에서 경제적 진보를 이루었고, 그 배후에는 마르크스주의 원리들이 놓여 있었다. 정부와 가난한 자들 사이에는 대립감이 계속 증가하였고, 양측이 다 폭력적 정치 행위를 마다치 않았다. 헬더 카마라(Helder Camara)는 이를 "폭력의 나선 구조"라고 부른다. 이런 나선 구조의 한 예로 카밀리오 토레스(Camilio Torres)가 로마 가톨릭 동료들을 향하여 무력 혁명을 호소한 일과 1966년의 그 자신의 불행한 죽음이 이를 잘 보여준다.

라틴 아메리카 로마 가톨릭 교회는 이전의 유럽 식민주의 및 그 지배 세력들과의 결탁과는 대조적으로 이제는 점차 가난한 자들과 연대하기 시작하였다. 구티에레즈는 이렇게 말한다. "가장 가난에 시달리고 착취당하는 지역의 주교들이 가장 열정적으로 자신들이 목격하는 부정의를 대항하였다."[21] 메들린 주교회의는 사회 정의에 대한 제2차 바티칸 공의회의 선언과 보조를 맞추어서 이런 목소리를 받아들이고 있다. 교황 바오로 6세의 교령「민족들의 발전」(*Populorum Progressio*, 1967년)에는 경제적 질서에 대한 비판이 포함되어 있다.

라틴 아메리카 교회(개신교회도 포함하여)가 사회적 문제에 대처하기 위해 취한 프로그램의 하나가 "의식 일깨우기"(의식화 *concientización*) 운동이다. 이 용어는 파울로 프레이리(Paulo Freire)에게서 처음 시작되었다. 프레이리는 1950년대 후반부터 브라질에서(그리고 후에는 칠레에서) 가난한 사람들의 문맹퇴치 운동을 전개하였던 사람이다. 그는 자신의 책『페다고지』(*Pedagogy of the Oppressed*, 1972)에서 교육 이론과 비판적 실천의 철학을 결합시키고 있다. 그에 따르면 교육은 결코 가치중립적인 것이 아니다. 교육은 사람들이 "현실"로 여기는 것을 변화시킴으로써 그들을 해방시키는 일을 한다.

구티에레즈가 강조하는 해방 신학의 네 가지 근본 요소들 가운데 두 번째 요소는 비판적 자세이다. 그는 칼 마르크스가 "비판적 사고"의 길을 향한 문을 활짝 열었다고 말한다. 이것이 사람들로 하여금 "자신의 이데올로기적 지위를 결정하는 것이 사회-경제적 요인들이라는 것을 더 잘 알도록 만든다."[22] 구티에레즈는 우리가 바로 앞 장에서 마르크스 및 하버마스와 연관하여 살펴보았던 것과 같은 **사회-비판적** 도구들을 염두에 두고 있는 것이다. 구티에레즈는 마르크스와 프로이트, 마르쿠제, 그리고 추가적으로 헤겔 및 에른스트 블로흐(Ernst Bloch)의 철학, 몰트만과 요하네스 메츠(Johannes Metz)의 신학으로부터 하나의 유용한 정신-사회-비판적 도구가 도출될 수 있다고 믿고 있다.[23]

사회-비판적 도구가 필수적인 이유는 그가 볼 때 교회가 "사회 비판의 기관"이 되어야 하기 때문이다.[24] 신학은 "비판적 태도"를 갖춘 "사회 비판"의 작업이 되어야만 한다.[25] 사회-비판적 도구들이 필요한 이유는 가난이 단지 개인의 경제적 지위에 관한 문제가 아니라, 그 개인을 둘러싸고 있는 "억압적이고 소외시키는" 환경 및 구조의 문제이기 때문이다. 사회-비판적 성찰 그 자체는 의식화의 한 부분이다.

구티에레즈가 말하는 해방 신학의 세 번째 근본 요소는 해방에 관한 성경 텍스트 자체의 메시지이다. 구티에레즈는 이후의 해방 해석학의 논의에 빠지지 않고 등장하는 출애굽 주제를 처음으로 이 모델에 접목시킨 사람 가운데 하나이다. 그는 출애굽 기사 자체만을 언급하는 것이 아니라, 선지자들이 이를 어떻게 해석하고 있는지에 대해서도 주목하고 있다. "여호와의 팔이여 깨소서 깨소서 …… 라합을 저미시고 용을 찌르신 이가 어찌 주가 아니시며, 바다를 …… 말리시고 바다 깊은 곳에 길을 내어 구속 받은 자들을 건너가게 하신 이가 어찌 주가 아니시니이까?"(사 51:9–10, 비교 시 74:14, 87:4, 89:11).

출애굽기의 첫 몇 장들이 "억압"을 이야기하고 있다. 애굽은 노예의 땅(출 13:3, 20:2, 신 5:6)이며 고역의 땅(출 1:1–10)이다. 그곳에서의 노동은 소외된 것이었고(출 5:6–14), 수모에 해당되는 것이었다(출 1:13, 14).[26] 이런 상황 속에 하나님의 말씀이 임하였다. "내가 애굽에 있는 내 백성의 고통을 분명히 보고 …… 그들이 부르짖음을 듣고 그 근심을 알고 내가 내려가서 그들을 …… 건져내고 그들을 그 땅에서 인도하여 …… 데려가려 하노라"(출 3:7–9).

하지만 하나님의 백성은 억압으로부터 자신들의 해방의 필요를 충분히 인식하지 못하고 있었다. 그들은 자기들을 데리고 나가려 하는 모세를 향하여 "우리를 내버려 두라 우리가 애굽 사람을 섬길 것이라"(출 14:11–12)라고 항변한다. 이 때문에 "의식 일깨우기" 즉 "의식화"가 필요한 것이다. 구티에레즈는 이렇게 말한다. "히브리 사람들에게는 자신들의 억압의 뿌리가 무엇인지, 어떻게 그것에 대항할 것인지, 그리고 그들 앞에 놓여 있는 해방에 대한 깊은 인식을 가지도록 성공과 실패를 거치면서 점차적으로 가르치는 것이 필요했다."[27] 하나님은 그의 지으신 것에 대해 신실하신 분이다. 그는 이스라엘의 해방자요 구속자(*goel*)이시다(사 43:14, 47:4). 같은 맥락에서 신약 역시 새 창조(고후 5:17)와 자유(갈 5:1)의 언어를 사용한다.

구티에레즈가 말하는 해방 신학의 네 번째 근본 요소는 약속의 언어와 종말론의 언어이다. 구티에레즈는 요하네스 바이스(Johannes Weiss)와 알베르트 슈바이처(Albert Schweitzer)에 의한 신약 종말론 언어의 중요성의 재발견을 매우 높이 평가한다. 나아가서 위르겐 몰트만과 요하네스 베츠의 신학과도 대화를 벌인다. 뿐만 아니라 에른스트 블로흐에 의해 정립된 희망의 철학에도 깊은 관심을 보이고 있다.

구티에레즈가 볼 때, 블로흐가 마르크스의 포이어바흐에 관한 첫 번째 논지를 발전시키고 있는 것이 의미심장한 일이다. 마르크스는 자기 이전의 유물론이 현실을 "단지 대상 또는 인지(*Anschauung*)의 형식으로 보았을 뿐, 인간 행위나 실천(*Praxis*) 차원에서 보지 못했다"라고 비판한다.[28] 우리가 앞에서도 보았던 포이어바흐에 대한 마르크스의 11번째 논지에서도 "철학자들은 다양한 방식으로 세상을 **해석**만 했을 뿐"이지만, 자신은 "세상을 **변화**시키는 일"을 도모하고 있음을 밝힌바 있다.[29] 구티에레즈는 블로흐의 희망이 "기존의 질서를 뒤집는 적극적 희망"이라고 밝히면서, 현재 있는 것들의 "정적" 성격에 비해 "'아직 아니'의 것의 존재론은 역동적이다"라고 논평한다.[30]

구티에레즈가 밝히고 있는 것처럼, 블로흐의 『희망의 원리』(*The Principle of Hope*)는 몰트만에게 직접적인 영향을 미쳤다. 몰트만은 현재로부터의 해방이 "도래하는 현실과 …… 희망하는 변혁"에 대한 약속에 근거한다고 밝힌다.[31] "우리가 소망으로 구원을 얻었으매 보이는 소망이 소망이 아니니라"(롬 8:24). 마르크스와의 뚜렷한 유사성을 보이면서 몰트만은 이렇게 말한다. "신학자는 단지 세상에 대한 또 하나의 **해석**을 제공하려 하지 않는다. …… 오히려 신적 변혁의 기대 속에서 (세상을) **변혁**하고자 한다."[32]

몰트만은 『십자가에 못 박히신 하나님』(*The Crucified God*)에서 희망의 주제로부터 고난의 경험으로 그 주제를 바꾸고 있다. 하지만 이 고난의 경험이 희망이 희망 되게 하는 실제적 바탕을 이룬다. 몰트만은 아도르노와 호르크하이머의 사회-비판적 "부정 변증학"과 십자가의 신학 및 사회적 행위의 신학을 접목시킨다.[33] 그는 이렇게 말한다. "그리스도인 희망은 먼저 그것이 **부정의 고통**을 취하지 않고서는 현실적일 수도, **해방적**일 수도 없다."[34] 십자가는 모든 종류의 안전 추구적 정치나 신학, 권력 등을 도전한다. 십자가는 "고통 받는 사람들을 사회의 가장자리로 몰아넣고 스스로는 자신의 작은 그룹 안에 편안히 거하려 하는" 태도를 비판한다.[35] 십자가는 "가난한 자들과의 고통을 함께 하도록" 우리를 초청한다.[36]

몰트만의 신학은 "마르크스주의"의 한 유형이 아니다. 블로흐에 대한 한 글에서 몰트만은 마르크스주의가 죽음 앞에서 침묵하는 것과 기독교 신앙이 부활의 소망 및 역사 속의 "놀라움"과 새로움에 대해 말하는 것을 비교하고 있다.[37] 그러면서도 몰트만은 기독교 신학이나 종말론이 사회적, 정치적 행위와 결별되는 것을 반대한다. 그는 떼이야르(Teilhard)의 종말론에 대해 논평하는 자리에서 "한 굶주리는 아이를 위해서, 나는 이와 같은 진보의 사상을 거부한다"라고 밝힌다.[38]

후안 세군도(Juan Luis Segundo)는 이런 문제를 보다 넓은 시각에서 명료하게 잘 정리하고 있다. 그가 볼 때 해방 신학자들은 "사상과 관계된 모든 것들은, 신학을 포함하여, 기존의 사회적 질서와 의식은 못할지라도 긴밀하게 연관되어 있는 것이 아닌가" 의심한다.[39] 그는 계속해서 이렇게 말한다. "만일 신학이 그 통상적 성경 해석의 기조를 바꾸지 않고 이 새 질문들에 답할 수 있다고 생각하는 순간, 여기에서 해석학적 순환은 즉각 종결되고 만다."[40] 세군도는 해석학적 순환을 헌신, 또는 "부분성"을 전제하는 개념으로 보고 있다.[41] 이데올로기 회의의 시각에서 볼 때 일부 성경 해석은 지배 계급의 이해를 유지하기 위해 사용되기도 하였다. 역으로 또 다른 경우에는 이것이 계급 투쟁의 무기로 사용되기도 한다. 가용한 유일의 "최종성" 또는 "보편성"은 사상이 아니라 **행동**에서 나타난다.[42]

이와 같은 "사상"에 대한 전반적 회의는 마르크스주의와의 교류 속에서 더욱 심화되는데, 해석학 속에서는 이것이 두 가지 특징적 형태를 드러낸다. 하나는 보다 급진적 형태로서 신마르크스주의 및 "유물론적" 사회이론으로의 발전이며, 이에 대해서는 잠시 후에 다시 살펴보고자 한다. 카를로스 메스토스(Carlos Mestos)는 이런 맥락 속에서 성경 "전문가"의 역할을 불안하게 여기고 있다. 그는 이렇게 말한다. "우리 성직자들은 성경을 전유해왔다. 우리는 성경을 일반 사람들의 손에서 빼앗아 거기에 자물쇠를 채운 후 열쇠를 멀리 던져버렸다. 그런데 사람들이 그 열쇠를 찾았고, 이제 다시 성경을 해석하기 시작한다."[43] 그들이 사용하는 해석의 방법, 혹은 해석학적 "비판 원리"는 단 하나 "그들 자신의 삶, 경험, 투쟁"이다.[44] 이처럼 성경을 "우리의 책"으로

재발견하게 될 때 여기에는 "세상을 이기는 전투력"이 따른다.[45]

메스토스의 접근과 세군도의 그것 사이의 대조는 실용적 접근과 비판적 접근 사이의 이원성을 반영한다. 만일 해석을 위한 해석학적 열쇠가 주어진 해석 공동체의 경험 뿐이라고 한다면, 과연 해방에의 전적 헌신이 사회-비판적 형태를 취할 수 있겠는가? 데이빗 록헤드(David Lochhead)는 "성경의 해방"이라는 글에서 이와 관련된 매우 결정적인 시금석 하나를 제시한다. "그 그룹은 **그룹 자체의 관점을 텍스트의 관점과 구분할 수 있을 만큼 자유로워야만** 할 것이다."[46] 비판적 관점을 위해 "전문가"에게 의존하고 싶은 유혹도 있겠지만, 그 전문가 자신의 이데올로기적 관점은 어떻게 할 것인가? 그러나 또 한편, 우리가 전문가의 도움을 전적으로 무시한다면 "그 결과가 어떻게 될지 우리는 잘 안다. 그 그룹은 그룹 내의 **비주류 이데올로기의 가장 과격한 신봉자, 가장 경건을 부르짖는 사람이나 가장 전투적인 사람에 의해 지배되게 될 것이다**."[47]

우리는 이런 것도 "지배"라고 할 수 있다. 왜냐하면 이런 경우 텍스트는 오직 그 지배적 하부 그룹의 열망과 기대를 뒷받침하는 좋은 신호들만 수용하는 방식으로 조작당하는 위치에 놓이게 될 것이기 때문이다. **해방** 신학은 공동체를 그 자체의 관습만을 수용하는 사회 실용주의 안에 가두기를 원치 않는다. 만일 프락시스(*praxis*, 그 속에 이론을 포함하는)가 특정 경험만을 기준으로 하는 실행(practice)이 되고 만다면, 어떻게 미래가 단순한 현재의 연장으로 그치지 않고 진정으로 공동체를 해방하는 것이 될 수 있겠는가? 만일 해방 해석학이 진정으로 사회-비판적 해석학이라고 한다면, 텍스트는 해석의 공동체를 변혁시킬 것이며, 그 지평은 확장하게 될 것이다. 다시 한번 우리는 사회-비판적 모델이냐 아니면 사회-실용주의 모델이냐의 구분 앞에 서게 되었다.

2. 흑인 해석학의 다양한 접근들

라틴 아메리카 해방 해석학의 다양한 해석학적 접근들과 마찬가지로, 흑인 신학 및 흑인 해석학에서도 그 실제적 접근들이 매우 다양하다. 이 양 영역은 그 스펙트럼 상의 관점들이 유사한 방식으로 분포되어 있다. 한 쪽 끝에는 실존적 경험의 즉각성에 대한 강조가 놓여 있고, 또 다른 한 쪽 끝에는 보다 비판적, 또는 사회–비판적 하부 체계들, 마르크스주의, 유물론적 세계관에 기초한 해석 방법 등이 놓여 있다. 스펙트럼의 한 쪽 끝은 생활세계에 초점을 맞추지만, 또 다른 끝에는 체계에 대한 강조가 놓여 있다.

물론 이는 라틴 아메리카 해방 해석학과 흑인 해석학, 또 신마르크스주의 해석학 사이의 중요한 차이들을 무시하자는 것은 아니다. 라틴 아메리카 해방 신학들은 특히 경제적 가난과 정치적 억압에 초점을 맞춘다. 반면 유물론적 해석은 전통적 해석을 이상주의나 사상 중심적 체계로 보는 마르크스주의의 회의를 출발점으로 삼는다. 이 경우 마르크스주의는 단지 공동체 경험의 사회적 분석만을 위한 이론이 아니라, 성경 텍스트를 생산한 물질적 조건들을 찾고자 하는 이론이기도 하다.

위의 두 접근에 비해 흑인 해석학은 세 가지 매우 특징적 맥락을 그 출발점으로 삼는다. 특히 남아프리카 흑인 신학은 식민지 역사 및 인종차별(Apartheid)의 유산에 의해 그 논의가 영향을 받는다. 반면 북아메리카 흑인 신학은 노예제도의 역사적 기억 및 그 후유증에 의해 영향을 받고 있다. 그리고 흑인 아프리카 국가들의 흑인 해석학은 주로 **상황화**(contextualization)의 문제에 관심을 가지면서 성경과 아프리카 문화들 사이의 관계를 주목한다.

이 세 운동들 모두가(어쩌면 아프리카 흑인 해석학은 다소의 예외일 수도 있겠지만) 경험과 투쟁을 해석학의 맥락으로 강조한다. 그런 점에서 라틴 아메리카 해방 해석학과 남아프리카 및 북아메리카 흑인 해석학은 성경 기록 가운데 나오는 자신들의 경험과 유사한 주제들에 스스로를 동일시하기를 좋아한다. 여기에서 일어나는 주된 논제는 **내러티브-경험**과 성경 텍스트가 그리스도인 경건 및 행위에 대해 갖는 **즉각성** 사이의 관계 문제이다.

해방 해석학과 흑인 해석학 양자는 공통적으로 해석학의 사회–비판적 원리를 찾고자 하며, 이를 통해 성경 텍스트를 부와 권력 구조의 이해를 증진시키는 데 사용하려 하는 시도들을 폭로하려 한다. 또한 이 두 영역 모두가 서구 대학 및 신학교의 주류 성경 해석이 객관적이거나 가치중립적이라는 인식을 거부한다. 실증주의적, 합리주의적 해석은 부적절할 뿐만 아니라 때로 기만적이기도 하다고 보는 것이다. 많은 해석적 절차들이 의미를 다원화시킴으로써 실효성 없는 다원주의를 배양하든지, 아니면 사회–정치적 지배 그룹들의 이해를 섬기려 한다고 비판한다. "학문적" 해석의 다원성 자체가 의미를 끝없는 재개정의 대상으로 삼음으로써 사회적 비판을 계속 연기시키고 있다.

(1) 해석학적 원리로서의 "흑인 경험"

『신학의 해방』의 저자인 세군도는 제임스 콘(James Cone)의 북아메리카 흑인 신학과 동일한 대의를 자신의 출발점으로 삼는다. 그는 콘의 다음과 같은 주장을 지지하고 있다. "흑인 신학은 흑인 공동체의 관점에 일치를 이루어야 한다. …… 흑인 신학자들은 흑인 공동체의 자원 및 규범에 적합한 신학을 수립함으로써 백인 사상의 오염시키는 영향력을 파괴하는 방식으로 신학적 작업을 하여야만 한다."[48] 세군도는 제임스 콘의 책 『해방의 흑인 신학』(*A Black Theology of Liberation*, 1970)을 "해석학적 순환"을 긍정적으로 사용하는 한 예로 들고 있다.[49]

콘의 후기의 책 『억압받는 자들의 하나님』(*God of the Oppressed*, 1975)에는 "신학적 담론에서 특정성과 보편성의 문제"가 다루어지고 있다.[50] 성경 텍스트는 언제나 **근본적** 지위를 갖지만, 그러면서도 이는 구체적 **경험**과 관계적 위치에 있기도 하다. 콘은 이렇게 적고 있다. "신학자는 무엇보다 먼저 성경과 존재 양면의 주해가이다. …… 성경은 결코 추상적 언어가 아니다. …… 그것은 이 세상 속에서 억압받고 수모 당하는 사람들을 향하는 하나님의 말씀이다."[51] 신앙과 "증거"의 문제와 관련해서 콘은 이렇게 답하고 있다. "나의 대답은 '이야기 하나 할게'로 시작하는 흑인 교회 아버지와 어머니들의 간증과 대단히 유사하다."[52]

테오 윗블릿(Theo Witvliet)은 그의 책 『흑인 메시아의 길』(*The Way of the Black Meaaiah*)에서 흑인 내러티브(이야기)–경험과 성경 내러티브가 결코 실용주의적 자기 확인의 도구가 아니라 하나의 **비판적** 원리라는 것을 강조한다. 그는 이렇게 말한다. "콘이 흑인 이야기에 대해 적고 있는 부분이 사실 그의 『억압받는 자들의 하나님』에서 최고의 부분에 해당한다. 그는 신학자가 오직 목격자로서만 말할 수 있을 뿐이라는 것을 인정한다. …… 이 이야기들의 힘은 이들이 사적 소유물로 축소될 수 없다는 데서 나온다. …… 이 이야기들은 사람들을 그들이 속한 사회적 맥락을 넘어설 수 있도록 만든다. …… 이 이야기들을 통해 나는 나 자신의 주관성을 뒤로 하고 또 다른 사상과 행위의 영역 속으로 들어가도록 도전을 받는다."[53]

하지만 흑인 신학과 라틴 아메리카 신학 양자 모두에서 내러티브–경험이 비판적 도구로 과연 적합한가에 대한 의문의 목소리가 제기되기도 한다. 이투멜렝 모살라(Itumeleng J. Mosala)는 그의 책 『성경 해석학과 남아프리카 흑인 신학』(*Biblical Hermeneutics and Black Theology in South Africa*, 1989)에서 **역사적-유물론적** 텍스트 읽기만이 흑인 남아프리카 해석학을 위하여 적합한 비판적 도구 역할을 할 수 있다고 주장한다.[54] 그는 데스몬드 투투(Desmond Tutu)와 알란 보삭(Allan Boesak)의 해석학이 "이상주의"일 뿐이며, **서구 이데올로기들**을 영속화하려는 백인 신학자들의 실존론적 해석에 의존하고 있다고 비판한다.[55]

유사한 종류의 비판이 역시 마르크스주의 관점에 굳게 서 있는 알리스테어 키(Alistair Kee)에 의해 클로도비스 보프와 다른 라틴 아메리카 신학자들에게 가해지고 있다. 키는 보프가 마르크스 안에서 "현대 비판적 사상의 흥미롭고 주도적인 강점"을 찾고자 **목표**하였지만, 실제적으로는 신학을 "전근대"로 되돌려 놓았고 "대중의 기대를 저버렸다"라고 비판한다.[56]

우리가 구체적인 성경 텍스트 해석의 예들을 살펴보기 전에, 흑인 신학의 본질과 발전 및 흑인 해석학의 의식적 발생과 관련하여 몇 가지를 더 살펴보고 넘어가는 것이 좋겠다. 모살라와 고바(B. Goba)가 지적하는 것처럼, 남아프리카 흑인 신학은 1960년대와 1970년대를 거치면서 확대된 흑인 의식 운동의 맥락 속에서 발생하게 되었다. 모살라는 이렇게 지적한다. "남아프리카의 모든 주된 흑인 신학적 연구들은 제임스 콘의 작업에 이런 저런 방식으로 영향을 받았다. …… 콘에게 하나님의 말씀은 흑인 신학의 성경 해석학에서 하나의 구조적 기둥의 위치를 갖는다. 그리고 흑인 경험이 또 다른 기둥을 이룬다. …… 흑인의 억압의 경험은 …… 성경의 하나님을 해방의 하나님으로 보게 만드는 인식론적 렌즈의 역할을 한다."[57]

하지만 우리가 제임스 콘을 출발점으로 삼으려 하면 콘 자신의 북아메리카 흑인 신학의 전통과 흑인 남아프리카 신학 및 해석학 전통들 사이에 주의 깊은 구분을 먼저 하지 않을 수 없다. 뿐만 아니라 흑인 아프리카 국가들의 흑인 신학의 정서 역시 다소간의 차이가 있다.

콘 자신은 그의 책 『흑인 신학과 흑인 권력』(*Black Theology and Black Power*, 1969)에서 흑인 권력에 대한 관심을 그의 출발점으로 삼으며, 흑인 의식에 대해 계속적으로 언급한다. 『억압받는 자들의 하나님』에서도 콘은 이렇게 말한다. "백인들은 그들의 권력 범위 안에서 흑인 현실을 규정하고, 우리가 누구인지를 말해주기 위해 모든 것을 다했다. …… 백인 사회에 의하여 정의된 그 자리에 서는 것은 끔찍한 현실이다."[58] 콘은 "신학을 바라보는 새로운 길"을 모색하고 있다. 이는 "흑인의 아픔과 고난에 무감각한 것"이 되어서는 안 된다.[59]

콘이 말하는 이 "새로운 길"의 두 가지 주된 구성요소는 첫째, "신학의 사회적 기초"와, 둘째, 성경 텍스트와 흑인 경험의 두 축 사이에서 작용하는 해석학이다. 흑인 경험은 분석보다는 이야기로 묘사되며, 이는 "공통적 가치에 따라 삶을 구성하고자 하는 개인들의 역사"이다.[60] 북아메리카 흑인의 이야기들은 아프리카 노예 및 그 후손들의 경험담, 노래, 내러티브 등에 기록되어 있다. 테오 윗블릿이 지적하는 것처럼, 이 이야기는 하나의 비판적 도구로 작용할 수 있는데, 그 이유는 콘의 말대로, "이야기는 이데올로기적 사고의 대응체 역할을 할 수 있기" 때문이다.[61]

콘의 해석학에서 성경 텍스트의 축은 자연히 텍스트 속에 나타나는 "해방" 본문에 초점을 맞춘다. 출애굽 주제(특히 출 19:4–5), 선지자들에 의한 사회 비판, 예수께서 회당에서 선포하셨던 해방의 복음(눅 4:18–19) 등이 대표적이다. 또 다른 축인 "경험"의 축은 흑인 이야기를 그 **내용**으로 삼는다. 그러나 신학적 **방법**의 측면에서는 폴 틸리히(Paul Tillich)의 상관의 방법이 그의 "궁극적 관심"에 대한 이해와 더불어 적지 않은 방법론적 역할을 하고 있다.

이는 콘의 『해방의 흑인 신학』에서 잘 드러난다.[62]

틸리히는 궁극적 관심을 그 어떤 주어진 신학적 내용과 일치시키기를 거부한다. 이는 키르케고르의 "우리에게 궁극적 관심"인 무한에 대한 열정과 연관된다.[63] 콘에게 모든 신학은 열정적인 것이 되어야 한다.[64] 틸리히는 자신의 "상관의 방법"에 따라 "성경이 그 자체로서는 신학의 규범이 되지 못한다"라고 말한다. "상관의 방법은 거기로부터 실존적 질문이 도출되는 인간 상황에 대한 분석을 시도한다. …… 기독교 메시지에 사용된 상징들은 이런 질문들에 대한 대답이다."[65]

예수와 예수를 통한 하나님에 대한 "이해"를 도모하는 해석학은 "우리의" 질문 및 경험에 의거하여 그 기독론적 내용이 구성된다. 콘에게 이런 출발점 역할을 하는 질문은 다름 아닌 "흑인 경험"에서 나온다. 이 흑인 경험은 단지 신체적인 피부색에만 관계된 문제가 아니고, 타인에 의해 자신이 "정의"되는 정신–사회적 경험과 불평등의 상황을 물려 받는 것을 포함한다.[66] 그의 결론은 그 맥락을 벗어나서 읽으면 매우 문제시될 수 있는 그런 것이 되고 있다. 예수의 의의에 관한 질문은 "결코 추상적 질문이 아니다. 만일 그리스도가 실존적으로 적실성을 가지고자 한다면 …… 예수 그리스도의 기독론적 중요성은 그의 흑인성에서 찾아야 한다. 그가 우리처럼 흑인이 아니라면, 그의 부활은 우리 시대에 아무런 의미도 없는 것이 된다. …… 우리가 그와 함께 하는 것은 그가 억압 아래 있는 우리 흑인과 함께 하는 데 달려 있다. 그 속에서 그는 우리의 해방을 위해 무엇이 필요한지를 밝혀주신다."[67] 콘이 예수의 흑인성에 대해 말하는 것은 "그의 문자적 피부색"을 말하는 것이 아니라, 억압받는 사람들과의 유대 속에서 자신을 "백인이 아닌" 것으로 드러냄을 말한다.[68]

이와 같은 "흑인 그리스도"라는 인식은 많은 아프리카 흑인 신학들이나 일부 남아프리카 흑인 신학들 속에서 발견되는 보다 포괄적, 보편적 접근들과 차이를 보이는 부분이다. 예를 들어 존 음비티(John S. Mbiti)는 그의 책 『아프리카 배경 속에서의 신약 종말론』(*New Testament Eschatology in an African Background*, 1971)에서 케냐의 아캄바 부족의 지평에 신약 종말론을 해석학적으로 접목시키려고 시도한다.[69]

음비티는 성경 텍스트의 지평 속에 쓰인 언어와 두 가지 현대 지평들 속에서 개념들의 기능을 비교하고 있다. 두 현대 지평 중 하나는 아캄바에 복음을 전해준 아프리카 내지 선교회 소속의 유럽 선교사들의 지평이고, 또 하나는 아캄바 부족 자신들의 지평이다. 음비티는 전통 아프리카 문화들의 사고 형태 속으로 성경의 지평을 번역하는 일이 중요하다는 것을 강조한다. 유사한 접근을 우리는 시에라리온의 해리 소여(Harry Sawyerr)의 책이나, 가나의 존 포비(John Pobee)의 책『아프리카 신학을 향하여』(*Toward an African Theology*, 1979)에서도 찾아볼 수 있다.

라틴 아메리카 해석학이 **프락시스**를 강조하고, 북아메리카 흑인 신학이 **"흑인 경험"**을 강조하는 데 비해 아프리카 해석학은 **상황화**에 강조점을 둔다고 정리하고 싶은 유혹이 강하다. 그러나 음비티의 보다 최근의 책『성경과 아프리카 기독교 신학』(*Bible and Theology in African Christianity*)에서 성경의 사용과 관련된 폭넓은 조사를 통해 밝힌 바에 따르면 이와 같은 일반화가 꼭 맞아 떨어지지는 않는다는 것을 알 수 있다.[70]

일각에서는 전통적 복음주의적 해석학에 해당하는 것도 제시되고 있고, 또 한편에서는 라틴 아메리카 상황에서의『솔렌티나메의 복음』에 맞먹는 성경 텍스트의 즉각적 적용의 예들이 아프리카 상황에서의 설교나 구두 의사소통 가운데 빈번하게 나타나기도 한다.[71] 모든 부류의 흑인 아프리카 해석학에서도 "흑인 경험"은 크고 작은 기능들을 하고 있음을 볼 수 있다. 다만 차이가 나는 것은 텍스트와의 대화 속에서 이 흑인 경험이 얼마만큼의 "비판적 원리"로 작용하느냐 하는 점이다. 이런 문제에 대해서는 페미니스트 해석학에서 "여성 경험"의 역할이 무엇인가라는 문제와 함께 더 상세히 논의하려고 한다.

(2) 주류 흑인 해석학과 유물론적 흑인 해석학의 구분

남아프리카 흑인 해석학은 라틴 아메리카 해석학이 갖는 것과 유사한 사회, 경제적, 정치적 주제들을 그 탐구의 대상으로 다룬다. 1969년에 전 흑인 남아프리카 학생 연합은 스티브 비코(Steve Biko)의 지도 아래 흑인 의식 운동을 전개했다. 그리고 1972년부터는 흑인 신학에 대한 논문들이 줄을 이어 나오기 시작했다. 존 음비티는 처음에는 아프리카 신학을 이 운동과 구분하려 하였다. 그가 볼 때 아프리카 신학은 **기쁨**과 **신앙**의 경험에서 출발했지만, 남아프리카 흑인 신학은 **고통**에서부터 출발한 차이가 있기 때문이다.[72]

일종의 제3 세계 의식이 1976년에 에큐메니칼 제3 세계 신학자 연합의 결성과 함께 부각되기 시작했다. 아프리카 신학과 남아프리카 흑인 신학의 유사점 및 차이점이 말라위 출신의 패트릭 칼릴롬브(Patrick A. Kalilombe)와 보츠와나에서 일한 존 패럿(John Parratt)에 의해 잘 정리된 바 있다.[73] 데스몬드 투투는 "흑인 신학과 아프리카 신학, 동반자인가 대결자인가?"라는 글에서 그 자신의 작업은 이 양영역 모두를 대변한다고 밝히기도 하였다.[74]

남아프리카 흑인 해석학은 주로 인종차별 정책에 반대하는 투쟁의 유산 위에서 작용하며, 여기에는 특히 땅 소유의 문제가 중요한 문제의식 가운데 하나이다. 이와 관련된 흑인 경험은 타카초 모포켕(Takatso Mofokeng)의 신랄한 말 속에 잘 압축되어 있다. "백인이 이 나라에 성경을 가지고 왔을 때 우리는 땅을 가지고 있었다. …… 그런데 기도를 하고 나자 백인이 땅을 갖고 우리는 성경을 갖게 되었다."[75]

특별히 남아프리카 흑인 신학 배후에는 1942년의 헌법 초안이 말하는 선구적 이주자들(Voortrekkers: 19세기 초반 남아프리카 영국령 식민지를 떠나 내륙으로 대이주를 하였던 보어인들을 지칭-역주)의 역사 가운데 나타난 아프리카인의 "국가적 부름"을 "전능하신 하나님과 그의 거룩한 말씀에 대한 순종"이라고 규정하였던 역사적 현실이 존재한다. 따라서 흑인 해석학은 성경 텍스트를 그런 방식으로 사용하는 방법을 배제 혹은 폭로하려 할 뿐 아니라, 이에 대한 하나의 반대의 자리에 자신을 세우려 한다. 여기에 따라오는 문제는 이 양대 해석학적 접근들이 다 사회-실용적 자기 확인의 차원에 머무르고 마는가, 아니면 어떤 새로운 돌파구를 열 수 있는 또 다른 접근이 있을 수 있는가 하는 점이다.

데스몬드 투투(Desmond Tutu)와 알란 보삭(Allan Boesak), 마나스 부텔레찌(Manas Buthelezi) 등의 작업은 보다 전통적인 "주류" 흑인 해석학을 대변한다.[76] 보다 최근에 봉간잘로 고바(Bonganjalo Goba)와 이투멜렝 모살라

(Itumeleng Mosala)는 좀 더 의식적 측면에서 사회-비판적 이론을 채용하고 있다. 그 중에서도 모살라는 급진적 마르크스주의 유물론적 해석학을 선호하고 있다.[77] "카이로스 문서"(*The Kairos Document*)로 알려진 1985년의 선언문에는 한편에서는 "국가" 신학과 "교회" 신학을, 그리고 또 다른 한편에는 "오늘 우리가 남아프리카 상황 속에서 경험하는 바에 적실한 메시지를 위하여 …… 성경으로 돌아갈 것"을 대비시키고 있다.[78]

알란 보삭은 가인과 아벨 이야기에 대한 한 해석을 제시하고 있는데, 비록 모살라는 이를 하나의 "실존적" 해석학이라고 폄하하지만, 이는 라틴 아메리카 해석학과 많은 면에서 유사성을 가진다.[79] 가인이 그의 형제 아벨을 대적하여 일어나 그를 죽인다(창 4:8). 보삭은 먼저 "형제" 개념에 초점을 맞추어서 이를 "공동체 안에서의 인간 됨"으로 규정하여 "참 인간성"의 근거로 제시한다. 이어서 그는 이를 저버린 가인의 저주(창 4:12–16)에 초점을 맞춘다. 남아프리카의 땅 없는 사람들처럼 농부 가인도 더 이상 땅을 가지지 못한 자가 되었다. 하지만 하나님께서 땅에서 쫓아내시는 자는 압제자이다.

보삭은 이렇게 말한다. "이 이야기가 의미하는 바는 압제자들이 하나님의 땅에서 아무 자리도 가지지 못하리라는 것이다." 가인은 그의 형제도 잃고 또한 자신의 안전도 잃어버렸다. "이처럼 백인들도 …… 염려에 사로잡힌 채 전전긍긍하고 두려워한다." 라멕에 의해 더욱 가중된 가인의 악의 고리가 끝이 날 수 있을 것인가? 한편에서 보면 예수 그리스도께서 라멕의 말("가인을 위하여는 벌이 칠 배일진대 라멕을 위하여는 벌이 칠십칠 배" 창 4:24)을 뒤바꾸어 놓았지만, 남아프리카의 상황에서 우리가 용서를 말한다는 것은 "너무 쉽게" 대답할 수 있는 문제는 아니라는 것이다.[80]

알란 보삭의 책『위로와 저항』(*Comfort and Protest*, 1987)은 요한계시록을 해석한 책이다. 그는 이렇게 적고 있다. "저항 문학으로서의 계시록을 이해하는 열쇠는 …… 내가 볼 때 요한계시록 1:9에 놓여 있다. '나 요한은 너희 형제요 예수의 환난과 나라와 참음에 동참하는 자'라고 말하는 것이 핵심이다. 압제의 고통을 모르는 사람은 하나님의 백성과 복음을 위하여 싸울 수 없다. …… 그런 사람은 밧모섬으로부터 이 편지를 이해하는 데에도 큰 어려움을 가질 것이다."[81] 이 책에는 "땅에 거하는 자들을 심판하여 우리 피를 갚아 주지 아니하시기를 어느 때까지 하시려 하나이까"라는 순교자들의 부르짖음이 적혀 있다(계 6:9–10). "이 부르짖음은 고통과 고뇌의 부르짖음이요, 저항의 부르짖음이다. 또한 그것은 희망의 부르짖음이기도 하다. …… 이 부르짖음은 거의 3세기 반 동안의 식민 지배 아래에서 …… 38년 동안의 인종차별정책 아래 놓여 있었던 흑인 남아프리카인들의 하나님을 향한 오랜 도움의 요청이기도 하다."[82]

크리스토퍼 롤란드와 마크 코너는 좀 더 일반적 용어를 사용하여 요한계시록을 "사회 비판을 위한 담론"으로 규정한 바 있다. 그들은 이렇게 말한다. "계시록의 이원론은 인간 부정의가 우주의 중심에 있다는 인식을 또 다른 하나의 지평을 대치시키는 방식으로 맞서는 형식을 취한다. 이 새로운 지평은 현재로서는 하늘에 있다. …… 요한계시록 17–18장에서 세상 나라와 대중, 사적 탐욕은 마침내 탈중심화된다." 이처럼 요한계시록은 하나의 "대안 지평"을 제시하고 있다.[83]

보삭의 접근 방법은 남아메리카의 세베리노 크로아토의 출애굽기 해석 방법과 거의 일치한다. 근본적 출발점이 되는 것은 다름 아닌 압제 받는 자들의 "부르짖음"이다. 하나님은 "내가 내 백성의 고통을 분명히 보고 그들이 …… 부르짖음을 들었다"(출 3:7)고 하신다.[84] "이스라엘 자손의 부르짖음이 내게 달하였다"라고도 하신다(출 3:9). 이 부르짖음은 백성들의 "의식화"의 첫단계 역할을 하여 그들로 하여금 해방의 길을 찾게 만든다. "하나님의 말씀은 의식화의 기능을 갖는다. …… 모세가 자신의 새로운 사명을 받아들이게 되는 과정도 느리게 왔다"(출 3:11, 4:1, 4:10, 13).[85] 크로아토는 이렇게 선언한다. "모든 해석학적 순환은 두 방향으로 나아간다. 원형적 사건에서 실존적 현재로 나아가든지 아니면 그 역이다. …… 그 어떤 '기억'도 내가 **현 시점**의 해방의 과정 속에 개입되어 있는 한에서만 나에게 의미가 있다."[86]

봉간잘로 고바의 흑인 해석학 속에도 "의식화" 및 "해석학적 프락시스"에 대한 유사한 언급이 나타나고 있는 것을 본다.[87] 고바는 하버마스의 사회–비판적 해석학과 구스타보 구티에레즈의 작업 양자를 다 채용하고 있다.[88] 그는

"카이로스 문서"에 답하여 "주변화된 억압 받는 사람들의 편에 서는 것"이 하나의 당위이며, 이를 위해 그 자신은 "흑인 신학적 해석학의 맥락에 입각한 자신의 응답"을 제시한다고 밝히고 있다. 이것이 취하는 형태는 "공동체적 프락시스의 모델이며 …… 인간성과 모든 사람을 위한 정의의 바탕 위에서의 일치"이다.[89] 고바는 그의 작업을 흑인 남아프리카 상황에 맞추고 있지만, 정작 그 자신이 글을 쓰고 있는 곳은 미국의 시카고이다.

이투멜렝 모살라의 경우는 보다 급진적 입장을 취하는데, 그는 성경 텍스트에 대한 **유물론적** 해석만이 진정으로 사회-비판적 해석학을 제공할 수 있다고 주장한다. 모살라는 보삭이 "모든 사회적 계급과, 성별, 종족을 포괄하는 복음"을 전제하는 것에 대해 공격하고 있다.[90] 이런 전제는 흑인 신학을 "무능하게" 만든다는 것이다. 왜냐하면 이런 인식은 복음의 내용을 행위나 물질적 인과관계 등과 무관한 것인 양 받아들이게 하고, 그럼으로써 "흑인 신학이 압제자의 가장 위험스러운 압제 형식, 즉 **텍스트의 이데올로기적 형식에** 사로잡히게 함으로써 압제자의 망령과 함께 어울리도록" 만들기 때문이다.[91]

이와 반대로 사회학적, 유물론적 해석은 성경 텍스트 형성 과정에 작용하고 있는 서로 대립하는 **사회적, 정치적 힘과 이해관계** 등을 고려해야 할 것을 요구한다. 유물론적 해석학은 이런 관심을 통하여 텍스트 배후의 이데올로기적 작용들을 폭로하는 기능을 수행하려 한다는 것이다.

모살라가 노먼 갓월드(Norman Gottwald)의 작업에 의존하고 있는 것은 결코 놀라운 일이 아니다. 갓월드 자신이 해방 신학들과 관련하여 이들이 성경 텍스트 자체의 사회 구조적 분석에까지는 나가지 못하였음을 비판하고 있는데, 모살라는 이런 지적을 수용하고 있다. 뿐만 아니라 모살라는 테리 이글턴(Terry Eagleton)의 사회-정치적 문학 이론도 수용하고 있다. 구체적 측면에서 모살라는 알란 보삭의 창세기 4:1-16 본문 해석을 들어서, "남의 무기를 들고 적대 계급과 싸우는 가장 두드러진 예"라고 평한다.[92] 그가 볼 때 보삭의 "실존적" 해석을 통해서는 땅 없고 억압 당하는 사람들이 그 상황이 역전되리라는 것을 기대하기는 전혀 불가능하다.

모살라는 창세기 4:1-16을 소위 J 문서에 포함시킨다. 이 문서는 문서설을 말하는 사람들에 따르면 대체로 다윗, 솔로몬 시대의 서기관들에 의해 기록된 것으로 추정되고 있다. 이런 출발점 위에서 모살라는 이 문서가 "땅 없는 시골 농부들의 형편을 정당화하려 하는 지배 계급 저자의 의도"를 반영한다고 본다.[93] 이런 관심 아래에서 서기관들은 "이스라엘 속에 일부 사람들이 넓은 규모의 사유 부지를 소유하고 있는 데 비해 또 다른 많은 농부들이 자신들의 유업으로 받은 땅에서 이탈되어 있는 당대의 형편에 대한 이데올로기적 설명"을 필요로 했다.[94] 땅 파는 자 가인이 "자경 농부"를 대변한다면, 아벨은 지배 계급들을 대변하는 인물이다. 성경은 하나님이 아벨을 기뻐하시는 것으로 나타내고 있고, 결국 가인은 자신의 소유를 잃어버리고 만다. 이 모든 이야기는 이런 방식으로 하나의 이데올로기적 산물이라는 것이다.

우리는 보삭과 모살라의 두 해석이 서로 접점을 찾기 어려운 큰 차이를 나타내고 있는 것을 본다. 무엇보다도, 모살라는 자신의 해석이 착취와 억압에 대한 하나의 진정한 사회–비판적 폭로의 작업이라고 말하지만, 이런 작업이 갖는 비판적 추상성의 차원은 보삭이나 콘 등이 말하는 흑인 경험 및 의식에서 근본을 이루는 내러티브적 공명 및 실존적 공감(rapport)의 차원이 갖는 힘과 즉각성을 배제해버리고 있다. 우리가 텍스트 "배후"로 돌아가서 역사적 재구성의 작업을 해야 한다는 것이지만, 여기에는 급진적으로 가설적 추정들이 작용하고 있다.

역설적이게도 모살라 자신이 진정으로 비판적 차원의 보장을 위해서는 하나의 초월적 사고의 틀이 필요하다는 것을 인정하고 있다. 하지만 여기에서 문제는 과연 유물론적 마르크스주의적 해석이 실제로 그와 같은 초월적 틀을 제공할 수 있느냐 하는 것이다.

모살라는 자신의 사회–비판적 이론을 그 마지막 한계점까지 밀고 가려하고 있다. 그는 데스몬드 투투의 해석학적 절차를 공격하는데, 그 이유는 투투가 예수를 이사야 11:1–7의 언어적 범주 속에서 "메시아"라고 부르기를 주저하지 않기 때문이다. 모살라가 볼 때 이는 "텍스트의 계급적 기초, 즉 지배 왕족 계급의 이데올로기와의 연관성을 무시하는 처사이다. …… **메시아**는 전적으로 왕족 계급의 개념이다." 이런 메시아 개념은 "지금은 예루살렘에서 쫓겨

난, 이전 시온을 중심으로 한 엘리트 지배 계급 사람들"의 관심의 산물이라는 것이다.[95]

모살라의 유물론적 해석은 대부분 라틴 아메리카 해방 신학자들의 보다 온건한 신마르크스주의 관점들보다 훨씬 급진적임을 볼 수 있다. 그는 미란다의 『마르크스와 성경』보다 훨씬 더 멀리 나아가고 있다. 미란다는 이렇게 밝힌다. "나는 성경을 마르크스에게로 또는 마르크스를 성경에게로 축소시키지는 않는다."[96] 미란다 자신의 관심은 마르크스를 하나의 사회 분석의 자료로 삼아 억압 받는 자들의 사회적 형편을 이해하고자 하는 것이지, 하나의 유물론적 성경 해석을 제시하고자 하는 것은 아니다. 예를 들어 미란다는 로마서 1:16–17을 물질적 "생산" 차원에서 "탈이데올로기화"하려 하지 않는다. 오히려 그의 관심은 바울의 "하나님의 의" 사상을 자랑할 것이 아무 것도 없는, 그래서 하나님의 개입을 바라볼 것밖에 없는 사람들을 위한 "하나님의 정의" 차원에서 살피고자 하는 데 있다.[97]

3. 마르크스주의 혹은 유물론적 성경 읽기

유물론적 해석의 가장 널리 알려진 예로는 페르난도 벨로(Fernando Belo)의 책 『마가복음의 유물론적 읽기』(*A Materialist Reading of the Gospel of Mark*, 1974)를 들 수 있을 것이다. 벨로 자신이 격정적으로 밝히는 것처럼, 이 책을 통해 그는 "수 년 동안 내 연구 분야의 한계를 결정지어 왔던 부르주아 기독교 이데올로기의 텍스트와 몸으로 부딪치는 싸움"을 벌이려 하고 있다.[98] 그는 마르크스주의에 의해 정당한 유물론적 도구들을 공급받기 전까지는 그 자신이 이데올로기의 수감자로 사로잡혀 있었다고 고백한다.[99] 벨로의 유물론적 해석의 동기는 해방을 위한 것이다. 하지만 해방을 위한 신학이라고 할 때, 이 "신학"이라는 인식은 그가 볼 때 변혁의 실천(*praxis*)에 근거를 두기보다 해석의 사고과정에 근거를 둔 하나의 추상적 이데올로기에 지나지 않는다는 것이다.

그는 새로운 언어를 찾는 과정 속에서 "읽기 과정의 한 지도자로 롤랑 바르트(후에는 줄리아 크리스테바)를 택하였다"라고 밝힌다.[100] 마르크스주의 개념 틀들을 통해 그는 텍스트 배후의 **사회적 형성 및 생산** 과정을 밝히려 하고 있고, 이를 텍스트가 "말하고자" 또는 "대변하고자" 하는 추정된 메시지와 연결시키려 하고 있다.

벨로의 출발점은 "생산 방식"에 관한 질문이며, 이 점에서는 부분적으로 루이 알튀세르(Louis Althusser)의 작업을 사용하고 있다. 우리가 앞서 롤랑 바르트를 다룰 때 "비신비화"라고 말했던 절차 역시 벨로에 의해 차용되는데, 그는 이를 프로이트, 데리다, 라캉 등과의 대화 속으로 더 확장시키고 있다. 그는 이 모든 비판적 의구의 관점들이 다 하나의 진정한 사회–비판적 해석을 가능하게 할 것이라고 보고 있다.

벨로의 작업에 기여하고 있는 또 한 사람의 중요한 사상가가 있다. 즉, 메리 더글러스(Mary Douglas)인데, 그녀는 크게 보면 구조주의적, 또는 사회–기호학적 시각에서 레위기 11장과 신명기 14장의 "정"하고 "부정"한 짐승들에 대한 구약 본문들을 연구한 바 있다. 그녀가 볼 때 "부 정한" 짐승들은 기호학적 체계 속에서 볼 때 "적합한" 짐승들이 아니다. 왜냐하면 이런 짐승들은 창세기 1장의 기호학 체계 속에서 아무런 자리에도 속하지 못하기 때문이다. "정하다" 또는 "부정하다"라는 말의 의미는 **정결** 인식을 중심으로 형성된 구조적 체계 속에서 그 의미론적 통용성을 가진다. 이 체계는 행동의 **윤리성**을 중심으로 구성된 신명기적 체계와는 그 성격이 구분된다.

벨로는 마가복음서 안에 **사회-정치적 관심**의 이원성을 반영하는 이원적 "코드"가 작용한다고 주장한다. 하나는 제사장 계급의 사회–정치적 관심을 반영하는 정결–더러움의 코드인데, 이는 예수 당시의 유대 성전 체계를 중심으로 지속되던 구약의 지배적 전통을 반영한다. 하지만 마가복음 속에는 신명기적 체계의 사회 정의 및 "평등주의"의 관심도 나타나고 있다. 벨로가 볼 때 예수는 특권적 유대 제사장 계급의 사회–정치적 관심에 대항하여 신명기적 평등주의 전통을 지지하고 있다.

예수는 마가복음 텍스트 그 자체를 두고 볼 때 "정결–더러움의 체계 위에 …… 그리고 빚 체계 위에" 권위를 가진 분으로 묘사되고 있다.[101] 성전의 파괴는 "대제사장들과 장로들, 서기관들에 의한 메시아의 반전-도치 및 거절"에서 비롯되었고, 이는 역으로 "유대 상징체계 상의 중심에 있던 …… 지배적 관행들의 반전"으로 이어졌다.[102]

벨로의 책은 대단히 읽기가 까다로운 책이다. 그 이유는 다양한 텍스트 코드의 층위들을 서로 섞어 짜서 이를 다시 대단히 복잡한 다층적 이론적 틀과 연계시키고 있기 때문이다. 그의 책은 아마도 지금까지 나온 마르크스주의-기호학적 의구의 작업으로서는 가장 급진적인 종류라고 볼 수 있을 것이다. 이 책에 따르면 성경 텍스트의 의미는 결코 단순 명료하지 않고, 오히려 지금까지 시도되어 왔던 것 이상의 근본적 탈이데올로기화 및 비신화화의 작업을 필요로 한다.

벨로의 책은 노먼 갓월드의 질문 "성경 저자 및 성경 독자의 계급 지위가 성경이 해석되는 방식에 뭔가 비판적 영향을 미치는가?"[103]에 그렇다는 대답을 주고 있다. 유사한 방식으로 세르기오 로스타뇨(Sergio Rostagno)는 "계급 중립적" 성경 해석의 사용 가능성에 대해 질문하고 있다. 로스타뇨는 가난한 자들에 대한 계급-헌신이 없다면, "성경 텍스트 속에서 아무것이나 모든 것을 찾는 것이 사실상 가능하다"라고 답한다.[104]

벨로의 접근이 갖는 밀도나 복잡성에 비해 미셸 클레브노(Michel Clévenot)의 책 『성경에 대한 유물주의자의 접근』(*Materialist Approaches to the Bible*)은 훨씬 읽기가 수월한편이다.[105] 그는 벨로가 사용하는 마르크스주의 이론을 채용하지만, 유물론적 접근들 사이에도 관점의 다양성이 있다는 것을 지적한다. 그는 텍스트 생산에서 어떤 사회-정치적 힘이 작용하고 있는지를 결정할 때 역사적 재구성의 작업은 불가피한 요소라는 것을 역설한다.

클레브노는 벨로의 책에서 몇몇 부분들을 선별적으로 채택하여 벨로의 복잡성에 기가 질린 독자들을 위해 좀 더 쉽게 이를 설명하고 있다. 그는 기호학적 "선물/은사" 체계와 "정결" 체계를 구분하고 있다. 그러면서 "선물/은사" 체계는 북쪽 열 이스라엘 지파 및 소위 E 문서와 D 문서에 지배적이었다고 주장한다. 여기에서는 "지파의 정신이 대단히 민주적이었고 …… 중앙집권화와 …… 권력의 독점에 적대적이었다."[106] 반면 엘리트 제사장 계급들은 "정결” 체계를 내세웠다. 예수는 평등주의적 선물/은사 체계를 대변한다는 것이다. 그래서 마가복음 6:36, 37에서 제자들이 뭔가 먹을 것을 “사” 오겠다고 했을 때, 예수께서는 “너희가 먹을 것을 **주라**”(6:37)고 대답하신다. 클레브노는 이를 “돈으로 모든 것을 사고파는 상업 체계에 대한 거부요, 모든 것이 모두에게 속하는 선물/은사 체계의 증진”으로 보고 있다.[107]

앞서 우리가 창세기 4:2–16에 대한 해석에서 모살라가 가인과 아벨의 통상적 부정적, 긍정적 관점을 의식적으로 뒤집어 놓고 있는 것을 보았듯이, 클레브노의 경우도 다윗 계통을 엘리트 권력의 지배자로 “폭로”하는 반면, “반역적”으로 인식되었던 북쪽 열 지파를 오히려 참 “메시아” 전통을 대변하는 것으로 뒤집어 놓는 것을 볼 수 있다. 유물론적 해석은 성경 자료 안의 내적 갈등의 존재 여부에만 의존하지 않고, 더 나아가서 텍스트 생산에 관계된 서로 다른 사회–정치적 그룹들의 권력과 노동의 관계에서 그 충돌하는 사회적 관심의 차이들을 무엇으로 보느냐와도 연관되어 있다.

이상에서 보는 것처럼 해방 신학들의 해석학적 이론 및 실제가 매우 다양한 형태를 띠고 있음을 알 수 있다. 따라서 모든 경우들을 다 망라하는 어느 하나의 일반적 평가를 제시하려 하는 것은 결코 현명하지 못한 일일 것이다. 그럼에도 불구하고 우리는 두 세 가지 다소 넓은 관점에서의 논평을 제시해보고자 한다.

첫째, 최소한 이런 접근들이 성취한 것이 있다고 한다면, 그것은 우리가 성경 텍스트에 접근할 때 선이해를 가지고 나아간다는 것을 자각하게 만들고 있다는 점이다. 우리 자신의 해석 공동체가 주어진 해석에의 관심을 우리에게 부여하지 않았는가? 우리 앞에 놓인 특정 텍스트가 어떤 해석 그룹을 지나치게 편하게 만드는 방식으로 사회적 조작 및 지배의 도구로 사용된 적은 없는가? 최근까지만 하더라도 해석학적 의구는 주로 기득권을 지키려 하는 지배 그룹의 사람들에게 향하여 왔다. 하지만 지금의 사회–문학적, 사회–정치적 이데올로기들에서의 평등주의적 관심 때문에 이제는 이런 의구가 양방향을 동시에 향하고 있다.

둘째, 성경 텍스트에 대한 마르크스주의 및 유물론적 해석들로 말미암아 이제는 사회–비판적 해석학과 사회–실용적 해석학 사이의 관계 문제가 더욱 첨예화 되었다. 억압 받는 자들을 위하여 선택적으로 본문을 사용하는 것은 억압자들이 그들의 프로그램을 정당화하기 위해 선택적으로 본문을 사용하는 것과 원리상 다를 바 없는 해석학적 전략이다. 이 경우 양측 모두는 각각의 사회–실용적 방법들을 사용하여 상대와 대면하는 격이다. 어느 정도의 비판적 해석학적 도구가 없다면 이 양측의 투쟁은 계속 이어질 것이고, 각각은 자신의 집단적 아이덴티티 및 관심의 재강화 및 재확인을 위하여 또 다른 특정 텍스트에 계속 호소하게 될 것이다. 이처럼 사회–실용적 접근은 양극화된 갈등을 더 고조시킨다.

마르크스주의 이론이나 유물론적 해석이 텍스트의 신학 자체를 상대화시키는 하나의 초월적 틀을 제시할 수 있느냐 하는 것은 특정 마르크스주의 세계관에 따라 답해야 할 문제이다. 이 세계관에 따르면 텍스트의 신학 그 자체는 역사적, 사회적 상황이 빚어낸 하나의 이데올로기적 산물에 지나지 않는다. 많은 라틴 아메리카 신학자들이 지적하고 있는 것처럼, 사회 이론은 그 자체로서는 초월적 세계관 내지는 비판의 적합한 근거가 되지 못한다. 유물주의 방법을 하나의 초월적 유물주의 세계관으로 바꾸는 것은 그 자체가 성경 텍스트의 관점과 호환되지 못한다. 뿐만 아니라, 이런 관점은 가다머, 베티, 리쾨르 등이 대화의 해석학 또는 회복의 해석학에서 불가피한 요소로 여기는 "들음"에의 개방성을 배제하는 출발점 위에 서있기도 하다.

레오나르도와 클로도비스 보프는 비록 알리스테어 키가 그들의 접근을 하나의 타협이라 비판하기는 하지만, 그럼에도 불구하고 마르크스주의에 대한 분명한 입장을 견지한다. "해방 신학자들은 마르크스에게 이렇게 묻는다. '가난의 상황과 그것을 극복할 수 있는 방법에 관하여 당신은 우리에게 무엇을 말해줄 수 있는가?' 이 점에서 마르크스주의자들이 가난한 자들의 판단에 굴복 당하였으면 당하였지 …… 그 역이 아니다. 따라서 해방 신학은 마르크스주의를 그저 하나의 도구로 사용할 뿐이다. …… 마르크스주의로부터 일부 '방법론적 지시물들'을 빌려오는 것이다."[108]

세 번째로, 우리는 비판적 자기의식 및 비판적 사회 의식의 사용과 관련하여 매우 폭넓은 접근의 차이들이 우리 앞에 놓여 있는 것을 볼 수 있다. 일각에서는 텍스트로부터 자신들의 도모나 헌신에 의문을 던질만한 신호들을 다 제거하는 방식으로 사회–실용적 해석학의 경향을 취하기도 한다. 갈등이 일어나는 곳에서는 이런 접근은 성경 텍스트를 자기 확증을 위한 도구 차원으로 예속시킨다.

반면 일부 비판적 체계들은 텍스트에 대한 헌신과 억압 받는 자들에 대한 헌신을 의문과 격려 양자를 다 허용하는 틀 안에서 결합시키려 한다. 사회적 비판 및 의문이 주어진 사회 이론이나 실천 자체를 넘어갈 수 없다고 주장하는 것은 우리가 앞서 하버마스, 아펠, 로티 등의 강점 및 약점과 관련하여 앞장에서 다루었던 수많은 논제들을 비켜가는 것에 지나지 않는다.

우리는 뒤에 16장에 가서 메타비평적, 사회–비판적 질문들이 왜 필요한가 하는 문제와 관련하여 알프레드 슈츠(Alfred Schutz)의 적실성의 기준 문제를 살펴볼 것이다. 하지만 메타비평적 서열화의 근거 자체도 절대적인 아르키메데스의 원리 같은 것은 아니다. 다만 여기에는 해석학적 생활세계와, 십자가의 신학을 중심으로 한 보다 넓은 열린 체계 사이의 대화 및 상호성이 포함된다는 것이 그 근본적 강점이다.

4. 페미니스트 성경 해석학의 본질과 그 발전양상

페미니스트 해석학은 해석학 이론상의 거의 모든 이슈들을 다 끌어온다. 이론적 차원에서 보면 페미니스트 해석학은 **사회-비판적 해석학**을 그 주된 모델로 삼는다. 여기에서 취하는 기본적 관점은 지난 날 동안 성경 텍스트가 여성에게 제2의 피억압적 역할을 강화하고 정당화하는 방식으로 해석되어 왔다는 것이다. 많은 기독교 전통 속에서 일부 성경 텍스트가 권력과 지배, 사회적 통제의 수단으로 사용되어 왔다고 보고 있다. 따라서 이런 사회적 역할을 "정당화"하는 규범이나 유형들을 비판적 해석학의 도구를 통해 폭로함으로써 여성의 해방을 도모하고자 하는 것이 페미니스트 해석학의 목표이다. 이런 의미에서 페미니스트 해석학은 엘리자벳 쉬슬러 피오렌자(Elisabeth Schüssler

Fiorenza)가 지적하는 것처럼 **해방의 해석학**이기도 하다.[109]

하지만 이런 관점에서 성경 텍스트 해석에 접근하는 사람들의 구체적 방법 자체는 큰 다양성을 나타내고 있다. 이런 접근들의 중심이 되는 철학적 전제가 있다면 그것은 해석학이 실증주의나 합리주의에 우선한다는 인식이다. 페미니스트 해석학은 관습적인 성경 해석의 역사가 성경의 역사나 전통, 또는 텍스트 자체를 **가치중립적 방식으로 드러내는 것이 아니**라는 데 대한 깊은 의구의 시선을 돌리는 데서부터 시작한다. 모든 해석이 최근에 이르도록까지 거의 남성으로 구성된 해석 공동체에 의해 대표되어 왔다.

그래서 메리 앤 톨버트(Mary Ann Tolbert)는 "'객관적' 학문은 허구"라는 말을 하고 있다.[110] 엘리자벳 쉬슬러 피오렌자는 "가치중립적 해석 …… 또는 학문적 신학의 소위 객관성이나 가치중립성이라는 도그마"를 공격하고 있다.[111] 드로라 세텔(T. Drorah Setel)은 "객관적" 탐구라는 것이 가능한지에 대해 회의적 견해를 표명한다.[112]

이런 문제 제기는 우리가 이 책의 앞부분에서 다루었던 문제들을 상기시킨다. 성경 텍스트는 전통의 틀 안에서 어떻게 재상황화 되어 왔는가? 필리스 트리블(Phyllis Trible)은 이런 문제를 그녀의 책 『하나님과 성의 수사학』(*God and The Rhetoric of Sexuality*)에서 가장 첫 번째 해석학적 이슈로 취급하고 있다. 그녀는 "성경 속에서 작용하는 해석학"을 먼저 살피고 있다.[113] 그러면서 그녀는 전통의 해석학이 탐구의 해석학에 의해 보완을 받아야 한다고 지적한다. 그녀가 던지는 질문은 주어진 이해의 맥락을 구성하는 **전통의 지위**가 과연 무엇인가 하는 문제이다. 페미니스트 해석학의 관심 속에는 종교개혁자들의 열망, 즉 어떤 면에서는 진정한 교부들의 전통을 확인하고자 하면서도 또한 동시에 이를 후대의 15, 16세기 교회의 교도권과 일치시키기는 거부했던 원리와 다분히 유사성이 나타난다.

이 때문에 페미니스트 해석학 속에는 전통과 관련하여 양면적 평가가 교차되고 있는 것을 볼 수 있다. 한편에서는 남성중심적 전통이 파괴적이라 보면서도, 또 다른 한편에서는 전통의 많은 부분, 특히 그 속에서의 여성의 "잃어버린" 지위를 "회복"해야 한다고 주장하기도 한다. 이 양면 사이의 긴장이 너무나 크기 때문에 많은 페미니스트 이론가들이 이 문제 때문에 갈라서기도 한다.

전통과 텍스트 속에서의 여성의 지위를 "회복"하고자 하는 열망 때문에 성경 텍스트에 대한 많은 개혁적 페미니스트적 접근들이 그 동기에서 다분히 "경험적" 성격을 갖는 것을 볼 수 있다. 페미니스트 성경 해석의 많은 예들을 볼 때, 여성에 대하여 긍정적으로 말하는 성경 텍스트나 교부적 전통의 연구에 그 초점이 맞추어지고 있는 것을 볼 수 있다. 페미니스트 해석학의 최소한의 목적(그 전체 목적은 아니겠지만) 가운데 하나는 여성에 대하여 보다 긍정적으로, 그리고 보다 덜 틀에 박힌 방식으로 이야기하는 전통들을 회복해내는 일이다. 그런 점에서 엘리자벳 쉬슬러 피오렌자는 "과거의 비판적 재전용"을 추구하고 있는 것이다.[114]

이런 접근의 예를 보여주는 전형적인 책자 가운데 하나가 로즈마리 류터(Rosemary Ruether)와 엘리노 맥롤린(Eleanor McLaughlin)이 편집한『영의 여성』(*Women of Spirit*, 1979)이다. 이 책에 기고한 한 글에서 엘리자벳 쉬슬러 피오렌자는『바울과 테클라 행전』(*The Acts of Paul and Thecla*) 같은 2, 3세기의 글들을 살피고 있다. 그러면서 그녀가 내리는 결론은 초기 전통의 해석자들 및 전승자들이 가진 가부장적 편견 때문에 "초대 기독교 내에서의 중요한 여성 및 그들의 기여 가운데 오직 일부분만이 전해지게 되었다"라는 것이다.[115] 로즈마리 류터는 후기 교부 시대에 와서는 여성들 가운데서도 적지 않은 "저자와 사상가, 성경 학자들"이 있었지만 그들이 "공적 목소리"를 가지지는 못했다고 지적한다.[116]

성경 텍스트의 내용과 전통의 부정적인 틀 및 내용 사이의 긴장 관계를 일부 페미니스트적 해석자들은 성경 텍스트 자체 안에 적용시키기도 한다. 예를 들어 제니스 앤더슨(Janice Capel Anderson)은 페미니스트적 해석의 관심을 가지고 마태복음 본문에 대한 "문학적" 접근을 시도하고 있는데, 그녀가 볼 때 마태복음 속에는 "남성중심적 관점" 및 "가부장적 전제들"이 상이한 본문 내용들과 대조되어 나타나고 있다는 것이다.[117] 특히 본문은 두 여성의 주도적 역할 및 믿음에 초점을 맞춘다. 하나는 혈루병 앓는 여인(마 9:20–22)이고,

또 하나는 가나안 여인(마 15:21–28)이다. "이 두 여인이 다 예수께 다가가는 데 주도적 역할과 믿음을 보여주고 있다. …… 특히 가나안 여인은 예수를 세 번씩이나 주로 부르면서 그를 경배하고 있다."[118]

베다니와 십자가와 무덤의 장면에 나타나는 여인들 또한 "제자들과 비위협적 대비 관계"에 놓여 있다.[119] 사소한 예외를 제외하고는 "여인들이 호의적으로 묘사되고 있다. 여인들의 중요한 역할 및 여성 탄원자들에 대한 예수의 반응은 이 복음서의 가부장적 세계관과 긴장관계를 형성한다."[120] 제니스 앤더슨의 글에 붙어 있는 부록에는 마태복음서 속에 나타나는 36번의 여성들에 대한 언급(때로 중복되기도 하지만)을 명시하고 있는데, 이는 "잃어버린" 관점을 회복하는 데 도움을 주고 있다.

구약 본문에 대한 유사한 접근의 예를 체릴 엑숨(J. Cheryl Exum)에게서 찾아볼 수 있다.[121] 그녀는 특히 출애굽기 1:8–2:10의 본문에 초점을 맞추고 있다. 주도권을 가지고 자기 뜻대로 역사를 빚어가려 하는 바로의 시도는 번번이 여성들에 의해 방해를 받고 있다. 고역을 가하여서 뜻을 이루려는 전략이 실패하자, 갓난 남자 아이들을 죽이려 하지만, 이 또한 산파들에 의해 좌초를 당한다. 히브리 산파들은 남성에 대한 두려움 때문이 아니라 하나님을 경외함 때문에 바로의 명을 거역한다(출 1:17, 20, 21). 뿐만 아니라 아기 모세의 경우에서는 두 여인이 바로의 뜻을 가로막는다. 하나는 그의 딸이요 또 하나는 모세의 어머니이다. 이런 관찰을 바탕으로 체릴 엑숨은 "이야기의 윤곽을 형성하는 것은 여인들의 말과 행위"라고 지적한다.[122]

하지만 페미니스트 해석학에는 이와 같은 잃어버린 관점 또는 전통 속의 침묵의 목소리를 "복구"하는 관심만 작용하는 것이 아니다. 여기에는 **사회-비판적** 해석학도 작용하고 있다. 엘리자벳 쉬슬러 피오렌자는 리쾨르의 양면 해석학("복구"과 "의구")을 상기시키는 방식으로 역사적 재구성의 "설명"의 축을 "예리한 …… '**의구의 해석학**'"과 결합시키고 있는 것을 본다.[123]

카타린 자켄펠드(Katharine Doob Sakenfeld) 역시 유사한 방식으로 "성경에 대한 모든 페미니스트적 해석자들이 공유하는 출발점은 **급진적 의구**의 자세"라고 주장한다.[124] 대부분의 해방 해석학의 유파들과 공통적인 어조로 엘리자벳 쉬슬러 피오렌자는 "모든 신학이, 의지적이든 아니든, 그 정의상 언제나 억압받는 자들을 위하든지 아니면 반대하는 일에 관여하고 있다"라고 주장한다.[125]

이상의 관찰은 이 장에서 우리가 관심갖는 문제의 핵심 속으로 우리를 이끌어준다. 즉, 사회적 권력과 통제, 또는 관심의 도구로서 의구의 대상이 되는 것들을 폭로하는 데 어떤 비판적 원리가 사용되고 있는가 하는 점이다. 더 나아가서는 이런 비판적 원리가 그 성격상 범상황적으로 작용하는 초월적 비판의 성격을 갖는가, 아니면 주어진 전통의 맥락 속에서만 작용하는 사회-실용적 비판의 성격을 갖는가? 우리가 이런 질문과 관련하여 지금 이 단계에서 답을 내리는 것은 너무 성급한 일이 될 것이다. 우리는 페미니스트 해석학 속의 다양한 유형들을 살펴보면서 이들이 어떻게 위의 질문에 서로 다른 방식으로 답하고 있는지를 살펴볼 것이다.

우리가 페미니스트 해석학의 논점을 좀 더 온전히 잘 파악하기 위해서는 신마르크스주의 해석학 이론이 봉착했던 딜레마를 상기시켜볼 필요가 있다. 마르크스주의자들은 노동과 생산의 경험 및 억압으로부터의 해방을 위한 투쟁의 경험으로부터 비롯된 실천(*praxis*)만이 이데올리기적 비판을 제공할 수 있다고 주장한다. 왜냐하면 부르주아적 반성은 그와 같은 비판의 형성을 위해 필요한 기반을 제공해주지 못하기 때문이라는 것이다.

여기에는 페미니스트 사회-비판적 해석학이 갖는 것과 매우 유사한 개념적 공통점이 나타난다. 로즈마리 류터는 이렇게 주장하고 있다. "남성성을 정상적 인류성으로 생각하는 남성 해석자들의 남성중심적 편견은 그 공동체의 지난 역사 속에서의 여성의 존재를 지워버릴 뿐만 아니라, 그들의 부재에 관한 질문조차도 제기하지 못하게 한다. 여성의 침묵과 부재가 하나의 정상이 되어버렸기 때문에, 이제는 **여성의 부재에 관해 주목하지도 언급하지도 못하게** 되고 만다."[126]

이런 방식으로 무엇을 "정상"으로 볼 것인가의 문제가 이미 결정이 되어 있는 상황 속에서는 어떤 비판적 원리를 사용하여 이를 재심하는 일을 할 수 있을 것인가? 로즈마리 류터는 페미니스트 해석학의 이데올로기적 비판이 **여**

성의 경험에 호소하는 것이 되어야 한다고 주장한다. "해석학으로부터 배제되어 왔던 것이 정확하게는 여성의 경험이다. …… 여성의 경험은 성경 안의 기본적 전통을 포함하여 고전적 신학이 인간 경험이 아닌 남성 경험을 중심으로 형성되어 있다는 것을 폭로함으로써 하나의 비판적 힘을 폭발시킨다."[127]

하지만 이런 경험은 단지 주어진 생리적, 신체적, 심리적 특질들을 가리키는 것만이 아니다. 물론 이런 것들이 긍정적 역할을 하는 것은 사실이다. 그러나 류터가 말하는 여성 경험은 오랜 남성 주도적 사회 및 역할 구도 속에서 여성들에게 주어졌던 주변화 및 "열등화"(inferiorization)의 사회–문화적 경험을 포함한다.

이처럼 "여성 경험"에 **비판적 원리**의 지위를 부여하는 것이 무엇을 의미하는가 하는 점을 좀 더 잘 이해하기 위해서 우선 우리는 이런 원리가 어떤 서로 다른 단계를 따라 작용하는지를 먼저 살펴보는 것이 필요하다.

첫째, 페미니스트 운동 속에서의 성경 해석의 해석학적 기능은 여성의 긍정적 측면을 보여주는 전통들의 "복구"만이 아니라, 현재의 비판과 변혁적 행위를 위한 강력한 힘으로서의 측면도 포함한다는 것이 분명해졌다. 필리스 트리블의 책 『공포의 본문들』(*Texts of Terror*, 1984) 속에 이런 면이 잘 드러난다. 이 책은 "과거의 공포의 이야기들을 기억하는 가운데서 학대당한 여성들에 대한 동정적 읽기를 제공한다. 폭력의 이야기들을 해석함으로써 …… 이런 일들이 다시는 일어나지 않도록 기원하는 것이다."[128]

구체적으로 창세기 16:1–16에서 우리는 종살이의 악순환 속에 사로잡힌 하갈의 예를 본다. 하갈은 자신의 태어날 아기가 방랑자와 외톨이가 될 것을 예고 받는다(창 16:11, 12). 창세기 21:9–21에서는 하나님이 이스라엘의 편에서 계시고 "하갈에 대해서는 그 반대의 일이 일어난다. 하나님은 그녀가 광야로 떠나는 일을 지지하고 심지어 명하기까지 한다. 이는 그녀의 종살이로부터의 해방이 아니라 그녀를 압제하는 자의 유업을 지키기 위해서이다."[129]

트리블이 볼 때 하갈의 이야기는 "세 가지 친숙한 형태의 억압을 보여준다. 즉, 민족과 계급과 성에 따른 억압이다. …… 억압 받는 자들의 하나의 상징으로서 …… 하갈 속에서 모든 종류의 거부당한 여성들이 자신들의 이야기를 발견한다. 하갈은 착취당한 충실한 여종이다. 남성에 의해 이용당하고 지배 계급의 여성에 의해 학대당한 검은 여성이며 …… 법적 지위도 없는 이방인 체류자요 …… 외로운 젊은 미혼모이다. …… 그녀는 사라와 아브라함의 허물 때문에 상함을 입었고, 그들을 온전케 하는 형벌이 그녀의 위에 놓여졌다."[130]

필리스 트리블의『공포의 본문들』속에는 또 다른 예들이 제시되고 있다. 그 중의 하나는 다말의 강간 사건이다. 하지만 다말의 현명한 존엄이 암논의 잔인한 폭력과 대조를 이룬다(삼하 13:1–22). 이 외에도 강간과 살인의 희생자가 된 이름 모르는 한 여인의 예(삿 19:1–30), 입다의 딸의 예(삿 11:29–40) 등이 있다. 특히 입다의 딸의 경우는 그 운명이 성경 전통상 "가부장적 해석학"에 의해 온전히 무시를 당하였지만, 그녀의 죽음으로 사실상 "우리 모두가 왜소해졌다."

트리블의 접근은 앨리스 라피(Alice L. Laffey)의 책『아내와 매춘부와 첩들: 페미니스트 관점에서 보는 구약』(*Wives, Harlots, and Concubines: The Old Testament in Feminist Perspective*, 1988, 1990)에 이어져서 더욱 발전되었다. 라피는 구약성경이 전제하고 있는 가부장적 문화 속에 자리잡고 있는 암시된 남성 우월의식을 공격할 뿐만 아니라, 여성을 아내나 어머니로, 또는 남성과의 관계 속에서 "용납할만한" 역할로 유형화하는 것을 공격한다. 그녀는 이렇게 말한다. "페미니스트적 해석의 밑바닥에 깔려있는 전제는 여성이 남성과 동등하다는 인식이다. 모든 텍스트는 이런 원리에 따라 해석되어야 한다. …… 해석자는 가부장적 편견을 벗겨내어야 할 의무가 있다."[131]

라피는 한 예로 룻기를 들고 있다. 이 책은 단순히 한 여인의 강인함이나 용기, 충실함(룻 1:5–14, 2:1–7, 14–18, 4:7–22) 등에 관한 이야기가 아니다. 물론 이런 요소가 들어 있는 것은 사실이다. 그러나 룻기가 보여주고자 하는 것은 "아들들"의 약속을 성공적인 내러티브 결말로 보는 "가부장적 문화의 전제들에 대한 도전"이며, 그런 가운데서도 "여성의 경험" 속에 내러티브의 기초가 세워져 있다는 것이다.

라틴 아메리카 해방 신학 속에서 강조되는 의식화의 주제는 로즈마리 류터가 비판적 해석학의 원리로 제시하는 "여성 경험"과 원리상 유사성을 가진다. 뿐만 아니라 필리스 트리블이 광범위하게 그리고 성공적으로 사용하고 있는 상상력을 통한 공감(rapport)의 해석학은 슐라이어마허의 이해의 해석학의 중심을 이루는 부분이라는 점을 주목해볼만 하다. 오늘날의 문학 이론에서 슐라이어마허나 딜타이, 베티 등이 큰 주목을 받지 못하는 것이 사실이지만, 우리가 앞서 슐라이어마허를 다루는 장에서 자세히 보았던 것처럼, 그는 해석학의 "여성적" 측면에 큰 무게를 두고 있는 것이 분명하다. 하지만 내가 알기로 페미니스트 해석학 중에 슐라이어마허의 기여를 언급하는 예는 아직 없는 것 같다.

"여성 경험"의 개념적 성격에 관해서는 현대 페미니스트 운동의 기원과 발전에 대해 살펴봄으로써 이를 좀 더 잘 이해할 수 있을 것으로 보인다. 여기에는 보다 일반적 맥락도 포함될 것이며, 또한 좀 더 구체적으로 여성 신학과 성경 본문과의 대화의 측면도 포함된다. 페미니스트 해석학의 초기의 한 기념비적 역할을 한 책이 엘리자벳 스탠턴(Elizabeth Cady Stanton)의 『여성 성경』(*The Woman's Bible*, 1895, 1898)이다. 스탠턴이 이 책을 출판한 동기는 성경 텍스트가 여성 및 그들의 사회적 역할을 통제하고 조작하는 도구로 사용될 수도 있다는 사실의 인식에서부터 비롯된다. 그런 점에서 그녀의 작업은 넓은 의미에서의 사회-비판적 해석학을 예고하고 있다. 최근에 룻 페이지(Ruth Page)는 앤 로즈(Ann Loades)가 편집한 『페미니스트 신학』(*Feminist Theology*, 1990)에 기고한 한 글에서 스탠턴의 작업이 갖는 의의를 논한 바 있다.

또 다른 기념비적 역할을 한 책이 1949년(영역은 1953년)에 출판된 시몬 드 보부아르(Simone de Beauvoire)의 『제2의 성』(*The Second Sex*)이다. 여기에서 그녀는 **상징적 개념** 인지와 여성의 **사회적 역할**의 관계에 관한 질문을 제기하고 있다. 그녀는 이렇게 말한다. "인류는 남성이며, 남성은 여성을 있는 그 자체로서가 아니라 자신과의 관계로 규정한다. …… 남자는 주체이다. …… 여자는 타자이다."[132]

현대 페미니즘은 특히 1960년대에 들어와서 두 가지 양상을 띠게 된다. 하나는 여성과 남성의 **유사성**에 의거한 해방과 평등을 옹호하는 방향으로의 운동이다. 또 하나는 여성과 남성의 **차이**에 의거한 공동 목적의 추구를 강조하는 방향인데, 여기에서는 여성의 인격체로서의 자기인식 및 표현이 강조된다.

케이트 밀렛(Kate Millett)의 1969년도 책『성 정치학』(*Sexual Politics*)은 사회 권력 구조의 사다리 상의 여러 지위들이 사람의 자질보다는 성 정체성에 의해 결정된다는 견해를 역설하고 있다. 가부장적 가족 관계의 억압적 구조가 여기에 일조하는데, 정신분석 및 사회학이 하나의 비판적 폭로의 원리로, 따라서 해방의 촉진제로 제시되고 있다. 저메인 그리어(Germaine Greer)의『여성 내시』(*The Female Eunuch*, 1970)에서는 가족이나 교육, 직업, 자본주의 시장원리 등에 의해 여성에게 부과된 사회적 역할은 인격체로서의 여성을 "거세"하는 효과를 가져온다고 역설한다.

엘레인 마크스(Elaine Marks)와 이사벨 드 쿠르티브론(Isabelle de Courtivron)은 미국식 페미니즘과 프랑스식 페미니즘 사이의 주된 차이점들을 잘 분석해주고 있다.[133] 영미 페미니즘은 보다 경험적이고 실용적이며, 사회–경제적, 사회–정치적 해방 및 평등에 초점을 맞추는 경향이 있다는 것이다. 반면 프랑스 페미니즘은 보다 이론적이고 급진적이며, 과거 전통 속의 "문화적 침묵을 채우는 데"는 덜 관심을 가진다. 본질의 측면에서 포스트모더니즘의 영향이 이런 경향을 더욱 성상파괴적 방향으로 이끌어간다.

줄리아 크리스테바(Julia Kristeva)의 경우는 페미니즘의 "도그마" 자체를 회의하기도 한다.[134] 마르크스주의와 연계된 페미니즘의 경우는 "신의 죽음, 남자의 죽음, 특권적 예술 작품의 죽음"을 부르짖는다.[135] 그렇게 하는 이유는 지금까지 모든 일에서 "오직 하나의 성만이 …… 언어와 자본주의, 유아론, 유일신론 속에서 표명되어 왔기" 때문이다.[136] 그런데 역설적이게도, 영미 페미니즘에 비해 프랑스 페미니즘이 "이론"에 강조점을 두는 바로 그 이유 때문에 마거리트 듀라(Marguerite Duras) 같은 일부 페미니스트들은 "이론에의 의지가 가장 두드러지는 남성적 활동"이라고 주장하는 사람도 나오고 있다.[137]

메리 달리(Mary Daly)의 책『교회와 제2의 성』(*The Church and the Second Sex*, 1968)은 시몬 드 보부아르의 책 제목을 따서 제2차 바티칸 공의회 문서들에 답하는 방식을 취하고 있다. 이 문서들이 근본적으로 개선적 성격을 가짐에도 불구하고, 일부에서는 여전히 여성을 아내와 어머니, 과부, 딸, 혹은 "종교적" 여성으로 국한시키고 있다. 다시 말해서 여성의 역할이 그 자체의 권리에서보다는 남성과의 관계 속에서 규정되고 있다는 것이다. 메리 달리는 처음에는 로마 가톨릭 교회 안에서 활동하고자 노력했지만, 교회의 관심의 부족 때문에 점차 미련을 버리게 되었다.

『하나님 아버지를 넘어서』(*Beyond God the Father*, 1973)에서 달리는 후–기독교 "급진" 페미니즘 방향으로 선회하고 있다. 그녀는 성경 및 유대–기독교 전통 속에서의 하나님의 남성성 인식의 문제를 공격하고 있다.[138] 그녀는 프랑스 페미니즘의 강조점을 따라 기독교 및 서구 전통의 전체 핵심 상징이 남성 중심적 문화의 정당성을 강화하는 기능을 한다고 비판한다. 그러면서 그녀는 "반 교회 운동" 및 "자매단"과 같은 후–기독교 분리주의 운동을 옹호하고 있다.

메리 달리와 로즈마리 류터는 미국 종교학술원(American Academy of Religion) 안에 여성 분과를 설립하는 일을 1971년에 이루어내었고, 이를 바탕으로 계속적인 연구보고서들을 발간해내었다. 필리스 트리블의 논문 "성경 전통 안에서의 탈가부장화"는 1973년에 출판이 되었고, 레티 러셀(Letty Russell)은 페미니스트 성경 해석의 "조숙한"(그녀는 겸손하게 이런 표현을 쓰고 있다) 안내서를 1976년에『자유롭게 하는 말씀』(*The Liberating Word*)이라는 제목으로 편집했다.[139] 이 책에서 레티 러셀은 하나님이 남성과 여성의 모든 구분을 초월하는 분임을 강조하면서 성 유형화하는 일을 강하게 반대하고 있다.[140]

레티 러셀의 책에 이어서 1978년에는 필리스 트리블의 』하나님과 성의 수사학』이 출판되었다. 이 책은 우선 성경 전통 속에서의 텍스트의 재상황화 문제를 다루고 있고, 이어서 다수의 구약 본문들에 대한 문학적, 수사학적 접근의 예들을 보여주고 있다. 하나의 주된 결론은 창세기 1:26, 27에 나오는 "하나님의 형상" 언어가 결코 "남성"을 가리키는 것이 아니라 복수적 인간 전체를 가리킨다는 주장이다. "인간은 '남성과 여성'이라는 문구와 동의어이다. …… 일치는 성적 차이를 포괄한다. …… '남성과 여성'은 '하나님의 형상'

을 해석하는 열쇠의 역할을 한다."[141] 이 밖에도 트리블은 "태"(히브리어로 레켐 *rechem* 또는 라캄 *racham*)와 "긍휼"(히브리어로 라캄 *racham* 또는 라크밈 *rachmim*) 사이의 은유적 연관성에 의거하여 하나님의 "여성적" 이미지를 고찰하는 작업을 하고 있다.[142]

이와 같은 접근의 역사를 도로시 배스(Dorothy Bass)는 1980년대 초반에 이르기까지 정리해주고 있다.[143] 1980년대에는 관련된 연구서들이 봇물을 이루었다. 이 시기에 나온 페미니스트 해석학 이론의 주된 자료들에는 이런 책들이 있다. 엘리자벳 쉬슬러 피오렌자의 『그녀를 기념하여』*In Memory of Her*, 1983)와 『돌이 아닌 빵』(*Bread not Stone*, 1984), 그리고 메리 앤 톨버트가 편집한 『성경과 페미니스트 해석학』(*The Bible and Feminist Hermeneutics*, 1983), 레티 러셀의 심포지움 자료집 『페미니스트 성경 해석』(*Feminist Interpretation of the Bible*, 1985), 아델라 야브로 콜린스(Adela Yarbro Collins)가 편집한 『페미니스트 관점에서의 성경학』(*Feminist Perspectives in Biblical Scholarship*, 1985), 앨리스 라피(Alice L. Laffey)의 『아내와 매춘부와 첩들』(*Wives, Harlots, and Concubines*, 1988, 1990) 등이 있다.[144]

위의 책들 속에 기고한 글들 외에도 로즈마리 류터, 필리스 트리블, 엘리자벳 쉬슬러 피오렌자 등은 독자적으로 이 분야와 관련된 많은 논문들을 발표하였다.[145] 앤 로즈(Ann Loades)는 『페미니스트 신학』(1990)에서 페미니스트 작가들의 글 중에서 총 22편의 글들을 모아서 소개해주고 있다.

이런 분류를 할 때 일어나는 어려움 가운데 하나는 페미니스트 해석학의 유관 자료들을 어떤 범주로 구분할 것인가 하는 점이다. 여기에는 분명 개념성이나 언어, 사회적 상호작용, 상징세계 등을 다루는 글들도 포함시켜야 할 것이다. 레베카 촙(Rebecca S. Chopp)은 언어에 대한 후기구조주의 및 포스트모더니즘 관점에서의 매우 도발적인 책 한 권을 1989년에 『말할 권리』(*The Power to Speak*)라는 제목으로 출판하였다.[146]

어술라 킹(Ursula King)은 "페미니즘이 하나의 다른 의식 및 비전의 문제, 즉 급진적으로 변화된 관점"을 나타내는 것이라면, 단지 성경 텍스트나 신학과 연관된 사람들뿐만 아니라 이 운동 전체가 하나의 심도 깊은 해석학적 질문을 던지는 것이 아니겠느냐고 지적한다. 이는 즉 주어진 상황적 지평 및 해석 공동체 안으로부터 인식된 지식 주장과 행위의 합리적(또는 최소한 합리적으로 정당화된) 근거가 가능한지 그리고 타당한지에 관한 질문이다.[147] 사실 이런 질문은 가다머나 판넨베르크, 리쾨르, 하버마스, 아펠, 로티 등이 다루고 있는 문제이며, 이는 다르게 표현하면 모든 규범이 특정 사회 역사에 상대적일 뿐인가, 아니면 보다 넓은 상호작용의 틀이나 열린 체계가 메타비평적 차원에서 작용하는 것으로 볼 것인가 하는 문제이다.

하지만 모든 페미니즘 사상들이 다 그와 같은 급진적 새 비전을 요구하는 것은 아니다. 어술라 킹이 지적하는 것처럼, 페미니즘은 하나의 단일한 운동이 아니라, 그 안에 서로 다른 많은 정치적, 이데올로기적 편차들이 복합적으로 작용한다.[148] 예를 들어 우리는 보다 보수적이고 복음주의적 관점에서 저술된 영국의 두 페미니스트 연구서들을 찾아볼 수도 있다. 하나는 메리 에반스(Mary Evans)의 『성경 속의 여성들』(*Women in the Bible*, 1983)이고 또 하나는 엘레인 스토키(Elaine Storkey)의 『페미니즘이 옳은 점』(*What's Right with Feminism*, 1985)이다.

엘레인 스토키는 페미니즘 전통의 뿌리를 종교개혁에서 찾고 있다. 그녀가 볼 때 칼뱅은 결혼의 "동반자적 측면"을 자녀 생산의 기능적 측면에 대조하여 강조하였다. 개혁자들은 결혼법을 남성과 여성에게 동등하게 적용하였다.[149] 복음주의적 페미니즘은 "타인들에 대한 헌신"을 강조한다. 그리스도인 페미니스트들은 스스로의 권리 그 이상을 추구한다.[150] 필리스 트리블과 마찬가지로 스토키 역시 창세기 1:26, 27에서 남성이 아닌 "인간"을 본다. 남성과 여성이 "함께 하나님의 형상대로 창조되었다. …… 그들은 함께 땅을 다스리고 …… 청지기직을 감당하도록 부름받고 있다."[151] 창세기 2:18의 "돕는 자" 개념은 인간과의 관계에서 하나님의 역할을 위해 사용된 단어이며, 따라서 결코 부차적 역할을 가리키는 개념이 아니다. 예수께서는 결코 남성 중심의 체제나 "남성 주도적 모델"을 제시하지 않는다.[152]

엘레인 스토키는 페미니즘이 단지 개인의 문제만이 아니라 **구조적** 문제를 취급한다는 것을 바르게 지적하고 있다. 그러면서도 그녀는 페미니스트들이 인간의 집단적 타락성 속에 남성과 여성이 함께 속하여 있다는 것을 보지 못하고 문제를 외적 체계들(가부장제, 자본주의, 계급 구조 등)에 돌리려 하는 "자기 의"의 잠재적 위험을 안고 있다고 지적하기도 한다. 그리스도인 페미니스트들은 "권력 투쟁"을 추구하지 않는다. 그렇다고 해서 그들이 "좁게 틀지워진 '여성'이라는 이름을 가지고, 이미 정해진, 그것도 본질적으로 비성경적 가치관에 의거한 문화적 틀 속에서 살아가기"를 원하는 것도 아니다.[153] 이런 측면에서 보면 해방은 "남성을 위한 것이기도" 하다. 은혜는 여성과 남성 모두를 그 오래된 정형화의 틀 속에서 구원한다.

성경 텍스트의 권위에 대한 이와 같은 높은 평가는 억압당하는 자로서의 "여성 경험"에 관한 매우 급진적인 내러티브 진술과 일치되는 측면을 가지기도 한다. 케이티 캐논(Katie Geneva Cannon)의 매우 감동적인 글 "흑인 페미니스트 의식의 발생"에는 흑인 여성들이 당한 학대와 강압, 착취의 경험이 역사적으로 생생하게 정리되어 있다.[154] 그런 가운데서도 그녀의 결론은 이것이다. "성경은 대부분의 흑인 여성들에게 최고의 권위의 원천이다. 성경을 통하여 흑인 여성들은 어떻게 정형화의 틀을 거부해야 할지를 배웠다. …… 흑인 여성주의자들은 무서운 억압에 직면하여 성경 인물들과 자신을 동일시함으로써 삶을 지속할 수 있었다."[155]

위에서 보았던 것처럼, 페미니스트 신학 속에는 매우 다양한 관점의 차이들이 있는 것이 사실이지만, 그럼에도 불구하고 페미니스트 해석학 속에 나타나는 공통적 요소들을 다음과 같이 네 가지 측면으로 종합해보고자 한다.

첫째, **페미니스트 해석학은 여성 경험에서부터 그 출발점을 찾고 있다**는 점이다. 이것이 필리스 트리블의 책 『공포의 본문들』 속에 성경적 전통과 관련하여 잘 표명되고 있지만, 보다 일반적 차원에서는 케이트 밀렛이나 저메인 그리어 같은 사람들이 이를 잘 보여주고 있고, 프랑스 페미니즘 전통 속에도 잘 나타나며, 케이티 캐논 같은 사람에 의해 보다 생생하고도 실제적으로 잘 묘사되고 있기도 하다. 수전 티슬트웨이트(Susan Brooks Thistlethwaite)는 일반 사회적 분석에 의거하여 이와 같이 주장하고 있다. "모든 여성들은 남성 폭력과 더불어 살고 있다. …… 페미니스트 성경 해석은 이런 의식을 그 중심에 간직하고 있어야 한다. …… 여기에는 자기존중의 주장, 통제권 가지기, 자신의 화를 표출하기 등이 포함된다."[156]

둘째, 이와 같은 여성 경험은 그 사회-역사적 의미를 충분히 이해하게 되었을 때에는 하나의 **비판적 원리**로 작용하게 된다는 점이다. 해방 해석학에서 "의식화"가 사회-비판적 도구들(이것이 마르크스나 프로이트, 그 밖의 사회 이론 어디에서부터 도출된 것이든)과 함께 작용하는 것을 보았다. 페미니스트 해석학이 얼마나 사회-실용적 해석학이 되기보다는 사회-비판적 해석학이 될 수 있느냐 하는 점은 우리의 중요한 관심사 가운데 하나이다. 여기에 대한 대답은 우리가 어떤 부류의 페미니즘을 다루고 있느냐에 따라 가변적이며, 하나의 단일한 대답을 찾기가 쉽지 않다.

셋째, 위의 두 단계에 의하여 해석학적 선이해가 형성되게 될 때, **성경 텍스트**가 말하는 것이 매우 새로운 방식으로 다가오게 된다는 점이다. 우리는 이 시점에서는 이런 과정의 결과가 진리에로 이르게 될지 아니면 왜곡에로 이르게 될지 답하는 것을 보류하고자 한다. 해방 해석학의 옹호자들은 이런 과정이 해석학적 순환을 거쳐 처음의 "이해"가 재검토되고 수정되는 쪽으로 나가게 될 것이라고 너무 쉽게 말하는 경향이 있다. 하지만 그들의 목표가 해방에 대한 생각이 아니라 텍스트가 해방하는 일을 하는 것이라고 한다면, 그런 목적에 비해 화행론에서의 발화수반적 힘에 대한 관심이 내가 알기로 거의 일어나지 않는 것이 이상한 일이다.

페미니스트 해석학에서도 슐라이어마허나 딜타이, 베티 등의 해석학 전통과 관련된 이론적 측면에 거의 관심이 주어지지 않는 것이 역시 놀라운 일이 아닐 수 없다. 특히 페미니스트 성경 해석의 과정 속에서 자주 상상력 및 공감(rapport)의 사용에 강조점이 주어지고 있음에도 불구하고 이에 대한 이론적 논의는 부족한편이다. 하지만 실제적 측면에서는 남성들을 두려워하기보다 하나님을 두려워한 히브리 산파들의 용기(출 1:15-21)가 자기포함적 실존적 용기의 원천이 되는 것은 사실이다. 또한 모세의 어머니와 바로의 딸의 행위(출 1:22-2:10)는 악과의 투쟁에서 적극적이며 성공적인 행위 모델이 되고 있다.

넷째, 페미니스트 해석학에서도 구티에레즈가 말하는 **종말론**의 역할이 매우 크다는 점이다. 특히 로즈마리 류터와 레티 러셀은 이와 같은 해방 해석학의 관점을 공유하고 있다. 레티 러셀은 페미니스트 해석학이 단지 "여성들에 대한 특정 이야기나 하나님의 여성성에 대한 관심만을 갖는 것이 아니라, **모든 피조물을 고치고자 하는 하나님의 의도**"에 관심 가진다고 말한다. "세상과의 하나님의 사랑 이야기는 나의 삶을 추진하는 **새 창조의 비전**으로 나를 이끈다."[157]

5. 페미니스트 해석학 안에서의 사회-비판적 방법과 사회-실용적 방법의 사용

페미니스트 해석학에 대한 우리의 평가는 제한된 측면에 머물 수밖에 없다. 하지만 우리는 진지한 해석학적 연구가 결코 간과할 수 없는 두 가지 해석학적 복잡성의 영역을 이와 관련해서도 살피지 않을 수 없다. 첫째, 모든 사회-비판적 해석학 이론은 "주관성"의 문제가 아니라 비판의 문제를 제기한다. 즉, 해당 해석학적 체계가 범상황적, 메타비평적, 초월적 비판의 원리를 함유하는 사회-비판적 차원의 작용을 갖는지, 아니면 주어진 사회적 맥락의 틀 안에서 이미 답습된 여정의 경험 외에는 다른 어떤 해석적 견해들을 사전에 미리 배제하는 사회-실용적 해석학의 내러티브 경험 차원으로 전락하고 있는지의 문제이다.

우리는 모든 페미니스트 해석학이 사회-실용적 범주에 속한다고 주장하려는 것이 아니다. 오히려 위의 문제의식을 가지고 접근할 때, 페미니즘 안에서의 다양한 부류들이 어떤 해석학적 방법을 채택하고 있는지를 보다 잘 구분할 수 있다는 것을 보여주고자 한다. 사회-비판적 접근과 사회-실용적 접근의 대비가 "객관적"이냐 아니면 "주관적"이냐 사이의 대비와 동일한 것이 아님을 아는 것 역시 대단히 중요하다. 오히려 이 둘의 대비는 비판의 다른 차원에 의거한다.

이 후자의 지적을 잘 숙지할 필요가 있는 것은, 메리 톨버트의 경우 페미니스트 해석학의 철학적 지위를 옹호하는 자리에서 이 양자의 대비를 혼동하는 경향이 있기 때문이다. 그녀는 이렇게 말한다. "페미니스트적 해석에 대한 가장 빈번한 반대는 …… 이것이 **주관적**이라는 것이다. …… (하지만) **모든** 해석은 주관적이다. …… 해석은 항상 주관적 행위이다."[158] 우리가 지금 다루고 있는 문제는 이런 차원이 아니다.

메리 톨버트는 성경 연구에서 다양한 해석의 차이에 호소하고 있다. 그 예로 알버트 슈바이처에 의한 역사적 예수 및 바울에 대한 연구와 불트만의 "선이해" 및 "전제"의 불가피성에 대한 옹호 등을 들고 있다. 우리는 이런 문제들을 **이해의 해석학**을 다루는 자리에서 충분히 검토해본 바 있다. 우리는 왜 그런 차이들이 일어나는지, 그리고 이런 문제를 해결하기 위한 도구들이 어떤 것들이었는지를 살펴보았다. 가다머 이후 해석학에서 아펠, 판넨베르크, 하버마스 등이 제기한 질문은 그와 같은 해석학적 이해가 메타비평적 차원에 대한 고려가 전혀 없이도 작용할 수 있는가 하는 점, 그리고 가다머의 "대화" 모델이 그 어떤 방향으로나 전개되어 나갈 수 있는가 하는 점이다. 이런 질문에 대한 대답의 차이 여하에 따라서 한편에서는 아펠과 하버마스, 판넨베르크의 입장이, 또 다른 한편에서는 로티 등의 입장이 구별된다.

페미니스트 해석학에 내포된 비판적 원리와 관련해서도 동일한 질문이 제기된다. 다시 말해서 이런 비판적 원리가 범상황적 성격을 가지며 주어진 생활세계 외부에서 작용하는가? 아니면 해석 공동체가 그 자체의 "관심"에다가 존재론적, 인식론적 궁극성을 부여하고 그 자체의 고백적 원리 외에 다른 여타의 규범이나 기준에 의거해 자신이 초월될 수 있는 가능성을 미리 배제하는 입장을 갖는가? 이런 경우 그 해석 공동체는 모든 사람은 "자신들이 하는 일을 할 뿐"이라는 인식론적 비관주의에 빠지고 있지 않는가?

우리는 이런 문제와 관련하여 페미니즘 안에서 일어나고 있는 일차적 의견의 균열을 주목할 필요가 있다. 메리 달리의 "급진적 페미니즘"은 그녀가 기독교 전통의 우선적, 특권적 지위를 강하게 거부하고 있기 때문에 첫눈에 볼 때는 단일 전통에의 의존에서부터 단절되어 나간 것으로 보인다. 그러나 좀 더 자세히 살펴보면 "여성 경험"이나 "여성 공동체"를 중심으로 삼는 그녀 자신의 비판적 원리가 **배타적, 내부적, 분리주의적** 경향을 갖는다는 것을 알 수 있다.

이와 대조적으로 로즈마리 류터와 레티 러셀의 경우는 여성 및 여성 경험의 기준을 새 인류의 전체성의 한 부분으로 보는 **포괄적** 성격을 가진다. 뒤에 가서 좀 더 자세히 보겠지만, 레티 러셀은 "상호성"의 원리를 견지하고 있고, 이는 페미니스트 해석학 안에 하나의 범상황적 관점을 제공한다.

로즈마리 류터는 자신의 책 『성차별과 하나님 말하기』(*Sexism and God-Talk*)에서 메리 달리의 급진적 후-기독교 페미니즘을 조심스럽게 검토, 평가하고 있다.[159] 그녀는 메리 달리의 입장을 이렇게 요약한다. "여성 유토피아는 여성의 문화를 배양한다. …… 에덴은 남성을 여성에게 복속시킴으로써만 복구될 수 있다. …… 여신의 남성 동반자는 자신과 동등하지 않고 …… 그녀의 아들-연인이다."[160] 나아가서 남성의 객관화하는 합리성이 여성의 직관적 지식에 복속되어야 한다. 이런 방식으로 류터가 볼 때 메리 달리는 "분리주의"를 고취시키고 있다. 그 속에서 강간과 전쟁과 종족살해의 문화는 "남성 비인간성"의 전유물로 돌려지고 있다.

하지만 류터가 볼 때 이와 같은 "적 만들기"의 방식은 페미니즘 자체를 위태롭게 만든다. 왜냐하면 그녀가 바르게 판단하고 있는 것처럼 "다른 성의 비인간화는 결국 자신을 비인간화시키기" 때문이다.[161] 메리 달리의 체계는 범상황적 해석학적 대화의 여지를 남기지 않는다. 그럼으로써 아펠이 말하는 합리성의 "확장"도, 하버마스가 말하는 생활세계와 체계 사이의 비판적 상호작용도 일어날 수 없게 된다. 로티의 경우와 마찬가지로 메리 달리 역시 모든 것이 이미 손안에 들어와 있는 여정의 신호들로 간주되는 집단적 상황 범주 내부에 감금된 꼴이 되고 만다.

로즈마리 류터는 자신의 보편적 관심을 "페미니스트적 해석"과 "학문 세계 속에서의 페미니스트 신학의 미래"라는 두 논문 속에서 더욱 정교하게 펼쳐가고 있다. 그녀 역시 "여성 경험"이 페미니스트 해방을 위한 비판적 해석학의 열쇠 역할을 한다는 것을 인정한다. 그러나 동시에 그녀는 이렇게 지적한다. "여성은 성차별의 죄를 남성 인간성을 축소시키는 방식으로 역전시킬 수는 없다. 여성은 …… 끊임없이 확장되는 포괄적 인간성의 개념 정의를 추구해야 한다. 이는 양성 모두에 포괄적이어야 하며, 모든 사회적 그룹이나 종족들에 대해 포괄적이어야 한다. 한 부류의 사람들이라도 온전한 인간 이하 차원으로 주변화시키는 그런 원리가 있다면, 이는 우리 모두를 축소시키는 결과를 낳는다."[162] 따라서 우리는 주도적 그룹으로부터의 지배적 규범들을 거부할 수밖에 없고, 진정한 상호성을 추구해야 한다.

필자의 더럼 대학 동료이기도 하였던 앤 로즈(Ann Loades)는 이런 보편적 관심을 간명하게 잘 표현하고 있다. "우리 앞에 놓인 의제는 지난날 '보편' 신학으로 여겨졌던 것이 여성 및 여성들의 통찰을 배제하고서는 부분에 지나지 않는다는 것을 모든 사람이 알게 하는 것이다."[163] 그녀는『잃어버린 동전 찾기』(*Searching for Lost Coins*)와『페미니스트 신학』에서 이런 점을 거듭 강조하고 있다. 하지만 이 두 번째 책에서는 자신을 메리 달리의 입장과 일치시키고 있는 것을 보는데, 이런 점은 그녀의 비판적(실용적 입장과는 다른) 관점에 대해 우리가 기대했던 것과는 다소 다른 방향으로의 발전이다.[164]

레티 러셀은 로즈마리 류터에 비해 이런 문제와 관련하여 그 입장이 보다 덜 명백한편이다. 그녀에게 "해석의 열쇠"는 "부정의와 비인간화에 대항하는 선지자적 성경 증거 속에 나타나는 것과 같은 여성 및 모든 인간들"의 온전한 인간성의 확인에 놓여 있다.[165] 엘리자벳 쉬슬러 피오렌자가 "평등의 제자도"에 대해 말하고 있지만, 레티 러셀의 경우 한편에서는 자신과 로즈마리 류터 사이에, 또 다른 한편에서는 엘리자벳 쉬슬러 피오렌자와의 사이에 규범들 및 비판적 원리들의 서열화 문제를 두고 근본적 차이가 있다는 것을 잘 인지하고 있다.

레티 러셀은 "성경의 비판적 원리"와 "페미니스트 비판적 원리" 사이에 "상관성"이 있다는 것을 지적한다. 그와 같은 상관성은 일종의 잠정적 초월 원리에 근접한다. 그녀가 생각하는 것이 판넨베르크의 메타비평적 열린 체계보다는 훨씬 더 유연하고 수정에 개방적이면서, 또한 하버마스의 사회–비판적 이론보다 덜 복잡한 형태의 것이라면, 우리는 그 속에서 아펠의 "부드러운" 초월주의와의 부분적 유사성을 찾아볼 수 있을 것이다. 그 포괄적(남성

배타적이 아닌) 비전은 새 창조의 종말론적 차원과 결합되어 있다. 그런 점에서 그녀의 관점은 상황적 사회 실용주의를 넘어서는 것으로 보인다. 왜냐하면 그 속에서 우리는 **생활세계 및 경험의 지평들이 성경 텍스트 및 약속적 언어와의 대화를 통해 경험 중심적 출발점을 넘어 확장되고 변혁되어야 한다**는 적절한 해석학적 관심을 찾아볼 수 있기 때문이다.

엘리자벳 쉬슬러 피오렌자의 생각은 훨씬 복잡하고 양면적이다. 그녀는 이렇게 말한다. "신적 계시와 은혜의 장소는 성경이 아니라 …… 여성의 교회(*ekklesia*)이며 '우리의 여성 자아의 선택'으로서 삶을 살아내는 여성으로서의 삶 속이다."[166] 그녀가 말하는 "여성 교회"는 "성경적 종교 속에서 자기 주체성이 확립된 여성 및 여성 주체성이 확립된 남성의 운동"이다. 그리고 그것이 지향하는 목표는 "단순히 여성의 '전적 인간성'이 아니다. 왜냐하면 우리가 아는 인간성의 정의가 남성이 규정한 것이기 때문이다. 오히려 그것은 **여성의 자아확인과 권력**이며, 모든 가부장적 소외, 주변화, 억압으로부터의 해방이다."[167] 엘리자벳 쉬슬러 피오렌자는 그녀의 해석 공동체를, 그녀 자신의 정치적 좌, 우 성향이 잘 보여주는 것처럼, 매우 특정적 의제에 전적으로 헌신된 공동체로 인식하고 있다.

우리가 엘리자벳 쉬슬러 피오렌자의 글을 계속 읽어갈수록 그녀의 해석학적 성향이 상황적 실용주의의 범주에 속한다는 인상을 받게 된다. 그녀는 자신의 여성 공동체에 "성경 텍스트를 '선택하고 거부할' 권위"를 부여하고 있다. 이에 따라 이미 걸어본 여정의 방향으로 나오지 않는 모든 표시들을 걸러내고자 하는 것이다. 그렇다면 왜 우리가 성경을 사용할 필요가 있는가 하고 묻는다면, 그녀의 대답은 "여성들이 …… 성경과 연관된 해방의 경험들을 증거하기" 때문이며, "모든 텍스트는 이와 같은 여성 해방의 내용으로 점검받아야 한다"라고 말한다.[168] 이와 같은 주장은 범상황적 메타-기준을 거부하는 사회-실용적 관점의 색채를 많이 나타낸다.

페미니스트 성경 해석은 피오렌자의 관점에서 볼 때 페미니스트 생활세계 및 체계 안에서의 **내부적** 규범에 따라 작용하는 그 이상을 넘어갈 수 없다. 왜냐하면 성경 자체가 이미 치료 불가능할 정도로 **선택적**이기 때문이다.

다시 말해서 성경은 이미 "남성들에 의해 남성중심적 언어로 기록되었고, 남성 경험을 반영하며, 남성 종교 지도자들에 의해 선별되고 전승되었다. 성경이 남성의 책이라는 것은 부정할 수 없는 일이다."[169] 따라서 피오렌자의 결론은 성경은 범상황적 비판 원리를 제공할 수 없다는 것이다. 오히려 비판의 원리는 여성 경험에서 찾아야 한다. 해석의 **관심**을 인도하는 것은 여성 경험을 회복하고 여성 지도자들을 집단적으로 인정하는 것이 되어야 한다.

하지만 엘리자벳 쉬슬러 피오렌자는 여기서 그치지 않는다. 그녀의 접근을 사회-실용적 상대주의와는 구별시켜주는 두 가지 핵심적 단서들이 더 나타나는데, 그 첫째는, 여성 해방과 정의를 위한 투쟁이 대립을 "그 해석학적 중심"에 두지만, 그럼에도 불구하고 "해방을 위한 여성의 투쟁은 …… 분리주의적 전략을 옹호하지는 않는다"라는 단서 조항이다.[170] 피오렌자가 로즈마리 류터나 초기 앤 로즈의 보다 보편주의적 접근을 쉽게 표방하지 못하는 이유는 이와 같은 보편적 비판 원리가 가장 나쁜 경우에는 "여성을 가부장적 교회 구조 속에 통합시키는 결과"가 일어날까 두려워하기 때문이다. 그렇게 될 때 **"기독교 상징과 전통, 그리고 공동체의 변혁"**(피오렌자 자신의 강조)을 가져오지 못하고 기존의 전통이 근본적으로 변화 없이 그대로 머물 수도 있다고 보기 때문이다.[171]

두 번째 중요한 단서 사항은 성경 텍스트 및 교부 문헌들 배후에 놓여 있는 생활세계의 역사적 재구성에 대한 그녀의 관심이 매우 높다는 점이다. 페미니스트 성경 해석의 자리를 다양한 성경 연구의 조류들 속에서 공통적으로 받아들여지고 있는 평가의 규범들 안에 둔다는 것은 사회-실용적 게토 밖으로 나온다는 이야기가 된다. 특히 의구의 해석학이 모든 해석 모델들에 적용되는 자리에서는 더욱 그러하다. 이런 점을 고려할 때 우리는 피오렌자의 접근을 "이성"이나 "비판 이론"을 남성 발생적 혹은 남성 전유적 영역이라고 매도하는 부류의 페니니즘과는 달리 재닛 리처즈(Janet Radcliffe Richards)가 옹호하는 부류의 페미니즘 범주에 포함시키는 것이 좋을 것이다.

재닛 리처즈는 오늘날의 페미니즘 논의에서 가장 강력하고 또한 가장 중요한 인물 가운데 한 사람이다. 그녀는 일부 페미니즘 이론이 특정 사회 그룹,

즉 여성의 주장을 내세우는 데 비해, 또 다른 진영에서는 특정 사회 그룹, 즉 여성에게만 배타적 관심을 기울이기보다 정의의 보편적 원리에 호소한다고 지적한다. 그녀는 이렇게 말한다. "페미니즘은 그것이 **혜택을 주기를 원하는 특정 그룹의 사람들**에 관심갖기보다는 그것이 **제거하기를 원하는 특정 부류의 부정의**에 관심을 갖는다."[172](강조는 원문 그대로) 이런 지적은 사회-비판적 이론 및 실천과 사회-실용적 이론 및 실천을 명확하게 구분해주는 좋은 표현이다.

재닛 리처즈는 자신의 책 『회의적 페미니즘』(*The Sceptical Feminism*, 1980)에서 합리성이나 비판 이론과 같은 "보편적" 차원을 거부하는 페미니스트들을 공격하고 있다. 남성과 이성의 영역 속에서 경쟁하는 일은 가장된 방식으로 남성 주도권에 매도당하는 일이라고 보는 인식은 페미니스트로서 저지를 수 있는 가장 교묘하고도 자기파괴적인 실수라는 것이다. 왜냐하면 그렇게 할 때 뒷문으로 들어오는 것은 시몬 드 보부아르가 "보편 감각의 결핍"이라고 말하였던 바로 그런 자아상이기 때문이다. 그렇게 되면 결국 합리성의 영역은 남성이 독점하게 될 것이고, 여성은 "사고형"이 아니라 "감성형"이라는 심리학적 가설을 더욱 강화시키게 될 것이다.

재닛 리처즈는 페미니즘이 "여성 공동체"만을 섬기기보다는 여성에 대한 사회적 부정의를 시정하는 일을 한다고 보고 있다. 이를 위해 그녀가 요청하는 것은 사회-비판적 논의에 적극적으로 앞장서는 일이다. 그렇지 않으면 억압자들은 그 반대의 도구들, 즉 실용적 압박, 특권, 정치적 수사, 사회적 조작 등의 도구들에 의존하게 될 것이다. 즉, 적의 도구들을 사용하게 되는 셈이고, 결국 새로운 종류의 노예성과 억압을 (이번에는 희생자가 바뀔지 모르겠지만) 만들어내게 될 것이다.

엘리자벳 쉬슬러 피오렌자의 역사적 성경 해석에 대한 강조는 한편에서는 그녀의 입장을 사회-비판적 탐구의 영역 속에 위치시키는 듯 보인다. 하지만 그녀의 개방된 역사적 접근이 실제적 차원에서는 매우 실망스러운 측면을 보이기도 한다. 왜냐하면 그녀는 자기 **자신의 사회적, 해석학적 관심**이 주어진 역사적 가설이 갖는 개연성의 무게를 결정하도록 허용할 뿐만 아니라, 심지어 가설 자체를 심각한 고려 및 평가를 위하여 **선택**하도록 허용하고 있기 때문이다.

대부분의 성경 학자들은 자기 자신의 충성심이나 소망 등이 자신의 판단에 크든 작든 영향을 미치는 것을 전적으로 피하기가 어렵다는 것을 인정한다. 그래서 존 바클레이(John Barclay)는 "바울의 대적자들에게 자기 자신의 신학적 대적자의 옷을 입히려 하는" "거울 읽기"에 대해 적절하게 잘 경고를 한 바 있다.[173] 필자는 "그리스도인 학자의 도덕성"이라는 한 글에서 공평성(impartiality)이 중립성(neutrality)과는 다르다는 것을 지적한 바 있다. 축구 경기의 심판이나 전문직 교수라고 해서 논쟁이나 게임의 결과에 대해 아무런 기대도 갖지 않는 순수한 중립이 되기를 기대할 수는 없다. 전통적 학문적 자유주의가 갖는 한 가지 장점이 있다면, 심판이나 전문 학자가 자신의 편에 적용하는 똑같은 규칙을 비록 그 결과가 자신에게 고통스럽고, 불편하며, 실망스럽다고 하더라도 상대편에도 동일하게 적용한다는 점이다.[174]

하지만 실제적 차원에서 많은 학문적 논의들이 기존의 지배적 전통에 의해 수립된 "규칙" 위에서 작용하기 때문에, 규칙에 따라 게임을 한다고 해서 자유주의자들이 생각하는 그런 공정한 절차가 항상 보장되는 것은 아니다. 이성은 전통 안에서 작용한다. 그렇다고 할지라도 우리가 이 책에서 거듭하여 살펴보고 있는 비트겐슈타인의 경우나, 포스트모더니즘의 경우, 그리고 사회-비판 이론과 화행론 등이 과연 이런 이유 때문에 합리적 논의의 범상황적 "규칙" 자체를 무효화시켜야 한다고 말하는가, 그래서 모든 체계들이 예외 없이 다 상황-상대적 생활세계의 정황성 차원으로 해소되고 말며, 그 결과 우리는 언어나 논증에서 무엇이 조직적 "실수"인지 말할 수 없고 다만 다 주어진 생활세계에 따라 무엇이 상대적이라고 말하게 하는가 하는 문제를 묻지 않을 수 없다.

넓은 범주에서 보면 엘리자벳 쉬슬러 피오렌자의 신약성경에 대한 역사적 연구는 성경 및 역사학 전문가들이 일반적으로 수용하는 규범들에 일치한다. 하지만 우리가 일련의 구체적 예들을 좀 더 상세히 살펴보게 되면 이런 역사적, 주해적 작업이 과연 공정한가 하는 점에서 적지 않은 불편함을 느끼게 된다. 이는 일부 특정 논의에 대해 다른 학자들(이를테면 다른 전통에 속해 있는 사람들)이 다른 평가를 할 수 있다는 차원의 문제가 아니다. 보다 심각한 문제는 동일한 텍스트 및 역사적 자료를 두고도 다른 설명 가설들을 **선택적**으로 취하고 배제하는 데서 일어나는 문제이다.

하나의 유비를 들어보자. 보수적 신약학자인 도널드 거스리(Donald Guthrie)의 책에 대하여 스티븐 스몰리(Stephen S. Smalley)가 평가를 하면서, 거스리는 독자들에게 주사위의 모든 면들을 빈틈없이 다 보여주지만, 끝에 가서는 그 주사위의 어느 면이 나올지 독자들이 쉽게 예견할 수 있는 방식을 취한다고 말한다. 이에 반해 피오렌자의 경우에는, 주사위의 어느 면이 나올지 독자들이 쉽게 예견할 수 없다. 주류 논증이 갖는 사회적 관심에 반대하여 싸우는 주사위의 면들은 늘 정해져 있거나 진술되어 있는 것이 아니다.

하지만 이런 접근 방법은 피오렌자의 작업이 진정으로 사회-비판적 차원의 지위를 갖는지 묻지 않을 수 없게 만든다. 명백하게 공격적 성격의 해석학, 이를테면 **투쟁의 해석학**을 진정한 **개방의 해석학**(베티나 가다머에 의해 제시된 것처럼)과 동시에 견지한다는 것은 저자 자신에게 과도한 짐이 될 뿐만 아니라 어쩌면 그 자체가 불가능한 작업인지도 모른다.

이를 잘 보여주는 예 하나를 들자면, 부활하신 예수께서 여인들에게 자신을 나타내신 장면을 소개하는 성경 내러티브 전통들 사이에 차이가 나타나는 것을 피오렌자가 어떻게 다루고 있는지의 예를 들 수 있을 것이다. 『그녀를 기념하여』라는 책에서 피오렌자는 그보다 앞서 나온 책 『영의 여성』에서 제시했던 논지를 계속해서 발전시키고 있다. 다시 말해서, 누가는 "여인들의 말이 열 한 명의 제자들에게 한심한 이야기로 들렸고 또한 그들이 이를 믿지도 않았다는 것(눅 24:11)을 강조함으로써, 부활 케리그마 선포자로서 여성의 역할을 폄하하려 하고 있다"라는 것이다.[175]

더 나아가서 피오렌자는 마태와 특히 요한에게서 발견되는 여성의 적극적 역할과 바울 이전 전승 및 바울 서신, 그리고 마가복음 16:1-8, 누가복음 24:1-11 등에 나타나는 부정적, 반페미니스트적 입장을 서로 대립적으로 몰아가고 있다. 피오렌자가 볼 때 요한 전승에서는 여성이, 특히 막달라 마리아가 "사도들 중의 사도"(*apostola apostolorum*)가 되고 있다. "그녀는 베드로와 그 사랑하는 제자를 빈 무덤으로 부르고 있다. …… 마가복음 16:8과는 대조적으로 막달라 마리아는 제자들에게로 가서 '내가 주를 보았다'고 선언하는 것을 볼 수 있다."[176] 요한은 예수께서 마리아의 이름을 부르시는 사실을 강조한다(요 20:1–18, 비교 10:3, 4). 막달라 마리아, 나사렛의 마리아, 사마리아 여인, 마르다, 베다니의 마리아 등이 모두 "요한 공동체의 지도력"을 가진 "사도적 제자도의 전형들"로 나타나고 있다.[177]

이처럼 피오렌자가 볼 때 "마태와 요한, 그리고 마가의 부록은 모두 막달라 마리아에게 사도적 증거의 우선권을 돌리고 있지만, 고린도전서 15:3–6에 나타나는 바울 이전의 유대 기독교 고백과 누가에게는 부활하신 주님이 베드로에게 먼저 나타나신 것으로 되어있다. …… 막달라 마리아의 사도적 증거상의 우선권 전승이 베드로 전승을 도전하고 있는 셈이다."[178]

어떤 텍스트가 여성의 역학을 강조하는 반면 또 다른 텍스트는 그렇지 않은 것을 보는데, 이렇게 된 이유는 무엇인가? 피오렌자는 이런 문제와 관련하여 오직 한 방향의 질문만을 추구하는 데 관심이 있다. 다시 말해서, 여성 지위에 관한 성 관련 평가가 어떤 방식으로 이 문제에 결부되어 있는가 하는 것이다. 그녀는 다른 고려 사항들이 이 문제의 설명을 위해 동일하게, 또는 어쩌면 더 신빙성 있게 고찰될 필요가 있다는 것을 심각하게 받아들이지 않는다. 왜냐하면 그런 문제들이 그녀의 주된 논제가 아니기 때문이다. 하지만 바로 이런 점 때문에 그녀의 가설이 하나의 진정한 비판적 틀로써 신빙성을 갖는지 의심하지 않을 수 없다.

피오렌자와는 다른 하나의 대안적 가설이 발터 퀴네스(Walter Künneth)의 부활에 관한 전문적 책 속에서 소개되고 있다. 그는 페미니스트 신학이 일어나기 전에 이 글을 썼고, 따라서 페미니스트 주장들에 대한 반응으로 그의 논지를 내놓은 것은 아니다. 그의 책은 어떤 점에서는 몰트만의 작업을 예고하고 있다. 퀴네스에게 부활 후 나타나심 기사의 핵심적 이슈는 **변혁과 변화 맥락 속에서 동질성의 지속**이다. 이를 신약 부활신학들의 신학적 중심으로 인식하는 것은 온당한 일이다.

하나님께서 일으키신 자들은 변화된 존재 양식을 취하게 될 것이다. 그러나 그 정체성은 그대로 남아있게 될 것이다(고전 15:35–44). 바울은 이를 씨가 그 추수에 이르기까지 일어나는 일의 유비를 통해 설명하고 있다. 그 형태는 변화할지라도 그 정체성은 존속된다. "네가 뿌리는 것은 장래의 형체를 뿌리는 것이 아니요 …… 알맹이 뿐이로되 하나님이 …… 그에게 형체를 주시되 각 종자에게 그 형체를 주시느니라"(고전 15:37, 38).

부활 후 나타나심의 기사는 이 밖에도 십자가에 달리신 예수와 변형되고 존귀롭게 된 주 그리스도 사이의 정체성의 지속을 보여주는 기능을 하기도 한다. 이와 같은 요소가 신약 케리그마의 중심을 이룬다는 사실은 제임스 던이나 판넨베르크 등 이 주제에 관해 글을 쓴 많은 학자들에 의해 공통적으로 강조되고 있다.

새 인류가 부활 속에서 변혁 속에서의 지속을 갖게 된다는 것이 신약 케리그마의 핵심이라면, 우리는 가장 초기의 기독교 텍스트 속에서 유사한 변혁과 지속의 경험 패턴이 나타나는 것에 전혀 놀랄 필요가 없다. 이 점이 퀴네스의 요점 가운데 하나이기도 하다. 베드로는 예수를 부인하였고, 이런 경험 속에서 십자가의 "실패"에 참여하게 되는 그 자신의 실패를 경험하고 있다. 하지만 부활 속에서 그리고 부활을 통하여 그는 그 자신의 힘의 끝자락에서 부활하신 자와의 교제의 회복을 통하여 사도적 사명을 새롭게 부여받고 있다.

이와 관련하여 퀴네스는 이렇게 말한다. "나타나심의 의미를 보여주는 이 두 번째 측면은 부활하신 자와 제자들 사이의 교제의 회복을 중심으로 하며, **사도직의 설립**이 이와 **직결되어** 있다."[179] 바로 이런 이유 때문에 예수를 부인하였던 베드로와, 그를 버리고 도망갔던 제자들, 그리고 그를 핍박하였던 바울 등이 부활 증거와 고린도전서 15:3–6에 나타나는 부활 구원 속에 중심적 자리를 차지하고 있는 것이다. **사도직은 약함과 고난, 그리고 부활의 두 측면을 동시에 포함한다**. 퀴네스가 볼 때, 이는 **깨진 관계의 회복**과 직결된 문제이기도 하다.

엘리자벳 쉬슬러 피오렌자 역시 이런 문제를 거론한다. 역설적이게도 텍스트가 거듭해서 강조하고 있는 것은 남성들의 계속되는 실패에 반해, **여성**

들은 신실한 제자도의 모델을 보여주고 있다. 하지만 피오렌자는 복음기자들이나 바울이 부활의 증인이 된 것은 몰트만이 말하는 것과 같은 절망 속에서 희망의 발생 같은 것과는 전혀 연결되는 문제가 아니라고 보고 있다. 이것은 전적으로 성 차이에 의존하여 설명해야 할 문제라는 것이다.

하지만 이 전승들 속에서 강조되는 것은 베드로나 열 두 제자, 바울 등의 역할 및 경험에 관한 문제일까? 피오렌자가 반페미니스트 관점이 묻어난다고 힘을 주어 강조하고 있는 누가 본문의 경우도(특히 "사도들은 그들[여성들]의 말이 허탄한 듯이 들려 믿지 아니 하였다"라는 본문, 눅 24:11) 대부분의 전문가들은(일반 독자들도 마찬가지겠지만) 남성 제자들의 불신을 꾸짖고 있는 것으로 보고 있다. 나의 수업에 참여하는 여성들도 전부 이 구절을 앞에서 이어지는 그들의 다른 실수의 연장선 속에서 읽어야 한다는 데 동의하고 있다.

우리는 피오렌자의 설명 외에 다른 사람들의 가설들도 살펴볼 필요가 있다. 예를 들어 빌리 막센(Willi Marxsen)은 고린도전서 15:3–8에서 "보았다"라는 것은 막달라 마리아가 부활하신 예수를 만난 것과는 그 성격이 다르다고 말한다(내가 볼 때는 큰 신빙성이 없다). 마리아의 경우에는 강조점이 "빈 무덤의 변호"에 있는데 비해, "바울의 경우는 부활의 사실적 증거 자체를 제시하려는 것은 아니"라는 것이다.[180] 피오렌자와는 달리 막센은 요한의 기사에서 마리아 이야기는 베드로와 요한의 우선권에 의해 방해를 받고 있는 것으로 보고 있다. 이런 견해에 대한 피오렌자의 직접적인 언급은 내가 알기로는 찾아보기 어렵다.

어네스트 베스트(Ernest Best)는 마가복음 16:8("여자들이 몹시 놀라 떨며 나와 무덤에서 도망하고 무서워하여 아무에게 아무 말도 하지 못하더라")의 어려움과 관련하여 하나의 건설적인 가설을 제시하고 있다. 그의 글은 1983년에 출판되었기 때문에 피오렌자가 이를 사용할 수 있는 상황은 아니었다. 베스트는 이 구절에 대해 이렇게 설명한다. "마가는 부활에 대한 생각을 예수께서 나타내신 몇 번의 고립되고 개별적인 사건들 너머로 옮기고 있다. …… 이제 그는 그를 믿는 모든 사람들과 항상 함께 있을 수 있게 되었다."[181] 따라서 베스트는 이 구절이 성과 관련된 사회적 문제를 다루는 것은 아니라고 결론짓는다. "마가는 페미니스트도 반페미니스트도 아니다."[182]

이런 논의들 중 그 어느 것도 피오렌자의 최종 결론 그 자체를 공격하거나 폄하하기 위해 제시된 것은 아니다. 문제는 해석학 이론 및 방법에 관한 것이다. 역사적, 텍스트적 자료들에 대한 성관련 설명을 위해 채택하는 선택적 가설이 실용지향적 탐구이기보다는 진정으로 비판적 탐구가 되고 있는가? 사회적, 공동체 내적 관심이 해석학적 개방을 막아버리고 어떤 가능성들을 살펴보기도 전에 미리 배제하는 방식으로 접근하고 있지는 않은가? 모든 성경 주해자들이 다 그렇게 하고 있지 않느냐 하는 주장은 이런 입장을 정당화시켜 주지는 못한다.

전문 학자들은 서로의 작업에 대하여 이것이 진정으로 지적으로 진지하게 제시된 것이라면 대안적 가설로서 무게를 인정하면서 그 증거를 신중하게 평가하는 작업을 하게 된다. 경험주의적 탐구의 전통이 비록 명백한 약점이 있기는 하지만, 그 안에도 반증의 원리 차원에서는 어느 정도의 가치가 있다는 것을 부정할 수 없다. 다시 말해서 옹호하고 있는 이론에 대하여 어떤 종류의 자료나 논증을 증거로 볼 것인가 하는 점이다. 이 문제에 대한 답이 바르게 제시될 때 이론 자체는 하나의 이론으로서의 통용성을 얻을 수 있게 될 것이다.

사회–실용적 차원에서 볼 때, 피오렌자의 작품은 회복되고 재확인될 필요가 있는 전승과 기억의 한 부분을 정당하게 부각시키는 일을 하고 있다. 비록 마가나 누가, 그리고 바울 이전 전승 속에 반페미니스트적 경향(*Tendenz*)이 있느냐 하는 문제는 결정적 증거가 아니지만, 그럼에도 불구하고 피오렌자의 작업은 마태와 요한 속에서 여성들이 부활 사건의 첫 증인들이라는 사실을 사실 그대로 부각시키고 있다. 그런 점에서 피오렌자의 작업은 부분적으로 큰 가치가 있다. 그러나 어떤 부분은 보다 가설적이고 비판적 탐구의 근거가 약하기도 하다. 또 부분적으로 특정 해석 공동체의 필요와 연관된 가치들을 재확인하기 위한 실용적 기능에 치우치기도 한다.

이 마지막 측면에 대해 로버트 몰간은 자넷 소스키스가 편집한 『이브 이후』(*After Eve*, 1990)에 기고한 그의 글 "여성신학적 신약 해석"에서 하나의 사회–실용적 공동체 신학의 예로 긍정적으로 평가한다. 몰간은 피오렌자를 신약 연구 분야에 매우 크게 기여한 주요한 페미니스트 신약전문가로 인정하고 있다. 그는 피오렌자의 작업이 갖는 가장 큰 가치가 "덜 공격적이고 동등하게 개연성 있는 주해의 제시를 통해 위험스런 본문들을 중화시킬 수 있는" 가능성들을 제시한 데 있다고 말한다.[183] 몰간은 이것이 "비뚤어지게 들릴 수도 있다"라는 것을 인정하지만, 그러나 때로 "하나의 주해가 다른 주해만큼이나 좋게 보인다"라는 근거 위에서 실용적 해석 원리를 옹호하고 있다.[184]

몰간은 피오렌자의 작업에 대한 자신의 긍정적 평가가 역사적 주해로서의 그 신빙성에서보다는 그것이 갖는 사회–신학적, 또는 사회–실용적 기능에서부터 비롯되는 것이라고 밝힌다. 그는 하나의 예로 피오렌자가 어떻게 다소 까다로운 본문인 "여자는 천사들로 말미암아(?)(헬라어에서는 통상 권세의 뜻을 갖는 엑수시아 *exousia*, RSV에서는 '수건', 한역에서는 '권세 아래에 있는 표')를 그 머리 위에 둘지니라"(고전 11:10)를 주해하고 있는지 예를 든다. 몰간은 이렇게 논평하고 있다. "이 구절이 무엇을 의미하는지 그 누구도 확실하게 단언할 수 없다. 피오렌자는 여성에 대해 보다 긍정적인 하나의 개연성 있는 관점을 선택하고 있는 점에서 정당하다."[185]

피오렌자의 작업은 여성의 역사를 재확인하는 하나의 시도로서 사회–실용적 차원에서의 해석학적 과제의 하나를 성공적으로 이루어내고 있는 점에서 평가를 받을만하다. 나아가서 그녀의 작업은 신약 학계의 일부 명망 있는 학자들의 작업이 주어진 신학적, 또는 사회적 관심이나 경향(*Tendenz*)의 영향 아래에서 수행되고 있다는 점을 지적하는 면에서도 정당성이 있다.

역사와 신앙에 대한 불트만의 특정 철학적, 신학적 태도에도 불구하고 그의 역사적 탐구의 작업은 방해받지 않았다. 다만 그런 예가 실제적으로 신뢰성을 일깨울 수 있느냐 하는 것은 다른 문제이다. 객관적인 것에 대한 불트만의 신학적 불호감이 그의 역사적 판단 기준의 설정에 영향을 미쳤을 것은 분명한 일이다. 비슷한 방식으로 피오렌자에게도 그녀의 사회–실용적 관심이 역사적 탐구 절차의 선택이나 방향에 영향을 미쳤을 것은 분명하며, 이것이 때로 실용적 기준과 비판적 개방성의 기준 사이에서 한 쪽으로의 편중성을 보이는 원인으로 작용한다고 볼 수 있을 것이다.

이런 점은 피오렌자 자신의 "기억의 해석학" 모델 속에서 잘 드러난다.[186] 한편에서 보면 그녀는 "성경 속 여성들의 투쟁과 승리"의 집단 기억을 건설적으로 회복하는 일을 하고 있다.[187] 이와 같은 기억의 목적은 "우리 위에 드리운 남성중심적 성경 텍스트의 지배"를 부수는 일이다.[188] 하나의 범상황적 통전성을 이루기 위해 잃어버렸던 전승들을 되찾아 지금까지의 주도적 전승들을 **보완**하고자 하는 피오렌자의 관심은 그녀가 1987년에 SBL(Society of Biblical Literature) 회장 취임 연설에서 밝힌 해석의 목적과도 일치한다. 여기에는 "모든 사람의 정의와 웰빙을 추구하는 전지구적 담론"도 포함된다.[189]

하지만 피오렌자의 페미니스트 기억의 해석학에는 또 다른 측면도 있다. 이 해석학은 그 끝이 날카로운 "투쟁"의 해석학이기도 하다. 피오렌자가 로즈마리 류터의 전체성 및 보편성의 언어를 수용할 수 없는 이유는 그렇게 할 때 "여성을 가부장적 교회 구조 속에 통합시키는 결과"가 뒷문으로 다시 들어올지도 모른다는 두려움 때문이다.[190] 그녀의 목적은 "**기독교 상징과 전통, 그리고 공동체의 변혁**"이다.[191]

여기에는 두 가지 개념적 질문들이 따라온다. 첫째, 어떤 주어진 전통이 그 전통이기를 그치지 않는 범주 속에서 어느 정도의 변혁을 감당할 수 있을 것인가? 그리고 이런 질문에 답할 수 있는 적절한 기준을 우리는 어디에서 얻을 수 있을 것인가? 이런 문제는 사회–실용적 접근과 사회–비판적 접근의 차이에만 관련된 문제가 아니라, 기독교 페미니즘과 소위 말하는 후–기독교 페미니즘의 관계에 대한 문제이기도 하다. 한편에서 보면, 페미니즘의 시도가 하나의 승리를 거둔다고 하더라도 그 결과 진정한 집단정체성 연속성의 상실이 일어나고 만다면, 이는 피루스(Pyrrhus)식 승리(기원전 3세기의 그리스 왕으로 로마와 싸워 승리하긴 했으나 자신의 군대도 치명적 손상을 입음–역주) 이상이 되지 못할 것이다. 반면, 만일 하나의 살아 있는 집단적 실체가 계속하여 자라고 발전해간다면, 그 외적 형태들은 점차적으로 변혁되고 새로운 정의를 필요로 하게 될 것이다.

두 번째 질문은, 피오렌자가 말하는 "변혁"이 한 공동체의 가치를 다른 공동체들 속에 투쟁의 해석학 방식으로 강제함으로써 이루어질 수 있을 것인가,

아니면 개방의 해석학이 지시하는 대로, 주어진 상황적 공동체를 넘어서는 초월적 정의 및 십자가의 비판에 대한 보편적 헌신을 통하여 이것이 이루어질 수 있을 것인가? 이 후자의 모델이 갖는 위험은 집단적 자기기만이 작용하게 될 때 텍스트 해석이 활기 없고 순응적인 것이 되어서 기존의 주도적 전통에 흡수될 수 있는 가능성이 있다는 것이다. 반면 전자의 모델이 갖는 위험은 텍스트를 단순히 하나의 도구적 방편으로 삼아서, 텍스트와의 실질적인 대면에 들어가기도 전에 이미 확립되어 있는 공동체 가치나 전통들을 실용적으로 뒷받침하는 데 이를 사용할 수 있다는 점이다.

사회-실용적 해방 신학의 자기 모순적 성격이 여기서 다시 한번 부각될 수 있다. 즉, 억압받는 자들이 억압자들의 도구를 그대로 사용한다는 것이다. 진정한 사회-비판적 해석학의 자리가 확보되지 못하면, 실용주의는 단지 억압받는 자와 억압하는 자의 위치만 바꾸어 놓을 뿐이고, 그 안에서 선별, 특권, 조작의 도구들은 모양을 달리해서 계속 그대로 사용될 것이다. 이와 반대로, 십자가의 비판에 자신을 개방하게 될 때, 또는 열린 체계와 정황적 생활세계 사이의 범상황적 상관관계를 수용하게 될 때, 자아 중심적 모든 지평들은 변혁의 도전 앞에 놓이게 되고 보다 크고 넓은 실재를 품을 수 있게 될 것이다. 참된 해방은 개인 및 집단적 자아를 탈중심화시킨다. 이런 점을 우리는 16장에 가서 좀 더 상세하게 살펴볼 것이다.

이와 관련하여 우리는 수전 하이네(Susanne Heine)의 입장을 잠시 살펴볼 필요가 있다. 그녀의 두 권으로 된 책 『여성과 초기 기독교』(*Women and Early Christianity*, 1986)에서 그녀는 이렇게 말한다. "비판적 거리두기를 거부하는 것은 …… 하나의 가능한 경험을 다른 가능한 경험에 대립시키려는 것이다."[192] 사회-비판적 방법은 이런 갈등을 고조시킨다. 억압은 대상을 달리할 뿐 원리적으로 종결된 것이 아니다.

수전 하이네의 책 『여성과 초기 기독교』 및 연작으로 나온 『기독교와 여신들』(*Christianity and Goddesses*, 독일어 1987, 영어 1988)은 신학적 페미니스트의 관심을 특징 있게 그리고 긍정적으로 평가한 책들이다. 여기에는 또한 현재의 페미니즘에 대한 비판과 아울러 페미니스트들의 사회-실용적 이론의 사용에 대한 강력한 공격이 포함되어 있다. 그녀는 페미니스트 학자들의 "확신에 찬" 주장들에 대하여 "일종의 조소와 …… 때로는 화"를 표출하고 있다. 그녀는 사회-실용주의의 사용을 실제로는 페미니즘에 대한 배반으로 보면서, 이와는 다른 종류의 신학적 페미니즘을 세워가려 한다. 이에 대해서는 잠시 후에 다시 살펴보고자 한다.

메리 앤 톨버트는 사회-실용적 이론 및 리처드 로티와 관련된 인식론을 페미니스트 해석학 이론의 변호를 위해 차용하고 있다. 그녀는 메타비평적 평가에의 개방성을 극구 부인한다. 우리가 앞에서도 보았던 것처럼, 그녀는 모든 해석이 모두 "주관적"이기 때문에 페미니스트 해석학에 좀 더 큰 주관성이 있다고 해서 비난받을 일은 아니라고 변호한다. 우리는 해석 행위 및 과정에서의 객관성 및 주관성과 메타비평적 차원에서 무엇을 객관성이나 주관성으로 볼 것인지 사이에 구분이 있어야 한다는 것을 지적하였다.

톨버트는 이처럼 주관-객관 구분의 타당성이나 적실성을 부정한 데 이어서, 로티의 입장과 매우 비슷한 형태의 논증을 펼쳐나가고 있다. 그녀는 퍼스나 듀이, 비트겐슈타인의 철학적 진술들을 되풀이하지는 않지만, 로티가 제시하는 것과 같은 인식론, 이성, 합리성의 지위에 대한 인식을 수용하고 있다. 이성은 공동체 수사의 옹호를 위한 도구적 수단으로서의 기능을 갖는다.

톨버트가 하는 말을 좀 더 자세히 살펴보자. "모든 학문이 무엇인가의 변호라는 것을 받아들이는 것은 …… 새로운 어떤 기반을 세우는 것도 아니고 아나키를 불러들이는 것도 아니다. 다만 지금까지 있어왔던 일, 또 지금도 계속되고 있는 그 일을 솔직하게 받아들이는 일일 뿐이다. 공적 증거나 논리적 논증, 합리적 가설들, 지적 변증 등의 기준들이 여전히 어떤 것이 받아들여질 수 있는 입장이냐 아니냐를 판단한다. 하지만 이 기준들이란 것이 부가적 문제의 소지가 된다. 무엇이 합리적인지를 결정하고, 하나의 '공감대적 관점'을 형성하는 '공중'은 서로 다른 정당성의 잣대를 가진 특정 이해 집단들일 뿐이다. …… 그 어떤 가치중립적 입장이란 것은 없으며, 있지도 않았다."[193]

우리는 다른 곳에서(특히 로티와 피쉬와 관련하여) "합리성"이란 것이 단지 사회적 구성물일 뿐이라는 입장의 의심스러운 지위와 관련하여 별도의 논의를 하고자 한다. 만일 페미니스트 해석학 이론이 자신의 윤리적, 합리적 근거를 사회–실용적 인식론의 부러진 갈대 위에 세우고자 한다면, 이는 비극일 것이요, 페미니스트 해석학 자체에 대한 배신이 될 것이다. 우리가 사회적, 또는 사회–상황적 의식에 민감성을 가진다고 해서 이것이 반드시 사회 실용주의를 취해야 한다는 것으로 귀결될 필요는 없다. 아펠이나 특히 하버마스는 사회 비판 및 해석을 실용적 상대주의가 아니라 보다 넓은 합리성 및 현실 이론에 바탕한 하나의 **사회 비판 및 해방의 해석학**을 의식적으로 형성해내고 있기 때문이다.

앞서 11장에서 우리는 로티의 상황적 상대주의에 대한 가장 심한 비판이 백인 남성 학자들의 입에서 나오기보다 흑인 아프로–아메리칸 사상가인 코넬 웨스트(Cornel West) 같은 사람의 입에서 나오고 있는 것을 보았다. 뿐만 아니라 여성 사상가인 조지아 완키(Georgia Warnke)는 그 불합리성에 대해 비판하고 있는 것을 보며, 객관주의와 주관주의 사이에서의 선택 문제를 지나치게 피상적으로 다룬다는 점에 대해서는 리처드 번스타인과 크리스토퍼 노리스가 비판하고 있는 것을 볼 수 있다. 이런 비판들은 개인적인 것이든 공동체적인 것이든 내러티브 경험에 비판적 지위를 부여하려는 입장과 관련하여 추가적 질문들을 불러일으킨다. 우리는 이런 점을 14장에 가서 스탠리 피쉬(Stanley Fish)의 사회–실용적 입장과 관련하여 보다 상세히 살펴볼 것이다.

크리스토퍼 노리스가 지적하는 것처럼, 우리 자신의 공동체 이야기나 집단 경험이 분명 "옳다"라는 식의 로티와 피쉬의 도전은 역으로 비판이 되어 그들에게 되돌아갈 수밖에 없다. 어째서 "우리"의 공동체 경험 자체가 다른 공동체들의 그것에 대해 비판적 지위를 가져야만 한다고 주장할 수 있는가?

성경 텍스트를 통한 "타자"와의 만남이 갖는 잠재적 변혁의 효과는 우리의 지평들을 보다 넓은 이해 속으로 확장함으로써 우리 스스로에게 국한되어 있던 적실성 기준을 탈중심화 하는 결과를 가져온다. 역사적으로 해석학은 하나의 비판적 학문으로 출발하였다. 기존의 관심을 지지하기 위해 성경을 순수하게 **도구적**으로 사용하려 하는 사회–정치적 압력 아래에서 공동체를 구출하고 자유롭게 하고자 하는 동기에서 출발한 것이다. 주도적으로 실용적 방식의 성경 사용은 자기 정당화 및 잠재적 조작의 실행 도구가 될 수 있다. 그 주체는 지배적 전통이 될 수도 있고 사회적 소수자가 될 수도 있으며, 여성이나 남성, 경건주의자나 회의주의자 누구든 될 수 있다. 만일 해방 해석학이 그 억압자의 도구를 그대로 사용하려 한다면 이것을 통해서는 그 누구도 해방할 수 없다.

6. 비신화화와 탈가부장화의 유사성

지금까지 우리는 페미니스트 해석학이 지식 및 이해의 이론과 어떻게 연관되어 있는지의 문제를 살펴보았지만, 여기에서는 두 번째의 복잡한 문제, 즉 이것이 어떻게 급진적 재해석의 프로그램으로 작용하는지의 문제를 살펴보고자 한다. 현재까지 성경 텍스트의 탈가부장화(depatriarchalizing) 시도들이 적지 않게 제시되었다. 그런데 여기에는 불트만의 성경 텍스트 비신화화 작업(demythologizing)이나 라틴 아메리카 해방신학 및 신마르크스주의의 성경 텍스트 탈이데올로기화(de-ideologizing) 작업과의 명백한 유사성이 나타나고 있다. 그런 점에서 탈가부장화 작업도 본질적으로 하나의 해석학적 작업이라 할 수 있다.

필자는 『두 지평』에서 거의 100 페이지 정도를 불트만에게 할당하여 그의 해석학적 제안에 대한 비판을 하였던 바가 있기 때문에,[194] 이 자리에서 다시 그것을 다룰 필요는 없다고 보며, 다만 몇 가지 관련된 요점들만을 정리해보고자 한다. 적어도 세 가지 측면에서 불트만의 제안은 성경 텍스트에 대한 페미니스트 해석학의 탈가부장화 작업과 유사성을 이루고 있다. 이런 유사성을 가장 잘 보여주는 예는 필리스 트리블의 고전적 연구서 『하나님과 성의 수사학』(*God and The Rhetoric of Sexuality*, 1978)이다. 이 책은 페미니스트 해석학의 가장 선구적 작품 가운데 하나이다. 우리는 두 사람의 작업 사이에서 다음과 같은 유사성을 살펴볼 수 있다.

(1) 첫째, 불트만은 그의 작업이 신약 텍스트에 그것과는 낯선 별도의 철학적 틀이나 내용을 집어넣으려는 시도는 아니라는 것을 강조한다. 그는 성

경 텍스트 자체가 비신화화를 요청하고 있다고 주장한다.[195] 그 이유는 우선, 그가 볼 때, 신약이 실존적 결단의 초청을 하고 있는데, 이와 같은 케리그마적 핵심이 유사-기술적(pseudo–descriptive) 언어 형태나 신화적 매체에 파묻혀 있다는 것이다. 텍스트는 마치 세상에 대한 **객관적** 사태의 정황을 묘사하고 있는 것처럼 보이지만, 실제로는 그렇지 않다는 것이다.

필리스 트리블은 유사한 방식으로 성경 이미지나 은유와 관련된 두 가지 언어 기능들을 구분하고 있다. 리처즈(I. A. Richards, 1936)의 용어를 빌려서 트리블은 은유의 **매개어**(vehicle, 불트만의 언어적 **형태** 또는 **신화**)와 그 **취의**(tenor, 불트만의 **케리그마**)를 구분하고 있다.[196] 두 사람은 모두 언어적 형태는 폐기 또는 번역 가능하지만, 이것이 하는 역할은 성경 텍스트의 취지, 목적, "요점"을 드러내는 데 있다고 믿는다. **하나님을 남성 이미지로 나타내는 언어**가 그 한 예가 될 수 있다는 것이다.

(2) 두 번째로, 불트만은 일부 성경 텍스트 속에 이미 비신화화된 언어가 나타난다고 믿는다. 해석자가 해야 할 일 중의 하나는 텍스트 속에 나타나는 서로 다른 언어적 형태나 이미지 사이의 긴장을 찾아내는 것이며, 그와 같은 긴장 혹은 "모순"은 일관된 담론으로의 번역을 요청한다. 유사한 방식으로 트리블 역시 이미 탈가부장화된 성경의 이미지 형태 속에서 하나의 "해석학적 열쇠"를 찾고 있다. 하나님이 때로 임신한 여인의 모습으로(사 42:14), 어머니의 모습으로(사 66:13), 산파의 모습으로(시 22:9), 여주인의 모습으로(시 123:2) 묘사되고 있다.[197] 트리블은 이런 부분들 속에서 "의미론적 상응"을 찾아내고 있으며, 그런 점에서 제임스 바(James Barr)가 『성경 언어의 의미론』(*The Semantics of Biblical Language*)에서 말하는 "어원론"의 함정을 잘 피해가고 있다. 트리블은 하나님의 긍휼(*rachamim*, **취지**에 해당)과 여성 자궁(*rechem*, **매체**에 해당) 사이의 "의미론적 상응"을 찾아서 연결시키고 있다.[198]

(3) 세 번째로, 불트만은 성경의 책들이 고대의 우주론 및 신화론적 세계관을 반영한다고 믿는다. 이것이 현대 세계에는 하나의 걸림돌(*skandalon*)이 되고 있다. 바울에 따르면(고전 1:18–23, 2:2) 유일한 걸림돌은 다름 아닌 십자가뿐이다. 복음이 즉 걸림돌이라는 불트만의 분명한 인식은 그를 단순히

"자유주의자"의 한 사람으로 분류하는 것을 어렵게 만든다. 그는 "자유주의"의 **잘못된** 방식처럼 모든 것이 보다 쉽게 받아들여지도록 하기 위해 "전통적 성경 텍스트를 잘라내는 것"을 명백하게 반대한다.[199] 그 자신이 하고자 했던 주된 과제는 참 메시지를 불필요하게 흐리게 만드는 잘못된 외적 틀을 제거하고자 한 일이다.

많은 페미니스트적 해석자들에게는, 성경의 지구중심적 우주론이라고 생각되는 세계관과 그 진정한 메시지의 비호환적 관계가, 성경의 남성중심적 사회관이라고 생각되는 관점과 "그 핵심" 사이의 비호환적 관계 사이에 유사성이 있는 것으로 인식되고 있다.

필리스 트리블은 이런 문제와 관련하여 다른 사람들보다 좀 더 조심스러운 자세를 취하고 있다. 그녀가 더욱 관심갖는 것은 앤 로즈(Ann Loades)가 후에 자신의 책의 제목으로 사용하고 있는 은유처럼 "잃어버린 동전 찾기"의 긍정적 차원이다.[200] 불트만이 고전적 자유주의 신학이 했던 것처럼 이상한 본문들을 "잘라내는" 일을 과제로 삼지 않았던 것처럼, 다수의 페미니스트적 해석자들이 성경의 여기 저기 거슬리는 부분들을 제거하려 하기보다 오히려 이런 것들이 가변적인 무대 장치처럼 선택적 성격의 남성중심적 이미지 혹은 사회관을 반영하는 것으로 보고 있다. 이런 것들은 하나의 불변적 주장이나 성명이 아니다. 마치 고대 지도 속에 나타나는 당대 사고의 투사 방법처럼, 지도가 묘사하고 있는 그것이 세계의 실상을 그대로 드러내는 것은 아니라는 것이다.

이와 같은 탈가부장화 프로그램은 불트만의 비신화화가 갖는 것과 같은 많은 장점과 단점을 함께 공유한다. 그 몇 가지 점들을 다음과 같이 정리해보고자 한다.

(1) 첫째, 전기 및 후기 비트겐슈타인과 길버트 라일(Gilbert Ryle)은 언어의 표면 형태가 때로 우리를 잘못 인도하기도 한다고 지적한다. 즉, 우리의 관심을 다른 것에로 향하게 만들 수 있다는 것이다. 비트겐슈타인은 버터의 값 오름을 "버터의 행위"로 이해해서는 안 된다는 예를 들고 있다. 불트만은 인자가 "구름을 타고 오는 것"이나 "하늘로부터의 큰 소리"와 함께 오는 것(살

전 4:16)에 대한 언어가 신적 현시 자체보다 구름이나 하늘에로 관심을 이끌지나 않을지 걱정하고 있다.

필리스 트리블은 성경 속의 남성 또는 여성 이미지는 하나의 은유적 매개어(vehicle)일 뿐이고 그것은 취의(tenor)를 드러내는 기능을 한다고 말한다. 하나님을 나타내는 남성 언어가 일부 독자들에게 그 본 취지를 흐리게 만들고 관심을 다른 방향으로 돌리게 만들 수도 있다고 생각한다. 일부 여성 독자들에게 여성 이미지의 사용은 그들로 하여금 남성중심적 이미지에 의해 감금된 상태로부터 해방을 누리게 하는 방법이 될 수도 있다고 그 필요성을 부각시킨다.

루돌프 불트만과 필리스 트리블은 우리가 반드시 관심가져야 할 것으로서 일단의 언어가 나타내는 "요점"이 무엇인가에 질문의 초점을 모은 데서 건설적인 해석학적 기여를 하고 있다. 하지만 그 문제점은 두 사람이 다 함께 공유하고 있는 언어 이론 자체에서 일어난다. 불트만은 언어의 다기능적 본질에 매우 부적합한 접근을 하고 있다. 그는 키르케고르식 기술적 발화와 의지적 발화 사이의 양자택일적 도식에 사로잡혀 있다.

불트만이 그의 고전적 에세이를 출판하였던 1941년이나, 필리스 트리블의 지주인 리처즈(I. A. Richards)가 그의 은유 이론을 출판하였던 1936년 당시에는 인지적 담론과 감정적 담론 사이의 언어적 양극화를 상정하고 출발하는 것이 통상적인 일이었다. 당시는 비엔나 서클이 주도적이었던 시기였고, 에이어(A. J. Ayer)의 논리실증주의가 인기가 있었던 시기였으며, 문학 이론 속에서도 사실 묘사적 언어와 시나 메타포 등의 창의적 언어 사이의 양극화가 일반적이었던 시기였다.

이 시기 이후의 막스 블랙(Max Black) 같은 사람의 은유 이론 속에서는 인지적 진리가 은유로부터 언제나 쉽게 분리되는 것도 아니고, 또한 은유의 "매개어"가 그 "취의"로부터 분리되어 쉽게 버려질 수 있는 것도 아니라는 점이 강조되고 있다. 리쾨르의 상호작용 이론이나, 과학 철학에서 인지적 모델의 지위에 관한 연구, 그리고 자넷 소스키스의 은유에 대한 최근의 연구 등은 모두 성경 언어와 관련하여 기존의 양극화식 접근의 문제점을 잘 보여주고 있다.

비트겐슈타인이나 가다머 이후의 해석학 이론에서는, 언어가 그 내용과 분리된 별도의 정체성을 가진 컨테이너 같은 것이 아니다. 비트겐슈타인의 경우, 개념들은 언어 사용에서 일정한 용례들을 반영한다. 개념들은 정형화된 언어 사용이다. 비트겐슈타인은 이렇게 말한다. "생각하기는 말하기로부터 분리될 수 있는 그런 독립적 과정이 아니다."[201] 이는 마치 사람의 그림자를 그 사람에게서 떼어내는 것이 불가능한 것과 같다. 그런 점에서 "매개어"와 "취의"를 대비시키는 리처즈의 은유 이론은 우리의 논의에 전적으로 도움이 되는 것만은 아니다.

(2) 두 번째의 문제점은 존 매쿼리(John Macquarrie)가 불트만의 "비신화화의 목적"을 두고 그를 비판하고 있는 것과 연관된다.[202] 불트만은 현대인들의 감각에 맞추기 위해 성경 텍스트를 잘라내려고 하였던 고전적 자유주의나 소위 신학적 현대주의의 길을 거부하고 있다. 그 대신 그는 엘리자벳 쉬슬러 피오렌자가 하는 것처럼 성경의 전체 상징 체계의 변혁을 요구하고 있다. 우주론적, 또는 준객관화된 형태로 표현되어 있는 모든 것들은 실존적 도전과 어드레스로 번역되어야만 한다.

하지만 그의 "우파" 비평가들, 즉 존 매쿼리를 포함하여 틸리케(Helmut Thielicke), 데이빗 케언스(David Cairns) 등은 불트만이 그리스도의 부활이나 심판, 성령의 역사 등의 언어와 관련하여 이것이 단순히 실존적 가능성들을 표시하기는 하지만 실질적으로 이것이 무엇을 의미하는지를 판가름할 수 있는 아무런 규범이나 기준을 주지 않는다고 비판한다. 반면 그의 "좌파" 비평가들, 즉 슈베르트 옥덴(Schubert Ogden), 칼 야스퍼스, 허버트 브라운(Herbert Braun) 등은 "하나님"이 인간 한계나 존재의 감사를 나타내는 데 소용되는 대로 단지 하나의 언어적 암호 기능 이상의 차원에서 이해될 수 있는 합리적 규범을 불트만이 전혀 주지 않는다고 불평한다.[203]

마찬가지 방식으로, 남성중심적이라고 생각하는 이미지들이 그 신학적, 존재론적 진리 주장과 관련하여 어떤 지위를 갖는지를 정당하게 평가할 수 있는 기준이 무엇인지가 분명하지 않다. 필리스 트리블이나 다른 페미니스트 구약 전문가들의 경우에는 하나님의 이미지와 관련하여 남성과 여성 이미지가 상호적으로 사용되고 있기 때문에, 남성이나 여성 어느 하나의 측면만을 배타적인 방식으로 사용하게 될 때, 결과적으로 하나님의 이미지와 관련하여 성경 텍스트가 말하는 것을 위배할 수밖에 없다는 입장을 취한다.

그러나 메리 달리와 같은 "급진적"(또 다른 이름으로 "후-기독교적") 페미니스트들의 경우는 불트만의 "좌파" 비평가들과 유사한 입장을 취하고 있다. 일단 한번 시작했으면 왜 끝까지 가지 못하겠는가? 그래서 전체 상징 체계를 전혀 다른 것으로 바꾸어 놓아야 하지 않을까? 아니, 체계 전체가 순전히 기능적 기준들에 의해 평가되어야 할 "매체"가 아닌가? 이와 같은 "급진적" 인식은 "우파" 비평가들로 하여금 언덕길을 굴러 내려가는 마차를 멈출 수 있는 기준이 없음을 재차 확인하지 않을 수 없도록 만들 것이다.

(3) 세 번째로, 성경 텍스트 안에 이미 비신화화 및 탈가부장화의 과정이 내포되어 있다는 주장 역시 양면성이 있다. 불트만의 경우 신화는 꿈이나 상징과 마찬가지로 의식적 판단에 앞서 비판 이전의 이미지 세계로부터 일어나는 것이든지, 아니면 브레바드 차일즈가 잘 표현하고 있는 "이탈된 신화"를 성경 저자들이 사용하는 것이든지, 다시 말해서 자신들이 사용하는 언어의 은유적 성격을 그들이 비판적으로 의식하고 있었든지 둘 중의 하나이다. 만일 전자의 경우로 본다면, 바울과 요한에게 의도적 "비신화화" 작업의 예는 비판적 의식이 그 배후에 작용하고 있었다는 것을 전제하는데, 그렇다면 이는 신화를 비판 이전의 가공되지 않은 것으로 보는 인식을 모순에 빠뜨린다. 그렇지 않고 후자의 경우로 본다면, 성경 저자가 선택을 가능하게 하는 하나의 사회-역사적 배경 속에서 특정 이미지를 사용한다는 이야기가 되는데, 이렇게 본다면 단순히 역사적 조건이라는 측면을 넘어서 뭔가 그 이상의 의식적 기능의 작용을 고려해야 할 부분이 있지 않은가 하는 점을 묻지 않을 수 없다. 우리가 "태양이 떠오른다"라는 언어를 사용할 때 정말로 우리는 지구중심적 세계관을 전제하고 있는 것인가? 역으로, 하나님의 심판에 관한 언어는 단지 책임의식의 촉구만을 의미할 뿐인가?

같은 문제가 페미니즘의 탈가부장화 프로그램과 관련하여 유사한 방식으로 일어난다. 하나님에 관한 성경 언어에 주도적인 성 관련 이미지는 사회적으로 미리 결정된 매체일 뿐이며, 보완적 성 관련 이미지를 통해 의식적 반성을 할 수 있는 차원의 문제인가, 아니면 비판 이전의 상징 세계가 비판적 의식의 자리에, 따라서 언어–선택의 자리에 올려져 있어서 평가 자체가 불가능한 상태가 되어 있는가?

엘리자벳 악트마이어(Elizabeth Achtemeier)는 하나님의 임재 및 활동을 나타내는 남성 혹은 여성 이미지들은 의식적으로 선택된 주어진 신학적 관점의 반영이라는 견해를 제시하고 있다. 그녀의 주의 깊은 논문 "하나님에 관한 여성 언어"(1986)에서 그녀는 성 관련 이미지가 독자들이 선호하는 공감의 통로로서의 실용적 관점에 의거해서만 평가될 수도, 또 그렇게 되어서도 안 된다는 것을 강조한다.[204] 그녀가 볼 때, 이와 같은 이미지 세계는 인간의 개념화 과정의 일환으로서가 아니라, 존재론적 동일체 및 세상과의 관계라는 의미에서의 하나님 개념과 연결되어 있다.

엘리자벳 악트마이어는 이런 문제가 선지자적 계시의 원천으로서의 **초월적** 하나님과, 세상 및 자연을 활성화시키는 **내재적** 하나님 인식 사이의 신학적 차이에 걸려 있다고 생각한다. 그녀는 이렇게 말한다. "선지자들이 하나님을 여성으로 생각**할 수** 없었다는 것이 아니다. 그들은 자신들의 신들을 그런 방식으로 생각하는 사람들에 둘러싸여 있었다. 오히려 선지자들은, 신명기 기자나 제사문서 기자 및 예수와 바울 모두를 포함하여, 자신들을 둘러 싸고 있는 종교들 속의 수많은 증거들 속에서 여성 언어로 신을 지칭하는 것이 하나님의 본질 및 그의 피조물과의 관계의 근본적 왜곡을 가져온다는 것을 보았기 때문에, 그들 자신은 그런 언어를 사용하지 않았던 것이다."[205]

악트마이어의 논문은 논쟁적 논조를 취하면서 "페미니스트 신학들 자체" 속에 들어 있는 탈신학적 경향을 지적한다. 그녀는 도로시 죌레(Dorothee Soelle)가 타락 이야기를 "해방"이라고 평가하는 예를 인용하고 있다. "이브를 찬양하자. …… 그녀의 호기심이 없었더라면 우리는 지식이 무엇인지를 알지 못하였을 것이다."[206] 악트마이어가 볼 때 이는 타락과 죄의 신학이 실종된 하나의 내재주의의 대표적인 예이다.

악트마이어는 로즈마리 류터의 『성차별과 하나님 말하기』에 나타나는 자연–내재주의의 흔적을 추적하기도 한다. 류터는 이 책에서 "신에 대한 인간 이미지의 뿌리는 원초적 매트릭스(Primal Matrix), 즉 모든 것이 도출되는 거대한 자궁인데, 여기로부터 신들과 인간들, 하늘과 땅, 인간과 비인간 존재들이 생성되었다." 그녀의 책 마지막 페이지에서 그녀는 "우리가 그 안에서 살고 활동하고 우리의 존재를 빚지고 있는 그녀"를 송축하고 있다.[207]

엘리자벳 악트마이어는 만일 하고자 했으면 엘리자벳 쉬슬러 피오렌자의 『그녀를 기념하여』를 인용할 수도 있었을 것이다. 피오렌자는 선지자적 전통과 지혜 전통을 대비시키면서, 선지자들과 달리 지혜 전통은 "유일신론 위에 '여신 제의' 특히 이시스 숭배를 기꺼이 통합하려 했을 것"이라고 말한다. "그들은 여신을 부르고 있다. 왜냐하면 그들은 이시스가 하나이면서 또한 전부라는 것을 알고 있었기 때문이다."[208] 피오렌자는 영지주의 문서들과 몬타니즘 전통도 회복하려 하고 있다.

수전 하이네(Susanne Heine)는 이런 주제와 관련하여 우가릿, 가나안, 영지주의 신화로부터 현대 지식 사회학에 이르는 방대한 지식을 바탕으로 매우 풍성한 연구 및 조리 있는 논증을 제시하고 있다. 그녀는 "내가 가진 것과 많은 면에서 동일한 의도를 가진 자매들"[209]에 의해 이루어진 **의도되지 않은 페미니즘의 배신**에 대하여 깊이 슬퍼하고 또한 분노하고 있다. 그녀가 볼 때 페미니스트 종교 역사의 상당한 분량의 재구성 작업들이 진정한 과학적 탐구의 범주 속에 들어오지를 못하고, 오히려 사회 실용주의에 팔려가고 있는 것을 보면서 그녀는 그 배신에 "일종의 조소와 …… 때로는 화"를 표출하고 있다.[210]

수전 하이네는 여신 언어와 가모장제(matriarchy), 탈가부장화 등의 문제와 관련하여 주의 깊고 치밀한 논의를 펼쳐가고 있다. 그녀는 매우 복잡한 문제들을 헤쳐나가면서 이와 같이 언급한다. "체계적 반성이 없이는 피할 수도 있는 딜레마나 모순에 빠지기 쉬우며, 그러할 때 페미니스트 신학은 다양한 종류의 이데올로기들과 위험한 동반관계에 들어가게 된다. 예를 들어 반셈족주의와 결부될 수도 있고, 소위 말하는 성적 혁명의 자유방임주의와 결부될 수도 있으며, 보수적 사회 체계의 반지성주의와 결부될 수도 있다."[211] 이처럼 치열한 비판적 정신에 의해 "관심"(interest)이 굳게 잘 훈련되지 않으면, 페미니스트적 방식의 전통의 변혁이란 것도 결국은 단순히 감싸주기식 반응 즉 "도움이 되기만 한다면 뭐든 좋다"라는 것으로 끝이 날 수도 있다.[212]

수전 하이네의 『여성과 초기 기독교』에서는 일부 엘리자벳 악트마이어의 주장을 호의적으로 병합하기도 한다. 또한 그녀는 엘레인 페이젤스(Elaine Pagels)의 작품을 이용하기도 하는데, 페이젤스의 책 『영지주의 복음서들』(*The Gnostic Gospels*, 1979)에서는 영지주의 텍스트들 가운데 빈번하게 하나님을 나타내기 위해 성적 상징들을 사용하며, 여성적 지혜(Sophia)가 우위성을 가지며, 하나님을 아버지와 그리고 어머니로 송축하고 있다는 것을 밝힌다. 페이젤스는 정통 신학이 영지주의를 거부한 것은 반 페미니스트적 행위의 일환인 것으로 보고 있다.

이와 관련하여 수전 하이네는 보다 깊은 신학적 복잡성을 추적한다. 그녀는 영지주의 문헌들에 대한 페이젤스의 연구가 그 맥락을 충분히 주목하지 못했다고 지적한다. 하이네가 볼 때 실질적으로 영지주의 신학의 가장 특징적인 국면은 그들의 자기 이해 속에 잘 드러나는데, 그것은 한마디로 "네가 하나님인 것을 기억하라"는 구호로 압축된다. "영지주의 인간론의 모든 것은 모두 이를 축으로 움직인다. 사람은 그 본질이 신적인 영-자아를 가지고 있다."[213] 이와 더불어 우주에 대한 하나님의 관계는 신적 "유출"로 이해되고 있다.

하지만 이런 방식의 내재주의와 페미니스트적 해석 사이의 관계가 하이네의 핵심적 관심은 아니다. 그녀는 영지주의 텍스트와 그 맥락에 대한 주의 깊은 주해적 연구에 의거하여 이와 같이 주장한다. "만일 우리가 영지주의 신화의 전체적 맥락을 잘 고려한다면, 그 양성적 개념들이 페미니스트적 관심에 아무런 도움이 되지 않는다는 것이 분명해진다. 오히려 부정적 함의를 가질 뿐이다. 소피아가 창조신인 데미우르고스보다 더 우월하다는 것은 사실이다. 하지만, 소피아 자신도 단순히 최고의 빛의 신의 유출물 중 하나일 뿐이다. 또한 타락의 경우에 …… 이 모든 재앙을 촉발한 것도 여성적 존재이다."[214]

하이네는 영지주의 문서들이 첫 눈에 볼 때는 페미니즘을 고취하는 것처럼 보이지만, 실제로는 그렇지 않다는 것을 주장한다. 그녀의 결론은 이것이다. “페미니즘의 관심을 역사적 진실을 위배하는 것과 결합시키려 하는 것은 결코 여성들에게 도움을 주지 못한다. 오히려 그런 것은 여성들에게 손해를 입힌다. 왜냐하면 반대하는 자들이 이 선택적 ‘사실들’의 허점을 쉽게 공격할 수 있기 때문이다.”[215] 따라서 영지주의 문서들을 통해 탈가부장화의 입지를 세우고자 하는 시도는 더 문제만을 일으킨다는 것을 볼 수 있다.

하이네가 지적하는 것처럼, 2세기의 영지주의는 기독교 전통의 “참” 의미를 제시하겠노라고 주장하였다. 그러면서 기독교의 언어, 이미지 세계, 그리고 상징 체계 등에 그 자체의 조정을 가미하였다. 그러나 이를 통해 얻게 된 것은 하나님에 대한 신학과 인간 본성에 대한 관점에서 전혀 다른 하나의 체계가 생겨난 것이다. 이런 넓은 맥락 속에서 볼 때 하이네의 연구는 엘리자벳 악트마이어가 언어적 변화를 통한 신학적 결과에 관심갖는 것과 관련해서도 주의가 필요하다는 것을 상기시켜 준다.

수전 하이네의 또 다른 저작 『기독교와 여신들』에서는 구약 전승들 및 가나안과 우가릿 배경 속에서의 여신들 신화가 다루어지고 있다. 하이네는 구약 속에서 하나님과 관련하여 여성 이미지가 사용되고 있는 본문들에 주목한다. 그녀는 이렇게 말한다. “하나님의 어머니성에 대한 가장 강한 표현들은 제2 이사야서에 나타난다. ‘여인이 어찌 그 젖 먹는 자식을 잊겠으며 자기 태에서 난 아들을 긍휼히 여기지 않겠느냐? …… 나는 너를 잊지 아니할 것이라’(사 49:15–16). ‘야곱의 집이여 …… 내게 들을지어다 배에서 태어남으로 내게 안겼고 태에서 남으로부터 내게 업힌 너희여’(사 46:3–4). ‘어머니가 자식을 위로함 같이 내가 너희를 위로할 것이다’(사 66:13).”[216]

하나님은 또한 그 어린 새가 날도록 가르치는 어미 새에 비유되기도 하며(신 32:11, 비교 출 19:4), 그 날개 아래 병아리들을 모으는 어미 닭에 비유되기도 한다(시 17:8, 91:4, 비교 마 23:37). 또 하나님은 “젖 먹는 아이를 품듯” 곤궁 가운데 있는 자들을 양육하기도 하신다(민 11:12). 창조를 태로부터 남에 견주는 유비들이 욥기 속에 나타나기도 한다(욥 38:3–9, 28–29).

하이네는 이와 같은 “여성적 측면”의 예들이 페미니스트 해석학 속에서 “하나님의 남성성을 일방적으로 부각시켜온 오랜 전통에 맞서 균형을 맞출 수 있는" 역할을 한다고 주장한다.[217] 그러나 그녀는 또한 이렇게 덧붙인다. "이것이 정직하고 의미 있는 일인가의 의문이 여전히 남아 있다. …… **하나님의 속성을 남성, 여성으로 구분하는 것이 통상적인 역할 유형화를 부추김으로써 오히려 기본적 페미니스트적 관심에 역행하고 위험한 것이 될 수도 있다.**"[218] 다시 말해서 **법이나 정의, 분노, 능력 등은 "전형적으로 남성적인" 것이며, 살핌, 먹임, 돌봄, 긍휼 등은 "전형적으로 여성적인" 것으로 인식을 굳히게 될 수 있다**는 것이다.

수전 하이네는 출산이나 수유와 같은 이미지를 제외하면 육체적 돌봄이나 사랑, 아픔, 자비 등을 자녀들에 대한 아버지의 자세로 돌리지 못할 이유가 없다고 말한다. 반면 "어머니의 사랑 역시 윤리적 규칙에 따라 엄격하게 자녀들과 싸우고 또 필요하다면 자녀들을 위하여 싸우는 일도 포함하는 것 아닌가?"라고 묻고 있다.[219] 그런 점에서 하이네는 하나님의 어머니성 역시 자녀들에 대한 노여움과 강한 훈련으로 표출되기도 한다고 지적한다. "내가 새끼 잃은 (암) 곰 같이 그들을 만날 것이다"(호 13:8).

수전 하이네는 대단히 인상적인 학문적 안목을 가지고 초기 가모장적 문화에 속한 여신 신화들의 정확한 본질을 잘 살피고 있다. 그녀는 가용한 텍스트와 자료들을 폭넓게 살피고 있고, 특히 하이데 괴트너-아벤트로스(Heide Göttner-Abendroth)의 책을 많이 활용하고 있다. 우가릿 문서들은 1929년에 라스 샤므라(Ras Shamra)에서 발굴되었는데, 여기에는 기원전 16세기에서 13세기(또는 12세기)까지의 여신 신화들이 수록되어 있다. 아낫(Anat)은 바알의 누이요 배우자이면서 그를 지배하고 있다. 하지만 아낫은 현대의 "여성" 정형에 들어맞는 여신이 아니다. "그녀는 싸우기도 하고, 그 대적자들의 피 속을 걸어다니기도 하며, 죽이고 또 죽여도 만족을 모른다. 그녀가 자른 머리들이 가슴에 오를 정도이다. …… 영웅들의 피 속에 그녀의 무릎을 담그고 기쁨에 겨워하기도 한다."[220] 아낫의 이미지는 이처럼 권력과 지배와 살해에 도취되어 있는 모습으로 나타난다.

사회-비판적 해석학은 텍스트가 전제 또는 합리화하는 것으로 보는 사회적 질서나 관심에 대하여 의문을 던져보도록 권장한다. 하이네는 우가릿 신들 또는 여신들에게서 그 어떤 도덕적 질서도 찾아볼 수 없다고 지적한다. 그래서 만일 페미니스트들이 우가릿 여신 종교체계에 반영되어 있는 사회를 구약 선지자들의 그것보다 더 선호하게 된다면, 그 결과는 "매우 나쁜 상황이 될 것"이라고 지적한다.[221] 에로티시즘이나 자연회귀 사상 같은 것들이 무법 혼동 속으로 흡수되어서 한편에서는 황홀경으로나 또 다른 한편에서는 파괴와 소멸의 심연 속으로 흘러들어갈 소지가 큰 것과 같다. 에로스는 전쟁의 힘이며, 거기에는 폭력이 수반된다. 이런 세계는 "평화를 위한 '자연적' 부드러움과 자진성"을 바탕으로 하는 페미니스트적 유토피아와는 한참 거리가 멀다.[222]

악트마이어와 하이네는 하나님 언어의 전면적인 탈가부장화 프로그램을 주의해서 볼 수밖에 없는 적어도 두 세 가지의 신학적, 사회학적 이유를 제시하고 있다. 우선 **고대 성경 저자들 자신이 현대 세계가 가진 것과 같은 성 유형화를 출발점으로 갖지 않으며, 그들의 성 관련 이미지들의 선택이 오늘날의 대중적 논의 속에 함의된 것과는 다른 의의를 갖는다**는 이유 때문이다. 이를테면 성경 전승 속에서의 "아버지" 용어의 사용은 꼭 반페미니스트적 함의를 그 속에 전제한다고 볼 필요는 없다. 그것은 성에 상관없이 양친 부모들이 그 자녀들을 향하여 돌봄과 긍휼과 권위 및 사회적 훈련을 시행하는 것을 유비적 방식으로 지칭하는 용어이다. 일부 페미니스트들이 이런 용어의 사용에 대해 과격한 반응을 보이는 것은 후대 시기의 미리 결정된 성 유형화가 성경 저자들에게도 있었다는 사회학적 추정 때문이다. 이런 관점에서 보면 이 용어는 성 배타적으로 보이게 되어 있다.

수전 하이네는 레이첼 왈버그(Rachel Wahlberg)의 "여성을 위한 신경"("나는 성령을 믿되, 하나님의 여성 영을 믿습니다") 속에 나타나는 탈가부장화의 시도가 이런 논의를 간과하고 있다고 지적한다.[223] 하이네는 구약에서 하나님을 여성 이미지로 표현하는 예들은 텍스트 속에서의 탈가부장화의 예가 아니라, 오히려 그 역이라고 지적한다. 가나안 신화들에 맞서서 "호세아나 예레미야, 제2 이사야, 제3 이사야, 신명기 저자, 제사장 문서의 저자 등이 말하고 싶었던 것"은 분명하다. "왜 너희가 어머니 신을 필요로 하느냐? 아버지요 심판자요 영웅 전사이신 야훼가 또한 동시에 출생과 수유와 돌봄과 자비를 주기도 하지 않느냐? 비록 인간 어미가 그 자녀를 버린다 할지라도, 하나님은 결코 그 백성을 버리지 아니하실 것이다."[224]

수전 하이네는 남성 이미지들로 말미암아 생겨나는 해석학적 벽에 관하여 결코 둔감한 것은 아니다. 따라서 그녀는 신학적 언어의 본질과 관련하여 다음과 같은 세 가지 핵심 요점을 제시하고 있다. 첫째, 하이네는 이미지와 관련하여 부정의 중요성을 강조한다. 하나님이 아버지이지만, 그가 아이를 낳지는 않는다. "부정의 길(*via negativa*) 방식의 신학은 하나님을 인간 실재와 순진하게 동일시하는 모든 것들을 거부한다."[225]

둘째, 보편적 정의를 고취하고 약자들을 압제로부터 보호하는 그 동일한 성경 전승이 또한 "초월적 하나님"을 "비판적 원리"로 제시하고 있다는 사실을 하이네는 강조한다.[226] 하나님은 우리의 비판이나 선택의 "대상물"이 아니다. 하나님이 하나님의 형상대로 남–여성을 만들었다. 따라서 인간의 일부(그것이 남성이든 여성이든)가 하나님을 그들의 형상으로 만들려 해서는 안 된다는 것이다.

셋째, 신학 언어의 유비적 성격을 고려한다는 것은 "하나님의 아버지 되심이 아버지에 대한 우리의 경험을 초월한다"라는 것을 아는 것을 말한다.[227] 아버지나 어머니에 대한 어린 시절의 부정적 경험이 그와 관련된 이미지를 제거해버리는 방향으로 작용해서는 안 된다. 오히려 각각의 이미지가 다른 이미지에 의해 보완되고 채워지는 방식으로 성경 이미지들의 더 큰 풍요로움이 경험되도록 해야 한다.

이와 같은 중요한 요점들은 우리로 하여금 비신화화와 탈가부장화의 유사점 문제를 다시 돌아보게 만든다. 불트만이 자신의 프로그램 속에서 혼동을 빚는 이유는 신화에 대한 세 가지 비호환적인 이론들을 가지고 작업을 하고 있기 때문이다. 첫째, 그는 신화를 단순히 유비의 하나로 이해한다. 하지만 우리는 신학에서 유비가 그 유비적 지위를 인정하는 한에서 결코 처분될 수 없는 것임을 잘 안다. 이런 원리는 아버지 언어 속에서 잘 예시된다.

두 번째로 불트만은 신화가 옛 시대의 우주론을 전달하는 수단이라고 말한다. 그러나 하늘에 오르거나 "하늘로부터 내려옴"에 관한 언어가 실제로 하나의 주장적 언어의 성격이 있는지에 대해서 불트만은 결코 분명하지 않다. 지구중심주의를 하나의 교리로 받아 들이지 않는다는 것 외에 다른 어떤 선택이 제시되고 있는가? 남성중심적 언어에 대한 논의도 유사한 국면을 가진다. 엘리자벳 악트마이어와 수전 하이네는 대안적 언어(하나님에 대한 남성 언어 대신 여성 언어 호칭)의 사용이 보다 큰 어려움을 가져올 수 있다는 것에 대해 최소한 그 이유를 제시하고 있다.

세 번째로, 불트만은 신화를 하나의 **객관화하는** 언어 유형으로 보고 있다. 이렇게 함으로써 그 일차적 기능이 흐려지게 된다는 것이다. 하지만 불트만은 언어의 객관적, 기술적 기능에의 기대를 대거 제거함으로써, 이런 언어가 역사적, **존재론적 진리 주장**을 할 수 있는 역량의 기반을 축소시켜 버렸다. 예를 들어, 하나님의 심판은 그 의미를 전적으로 다 현금화할 수는 없는 현재적, 미래적 진행 혹은 사태의 정황을 나타내는 언어이다. 그러면서도 이는 인간의 책임에 대한 요청을 상실하지 않는다. 불트만처럼 어느 하나를 위해 다른 것을 희생시킬 필요가 없다는 말이다.

수전 하이네는 "성경의 초월적 하나님이 즉 비판적 원리"라고 주장한다. 만일 하나님에 대한 존재론적 진리주장을 하나의 순수한 기능적 체계로 전환시켜 버린다면 이때 비판의 방향에는 반드시 전이가 일어나고 말 것이다. 불트만의 경우, 기독론의 근거를 그리스도 자체의 인정보다 인간의 구원 경험 위에 둠으로써 결국 이런 방향으로 멀리 나가버린 실수를 범하고 있다.

포스트모던 페미니스트 해석학은 이런 방향으로의 발전을 더욱 기꺼이 수용하려 할 것이다. 실제로 레베카 춉(Rebecca Chopp)은 1989년의 책에서 정확하게 포스트모던 해석학적 방식으로 하나의 "해방적 변혁"을 제시하려 하고 있다.[228] 그녀는 전체 사회–상징적 질서의 변혁을 요구한다. 그 배후에는 상징적 체계가, 그것이 **체계**라는 이유 때문에 "**수직적** 대립"을 고조시킨다는 포스트모던주의 데리다식의, 그리고 후기구조주의 관점이 놓여 있다. 따라서 체계들은 "로고중심주의"를 선전한다는 것이다.[229]

그와 같은 수직구조 속에서는 드보라 카메론(Deborah Cameron)의 말대로, "남성이 남성인 것은 여성이 분명하게 여성일 때만 그러할 수 있기" 때문에, 레베카 춥은 "여성이 자신들의 삶을 위한 새로운 담론들을 개발해야만 한다"라고 강조한다. "이 담론들은 세상을 향하여, 그리고 세상을 위하여 말씀을 선포하는 해방적 변혁의 담론들"이라는 것이 그녀의 결론이다.[230]

레베카 춥은 그녀 자신의 해석학 이론을 "주변성의 해석학"(a hermeneutic of marginality)이라고 부른다.[231] 그것은 모든 정초주의(foundationalism)를 뒤로하고 끝없는 다의적 언어의 영역 속을 움직이는 "쉼이 없는" 해석학이다.[232] 그와 같은 해석학은 여성에게 바깥 주변으로부터의 "공간"을 제공한다.[233] 롤랑 바르트나 데리다와 마찬가지로, 그녀 역시 성경의 기능을 하나의 "놀이"로 보고 있다.[234] 예수께서 누가복음 4:16–21이 전하는 것처럼, 이사야의 글을 읽으심으로 하나의 비전을 제공하지만, 그러나 그 비전은 새롭게 "재–비전"이 되어야 하고 변혁이 되어야 한다.

포스트모더니즘의 "차이 논리"를 상기시키는 방식으로 레베카 춥은 "여성이 말 밖에 놓여지게 된 것은 말씀을 통하여 말들을 계속 쌓아가도록 하기 위함"이라고 주장한다.[235] 그녀의 "주변성의 해석학"에서 성경은 "탈 중심화"되어야만 할 대상인데, 그 목적은 다름 아닌 "해방적 변혁의 경험"을 위함이다.

이와 같은 접근은 다시 한번 우리가 앞에서 "비신화화의 목적"과 관련하여 제기했던 질문을 돌아보게 만든다. 하나의 전통이 더 이상 그 전통이기를 그치기까지 얼마만큼이나 변혁될 수 있을 것인지 우리는 그 적절한 기준을 설정하기가 어렵다는 것이다. 포스트모더니즘은 그 본질상 이런 질문 자체에 그다지 동정적이지 않다. 하지만 기독교 전통은 이런 질문을 결코 무시할 수 없다.

이제 이상의 논의들을 통해 드러나게 된 사실은 **페미니스트 성경 해석학이 하나의 단일한 실체가 아니라는 점이다. 여기에는 엄청나게 다양한 방법들, 가치들, 신학들, 해석의 전략 및 목적들이 포함되어 있다.** 그러기 때문에 페미니스트 해석학에 대한 하나의 일반화된 평가를 내리기는 거의 불가능하다. 각각의 가닥들 및 모델들은 각자의 권리에 부합되는 별도의 평가를 받아야 마땅하다.

페미니스트 해석학은 그 가장 유용하고 또한 가장 본질적 측면에서 볼 때는, 그 해석학적 목적을 불의 혹은 부당한 지배를 영속화하려 하는 일종의 환상들과 해석적 전제 및 조작들을 폭로하는 데 두는 하나의 실효성 있는 사회-비판적 탐구의 모델이다. 리처드 보캄(Richard Bauckham)의 책 『정치영역에서의 성경』(*The Bible in Politics*, 1989)은 성경 텍스트 자체 안에 나타나고 있는 기구화된 착취 및 억압에 대한 지속적인 공격의 예들을 집요하게, 그리고 직설적으로 잘 보여주고 있다.[236]

보캄이 지적하는 "약자를 보호하고자 하는 구약의 지속적 관심" 및 "힘없는 자들을 위한 힘의 사용"(신 16:19, 대하 19:7, 욥 29:15, 시 68:5, 암 5:12)은 그 자체로 좋은 지적이지만, 피오렌자 같은 일부 페미니스트 신학자들은 힘 있는 자들에 의해 후원을 받는 냄새를 풍기는 그런 종류의 "정의"에 대해서는 크게 달가워하지 않는 입장을 보인다.[237] 따라서 페미니스트 해석학은 성경 텍스트의 지평이 **여성 경험**의 지평과 상호작용하게 하는 데서부터 그 출발점을 찾는 것이 옳다. 내러티브식 전기 및 자서전은 하나의 본질적 구성요소 역할을 한다. 이는 유형화 틀에 고착시키고자 하는 것이 아니다. 오히려 슐라이어마허나 베티, 가다머 등이 지적하는 해석학적 원리대로, **이해를 위한 첫 번째 발걸음은 듣기와 개방**이라는 사실을 인정하는 것이다.

다음의 단계는 나의 이전 동료인 데이빗 클라인스의 저작 페미니스트 관점에서의 에스더서 읽기에 잘 나타나고 있다. 그는 엘레인 쇼알터(Elaine Showalter)의 관찰을 잘 따라가고 있다. "**여성 독자의 가설이 주어진 텍스트에 대한 우리의 이해를 변화시킨다.**"[238] 이는 해방 해석학에서 말하는 "의식화"의 과정과 크게 보면 일치된다. 물론 이는 자기 의식은 타인과의 상호관계 속에서 확립된다는 딜타이의 기본 원리와도 결코 무관하지 않다.

그 다음에 따라오는 세 번째의 단계에서는 전략 및 방법의 차이 문제가 불가피하게 관련된다. 일부 페미니스트들은 "여성 경험"이 해석의 필수적인 비판적 원리라고 주장한다. 그러나 또 다른 사람들은 보다 넓은 범주의 사회-비판적 이론이 필요하다고 주장한다. 예를 들어 노먼 갓월드 같은 사람은 페미니스트 해석학이 가야 할 길은 성경 텍스트 생산에 연관된 노동과 사회적 지위, 경제 등의 인과적 사회적 요소들을 탐구하는 것이라고 말한다. 그는 "평등주의적" 지파 상호관계로 묶여 있던 이스라엘과 "엘리트 지배구조의 가나안" 사이의 대비를 한 예로 제시한다.[239] 페미니스트 해석학은 그 안에 사회-비판적 철학과 사회-실용적 철학의 전략들이 서로 경쟁하는 구도를 이루고 있다.

마지막으로, 성경 및 신학 언어의 **탈가부장화** 논의는 처음에는 비신화화 논의가 걸었던 유사한 길을 걸어왔지만, 그 각각의 프로그램 속에서 일어난 서로의 특징적 논제들로 인해 마지막에는 서로 다른 길을 갈 수밖에 없음을 본다. 이처럼 이론적 논제들은 보다 크고 넓은 비판적 해석학적 논의의 한 부분을 형성한다. 이 장에서 우리가 추구하려 했던 목표는 페미니스트 해석학을 이와 같은 보다 넓은 해석학적 논의의 맥락 속에 세우고자 하는 것이었다. 또한 그 가운데서 페미니스트 해석학 안의 다양한 모델과 가닥들이 갖는 강점과 약점들을 때로는 동정적으로 또 때로는 비판적으로 살펴보고자 하는 것이었다.

이런 논의가 결국 사회-비판적 해석학이냐 아니면 사회-실용적 해석학이냐의 문제 및 공동체와 전통, 텍스트, 해석 사이의 관계의 문제에 해당된다는 것을 볼 때, 이 역시 이 책 전체가 다루고 있는 논의의 한 핵심 부분이라는 것을 알 수 있다. 페미니스트 해석학에 사용되고 있는 이론적 모델들의 장, 단점에 대한 단순한 평가가 이 운동이 대처하고자 하는 기본적 문제들에 대한 우리의 관심을 흐리게 만들어서는 안 될 것이다.

제13장

문학이론의 맥락에서 본 '읽기'의 해석학

1. 문학적 접근의 문제의식 및 유용성, 그리고 신비평의 유산

성경 연구에서 문학 이론에로의 전환은 지난 사반세기 동안에 일어난 성경 해석학상의 세 가지 의미 있는 발전 가운데 하나이다. 문학 이론이 성경 해석에 끼친 영향은 가다머 이후 해석학이나 사회-비판 이론 및 연관된 해방 이론들의 충격파와 유사한 측면을 가진다. 하지만 일부 성경 전문가들은 이와 같은 문학 이론으로의 전환을 케이크 위 장식의 변경 정도로 받아들이기도 한다. 이를테면 문학적 형식주의 따라잡기나 구조주의의 관심을 보충하는 정도로 보든지, 아니면 기존의 접근 위에 상상력이나 비인지적, 은유적, 간접 담론 기능을 더 부각시킨 정도로 보고 있다.

실제로 1987년에 출판된 크리스토퍼 터켓(Christopher Tuckett)의 『신약 읽기: 해석의 방법들』(*Reading the New Testament: Methods of Interpretation*)에서는 문학 이론에 대하여 다 해야 대여섯 페이지 정도를 할당하고 있는데, 그것도 "다른 접근 방법들"이라는 항목에 포함시켜서 다루고 있다. 결국 이 책에서 다루는 "문학 이론"은 기껏해야 웰렉과 워렌의 형식주의와 허쉬(E. D. Hirsch) 및 메리 톨버트(Mary Ann Tolbert)의 작품을 언급하는 정도에 그치고 있다.[1]

문학 이론은 애초에 성경 텍스트의 특수성을 고려하여 고안된 것은 아니기 때문에 이것이 성경 연구에 적용이 될 때에는 전제나 방법상의 많은 복잡하고도 미묘한 문제들이 좋은 방향으로나 나쁜 방향으로 일어나게 마련이다. 이를테면 이 배후에는 언어의 지위, 텍스트의 본질, 언어와 세계 및 지식 이론들과의 관계 등에 관한 매우 깊은 철학적 논제들이 놓여 있다. 뿐만 아니라 그 배후에는 사회–정치적 문제들이 때로는 명시적으로(데이빗 블라이치의 경우처럼) 또 때로는 숨겨진 채로 연관이 되어 있기도 하다.

예를 들어 독자를 텍스트의 공동 저자로 보아야 한다는 인식 배후에는 앞서 11장과 12장에서 보았던 것과 같은 사회적 논제 및 각종 사회 이론들이 깊이 연관되어 있다. 저자의 권위를 "정경적"이고 "특권화된" 지식의 원천으로 보는 견해는 저자성 및 의미 창출의 권리를 보다 넓은 독서 공동체 차원으로 흩어서 분배하려고 하는 평등주의적 입장과 서로 대립을 빚는다. 이와 관련하여 마이클 툴란(Michael J. Toolan)은 내러티브에 관한 최근의 한 연구에서 이렇게 지적하고 있다. "화자는 말하는 자로서의 권위를 내세움으로써 청자가 취하는 학습자 및 소비자의 역할과 대비하여 자신을 아는 자 및 접대자의 위치에 세운다. 이야기를 한다는 것은 일종의 권력 주장을 하는 것과 같다."[2] 내러티브 이론 속에서는 한 화자가 어떻게 이야기의 "초점을 잡느냐" 또 어떻게 화자나 청자의 입장에서 볼 때 "타자"로 인식되는 사람 또는 대상을 통하여 하나의 내러티브 세계를 투사하느냐 하는 것이 이데올로기적 함의를 가질 수도 있다는 것을 지적한다.[3]

스티븐 무어(Stephen D. Moore)는 매우 의미 깊은 책인 『문학 비평과 복음서』(*Literary Criticism and the Gospels*, 1989)에서 보다 보수적인 성경학자들이 문학 이론으로의 전환을 두고 그저 하나의 "가벼운 운동–'몸 부풀리기'" 정도로 생각해서는 안 된다고 바르게 지적하고 있다.[4] 문학 이론가들이 성경 해석 속으로 가져오는 것은 "오랜 지속적 훈련의 결과로 만들어진 거대한 근육"이다. 여기에 포함된 것들은 "하이데거, 데리다, 폴 드 만, 프로이트, 라캉, 소쉬르 계열의 기호학, 바르트 계열의 기호학, 푸코, 프랑스 니체주의자들(들뢰즈, 리오타르 등), 프랑스 페미니스트 이론 …… 다양한 마르크스주의 이론들(프랑크푸르트 학파, 알튀세르, 제임슨 등) 그리고 다양한 실용주의 이론(로티,

피쉬 등)" 등이 있다.[5]

그런 점에서 성경 연구나 신학과 관련하여 **방법** 내지는 **이론** 측면에서의 심도 깊은 주의가 필요한 부분이 있다면 그것은 다름 아닌 이 문학 이론의 부분일 것이다. 테리 이글턴(Terry Eagleton)이 잘 지적하고 있는 것처럼, **이론**에 대한 적대감은 다른 사람의 이론들과 관련해서는 반대로 나타나지만, 자기 자신의 이론과 관련해서는 망각으로 나타난다.[6] 의미 이론의 관점에서 볼 때, 슐라이어마허의 현대 해석학 정립 이후의 다양한 문학 이론들의 발전은 그 안에 약간의 혼동을 내포해왔다. 우리가 앞서 6장에서 보았던 것처럼, 워즈워스나 콜러리지의 낭만주의 사조의 '표현주의'적 의미 이해와 슐라이어마허의 '이해의 해석학' 사이에는 넓은 범주에서 서로 맥이 닿아 있었다. 그런데 문학적 형식주의 속에 나타난 저자 중심적 의미 이해에 대한 반대 때문에 의미 이해의 초점이 저자의 생활세계로부터 언어적 체계로서의 텍스트에로 옮겨가게 되었다. 결국 해석학적 전통이 기호학적 체계의 해석으로 바뀐 것이다. 의미는 저자가 무엇을 의도했는지 또는 이를 독자가 어떻게 파악하는지와 상관없이 텍스트 안에 작용하는 서로 다른 작용력들의 상호관계 속에서 발생하는 것으로 보게 된 것이다.

하지만 문학적 형식주의나 신비평, 그리고 구조주의적 접근들 등이 후기구조주의나 독자반응이론 및 포스트모더니즘 쪽으로 길을 내주게 됨에 따라 의미 이론들 속에는 다시 한번 혼란이 일어나게 되었다. 이제는 초점이 그 독서의 기대나 규범들이 전적으로 사회적, 기호학적 관습들에 내재적이 되어버린 독서 공동체들의 사회적 구성 및 상황-상대적 수용 체계에로 옮겨가게 되었다.

이와 같은 가장 최근의 변화에 근거해서 볼 때, 성경 연구에서의 "저자 의도"에 대한 전통적 관심은 이제는 나이브한 것으로 인식되고 있다. 만일 독자 중심적 문학 이론이 철학적 상대주의 및 포스트모더니즘과 결탁된다면, 텍스트의 의미라는 것은 해석의 역사 및 텍스트 수용 과정상의 우연적 다원성 속에 놓일 뿐만 아니라, 더 나아가 해석학적 원리상 돌이킬 수 없는 다원성을 벗어날 길이 없게 된다.

이런 측면에서 본다면 성경 해석의 문학 이론에로의 전환을 단지 "케이크 위의 장식"이나 "몸 부풀리기" 정도로 볼 수 없다는 것이 분명해진다. 어찌 보면 이것은 지금까지 일어났던 전통적 해석학 모델들에 대한 가장 급진적인 도전이라고 볼 수도 있다. 앞서 3장에서 우리가 롤랑 바르트나 데리다, 해체주의 등에 대해 상세히 살펴본 바 있지만, 특히 성경 해석과 관련하여 이것이 불러일으키는 심각한 논제는, 요약하자면, 텍스트 의미가 언어내적으로, 상호본문적(간본문적)으로 생성되는 것인지, 아니면 여기에는 언어외적 사태의 정황 및 행동에 근거한 상호주체적 의사소통적 행위 역시 포함되는 것인지(하버마스, 설, 비트겐슈타인 등이 강조)의 문제이다.

우리는 앞서 8장에서 화행의 효과 발생이 관련된 사태의 정황에 의존적이라는 것을 살펴본 바 있다. 우리는 이런 점을 다음 장들에서도 계속 살펴볼 것이다. 뿐만 아니라 성경 텍스트 속에서 "역사"의 역할이 문학 이론이 다 수용할 수 없을 만큼 크다는 사실도 지적할 필요가 있다. 해체주의와 포스트모더니즘, 문학 이론상의 사회적 상대주의 등이 복합적 효과를 발휘함에 따라 성경 연구나 기독교 신학에서는 상당히 대처하기 어려운 상황이 펼쳐지고 있는 것이 사실이다.

문학 이론이 성경 해석에 미치는 효과의 득과 실은 둘 다가 꼭 같이 지대하다. 그 득의 부분을 먼저 살펴보기 전에, 우선 이 주제와 관련하여 패트릭 그랜트(Patrick Grant)가 그의 책 『신약성경 읽기』(*Reading the New Testament*, 1989)에서 매우 균형 잡힌 시각으로 문학적 접근의 긍정적 측면과 위험한 요소들을 잘 지적하고 있는 점을 주목해보는 것이 좋을 줄 안다.

그랜트는 왜 전통주의자들과 포스트모던 이론가들이 좀 더 진지하게 서로에게 귀 기울이기보다 너무 쉽게 서로를 평가하고 지나쳐버리려 하는지 그 이유를 설명하고 있다. 즉, 텍스트 및 텍스트 의미의 자기지시적 성격 및 그 불안정성을 강조하는 이론들은 한 공동체 너머에서 논리적 평가의 기준들을 제시하려는 관점과 대립적 위치에 서서 상황–상대적, 사회–내러티브 공동체들의 수사적 특성의 일면을 구성하기 때문이라는 것이다. 보다 부정적인 방향으로 이를 설명하자면, 포스트모더니즘 이론들 속에는 특정 사회–문학적 맥락 속에 놓인 독자들을 대항하는 여하한 외적 판단의 기준들을 성경 텍스트가 제시할 여지를 허락하지 않는다는 것이다.

패트릭 그랜트는 한편에서 시적, 상상적, 소설적, 은유적 텍스트를 다루는 일에 익숙한 사람들에게 "자체지시적 텍스트성"이라는 인식은 하나의 명제적 지위를 가지고 있는 반면, 역사, 성육신, 상황, 증거 등이 중요하다고 가르침을 받은 사람들에게는 텍스트의 자체지시성은 명제라기보다는 문제로 받아들여지고 있다는 것을 잘 보여준다. 그러기 때문에 양 진영이 서로의 주장들을 금새 "간파했다"라고 생각하고 쉽게 지나치고 만다는 것이다.

그랜트는 다음과 같은 매우 복잡하지만 중요한 선언을 하고 있다. "철학적 텍스트에 대한 자크 데리다의 '해체'는 철학이 철학자들이 생각하는 이상으로 문학적이라는 것을 보여준다. 다른 모든 글쓰기와 마찬가지로 철학 역시 **수사적**이다. 또한 철학도 언어(기표들의 의미가 다른 기표들과의 차이에 의존하는 끊임없는 기표들의 그물망으로서)를 사용하기 때문에 항상 연기되는 그 의미를 안정화시킬 방법이 없다. …… 철학자들이(다른 작가들과 마찬가지로) **항상 은유에 의존할 수밖에 없다는 사실은 문학 이론가들의 주장에 힘을 더한다. 왜냐하면 시인들이나 비평가들은 대체로 자신들의 담론의 수사적 성격이나 상상적 글쓰기의 자기참조적 요소에 매우 개방적이기 때문이다. 이제까지는 문학하는 사람들이 이런 게임을 독차지하고 있었지만, 이제는 다른 사람들 역시 이를 인식해가고 있다.**"(강조는 첨가)[7]

실제로 가장 영향력 있는 문학 이론가의 한 사람인 스탠리 피쉬에게 의미가 "수사" 아래 수렴되고, 결과적으로 언어 철학도 문학 이론 아래에 수렴되고 있는 것을 볼 수 있다. 그에게 어떤 공동체의 진리 주장은 그 공동체의 설득 기교에 내재된 사회–실용주의 해석학적 기준에 의거한다. 그는 이렇게 말한다. "단 하나의 옳은 혹은 자연적인 읽기의 방식은 있을 수 없다. 단지 공동체 관점의 확장들인 '읽기의 방식들'이 있을 뿐이다. …… 해석은 텍스트와 사실들, 저자들, 그리고 의도의 원천이다. 이 모두가 해석의 **산물들**이다."[8] "독자의 반응은 의미에 **대한** 것이 아니라, **그 자체가 바로 의미이다**."[9] 이에 대한 보다 상세한 논의는 뒤에 가서 하기로 한다.

피쉬에게 "문학"의 정의 역시 공동체 관습에 의존한다. 그는 이렇게 주장하고 있다. "무엇이 문학으로 인식되는가 하는 문제는 어떤 것을 문학으로 여길지에 대한 **공동체의 결정**에 달려 있다."[10] 그의 후기의 저서 『자연적으로 오는 것 행하기』(*Doing What Comes Naturally*)에서 그는 이렇게 덧붙인다. "'수사적'이라는 말이 이 책에 나오는 글들의 주제어를 이룬다. 이 책의 결론(전혀 새로울 것도 없지만)은 마침내 우리가 수사적 세상에 살게 되었다는 것이다."[11] 결국 이런 접근이 모든 문제의 방향을 결정짓는다.

어떤 것을 "문학"으로 여길 것인가 하는 것이 독서 공동체의 결정에 달려 있다는 것을 존 설과 니콜라스 월터스토프도 다같이 인정하지만, 그러나 이 두 사람은 "사실 보고서"와 "픽션"의 차이는 그것을 쓴 저자의 언어외적 헌신이나 연관성을 참조해야만 결정될 수 있다는 것을 강하게 주장한다.[12] 하지만 이런 인식을 피쉬의 문학 및 철학적 논제들 속에서 찾아보기는 어렵다. 반면 비트겐슈타인의 철학적 논제 속에 이런 인식은 대단히 중요한 자리를 차지한다. 적어도 『파란 책』(*The Blue Book*) 이후로 비트겐슈타인에게 언어적 현금 유동성은 이것이 어떻게 말하고 글쓰는 작인자로서의 인간 행동의 일정한 양식에 의해 "뒷받침"되느냐에 결정적으로 의존한다.

이런 문제성 많은 논제에 대해서는 뒤에 가서 다시 종합적으로 살펴보기로 하고, 여기서는 먼저 문학 이론이 성경 해석에 가져다 준 **생산적** 기여들이 어떤 것들인지를 살펴보기로 하자.

(1) 첫째, 우리는 문학 이론이 성경 읽기에서 **상상력의 사용**을 다시금 고취시키고 있다는 점(물론 슐라이어마허를 고려할 때 이것이 문학 이론에만 국한되는 것은 아니지만)을 과소평가하지 말아야 할 것이다. 라이트(T. R. Wright)와 데이빗 재스퍼(David Jasper)가 각각의 1988년과 1987년의 책에서 이런 점을 잘 지적하고 있다. 그들은 워즈워스에게서 잘 예시되고 있는 것처럼(6장 참고), 원자적 분해의 방식을 통해 텍스트의 **총체성**을 부수어 버리는 현상에 대한 낭만주의의 경고에 큰 비중을 두고 있다. 보다 최근의 책에서 재스퍼는 더 복잡한 이론적 이슈들을 다루기도 한다.[13]

성경 해석에서 이런 "총괄적" 내러티브 연구가 받는 대접이 무엇인가 하는 점을 보자면 실제적 한 예를 드는 것이 도움이 될지 모르겠다. 필자의 이전 동료인 데이빗 건(David M. Gunn)은 데이빗 클라인스와 더불어서 1970년대 초반에 영국 쉐필드 대학에서 이런 방식의 접근을 선구적으로 이끌었던 적이 있다. 데이빗 건의 박사학위 학생 중 한 사람이 제출한 논문이 다른 대학의 동료 한 사람에게 탐탁치 않은 평가를 받았는데, 그 주된 이유는 내러티브 "전체"를 다루는 접근 방법이 박사학위 논문으로서는 너무 크고 과도하게 야심적일 뿐만 아니라, 구약의 해석에 필요한 양식비평이나 자료비평, 및 언어학적으로 "제대로 된" 방법들을 충분히 활용하지 않았다는 것 때문이었다. 이런 문제를 두고 성경학과뿐만 아니라 문과대학의 교수진들이 심도 있는 토의를 거친 후에 이 논문을 재심하게 되었고 마침내는 통과되기에 이르렀다.

(2) 둘째, 문학 이론이 성경 해석에 가져온 건전한 유익 가운데 하나는 은유에 대한 더 큰 관심을 기울일 수 있게 만든 점이다. 조지 케어드(George B. Caird)는 신약 종말론의 창의적인 연구를 위해 은유 이론을 사용한 바 있다. 그는 이미 1969년의 옥스퍼드 대학 강의에서 이 일을 시도하였지만, 이것이 보다 확대되어 책으로 출판된 것은 그가 때 이른 죽음을 맞기 4년 전인 1980년에 가서야 이루어지게 되었다. 이 책이 다름 아닌『성경의 언어와 이미지들』(*The Language and Imagery of the Bible*)이다.[14] 그는 필자에게 신약 연구가 원치 않는 교착상태를 창의적으로 극복하려면 다른 학과에서 제시되는 모델들에 주목할 필요가 있다고 일러 주었는데, 필자는 이런 개인적 지적에 큰 영향을 받은 바 있다. 케어드는 특히 예수의 미래 이해와 관련하여 주류 전문가들의 견해에 회의적인 입장을 표명하고 있다.

케어드 자신의 심중에 가장 가까이 놓여 있었던 문제는 다름 아닌 종말론적 이미지 세계의 지위에 관한 것이었다. 은유의 본질 이해의 바탕 위에서 케어드는 당시의 신약 학계에 널리 퍼져 있던 견해, 즉 예수가 세상의 종말이 속히 임할 것이라고 잘못 생각하고 있었다는 견해를 받아들일 수 없었다. 그는 구약에서 "주의 날" 언어가 나타나는 많은 본문들(암 5:18, 20, 사 2:12, 13:6, 9, 습 1:7, 14, 렘 46:10, 겔 13:5, 욜 1:15, 2:1, 2, 3:14, 21 등)을 세밀히 살피고 있다. 이런 배경 위에서 그는 나라의 임함이나 인자 등의 언어(막 9:1, 마

10:23, 눅 17:24)가 갖는 언어적 기능 및 지위를 고찰하고 있다.[15] 이를 바탕으로 케어드는 예수께서 신약의 다른 인물들과 마찬가지로 "세상 종말의 언어를 사람들이 세상의 끝을 지칭하는 것이 아님을 잘 알고 있는 바대로 은유적으로 사용하였다"라고 결론짓는다.[16]

(3) 우리가 지금까지 강조하였던 문학적 강조점 세 가지, 즉 상상과 총체성, 그리고 은유를 스티븐 프리켓(Stephen Prickett)은 그의 책 『말들과 그 말씀: 언어, 시학, 그리고 성경 해석』(*Words and the Word: Language, Poetics, and Biblical Interpretation*, 1986)에서 그의 핵심 주제들로 다루고 있다.[17] 워즈워스와 콜러리지에 대한 그의 이전의 책에서도 그는 우리가 앞서 슐라이어마허를 다룰 때도 인용한 바 있는 워즈워스의 시구 "우리는 분석하기 위해 죽이고 있다"라는 말에 민감성을 보이고 있다. 사울과 다윗에 대한 데이빗 건의 문학적 연구에서 나타나는 것과 비슷한 방식으로 프리켓은 성경 텍스트 속에 나타나는 **애매성**과 **간접성**의 역할에 주목하고 있다.

프리켓은 굿 뉴스 바이블(Good News Bible) 번역자들과 뉴 잉글리쉬 바이블(New English Bible)의 번역 원칙을 설명하고 있는 케네스 그레이스톤(Kenneth Grayston)을 동시에 공격하고 있다. 그들은 성경 텍스트 속에 나타나는 애매성과 알송달송함을 명료성과 정밀성의 이름으로 제거해버리려 한다는 것이다. 그러나 프리켓이 볼 때 성경 텍스트 그 자체는 "명료하고 단순하고 분명한" 것이 아니며, 따라서 분명한번역을 제시하려는 것은 현대의 문화적 규범을 과거의 텍스트에 부과하려는 것이라고 지적한다.[18]

프리켓이 예를 들고 있는 본문은 엘리야 기사 가운데 특히 호렙에서의 신현과 관계된 것이다(왕상 19:8–12). 이 본문에서 이야기하는 바람과 지진, 그리고 "세미한 소리"가 무엇을 의미하는지 구체화하려는 것은 생산적이지 않다. 여기서 핵심은 어떤 사태의 정황을 묘사하는 데 있지 않고, 오히려 엘리야가 자신이 예상했던 것이 아닌 전혀 다른 것을 만나게 된다는 데 있다. 하나님은 갈멜에서 하셨던 것과 같은 불의 역사를 되풀이하지 않으실 것이다. 엘리야는 "애매한 불연속"의 맥락 속에서 다시금 보냄을 받고 있다.[19]

데이빗 건과 로버트 알터 역시 지적하고 있는 것처럼, 이와 같은 애매성은 때로는 **문학적 기교**의 하나로 사용되기도 한다. 그런데 이것을 밋밋하고 지나치게 깔끔하게 만들어서 나이다(E. A. Nida)의 "역동적 등가성"(dynamic equivalence)이라는 번역 원리에서 나타나는 것처럼 원래 언어에 나타나는 효과의 "수용체 언어상의 등가 효과를 창조하려는" 시도는 프리켓이 볼 때 바람직한 것이 아니다.[20] 필자 역시 1977년의 한 글에서 비슷한 지적을 했던 적이 있다. 예를 들어 "달이 변하여 피가 된다"(행 2:20)는 강력한 은유적 표현을 "피처럼 붉게 된다"라는 밋밋한 직유로 바꾸어버리는 것이 적합하지 않다. 뿐만 아니라 "그리스도로 옷입는다"(갈 3:27)는 바울의 표현을 TEV(Today's English Version)이 하는 것처럼 "우리 역시 그리스도의 자질을 취한다"라는 방식으로 번역하는 것도 적당하지 않다.[21]

이런 지적이 50년대 소위 신비평의 물을 조금이라도 먹은 사람에게는 결코 낯선 것이 아닐 것이라고 본다. 고의적 애매성은 텍스트 체계의 서로 다른 작용력들 가운데 하나를 이룬다. 표면상으로는 하나의 인식적 진술처럼 보이는 것이 "세밀한 읽기"에 들어가 보면 하나의 역설이나 은유, 아이러니 또는 그 밖의 비명료한 화법의 하나로 드러나는 경우가 많다. 필자는 1970년과 1973년에 발표된 논문들에서 예수님의 일부 비유(예를 들어 눅 16:1–8) 속에 나타나는 고의적 애매성 및 개방된 텍스트 구조에 대해 논했던 적이 있다. 여기에는 이사야의 고난받는 종(사 49:1 이하, 50:4 이하, 52:13–53:12), 인자 개념, 그리고 "멸망의 가증한 것"(막 13:14) 같은 묵시적 언어 등이 포함된다.[22] 하지만 필자가 신비평의 단거리 길을 따라 이런 결론에 도달한 것은 아니다. 필자가 취했던 길은 후기 비트겐슈타인의 보다 복잡하고 구불구불한 길을 따랐고, 특히 그의 "흐려진 끝자락"(blurred edges) 개념과 이를 언어 철학 분야에서 더 발전시킨 와이스만(F. Waismann)의 접근을 사용하였다.

프리켓의 관찰은 많은 면에서 수용할만하다. 그러나 그는 한걸음 더 나아가서 움베르토 에코가 이야기하는 정보전달적 혹은 "닫힌" 텍스트의 범주에 속하는 텍스트들을 거부하고 있다. 그가 볼 때 성경 문학은 오히려 생산적, "열린" 텍스트의 특성을 더 잘 보여준다고 말하는데, 이는 성경이 독자들로 하여금 그 미결정의 의미를 풀어나가는 일에 적극적으로 참여하도록 초청하고 있기 때문이라는 것이다. 이런 접근은 독자반응 이론의 영역에 속하는 것인데, 여기에 대해서는 다음 장에서 상세히 다루고자 한다.

프리켓은 롤랑 바르트의 명제, "일단 저자가 제거되고 나면 텍스트를 해독하겠다는 주장은 훨씬 더 쓸데없는 일이 되고 만다"라는 주장을 받아들이면서 이런 방향으로 더 깊이 들어가고 있다. 우리는 "쓰기를 종결할 수 없다"라는 것이다.[23] 이런 점에서 필자가 처음 프리켓과 함께 걸어왔던 길은 이제 전혀 다른 방향으로 갈라지게 된다. 바르트의 언어 이론에 대한 필자의 유보적 입장은 3장에서 상세히 다룬 바 있다.

(4) 성경 해석과 문학 이론과의 상호작용이 가장 두드러지게 드러나는 부분 가운데 하나가 내러티브 이론의 분야에서이다. 내러티브 이론을 상세히 살펴보기 전에, 우선 에드윈 굿(Edwin M. Good)이 일찍이 1965년에 『구약에서의 아이러니』(*Irony in the Old Testament*)라는 탁월한 책에서 선구적인 시도를 하였던 것을 주목해볼 필요가 있다. 이 책은 내러티브의 구성과 문학적 장치의 하나인 아이러니의 기능을 복합적으로 살핀 통찰력 있는 연구서이다. 굿은 아이러니의 "복잡한 미묘성"을 감안할 때 구약 저자들이 "우리가 생각하는 것과는 다른, 또는 더 복잡한 어떤 것을 말했다"라고 볼 수 있다고 지적한다.[24]

아이러니는 현실과 가식 사이에 거리를 만듦으로써 갈등으로부터 시작한다. 유희적 아이러니(comic irony)에서는 사칭자의 가식들이 어리석음으로 드러난다. 비극적 아이러니(tragic irony)에서는 현실의 경계를 넘어가는 것이 참화나 파국으로 연결된다. 풍자나 패러디는 아이러니의 하부 범주에 속하는데, 이런 경우들에서는 가식과 갈등이 과장되어 결국에는 조소로 끝이 난다. 패러디는 사소한 주제를 말하면서 장엄한 스타일을 사용함으로써 그 **부조화**(incongruity)를 극대화시킨 경우이다.

굿이 볼 때 요나의 이야기는 아이러니와 풍자, 그리고 패러디 요소들을 통해 부조화를 드러내고 있는 대표적인 예이다. 그는 이렇게 지적한다. "요나서는 하나의 풍자 이야기이다. 이 이야기는 선지자를 조소의 대상으로 묘사한다. …… 이 이야기의 본질은 부조화를 잘 감지하는 것이다."[25] 굿이 말하는 부조화는 곳곳에서 드러난다. 요나는 선원들에게 자신이 "바다를 만드신" 하나님을 믿는다고 고백한다(욘 1:9). 그러나 그 자신은 다시스로 가는 배를 타고 이 하나님으로부터 벗어나려 하고 있다(욘 1:3). 물고기 뱃속에서도 요나는 시편기자를 연상시키는 방식으로 장엄한 예전적 운율 언어를 구사하고 있지만, "저자는 요나의 모멸을 강조하고 있다. 그는 물고기 뱃속에 들어가서 자신의 보잘것없는 본질을 직면해야 했을 뿐만 아니라 또한 그 입에서 내뱉어졌는데 …… 구토당한 것이며 …… 여기에는 기적의 요소도 있지만 우스꽝스러운 요소도 있다."[26] 마지막에 가서도 요나는 두 번이나 죽기를 구하고 있지만, 이것이 현실로 다가올 때는 매우 화를 내고 있는 모습을 보여준다.

커다란 도시 니느웨는 집단적인 회개의 길을 따르고 있지만, 요나는 오히려 실망감을 드러내고 있다. 요나서의 화자는 내러티브 시점의 조절도 잘 하고 있어서 요나의 실망이 표출되는 이 지점(4장)에 와서야 요나가 그의 설교가 가져올 긍정적 반응을 두려워했고, 이 때문에 하나님의 보내심을 회피하려 했다는 것을 밝히고 있다. 요나는 이처럼 전적으로 자아중심적인 사람이다. 그럼에도 불구하고 그의 입에서는 "주께서는 은혜로우시며 자비로우시며 노하기를 더디하시며 ……"(욘 4:2, 비교 출 34:6, 시 86:15, 103:8 등), 또는 "하늘의 하나님을 경외"(욘 1:9)한다는 등 온갖 정통적인 종교적 고백들이 떠나지를 않는다.

요나서의 아이러니의 절정은 박넝쿨 일화 속에 잘 나타난다. 하나님께서 박넝쿨을 "예비하사" 요나에게 안락한 그늘을 만들어 주셨다. 그런데 하나님께서 또한 벌레를 "예비하사" 그 식물을 갉아먹게 만드셨다. 이렇게 되자 마침내 가식과 아이러니가 생생하게 노출된다. "네가 수고도 아니하였고 재배도 아니하였고 하룻밤에 났다가 하룻밤에 말라버린 이 박넝쿨을 아꼈거든 하물며 이 큰 성읍 니느웨에는 좌우를 분변하지 못하는 자가 십이만여명이요 …… 내가 어찌 아끼지 아니하겠느냐"(욘 4:10, 11). 굿은 이렇게 덧붙인다. "요나는 처음으로 무엇인가에 자신을 진정으로 던지고 있는 것을 본다. 이야기의 초반에 그가 하나님을 두고 했던 구두 헌신들은 요나의 실제 감정과는 상관없는 기계적이고 입에 발린 말에 지나지 않았다. 그는 박넝쿨을 위해 죽을 준비가 되어 있었다. 그 어떤 풍자가가 이보다 더 능숙하게 요나를 그릴 수 있겠는가?"[27]

굿은 요나서뿐만 아니라 구약 다른 본문들 속에 나타나는 아이러니에 대해서도 관심을 보이고 있다. 사울의 비극이 또 하나의 대표적인 예이다. 하나님께서 사울을 버린 사실이 그에게 사적으로 통보가 된다. "사울은 백성들 앞에서 모양만 갖추어 나가는 것 밖에 남은 것이 없게 되었다. …… 이런 사실은 전체 이야기 속에서 하나의 주제적 아이러니를 형성한다. 왜냐하면 사울은 대중의 인기를 얻기 위하여 하나님께 대한 책임을 등한시하였던 사람이기 때문이다"(삼하 15:21–30).[28]

애매하면서도 비극적인 인물인 사울의 주제는 필자의 쉐필드 대학 동료였던 데이빗 건에 의해서도 건설적인 방식으로 연구된 바 있다.[29] 사울의 이야기는 "윤리적 절대성의 차원에서 무결하신 하나님과는 다소 거리가 먼 …… 하나님의 어두운 한편의 그림"을 보여준다는 것이 그의 결론이다.[30]

(5) 보다 최근에 일어난 발전들 가운데 하나는 성경 '내러티브'에 대한 다양하면서도 특징 있는 접근 시도들이 이루어지고 있다는 점이다. 이런 움직임 가운데서 특히 세 가지 주목할 만한 기여들을 지적해보고자 한다. (a) 첫째, 내러티브 구조의 시작과 중간, 그리고 종결에 관한 인식은 문학적 형식주의와 많은 면에서 유사성을 가진다. 이런 인식은 나의 친구이자 동료인 월터 모벌리(R. Walter L. Moberly)가 그의 책 『하나님의 산에서』(*At the Mountain of God*, 1983)에서 개진한 "텍스트를 그 자체의 권리대로" 보는 접근 방법을 장려하는 역할을 한다.[31] (b) 하지만 이런 접근이 그 옹호자들로 하여금 구조적 또는 구조주의적 접근에 빠지게 만드는 것은 아니다. 이런 구조주의적 접근에서는 내러티브의 형태를 결정하는 주도적 힘이 형식적 "내러티브 문법"의 지시를 따라 판단된다. 이런 접근 배후에 놓인 영감의 원천은 신비평이기보다는 러시아 형식주의자 블라디미르 프롭(Vladimir Propp)과 프랑스 구조주의자 그레마스 같은 사람들이다. (c) 보다 생산적인 방향으로의 발전이 제라르 주네트, 츠베탕 토도로프, 롤랑 바르트, 세이머 채트만 같은 사람들의 소위 내러티브론을 통해 이루어지게 된다. 여기에 대해서는 잠시 후에 보다 상세히

살펴보기로 하자.

내러티브에 대한 이 세 가지 문학적 접근 동향들이 빚어낸 공통적 결과가 있다면 그것은 해석학에서 역사-비평적 접근, 특히 자료-비평적 접근 방법과의 대비가 더욱 뚜렷하게 부각되었다는 점이다. 특히 알터나 모벌리 등이 지적하는 것처럼, **문학적 접근에서는 본문 속에 나타나는 쌍이나 중복 어구들을 서로 상이한 자료에서 가져다가 서투르게 함께 편집해 놓은데서 나타난 결과가 아니라 서로 다른, 때로는 서로 긴장 관계 속에 있는 관점들을 병행시키는 내러티브 테크닉의 결과에 따른 것으로 이해한다. 이렇게 함으로써 어느 하나의 관점만을 넘어서 전체에 대한 비전을 가질 수 있게 만든다**.

로버트 알터는 다윗의 왕위 계승에 관련된 두 개의 서로 다른 진술들이 두 다른 "관점들"로부터 나온 결과라고 보고 있다. 하나는 하나님의 선택의 관점에서이고(삼상 16:12, 13), 또 다른 하나는 인간 주체 또는 영웅의 활약의 관점에서(삼상 17장-삼하 5:5)라는 것이다.

윌터 모벌리는 자료-비평 이론의 역사를 "현대 성경 연구의 기초를 놓은 아버지"라 불리는 리처드 시몽(Richard Simon)에게까지 거슬러 올라가서, 특히 홍수 기사 속에 나타나는 중복 혹은 반복적 요소들을 이중 자료 혹은 편집 저자의 명백한 증거로 이해하는 시각을 검토하고 있다.[32] 모벌리는 히브리 내러티브 스타일을 비롯하여 내용의 반복, 대비되는 것들의 충돌, 절정이나 상징, 긴장고조 방식의 사용 등을 하나의 **문학적** 현상으로 보는 시각 아래 이들을 세밀하게 연구하고 있다. 특히 출애굽기 32-34장에 대한 보다 집중적인 연구의 서문에서 모벌리는 시몽의 고전적 논증을 논박하고 있다. 시몽은 "물들이 많아졌다"(창 7:17, 18), "물들이 넘쳤다"(창 7:18-20) 등과 같은 어구가 반복되는 것을 자신의 이론의 증거들로 인용한다. 하지만 1978년에 앤더슨(B. W. Anderson)은 이것이 고조되는 문학적 효과를 위한 것임을 주장한 바 있고, 고든 웬함(Gordon Wenham) 역시 유사한 관찰을 하고 있다.[33]

모벌리는 "반복의 사실 그 자체가 편집 저자의 증거가 되지는 못한다"라고 못박고 있다.[34] 이를 주장하고 싶으면 다른 판단의 기준을 찾아야 할 것이라고 말한다. 시몽의 이론은 "문학적 둔감성"에서 나온 것이며, 어느 정도는 문학적 관습에 대한 역사적 시대착오를 반영한다는 것이다. 모벌리의 연구는 문학 이론에 대한 깊이 있는 숙지가 신학적 접근에의 민감성을 죽이는 것이 아니라 더 고조시킨다는 점을 잘 보여준다.

2. 내러티브 이론 자세히 살펴보기

츠베탕 토도로프(Tzvetan Todorov)는 1969년에 자신을 포함하여 제라르 주네트, 세이머 채트만, 롤랑 바르트 등의 문학적 접근 방법들을 가리키는 말로서 "내러티브론"(narratology)이라는 말을 제시한 바 있다.[35] 이들의 내러티브론 개념 틀 및 장치들은 내러티브 이론에서 표준적인 도구들이 되어졌다. 우리가 앞서 리쾨르의 내러티브 해석학을 다루는 자리에서도 보았던 것처럼, 내러티브 이론 안에서도 세이머 채트만이 말하는 "스토리"(사건들이 "자연적" 순서대로 일어나는 것을 지칭)와 "담론"(discourse)을 구분하는 것이 필수적이다.[36] **담론**은 말하여지는 상태대로의 이야기, 또는 **구조화된 플롯**을 가리킨다. 이는 그것을 말하는 목적을 만족시키기 위한 그런 모양을 취한다. 이는 하나의 **구성체**(*construct*)이다. 스토리와 담론의 구분은 러시아 형식주의 안에서 프롭의 꾸민 이야기(*fabula*)와 플롯(*sjuzhet*)의 구분과 유사성을 가지며, 방브니스트(Emile Benveniste)와 바르트가 말하는 이야기(*histoire*)와 담론(*discours*)의 구분과도 유사하다. 제라르 주네트는 그 자신의 목적을 위해 이 구분을 더 세분화하여 세 가지의 용어로 정리하고 있다.[37]

주네트의 영향력 있는 책 『내러티브 담론』(*Narrative Discourse*, 불어 1972, 영역 1980)은 내러티브의 세 주요 영역들인 "순서"(order), "지속"(duration, 뒤에 가서 그는 "속도"라는 말을 더 선호한다), "빈도"(frequency)에 대한 논의의 문을 열고 있다.[38] 내러티브 담화 속에서의 순서는 이야기의 순서를 따르지 않을 수도 있다. 회상이 나타날 수도 있고 미리 보여주기를 할 수도 있다. 또는 『위대한 유산』이나 많은 탐정 소설에서 하는 것처럼, 앞에 일어났던 사건들을 마지막 순간까지 밝히지 않고 붙들어 두기도 한다. 이처럼 사건들을 재배열하는 목적은 독자들을 속이고자 하는 것이 아니라 이미 그런 문학적 관습을 잘 알고 있는 사람들에게 방향감과 긴장 및 놀람을 주고 상상력을 사용하여 플롯 속에 참여토록 하기 위함이다.

주네트는 이와 함께 이야기의 상대적 속도에 관심을 기울이고 있다. 『내러티브 담론』에서는 주로 "지속"이란 용어를 사용했지만, 그 책보다 10여년 후에 나온 『내러티브 담론 다시 보기』(*Narrative Discourse Revisited*, 불어 1983, 영역 1988)에서는 내러티브 "속도"라는 용어를 더 선호한다.[39] 얼마나 이야기가 빠르게 혹은 느리게 진행되느냐 하는 것이 같은 내러티브 안의 다른 요소들에 대비하여 평가되고 있다. 그리고 "빈도"라는 개념은 동일한 사건을 얼마나 자주 언급하고 있느냐 하는 것을 가리킨다.

회상(주네트의 *analepses*)과 전망(주네트의 *prolepses*)은 이미 독자들이 잘 알고 있는 내러티브 관습 중의 하나이다. 만일 오늘날 우리가 텔레비전 드라마 같은 것을 본다고 할 때, 같은 장면을 다시 되돌려 보여주는 것을 보면서 이것이 우리를 속이는 일이 아니라는 것을 우리는 믿고 있다. 오히려 이는 우리로 하여금 이야기가 전개됨에 따라 그 내러티브 전체를 더 잘 이해할 수 있도록 어떤 강조점을 덧보태고 있는 것이라고 받아들인다. 만일 아가타 크리스티의 탐정 소설 하나를 영상화해서 보여주면서 처음부터 범죄에 대한 모든 것을 다 말해주고, 심지어 범인이 누구인지까지 다 말해주고 시작한다면 우리는 이런 것을 보고 싶은 흥미를 다 잃어버리고 말 것이다.

순서와 템포와 반복이라는 이상의 세 가지 내러티브 요소들은 특정 성경 텍스트의 해석에도 빈번하게 적용되어 왔다. 예를 들어 웨슬리 코르트(Wesley Kort)는 『이야기, 텍스트, 그리고 성경』(*Story, Text, and Scripture*, 1988)이라는 책에서 마가복음의 서두 부분에서 매우 빠른 내러티브 전개 방식을 취함으로 긴장이 고조되도록 하는 방식에 주목하고 있다. 예수는 여러 부류의 사람과 대면하고 있으며, 다양한 행위들을 수행하고, 다양한 이슈들을 다루며, 이곳저곳을 움직여 다닌다. 이를 두고 코르트는 이렇게 말한다. "이 부분의 이야기 진행은 매우 빠르다. …… 그러나 이 속도가 예수께서 예루살렘을 향하여 가시는 곳에서는 눈에 띄게 줄어들고 있다. 길에서 소경 바디매오를 만나는 장면은 대화까지 매우 상세히 묘사되고 있고, 이것이 속도를 더 늦추고 있다(막 10:46–52). 예루살렘 성으로의 입성 장면은 세밀하게 준비된 상태로 전개되고 있고, 성 안에서의 이야기는 매일 단위로 그 진행이 소개되고 있다. 십자가에 달리는 시간이 주의 깊게 계산되고 있으며, 죽음의 장면은 시간 단위로 상세히 진술되고 있다"(막 15:16–39).[40]

이 모든 것은 수난의 장면에 강조점을 두기 위함이다. 마치 이 이야기의 화자는 이 지점에서 느린 동작 카메라를 사용하고 있는 것과 같다. 어니스트 베스트(Ernest Best) 역시 그의 이야기로서의 마가복음을 다루는 책(1983년)에서 이와 같은 속도의 차이에 동일하게 주목하고 있다.

우리가 이처럼 문학적 내러티브 관습들의 작용에 더 전적으로 민감해지면 질수록 어떤 서투른 편집자나 먼 거리의 작가가 역사적 장면들에 대한 스냅 사진들을 찍으려고 했지만 다소 "잘못된" 결과를 얻은 것처럼 성급하게 판단하는 일에 더 조심스런 태도를 가지게 될 것이다. 로버트 알터는 그의 유명한 책『성경 내러티브의 기예』(*The Art of Biblical Narrative*, 1981)에서 히브리 내러티브들은 "작품의 순서에 관하여 작가와 청중 사이에 무언의 합의가 있었다"라는 것을 전제한다고 주장한다.[41] 이런 관점에서 보면 이야기상의 반복들이 일어나는 것은 역사적 자료들이 서로 다르다는 것을 말하는 것이 아니다. 서부영화에 나오는 매우 빠른 총잡이 보안관에 대한 상이한 이야기들이 "중복"이 아니라 한 단일한 영화를 이루는 다른 관점들인 것과 유사하다.

알터는 다윗이 사울에게 소개되는 서로 다른 이야기들을 예로 들고 있다. 이 "짝"을 이루는 이야기들은 둘이 합력하여서 하나의 문학적 효과를 산출하고 있다. 삼상 16장의 기사 속에서는 하나님이 사건의 중심의 자리에 있고, 그가 사무엘로 하여금 다윗에게 기름 붓도록 지시하신다(삼상 16:12, 13). 그리고 사울에게서 하나님의 영이 떠나는 바로 그 순간에 그 영이 다윗에게 임한다(삼상 16:14). 그러나 사무엘상 17장–사무엘하 5:5의 기사 속에서는 다윗이 내러티브 주인공의 역할을 차지하며, 신적 존재는 거의 등장하지 않는다. 이 두 기사들이 보합적으로 작용함으로써 하나님의 작정이라는 요소와 일상의 역사적 경험 속에 일어나는 "시끌벅적한 혼란"의 두 측면을 엮어내는 작용을 하고 있다.[42]

로널드 티만(Ronald Thiemann)은 마태복음 속에 나타나는 플롯화의 기교를 살피는 자리에서 알터의 예를 암시하고 있다. 그가 볼 때 마태복음은 숨김과 희미함을 통해 내러티브의 빛을 밝혀가고 있다. 이 모든 것은 "독자들을 텍스트의 세계 속에 들어오도록 부르기 위함이다."[43] 지나치게 깔끔하거나 지나치게 날카로운 구분선을 긋기를 피하고 있는 것은 마태가 "그의 독자들을 위하여 복음의 이야기 속에 내러티브 공간을 마련하려" 하기 때문이라는 것이다.[44] 마태복음 28:16–20의 위임 명령 속에서 그리스도께서 그의 제자들과 함께 하겠노라고 약속하는 것도 "내러티브의 흐름을 독자들의 세계 속으로 옮기기" 위함이라고 보고 있다.[45] 우리는 로널드 티만의 내러티브 신학을 이 책의 마지막 두 장 속에서 좀 더 자세히 평가해보고자 한다.

내러티브는, 볼프강 이서(Wolfgang Iser)의 독자반응 이론이 강조하는 것처럼, 독자들로 하여금 텍스트의 의미를 구성하는 데 참여토록 초청한다. 내러티브는 또한, 스티븐 크라이츠(Stephen Crites)의 표현대로, "화자와 청자 사이의 내적 공감대"를 형성한다. 그런 면에서 이야기들은 "공동체 창조적" 힘을 가진다.[46] 에른스트 푹스가 오래 전에 지적했던 것처럼, 예수의 비유들 속에서 청자들은 "예수와 함께 생각하게 된다. …… 사랑은 만남이 이루어지는 공간을 앞서 예비한다."[47] 커모드(Frank Kermode)는 마가의 내러티브가 독자들을 "내부자들"이 되게 하든지 아니면 "외부자들"이 되게 만든다고 주장한다.[48] 독자들은 내러티브의 "관점"을 공유하도록 초청 받으며, 내러티브 플롯을 따라 함께 움직여 나아가게 된다는 것이다.

웨슬리 코르트는 리쾨르를 따라 내러티브 시간의 틀 속에서 플롯의 일관성 또는 조직성의 본질을 강조한다.[49] 그가 볼 때 내러티브 안에는 네 가지 필수적인 요소들이 구비되어 있다. 첫째는 등장인물(character)인데, 이는 인간적 특성들을 묘사하는 것이며, 두 번째는 플롯(plot)인데, 이는 시간 진행을 따라 일관된 움직임을 이끌어가는 요소이며, 세 번째로 톤(tone)이 있는데, 이는 이야기의 화자가 청자를 위하여 투사하는 음성이며, 마지막으로 분위기(atmosphere)인데, 이는 내러티브 세계의 범주들을 결정하는 역할을 한다.[50]

코르트는 내러티브가 "인간 경험에 하나의 기본적 통일성을 부여한다"라고 지적한다.[51] 따라서 내러티브는 하나의 일관된 논리를 구축한다. 하지만 이는 하나의 잠정적이고 구체적이며 인간관계적 성격의 플롯을 제시함으로써 이루어진다. 이는 그 성격이 무시간적인 추상적 논리의 논증으로는 움직이지 않고 개입되지 않는 독자들을 움직여가는 힘을 가진다. 우리는 해석학과 목회신학을 다루는 이 책의 마지막 두 장 속에서 특정 유형의 독자 및 독서 공동체에 특정 내러티브 투사가 어떤 작용을 하는지에 대해 살펴볼 것이다.

잠정적 차원에서 인간의 유형과 기질을 융의 구분에 기초하여 분류하고 있는 마이어스-브릭스 지표(Myers–Briggs indicator)를 잠시 사용해보자. 물론 여기에는 통계상의 한계도 있고, 또한 그 전제나 양극화의 경향에 문제가 있을 수 있지만, 일단은 그 개연성을 받아들이고 접근해보면, 먼저 소위 "사고하는 자들"(Ts)은 "느끼는 자들"(Fs)보다 추상적 논리에 더 쉽게 이끌린다. 반면 "느끼는 자들"은 내러티브 플롯의 논리로 구성된 인간관계적 사건들의 시간적 흐름에 훨씬 더 잘 이끌린다. 소위 "감지자들"(Ss)은 역사류의 "보고식" 이야기에 편안함을 느끼지만, "직관적으로 느끼는 자들"(NFs)은 신인동형적, 알레고리적 내러티브를 포함하여 내러티브 세계가 투사하는 가능성들을 따라가는데 매우 민감하다. 그리고 소위 "직관적으로 사고하는 자들"(NTs)은 비트겐슈타인이 말하는 "논리적 공간" 안에서 형성된 복잡한 가능성들에 훨씬 더 잘 이끌리게 된다.

코르트는 이와 같은 읽기와 이해에 관한 내러티브 도구들을 특정 성경 텍스트와 관련하여 생산적인 방향으로 적용하고 있다. 예를 들어 출애굽 기사들은 "플롯"과 관련하여 하나의 범례 역할을 하고 있다. 여기에는 수많은 사건들이 압축적으로 포함되어 있다. 모세의 부름(출 3:1–4, 17), 바로와의 대면(출 5:1–21), 재앙들(출 7:20–11:10), 탈출과 추격(출 14:5–18), 바다의 갈라짐(출 14:21–29) 등과 같은 사건들이다. 갈등 구도의 동일한 형태들이 이야기가 진행되는 틀 속에서 되풀이된다. 플롯의 절정은 "교환"에서 이루어진다.

처음에는 하나님의 목적과 이스라엘의 곤궁 속에 분리 내지는 불일치가 존재한다. 그러나 이런 긴장이 목적과 현실의 일치 속에서 마침내는 해소된다. 반면 애굽 사람들에게는 그 움직임이 처음에는 일치에서 시작하지만, 그

들의 운명이 이스라엘의 길과 교차됨으로 말미암아 마지막에는 분열로 끝을 맺는다.[52]

코르트는 사사기 내러티브 속에서는 특히 "성격"의 역할이 두드러진다는 것에 주목한다. 만일 플롯에 초점을 맞추고 사사기를 읽는다면 이 이야기들은 너무 단편적이다. 물론 여기에는 이스라엘의 잘못과 곤궁, 도움의 요청, 그리고 구원이라는 하나의 반복적 패턴이 나타난다.[53] 하지만 코르트가 볼 때 "사사기의 종교적 의미는 일차적으로 다양한 많은 인물들과 대조되는 구원자의 일관된 성격의 대비효과에서 발생한다."[54] 속이기 잘하는 에훗(삿 3:15–30)은 반복해서 증거와 표시를 요청하는 기드온(삿 6:36–40)과 그 내러티브 구조 속에서의 기능이 유사하다.

코르트는 다른 많은 작가들(에드윈 굿, 패트릭 그랜트, 프랑크 커모드 등)과 유사한 방식으로 요나서 및 마가복음에 대한 내러티브 관점의 접근을 시도하고 있다. 특히 요나서 속에서 강조되는 내러티브 요소는 "분위기 및 범주들"이라고 지적한다. 선지자 요나는 자신이 원하는 세계의 범주를 스스로 관장하지 못한다. 이 세계는 이방인들을 포함하는 데까지 확장되는데, 여기에는 간본문성 요소도 한 몫을 하는 것으로 보인다. 요나는 어쩌면 열왕기하 14:23–27에 나오는 "아밋대의 아들 선지자 요나"를 암시하는 것으로 보인다. 뿐만 아니라 요나의 기도는 시편의 언어를 채용하고 있다. 또한 요나의 사역은 선지자 엘리야의 사역과 공명을 이루는 부분이 나타나기도 한다는 것이다.[55]

마가복음의 경우는 데이빗 로즈(David Rhoads)와 도널드 미치(Donald Michie) 등의 연구에서도 지적하는 것처럼 화자가 모든 것을 다 알고 있는 소위 "전지적 화자"의 입장을 취하며, 화자는 이런 "관점"을 독자와 나누기를 원한다.[56] 그런 점에서 보면 이 복음서의 독자는 이야기 속에 나타나는 등장인물들보다 더 위에 있거나 아니면 앞선 위치에 놓여 있다. 코르트는 이렇게 지적한다. "화자는 독자를 이야기 속의 제자들보다도 더 앞선 자리에 놓고 있다."[57] 마가는 "이런 특권을 독자들과 나누려" 하고 있고, 독자들을 자신이 가진 확신 속으로 이끌려 하고 있다. 이와 같은 마가의 "톤"은 인간적인 것과 신적인 것을 결합시키고, 특수를 보편화하는 역할을 한다.

마가복음에 대한 코르트의 내러티브 방식의 접근은 프랑크 커모드의 『비밀의 기원』(*Genesis of Secrecy*, 1979)과는 상당히 차이가 난다. 커모드는 마가가 고의적으로 수수께끼 같은 아리송함을 취하고 있다고 본다. 따라서 그가 말하는 것의 의미는 원칙상 다의적이고 애매하다. 마가복음의 그 어떤 부분이라도 상반되는 해석들을 자아낼 수 있게 되어 있다는 것이다. 마가는 "그 비밀의 처소로부터 해석자들을 추방시켜 버린다."[58] "그 결사"에 가입되지 않은 사람은 누구나 "외부자"로 머무르게 된다는 것이다. 마가의 비유들은 "듣는 사람들에게서 어떤 해석적 행위가 있기를 요구한다. 비유들은 완결되어야 할 필요가 있다. (하지만) 해석은 …… 실패할 수밖에 없다. 해석은 언제나 외부 침입일 뿐이고, 따라서 항상 실패하게 되어 있다."[59]

커모드가 볼 때 내러티브는 표면적으로 볼 때만 명료한 것처럼 보인다. "우리는 결코 그 안에 있지 않다."[60] 풀기 어려운 매듭들 속에는 역설들도 들어 있다. 이를테면 귀신들도 예수를 알아보는데 제자들은 알아보지를 못한다. 규례들이 언제는 지켜지기도 했다가 또 언제는 지켜지지 않는다. "수수께끼 비유들" 속에 엉킴이 일어나기도 한다.[61] 단 하나의 불변의 요소는 "비밀성"이다. 커모드는 카프카의 『심판』(*The Trial*)에 나오는 안달나는 상황을 암시하는 어투로 이렇게 결론짓고 있다. "비밀들을 알고 싶어 열이 나 있지만, 우리의 유일한 대화 상대는 우리가 아는 것이나 보는 것보다 훨씬 덜 알거나 보고 있는 수호자들 뿐이다. 우리의 유일한 희망과 즐거움은 실망의 문이 우리 앞에서 닫혀 버리기 전에 순간적인 빛을 보는 것이다."[62]

이 자리에서 커모드의 관찰들에 대하여 비판을 제시하고 싶은 욕구가 크다. 하지만 우리는 아직 독자반응 이론과 관련된 맥락 속에서 제기되는 이론적 이슈들을 충분히 다루지 못한 상태에 있고, 커모드는 이런 맥락 속으로 우리의 관심을 이끌어준다. 일단은 커모드의 접근이 마가의 텍스트에 충분히 공정성을 기한다고 보기 어렵다는 점만 지적하고자 한다. 마가의 내러티브 속에 나타나는 "애매성"의 이유에 대해 로널드 티만이 제시하는 설명은 커모드의 논증의 많은 부분에 의문표를 던지게 만든다. 이와 관련된 이론적 이슈들은 독자반응 이론을 다루는 다음 장에서 다시 다룰 것이다. 또한 몇몇 연관된 논의들이 해석학과 목회 신학을 다루는 마지막 두 장에서도 다룰 것이다.

내러티브 플롯의 시간적 흐름이나 내러티브 "관점"의 투사 등에 대해서는 태느힐(Tannehill), 켈버, 재스퍼, 베스트 등을 포함하여 이미 많은 학자들이 연구를 한 바 있다. 특히 내러티브의 일체성은 앞을 향한 내러티브 플롯의 전개를 가능하게 하는 바탕이 된다.[63] 이와 관련하여 스티븐 무어는 제임스 도시(James Dawsey)가 그의 책『누가의 목소리』(*The Lukan Voice*, 1986)에서 웨인 부스(Wayne Booth)의 "믿을 수 없는 화자" 개념을 사용하는 것에 대해 반대의 입장을 표명하고 있다.[64] 부스가 말하는 것은 역사적 신빙성 자체를 두고 하는 말이 아니다. 내러티브 화자의 입장에서 그 화자가 투사하는 "관점"이 독자들로 하여금 이를 취하도록 초청하는 것이기보다는 오히려 이것과 거리를 두게 만드는 경우를 일컫는 말이다. 이렇게 될 때 결과적으로는 내러티브의 일체성 및 내러티브 세계가 깨어지게 된다. 이와 관련하여 스티븐 무어는 로버트 숄즈(Robert Scholes)와 로버트 켈로그(Robert Kellog)를 따라 이런 특정 내러티브 기교가 현대적인 것이며, "거의 이천년 이전 시대의" 누가를 읽는데 적용하기에는 어려움이 있다고 지적한다.[65]

우리는 내러티브 이론 혹은 문학 이론이 갖는 관심과 편집 비평의 목적들 사이에 너무 예리한 구분을 할 필요는 없다고 본다. 마이어 스턴버그(Meier Sternberg)는 그의 책『성경 내러티브 시학: 이데올로기 문학과 읽기의 드라마』(*The Poetics of Biblical Narrative: Ideological Literature and the Drama of Reading*, 1985)에서 적어도 원리적 차원에서는 이데올로기적, 역사적, 미학적 해석학의 역할이 상호보완적이라는 것을 강조하고 있다.[66] 그에게 문학적 접근은 저자의 신학적, 사회적, 이데올로기적 목적에 대한 질문들을 배제하기는 커녕 오히려 성경 텍스트가 진리주장을 포함하는 "지향적" 문학이라는 점에서 이를 하나의 불가피한 요소로 포용해야 할 것으로 보고 있다. 따라서 역사 및 정황에 대한 질문은 문학적 도구들의 사용과 병행한다. 스턴버그는 하버마스와 사회-비판적 해석학에서 사용하는 "관심"의 중요성에 대해서도 수용적 입장을 취하고 있다. 그러면서도 그는 문학적 연구 및 문학 이론에서 다루는 주제들에 대한 민감성을 잃지 않는다.

이와 같은 접근은 린 폴란드(Lynn Poland)나 마틴 워너(Martin Warner) 등에 의해 따뜻한 환영을 받고 있다. 이들의 상호 토의가 '성경과 문학'의 주제로 열린 워릭 회의 보고서인 『수사로서의 성경』(*The Bible as Rhetoric*, 1990)에 수록되어 있다.[67] 린 폴란드는 스턴버그가 성경을 "이데올로기 문학"이라고 지칭하는 것에 대해 이것이 예술을 "목적 없는" 혹은 "관심 배재적인" 것이 되어야 한다고 보는 문학적 형식주의의 정신과 배치된다고 지적한다. 하지만 『문학 비평과 성경 해석학』(*Literary Criticism and Biblical Hermeneutics*)이라는 책에서도 잘 나타나는 것처럼 그녀 자신이 형식주의의 한계에 대해서 잘 알고 있는 입장에서 이를 표방하고 나서는 것은 아니다. 오히려 그녀는 "성경 내러티브들의 이런(이데올로기적) 기능이 어떻게 그 역사적 기능 및 미학적 기능과 병행해서 또는 대립해서 작용하는지"를 묻고 있는 스턴버그의 관심을 공유하고 있다.[68]

한스 프라이(Hans Frei)의 영향력 있는 책 『성경 내러티브의 퇴색』(*The Eclipse of Biblical Narrative*, 1974)은 문학 이론에서는 신비평의 유산과 역사적, 신학적 해석학의 시각을 함께 견지하면서 특히 18세기에 일어났던 해석학적 관점의 변화에 초점을 맞추고 있다.[69] 18세기 이후로, 특히 제믈러(J. S. Semler)와 앤서니 콜린스(Anthony Collins) 이후로, 현대 역사적 합리주의 학문 전통은 성경 저자들 자신이 하지 않았던, 또는 할 수 없었던 현대적 개념 틀을 성경 내러티브 본문들에 부과해왔다는 것이다. 콜린스가 존 로크로부터 물려받은 "명제적" 접근은 성경 저자들이 꼭 "역사"이어야 할 필요가 없는 "역사-같은" "현실주의적" 내러티브를 투사하고 있는 것에 대해 역사냐 아니면 허구냐의 날카로운 이원론적 잣대를 들이대고 있다는 것이다. 프라이는 "성경 내러티브의 현실주의적 혹은 역사-같은 성격"은 "의미와 관련하여 **그 자체 권리대로**(필자의 강조)의 연관성을 따라" 해석해야 한다고 주장한다.[70]

우리는 앞서 8장에서 설과 르카나티 등의 화행론에 따르면 어떤 내러티브 세계의 투사(또는 어떤 화행)는 그 내러티브(또는 화행)의 특정 효과를 이루기 위해서 언어외적 사태의 정황을 전제로 한다는 것을 이미 살펴본 바 있다. 우리는 프라이의 접근이 이런 점을 충분히 고려하고 있는지 의심하지 않을 수 없다. 순수하게 언어내적 담론이 갖는 논리는 언어 체계와 언어외적 생활세계 사이의 상호작용을 전제하는 담론의 논리와는 차이가 있다.

설과 월터스토프는 내러티브 텍스트의 힘(force, 르카나티의 용어대로)이나 또는 기억하기, 축하하기, 사회적 결속맺기, 약속하기, 기술하기 등의 행위들이 갖는 "간주 발생적" 성격(월터스토프의 용어대로)은 그 화자 또는 편집자의 언어외적 행동 차원의 헌신에 따라 차이가 나타난다는 것을 강조하고 있다. 우리는 이런 점을 15장에서 내러티브와 관련하여 다시 다루게 될 것이며, 일부 논의는 리쾨르의 내러티브 해석학을 다루는 10장에서 이미 다룬 바 있다.

프라이의 내러티브 이론은 성경 내러티브의 언어와 언어외적 세계의 관계가 대상어를 포함하는 논리적으로 초보적인 명제들과 구체적 지시 바탕 위에서의 사태 정황적 요인들 사이에 원자론적 상응관계가 있는 것처럼 해석학적으로 시대착오적인 인식을 갖는 것을 경계하는 측면에서 가장 큰 기여를 하고 있다. 성경 내러티브는 초기 비트겐슈타인의 그림 이론이 보여주는 것 같이 내러티브 세계의 논리적으로 원소적인 요소들과 언어외적 세계의 사태 정황을 구성하는 사물들 사이에 일대일의 정확한 상응관계가 항상 있다는 그런 방식으로 작용하지 않는다.

자연 시간과 내러티브 시간 사이의 차이나, 플롯을 중심으로 한 내러티브 구조의 조직 같은 요소들은 성경 내러티브를 마치 외부 세계의 사태의 정황을 사진 찍듯이 어떤 논리적 원소론 방식으로 묘사한 것처럼 이해해서는 안 된다는 것을 잘 보여준다. 전적으로 상황과 무관한 의미 체계를 제시하는 지시 이론들이 여기에는 전혀 적합하지 않다.

3. 성경 내러티브 본문에 대한 형식주의 및 구조주의적 접근들

슐라이어마허에서 가다머에 이르는 해석학 전통 속에서는 이해의 지평과 연결되어 있는 생활세계의 시각에서 텍스트에 접근하는 반면, 형식주의와 구조주의는 텍스트를 하나의 체계로 보는 접근 방식을 취한다. 텍스트 또는 내러티브를 인간 삶의 흐름의 가변적 요소들로부터 분리시켜 단지 텍스트와 그 저자 또는 텍스트와 독자 사이의 상상의 구분선 외에는 허용하지 않는 하나의 추상적 체계로 취급하는 것이 가능하게 되었다. 텍스트와 내러티브가 해석학적 상황성 및 특정성의 문제를 넘어 하나의 체계라는 인위적 지위를 얻게 되었으며, 자체 충족적 "대상" 혹은 형식적 구조물로서 "과학적" 연구 방법의 대상이 되었다.

텍스트성과 관련된 이 책의 전반부의 논의 속에서 우리는 텍스트가 어떻게 준자율적 형식적 구조물로 인식되게 되었는지의 과정을 살펴본 바 있다. 폴 리쾨르의 표현을 빌리자면 "독자와 저자의 이중적 소실"이 일어나고 있는 것이다.[71] 우리는 데리다가 소쉬르의 형식적 구조의 모델을 발전시켜 텍스트를 하나의 "차연적 그물망"으로 전환시켜 놓고 있는 것을 보았다.[72] 뿐만 아니라 랜섬(J. C. Ransom)이나 웰렉과 워렌, 그리고 노스롭 프라이(특히 그의 『비평의 해부』, 1957) 등의 신비평에 와서 저자와 독자의 생활세계와 분리된 형식적 체계로서의 텍스트 이해가 텍스트 효력의 중립적 작용을 강조하는 방법론의 핵심적 자리에 놓여 있는 것을 보았다.

초기 구조주의의 "객관성"의 강조가 1960년대 초반의 시대적 상황, 특히 프랑스의 지적 분위기 속에서 매우 호소력이 있었다. 왜냐하면 당시의 분위기가 유럽 실존주의의 "주관성" 방향으로의 지나친 경도에 실증을 느끼고 있던 때였기 때문이다. 하지만 문학적 내러티브 이론의 관점에서 볼 때는 구조주의적 접근의 뿌리를 러시아 형식주의에서 찾는 것이 옳을 것이다.

내러티브의 **형식적 "문법"**을 찾고자 하는 시도는 **준과학적 일반화**를 가능하게 하는 하나의 연역적 모델을 정립하고자 하는 동기와 연결되어 있다. 이는 특정성 및 상황성이라는 사회–역사적 요인들을 존중하는 해석학적 관심과는 매우 멀리 떨어져 있는 관심이다. 내러티브의 형식적 문법 혹은 "형태론"을 위한 기초적 출발점을 이룬 저작이 1928년의 블라디미르 프롭(Vladimir I. Propp)의 책이다.

내러티브 형식을 일반화하는 일은 유년기의 많은 시간을 서부 영화를 보고 지낸 세대의 사람들에게는 매우 개연성 있는 일로 받아들여질 것이다. 피에르 기로(Pierre Guiraud)가 잘 지적하는 것처럼, 이런 영화들 속에는 **표준적 역할**들을 수행하는 등장인물들이 나타난다. 즉, 영웅, 악당, 조력자, 반역자, 믿을만한 자 등이다.[73] 이런 **유형화**된 인물들에 의해 추적이나 사랑의 훼방, 형벌, 복수, 보상 등의 표준화된 행동들이 수행된다. 블라디미르 프롭은 1928년에『민담의 형태론』(*Morphology of the Folktale*)이라는 책을 출판했는데, 여기서 그는 백 개의 러시아 민담에 등장하는 가장 일반적인 **형식적 패턴들**을 연구하고 있다. 그리고 일부 기능들은 민담의 **불변적** 요소들이라는 것을 지적한다.

비록 프롭이 "기능들"이라는 용어를 사용하지만, 그는 이를 수행하는 등장인물들 속에서 준과학적 일반성에 해당되는 하나의 안정된 불변적 요인들을 찾아내고 있다. 프롭은 이 기능을 두고 "어떤 등장인물의 행위를 가리키는데, 이는 그 행위의 과정에서 의미의 관점으로 정의된 것"이라고 규정한다.[74] 그는 최소한 31 가지의 기능을 구별하고 있다. 여기에는 영웅, 공급자(또는 "기부자"), 악당, 공주(추구의 대상), 조력자, "가짜 영웅" 등이 포함된다.[75] 프롭의 책은 1958년에 영어로, 1973년에 불어로 번역되었으며, 코르트의 표현대로 "내러티브에 대한 구조적 분석을 위한 교과서"가 되었다.[76]

우리가 앞서 3장에서 보았던 것처럼, 구조주의가 보다 넓은 학문적 이론으로 자리를 잡게 된 것은 1929년에 프라하 언어학 서클이 소쉬르의 작업을 바탕으로 언어학이 언어의 원소적 "사실들"에서부터 시작할 것이 아니라, 언어 체계(랑그)와 그 위에서 의미 유동성을 얻는 구체적 선택된 발화(파롤)에서부터 시작되어야 한다고 주장하면서부터이다. 색깔 언어나 친족 관계 언어는 이를 보여주는 대표적인 범주들이다. 이를테면 "오렌지" 색은 그것이 색깔 스펙트럼(혹은 "영역") 속에서 "빨강"과 "노랑" 사이에서의 그 관계에 의해 그 의미가 정해진다.

1931년에 트리어(J. Trier)는 말의 의미가 "오직 영역 속에서만" 일어난다고 주장하였고, 1933년에 트루베츠코이(N. Trubetzkoy)는 이와 같은 소쉬르식 모델이 다른 학문 분야에도 확대되어야 한다고 주장하였다. 로만 야콥슨(Roman Jakobson)은 소쉬르의 언어 체계 안에서의 통합적(syntagmatic) 축과 계열적(paradigmatic, 또는 대체적) 축 사이의 대비 관계를 발전시켜서 코드의 관점에서, 다시 말해서 **송신자**와 **수신자**가 어떤 주어진 **상황** 속에서 말이나 글, 또는 전기 신호 등의 **접촉체**를 통하여 **메시지**를 주고받는 과정에 적용시키고 있다.

레비스트로스의 경우 그의 1958년의 책 『구조주의 인류학』에서 이런 원리를 친족체계나 그 밖의 사회적 현상 속에 적용시키고 있다. 우리가 앞에서도 본 것처럼, 그의 작업은 신화 속에 나타나는 이원적 상반성의 내적 체계라는 개념을 중심으로 이루어지고 있다. 이를테면 하늘과 땅, 삶과 죽음, 남성과 여성, 신과 세계 등의 이원적 구조이다. 장–마리 베누아(Jean–Marie Benoist)가 말하는 것처럼, "하나의 기호는 이것을 다른 기호들과 연결시키는 차이의 간격에 의해서만 그 의미를 드러낸다. …… 언어는 하나의 자기지시적 체계이다."[77] 베누아는 부르박주의(Bourbakist) 수학자들의 구조 인식 속에서 자신과 같은 유사성을 찾고 있다. "수학자들에게 수학적 대상에 대한 지식은 한 개체의 고립된 자질을 지향하는 것이 아니라, 한 체계의 형식적 구성을 지향한다."[78]

롤랑 바르트를 제외하면 성경 내러티브에 대한 구조주의적 접근에서 프롭에 비견될 수 있는 영향력을 행사한 또 다른 유일한 인물은 알렉산더 그레마스(Alexander J. Greimas)일 것이다(그의 1966년과 1970년의 두 책 참고).[79] 그는 "문장" 단위 속에서의 주체–대상 체계에 초점을 맞추어 그의 연구를 시작하고 있다. 이 체계의 구성은 프롭의 작업의 기초 위에서 보다 큰 내러티브 단위에로 확장되고 있다. 그레마스는 명제적 맥락 속에서의 주체–대상의 연결 구조를 내러티브 구조 속으로 전이시켜 욕망과 추구의 축(주체는 대상을 욕망하고 찾기 시작한다) 및 의사소통의 축(**주체** 혹은 **"보내는 자"**는 **대상**을 **"받는 자"**에게 보낸다)과 연결시켜 확장해가고 있다. 이 네 가지 내러티브 구성요소 위에 그레마스는 갈등 관계 속에서의 기능자들인 **조력자**와 **적대자**를 덧보탠다. 이렇게 해서 그레마스의 내러티브 문법 혹은 형태론에는 주체와 대상, 보내는 자와 받는 자, 조력자와 적대자의 여섯 개의 기능자 요소들을 가지게 되었다. 이 각각의 짝은 추구와 욕망, 의사소통, 그리고 갈등의 서로 다른 관계 위에 근거를 두고 있다.

데이빗 그린우드(David Greenwood)는 그레마스가 롤랑 바르트와는 달리 내러티브 텍스트에 대한 "과학적" 접근을 의식적으로 목표하고 있다고 지적한다.[80] 그는 연역적 방식으로 일반 모델을 특정 텍스트에 적용시켜 가고 있다. 그린우드의 관찰에 따르면 이런 접근은 특정 텍스트들 속에서 공통적 패턴을 찾는 토도로프의 귀납적 방식과는 대조적이다. 그레마스가 관심갖는 것은 텍스트 의미 자체가 아니라 그것을 구성하고 또 생성하는 형식적 구조이다. 다시 말해서 파롤의 차원보다는 랑그의 차원에 관심을 두고 있다.

그레마스가 찾고자 하는 불변적인 형식적 내러티브 기능자들은 따라서 "심층" 구조의 불변 요소들이다. 이 "심층" 구조는 레비스트로스가 밝히는 이원적 상반성의 주어진 것들로부터 발생한다. 하지만 그레마스의 주체와 대상, 조력자와 적대자, 보내는 자와 받는 자의 상반적 기능자들은 내러티브 연속 혹은 플롯의 일관성을 구성하는 축들을 따라 내러티브적으로 그 틀이 잡혀 있다. 특히 플롯을 구성하는 중심 요소 가운데 하나는 "계약"(contract)이다. 보내는 자는 받는 자 혹은 영웅으로 하여금 어떤 사명 혹은 모험을 취하도록 명한다.[81] 이와 같은 계약 차원은 수행(performance, 시험, 난관, 갈등 등) 차원과 분리(disjunction, 떠남, 이동, 복귀 등) 차원의 보완을 받는다. 이런 요소들이 내러티브 "문법"의 기본적 불변 요소들이다.

성경 해석 속에서 그레마스의 영향은 대단히 폭넓게 퍼져 있다. 롤랑 바르트, 댄 오토 비아(Dan Otto Via), 대니얼 패트(Daniel Patte), 장 칼루(Jean Calloud) 등을 그 예로 들 수 있을 것이다. 루이스 마틴(Louis Martin)은 그레마스의 접근을 자크 라캉과 접목시켜 사용하기도 한다. 하지만 구조주의 내러티브 문법을 성경 텍스트 해석에 접목시킨 첫 번째 괄목할만한 시도는 롤랑 바르트의 1971년도 논문 "천사와의 씨름: 창세기 32:23–33의 텍스트 분석"일 것이다.[82] 같은 해에 바르트는 또 다른 논문 "사도행전 10–11장과 관련한 구조주의적 내러티브 분석"을 출판하기도 하였다.[83]

바르트는 이런 연구를 위하여 구조주의 및 기호학적 코드에 관한 자신의 초기 연구들을 사용하고 있지만, 그러나 보다 폭넓은 개념적 도구들은 프롭이나 레비스트로스, 그레마스 등에게서 영향을 받고 있는 것을 볼 수 있다. 바르트는 세 가지 탐구의 방법들을 구분하고 있다. "텍스트가 **어디로부터** 오는가(역사-비평적 분석) …… 그것이 **어떻게** 만들어져 있으며 …… (그리고) **어떻게** 열릴 수 있을 것인가(구조적 분석) …… 그리고 **어떤** 코드화된 단계들이 그 속에 들어가 있는가(텍스트 분석 혹은 텍스트성 이론)"의 탐구가 그것이다.[84] 바르트는 프롭을 따라 구조적 분석은 "내러티브 속에 포함된 등장인물이라는 구성 요소"를 요구한다고 지적한다. 나아가서 그는 그레마스가 이런 구성 요소를 기능적으로 분류하고 있는 점을 지적하면서 "이런 역할 분석에서 그레마스는 그 이론을 처음으로 세운 사람"이라고 인정한다.[85] 내러티브 흐름의 조직화된 구조를 위해서는 **연속적** 분석이 필요하다는 것을 바르트는 지적하기도 한다.

바르트는 창세기 32:23–33의 야곱 이야기가 주로 우발적 행위들로 구성되어 있기 때문에 우선권이 연속적 분석에 주어져야 한다고 주장한다. 이야기의 구조로부터 도출되는 주요 장면들은 시내를 "건넘"(창 32:23–25), 야곱의 "씨름"(창 32:25–30), 그리고 "이름의 변경"(창 32:28–33)이다. 이런 요소들은 그레마스의 "분리"와 "수행"(떠남과 적대자의 출현에 따른 갈등 및 시험) 및 "계약"(이름의 변경) 동기를 반영한다. 야곱은 추구의 "영웅"이며, 하나님은 "공급자" 혹은 "기부자"(프롭) 혹은 "보내는 자"(그레마스)의 역할을 수행한다.

그런데 이와 같은 구조적 패턴의 구성은 이내 부조화 및 우발적 요소들과 맞부딪치고 있다. "세력들 간의 관계에서 기대되는 것이 전도되는 현상이 나타난다."[86] 하나님은 "계약"의 축에서 볼 때 야곱을 목적 있는 추구를 위해 "보내는" 분이다. 그런데 이 하나님이 "수행"의 축에서 볼 때는 적대자요 동시에 조력자가 되고 있다. 이를 두고 바르트는 이렇게 지적한다. "보내는 자가 적대자가 된다는 것은 매우 드문 일이다. …… 이 유명한 건넘의 이야기 속에서 나의 관심을 가장 크게 끄는 것은 '민화적' 모델이 아니라, 상호작용과 **이탈** 및 **불연속적** 측면들이다."[87]

한편에서 바르트는 텍스트를 닫힌 체계로 보는 구조주의적 관점을 수용하고 있다. 그러나 또 다른 한편에서 형식적 패턴들을 초월하는 이탈적 요소에 대한 그의 강조는 단순히 체계가 빚어낸 고조된 차이를 가리킨다기보다 순전히 체계적인 것만이 아니라 그것을 넘어 사회–역사적 요인들을 또한 고려에 넣고 있다는 것을 보여주는 표시이다. 사도행전 10–11장에 대한 바르트의 구조주의적 분석이 이런 점을 잘 보여준다.

바르트는 이 본문 속에서 적어도 12가지의 기호학적 "코드들"을 찾아내고 있다. 이는 단지 형식적 내러티브 문법에 속하는 코드들이 아니라, 다양한 사회–언어적 관습들로부터 도출되는 서로 맞물리고 교차되는 체계들의 구성체이다. 고넬료 내러티브의 시작 부분에서 바르트는 "내러티브 코드"를 찾고 있다("가이사랴에 고넬료라 하는 사람이 있었다"). 여기서 "가이사랴"는 또한 "지리 장소적 코드"로 작용한다(10:5의 "욥바"와 기능적 차이를 빚는 말로서).[88] "고넬료"와 "베드로"(10:5) 사이의 소위 "이름"(onomastic) 코드 또한 중요하다. "이달리야 부대"(10:1)의 언급은 "역사" 코드를 전제한다. "제 육시"(10:9)의 언급은 "시간" 코드의 바탕 위에서 그 기능을 수행한다.[89]

이와 같은 분석의 결론 가운데 하나는 이 본문의 주 원천이 추구가 아니라 의사소통과 관련된다는 것이다.[90] 하지만 바르트가 자신의 글 시작 부분에서 밝히고 있는 것처럼, 그의 주된 관심은 의미를 "하나의 가능"이 되게 만드는 구조 혹은 코드에 놓여 있다. "나에게 의미는 **가능성의 존재 그 자체**이다"(바르트 자신의 강조).[91] 우리는 앞서 3장에서 "의미"라는 하나의 용어를 두고 랑그 차원과 파롤 차원 중 어느 한 쪽만을 취하게 될 때 올바른 문제의 해결이 나오기 어렵다는 것을 지적한 바 있다. 구문론적, 기호학적, 의미론적 체계는 화용론 속에서의 구체 화행과 서로 구별된다. 이 속에서 의미는 체계와 생활세계 사이의 상호관계의 맥락 속에서 이루어진다.

구조 또는 체계의 인식이 없이는 랑그 속에 구체화되어 있는 패턴화된(그러면서도 재조정될 수 있는) 규칙성이 사라져버리고 말 것이다. 반면 화자와 청자의 의사소통적, 상호작용적 생활세계 속에서의 텍스트의 행위지향적 접촉점을 가지고 있지 못하다면, 우리는 또 다른 방향으로 미끄러져 가고 말 것이다. 즉, 우리의 발화나 텍스트가 언어외적 행동의 양식 속에 아무런 안정된 근거도 가지지 못하는 결과가 일어나게 된다.

바르트와 더불어 성경 해석 속에 구조주의를 이끌어 들인 또 다른 한 인물이 있다. 제네바 대학 개신교 신학부는 1971년 2월에 구조주의와 성경 전문가들 및 문학 이론가들 간의 대화를 위한 장을 마련하고자 두 사람의 주강사를 초청하였다. 한 사람이 파리로부터 온 롤랑 바르트였고, 또 다른 한 사람은 제네바의 장 스타로빈스키(Jean Starobinski)였다. 스타로빈스키가 발표한 글은 바르트의 창세기 32:23–33에 관한 글과 함께 구조주의 이론의 고전이 되었는데, 이 글은 "거라사의 광인: 마가복음 5:1–20의 문학적 분석"이라는 제목으로 1971년(영역은 1974년)에 출판되었다.[92]

스타로빈스키는 일차적으로 텍스트를 그 저자나 화자의 생활세계와는 단절된 하나의 "내러티브 체계"로 보는 전형적인 구조주의자의 시각을 가지고 출발하고 있다. 뿐만 아니라 그는 마가의 내러티브가 구체적 수신자를 가지지 않는다고 주장한다. 이는 "그 청중을 보편화하는 효과"를 가져온다.

마가복음 5:1–20의 텍스트 체계 안에서 보면 상반성 및 양극화가 부각된다. 한 쪽에는 광인의 세계가 있는데, 이는 난폭하고 거칠며 폭력적이고 무섭다. 이런 세계는 폭풍과 산, 어둠, 무덤 등과 짝을 이루고 있다(막 5:2–5, 7, 11, 비교 막 4:35–41). 폭력과 광기, 울부짖음, 고립 등은 광인의 세계를 나타내는 특징들이다. 이에 반해 예수께서는 이 사람의 벌거벗음을 "옷"으로, 그의 난폭한 불안정성을 "온전한 정신"으로, 그의 고립을 "집과 가족들"로 바꾸어 놓으신다(막 5:15, 19). 야만적 혼란이 온전함과 일관성과 질서로 바뀌고 있는 것이다.

스타로빈스키는 이어서 장소 지리적 위치와 이동 속에서도 이원적 대조가 자리잡고 있다고 지적한다. "다른 지방이 지옥의 '다른 세계'와 같은 말이 되고 있다."[93] 군대 귀신들은 "세 번 건너고 있다. 하나는 그 사람으로부터 나온 것, 또 하나는 돼지들 속으로(*eis tous choirous*) 들어간 것, 그리고 바다 속으로(*eis tēn thalassan*, 막 5:13) 들어간 것이다."[94] 이와 같은 장소 지리적 요소 역시 혼란으로부터 "질서에로의 복귀"를 나타낸다. 그 속에서 "군대"의 복수성(막 5:9)은 혼란의 심연으로 돌아가고 있다. "마귀적 세력들의 여정은 문자적으로 예수의 그것과 교차된다(crosses).” 돼지들의 수직적 떨어짐은 “그리스도의 수평적 여행과 대조를 이룬다.”[95] 이런 상반성의 흔적은 거라사 지역의 주민들이 예수로 하여금 그들의 곁에서 떠나기를 요청하는 데서도(막 5:17) 나타난다.

이상과 같은 1971년의 선구적 연구들 이후로 수많은 사람들이 성경의 다양한 내러티브 본문들에 대한 구조적 분석을 내어 놓기 시작했다. 『세메이아』지가 1974년에 첫 선을 보인 이후 그 첫 두 호를 전적으로 비유들에 대한 구조주의적 접근에 할애했고, 여기에 참여한 필진들이 크로산, 댄 오토 비아, 노먼 피터슨, 로버트 펑크 등이다. 장 칼루(Jean Calloud)는 1973년(영어판은 1976년)에 거의 전적으로 그레마스의 방법과 도구들을 사용하여 마태복음 4:1–11에 나타나는 예수의 시험 기사를 다루는 책 『구조주의적 내러티브 분석』을 내놓았다.[96]

칼루의 분석은 결코 땅을 뒤흔드는 정도가 되지는 못하였다. 이야기의 첫 번째 항목 “예수께서 성령에게 이끌리어 마귀에게 시험을 받으러 광야로 가셨다”(마 4:1)는 진술은 그레마스의 떠남(분리의 축)과 계약적 사명(예수께서 성령의 인도를 받으심)과 갈등(시험을 받음)의 형식을 잘 보여준다. 그가 “주리셨다”(마 4:2)는 것은 프롭의 “결핍”의 범주에 해당된다. 그리고 마귀가 돌들로 떡을 만들라고 한 것(마 4:3)은 잠정적으로 마귀에게 하나님의 대항–보내는 자(anti–sender) 또는 경쟁자–보내는 자(rival–sender)의 역할을 돌리는 것이 된다.[97] 두 번째 시험에서 하나님의 “계약”(“기록되었으되”, 마 4:6)은 마귀의 계약적 요구(“뛰어내리라”)와 대조를 이룬다. 전체적으로 볼 때 이 기사 속에는 이원적 상반성(존재와 부재, 만족과 결핍, 필요와 욕구 등)이 구조상의 차이를 관장하고 있다는 것이다.[98]

칼루는 이런 분석을 통해 시험 기사의 의미를 우리가 이해할 수 있도록 돕고자 하는 목적을 갖고 있는가? 그는 자신의 목적이 어떻게 소단위들이 **체계의 기초 위에서** 작용하며, 또한 내러티브 그물망이 어떻게 조직되어 있는지를 보여주고자 하는 데 있다고 밝힌다. 하지만 대단히 의심스러운 것 중의 하나는 그레마스의 모델을 이토록 상세하게 적용하는 데 쏟아부은 엄청난 에너지가 결국은 하나의 이론적 시범에 그치고 마는 것이 아닌가 하는 점이다. 우리는 뒤에 가서 이와 같은 접근이 갖는 유용성과 더불어 이런 소위 "과학적" 방법이 과연 검증의 기준들에 복속되고 있는지에 대하여 여러 성경학자들이 평가하는 내용들을 살펴볼 것이다.

이와 같은 구조주의적 접근은 신약 연구뿐만 아니라 구약 연구에도 폭넓게 적용되고 있다. 『세메이아』의 첫 두 호가 구조주의를 집중적으로 다룰 때 『해석』(*Interpretation*)지는 로버트 스피비(Robert Spivey), 리처드 제이콥슨(Richard Jacobson), 로버트 컬리(Robert Culley), 로버트 폴진(Robert Polzin) 등의 구조주의적 접근 방식의 논문들을 선보였다. 특히 폴진의 욥기에 대한 논문은 뒤에 확장되어 『성경적 구조주의』(*Biblical Structuralism*)라는 책으로 출판되었다.[99]

댄 오토 비아와 대니얼 패트는 상당한 기간에 걸쳐 지속적으로 성경 텍스트에 대한 구조주의적 접근을 적용하고자 애를 써왔다. 특히 비아는 주로 예수의 비유들을 연구의 대상으로 삼고 있다. 그의 초기의 책 『비유들: 그 문학적, 실존주의적 차원들』(*The Parables: Their Literary and Existential Dimension*, 1967)은 신비평과 실존주의 해석학의 정신을 많은 비유들 속에 접목시켜 놓은 작업이다.[100] 로버트 펑크를 따라 그는 에른스트 푹스와 신해석학의 기조를 미국의 독자들에게 소개시키고 있다.[101] 하지만 비아는 내러티브 세계와 실존적 공명이라는 범주 위에 **플롯**의 관점에서 비유를 이해하는 보다 발전된 방법을 도입하고 있다.

비아가 볼 때 비극은 "그 플롯이 주인공의 재앙과 고립의 방향으로 하향지향적이다."[102] 이에 반해서 "희극의 범주에서는 주인공의 행복을 위한 상향적 방식으로 그 플롯이 움직인다."[103] 비극적 플롯 구조는 달란트 비유(마 25:14–30)나 결혼식 예복의 비유(마 22:11–14), 열 처녀 비유(마 25:1–13) 등에 나타나고 있다. 한 달란트 받은 사람은 오직 마지막에 가서야 어떤 모험도 하지 않은 것에 대한, 그리고 자신을 다른 사람의 주도권의 희생자처럼 생각하는 것에 따른 쓰라린 결과를 인식하게 된다. 기름을 준비하지 않은 처녀들은 누군가가 그들을 위해 늘 청구서 비용을 갚아줄 줄 생각했던 것의 쓰라린

결과를 역시 마지막에 가서 직면하게 된다.[104]

이와는 대조적으로 포도원 품꾼 비유(마 20:1–16), 불의한 청지기 비유(눅 16:1–9), 탕자 비유(눅 15:11–32) 등은 희극적 플롯 구조의 예들이다. 탕자 비유의 경우 탕자 스스로가 가졌던 최고치의 기대보다 더 놀라운 결과를 갖이한 축제적 분위기로 이야기가 끝이 나고 있다.[105]

이 지점에서 비아의 작업은 신비평과 해석학의 종합을 시도하고 있다. 그의 책『신약의 케리그마와 희극』(*Kerygma and Comedy in the New Testament*, 1975)에서는 구조주의적 분석 쪽으로의 이동을 보여준다.[106] 비아는 모든 역사적 질문들을 배제한 순전한 형식주의적 또는 기호학적 형태의 구조주의가 한계를 가진다는 것을 잘 인식하고 있다. 그런 점에서 그는 바르트의 "시간 무력화하기"와 거리를 두고 있으며, 또한 미셸 푸코(Michel Foucault)의 접근이 "과도하게 반역사적 관점"을 표방한다고 비판한다.[107] 그러면서도 그는 구조주의가 "새로운 지식을 산출한다"라는 굳은 확신을 표하고 있다.[108]

비아는 바울 서신들 속에서도 그 성경적 언어 배후에 구조적 기초가 놓여 있다고 지적한다. 예를 들어 "문자와 영"(고후 3:6)에 관한 바울의 언어 배후에 여러 가지의 구조들, 코드들, 또는 그의 표현대로 구조의 "축들"이 작용하고 있다는 것이다. 여기에는 언약과 율법, 능력의 축들이 포함된다. 율법은 그 의미가 산출되는 구조적 기초를 업적을 통한 행위의 의 위에 두게 되면 이때 그것은 "문자"가 되고 만다. 반면 그것이 믿음으로의 의의 구조 위에서는 "영"을 의미하게 된다(롬 7:6, 7, 8:2).[109]

비아는 이런 구조주의적 접근을 해석학적 접근과 결합시키고 있다. 그렇게 보는 이유는 그가 바울 언어의 전제적 측면을 "선이해"라고 말하고 있기 때문이다. "문자"와 "영"의 의미를 결정하는 또 다른 "선이해"는 능력의 축이다. 성령은 생명을 위한 능력을 준다. 그러나 업적 지향적인 "선이해" 속에서 문자는 죽음을 낳는 능력이 되고 있다.[110]

우리는 구조주의와 해석학의 관계 및 그 속에서 "체계"와 "생활세계"의 범주가 어떻게 문학적, 해석적 키로 전환되고 있는지의 문제를 뒤에 가서 다시 살펴볼 것이다. 대니얼 패트는 비아와는 대조적으로 해석학적 전통과는 단절을 지향하고 있다. 그의 책 『구조주의적 주해란 무엇인가?』(*What is Structural Exegesis?*, 1976) 이후로 여러 책들 속에서 그는 일관되게 이런 입장을 취한다. 패트는 자신이 소쉬르, 레비스트로스, 프롭, 그레마스, 바르트에게서 받은 영향을 명시적으로 밝히고 있고, 이에 반해 딜타이로부터 가다머에 이르기까지의 해석학적 모델에 관해서는 성경 텍스트가 더 이상 "살아 있는 언어가 아니며 …… 말이 아니"라는 이유로 이를 거부하고 있다. 성경의 언어는 "나에게 건네진 말이 아니다."[111] 그가 볼 때 역사적 주해는 실제로는 해석학으로 연결되지 않는다.[112] 그는 구조주의로부터 "의미–효과"를 얻기를 소망하고 있다. 이 "의미–효과"는 "소리–효과"에 비견되는 것이다.[113]

그러나 여기에서 나타나는 주된 문제점은 그레마스의 내러티브 문법이 객관적 혹은 "과학적" 지위를 가졌다고 생각할 때부터 나타났던 바대로 너무나 뚜렷한 결과의 예측성이다. 패트는 반복해서 소쉬르, 프롭, 그레마스에 대해 장황하게 이야기할 뿐만 아니라, 구조주의적 범주를 칼루의 시각을 통해 선한 사마리아인의 비유(눅 10:30–37)에 적용하고 있다. 하지만 우리는 그 결과를 대체로 예측할 수 있다. 이 이야기는 여행을 떠나는 "분리" 축에서부터 시작된다. 길에서 만난 강도들은 "적대자"의 역할을 가진다. 상처입은 사람은 "받는 자"이다. 패트는 기름, 포도주, 그리고 심지어 "방법을 앎"조차도 "조력자"로 지칭하고 있다.[114] 하지만 이런 것이 다른 전통적 접근들보다 더 나은 해석학이라는 근거가 무엇인가?

대니얼 패트는 1978년(얼라인 패트와 공저), 1983년, 1987년의 저술에서도 한결 같이 이런 구조주의적 접근 방법을 적용하고 있다.[115] 『기호와 비유』(*Signs and Parables*, 1978)의 서문에서 패트는 구조주의자들이 실제로는 "우리가 결국에는 거부하기를 바라는" 의미 이론으로 작용할 수 있는 가능성을 인식하고 있다.[116] 대니얼과 얼라인 패트의 공저에서 그들은 롤랑 바르트와 미셸 푸코가 "내러티브들에 특징적인 보편적 관계망"을 확립할 수 있다는 가능성을 굳게 거부하고 있음을 인정하고 있다.[117] 『구조주의 주해』(*Structural Exegesis*와 『바울의 믿음과 복음의 능력』(*Paul's Faith and the Power of the Gospel*), 그리고 『마태복음』(*The Gospel According to Matthew*)에서 패트는 좀 더 넓은 의미에서의 "구조주의적" 접근을 사용하여 실재 및 실재에 대한 확신을 이를 이미 견지하고 있는 사람들에게 그렇게 보이도록 만드는 "심층 가치 또는 확신"의 체계가 무엇인지 결정하려는 시도를 하고 있다.

여기에서 우리는 구조주의적 접근이 바울 혹은 마태 편에서 확신의 가능성을 위한 확신을 결정하는 것을 목표로 삼고 있음을 볼 수 있다.[118] 패트는 믿음을 "확신의 체계에 붙들린 상태"로 정의한다.[119] 확신은 신념과는 구별된다. 어떤 부적합한 구조 혹은 틀(예를 들어, 계시를 전적으로 율법과 동일시하는 범주) 속에서는 계시를 "우상적 확신 체계로" 절대화시키는 것이 얼마든지 가능하다.[120] 그런 구조 속에서 예수는 하나의 걸림돌이 될 수도 있지만, 그러나 다른 구조의 틀 속에서 보면 그리스도는 하나님의 능력의 현시를 의미한다(롬 8:1–4).

패트릭 그랜트는 매우 유용한 책인『신약성경 읽기』에서 바울에 대한 패트의 접근을 두고 "하나의 문학 텍스트에 대한 탁월한 현대적 연구"를 읽는 것과 같다고 지적한다.[121] 그렇다면 패트의 접근이 비아의 인식, 즉 이해가 작용하는 틀이 단지 구조적 **체계**만이 아니라 해석학적 **생활세계**이기도 하다는 인식과 어떻게 차이가 나는가? **생활세계**에 대한 고려가 없이 **단지 체계**만을 추구하는 것이 결코 충분하지 않다는 사실을 인식하지 못하게 되면, 여기에는 에어하르트 귓게만스(Erhardt Güttgemanns)가 범하는 실수가 따를 위험성이 상존한다.

귓게만스는 여러 저술들(1971, 1972, 1973, 1976년) 속에서 유럽과 서구 성경 학계의 역사적–해석학적 전통을 보다 나은 "언어학적" 신학으로 대체할 수 있는 하나의 새로운 접근 방법을 제시하겠노라고 주장한다. 그는 프롭과 그레마스뿐만 아니라 노암 촘스키의 생성 언어학의 요소도 차용하여 그 나름의 구조적 내러티브 연구의 방법을 개발하고 있다. 결코 겸손한 표현을 할 줄 모르는 사람으로서 귓게만스는 "전통적 신약 신학은 그것이 텍스트 이론에서 비롯된 것이 아니기 때문에 언어학의 이름으로 모두 거부되어야 한다"라고 주장한다.[122] 그리고 그것의 자리는 자신의 구조주의 "생성 시학"(generative poetics)으로 대체되어야 한다는 것이다.

구조주의는 한편에서는 후기구조주의와 해체주의로 발전되거나 아니면 다른 한편에서는 인간 생활세계 속에서의 사회–문화적, 상황적 요인들을 보다 온전히 고려하는 기호학 이론으로 발전한다. 귓게만스의 이론은 이 어떤 방향도 아니고 단지 초기 형식주의 및 유사–과학적 구조주의의 한 출구 없는 종점의 형태라고 할 수 있다. 무엇을 체계 또는 기호학적 코드로 **간주**할 것인가 하는 문제는 최소한 어느 부분에서는 사회–상황적 독서 관습의 문제이기도 하다. 일단 우리가 체계를 보편화된 자율적 그물망으로가 아니라 사회–문화적 요인에 의해 조건지어진 틀로 인식하게 된다면, 여기에는 조너선 쿨러가 강하게 주장하고 있는 것처럼, "오직 텍스트 자체"에서부터 **독자**의 역할을 고려하는 방향으로 관심의 전환이 따라오게 된다.

쿨러는 그의 책 『기호의 틀 짓기』(*Framing the Sign*, 1988)에서 이와 같은 독자 지향적 접근을 나타내기 위해 "틀 짓기"라는 용어를 사용하고 있다. 이는 텍스트 맥락뿐만 아니라 독자 맥락을 가리키는 용어이다. 그는 이렇게 말한다. "기호의 틀 짓기라는 말은 맥락이란 말보다 여러 가지 면에서 이점이 있다. 이는 틀 짓기가 우리가 행하는 그 어떤 일이라는 것을 나타낸다. 이는 또한 틀을 크게 잡는 것 …… 즉 상황을 최대로 사용하는 것을 암시하기도 한다."[123] 왜 구조주의적 접근이(후기구조주의나 기호학적 접근과 대조적으로) 성경 해석에서 한계나 난점, 혹은 결과적으로 쇠퇴를 맞을 수밖에 없었는가 하는 점은 성경 해석학 및 문학 이론에서의 독자 지향적 이론들의 발전과 맞물려 있다. 이제 우리의 관심을 이 두 영역 속으로 돌려보자.

4. 후기 구조주의로부터 기호학에 이르기까지의 '읽기' 이론

구조주의는 대체로 기호학 이론이나 후기구조주의 이론으로 전환되었다. 조너선 쿨러(Jonathan Culler)는 이런 전환과 관련하여 구조적 그물망이 **읽기의 관습들**에 불과하다는 것을 인식하게 되자 이제는 관심의 초점이 **독자**에게로 넘어가게 된 것이라고 지적한다. 뿐만 아니라 쿨러에 따르면 기호학도 기호들이 작용하는 관습들에 대한 탐구이기 때문에, 문학 이론상의 기호학적 탐구 역시 읽기 이론을 다루지 않을 수 없다고 지적한다. 쿨러의 책『기호의 추구』(*The Pursuit of Signs*, 1981)는 어떻게 독자가 텍스트를 해석하는지, 그리고 어떻게 "그와 같은 기호학이 읽기의 이론이 되는지"의 문제를 다루고 있다.[124]

이보다 앞에 나온 책『구조주의 시학』(*Structuralist Poetics*, 1975)에서 쿨러는 구조주의를 문학 텍스트 안에서 발견되는 수많은 가능성들을 설명할 수 있는 **문학적 역량**(literary competence) 이론으로 발전시켜야 한다고 주장하고 있다. 문학은 "가능성들"의 기초가 있어야만 "읽을 수" 있다. 따라서 실제 수행의 사건(파롤)을 생성하는 가능성들의 체계(랑그)와 "읽기"의 행위를 위한 가능성의 조건을 조성하는 "시학"의 과제 사이에는 유사성이 있다고 보는 것이다.[125]

우리가 쿨러의 이론을 보다 상세히 살펴보기 전에, 왜 구조주의가 일반 문학 이론 속에서는 그 형태를 달리하여 여전히 영향을 행사하고 있는 반면, 성경 연구에서는 퇴조를 보일 수밖에 없었는지 그 요인들을 간단히 요약해보는 것이 좋을 것으로 생각한다. 현재의 성경 해석의 흐름을 보면 후기구조주의나 기호학적 접근들이 그 강조점을 "읽기" 이론과 상호본문성(간본문성) 쪽으로 돌리고 있는 것을 볼 수 있다. "구조주의" 접근 방식에 쏟아 부었던 엄청난 에너지가 이제는 다른 방향으로 돌려지고 있는 것이다.

첫 번째 요인으로, 우리는 1950년대 말과 60년대 초에 구조주의가 프랑스 지성사의 맥락 속에서 그 이전의 실존주의적 주관성의 오래되고 주도적인 지배에 대한 강한 반작용으로 대두되었다는 것을 상기할 필요가 있다. 이 때문에 초기 구조주의는 준 객관주의의 입장을 표방하고 나섰던 것이다. 물론 "과학"으로서의 지위에 대한 소망은 곧 허물어졌지만, 인간 주체 중심적 접근에 대한 전반적 반작용이 인간 주체를 탈중심화하고자 하는 포스트모더니즘 식의 기호학 속에 형태를 달리하여 여전히 작용하고 있다.

이와 같은 인간 주체로부터의 이탈은 프로이트 이후 정신분석적 입장의 텍스트 연구에 의해 더욱 촉진되었다. 자아가 기만과 환상의 주체가 될 수 있다는 인식이 포스트모더니즘 해석학의 한 중심 주제가 되고 있다. 프로이트의 일반적 유산 및 영향 위에 자크 라캉 등의 작업이 이런 문제들에 더 첨예한 관심을 쏟아 붓고 있다.

초기 구조주의의 객관주의적 낙관론은 "프랑스 구조주의"를 성경 연구에 도입한 보봉(François Bovon)의 1971년도 논문 속에 잘 나타난다. 보봉은 해석학에서 "주체"와 "삶", "결단" 등에 대한 실존주의적 관심을 "자연과학으로부터 도출된 새로운 논리적, 객관적 방법"과 대조시키고 있다. 그러면서 "이제는 더 이상 역사성에 대해 말하지 않고 …… 체계에 대해서 말한다"라고 강조한다.[126]

이로부터 4년 후인 1975년에 장-마리 베누아(Jean-Marie Benoist)는 약간 다른 관점에서 명확하게 포스트모더니즘 방향으로의 발전의 냄새를 풍기면서, 그러나 동일하게 "주체로부터의 전환"을 이야기한다. 그는 이렇게 말한다. "주체는 움직이는 유동적인 그래프 위의 점 하나에 지나지 않는다. 우리는 여기에다 …… 인식론적, 철학적 우위를 부여할 수 없다."[127]

후기구조주의가 독자에게로 그 관심을 전환하고 있다는 것은 형식주의 이론의 개별 독자의 의식을 두고 하는 말이 아니다. 오히려 사회-문화적 현상의 일환으로서 독서 공동체를 구성하는 관습들, 문화적 코드들, 역사적으로 조건지어진 기대들 등을 말하는 것이다.

둘째로, 주류 성경학계에서는 일부 구조주의적 모델의 적용이 이론적 차원에서 예측성이나 심지어 자의성을 드러내는 것이 아닌지 의심할 뿐만 아니라, 실제적 차원에서도 그것이 과연 어떤 실제적 결과들을 빚어내는 것인지 참을 수 없어 하는 기색을 드러내기 시작했다. 스티븐 무어는 "성경 구조주의, 기호학, 담화 분석으로 말미암아 하품과 신음을 자아내는 사람들"에 대해 솔직하게 표현하고 있다.[128]

로버트 컬리(Robert Culley)는 대니얼 패트의 초기 구조주의적 접근을 사용한 한 논문을 두고 첫째는 이런 유사-과학적 접근이 **검증**이 가능한 것인지, 둘째는 그 **유용성**이 어디에 있는 것인지를 질문하고 있다. 유사한 방식으로 번 포이트레스(Vern S. Poythress)는 구조주의가 새로운 관점을 열어주는 잠재적 가치가 있다는 것을 인정하면서도, 그 진리 주장을 검증할 수 있는 아무런 기준을 제시하지 않는다고 비판한다.[129] 일부 기호학적 또는 구조주의적 접근이 갖는 자의성의 문제는 그 본질이 이제는 명확히 드러나고 있다. 다시 말해서 그것 역시 하나의 사회-역사적으로 조건지어진 읽기 관습에 기초하고 있다는 것이며, 다른 많은 생성적 관습들의 그물망 가운데 하나에 지나지 않는다는 것이다.

세 번째로, 성경 연구 속에서 초기 그레마스, 칼루, 귀게만스 등에 의해 개진된 객관주의적 인식이 불가피하게 확장되고 수정됨에 따라 보다 최근의 유사한 연구들을 과연 "구조주의적"이라고 부를 수 있을 것인지의 질문이 대두되기 시작했다. 패트의 최근의 연구들은 그가 분명히 경계선 위에 서 있음을 보여준다. 이를 반영하여 그는 "구조주의"라는 말보다는 "구조적"이라는 말을 더 선호한다. 패트릭 그랜트는 그의 작업이 보다 일반적 의미에서 "문학적" 연구 같아 보인다고 논평하고 있다. 패트는 여전히 구조적 접근과 해석학적 접근 사이의 대립을 강조하고 있다.

하지만 비아는 일찍이 1975년에 그 안에서 텍스트가 이해되는 구조에 대한 인식과 해석학 전통에서의 "선이해" 인식 사이에는 유사성(동일성은 아닐지라도)이 있다는 것을 지적한 바 있다. 에드가 맥나이트(Edgar V. McKnight) 역시 그의 초기 저작『텍스트 안에 있는 의미』(*Meaning in Texts*, 1978)에서 구조주의가 결과적으로는 해석학을 섬기지 않을 수 없다고 강조한다. 보다 최근의 책『성경과 독자』(*The Bible and the Reader*, 1985)에서는 그가 말하는 "구조적-기호학적 접근"의 주된 역할이 독자의 역할에 대한 관심을 이끌어주는 것이라고 밝힌다. 이런 맥락 속에서 맥나이트는 조프리 하르트만의 "해석학적 비평"을 좋게 평가하는 반면, 귀게만스의 악명 높게 복잡한 장치를 두고는 "단순하다"라고 부정적으로 평가한다.[130] 그는 자신의 또 다른 책『포스트모던 성경 사용: 독자 지향적 비평의 발생』(*Post-Modern Use of the Bible: The Emergence of Reader-Oriented Criticism*, 1988)에서 독자 지향적 접근을 본격적으로 개진하고 있다.

이런 흐름을 조너선 쿨러는 "틀 짓기"(framing)라는 개념 속에 담아내고 있다. 텍스트를 알 수 있도록 만들어주는 상황화 및 재상황화의 과정 속에서 의미를 무엇으로 볼 것이냐를 결정하는 핵심적 역할을 쿨러는 독자에게 돌리고 있다. 이 경우 가장 근본적인 질문은 구조적 기호학이 전적으로 와해되어 후기구조주의 및 포스트모던 해체주의에로 넘어간 것인지, 아니면 그것이 자체의 역량을 확대하여 수전 위티그(Susan Wittig)가 말하는 "총체적 기호학 모델이라는 보다 큰 인식, 즉 의사소통 사건의 의미론적, 구문론적, 화용론적 축들의 관계에 대한 전반적 이해" 속으로 들어간 것인지의 문제이다.[131] 이 각각의 방향에 따라 해석학의 이해도 달라질 것이다.

조너선 컬러는 『기호들의 추구』에서 전통적 해석학의 선이해 개념과 매우 유사한 "읽기" 가능성의 전제 문제를 다루고 있다. 여기에는 줄리아 크리스테바의 간본문성(intertextuality) 개념이 중요한 역할을 가진다. 이 개념은 해석학의 선이해 개념보다 훨씬 덜 주체 중심적, 또는 의식 중심적이라고 할 수 있을 것이다. 하지만 하이데거 이후로, 특히 가다머에서부터 해석학은 개별적 의식의 문제보다는 상호주체성(inter-subjectivity)의 문제에 관심을 기울여 왔다. 해석학이 해석학적 순환의 변증법적 과정에 의존하는 것과 마찬가지로, 간본문성 역시 랑그와 파롤의 두 축 사이에서 작용한다.

컬러가 볼 때 "간본문성"은 "전제들"을 내포한다. 텍스트가 알 수 있을만한 것이 되는 이유는 "그 이전의 일단의 담론이 있기 때문이며 …… 모든 언어적 구성물의 간본문적 성격 때문이다."[132] 그는 "조형적 전제"와 "간본문성의 기술"을 거의 동의어처럼 사용한다.[133] 컬러는 이렇게 말한다. "간본문성의 기능 가운데 하나는 모든 담론 체계의 역설적 성격을 암시하는 것이다. …… 소쉬르가 말하듯이 랑그 안의 모든 것이 먼저는 파롤 안에 있었어야만 한다. 하지만 파롤은 랑그 때문에 가능하게 되며, 만일 어떤 사람이 어떤 발화나 텍스트가 그 기원의 순간에 있다고 밝히고자 한다면 그 사람은 자신이 그 이전의 코드들에 의존하고 있다는 사실을 발견하게 될 것이다."[134]

컬러는 간본문성이 "이중적 초점"을 가진다고 말한다. "한편에서 그것은 이전 본문의 중요성을 상기시키면서 텍스트의 자율성이 오도될 수 있는 인식임을 보여준다. …… 하지만 '간본문성'은 또한 이전 텍스트를 다양한 의미화 효과들을 가능하게 만드는 하나의 코드에의 기여물로 보게 만들기도 한다." 따라서 간본문성은 "한 작품과 특정 이전 텍스트들과의 관계를 가리키는 말이기보다는 하나의 **문화**의 공간 속에의 참여 …… 또는 텍스트와 다른 많은 **문화적 의미화의 기제들**과의 관계를 가리키는 말이다."[135]

슐라이어마허는 이미 19세기 초반에 해석학적 선이해 속에는 텍스트 해석의 수정가능성(corrigibility)이 포함된다는 것을 내다보았다. 앞서 슐라이어마허와 이해의 해석학을 다루는 자리에서 우리는 이것이 신약 연구에 관여하는 해석 "학파들" 및 성경 주해의 역사적 목적과 관련하여 어떤 의미가 있는지 살펴본 바 있다. 하지만 문학 이론에서 간본문성은, 조너선 쿨러가 지적하는 것처럼, 한편에서는 수정 가능성을 의미하지만, 또한 동시에 **독자가 도저히 극복할 수 없는 문제로서의 환원불가능한 다의성 및 급진적 미결정성**을 의미하기도 한다.

쿨러는 리파테르(Riffaterre)의 간본문성 개념을 살피고 있는데, 여기에서도 이 개념은 문학 작품이 **항상 그리고 끊임없이 다른 문학 작품 혹은 텍스트를 가리키며, 따라서 간본문성의 한계를 정하는 것은 불가능한 일**이 된다.[136] 본문-상호간의 공간 속에서 하나의 텍스트는 다른 텍스트들을 "흡수"하면서도 동시에 "파괴"한다는 줄리아 크리스테바의 인식은 해롤드 블룸(Harold Bloom)의 책 속에서 더욱 발전되고 있다. 블룸은 문학적 텍스트의 말들은 "또 다른 말들을 가리키며 따라서 문학적 언어의 과도하게 밀집된 세계 속으로 들어간다"라고 주장한다.[137]

쿨러는 이런 주장들의 난점을 잘 지적하고 있다. 그에 따르면 이런 견해들은 간본문성 개념 자체를 위험하게 만든다. **"그것이 가리키는 방대하고도 정의되지 않은 담론적 공간 때문에 이 개념을 사용하는 것이 어렵게 된다. 하지만 이 용어를 좀 더 좁혀서 보다 가용성 있게 만들 수도 있다. 이를테면 전통적 종류의 원천 연구의 의미로 사용하든지 아니면 해석적 편리의 차원에서 어떤 텍스트를 선 텍스트로 지칭하는 차원에서 이를 사용할 수 있다**"(강조는 첨가).[138]

쿨러는 서로 다른 간본문성 이해의 결정 요소들로서 논리적, 문학적, 인식론적, 화용론적 "전제들"을 구분함으로써 논의를 한걸음 더 건설적인 방향으로 이끌어가고 있다. 여기에는 다른 문학 텍스트들을 전제로 받아들이는 것이 포함되겠지만, 이뿐만 아니라 에드워드 키넌(Edward Keenan)이 말하는 **"발화의 정황"**과 관계된 화용론적 전제와 같은 언어외적 전제들도 포함된다고 볼 수 있을 것이다.[139] 예를 들어 약속을 담고 있는 텍스트는 그 속의 말들을 "하나의 화행으로" 인식하게 하고 효력 있게 만드는 전제들과 연결되어 있다.[140]

만일 "텍스트"라는 개념 속에 이와 같은 독자와의 관련 속에서 폭넓은 그물망이 포함되어 있다면, 이에 따라 세 가지 연구 방향들이 설정될 수 있을 것인데, 이는 성경 연구와 관련해서도 지난 10여년간 활발하게 탐구되었던 부분이기도 하다. 첫째는, 문학 이론에서 **"읽기"** 및 **"읽기 역량"**과 관계된 질문들이 **"해석"** 및 **"이해"**와 같은 해석학적 용어들을 대신하는 결과를 가져왔다는 점이다.

둘째, 간본문성의 문제가 성경 연구에서 새로운 중요성을 가지게 되었다는 점이다. 특히 우리가 바로 앞에서 살펴본 조너선 쿨러의 문제의식들이 중요한 토의 및 탐구의 주제가 되고 있다. 성경 연구와 관련하여 스파이크 드라이스마(Spike Draisma)가 편집한 『성경 속의 간본문성』(*Intertextuality in Biblical Writings*, 1989)과 리처드 헤이스(R. B. Hays)의 『바울 서신에서 성경의 반향들』(*Echoes of Scripture in the Letters of Paul*, 1989)이 이와 같은 이슈들을 집중적으로 탐구하고 있다.

세 번째로, 이런 문제들은 우리로 하여금 독자반응 이론의 중요성을 인식하게 만든다. 볼프강 이서의 것과 같은 일부 이론들은 매우 다른 철학적, 문학적 맥락 속에서 출발하고 있다. 하지만 대부분의 이론들은 후기구조주의 및 포스트모더니즘 접근들과 합류하고 있든지 아니면 보다 넓은 기호학 이론과 합류하고 있다. 이에 따라 대다수 독자반응 이론들도 상황–상대적, 혹은 사회–실용적 철학 및 해석학과 결합되어가는 추세이다.

5. 성경 해석과 읽기 이론, 그리고 간본문성 문제

해석학적 범례인 "이해"로부터 문학적 범례인 "읽기"에로의 인식의 전환은 성경 연구의 맥락에서 볼 때는 꼭 구조주의적 접근의 퇴조와 연관된 것만은 아니다. 오히려 그 역의 경우가 옳다. 구조주의적 접근들은 "~에 대한 구조주의적 읽기"라는 제목들을 즐겨 사용해왔고, 성경 전문가들도 문학적 형식주의나 신비평으로부터 "세밀히 읽기" 등의 용어들을 빌려 썼다. "해석"으로부터 "읽기"로의 전환은 문학 이론에 대한 전반적 관심 및 해석에서 독자의 역할에 대한 증대된 인식과 그 맥을 같이 한다. 이는 문학 이론의 도구들에 대한 관심의 전환을 반영할 뿐만 아니라, 무엇보다도 읽기의 관습들의 결정적 기능 및 독자가 텍스트를 읽는 목적에 대한 새로운 인식이 증대했음을 보여준다.

이와 같은 패러다임 변화의 주목할만한 예 가운데 하나로 존 바톤(John Barton)의 널리 알린 책『구약성경 읽기』(*Reading the Old Testament*, 1984)를 들 수 있을 것이다.[141] 바톤은 해석과 이해에 대립된 개념으로서 자기 자신의 읽기 및 읽기 능력에 대한 강조의 바탕 위에서 조너선 쿨러의 초기 작품과의 대화 속으로 들어가고 있다.[142] 약 15년 전에 케어드가 그러했던 것처럼, 바톤 역시 기존에 거의 배타적으로 성경 연구에 사용되어 왔던 접근 방법들을 넘어설 필요가 있다는 것을 강하게 피력하고 있다. 그가 볼 때 "읽기"는 "**장르**를 무엇으로 볼 것인가, 텍스트를 무엇으로 읽을 것인가의 결정에 전적으로 달려 있다"(바톤의 강조).[143] 그러면서 그는 이렇게 주장한다. "성경 연구의 방법들이 목표로 하는 것이 텍스트에 대한 **이해**(강조 첨가)를 돕고자 하는 것이라고 단순히 말하기보다는, 오히려 학생들로 하여금 성경 자료 **읽기의 역량**(바톤의 강조)을 더 잘 갖추도록 하기 위함이라고 말하는 것이 좋다."[144]

바톤은 언어학 맥락에서 역량이란 말을 사용하는 소쉬르와 촘스키의 뒤를 따라, 이 말이 의미하는 것은 "주어진 언어 체계의 사용을 관장하는 관습들을 익히 아는 것"이라고 정의한다.[145] 그는 상업적 서신과 시, 그리고 소설 읽기를 관장하는 관습들이 각각 어떻게 다른지를 비교하고 있다. 이런 면에서 그의 논의는 앞서 3장 초반에서 우리가 다루었던 기호학 코드에 대한 해설과 유사성을 갖는다. 문학적 역량은 주어진 텍스트에 대하여 "**어떤 종류의 질문을 하는 것이 물을만한 가치가 있는지**(그의 강조)에 대한 감각"을 개발시킨다고 바톤은 올바르게 지적하고 있다.[146]

이어서 바톤은 구약 연구에 사용되고 있는 다양한 "방법들"을 하나씩 살피고 있다. 여기에는 문학적(주로 자료 차원) 분석, 기록 이전의 구전 단계와 그 정형화된 역사적 자리에 관심을 갖는 양식비평, 편집비평, 브레바드 차일즈의 정경비평, 프롭과 바르트의 구조주의 등이 포함된다. 바톤은 또 모세오경에 대한 데이빗 클라인스의 통전적 방법을 넓은 의미에서 "구조주의적"이라고 지칭하고 있다. 전도서에 대한 로더(J. A. Loader)의 저작은 익숙한 "구조주의적 장비"의 많은 부분을 사용하고 있지만, "매우 제한된 의미에서" 구조주의적이라고 평가한다.[147]

"텍스트 자체" 또는 소위 텍스트의 자율성에 대한 신비평의 강조는 정경에 대한 차일즈의 입장과의 비교를 불가피하게 만든다. 바톤은 나아가서 텍스트를 "그 자체의 권리대로" 보려 하는 신비평과 한스 프라이의 내러티브에 대한 유명한 저작 사이에는 매우 가까운 유사성이 있다는 것을 지적한다. 이 주제는 앞서 신비평과 내러티브 이론을 다루는 자리에서 우리도 이미 다루었던 주제이다.

그렇다면 이와 같은 다양한 접근 방법들의 배경 위에서 바톤은 어떻게 "읽기" 및 "읽기 역량"이라는 개념을 사용하려 하고 있는 것일까? 그가 쿨러와 동의하고 있는 점은 우리가 하나의 읽기 모델의 성공 여부를 다른 모델의 관점에서 평가할 수 없다는 것이다. 예를 들어서 바톤은 이렇게 말한다. "구약 학계에서 구조주의에 대한 수많은 비판이 있어왔는데, 이는 단순히 혼동 때문에 일어난 일이다. 구조주의가 전통적 역사비평이 이루고자 했던 결과를 이루지 못했다는 식의 비판은 옳지 않다. 이런 공격은 구조주의의 진정한 의도가 무엇인지를 알지 못한데서 일어나는 결과이다. 역으로 구조주의자들이나 정경 비평가들은 (이를테면) 편집 비평이 '정경적' 혹은 '구조적' 측면을 고려하지 않는 것이 마치 흠인 것처럼 지적한다. (더 나쁘게는) 마치 편집 비평가들이 이제 막 계시되기 시작하는 통찰들을 제대로 알아보지 못한다는 식으로 말한다."[148]

바톤의 핵심적인 주장은 로버트 몰간(Robert Morgan)과의 잘 알려진 공저(1988년)에서도 반복되고 있는 것처럼, 텍스트 "의미"에 관한 질문은 그 텍스트가 읽히는 **목적**에 대한 고려 없이는 물을 수도 답할 수도 없다는 것이다.[149] 영국 전통에서 유난히 강한 "상식"의 기준에 보도를 맞춰 바톤은 어떤 **하나의** 의미 모델이나 접근 방법이 **모든** 읽기 목적들을 위한 **모든** 성경 텍스트에 적용되어야 한다는 전체주의적 주장을 강하게 배격하고 있다. 여기에는 문학적 접근 자체도 포함된다. 대체로 문학적 접근은 비지시적 언어내적 또는 상호텍스트적(간본문적) 의미 이해를 가지며, **모든** 성경 텍스트를 "문학적" 텍스트로 보는 경향을 갖는다. 따라서 바톤은 "텍스트 내재적"(text–immanent) 읽기를 하나의 총괄적 모델로 보는 시각이나 **모든** 성경 텍스트를 "문학적" 텍스트로 보는 전제에 대해서는 유보적 입장을 취하는 것을 볼 수 있다.

이런 관점에서 보면 한스 프라이의 "문학적" 내러티브 해석학이 모든 성경 내러티브를 다 포괄한다고 말할 수 없다는 것을 바톤은 바르게 지적하고 있다.[150] 뿐만 아니라 어떤 읽기 목적에서는 그 의미를 저자의 의도 차원에서 이해하는 것이 전적으로 합당하다. 바톤은 이렇게 주장한다. "저자와 그 의도의 중요성을 대놓고 부정하는 것에 반대하여 허쉬(Hirsch)의 제안은 내가 볼 때 대단히 건전해 보인다."[151]

하지만 바톤과 몰간은 읽기 역량의 이론적 바탕 위에서 이보다 한걸음 더 나아간다. 그들의 작업은 하나의 읽기 모델을 다른 종류의 읽기 역량을 전제하는 읽기 모델의 관점에서 평가할 수 없다는 것을 강조하는 점에서 매우 설득력이 있다. 바톤과 몰간은 다수의 방법들 및 모델들의 가치를 인정하면서, 그 각각이 전체 해석학의 과업을 위해 자신만의 독특한 기여를 하는 것으로 이해하고 있다.

하지만 바톤은 "어떤 종류의 의미가 참된 것인지는 다양한 방식으로 정의될 수 있다"라는 인식을 바탕으로, 어떤 텍스트의 "'참된' 의미를 이끌어내기 위해" 하나의 방법을 한 텍스트 속에 적용할 수 있다는 주장을 거부하고 있다.[152] 『구약성경 읽기』에서 바톤이 제시하는 주된 결론도 그것이다. 즉, "텍스트의 그 의미"를 말하는 것이나 그것을 찾으려는 목표를 갖는 것은 잘못이라는 것이다.[153] "텍스트를 이해하는 하나의 적합한 방법"을 찾는 것은 "열매 없는 추구"이다.[154] 이런 점은 그의 옥스퍼드 대학 동료인 몰간과 함께 쓴 책에서도 동일하게 강조되고 있다. 즉, 텍스트 의미는 전적으로(아니면 적어도 우선적으로) 해석의 목적에 달려 있다. "해석자는 그 스스로의 목표들을 선택한다."[155]

내가 볼 때 해석의 목표와 관련된 이 두 번째 주장은 각 해석 방법의 고유성에 대한 첫 번째 주장에 반드시 따라와야 하는 결론은 아니다. 바톤은 문학적 역량(필자가 즐겨 쓰는 표현대로는 '기호학적 코드들')과 관련해 매우 주의 깊은 탐구를 하고 있다. 그의 책 앞 부분에서 바톤은 독자에게 코드에 대한 이해가 있을 때 텍스트와 관련하여 **"어떤 종류의 질문을 하는 것이 물을만한 가치가 있는지**(그의 강조)에 대한 감각"을 활용할 수 있다는 매우 적절하고도 설득력 있는 해석학적 명제를 제시하고 있다.[156]

예를 들어 상업적 서신에서 "존경하는 ~님"(Dear Sir)이라고 관용적으로 쓰는 것을 두고 여기에 얼마만큼의 존경이나 애정이 담겼는지 묻는 것은 적절하지 못하다. 편지의 끝머리에서 "진실"(Yours faithfully)을 언급하는 것을 두고도 이 편지를 쓰는 사람의 얼마만큼의 진실이나 개인적 헌신이 담겨 있는지를 묻는 것이 별반 의미 없는 것과 마찬가지다. **글쓰기의 코드와 읽기의 코드가 적절히 조화를 이루는 것**이 이런 종류의 텍스트를 바르게 읽는 데 일차적인 전제를 이룬다. 바톤은 문학 이론적 모델을 성경 텍스트를 읽는 데 전방위적으로 적용하고자 하는 것이 잘못이라는 점을 잘 인식하고 있다.[157] 이런 경향 때문에 문학적 모델들이 때로 의사소통적 내용의 통로로서의 텍스트의 정보전달적(transmissive) 기능을 거부하거나 과소평가하는 결과를 낳게 되는 것이다.

우리는 하나의 주장, 또는 하나의 이론을 성경의 모든 텍스트에 다같이 적용하지 않도록 주의할 필요가 있다. 성경의 시나 비유, 익명의 내러티브들은 예언적 담론이나 바울 서신들과 똑같은 방식으로 작용하지 않는다. 물론 여기에는 겹치는 부분들도 있다. 하지만 바톤의 상업적 서신의 예가 불러오는 이슈는 쓰기 코드와 읽기 코드의 매치라는 문제만이 아니라, 코드를 매치시키고자 하는 이런 목적이 성경 텍스트 가운데 인식론적 차원이나 담론 내용이 결정적인 문제가 되는 본문들에서는 결코 그 특권 및 우선권을 주장할 수 없다는 문제까지도 발생시킨다. "읽기"의 문학적 패러다임은 기호학적 읽기 역량 측면이나 독자와 텍스트의 상호작용 측면에 초점이 모아지는 경우에는 전통적 해석학 이론보다 더 장점을 가진다고 볼 수 있다. 하지만, 그 패러다임이 "이해"로 바뀌고 텍스트가 인식론적 매체 또는 계시의 매체로 작용하는 경우에는 "읽기"에 주어졌던 특권적 지위 및 기능이 위험에 처하게 된다.

바톤의 방법론적 다원주의에 대한 관대함이 이런 원리와 잘 호환을 이루는 것일까? "성경 연구에서 그 어딘가에 '올바른' 방법이 있다고 주장하는 데서부터 많은 피해가 발생했다"[158]라는 바톤의 주장에는 사람을 매우 애태우는 반쪽 진리가 들어 있다. 만일 이 말을 바톤이 그가 다루는 각각의 방법들이 나름대로 긍정적으로 기여한다는 것, 그리고 하나의 방법은 다른 방법에 적합한 읽기 역량의 관점으로 판단해서는 안 된다는 것을 말한다면 이런 주장은 옳고 또한 건전하다. 그러나 만일 바톤이 의미하는 것이 주어진 성경 텍스트의 본질은 어떤 주어진 맥락 속에서 무엇을 의미라고 간주할지 메타비평적으로 순위 매김할 수 있는 기준들을 주지도 않을 뿐더러, 어떤 주어진 경우에 가장 적합하게 사용될 수 있는 방법도 결정할 수 없다는 것을 말한다면, 이는 독자들로 하여금 텍스트나 또는 다른 주어진 강제적 측면들에 대한 아무 고려 없이 자기 스스로의 "선택"을 하도록 남겨두는 결과를 빚고 말 것이다.

독자반응 이론에서는, 특히 스탠리 피쉬 같은 경우, 이와 같은 "강제적 측면들"(constraints)에 대한 인식을, 그것이 텍스트의 본질에 기인한 것이든 아니면 특정 독자 공동체의 관심들의 비판을 제공하는 사회-비판적 성격의 것이든, **자의적이요 인위적이며 환상적**이라고 볼 것이다. 바톤 자신은 의미 문제와 관련하여 피쉬와 같은 자리에 서기를 원치 않는다고 밝히고 있다. 하지만 바톤이 **해석자**로부터 비롯되지 않는 어떤 주어진 것이 텍스트에 있을 수 있는가 하는 회의주의적 입장을 피쉬와 공유하고 있다는 점을 놀랍게 보지 않을 수 없다. 그와 같은 입장은 상황 상대주의라는 그 철학적 난점을 떠나서, 바톤의 여타 신학 및 언어에 대한 관점과도 일치되지 않는 문제를 남긴다.

"이해" 또는 "해석"으로부터 "읽기"로의 패러다임 전환은 많은 이점이 있다. 그러면서도 동시에 이것이 지닌 문제점들이 명확하게 인식되지 않을 때는 매우 유감스러운 강조점의 전환이 생길 수 있다. 우리가 주목해야 할 몇 가지 사항들을 생각해보자. 첫째, 문학과 기호학 이론가들에게 "읽기"는 "해석"이 언어 철학자들 및 인식론자들에게 갖는 역할과 같다. 철학가들에 의해 다듬어진 의미 모델들은 문학 이론에서 사용되는 것보다 훨씬 치밀하다. 뿐만 아니라 이론의 조건을 위해 반대 논리나 구체적인 경우들에 대해 더 많은 주의를 기울인다. 문학 이론들은 "문학적" 텍스트에 적용되는 반면, 철학가들은 (특히 비트겐슈타인의 전통 속에는 더욱 더) 일상적 삶의 정황 속에서 이루어지는 언어 게임의 기초를 바탕으로 의미의 문제에 답하려 한다.

성경의 많은 부분은 일면 "문학적"이다. 하지만 보다 근본적인 측면에서 성경의 책들은 인간 존재들이 일상적 삶의 차원에서 말하고 행하는 것들, 또 그런 상황 속에서 그들에게 전해졌던 것들을 다루고 있다. 물론 우리가 성경의 책들이 때로 문학적 산물들로, 다시 말해서 어떤 효과들을 산출하기 위한 목적으로 고안되었다는 것을 부인할 수 없지만, 또한 우리가 부인할 수 없는 것은 성경이 일상적 삶을 배경으로 한다는 것, 그리고 이것이 가장 일차적이고, 유일하며, 총체적 의미 모델이라는 사실이다.

오래 전, 20세기 초반에 아돌프 다이스만(Adolf Deissmann)은 파피루스 자료들의 발견에 근거하여 성경의 언어를 두고 그것이 "일상" 언어냐 아니면 "문학" 언어냐의 논쟁을 개시하였던 적이 있다. 다이스만은 그의 책 『고대 근동으로부터의 빛』(*Light from the Ancient East*)에서 신약 언어의 대부분이 비-문학적 성격을 가진다는 사실에 주목하고 있다. 이후에 따라오는 많은 논의들 가운데서 신약 텍스트 속의 문학적, 수사적, 비-문학적 측면들이 다각적으로 검토되었다.

하지만 우리는 예술(art)에서 고안(artifice)으로, 그리고 고안에서 자의성(artificiality)으로의 흐름을 매우 주의 깊게 지켜보아야 하며, 문학적, 수사적 전제들을 주의 깊은 평가 없이 너무 쉽게 수용하려 해서는 안 될 것이다. 우리는 누룩 비유라든지 가라지 비유, 진주 장사의 비유 등과 관련하여 이를 일상 삶의 현장 속에 깊이 그리고 긴밀하게 뿌리를 내리고 있는 상호인격적 의사소통의 토양으로부터 비롯된 것으로 볼 것인지, 아니면 이를 특정 수사적 효과를 이루기 위해 주의 깊게 구성된 고안물로 볼 것인지, 아니면 보다 넓은 맥락 속에서 양자 모두를 다 포함하는 것으로 볼 것인지, 아니면 그 성격을 우리가 결정할 수 없고 단순히 어떻게 읽을지를 "독자들에게" 맡겨야 하는 것으로 볼 것인지, 다각적인 논의가 필요하다.

만일 "읽기"라는 말이 의미론적 대칭어가 없이 그 자체로 쓰인다면 이는 가치 중립적이고 순수한 용어이다. 하지만 이 말이 "해석"이나 "이해"에 대립되는 용어로 쓰일 때는 하나의 새로운 패러다임이 적용되는 셈인데, 이렇게 되면 그 강조의 초점이 인식론적 의사소통이나 해석적 판단에서부터 기호학적 효과로 넘어간다. 여기에는 성경 연구에서 많은 부분의 소실과 심지어 성경 자체의 지위상의 소실이 따라오게 된다.

이런 변화의 추세는 사회적 평등주의의 문화와도 잘 맞아 떨어진다. 이 시대에는 저자나 정경화된 텍스트에 "특권화된" 지위를 부여하기보다는 다원주의적 독서 공동체의 공유된 기여에 강조점을 부여한다. 상업 세계에서도 무엇이 제공되어야 하며 무엇이 시장성이 있는지를 결정하는 것은 소비자이다. 그리고 시장성이 있는 그것이 "뭔가 있는 것"이 된다.

이와는 대조적으로 "이해"는 개인이나 공동체 차원에서의 자아-재조정의 필요에 직면하게 한다. 이는 대단히 어려운 도전이다. 본회퍼가 십자가 신학의 맥락에 서서 강조하고 있는 것처럼, 독자는 "자기 스스로의 관점으로는" 이해에 이르지 못할 수도 있다. 스탠리 피쉬의 접근이 갖는 문제의 핵심은, 독자 공동체가 과연 텍스트에 의해, 다시 말해서 "밖으로부터" 판단되고 조형될 수 있느냐 하는 것이다. 그렇지 않다면 독자나 독서 공동체는 그 자체의 상황적 상대주의의 덫에 빠져서 그 밖으로부터나 위로부터 아무런 선지자적 부름을 듣지 못하는 상황에 머물고 말 것이다.

현재 일부 진영에서 성경 텍스트에 대한 "상호본문적/간본문적" 읽기에 큰 관심을 기울이고 있지만, 이 역시 우리의 문제를 다시 안정되게 만들어 주지는 못한다. 성경 해석에 가장 빈번히 등장하는 "상호본문성/간본문성"(*inter*-textuality)의 개념은 주로 줄리아 크리스테바와 후기 바르트의 포스트모더니즘을 배경으로 한다. 이 용어는 마이클 피쉬베인(Michael Fishbane)

의 "텍스트 내적관계성"(*inner*–textuality)과 분명히 구분된다(이에 대해서는 1장 참고). 뿐만 아니라 이는 한스 프라이나 린드벡, 로날드 티만 등의 내러티브 신학의 맥락에서 사용되는 "텍스트 내재성"(*intra*–textuality)과도 구분된다(15장 등 참고). 간본문성 개념을 성경 연구에 차용하는 대부분의 성경 전문가들이 우리가 앞서 보았던 조너선 쿨러의 주의 깊고 세밀한 구분 및 동조적 경고보다는 바르트식 관점을 무분별하게 채용하고 있는 것은 안타까운 일이 아닐 수 없다.

바스 판 이어셀(Bas van Iersel)을 기리기 위해 1989년에 출판된『성경 속의 간본문성』이라는 책의 전반적 기조는 바르트의 텍스트성 이해를 바탕으로 한다. 일부 글들은 보다 단순한 모델을 제시하기도 하는데, 이는 거의 포스트모더니즘의 관점이 근대 이전, 비평 이전 사고 차원으로 돌아가는 것 같은 인상을 주기도 한다(4장에서 우리는 근대 이전과 후 근대 관점 사이에는 일부 명백한 유사성이 있음을 보았다. 하지만 이런 피상적 유사성이 그 내면으로 갈수록 붕괴된다는 것도 보았다).[159]

뷰켄(W. Beuken)과 엘렌 판 볼데(Ellen van Wolde)는 이 책의 서문에서 텍스트를 읽는 것은 하나의 창조적 행위라고 강조한다. 츠베탕 토도로프가『텍스트에서의 독자』(*The Reader in the Text*)에서 읽기를 "건축"이라고 말하는 것과 유사하다.[160] 뷰켄과 판 볼데는 텍스트를 "실타래", "그물", "거미줄", "직물" 등으로 표현하였던 바르트의 텍스트성 이해를 상기시키고 있다. 구조 속에서 실들이 드러난다. "텍스트들은 시간적으로 뒤로나 앞으로, 의미론적으로 내적으로나 외적으로 다른 텍스트들을 가리킨다. …… 텍스트는 다른 텍스트가 없이 존재할 수 없다."[161] 이런 텍스트 이해를 성경 해석 속에 도입함으로써 "우리는 우리를 새로운 전망들 속으로 이끌어주는 새로운 길 속으로 들어가고 있는 것"이라고 뷰켄과 판 볼데는 결론짓고 있다.[162]

포어스터(W. S. Vorster)는 이 책의 주된 논제 하나를 이렇게 정리하고 있다. "신약 텍스트 연구에서 저자 지향적 관점으로부터 텍스트 및 독자 지향적 관점으로의 초점의 이동은 우리로 하여금 간본문적 관계와 같은 문제를 보다 새롭게 바라보지 않을 수 없도록 만든다."[163] 포어스터가 이해하는 간본문성 연구에는 기원 및 영향 연구가 **포함**되겠지만, 그러나 이는 단순히 텍스트 안의 다른 텍스트에 대한 암시가 이루어지고 있다는 **사실** 차원에 그치는 것이 아니다. 독자들은 고대 시대로부터 이런 현상에 대해 잘 알고 있었다. 문제는 이런 암시들을 **어떻게 볼 것인가** 하는 점이다. "모든 텍스트가 이전 텍스트의 다시 쓰기라고 볼 수 있으며, 또한 **텍스트들에 대한 반응**으로 볼 수 있다."[164] 바르트와 특히 줄리아 크리스테바의 텍스트 이론상 모든 텍스트들은 다른 텍스트들을 "유산"시키고 "변형"시킨다. 이는 마치 모자이크를 만드는 것과 같다. 데리다의 용어로 표현하자면 텍스트는 "흔적들"의 그물망이다.

포어스터는 이런 무거운 이론적 시작에 이어서 구체적 예로 마태복음 13:5–37을 들고 있다. 이 경우 "전 텍스트"(pre–texts)와 "공동 텍스트"(co–texts)가 익숙하면서도 불분명한 것의 복합으로 이루어져 있다. 마가복음 13:14의 "멸망의 가증한 것"은 다니엘 12:11을 암시한다. 마가복음 13:26은 아마도 다니엘 7:13, 14의 "하늘의 구름"과 "인자 같은 이"를 암시하는 것으로 보인다. 포어스터는 이 밖에도 적어도 열 세 번의 구약 암시가 일어나며, 동시에 마태복음 24장, 누가복음 21장 등의 복음서 평행 본문들의 관계도 있다는 것을 지적한다.[165] 노먼 페린(Norman Perrin)은 그와 같은 암시들이 "텍스트 속에 직조되어 있다"라고 말한다.[166]

포어스터의 논증이 부딪치는 부담 가운데 하나는 편집과 전통의 관계에 관한편집비평적 연구가 특히 페쉬(R. Pesch)의 연구 속에서 이런 방향으로 충분히 멀리 나가고 있다는 점이다. 그럼에도 불구하고 포어스트는 우리가 이런 관계를 **동일한 중요성**을 가진 연결망으로, 또는 "미래에 관한 담론"의 일종의 "상호본문" 관계로 본다면 함께 앞을 향해 나아갈 수 있을 것이라고 제안한다. 텍스트 암시와 텍스트 공명은 마가복음 13장을 읽는 코드로 작용한다는 것이다.

우리가 앞서 전–근대 해석학을 다루는 자리에서 "새로운 전망들 속으로 이끌어주는 새로운 길"이라고 자처하는 후–근대적 접근이 많은 면에서 교부 및 종교개혁 이전 해석의 흐름과 닮은 점이 있다는 것을 지적한 바 있다. 텍스트가 매트릭스(모판) 내지는 코드로 작용하고 있다는 점에서이다. 츠베탕 토도로프의『상징과 해석』(*Symbolism and Interpretation*, 불어 1978, 영역 1982)이 초기 기독교 **알레고리**와 관련하여 이를 하나의 코드로 보아 지속적인 옹호의 입장을 취하는 것도 결코 이상한 일이 아니다.[167] 기호학적 코드와 마찬가지로 알레고리 역시 **다중 의미 생성의 매트릭스** 역할을 한다는 것이다.

적접적 기호나 문자적 담론은 사람을 "격발"시키지 못한다.[168] 그런 담론은 너무 투명하기 때문이다. 토도로프는 "만일 알레고리가 없다면 하나님도 없다"라고 말한다.[169] 토도로프는 앙리 드 뤼박(Henri de Lubac)의 말 "예수는 문자의 물을 영의 포도주로 바꾼다"라는 말에 공감을 표한다. 뿐만 아니라 세인트 빅토르의 리처드(Richard of St. Victor)가 "역사가 나무"라면 "알레고리 또는 신비적 의미는 금"이라고 비교하는 것에도 공감을 표하고 있다.[170]

언어의 다의성(polyvalency)과 기호의 미결정성(indeterminacy)이라는 주제는 간본문성을 다루는 바스 판 이어셀 헌정본에 수록된 볼츠(James W. Voelz)의 논문의 주제이기도 하다. 의미가 다의적이 되는 것은 모든 의미가 **파롤**로 규정되기보다는 그 **랑그**로서의 자질을 바탕으로 더 이상의 의미를 생성시킬 수 있는 매트릭스 역할을 하기 때문이다. 이런 원리는 앞서 우리가 해체주의를 다루는 자리에서 바르트의 기호학 이론과 관련하여 자세히 살폈던 적이 있다. 하나의 새로운 발화(파롤)는 이것을 생성해낸 체계의 확장 또는 수정에 기여할 수 있다. 하지만 그 자체가 하나의 새로운 생성 체계를 구성한다고 볼 수 있을까? 볼츠는 이렇게 주장한다. "텍스트 사건 또는 사상은 다른 텍스트 사건 또는 사상과 함께 발아되었다(matrixed)." 그리고 이는 "동일한 급 또는 …… 동일한 텍스트에" 국한되지 않는다.[171]

텍스트가 무엇이냐 하는 데 대한 답은 독서 공동체를 위해 그것이 의미할 수 있는 것은 무엇이든 그것이 즉 텍스트라는 것이다. 이 때문에 프레인(Freyne)은 이 책에 실린 또 다른 논문에서 모든 텍스트는 저자가 알고 인용하는 그 해당 텍스트만이 아니라 저자가 알았든지 몰랐든지를 불문하고 모든 "전 텍스트"에 의존한다고 주장한다. 리처드 헤이스는 그의 책『바울 서신에서 성경의 반향들』에서 로마서와 다른 바울 서신들에서 바울 언어의 형성에 그 이전의 성경과의 간본문적 관계가 얼마나 중요한 기능을 하고 있는지를 살피고 있다. 그는 고린도후서 3:1–4:6에서 바울이 문자와 영을 대비시키는 본문을 이런 간본문성 연구를 통한 해석학적 기여의 한 예로 제시하고 있다.[172]

앞에서 우리는 구조주의의 체계와 해석학 전통의 선이해를 지나치게 선명하게 나누어서 접근하려는 태도에 대해 유보적 입장을 표명한 바 있다. 하버마스의 건설적 개념을 빌려서 표현하자면, 체계(system)가 생활세계(life-world)와 나누어질 수 있는가? 만일 간본문성이라는 것을, 조너선 쿨러가 그러해야 한다고 강조하는 것처럼, 선이해의 한 기여 요소로 본다면 여기에 문제될 것은 전혀 없으며, 또한 크게 새로울 것도 없는 개념이라고 할 수 있을 것이다.

필자는『두 지평』에서 "교의학과 성경 주해는 서로가 서로에 대하여 상호작용의 관계에 놓여 있다"라는 하인리히 오트(Heinrich Ott)의 주장을 논의한 바 있다. 그의 주장의 근거는 "이해는 그 본질상 서로 다른 단계에서 일어난다"라는 것이다.[173] 오트에게 이것이 의미하는 바는 믿음은 "고립된 개인의 입장"이 아니라 성도의 교제와 "공동 이해"의 문제라는 것이다. 유사한 방식으로 피터 슈툴마허(Peter Stuhlmacher)는 이해의 지평을 "기독교 공동체의 믿음과 경험의 지평"이라고 규정하면서 이는 "밖의 초월로부터 우리에게로 오는 하나님의 진리와의 만남을 위한 열린 자세"라고 정의한다.[174] 판넨베르크는 잠재적으로 "보편적인" 지평을 이야기하고 있다.

이에 비추어 볼 때, 간본문성이라는 현재의 논제가 갖는 문제점은 계속 확장되는 텍스트 범주의 거대한 규모에 있는 것이 아니라, 이해의 지평을 **무한한 기호학적 효과들을 생성해내는 매트릭스들**로 전이시키는 데 있다. 슈툴마허가 초월을 향한 열린 경험의 지평을 이야기하고 있지만, 이는 독자들에게 최종 판단의 말을 돌리는 것이 아니라, "성경 말씀의 자체 충족성"을 기반으로 두고 하는 말이다.[175]

이상의 간본문성과 관련한 주장들은 두 가지 문제들을 야기시킨다. 첫째는, 모든 성경 본문들을 이 모델에 의거하여 접근하는 것이 적절한가 하는 것이고, 둘째는, 포어스터가 주장하는 것처럼 모든 간본문적 기호들이 다 "동일한 중요성"을 가진다고 말하는 것이 합당한가 하는 점이다. 움베르토 에코는

"열린" 텍스트와 "닫힌" 텍스트를 구분한다. 만일 우리가 "텍스트"의 예로 교통 신호나 열차 신호, 발열 진료표, 심지어 법적 유언장 등과 같은 순전히 기능적, 정보나 의사 **전달적** 모델을 취한다면, 여기에는 **무엇을 코드로 "여길" 것이냐와 관련하여 독자가 결정해야 할 것이 별로 없다**. 그런 점에서 빌레몬서와 같은 사적 서신은 성경의 시적 본문이나 다수의 내러티브 본문들, 또는 에스겔을 포함하여 텍스트 내적(inner–textual) 상징 해석 역사에 의존하는 요한계시록 같은 본문들의 범주와는 다른 범주에 속한다. 하지만 이런 점은 결코 "새로운 전망 …… 새로운 길"이 아니다.

바스 판 이어셀 헌정집은 성경 해석에서 간본문성 주제를 다룬 한 특정 사례에 지나지 않는다. 우리는 이런 접근을 패트릭 그랜트(Patrick Grant)의 보다 건설적인 접근과 비교해볼 수 있을 것이다. 그랜트의 마가복음 14:3–8 본문에 대한 간본문적 연구의 예를 보기 전에 먼저 그가 마가의 내러티브를 전반적으로 어떻게 평가하고 있는지 좀 더 넓은 시각에서 살펴보는 것이 좋다.

그랜트는 아우구스투스의 재현적 언어관과 현대 문학 이론에서 문학적 언어가 고정된 의미를 침식한다는 의견을 대조시키고 있다. 폴 드 만의 입장에서 볼 때 기호와 의미는 결코 일치되지 않는다.[176] 하지만 아우구스투스의 경우도 실존적 고뇌를 경험하기도 하고, 또 신비에 이르는 길을 가로막는 혼란의 순간들을 경험하기도 한다. 그랜트는 마가복음이 우리로 하여금 "격동적인 중간 지대"에 서게 만든다고 지적한다. 그 속에 서서 "한편에서는 초월적, 은혜적 실재를 일러주는 기호와 약속에 의해 부름을 받으며, 또 다른 한편에서는 우리의 나이브한 기호 해석에 대해 경고를 받기도 한다."[177] 우리는 마가의 내러티브를 "현실주의자의 의미에서 하나님으로부터의 참된 계시로 읽도록 부름받는다. 그러할 때 우리는 우리의 구원을 위한 객관적, 초월적 계획에 대한 재확신을 공급받는다. 하지만 동시에 우리는 우리의 희망들이 무너지고, 우리의 안전망들이 부숴지는 것을 기대하도록 부름을 받는다. 그리스도 자신이 버림을 경험해야 했다."[178]

그랜트의 결론은 이것이다. "십자가는 위안과 확신을 공급해주는 기호들의 실패를 나타내는 기호이다. 십자가는 또 다른 텍스트의 놀이가 아니다.

그것은 사건이며, 버림의 장소이다. …… 여기에서는 하강(*katabasis*)과 상승(*anabasis*)의 수사적 패턴이 가장 격정적으로 뒤집어지는 곳이다."[179]

그랜트는 베다니의 향유 사건(막 14:3–8)을 다중 의미 및 간본문성의 한 예로 제시한다. 예수께서 이 여인의 기름 붓는 행위를 자신의 장사를 위함(막 14:8)이라고 "해석"하시는 것은 이 여인 자신의 기대를 초월한다. 하지만 이 기름 붓는 행위 배후에는 왕을 위해서나(삼상 10:1, 왕하 9:1–13) 특별한 사명을 위한 사람의 기름부음과 관계된 텍스트 공명이 자리잡고 있다.[180]

깨진 기름병을 장지의 시신 옆에 두고 오는 관습은 이 여인의 목적과 예수의 해석 사이의 관계가 결코 단순하고 문자적인 성격의 것이 아님을 상기시킨다. 제자들은 이 여인의 행위를 예수의 마음이라고 그들 자신이 생각하는 것, 즉 가난한 자들을 위한 관심과 연결시켜서 해석한다. 하지만 이런 해석은 "틀린" 것임이 드러난다. 이처럼 이 기름 붓는 사건은 마가복음의 중심 주제 가운데 하나인 기호의 양면성이라는 특성을 잘 보여준다. 하지만 이와 같은 "기호의 미결정성" 또는 상이한 차원의 인식들의 복합적 직조는 우리에게 "우리의 계획과 기대들의 불안정성"을 실감하게 만들어 주며, "은혜와 이해의 관계가 얼마나 은닉적인지"를 잘 보여준다.[181]

패트릭 그랜트의 접근은 일부 독자반응 이론과 많은 유사성을 가지고 있다. 하지만 그는 독자가 그 어떤 외적 혹은 주어진 강제 사항들 없이 전적으로 텍스트 의미를 구성해야 할 위치에 있다고 말하지는 않는다. 뿐만 아니라 그랜트는 신약성경 안에서의 각기 다른 텍스트 기능 및 지위를 잘 인식하고 있다. 예를 들어 바울 서신 가운데서 어떤 텍스트는 바울의 창의적이고 불타고 투쟁적인 불연속적 측면들을 보여준다. 그러나 또 다른 텍스트에서는 "바울이 명료하고 객관적이다."[182] 허버트 게일(Herbert M. Gale)이 크게 주목받지 못한 1964년의 한 책에서 관찰하고 있는 것처럼, 바울의 개념적 틀은 때로 은유를 구체화시켜 놓은 것이기도 하다.[183] 그랜트는 이렇게 결론짓고 있다. 신약 언어는 결코 "값싸거나 단순하지 않다." 오히려 그것은 "**쉬운 기구적 대답이나 자세들을 강하게 비판**하는 쉽지 않은 부류의 지식"을 제공한다. "신약은 **단순한 가공적 상상력을 허용하지 않는다**. …… 우리는 문학을 통하여

문학 밖의 것으로 인도함을 받는다"(강조는 첨가).[184]

이와 대조적으로 독자반응 이론에서는 "지식"이, 심지어 "쉽지 않은 부류의 지식"조차도 상황–상대적 독자 효과의 변덕스럽고 가변적인 진열대 속에 자리 잡을 공간이 거의 없다. 그 안에서 "문학 밖의 것"(extra–literary)이 어떤 역할을 할 수 있는지가 전혀 드러나지 않는다. 단지 드러나는 것은 독자 행위에서 사회적 혹은 관습적 가변적 요소들뿐이다. 이에 의거해서 독서 공동체는 자신의 텍스트를 가지고 자기 스스로의 모습을 만들어간다. 하지만 독자반응 이론을 획일적으로 말할 수는 없다. 거기에는 볼프강 이서의 보다 온건한 입장도 있지만, 스탠리 피쉬의 결코 온건하지 못한 입장도 있기 때문이다. 이제 우리는 이 주제로 넘어가 보자.

제14장

독자반응 이론의 관점에서 본 '읽기'의 해석학

바로 앞 장에서 우리는 문학 이론에서 관심과 초점의 변화를 형식주의로부터 시작하여 신비평, 그리고 초기 구조주의의 텍스트 체계에 대한 강조, 이어서 후기 구조주의, 독자반응 이론, 포스트모더니즘 접근들에 이르기까지 추적해보았다. 이 후반부의 접근들에서는 그 강조점이 텍스트 자체로부터 독자 및 독서 공동체로 옮겨지고 있는 것을 볼 수 있었다. **독자반응 이론들은 "텍스트 의미"를 무엇으로 볼 것인지를 결정하는 데 독서 공동체의 적극적 역할에 관심을 집중시킨다**.

성경 해석의 관점에서 보면 독자들의 참여와 능동적 역할을 강조하는 그 어떤 해석학 이론적 모델이라도 잠정적으로 긍정적 기여를 하는 것이 있다고 본다. 일부 독자반응 이론가들은, 예를 들어 볼프강 이서(Wolfgang Iser) 같은 경우, 어쩌면 현실화되지 않고 단지 잠재적 상태로만 머무를 수도 있는 텍스트 의미를 **완성하고 채우는** 데 독자들의 역할을 정립하기 위해 인지 이론에 기대기도 한다. 이 때문에 이런 접근은 우리가 앞서 2장에서 다루었던 **독자의 시간 지평 속에서 텍스트의 구체적 현실화**라는 주제와 상당한 유사성을 보이는 것을 알 수 있다. 이론적 측면에서 보면 그와 같은 이론은 성경 텍스트 읽기가 수동적 구경꾼의 일이 아니라 **사건적이고 창의적 과정**이어야 한다는 기대와 일치되는 것처럼 보인다.

하지만 독자반응 이론들은 다양한 차원의 이론적 전제들을 품고 있기도 하다. 일부 이론은 전달적, 의사소통적 텍스트와 관련하여 지식의 소통이라는 측면에서 매우 심각한 철학적 난점을 노출하기도 하며, 또 일부는 텍스트가 공동체 바깥으로부터 독자의 기대들을 형성하고 변혁하는 능력이 있다는 것을 인정하지 않는 난점을 노출하기도 한다. 이런 유형의 독자반응 이론들은 비판적 혹은 사회–비판적 해석을 기존의 공동체 규범을 확인하는 기능만을 하는 사회–실용적 읽기로 전락시켜 버리기도 한다. 가장 논쟁적이고 급진적인 사회–실용적, 상황–상대적 독자반응 이론을 대변하는 사람은 스탠리 피쉬(Stanley Fish)일 것이다. 노먼 홀란드(Norman Holland)의 경우도 텍스트와의 접촉 또는 "상호작용"을 독자의 기존의 정체성을 설명하고 확인하는 과정이라고 보고 있다.

스탠리 피쉬와 리처드 로티(Richard Rorty)의 철학적 입장 사이에는 강한 유사성이 있지만, 피쉬 자신은 그의 상황–상대적 문학 이론을 적절하고 설득력 있는 언어 철학의 기반 위에 세우는 시도에 그다지 성공적이지 못하다. 이 장에서 내가 역설하고 싶은 것은 다름 아니라, 만일 "의미"가 독서 공동체의 기존의 기대 지평에 예속되어 버린다면, 우리는 **더 이상 독자와 텍스트의 만남을 두 지평 사이의 상호작용으로(가다머가 보는 것처럼) 볼 수 없을뿐더러, 이 두 지평의 융합이 이루어지기 전에 우선 각각이 그 스스로 존중을 받아야 한다는 원리도 주장할 수 없는 자리에 서게 될 것**이라는 점이다.

피쉬는 자신의 저작에 대한 표준적 비판을 맞받아치는 최근의 글에서 언어 철학에서 형식주의와 반형식주의를 부적절하게 양극화하는 실수를 범하고 있다. 그의 글 "반형식주의자의 길로 걷기"(1989년)의 중심 논지 속에는 비트겐슈타인이 이야기하는 "흐려진 끝자락"이나 가족 유사성, 인간의 통상적 행위 등의 개념들이 전적으로 결여되어 있는 것을 볼 수 있다.[1]

비트겐슈타인의 입장에서는 피쉬의 양자택일, 즉 우리가 형식적 체계를 취하든지(비트겐슈타인의 『논고』에서처럼), 아니면 단일 언어 게임이나 상황–상대적 공동체의 범주를 넘어서는 어떤 안정된 상호침투적, 교차적 규정들이 있을 수 없다는 입장을 취하든지 둘 중 하나밖에 없다는 논리를 거부할 수밖에 없을 것이다. 형식적 체계냐 아니면 범–상황적 비판 기준이 없는 사회적 상대주의냐의 양자택일은 잘못된 것이다.

우리가 이와 같은 피쉬의 부적당한 언어 철학 및 그것이 성경 해석에 미치는 부정적 결과를 좀 더 상세히 살펴보기 전에, 우선 보다 온건한 입장을 견지하는 다양한 형태의 독자반응 이론들을 살펴보는 것이 좋겠다. 그런 점에서 우리는 볼프강 이서의 이론으로부터 시작해보고자 한다. 스탠리 피쉬는 이서가 일관성이 없다고 공격한다. 하지만 이서의 접근은 성경 연구에서 일부 창의적 접근을 촉진시켰다. 이서에 대한 피쉬의 도발적이고 저돌적인 공격은 그의 글 "왜 아무도 볼프강 이서를 두려워하지 않는가"에 잘 나타난다. 이 글은 그의 책『자연적으로 오는 것 행하기』(*Doing What Comes Naturally*)에 재수록되어 있다.[2]

1. 볼프강 이서의 독자 상호작용 이론과 성경 연구에의 사용

볼프강 이서의 문학 이론은 그 철학적 배경을 후설의 제자였던 로만 잉가르덴(Roman Ingarden)에게서 부분적으로 취하고 있다. 이 철학적 입장이 성경 해석을 위해 갖는 의의에 대해서는 수전 위틱(Susan Wittig), 주엣 바슬러(Jouette Bassler), 제임스 레세기(James Resseguie), 로버트 파울러(Robert Fowler) 등이 잘 지적하고 있으며, 이에 대해서는 뒤에 가서 다시 다룰 것이다. 잉가르덴을 따라서 이서는 인지의 대상은 인간 주체의 의식에 의해 전적으로 감지되는 것이 아니라, 그것이 제시되어진 측면들에 의거해서 감지된다는 것을 강조한다. 모든 인지에는 어느 정도의 **불완전성**이 있는 것이다. 인지하는 주체는 후설의 현상학적 의식 속에서 무엇이 "주어진" 것이 아닌지를 짜맞춤(construing)으로써 빠진 부분을 "채워 넣는다."

잉가르덴은 이와 같은 "균열 메우기"(filling out a schema)의 모델을 더 발전시킨다. 다면적 인지 이론의 가장 분명한 한 예는 어떤 삼차원 물체를 인지하는 경우를 생각해보면 된다. 우리는 그 물체의 뒷면이나 전체 면들을 다 보지는 못한다. 그러나 우리는 즉각적으로 눈에 보이는 것들을 넘어서 그 뒤에 있는 것들을 짜맞춘다. 이서는 이런 원리가 문학적 내러티브에도 적용된다고 지적한다. 텍스트는 종종 어떤 물체의 정확한 특성(예를 들어 탁자가 나무로 된 것인지 플라스틱으로 된 것인지, 다리가 셋인지 넷인지 등)을 명시하지 않지만, 우리는 대체로 우리가 전제하는 것 또는 구상하는 것으로 그 빈 자리를 채워 넣는다. 이처럼 독자가 텍스트의 "공백을 채워 넣는"(filling in blanks) 역할을 한다는 것이 이서의 이론의 핵심 주제이다.

이서는 잉가르덴으로부터 독자가 단지 **잠재적** 상태로 남아 있을 수 있는 텍스트 의미의 차원들을 "**현실화**"하고 "**구체화**"한다는 인식을 이끌어오고 있다. 이서는 이렇게 말한다. "효과나 반응들은 텍스트나 독자의 전유물이 아니다. 텍스트는 읽기의 과정 속에서 실현되는 잠재적 효과를 제시한다."[3] 읽기의 과정 속에는 텍스트가 불러일으키는 "사상 체계들"을 재조직 또는 분류하는 작업이 포함되겠지만, 근본적으로 이서에게 문학 작품은 하나의 잠재적 의사소통적 행위이다. 그것의 기반은 언어외적 세계 위에 놓여 있다. 따라서 독서 과정을 진술하는 것은 "텍스트가 독자 속에 활동하는 그 작용들"을 비추어내는 일이다.[4] 여기에는 독자의 상상력, 인지능력, 또한 "조립"하며 "자신의 초점을 조정 및 차별화" 하는 능력 등이 포함된다.[5]

좀 더 근본적인 면에서, 이서는 "그 뿌리를 텍스트에 두고 있는" 독자반응 이론과, 독자 판단의 역사에서 기인하는 "수용 이론"을 명시적으로 구분하고 있다. 이런 점에서 이서는 후기 피쉬와는 달리 텍스트 의미의 안정된 강제성의 "주어짐"을 의문시하지는 않고, 다만 이것이 독서 과정에서의 현실화와 독립해서 잠재적, 비결정적 상태를 갖는다는 것을 강조한다. 이서는 이와 같은 비결정성 및 잠재성에 대한 인식을 1970년의 글(영어로는 1971년)에서 밝히고 있다.[6] 그가 볼 때 "**현실화**"(actualization)는 텍스트와 독자의 "상호작용"의 결과이다.[7]

앞 장에서 우리는 바톤의 "역량 있는"(competent) 독자가 텍스트 저자와 코드 일치를 공유하지 않는지의 문제를 살펴본 바 있다. 이서의 경우, 해석적 코드는 불가피하게 독자 자신의 문화의 일부를 반영하게 된다고 보고 있다. 이와 같은 역사적으로 조건지워진 독자를 "실제" 독자(real reader)라 부른다. 반면 전문적 의미에서의 "이상적인 독자"(ideal reader)는 "저자와 동일한 코드를 공유한다. …… 이상적인 독자는 이런 과정의 바탕에 깔려 있는 의도들을 또한 공유한다."[8] 이와 같은 독자는 경험적으로 현실적인 독자가 아니라 가설적으로 "이상적"이다. 왜냐하면 이런 독자는 원리적으로 텍스트 의미를 **완전히 그리고 남김없이** 다 파악하는 존재여야 하기 때문이다. 사실상 이런 독자는 하나의 가상적 존재에 지나지 않는다. 우리가 최대한 추구할 수 있는 것은 문학적 또는 독서 "역량"을 높이는 것인데, 이를 통해 우리는 독자의 역할을 수행할 수 있게 될 것이다. 이서는 이와 같은 "역량있는" 독자를 전형화시켜 (그 경험적 경우들은 수없이 다양하겠지만) "암시된 독자"(implied reader)라고 부르고 있다.[9]

이서의 입장은 상세한 부분에서는 잉가르덴과 많은 차이가 있다. 그는 자신의 "공백"(blank)이라는 개념을 "텍스트의 전반적 체계상 하나의 빈 자리"로 규정하면서 "이를 채우는 것이 텍스트 패턴의 상호작용을 낳는다"라고 말한다. 이와 같은 "완성" 작업의 하나를 이루는 것이 텍스트의 여러 서로 다른 부분들 사이에 "연결"을 만드는 일이다. 이서는 그의 책 『읽기 행위』(*The Act of Reading*) 가운데 "어떻게 조직 행위들이 자극되는가"라는 긴 장에서 두 상호작용의 축을 정리해주고 있다. 무한한 다중성의 가능성은 상호연결 및 코드와 같은 텍스트 특징들을 잘 숙지하고 있는 적절한 독서 역량에 따라 "압축될" 수 있다. 또 다른 한편, "텍스트와 독자의 상호작용은 텍스트가 다양한 상황들 속에서 의미를 나타낼 수 있도록 만드는 생산적 모판"이 되기도 한다.[10] 이서는 "압축"의 측면을 "해설적 텍스트"와 관련짓는 반면, "생산적 모판"의 측면을 "문학" 텍스트와 관련짓고 있다.[11]

이서의 접근은 청자 혹은 독자의 시간 지평 안에서의 성경 텍스트의 현실화를 강조하는 다양한 목소리들(앞서 2장에서 살펴보았던 것처럼)과 폭넓은 유사점을 공유하고 있다. 보다 상세한 측면에서 이 모델을 특정 성경 텍스트에 적용하고자 하는 시도들이 여러 학자들에 의해 이루어진 바 있다. "다중적 이야기술"을 주제로 다루는 『세메이아 9』(1977)에서 수전 위틱은 퍼스(C. S. Peirce)와 찰스 모리스(Charles Morris)에 의해 제시된 기호학적 관점들에 주목하면서, 특히 발신자와 수신자 사이의 실용적 혹은 "수사적" 관계에 대한 모

리스의 인식에 관심을 보이고 있다.[12]

수전 위틱에 따르면 이야기의 다중성은 첫째, 이어지는 수신자들 편에서의 서로 다른 관점들 때문에 일어난다. 둘째, 다중 의미화를 발생시키는 다중적 코드들 때문에 일어난다. 그리고 세 번째는 하나 이상의 기호학적 체계 사이의 상호적 관계 때문에 일어난다. 하나의 비유 속에는 일상적 세계의 지시적 혹은 "문자적" 기호학 체계와, 텍스트와 함께 "이중적 내포 체계"의 공동저자가 되는 독자에 의해 제공된 체계의 다중의미적 긴장관계가 복합되어 있다.[13]

수전 위틱의 글의 첫 부분 긴 논증 속에는 기호학 이론에 대한 설명이 들어 있다. 이어서 그녀의 관심은 읽기 행위의 현상학으로 이어지며, 이 부분에서 그녀는 볼프강 이서의 접근을 주의 깊게 살피고 있다. 그녀는 이렇게 말한다. "통합적 혹은 기호학적 연결성의 결핍 및 상세한 세부 사항의 생략은 …… 텍스트가 이것을 주지 않을 때, 독자들로 하여금 그들 자신의 연결을 시도하도록 초청하고 있다."[14] 그 하나의 예로 그녀는 탕자 비유의 시작 문구(눅 15:11)를 제시하고 있다. "적용"의 측면 및 은유적 확장의 길이 "명시되지 않고 있다." 하지만 이는 이 비유의 목적과 연관성이 있다. 그 목적은 "하나의 특정 의미를 창출하고자 하는 것이 아니라, **그 아래서 각 수용자들에 의해 의미의 창출이 정의되고 점검될 수 있는 그런 조건들을 창출하고자 하는 것**"이다(강조는 원문 그대로).[15]

비유는 자아지식을 노출시킨다. 왜냐하면 독자가 어떻게 의미를 완성시키느냐 하는 것이 비유의 자아 노출적 기능의 한 부분을 이루기 때문이다. 이런 면은 로버트 펑크의 비유 해석학의 한 단면이기도 하다. 펑크는 동일한 비유(눅 15:11-32)를 범례적 예로 사용해서 텍스트 자체가 두 가지 반응 중 한 가지 방향으로 청중 또는 독자를 변혁시킨다고 주장한다. 청중은 바리새적 "의로운" 비판가 큰 형과 자신을 동일시하든지, 아니면 회개하고 돌아온 둘째 아들과 자신을 동일시하는 방식으로 이 이야기에 반응한다.[16]

이서의 모델을 성경 해석에 적용한 두 번째 예로는 제임스 레세기(James L. Resseguie)의 글 "독자반응 비평과 공관복음서"(1984)를 들 수 있을 것이다.[17] 수전 위틱과 마찬가지로 레세기 역시 텍스트의 "틈 메우기"(filling gaps)에서 독자의 역할 및 독자 개입의 역할에 주목하고 있다.[18] 그는 한편에서는 현실화 과정에서의 "무한한" 변용의 가능성을 위한 자리를 찾으면서, 또 다른 한편에서는 텍스트 편에서 어느 정도의 강제성의 자리를 확보하려 하고 있다. 그는 처음 열정적으로 예수님을 만나러 왔다가 그의 말씀을 듣고는 "재물이 많은 고로 …… 슬픈 기색을 띠고 근심하며" 물러갔던(막 10:22) 한 부자의 기사(막 10:17–22)를 살피고 있다. 텍스트 강제성의 측면을 따라 먼저 레세기는 마가의 문맥에 주목한다. 그러면서 또한 독자의 역할에 주목하면서, 그는 부나 부에 대한 독자 자신의 인식이 이 기사의 이해에 어떤 역할을 하는지를 살피고 있다.

이서의 이론적 모델이 갖는 이와 같은 이중적 강조점 또는 양면성 때문에 스탠리 피쉬의 조롱이나 비판이 일어나게 된다. 어느 것이 주인이냐? 텍스트냐 아니면 독서 공동체냐 하는 것이다. 이서의 책에 대한 피쉬의 인정사정없는 공격이 그의 글 "왜 아무도 볼프강 이서를 두려워하지 않는가"에 잘 나타나고 있다. 그는 이서가 이것도 취하고 저것도 취하려 한다고 비판한다. 이서는 의미는 텍스트가 "읽히고" 현실화되고 해석되는 곳에 존재한다고 주장하면서(다원주의자들이 좋아할 만하게), 또 한편에서는 (객관주의자나 전통주의자들이 좋아할 만하게) 의미를 텍스트 안에 잠재되어 있는 것의 구체화라고 보고 있다. 따라서 전통주의자나 다원주의자 그 누구도 이서를 두려워할 필요가 없다는 것이다. 왜냐하면 그에게는 "모순을 즐겁게 포용할 수 있는 능력"이 있기 때문이다.[19]

우리가 이런 비판을 보다 상세히 살펴보기 전에, 먼저 로버트 파울러(Robert M. Fowler, 1981)와 주엣 바슬러(Jouette M. Bassler, 1986)가 독자반응 모델에 근거하여 마가의 내러티브에 접근하고 있는 방식을 일단 살펴보고자 한다. 그들은 마가의 텍스트를 처음으로 읽는 경우에 일어나게 되는 독자 효과와 **두 번째 혹은 여러 차례에 걸쳐** 읽으면서 회상의 관점 및 이미 알고 있는 지식이 텍스트 자체의 내러티브 시간 틀에 덧씌워지는 차원에서의 효과를 구분하고 있다.

두 사람 다 특히 마가 텍스트 안에 나타나는 떡 먹이는 기적 및 떡에 대한 언급들(막 6:30–44, 8:1–10, 14:22)에 주목하고 있다. 로버트 파울러는 그의 책 『떡과 물고기』(*Loaves and Fishes*)에서 마가의 내러티브에 대한 순차적 독서 과정 중에서 독자들이 마가복음 6장과 마가복음 8장에 주의 만찬에 대한 이후의 자료를 역으로 투사할 것을 기대했으리라는 추정을 문제 삼고 있다. 파울러는 이렇게 말한다. "저자가 그의 글을 구성했을 때, 마가복음 14장에서 예수께서 그의 제자들과 함께 마지막 만찬을 갖는 장면은 앞의 떡 먹이는 기사들을 전제로 하지만, 그 역은 성립되지 않는다."[20] 그는 또 이렇게 지적한다. "종종 마가복음 6:41과 8:6, 그리고 14:22에 나타나는 표현상의 유사성에 주목하여, 두 떡 먹이는 이야기 속에서 '성만찬적' 함의를 찾아내려는 시도가 있다." 그러나 마가가 계획하고 만들어 놓은 대로 **읽기 과정**을 따른다면, 그와 같은 접근은 "복음서를 뒤집어 세우는 일이 된다."[21]

파울러는 마가복음 8장의 떡 먹이는 이야기의 전승 자료가 마가복음 6:30–44에도 반영된 것으로 보면서, 이것이 원래는 떡뿐만 아니라 물고기에 대한 언급도 하지 않았다고 주장한다. 이런 부분은 당연히 문제 있는 주장이 아닐 수 없다.[22] 하지만 파울러의 접근이 갖는 강점은 독자 편에서의 예수에 대한 기대와 내러티브 속 제자들의 기대 사이의 잠재적 차이를 세밀하게 잘 나누어주고 있다는 점이다. 우리가 마가복음 6:30–44과 마가복음 8:1–10의 두 기사를 읽을 때, 8:4에 나오는 제자들의 말, 즉 "이 광야 어디서 떡을 얻어 이 사람들로 배부르게 할 수 있으리이까"라는 질문이 조금 전에 마가복음 6장의 기사를 읽은 독자들에게는 제자들을 이상하게 여기는 마음을 가지지 않을 수 없게 하는 효과를 갖는다.[23] 어떻게 바로 앞에서 떡 먹이는 일을 경험한 사람들이 매우 유사한 상황을 만나 예수께서 하실 일을 의심할 수 있단 말인가? 독자들도 그와 같은 둔한 기독론적 인식을 함께 할 수 있을 것인가?

파울러는 마가복음 8장의 전승적 기사 앞에다 마가복음 6장을 끼워 넣은 것이 마가 자신이라고 보고 있다. 이렇게 한 목적은 **서로 대조되는 배경 속에서 독자의 반응을 극대화하고 부적절한 제자들의 기대와는 다른 기대를 독자들이 갖도록** 하기 위함이라는 것이다.

이와 같은 접근 배후에는 이서의 이론적 모델이 놓여 있다. 파울러 스스로도 읽기 과정 속에서의 기대 및 회상의 관점과 관련하여 이서의 작업이 갖는 가치를 인정하고 있다. 파울러가 볼 때 이서는 "읽기의 과정 속에 기대(anticipation)와 회상(retrospection)의 적극적인 교차가 있다는 것"을 보여준다는 것이다.[24] 읽기의 과정에는 앞으로 어떤 일이 일어날 것인지의 추측과 지나간 일에 대한 반추가 중요한 작용을 한다.

주엣 바슬러 역시 비틀기와 뒤집기를 통해 마가의 텍스트가 독자들로 하여금 쉽게 해결되지 않는 수수께끼들과 씨름을 하도록 촉발시키는 과정을 추적하고 있다. 독자들이 어느 정도의 긴장과 오리무중의 느낌을 갖게 함으로써 제자들이 예수께 대하여 가졌던 당혹감을 공유할 수 있도록 만들어 준다는 것이다. 내러티브 "틈새들"은 독자 개입과 독자 활동을 발생시키고 고양시킨다. 그래서 독자들은 마지막 순간까지 완성되지 않은 퍼즐과 같은 텍스트와 씨름하게 되는 것이다.[25]

정보의 조합 또는 퍼즐 조각들의 결합은 텍스트와 독자에 의해 점차적으로 이루어져 가게 된다. 그래서 마침내는 마가복음 14장의 마지막 만찬과 십자가에 와서 하나의 회상의 관점에 의거하여 텍스트와의 긴 싸움의 의미를 깨닫기에 이르는 것이다. 이서의 책 『암시된 독자』(*The Implied Reader*, 1974)에서 작품(work)은 텍스트(text) 이상이라고 말하는데, 이 말이 은유적 의미에서 입증되는 셈이다. 이서는 이렇게 말한다. "텍스트는 그것이 현실화될 때만 생명을 취하게 된다. …… 텍스트와 독자의 융합이 문학 작품을 있게 만든다."[26]

앨런 컬페퍼(R. Alan Culpepper)의 책 『요한복음 해부』(*Anatomy of the Fourth Gospel*, 1983)는 이서의 개념적 도구들과 제라르 주네트(Gérard Genette)나 세이머 채트만(Seymour Chatman) 같은 선구자들의 내러티브 이론들에 나타나는 방법론적 요소들을 복합적으로 활용하고 있다.[27] 뿐만 아니라 그는 신비평의 표준적인 장치들, 즉 "관점"이나 플롯 전개, 아이러니 등의 요소들을 또한 활용하고 있다.

컬페퍼의 관심은 요한 공동체에 이르는 "창"으로서의 요한이 아니라, 세계를 보는 "거울"로서의 요한에 있다. 요한의 텍스트는 독자로 하여금 움직임을 시도하게 만든다. "화자"를 통하여 "저자"가 신호들을 보내어 "기대와 거리, 친밀감 등을 수립하며, 독자의 개입 및 동질감에 강력한 영향을 미친다. …… 이 복음서의 암묵적 목적은 독자의 이상적 세계에 대한 인식을 돌이킬 수 없이 바꾸어서 …… 세계를 복음기자 자신이 보는 것처럼 '보도록' 만들고자 하는 것이다."[28]

컬페퍼는 우리가 앞서 보았던 세이머 채트만의 구분을 따라 내러티브 시간과 자연 시간, 스토리와 담론, 화자와 내러티브 사이를 구분하고 있다. 또한 웨인 부스(Wayne Booth)를 따라 저자와 "암시된 저자"를 구분하기도 한다. 이 암시된 저자는 우리가 무엇을 어떻게 읽어야 할 것인지를 결정해주는 문학적 구성체 가운데 하나이다. 화자는 독자와 직접 의사소통한다. 반면 암시된 저자는 내러티브로부터 추론해 내어야만 한다. 이런 용어를 차용해서 우리가 앞서 7장에서 논의하였던 히브리서의 "저자" 문제를 말한다면, 이 저자는 어떤 면에서는 "암시된" 저자라고 말할 수 있다. 물론 어떤 측면에서는 설교자 또는 기록자로서 우리에게 직접 말하고 있는 이 목소리와 "암시된" 저자를 구분한다는 것은 매우 어려운 일이기도 하다.

컬페퍼는 요한복음 속에서 이와 같은 구분이 매우 가끔씩 부각이 될 뿐이라고 지적한다. 요한복음 21:24에서 이 "암시된 저자"는 사랑하시는 제자와 동일시되고 있다. 이 사랑하시는 제자는 목격자이기 때문에, 복음서가 "그 과감한 관점"에서 권위를 갖게 되고 또한 화자를 위한 "관점"을 제공할 수 있게 된다.[29]

컬페퍼는 요한복음 속에 나타나는 내러티브 시간, 플롯 전개, 등장인물의 성격지움 등과 같은 문학적 장치들을 고찰하고 있다. 우리는 이런 요소들이 문학 작품 속에서 어떤 역할을 하는지 앞서 내러티브 이론을 다루는 자리에서 살펴본 바 있다. 컬페퍼는 또한 요한의 수사적 장치의 하나로서 "암시적 주석"을 살피는 가운데서 특히 독자반응 요소가 어떻게 구상되고 있는지에 주목한다. 요한은 정기적으로 내러티브 등장인물들에 의한 "오해들"을 부각시키고 있다. 대표적인 예로 요한복음 2:19–21의 "이 성전", 3:3–5의 "거듭남", 4:10–15의 "산 물", 4:31의 "양식", 6:32–35의 "하늘로부터 내려온 떡", 6:51

의 "내 살", 7:34의 "나 있는 곳", 8:31–35의 "너희를 자유케 함" 등을 들 수 있으며, 이 밖에도 11:11–15의 "잔다"라는 말이나 12:32–34의 "들림" 등을 포함하여 10개의 경우들이 더 있다.[30]

요한의 암시된 저자는 빈번한 아이러니 사용을 통해 미소나 윙크, 눈썹 신호 등과 같은 "조용한" 의사소통을 시도하기도 한다. 예를 들어 예수의 출신에 빗대어 "너도 갈릴리에서 왔느냐?"(1:46, 7:52)고 말하는 것이나, "좋은 포도주를 마지막까지 남겨 두었다"라는 이중 의미적 표현, 바리새인들이 고침받은 소경에 빗대어 "우리도 소경이냐"고 말하는 것(9:39) 등에서 문자적 표현 너머의 눈짓을 읽을 수 있다.

컬페퍼는 이와 같은 극적 아이러니나 상징, 오해 등의 사용이 독자들의 반응을 자극하기 위한 기능을 갖는다고 지적한다. 맥락은 서로 다르지만 딜타이의 해석학을 연상시키는 방식으로 컬페퍼는 현대 독자들이 복음서 기자가 자신의 일세기 독자들이 알고 생각하고 있었던 것으로 추정했던 그 상태 속으로 상상력을 통하여(필요하다면 "가장" 해서라도) 들어가야만 한다고 강조한다. 이서의 표현대로 "암시된 독자"(다시 말해서 이를 위해 텍스트가 작용하는 구상된 독자)는 "하나의 문학 작품이 그 효과를 실현시키는 데 필요한 모든 선조건들을 갖추고 있으며" 텍스트 속에서 "공유된 인지 세계에로의 초청"을 발견한다.[31]

이서의 독자반응 이론의 기여가 문학적 형식주의나 내러티브 이론 등을 포함한 보다 넓은 문학적 도구들 가운데 다만 한 부분에 그치는가 하는 점은 논란의 대상이 되는 문제이다. 하지만 파울러 등을 포함하여 컬페퍼의 작업이 보여주는 것은 **읽기 과정**에 강조점을 두는 것이 충분히 가치가 있다는 점이다. 이 가치는 단지 내러티브적 특성이나 수사적 특성을 드러내는 데서만 아니라, 보다 넓게 **독자관여, 상호작용, 자아개입 등의 해석학적 질문에 초점을 모으는 데서도** 나타난다.

그럼에도 불구하고 이서의 이론적 모델 및 성경 해석에 이를 적용하는 사람들의 작업까지도 비판을 피하지는 못하는 것을 볼 수 있다. 스탠리 피쉬의 경우, 앞에서도 보았던 것처럼, 조금도 주저 없이 이서를 공격하고 있다. 즉,

그가 한편에서는 텍스트의 "소여성"을 아직도 믿고 있는 "객관주의자들"을 만족시키려 하면서, 또 한편에서는 의미를 독자들의 기대 및 의제에 따라 결정되는 것으로 보는 다원주의자들을 만족시키려 하고 있다는 것이다. 피쉬가 볼 때 이서는 "모순을 포용하려" 하고 있고, 따라서 보수주의자들이나 급진주의자들 그 누구에게도 두려움이 되지 않는다고 말한다.

레세기의 경우 마태복음 10:17–22에 대한 그의 연구 가운데서 이서와 유사한 방식으로 텍스트의 강제와 독자 구축 사이의 변증법적 균형을 시도하고 있다. 이에 대해 스피븐 무어(Stephen Moore)와 스탠리 포터(Stanley Porter)는 피쉬와 유사한 방식으로 레세기의 시도를 비판한다. 무어는 레세기가 "비평가 이서를 따라 깊은 모순 속으로 들어갔다"라고 지적한다.[32] 스탠리 포터 역시 이서를 가리켜 "악명 높게 양면적"이라고 말하면서, 노먼 피터슨의 연관된 작업을 두고 "특별히 실망스럽다"라고 논평한다. 뿐만 아니라 레세기의 작업에 대해서도 매우 비판적 입장을 취하고 있으며, "레세기를 출발점으로 삼은" 제프리 로이드 스탈리(Jeffrey Lloyd Staley, 1988)의 책에 대해서도 비판적이다.[33]

다소 장난스러운 어투로 포터는 피쉬에 견주어 볼 때 "그처럼 영감 넘치고 뛰어난 사람이 별로 없어서" 다른 사람들은 그다지 눈에 들어오지 않는다고 말한다.[34] 심지어 포터는 이서나 레세기, 파울러, 피터슨, 스탈리 등의 작업에 "독자반응 이론"이라는 용어를 붙이는 것도 주저하고 있다. 왜냐하면 진정으로 독자반응 이론(말하자면, 독자들이 텍스트 "소여성"에 전혀 구애받지 않는 차원에서의)이라 할 만한 것은 피쉬의 것밖에 없다고 보기 때문이다.

피쉬의 독자반응 이론을 이서의 그것과 구분 짓는 주된 요소들로 우리는 세 가지 정도의 사항들을 지적해볼 수 있다. 첫째, 왜 피쉬가 이서의 접근을 자기모순적이라 하면서 그토록 가차 없이 반대하는지의 이유는 피쉬 자신의 '회심'의 열정에 기인한다. 즉, 그 자신이 이전에 그런 입장을 취했지만, 이제는 그것을 넘어 섰다는 것이다. 그의 이론은 일종의 회심신학이다. 회심 이전의 가치들이 이제는 역조적으로 다르게 색칠되고 있는 것이다. 이것이 그의 글 속에 나타나고 있는 공격적인 선교사적 어조의 이유이다. 이점에 대해서는 수전 호톤(Susan R. Horton)의 논문 "스탠리 피쉬의 산문 경험" 속에 그 설명이 잘 나타나고 있다.[35]

피쉬는 자신의 순례의 여정을 그가 아직도 주어진 텍스트의 역할을 믿고 있던 시기의 책『죄를 인하여 놀람』(*Surprised by Sin*, 1967)과『자기 소모적 예술작품』(*Self-Consuming Artifacts*, 1972)으로부터 시작해서 1980년에 그의 문제작『이 클라스에 텍스트가 있는가?』(*Is There a Text in this Class?*)가 나올 때까지에 걸쳐서 추적하고 있다. 마지막 단계에서 피쉬는 더 이상 텍스트와 독자가 각각 얼마나 해석에 기여를 하는가라는 문제를 고민하지 않는다. **텍스트 "안"에는 아무것도 해석할 것이 없다**. 왜냐하면 **모든 것이 해석**일 뿐이기 때문이다.[36]

피쉬는 이서에 대하여 그가 아직도 해석의 관계를 "하나의 문서와 수행자"의 관계로 보고 있다고 비판한다. 이에 반해 그 자신은 우리가 더 이상 "적어도 잠재적으로나마 전적으로 자유로운 어떤 독자를 기다리면서 단순히 거기에 있는 그런 어떤 텍스트를 말한다는 것"이 불가능하다고 주장한다.[37]

두 번째 주된 차이점은 이서의 초점이 개인 독자에게 있는 반면 피쉬의 강조점은 독서 공동체에 놓여 있다는 점이다. 피쉬는 이렇게 말한다. "읽기에는 그 어떤 주체적 요소도 없다. 왜냐하면 관찰자는 결코 고유하고 사적인 의미에서의 개인이 아니라, **해석 공동체 안에서 그 회원 됨에 의거한** 이해 범주의 산물이기 때문이다."[38](강조는 첨가)

세 번째 차이점은 인지 철학 및 언어 철학에 대한 평가 및 자세의 급진적인 차이에서 비롯된다. 이서는 자신의 읽기 이론을 어떻게 읽기가 실제로 진행되는지의 실용적 차원 뿐만 아니라, 인간 인지의 본질, 구성 및 투사의 과정, 인지와 언어의 관계 등의 철학적 논의 위에 세우려 하고 있다. 우리는 후설의 현상학에 대해 유보적 입장을 가질 수도 있고, 또한 이서가 후설이나 잉가르덴에게서 취하는 철학적 기반의 지위와 관련해서도 유보적일 수 있을 것이다. 그러할지라도 그의 이론의 배후에는 철학적 바탕이 놓여 있는 것을 부정할 수 없지만, 피쉬에게서는 이런 정도의 철학적 기반이라도 찾아보기 어렵다.

패트릭 그랜트 등이 지적하는 것처럼(앞 장에서의 논의 참고), 어떤 "문학적" 의미 이론들은 로티와 데리다를 따라 철학이 문학 이론 자체에 포속될 수 있다는 환상에 의거하기도 한다. 하지만 이런 인식은 매우 위험스러운 실수가 될 수 있는데, 이것이 가져오는 결과가 어떤 것인지에 대해서는 이 장의 마지막 부분에 가서 생각해보기로 하자. 무엇을 주어진 것(다시 말해서, 권위나 강제를 가진 것)으로 여길 것인지의 결정은 사회적 공동체에 달려 있고, 이를 결정하는 데 이서가 가진 것과 같은 읽기나 인지의 철학적 관점은 조롱의 대상일 뿐이라는 피쉬의 큰 주장은, 그 주장의 크기에 부합되는 철학적 치밀함이 뒷받침되지 못하고 있다.

2. 움베르토 에코의 기호학적 독자반응 이론과 성경 텍스트를 위한 함의

이서가 **인지의 철학**에, 그리고 피쉬가 **상황적 실용주의**에 기반을 두고 있다면, 움베르토 에코(Umberto Eco)는 **기호학 원리들에 대한 치열한 탐구** 위에 자신의 독자반응 이론을 세우고 있다. 그의 책 『독자의 역할: 텍스트 기호학 탐구』(*The Role of the Reader: Explorations on the Semiotics of Texts*, 1981)는 그 앞에 나온 책 『기호학 이론』(*A Theory of Semiotics*, 1976)에서 정리했던 이론적 원리를 그대로 취하고 있다. 그리고 일부 측면들은 『기호학과 언어철학』(*Semiotics and the Philosophy of Language*, 1984)에서 좀 더 발전되기도 하였다.[39]

에코의 관점에서 중요한 발전 한 가지가 『기호학 이론』 전반부에 밝혀지고 있는데, 이는 즉 기호학 이론이 의미화라는 항목 아래 포함될 수 있는 **기호** 이론과 또한 **의사소통**의 항목 아래 포함될 수 있는 **기호 - 생산**의 기호학 양자를 다 포괄한다는 인식이다. 이 구분은 기호통합론(syntactics)과 화용론(pragmatics)의 구분과 단순 일치되는 것은 아니라고 에코 자신이 경계한다. 뿐만 아니라 랑그(*langue*)와 파롤(*parole*)의 구분과도 정확히 일치하는 것은 아니다. 에코는 이렇게 말한다. "이 책의 주장들 가운데 하나는 이 구분들을 극복해야 한다는 것이다. 그리고 담론적 역량, 텍스트 형성, 상황 및 정황적 명료화 등의 규칙들을 포괄하는 하나의 코드 이론을 그려내는 것이다. 이렇게 함으로써 그 자체의 틀 안에서 소위 화용론이란 것의 많은 문제들을 해결해내는 그런 하나의 의미론을 제시하고자 하는 것이다."[40]

의미화 체계는 사회적 관습의 코드 위에서 작용한다. 그러나 **의사소통 과정**은 다양한 실제적 목적들에 부합하는 표현들을 생산해내기 위해 물리적으로 기호체계를 "차용한다." 의미화는 "인간 존재들을 향한 또는 그 사이의 모든 의사소통 행위는 …… 그 필수적 조건으로 의미화 체계를 전제한다"라는 의미에서 그 자체가 하나의 논리적 우선권을 갖는다. "의미화 기호학을 의사소통 기호학과 독립적으로 수립하는 것은 가능한 일이다. 그러나 역으로 의미화 기호학이 없이 의사소통 기호학을 수립하는 것은 불가능하다."[41]

비트겐슈타인은 부분적으로 소쉬르와도 공통되는 하나의 유비를 사용하여 유사한 지적을 하고 있다. 체스의 규칙을 알고 말을 판위에 어떤 방식으로 올려놓는 것(즉 **랑그**, 체계, 의미화, 구조 차원)이 실제로 체스 수를 두는 것(즉 **파롤**, 생활세계 속에서의 화행, 언어 사용, 의사소통 행위 차원)은 아니다. 비트겐슈타인은 이렇게 말한다. "이름 주기(naming)는 아직은 언어 게임 속에서의 움직임이 아니다. 체스판 위에 말 하나를 올려놓는다고 해서 그것이 체스 게임의 움직임이 아닌 것과 같다. …… 한 사물에 이름이 주어졌다고 해서 무슨 일이 일어난 것은 아니다."[42]

에코의 의미론적 영역 및 기호학적 체계에 대한 이해는 비트겐슈타인의 관찰과 상당한 유사성을 갖는다. 그의 **의미화의 조건들**은 다른 학자들이 이야기하는 해석학적 생활세계나 화행들이 실행되는 장을 말하는데, 그 속에서 저자 혹은 발신자의 코드 체계와, 독자 혹은 수신자의 코드 체계 사이의 **상호작용**이 발생한다.

에코는 "이해"의 인식에서 중요한 진전을 이루고 있다. 이는 "믿을만한 미리 설정된 규칙들의 부재" 상황 속에서 이루어지는 일인데, 그러다 보니 **독자들이 주어진 텍스트가 전제하는 코드와 관련하여 지나치게 일반화된 추정을 하게 된다**는 것이다.[43] 이런 원리는 성경 해석에서 결정적으로 중요한 함의가 있다. 우리가 앞서 2장과 3장에서 보았던 것처럼, 현대 독자들은 과거 1세기 묵시론적 코드(예를 들어 요한계시록의 상징의 사용 등)와 현대 내러티브나 대중 매체의 이야기들 사이의 중요한 차이를 무시하고 지나치게 일반화된 추정들을 가지고 너무 쉽게 고대 텍스트를 대하는 경향이 있다. 이제 즉 보게 되겠지만, 노먼 피터슨(Norman Petersen)은 이런 방식의 코드에 대한 인식을 바탕으로 마가복음 및 그 독자 문제를 다루는 논문을 발표한 바 있다.

에코의 이론적 접근이 갖는 강점 가운데 하나는 **무엇이 "텍스트"를 구성하는가의 문제를 두고 그 모델의 범주를 최대한 폭넓게 인식하고 있다는 점**이다. 여기에는 공학이나 기술 분야의 **기능적 정보전달적 체계로서의 텍스트**로부터 "문학적" 의미를 다루는 복잡한 **생산적 체계로서의 텍스트**에 이르기까지 다양한 범주가 포함된다. 기호학적 체계에 대한 에코의 도입적 설명은 매우 단순한 모델의 예로부터 시작된다. 이런 점은 비트겐슈타인이 두 건축가 사이의 실물 지시에 근거한 의사소통의 언어 게임의 예와 유사한편을 가진다.

에코는 기능적 정보전달적 "읽기"와 관련해서는 계기판 속의 바늘의 경우를 예로 든다. 이 바늘은 물이나 연료의 상태를 알려주는 부표와 기계적으로 연결이 되어 있다. 물론 이 경우도 우리가 어떻게 바늘을 읽느냐 하는 것은 사회적 관습과 연관되어 있다. 오늘날은 이것이 너무나 보편화되어서 배관이나 자동차가 없는 곳을 제외하고는 거의 범문화적 성격을 지니게 되었다. 고대 문화에 속한 사람이라면 이런 지시 체계의 기능을 잘 인식하지 못하겠지만, 현대 문화에 속하는 사람이라면 누구나 이 바늘이 가리키는 것이 무엇을 의미하는지의 코드를 이해하고 있다.

코드들 사이의 또는 코드들 내부의 차이는 "하부 코드들"(sub-codes)에 기인한다. 에코는 물 수위가 높다는 것을 단지 하나의 **사실**로 알려주는 순수한 정보전달적 기능은 그것의 **의의**와 관련된 **판단**, 이를테면 어느 단계면 "홍수 경고"인지 아니면 "위험 수준"인지를 알려주는 판단의 소통과는 다르다는 것을 지적한다. 하부 코드들은 **전문적 훈련**을 요구하는 경우가 많다(비트겐슈타인 역시 의사소통에서나 이해의 과정에서 "훈련"이 필요하다는 것을 지적한다).[44] 이 "훈련"은 특히 보다 "생산적" 텍스트 즉 문학적 텍스트와 관련해서 생각할 때는 쿨러나 바톤이 이야기하는 "독자 역량"의 문제가 되기도 한다. 바톤은 성경 텍스트의 경우 의사소통적, 생산적 읽기를 위해서는 충분히 코드를 숙지한 "**독자 역량**"이 필요하다는 것을 강조한다.

이런 측면과 관련하여 에코는 유리 로트만(Jurij Lotman)의 기호학 이론에 나타나는 방법론적 구분으로부터 많은 도움을 받고 있다.[45] 로트만은 일차적으로 의미들을 **전달** 혹은 **소통**하는 기능을 하는 텍스트들과, 의미를 **생성** 또는 **생산**하는 일을 돕는 텍스트를 구분하고 있다. 그는 이런 구분이 **문화적** 관점의 차이를 배경으로 한다고 생각한다. 전자의 경우는 "핸드북" 문화를 반영하며, 대체로 안정된 의미를 선호한다. 후자의 경우 문학적 텍스트 속에는 다중적 코드가 포함되어 있다. 이 경우 **어떻게 텍스트를 읽을 것인가** 하는 문제는 **독자의 코드 체계 해독의 선택**에 달려 있다. 로트만을 따라서 에코는 "다시 읽기"가 코드의 변화를 낳는 경우, 여기에는 **텍스트 또는 작품 의미 자체의 변화**가 수반된다고 결론짓고 있다.

잠시 후에 우리가 다시 보겠지만, 피터슨은 마가복음 읽기와 관련하여 이와 같은 관점을 활용하고 있다. 파울러(Fowler)의 경우는 시간적으로 처음 마가를 읽을 때와, 두 번째 또는 연속해서 다시 읽기를 할 때의 차이점에 주목하고 있는 것을 앞에서 이미 본 바 있다. 이 다시 읽기 속에서는 회상의 "무시간"의 틀이 작용한다는 것이다.

로트만의 텍스트 구분은 독자반응 및 독서 과정에 관한 에코의 책『독자의 역할』의 기반을 이룬다. 뿐만 아니라 이런 요소는 그의 또 다른 책『기호학과 언어 철학』 속에서 "의사소통적 기호"(예를 들어, 국가나 단체 표시들, 도로 표지판들, 상표들 등)와 간접적 "전조적 기호"(premonitory signs, 은유들, 흔적들, 고대 유적들 등)를 구분하는 데에도 동일하게 적용되고 있다. 전자의 경우는 코드와 그것이 표시하는 것 사이의 일치가 중요하다. 하지만 후자의 경우는 다중적 해석이 가능하다. 원리상 후자의 경우는 확장, 성장, 미로 치기가 가능하다.

"의사소통적 기호들"에서는 백과사전이 하는 의미론적 기능은 "표시들"을 예시해 보이는 정도가 되겠지만, "전조적 기호들"의 경우는 사전이 기호 및 언어 체계 연결고리의 "무한성" 가운데서의 **임시적 전개**를 담고 있을 뿐이며, 그 기능은 **화용론적 언어 사용**의 "**가변적 재평가**"를 순간 순간 포착하는 것이다.[46] 오직 "문화적 활동 둔화"만이 이 변화들을 지연시킬 수 있고, 그런 상황 속에서 "사전적 의미" 또는 작업정의가 적당히 안정성을 얻을 수 있게 된다.

에코는 그의 책『독자의 역할』에서 시나 문학적 텍스트에서는 생성적 전략의 초점이 상호본문적(간본문적) 역량을 바탕으로 한 "비정밀 혹은 비결정적 형태의 반응"에 맞추어져 있다고 지적한다. 일부 텍스트는 독자들로 하여금 "**해석적 선택**"을 요구함으로써 그들의 "협조"를 적극 불러들인다.[47] 성경의 많은 비유들이나 다수의 내러티브들, 상당 부분의 지혜 문학, 묵시적 텍스트 등이 이와 같은 종류의 독자 활동을 촉진시키는 예들이라고 볼 수 있다.

하지만 에코는 모든 텍스트들을 다 이런 범주 안에 포함시키지는 않는다. 텍스트들마다 그 본질에 가장 부합되는 "**모델 독자**"를 "선택"한다. 이 독자는 저자가 전제하는 코드들을 공유하는 구축형(construct) 독자이다. 에코는 쿨러나 심지어 불트만과 매우 유사한 방식으로 "선이해"나 "전제"를 언급하고 있다. 그 한 예로 "기사도"에 대해 말하는 텍스트는 그 "모델 독자"의 입장에서 낭만주의적 기사도 전통에 대해 이미 알고 있는 것을 전제로 한다고 말한다.

텍스트에 대한 독자반응의 유형이 비결정적인 그런 경우들에서는 독자가 저자의 코드를 공유하느냐 하는 것이 그다지 큰 문제가 되지 않는다. 하지만 그 밖의 텍스트들의 경우는 또 사정이 다르다. 에코는 이렇게 말한다. "다소간 경험이 있는 독자 편에서의 정밀한 반응을 목적으로 하는 그런 텍스트들도 …… 사실상 그 어떤 '정도를 벗어난' 해독 가능성에 대해 열려 있다. 모든 가능한 해석에 대해 과도하게 '열려 있는' 텍스트를 우리는 **닫힌** 텍스트라 부를 수 있을 것이다."[48] 에코는 이런 "닫힌 텍스트"가 하는 일은 독자들 속에 특정 감정과 효과를 불러일으키기 위해 **미리 정해진 길**로 독자들을 이끄는 일이라고 말한다. 여기에는 대중광고 양식들, 코미디 프로들, 멜로드라마들, 서부극들 등이 포함된다. 이에 반해 제임스 조이스의『피네간의 경야』(*Finnegan's Wake*) 같은 글은 **열린** 텍스트의 한 예라 할 수 있는데, 여기에는 그 자체의 구조 속에 **생성적 과정**이 포함되어 있다.

일부 텍스트는 일반 독자들을 염두에 둔다. 여기에는 정치적 연설이나 과학적 지시사항들 등이 포함된다. 하지만 어떤 텍스트는 저자나 독자가 특정화되어 있는 경우도 있다(사적 편지 같은 경우처럼). 혹은 독자가 텍스트를 만드는 일에 참여할 수도 있다(공개 편지 같은 경우). 혹은 저자나 독자 모두가 연극적 역할을 수행하는 경우도 있다. 이런 경우 "내가 당신에게 말한다"와 같은 방식으로 저자나 독자를 지칭하는 것도 실상은 텍스트 전략에 지나지 않는 것이 된다.[49] 에코는 열린 텍스트의 가장 특징적인 장점 가운데 하나가 "정도를 벗어난" 또는 매치되지 않는 코드를 극복하는 힘이 더 크다는 데 있다고 지적한다.

에코는 사태의 정황을 반영하는 텍스트로부터 픽션에 이르기까지 독자 과정들 상에 나타날 수 있는 서로 다른 차이점들을 구분하고 있다. 서로 다른 종류의 텍스트들에 대하여 독자가 선택하여 행할 수 있는 반응들을 열 개의 도식적 구조 또는 상자를 중심으로 에코는 여러 다른 조합의 가능성들을 배열하고 있다. 어떤 경우에는 경험적 진리 주장에 관한 질문들이 요구되기도 할 것이며, 또 어떤 경우에는 예견이나 "추론적 발길"이 필요할 수도 있고, 또 가상적 이야기들의 경우에는 내러티브 플롯이나 역할 구조 등에 대한 질문이 요구되기도 할 것이다. 독서 과정 속에는 상자와 상자 사이의 "교체 연결"도 일어날 수 있다.[50] 이런 모든 과정 속에서 코드의 역할 및 코드 변화들의 작용은 가장 중요한 자리에 머문다.

볼프강 이서와 마찬가지로 에코 또한 일부 텍스트적 특성들이나 사건들을 독자가 "부풀리거나" 채워 넣으면서, 또 다른 부분은 축소하고 "마취시키는" 기능을 한다는 것을 예시하고 있다. 독자는 텍스트의 도움을 받아 "바른 틀을 선택하고, 이를 다룰 수 있을만한 양식으로 축소하고, 부풀리기도 하며, 또한 주어진 어휘소의 의미론적 특성들을 마취시켜 융합을 만들기도 하며, 또한 동일 원소를 확보하여 선형적 텍스트 선언을 **현실화**시키는 방향으로 해석을 결정하기도 한다."(강조는 첨가)[51]

내러티브 텍스트의 경우 독자는 주어진 이야기의 다음 단계를 두고 생각해보도록 초청을 받고 있다. 여기에는 일어날 수 있는 상황들에 대한 결정이나 배제 등이 포함될 것이며, 선택에 따라 그 가치들도 달라지게 될 것이다.

예수의 많은 비유들이 에코가 말하는 "독자가 기대치 못한 해결들"을 던져주는 텍스트 범주에 속한다고 볼 수 있다. 이 경우 텍스트는 "독자의 예측할만한 무감각뿐만 아니라 모든 과도하게 코드화된 간본문적 틀을 도전한다."[52] "열린" 내러티브 텍스트들은 해석의 가능한 범주를 가장 넓게 제공한다.

윌리엄 레이(William Ray)는 에코와 잉가르덴 및 이서 사이의 유사성을 잘 지적하고 있다. 이서와 마찬가지로 에코 역시 "순수한 객관주의와 순수한 주관주의 모두"를 배격하고 있다.[53] 레이는 이렇게 말한다. "에코의 읽기 모델 속에는 해석학적 순환이 철저하게 뿌리를 박고 있다."[54] 하지만 레이 자신의 관점에서는 이런 입장이 그다지 만족스럽지 못하다. 레이는 에코의 "'열린' 텍스트와 '닫힌' 텍스트 사이의 의심쩍은 장르적 구별"이 "하나의 막다른 길"에 도달할 수밖에 없다고 지적한다.[55] 에코에 대한 레이의 비판은 이서에 대한 피쉬의 비판과 유사하다. 그가 볼 때 에코는 양 세계의 좋은 것들을 다 취하려 하고 있다는 것이다.

하지만 서로 다른 텍스트의 유형 및 서로 다른 읽기 역할 사이의 상관성에 대한 에코의 주의 깊은 관찰은 레이나 피쉬의 "문학적" 접근들보다는 더 세심하고 신빙성 있는 방식으로 치밀한 기호학 이론에 바탕을 두고 있다. 트렘퍼 롱만(Tremper Longman)이 지적하는 것처럼 독자들 수만큼이나 많은 "해석들"이 있다고 말하는 것과, **"텍스트와의 상호작용 가운데서"** 독자들이 어떤 적극적 역할들을 취하게 하려 하는지 사이에는 큰 차이가 있다.(롱만 자신의 강조)[56]

독자반응 이론에 대한 에코의 접근은 성경 해석을 위해서도 긍정적 자원을 제공하며, 이서의 작업 이상의(물론 이서의 작업도 독특한 측면을 가지지만) 기여를 하고 있다. 레이나 기타 순수하게 "문학적" 텍스트 또는 의미 이론을 취하는 사람들과 달리 에코는 의사소통적 텍스트의 경우("생산적" 텍스트는 이보다 덜 분명하게) 독자들 위에 텍스트의 강제가 작용한다는 것을 인정하고 있으며, 이런 점에서 그는 피쉬나 블라이치, 홀란드, 쿨러 등과는 다르다.

하지만 스탠리 포터(Stanley Porter)의 경우(부분적으로는 그가 피쉬의 주장에 유혹을 받고 있기 때문이겠지만) 피터슨의 독자반응식 성경 해석의 시도를 "특별히 실망스럽다"라고 평가한다. 노먼 피터슨의 논문 "복음서 속의 독자"(1984)는 에코의 이론적 체계와 많은 유사성을 보이고 있다. 일부 문학 이론가들이 에코를 비판하는 가장 빈번한 문제는 텍스트의 "강제들"을 말하려면 보다 구조주의적 관점을 반영하는 "체계"에 대한 인식 속으로 되돌아가야만 할 것이라는 점이다.

피터슨은 명시적으로 에코의 이론을 언급하지는 않는다. 하지만 그는 많은 유사한 용어들을 에코와 공유하고 있다. 그는 이렇게 말한다. "독자반응 비평은 실제 독자들로 하여금 …… 코드를 깔고 있는 텍스트의 유혹을 경계하도록, 그래서 텍스트나 그 맥락 속으로 즉 바로 뛰어들기 전에 적어도 암시된 독자를 항상 찾도록 경고하고 있다."[57]

피터슨은 마가의 텍스트를 예로 들어서 "독자"가 어떻게 텍스트 자체 속에 코드화되어 있는지를 보여주고 있다. 하나의 유명한 예가 마가복음 13:14에 나오는 "읽는 자는 깨달을진저"라는 일종의 "눈짓"이다. 묵시적 담론 속에 나타나는 핍박 받는 택자들에 대한 언어 구조 역시, 피터슨이 볼 때, 독자들로 하여금 자신들이 "텍스트 속에 코드화 되어 있음"을 인식하도록 만드는 기능을 갖는다.[58]

반면 "우리를 위한" 것으로 보이는 관점들이 항상 마가의 암시된 독자에게 전달된 관점들과 동일한 것은 아니다. 일부 구절들은 다양한 부류의 독자들을 위한 관점을 함유한다. 예수의 세례 시의 하늘로부터의 소리(막 1:11)가 그러하며, 어쩌면 마가의 서론부 전체(막 1:1–15)는 독자만을 "위한" 것이다. 피터슨은 "비–저자적" 독자와 "저자적" 독자, 즉 "의사소통적 상호행위에 참여하는 자들"을 구분하고 있다.[59]

에코의 접근이 갖는 가치는 피터슨의 논문이 보여주는 하나의 특정 영역보다 훨씬 깊고 방대하다. 하지만 피터슨의 마가 텍스트에 대한 연구는 적어도 이 이론적 모델이 성경 해석에 어떻게 접목될 수 있을지를 보여주는 하나의 가능성 있는 연구의 방향이라 할 수 있다. 스탠리 포터는 그와 같은 접근이 충분히 급진적이지 못하다는 이유로 "특별히 실망스럽다"라고 비판한다. 포터가 볼 때 이서의 모델(그리고 포터가 다루지는 않지만 에코의 모델도)은

"독자반응" 이론이라는 이름 자체를 주기도 아깝다.

그렇다면 이제 우리는 보다 더 급진적인 독자반응 이론의 영역으로 들어가 보도록 하자. 이 영역에서는 무엇보다 스탠리 피쉬의 주도권이 압도적이겠지만, 홀란드나 블라이치의 접근도 주목해볼 필요가 있다. 또한 조너선 쿨러의 독자 역량에 관한 기호학적 강조(비록 그가 자신의 이런 작업을 "독자반응 이론"으로 부르는 것은 거부하겠지만) 역시 앞에서 살펴본 그의 상호본문성(간본문성)에 대한 논의에 부가하여 다시 한번 주목해볼 필요가 있다.

3. 보다 급진적인 독자반응 이론들: 홀란드의 정신분석적 접근과 블라이치의 사회-정치적 접근

독자반응 이론에 대한 대부분의 표준적인 연구서나 입문서들은 흔히 이 이름으로 불리는 접근 방법 속에 나타나는 다양한편차들을 추적하고 있다. 이 분야의 입문서로 가장 널리 알려진 책들로는 엘리자벳 프로인드(Elizabeth Freund, 1987), 제인 톰킨스(Jane P. Tompkins, 1980), 그리고 수전 설리만(Susan R. Suleiman)과 잉게 크로스만(Inge Crosman)이 공동으로 편집한 1980년의 책 등을 들 수 있을 것이다.[60]

제인 톰킨스는 독자중심적 해석의 발전 과정을 리파테르, 이서, 풀렛(Poulet)에서부터 피쉬, 쿨러, 홀란드, 블라이치, 월터 마이클스(Walter Michaels)에 이르기까지 추적하고 있다.[61] 엘리자벳 프로인드는 부스(Booth)와 이서의 "암시된 독자"와 에코의 "표준 독자", 리파테르의 "수퍼 독자", 쿨러의 "이상적 독자", 피쉬의 "해석 공동체" 개념을 서로 비교하고 있다.[62]

우리는 위에서 이미 이서의 접근이 잉가르덴과 후설의 철학적 인지 현상학에 뿌리를 두고 있다는 것을 보았다. 그리고 에코의 경우는 기호학 이론에, 쿨러의 경우는 후기구조주의 및 독자 역량에 관한 기호학적 관찰에 의존하고 있는 것도 살펴보았다. 피쉬는 그 자신의 개인적 순례의 여정을 거쳐 사회-실용적 결론에 도달하게 된 것도 보았다. 이들에 비해 데이빗 블라이치의 경우는 사회-정치적, 교육적 관심을 갖고 이 이론을 발전시키고 있으며, 노먼 홀란드는 정신분석 이론 및 보다 넓은 심리학적 관찰에 의거한 접근을 시도하고 있다. 우리는 이 부분에서 텍스트 해석에서 독자의 역할을 강조하는 공통된 관심 속에서도 홀란드, 블라이치, 쿨러, 피쉬 등에게서 나타나는 차이점들이 또한 어떤 것인지를 좀 더 상세히 살펴보고자 한다.

노먼 홀란드(Norman Holland)의 초기의 책들(1968, 1973, 그리고 1975)은 프로이트의 정신분석적 전통에 의거한 관점이 대거 표출되고 있다.[63] 자아와 "타자"로서의 텍스트 사이의 상호작용 과정에는 **독자의 의식적 자아 측면에서의 전략들**이 작동하게 된다. 이런 점은 우리가 앞서 10장에서 보았던 것처럼, 꿈과 상징 해석과 관련하여 폴 리쾨르가 프로이트의 작업을 사용하는 것을 연상시킨다. 자아 측면에서의 욕망(리쾨르의 경우 의지)의 유형들이 자아 보호 및 숨김의 전략들을 발생시키며, 따라서 **의미의 과잉결정**을 유발한다. 다시 말해서 다중적 의미 효과들이 자아 속에서 일어나는 갈등, 애매함, 중첩되는 대의들 등에 투여된다.

홀란드는 이와 같은 방어적 전략들의 활발한 움직임을 자아와 타자 사이의 "상호작용"이라고 말한다. 읽기의 과정 속에서 독자는 자기 자신의 욕망 유형에 종사하는 방식으로 자신의 전략과 인식을 구성하며, 그렇게 독자가 구축하는 것은 독자 자신의 고유한 정체성을 반영하고 또한 섬긴다. 홀란드는 자아의 자기 정체성 방어를 통해 가동되는 독서 전략의 핵심 기제들을 "DEFT"의 약자로 요약한다. 즉, 방어(Defences), 기대(Expectations), 환상(Fantasies), 변혁(Transformations)이 그것이다.

홀란드의 접근은 이서와 마찬가지로 개인 독자의 역할에 강조점을 두고 있다. 이런 점은 블라이치나 쿨러, 피쉬 등의 독자 공동체에 대한 강조와 대조를 이룬다. 홀란드는 또한 자신의 이론을 심리학적 조사의 실험적 관찰을 통해 뒷받침하기도 한다. 그의 책 『다섯 독자의 읽기』(*5 Readers Reading*, 1975)에서 홀란드는 같은 텍스트를 두고 다섯 명의 독자들이 서로 어떻게 다르게 반응하고 있는지를 비교하고 있다. 이 서로 다른 반응들은 내러티브 경험 및 성격 유형을 포함한 독자들 각각의 정체성의 차이에서 비롯된다는 것이 홀란드의 결론이다.

홀란드의 이론적 모델이 성경 해석학에 줄 수 있는 긍정적 기여 및 부정적 위험성을 우리는 다음과 같이 정리해볼 수 있을 것이다.

(1) 먼저 긍정적 측면에서, 독자가 성경을 읽음으로써 성경에 대한 이해가 증진되는 것만이 아니라, 적절한 해석학적 감수성과 더불어 자기 인식 및 자아 동일성의 증진을 낳게 된다. 실존주의 및 내러티브 해석학 이론들이 보여주는 것처럼, 텍스트에 관여하는 자로서, 그리고 그것을 증거하는 자로서의 자의식 및 개인적, 공동체적 동질성 증진이 이루어지는 일은 특히 성경 텍스트의 경우 핵심적으로 중요한 독자 효과의 하나이다.

(2) 우리가 홀란드의 이론이 갖는 함의를 주의 깊게 잘 살펴보면, 이 접근은 부정적 측면에서 의구의 해석학이 적용될 필요가 있다는 것을 알 수 있다. 홀란드는 이와 같은 한 중요한 진술을 하고 있다. **"우리는 우리 자신을 상징화하고 또 종국적으로는 복제하기 위하여 문학 작품을 사용한다."**(강조는 첨가)[64] 만일 이런 원리를 성경 텍스트 읽기에 적용한다면, 그 결과는 폴 리쾨르가 지적하는 **우상숭배**에 이르게 되고 말 것이다. 우리는 **성경 텍스트가 선포하는 것 대신 우리 자신의 관심, 욕망, 자아성 등을 투사하게 될 것이다**. 그렇게 함으로써 우리는 **우리의 독서 과정을 통하여 우리 자신의 형상대로 하나님을 재창조하고 "구축"하게 될 것이다**.

(3) 홀란드의 이론은 일부 종교적 경건주의 안에서의 개인주의적 경향과 상당히 유사한데, 이런 점은 우리에게 경건주의 전통 속에서의 주관적 독서에 대한 하나의 경고로 작용한다. 종교적 모임 가운데서 종종 개개인들은 성경 텍스트를 통해 개인적 내러티브 역사를 "틀 짓도록" 격려를 받으며, "이 텍스트가 **내게** 무슨 의미인가"라는 질문을 가지고 성경을 읽도록 유도를 받는다. 만일 이런 과정이 공동체적 평가 및 검증의 틀 속에서 이루어지는 것이라면, 문제적 삶의 경험은 독자의 선이해를 증진시키고 텍스트의 의미 및 힘을 정서적 따뜻함과 삶의 실천에 접목시키는 효과를 가져올 수 있을 것이다.

하지만 이 과정 속에 그 어떤 의심의 원리도 작용하지 않는다면, 독자는 텍스트 지평들과 독자 자신의 지평 사이의 긴장을 느끼면서 열린 마음으로 텍스트가 말하는 것을 듣기도 전에 가다머가 말하는 선부른(premature) 지평 융합이 일어나게 되고 말 것이다. 그렇게 되면 텍스트 지평은 독자 자신의 내러티브 자서전의 지평 속에 함몰되고 말 것이며, 결국 독자는 자기 자신의 가치나 욕망을 말하는 그 이상으로 나가지 못하게 될 것이다.

(4) 마지막으로 우리는 홀란드의 이론적 모델이 결국 사회-실용적 성격을 노출하고 있다는 것을 지적하지 않을 수 없다. 만일 홀란드가 말하는 것처럼 "우리가 **우리 자신을** …… **복제하기 위하여** 문학 작품을 사용"하는 것이라면, 피쉬나 로티에게서와 마찬가지로 텍스트는 "우리 바깥으로부터" 우리를 변혁하고 시정할 수 없게 된다. 뿐만 아니라 "저 너머로부터"의 선지자적 어드레스도 불가능한 것이 된다. 물론 홀란드의 모델은 문학적 읽기를 위해서는 어느 정도 창의성과 놀람 효과의 여지를 남긴다고 볼 수 있다. 하지만 그런 경우에도 그 자신의 창의적 발견을 가져온 자가 궁극적으로 자기 자신이라고 한다면 이 또한 심오한 것이 되기는 어렵다. 성경 텍스트의 경우 그것이 가진 진리는 단순히 자아발견을 일으키는 방아쇠 역할 이상의 것이다. "은혜"와 "계시" 같은 개념들이 통용성을 가진다면, 성경 텍스트가 우리에게 말하는 것은 "자아로부터"가 아니라 "자아 바깥으로부터"이다.

데이빗 블라이치(David Bleich)는 홀란드와는 다른 각도에서 독자반응 이론에 접근하고 있다. 특히 그의 후기 저작들은 정신분석적 관심보다는 사회-문학적, 사회-정치적 관심의 맥락을 그 특징으로 갖는다. 홀란드와 마찬가지로 블라이치의 초기 저작에서는 "주관적" 읽기 및 인간 "주체성"에 대한 강조가 중심을 이룬다. 그러나 홀란드와는 달리 이 주제가 상호주체성 이론의 틀 안에서 다뤄지고 있다. 그의 초기의 책 『읽기와 느낌』(*Readings and Feelings*, 1975)에서는 심리학적, 심리치료적 범주를 다루고 있으며, 또 다른 책 『주관적 비평』(*Subjective Criticism*, 1978)에서는 독서 과정을 독자의 "재상징화" 과정으로 보는 홀란드의 견해를 공유하고 있다. 독서 과정들과 그 전략들 사이의 차이점들은 "개인적, 공동체적 주체성"으로부터 유발되고 증폭된다.[65] 피쉬와 마찬가지로 블라이치 역시 공동체 내의 독자가 어떻게 읽을 것인지를 결정하거나 형성할 때 공동체 관심과 목적, 인식론적 추정 등이 창조적 역할을 한다는 점을 강조하고 있다. 하지만 **무엇이 진정한 독자 공동체를 구성하느**

냐의 인식으로 이런 문제에 접근하는 측면에서 블라이치의 접근은 피쉬의 그것과 큰 차이를 보인다.

이런 문제는 블라이치의 후기 작품 『이중적 관점』(*The Double Perspective* 1988)에서 더욱 뚜렷이 부각된다.[66] "이중적 관점"은 두 대칭적인 것들의 전체성을 고양시킨다. 여기에는 남성과 여성, 개인과 공동체, 주체와 상호주체, 학문과 교실, 기구적인 것과 개인적인 것, 전통적인 것과 창의적인 것 등이 포함된다. 블라이치는 피쉬가 "독자 공동체"라고 할 때 교실의 일원이 아니라 학자 공동체의 일원을 전제하는 듯 하다고 비판한다. 피쉬는 다분히 엘리트 지향적이다. 반면에 쿨러는 일상 세계 속에서의 "읽기" 문제를 다룰 때도 지나치게 이론에 몰입되어 있다.

피쉬의 엘리트주의나 쿨러의 이론 지향성 모두가 결국에는 동일한 비판에 부딪히게 된다. 즉, 이들이 다 대학의 강의실에 붙박여 있으면서, "텍스트와 언어의 현실 인간적 사용"을 무시한다는 것이다.[67] 포스트모더니즘 해체주의자나 후기구조주의 읽기 이론 등이 다 일상의 읽기과정 모델을 제시하기보다는 "불어 엑센트를 가진 학문 공동체" 안에서 일어나는 일들만을 반영하고 있다는 것이다.[68] 이런 경향은 결국 개인주의적 엘리트 의식을 강화시키고, 오직 한 겹의 사회적 단면을 드러내는 데 그치게 된다.

블라이치의 "이중" 관점은 남성과 여성 독서 공동체의 병합을 요구한다. 이런 점에서 그의 후기 저작은 페미니스트 해석학에도 매우 큰 기여를 하고 있다. 블라이치는 이렇게 적고 있다. "페미니스트 운동은 특별히 그 인식론적 사고의 측면에서 상호주체성을 고조시키는데, 이런 관점에서 뒤를 돌아볼 때 후설 속에 나타나는 많은 불만스런 요소들이 설명이 된다. 그의 학문 공동체는 철저하게 그리고 심오하게 남성중심적이다. …… 만일 양성의 근본적 관계가 문화적 탐구의 배경에, 그리고 정치적 이불 밑에 함께 놓여있다고 할 때, 과연 상호주체성의 주제는 어떤 모습을 띠게 될까?"[69]

이와 같은 관점은 전반적으로 성경 해석학에 긍정적 결과를 가져오는 부분이 많다. 최근의 한 박사학위 논문에서 마크 라버톤(Mark Labberton)은 이와 같은 독자 지향적 접근이 성경 텍스트 읽기가 "일반" 독자들을 포함한 전체 공동체의 일이라는 신학적 원리와 일치한다고 주장한다. 성경의 독자는 배타적으로 남성이나 백인이어야 한다거나, "전문가"나 엘리트의 작업이라는 인식은 옳지 못하다. 성경의 독자는 "유대인이나 헬라인이나 종이나 자유인이나 남자나 여자"(갈 3:28) 모두를 다 포함한다. 라버톤은 그의 글의 제목을 『일반 독자의 성경 읽기: 개혁주의 전통과 독자지향적 비평』(*Ordinary Bible Reading: The Reformed Tradition and Reader-Oriented Criticism*, 1990)이라고 붙이고 있다.[70]

라버톤은 성경 읽기에서 "일반" 독자의 역할에 주목하는 신학적 전통을 칼뱅과 종교개혁 신학에서부터 추적하고 있다. 대체로 1540년 이전에는 읽기 능력이 주로 사회적으로 지적 엘리트들에게 국한되어 있었지만, 라버톤은 칼뱅의 스트라스부르그 사역 시절 도시 주민 전반에 걸쳐서 비문맹률이 현저하게 증진되었다는 증거를 제시하고 있다. 성경 읽기가 "전문가"의 일이 아니라 일반인들의 사적, 민주적 활동이 되었다.[71] 칼뱅은 성경 텍스트를 통한 하나님의 계시가 일반 사람들의 눈높이에 맞게 조절(accommodation) 되었다는 원리를 제시하고 있다. 하나님은 성경을 통해 "유모처럼" 말씀하신다.[72] 이런 측면에서 우리는 포스트모더니즘 이론가들이 말하는 문학적 다의성 및 "생산성" 개념과 칼뱅의 일관된 주장, 즉 성경은 독자들을 오리무중 속에 가두어두는 심오한 수수께끼가 아니라는 인식을 비교해볼만하다.[73]

하지만 칼뱅에게(루터도 마찬가지겠지만), "일반" 독자의 성경 읽기는 가르침이나 목회적 지도의 필요성을 배제하지는 않는다. 종교개혁 신학은, 적어도 그 주류 형태에서, 결코 사회적 혹은 신학적 평등주의를 지향하지는 않는다. 칼뱅은 "성경에 해박하고 경험이 많은 배운 사람들과, 특히 적법하게 안수받은 목회자들"에게 긍정적 기능을 부여하고 있다.[74]

종교개혁 이후 시기에 와서 보다 스콜라적 개신교 합리주의가 등장하면서 모든 부류의 사람들이 기여할 수 있는 근본적으로 공동체적 작업으로서의 해석이란 인식이 많이 쇠퇴하게 된다. 성경 읽기가 지나치게 지적 작업이 되기 시작했다. 앤드류 커크(Andrew Kirk)는 이런 점을 그의 책 『해방 신학』(*Liberation Theology*, 1979)을 포함하여 남미 해방신학을 다루는 글들 속에서 집중적으로 강조하고 있다.

라버톤은 성경 텍스트와 전체 공동체의 조우에 일반 독자의 기여라는 무시되었던 영역을 회복하는 측면에서 독자 지향적 이론의 가치가 매우 크다는 것을 잘 인식하고 있다. 이 이론은 "전문" 해석자를 지나치게 강조하는 합리주의 전통을 시정한다. 뿐만 아니라 이 이론은 "자연스런" 의미라는 인식이 그 어떤 주어진 전통 속에서도 마치 상황과는 전혀 무관한 것처럼 "자연스러운" 것으로 받아들여질 수 있다고 생각하는 오류를 문제삼고 있다. 라버톤은 "일반" 독자의 가치에 주목하게 하는 점에서 블라이치의 기여를 인정하면서, 또한 "자연적" 혹은 "분명한" 의미를 강조하는 객관주의적 인식의 오류를 지적하는 면에서 쿨러와 피쉬의 기여를 인정하고 있다.

그럼에도 불구하고 라버톤은 텍스트로부터 독자에게로 우선권을 전환하는 측면에 불편함을 나타내고 있고, 할 수 있다면 중도적 입장을 취하고 싶어 한다. 물론 피쉬는 이런 입장을 그가 이서에게 했던 것과 같은 방식으로 냉정함과 조롱으로 대할 것임에 틀림없다.

그렇다고 해서 우리가 블라이치나 피쉬를 따라 사회–실용적 해석학의 길을 따라갈 필요는 없다. 블라이치의 이론이 윤리성에서부터 실용주의 쪽으로 흘러가고 있다는 증거는 그가 페미니스트 해석학을 전적으로 실용주의적 시각에서 설명하고 있는 곳에서 잘 나타난다. 그는 페미니스트 이론의 긍정적 측면들을 소개한 후에, 이어서 양성 차이를 거의 유형화할 뿐만 아니라, 비판 이론을 매도한다. 이것이 가지고 오는 결과는, 우리가 12장에서 보았던 것처럼, 수전 하이네(Susanne Heine)와 제닛 리처즈(Janet R. Richards) 같은 사람들로 하여금 탄식과 고뇌 및 거의 절망을 자아내게 한다. 왜냐하면 블라이치의 방식대로 여성을 해석학에 온전히 이끌어 들이기 위해서는 비판 이론 및 합리적 담론을 실용주의적, 도구적 수사로 바꾸어야만 하기 때문이다.

블라이치는 후설의 상호주체성 개념이 "남성적"일 뿐만 아니라, 후설에서 데리다에 이르는 주된 철학적 전통 역시 "개인주의, 강한 영역성, 대립적 자세" 등과 같은 "남성적" 특성에 의존해 왔다고 주장한다.[75] 그러면서도 그는 루이스 로젠블라트(Louise Rosenblatt) 같은 사람의 중성적 읽기 모델을 거부한다. 왜냐하면 이 자체가 너무 추상적이기 때문에 "남성적" 계략에 매도되기 쉽다는 것이다. 그의 관점에서 보면 그 어떤 메타비평적 해석학도 "남성적" 목소리를 가지게 된다. 비트겐슈타인과 가다머의 치열한 작업뿐만 아니라 데리다 같은 사람의 주장들도 남성적 규칙들을 사용하고 강조하는 것이 된다. 블라이치는 비트겐슈타인과 가다머에게 "놀이 개념이 학문계의 윤리적, 심리적 정신상태의 한 부분"을 반영한다고 주장한다.[76]

블라이치는『이중적 관점』의 약 10 페이지를 가다머와 바르트, 데리다, 헤겔, 비트겐슈타인 등이 갈파하고 옹호한 언어 철학을 다루는 데 할애하면서, 이들이 모두 "개인주의와 남성주의 이데올로기에 사로잡혔다"라고 주장한다.[77] 하지만 블라이치는 이 부분에서 가다머와 비트겐슈타인의 공동체 및 창의성의 중심적 기능에 대해 오해한 것뿐만이 아니라, 더 비극적이게도 진리 문제 자체를 사회적 실용주의로 전환시키려 하고 있는데, 특히 피아제(J. Piaget)가 제시한 심리학적 성별 유형화 방식에 근거하여 이를 시도하고 있다.

피아제는 소녀들이 규칙과 관련하여 보다 "실용적" 태도를 취한다고 말한다. 무엇보다 피아제의 유형화는 융의 전통에 근거하고 있다. 남성이든 여성이든 P형(perceiving 감수성형) 또는 F형(feeling 감성형)에 속하는 사람들은 "추상적 원리"보다는 "관계"를 강조하는 경향이 있다. 반면 J형(judicial, judgmental 판단형)이나 T형(thinking 사고형)에 속하는 사람들은 역시 남성이든 여성이든 "규칙"에 우선권을 두는 경향을 가진다. 남성이든 여성이든 꼭 같이 융이 말하는 "감수자"가 아닌 "사고자" 유형에 속하는 것이 가능하다. 하지만 비판 이론의 관점에서 볼 때, 융이나 피아제, 기타 관찰 심리학자들의 견해는 충분히 입증되지도 못하며, 또한 어떤 주어진 언어 철학이나 해석학 이론들에 대한 진리성 판단의 근거를 제시하지도 못한다.

한걸음 더 나아가서 수전 하이네와 제닛 리처즈 등이 지적하는 것처럼, 페미니즘을 위한다는 차원에서 비판 이론을 버리는 일은 마치 여성이 인지적 담론이나 비판 이론에 경쟁력이 없는 것 같은 인상을 주어 실제로는 페미니즘을 배신하는 행위가 된다는 것이다. 일부 관찰 심리학자들은(만일 그들의 조사를 신뢰할 수 있다면) T형과 F형 사이의 성별 연관성이 최대 6:4 정도의 차이를 나타낸다고 말한다. 반면 P형과 J형 사이에는 성별 연관성이 거의 나타나지 않으며, S형(sensors 감각형)과 N형(직관적이거나 빠르게 가능성들을 투사하는 유형) 사이도 마찬가지라는 것이다.

하지만 여기에 대하여 블라이치는 학적 "엘리트" 여성들이 다른 여성들을 위해 나서서 일을 좌우하려 해서는 안 된다고 답할지도 모른다. 하지만 이런 논리는 크게 도움이 되지 못한다. 같은 원리를 남성들에게도 꼭 같이 적용할 수 있는 것 아닌가? 그렇다면 비트겐슈타인은 그가 지적이라는 이유 때문에 잘못된 것인가? 나아가서 만일 우리가 언어와 텍스트 본질에 관한 진리주장의 타당성을 사회적 평등주의의 실용적 기준에 근거하여 결정해야 한다면, 우리는 철학과 언어학, 해석학, 신학 등을 사회학이나 심리학 속의 일부 상황적 가설들에 넘겨주어야 될 것이다.

실제로 블라이치의 문학 이론은 익숙한 사회–정치적 논제와 연관이 되어 있다. 평등주의 사회 정치학은 저자의 탈특권화, 학적 해석자의 탈특권화, 문학적 혹은 신학적 정경 혹은 "고전"의 탈특권화를 부르짖는다. 반면 모든 공동체 전체가 다 텍스트의 공동 저자가 되는 것이다. 모든 사람이 다 텍스트의 구축에 참여하며, 하나의 구축이 다른 것보다 더 나은 것도 있을 수 없다. 왜냐하면 비판 이론이 여기에 끼어들어서 판단할 일이 없으며, 비판 이론 자체가 엘리트를 더 선호하는 편견을 가지고 있기 때문이다.

여기에서 다시 한번 우리는 사회–실용적 이론이 아나키 방향으로의 탈통합을 고무시킨다는 것을 볼 수 있다. 이 속에서는 가장 전투적인 압력 그룹이 실제적으로는 주도적이 되고 실용주의적 관점에서의 "옳은" 읽기의 기준을 만족시키게 된다. 이성이 "질서"를 만드는 반면 사회–실용적 평등주의가 "반계급적" 성격을 띠는 것은 결코 우연한 일이 아니다.

4. 쿨러의 독자지향적 기호학 및 피쉬의 사회 실용주의 해석학

우리는 독서 역량 및 상호본문성(간본문성)의 주제와 관련하여 조너선 쿨러(Jonathan Culler)의 견해를 앞 장에서 이미 살펴본 바 있다. 따라서 그의 독자

지향적 이론과 관련하여 다른 사상가들을 다룬 것만큼의 길이로 여기에서 다시 다룰 필요는 없다. 대체로 그는 자기 자신을 블라이치나 특히 피쉬와 같은 사람이 취하는 실용주의적 입장과는 구별짓기를 원하기 때문에 자신의 작업을 "독자반응 이론"이라는 이름으로 부르는 것에 대해 불편함을 느끼고 있다.

그럼에도 불구하고 쿨러의 접근은 텍스트 의미의 결정적 요인의 하나로 독서 공동체의 "역량"에 지대한 강조점을 부여하고 있다. 우리가 앞서 보았던 것처럼 존 바톤은 구약 읽기에 관한 그의 책에서 쿨러의 이론을 이용하고 있으며, 간본문성에 대한 그의 작업과 성경 연구의 관계에 대해서도 언급하고 있다. 따라서 우리는 쿨러의 작업이 성경 해석에 대해 어떤 의의가 있는지에 대해 다시 다룰 필요는 없다. 다만 이 장에서 다룬 다른 이론가들과 견주어 그의 위치가 어떤 것인지에 대해 조금 더 생각해보기로 하자.

움베르토 에코와 마찬가지로 쿨러 역시 처음에는 기호학 이론에 자신의 기초를 두기 시작했다. 그러면서 점차 독자의 역할을 강조하는 방향으로의 발전이 『구조주의 시학』(1975)에서 『기호의 추구』(1981)를 거쳐 『기호의 틀 짓기』(1988)에 이르도록 일관되게 나타나고 있다. 제인 톰킨스(Jane Tompkins)는 쿨러의 문제의식에 관하여 요약적인 방식으로 이와 같이 언급하고 있다. "만일 의미가 더 이상 텍스트의 소유가 아니라 독자 활동의 산물이라고 한다면, 우리가 답해야 할 질문은 '이 시들이 무엇을 의미하는가?'라든지, 심지어 '시들이 무슨 일을 하는가?'조차도 아니고, '독자가 어떻게 의미를 만드는가?' 일 것이다. 조너선 쿨러의 『구조주의 시학』은 소쉬르와 데리다에 이르기까지의 프랑스 구조주의의 핵심 혜안들을 바탕으로 이 질문에 답하려는 시도이다."[78] 쿨러는 1988년의 책 『기호의 틀 짓기』에서 자신의 핵심적인 관심이 어떻게 기호들이 "다양한 담론 실행들, 기구적 배치들, 가치 체계들, 기호학적 장치들 등에 의해 틀이 잡혀 있는지" 살피는 데 있다고 밝힌다.[79]

쿨러에게 이들 기호학적, 기구적 요소들보다 텍스트의 "맥락"이 그 텍스트의 의미를 결정짓는다고 단순히 주장하는 것이 결코 통하지 않는다. 왜냐하면 우리가 어떻게 기호를 "틀 짓는지" 결정하는 것은 바로 이런 요소들이며, 또한 "틀 짓기는 사물 혹은 사건을 ～으로," 다시 말해서 우리가 그것이 무엇인지를 인지하는대로 결정하는 것을 말한다. 이는 결코 초점을 홀란드의 초기 작품이 하고 있는 것처럼 심리적 주체에로 옮기는 것이 아니다. 오히려 쿨러가 **기호학적 강조점**을 생활세계의 해석학보다 **체계**에 확장 내지 적용하고 있다는 것을 말한다.

비록 쿨러가 『기호의 추구』에서 간본문성 주제를 해석학적 전제 또는 선이해와 매우 유사한 성격의 것으로 이해하고, 또한 그 기능을 설의 "배경"(Background)과 유사하게 인식함에도 불구하고 그의 강조점은 여전히 해석학적 생활세계보다 기호학적 체계 쪽으로 기울고 있다. 그는 이렇게 말한다. "말은 도구가 아니라 …… 기계라는 것이 드러나고 있다. 그 속의 복잡한 내적 구조들은 그 사용자들이 예측할 수 없는 결과들을 생성해내기도 한다."[80]

우리는 앞에서 쿨러의 『기호의 틀 짓기』에 나오는 언급, 즉 실용주의적 문학 이론과 나아가서는 사회-실용적 해석학은 "레이건 시대에 적합한" 문화적 "만족감"을 드러낸다는 말을 인용한 바 있다.[81] 또 다른 곳에서 그는 "신실용주의"의 만족감에 대해 말하기도 한다. 이와 같은 언급은 이런 사상적 조류들이 그 빈약한 이론적 기반을 가지고서는 오래 살아남지 못한다는 잠재적 취약성에 대한 지적이기도 하지만, 또 한편에서는 쿨러가 의식적으로 피쉬나 블라이치, 로티 등이 취하는 입장과 자신을 분리하고 있다는 것을 보여주기도 한다. 쿨러는 자신이 너무 이론 중심적이라고 비판하는 블라이치의 말을 오히려 칭찬으로 들을 것이 분명하다.

우리는 쿨러의 작업과 슐라이어마허에서 시작되어 가다머, 리쾨르, 아펠, 하버마스 등에게서 정점을 맞은 **초월적 해석학에의 비판적 추구** 사이에 일종의 유사성을 볼 수 있다. 쿨러는 자신의 초기 저작 『구조주의 시학』에서 "시학"의 의미를 **"읽기 과정의 가능성을 위한 조건들"**을 뜻하는 것으로 분명히 밝힌 바 있다.[82] 이는 슐라이어마허와 그의 후계자들이 해석학 이론의 과제를 **이해의 가능성을 위한 조건들**에 대한 비판적 반성을 제공하는 데 있다고 보는 것과 유사성을 갖는다.

하지만 『기호의 추구』에서 쿨러는 그의 관심 주제가 슐라이어마허와 그의 해석학 계승자들이 갖는 그것과는 매우 다르다는 것을 밝히고 있다. 쿨러의 관심은 텍스트 "내용"을 그 자체의 권리대로 이해하는 데 있다기보다는 어떤 주어진 독자 공동체를 위하여 하나의 주어진 체계가 작동하도록 만드는 "관습들", "작용들", "절차들" 등을 인지하는 데 있다.[83] 쿨러는 그의 또 다른 책 『해체에 관하여』(*On Deconstruction*, 1982)에서 문학 작품은 기호학적 코드 또는 체계의 층들의 끊임없는 상호작용이며, 따라서 거기에는 그 어떤 안정되고 동질적인 의미내용 또는 중심이 있을 수 없다고 보는 롤랑 바르트의 관점을 수용하고 있다.[84]

『기호의 틀 짓기』에서도 쿨러는 "틀 짓기"라는 의미에서의 상황화조차도 "기호들의 놀이"를 포착할 수 없다고 주장한다. 왜냐하면 어떻게 텍스트가 상황화 또는 재상황화되느냐 하는 것은 독자 공동체 측에서의 결정들, 관습들, 전략들 등에 따라 항상 가변적인 것이기 때문이다. 또 다른 글에서 쿨러는 이런 과정을 종결짓는 "마지막 의미는 없다"라고 결론짓는다.[85] 해석은 의미를 "되찾기" 하는 것이 아니라 텍스트가 허용하는 가능한 의미의 놀이 속에 독자들이 참여하는 행위이다.[86]

우리는 앞에서 쿨러가 랑그와 파롤의 두 축을 해석학적 순환 속에서의 이해와 선이해의 상호작용에 견주고 있는 것을 이미 살펴보았다. 쿨러의 작업이 갖는 가장 큰 난점 가운데 하나는 롤랑 바르트의 경우와 같이 이 랑그와 파롤의 상호 관계 문제에서부터 발생한다. 그는 생활세계에서의 **실제적 언어 사용** 또는 **언어 수행** 측면에서의 **파롤**보다는 **체계**, 또는 **언어적 역량**이나 **의미 가능성** 차원에서의 **랑그**에 더 우선권을 둔다.[87] 읽기의 과정 속에서 "우리가 무엇을 하느냐" 하는 것이 그의 『기호의 틀 짓기』에 잘 나타나고 있다. 여기에는 "틀 짓기"의 인위적 조작도 포함된다. 이는 텍스트를 "자연스럽게 만들기"를 포함하기도 한다. 다시 말해서 텍스트에 "우리 문화가 규정하는 세계 속의" 자리를 제공하고 "그 문화가 가용하게 만드는 질서의 틀 속에 텍스트를 놓는 것이다."[88]

이와 같은 쿨러의 인식은 어떤 면에서 보면 텍스트를 선이해의 일환으로 친밀한 것의 측면에서 상황화를 통하여 접근하는 해석학적 통찰에 매우 근접해 있다고 볼 수 있다. 하지만, 슐라이어마허나 베티에게, 그리고 다소 다른 방식으로 가다머에게, 텍스트와의 계속되는 만남이 독자의 지평을 넓히고 또한 잠재적으로 변혁시킬 수 있다는 점이 강조되고 있다. 독자중심적 해석학에서 의미가 결정 및 구축과 관련하여 그 강조점이 전적으로 기대들, 코드들, 관습들, 지평들에만 주어진다면, 어떻게 텍스트가 "밖으로부터" 독서 공동체의 지평들을 변혁하거나 수정할 수 있을지를 말하기는 어렵게 된다.

스탠리 피쉬의 작업과 관련해서도 바로 이런 문제가 가장 먼저 우리의 머리를 사로잡는다. 피쉬는 사회-실용적 해석학의 원리들을 굽히지 않고 받아들이고 있다. 특히 그의 에세이 모음집인 『자연적으로 오는 것 행하기』(1989)에서 피쉬는 자신의 실용주의적 상대주의의 비판가들이 할 수 있는 모든 가능한 움직임들을 일일이 예상하여 대처하고 있다. 그는 받아들일 것은 기꺼이 받아들이면서도, "그래서 어떻다는거냐?"는 식의 황당한 대답을 통해 그의 비판가들을 당황스럽게 만들기도 한다. 피쉬가 보다 크게 관심갖는 것은 그의 이론의 결과들이 아니라 그 "무결과들"이다.

과연 텍스트가 "바깥으로부터" 독자 공동체를 도전 또는 변혁할 수 있느냐라는 핵심 주제가 피쉬의 중요한 글 "반형식주의자의 길로 걷기"(1989년) 속에 하나의 분수령을 이루는 문제로 적시되고 있다. 피쉬는 이렇게 말한다. "일단 당신이 반형식주의의 길을 걷기 시작하면 어디에도 멈출 곳은 없다." 일단 우리가 의미의 기준이 **사회적 전제들이나 관심들에 상황 실용적으로 상대적**이라는 사실을 견지하고 나면, "여기에 따라오는 일반적 결론은 **그 속에서 하나의 실천이 이루어지는 모델은 바깥으로부터 도입되는 강제들에 의해 변경 또는 개혁되게 될 것인데 …… 이는 사실상 결코 일어나지 않는다**. …… **이론은 아무런 결과들도 낳지 않는다**."(강조는 첨가)[89]

피쉬는 그의 문학적 순례를 이런 주제로부터 시작하지는 않는다. 그의 초기의 책 『죄를 인하여 놀람』(1967)에서는 텍스트(특히 존 밀턴의 『실락원』)가 독자들로 하여금 독자 자신의 인지를 재평가하도록 초청하는 능력이 있다는 것에 초점을 맞춘다. 텍스트는 독자의 독자의식을 일깨워준다는 것이다. 17세기 문학 세계를 다루는 『자기 소모적 예술작품』(1972)에서는 독자와 텍스트

관계에 관련된 대안적 독서 전략들을 추적하고 있다.[90] 피쉬가 볼 때 텍스트의 "객관성"이라는 인식은 환상에 지나지 않는다. 이것이 읽기의 전략을 통제한다기보다 서로 다른 읽기의 전략들이 **독자가 텍스트를 가지고 하는 서로 다른 일들**을 반영한다. 그래서 만일 독자가 지식과 관련된 독서 기대를 가지고 있다면 그 독서의 과정은 광대역 읽기의 수사적 전략에 의해 통제를 받을 것이다. 반면 독자가 자아지식을 추구한다면 여기에 수반되는 기대는 텍스트가 자신의 자의식을 증진시켜 주리라는 것이 될 것이고, 따라서 그 독서의 과정은 "대화적" 전략에 의해 통제될 것이다.

피쉬는 그의 이론 발전 단계상 이 즈음에 이르러서 "바깥 저기로부터" 텍스트가 해석을 강제하는 것인지(그래서 텍스트의 스타일, 장르, 목적 등을 준객관적 방식으로 탐구해야 하는지), 아니면 **독자 자신의 전략들, 목적들, 추정들, 기대들** 등이 읽기 또는 해석이 그들에게 무엇인지를 결정하게 하는 것인지 사이의 **긴장**을 강하게 느끼고 있다.

피쉬는 이 시기의 "걱정"과 관련하여 『이 클라스에 텍스트가 있는가?』(1980)의 서론적 글에서 회고적 방식으로 되돌아보고 있다. 이 글에는 "나는 어떻게 걱정을 그만두고 해석 사랑하기를 배웠는가"라는 자서전적 제목이 붙어 있는 것을 본다.[91] 『이 클라스에 텍스트가 있는가?』가 나왔을 때에는 이미 텍스트 **속에** 그 어떤 "의미"가 내재해 있다는 환상을 버리게 되었다. "읽기의 의미"로서의 해석은 "해석 공동체의 권위"에 의해 만들어진다. 오직 이것만이 해석을 무엇으로 볼 것인지를 결정한다.

마치 텍스트 속에 의미가 "순진무구하게" 놓여 있는 것처럼 생각하는 방식으로 텍스트가 의미를 가지고 있다는 인식은 환상이다. 피쉬는 그 자신의 초기의 잘못된 추정이 이런 것이었다고 밝힌다. 즉, "나는 비평가들이 항상 하는 그 일을 하고 있었다. 나는 나의 해석적 원리들이 나로 하여금 보도록 인도하고 허용하는 것들을 '보았다.' 그리고 돌아서서는 내가 '본' 것을 텍스트에 그리고 그 의도에 부여했다. 내 원리들이 나로 하여금 '보도록' 지시하는 그것은 행위를 수행하는 독자들이다."[92]

피쉬는 이렇게 선언한다. 텍스트 의미는 "세상 속에 순진무구하게 놓여 있지 않다. 오히려 그 의미는 해석적 행위에 의해 규정된다. 어떤 사람이 가리키는 사실들은 여전히 거기에 있지만(하지만 객관주의자들에게 위안을 주는 그런 의미에서는 아니다), 다만 그것들이 있도록 요청한 해석적(사람이 만든) 모델의 결과로서만 그렇게 거기에 있다."[93] 따라서 혼동을 피하기 위해서는 "이것이 **무엇을 의미하는가**?"라는 질문을 "이것이 무엇을 **하는가**?"라는 질문으로 바꾸는 것이 필요하다는 것이다. 피쉬의 핵심은 이 한 문장 속에 잘 나타난다. "독자의 반응은 의미에 **대한** 것이 아니라, 그것이 바로 의미**이다**."[94]

피쉬가 1980년과 1989년 사이에 쓴 후기의 작품들은 이와 같은 입장을 굳히고 변호하는 데 치중하고 있다. 모든 것이 "사회적, 기구적 상황들"에 의존한다.[95] 『자연적으로 오는 것 행하기』라는 제목 아래 22편의 글들을 모아 놓은 두께 있는 책 속에는 볼프강 이서의 책(1981년)에 대해 일관된 독자반응 이론의 절반의 길에서 멈추어 버렸다고 공격하는 악명 높게 논쟁적인 글도 실려 있다. 피쉬는 또한 오웬 피스(Owen Fiss)의 『피쉬 대 피스』에 나오는 글 "객관성과 해석"(1982)에 대해서도 공격을 가하고 있다. 뿐만 아니라 로널드 드워킨(Ronald Dworkin)에 대해서는 "자신의 최상의 혜안으로부터 계속 자신이 그토록 강하게 도전하는 오류들(순수 객관성 및 순수 주관성의 오류) 속으로 빠지고 있다"라고 비난한다.[96]

피쉬는 사회적 사상 체계상에 일어난 변화의 본질을 토마스 쿤과 리처드 로티에 비추어서 논의하고 있다.[97] 형식주의적 체계와 사회–상황적 실용적 삶의 맥락 간의 대립 속에서 하나의 통합적 주제가 부각되고 있다. 피쉬는 수행적 발화들을 "우발적"인 것으로 보면서 이들은 "형식적으로 강제될 수 없다"라고 말한다.[98] 그러면서 그는 존 오스틴 속에 나타나는 양면성을 한 쪽에서는 형식주의적 방향으로의 발전(제롤드 카츠 Jerrold Katz 등)과 또 한 쪽에서는 상황적–실용적 방향으로의 발전(H. P. 그리스와 메리 프랏 Mary L. Pratt 등) 속에서 탐지해내고 있다.[99]

피쉬의 22편의 글들은 현대의 여러 논객들과 토론을 벌이고 있는 피쉬의 다채로운 뒤집기와 비틀기의 전모들을 잘 보여준다. 하트(H. L. A. Hart)의 법 철학에 대한 피쉬의 비판 속에는 특히 사회적 기구들과 기구적, 법적, 수행적 힘과의 관계에 관한 그의 인식이 잘 드러나고 있다.[100] 앞서 8장에서 오스틴, 에반스, 설 등을 다루는 자리에서 우리가 보았던 것처럼, 무엇을 "기구적" 사실로 볼 것이냐 하는 것이 일부 발화수반화행들이 그 적법한 기능을 수행하는데 필수적 기초가 된다. 이런 관점에서 보면 "우리의 '근본적' 추정들이 갖는 잠정적으로 우발적인 본질"에 대한 피쉬의 관찰 속에는 일말의 정당성이 있기도 하다.[101]

이 후기의 책에 수록된 많은 에세이들을 볼 때, 문학적 "의미" 및 문학적 텍스트에 그 관심이 집중되었던 초기의 책들보다 그 관심이 더 넓어진 것을 볼 수 있다. 뿐만 아니라 순수하게 형식적 체계에 반대하여 생활세계의 역사적 우발성을 강조하는 것을 보노라면 어떤 경우에는 해석학 진영의 우방처럼 보이기도 한다.

그럼에도 불구하고 우리가 이 책에서 여러 차례 반복해서 말했던 것처럼, 사회-실용적 해석학은 궁극적으로는 해석학의 제반 기능들을 균형 있게 수행하지 못한다. 피쉬는 『자연적으로 오는 것 행하기』에 수록된 많은 에세이들 가운데서 단 한 차례 하버마스와 짧은 교전을 벌이고 있다. 이를 통해서 우리는 그가 진정으로 비판적 해석학, 또는 사회비판적, 메타비평적, 범상황적 해석학 체계를 수용하기에는 역부족이라는 것을 볼 수 있다. 그는 하버마스나 아펠과 함께 생활세계를 보다 넓은 체계에 접목시키기 위한 그 어떤 원리를 추구하는 여행에 함께 하기가 어렵다는 것을 보여준다. 왜냐하면 피쉬는 이미 자신을 바친 곳이 있기 때문이다. 그에게서 선택은 **형식주의냐** 아니면 **급진 실용적 반형식주의냐**의 양자택일이다. 이 양극단의 중간에 설 자리가 피쉬에게는 없다. 이것이 피쉬의 결정적 오류이다.

5. 언어와 관련하여 피쉬가 놓치고 있는 점: 피쉬와 비트겐슈타인의 비교

피쉬와 마찬가지로 비트겐슈타인 역시 "마치 우리의 논리가 진공 상태를 위한 논리인 것처럼" 생각하는 형식적 혹은 "이상적" 언어 이해의 환상을 뒤흔들어 버린다.[102] 회고적 시각에서 보면 비트겐슈타인은 순수하게 형식적 성격의 논리를 "**선험적** 질서, 다시 말해서 **가능성**의 질서"라고 말한다. 즉, "그것은 모든 경험에 **앞서는** …… 하나의 **초**–질서요 …… **초**–개념"이라는 것이다(비트겐슈타인의 강조).[103] 이것이 그가 논리 철학에 대한 초기의 조직적 작업인 『논리철학 논고』(*Tractatus Logico–Philosophicus*)에서 취했던 형식주의자로서의 관점이었다.[104] 비트겐슈타인은 후기의 글 『철학적 탐구』(*Philosophical Investigations*)에서 이렇게 밝힌다. "먼저 생각했던 유리 같은 청명성에 대한 생각은 우리의 전체 연구를 되돌려 놓음으로써만 제거될 수 있다. …… 그림이 우리를 사로잡았다. …… 우리를 지배하는 혼동은 언어가 작업 중이 아니라 놀고 있는 기계 같은 상황일 때 일어나게 된다."[105]

형식주의 언어 이론에 맞서서 비트겐슈타인은 "명제"나 "언어", 그리고 심지어 "의미" 같은 단어들의 의미는 "이들이 적용되어야 할 언어 게임"에 의존한다고 주장한다.[106] 그는 『확실성에 관하여』(*On Certainty*)라는 책에서 이렇게 말한다. "언어 게임이 변하면 개념이 변하고, 개념의 변화와 함께 말의 의미도 변한다."[107] 러쉬 리스(Rush Rhees)는 비트겐슈타인의 접근 방법을 두고 이렇게 언급한다. "말하는 것이 하나의 별도의 일이 아니고, '의미 갖기'가 또 다른 별도의 일이 아니다."[108]

비트겐슈타인은 『쪽지』(*Zettel*)에서 이렇게 말한다. "우리의 개념을 결정하는 것은 …… 인간 행위의 전체 소동, 또는 우리의 행위의 뒤에 놓인 배경이다."[109] 그의 또 다른 책 『수학의 기반들에 관하여』(*Remarks on the Foundations of Mathematics*)에서 그는 이렇게 말한다. "우리가 '요점이 이것이다'라고 느끼는 그런 종류의 사용은 우리의 전체 삶 속에서 이런 저런 사용이 갖는 기능과 연결되어 있다."[110]

비트겐슈타인이 "반형식주의자의 길"을 걸었던 여정은 그의 일차 자료 및 이차 문헌들을 고려해볼 때 피쉬가 "나는 어떻게 걱정을 그만두고 해석 사랑하기를 배웠는가"에서 밝히고 있는 여정보다 훨씬 철학적으로 집중적이고 심각한 것이었음을 알 수 있다. 비트겐슈타인은 매우 힘들게 소위 중기 시대를 거쳐 갔는데, 이 시기에 속하는 책들로 『철학적 관찰들』(*Philosophische*

Bemerkungen, 1929–1930, 출판은 1964), 『철학적 문법』(*Philosophical Grammar*, 1929–1934, 출판은 1974)이 있고, 이어서 후기의 책들로는 『파란 그리고 갈색 책들』(*The Blue and Brown Books*, 1933–1935, 출판은 1958), 그의 주저인 『철학적 탐구』(1부는 1936–1945, 2부는 1947–1949, 초판 1953), 그리고 『확실성에 관하여』(1950–1951, 출판은 1969)가 있다.

비트겐슈타인의 사상에 대한 주된 연구서들은 그의 의미에 대한 이해가 형식주의자의 것도 아니면서 또한 순수한 상황–실용적인 것도 아니라는 것을 추가적으로 잘 밝혀주고 있다. 여기에는 1세대 평가 작업자들인 노먼 말콤(Norman Malcolm, 1958, 1967), 러쉬 리스(1970), 조지 피처(George Pitcher, 1964) 등을 포함하여, 특별히 앤서니 케니(Anthony Kenny, 1975), 데이빗 페어스(David Pears, 1971), 야닉과 툴민(A. Janik and S. Toulmin, 1973), 고든 베이커와 해커(Gordon P. Baker and P. M. Hacker, 3 vols, 1983, 1988, 1990) 등의 비판적 연구들을 주목할 필요가 있다.[111] 필자의 『두 지평』에서도 세 개의 장에 걸쳐서 그의 사상이 해석학 이론에 어떤 연관이 있는지를 살폈고, 관련해서 아펠의 작업도 살펴보았다.[112]

피쉬와 비트겐슈타인이 공히 형식주의의 허상을 간파하고 있지만, 이를 극복하는 방법은 두 사람이 전적으로 다르다. 『자연적으로 오는 것 행하기』에서 피쉬는 룻 켐프슨(Ruth Kempson)의 언어에 대한 형식주의적 접근을 자신의 '이것이냐 저것이냐' 식 접근을 돋보이게 하기 위한 하나의 의식적 대조물로 설정한다.[113] 피쉬에게는 형식주의를 거부하고 그 반대의 입장을 일관되게 취하는 것이(이서나 피스 등 많은 공격 대상들을 동일한 방식으로 취급하고 있다) 일종의 필수가 되고 있다.

이에 반해 비트겐슈타인의 경우 그 자신을 "사로잡았던" 형식주의 "그림"으로부터 해방을 얻게 된 방법이 『철학적 탐구』에 표현된 것처럼, "'뭐가 있어야**만** 한다'고 말하지 말라. 뭐가 있는지 **보고** 또 보아라. …… 생각하지 말라. 그저 보라"(강조는 원문 그대로)는 말로 표현되고 있다.[114] 뿐만 아니라 피쉬의 경우 형식주의에 대한 대안으로 **주어진 공동체 내부의** 사회적 규범들을 들고 있는데 반해 비트겐슈타인은 『쪽지』에서 이렇게 지적하고 있다. "철학자는 그 어떤 **사상적 공동체의 시민도 아니다. 바로 이것이 그를 철학자가 되게 하는 조건이다**."(강조는 첨가)[115] 이런 점에서 비트겐슈타인의 "나의 이야기"로부터 시작되는 형식주의의 극복은 켐프슨의 "이야기"에 대립하여 설정된 피쉬의 사회–실용적 확신 언어와 차이가 있다.

비트겐슈타인이 언어를 **보았을** 때, 그가 관찰하게 된 것은 **일부** 언어 게임은 전적으로 상황–상대적 성격을 갖는 데 비해, **대부분의 경우**에는 "서로 중복되고 겹치는 복잡한 유사성의 그물"을 이루는 것을 볼 수 있다고 말한다.[116] 다시 말해서 주어진 공동체의 사회적 실행들이 개념과 의미를 형성하는 데 상황적 배경을 구성하는 것이 사실이긴 하지만, **중복 및 상호침투**의 경우들은 **범상황적 다리를 맺는 연결망이 존재한다는 것**을 또한 보여준다. 비트겐슈타인은 이런 충분한 다리연결을 바탕으로 "**인간의 공통 행위의 차원에서**" 하나의 범상황적 의미의 지시틀을 찾을 수 있다고 제시한다.[117]

우리는 피쉬가 주장하는 것처럼 형식주의자의 투명하게 순수한 개념들과 상황 실용주의자의 불안정한 개념들 사이에서 양자택일을 해야 할 필요는 없다. 개념들은 "흐려진 끝자락"(blurred edges)을 가지고 어느 정도의 작용상 안정성 속에서 그 기능을 수행한다. 사회적 맥락 및 실행의 차이들이 개념들의 상대적 차이를 견인하는 것은 사실이겠지만, 그렇다고 반드시 그 안정된 동일성을 변경시켜버리는 것은 아니다. 비트겐슈타인에게, 바이스만(F. Waismann)과 마찬가지로, "흐려진 끝자락을 가진 개념들"은 형식주의에서 실용주의로 가는 길의 중간 지대쯤에 위치해 있다.[118]

피쉬가 위의 두 입장 사이의 선택을 양극화하는 데서 드러나는 근본적인 철학적 약점은 칸트로부터 비롯되는 주된 선험적 문제들에 대한 고려의 실패에 그 원인을 두고 있다. 칸트의 전통 속에서는 어떻게 인간 주체 혹은 작인자가 원자료를 **조건짓느냐** 하는 것과 이 주체 혹은 작인자가 원자료와 독립적으로 무엇을 **구축하느냐**의 작업적 차이점에 매우 주의 깊고 세밀한 관심을 기울인다. **사회적 상황이 텍스트를 포함하여 사회적 실체들을 조건짓는 것인가 아니면 구축하는 것인가**? 칸트의 전통을 넘어 가다머와 하버마스에게까지 이르는 헤겔의 철학적 전통 속에는 상황적, 역사적 유한자와 이 유한한 역사적 현상들이 전제하고 있는 보다 넓은 틀 혹은 연속성 사이의 긴장 관계가 유사한 고민의 주제가 되고 있다.

법률가요 문학 비평가인 피쉬는 오랫동안 철학자들의 정신을 사로잡아왔던 이런 문제들을 "관통"하여 보다 깊은 철학적 배경에 대해 거의 언급 없이 하버마스나 툴민 등과의 짧은 교전 속으로 속히 옮겨가고 있으며, 자신의 입장의 지지를 위해 토마스 쿤이나 리처드 로티에게 기대고 있는 것을 본다. (그는 쿤이 그의 후기의 책『본질적 긴장』(*The Essential Tension*, 1977)에서 과학적 지식의 사회-상황적 본질에 대한 초기의 주장들을 상당 부분 수정하고 있는 것을 간과하는 듯하다.)[119]

피쉬는 "비판적 자의식, 또는 우리는 우리가 하는 일을 알 수 있는가?"라는 거창한 제목의 한 에세이에서 하버마스의 '보편 화용론'이나 사회-비판 이론이 자기모순적 취약성을 가진다고 매도한다.[120] 그가 볼 때 "역사성 인식, 즉 모든 사상 및 기관의 형태들이 갖는 조형적, **구성적** 본질"(강조는 첨가)이야말로 하버마스의 비판 이론의 가능성 주장을 상대화시킨다는 것이다. 그는 또한 하버마스의 반박 논리 및 변호 역시 논증을 거듭 "재시작"할 뿐 문제를 풀어나가지는 못한다고 주장한다.

리처드 로티와 마찬가지로 피쉬 역시 헤겔 이후, 가다머 이후 철학의 한 가지 목소리, 즉 이성의 기능을 사회적 전통 속에서의 내적, 도구적 기능에 제한하는 목소리에만 귀를 기울인다. 이런 인식은 모든 합리성이 전통 범주 내에서만 작용할 뿐, 보다 넓고 깊은 메타비평적 반성을 위해 사회적으로 결정된 범주 밖을 넘어 갈 수 없다는 교리적 입장 위에 기반을 두고 있다. 우리는 바로 이 지점에서 다시 한번 비트겐슈타인에게로 돌아가서 그의 중첩되는 언어 게임에 대한 생각을 주목해볼 필요가 있다.

만일 우리의 시야가 언제나 우리 자신의 언어 게임 내부에만 머문다면, 어떻게 비트겐슈타인이 "우리는 다른 사람들이 놀이하는 것을 보면서 놀이를 배운다"라고 말할 수 있었겠는가?[121] 비트겐슈타인 역시 일부 언어 게임의 문화 상대적 특수성을 인정하고 있다. 그럼에도 불구하고 그는 자기 언어 게임을 넘어 다른 언어 게임의 작용 및 참여 가능성을 위한 조건은 다름 아닌 그 참가자의 "살아 있는 인간 존재 됨"에 있다고 주장한다.[122] 비트겐슈타인은 그토록 많은 개념적 의미들이 상황-특수적(로티의 '지역 전통'처럼)이기보다는 "타인과의 일상적 교류"(아펠의 '보편적 상호주체성'처럼) 속에 그 근거를 두고 있다고 지적한다.[123] 뿐만 아니라 비트겐슈타인은 "인간의 공통적 행위가 우리가 알지 못하는 언어를 해석할 수 있게 만드는 준거 체계"라고 말한다.[124]

피쉬는 자신의 주장에 대해 예상될 수 있는 비판에 미리 답하기 위해 상황적 기구들의 사회적 역할이 서로 중첩 또는 상호침투 할 수도 있다는 사실을 일부 인정한다. 사회적 실행들이나 공동체 자체도 "순수"하게 머물지만은 않는다는 것이다. 예를 들어, "내가 학부모의 역할을 하는 것과 내가 선생의 역할을 하는 것이 전적으로 뒤섞일 수 있다." 또는 "흑인 학자"라는 개념 속에 흑인 공동체의 전통과 학문 공동체의 전통이 통합되는 것도 가능하다는 것이다.[125] 페미니스트 학자 역시 자신의 작업 혹은 "읽기" 속에 하나 이상의 공동체 관심, 전제, 기대 등을 가지고 들어올 수 있다는 것이다.[126] 하지만 피쉬는 이와 같은 근본적 인식을 칼-오토 아펠이 하는 것과 같은 방향으로 발전시키지는 않는다. 단지 자신의 "독서 공동체" 개념을 좀 더 정교하게 하는 것일 뿐, 이 때문에 우리가 그 공동체 "밖으로부터의" 기준이나 규범들을 얻을 수 있다고 말하는 것은 아니다.

피쉬의 핵심적인 문제점은, 그가 이처럼 사회 역사의 우발적 요소들을 잘 인식하고 있음에도 불구하고 **모든** 텍스트의 **모든** 의미는 공동체 내적 규범들 및 실행들에 따라 사회-상황적 범주들이 구축하는 바에 전적으로 의존한다는 실용주의적 **교리**를 고집한다는 데 있다. 이에 반해 비트겐슈타인은 서로 다른 텍스트들 속에 그리고 서로 다른 "의미"의 예들 속에 나타나는 다양성을 잘 인식하고 있다. 이를테면 유명한 "비트겐슈타인의 건축가들"의 경우(건축가 A가 "벽돌", "석판", "들보" 등을 말하면 조수 B가 해당되는 물건을 건네주는 방식으로의 말과 사물의 일치-역주) 의미는 실물 지시에 의존한다. 왜냐하면 "이 좁게 제한된 영역"은 두 건축가 사이의 주어진 의사소통적 상황을 전제로 하기 때문이다. 그런 점에서 이런 경우는 상황-특수적이다.[127]

하지만 비트겐슈타인은 『문화와 가치』(*Culture and Value*)라는 책에서 또 다른 예를 제시한다. 이번에는 두 사람이 농담을 주고 받는 상황이다. "그 중에 한 사람이 평소 잘 쓰지 않는 어떤 말들을 사용한다. 그러고는 두 사람이 함께 킥킥거린다. 이런 모습이 전혀 다른 상황에서 온 어떤 방문객에게는 **매우** 이상하게 보일 것이다. 반면 우리는 이것을 전적으로 **합리적**이라고 본다."(강조는 원문 그대로)[128] 웃음의 경우에는 이 "기구적" 또는 사회적 행위의 "의미"가 범상황적, 범문화적 성격을 갖는다.

이런 원리는 더 확장될 수 있다. 고통을 표현하는 언어는 어떨까?[129] 고통의 언어가 보편적 고통 행위에 뿌리를 두고 있다는 사실 때문에 우리는 "고통을 **이렇게** 경험하는 독서 공동체만이 텍스트 속에서의 고통의 의미를 **이렇게** 구축할 수 있다"라고까지 강하게 말할 수 있지 않을까? 후회나 진실됨, 거짓 등에 관한 언어는 또 어떨까? 비트겐슈타인은 이런 부류의 언어가 인간 행위 그 자체의 맥락 속에서 그 안정된 의미를 갖는 것으로 보고 있다. 『쪽지』에서 그는 이런 점을 분명히 하고 있다. 인간 존재로서의 인간(학자로서나 여성으로서가 아니라)이 "과거에 대한 반성"을 한다. "개가 후회를 할 수 있을까?"[130]

『철학적 탐구』에서 비트겐슈타인은 진실됨에 대하여 동일한 강조를 하고 있다. "왜 개가 고통을 가상할 수 없는 것일까? 그것은 개가 너무 솔직하기 때문일까? …… 개는 위선자가 될 수 없다. 하지만 동시에 진실할 수도 없다."[131] 물론 이는 교육이나 배움의 역할을 부정하는 것은 아니다. 예를 들어 "거짓말은 다른 어떤 것들과 마찬가지로 배워서 하는 언어 게임이다."[132] 하지만 이런 부류의 배움의 전통은 수많은 사회-문화적 공동체들 속에 촘촘하게 직조되어 있다.

비트겐슈타인의 "사적 언어"의 불가능성에 관한 논증은 해석 공동체들 간의 집단적 상호작용의 측면에 적용될 수 있다. 비트겐슈타인이 말하고자 하는 핵심은 언어에서 **상호주체적 "점검" 또는 시험의 과정이 없이는** 언어 사용자들이 어떤 것이 "옳은" 언어 사용 또는 의미인지, 어떤 것이 옳은 "듯 보이는" 것인지 구분할 수 있는 길이 없다는 것이다. 뿐만 아니라 하나의 단순 "실수"와 "**조직적 실수**" 사이의 차이도 분간할 수 없게 된다. 비트겐슈타인은 이렇게 말한다. "사적으로 규칙에 순종하는 것은 불가능하다. 만일 그렇지 않다면 자신이 규칙에 순종하고 있다고 **생각하는 것**과 실제로 규칙에 **순종하는 것**은 같은 것이 되어버릴 것이다."(강조는 첨가)[133]

우리는 비트겐슈타인이 말하는 이런 원리를 독자 공동체들 사이의 상호맥락적 통화가치의 점검 및 시험의 과정에도 동일하게 적용해볼 수 있을 것이다. 금과 같은 경화의 경우는 국지적, 상황적 범주를 넘어서 폭넓게 유통이 될 수 있다. 그러나 종이돈 같은 연화의 경우는 내부적 규범에 준하여 내부적 요구만을 충족시킨다. 그 실용적 가치는 문화-상대적이다. 일부 국가의 통화는 자국에서만 통하는 가치가 지나치게 부여되어 그 권역을 떠나게 되면 경쟁력을 잃어버리고 국제적 업무에는 쓸모없는 것이 되어버리는 경우도 있다.

언어 역시 내부 규범에 의거한 인플레 유동성이 부여되어 "문학적 생산성"과 같은 기준이 문화상호적 혹은 범문화적 인간 실행이나 의사소통적 통화율의 지시 기반을 잃어버린 채 작용하는 경우를 만날 수도 있다. 언어적 유동성이 제대로 작동하기 위해서는 행위적 "뒷받침"(backing)이 필요하다는 것을 비트겐슈타인은『파란 그리고 갈색 책들』속에서 잘 파헤치고 있다.

이상을 바탕으로 우리는 사회-실용적 해석학의 전반적 경향과 특히 피쉬의 선언적 글 "반형식주의자의 길로 걷기"에 나타나는 주장들에 대하여 다음과 같은 표준적 비판들을 제시해보고자 한다.

(1) 첫째, 피쉬는 실용주의가 사회적 행위를 위한 아무런 효과적인 사회-비판적 평가를 줄 수 없다는 코널 웨스트(Cornel West)의 비판을 거리낌 없이 받아들인다. 피쉬는 이렇게 동의하고 있다. "이론이 아무데도 못 간다(다만 모든 수사들의 우발적 방식을 제외하고)는 논지는 그 자체가 아무데도 못 가는 논지이다."[134] 조너선 쿨러는 이런 입장이 "자기만족적"이라고 지적한다. 왜냐하면 이런 관점은 자기 이론이 더 이상의 탐구나 조사에 의거하여 수정할 것이 없다고 과도한 자신감을 표하는 한 무엇이든 다 받아주어야 하는 입장이기 때문이다.

하버마스의 경우 역사적, 해석학적 우연성의 차원을 비판적 점검의 단상에 진정으로 가지고 나아오지만, 로티의 경우는, 웨스트가 잘 지적하는 것처럼, 모든 사람이 사회적 내러티브에 대한 스스로의 평가를 반메타비평적, 실용적 기초로 삼아야 한다고 주장한다. 로티에게 상호상황적 고찰의 가능성을 "보는" 것은 불가능해 보인다. 비트겐슈타인의 경우 우리는 계속해서 "보아야" 하고, 탐구하고 살펴야 한다는 것을 강조하지만, 로티와 피쉬는 우리가 자체만족적 게토성 일관성만을 제시할 수 있을 뿐이라는 실용적 교리를 주장하고 있다.

결국 피쉬에게는 철학적 불임성이 조금도 문제될 것이 없다. 왜냐하면 그가 볼 때, 사회나 사회 이론은 비판적 사고나 이론 또는 철학에 의해서가 아니라, 일상적 삶의 "물질적 조건들"에 의해 "지탱"되는 것이기 때문이다.[135] 따라서 그에게 메타비평적 원리에 가장 근접하는 기준들은 사회적 관계, 돈, 군사적 힘 등과 같은 것이다. 쿨러는 이와 같은 입장을 두고 "레이건 시대"의 실용적 "자기만족성"과 유사하다고 지적하는 것이다.

하지만 실용주의 해석학은 헐리우드나 존 웨인 식 태도 이상의 문제의 소지가 있다. "남자라면 자기가 해야 할 일을 하는 거야!"(공동체의 관습을 따라). 그러면서도 우리는 그 공동체 관습들이 검증할만한 것이며 옳은 것인지에 대해 그 어떤 메타비평적 질문도 할 수가 없다. 심지어 보복행위를 정당화하고 피정복 민족을 억압하는 경우에도 그러하다. 왜냐하면 우리는 그것이 하나의 영화라는 것을 인지하지 못한 채 영화 "밖으로" 나갈 수가 없기 때문이다.

(2) 이런 문제는 두 번째 표준적 비판으로 이어진다. 사회-실용적 철학은 내러티브 철학 이상이 될 수 없다는 것이다. 이 때문에 피쉬의 『이 클라스에 텍스트가 있는가?』의 가장 중심적인 글 가운데 하나가 자신의 변화된 확신에 대한 내러티브적 간증의 성격을 띠고 있는 것을 볼 수 있다. 『철학과 자연의 거울』(*Philosophy and the Mirror of Nature*)에 나타나는 로티의 스타일 역시 이와 같은 내러티브적 성격을 반영한다. 다시 말해서, 실용주의 교리를 지지하는 특정 철학의 전통을 회고적 입장에서 강조점을 주어 이야기하듯 재진술하는 스타일을 취하고 있다.

리처드 번스타인과 크리스토퍼 노리스는 이런 방식으로 "철학화"하려는 논증의 유형이 자기모순적 성격이 있다는 것을 매우 탁월하게 잘 지적하고 있다.[136] 노리스는 로티가 그 자신의 실용주의 전제 위에서 **"많은 이야기들 중의 그저 하나의 이야기"**를 제시하는 것일 뿐이라고 날카롭게 지적한다. 그러함에도 불구하고 그가(피쉬도 마찬가지겠지만) "철학이 단지 하나의 이야기 이상의 것이기를 바라는 사람들을 금하는 최종적 말을 하려 한다"라고 보고 있다. "그 자유주의적 다원주의의 교조들 아래에서 이 내러티브는 '제임스와 듀이'라고 표시된 출구 외에는 다른 모든 출구들을 다 봉쇄하고 있다. 메타 내러티브의 관점을 거부하는 이 입장은 **철학이 무엇이 되어야 하느냐에 대한 다른 어떤 대안적 진술도 거부한다. 이와 같은 하나의 권위적 메시지를 구성하는 자유주의적 수사의 사용**이 로티의 실용주의를 19세기 내러티브 유형들과 매우 가깝게 만드는 요소이다."[137]

(3) 우리는 앞서 11장에서 가다머와 로티와 관련하여 합리성의 범상황적 성격에 관한 조지아 완키(Georgia Warnke)의 논의를 살펴본 바 있다. 이런 논의는 상황적 언어 게임이 갖는 중첩 및 교차에 대한 비트겐슈타인의 관찰과 일치되는 측면이 있다. 뿐만 아니라 의미의 공적 판단 기준에 관한, 그리고 어느 주어진 특정 공동체에 예속된 시민이 아닌 철학자의 지위에 관한 그의 인식과도 일치된다.

비트겐슈타인의 작업은 형식주의를 공격대상으로 세워서 그 반대축인 사회 실용주의를 불러들이는 발판으로 삼으려 하는 피쉬의 시도를 폭로하고 있다. 비트겐슈타인 자신이 피쉬와 마찬가지로 형식주의의 환상을 깨뜨리는 일을 하고 있지만, 반형식주의의 길을 얼마만큼이나 갈 것이냐, 거기에 어느 지점에서 "멈추어 설 곳"이 있느냐 하는 문제는 실용주의(반형식주의) 교리에 달린 문제가 아니라, 구체적으로 어떤 종류의 언어, 어떤 종류의 텍스트, 어떤 종류의 의미들을 다루고 있느냐를 잘 살피는 데 달려 있다.

의미가 전적으로 그리고 남김없이 주어진 공동체의 내적 규범과 관습이 구축하는 바에 달려 있다는 주장은 많은 경우(물론 모든 경우는 아닐지라도) 교리적이다. 많은 텍스트들(모든 텍스트는 아닐지라도)의 의미 통용성은 그 현금 가치를 그것이 발화 또는 기록된 상호주체적 세계의 뒷받침 요소를 통해 부여받는다. 뿐만 아니라 많은 경우에(전부는 아닐지라도) 그 텍스트 의미의 지시 체계는 통상적인 인간의 행위 세계이다.

(4) 우리는 앞에서 데이빗 블라이치의 사회 실용주의의 문제점 가운데 하나가 의미 **구축**에서의 독서 공동체의 역할에 대한 급진적, 배타적 강조가 결국 **해석학의 두 지평을 하나의 단일 지평으로 와해**시켜버리는 것임을 살펴보았다. 이런 접근은 근본적으로 슐라이어마허로부터 베티에 이르는, 그리고 가다머로부터 리쾨르에 이르는 해석학 이론의 중심에 놓여 있는 듣기와 열린 자세, 그리고 대화에 대한 관심을 배척한다.

사회 실용주의에서 의구의 해석학은 하나의 비판적 원리로서의 기능을 실질적으로 수행할 수 없다. 뿐만 아니라 여기에는 "**타자 존중**"의 노력도 효력이 없게 되어버리는데, 이는 독서 공동체가 그 자체의 형상 또는 투사를 "텍스트의 의미"로 **구축**함으로써 너무나 섣부른 "지평의 융합"을 제시하려 하기 때문이다. 리쾨르는 이와 같은 시도를 종교적 텍스트와 관련해서는 우상숭배적이라고 지적한다. 우리는 피쉬의 모델이 성경 연구 및 기독교 신학과 관련하여 어떤 위치에 놓여 있는지를 좀 더 자세히 살펴볼 필요가 있다.

6. 피쉬의 후기 이론과 성경 연구 및 신학과의 제한된 연관성

피쉬의 해석 모델을 성경 연구에 사용하려 하는 사람들의 시도는 크게 두 가지 문제에 초점을 맞춘다. 하나는 전통적인 "텍스트 의미"라는 인식의 문제성에 관한 것이고, 또 하나는 텍스트 의미의 "구축"에서, 아니면 최소한 무엇을 텍스트 의미로 **간주**할지를 "구축"할 때, 독자 측에서의 공동체적 관심 및 기대가 어떤 역할을 하는지에 관한 것이다.

특히 세 편의 논문을 이런 주제와 관련하여 살펴볼 필요가 있다. 그 중에서 둘은 셰필드 대학 성경 학부 40주년 기념논집인 『세 차원에서의 성경』(*The Bible in Three Dimensions*, 1990)에 수록되어 있다. 여기서 살펴볼 세 사람의 저자 모두가 셰필드 대학에서의 나의 박사학위 지도 학생들이었다.

먼저 마크 브렛(Mark Brett)은 정경 비평과 관련하여 많은 글들을 썼지만,

위의 논집에 수록된 글에서는 주로 **해석의 관심과 목적**의 기능에 관한 해석학적 질문에 그의 초점을 모으고 있다.[138] 그의 글 "텍스트를 가지고 할 수 있는 넷 또는 다섯 가지의 일들"은 독자가 단지 텍스트에 의해 어드레스 당하는 것만이 아니라, 그들이 텍스트로 무엇을 할 것인지의 문제를 다룰 때 간접적인 방식으로 피쉬의 모델을 암시하고 있다. 그가 피쉬와 공유하는 것으로 보이는 또 하나의 인식은 텍스트를 이해하는 "자연스러운" 길이라고 여겨졌던 것이 실제로는 독서 공동체의 목적이나 기대, 추정, 자세, 관심 등에 크게 의존한다는 사실이다.

브렛은 특히 텍스트 저자의 목적을 보다 중시하는 인문주의 범례 안에서의 전통적 해석 목적과, 보다 최근의 노먼 갓월드(Norman K. Gottwald)나 프릭(F. Frick) 등의 유물론적 읽기 사이의 대조에 관심을 기울이고 있다. 이 후자의 경우에는 그 해석학적 탐구의 방향을 이끄는 것이 다름 아닌 사회적 현상에 대한 사회과학적 인과적 설명이다.[139] 브렛은 해석 목적의 다양성이 읽기의 다양성을 낳는다고 바르게 지적한다. 하지만 그는 이런 목적 혹은 관심이 등급화될 수 있을 것인지, 또는 어떻게 등급화될 것인지에 관련한 메타비평적 질문에는 개입하지 않는다. 따라서 넓은 시각에서 보면 브렛의 접근은 존 바톤과 로버트 몰간이 취하는 해석학적 접근과 유사한 맥락에 있다. 바톤과 몰간의 접근에 대해서는 앞의 논집에 실린 나의 논문에서 집중적인 논의를 한 바 있다.

스티븐 파울(Stephen Fowl)의 경우, 그의 책 『바울 윤리에서의 그리스도 이야기』(*The Story of Christ in the Ethics of Paul*, 1990)가 나의 지도하에 쉐필드 대학 박사학위 논문으로 처음 시작되었다. 앞의 논집에 실린 그의 글은 "해석의 윤리, 또는 의미의 제거 뒤에는 무엇이 남는가?"라는 제목을 달고 있다.[140] 이 글에서 파울은 제프리 스타웃(Jeffrey Stout)의 논문 "텍스트의 의미는 무엇인가?"(1982)를 집중적으로 사용하고 있다.[141] 스타웃은 로티에게도 큰 영향을 미친 콰인(W.V. Quine)의 철학적 입장에 공감을 나타낸다. 하지만 스타웃이 그의 글에서 취하는 특별한 전략은 피쉬가 그의 1989년의 글 "반형식주의자의 길"에서 취하는 전략을 예견하게 만든다.

스타웃은 텍스트 의미의 추구를 감추어진 형식주의, 또는 더 엄밀하게 말하면 감추어진 본질주의에 해당하는 방식으로 이해한다. 다시 말해서 그것은 "의미의 본질, 혹은 개념의 핵을 찾는 일"이다.[142] 그는 이런 질문 배후에서 이를 촉발하는 동기가 무엇인지를 밝히겠다고 말하는데, 이는 다름 아닌 탐구하는 공동체의 관심이라는 것이다. 따라서 그는 해석학적 탐구의 과제를 "필요하다면, 의미에 대한 지시를 제거하는 방식으로" 재구성하려 하고 있다.[143] 콰인에게 부분적으로 기대면서 그는 의미를 해설하는 것이 의미를 제거하는 것이라고 믿고 있다.

앞서 우리가 비트겐슈타인의 입장을 살펴본 바에 따르면, "의미"를 구성하는 것이 무엇인가라는 문제는 형식주의와 공동체 결정주의의 양극화 방식으로 접근하기에는 너무나 복잡하고 미묘한 문제라는 것을 알 수 있었다. 그럼에도 불구하고 파울은 스타웃과 또 나아가서는 피쉬가 제시하는 선택의 논리에 이끌리고 있는 것을 본다. 그는 이렇게 적고 있다. "**내가 제시하고 싶은 것은 우리가 성경 연구에서 의미에 대한 토론을 포기하고 스타웃의 입장을 받아들이자는 것이다.**"(강조는 첨가)[144] 파울이 로티나 피쉬의 실용적 상황주의 방향으로 움직여가고 있다는 표시는 메타비평적 평가에 대한 그의 회의 속에서도 잘 드러나고 있다. 그는 "텍스트 의미의 서로 경쟁하는 구상들(conceptions) 사이에는 판결의" 길이 없다고 말한다.[145] 의미들 사이의 판단이 비판의 문제라고 한다면, "텍스트 의미의 구상들" 사이의 판단은 메타비평의 문제이다. 파울은 이런 차원의 문제를 배제시키고 있다.

좀 더 넓게 보면 파울은 메타비평적 해석학의 지위와 관련하여 궁극적으로는 양면적 입장을 취한다. 한편에서 그는 다원주의와 상대주의에 개방적이다. 그는 이것이 불가피하며 또한 건강한 일이라고 믿고 있다. 하지만 또 다른 한편에서 그는 로티와 피쉬의 사회 실용주의에 충돌되는 두 가지 본질적인 지적을 하고 있다. 첫째는, 주어진 공동체들의 많은 "관심들" 가운데서도 하나의 주도적 목적이 있다면 그것은 텍스트 저자의 의도를 재구성하는 것이 될 수 있다는 지적이다. 둘째, 파울은 자칫 상대주의적 다원주의로 흘러갈 수 있는 해석의 경향을 견제하기 위한 하나의 **사회-비판적 틀**을 도모하고 있는데

(피쉬와는 반대로), 그는 이를 **윤리**(피쉬와는 반대로)에서 찾고 있다. 사회 정의에 대한 사회-정치적 관심이 개방의 맥락 속에서 도모되고 있다. 파울은 엘리자벳 피오렌자(Elizabeth Fiorenza)의 글에서 이와 같은 접근의 하나의 모델을 찾고 있다.

비록 양면성이 있긴 하지만, 그래도 메타비평적 반성에 대한 이와 같은 주의 깊은 관심이 있기 때문에 파울이 스타웃, 로티, 피쉬의 사회-실용적 해석학의 수렁에 빠지지 않을 수 있었다고 본다. 그렇지 않았더라면 그는 의미에 관한 전통적 추구를 사회-실용적 교리와 대체하는 길에 동참하고 말았을 것이다. 하지만 파울이 취하고 있는 것과 같은 양면성은 실용주의자들을 만족시킬 수도 없고 보다 적절한 의미 이해나 해석학 이론을 추구하는 사람들을 만족시킬 수도 없다.

반면에 역시 나의 박사학위 학생 가운데 한 사람이었던 스탠리 포터(Stanley Porter)의 경우는 이런 양면성을 벗어버리고 피쉬와 함께 반형식주의의 길을 따라 사회-실용주의 방향으로 내려가는 일에 덜 조심스러운 입장을 취하고 있다. 포터는 텍스트 안에서의 언어외적 "소여들"에 관한 피쉬의 회의적 입장과, 학자들의 공동체 및 그들의 사회적 관심에 관한 사회-정치적 논제를 복합시키고 있는 것으로 보인다.

포터는 그의 글 "왜 독자반응 비판이 신약 연구에는 먹혀들지 않는가?"(1990)에서 역사적 소여성을 심각하게 다루거나 텍스트 배후의 상황과 관련된 언어외적 맥락을 여전히 추구하는 부류의 독자반응 이론은 실망스럽게도 반쪽만 익은 빵이라는 피쉬의 관점을 공유한다.[146] 이런 시각에서 포터는 신약의 코드 읽기를 다루는 피터슨(Petersen)의 글이 "특별히 실망스럽다"면서 많은 부정적인 비판들을 제시하고 있다. 파울러의 경우는 "역사적 독자" 및 "악명 높게 애매한" 이서의 "암시된 독자"에게 너무 깊이 의존함으로써 "독자의 개입을 억압한다"라고 비판한다.[147] 전반적으로 파울러가 "형식주의적" 경향이 있으며, 레세기의 경우는 피쉬의 모델에서 "발을 빼고" 있으며, 스탈리는 이런 레세기로부터 "그의 출발점을 취한다"라고 평가한다.[148]

컬페퍼의 경우는 이서의 이론이 갖는 애매성을 간파하지만, 그럼에도 불구하고 피쉬가 이끄는 대로 따라갈 만한 배짱은 없는 "전반적으로 실망스러운" 성경 연구의 현 주소에 속해있다고 평가한다. 그래서 이 영역 속에서는 아직도 "형식주의와의 분명한 연관"이 있고, "역사적 관심"의 주도권이 남아있다는 것이다.[149] 포터는 이런 근거들을 바탕으로 "신약 연구에서 독자반응 비평은 …… 세속 문학적 연구의 발전보다 분명히 뒤떨어지고 있다"라고 결론짓는다.[150]

두 가지 점에서 나는 포터와 동의한다. 그는 성경 전문가들이 "자신들의 이론적 근거를 위하여 세속 학자들에게" 덜 의존적이 되어야 한다고 호소한다.[151] 여기에 대하여 필자도 공감하며, 이런 필요에 기여하고자 하는 것이 지금 이 책의 목적이기도 하다. 포터는 또한 성경 연구에 활용되어야 할 해석학적 모델들이 보다 다변적이 되어야 한다고 호소한다. 지금 이 책이 이런 필요에 부응하기 위한 목적을 갖고 있다.

하지만 그와 같은 자유와 다양성을 위해 피쉬에게로 가는 것은 문제보다 더 나쁜 치료를 얻는 꼴이 된다. 오늘날 성경 해석학의 보다 폭넓은 전략들의 사용을 요청하는 거의 모든 목소리들이 그 상이한 과제 및 상이한 텍스트의 성격과 관련하여 그 전략들을 메타비평적으로 등급화하는 것에 대해서는 부정적이다. 만일 전략들이 관심을 반영하고, 또 이 관심들은 그 배후의 세계관이나 가치들을 반영하는 것이라고 한다면, 우리는 이런 다원주의를 두고 그저 단순하게 "있으면 있는대로 다 좋다"라고 말할 수는 없는 것이다. 기독교 신학을 사회 실용주의의 중심 교리(실제로 그것은 교리적이다)와 짝을 지으려 하는 사람들 중에 "바깥으로부터의" 공동체의 개혁 및 수정의 가능성을 이야기하는 사람들은 거의 없다.

이미 포터의 글 속에는 "성경학 길드" 속에서 "의미"에 대한 어떤 접근이 환영을 받을 것인지를 관장하는 사회-정치적 요인들이 작용하고 있다는 강한 제시가 함축되어 있다. 포터는 "중요한 권력과 …… 통제와 …… 영향력 있는 자리를 점유한" 사람들을 부담스러워 한다.[152] 사회-실용적 진리 기준의 사용에 대한 그와 같은 잠재적 회의는 분명 "신약 연구에서 독자반응 비평이 온전히 부상하게 될 때 여기서 사용되어야 할 전략적 개념 가운데 하나가 피

쉬의 해석 공동체 개념이 될 것"이라는 믿음과 무관하지 않다.[153]

우리는 앞에서 사회–실용적 모델을 해석학 이론상의 하나의 주된 모델로 (총체적인 것은 고사하고) 사용할 수 없는 이유들에 대해 언급을 한 바 있다. 그 가장 큰 약점은(적어도 피쉬가 옹호하고 있는 관점을 두고 볼 때) 그것이 하나의 언어 철학으로서의 지위를 가지지 못한다는 데 있다. 이런 관점이 기독교 신학에 미칠 수 있는 부정적 결과들을 적어도 다섯 가지 정도를 들면서 결론을 짓고자 한다.

(1) 만일 피쉬가 주장하는 것처럼 텍스트의 의미가 독자 공동체의 생산물이라고 한다면, 텍스트는 이들 독자들을 결코 "바깥으로부터" 변혁하지 못할 것이다. 이런 경우 "종교개혁"이란 서로 다른 공동체적 삶의 방식에 대한 논쟁 이상이 되지 못할 것이다. **텍스트가 "저 너머로부터" 공동체를 어드레스할 수도 없을뿐더러, 성경 텍스트의 진정한 의미를 재발견하는 일도 일어나지 못할 것이다**.

(2) 인간의 의지에 맞서서 "저 너머로부터" 오는 **선지자적 어드레스**는 하나의 환상에 지나지 않는 것이 되거나, 아니면 의식 이전의 내적 갈등 정도로 설명되고 말 것이다. 그것은 결국 공동체의 가장 깊은 소망 및 기대와 일치하는 어드레스가 되고 말 것이다. 사실상 그것은 더 이상 어드레스가 아니다. 왜냐하면 공동체 자체가 그 말씀을 만들어내었기 때문이다.

(3) **은혜**나 **계시**와 같은 개념들도, 실용주의적 교리에 따르면, 환상적인 것이 되고 만다. 왜냐하면 로티의 경우 "주어진 것"은 아무것도 없다고 말하기 때문이다.

(4) **십자가의 선포** 역시 하나의 **언어적** 전승 **구축물**에 지나지 않게 될 것이다. 이미 2세기와 3세기의 영지주의자들이 이런 방식의 접근을 취하였던 적이 있다.

(5) **교리 발전에서 무엇을 조직적 실수로 보아야 할 것인지**에 대해서도 판단이 불가능하게 될 것이다. 실용주의는 무엇이든 우리의 과거와 현재를 있게 만든 것이라면 다 옳다고 보아야 한다는 관점만을 허용한다. 사회 실용주의는 오직 사회적 승자들만을 진리의 기준으로 받아들인다.

우리가 성경 연구에서 세속 문학 이론 속에서 형성된 이론적 모델들을 두고 2급이 아니라 1급 수준의 평가를 수행해야 한다는 포터의 제안은 옳다. 우리는 두 장에 걸쳐서 이것이 줄 수 있는 이익과 기여가 잠재적으로 매우 크다는 것을 살펴보았다. 하지만 그 손해와 실수 또한 매우 위험스럽다는 것을 보았다. 우리에게 아무런 좋은 것도 말해주지 않는 독자반응 이론가들은 거의 없다. 독자의 적극적 역할에 대한 이서의 강조, 코드와 텍스트에 대한 에코의 작업, 자기정체성에 관한 홀란드의 이론, 독자 공동체의 평범한 구성원들에 대한 블라이치의 지적, 이 모두가 매우 중요하다. 독자 역량에 관한 쿨러의 작업이나, 소위 "자연적" 의미라고 말하는 것도 상황-상대적 성격을 가진다는 피쉬의 경고 등도 해석학적 자의식을 돕는 역할을 한다. 피쉬는 또한 텍스트와 해석 전통 사이의 경계가 그렇게 명료하게 나누어지는 것이 아님을 우리에게 상기시켜주기도 한다.

하지만 성경 텍스트가 "바깥으로부터" 독자들을 변혁할 수 없다는 인식이나, 아니면 이 텍스트들은 독서 공동체의 여지껏 발견되지 않은 내적 자원의 "구축"을 불러일으킬 뿐이라는 인식은 기독교 신학과 쉽게 접목되지 못한다. 신학은 메타비평적 반성을 떠나서 존재할 수 없다. 사회-실용적 해석학은 텍스트의 의미를 자기확증의 도구로 투사하는 **잠재적 우상숭배**의 성향을 가질 수도 있다. 만일 해석이 이런 방향으로 나아간다면 **은혜와 계시의 기독교 신학은 종교적 자기발견의 현상학으로 변질되고 말 것이다**. 폴 리쾨르는 우리로 하여금 "우상들을 파괴하고 상징들을 듣도록" 요청하고 있다.[154] 그는 이것이 해석학의 목적이라고 주장한다.

제15장

목회신학의 해석학(1): 다양한 독서 상황에 따른 10가지 텍스트 읽기

성경해석학과 목회신학의 공통점을 찾으라고 한다면 우리는 양자가 다 같이 신학적 일체성의 문제뿐만 아니라 상황성 또는 개별성의 문제를 다루고 있다는 점을 들 수 있을 것이다. 양자가 다같이 생활세계, 상황들, 또는 지평들에 관심이 있다. 폴 발라드(Paul Ballard)가 잘 지적하고 있는 것처럼, "목회신학은 목회적 상황을 반영한다. 목회적 상황은 다름 아니라 시간과 공간 속에서 일어나는 개별적 사안들로 구성된다."[1] 돈 브라우닝(Don Browning)은 목회신학이 윤리적 비전의 조명을 받지만, 동시에 "개인들이나 단체들이 처해 있는 모든 상황적, 실존적, 발전과정적 개별성과 연계된다"[2]고 지적한다. 이와 비슷한 지적들은 데이빗 트레이시(David Tracy), 에드워드 팔리(Edward Farley), 토마스 그룸(Thomas Groome) 등에게서도 찾아볼 수 있다.[3] 한걸음 더 나아가서 브라우닝은 특히 오늘날의 다원주의 시대 속에서 상황적 개별성은 그 양상이 더욱 다변적이라는 것을 강조하고 있다. 따라서 목회신학은 "서로 다른 교회들 속의 다양한 청중들"뿐만 아니라 "교회 밖의 공공 영역 속에서의 다양성" 또한 대면하지 않으면 안 된다는 것이다.[4]

우리의 잠정적 출발점으로 삼고자 하는 명제는 해석학적 이해(under standing)의 과제는 과학적, 범례적, 계량적, 이론적 설명(explanation)의 과제와는 대조적으로 성경연구의 측면뿐만 아니라 목회신학의 측면까지도 포함한다는 사실이다. 성경학 전문가들이 성경 텍스트의 '첫 지평'의 구체적 요소들을 주된 관심으로 삼는다면, 목회 전문가들은 현재의 상황과 독자들이 처해 있는 '두 번째 지평'의 구체적 요소들을 그 주된 관심으로 삼는다. 그런데 이런 상황은 한 가지 어려움을 야기한다. 에드워드 팔리(Edward Farley) 등이 지적하는 것처럼, 신학 속에서의 이런 전문분야의 구분이 실제로는 하나가 되어야 할 해석학적 과제를 단편화하고 쪼개어 놓는 결과를 가져온다는 점이다. 하비투스(*habitus*) 즉 지혜에 근거한 행위로서의 신학은 본질적으로 실천적 특성이 있는데, "처음부터 신학을 독립된 학문의 영역으로 흩어 놓아서 이 특성이 힘을 쓰지 못하게 되었다"[5]라고 팔리는 날카롭게 지적하고 있다.

성경학 전문가들이 이와 같이 그 작업을 인위적으로 분리시켜서 접근하는 것에 대한 비판은 이미 예견된 일이었다. 자신들의 과제를 성경의 역사적 연구에 집중시키는 성경학자들은 과거에 발목이 붙잡혀 있다는 지적을 받지 않을 수 없다. 20세기 초반에 칼 바르트와 루돌프 불트만은 역사적 비평에 국한되었던 자유주의적 주해가 성경해석의 과제를 반쪽짜리 과제로 남겨두려 하였던 것이라며 강한 비판의 목소리를 던졌다. 보다 최근에 로버트 몰간(Robert Morgan) 역시 강한 비판의 목소리를 높이고 있다. 이는 역사적 방법을 보다 넓은 해석학적 과제의 한 부분으로 사용하는 대신 역사적 목표 자체를 해석학의 목적으로 대체시켜버리는 경향에 대한 비판이다. 이렇게 할 때 성경 텍스트는 기껏 역사적 상황의 재구성을 위한 하나의 도구적 '자료'에 불과한 것이 되고 만다.[6] 성경을 단지 '자료'로 사용하는 것에 대한 이와 같은 반대는 불트만이 『신약신학』에서 밝히고 있는 핵심을 반영한 것이다. 다만 차이가 있다면 불트만의 관심은 보다 좁게 케리그마적 의미에 집중되고 있는 반면, 몰간의 관심은 보다 넓은 다원주의적 상황을 염두에 두고 있다는 점이다.

우리는 성경학자들 속에서 일어나고 있는 이런 갈등관계를 실천신학 속에서도 동일하게 찾아볼 수 있을 것이다. 물론 그런 갈등이 성경학자들에게서처럼 그렇게 두드러지게 부각되지 않을지 모르지만 그 본질은 똑같이 중요하다고 본다. 많은 실천신학자들은 오늘의 현재에 관한 세부 사항들에 과도하게 집중하는 가운데서 성경 텍스트보다 현재의 상황에 더 큰 특권을 부여하는 방식으로 목회적 현상들을 객체화하는 유사한 함정에 빠져들고 있지 않은가?

일부 성경학 전문가들이 성경 텍스트가 현재의 상황에 대해 갖는 의미효과들(meaning-*effects*)에 대해 무관심한 것처럼, 일부 실천신학자들은 적실성에 관한 현재적 기준들을 상대화시키는 역사적 요인들을 무시하는 경향이 있지 않은가? 이 현재적 기준들은 그 자체가 항상 고정적으로 머물러 있는 것이 아니라 성경 텍스트와 또 기독교 전통들과의 만남을 통해 변화되며 새롭게 되는 과정을 거치게 되는데도 말이다.

나는 성경 텍스트의 의미를 언어내적 또는 '텍스트내적'(intratextual) 범주 안에 국한시키면서 세상 속에서 사태의 정황에 관한 언어외적, 상황적 요인들이나 명제적 요인들을 배제하는 방향으로 흘러가는 조지 린드벡(George Lindbeck)의 관점에 대해서 대단히 조심스러운 입장이다. 그러나 그가 '해석의 방향'이라는 이름 아래 제기하고 있는 질문은 현재에 특권을 두고자 하는 위의 경향과 관련해서는 좋은 방향성을 제시해준다고 본다. 그는 이렇게 적고 있다. "존재와 진리, 선함, 아름다움 등이 과연 무엇인지의 정의를 내려주는 것은 성경 속에 예시화되어 있는 종교이다. 이들 실재들의 비성경적 예시들은 성경적 틀 속에 나타난 형상들(모형들 또는 대형들)로 변형될 필요가 있다.…… 다시 말해서 이 텍스트가 세상을 흡수하는 것이지 세상이 이 텍스트를 흡수하는 것은 아니다."[7] 린드벡은 십자가와 인간 고통의 관계를 예로 들고 있다. 현재의 고통을 객체화시키면서 십자가를 이것의 상징적 대체물로 보는 것은 적절한 방향이 아니라는 것이다. 오히려 십자가가 현재의 고통을 십자가형 고통으로 바꾸어주는 역할을 한다.

하지만 린드벡은 서로 상이한 성경적 지평들이나 서로 다른 형태의 텍스트들을 그 구체적 특성 속에서 취급하는 일에 공정하지 못한편이다. 빈번히 그는 성경 텍스트를 일반적으로 언급하고 있을 뿐이다. 해석의 흐름이 성경 텍스트의 지평들과 목회적 상황의 지평들 사이를 오간다고 말하는 것은 이 두 지평의 구체적 정황들이 변함에 따라 다른 형태와 다른 기능을 취하게 된다는 것을 말한다. 해석학에 관한 많은 책들이 나와 있지만, 이들이 그다지 만족스럽지 못한 이유들 가운데 하나는 지나친 일반화로 말미암아 그 다루는 내용이 이론에만 국한된다든지 아니면 보편적으로 관찰되는 일반화된 패턴에 집중한 나머지 전체가 통속적인 것이 되고 만다든지 하는 이유 때문이다. 다양한 텍스트들, 이를테면, 교훈적 텍스트, 내러티브 텍스트, 시적 텍스트, 한계상황 텍스트(boundary–situation texts: 예수님의 비유들처럼 독자들로 하여금 자신의 한계에 직면하게 함으로써 자기기만이나 가면을 벗게 하는 텍스트–역주), 묵시적 텍스트, 약속 텍스트 등은 특별히 상이한 독서 상황과의 관계 속에서 때로 겹치기는 하지만 그러나 대부분 상이한 해석학적 기능들을 수행한다.

아래에 제시하고자 하는 해석 모델들의 개관을 통해서 나는 성경해석학과 목회신학 양자에 다같이 유익이 되는 길을 모색해보고자 한다. 이를 위해 이미 앞에서 살펴보았던 몇몇 모델들을 다시 정리하게 될 것인데, 특히 이 부분에서는 이 모델들의 독특한 해석학적 기능들이 가장 잘 예시될 수 있는 범례적 또는 최적의 독자 상황들을 연결시켜서 제시해보고자 할 것이다. 사회–실용적 모델과 메타비평적 해석학의 경우에서는 우리가 '최적의'(optimal) 독자 상황을 말한다는 것이 매우 까다로운 일이라는 것을 잘 알고 있다. 어쨌든 우리로서는 이 모델들 자체가 스스로의 기반을 가지고 그 스스로를 위하여 말할 수 있도록 최대한 노력을 기울일 것이다.

처음 세 가지 모델들의 경우에는 약간의 이론적 논의들이 더 필요한데, 앞에서 충분히 논의하지 못하고 머릿속에만 담아 두었던 이슈들을 이 자리에서 먼저 다루는 것이 필요할 것으로 보인다. '재구성' 모델과 관련하여 늘 사라지지 않는 오해들 때문에 특별히 '저자의 의도'(author's intention)가 어떤 역할을 하는가 하는 문제와 관련하여 논란이 끊이지를 않고 있다. 하지만 우리가 기억해야 할 것은 '의도'라는 것을 오직 내면성찰을 통해서만 관찰할 수 있는 '어떤 정신적 과정들'의 문제와 동일시한다든지, 아니면 여러 다른 종류의 텍스트들이 갖는 의도에 항상 동일한 기능만을 부여하려 한다든지 해서는 안 된다는 것이다. 따라서 우리는 '재구성' 모델의 사용을 필요로 하는 특정 성경 텍스트의 예들 및 독서의 상황들과, '실존주의' 모델의 사용을 필요로 하는 또 다른 종류의 성경 텍스트 및 독서의 상황들 사이의 구별점들을 먼저 밝히는 것이 필요하리라고 본다. 여기서 사용하는 성경 텍스트의 예들은 대부분 새로 다루는 것들이며, 다만 첫 모델의 예시를 위해 사용하는 고린도전서

8:1–11:1, 11:17–22의 경우는 앞서 7장에서 한번 언급했던 적이 있는 본문이다.

1. 재구성 모델: 생활세계, 의도의 지향성, 탐구적 독서

우리는 앞서 6장과 7장 속에서 슐라이어마허(Schleiermacher), 딜타이(Dilthey), 베티(Betti) 등으로 이어지는 '이해의 해석학'(hermeneutics of understanding)이 단순한 역사적 재구성 이상의 의미를 포함한다는 것을 살펴보았다. 슐라이어마허가 언급하는 이해의 창조적 즉각성과 관련된 '여성적 축'이나, 딜타이가 말하는 상상력 넘치는 공감 또는 라포르(rapport), 그리고 베티가 말하는 개방성, 들음, 인내, '타자성'의 존중 등의 표현들은 목회적 차원에서 본다면 우리가 성경 텍스트를 이해하는 과정 속에서 요구되는 것과 마찬가지로 다른 사람들을 이해하고자 할 때에도 동일하게 필요한 목회적 민감성에 해당되는 자질들이다.

그러나 '듣기의 기술'을 오직 목회신학에만 국한하고, 비교, 비판적 '객관적 거리두기'를 오직 역사적 성경 해석에만 제한하려 하는 것은 이 사상가들의 생각을 매우 잘못 이해하는 것이다. 상호인격적(inter–personal) 이해는 의사소통적 언어 생산의 배후에 놓여 있는 과정들을 이해하는 것이 한 인격을 이해하는 일의 통로임을 인정한다. 그러나 동시에 이해라는 것은 해석자 자신의 발전하는 이해가 끊임없는 재고, 변경, 수정의 과정을 거치는 매우 복잡하고 일체적이며 또한 교호적인 과정이기도 하다.

슐라이어마허와 딜타이에 대해 때때로 그다지 공정하지 못한 비판이 제기되고 있는데, 이런 비판의 바탕에는 우리가 "다른 사람들의 처지에 선다는 것" 또는 "다른 사람의 생각으로 생각한다는 것"이 불가능하다는 인식이 놓여 있다. 뿐만 아니라 다른 사람들의 '의도'를 재구성한다는 것은 더 어려운 일이라고 강조한다. 앞서 6장에서도 논의하였지만, 슐라이어마허가 언어의 양측면 즉 시스템으로서의 측면(소쉬르의 '랑그')과 말 행위 또는 사건으로서의 측면(소쉬르의 '파롤') 양자에 종종 부당하게 간과되고 있는 고도의 정밀성과 주의를 기울이고 있다는 사실은 우리로 하여금 그의 해석학을 의도성에 대한 심리적 추적 같은 것으로 치부해버리는 것이 적합하지 않다는 것을 보여준다. 다시 말해서 그의 해석학은 내면성찰을 통해 저작자의 정신적 과정을 재구성해내려는 그런 작업이 아니라는 것이다. 바우만(Bauman)이 제시하고 있는 "다른 사람들의 생각을 생각하기"와 "삶의 형태를 공유하기" 사이의 대비적 양극화도 만일 우리가 전자를 언어적 상호작용의 관점에서가 아니라 심리학적 관점에서 해석하려 할 때만 성립될 수 있을 것이다.[8] 슐라이어마허와 딜타이는 '삶의 흐름'(flow–of–life; 비트겐슈타인의 'stream of life')을 해석학적 열쇠로 보고 있으며, 따라서 텍스트의 생산을 야기한 삶의 체험들을 '다시 살게'(re–live)하는 것이 텍스트의 생활세계를 재구성하는 것이며, 이는 즉 그 형태(비트겐슈타인의 'form–of–life')를 공유함으로써 그 세계 속에 들어가기를 추구하는 것이 된다.

우리가 이와 같은 시각을 가지고 접근하게 되면 왜 많은(전부는 아니더라도) 성경 텍스트의 경우에 그 해석을 위해 역사적 재구성의 작업이 꼭 필요한 것인지를 이해할 수 있게 된다. 우리가 이런 작업을 하는 것이 결코 '발생의 오류'(genetic fallacy)에 빠지게 되는 직접적 원인이 되는 것은 아니다. 사실 슐라이어마허도 과거적 기원 그 자체에 대한 탐구가 모든 해석학적 문제들에 대한 해답을 제공해준다고 생각하지는 않는다. 그가 역사적 탐구를 하는 이유는 해당 텍스트가 그 통용성을 얻게 된 생활세계가 어떤 것인지를 결정하고자 하는 데에 기인한다.

슐라이어마허의 이런 탐구는 존 설(John Searle)이 자신의 전문용어로 사용하고 있는 '백그라운드'(Background)라는 개념과 매우 유사성을 가진다. 설에게 이 '백그라운드'의 작용은 "의도 이전(pre–intentional)의 것이며…… 의도적 작업을 위한 일련의 선제조건들(pre–conditions)이고…… 내가 이 일을 하고자 할 때 반드시 알고 있어야만 할 생물학적, 문화적 자원들이다."[9] 설은 상황적 '백그라운드'가 내면의 정신적 상태와 직접 연관된 것은 아니라고 주장한다. 오히려 그것은 의미의 선제조건들(슐라이어마허의 '전이해')에 해당되는 것이다. 설에 따르면 이 백그라운드의 바탕 위에서 "나는 오렌지 까기를 의도할 수 있다. 그러나 나는 같은 방식으로 바위를 까거나 자동차 까기를 의도할 수는 없다."[10] 비트겐슈타인이 그의 저서『쪽지』에서 밝히고 있는 것처럼 의미의 문법은 대체로 "그것이 발생하는 상황 속에 그 모판이 있다."[11] 따라서 그것의 작동은 "특정 여건들 속에서 이루어진다.…… 오직 사고와 삶의 흐름 속에서만 단어들은 그 의미를 갖는다."[12]

언어적 의미를 '의도한다'는 것은 비트겐슈타인과 설에게는 명시적으로, 그리고 슐라이어마허에게는 암시적으로, 언어적 행위나 과정 그 자체와 구별된 별개의 행위 또는 과정을 수행하는 것이 아닌 것으로 이해되고 있다. 이런 의미에서 '의도한다'는 것은 결코 '행위'가 아니다. 비트겐슈타인은 "……하기를 의도하라"는 명령법은 "이 농담에 마음껏 웃어라"는 명령법만큼이나 부자연스럽다고 지적한다.[13] 의도는 부사적으로 이해되는 것이 더 적합하다. 의도를 갖고 글을 쓴다는 것은 어떤 목적 지향적 방식으로 글을 쓰는 것을 말한다. 설은 심리학적 가설들의 작용과 전혀 상관없이 의도의 기준이 발화의 효과적인 수행력의 기준과 정확히 일치하는 일부 언어적 발화 범주를 예시해주고 있다. 다름 아닌 '표현행위'(expressive illocutions)의 경우인데, 예를 들면 "내가 ~을 사과한다", "내가 ~을 축하한다", "내가 ~을 감사한다" 등의 말을 하는 경우 이 발화들의 지향성(directedness)은 그 의미와 힘에 내재적으로 포함되어 있다.[14] 우리는 이 말들이 오갈 때 마치 의도라는 별도의 과정이 숨어서 작용하고 있는 것처럼 생각해서는 안 된다. 발화수반행위에 속하는 발화들로서 이 말들 속에는 저자 또는 화자의 의도가 그 속에 이미 포함되어 있다는 것을 부정할 수 없다. 더 넓게 본다면 의도에 대한 이와 같은 이해가 이런 범주의 발화들 속에만 국한된다고 말할 수 있겠는가?

'이해의 해석학'이 사용하였고 또한 전통적인 성경 연구에 사용되어 왔던 이 '재구성 모델'을 옹호하는 입장에서 우리는 네 가지 정도의 이론적 요점들을 정리해보고자 한다. 첫째, 많은 경우(모든 경우는 아니겠지만)에서 삶의 흐름 또는 생활세계, 또는 다르게 표현하면 텍스트를 감싸고 있는 언어외적 콘텍스트의 정황을 재구성하는 것은 의미의 이해에서 불가결한 일이다. 우리는 결코 이것을 '발생의 오류'(genetic fallacy)라고 말할 수 없다.

두 번째로, 역사적 재구성의 작업을 과학적 실증주의나 합리주의의 방법론적 한계와 연결시키려 하는 것은 정확한 인식이 아닐 뿐만 아니라, 오히려 잘못된 길로 인도하는 일이다. 일단은 슐라이어마허, 딜타이, 베티 등이 순수한 합리주의적 탐구가 부적합하다는 것을 표방하고 있는 낭만주의에 그 뿌리를 두고 있다는 사실을 지적할 필요가 있다. 달타이의 '삶'의 범례는 데카르트의 수학의 과학적 모델과는 거리가 멀다. 딜타이는 로크의 주제들 속에는 "피가 흐르지 않는다"라고 지적한 바 있다.

세 번째로, 많은(전부는 아니지만) 성경 텍스트는 그 저자의 의도와 정당하게 동일시될 수 있는 지향적 목적을 가지고 있다. 이 경우 우리는 의도를 '부사적으로' 이해한다. 따라서 이것은 '의도의 오류'(intentional fallacy)의 한 예가 될 수 없다. 의도에 대한 관심을 심리학적 차원이라고 부당하게 딱지를 붙이는 일은 우리가 레이스와 마이어슨(Leith and Myerson)을 따라 지금 우리가 생각하고 있는 범주에 속하는 텍스트의 특성을 "타인을 향한 어떤 응대감(feeling of address)"[15]이라는 측면에서 생각한다면 능히 극복될 수 있을 것이다.

네 번째로, 슐라이어마허가 저자를 텍스트 위에 둔다고 보는 것은 흔히 일어나는 잘못이다. 우리가 1819년의 그의 *Compendium*에 나오는 말을 이미 인용했던 것처럼, "많은 가능성들을 가지고 주어진 상황 속에서 언어적으로 무엇이 이야기되었느냐를 이해하는 것"(즉 기호학적 체계)과 "화자의 생각 안에서"의 의사소통적 행위(즉 저자 생각의 소통으로서의 '파롤') 이 양자는 "전적으로 동등한 두 개의 해석학적 과제들"이다.[16] 자신의 시대를 훨씬 앞서서 슐라이어마허는 이 둘 가운데 어느 것이 더 우선적 지위를 갖느냐 하는 것은 해석의 전략에 속하는 문제라는 것을 간파하고 있다.

목회신학에 대한 각주의 일환으로 우리는 딜타이가 "나 안에서 너를 재발견하기", 그리고 "나를 너의 위치에 놓기"에 대해 말하고 있는 것 배후에는 일반적인 것과 특수한 것 사이의 해석학적 관계에 대한 그의 갈등이 놓여 있다는 것을 주목할 필요가 있다.[17] 한편에서 볼 때, 우리가 타인을 단순히 이해하고자 하는 차원에서든 아니면 "남에게 대접을 받고자 하는 대로 너희도 남을 대접하라"(마 7:12)는 명령의 실천 차원에서든, 자신을 타인의 위치에 놓기를 힘써야 한다는 것은 목회신학과 기독교적 사랑의 원리에 해당되는 일이다. 그러나 또 다른 한편에서 볼 때, 우리가 타인을 우리 자신의 감정, 경험, 기준, 생활세계 등에 따라서 평가하려 하는 것은 우리와 타인 사이의 차이점과 또한 공통점을 바르게 대하지 못하는 일이 되기도 한다. 에밀리오 베티(Emilio Betti)는 우리가 이 차이를 잘 인식함으로써 타자에 대하여 개방과 인내, 관용과 존중의 자세를 취할 수 있다고 지적한다. 현대의 심리분석학적 해석학은 자기기만에서 비롯되거나 아니면 자아 속의 선의식적 갈등에서 비롯되는 훨씬 더 복잡한 경우들을 다루고 있는데, 이런 문제를 위해서는 딜타이가 자기 시대 속에서 말하였던 것보다 훨씬 더 복잡한 해석의 모델이 필요할 것이다. 그러나 그럼에도 불구하고 이런 요구가 '재구성' 모델의 필요성을 전적으로 무효화시키지는 못한다.

비록 슐라이어마허가 상호인격적 이해의 양면적 본질을 충분히 강조하고 있지만, 그래도 그의 이론은 독자보다는 저자와 텍스트 쪽에 특별히 더 무게를 두고 있다는 사실을 부정하지는 못한다. 비록 슐라이어마허가 텍스트의 효과 측면에 대한 인식을 가지고 있었음에도 불구하고 이런 사실은 변할 수는 없다. 그런 점에서 재구성 모델은 실존주의 모델이나 독자반응 모델과는 대칭적 관계에 서 있다. 근본적으로 이 모델은 독자가 텍스트의 지향성과 교감을 이루는 것이 필요하고, 또한 독자가 상상력과 비판적 반성을 사용하고자 하는 의욕을 가져야만 할 것을 요구하고 있다.

이 모델은 성경 텍스트가 일차적으로 어떤 정해진 방향성을 따라서 저자의 생각을 표현하는 데 사용되는 운송적, 의사소통적 통로로 작용하는 경우에(물론 슐라이어마허의 상상력에 대한 강조는 '개방적', '생산적' 성격의 문학적 성경 텍스트에 대해서도 얼마든지 적용될 수 있겠지만) 매우 적합하게 적용된다. 주의 만찬의 시행이나(고전 11:17–22) 우상에게 바쳐진 제물 문제(고전 8:1–11:1)에 관한 바울의 목회적, 교훈적 서신은 이와 같은 의사소통적 텍스트의 가장 전형적인 예이다. 계시록과 같이 일부 '생산적' 텍스트 속에서 의미와 이해의 문제는 그 자체의 난해함과 독특성으로 인해 현대 독자들에게는 기호학적 코드의 복잡성과 간본문 구조의 체계를 잘 이해하는 것이 요구되지만, 고린도전서와 같은 본문에서는 해석의 열쇠가 그 본문의 언어가 통용되던 당대의 생활세계를 어떻게 역사적으로 재구성하느냐 하는 데에 있다. 제롬 머피오코너(Jerome Murphy O'Connor)가 고고학적 자료들을 탁월하게 잘 활용하여 게르트 타이센(Gerd Theissen)의 사회-역사적 재구성과 결합시켜서 이루어낸 좋은 작업은 허드(J. C. Hurd), 호슬리(R. A. Horsley), 피터 마샬(Peter Marshall) 등의 연구와 더불어서 이 분야의 연구에서 중요한 기여가 되고 있다.[18]

앞서 7장에서 살펴본 것처럼, 타이센과 머피오코너가 시도한 일은 고린도 교회 안에서 일부 그룹은 '약한 자들'로 또 일부 그룹은 '강한 자들'로(고전 8:9) 인식되게 된 사회적 생활세계가 어떤 것인지, 또 분열이 단지 일상적 삶의 차원 속에서만 아니라 주의 만찬의 자리에서도(고전 1:12; 11:17, 18) 일어나게 된 배경이 무엇인지를 재구성한 것이다. 당시의 가난한 사람들은 누군가의 집에 손님으로 초대받지 않는 한, 또는 헬라와 동방의 신들의 신전 경내에서 벌어지던 종교적 연회에 참여하지 않는 한 고기를 먹을 수 있는 기회가 거의 없었다. 노예들은 다른 사람들보다 늦게까지 일해야 하기도 했다. 고고학적 재구성을 따라 당시 사람들이 모였을 집회 공간의 크기를 고려해본다면 고린도전서 1:12이 암시하고 있는 서로 다른 그룹들 사이의 갈등들이 왜 생겨나게 되었는지를 어느 정도 추정해볼 수 있게 된다. 가정집에서 주의 만찬을 위해 모이게 될 때 일찍 올만한 여유가 되는 사람들은 주인과 함께 편안히 기대어 음식을 받을 수 있는 트리클리니움(*triclinium*)에 초대를 받을 수 있었겠지만, 일이 있는 사람들이나 특히 노예들의 경우는 늦게 올 수밖에 없고, 이들은 부속실인 아트리움(*atrium*)에 비좁게 앉아서 하급 손님 취급을 받게 되었을 것이다. 이런 정황이 우리가 이 본문을 의사소통적 글로 이해할 때 알아야 할 하나의 '백그라운드'(설의 전문용어대로)를 이룬다.

간본문적 암시들(inter-textual allusions)의 도움도 이와 같은 생활세계의 모습을 좀 더 잘 이해하는 데 유익을 줄 수 있을 것이다. 이 경우 이 암시들은 의미의 모판이나 생산적 코드 역할을 하는 것이 아니라 생활세계 이해를 위한 자원의 역할을 한다. 피어스(C. A. Pierce)는 복음서에 나타나는 '약한 자들'을 바울과 연결시키고 있다. 만일 고린도의 약한 자들이 주변의 신들을 실재하는 존재들로 생각하고 있었다면, 그들이 양심을 거슬려 고기를 먹는 것은 그들의 과민한 양심에 고통이나 해를 주었을 것이다(고전 8:11–13).[19] 이렇게 약한 자들을 넘어지게 하는 것은 복음서의 '소자들'(마 18:6)을 실족케 하는 것과 같다. 고린도의 보다 지적인 '강한 자들'은 그들의 고백적 신학에 의거한 '지식'을 가지고 있었다. 즉, "우리에게는 한 하나님 즉 아버지가 계시니 만물이 그에게서 났고 …… 또한 한 주 예수 그리스도께서 계시니 만물이 그로 말미암고"(고전 8:6)라는 고백이다. 따라서 "우상은 아무 것도 아니다"(고전 8:4). 그러나 바울은 그들의 신학에는 공감할지라도 '지식'보다 더 근본적인 기준이 되어야 할 것은 '사랑'이라고 지적한다. "지식은 교만하게 하며 사랑은 덕을 세운다"(고전 8:1).

우리가 이 예에서 잘 볼 수 있는 것처럼, 텍스트 의미는 의사소통적 텍스트를 통해 나타난 저자의 생각의 '지향성'을 고려할 때에만 가장 적합하게 잘 결정될 수 있다. 주어진 생활세계의 '백그라운드'가 이 준거틀의 범주 안에서 생각할 준비가 되어 있는 독자와 상호작용 하는 가운데서 텍스트 의미가 작동하게 만든다. 이와 같은 '의미'의 이해가 텍스트에 의하여 '주어진' 것이 아니라 해석 공동체, 이를테면 성경학자들의 그룹이나 교회에 의해 '만들어지는' 것일 뿐이라고 주장하는 것은 텍스트가 지닌 지향성을 짓밟는 것과 같다. 로버트 몰간(Robert Morgan)처럼 "텍스트는 죽은 사람들처럼 권리가 없다"라고 주장하는 것은 텍스트의 지향성이 단지 독서산물일 뿐이라고 믿을 때, 또는 롤랑 바르트 등과 같이 문학적 텍스트 속에서의 '저자의 죽음'을 받아들일 때나 가능할 것이다.[20]

어떤 맞춤형 목적으로 만들어진 물건이 있다고 하자. 우리가 별로 대수롭지 않은 경우에 그 물건을 다른 어떤 목적을 위해 사용하는 것은 얼마든지 가능한 일이다. 예를 들어 어떤 사람은 조각칼을 드라이버로 쓸 수도 있다. 그러나 공예가는 그렇게 하지 않을 것이다. 어떤 사람은 모나리자 그림 위에 페인트 낙서를 할 수도 있을 것이다. 그러나 상식 있는 대부분의 사람들은 그 그림의 주어진 독특성을 존중할 것이며, 그 위에 페인트 낙서를 하는 사람을 그 그림에 대해 부당한 폭력을 행사하는 사람으로 여길 것이다. 어떤 텍스트는 맞춤형이 아니거나 특정 지향성을 가지지 않은 것일 수 있다. 그러나 어떤 텍스트는 분명히 그러하다.

2. 실존주의 모델과 수동적 독서의 와해

앞서 8장에서 우리가 실존주의 해석학을 다루는 자리에서는 주로 그 한계를 지적하는 데 관심이 집중되었다. 우리는 "예수가 주시라"(고전 12:3)는 신약의 초기의 고백과 관련하여 이 모델의 가치가 무엇이며 또한 그 한계가 무엇인지를 생각해보았다. 이와 같은 고백들의 효용성은 굴복과 순종, 경외와 헌신 등의 실존적 자세들을 통해 잘 드러난다. 불트만이 잘 지적하고 있는 것처럼, 그리스도를 주시라고 고백하는 것은 자아에 대한 자기의 주재권을 버리고 자신을 '주'이신 그분의 손에 전적으로 맡기는 것을 말한다. "우리가 살아도 주를 위하여 살고 죽어도 주를 위하여 죽는다"(롬 14:7)고 말하는 것과 같다.

그러나 또 다른 한편에서, 화행론 모델이 잘 보여주는 것처럼, 이와 같은 자아개입적 방향성과 헌신은 단순한 주관적 감정이나 허구 위에가 아니라 어떤 분명한 사태의 정황에 의거하여 이루어진다. 다시 말해서 부활을 통하여 하나님께서 그리스도를 주로 임명하시고 선포하셨다는 사실(롬 1:3, 4)이 그 바탕을 이룬다. 이런 점에서 그리스도는 우리 인간의 반응 여하에 상관없이 주이시다.

실존주의 해석학은 단순한 실천적 인간 의지와 언어효과 그 이상의 차원을 반영한다. 키르케고르의 경우를 돌이켜 보면, 실존적 비평은 무엇보다도 먼저 관습에 의존하는 공동체적 의미 틀의 불연속적 측면 및 그 기술을 포괄한다. 실존주의 모델은 특별히 칼 야스퍼스(Karl Jaspers)가 말하는 '한계상황들'을 언급하기를 좋아한다. 이런 점에서 실존주의 모델은 사회-실용적 모델이나 화행론 모델이 갖는 사회적, 공동체적 관점을 결여하고 있다. 진정으로 실존주의 모델을 따라 텍스트를 이해한다는 것은 독서 공동체의 기대를 따라 텍스트를 읽는 것을 말하지 않는다. 텍스트가 가진 다의성과 모호성은 오직 개인의 결단을 통해 해결될 수 있다고 보고 있다. 이런 인식은 성경 텍스트가 '개인화'의 통로로 변질되는 것과 직결된다. "아담아 네가 어디 있느냐"(창 3:9)를 본문으로 한 불트만의 설교가 이런 점을 잘 보여준다. 아담은 더 이상 익명성과 대중의 '나무들' 사이에 숨을 수 없다. 사도행전 17:31의 설교에서도 불트만은 이 본문이 말하는 우주적 심판을 개인의 실존적 책임의 문제로 해석하고 있다. "사람은 전적인 고독 가운데서 …… 하나님 앞에 오직 홀로 선다."[21]

목회신학의 관점에서 볼 때, 이와 같은 실존주의 모델이 호소력을 갖는 것은 성격의 측면이나 또는 상황대처의 측면에서 사고보다 행동에 더 쉽게 반응하는 독자들뿐만 아니라, 자신을 단독자로 또는 국외자로 이해하는 사람들에게 더욱 그러하다. 한편에서 보면 이 실존주의 모델은 독서 공동체의 공유된 관습, 행실, 기대들이 자신들에게는 공허하다고 느끼는 독자들에게 대안이 될 수 있다. 그러나 또 다른 한편에서는, 이런 독자들이 이 실존주의 모델 속에서 공감을 찾게 되면 종래에 믿음이란 것을 그저 한 특정 하부문화 또는 그룹의 종교적 관습들을 수동적으로 수용하는 것 정도로 이해했던 사람들이 보다 진정한 믿음을 일으키는 변혁적 독서를 통해 개인적 순종의 모험을 감행하는 차원으로의 도전에 직면하게 되기도 한다.

실존주의 모델을 따라 성경읽기를 하는 것의 가장 좋은 예는 약속으로 받은 아들을 바치라는 명령을 받았던 아브라함(창 22:1–19)을 키르케고르가 이해하기 위해 씨름하였던 것을 들 수 있을 것이다. 어떻게 보면 키르케고르의 『두려움과 떨림』 전체는 이 문제 하나를 풀기 위한 씨름이었으며, 이 문제에 대한 서로 다른 접근법들을 대조한 것이라고 볼 수 있다. 그가 비판하는 헤겔의 '체계'(the System)는 참여적 신앙과 결단에 대해 단지 안락의자식 방관만을 줄 뿐이라고 키르케고르는 보고 있다. 이런 접근은 신앙을 값싼 것으로 만들고 있으며, 기껏 이류적이거나 망상적인 것으로 이해하게 한다는 것이다. '일반성'의 관점에서 접근하게 될 때 아브라함에 '관해서'나 또는 아브라함의 믿음에 '관해서' 많은 말들을 할 수는 있겠지만, 그러나 이것을 흠모하거나 칭찬하는 것이 그 믿음을 이해하는 것이라고 할 수는 없다. 『관점』이란 책에서 키르케고르는 자신의 과업은 복음이 무엇인가에 관해 생각하는 것이 아니라 그것을 '살아내는 것'이 무엇인지를 보여주는 것이라고 밝힌다.

키르케고르의 보다 좁고 특정한 '선이해'는 해석에는 각이한 '층들'이 존재하며, 이 층들은 그 어떤 것도 다른 층들과 독립적인 위치에서 한 역설적 현상의 의미 전체를 다 파악할 수는 없다는 날선 인식에 의해 형성되었다. 『두려움과 떨림』이 나오기 2년 전에 일어났던 레기네 올센과의 약혼파기 사건은 이런 인식을 첨예하게 그에게 각인시켜 놓았다. 이 사건을 단지 관습적 시각에서만 본다면 이는 사회적 규범들을 부당하게 짓밟는 것이 된다. 같은 방식으로 아브라함이 이삭을 잠정적으로 죽이려 했던 행위도 관습적 시각에서 보면 가장 나쁜 살인의 경우에 해당될 것이다. 하지만 "윤리적 문제를 제쳐두고" 한 개인 차원에서의 초관습적 "읽기"를 한다고 해도 이 역시 역설의 본질을 놓치고 말며, 따라서 진리를 숨기는 결과가 따른다. 만일 키르케고르가 혹은 아브라함이 제사의 요구에 '영웅적으로 순응하였다면', 양단간선택의 역설의 칼날은 무디어지고 말았을 것이다. 이와 같은 독서전략은 불합당한 동기들을 숨기는 결과를 낳는다. 이런 다양한 층들이 감추임 없이 잘 간파되고 나아가 초월될 때 약속의 아들을 죽이라는 명령은 '신앙의 행위'를 요청하는 부름이라는 사실이 이해될 수 있게 된다.

키르케고르의 모델은 슐라이어마허의 모델과는 다르다. 다른 해석자들의 접근에 대해 키르케고르는 "만일 그 해석자가 히브리어를 알았더라면 아브라함 이야기를 이해하는 것이 그에게 쉬운 일이었겠지"라고 냉소적인 말을 하고 있다.[22] 사실 이삭조차도 아브라함의 태도와 그 하는 일을 '이해'하지 못했다. 아브라함 자신은 "세상적 이해를 뒤에 두고 오직 믿음만을 취하였다."[23] 아브라함의 고뇌는 '좌절된 기대감' 속에서 깊어 갔다. 아들을 주시겠다는 하나님의 약속의 성취를 기다리는 동안 시간은 빠르게 지나갔다. 그런데 갑자기 그 좌절의 시간을 뒤바꾼 소망의 선물을 부정하라는 것이다. "이제 그 투쟁의 모든 공포들이 단 한 순간 속에 집약되었다.…… '네 아들 네 사랑하는 독자 이삭을 …… 번제로 드리라'(창 22:2) …… 만일 이삭이 희생되고 나면 이 모든 일에 무슨 '의미'가 있는가?"[24] 그럼에도 불구하고 아브라함은 "이 어리석은 일을 믿었고 …… 만일 하나님께서 요구하시는 것이라면 그 어떤 희생도 드리기 어려울 것은 아무것도 없음을 그는 알았다. 그래서 그는 칼을 집어 들었다."[25]

이해는 관습적 공동체 세계의 한계와 충돌하고 있다. '실용적 상황성'의 측면에서 보면 아브라함의 순종의 행위는 그의 후손을 통하여 이루어지게 될 축복의 가능성을 파괴하는 일이 된다. '보편성'의 측면에서 보면 이 살인의 행위는 보편적 윤리 원칙을 어기는 일이 된다. 그러나 키르케고르는 하나를 위하여 다른 하나를 버림으로써 '정당화' 또는 '이해'의 방식으로 역설을 허무는 일을 하지는 않는다. 만일 아브라함이 이삭의 죽음을 그저 받아들이기로 한 것이라면 이것은 하나님의 축복의 약속에 대한 믿음을 포기하는 일이었을 것이다. 이런 방식으로는 역설이 해결될 수가 없다.

이와 같은 아브라함의 딜레마는 헤겔의 '체계'의 허상을 드러낸다. 즉, 체계화되기를 거부하는 것들이 있다는 것이다. 뿐만 아니라 레기네 올센에 대한 그 자신의 결단의 경우처럼 어떤 결단들은 일반 대중의 기대나 관습과는 상관없이 행해지는 것들도 있다. 『마음의 청결』(*Purity of Heart*)이란 책에서 키르케고르는 이렇게 적고 있다. "가장 파멸적인 회피의 행위는 개별자로서 하나님의 음성을 들으려 하지 않고 대중 속에 숨어버리는 것이다."[26] 논리나 공동체 규범을 초월하는 역설은 부조리한 일로 보일 수 있다. 그러나 아브라함은 "부조리한 것의 힘으로 행동하고 있다.…… 한 사람의 단독자로서 그는 우주적인 것보다 더 높다. 이 역설은 화해될 수 없다. 부조리한 것의 힘으로 그는 이삭을 되돌려 받았다."[27]

넓은 관점에서 보면 키르케고르의 주해는 구약 전문가들 속에서 볼 수 있는 역사적 비평과 크게 다르다고 말하기는 어렵다. 게르하르트 본 라트(Gerhard von Rad)와 브루스 보터(Bruce Vawter) 역시 아브라함이 하나님의 약속을 유보 없이 전적으로 믿었다는 것(비교, 롬 4:19–22; 히 11:17–19), 그리고 무정할 정도의 순종의 요구, 이런 결단의 필요 때문에 생겨나는 갈등 등을 강조하고 있다. 보터는 특히 텍스트의 전역사 속에는 인신제사에 대한 금지가 포함되었을 것이라고 추정하고 있으며, "하나님이 결코 원치 않는 제사들이 있었던 것"이라고 말한다.[28] 그러나 예기치 못한 사건 또는 요구 앞에서 기존의 전제나 수동적으로 수용되던 관습들을 벗어나 자신만의 결단 앞에 외롭게 선 주체자에 대한 날카로운 인식을 갖게 만든 것은 키르케고르 자신의 실존적, 반헤겔적 선이해였다.

이런 점에서 실존주의 해석학은 화행론과 마찬가지로 독자의 자아개입을 강하게 강조한다. 진정하고도 창의적인 이해는 주어진 관습에 수동적으로 동조하는 것과는 반대로, 키르케고르이 잘 강조하였던 것처럼, 독자들을 비변화적, 비개입적, 비변혁적 처지 속에 그대로 머물러 있게 내버려 두지 않는다. 실존주의 해석학은 이런 점을 텍스트가 독자 '위에' 미치는 영향뿐만 아니라, 텍스트 '안의' 인물들에 대한 이해 속에서도 강하게 부각시킨다. 비아(Dan Otto Via)는 마태복음 25:14-30에 나오는 모험을 거부한 채 주어진 상황 속에 변화 없이 그대로 머물기를 원하였던 한 달란트 받은 인물의 경우를 상기시키고 있다. 이 사람은 도전하려 하지 않는다. 오히려 자신을 주인의 행동 요구의 희생자로 본다.[29] 그래서 새로운 기회를 취하려 하지도 않으며, 자신이 언제까지나 주어진 자리 속에 비활동적으로 머물러 있게 될 것이라는 '내재적' 판단을 따라 움직이고 있다.

본 존스(Geraint Vaughan Jones)는 누가복음 15:11-32에 나오는 탕자의 후회와 향수, 그리고 돌이키고자 하는 열망 등이 그를 자신의 권리를 요구하며 집을 떠났던 젊은 방탕자의 모습과는 전혀 다른 사람으로 변화시켜 주었다고 지적한다. 소외의 현장 속에서 이 아들은 낯선 땅의 익명자가 되었으며 돈이 다 떨어지자 사람들로부터 관심도 받지 못한 채 인간의 존엄성도 잃어버리게 된다. 그러나 그가 집으로 돌아 왔을 때 아버지는 그의 손에 반지를 끼우고 발에 신을 신기며 잔치를 베풀어줌으로써 한 인격체의 존엄성을 회복시켜 주고 있다.[30]

우리가 앞에서 보았던 에반스(D. D. Evans) 역시 자아개입의 중요성을 강조하고 있다. 특히 그는 창조 기사들(창 1:1-2:25, 비교 시 8:4-9)에 주목하고 있다. 이 기사들은 창조 과정의 '객관적' 상황들을 단순 묘사하는 데서 그치는 것이 아니라(이 또한 결코 무시하지 않지만), 모든 독자들로 하여금 자신들의 피조성, 책임성, 창조세계 속에서의 역할, 특히 생태계에 대한 청지기적 사명 등을 인식하게 하고 있다. 넓은 시각에서 보면 창세기 22:1–19, 마태복음 25:14–30, 누가복음 15:11–30, 창세기 1:1–2:25 등은 모두가 독자의 자아개입을 요구하고 있다. 하지만 그 방식이나 수준, 요구의 강도 등은 각각 다 다르다.

3. 성경 내러티브 세계로의 초대: 독서 상황과의 관계에서 본 네 가지 내러티브 이론들

독자들이 들어가서 경험할 수 있는 '세계들'을 투사하는 내러티브들은 텍스트에 대한 대부분의 다른 접근법들이 열어주지 못했던 해석학적 이익들을 제공해주고 있다. 우리는 일상적으로 TV나 소설 등을 통해 거의 매일 내러티브 세계들 속으로 들어가는 경험을 한다. 이 속에서 사람들은 평소에 자신이 가졌던 것과 같은 신념 체계들이나 도덕적 기준들을 일시적으로 접어두고 이야기의 흐름에 자신을 맡기는 경우가 많다. 일단 이야기 속에 빠지게 되면 저항이나 선입관은 점차 엷어지거나, 아니면 잠정적으로 제거되기도 한다. 물론 교리적 문제나 정치적 문제 등에서는 비언어적 신호들이 기존 입장들을 강화하기도 한다. 이처럼 수백만의 사람들이 늘 일정한 내러티브 문법 규칙들의 틀 속에서 전개되는 TV나 대중문학의 플롯과 하부플롯들 속의 잠정적 삶의 흐름 속에 스스로 빠져드는 선택을 하고 있다.

내러티브 문법에 관해서는 앞서 8장에서 프롭(Propp), 그레마스(Greimas) 등을 통해 살펴본 바 있다. 과거의 회상이나 전망, 내러티브 시간 흐름의 조절, 긴장감이나 놀람 효과의 사용, 관점의 변화 등이 내러티브 속에서 어떤 역할을 하는지도 생각해 보았다. 프롭이 잘 보여주고 있는 것처럼, 내러티브 속에는 주인공과 악당의 대결, 조력자의 도움과 반대자의 방해 등이 늘 나타나고, 이야기의 종결은 승리나 재산의 회복, 귀향, 사랑과 결혼 등으로 마무리되곤 한다.

목회신학의 관점에서 볼 때, 내러티브의 기능은 매우 다양하다고 볼 수 있다. 이 가운데서 우리는 네 가지 점을 꼽아보고자 한다. 첫째, 전통적인 비유 형태의 내러티브의 경우, 이웃의 양을 빼앗은 한 부자에 대한 나단의 비유(삼하 12:1–6)가 잘 보여주는 것처럼, 내러티브는 독자들을 무장해제 시켜서 사로잡는 힘이 있다. 내러티브는 사람들을 유혹하여 자기 이야기의 세계 속으로 끌어들이고 그들의 마음을 빼앗는다. 이 때문에 사람들은 자신이 의식하지도 못한 채 이야기 세계의 관점, 판단, 예상의 반전 등에 노출되는데, 이런 일은 다른 형태의 담화들 속에서는 텍스트에 대한 '경청'이나 '개방'의 의식적 주의를 통해 이뤄진다. 내러티브는 처음 그 관점에 적대적이었던 독자들의 기대를 역전시키는 힘이 있다. 또 다른 독서상황들 속에서 내러티브는 또 다른 기능을 수행한다.

둘째, 내러티브 속에서는 인물이나 행동들이 내러티브 시간 속에서 보다 천천히 부각이 되거나 또는 보다 긴박감을 가지고 제시될 수 있기 때문에, 이에 개입되는 독자들의 인격적 자아동질성 형성의 가능성이 비상황적 형태의 이해 방식에서보다 훨씬 더 증가한다. 인격성은 삶의 전개와 함께 형성되며, 정해진 일반화의 잣대로 정의되기는 어렵다. 이것이 목회신학에 주는 암시는 이야기 세계가 자아동질성 이해에 얼마나 중요한 결과를 미치는가 하는 점(Crites가 잘 지적하는 것처럼)과, 특별히 스트룹(Stroup)과 티만(Thiemann)이 강조하고 있는 것처럼, 그리스도 안에서 하나님의 인격적 아이덴티티 이해에 상당한 도움을 주고 있다는 점이다.

셋째, 내러티브 세계는 리쾨르가 강조하고 있는 것처럼 가능성의 세계들에 대한 상상과 탐구를 촉진시키기도 한다.

넷째, 더 나아가서 내러티브 세계는 자기포함적 화행론과 중첩되는 기능을 갖는데, 특별히 발화수반행위들(illocutions)이 작용하는 것과 유사한 방식의 작용을 한다. 이 측면에서 월터스토프(Nicholas Wolterstorff)의 작업이 대단히 중요한 기여를 한 바 있다. 목회신학이 제기하는 것과 같이 오늘의 독자들의 현 상황을 고려하는 가운데서 내러티브의 이와 같은 하부범주로서의 기능을 이해하기 위해서는 좀 더 자세한 이론적 설명과 실제적 예시가 필요할 것으로 본다.

(1) 부분적으로 후기 하이데거를 따라 가다머는 '세계성'(worldhood)이 언어의 선판단들(pre-judgments)과 영향사(effective-history)에 존재론적으로 근거를 두고 있다는 것을 지적한다. 에른스트 푹스(Ernst Fuchs)는 마태복음 20:1-16의 포도원 품꾼들의 비유가 갖는 해석학적 기능을 밝히기 위해 내러티브 세계에 관심을 기울이고 있다.[31] 일자리를 잡기가 거의 불가능한 시간에 운 좋게 일을 할 수 있게 되고 거기다가 기대 밖의 삯을 받은 한 품꾼의 이야기를 들으면서 청중들은 그렇다면 가장 오랜 시간 일한 사람은 얼마만큼의 삯을 받게 될지에 대해 숨을 죽이고 지켜알게 된다. 플롯의 흐름에 긴박감을 더하는 청중들의 공유된 기대는 이 사람에게 '공정한' 보상이 돌아갈 것이라는 점이다. 그런데 이 기대는 즉 산산조각 나고 만다. 자비가 정의를 대신하는 것을 보면서 청중들은 깊은 충격을 받는다. 이것을 그들은 느낌으로 경험한다. 이와 같은 내러티브 역동(narrative-dynamic)은 어떤 신학적 진술을 하는 것과는 매우 다른 방식으로 작동한다는 것을 푹스는 강조하고 있다. 다시 말해서 이것이 "하나님의 자비에 대한 창백한 믿음의 요구"[32]와는 다르다는 것이다. 스토리의 세계는 지적 차원보다 더 깊은 차원에서 다양한 사람들을 끄는 힘을 가지고 있다. 그런 점에서 푹스가 지적하는 것처럼, 예수님께서 비유를 사용하신 것은 사랑의 동기에서 나온 것이며, 단지 '관점'이나 '사상'의 측면이 아니라 비유 속에서 '만남'의 장소를 만들어주신 것이다. 은혜는 사람들이 섣불리 거부해버릴 수도 있는 하나의 '교리'가 아니다. 가다머의 '대화'의 세계와 마찬가지로 청중은 서로의 전제들을 나누게 되며, 이를 통해 새로운 이해를 얻게 되고 섣불리 어떤 생각을 배제해버리는 일을 피할 수 있게 된다.[33]

(2) 문학이론에서 사용되는 제반 범주들과 연계성을 가지고 있는 내러티브 신학은 내러티브 시간에 근거한 내러티브 일체성의 개념을 대단히 중요하게 여기고 있다. 크라이츠(Stephen Crites), 켈시(David Kelsey), 하우어워스(Stanley Hauerwas) 등의 학자들은 인간 경험의 표현으로서의 내러티브의 원천적 성격과, 그보다 더 근본적으로 인간의 인격성과 개인 및 집단 아이덴티티의 표현으로서의 내러티브의 성격을 강조한다.[34] 인간 경험은 한시적이기 때문에 이는 한시적 역사를 지향하며 또한 그런 방식으로 구성된다. 우리가

앞서 10장에서는 리쾨르의 내러티브 이론을 살펴보았고, 8장에서는 세이머 채트먼(Seymour Chatman)과 주네트(Genette)가 말하는 내러티브 시간에 대해 살펴보았는데, 이들이 모두 강조하는 것은 내러티브는 하나의 조직화된 통일체와 구조를 제공하는데, 이것의 작용은 추상적 논리의 차원에서가 아니라 한시적 시간의 흐름의 차원에서 이루어진다는 점이다.

크라이츠가 볼 때 내러티브는 특히 우리의 아이덴티티 이해와 밀접한 관계가 있다. 이야기 속에서 우리는 단순한 자연적 사건의 연속 이상의 집중된 형태의 한시적 경험을 접하게 된다. 같은 맥락 위에서 조지 스트룹(George Stroup)은 이렇게 말한다. "기독교 내러티브는 고백록 또는 종교적 자서전에 가까운 문학적 형태를 취한다."[35] 더 나아가서 "기독교 내러티브는 한 개인의 자아정체성 내러티브와 기독교 공동체 내러티브 사이의 충돌에서부터 비롯된다"[36]고 말한다. 그가 '충돌'이라는 단어를 쓰는 것은 믿음으로 성경 텍스트나 교회의 전통과 접하게 될 때 개인의 자아정체성이 '변혁'을 경험하게 되기 때문이다. 데이빗 켈시나 프란세스 영(Frances Young)의 책에서도 볼 수 있는 것처럼, 이 자아정체성의 변혁은 성경 텍스트의 해석이 갖는 핵심적 기능이다.

조지 스트룹은 이런 접근을 한걸음 더 발전시키고 있다. 내러티브 텍스트를 읽는다는 것은 "단순한 묵상이나 자기 발견의 일이 아니다." 계시를 이해한다는 것은 "'하나님'이라 불리는 한 '질서'와 연관된 사건"을 내포한다. "기독교 공동체의 내러티브 역사는 그 안에서 한 개인이 하나님을 만나게 되는 콘텍스트를 제공한다."[37] 윌리엄 호던(William Hordern)은 비트겐슈타인과 종교언어에 관한 그의 책 속에서 이야기들이야말로 추상적이고 일반화하는 사유방식이나 과학적 논문, 철학적 에세이 등이 할 수 없는 방식으로 한 개인의 인격성을 규정하는 능력이 있다고 지적한다. 그는 이렇게 말한다. "한 젊은이가 사랑에 빠지는 대상은 나이 20세, 용모 단정, 애교 넘치고, 사교적임 등등의 요건을 갖춘 한 여성 표본이 아니다. 그는 메리 존스와 사랑에 빠진다. 그의 사랑은 메리를 메리 되게 만드는 여러 구체적인 것들에로 향한다. 바로 여기에 사랑과 욕망의 차이가 있다."[38]

어떤 사람을 그 특성에 따라 분류하는 것은 경찰조사와 같은 데에서는 도움이 될지 모른다. 그러나 이는 사람을 대상으로 취급하는 것에 지나지 않는다. 우리가 한 사람의 '인격성'에 대해 묘사하고자 한다면, 그 사람이 어떤 특정 상황 속에서 어떤 행동을 했는지를 '이야기'함으로써 이를 가장 잘 말할 수 있을 것이다. 이런 점을 로널드 티만(Ronald F. Thiemann) 역시 동일하게 강조하고 있다.

성경의 내러티브 텍스트와 관련하여 스트룹은 특히 마가복음의 특성을 이렇게 지적한다. "마가복음서는 기독론이나 그 밖의 교리적 문제들을 다루는 논문이 아니다." 오히려 마가복음은 "하나의 내러티브 텍스트로서, 그 안에서는 그리스도의 아이덴티티가 그의 개인적 역사를 구성하는 여러 사건들로부터 밝혀진다."[39] 성경의 내러티브 텍스트들은 이런 의미에서 하나님의 아이덴티티를 아리스토텔레스식으로 의, 거룩, 사랑 등과 같은 '하나님의 속성'이 무엇이냐 하는 추상화된 신학적 언어보다는 하나님의 행하신 일들의 역사를 통해 보다 효과적으로 전달하고 있다.

티만은 스트룹이 말하는 것을 좀 더 발전시켜서 성경의 내러티브 텍스트들은 하나님의 아이덴티티와 동시에 그의 은닉성을 보여준다고 말한다. "하나님의 복합적 아이덴티티가 그가 행하신 일에 대한 내러티브 진술들을 통해 제시되고 있는데, 이 이야기들은 그의 내재성과 초월성, 그의 임재와 그의 은닉을 동시에 강조한다."[40] 이런 점에서 예수의 기사는 하나님의 은닉된, 그러나 또한 활동적인 능력을 보여준다는 것이다.

(3) 그러나 이와 같은 내러티브 신학은 보다 넓은 문학이론 또는 기호학 이론 속에서 내러티브에 돌려지고 있는 더 다양한 기능들 가운데 한 특정 부분을 언급한 것에 지나지 않는다. 이야기들은 한 가지 목적을 위해 이야기되고, 또 다른 목적을 위해 다시 이야기될 수 있다. 민속 문학의 경우, 하나의 내러티브가 다른 것 위에 겹쳐지기도 하고, 텍스트 상호간 관계들이 다중적 독서를 가능하게 하는 생산적 텍스트들을 만들어내기도 한다.

로버트 알터(Robert Alter)는 앞서 13장에서 보았던 것처럼, 다윗의 왕위 등극 이야기들 속에서 의식적인 형태의 예술적 다원성과 내적 긴장이 작용하고 있음을 관찰하고 있다. 또한 데이빗 클라인스(David Clines)는 앞서 3장에서 보았던 것처럼, 욥기서의 다층적 텍스트를 그 해체적 측면에 주목함으로써 이로부터 그 어떤 교리적 결론을 도출하는 것이 견고하지 못함을 보여주고 있다. 비록 '내러티브'가 엷게 그리고 피상적 차원에서 지혜 담론 장르의 틀을 유지해주긴 하지만, 이 텍스트의 잠정적 논리는 독자들로 하여금 다양한 방법으로 다양한 효과들을 접할 수 있게 만들어준다.

앞서 10장에서 우리는 리쾨르가 하이데거의 전문 용어인 '가능성'(possi bility)의 개념을 자신의 내러티브 이론에 어떻게 사용하고 있는지를 살펴본 바 있다. 내러티브들은 가능의 세계들을 투사하는데, 이는 독자들의 상상력에 작용하여 미래 행동을 위한 투사전략의 역할을 한다. 이런 점들은 앞에서 이미 다루었기 때문에 다시 상술할 필요는 없고, 다만 이것이 목회신학과 어떤 연관이 있는지만 살펴보고자 한다. 내러티브는 상상력을 자극하고 또한 미래 행동을 위한 가능의 세계들을 제공한다. 이를 그리스도인 순례의 길이라는 종말론적 부름의 측면과 연결시켜 볼 때, 성경의 내러티브는 이 부름을 활성화시킨다. 즉, 성도들로 하여금 새로운 미래 행동을 향하여 나아가게 만들기도 하고, 또는 피해야 할 투사된 가능성들을 통해 독자들을 경고하기도 한다. 이는 독자들로 하여금 현재를 뛰어 넘을 수 있게 만드는 원천의 역할을 한다.

(4) 문학이론에서 내러티브와 단순한 기술(description)의 차이가 무엇이냐 하는 것을 규정할 때 흔히 그 기준으로 쓰는 것은 이야기의 플롯 구조와 자연적 연속 사건 사이의 차이, 또는 내러티브 시간과 자연 시간의 차이이다. 언어철학에서는 보다 논리적으로 치밀한 차이점을 찾기 위해 노력한다. 대단히 정교한 논증과 창의성을 보여주고 있는 중요한 책『예술의 작품과 세계』(*Works and Worlds of Art*, 1980)에서 월터스토프(Nicholas Wolterstorff)는 화행론의 개념적 도구들을 채용하여 이를 발전시키고 있다. 그는 발화에서의 두 요소 즉 서술의 기능을 하는 명제적 내용(p)의 요소와 소정의 힘을 가지고 내용을 전달하는 발화수반력(F)의 요소를 구분하고 있다. 우리는 이런 구분의 중요성을 앞서 8장에서 설(Searle)과 르카나티(Recanati)의 예를 통해 잘 살펴본 바 있다.

월터스토프는 이 힘의 축을 보다 엄밀하게 "무드 행위"(mood–actions)라는 이름으로 부르고 있다. 에반스(D. D. Evans)가 오스틴식의 '자기포함의 논리' 가운데서 '인과적'(causal) 힘과 '기구적'(institutional) 힘을 구분하고 있는 것처럼, 월터스토프의 경우도 예술 작품의 생성 과정에서 그 물질적 요소들을 사용하여 작품세계를 만들어내는 '인과적 생성'(causal generation)의 측면과, 내러티브 요소들을 내러티브 플롯의 일관된 '세계'라는 특성화 및 사건으로 변형시키는 '간주 생성'(count–generation)의 측면으로 구분하고 있다.[41] '간주 생성'은 따라서 언어적 혹은 내러티브적 관습들 이상의 것을 포함한다. 설과 마찬가지로 월터스토프 역시 '권리와 책임'을 '행위자'로서의 저자에게 돌리고 있으며, 저자는 자신의 작품 세계의 산출에 이 권리와 책임을 사용한다.[42]

월터스토프는 설을 따라 그의 또 다른 책 『행동하는 예술』(*Art in Action*, 1980)과 앞서 언급한 『예술의 작품과 세계』에서 단순 기술과 내러티브 세계의 투사 및 그 가운데서 '무드 자세'(mood–stance)가 주장, 문의, 표현, 약속 등을 생성시키는 과정 사이의 차이를 구분하고 있고, 이것이 가지고 오는 근본적인 철학적 결과들이 무엇인지를 잘 보여주고 있다.[43] 픽션의 경우에서는 "어떤 사태의 정황들을 제시 또는 제안하는" 가상적 무드 자세를 취하게 되는데, 그 효과는 반추, 탐험, 교화, 정화, 단순한 즐거움 등이다.[44] 픽션의 경우는 명제적 내용(p)을 인정 또는 부정할 필요가 없는 데 반해서, 거짓말쟁이나 역사가의 경우는 단언적 자세(assertive stance)를 취한다.[45] 이는 역사가가 내러티브 세계를 투사하는 경우에서도 마찬가지이다. 이 세계는 하나의 진리주장을 전제하는 것으로서 냉정한 '기술'을 하는 것과는 다르다.[46] 월터스토프에게, 설과 마찬가지로, 헌신과 책임을 떠맡을 수 있는 인간 행위자로서의 저자의 지위가 근본적으로 중요한 자리를 차지한다. 가다머식, 또는 기호학 내지는 바르트식 모델에서처럼 특히 문서화된 내러티브 텍스트의 경우 저자의 죽음을 말하는 것은 여기서는 생각할 수 없다.

내러티브 세계에의 독자 참여 효과는 '변혁적'이라 할 수 있다. 물론 그 효과는 내러티브 이론의 네 가지 하부 범주들의 바탕 위에서 각기 다르게 작용한다. 내러티브 세계들은 뒤집기도, 유혹하기도 하며, 동일성 또는 동일화의 가능성을 위한 조건들을 창조하기도 하고, 상상력을 자극하기도 하고, 미래

가능성을 투사하거나 또는 발화수반행위들을 가동시키는 세계들을 투사하기도 한다. 또한 때로는 어떤 관점에 의거한 자기포함적 기술들을 전달하기도 하며, 집단 기억이나 축하를 통해 사회적 일체감을 배양하기도 하고, 또는 이해과정에서 다음 단계를 위한 선제조건들을 창출하거나 도전하는 기능을 수행하기도 한다.

프랑크 커모드(Frank Kermode)와 그레이엄 쇼(Graham Shaw)의 경우는 내러티브가 보다 분리적 기능을 할 수도 있다는 것을 지적하고 있다. 이를테면 독자들을 조작함으로써 화자나 화자집단의 권위나 비밀을 공유하게 하여 '내부자'(insider)가 되도록 만들든지, 아니면 그 세계를 알지 못하는 '외부자'(outsider)로 남도록 만들 수 있다는 것이다. 하지만 티만과 스트룹의 경우는 유사한 문제들을 다루면서도 이들과는 다른 결론에 도달하고 있다. 이제 이론을 넘어 좀 더 구체적인 경우들을 살펴볼 시간이다.

(1) 푹스(Fuchs)가 포도원 품꾼들의 비유(마 20:1–16)에 돌리고 있는 비유의 기능에 상응하는 별도의 많은 예들을 여기서 자세히 열거할 필요는 없다고 본다. 다만 로버트 펑크(Robert Funk)와 특히 크로산(J. D. Crossan)이 '반전의 비유들'로 범주화시키고 있는 것에 주목해보고자 한다. 크로산은 선한 사마리아인의 비유(눅 10:30–37)에 특별한 관심을 기울이고 있다. 이 경우 비유는 그가 사용하는 용어대로 '세계'를 뒤집는(subvert) 일을 한다.[47] 즉, 사람들이 가진 추정들을 뒤바꾸고, 청자 또는 독자들이 이 비유에 대해 가지고 나아오는 선이해를 변형시킨다.

필자의 『두 지평』에서는 이런 반전의 비유의 예로 윙크(W. Wink)의 바리새인과 세리 비유(눅 18:9–14) 해석의 예를 들었던 적이 있다. 오늘날 현대인들이 '바리새인'에 대해 갖는 인식대로 하자면 "내가 이 바리새인과 같지 아니한 것을 감사하나이다"라는 말이 나오겠지만, 실상 이 비유를 처음 듣던 사람들에게 바리새인은 위선자보다는 오히려 경건의 화신들로 인식되고 있었다. 비유의 내러티브 세계를 통해 반전되는 것은 무엇이 진정으로 하나님 앞에서 경건한 것이냐에 대한 독자들의 예상이다.[48]

하지만 내러티브들이 꼭 '뒤집는' 일만을 하는 것은 아니다. 많은 내러티브들은 오히려 '세계'를 세우고 창조하는 일을 한다. 노예의 속박으로부터의 자유를 그리고 있는 출애굽기 기사(출 12:31–15:21)는 단순 기술에 그치지 않는다. 우리는 이런 점을 웨슬리 코르트(Wesley Kort)의 출애굽기 텍스트 논의와 관련하여 살펴본 바 있다. 뿐만 아니라 내러티브들은 그 다루는 사건들을 공동체 가운데서 축하하는 기능을 하기도 한다. 이를 통해 이 사건들의 '기억'과 예배적 재현(출 15:1–27)에 참여하는 사람들 속에 공동체적 결속을 강화시킨다.

신약의 일부 비유 본문들은 복음 내러티브의 플롯들 자체와 마찬가지로 '세계'를 세우는 일을 한다. 물론 이 경우 내러티브–세계 해석학(a hermeneutic of narrative–worlds)과 알레고리적 해석을 잘 구분하는 것이 필요하다. 내러티브 세계는 모두를 통합시킨다. 그래서 하나의 단일한 통로를 따라 독자들을, 특히 외부자를 안으로 이끄는 역할을 한다. 그러나 알레고리적 해석은 한 차원에서 다른 차원으로의 개별적이고 원자화된 해석적 점프를 요구하며, 따라서 코드화된 언어로부터 외적 실재 세계로 적절하게 점프를 할 수 있는 열쇠는 오직 '내부자'에게만 주어진다. 이 경우 알레고리의 기능은 주로 인지적 차원에 머물러 그 작용 범주가 비유보다 훨씬 더 좁다.

(2) 동일한 성경 기사의 경우에서도 내러티브의 기능은 매우 다양할 수가 있다. 에스더서가 그 좋은 예이다. 따라오는 많은 '읽기들'이 반드시 하나만 옳은 것이 아니다. 존 골딩게이(John Goldingay)는 에스더서를 디아스포라 입장에서의 새 출애굽 이야기로 읽고 있는 게를만(G. Gerlemann)의 견해에 공감을 표하고 있다.[49] 이 책이 투사하는 내러티브–세계는 그 어떤 상황에서든 모든 유대인들로 하여금 때로 개인적 위험을 감수하고서라도 동료 유대인들을 돕는 책임을 지도록 부르고 있다. 데이빗 건(David Gunn)은 룻기와 에스더서의 내러티브–세계의 특별한 장점 한 가지는 "바다가 갈라지고 성이 무너지며 도끼들이 날아다니는 웅장한 세계"보다 오늘의 대부분의 현대 독자들의 세계 및 지평과 더 잘 접목이 될 수 있다는 점이라고 지적한다.[50]

데이빗 클라인스는 자신의 에스더서 주석(1984) 외에도 다섯 또는 여섯 가지 정도의 이 책에 대한 해석 전략들을 소개하고 있다(1990).[51] 바쉬티

(Vashti)의 관점에서 보면 이 이야기는 페르시아 왕의 권력에 대한 풍자와 더불어서 이런 억압적인 권력 체계와 맞서는 한 여인의 용기를 다룬다. 문학적 형식주의의 용어로 말하면 이 이야기는 긴장과 갈등이 결국 해결을 맞는 플롯 구조를 가지고 있다. 구조주의의 관점에서 보면 '주인공'인 에스더는 '조력자'인 모르드개의 도움으로 '대적자'인 하만의 방해 속에서 민족의 구원을 그 '목적'으로 추구하는데, 결국 유대인들이 그 '수혜자'가 된다. 기호학 시스템의 관점에서 보면 이 이야기 속에는 잔치와 금식의 '음식' 코드, 복식 코드, 권력 지형학적 코드 등이 작용하고 있다. 뿐만 아니라 사회–비판적 관점에서 권력 구조에 대한 두 종류의 비판의 시각에서 이 이야기를 읽는 것도 가능하다. 하나는 페미니스트 시각이고 또 다른 하나는 유물론적 시각이다(에 1:3, 1:18–19, 2:3, 8:11, 10:3).[52]

(3) 로널드 티만(Ronald Thiemann)은 내러티브 텍스트의 한 예로 마태복음을 제시하면서, 이 책이 예수 그리스도의 정체성과 하나님의 은닉에 대한 인식을 함께 묶고 있다고 주장한다(1985, 1987). 마태의 내러티브는 "독특하게 하나님이 어떤 분이신지에 대한 묘사"를 제시한다는 것이다. 마태의 목적은 "예수가 누구인지를 밝히는 것인데 …… 그는 임마누엘로, 하나님의 아들로, 자기 백성을 구원하시려는 하나님의 뜻을 행하는 자로 그려지고 있다."[53] 마태복음 1:1–4:16에서는 예수의 공식적 아이덴티티가 하나님의 보내신 뜻과 약속을 수행하는 하나님의 아들로 특정화되고 있는데 비해, 4:18–20:34에서는 예수의 개별적 인격적 특성이 다소의 애매성을 가진 채 특정화되는 것으로 티만은 보고 있다. 마지막으로 21:1–28:20에서는 이 두 측면, 즉 공적 측면과 개별적 측면이 통합되고 있다는 것이다. 예수는 신적 권위를 부여받으며(28:18), 그의 인격과 사역이 하나님과 일치됨을 통해(3:17, 17:5, 26:36–46) 하나님을 그의 아버지로, 그리고 그를 통해 자신의 뜻을 수행하시는 약속의 하나님으로 묘사되고 있다는 것이다. 또한 마지막 약속을 통해 "복음 내러티브의 세계를 독자의 세계와 결합시키고 있다. …… 이 내러티브가 하나님을 예수와 결정적으로 동일시하여 보여주고 있는 것과 마찬가지로 이는 또한 직접 부름의 약속으로 기능하기도 한다. …… 따라서 이 이야기는 독자들로 하

여금 텍스트의 세계로 들어오라는 초청으로 작용한다."[54]

마태복음에 대한 티만의 접근 방법은 마가의 텍스트에 대한 스트룹의 접근 방법과 유사성을 가진다. 스트룹은 "마가는 예수가 누구신가 하는 것이 그의 개인적 역사의 내러티브를 떠나서는 알 수 없다는 것을 분명히 보여준다"라고 주장한다.[55] 예수의 아이덴티티 문제는 내러티브 본문들 속에 나타나는 바대로 그가 행사하는 권위를 통해 알 수 있다는 것이다. 예를 들어 마가복음 1:24에서 "우리를 멸하러 왔나이까? 나는 당신이 누구인 줄 아노니"라고 귀신이 외치는 말 속에 그것이 드러나고 있다는 것이다. "예수의 아이덴티티 문제는 그의 권위의 논제에 의해 강화된다. …… '오직 하나님 한 분 외에는 누가 능히 죄를 사하겠느냐'"(막 2:7).[56]

스트룹이나 티만의 작업은 부분적으로는 한스 프라이(Hans Frei)의 1967년의 선구적 작업과 줄이 닿고 있다. 프라이의 책은 후에 『예수 그리스도의 아이덴티티』(*The Identity of Jesus Christ*, 1975)라는 새로운 제목으로 서론 부분을 새롭게 첨부하여 재출판되었다. 복음서 텍스트에는 은닉이 나타나는데, 이는 하나님을 증거하기 위해 예수가 "그 자신 바깥을 가리키기" 때문이다.[57] 그러나 프라이가 불신자 내지는 구도자들과는 구분하고 있는 믿는 독자들에게는 예수 그리스도의 아이덴티티가 내러티브 텍스트 안에서, 그리고 그것을 통해 주어지고 있는데, 이는 그의 아이덴티티와 동일한 그리스도의 임재와 더불어 주어진다는 것이다.[58]

(4) 예술의 세계에 대한 월터스토프의 화행론 입장에서의 접근은 내러티브 세계 안에서 또는 그것에 의해서 생성된 발화수반적 힘의 지위나 성격이 어떤 것일까 하는 문제를 생각해 보게 한다. 우리가 어떤 이야기를 하는 것이 때에 따라서는 단순한 묘사의 행위로 '간주' 된다. 그러나 또 어떤 경우에는 그것이 탐구로, 제안으로, 또는 약속으로 '간주' 된다. 이전 시대에 보수적 해석자들은 '모든' 성경 기록이 지시적 묘사인 것으로 '간주'하는 경향이 있었다. 그러나 오늘날 많은 보수주의자들은 그런 문제가 성경의 장르와 해석학적 기능에 따라 결정된다는 것을 자유롭게 인정하고 있다. 그래서 시드니 흐레이다누스(Sidney Greidanus)는 욥기와 요나서의 경우 "그 역사적 지시가 '해석학

적으로' 덜 중요하나", "출애굽 기사의 경우 그 역사적 지시는 …… 불가결적"이라고 주장한다.[59] '성경 무오류와 해석학'(1988)이라는 제목으로 열린 미국 웨스트민스터 신학교 심포지움에서 트렘퍼 롱맨(Tremper Longman III)은 욥기서가 "문학적 인위"를 포함할 뿐만 아니라 "성경이 다기능적"이라는 것, 그리고 "성경적 스토리텔링의 관습들"에 주목하고 있는 알터(Alter)가 옳다는 것을 강조한 바 있다.[60] 문학적 인위는 '참'일 수도 있다. 성경 내러티브의 경우 관점, 시간의 순서, 성격규정, 플롯의 구성 등의 요소들이 모두 문학과 역사 사이에 엄격한 구분선을 긋지 못하게 하는 데 일조할 수 있다는 것을 롱맨은 강조하고 있다.

보다 넓은 철학적 논의를 위해 사용했던 월터스토프의 용어를 빌어 말하자면, 창세기 1:1, 2:25 등의 창조 내러티브는 '인과 발생적'(cause-generated) 본문 그 이상이라 말할 수 있다. 창조 내러티브의 투사 행위는 모든 것의 기원과 존재에 대한 주장으로 간주될 뿐만 아니라, 인간에게 특정 지위와 역할을 부여하는 행위로도 간주된다.[61] 언어는 어떤 것을 단순히 재연하기보다 '~으로' 재연한다. 즉, 인간을 피조된 존재'로' 재연하며, 피조된 것들의 관리자'로' 재연하고, 또한 생산물을 먹고 재생산하도록 허락된 존재'로' 재연한다. 에반스(D. D. Evans)의 말을 빌리자면, 창조 이야기는 인간 상호간과 또 하나님을 향한 인간의 기구적 '역할들'을 부여한다. 월터스토프의 표현대로 하면 이 창조 내러티브는 사람에게 어떤 행위 패턴을 '위임하고'(창 1:29, 2:16), 모든 창조된 것을 보시기에 "좋았다"라고 '평가하고 누리며'(창 1:12, 18, 21, 31), 또한 '지시하기도'(창 1:28, 2:17) 하는 면에서, 단순한 사실적 '주장'의 무드-자세 그 이상의 힘을 가진다.[62] 위임하고 축복하는 행위(창 1:28, 29)는 발화수반적 수행어로서 그 자체가 어드레스의 형태를 취한다.

일부 학자들은 어떤 종류의 내러티브 텍스트가 사회적으로 분리적이며 신학적으로 권위적 기능을 가진다는 점을 지적하기도 한다. 앞에서 보았듯이 프랑크 커모드(Frank Kermode)는 마가의 텍스트가 "한없이 다원적"이며, 만일 독자가 마가를 "내부자"로 이해하고 보지 않으면 끝에 가서는 "실망"하게 될 것이라고 말한다. 그레이엄 쇼(Graham Shaw)는 이런 '내부자-외부자' 구도를 가지고 마가복음을 '목회'신학적 입장에서 접근하려 하고 있다.[63] 그가 보기에 마가복음은 의도적으로 조작적(manipulative) 성격을 가진다는 것이다. 쇼는 자유를 가져오는 자료서의 예수를 톨스토이의 하나님의 나라에 대한 '무정부주의자적' 관점과 연결시킨다. 이에 반해 마가는 은닉 내러티브를 '내부자' 관점에서 사용하여 독자들로 하여금 이 은닉된 전통의 수여자로서의 마가 자신과 그의 추종자들의 권위를 받아들이게 하고 있다는 것이다. 바울의 사도적 권위 주장은 최소한 공개적이라 보고 있다. "우리는 바울 서신들의 감추지 않은 자기중심성을 오히려 동경해야 한다. 마가복음의 자기주장은 상당히 더 교활하다."[64] 마가는 은닉 주제를 사용하여 "예수의 권위와 특권을 세우려 하기보다는 …… 그의 현재적 대변자들의 권위와 특권을 세우려 하고 있다."[65] 전지적 화자의 비밀을 공유하고, 닫힌 문 뒤에서 들려오는 이야기를 엿들을 수 있는 특권은 여기에 초대받은 선택된 자들에게만 주어지는 특권이다.

이와 같은 쇼의 접근은 설득력이 없다. 마가 텍스트에 나타나는 은닉 또는 '어두움'의 요소에 대해서는 티만이나 다른 사람들이 다른 각도에서 보다 설득력 있는 설명을 내놓은 바 있다. 티만은 의미의 문제와 관련하여 니체, 데리다, 커모드 등이 채용하고 있는 지나치게 양극화된 "전적 명료"와 "전적 불확정" 사이의 대비가 오도된 결과를 낳는다고 보기 때문에 이를 거부하고 있다.[66] 리처드 번스타인(Richard Bernstein)과 마찬가지로 그는 "확고한 기초"냐 아니면 "우리를 둘러싸고 있는 어두움의 힘"이냐 사이의 양극화된 양자택일을 거부한다.[67] 유사한 방식으로 그는 또한 피쉬가 하고 있는 논리적 형식주의와 "반형식주의 길"의 한 축인 사회 실용주의 및 그 상황적 다원주의 사이의 양극화를 거부하고 있다. 성경 내러티브의 관점에서 보면, 그 내러티브가 이야기하는, 또한 그 내러티브를 통하여 이야기하는 하나님에게는 비밀과 은닉성이 있으며, 그는 여전히 초월적 "타자"로 존재한다. 하지만 동시에 여기에는 드러냄도 있으며, 이 드러냄은 티만이 주장하는 것처럼 아이덴티티와 약속을 포함한다.

결론적으로, 목회신학을 위한 해석학적 자료로서의 내러티브–세계의 기능은 다중적이다. 하지만 여기에는 일정한 패턴도 있는 것을 보았다. 교훈적,

정보제공적 텍스트와 열린 자세로, 그리고 듣고자 하는 적극적인 자세로 교류하기를 달가워하지 않는 무관심한, 또는 자기충족적 독자라도 예기치 않게 내러티브 세계 속으로 끌려 들어감으로써 자신의 기존의 가치와 생각들이 뒤집히는 결과를 맞을 수도 있다. 뿐만 아니라 내러티브 세계는 뒤집는 기능 외에도 새로운 가치를 세우고 건설하는 기능을 가지기도 한다. 또한 내러티브 텍스트는 인격적 정체성과 관련된 질문을 던지는 기능을 하기도 한다. 기독교 전통과 역사 속에서 특히 제4복음서의 내러티브 세계는 믿음에로 사람을 초대하고 또 믿음을 낳는 효과를 가지기도 하였다. 이 복음서의 플롯이 구성된 전체 구조는 그리스도의 정체성을 하나님의 말씀으로 나타내는 상승적인 내러티브 단락들의 흐름으로 연결되어 있으며, 기독론적 강론과 기독론적 고백이 이 내러티브 흐름을 종결짓는다.

문학 이론 및 내러티브 모델은 가능한 독자 정황의 다양성에 미치는 가능한 텍스트 기능의 다양성을 보여준다. 여기에서 내러티브 세계는 종종(항상은 아닐지라도) 행위의 미래적 가능성 내지는 상상 속의 탐험을 위한 시나리오들을 투사하는 하나의 가능의 세계를 형성한다. '간주생성'된 내러티브 세계에 대한 화행론적 접근은 보다 구체화된 행위 영역을 포괄하는 다양한 지위들을 규정하고 있다. 여기에도 사로 다른 독자들을 위한 다양한 기능들이 포함된다. 어떤 경우에 화행들은 죄책을 가진 자들에게 용서를 '주기도' 하며, 억압 아래 있는 자들을 '해방하기도' 하고, 슬픈 자들을 '위로하기도' 하며, 교만한 자들을 '경고하기도' 하며, 믿는 자들에게 약속들을 '약조하기도' 한다.

이런 다양한 기능들이 있지만, 어떤 경우에는 내러티브의 마지막을 이미 알고 있는 독자들에게는 이런 효과가 온전하게 작용하지 않을 수도 있다. 포도원 품꾼 비유(마 20:1–16)의 경우 그 결말을 이미 알고 있는 사람들에게는 이 이야기가 긴장이나 충격을 일으키지 못한다. 비유들의 명제적 내용(*p*)과 그 힘(*F*)의 관점에서 이런 점을 이해할 수도 있다. 로버트 펑크(Robert Funk)는 아돌프 율리허(Adolf Jülicher)가 '예수의 가르침'을 재구성하면서 비유들의 해석학적 기능의 측면을 무시하고 그 '인지적 내용'을 추상화하는 점을 잘 비판하고 있다. 예레미아스(J. Jeremias) 역시 동일한 이유로 비판을 받고 있다.

하지만 어떤 경우에는 어떤 정해진 목적을 위하여 힘(F)으로부터 내용(p)을 분리해내는 것이 정당성을 가지기도 한다. 이는 해당 내러티브가 그 속에서 더 이상 내러티브 세계 투사의 기능을 하지 않는 다른 어떤 해석학적 기능으로의 전이가 일어났다는 것이 분명하게 인식이 되고 있는 상황에서이다. 이런 '읽기'는 전적으로 역방향적(retrospective) 성격을 가진다. 반면, 어떤 공동체 속에서 이미 친숙한 내러티브들이 재진술되는 상황 속에서는 처음의 것과 다른 생산적 내러티브 기능들이 일어나기도 한다. 예를 들어 포도원 품꾼 비유의 경우 이미 자기 의를 모두 버리고 그 존재와 본질이 전적 은혜에 의존한다는 것을 알고 있는 예배적 공동체 속에서는 그 기능이 '축하의 내러티브'(celebratory narrative)와 같은 것이 될 수 있다. 물론 충격과 역전을 일으켰던 이 비유의 원래의 해석학적 기능이 이런 근본적 효과를 허용하고 필요로 하는 새로운 목회적 정황을 만날 때는 언제든지 다시 작동할 수 있다. 이미 언급한 바 있는 푹스의 기억할만한 은유를 다시 한번 인용하자면, "고양이를 이해할 수 있게 만드는 해석학적 원리는 다름 아닌 쥐이다."[68] 텍스트의 내러티브 고양이는 새롭게 재현되어질 다양한 쥐-상황들을 여전히 기다리고 있다.

4. 성경의 상징들:
생산적, 영적 독서 및 프로이트와 융이 목회신학에 제공하는 질문들

성경에는 풍부한 이미지들이 가득하다. 문학비평가인 노스롭 프라이(Northrop Frye)는 그의 책『위대한 코드』(*The Great Code*)에서 이렇게 말한다. "도시와 산, 강, 정원, 나무, 기름, 샘, 떡, 포도주, 신부, 양 등의 이미지들이 너무나 자주 반복이 되는 것을 볼 때 이들이 일종의 통합적 원리를 나타내고 있다는 것이 분명하다."[69] 하지만 이미지가 상징과 같은 성격을 갖는가? 20세기 기독교 신학에서 상징에 대한 가장 영향력 있는 기여를 한 두 학자를 꼽으라면 폴 틸리히(Paul Tillich)와 폴 리쾨르(Paul Ricoeur)를 들 수 있을 것이다. 틸리히는 융의 심리학 및 원형이론의 배경 위에서 그의 상징에 대한 관점을 펼치고 있다. 리쾨르의 경우는 앞서 10장에서 보았던 것처럼, 프로이트 및 심리분석 전통과의 교류 속에서 상징의 지위에 대한 자신의 입장을 피력하고 있다.

리쾨르에게 상징은 '이중 의미' 표현의 일환이다.[70] 악을 '짐' 혹은 '굴레'라고 말하는 것은 이 용어들을 범경험적 틀 속에서 해석하는 것이며, 결과적으로 이 용어들 속에는 제2의 보다 높은 의미 차원이 적용된다. 이런 방식으로 악은 얼룩 또는 점으로 상징화되기도 하며, 죄를 정한 길에서 이탈하는 것으로 나타내기도 한다. 리쾨르에 따르면 두 가지 결과가 여기에서 도출된다. 첫째로, 상징들은 '비판적' 해석을 필요로 한다는 것이다. 왜냐하면 다중의미화는 자기기만의 여지를 허용하며 자기이익 도모를 위한 가치 창조의 의지를 투사할 수도 있기 때문이다. 프로이트의 심리분석이 이런 비판적 도구의 한 예가 될 수 있다.[71] 두 번째로, 상징들은 '두번째 순진성'(second naivety) 차원에서 창조적으로 생각과 이해를 불러일으킨다. 비판적 차원이 '설명'의 차원이라면, 이 창조적 차원은 '해석학적' 차원이다. 상징은 이처럼 문장 단위에서는 은유(metaphor)를, 은유의 연장 측면에서는 내러티브를 형성하는 알갱이이다.

리쾨르는 프로이트와 같이 상징의 '이중 의미' 특성을 강조한다. 상징은 자아를 속이거나, 아니면 창조적으로 자아를 초월하게 하는 힘을 가진다. 틸리히의 경우는 융을 따라서 상징의 '동참' 및 '통합'의 특성을 강조한다. 웨인 롤린스(Wayne Rollins)가 관찰하고 있는 것처럼, 융은 그의 초기 저작에서 자신의 임상환자들 가운데 '감정 부과적' 성격의 말들이 나타나는 것에 주목한다.[72] 프로이트와 융은 공통적으로 꿈을 상징적 텍스트로 삼고 있다. 프로이트의 분석에 따르면, 꿈-상징들은 억압된 갈망들 또는 무의식의 내용들을 감추는 것일 수 있다. 융의 관점에서 볼 때 이들은 의식세계의 일방적 혹은 부재적 요소들을 보상하며, 성장과 통합의 과정에서 건설적 기능을 수행한다.[73] 따라서 리쾨르가 기만적 가장과 창조적 계시 사이의 대비에 초점을 맞추는 반면, 틸리히는 주관-객관을 나누는 개념적 언어의 분리적 특성과 상징을 통해 전체가 드러나게 하는 통합의 힘의 대비에 초점을 맞추고 있는 것이다.[74]

꿈에 대한 계속적인 연구를 통해 융은 사람들의 꿈 속에 반복적으로 나타나는 이미지나 패턴들이 지리적, 역사적 기원에서 그 차이가 큰 여러 문화들 속에 나타나는 신화적, 역사적 자료들 상의 대칭 및 유사 구조들을 반영한다는 확신을 가지게 되었다. 1919년에 융은 2세기 이집트 영지주의 세계 속에 쓰였던 '원형'(archetype)이라는 용어를 되살려 내었다. 이를 통해 그는 인간 영혼 속에 어떤 '패턴화된 경향'이 있다는 것과, 또한 이것이 인간 개인의 무의식적 심상들의 저수지로써뿐만 아니라, 인류의 '집단적' 혹은 보편적 의식의 차원에서 작용하고 있다는 것을 주장하였다.[75] 그는 또한 '원초적 이미지들'(primordial images)에 대해서도 말하고 있다. 융이 말하는 '원초적 이미지들' 속에는 아버지, 불길한 거인이나 괴물, 영웅이나 기사, 늙은 현자 등과 같은 남성상들과, 어머니, 공주, 악한 왕비, 현명한 노파 등 여성상들이 포함된다.

융은 이런 집단적 측면뿐만 아니라 개성화의 과정, 즉 "그 자신이 되어 가기"의 과정에 대해서도 주목하고 있다. 우리 인생의 초기 과정 속에서 우리의 성향이 이미 설정된다고 융은 보고 있다. 즉, 어떤 사람은 기술적 사고가로, 어떤 사람은 직관적 사고가로, 또 통감 능력이 있는 사람으로, 감각이 뛰어난 사람으로 다르게 형성된다는 것이다. 그런데 이런 발전 과정의 후기에 이르러서 그때까지 발전되지 않은 다른 측면들이 부각되게 된다. 융은 이를 '역성적'(contra–sexual) 요소, 또는 '그림자' 측면이라고 부르는데, 이런 요소들이 초기 삶에서 부각되었던 다른 요소들과 통합될 필요가 있다. 그런데 이런 통합의 길이 단순한 이성적 반성이나 개념의 조작을 통해 열리지 않고, 오히려 상징의 힘을 포함하여 보다 깊은 차원의 치유적 힘을 통해 이루어질 수 있다고 보는 것이다.[76]

융의 관점에서 볼 때 성경 텍스트들은 의식적 차원의 사고 과정의 통로 그 이상의 역할을 하는 한에서 이와 같은 치유적 힘의 원천이 된다. 성경의 통합 및 치유의 능력이 극대화되는 것은 이것이 인간의 지혜로 알 수 없는 "하나님의 깊은 것"(고전 2:10, 13)을 불러일으킬 때 그러하다. 단순한 기술 언어나 합리적 논증이 잘 할 수 없는 영역의 기능을 갖는 이미지나 비교, 비유, 음어, 시 등이 특히 가장 깊은 차원의 감정들을 불러일으킬 때 그 효과가 크게 일어난다.

융은 요한계시록 속에서 그 전형적인 예를 찾고 있다. "내가 보니 바다에서 한 짐승이 나오는데 뿔이 열이요 머리가 일곱이라 그 뿔에는 열 면류관이 있고 …… 총명 있는 자는 그 짐승의 수를 세어 보라 그 수는 사람의 수니 육백 육십 육이니라"(계 13:1, 18). 계시록 속에서 숫자는 상징의 또 다른 예이다. "땅의 네 모퉁이"(계 7:1)나 "네 생물"(계 6:1)은 전체성 또는 온전성을 나타내며, 숫자 7은 완전성을 나타낸다(계 4:5의 "하나님의 일곱 영", 계 6:1의 "일곱 인", 계 15:1의 "일곱 대접" 등). 또한 성경의 "나무"는 육체적, 영적 성장 및 하나님 안에서의 잘 됨을 상징한다(시 1:3, 잠 11:30 등). 때에 따라서 이것은 십자가와 동일시되어 생명의 원천이 되기도 한다(벧전 2:24, 계 22:2 등).

폴 틸리히는 이와 같은 융의 접근을 자신의 조직신학 속에서 발전시킬 뿐만 아니라, 또한 그의 해석학 및 목회신학의 뼈대를 이루는 상관의 원리(principle of correlation) 속에도 접목시키고 있다. 틸리히에 따르면 "종교적 상징들은 …… 개념적 영역을 무조건적으로 넘어서 있는 그것을 나타낸다." 이들은 "주관성과 객관성으로 나뉘어져 있는 영역"을 초월한다.[77] 상징은 "우리의 의식적 존재뿐만 아니라 무의식적 존재까지도 포착한다. 즉, 우리 존재의 창조적 근거를 포착한다."[78] 따라서 상징의 가장 중심적 기능은 "다른 방법으로는 감추어져 있는 실재의 차원들을 열어주는 것"이다.[79] 이처럼 상징은 인간 영혼과 피상징체 사이를 매개하는 개념 이전 단계의 다리이다. 틸리히의 말을 빌리면, "모든 상징은 양날을 가진다. 상징은 실재를 연다. 또한 상징은 영혼을 연다."[80] "상징은 우리 존재의 숨겨진 깊이를 연다."[81] 융을 따라 틸리히는 상징들이 "개별 혹은 집단 무의식에서 자라나온다"라고 보고 있으며, 이 상징들이 또한 "우리 존재의 무의식 차원에 의해 수용되지 않고서는 작용할 수 없다"라고 말한다.[82]

이 모든 측면들이 성경 텍스트가 통합 및 치유 능력의 원천으로 작용하는 '의미 효과들'의 영역 안에 머문다. 읽기를 통한 아이덴티티 인식 및 형성을 강조하는 노먼 홀란드(Norman Holland)의 작업이나, '통감'을 강조하는 데이빗 블라이치(David Bleich)의 작업과 마찬가지로 이 접근 역시 '독자 반응' 차원에서 어떤 작용적 효과를 이루어내는 상징의 힘을 부각시키려 하고 있다.

하지만 폴 리쾨르의 경우, 상징이 단지 실용적 자기 확인이나 소원성취 그 이상의 것을 이루고 있는지 결정하기 위해서는 상징에 대한 탈비판적 관심뿐만 아니라 비판적 의구의 해석학이 동시에 작용할 필요가 있다는 것을 강조한다. 틸리히의 경우도 상징이 원리상 창조의 기능뿐만 아니라 파괴의 기능도 있다는 것을 강조하고 있다. 비트겐슈타인이 그림에 대해 말하는 것처럼 상징은 다양한 방식으로 해석될 수 있다. 많은 포스트모던 이론가들이 사회-상징적 세계와의 관계 속에서 상징의 기능을 언급하고 있지만, 기호가 전수된 신념 및 실천 체계에 의존한다는 사실은 바르트식의 또는 유물론식의 '비신비화'가 필요하다는 것을 분명히 하기도 한다. 신화에 대한 프로이트의 태도는 융의 입장과는 차이가 있다. 융은 그 스스로가 다양한 종교적 전통들, 이를테면 영지주의나 중세 연금술 등에까지 깊은 관심을 보이지만, 프로이트의 경우는 종교적 신화나 밀교 같은 것들을 "검은 진흙 물결"이라 매도하고 있다. 상징의 지위는 상징 시스템 바깥에서 볼 때는 안에서 보는 것과 다를 수 있다. 상징이 습관화된 해석의 전통 안에서 어떻게 작용하는지에 따라 그 힘의 방향이 다르게 나타나기 때문이다.

이런 이유 때문에 성경 텍스트 안에서의 상징도 일차적으로는 힘의 통로 역할을 하지만, 또한 그 작용이 항상 상황의존적이며 따라서 진리 통로로서는 부차적 지위를 가진다. 상징은 의사소통적, 교훈적 텍스트 및 아이덴티티 형성의 패턴을 제공하는 내러티브 텍스트들의 사용을 포함한 비판적 반성의 기틀 위에서 형성되어 온 오랜 해석의 전통들 위에서 작용한다. 목회신학의 관점에서 보자면 특히 두 가지 측면에서 이 상징의 기능을 관찰할 수 있다. 첫째는, 다른 기반들 위에서 형성된 안정된 해석의 전통 위에서 상징은 렉치오 디비나(lectio divina) 또는 영적 독서와 관련하여 치유 및 통합적 묵상의 자원이 될 수 있다. 융의 표현을 빌리자면 상징은 인간 영혼을 배양한다. 두 번째로, 상징은 주어진 전통 외부의 탐구적 독자들에게 설명의 원천을 제공해 줄 수 있다. 다만 여기에 조건이 있다면, 리쾨르가 바르게 지적하고 있는 것처럼, 의구의 해석학이 없이는 상징들이 단지 인간 무의식의 차원이나 아니면 사회적으로 전수되어온 작위적 관습들의 사회사 차원의 창문 역할에 그치고 만다는 것을 잘 인식하고 있어야 한다는 것이다.

위의 두 원리는 약간의 보완적 설명 및 예시 작업이 필요할 것으로 본다. 묵상식 '영적 독서'에서 계시록에 나타나는 종말론적 상징들의 힘이 기독교 전통 속에서 진리 전달의 통로로 작용하는 것을 볼 수 있다. 이 상징들은 의사소통적인 동시에 생산적 텍스트의 기능을 가진다. "생명수의 강"이 하나님의 보좌로부터 흘러나오며(계 22:1), 그 강가의 생명나무의 "잎사귀들은 만국을 소성하기 위하여 있고"(계 22:2), "그의 이름이 그들의 이마에 있으리라"(계 22:4). 우리가 해석의 구도를 잘 잡지 않으면 '물'을 포함하여 다른 많은 상징들이 다양한 방식으로 이해될 수 있다. 원시 신화론에서 물은 생명을 배출한다. 하지만 물은 또한 홍수로 파멸시키기도 하며, 레테(Lethe) 강(그리스 신화에서 죽은 자가 이 강을 건너면 이생의 모든 것을 잊어버리게 됨 – 역주)의 망각을 가져오기도 하고, 또한 심층 심리학에서는 물이 여성 무의식과 연결되기도 한다.[83] 그러나 요한계시록에서 생명수의 강은 케어드(Caird)나 비슬리–머리(Beasley–Murray) 등이 잘 지적하는 것과 같이, 일차적으로는 에덴의 처음 강(창 2:9, 10)의 마지막 때의 회복을 반영하며, 나아가서는 에스겔의 강의 상징(겔 47:1–12)을 암시하기도 한다.[84]

따라서 만일 '영적 독서'가 기독교 정경의 범주 안에서, 그리고 잘 확립된 기독교 해석의 전통 안에서 적절하게 잘 수행되기만 한다면 이는 우리가 앞서 4장에서 논의한 바 있는 렉치오 디비나의 한 예가 될 수 있을 것이다. 상징의 비인지적, 통감적 측면이 생산적, 치유적 역할을 수행할 수 있는 것은 한 공동체가 이미 인지적, 해석학적 판단들을 체화시킨 해석의 전통을 수립해 놓고 있기 때문이다. 이런 이유 때문에 영적 독서에서 상징의 힘이 그 일차적 요소로 간주되며, 상징의 의미 및 진리는 다른 해석적 요소들에 따라 도출되는 것으로 이해되고 있다. 동방정교회나 서방 은사주의 전통 할 것 없이 모든 상징들이나 '그림들'은 기본적으로 어느 정도의 애매성을 간직한다. 따라서 이들은 "~으로 봄"이라는 해석적 판단의 도움이 없이는 언제나 다중적 의미의 모판으로 남아 있게 된다. 그러나 상징을 '상징으로' 보는 독자들에게는 이런 해석들이 의식적 행위로 일어나지 않는다. 오히려 이런 해석들은, 어떤 이론가들이 보기에는, 독자가 물려받은 전통과 함께 '주어진' 것이든지, 아니면, 또 다른 이론가들이 볼 때는, 독자의 무의식에서부터 솟아나오는 것이다.

그럼에도 불구하고 상징은 지성이나 감성, 또는 상상력 그 이상의 차원과 관계된다. 정신의학 측면에서 롤로 메이(Rollo May)는 상징이 "상징으로서의 힘과 성격을 그 해당 시점에서의 환자의 삶의 총체적 정황으로 말미암아 얻는다"라고 주장한다.[85] 바로 이런 측면, 즉 한 자아와 그 주어진 시점에서의 총체적 삶의 정황에 대한 관심이 목회신학에서 상징이 중요한 위치를 갖는 이유이다. 융은 성경 텍스트 및 그 상징들에 관여한다는 것은 텍스트 자체에 대한 질문뿐만 아니라 "독자의 개별적 삶에서 그 텍스트의 의미"에 대한 질문까지도 포함한다는 것을 강조하고 있다.[86]

이런 지적은 목회신학 및 독서 상황들에 대한 우리의 관심을 다시금 상기시킨다. 융은 성경 텍스트 안에 나타나는 상징들이 다양한 부류의 독자들에게 치유 및 해석적 기능을 수행할 수 있다는 것을 강조한다. 물론 이것이 모든 경우에 다 해당되는 것은 아니다. 다음 두 가지 원칙들을 확인할 필요가 있다. 첫째, 성경적 상징들의 상호작용적 복수성이 인정되어야 하고, 둘째, 그 효력이 매우 강하다고 하더라도 또한 그것이 양면적이라는 사실이 인정되어야 한다. '아버지'의 상징이 좋은 예가 될 수 있을 것이다. 도미니크 스타인(Dominique Stein)의 경우 하나님을 아버지로 부르는 것에 대하여 '불안함'을 나타낸다.[87] 우리가 잘 아는 것처럼 프로이트는 아버지상을 유아기 상태에서의 공격이 불가능한 초-아버지 상의 투사와 연결시켜 한편에서는 보호의 호소 측면으로, 그리고 또 다른 한편에서는 죽이고 제거하고자 하는 욕망의 측면으로 풀이하고 있다. 그런데 이런 아버지상이 사람이 장성한 이후에도 남아 있다고 보는 것이다. 따라서 스타인은 아버지 상징을 '심리적 퇴행'과 연결시키고 있다.

같은 책에서 요릭 스피겔(Yorick Spiegel)은 아버지든지 왕이든지 사회적 권위자상과 관련된 언어가 평등사회 이전의 정치적 낭만주의와 관련되는 것으로 보고 있다.[88] 스피겔의 관점에서 보면 아버지 상징은 '사회적 퇴행'을 의미한다. 엘리자벳 몰트만-벤델(Elisabeth Moltmann-Wendel)은 메리 달리(Mary

Daly)를 따라 "아버지[하나님]의 대체"를 요구한다. "그의 활동들은 압도적으로 남성 행동들을 반영한다. …… 예수께서 선포한 하나님은 모성적 지혜 전통에 뿌리박고 있다."[89] 이처럼 몰트만-벤델은 이 상징에 내재된 '남성성'을 거부하는 것이다. 다프니 햄프슨(Daphne Hampson)의 경우 아버지 상징을 파괴적이고 회복불가적인 것으로 보고 있다. 따라서 이 말은 결코 번역할 수 없는 용어라고 말한다.[90] 우리는 앞서 12장에서 '탈가부장화'의 이슈와 모성적 '여신' 용어 사용 제안을 살펴본 바 있다.

몰트만-벤델은 '아버지' 용어에 수많은 개념적 단서들을 부여하고 있는데, 이 때문에 이 단어를 더 이상 개념 이전적 상징으로 작용하기 어렵게 만들고 있다. 이 단어가 가진 남성성을 제거하고 이를 의식적으로 재해석하여 하나의 고도의 추상개념으로, 그리고 인지적으로 부여된 기능적 특성을 수행하도록 만들어 놓고 있다. 우리가 무엇으로 이것을 정의하든 간에 결국 이런 작업이 지향하는 바는 상징의 힘을 중성화시키고자 하는 것이다. 엘리자벳 몰트만-벤델 자신의 독서 상황 속에서 볼 때, 그가 이해하는 아버지 상징은 단지 강력할 뿐만 아니라 파괴적으로 강력하기 때문이다.

만일 모든 상징들이 이런 취급을 받게 된다면, 성경 텍스트는 결국 그 즉효성과 힘을 대폭 거세당하고 말 것이다. 그리고 모든 상징들이 개념들로 바뀌고 말 것이다. 상징적 다중성을 개념적 애매성 벗기기 작업의 대상으로 삼게 되면, 이 과정 속에서 상징들이 가진 통합적 형성력이 불가피하게 감소되고 만다. 따라서 목회신학에서 이 문제와 관련된 보다 전통적이고 효과적인 반응은 상징들을 제거하는 것도 아니었고, 또한 상징들이 가진 다양한 효과들을 머리로 받아들이게 만드는 방식도 아니었다. 간혹 원치 않는 또는 파괴적인 공명이 일어나는 것은 성경 텍스트 안에서의 상징들의 복수성이 가진 교류적 상호성의 수용으로 중화가 되어 왔다. 다시 말해서 특수한 독서 상황을 고려할 때, 어느 하나의 고립된 단독 상징만이 과도한 독점을 하지 못하도록 해야 한다는 것이다. 예를 들어, 어떤 독자가 지나치게 죄책의 문제로 고민을 하고 있을 때, 심판자 또는 심판의 상징에만 과도한 초점을 맞추게 되면 그 상징은 매우 파괴적이고 분열적 힘을 미치게 될 것이다. 그러나 놓임과 용서에 대한 개념적 강화와 더불어서 죄책으로부터의 자유를 함유하는 상징들과 화행들을 제시할 때 이것은 그 사람에게 결정적 효력을 발휘하게 될 것이다. 죄를 지고 가는 희생양이나 빚 문서의 도말과 같은 상징들이 이런 경우 치유의 원천으로 작용한다(골 2:14, 고후 5:18–20, 히 9:12–14 등).

오트마 키일(Othmar Keel)은 구약에서, 특히 시편과 고대 근동의 문화적 맥락 속에서 찾아볼 수 있는 수많은 상징적 자원들을 정리해주고 있다.[91] 하나님은 요새요 바위이며, 피난처가 있는 높은 곳이다(시 31:2, 46:7, 11, 48:2, 3, 61:3). 이는 적의 공격이 있을 때(삼상 13:6, 렘 4:29) 흩어져 있던 작은 마을들을 떠나 피할 수 있는 언덕 위에 높이 세워진 난공불락의 요새의 이미지를 사용한 상징이다. 하나님은 또한 등불이기도 하다(시 18:29, 삼하 22:29). 그의 임재와 그의 말씀이 빛이요(시 36:9, 119:105), 그로부터 생명의 샘이 흘러나온다. 그는 또한 새처럼 그 날개를 펼쳐 친밀한 쉴 곳을 주시기도 한다(시 17:8, 36:7, 57:1, 61:4, 63:7, 91:4). 하나님은 또한 손님을 맞아 그 잔을 채워주는 친절한 주인이기도 하다(시 23:5, 63:5). 그는 믿을만한 방패이시다(시 7:10, 18:2, 28:7, 33:20).[92] 하나님은 파괴의 세력들로부터 그의 자녀들을 지켜 주신다. 이 세력들 역시 상징들로 표현되고 있다. 구덩이와 사막, 창일하는 홍수, 어두운 밤, 티끌로 되돌아감 등의 위험들이다(시 16:10, 49:9, 63:1, 90:3, 104:29, 107:5, 29–30).

상징의 힘과 그 의미의 다중성은 제4복음서 속에도 뚜렷이 나타나고 있다. 요한문헌은 하나의 양분된 주제의 구조 위에 세워진 특성을 보인다. 쿰란의 사해문서가 발견되기 이전까지는 사람들은 이것을 '헬레니즘적 이원론'으로 잘못 이해해왔다. 생명과 죽음(요 1:4, 10:10, 11:23), 빛과 어두움(요 1:5, 3:19, 8:12, 9:5), 진리와 거짓(요 8:32, 14:6), 성령과 육신성(요 3:6, 6:63) 등의 대비가 나타난다. 이 밖에도 선한 목자(요 10:11), 생명의 떡(요 6:35), 문(요 10:7), 참 포도나무(요 15:1) 등의 익숙한 상징적 이미지들이 나타나고 있다. 대부분의 독자들에게 이런 상징들이 가지는 의미는 매우 친숙하고 또 깊이 각인되어 있다. 예를 들어 문이 열리고 닫힘이 환영과 영접이나 아니면 배제와 외로움을 표시한다는 것을 어릴 때부터의 경험을 통해 잘 알고 있다. 빛은 알지 못하는 밤의 위험들에 대한 두려움과 길을 잃을 것에 대한 두려움을 몰아내어 준다. 선한 목자의 이미지는 '아버지' 같은 상징에 종종 돌려질 수 있는 '나쁜' 경험들을 중화시켜주는 돌봄, 포근함, 지혜 등과 같은 이상화된 특성들과 관련이 있다.

그럼에도 불구하고 요한의 텍스트에서 상황화 맥락과 텍스트적 암시들은 어떤 독자들에게는 감지될 수 있지만, 또 다른 독자들에게는 감지되지 않는 방식으로 그 의미가 상황지향적 성격을 가지기도 한다는 것을 보여준다. 예를 들어 빛이란 용어를 요한은 의식적으로 이중적 방식으로 사용하고 있어서, 한편에서는 심판의 상황이나 또는 그런 자리에 있는 사람 위에 빛을 던진다는 의미로(요 1:9의 헬라어 포티조 *phōtizō*는 RSV의 '조명하다'보다는 이런 의미에 더 가깝다), 그리고 또 다른 한편에서는 사람들을 조명하고 깨닫게 한다는 의미로 사용되고 있다. 요한에게 빛은 어둠의 두려움과 공포를 몰아내는데, 이는 오직 모든 것을 있는 그대로 드러냄으로써, 다시 말해서 심판의 행위를 통해서만 그렇게 한다.

로트만(Lotman)의 말을 빌리면, 요한의 상징들은 한편에서는 의사소통적 텍스트로, 또 한편에서는 창조적 텍스트로서의 기능을 가진다. 주후 2세기 이후로 알렉산드리아의 클레멘트와 오리게네스의 전통을 따라 요한복음은 '영적 복음서'로 인식되어 왔다. 이와 같은 교부적 인식은 특히 요한이 매일의 일상적 사물 및 사건들(물, 포도주, 떡, 빛, 출생, 문, 목자, 발 씻기기 등)을 통해 초월적, 초경험적 진리를 전달하고 있다는 사실에 주목하고 있다. 철학적 용어로 말하자면 요한은 '종교적 언어'를 사용하지 않고 '종교적 목적'을 위하여 '일상 언어'를 사용하고 있다. 바로 이런 의미에서 요한복음은 성례전적(sacramental) 복음서이다. 일상 세계의 물질적, 언어외적 요소들이 보이지 않고 초월적인 실재들의 표와 상징들로 작용하는 것이다. 물론 이는 요한이 세례와 성찬의 두 가지 성례의 특정 형태들에 집중하고 있다는 이야기는 아니다. 오히려 이 예식의 제정에 관한 언급이 빠져 있는 것을 볼 때 요한이 이 두 번째의 보다 좁은 의미에서의 '성례전적' 책인가 하는 것은 의심스럽다.

요한복음에 제시되고 있는 상징들, 모델들, 사건들 등은 가장 특징적인 방법으로 기독론을 제시한다. 신적 로고스가 예수 안에서 그리고 구별할 수 있는 말과 행위의 패턴들 속에서 육신이 되었다. 구약의 전통들 속에 이미 쓰이고 있는 '떡', '포도나무', '목자' 등의 언어가 이해의 준거틀 역할을 하고 있다. 이와 같은 배경이 우리가 이 용어들을 생산적으로뿐만 아니라 의사소통적으로 이해할 수 있게 하는 기호학적 코드가 되고 있다.

한편에서 상징들은 충분히 다중적 성격을 지니고 있어서 독자들로 하여금 이들을 통하여 자신의 삶과 상태를 볼 수 있게 만든다. 또 다른 한편에서 상징들은 충분히 상황-특수적이어서 다양한 전통들 가운데서 생산적으로뿐만 아니라 의사소통적 방식으로도 작용하여 상황 지향적인 분명한 목적을 이루기도 한다. 요한복음의 경우 이 목적은 "너희로 예수께서 하나님의 아들 그리스도이심을 믿게 하려 함이요 …… 그 이름을 힘입어 생명을 얻게 하려 함"이다(요 20:31).

5. 독자 효과와 관련된 다양한 모델들: 기호학, 독자반응이론, 사회-실용주의, 해체주의

우리가 살펴보고자 하는 열 가지 이론적 모델들 가운데서 이제 **다섯 번째 모델은 기호학적 생산(semiotic productivity)의 모델**이다. 성경해석에서 기호학 이론의 충격파가 목회신학과 관련해서는 두 가지 전혀 다른 방향으로 나타난다. 한편에서 해석자는 텍스트 의미가 생산되는 통로로 인식되는 기호학적 코드 체계 외부에 서 있을 수 있다. 이 경우 해석자의 사회비판적 또는 정치적 평가는 그 체계가 뿌리 내리고 있는 사회기구적 구조에 대한 하나의 비판으로 제시된다. 미셸 클리브놋(Michel Clevenot)의 유물론적 읽기나 노먼 갓월드(Norman Gottwald)의 사회-정치적 읽기, 롤랑 바르트(Roland Barthes)의 '탈신비화' 해석 등이 이런 예에 해당된다.

또 다른 한편에서, 독자는 기호학적 체계 내부에 서 있을 수도 있다. 이 경우 만일 저자와 독자 사이에 공유된 코드의 정확한 일치가 일어난다면, 여기에서는 하나의 명쾌한 의사소통적, 정보전달적 이해의 과정이 작동하게 되는 셈이다. 한편 코드가 잘 맞지 않는 경우, 또는 보다 전형적으로 둘 혹은 그 이상의 기호학적 체계들이 텍스트 속에 동시적으로 작용하고 있는 경우, 일반적으로 기호학적 코드에 대한 자의식적 물음이 일어나게 된다. 상징이나 은유의 경우처럼 복수적 차원의 읽기 또는 해석이 개입되는 경우가 있다. 이런 경우 텍스트는 로트만(J. Lotman)이나 에코(U. Eco)가 분류하는 '생산적' 혹은 '발생적' 텍스트의 범주에 포함된다. 이때 '첫 번째' 읽기 또는 해석은 '두 번째' 연속적 읽기의 코드 또는 모판의 역할을 한다.

기호학적 접근은 구조주의나 문학적 형식주의와 공통적으로 텍스트의 의미가 저자라는 한 주체가 자신의 의식적 선택, 판단, 목적에 따라 언어 체계를 어떻게 작동시키느냐의 문제와는 별도로 언어체계 그 자체에 의해 발생된다는 관점을 기본 전제로 취하고 있다. 구조주의가 후기 구조주의 단계로 넘어가는 과정에서도 그와 같은 관점은 포스트모더니즘이나 후기 프로이트학파, 후기 마르크스주의의 '의식의 의심'(suspicions of consciousness) 속에 계속적으로 이어지고 있다. 뿐만 아니라 어떤 공동체 안에서 통제력을 행사하고 있는 사람들의 권력이해를 덮어주는 작의적 도구 기능을 하는 '사회적 관습들'을 파헤치려 하는 포스트모더니즘 논객들의 관심 속에도 이런 관점이 반영되고 있다.

기호학적 체계의 지위를 어떻게 설정할 것인가 하는 문제는 철학 및 신학의 근본적인 이슈 가운데 하나로 남아 있다. 이는 단지 문학 이론가나 사회 역사학자, 또는 성경 해석자의 문제만이 아니다. 융과 틸리히에게 무의식과의 접촉을 통해 한 인격의 통합의 통로로 작용하는 상징들 역시 문화 상대적인 조직된 코드의 사회적 관습들을 노출하고 있다. 융이 말하는 왕과 아들, 왕자와 공주 같은 '원형 이미지들' 역시 성-체계 또는 수직적 권력-체계 내에서 그 기능을 수행한다. 영웅과 악당, 간교자와 현자, 시련과 회복 등이 모두 지향된 탐구 구조 내에서의 기호학적 요소들로 작용한다.

대부분의(꼭 전부는 아니라 할지라도) 성경 텍스트들이 그 기록의 정황에 대한 재구성의 탐구 및 상상을 필요로 하는 저자의 지향된 의도를 염두에 둘 때 가장 잘 이해될 수 있다는 것이 우리의 입장이지만, 그럼에도 불구하고 우리는 이런 질문을 던져볼 수 있다. 해석학적 전략의 이유로 텍스트 주위에 그 저자와 정황을 배제하는 울타리를 치는 것이 독자들을 위하여 어떤, 만일 있다면, 유익을 가져올 수 있는가? 존 바톤(John Barton)은 이런 접근에 대한 지지가 "가장 기대치 못했던 자료, 즉 C. S. 루이스의 글"에서 나타나고 있다고 밝힌다. 루이스는 1939년의 한 글에서 이사야 13:19–22a의 본문이 어떤 한 개인에게 돌려질 수 없으며, 또한 저자의 인간성 및 의도와도 전혀 무관하다고 주장한다. 그것은 마치 예술가가 전혀 예기치도, 의도치도 않았던 새로운 색조를 띄는 하나의 예술 작품과 같다. 우리는 시인이 없어도 시를 가질 수 있다. C. S. 루이스는 자신의 작은 책 『비평의 실험』(*An Experiment in Criticism*, 1961)에서 텍스트를 저자가 무엇을 전달하려고 하는가의 관심에서나 독자가 어떻게 '사용'하고자 하는가의 관심을 떠나서 "텍스트 자체의 권리"에 따라 읽는 것이 필요하다는 구형식주의의 이론을 옹호하고 있다.[93]

존 바톤은 이런 접근이 "텍스트 자체만"을 존중하려는 그 뚜렷한 관심에도 불구하고 실제적인 측면에서는 해석과 이해, 또는 어떤 의미에서는 '공동저자'의 부담이 독자에게로 전이된다는 것을 인정하고 있다. 바톤은 이렇게 말한다. "사실상 루이스는 텍스트의 의미(적어도 '하나의' 적법한 의미)가 텍스트를 읽는 우리의 일반적 관습들, 또는 우리가 가지고 들어오는 기대들에 의해 이루어진다고 말하고 있다."[94] 만일 기호학 체계들이 행위자 없이(독자는 물론 있겠지만)도 체계의 바탕 위에서, 또는 다른 체계들 내지는 매트릭스 생산자들과의 상호작용의 바탕 위에서 의미를 생산할 수 있다고 한다면, 이는 우리가 독자반응 이론의 영역으로 넘어가 있다는 말이 되며, 이런 점은 수전 위틱(Susan Wittig)이 하고 있는 복음서 비유들의 다중의미 분석에서 그 예를 잘 찾아 볼 수 있다.

그러나 여기에는 목회신학뿐만 아니라 언어철학의 관점에서도 복잡한 문제들이 일어날 수 있다. 스티븐 쉬퍼(Stephen Schiffer)가 그의 책 『의미』(*Meaning*) 초반 부분에서 잘 보여주고 있는 것처럼, "세이머가 말하는 의미는 이것이다"라는 말과 "저 표시는 뭔가를 의미한다"라는 말의 논리적 문법에는 큰 차이가 있다.[95] 전자의 경우에서는 어떤 인간 행위자가 뭔가를 함으로써,

다시 말해서 선택과 사용을 포함하는 어떤 행위를 수행함으로써, 또는 어떤 언어적, 기호학적 체계의 많은 선택항목 가운데서 어떤 것을 꺼냄으로써 어떤 의미를 생산하게 된다. 그러나 단순히 그 체계 안에서만 본다면 인간이 만든 어떤 제작물, 예를 들어 신호 깃발 같은 것은 어떤 행위 수행 차원에서 그 의미가 만들어지는 것이 아니라 전래된 기호학적 코드의 하나로서 그것이 가진 관습적 지위에 의거하여 그 의미가 부여된다.[96] 다시 말해서 그 깃발은 잠재적으로(potentially) 뭔가를 '의미한다.' 만일 누군가 상자에서 그 깃발을 꺼내어 흔든다면 그 행위자는 그 깃발의 사용을 통해 작용(operational) 차원에서 뭔가를 '의미하게' 되는 것이다.

뭔가를 '의미한다'는 말이 가진 의미의 이런 복잡한 측면은 교통표지판에 그려진 신호들의 예를 통해서도 잘 설명할 수 있을 것이다. 바위가 떨어지는 그림이나 보행자가 길을 건너는 그림 등은 그것이 책 속에 그려져 있을 때는 단지 가능성으로서 잠재적으로 뭔가를 의미한다. 그러나 어떤 인간 행위자가 다른 표지들 가운데서 이것들을 택하여 절벽이 있는 곳이나 건널목이 있는 곳에 세워둔다면 이 표지들의 의미는 그 행위자의 행위로 말미암아 작용적 의미가 된다. 기호학적 체계를 배운다는 것은 어떤 관습들이 발생시킬 수 있는 가능성들에 대하여 배운다는 것을 말한다. 비트겐슈타인의 비유를 들어서 말하자면, 장기 게임을 지켜보면서 그 규칙을 배우는 것과 실제적으로 게임을 하면서 말을 움직이는 것 사이에는 큰 차이가 있다.[97] 후자의 경우가 작용적(operational) 의미라고 한다면, 전자는 잠재적(potential) 의미 또는 체계상의 의미일 뿐이다.

그렇다면 이것이 목회신학 또는 다양한 독서 상황과 관련하여 어떤 함의를 갖는가? 적어도 두 가지 우리가 고려할 점을 제시한다고 볼 수 있다. 첫째는, 이것이 로트만과 에코가 말하는 '생산적' 텍스트와 '의사소통적' 텍스트 사이의 대비를 더 잘 이해할 수 있도록 만들어준다. 하나의 기호학 체계를 또 다른 체계 속에서의 의미 생산을 위한 모판으로 사용하게 될 때 여기에는 복잡하고 때로는 새로운 효과들이 나타나게 된다. 요한계시록은 에스겔, 다니엘, 이사야, 스가랴 등의 책들을 사용하여 창조적, 상징적 이미지의 세계를 만들어내고 있다. 조지 케어드(George Caird)는 계시록이 가진 초현실적 만화경 같은 몽상적 텍스트 성격에 주목하면서 우리가 "무지개를 지워버리는 일"을 해서는 안 될 것이라고 경고하고 있다. 왜냐하면 이 텍스트는 "생각이나 감정을 불러일으키는 힘"을 가지고 있기 때문이다.[98]

계시록의 이미지 세계 속에서는 독자의 모든 것이 다 위태롭게 된다. 계시록은 에스겔 1:5, 16–18을 모판으로 사용하여 "그 안과 주위에 눈이 가득한" 네 생물의 생산적 이미지를 제시하고 있다. "많은 물소리와 같은" 음성(계 1:15)은 에스겔 43:2에 의거하여 하나님의 말로 다 할 수 없는 초월성에 대한 경외의 마음을 불러일으킨다. 이런 성격의 본문들을 오늘날 일부 대중적 번역들이 하고 있는 것처럼 단순히 하나의 전지적 지성 또는 초인간적 음성 등의 의사소통적 기술(description)로 바꾸어버리는 것은 텍스트의 힘을 축소시키는 환원주의적 결과를 빚게 된다.

계시록은 또 다른 한편에서는 의사소통적 텍스트의 성격을 가지기도 한다. 이 텍스트는 억압받은 독자들을 향한 지향성을 가지면서, 그 안에 의사소통적 코드의 중첩 혹은 공유가 전제되어 있다. 비슬리–머리가 지적하는 것처럼, 계시록 안의 많은 이미지들은 당대의 묵시문학의 맥락 가운데서 아는 사람은 누구나 다 알아 볼 수 있는 통념화된 소재들을 바탕으로 하고 있다.[99] 당대의 독자들은 "144,000"(계 14:1)이라고 할 때 이를 그 인접 의미 영역이 143,999인 수학적 기호학 체계 속에서 이해한 것은 아니다. 이처럼 계시록의 '생산적 축'(productive axis)은 우리의 생명을 포함한 모든 것이 위기 가운데 있다는 것을 환기시키는 역할을 하며, 반면 '의사소통적 축'(communicative axis)은 억압과 고통, 주변화의 상황에 놓인 독자들을 위한 하나님의 주권적 목적과 행위 양식의 메시지를 전달하는 역할을 수행한다. 그런 점에서 계시록 텍스트는 다기능적이다.

두 번째로, 앞서 보았던 상자 안의 신호 깃발의 경우를 다시 한번 떠올려 보면, 체계들의 가용성이 의사소통상 어떤 가능성들이 존재하는지를 규제한다. 이런 점은 우리가 앞서 3장에서 다루었던 보르프(Whorf)의 언어 가설을 다시 생각나게 한다. 언어적 습관과 관례들이 체계들 속에 구체화됨으로써 사람들은 어떻게 보다 쉽게 말할 수 있을지, 혹은 쉽지 않게 말할 수 있을지에 관한 잠정적, 대략적 지침을 얻을 수 있게 된다. 언어 사용 공동체들이 자신들만의 기호학적 체계 속에 전적으로 갇혀 있다는 견해는 보르프에 의해 유명해진 오류이지만, 존 라이언스(John Lyons)나 데이빗 크리스탈(David Crystal)과 같은 학자들의 글 속에서 보는 것처럼 이런 견해는 상호통역가능성(inter–translatability)에 대한 일반 이론 언어학자들의 연구에 의해 배격을 받고 있다.

뿐만 아니라 하나 이상의 기호학 체계가 상호교류적인 방식으로 작용하는 것이 가능하다. 의미론적 연결망의 체계들과 사회–상징적 세계들은 서로간 충첩되는 수도 있지만, 때에 따라서는 다른 사회–문화적 상황들 속에서 다른 저자나 독자들에 의해 다른 의미의 전환을 빚어낼 수도 있다. 이런 이유 때문에 오늘날 현대 서구 독자들이 무심결에 성경 텍스트 역시 자신들의 서구적 관습에 준하는 의미 체계 위에서 작동하고 있었을 것이라고 추정하고 있지 않은지 주의 깊게 돌아볼 필요가 있다.

현대 서구 문화의 상징적 세계 속에서는 예를 들어 '영적'이라는 말이 '물질적'이라는 말과 대조되는 체계 속에서 그 기능이 작동한다. 그러나 고대 헬레니즘적, 동방적 세계 속에서는 이 '영적'이라는 말이 보다 다양한 의미론적 대조를 이루는 체계들 속에 놓여 있었다. 예를 들어 1세기 고린도 교회의 일부 사람들은 이 '영적'이란 말을 특별한 종교적 은사들을 가지고 있지 못한 '보통' 지위의 사람들과 대조되는 말로 사용하고 있었다. 그러나 바울과 초대 교회의 사상 배후의 기호학적 체계 속에서는 '영적'이란 말의 의미론적 경계가 성령을 중심으로 정해지고 있었고, 따라서 영적인 사람은 그리스도의 성품을 반영하는 사람이다. 본인이 다른 곳에서도 밝힌 바 있지만(1973, 1978), 고린도전서는 의미론적 연결망들 사이의 충돌, 또 이것이 빚어내는 설득 노력들 사이의 충돌을 보여주고 있다. 고린도 사람들이 스스로를 '영적'인 사람들이라고 주장하는 것에 대해 바울은 이 말을 성령의 역사와 연관된 보다 기독론적 의미의 용어로 재정의하려는 것을 본다. 나아가서 "영적 몸"(고전 15:44)에 대한 바울의 언급도 현대 서구 사람들이 생각하는 '영'의 의미론적 역할의 바탕 위에서 접근한다면 전혀 이해할 수 없는 언어가 되고 말 것이다.[100] 바울에게 부활의 존재 양식이 '영적'이라는 말의 핵심은 영과 육의 대비 구조 속에서의 문제가 아니라(이런 점에서 RSV 같은 번역은 고전 15:44의 헬라어 프뉴마티코스[*pneumatikos*]와 프쉬키코스[*psychikos*]의 초점을 놓치고 있다), 성령께서 이 존재 양태를 성령 자신의 성격에 준하여 전적으로 변화시키신다는 데 있다.

우리가 보르프나 바르트의 언어철학을 기호학 체계에 부과하는 데에는 위험성이 따른다는 것을 주의해야 하겠지만, 이런 접근이 왜 독자 기대(reader-expectations) 상의 많은 차이들이 있을 수밖에 없는가 하는 문제에 관해서는 적지 않은 빛을 던져주고 있다는 점은 인정하지 않을 수 없다. 기호학 체계의 형태가 주어진 언어적 세계 안에서 개연성 있는 기대 및 태도의 습관들이 어떤 것인지를 가리키는 임시적 또는 잠정적 표시자 역할을 한다. 하지간 우리가 또한 기억해야 할 것은, 언어놀이의 형태 자체가 실제적 작용을 항상 결정하는 것은 아니며, 단지 어느 정도만큼만 그 작용의 어려움, 가능성, 또는 개연성 등을 알려준다는 점이다. 결국 설이나 쉬퍼 등이 강조하는 것처럼, 실제로 가장 중요한 것은 쉬퍼가 말하는 "공유된 지식" 또는 비트겐슈타인이 말하는 "판단의 합의" 위에서 한 행위자가 어떤 언어적 행위를 하는가 하는 점이다.[101] 이런 이유 때문에, 비트겐슈타인의 유명한 비유적 표현대로, "만일 사자가 말을 한다고 해도 우리는 그를 이해하지 못할 것이다."[102] 바로 앞장에서 우리가 스탠리 피쉬(Stanley Fish)의 상황 상대주의를 논하는 자리에서도 지적한 것처럼, 비트겐슈타인에게 의사소통적 의미란 "인간의 통상적 행동" 또는 "살아 있는 인간 존재"로부터 "좁게 경계 지어진" 삶의 형태에 이르기까지 그 구조의 여하에 달려 있다는 것을 보았다.

이제 우리가 같은 범주 아래에서 살펴보고자 하는 **여섯 번째 이론적 모델은 독자반응 이론(reader-response theory)**이다. 앞서 14장에서 우리는 이서, 에코, 쿨러, 홀란드, 블라이치, 피쉬 등에게 이 이론의 형태가 다양한 차이를 나타내고 있다는 것을 보았다. 뿐만 아니라 이 이론에 의거하여 구체적인 성경 본문읽기의 예들이 어떤 것들이 있는지도 어느 정도 살펴본 바 있다. 수전 위틱(Susan Wittig)의 비유 연구(1977)는 한 예로써 탕자 비유(눅 15:11-32)

를 볼프강 이서의 이론에 의거하여 접근하고 있다. 레시기(Resseguie)의 경우는 마가복음 10:17–22을 현대 독자들과 연결시키고 있으며, 로버트 파울러(Robert Fowler)와 주엣 바슬러(Jouette Bassler)는 마가복음 6:30–44, 마가복음 8:1–10, 마가복음 14:22 본문을, 노먼 피터슨(Norman Petersen)은 독자와 독서, 그리고 마가의 암시적 코드(특히 막 1:1–15, 막 13:14)의 문제를 다루고 있다. 알란 컬페퍼(Alan Culpepper)의 경우는 요한복음 본문을 다루고 있는데, 그는 이 내러티브 본문에 나타나는 독자의 역할을 주네트, 채트만 등의 내러티브 이론 및 이서의 독자반응 이론의 틀 속에서 자리매김하고 있다. 피터슨의 경우 기호학과 독자의 작용 양면을 동시에 강조하고 있는데, 이는 움베르토 에코의 관심사와 유사한 측면이 있다.

이런 접근들이 목회신학의 논의에 기여하는 점이 있다면, 그것은 독자들이 속해 있는 시간 지평선 속에서 독서의 과정들이 어떻게 일어나는지를 밝히는 데 도움을 준다는 점이 될 것이다. 한스 야우스(Hans Robert Jauss)의 수용이론(reception theory)과 마찬가지로 이서, 에코, 홀란드, 피쉬 등이 모두 독자와 텍스트의 만남 과정 속에서 일어나는 기대, 구상, 투사, 놀람 등의 기능에 주목한다. 목회신학의 경우에, 독자 및 독서의 활동(activity) 속에서 일어나는 일이 무엇인지를 규명해내는 것은 대단히 중요한 일이다. 물론 다소의 위험은 있겠지만, 이 활동은 음악 악보가 솔리스트에 의해서든 합창단에 의해서든, 아니면 오케스트라에 의해서든 연주가 될 때 그 본래의 사건성(eventful nature)이 발현되는 것과 유비를 이룬다고 볼 수 있다. 우리가 2장과 9장에서 살펴본 것처럼 그 어떤 연주도 동일할 수는 없다. 하지만 어떤 연주가 좋은 연주라고 할 때는 첫째는 그것이 악보에 충실해야 한다는 점(피쉬는 이점을 강조), 둘째는 그것이 기계적 반복을 넘어서는 창의성을 가져야 한다는 점을 동시에 필요로 한다. 이처럼 독자는 독서의 과정 속에서 적극적이고 창의적인 역할을 수행하도록 초청받고 있다.

하지만 우리가 이 이론과 관련하여 주의할 점도 있는데, 바로 앞장에서도 보았던 것처럼, 같은 진영 안에서도 피쉬는 이서의 미온적이고 다분히 자기모순적 입장을 비판하고 있다. 유사한 기조로 스탠리 포터(Stanley Porter)도 이

서보다 피쉬가 성경 해석자들이 필요로 하는 '진짜' 독자반응 이론을 제공하고 있다고 평가한다. 이런 접근이 목회신학을 위해 가지는 긍정적 가치가 무엇일까? 최소한 이런 접근이 우리에게 상기시켜 주는 것은 때로 우리가 '자연적' 의미 내지는 '자연적' 규범이라고 생각했던 것을 관습과 습관에 의한 공동체 상대적 구조물로(다시 말해서 하나의 반복 과정의 산물로) 드러냄으로써 주어진 공동체 안에서의 해석의 목적이 무엇인지에 대해 생각해보게 만든다는 것이다. 어떤 독자 공동체가 너무나 반복적으로 그리고 일관되게 어떤 독서 습관을 되풀이할 때 실제로는 상황-상대적 또는 공동체 상대적 인식과 실행에 불과한 것들이 보편적 원리의 지위를 획득하게 되는 경우가 있을 수 있다.

독자반응 이론은 원리적 측면에서는 상황적 실용주의까지 가지는 않는다. 뿐만 아니라 어떤 공동체 안에서 사용되는 비판적 규범들의 지위에 대하여 잠정적, 교정적 메타비평적 반성을 제공한다는 점에서 목회신학을 위한 비평적 도구로서의 순기능을 수행할 수도 있다. 이런 점은 다원주의 문화 및 신학과 관련하여 대단히 시급한 과제임이 분명하다. 하지만 이 분야의 문제점을 가장 분명하게 파악할 수 있는 문학 이론가들의 입장에서 볼 때, 이 독서의 모델은, 위에서 언급했던 크리스토퍼 노리스(Christopher Norris)의 지적과 마찬가지로, "그 안의 권위적 메시지를 해방의 수사로 감싸" 그 주장들을 "해방적 다원주의 이름으로" 몰아붙이고 있는 내러티브 철학의 우산 아래로 전이되고 있다. 이것이 목회신학을 위해 어떤 함의를 가지는지를 시급하고도 분명하게 잘 살펴볼 필요가 있으며, 이제 이 주제로 넘어가 보도록 하자.

급진적 독자반응 이론은 **사회-실용적 해석학 이론(socio-pragmatic hermeneutical theory)**과 맞닿아 있는데, 이 부분이 우리가 살펴보고자 하는 **일곱 번째 모델**이다. 이 이론은 너무나 많은 것을 설명해 줄 수 있을 것처럼 보인다. 처음 피상적으로 이 이론을 접하게 되면 이 관점이 성경 주해자들을 현실주의자들이나 분파주의자들의 공동체 통제로부터, 또는 역으로 성경 역사 및 언어 전문가 조합이 정한 논제의 통제로부터 해방시켜줄 것처럼 믿게 된다. 로버트 몰간(Robert Morgan)은 "성경이 무엇을 의미하는가를 두고 일어나는 견해 차이는 텍스트 자체의 불명확성에서 기인한다기보다 해석자들의 상충하는 목표들에서 기인한다"라는 말을 하는데,[103] 사회–실용주의 해석은 이런 관점을 보다 확대해서 보편화시킨 것이라고 볼 수 있다. 이 관점은 많은 우파 보수주의자들이나 좌파 급진주의자들이 공히 공유하고 있는 배짱 차원의 느낌, 즉 객관적 학문의 이상은 구시대의 망상에 지나지 않으며, 모든 성경 주해의 방향도 그 해석 목적의 사회–정치적 유형화, 즉 '보수', '신자유주의', '급진', '역사비평적', '중도', '어용' 등의 분류를 통해 미리 예측할 수 있다고 보는 인식에 대해 지적, 철학적 해명을 주는 것처럼 보인다.

일부(some) 공동체들 또는 일부(some) 개인들이 성경 텍스트를 해석하는데 자신들의 이해관계를 따라 그 해석의 논제를 설정하는 예들이 있다는 것은 부인할 수 없는 사실이다. 깊이 박힌 마음의 습관과 주어진 전통에 대한 맹목적 충성은 해석자로 하여금 자신이 '자연적'이요 '명백'하고 '주어진' 의미로 받아들이는 것에 대해 진지하지만 환상적인 확신을 갖게 한다. 만일 어떤 공동체의 전제들이 그들로 하여금 자기 앞에 제시된 다른 해석의 가능성들에 대해 눈을 감게 만들어 버린다면 여기에 해석학적 솔직함은 거론될 수조차 없게 된다. 목회신학의 입장에서 보면 지속적인 회의 및 불신이나 역으로 특정 목회자나 교리적, 신학적 전통에 대한 맹목적인 충성이 이런 동일한 결과를 낳는다. 하나의 집합적 상황–상대적 사고구조가 '우리 교회' 또는 '우리 세상'을 범상황적 보편의 지위에 올려놓을 수 있다.

목회적 차원에서 볼 때 어떤 사람이 자신이 속한 하부–문화적 그룹의 주장이 성경 본문의 '자연적' 의미의 유일한 수호자인 것처럼, 주의 깊은 주해의 노력이나 해석학적 반성도 없이 단지 공동체 이해를 옹호할 필요가 있다는 주해적 요구에 사로잡혀 맹목적 입장을 취하지 않도록 적절한 해석학적 이해를 제공해주는 것이 대단히 중요하다. 그런데 바로 이런 점에서 사회–실용적 해석학이 가진 약점이 노출된다. 만일 이 관점이 주장하는 것처럼 아무리 주의 깊은 주해라도 그 모두(all)가 공동체 이해에 의해 관장된 내부적 발생의 산물에 지나지 않는 것이라면, 그 어떤 주장도 다른 주장과 진정한 관계를 맺을 수 없고 다만 동일 집단 이해를 공유하는 사람들의 관계만 있을 뿐이다.

사회–실용주의 이론은 초근본주의의 고리를 끊고 그 위험성을 피하고자 하는 동일한 동기를 갖는다. 우리가 앞장에서도 보았던 것처럼, 때로 지나친 양극화 현상이 생겨날 수 있는데, 이를테면 형식주의 및 구자유주의적 객관성의 추구냐 아니면 자기 공동체 바깥에서의 조망점 설정을 가식이라 보고 모든 것을 사회–정치적 관습의 산물로 보는 반–형식주의냐의 양극화가 그런 것이다. 그 어떤 사람도 엄정한 객관성의 목표에 도달할 수 없다고 말하는 것은 옳다. 하지만, 이것이 사람들로 하여금 보다 비판적 개방의 길을 탐험조차 하지 못하게 만드는 논리적 이유가 될 수는 없다. 그 어떤 공동체 전통에 속한 사람이라도 다른 전통에 속한 사람과 대화할 수 있다. 특별히 공동체 경계 사이에 일어나는 교차로나 겹침 현상 속에서는 더욱 그런 대화가 증폭된다. 피쉬는 우리가 한 개인이라도 다양한 기능을, 이를테면 부모와 선생, 또 집주인으로서의 기능을 동시에 수행할 수 있다는 것을 잘 지적하고 있다.[104]

사람에게는 알란 몬테피오르(Alan Montefiore)가 말하는 "중립성"(neutrality)과 "공정성"(impartiality)을 구분할 수 있는 자질이 있다는 점에 대하여 우리는 보다 동정적이 될 필요가 있을 것이다.[105] 예를 들어서 어떤 심판이 자신 역시 한 가족이나 도시의 일원이라는 점을 생각한다면 그 어떤 심판도 '중립적'이지는 못하다. 그 역시 어떤 팀이 이기기를 바라는 마음을 가질 수 있을 것이기 때문이다. 그러나 그 심판이 시합의 규칙을 적용하는 측면에서는 '공정하게' 할 것으로 믿을 수 있다. "기독교 학문의 도덕성"("The Morality of Christian Scholarship", 1982)이라는 글에서 나는 기독교인 학자의 헌신과 개방 양면을 잘 구분하여 다뤘던 적이 있다.[106] 범상황적 개방성이 가능할 수 있다는 표시 가운데 하나는 우리가 때로 진리에 대한 존중 때문에 오랫동안 품어왔던 신념을 포기해야 할 때, 우리가 아픔과 불편을 경험하면서도 그렇게 한다는 사실이다. 특별히 이런 아픔은 교회 및 사회 공동체의 우리의 동료들이 여전히 그런 신념을 견지하고 있을 때, 또는 그들이 다른 의제를 우리 앞에 던질 때 더욱 심하게 나타난다.

이런 비판적 자의식이 때로 종교개혁 개신교회의 '개인주의'로 잘못 치부되기도 하였다. 앞서 보았던 것처럼 토랜스(T. F. Torrance)는 종교개혁의 위대한 유산 가운데 하나가 '기꺼이 회개코자 하는 마음', 즉 모든 기존의 인식들을 기꺼이 재검토할 수 있는 자세라고 말한 바 있다. 성경 텍스트의 의미가, 특별히 로마서 1:17의 말씀이 루터의 눈을 열어 새로운 세계를 보도록 만들어 주었을 때, 그는 단지 한 공동체 이해와 기대를 다른 공동체의 그것으로 교환하는 일을 한 정도가 아니었다. 그가 겪은 고뇌와 고통, 와해, 단절, 해방, 기쁨, 자유 등의 과정은 사회적 용어로 설명될 수 있는 사회사의 한 현상 그 이상이다. 물론 사회 역사가는 이 사건을 순전히 인과적 가설 위에서 설명하려 할 것이다. 하지만 우리는 보다 정확하게 말할 수 있다. 텍스트 의미의 세계가 종교개혁 공동체를 형성한 것이지, 개신교 공동체가 텍스트의 의미를 형성한 것은 아니다.

사회–실용적 모델의 유익과 관련하여 우리는 서로 상반되는 두 독서 상황을 고려해볼 수 있다. 앞에서도 보았던 것처럼, 일부 해석자들은 자신들의 판단이나 관점과는 반대로 한 공동체가 생각하기에 유일한 자연적이요 단순명료한 성경 텍스트의 의미로 인식되는 어떤 의미를 강요받을 때 자신들이 억압 아래 있다고 느낄 수 있다. 이런 점과 관련하여 로티나 피쉬 등이 우리가 '중립적'이라 생각하는 것도 사실은 독자 공동체 내부의 추정들, 독서 습관들, 기대들, 규범들을 반영하는 것일 수 있음을 상기시키는 면에서는 옳다. 마크 라버톤(Mark Labberton)이 지적하는 것처럼, 이런 관점은 일부 개신교 공동체가 부당하게 자신들만 객관성을 유지하고 있다고 믿는 것에 대하여 시정제 역할을 할 수 있다.

또 다른 측면에서 사회–실용적 해석학은 자기 자신만의 개별적 독서 습관 형성을 위해서나, 아니면 개별자로서 스스로의 텍스트 해석의 안정된 틀을 마련하고자 하는 목적에서 공동체 맥락이 갖는 역할을 과소평가하는 사람들에 대해서도 좋은 시정제 기능을 할 수 있다. 독서는 원칙적으로 개인적 행위라기보다 집합적 행위이다. 한편에서 텍스트를 함께 읽는 것은 사회적 유대감을 증진시킨다. 또 다른 한편에서 회중 또는 예배 공동체 내에서의 기대의식이 텍스트의 재현을 보다 용이하게 만든다(2장 참고).

이제 **여덟 번째 모델인 해체주의(deconstruction) 모델**을 생각해보자. 우리는 앞서 바르트와 데리다의 해체주의 이론을 자세히 살펴본 바 있다. 또한 이런 해체주의 이론을 성경 텍스트 해석에 적용시키고 있는 여러 가지 예들도 살펴보았다. 가장 명료한 예 가운데 하나는 나의 이전 동료 교수였던 데이빗 클라인스(David Clines)의 욥기 연구(1990)를 들 수 있을 것이다. 그는 특히 욥기 42:7–17을 주목하고 있다. 우리는 또한 크로산(Crossan)의 작업도 살펴본 바 있다. 그는 예수의 비유 중 일부에 주목하고 있고, 또한 에스라 전통과 룻기 1:16, 4:17–22의 관계 문제, 그리고 전도서 본문의 일부(특히 전 2:16, 9:11)를 예로 들고 있다. 물론 크로산의 이런 예들이 전문적 의미에서의 '해체주의'라고 말하기는 어렵겠지만, 그럼에도 불구하고 이들은 바르트나 데리다의 전통 속에서 해석상의 우상파괴가 어떻게 이루어지고 있는지를 보여주는 좋은 예들이라고 말할 수 있다.

해체주의 모델이 독자 상황과 관련하여 어떤 함의를 갖는지에 대해서는 클라인스가 언급하는 "고정된 도그마에 대한 마음의 갈망"을 먼저 상기시킬 수 있을 것이다. 이런 지평 안에 서면 모든 것이 고정되어 있고, 경계가 분명하며, 또한 절대적인 것처럼 알게 된다. 이런 경우 클라인스는 "도그마의 문제를 다른 도그마로 치료하려" 하는 것은 소용없는 일이라고 말한다. "도그마가 도그마를 먹는 경우, 항상 어떤 도그마는 살아남게 되고 이것이 당신의 발목을 물게 될 것이다." 해체는 따라서 "도그마로 여겨지는 그 어떤 것과의 유대도 끊어버리는 것"을 말한다.[107]

목회신학에서는 신학적 동질성과 일관성을 유지시켜주는 전통들의 안정적 전수를 위해 일관된 신조형성이 필요하고 또한 적법하다는 인식과 교리를 그 자체 목적으로 삼아 개인의 신앙과 영적 성장도 도외시한 채 도처에 구별의 잣대만 들이대려 하는 교리적 교조주의를 잘 구분할 필요가 있다. 이런 점을 감안하여 영국 성공회의 교리 위원회에서는 『교회를 믿사오며』(*Believing in the Church*, 1981)라는 제목의 보고서를 통해 연합적 믿음의 연속성을 위해서는 성경과 신조의 역할뿐만 아니라 예배의 형태, 사역의 형태, 그리고 삶의 형태에서의 식별가능한(identifiable) 연속성이 동시에 필요하다는 것을 강조한 바 있다.[108] 장로교 교회론 역시 이와 같은 일관성(coherence)과 동질성(identity)의 동시적 기능을 존중한다.

해체주의 이론이 어느 정도의 가치는 가질지 모르지만, 그 본질상 이 이론은 일차적으로 부정적 성격이 주도적이며 또한 상황의존적이다. 전통이 너무나 고착화되어 있어서 이것이 더 이상 그 태생적 뿌리가 되는 비전에 종사할 수 없게 된 경우나, 해석상 어떤 하나의 방법론적 패러다임이 고정적 중심으로 작용하여 이해의 폭을 제한하는 독자상황의 경우에 이 이론은 하나의 예언자적 저항 기능을 발휘할 수 있다. 하지만, 폴 드 만(Paul de Man)의 '되돌리기'(undoing) 개념이나 데리다의 '놀이'(play) 개념은 단순한 전통의 수정 차원을 넘어 보다 급진적 측면을 함축하고 있다. 일부 성경 해석자들은 이 해체주의 이론이 다른 문학 이론과 공유하고 있는 부분들에 선별적 관심을 기울임으로써 이 이론이 성경 연구에 큰 가치를 가지는 것으로 보고 싶어 하는 유혹을 받고 있다. 맥나이트(E. V. McKnight)의 경우 해체주의가 강조하는 "의미화의 전투적 힘"에 관심을 기울이고 있으며, "기표가 다시 기의가 되는" 자질에 주목하고 있다.[109] 그러나 이런 특성들은 해체주의에만 있는 것은 아니다. 형식주의 역시 "텍스트의 힘"이 갖는 전투성을 강조하고 있고, 기호학은 생산적 텍스트의 자질을 잘 파악하고 있다.

해체주의 이론의 문제점 가운데 하나는 인간의 생활세계(life-world)를 도외시한 채 기호 체계(sign system)에만 집중한다는 점에서 찾을 수 있을 것이다. 최근에 스티븐 프리켓(Stephen Prickett)이 편집한 한 책에서 케빈 하트(Kevin Hart)는 이 두 측면을 "놀이를 하는 두 길"로 표현한 바 있다.[110] 의미가 체계로부터 발생한다고 보는 전제는 그러면 어떻게 그것이 발생하는가의 질문을 피할 수 없다. 또한 의미가 자의적이요 다중적이라고 보는 결론은 체계의 여러 가능성들 가운데서 한 인간 행위자가 왜 특정한 것을 선택하고 판단하고 고집하는지의 문제를 도외시한다. 우리가 3장에서도 보았던 아모스 와일더(Amos Wilder)는 성경 연구에서 높은 수준의 문학적 감수성을 도입했다는 점에서 크로산의 찬사를 받고 있지만, 와일더 자신은 대다수 혹은 많은 성경 텍스트에서 "말의 증거는 행위 및 행동의 증거와 불가분리적이라는 사실"을 잊어버리는 접근에 대해 최대한의 강한 반대 입장을 취하고 있다. "말씀이 육신이 되었다"(요 1:14)는 사실이 우리의 출발점이기 때문이다.

이런 비판적 점검은 목회신학과 관련하여 중요한 함의가 있다. 특히 이런 점을 우리는 화행론(speech–act theory)과 관련하여 좀 더 자세히 살펴볼 것이다. 급진적 의미 불확정성과 의사소통적 인지성의 해소는 해석의 준거틀로서 인간 행동의 뒷받침을 도외시할 때 일어난다. 우리는 여러 차례 비트겐슈타인의 관찰, 즉 "인간의 통상적 행동은 이를 통해 우리가 알지 못하는 언어를 해석할 수 있게 하는 준거 체계"라는 점을 되새겨본 바 있다.

믿음과 관련된 언어에서 믿음의 내용과 행위자의 역할 어느 하나도 자기모순에 빠지지 않고 안전하게 "탈–중심화"될 수 없다. 비트겐슈타인이나 오스틴, 폴라니 등이 공통적으로 지적하고 있는 것처럼, "p가 참이다"라는 진술은 "명백한 개인적 확인, 즉 내가 p에 주는 나의 개인적 서명 혹은 뒷받침"을 포함한다.[111] 그리고 이런 '뒷받침'은 공적 삶의 영역 속에서 확인될 수 있는 것이어야 한다. 신약에서 선포(kerygma)와 고백(confession)의 언어가 그러하다. 언어 및 텍스트와 관련하여 이것이 어떤 함의를 갖는가 하는 점은 해석학 이론과 독서의 실제 양면과 관련하여 화행론 모델이 잘 설명해줄 것이다.

문학 이론들에서 체계, 전통, 상황적으로 가변적인 생활세계 각각이 갖는 역할의 문제는 신학적 논의에서 체계, 전통의 동질성 또는 연속성, 그리고 상황적 상대주의의 문제와 명백한 유사성을 갖고 있다. 우리가 이런 문제를 스펙트럼에 비교해본다면, 이 스펙트럼의 한 쪽 끝에는 신학적 동질성과 전통이 역사적 삶의 흐름과는 단절된 하나의 추상화된 사고 체계처럼 자리 잡고 있어서, 이 체계가 날카로운 경계 구분을 하며 전혀 융통성이 없어서 조금만 교리 체계를 벗어나는 것도 가차 없이 정죄 받게 된다. 그리고 스펙트럼의 또 다른 끝에는 신학적 전통과 동질성은 거의 소멸되어 없어지고 오직 매번 새로운 상황적 생활세계가 자리 잡고 있어서, 그 새로운 맥락 바깥으로부터는 접근할 수 없는 항상 새로운 삶의 형태가 만들어지고 있다. 여기에서는 전통의 경계 같은 것은 거의 찾아볼 수 없다.

가톨릭 신학의 일각에서는 상황의 접목과 구조적 연속성을 공고히 하기 위해 기구적 장치들에 강조점을 두고 있다. 반면 일부 회중 및 은사주의 신학들에서는 연속성의 문제는 개의치 않고, 성경 텍스트와 관련해서도 역사나 역사적 거리, 전통 등의 해석학적 문제들과는 상관없이 본문을 개별적 상황에 바로 접목시키려 하고 있다. 이 양자의 경향과는 달리 성공회 신학의 경우, 삶으로부터 이탈된 형식주의적 체계나 범상황적 동질성의 가능성을 배제하는 상황적 상대주의 그 어느 것도 문제를 바르게 해결하지 못한다는 입장을 취한다.

사상과 역사적 삶의 상호직조 속에서 비트겐슈타인의 "흐려진 가장자리를 가진 개념들"처럼 서로 다른 삶의 상황들 속에 나타나는 공통적 패턴의 방식으로 하나의 안정된 연속성이 확보될 수 있는 것이다. 상황적인 것과 보편적인 것의 대화 가운데서 교회는 그 자신을 넘어 또 그 자체의 상황을 넘어 자신 너머에 있는 것, 특별히 미래의 하나님의 약속과 십자가와 부활의 보편성을 가리킬 수 있다. 하버마스와 판넨베르크의 표현을 빌리자면, 생활세계(life-world)와 체계(system)는 안정된 동질성과 역사적 운동을 동시에 증진시키는 방식으로 양자간 상호작용을 한다.

제16장

목회신학의 해석학(2): 더 넓은 독서 상황들, 다원주의, 그리고 믿음으로 읽기

1. 화행론 모델과 탐구 및 믿음으로 읽기(9번째 모델)

앞서 서론에서 나는 내가 어떻게 언어 효과들에 관심을 가지게 되었는지를 밝힌 바 있다. 리쾨르의 표현대로 하자면, 효과들은 성경 텍스트 "배후의"(behind) 저자 상황이나 또는 텍스트 "내부에서"(within) 일어나는 힘이 아니라, 텍스트 "앞에서"(in front of) 일어나는 일에 해당된다. 또 다른 한편에서 나는 의미를 사실상 독자 효과로 축소시켜버리는 실용주의적 전통에 대한 반대를 일관되게 표현해왔다. 왜냐하면 이런 관점으로 볼 때 의미라는 것은 독자가 텍스트를 가지고 만들어내는 것에 해당되고, 우리는 그 과정 속에서의 조직적 실수들을 찾아낼 수 없게 된다. 그렇다면 어떻게 이 두 관점이 조화될 수 있을 것인가?

화행론에서는 하나의 발화 또는 기록된 의사소통적 메시지가 생산하는 효과를 결정짓는 요소는 발화 또는 기록을 하는 그 행위자가 수행하는 행위의 성격이 무엇이냐 하는 점이다. 그 발화 또는 기록 행위는 '지향성'(directedness)을 갖는다. 설과 또 다른 비트겐슈타인 계열의 이론가들은 이를 화행의 "부사적"(adverbial) 의도성이라고 말한다. 화행들은 언어외적 세계 속에서 수행어로서 또는 발화수반어로서의 효과를 일으킨다. 이 화행들의 지향성은 일반적으로 그들이 어떤 구체적 상황에 대처하기 위해 발행되고 있는지, 아니면 어떤 패턴화된 상황을 묘사하기 위해 적용되고 있는지에 따라서 그 성격이 규정된다.

약속 화행들의 경우 그 지향성이 매우 뚜렷하다. 일반적으로 약속들은 미결정적인 경우가 드물다(정치인들의 선거 공약 같은 경우 더러 그럴 수도 있겠지만). 약속들은 그 발화행위에 발화자의 헌신이 담긴다. 그 대상은 특정인이 될 수도 있고 특정 부류의 사람들이나, 또는 모든 사람들을 향한 것일 수도 있으며, 아니면 패턴화된 상황 속에 놓여 있는 사람들을 향한 것일 수도 있다. 위임 화행들(authorizations)의 경우는 어떤 일에 지명된 특정 사람들이나 혹은 어떤 기구적 범주 속에 들어 있거나, 어떤 언어외적 상황들 속에 놓여 있는 사람들을 지향한다. 용서나 자유를 부여하는 화행의 경우 역시 그것이 수행되기 위한 적합한 조건을 배경으로 한다. 이를테면 공인된 죄책이나 노예 상태에 놓여 있는 경우라든지, 자유를 얻고 누리고자 하는 갈망이 있는 경우 등이다.

상황적 실용주의나 독자반응 해석학의 경우, 위에 언급된 과정이나 효과가 그 성격이나 기초의 측면에서 화행론이 이야기 하는 것과 많은 차이를 나타낸다. 화행론의 경우 그 효과를 유발하고 가능하게 하는 창출적 행위가 독자로부터 일어나지 않는다. 물론 그 하부 범주에 속하는 찬양이나 고백, 기도 등의 경우는 예외적인 측면이 있는데, 이와 같은 화행들이 하나님–인간–하나님 대화의 틀 안에서 반응적 요소를 갖는지에 관한 신학적 문제는 여기서 다루기에는 적합하지 않다. 시편과 같은 예전적 텍스트의 경우 독자들은 단순히 텍스트의 글을 읽는 것을 넘어 헌신과 책임을 동반하는 발화수반적 화행들을 행하도록 초청을 받고 있다. 이런 화행들은 단순한 사회적 관습 그 이상이다. 여기에는 언어외적 약조나 특정 자세, 또는 그 밖의 "뒷받침"(backing) 요소들이 수반된다.

이와 대조적으로 독자반응 이론에서는 그 효과가 독자가 속한 공동체의 정황을 규정하는 사회 상황적 조건들 자체에 의해 유발된다. 물론 어떤 의지적 행위가 있을 수 있겠지만, 이 경우에도 그 행위는 공동체의 집단적 의지에서 유래된 관습화된 것이라고 말할 수 있다. 그렇지 않고 일반적인 경우 의미는 단순히 인과적으로 발생되거나, 아니면 오직 관습에 의거하여 일률적으로 간주발생될 뿐이다.

이에 반해 화행들은 언어외적 결과들을 수반하는 수행행위들이다. 화행론에서 효과 발생의 기저는 독자반응 이론과는 매우 다르다. 약속 및 위임 화행들의 경우(그리고 일부 픽션이 아닌 주장들의 경우도) 화자 또는 작가 자신이 언어외적 태도 및 헌신의 측면에서 자신을 그 말에 걸지 않으면 안 된다. 기도나 고백의 경우, 또는 참회문이나 신앙고백문을 읽는 경우 등에도, 그 읽는 자들은 화행으로서의 텍스트(text as a speech–act)의 화행적 성격에 참여함으로써 역시 언어외적 태도 및 헌신에서 자신을 거는 행위를 하게 된다. 이런 점에서 우리는 "믿음으로" 읽기를 말할 수 있는 것이다. 이는 믿는 자들이 이전에 몰랐던 새로운 어떤 명제적 내용을 알게 된다는 것을 말하는 것이 아니다. 이는 월터스토프의 말을 빌리자면, 그들이 "간주–발생적 행위"(count–generated act)에 참여하게 된다는 것을 말한다. 그들은 약속 혹은 위임의 지향된 행위들이 자신들을 향한 것으로 받아들이게 되는 것이다. 그들은 텍스트나 화자의 발화들이 자기들 속에 발화수반적, 언어외적 결과들을 낳도록 수용하는 것이다.

이를 신학적 용어로 표현하자면, 독자는 텍스트와의 관계 속에서 자신들이 해방되고, 능력을 부여받고, 권위를 입으며, 용서와 사랑을 받는 것으로 자각하게 된다. 이와 같은 발화수반적 언어의 신학적 근저를 이루는 것은 넓은 의미에서의 언약이다. 구약에서 이 개념의 사회학적 출발점이 무엇이든 간에, 이 개념은 구약의 후기 저작들을 거쳐 신약에서 중심적 자리를 차지한다. 바울 이전 주의 만찬 전승에서 예수의 피흘림은 "내 피로 세우는 새 언약"으로 표현되고 있다(고전 11:25, 비교 막 14:24, 마 26:28). 히브리서의 신학에서도 두 가지 목적의 한 헬라어 단어 디아테케(*diathēkē*, 히 9:15, 비교 7:22, 8:8)는 언약과 법적 유언으로서의 수행어적 효과를 산출한다. 바울에게 율법과 약속은 두 가지 모두가 언약으로서의 수행어 및 자기포함적 특성이 있다(갈 3:17). 갈라디아서 3장 속에서 바울의 논리는 약속의 명제적 내용이 옳은가 틀린가의 문제가 아니라, 그 효력이 상실되었는가 아니면 계속 유효한가 하는 점이다(갈 3:17).

여기에서 전제가 되는 것은 텍스트의 지향성이다. 앞서 2장에서 우리는 보다 일반적인 차원에서의 상호인격적 말건넴(inter–personal address)에 대해 논의한 바 있다. 우리가 의도에 대해 논의할 때, 이를 비트겐슈타인 계열의 "부사적 지향성"의 개념으로 이해하였다. 다시 말해서 명사로서의 "의도"보다는 어떤 발화 또는 텍스트를 특정 사람(들)이나 상황에 "의도적으로" 지향하게 하는 것으로 이해했다. 여기에는 어느 정도의 상황–구체성과 의지의 개입이 작용한다. 신학적 차원에서 우리가 하나님의 말씀을 무엇보다도 하나님의 사랑의 행위로, 다시 말해서 하나님의 기쁘신 목적 및 평가를 표현하는 것으로 받아들인다면, 이 말씀은 하나님의 의지의 표현이 되는 것이다. 이 말씀을 단순히 하나의 종교적 현상으로만 읽는 것은 오스틴이 말하는 유사–약속, 유사–반응의 경우와 크게 다르지 않다. 예를 들면 "윌리가 약속해. 안 그러니 윌리?"와 같이 말하는 경우이다. 이는 약속 행위가 아니라, 1인칭 약속의 가능성에 관한 제3자적 추정을 묘사하는 문장이다.

목회신학의 입장에서 볼 때, 이와 같은 언어적, 논리적 이슈들은 특히 독자가 성경 텍스트를 읽을 때 자신의 무엇을 거는가, 또는 자신의 어떤 점이 개입되는가 하는 점과 관련해서 대단히 중요한 함의가 있다. 예를 들어 시편 25:2에서처럼, "하나님이여 내가 주를 의지합니다"라고 말하는 것을 읽을 때, 우리가 이것을 단순히 사실 확인 차원에서 읽을 것인가 아니면 자기포함적 신뢰의 행위로 읽을 것인가? 이 구절이 우리에게 단순히 시편기자의 신뢰를 묘사해주는 기능만을 하는가 아니면 우리 편에서 갱신된 믿음의 행위를 간주–발생시키는 본문이 되고 있는가? 전자와 후자는 언어와 실재 사이의 논리적 맞춤의 방향(설과 르카나티의 용어)에서 서로 상반된다. 만일 우리가 이 구절을 시편기자의 신뢰행위를 단순히 묘사하는 것으로만 본다면, 그 맞춤의 방향은 '말을 세상에'(word–to–world) 맞추는 방식이다. 반면 이 구절이 독자의 신뢰 행위를 발생시킨다면 그 맞춤의 방향은 '세상을 말에'(world–to–word) 맞추는 방식이다. 후자의 경우는 결코 힘의 중립(force–neutral) 상태가 아니다. 독자의 삶과 행동 속에 실제적 결과들을 야기시키는 자기포함적 발화수반 행위로 작용하고 있다.

"하나님이여 내가 주를 의지합니다"라는 구절을 '힘의 중립' 상태로 읽는 것과 자기포함적 발화수반 행위로 읽는 것의 차이는 배면의 또 다른 어떤 행위 또는 정신적 활동, 감정의 농도 등에 놓여 있는 것이 아니다(이런 점은 설과 월터스토프가 의도 및 간주–발생 행위와 관련하여 잘 설명해주고 있다). 오히려 그 차이는 동일한 언어적 행위를 실제적 삶 속에 자기포함적 결과들을 유발하는 하나의 언약행위(commissive) 또는 표현행위(expressive)로 여기느냐 아니냐 하는 데 있다. 비트겐슈타인이 사용하는 예를 빌리자면, "내게 통증이 있다"라고 말하는 것은 "이젠 괜찮아. 지금은 그것이 가버렸어"라고 말하는 것과 서로 무리없이 연결된다. 그런데 어떤 사람이 "내가 널 사랑해"라고 말해 놓고 "지금은 그것이 가버렸어"라고 바로 말한다면, 그 행위는 자신의 화행을 빈껍데기가 되도록 만들어 버린다. 자신의 말을 진실로 하는 사람이라면 "'그것은 진짜 통증이 아니었어, 그렇지 않으면 그것이 그렇게 속히 가버릴 수가 없어'라고 말하지 않는다."[1] "내가 주를 의지합니다"라는 말을 자기포함적 발화수반 행위로 말한 사람이라면 따라오는 태도나 행위 속에서 그 말이 검증을 받게 될 것이다. 두려움이나 의심이나 부당한 자기신뢰 등은 이에 부합되지 않는 자세이다. 만일 그런 것이 있다면 "그것은 진짜 신뢰가 아니었어, 그렇지 않으면 그것이 그렇게 속히 가버릴 수가 없어"라고 말할 수 있다.

같은 방식으로, 성경에서 하나님께서 또는 그리스도께서 행하시는 사랑의 약속들과 관련하여 그 동일한 명제적 내용을 두고도 한 측면에서는 성경 기자들이 이를 하나님께 돌리고 있는 일종의 힘–중립적 내러티브 투사로(오스틴의 "윌리가 약속해. 안 그러니 윌리?"와 같은 경우) 볼 수 있지만, 또 다른 측면에서는 그 발화수반적 힘에 일련의 결과들이 뒤따르는 언약 및 표현 화행들로 볼 수도 있다. 달라스 하이(Dallas High)는 비트겐슈타인이 지적한 1인칭 발화와 3인칭 발화 사이의 논리적 비대칭의 예들("내가 사랑한다; 그가 사랑한다", "우리가 슬퍼한다; 그들이 슬퍼한다", "내가 믿는다; 그녀가 믿는다" 등)을 언급하면서 "인격적 뒷받침"이라는 말을 반복적으로 사용한다.[2] "**그가** 그것을 믿는다, 그러나 그것은 거짓이다"라고 말하는 것은 얼마든지 가능하다. 그러나 "**내가** 그것을 믿는다, 그러나 그것은 거짓이다"라고 말할 수는 없다. 왜냐하면 "내가 믿는다"라고 할 때는 "내가 사랑한다"라고 말하는 경우와 같이 그 안에 미래의 나의 말과 행위를 규제하는 소정의 결과들이 수반되기 때문이다. 우리가 하나님의 사랑 및 약속 속에도 동일하게 이런 규제가 포함된다고 말할 수 있다면(하나님에게 인간과 같은 의무를 지울 수 있을 것인가 하는 철학적 논란이 계속되고 있음을 염주에 두고 있다 – 역자 주), 그것은 하나님의 언약적 신실성에 근거한 자발적 자기규제라는 측면에서 그러하다.

약속 화행들의 경우에, 그 수반되는 결과들과 관련하여 몇 가지 특별한 점들을 더 지적할 필요가 있다. 첫째, 약속을 약속으로 만드는 내적 문법 속에 무엇보다 약속의 명제적 내용의 의미론적 범주에 구체성이 포함되어 있어야 한다는 점이다. 아무런 명제적 내용이 없이(아무리 그것이 희미하고 세부적이지 못하고 조건이 따르는 것일지라도) 그저 "나는 [없는 것]을 약속한다"라고 말할 수는 없다. 이런 방식의 약속이라면 그 약속은 효력도 없고 의미도 없다. 어떤 정치인이 "미래를 향하여 나아갈 것"을 약속한다면, 우리는 이것이 무엇에 대한 약속인지를 바르게 물어야만 할 것이다.

두 번째로 약속 화행은 약속의 말을 하는 화자나 그 대상인 청자가 놓여 있는 언어외적 지위 및 상황을 전제로 갖는다. 예를 들어 내가 "x를 주기로" y에게 약속을 하는데, 실상 그 x가 내가 줄 수 있는 그런 것이 아니라면 이것은 약속이 될 수 없다. 오스틴의 강연집『말로 행위를 어떻게 할 것인가』에는 이런 예들이 수없이 많이 나온다. 그가 지적하는 것처럼, 비록 수행어들이 그 수행력 차원에서는 소정의 기능을 할지라도, 그 온전한 기능은 관련된 사태의 정황의 진실성에 의존하는 경우가 많다.

어떤 이론가들은 이와 같은 분석이 지나치게 단순하다고 지적하기도 한다. 예를 들어 데리다는 오스틴의 접근에 대해 비판을 가하고 있으며, 스탠리 피쉬는 "저자 근정: 오스틴과 데리다 고찰"이라는 한 논문에서 오스틴에 대한 데리다의 비판을 평가하고 있다.[3] 저자의 실제 삶 차원의 공적 위치가 그 화행의 발화수반력 배후에 자리잡고 있다는 오스틴의(그를 이어 설도 같은 입장이다) 인식은 데리다의 기록된 텍스트 속에 "고아화된" 또는 "소격화된" 스피치 개념과 명백한 충돌을 일으킨다. 뿐만 아니라 롤랑 바르트의 "저자의 죽음" 원리와도 큰 차이를 나타낸다. 피쉬는 오스틴식의 화행론 전통 속에서는 "소격화되고 고아화된 스피치"가 "허구적 스피치"와 더불어서 "전적 임재 및 면대면 의사소통의 규범적 맥락성으로부터의 일탈"인 것으로 간주된다고 관찰한다.[4]

데리다 계열의 접근에서는 오스틴이 "부적절 경우들"(infelicities: 발화수반 행위들을 무효화하고 그 작용력을 잃게 만드는 조건들)로 설명하고 있는 것들이 실상은 우발적인 것이 아니라 조직적인 것이며 구조적인 것이라고 지적한다. 데리다는 오스틴 자신의 말을 인용하여 일부가 아니라 모든 화행들이 "부적절 경우들"이라고 공격한다. 충분히 예상할만한 방식으로 피쉬는 모든 것을 "다른 해석 실행상의 차이"로 몰아가고 있다.

여기서 핵심적인 이슈는 이 해석의 "맥락"을 어떻게 볼 것인가 하는 점이다. 피쉬는 이렇게 주장한다. "그 차이는 맥락을 세상 속의(in) 어떤 것으로 생각할 것인지 아니면 세상의(of) 구성 그 자체를 맥락으로 생각할 것인지의 차이이다. …… 후자와 같은 방식으로 이해한다면 의미와 관련하여 일어나는 논쟁이나 의문을 해소하기 위해 단순히(다시 말해서 비-해석적인 것인 양) 맥락에 호소하는 것은 더 이상 효력이 없다. 왜냐하면 해석을 낳는 **맥락들** 자체가 **또한 해석의 산물들**이기 때문이다"(첫번째 강조는 피쉬 자신의 것, 두 번째 강조는 필자의 것).[5]

우리는 이와 관련된 논의들을 앞서 14장에서 폭넓게 살펴보았기 때문에 여기서 다시 되풀이할 필요는 없다. 다만 우리는 피쉬의 언어 철학이 비트겐슈타인이 정립한 몇 가지 중요한 언어에 관한 인식들을 다루지 않고 있다는 것을 상기해보는 것이 좋겠다. 특별히 비트겐슈타인은 언어 내적 통용성만을 가지고서는 조직적 실수를 적발하거나 "옳은 것"과 "옳게 보이는 것"의 차이를 분간해 낼 수 없기 때문에, 이런 방향으로의 극대화를 방지하기 위해서는 언어 외적 행위의 "뒷받침"(backing) 차원에서 관찰할만한 양상들이 수반되어야 한다는 것을 강조하고 있다. 그는 진술들(p)은 언제나 "나는 *p*라고 생각한다"(마치 마음 상태의 표현인 양)는 문장형식으로 전환될 수 있다고 지적한다. 하지만 그와 같은 전환은 개인적 뒷받침의 표현 내지는 개인적 의지가 담긴 주장이 아니고는 아무 효과도 이룰 수 없다.

이런 논의들을 여기서 다시 다 다룰 수는 없다(14장 참고). 여기서 우리의 일차적 관심은 신학의 문제이다. 만일 피쉬가 주장하는 것처럼 "세상 속의(in) 맥락"(언어 외적 정황들)이 전적으로 그리고 예외 없이 "세상의(of) 구성"(언어 내적 관계 또는 해석의 차원)으로 환원되어 버린다면, 우리는 역사 속에서 하나님의 행위 또는 계시와 관련하여 아무것도 이야기할 수 없게 될 것이며, 나아가서 계시와 우상숭배 사이의 명확한 구분을 일관되게 견지하는 것도 불가능하게 될 것이다. **우상숭배와 믿음의 구분도 무너지고 말 것이며, 신뢰할만한 것을 신뢰하는 참 신앙과 속은 비었지만 그럴듯해 보이는 것을 믿는 헛된 신앙을 구분하는 것도, 공동체 투사물들을 예배하는 것과 우리 너머로부터 우리를 부르는 것에 대한 응답으로서의 예배 사이의 구분도 다 무너지고 말 것이다**.

성경의 경우 앞서 8장에서도 보았던 것처럼, 예수께서 행하신 수행어 발화들은 그 배면에 기독론이 전제되어 있다. 많은 약속들의 예를 우리가 볼 수 있는데, 그 약속들 배후에는 발화자와 청자 모두의 지위나 삶에 관계된 사태의 정황들이 놓여 있다. "목마른 자도 올 것이요 또 원하는 자는 값없이 생명수를 받으라"(계 22:17)는 초대가 진정으로 초대가 될 수 있기 위해서는 부르시는 분의 편에서 목마름을 해결해줄 수 있는 능력을 행사할 수 있어야 할 것이며, 듣는 자의 편에서 자신이 해갈의 필요를 갖고 있다는 것을 인식하는 것이 필요하다. 로널드 티만(Ronald Thiemann)은 복음서 내러티브가 갖는 약속으로서의 힘과 관련하여 그 언어 외적 차원의 중요성을 매우 잘 지적해주고 있다. 그는 이렇게 말한다. "이 내러티브를 하나님의 약속으로 인정하는 것은 십자가에 못박힌 예수께서 살아 계시다는 것을 고백하는 것을 말한다."[6]

약속과 인정 또는 고백은 전제된 사태의 정황 위에서 작용한다. 스티븐 쉬퍼(Stephen Schiffer)는 이 전제된 배경을 가리켜서 의미의 조건을 제공하는 "상호 지식"의 영역이라고 지칭한다.[7] 이런 인식은 독자반응 이론이 갖는 의미의 작용 조건과는 큰 차이가 있다. 화행론은 독자반응 이론과는 달리 텍스트 의미를 독자의 언어 내적 영역에 국한하려는 인식에 대하여 단호하게 반대한다.

2. 텍스트의 도구적 사용을 초월하는 사회-비판적 접근(10번째 모델)

우리가 토의하고 있는 마지막 열 번째 모델은 사회-비판적 해석학 모델이다. 이는 다르게 말하면 메타비평적 해석학의 성격을 갖는 사회-비판적 접근이라고 말할 수 있다. 이 사회-비판적 모델들 역시 텍스트 해석 및 그 사용을 통해 개인적 혹은 사회적 이익을 확인 및 정당화하려 하는 입장과 선을 긋고 있다. 사회-실용적 접근과 사회-비판적 접근의 전반적 차이를 "두 전선"에서 싸우는 페미니스트 이론가인 자넷 리처즈(Janet Radcliffe Richards)보다 더 날카롭게 지적하는 사람도 드물 것이다. 한편에서 그녀는 페미니스트 목적과 관심의 필요성을 역설하고 있다. 또 다른 한편에서 그녀는 이와 같이 주장한다. "페미니즘은 **그 사상을 통해 유익을 주기를 원하는 특정 그룹의 사람들**에게 관심을 갖기보다는 **제거되어야 할 특정 부류의 부정의**와 싸우는 데 관심을 갖는다."[8] 이와 같은 바탕 위에서 페미니스트 해석학은 이미 결정되어 있는 관심들에 종사하는 데 도구적으로 텍스트를 사용하기보다는 정의(justice)가 무엇인지 정의하고 평가하는 범-상황적 기준의 제시를 위해 초월적 차원에서 텍스트에 접근한다. 이런 접근은 사회-실용적이기보다는 사회-비판적 접근이다.

오늘날 더 이상의 메타비평적 차별화의 노력 없이 해석적 목적과 관심의 다원성을 그대로 수용하고 있는 신학적 문제의 핵심도 여기에 있다. 많은 저명한 동료 학자들이 이런 다원주의를 쉽게 받아들이고 있다. 존 바톤(John Barton)의 경우 우리가 더 이상 "올바른" 방법이나 "성공적" 절차에 대해 이야기할 자격이 없다고 말한다. "가장 기본적인 결함은 …… '우리가 어떻게 구약을 읽을 것인가?'의 질문이 대답될 수 있다고 믿는 확신이다."[9]

로버트 몰간(Robert Morgan)은 성경 해석의 과제에서 "많은 다른 목적들"이 작용한다고 말하면서 이 목적들은 저마다 "정당하다"라고 주장한다. 계속해서 그는 이렇게 말한다. "오늘날의 해석의 미로를 통과하도록 도와주는 가장 좋은 안내자는 서로 다른 **방법들**이 아니라 이들 서로 다른 **목적들**이다. 왜냐하면 이들이 오늘날 서구의 성경 해석상의 가장 핵심적인 문제, 즉 종교적 맥락에서의 성경의 사용과 비종교적 성경 연구의 목적 간의 긴장 문제에 우리의 관심을 이끌어주기 때문이다."[10] 우리는 몰간이 말하는 다양한 목적들의 "정당성" 주장을 문제 삼지는 않는다. 우리가 묻고자 하는 것은, **만일 텍스트를 어떻게 읽을 것인가 하는 것을 결정하는 것이 관심들(interests)이라고 한다면, 그리고 하나의 관심이 또 다른 관심과 등가의 가치를 가진다고 한다면, 과연 성경 텍스트가 도구적으로 이 관심들에 종사하는 역할을 넘어 그들을 형성하고, 결정하고, 평가하는 역할을 할 수 있겠는가? 어떻게 성경 텍스트가 압제자들의 관심에 종사하는 사회-실용적 읽기 차원을 넘어서 압제자들의 관심을 폭로하는 사회-비판적 읽기를 가능하게 할 수 있을 것인가?**

그러고 보면 실용주의적 해석학은 해방 해석학 배후에 놓여 있는 가장 깊은 이론적 관심과 실제로 정반대의 위치에 놓여 있다는 것을 볼 수 있다. 텍스트 읽기의 승자는 오직 권력자들 그룹일 뿐이다. 가장 전투적이고, 가장 공격적이고, 가장 조작에 능한 자들이 오늘의 승자가 될 것이다.

이와 대조적으로 롤란드와 코너는 오늘날 해방 해석학이 주변화된 사람들의 상황과 지평을 변혁하는 성경 텍스트의 역할에 주목함으로써 우리의 인식에 도전을 던지고 있음을 상기시킨다. 예를 들어 롤란드와 코너는 계시록의 "전복적 기억"을 언급하는데, 이는 "다른 미래를 향한 대안적 지평"을 열어주는 기능을 한다. 억압과 부정의를 지탱하고 있는 힘은 "그렇게 견고하지 못하며 결국에는 패하고 말 것이다(계 17:16). …… 반면 예수의 길을 따르는 증인들에게는 비록 그 외양은 위태롭기 짝이 없지만 궁극적으로는 승리가 약속되어 있다(계 7, 14장)."[11] 뿐만 아니라 계시록은 미래의 꿈을 던져주는 것 그 이상의 일을 한다. 신실한 증인들로 하여금 억압적 사회의 전형적 관행과 윤리적 거리를 두게 만들며(계 2:14, 20) 또한 타협을 거부하게 한다.

롤란드와 코너는 해방적 '읽기'가 단지 억압받는 자들의 해석 상황만을 반영한다는 인식을 공격하는 측면에서 대단히 중요한 기여를 하고 있다. 그들은 이렇게 주장한다. "제일세계는 이미 제삼세계의 억압의 형태에 긴밀히 연루되어 있다. …… 가난의 문제는 더 이상 국가적 차원의 문제가 아니라 국제적 차원의 문제이다."[12] 뿐만 아니라 롤란드와 코너는 라틴 아메리카의 빈곤 공동체들이나 흑인 신학을 위해 내러티브 텍스트나 내러티브 세계의 역할이 얼마나 큰 것인지를 잘 지적하고 있다.

롤란드와 코너의 접근이 갖는 가치는 이처럼 해방 해석학과 그것이 다루는 해석 상황 사이의 관계를 잘 연결 짓고 있다는 점이다. 하지만 사회–비판적 이론 및 메타비평적 이론에 관한 논의는 그들의 책에서 찾아보기 어렵다. 르네 파딜라(René Padilla)는 마크 브랜슨(Mark Branson)과 공동으로 편집한 한 책에서 미주 대륙의 해석학들 속에 나타나는 메타비평적 문제들을 다루고 있다. 해방의 관점에서 보면 북미의 많은 전통적 진영들이 설정하는 해석학적 논제들이 수직적 관심(interests) 구조에 심각할만큼 지배당하고 있으며, 여전히 "근본주의–자유주의 논쟁"의 연장 속에서 해석학적 이해들이 형성되고 있다고 파딜라는 지적한다.[13] 그 책에 수록된 피녹의 글에서는 신학이 보편성의 문제 즉 "전체의 대의를 물어야 할" 책임이 있다는 것을 강조한다.[14]

『마르크스와 성경』(*Marx and the Bible*)이란 책에서 미란다(J. Miranda)는 "하나님의 의"에 대한 바울의 보편 인식(롬 1:18–3:20)에 주목하면서 이를 인간의 집단적 구조를 특징짓는 부정의를 바로 잡는 하나님의 역사와 동일한 것으로 보고 있다.[15] 이와 같은 하나님의 의는 "율법 외에", 또는 율법을 떠나서 나타났는데(롬 3:21, 28), 이는 인간의 사회적 기구 및 권력 구조의 "법"이 하나님의 공의를 이루어내지 못하기 때문이다. 세상은 새창조의 정의를 갈망하고 있다. 미란다는 하나님의 의의 경험이 개인적이기보다 사회적 성격이 있다고 결론짓는다. 이와 관련하여 앤드류 커크(Andrew Kirk)는 미란다의 "구약과 신약 성경 주석이 성경과 마르크스주의의 미래 대망을 동일시하는 것으로 끝이 난다"라고 지적하고 있다.[16] 하지만 비판 이론의 관점에서 미란다는 성경 자체가 "우리의 가치 체계를 수정한다"라는 점을 강조한다. 그렇지 않다면 "성경은 우리에게 아무것도 새로운 것을 말해줄 수 없다."[17]

사회–비판적 해석학은 가능한 가장 날카로운 방식으로 두 가지 축, 즉 초–상황적 비판 또는 초–상황적 체계와 특정 생활세계의 구체성 및 적실성의 관계를 드러내고자 노력한다. 하버마스에게 체계와 생활세계는 메타비평적 해석학의 두 기본 축을 이룬다. 브랜슨과 파딜라가 편집한 앞의 책에서 피녹은 보편성에 대한 반성이 필요하다는 것을 역설하는 반면, 린다 멀카단테(Linda Mercadante)는 "상황의 모든 특수성에 실제적으로 응대하는" "적실성"의 문제가 여전히 핵심적인 이슈라고 공적으로 응답한다.[18]

3. 목회신학 및 사회과학에 대한 해석학적 접근에서의 "현재적 상황"

성경 텍스트가 "세상을 흡수해야지 세상이 텍스트를 흡수해서는 안 된다"라는 목소리가 매우 성향이 다른 린드벡과 미란다 같은 사람들의 입에서 공통적으로 나오고 있다. 뿐만 아니라 데이빗 켈시(David Kelsey)와 프란세스 영(Frances Young) 같은 사람들도 기독교 정경으로서의 성경 텍스트에 "**사람의 아이덴티티를 그것을 변혁할 만큼이나 결정적으로 형성할 수 있는**" 능력을 돌리고 있다(켈시의 강조).[19] 하지만 목회신학에서는 많은 학자들과 교사들이 현재적 상황에 대한 반성에만 맴돌고 있는 현상을 볼 수 있다. 우리는 폴 발라드(Paul Ballard, 1988)와 돈 브라우닝(Don Browning, 1983) 같은 이 분야의 전문가들이 목회신학에 대해 어떻게 정의하고 있는지를 앞에서 본 바가 있다. 돈 브라우닝은 "목회신학의 최우선 과제는 신학적 윤리학과 사회과학을 통합하여 인간의 삶의 주기에 대한 규범적 비전을 상술하는 것"이라고 밝힌다. 데이빗 딕스(David Deeks)는 그의 목회신학에 관한 저서(1987)에서 "목회신학은 우리 모두가 하고 있는 것처럼 삶 속에서의 의미 추구로부터 시작한다"라고 적고 있다.[20]

앞서 15장의 시작 부분에서 우리는 현재적 상황에 지나치게 큰 특전을 부여하려는 경향에 대해 반대를 표명한 바 있다. 마치 이것을 중심으로 목회신학의 모든 사고들이 다 구성되는 것처럼 보는 것은 옳지 않다. 우리는 이 부분과 관련하여 좀 더 자세한 논의를 해보고자 한다. 이 논의는 다음과 같은 과정을 따라 전개될 것이다.

1) 첫째, 해석학 이론은 성경신학, 조직신학, 목회신학 각각을 전문 분업적 과정으로 생각하는 데서 발생되는 근원적 문제를 노출시킨다. 에드워드 팔리(Edward Farley)가 이런 문제를 잘 지적하고 있다. 신학적 작업의 실천적 성격

이 "신학을 독립된 분과들로 나누어 놓음으로써 처음부터 훼손되고 있다"라는 것이다.[21] 니콜라스 라쉬(Nicholas Lash) 역시 "릴레이 경주" 모델을 사용한 설득력 있는 비교를 통해 동일한 진단을 내리고 있다. 일부 성경학자들은 "텍스트가 무엇을 의미했는가"의 문제를 간추려서 조직신학자들과 실천신학자들에게 넘겨주면 된다고 생각한다. 마치 그것이 전체 해석학적 과정에서부터 쉽게 분리될 수 있는 어떤 것인 양 생각하는 것이다.

이렇게 되면 과거와 현재의 상호연계적 지평들의 이해를 목표로 하는 하나의 단일한 해석학적 과정이 여러 "단계들"로 나뉘게 되고, 그 안에서 성경 전문가들은 텍스트를 역사적 과거 탐구의 "대상물"로 여기게 되며, 조직신학자들은 그 이중적 역사적 상황성의 문제를 넘어 추상적 교리를 추출해내고자 하게 되며, 목회신학자들은 현재를 결정적 열쇠로 삼아 과거의 어떤 전통이나 자원이 현재에 의미를 던져줄 수 있는지 그 "적실성"을 평가하려 하게 될 것이다.

앞에서도 이미 고찰하였던 것처럼, 특히 1919년 이래로 성경학자들은 과거가 과거로서만 객관화될 수 있을 것인지, 그래서 과거와 현재의 관계에 대한 해석학적 질문을 도외시하고서도 진정한 "이해"가 일어날 수 있을 것인지의 질문에 직면하게 되었다. 이것이 칼 바르트의 로마서 주석이 던진 도전이었고, 이 관점에서 보면 율리허나 하르낙은 주해(exegesis)의 서론 정도 밖에 하지를 못한 셈이다. 루돌프 불트만 역시 이런 관점을 공유하고 있다. 가렛 존스(Gareth Jones)가 지적하는 것처럼, 바르트와 달리 불트만은 하르낙이나 브레데, 헤르만 등의 자유주의를 버린 것은 아니다. 하지만 그들의 방법이 정당하냐 하는 데 대해서는 부정적 입장이 있다.[22]

우리는 앞에서 또한 옥스퍼드의 성경 전문가들인 존 바톤과 로버트 몰간 역시 순수한 "역사적 패러다임"의 부적절성을 공격하고 있는 것을 보았다. 캠브리지의 신학자인 니콜라스 라쉬 역시 기존의 단순한 이분법적 접근, 즉 성경 전문가들은 "텍스트가 무엇을 의미했는가"의 단순 기술(description)을 목표로 하는 데 반해 조직신학자들은 "텍스트가 무엇을 의미하는가"의 해석학(hermeneutics)을 목표로 한다는 인식을 공격하고 있다. 그가 바르게 지적하고 있는 것처럼, 우리가 이런 인식을 갖게 되면 "주해는 아직도 해석이 아니라는 실증주의적 신화를 수용하는 위험에 빠지게 된다."[23] 라쉬는 이런 맥락에서 그의 "릴레이 경주" 모델을 언급하고 있다.

해석학 이론의 입장에서 성경학자들의 단순 기술주의(descriptivism)를 공격하는 것이 옳다고 한다면, 우리는 과거와 미래의 신학적 정초 및 신학적 약속의 지평에서 이탈되어 현재적 상황의 단순 "기술"에서부터 모든 문제를 풀어나가려 하는 목회신학자들 역시 같은 잣대로 공격할 수 있지 않을까? 일부 목회 심리학 및 사회학적 데이터의 사용과 관련하여 우리는 라쉬가 말했던 것을 빌려서 "그것[사회적 목회적 분석]은 아직도 해석이 아니라는 실증주의적 신화를 수용하는 위험에 빠지게 된다"라고 말할 수 있지 않을까? 우리는 이런 점을 특히 해석학과 사회과학의 관계성이라는 시각에서 잠시 살펴보고자 한다.

그전에 한 가지 더 지적할 것은, 성경 자료와 현재적 상황을 등가의 대칭물로 볼 수는 없다는 점이다. 그 이유는 이런 질문으로 대신할 수 있을 것이다. 신학적 적실성과 진리성의 기준으로 현재적 상황을 탈-중심화하는 것과 성경 텍스트 및 그리스도와 십자가에 대한 그 증거를 탈-중심화하는 것이 원리상 같은 것이 될 수 있겠는가? 다음에 이어지는 많은 논의들은 이 둘 사이의 대칭의 차이를 보여주는 데 일조한다.

세상이 성경을 흡수하는 것보다 성경 텍스트가 세상을 흡수해야 한다는 린드벡의 주장을 여기서 다시 한번 상기해볼 필요가 있다. 린드벡과 한스 프라이, 티만, 스트룹, 그리고 미란다 같은 사람도 각기 차이는 있지만, 이런 기본적 관점에서는 동일한 입장을 취하고 있다. 우리가 9장에서 상세히 보았던 것처럼, 판넨베르크의 신학에서도 **현재**는 그리스도의 부활 속에서 예비적으로 나타난 **약속된 미래의 목표**를 향해 움직여 나아가는 **과거 전통의 역사**의 관점 속에서만 바르게 이해될 수 있다. 몰트만의 경우에도, 하나님의 미래 약속은 현재의 의미를 미래의 관점에서 새롭게 하는 변혁적 불연속성을 가져오는 것으로 보고 있다.

위에 언급한 일곱 명의 학자들이 다 하나 같이 공유하고 있는 확신은 **실재**

의 본질 및 현재가 어떻게 이해되어야 할 것인가를 결정짓는 것은 다름 아닌 하나님의 약속이라는 사실이다. 우리가 앞서 8장에서도 강조하였고, 또 지금 이 자리에서도 상술하고 있는 바, 필자의 책의 특징적인 논증은 바로 이것이다. 즉, **약속으로서의 성경 텍스트는 "세상을 말에"(world-to-word) 맞추는 상응의 방향을 따라 그 발화수반력을 수행함으로써 현재적 상황을 하나의 고정된 불변적 준거점으로 삼으려 하는 모든 관점을 창의적으로 그리고 변혁적으로 탈-중심화한다**는 것이다.

2) 해석학 이론이 성경 해석에만 아니라 목회신학을 위해서도 중요한 함의를 갖는다는 점을 확인하기 위해 우리는 해석학 이론이 사회과학 안에 불러일으킨 방법과 관련된 논의가 어떤 것인지 주목해보는 것은 도움이 될 것이다. 목회신학에서 종종 볼 수 있는 것처럼 현재에 지나친 특권을 부여하려 하는 출발점은 사회과학에서 보다 기능주의적 접근들, 즉 사회, 심리, 교육 이론상의 계량화 가능한 반응들 및 일반화된 정형들을 준-과학적 모델로 사용하는 접근 방법들에 의존하거나 동조한다.

매우 탁월한 연구서인『해석학과 사회과학』(*Hermeneutics and Social Sciences*)이란 책에서 지그문트 바우만(Zygmunt Bauman)은 딜타이의 사회적 생활세계에 대한 해석학적 이해라는 측면에서부터 시작하여 마르크스, 베버, 탈콧 파슨스, 만하임, 슈츠, 그리고 슈츠의 학생이요 동료였던 루크만, 그리고 루크만의 저명한 공저자인 피터 버거에 이르기까지 해석학과 사회과학이라는 두 학문 영역 사이의 다양한 관계 설정의 면면들을 논리정연하게 추적해가고 있다. 앞서 11장에서 우리는 마르크스가 어떻게 사회적 과정들 속에 뿌리를 두고 있는 역사적 지식과 "기술적" 객관주의의 이데올로기적 본질을 대비시키고 있는지 본 바가 있다. 베버의 경우 딜타이가 제기한 해석학적 문제를 파악하긴 했지만, 그 자신으로서는 사회 이론의 논제를 도구적 이성의 영역에 의도적으로 한정하는 방식을 통해 사회 이론의 과학적 지위를 확보하고자 노력하였다. 이렇게 할 때 사회과학은 경제학 모델을 따라 계량화 가능한 통계적 패턴들을 설정할 수 있게 된다. 하버마스는(앞서 11장에서 보았던 것처럼) 이와 같은 흐름을 통해 체계와 생활세계가 불행한 분열을 맞게 되었다고 지적한다.

탈콧 파슨스는 그의 구조-기능적 접근을 통해 이 분열을 더 넓혀 놓았다. 해석학의 관점에서 보면(하버마스의 관점에서도 마찬가지로), 파슨스는 인간 **행위자**의 주체적, 개별적 특성들을 **배우들**의 역할 반응으로 정형화 시키고 있다. 역할 반응들은 수치적 측정이 가능하지만, 인격적 행위성은 훨씬 수치화하기 어려운 측면이 있다. 칼 만하임(Karl Mannheim)은 이와는 매우 다른 접근 방법을 취한다. 그는 상황적 상대주의의 문제를 깊이 파악하고 있다. 이 때문에 그는 인간 합리성에 대한 이해를 종족중심적인 방식으로 지나치게 몰아가는 경향이 있다. 매 시대, 문화, 사회적 계층 등은 오직 그 자체의 내적 규범들을 참조해서만 이해되거나 접근될 수 있다. "유토피아주의"는 미래 시대의 규범들이 과거 시대에 적용될 때 일어난다. 반면 "이데올로기"는 과거의 규범들을 현재나 미래에 주입하려 한다.

만하임은 지식사회학의 기틀을 놓은 사람으로 평가되고 있다. 슈츠와 루크만을 거쳐 이 영역은 버거와 루크만의 잘 알려진 공저『실재의 사회적 구성』(*The Social Construction of Reality*, 1966)에서 그 틀을 온전히 갖추게 되는데, 이 책은 "지식사회학 논고"라는 부제를 달고 있다. 이 책에서 그들이 주장하는 것은, 사람들이 흔히 "실재"라고 당연시 하여 받아들이고 있는 것들이 사실은 정형화 과정을 통해 전승된 "사회적 구성체들"이라는 것이다.[24] 그들에 따르면 "일상 삶의 사회적 실재는 따라서 적실성의 관점에서 구조화된 …… 정형화의 연속이라는 측면에서 이해될 수 있다."[25] 이들 사회적, 언어적 관습들 가운데서도 정경화된 텍스트와 종교적 현상들은 "정당화하는 공식들"로 작용하여 마침내는 "외적, 강제적 사실"로 구조화되는 것으로 보고 있다.

하지만 우리가 만하임이나 버거의 지식사회학과 파슨스의 보다 도구적, 준-실증주의적 접근 중 하나를 양자택일해야 한다고 말하는 것은 잘못이다. 다시 한번 하버마스의 말을 빌리자면, 설명적 체계와 해석학적 생활세계를 분리하는 것은 결코 바람직한 결과를 가져오지 못한다. 바우만은『해석학과 사회과학』의 말미에 가서 사회과학을 위한 해석학의 역할을 "이전의 삶의 형태들을 …… 하부-형태들로 통합하여 하나의 '보다 높은 질서'의 삶의 형태를 구성해내는 것"이라고 제시한다.[26] 이를 이루기 위해서는 "특수 속에서 보편을 식별해내고, 낯선 경험과 자신의 익숙한 경험 영역 모두를 확대함으로써 각각이 다른 하나에게 '이해가 될 수 있게' 하는 하나의 광대한 체계를 구성할 수 있어야 한다"라고 주장한다.[27] 바우만은 비트겐슈타인과 하버마스, 아펠 등이 공유하고 있는 주된 해석학적 도구들을 함께 공유하고 있는 것을 볼 수 있다. 그는 하버마스와 아펠을 따라 해석학적 이해가 궁극적으로는 "**삶의 형태들이 공유하고 있는 보다 넓은 상호주체성의 근거**" 위에 정초하고 있음을 밝힌다(바우만의 강조).[28]

신학적 관점에서 볼 때, 바우만은 하버마스보다 "사회학적 해석학"이라고 그가 지칭하는 접근 방법의 한계에 대해 더 조심하고 있는 것을 볼 수 있다. 이와 같은 접근은 주로 하부 형태적 삶을 이해하고자 할 때 그 속에 나타나는 조직적 왜곡들을 적발하기 위한 부정적 비판의 기능을 수행한다. 그 긍정적 기여는 비트겐슈타인의 표현대로 우리가 "말을 놀 수 있을만큼" 충분히 잘 이해하고 있는지, 혹은 데이빗 트레이시가 가다머의 말을 빌려 표현하는 것처럼 "대화"가 계속되고 있는지 확인시켜주는 데 있다.

바우만의 핵심 요지는 이것이다. (a) "현재적 상황들"의 이해는 언제나 상호작용적 이해이며, 항상 움직인다는 것, (b) 원리상 현재는 하부-형태적 삶의 하나로 이해되어야 한다는 것, 따라서 이것은 보다 크고 '높은' 구조 혹은 삶의 형태의 맥락 속에 재배치되어서 그 특정성의 지평들이 초월되어야 한다는 것이다. 이런 점은 하버마스와 가다머의 접근 속에 명확히 강조되고 있는 요점이며, 비트겐슈타인에게서도 명시적이지는 않지만 암시적으로 나타나고 있다.

우리는 현재를 현재 자체로서가 아니라 보다 넓은 어떤 틀 속에 통합시키는 방식으로 이해한다. 우리가 "이해한다"라고 말할 때는 단순히 "현재적 상황"을 이해의 지평과 같은 것으로 삼지 않는다. 우리가 이 문제를 신학에서의 진부한 양극화 즉 "성경 중심적"이냐 "경험 중심적"이냐의 논란으로 지나치게 단순화시켜서는 안 된다. 우리의 문제는 이해의 본질 자체에 대한 보다 깊고 광범위한 질문들로부터 비롯되며, 여기에는 현재를 과거, 현재, 미래의 보다 넓은 틀 속에서 상대화시키는 일이 포함된다.

유사한 방식으로 우리는 목회신학을 사회학적, 심리학적, 교육학적 기술의 "객관적 자료 연구" 차원으로 지나치게 단순화하는 인식 모델을 용납하지 않는다. 이와 같은 기술(description)은 결코 가치중립적인 것일 수가 없다. 또 이것이 신학 안에서, 또는 신학을 위하여 "적실성"의 판단의 기준 역할을 할 수도 없다. 신학 자체는 성경 및 종말론적 지평들의 보다 넓은 틀과 병존하며, 과거와 현재의 자료 및 해석들은 이 틀 안에서 그 위치와 작용력을 갖는다.

3) 다음 단계로 우리가 논의할 것은 적실성의 기준의 문제이다. 우리는 앞서 사회–비판적 해석학 및 해방 해석학을 다루는 자리에서 보편성에 관한 신학적 관심(피녹이 강조하고 있는 것처럼)과 특수성 및 "적실성"에 관한 관심(린다 멀카단테가 강조하고 있는 것처럼) 사이에 해석학적 긴장이 놓여 있는 것을 볼 수 있었다. 얼핏보면 "적실성"의 중요성 때문에 현재적 상황 및 그 특수성에 더 우선적 강조점을 두어야 할 것처럼 보인다. 하지만 이 문제와 관련된 가장 중요한 사회학적 고찰들을 좀 더 자세히 살펴보면 우리는 보다 확장된 지평 및 보편적인 것의 중요성을 부각시키는 의외의 결론에 이르게 된다.

이와 관련하여 우리가 특별히 관심 가지는 사람은 알프레드 슈츠(Alfred Schutz)이다. 적실성의 기준에 관한 그의 논의는 『논문집』(*Collected Papers*, 영어본 1962, 1964, 1966)과 『적실성 문제에 대한 성찰들』(*Reflections on the Problem of Relevance*, 영어본 1970)에 잘 나타나고 있다.[29] 그리고 이 분야에 관한 가장 뛰어난 비판적 주해서로는 로널드 콕스(Ronald R. Cox)의 책을 꼽을 수 있을 것이다.

알프레드 슈츠는 후설에게서, 그리고 좀 더 간접적으로는 딜타이에게서 취한 "생활세계" 개념을 더욱 발전시키고 있다. 후설과 딜타이처럼 슈츠도 인격체 및 사회적 행위자의 주관적 측면들에 대한 "객관적" 이해의 지위에 많은 관심을 갖고 있었다. 그러나 슈츠는 후설과 달리 성찰 이전 단계의 생활세계를 "배제시키기"(bracket out)를 거부하고, 오히려 여기서부터 시작점을 찾고 있다. 생활세계는 우리가 너무나 당연시하고 있기 때문에 거의 의식의 눈에 띄지 않는 반복되는 관행들을 낳는다. 뒤를 돌아다 보면 우리는 정형화 과정에 의해 눈앞의 특정 목적에 적실한 것들에 대하여 의미를 부여한다.

슈츠의 적실성 이론에 대한 전문가적 비판에서 로널드 콕스는 "적실성의 체계들"은 "우리가 정한 목표들에 다가감에 따라" 함께 움직이고 변한다. 다시 말해서 그것들은 고정되어 있지 않고 "다음 기별이 있을 때까지" 제한적으로 작용한다.[30] 보다 중요한 것은, 정형화의 과정상 매우 특수한 것들은 얼버무리기를 해버리기 때문에 적실성의 체계들을 공유하는 것은 그룹의 성격을 띠게 된다는 사실이다. 따라서 새로운, 그리고 보다 넓은 사회적 상호작용 및 새정보의 유입이라는 맥락 속에서 새로운 목적 및 새로운 관심이 떠오르게 됨에 따라 적실성의 새로운 기준들이 생겨나게 되고 이전의 정형화는 새롭게 개정되는 과정을 거친다.

구체적 예를 사용하여 이 원리를 좀 더 쉽게 이해해보자. 어떤 사람이 다른 사람을 사랑하게 될 때 적실성의 기준이 변하게 되는 것을 생각해볼 수 있을 것이다. 이를테면 어떤 젊은이가 락 음악과 오토바이에 대한 "동호회적"(in–group) 관심을 가지고 있다고 하자. 그런데 이 사람이 클래식 음악과 영국 고성들에 대한 "동호회적" 열정 및 정형화와 적실성의 기준을 가진 사람과 사랑에 빠지게 되었다. 두 사람이 진정으로 서로를 사랑하게 되었다면, 두 사람 모두가 자신의 적실성의 기준들이 급속하게 확장되고 또한 변화되는 것을 느끼게 될 것이다. 뿐만 아니라 그들이 이전에 자신과 취향이 다른 사람들의 적실성에 대해 가졌던 정형화 구조가 무너지는 것을 느끼게 될 것이다. 락 음악을 좋아하는 사람은 깊이가 없다든지 클래식 음악을 좋아하는 사람들은 따분하다든지, 기존에 서로를 모르는 상태에서 가졌던 고정관념들을 버리게 될 것이다.

신학적 관점에서 말하자면, 모든 체계들 및 적실성의 기준을 바꾸는 가장 큰 변혁적 힘은 다름 아닌 사랑이다. 자아를 중심으로 지금까지 형성되어 왔던 관심들, 따라서 자아중심적 적실성의 체계가 사랑 안에서 타인 혹은 궁극적 타자(the Other)를 중심으로 재구성되고(re–grouped) 재등급화되기(re–ranked) 시작한다. 궁극적으로, 그리고 가장 예리한 신학적 언어로, 우리는 바울이 로마서 5:5에서 언급하는 것과 같은 경험을 공유하게 된다. 즉, "우리에게 주신 성령으로 말미암아 하나님의 사랑이 우리 마음에 부은 바 되었다"라는 것이다. 자기의 피조물을 향한 하나님의 마음으로부터 흘러넘치는 사랑이 **신자들에게 새로운 동기의 힘을 주고 그 적실성의 기준을 새롭게 한다. 그리스도의 형상대로 변화되고자 하는 열망이 새롭게 생겨나고, 이에 따라 세상을 하나님의 목적의 시각 및 관심으로 새롭게 바라알게 된다**.

우리는 앞에서 한스 프라이, 티만, 스트룹 등이 성경의 내러티브 본문에 하나님의 인격성 및 그의 목적을 그리스도를 통하여 독자들에게 일치시키도록 하는 중요한 역할을 돌리고 있는 것을 보았다. 다른 어떤 요소들보다도 기독교 신학에서는 이와 같은 역할이 그리스도의 십자가와 부활에 돌려지고 있다. 그리스도 안에서 말씀의 성육화 및 궁극적 십자가의 사건은 약속 및 여타의 발화수반적 화행들이 그 발화수반력과 변혁적 효력을 발휘할 수 있게 하는 언어외적 실재를 구성한다. 우리는 이와 같은 정초적 실재를 그 이후에 따라오는 해석학적 과정에서 단계들과 동급의 위치에 놓을 수 없으며, 더더군다나 "현재적 상황"과 등가의 대칭물로 여길 수 없다. **십자가가 적실성의 현재적 기준을 변화시키지, 적실성의 현재적 기준이 십자가를 변화시키지 못한다. 구원은 현재와 관련해서 전방으로 작용하지(pro–active) 후방으로 작용하지(re–active) 않는다**.

신학 교육의 현재적 상황을 보면, 이상하게도 "현 상황의 이해"에 부당한 무게를 부여하면서 성경 텍스트 및 목회적 구체적인 경우들의 안정된 전통(우리가 역사신학이라 부르는)의 이해를 위한 시간과 정력을 면제하기 위한 방편으로 해석학 이론을 사용하는 현상을 본다. 그 하나의 예로 라틴 아메리카 해석학 및 파울로 프레이리(Paulo Freire)의 '의식화'(*concientizatión*) 개념에 대한 호소를 들 수 있다. 만일 이것이 성경 텍스트의 지평과 현재적 지평 사이의 적극적 접목을 위한 것이라면 좋다. 그러나 실제적인 측면에서 볼 때, 현재의 상황을 위한 반성은 사회학적 차원에서 별도로 이루어지고, 성경 및 역사신학적 지평들을 위한 자료들에는 충분한 기회를 주지 않는다.

또 다른 하나의 예는 해석학 이론에서 피상적 대조에 호소하는 움직임인데, 이를테면 계몽주의식 도구적 합리주의의 "방법"을 넘어 가다머식 또는 신–마르크스주의식 실천적 이해에 호소하는 목소리이다. 기독교 교육에 대한 토마스 그룸(Thomas Groome)의 접근 배후에 이런 인식이 놓여 있다. 그가 객관주의자들의 "지식에 대한 방관자 이론"을 배격하는 것은 좋은 일이다.[31] 그는 딜타이의 생활세계 인식 및 하버마스의 후속 작업도 잘 다루고 있다. 그룸은 "사고" 혹은 사고의 단순 자원에 집착하는 지식론과 대조적으로 "삶 중심적" "실천(*praxis*) 지식론"을 추구한다.[32] 이 측면에서 기독교적 스토리 및 비전은 그룸이 말하는 "변증법적 해석학"의 한 대화 파트너의 역할을 부여받고 있다.[33]

하지만 "현재"에 대한 그룸의 인식 배후에는 깊은 양면성이 놓여 있다. 그는 이렇게 주장한다. "'현재'야말로 우리를 위해 존재하는 유일한 시간이다. 현재 안에 과거의 유산 및 미래의 가능성이 깃들어 있다. …… 현재는 **그 자체 권리를 가진** 지식의 원천이다(강조는 첨가). 현재에 대한 관심이야말로 교육적 활동의 창조적 차원의 표현이다."[34] 우리는 그룸이 지적하는 것처럼 학습자들이 과거와의 살아 있는 조우를 경험하고 그것을 자신의 것으로 삼는다는 데 대해 공감을 표시한다. 하지만 해석학적 관점에서 볼 때 그는 가다머의 반쪽(로티식 반쪽)만을 취하고 있다.

먼저 가다머는 우리가 현재의 위치에 서서 과거 지평을 전용할 때는 일차적으로 그 거리 및 차이를 존중하는 측면에서 최대한의 비판적 노력을 기울이지 않으면 안 된다는 것을 강조한다. 두 번째로 가다머는 "보편 역사"의 보다 넓은 역사적 삶의 흐름 속에 뿌리박고 있는 해석자의 선판단들이, "우리를 위해 존재하는 유일한 시간"(그룸의 표현대로)인 현재 속에서의 의식적 판단들보다 훨씬 더 중요하고 또한 훨씬 더 근본적이라는 것을 강조한다. 존재론적 우선권을 역사적 실재로부터 현재의 유한한 사회적 이해 행위로 옮겨버리는 것은 가다머 해석에서 로티의 노선을 취하는 꼴이 된다.

그룸의 몇 가지 혜안에도 불구하고 그의 접근은 전반적으로 그 강조점을 해석학적 과정의 현재라는 한 지점에 고착시킴으로써 기독교 신학의 전체적 관점을 부당하게 제한시키고 있다. 그의 작업은 기독교 신학이 객관주의나 탈개입적 관념주의, 상고주의의 방향으로 흘러가는 것에 경종을 울린다는 점에서는 긍정적 측면이 있다. 하지만 그가 하고 있는 것처럼 "현재적 상황"에 주도적 강조점을 두고자 한다면, 우리가 무엇을 "현재적 경험"으로 볼 것인가의 적실성 차원의 문제에서 해석학적 과정의 처음 시작에서부터 이 현재를 가능한 가장 넓은 지평 속에 두고 볼 수 있도록 해야만 할 것이다.

우리는 이런 측면과 관련하여 다드(C. H. Dodd)의 말을 상기해볼 필요가 있다. 그는 이렇게 지적한다. "우리는 현재의 개인적 경험이라는 좁은 시야를 떠나서 …… 성경 안에 펼쳐져 있는 넓은 전망 속으로 나아가는 것이 좋다. …… 여기에서 우리는 좋은 때나 궂은 때를 불문하고 하나님에 대한 그 신앙을 시험받아 왔던 한 공동체의 긴 역사를 추적하게 된다. 그들은 또한 다양한 형태의 신앙을 실험해 보았고, 결국 '사실의 논리'를 따라 하나님에 대한 어떤 생각의 방식들은 결정적으로 폐쇄되었지만, 이 하나의 길만은 계속하여 열려 있었고 계속하여 그들을 인도하였다는 더 깊고 깊은 확신 속으로 나아가게 되었다. …… 역사적 전승이라는 측면은 결코 배제될 수 없다."[35] 우리는 다드의 이 말이 일찍이 1928년에 나왔다는 것을 놀랍게 여기지 않을 수 없다.

4. 해석학적 다원주의 이해를 위한 새로운 관점

딜타이 이후로 해석학은 일반과 특수, 보편과 상황, 비판과 변화하는 생활세계 사이의 상호작용 혹은 변증법적 관계로부터 도출된다는 사실이 계속적으로 확인되고 있다. 객관주의 및 텍스트에 대한 전적으로 "과학적" 귀납적 및 연역적 일반화의 집착은 위의 긴장 관계를 허물고 오직 과학적, 실증주의적, 형식적, 교조적 체계만을 남긴다. 이와 반대로 상황적 상대주의 및 사회적 실용주의, 그리고 해체주의는 역시 위의 긴장관계를 허물고 우연적, 유동적 생활세계만을 남긴다. 그 안에서 해석의 지평들은 삶의 흐름의 변화에 따라 끊임없이 움직인다.

많은 사람들 가운데서도 특히 판넨베르크와 몰트만은 이와 같은 긴장관계의 붕괴가 기독교 신학의 비판적 성격의 부정을 초래할 것이라고 보고 있다. 다시 말해서 신학은 단지 있는 그대로의 어떤 것에 대한 기술적 반성만이 아니라 삶의 비판을 제공하는 것이 되어야 한다는 것이다. 유사한 방식으로 하버마스와 아펠 역시 상기한 붕괴가 인간 삶에 대한 진정한 사회적 비판 대신

현공동체의 현재적 관심을 실용적으로 승인하는 일만을 남기게 될 것이라고 내다보고 있다.

이제 이 책의 마지막 부분에 와서 나는 한편에서는 **해석학적 다원주의가 불가피하다는 것**을 말하고자 한다. 그 이유는 해석자 및 해석 공동체가 생활세계 속에 역사적으로 자리한다라는 상황이, 존 바튼이 명확하게 지적하고 있는 것처럼, 하나의 읽기 모델을 다른 하나의 관점에서 평가하지 않을 수 없는 상황으로 몰아가기 때문이다. 어떤 보편적 모델을 강요하려 한다든지, 아니면 하나의 모델을 다른 독자들에게 "우선적"인 것으로 부과하려 하는 것은 사회실용주의자들이 자유 다원주의라고 포장하면서도 실제적으로는 권위주의적 자세를 취하는 것과 다를 바 없다.

그러나 또 다른 한편에서, 만일 기독교 신학이 우상숭배의 금지와 십자가 메시지, 그리고 종말론적 약속의 보편성 등을 단지 상황의존적인 것으로 보고 더 이상 이와 관련된 것들을 평가하려 하지 않는다면, 그 자체는 심각한 자기모순에 빠지고 말 것이다. 그렇게 되면 기독교 메시지는 단지 하나의 특정 문화의 산물 내지는 구성물이 될 뿐이며, 거기에는 삶과 사상을 위한 보편적 비판을 제공할 것도 없고, 다양한 사상, 이해, 행위의 판단 기준들에 대한 메타비평적 관점을 제공할 수도 없게 될 것이다.

우리는 이 두 가지 축, 즉 생활세계의 축과 범-상황적 비판의 축을 동시에 잘 살펴볼 필요가 있다. 그리함으로써 우리는 그 양자의 상호작용이 갖는 복잡성을 해석학 이론의 차원에서 파악할 수 있을 것이며, 나아가서 이것이 기독교 신학과 어떤 호환성을 갖는지도 볼 수 있게 될 것이다. 이런 논의의 배후에서 우리는 판넨베르크, 몰트만, 하버마스, 비트겐슈타인과 같은 사상가들이 각자 자신들의 목소리로 어떻게 생활세계 및 지평들이 열린 체계들과 연관되어 있는지 밝히는 것을 고려해야 할 것이며, 또한 설, 월터스토프, 슈츠 등이 생활세계 속에서의 다원주의, 메타비평, 자기포함적이며 변혁유발적인 언어의 성격 등에 대해 이야기하는 것을 참조할 필요가 있다.

앞에서 우리가 한번 사용했던 적이 있는 구체적 예를 다시 한번 상기해보자. 어떤 두 젊은이가 서로 사랑에 빠지게 될 때, 그들의 적실성 및 관심의 기준들이 급속하게 변화를 겪게 된다. 자신의 '그룹'만이 아니라 상대의 '그룹'과도 접촉할 기회를 가지게 됨으로써 메타비평과 다원주의의 관계를 이해하는 새로운 기회를 가지게 된다. 한편에서 그들의 경험은 다원주의의 불가피성 및 그 현실을 인정하지 않을 수 없게 만든다. 지금까지는 자기 자신들의 기호와 관심 등이 세상을 이해하고 평가하는 유일한 길인 양 당연하게 받아들이고 있었는데, 이제는 그것이 다른 다양한 가능성들 가운데 하나로 상대화된다.

그러나 또 다른 한편에서 보면, 그들의 사랑의 관계로 인해 그들의 이해가 이제 확장되었다. 이전의 관심 및 정형화 구조가 상대적으로 편협한 것이요, 잘못 알았던 것이며, 또한 자기중심적이었던 것임을 볼 수 있는 새로운 변화된 눈이 생겨나게 된 것이다. 그들이 "메타비평"이라는 말을 접해 보았든 아니든, 이제 그들의 새로운 환경은 새로운 판단을 낳는다. 이전에 가졌던 적실성의 기준들에 대한 **재평가**가 일어난다. 다시 말해서 그들의 이전의 **판단 규범들**에 대한 **비판적 재등급화**가 이루어지게 되는 것이다.

하지만 이런 설명으로 신학자들이 다원주의를 다 극복했다고 말할 수는 없다. 앞의 예를 조금 더 확장해보자. 이 두 사람이 서로의 관계에 대하여 잘못 생각하고 있었다는 것을 깨닫고 서로 헤어지게 되었다. 그 가운데 오토바이 마니아인 한 사람이 자신이 그동안 경험했던 것이 뭔지를 되묻게 된다. 상대를 위해서 자아가 탈중심화 될 만큼 생활세계가 확장되었다고 생각했는데, 이것이 실상은 하나의 교묘한 책략이요 망상이었다고 생각하게 되는 것이다. 자신에게 상대의 도구적 자기관심이 공유된 생활세계를 통하여 주입되었고, 이것이 자신의 자유를 억압한 것이 되고 말았다. 결국 이 오토바이 마니아는 클래식 음악을 직업적인 중산층 음악가들의 생활수준을 유지하기 위해 만들어진 부르주아 기호물로 알게 된다. 우리가 "생활세계만"의 차원에 머무는 한, 다원주의의 극복은 상대적 내지는 잠정적이 된다.

이런 각도에서 바라보면 해석학적 다원주의는 "옳은" 것처럼 보인다. 철저하게 마르크스주의적 적실성 기준에 사로잡혀 있는 독자에게는 성경 텍스트는 주어진 사회–정치적 이해 및 사회적 조건들을 반영하거나 섬기기 위한 장치들 차원에서 "생산된" 인과적 사회–역사적 과정들 속의 사회–문학적 지시물일 뿐이다.

하지만 여기서 우리가 또 한 가지 묻지 않을 수 없는 것은, 이와 같은 다원주의의 불가피성에 대한 인정이 각각의 생활세계는 자체 폐쇄적일 뿐이며, 범상황적 이론 차원에서의 메타비평적 등급화는 불가능하다는 말과 같다고 볼 수 있는가 하는 점이다. 아마도 오늘날의 이 분야의 논의를 가장 크게 훼손시키고 있는 혼동은 다름 아니라, **비판적 규범들을 설정하는 차원에서 상황적 다원주의가 불가피하다고 인정하는 것을 마치 그 규범들에 대한 잠정적이고 변경 가능한 메타비평적 등급화 방향으로의 시도가 이 불가피성을 부인하는 것인 양 잘못 결론지어 버리는 혼동**이다.

기독교 신학의 메타비평적 주장과 관련하여 우리는 이 문제를 방향을 달리해서 접근해볼 수 있다. 기독교 신학은 과연 어떤 근거 위에서 사회적 상황주의를 문제 삼을 수 있을 것인가? 이 문제와 관련하여 우리는 세 가지 근본적 원리들을 고찰해볼 것인데, 우선 간략하게 그 세 가지의 요점을 정리해보도록 하자.

1) 첫째, 우상숭배의 금지와 십자가의 실재는 만일 그것이 오직 주어진 문화적 맥락 속에서만 작용하는 것으로 볼 때 그 통용성을 상실한다. 오히려 이 주제들은 범상황적 패러다임으로서의 성격을 갖는다. 물론 이 양자가 다 사회-상황적 역사적 맥락 속에서 하나의 특정 전통을 바탕으로 해서 주어진 것임을 부인할 수는 없다. 즉, 유대민족의 역사와 구약의 사상적 배경 위에서 비롯되었다는 점이다.

2) 둘째, 성경 텍스트 자체의 본질 및 지향성은 우리가 그 부름, 약속, 해방, 용서, 위임 등으로서의 발화수반력을 인정할 때 극대화된다. 하지만 여기서 우리가 "내 영혼아 여호와를 송축하며 그의 모든 은택을 잊지 말지어다 그가 네 모든 죄악을 사하시며"(시 103:2, 3)라는 구절을 찬양과 감사의 행위로서의 발화수반력을 살려서 읽는 것도, "믿음으로 읽기"의 사회-신학적 범주를 벗어나지 못하며, 이런 점에서 주어진 독서 상황에 상대적이라는 측면을 가진다.

3) 셋째, 성경 텍스트는 종말론적 약속이라는 우주적 지평을 제시한다. 여

기에 따르면 세상은 설이 말하는 "세상을 말에 맞추는"(world-to-word) 맞춤의 방향대로 변화되어질 것이라고 진술되고 있다. 하지만 다시 한번 이것을 세상 변혁적 약속으로 여기느냐 하는 문제는 주어진 공동체 맥락 속에서 그 텍스트에 어떤 지위를 부여할 것인지의 믿음에 의존하는 측면도 있다. 이런 양면적 성격을 좀 더 상세하게 논의해보도록 하자.

1) 첫째, 십자가에 관한 신약의 모든 전승은 그 지위에 관한 어떤 상황-상대적 혹은 종족중심적 이해를 배격한다. 십자가는 "유대인이나 헬라인이나 종이나 자유인이나 남자나 여자"(갈 3:28) 모두에게 그 효력을 미친다. 뿐만 아니라 십자가는 모든 상황적 지혜의 전통들을 역전시키는 힘이 있다. 여기에는 서기관들의 권위도 포함되며, 세상의 지혜들, 철학적 세계관들, 실용적 판단기준들을 구하는 종교적 갈망 등이 포함된다(고전 1:18-25). 그리스도는 사람의 필요에 따라 나누어질 수 없다(고전 1:13). 단일한 새창조가 모든 것을 한 새사람 안에 포괄한다(고후 5:17, 엡 2:15). 모든 상황적 적실성 기준들, 특히 개인이나 집단적 자아에 치중된 기준들은 이제 모든 것을 포괄하는 단일한 기준, 즉 십자가에 못박힘이라는 사건 아래 포속된다(롬 6:3-11). 종족중심적 분열을 넘어 하나됨의 표시 역할을 하는 것이 세례이다(막 10:38, 엡 4:4, 5). 십자가를 나타내는 세례의 잔(고전 11:26)은 떡과 마찬가지로 하나이다(고전 10:16, 17).

이처럼 바울이 십자가 안에서 종족 상대성을 초월하는 하나의 기준을 제시하고 있는 데 비해, 히브리서의 기자는 십자가의 단일회적 결정성을 강조한다. 그 사건은 이미 종결되었고, 완전하고, 결정적이며, 다시 되풀이될 수 없다(히 1:3, 5:9, 6:19, 20, 7:11-28, 8:5, 6, 9:11-14, 26, 10:12, 14, 11:1). 요한은 복음 내러티브를 위한 우주적이고 보편적인 존재론적 틀을 제공함으로써 기독론을 상황-상대적 기준들로부터 분리시키고 있다(요 1:1-5, 9-14, 비교 요 8:12, 58, 11:25, 20:28, 31).

십자가의 가장 주된 해석학적 의의는 상황적 혹은 자아중심적 적실성 기준들과의 불연속성 속에 있다. 보다 적극적으로 이야기하자면, 십자가는 새로운 적실성의 기준을 설정한다. 조지 스트룹(George Stroup)의 말대로 하자면,

십자가의 변혁적 능력이 사람과 마주치게 될 때 여기에는 정체성의 "충돌"이 일어난다. 스티븐 크라이츠(Stephen Crites)와 로널드 티만(Ronald Thiemann) 역시 유사한 말을 하고 있다. 그러나 누구보다도 강하고 적절한 표현을 하고 있는 사람은 몰트만이다. 그에 따르면 십자가와 부활은 현재의 사태에 근거하여 미래적으로 투사되어진 인간의 모든 기존의 기대들을 놀라게 하고 초월하는 능력을 가진다. 몰트만은 그의 책『희망의 신학』에서 이와 같이 말한다. "그리스도의 십자가의 경험은 …… 하나님의 대리자를 하나님이 버리심이라는 경험을 의미한다. …… 십자가에 못박히신 분의 살아계신 주님으로 나타남의 경험은 하나님이 버리신 자 안에서의 하나님의 가까우심의 경험을 의미한다. 예수의 정체성과 연속성의 계시는 십자가와 부활의 전적인 모순 속에서 드러난다. …… 이는 급진적 불연속성 속에서의 연속성이요, 혹은 전적 모순 가운데 있는 정체성이다."[36]

또 다른 책『십자가에 못 박히신 하나님』에서 몰트만은 십자가의 의미를 종교적 추구에 대한 "대답"으로서가 아니라 하나의 "비판"으로 확장하고 있다. 십자가는 교회를 그 범주 너머로부터(피쉬와는 달리) 비판하고 개혁한다. 한걸음 더 나아가서 "교회의 비판을 너머 사회의 비판으로 발전된다."[37] 십자가는 하나의 사회–비판적 원리가 된다. "부정의 고통"을 수용함으로써 그 너머에 놓여 있는 희망의 의미를 드러낸다. 이는 단순히 현재의 가치들이 빚어내는 희망이 아니다. 십자가는 단지 새로운 지평을 열어줄 뿐만 아니라, "새로운 자아"를 빚어내는데, 이 새로운 자아는 "누구든지 자기 생명을 얻고자 하는 자는 잃을 것이요, 누구든지 자기 생명을 잃는 자는 얻으리라는 말씀처럼 …… 남을 위하여 자기를 비우는 자아이다."[38]

몰트만은 마치 어깨 너머로 사회–실용적 해석학의 작업대를 지켜보고 있는 사람처럼 이런 지적을 하고 있다. 십자가를 공유하는 사람들은 무슨 수를 써서라도 개인 및 집단의 자기보존을 추구하면서 자기 자신의 견해를 "강화하려는 사람들의 집단을 떠난다." 그리스도와 함께 십자가에 못박힌 일을 경험한 사람에게는 "자기 사회의 지혜, 종교, 권력 놀음으로부터의" 결별이 있다.[39]

이런 의미에서 십자가와 부활은 인간의 자기인정 및 권력 도모에 대한 비판으로 작용할 뿐만 아니라, **다른 기준들을 평가하고 권력 개념 자체를 새롭게 하는 메타비평**으로서의 자리를 가진다. **십자가의 능력은 수사적 자기주장이나 조작에 있지 않다**(고전 2:1–5). 그레이엄 쇼(Graham Shaw)의 마가복음에 대한 이야기에서는 마가가 십자가를 전적으로 오해한 것으로 나타난다. 하지만 십자가의 능력은 우리를 압도하는 어떤 것 속에 놓여 있지 않다(고후 8–13장). 오히려 그것은 "십자가에 못 박히신 그리스도"(고전 1:23)로부터 비롯되기 때문에 "약함을 통한 능력"(고전 1:23–25)이다. **십자가는 자기주장적, 조작적, 지배적 능력을 자기파괴적인 것으로 재평가한다**.

하지만 또 다른 한편에서 십자가를 완전하고 충분하며 최종적인 것으로 보는 인식은 구약에 반영된 약속과 성취라는 전통의 특수성 안에서 작용한다는 점을 생각할 필요가 있다. 그 안에서 죄와 희생제사, 대속의 명제들이 작용한다. 바울의 경우 이 바탕 위에서 그의 독특한 신학 즉 그리스도와 함께 못박히고 살아남으로써 하나의 새로운 인류를 이룬다는 사상이 구성되며, 히브리서나 요한 등 다른 신약 저자들의 경우도 유사하다. 다원주의의 관점에서 보면, 여기에 하나의 "특권화"가 개입되며, 결과적으로 진리주장들 사이의 갈등이 불가피해 보인다. 이런 상황 속에서는 읽기의 다원성이 장려됨으로써 신학적 관심들이 대접을 받을 수 있고, 각각의 읽기는 하나의 생활세계 속에서 떠오르는 문제에 대한 해답의 역할을 하며, 하나의 읽기 방식은 또 다른 읽기 방식으로 이어질 수 있다.

하지만 이런 상황이 신학의 보편적 지위와 연관된(판넨베르크가 잘 보여주는 것처럼) 메타비평적 판단을 버려야 한다는 것을 말하지는 않는다. 어떤 경우에서든지 십자가와 부활의 메시지는 창조적 놀람의 방식으로 그 메시지의 첫 모태가 된 전통 "내적" 제한을 넘어선다.

2) 둘째, 성경 텍스트 자체가 그 지향성을 가지고서 그 본질과 일관성에 부합되게 부름, 약속, 위임, 선포, 찬양, 축하, 용서, 해방, 대리화 등의 발화수반 행위들로서의 기능을 수행한다는 주장을 생각해보자. 유대–기독교 전통 바깥의 사람들은 이를 추상적이고 주관적이라고 생각할 것이다. 의사소통적 혹은 정보전달적 텍스트의 경우 그 "명제적 내용"(설과 르카나티의 용

어를 빌려)의 이해와 관련하여 "불신" 읽기와 "탐구적" 읽기, 그리고 "믿음으로" 읽기 사이에 언제나 차이가 있을 것이라고 생각하는 것은 잘못이다. 그러나 부정할 수 없는 차이가 일어나는 곳은 에반스가 말하는 자기포함(reader–involvement)의 영역, 설과 르카나티가 말하는 발화수반력(illocutionary force)의 영역, 월터스토프가 말하는 간주발생(count–generation)의 영역이다.

월터스토프가 잘 지적하는 것처럼, "행위 A가 행위 B로 간주되는 것"은 단순한 독서 관습 또는 공동체 관습의 문제가 아니다(쿨러나 피쉬의 주장과는 달리). "행위 A를 행위 B로 간주하는 현상의 중심에는 규칙과 관습만, 또는 의도들만 있는 것이 아니라, 권리와 책임의 담부도 있다."[40] 물론 "관습"과 "의도"가 일정한 기능을 하는 것을 부정하지 않지만, 그와 더불어 발화 행위자의 인격적 책임성이 중요하다는 것을 강조하고 있는 것이다.

이런 지적은 우리의 현재의 논의와 관련하여 대단히 중요한 함의가 있다. 실제적인 발화수반력의 작용이 독자의 믿음과 무관한 외부적 요소들에 의존하는가? 설은 지시행위들(directives)의 경우 그 작용의 조건이 정표행위들(expressives)과 다르다고 분석하며, 언약행위들(commissives)의 경우는 위의 둘의 조건을 다 갖든지 아니면 어느 하나만 갖는다고 본다. 찬양의 시들(표현행위 또는 행태행위)은 독자가 이를 믿음이나 또는 부합되는 자세 및 반응으로 읽을 경우에만 찬양의 행위로 읽히게 된다(이는 독자 입장에서 이야기하는 것이며, 저자가 찬양의 행위로 해당 발화를 하였다면 그것은 당연히 찬양의 화행이다 – 역자 주). 성경 텍스트에 나타나는 지시행위나 판정행위(verdictive)의 경우는 이와 다르다. 명령의 행위로서나 용서의 행위로서 그 화행의 작용근거는 독자가 이를 그렇게 인정하느냐에 달려 있지 않고, 텍스트 배후에 어떤 지위와 권위가 자리해 있느냐에 달려 있다.

월터스토프는 간주발생의 일반적 원리는 주관적 믿음에 의존하는 것은 아니라고 강조한다. 그는 이렇게 말한다. "**하나의 행위가 또 다른 행위로 간주되는 것은 어느 누가 그렇게 간주하지 않더라도 그렇게 될 수 있다**. …… 간주한다는 것은 권리와 책임[을 취함]의 문제이지, 권리와 책임에 **따라서 행함**[조건성]의 문제가 아니다"(첫번째 강조는 첨가, 두 번째 강조는 원래의 것).[41]

예를 들어 생각해보자. 정당하게 임명을 받은 어떤 한 판사가 정당한 재판 자리에 앉아서 한 테러리스트를 두고 유죄 혹은 사면을 선언했다고 하자. 그런데 그 테러리스트와 그 사람을 지지하는 무리들이 "이 법정을 인정할 수 없다"라고 주장한다. 마찬가지 방식으로 다원주의 읽기의 관점에 따르면 예수의 비유나 바울의 서신들이 용서의 선언 혹은 판정행위로서의 효력을 가진다고 꼭 "인정할" 필요는 없다고 말할 수 있을 것이다. **기독교 신학의 메타비평적 틀 속에서 볼 때 선포, 약속, 위임, 사면, 명령 등의 발화수반행위적 지위는 독자들이 이에 대한 믿음을 가지고 있느냐 하는 것에 의존하지 않는다**.

물론 다른 신앙 체계와 다른 해석학적 논제의 지평 및 생활세계 속에 있는 사람들에게 이 말들이 동일한 자기포함적 수행어로서의 효력을 가지는 것으로 읽혀지지 않을 수 있다. 이런 지평 및 생활세계의 내적 규범의 측면에서 보면 비 발화수반행위적 읽기가 다원주의적 의미에서 "옳다." 그러나 기독교 신학의 체계의 관점에서 보면 그것은 메타비평적 의미에서 "틀린" 것이기도 하다. 로티나 피쉬와 같은 사회–실용적 이론가들에게서는 우리가 "이 법정을 인정하느냐" 하는 문제가 **언제나** 내적 상황적 규범들의 문제이기 때문이다. 어떤 사람이 테러리스트냐 아니면 자유 투사냐 하는 것은 실용주의 이론에 따르면 항상 어떤 주어진 시대의 지배적 공동체의 **내적** 규범들에 의거한 해석의 문제일 따름이다.

위의 두 원리(십자가와 부활 메시지의 범상황성과 발화수반행위로서의 지향성)는 신약의 "선포행위"(*kēryssō*) 이해에서 하나로 합쳐진다. 클라우드 지프레(Claude Geffré)는 그의 책 『해석의 모험』(*The Risk of Interpretation*, 1987)에서 사태의 정황에 대한 내러티브식 묘사와 청중 및 독자를 대상으로 하는 "수행어 진술"로서의 설교 사이의 상호작용적 관계를 올바르게 간파해내고 있다.[42] 십자가와 부활의 선포에는 이 두 측면이 동시에 공존한다. 따라서 "주께서 과연 살아나셨다"(눅 24:34)라는 짧은 놀람의 고백은 델로르메(J. Delorme)와 지프레의 말을 따르면, "진술보다는 선포의 행위이다. …… 언어는 단지 중립적 도구가 아니다."[43]

버논 뉴펠트(Vernon Neufeld)가 잘 보여주고 있는 것처럼, 초대 기독교 고백들은 단지 개인의 입장을 표명하거나 사태를 진술하고 있는 것이 아니라, 그 진술하는 사태에 화자가 자신의 인격적 서명을 가하고 있다. 이는 자신의 색채를 분명히 드러내는 것이며 핍박의 상황에서는 자신의 목숨을 거는 것이기도 하다. 비트겐슈타인과 달라스 하이의 말을 빌리자면, 화자는 **자신의 서약과 인격적 뒷받침**으로 자신의 말 "뒤에 선다." 즉 그 단언된 명제의 언어외적 정황에서의 헌신과 책임을 기꺼이 수용하는 것이다. 이것이 기독교 공동체의 성경 "믿음으로 읽기"가 무엇인지를 보여주는 한 단면이다.

3) 셋째, 기독교 신학은 또한 그리스도의 십자가와 부활을 종말론적 약속의 가능성 및 확신의 근거로 본다. 특히 부활은 그 첫 열매이다. 초대 그리스도인들에게 부활의 종말론적 맥락은 우주적인 것이었고 따라서 보편적 의의를 가지고 있었다. 그것은 즉 새 창조의 서막이었다. 그럼에도 불구하고 역사는 계속되고 있고, 그리스도인들의 이해 역시 역사적–상황적 틀 속에서 작용하고 있으며, 따라서 교회는 실패 가능한 판단을 할 수 있으며, 경험의 지평들이 미래를 향하여 움직여가고 확장됨에 따라 그 잘못도 고쳐질 수 있는 것이었다. 한편에서 보면, 판넨베르크가 올바르게 지적하고 있는 것처럼, 부활과 기독론은 구체적 이런 혹은 저런 상황–상대적 생활세계를 초월하는 보편적 지평의 "중심"에 위치해 있다. 그러나 또 다른 한편에서 이 메시지 자체가 기독교 해석을 오류로부터, 그리고 이해의 지평이 확장됨에 따라 그 시정의 필요로부터 건져주지는 못한다.

우리가 그리스도 안에서 확인된 종말론적 약속의 결정적 성격을 고려한다면, 다양하고 경쟁적인 생활세계들이 보다 넓은 일종의 체계적 틀 안에서 평가 또는 비판될 수 없다고 말하는 것은 적합하지 못하다. 역사적, 상황적 이해는 오류 및 수정 가능한 것이기 때문에, 비록 기독론과 부활을 그 중심으로 가지는 것일지라도 그와 같은 종말론적, 보편적 체계는 결코 닫힌 체계가 아니다. 닫힌 체계라는 인식 자체는 살아계신 하나님의 계속적인 창조성보다는 우상숭배적 왜곡을 반영하는 것이기 쉽다.

앞에서도 지적했던 것처럼, 십자가는 유대인과 이방인, 남성과 여성, 자유자와 종 각각의 집단적 주장 및 집단적 자기이해들을 상대화하고 의문시하는 효력이 있다. 바울이 로마서 전체를 통해 강조하고 있는 것처럼, 유대인과 헬라인, 유대 그리스도인들과 이방 그리스도인들은 모두가 더하지도 덜하지도 않은 하나님 은혜에 빚진 자들이다. 그런 바탕 위에서 바울은 서로 다른 문화적 전통의 사람들을 향하여 "너희가 서로 받으라"(롬 15:7)고 명하고 있다.

이와 같은 보편적 종말론적 지평의 해석학적 의의를 결정 짓는 핵심 요소는 다름 아닌 하나님의 약속 및 최후 심판 언어로 표현된 하나님의 최종적 평가이다. 사회적 상황성 및 해석학적 생활세계는 이해를 위한 불가피한 맥락으로 존속한다. 그 안에서 인간의 삶과 의사소통적 표현들은 마지막 심판의 판정이 있기까지 잠정적 성격을 갖는다. 오직 마지막 날에 가서야 상호침투적인 언어 게임들 및 생활세계들의 "교차들 및 중첩들"은 결정적 일반 체계의 틀 안에서 그 전모를 드러내게 될 것이며, 그때에 하나님은 모든 것의 모두가 되실 것이요, 모든 의미 및 가치가 온전하게 공개될 것이다. 그때가 오기까지 생활세계 지평 안에서의 모든 평가들은 잠정적일 뿐이며, 오해와 시정의 대상으로 남는다.

약속은 하나님이 그의 세상을 향하여 가지신 이와 같은 종말론적 목적과의 창조적 관계에서 비롯된다. 독자반응 이론 및 사회-실용적 해석학의 관점과는 달리, 이 약속은 아직 실현되지 않은 집단 및 개인의 상상력과 기대 혹은 투사라는 인간 내적 자원들을 사용하여 의미를 "구축"함으로써 인간적 차원에서 "창조"하는 것이 아니다. 리쾨르도 잘 경고해주고 있는 것처럼, 해석의 투사는 언제나 우상적이 될 소지가 있다. 이와 달리 하나님의 약속은 하나님의 말씀에 따라 현재-그대로의-세상을 변혁한다. 설의 표현대로 그 맞춤의 방향은 "세상을 말씀에 따라"(world-to-word)이다.

히브리서가 제시하는 그리스도인의 순례의 여정은 어떻게 하나님의 약속이 그리스도인의 생각과 믿음, 그리고 행위유형을 변화시켜놓는지를 명확하게 잘 보여준다. 우리가 성경 텍스트를 읽을 때 그와 같은 약속의 지평이 열린다. 이는 단지 읽기의 구축물(reading-constructs) 즉 읽기가 이루어주는 구축물이 아니다. 물론 독자들은 읽기의 과정 속에 적극적 참여자로 초청을 받고 있다. 그래서 독자 자신의 과제나 관심, 기대, 추정, 목표 등을 텍스트에 대한 개방된 자세 가운데서 듣고 새롭게 인식하는 것이 필요하다. 그러나 중요한 것은 독자의 의미 창조가 아니라, 텍스트가 독자의 지평을 새로운 지평으로 확장시켜준다는 사실이다.

십자가의 메시지가 가지고 오는 자아의 탈중심화는 결코 안락한 것이 아니다. 우리가 첫 장에서 인용했던 본회퍼의 말을 다시 한번 상기해보자면, 하나님과의 만남의 장소로서의 십자가는 처음에는 좋아보이지 않는다. 왜냐하면 그것이 나 자신이 가진 적실성의 기준 및 사회적 관심의 생활세계와 맞지 않기 때문이다. 그러나 매일 같이 하나님의 어드레스의 통로인 성경과 접하게 될 때, 우리의 기존의 지평들이 하나님 약속의 창조성에 따라 변화해가게 된다. 읽기의 과정이 변혁과 놀람의 결과를 낳게 되는 것이다.

어떤 측면에서는 이런 과정이 일반 문학 및 해석학 이론이 이야기하는 자기발견의 재배열(re-ordering) 과정과 유사한 것처럼 보일 수 있다. 찰스 윈키스트(Charles Winquist)는 자아발견의 과정 속에 일어나는 "다양한 단계들"을 이야기하는데, 그 가운데 하나가 "의식의 변화 …… 가치의 재배열, 그리고 의미의 새로운 인식"이다.[44] 하지만 본회퍼가 이야기하는 하나님과의 만남 속에서 일어나는 것은 단지 이런 것이 아니다. 왜냐하면 하나님은 "어느 정도 내게 상응하는 하나님, 내게 좋을만한 하나님, 나의 본성에 맞는 하나님"이 아니기 때문이다.[45]

부분적으로는 이런 이유 때문에 사도 바울은 인간이 하나님을 부르는 기도조차도 성령께서 주도하시는 의사소통이라고 말한다(롬 8:15, 16). 하나님의 구원행위의 낭송이나 표현이 명료하게 잘 정리된 "의사전달적"(communicative) 기도문에서도 성령이 우리의 기도를 주도하시느냐 하는 문제는 생각해볼만한 문제일 것이다. 찬양이나 시, 탄성적 경축, "사적 방언"(고전 14:2–25)과 같은 "생산적"(productive) 기도에서 성령의 역할이 무엇인지도 생각해볼 필요가 있다. 하지만 중요한 것은 우리가 하나님을 부르는 것(address to God)도 성령의 주도 가운데 이루어지는 일이라면, 하나님으로부터의 부름(address from God)은 얼마나 더 그러하겠는가 하는 점이다. **성령과 성경 텍스트와 독자 이 삼자는 상호협력적 공유 작업 속에 엮여서 우리**

의 지평을 확장하고 또 새로운 지평을 창조하는 하나의 변혁의 과정에 동참한다.

이와 같은 읽기 과정이 지향하는 변혁의 궁극적 지향점은 부분적으로(전적으로는 아니라 할지라도) 가려져 있다. 독자를 불러들이는 미래 운명의 약속의 지평과 관련하여 사도 바울은 "우리가 다 …… 주의 영광을 바라보는 가운데서 그리스도의 형상(*eikōn*)으로 영광에서 영광으로 변화되어간다(*metamorphoumetha*)"(고후 3:18)고 밝힌다. 하버마스의 해석학적 용어를 빌려서 표현하자면, 독자의 현재 지평과 관계된 생활세계가 초월적 메타비평의 지위를 갖는 열린 체계의 새로운 지평을 향하여 변혁되어가는 과정 속에 놓여 있다고 말할 수 있다. 그러할지라도 이 체계는 아직은 미래를 향해 열려 있으며, 따라서 아직은 하나의 지평적 생활세계의 성격을 갖는다. 왜냐하면 "우리가 장래에 어떻게 될지는 아직 나타나지 아니하였으나 그[그리스도]가 나타나시면 우리가 그와 같을 줄을 아는 것은 그의 참모습 그대로 [그를] 볼 것이기 때문"이다(요일 3:2).

주

서론

1) Kurt Muller–Volmer (ed.) *The Hermeneutics Reader: Texts of the German Tradition from the Enlightenment to the Present*, Oxford: Blackwell, 1986 (Continuum Publishing, 1985); 아울러 David E. Klemm (ed.) *Hermeneutical Inquiry:* I, *The Interpretation of Texts,* II, *The Interpretation of Existence* (2 vols.) Atlanta: Scholars Press (A.A.R. Studies in Religion, 43) 1986.

2) Christopher Rowland and Mark Corner, *Liberating Exegesis: The Challenge of Liberation Theology to Biblical Studies*, London: S.P.C.K., 1990, 76, 78–9.

3) Frances Young, *The Art of Performance: Towards a Theology of Holy Scripture*, London: Darton, Longman, and Todd, 1990, 32n; cf. 64n. 그리고 185. "수행어" 모델과 관련된 필자의 첫 번째 언급은 필자의 『두 지평』에서의 가다머 항목 참고, Anthony C. Thiselton, *The Two Horizons: New Testament Hermeneutics and Philosophical Description with Special Reference to Heidegger, Bultmann, Gadamer, and Wittgenstein*, Grand Rapids: Eerdmans, and Exeter: Paternoster, 1980, 298.

4) Stanley Fish, *Doing What Comes Naturally: Change, Rhetoric, and the Practice of the Theory in Literary and Legal Studies*, Oxford: Clarendon Press, 1989, ix

5) David J.A. Clines, "Deconstructing the Book of Job" in Martin Warner (ed.) *The Bible as Rhetoric: Studies in Biblical Persuasion and Credibility*, London and New York: Routledge, 1990, 79; cf. 65–80.

6) J. Habermas, *The Theory of Communicative Action: The Critique of Functionalist Reason*, 2 vols., Eng. Cambridge: Polity Press, 1984 and 1987.『의사소통행위이론』(나남출판사 역간) Cf. 또한 *Knowledge and Human Interests*, Eng., London: Heinemann, 2nd edn. 1978.

7) Elliott E. Johnson, *Expository Hermeneutics: An Introduction*, Grand Rapids: Academie, 1990, 54–69 et passim; cf. E.D. Hirsch, *Validity in Interpretation*, New Haven: Yale University Press, 1967, and *The Aims of Interpretation*, Chicago: University of Chicago Press, 1976, 특히 1–13 그리고 17–49.

8) Frank Lentricchia, *After the New Criticism*, Chicago: University of Chicago Press, 1980, 256–87.

9) John R. Searle, *Intentionality: An Essay on the Philosophy of Mind*, Cambridge: Cambridge University Press, 1983, 141–232 et passim.

10) Robert Fyall, "How God Treats His Friends: God, Job, and Satan," Unpublished Seminar Paper, Durham, November 1990; cf. 그의 박사학위 논문도 참고, *Imagery in the Book of Job*, University of Edinburgh, 1991.

11) Jonathan Culler, *Framing the Sign: Criticism and its Institutions*, Oxford: Blackwell, 1988, 특히 ix.

12) Anthony C. Thiselton, "The Parables as Language–Event: Some Comments on Fuchs' Hermeneutics in the Light of Linguistic Philosophy," *Scottish Journal of Theology* 23, 1970, 437–68.

13) Anthony C. Thiselton, *The Two Horizons*, 특히 357–427.『두 지평』(총신대학교출판부 역간)

14) J.G. du Plessis, *Clarity and Obscurity: A Study in Textual Communication of the Relation between Sender Parable and Receiver in the Synoptic Gospels*, Stellenbosch: University of Stellenbosch D. Theol. Dissertation, 1985, 2; cf. 3 and 62.

15) Anthony C. Thiselton, "The Supposed Power of Words in the Biblical Writings," *Journal of Theology Studies* n.s. 25, 1974, 282–99.

16) François Recanati, *Meaning and Force: The Pragmatics of Performative Utterances*, Eng. Cambridge: Cambridge University Press, 1987.

17) Werner Jeanrond, *Text and Interpretation as Categories of Theological Thinking*, Dublin: Gill and MacMillan, 1988, 73–103.

18) Michael Wadsworth, "Making and Interpreting Scripture" in M. Wadsworth (ed.) *Ways of Reading the Bible*, Sussex: Harvester Press and New Jersey: Barnes and Noble, 1981, 20; cf. 7–22.

19) Tzvetan Todorov, *Symbolism and Interpretation*, Eng. Ithaca: Cornell University Press, 1982, 167.

20) *Ibid.*, 98.

21) Anthony C. Thiselton, *The Two Horizons*, 314–26.

22) Gillian R. Evans, *The Language and Logic of the Bible: the Earlier Middle Ages*, Cambridge: Cambridge University Press, 1984; and *The Language and Logic of the Bible: the Road to Reformation*, Cambridge: Cambridge University Press, 1985.

23) James C. McHann Jr., *The Three Horizons: A Study in Biblical Hermeneutics with Special Reference to Wolfhart Pannenberg*, Aberdeen: University of Aberdeen Ph.D. Dissertation, 1987.

24) Paul Ricoeur, *Freud and Philosophy: An Essay on Interpretation*, Eng. New Haven and London: Yale University Press, 1970, 27.

25) F. Recanati, op. cit, 266.

26) Hans W. Frei, *The Eclipse of Biblical Narrative: A Study in Eighteenth and Nineteenth Century Hermeneutics*, New Haven and London: Yale University Press, 1974, 10–16, 51–104, et passim. 『성경의 서사성 상실』(한국장로교출판사 역간)

27) John R. Searle, "The Logical Status of Fictional Discourse" in *Expression and Meaning: Studies in the Theory of Speech Acts*, Cambridge: Cambridge University Press, 1979, 59; cf. 58–75.

28) Samuel Laeuchli, *The Language of Faith: An Introduction to the Semantic Dilemma of the Early Church*, London: Epworth Press, 1965, 89, 69, 72.

29) Jonathan Culler, op. cit. 55.

30) 텍스트를 "어드레스"(말건넴)로 보는 관점과 관련해서는 참고, Dick Leith and George Myerson, *The Power of Address: Exploration in Rhetoric*, London and New York: Routledge, 1989, xii et passim.

31) Frances Young, op.cit, 173; cf. David Kelsey, *The Uses of Scripture in Recent Theology*, London: S.C.M., 1975, 90.

1장

1) Anthony C. Thiselton, *The Two Horizons*, 335–51 ('내러티브 세계'와 관련) 그리고 133, 374–77, 384–85, 436–37 ('화행'과 관련); A.C. Thiselton (Clare Walhout, Roger Lundin과 공저), *The Responsibility of Hermeneutics*, Grand Rapids: Eerdmans, Exeter: Paternoster, 1985, 특히 107–113; cf. 42–57.

2) F. Recannati, op. cit; cf. Geoffrey Leech, *Principles of Pragmatics*, London and New York: Longman, 1983. 이 주제와 관련된 가장 요긴한 저작으로는 참고, John Searle, *Speech Acts: An Essay in the Philosophy of Language*, Cambridge: Cambridge University Press, 1969; 그리고 그의 *Expression and Meaning: Studies in the Theory of Speech Acts*, Cambridge: Cambridge University Press, 1979; 기타 관련된 저작들로는 참고, J.R. Searle, F. Kiefer, and M. Bierwisch (eds.) *Speech Act Theory and Pragmatics*, Dordrecht: Reidel, 1980; Stephen C. Levinson, *Pragmatics*, Cambridge: Cambridge University Press, 1983. 성경 연구와 관련해서 화행론이 사용된 예를 위해서는 참고, Hugh C. White (ed.) *Speech Act Theory and Biblical Criticism, Semeia* 41, 1988.

3) Markus Barth, *Conversation with the Bible*, New York: Holt, Rinehart and Winston, 1964, 9.

4) Cf. Edwin M. Good, *Irony in the Old Testament*, London: S.P.C.K. 1965, 39–55; 또한 참고 Kornelis H. Miskotte, *When the Gods are Silent*, Eng., London: Collins, 1967, 422–38.

5) Emilio Betti, *Die Hermeneutik als allgemeine Methodik des Geisteswissenschaften*, 2nd edn. Tübingen: Mohr, 1972, 7.

6) Hans Robert Jauss, *Towards an Aesthetic of Reception*, Eng. Minneapolis, University of Minnesota Press, 1982, 특히 "Literary History as a Challenge to Literary Theory," 3–45; 그리고 *Aesthetic Experience and Literary Hermeneutics* Eng. Minneapolis: University of Minnesota Press, 1982. 수용이론 전반과 관련해서는 참고, Robert C. Holub, *Reception Theory: A Critical Introduction*, London: Methuen, 1984; D.W. Fokkema and Elrud Kunne–Ibsch, *Theories of Literature in the Twentieth Century*, London: Hurst & Co., 1978, 136–64.

7) Anthony C. Thiselton "The New Hermeneutic" in I.H. Marshall (ed.) *New Testament Interpretation*, Grand Rapids, Eerdmans and Exeter: Paternoster, 1977. 308–33; and *The Two Horizons* 12–17 (눅 18:9–14) 그리고 344–52 (눅 15:11–32, 눅 10:29–37).

8) Dietrich Bonhoeffer, *Meditating on the Word*, Cambridge, Mass.: Cowley Publications, 1986, 44–45.

9) *Luther's Works* (ed. J.J. Pelikan and H.T. Lehmann) St. Louis, Philadelphia: Concordia Publishing House, 1955–, 336–37.

10) David E. Klemn, *Hemeneutical Inquiry: I, The Interpretation of Texts*, Atlanta: Scholars Press, 1986, 3.

11) Paul Ricoeur, *The Conflict of Interpretations: Essays in Hermeneutics*, Evanston: Northwestern University Press, 1974, 17.『해석의 갈등』(한길사 역간)

12) Hans–Georg Gadamer, *Truth and Method*, Eng. London: Sheed & Ward, 1975, 특히 267–78 그리고 295–341,『진리와 방법(문학동네 역간) 또한 참고, E.D. Hirsch, *Validity in Interpretation*, New Haven: Yale University Press, 1967, 62–64, 140–41, 212–24, 247–51.

13) Richard Swinburne, "Meaning in the Bible" in S.R. Sutherland and T.A. Roberts(ed.) *Religion, Reason, and the Self: Essays in Honour of H.D. Lewis*, Cardiff: University of Wales Press, 1989, 1–33.

14) *Ibid.*, 14.

15) Brevard S. Childs, *Introduction to the Old Testament as Scripture*, London: S.C.M., 1979; 그리고 *The New Testament as Canon: An Introduction*, London: S.C.M., 1979. 참고, 『신구약성서신학』(대한기독교서회 역간)

16) J.A. Sanders, *Torah and Canon*, Philadelphia: Fortress, 1972, and *Canon and Community*, Philadelphia: Fortress, 1984.『토라와 정경』(한국기독교연구소 역간)

17) James D.G. Dunn, "Levels of Canonical Authority," *New Horizons in Biblical Theology* 4 (1982) 13–60; 그리고 *The Living Word*, London: S.C.M., 1987.

18) *Ibid.*, 30.

19) *Ibid.*, 40–41.

20) Terence Keegan, *Interpreting the Bible: A Popular Introduction to Biblical Hermeneutics*. New York: Paulist Press, 1985, 142–44.

21) Donald A. Hagner, "The Old Testament in the New," in Samuel J. Schutz and Morris A. Inch, (ed.) *Interpreting the Word of God: Festschrift in Honor of Steven Barabas*, Chicago: Moody Press, 1976, 78–104, esp.102.

22) Walter C. Kaiser, *The Uses of the Old Testament in the New*, Chicago: Moody Press, 1985, 226.『신약의 구약사용』(크리스챤다이제스트 역간)

23) Paul Engelmann, *Letters from Ludwig Wittgenstein*, Oxford: Blackwell, 1967; 또한 Allen Janik and Stephen Toulmin, *Wittgenstein's Vienna*, London: Wiedenfeld and Nicolson, 1973.

24) Ludwig Wittgenstein, *Tractatus Logico–Philosophicus*, London: Routledge and Kegan Paul, 1961, 7 (p.151); cf. Anthony C. Thiselton, *The Two Horizons*, 359–70.『논리철학론』(서광사 역간)

25) E.D. Hirsch Jr., *The Aims of Interpretation*, Chicago University of Chicago Press, 1978 (1976) 146–58.

26) H.P. Grice: "Meaning" in P.F. Strawson (ed.) *Philosophical Logic*, Oxford: Oxford University Press, 1967, 47; cf. 39–48. Cf. P.D. Juhl, *Interpretation: An Essay in the Philosophy of Literary Criticism*, Princeton: Princeton University Press, 1980; John R. Searle, *Intentionality: An Essay in the Philosophy of Mind*, Cambridge: Cambridge University Press, 1983; François Recanati, *Meaning and Force: The Pragmatics of Performative Utterances*, Cambridge: Cambridge University Press, 1987.

27) Anthony C. Thiselton, *The Two Horizons*, 3–23, 103–14, 154–61 ('지평'과 관련); 51–103 ('역사적 상황성'과 관련).

28) Jonathan Culler, *The Pursuit of Signs: Semiotics, Literature, Deconstruction*, London: Routledge & Kegan Paul, 1981, 101; cf. 100–18. 아울러 Michael Worton and Judith Still (eds.) *Intertextuality: Theories and Practices*, Manchester; Manchester University Press. 1990, 특히 Worton과 Still의 서문 참고.

29) Michael Fishbane, *Biblical Interpretation in Ancient Israel*, Oxford: Clarendon Press. 1985, 1, 140, 410, 414, 440, 473 et passim.

30) *Ibid.*, 385–86.

31) *Ibid.*, 324–26.

32) *Ibid.*, 479–84.

33) *Ibid.*, 482.

34) *Ibid.*, 347.

35) David J.A. Clines, "Nehemiah 10 as an Example of Early Jewish Biblical Exegesis" in *Journal for the Study of the Old Testament* 21, 1981, 111–17; H.G.M. Williamson "History" in Don A. Carson and H.G.M. Williamson (eds.) *It is Written: Scripture Citing Scripture: Essays in Honour of Barnabas Lindars*, Cambridge: Cambridge University Press, 1988, 25–38.

36) Brevard S. Childs, *Myth and Reality in the Old Testament*, London: S.C.M, 1962, 42; Anthony C. Thiselton, "Myth, Mythology" *Zondervan Pictorial Encyclopedia of the Bible*, Grand Rapids: Zondervan, 1975, vol.4, 333–43; George B. Caird, *The Language and Imagery of the Bible*, London: Duckworth, 1980, 219–42.

37) Raymond Tallis, *Not Saussure: A Critique of Post–Saussurean Literary Theory*, London: MacMillan, 1988, 31.

38) Julia Kristeva, *Revolution in Poetic Language*, Eng. New York: Columbia University Press, 1984, 59–60.

39) Janet Martin Soskice, *Metaphor and Religious Language*, Oxford: Clarendon Press, 1985, 158.

40) Richard L. Rohrbaugh, *The Biblical Interpreter: An Agrarian Bible in an Industrial Age*, Philadelphia: Fortress 1978, 61; cf. 55–68.

41) Ken E. Bailey, *Poet and Peasant*, Grand Rapids: Eerdmans. 1976.

42) Gerd Theissen, *The Social Setting of Pauline Christianity: Essays on Corinth*, Eng. Philadelphia: Fortress. 1982, 121–43.

43) *Ibid.*, 139.

44) Abraham Cronbach, "Unmeant Meanings of Scripture," *Hebrew Union College Annual* 36, 1965; 99–122.

45) Anthony C. Thiselton, *The Two Horizons* 51–84, 92–103.

46) Rudolf Bultmann, *Existence and Faith: Shorter Writings of Rudolf Bultmann*, Eng. London: Fontana edn. 1964, 342–51.

47) Rudolf Bultmann, *Glauben und Verstehen: Gesammelte Aufsätze* (4 vols.) Tübingen: Mohr, 1964–5, III 142–50.

48) John Searle, *Intentionality: An Essay in the Philosophy of Mind*, Cambridge: Cambridge University Press, 1983, 19–20, 144–59.

49) *Ibid.*, 147.

50) Anthony C. Thiselton, *The Two Horizons*, 357–427 특히 379–85.

51) Hans–Georg Gadamer, *Truth and Method*, 269.『진리와 방법』(문학동네 역간)

52) *Ibid.*, 269, 271.

53) Graham Shaw, *The Cost of Authority: Manipulation and Freedom in the New Testament*, London: S.C.M., 1983, 190–268.

54) Fernando Belo, *A Materialist Reading of the Gospel of Mark*, Eng. New York: Orbis Books, 1981.

55) Robert Morgan (with John Barton) *Biblical Interpretation*, Oxford: Oxford University Press, 1988, 8.

56) Robert Alter, *The Art of Biblical Narrative*, New York: Basic Books, 1981, 91.

57) *Ibid.*, 34, 63, 92, 123.

58) David M. Gunn, *The Fate of King Saul: An Interpretation of a Biblical Story*, Sheffield: J.S.O.T. Press, Suppl. 14, 1980; Adele Berlin, *Poetics and Interpretation of Biblical Narrative*, Sheffield: Almond, 1983.

59) Stanley Fish, *Is There a Text in This Class? The Authority of Interpretive Communities*, Cambridge: Harvard University Press, 1980, 16.

60) David Couzens Hoy, "Must We Say What We Mean? The Grammatological Critique of Hermeneutics" in Bruce R. Wachterhauser (ed.) *Hermeneutics and Modern Philosophy*, New York: Albany State University of New York Press, 1986, 397–98; cf. 397–415.

61) John D. Caputo, *Radical Hermeneutics: Repetition, Deconstruction, and the Hermeneutical Project*, Bloomington: Indiana University Press, 1987, 4.

2장

1) John Lyons, *Semantics* (2 vols) Cambridge: Cambridge University Press, 1977, 2, 633. 『의미론』(한국문화사 역간)

2) *Ibid.*, 634.

3) *Ibid.*, 633.

4) Werner H. Kelber, *The Oral and the Written Gospel: The Hermeneutics of Speaking and Writing in the Synoptic Tradition, Mark, Paul and Q*, Philadelphia: Fortress Press, 1983.

5) Paul Ricoeur, *Hermeneutics and the Human Sciences*, Cambridge and New York: Cambridge University Press, 1981, 139. 『해석학과 인문사회과학』(서광사 역간)

6) *Ibid.*, 147.

7) *Ibid.*, 148.

8) Ibid., 149; cf. "거리두기"(distanciation)에 관해서는 131–44, "텍스트성"(textuality)에 관해서는 145–64 참고. 그밖에도 참고, Paul Ricoeur, *Interpretation Theory: Discourse and the Surplus of Meaning*, Fort Worth: Texas Christian University Press, 1976, 25–44. 『해석이론』(서광사 역간)

9) Jacques Derrida, "Living On"/"Border Lines," in Harold Bloom, Paul de Man, Jacques Derrida et al. *Deconstruction and Criticism*, London: Routledge and Kegan Paul, 1979, 83, cf. 75–176.

10) *Ibid.*, 84.

11) Roland Barthes, "From Work to Text" in Josué V. Harari (ed), *Textual Strategies: Perspectives in Post–Structuralist Criticism*, Ithaca: Cornell University Press, 1979, 78; cf. 73–81.

12) *Ibid.*, 76.

13) *Ibid.*, 77–8.

14) Paul Ricoeur, *Hermeneutics and the Human Sciences* 142–44.

15) Norman R. Petersen, *Rediscovering Paul: Philemon and the Sociology of Paul's Narrative World*, Philadelphia: Fortress Press, 1985, 17–32 et passim.

16) Robert Morgan (with John Barton) *Biblical Interpretation*, 10, 196–200, 287 et passim.

17) *Ibid.*, 25 그리고 198.

18) *Ibid.*, 287.

19) *Ibid.*, 203.

20) *Ibid.*, 221.

21) Anthony C. Thiselton, "On Models and Methods: A Conversation with Robert Morgan" in David J.A. Clines, Stephen E. Fowl, and Stanley E. Porter (eds.) *The Bible in Three Dimensions: Essays in Celebration of Forty Years of Biblical Studies in the University of Sheffield*, Sheffield: Sheffield Academic Press (J.S.O.T. Suppl. Ser. 87) 1990, 337–56.

22) Norman Petersen, *op. cit.* 6.

23) Rene Wellek and Austin Warren, *Theory of Literature*, London: Penguin Books, 1973 (1949), 42. 『문학의 이론』(을유문화사 역간)

24) William K. Wimsatt and Monroe Beardsley, "The Intentional Fallacy" in W.K. Wimsatt, *The Verbal Icon: Studies in the Meaning of Poetry*, New York: Noonday Press, 1966 (1954); cf. "Genesis: A Fallacy Re–visited" in Peter Demetz *et al*, *The Disciplines of Criticism: Essays in Literary Theory, Interpretation and History*, New Haven: Yale University Press, 1968, 193–225; and "The Intentional Fallacy" in David De–Newton Molina (ed.) *On Literary Intention*, Edinburgh: Edinburgh University Press, 1976, 1–13. 그밖에도 참고, John Barton, *Reading the Old Testament: Method in Biblical Study*, London: Darton, Longman & Todd, 1984, 147–53; David Couzens Hoy, *The Critical Circle: Literature, History and Philosophical Hermeneutics*, Berkeley: University of California Press, 1982, 25–29.

25) H.P. Grice, "Meaning" in P.F. Strawson (ed.) *Philosophical Logic*, Oxford: Oxford University Press, 1971, 39–48; 그리고 "Utterance–Meaning, Sentence–Meaning, and Word–Meaning" in J.R. Searle (ed.), *The Philosophy of Language*, London: Oxford University Press, 1971, 54–70; John R. Searle, *Intentionality: An Essay in the Philosophy of Mind*, Cambridge: Cambridge University Press, 1983, 160–79 *et passim*; and F. Recanati, *op. cit.*

26) Frank Lentricchia, *After the New Criticism*, Chicago: University of Chicago Press, 1980, 7; cf. 3–26.

27) Susan R. Suleiman and Inge Crosman (eds.) *The Reader in the Text: Essay on Audience and Interpretation*, Princeton: Princeton University Press, 1980, 5.

28) Wolgang Iser, *The Implied Reader: Patterns of Communication in Prose Fiction from Bunyan to Beckett*, Baltimore: Johns Hopkins University Press, 1974, 274–75, (강조는 첨가).

29) S.R. Suleiman and I. Crosman (eds.) *op. cit.* vii.

30) Robert Crosman, " Do Readers Make Meaning?" *op. cit.* 161; cf. 149–64.

31) Stanley Fish, *Is There a Text in This Class? The Authority of Interpretive Communities*, Cambridge, Mass.: Harvard University Press, 1980, 12–13.

32) *Ibid.*, 13.

33) 고전 16:19과 고후 11:3에 대한 칼뱅의 주석 참고. Cf. T.H.L. Parker, *Calvin's New Testament Commentaries*, London: S.C.M. Press, 1971, 26–68.『칼빈주석』(규장칼빈주석시리즈, 규장출판사 역간)

34) John Lyons, *op. cit.* vol. 2, 622–35.

35) *Ibid.*, 607–13.

36) J.R. Firth, *Papers in Linguistics*, 1934–51, London: Oxford University Press, 1957, 32–3.

37) Werner G. Jeanrond, *Text and Interpretation as Categories of Theological Thinking*, Dublin: Gill and MacMillan, 1988, 7.

38) *Ibid.*, 76.

39) Jeffrey Stout, "What is the Meaning of a Text?" *New Literary History*, 14, 1982, 7, cf. 1–12 (스타웃 자신의 강조).

40) Robert Morgan (with John Barton) *Biblical Interpretation*, 7.

41) François Bovon, *Exegesis: Problems of Method and Exercises in Reading* Eng. Pittsburgh: Pickwick press, 1978, 1.

42) John Breck, *The Power of the Word in the Worshipping Church*, New York: St. Vladamir's Seminary Press, 1986, 93–139. Cf. Georges Florovsky, *Bible, Church, Tradition: An Eastern Orthodox View*, Belmont: Nordland Publishing Co., 1972, 37–72.

43) C.H. Dodd, *The Parables of the Kingdom*, London: Nisbet, 1935, 16.

44) 대표적 주석들 외에 참고, John Dominic Crossan (ed.) "The Book of Job and Ricoeur's Hermeneutics" *Semeia* 19, 1981, 41–46 *et passim*.

45) Cf. Hans Frei, *The Eclipse of Biblical Narrative: A Study in Eighteenth and Nineteenth Century Hermeneutics*, New Haven: Yale University Press, 1974.『성경의 서사성 상실』(한국장로교출판사 역간)

46) David Tracy, *Plurality and Ambiguity: Hermeneutic, Religion, Hope*, San Francisco: Harper and Row, 1987, 9.

47) Norman Perrin, *Jesus and the Language of the Kingdom: Symbol and Metaphor in New Tesament Interpretation*, London: S.C.M. 1976, 197 (페린 자신의 강조).

48) *Ibid.*, 29–30.

49) Bernard Lategan and Willem Vorster, *Text and Reality: Aspects of Reference in Biblical Texts*, Atlanta: Scholars Press, 1985.

50) *Ibid.*, 67–93.

51) Willem Vorster, *loc. cit.* 64.

52) Bernard Lategan *Ibid.*, 67–93.

53) Janet Martin Soskice, *Metaphor and Religious Language*, 148–61 *et passim*. Cf. Paul Ricoeur, *The Rule of Metaphor* Eng. London: Routledge and Kegan Paul, 1978.

54) Norman R. Petersen, *Literary Criticism for New Testament Critics*, Philadelphia: Fortress Press, 1978, 81–92.

55) Dick Leith and George Myerson, *The Power of Address: Explorations in Rhetoric*, London & New York: Rortledge, 1989, xii.

56) Paul Ricoeur, *Interpretation Theory*, 25–44; *Hermeneutics and the Human Sciences*, 131–44.『해석학과 인문사회과학』(서광사 역간)

57) Werner H. Kelber, *The Oral and the Written Gospel: The Hermeneutics of Speaking and Writing in the Synoptic Tradition, Mark, Paul and Q*, Philadelphia: Fortress Press 1983, xv.

58) *Ibid.*, 141.

59) *Ibid.*, 143.

60) Ludwig Wittgenstein, *The Blue and Brown Books* 2nd edn. Oxford: Blackwell, 1969, 48.『청갈색책』(그린비 역간)

61) Werner H. Kelber, *op. cit.* 151.

62) *Ibid.*, 33.

63) *Ibid.*, 92; cf. Paul Ricoeur, *Interpretation Theory* 25–44.

64) Werner H. Kelber *op. cit.* 94.

65) *Ibid.*, 115.

66) Lou H. Sillberman " Reflections on Orality, Aurality, and Perhaps More," *Semeia* 39 (1987) 4; cf. 1–6.

67) Walter Ong, "Text as Interpretation: Mark and After" *Ibid.*, 19 and 21.

68) *Ibid.*, 7–26.

69) Ernest Best, *Mark: The Gospel as Story*, Edinburgh: Clark, 1983, esp. 93–147; cf. David Rhoads and Donald Michie, *Mark as Story*, Philadelphia: Fortress Press, 1982.

70) Werner Kelber, "Biblical Hermeneutics and the Ancient Art of Communication" *Semeia* 39, 1987, 102; cf. 97–105.

71) Paul Ricoeur, *Interpretation Theory* 25–44; *Hermeneutics and the Human Sciences* 131–64; *Essays on*

Biblical Interpretation (ed. L.S. Mudge) London: S.P.C.K., 1981.

72) Paul Ricoeur, "Bibliacal Hermeneutics" Semeia 4, 1975, 29–148; 그리고 *Essays on Biblical Interpretation* 73–118.

73) Paul Ricoeur, *Essays on Biblical Interpretation* 75–95, 그리고 *Semeia* 4, 1975, 107–22.

74) Paul Ricoeur, *Essays on Biblical Interpretation* 89.

75) *Ibid.*, 75.

76) *Ibid.*, 88–9.

77) *Ibid.*, 79.

78) *Ibid.*, 83–4.

79) *Ibid.*, 86.

80) Paul Ricoeur, *The Symbolism of Evil*, Eng. Boston: Beacon Press, 1969(1967) 319. 『악의 상징』(문학과지성사 역간)

81) Paul Ricoeur, *The Conflict of Interpretations, Essays in Hermeneutics* (ed. Don Ihde), Evanston: Northwestern University Press, 1974, 461 (강조는 첨가). 『해석의 갈등』(한길사 역간)

82) Paul Ricoeur, *Essays in Biblical Interptretation* 87.

83) *Ibid.*, 89.

84) Paul Ricoeur, *The Conflict of Interpretation*, 460–61.

85) Paul Ricoeur, *Essays in Biblical Interpretation*, 93.

86) Paul Ricoeur, *Semeia* 4, 1975, 107–9.

87) Kelvin J. Vanhoozer, *Biblical Narrative in the Philosophy of Paul Ricoeur*, Cambridge: Cambridge University Press, 1990.

88) Ludwig Wittgenstein, *Zettel*, Oxford: Blackwell, 1967, sect. 717. 『쪽지』(책세상 역간)

89) Vern S. Poythress, "Divine Meaning of Scripture," *Westminster Theological Journal* 48, 1986, 241–79.

90 *Ibid.*, 258–62.

3장

1) Cf. John M. Court, *Myth and History in the Book of Revelation*, London: S.P.C.K., 1979, 특히 45–59, 82–7, 91–105 and 164–69; George B. Caird, *The Language and Imagery of the Bible*, London: Duckworth, 1980, 250–71; G.R. Beasley–Murray, *The Book of Revelation*, London: Oliphants 1974, 16–17.

2) Julia Kristeva, *Revolution in Poetic Language*, Eng, New York: Columbia University Press, 1984, 59–60 (강조는 원문 그대로).

3) John M. Court, op. cit.; 85–7. Cf. G.R. Beasley–Murray, op. cit., 181–82, 또한 John Sweet, *Revelation*, London: S.C.M., 1979, 183.

4) Roland Barthes, *Elements of Semiology*, Eng. London: Jonathan Cape, 1967, 13–28; Cf. *Mythologies*, Eng. London; Jonathan Cape, 1972 passim.

5) Umberto Eco, "Social Life as a Sign System" in David Robey (ed) *Structuralism: An Introduction*, Oxford: Clarendon Press, 1973, 57, 59; Cf. 57–72.

6) Roland Barthes, *Elements of Semiology* 92.

7) Julia Kristeva, "From Symbol to Sign" rp. in Toril Moi (ed.) *The Kristeva Reader*, New York: Columbia University Press, 1986, 79.

8) 바르트의 *Elements of Semiology and Mythologies* 외에도 참고, Roland Barthes, *S/Z* Eng. London: Jonathan Cape, 1975, 그리고 *The Pleasure of the Text* Eng. London: Jonathan Cape, 1976.

9) John Lyons, *Introduction to Theoretical Linguistics*, Cambridge: Cambridge University Press, 1968, 38.

10) Ferdinand de Saussure, *Course in General Linguistics*, Eng. London: Owen, 1960, 68; *Cours de linguistique générale* (*édition critique* by R. Engler), Wisebaden: Harasowitz 1967, 152–53.

11) *Ibid.*, 114 (*édition critique*) Fasc. 2, 259.

12) Jacques Derrida, *Speech and Phenomena, and Other Essays on Husserl's Theory of Signs*. Eng. Evanston: North Western University Press, 129–60.

13) Robert S. Corrington, *The Community of Interpreters: On the Hermeneutics of Nature and the Bible in the American Philosophical Tradition*, Macon, Ga: Mercer University Press, 1987, 1–29.

14) *Ibid.*, 2, 16.

15) Ferdinand de Saussure, *op. cit.* 68 (*édition critique*, 152–3).

16) *Ibid.*, 110.

17) *Ibid.*, 114.

18) Anthony C. Thiselton, "Semantics and New Testament Interpretation" in I.H Marshall (ed.) *New Testament Interpretation*, Grand Rapids: Eerdmans, and Exeter: Paternoster Press, 1977, 75–104, 특히 79–89.

19) Charles S. Peirce, *The Collected Papers of Charles Sanders Peirce*, (eds. Charles Harshorne and Paul Weiss) Cambridge, Mass.: Harvard University Press, 1934–36, vol.2, 248; cf. 특히 227–92.

20) *Ibid.*, vol.2, 249.

21) Charles W. Morris, *Writings on the General Theory of Signs*, The Hague: Mouton, 1971 (includes *Foundation for the Theory of Signs* (1938) and *Signs, Language, and Behaviour*, 1949), 6, 219.

22) Cf. Sándor Hervey, *Semiotic Perspectives*, London: Allen and Unwin, 1982, 38–58.

23) Leonard Bloomfield, *Language*, London, Allen & Unwin, 1935 (1933); B.F. Skinner, *Verbal Behaviour*, New York: Appleton Crofts, 1957; W.V.O. Quine, *Word and Object*, Cambridge, Mass.:

M.I.T. Press, 1960; Richard Rorty, *Philosophy and the Mirror of Natures*, Princeton: Princeton University Press, 1980 (1979); Norman N. Holland, *Five Readers Reading*, New Haven: Yale University Press, 1975; *Poems in Persons: An Introduction to the Psychoanalysis of Literature*, New York: Norton, 1973; and "Transactive Criticism: Re–Creation through Identity," *Criticism* 18, 1976, 334–52; and Stanley Fish *op. cit.*

24) Robert S. Corrington, *op. cit.* 15.

25) John Dominic Crossan, "Difference and Divinity" in Robert Detweiler (ed.) *Derrida and Biblical Studies, Semeia* 23, 1982, 38; cf. 29–40.

26) Carl A. Raschke, *The Alchemy of the Word: Language and the End of Theology*, Missoula: Scholars Press, 1979 (A.A.R. Studies in Religion 20) 67.

27) *Ibid.*, 17.

28) Mark C. Taylor, *Deconstructing Theology*, New York: Crossroad, and Chico: Scholars Press, 1982 (A.A.R. Studies in Religion 28) xiv and 99.

29) David Harvey, *The Condition of Postmodernity*, Oxford: Blackwell, 1989, 9.『포스트 모더니티의 조건』(한울출판사 역간)

30) Karl–Otto Apel, *Towards a Transformation of Philosophy*, Eng, London: Routledge & Kegan Paul, 1980, 80; Christopher Norris, *Deconstruction: Theory and Practice*, London: Methuen, 1982, xii.『해체비평, 이론과 실제』(한신문화사 역간)

31) Karl–Otto Apel, *op. cit.*, 111.

32) *Ibid.*, 123.

33) *Ibid.*

34) *Ibid.*, 110.

35) Ludwig Wittgenstein, *Philosophical Investigations* sect. 241 and 242.『철학적 탐구』(책세상 역간)

36) Karl–Otto Apel, *op. cit.*, 110.

37) Sándor Hervey, *Semantics* vol.1, 99; Terence Hawkes, *Structuralism and Semiotics*, London: Methuen, 1977, 130.

38) J. Trier, *Der Deutsche Wortschatz im Sinnbezirk des Verstandes*, Heidelberg: Winter, 1931, 6.

39) Claude Lévi–Strauss, *Structural Anthropology*, Eng. London and New York: Basic Books, 1963, 62.

40) *Ibid.*

41) Julia Kristeva, *Revolution in Poetic Language*, 72.

42) 단 스퍼버(Dan Sperber)의 비판은 참고, John Sturrock (ed.) *Structuralism and Since: From Lévi Strauss to Derrida*, Oxford: Oxford University Press, 1979, 23–25.

43) Claude Lévi–Strauss, *op. cit.* 210.

44) Edmund Leach, "Structuralism in Social Anthropology" in David Robey (ed.) *Structuralism: An Introduction*, Oxford: Clarendon Press, 1973, 38–39; cf. 37–56; Robert Scholes, *Structuralism in Literature*, New Haven: Yale University Press, 1974, 71–72; Frank Lentricchia, *After the New Criticism*, Chicago: Chicago University Press, 1980, 128–29.

45) Northrop Frye, *The Great Code: The Bible and Literature*, New York and London: Harcourt Brace Jovanovich, 1982, xiii.

46) Erhardt Güttgemanns, *Candid Questions Concerning Gospel Form Criticism*, Eng. Pittsburgh: Pickwick Press, 1979, 59–63; "Generative Poetics" in *Semeia* 6, 1976, 3–8, 197–201; and "'Text' und 'Geschichte' als Grundkategorien der Generativen Poetik," *Linguistica Biblica* 11–12, 1972, 2–12.

47) E. Güttgemanns, *Semeia* 6, 1976, 2.

48) E. Güttgemanns, *Candid Questions*, 60.

49) D.W. Fokkema and Elrud Kunne–Ibsch, *Theories of Literature in the Twentieth Century*, London: Hurst, 1978, 56; and Philip Dwyer, *Sense and Subjectivity: A Study of Wittgenstein and Merleau–Ponty*, Leiden: Brill, 1990, 1–47.

50) Roland Barthes, *Criticism and Truth*, Eng. Minneapolis: University of Minnesota Press, 1987, 46–49; cf. *Writing Degree Zero*, Eng. London: Jonathan Cape, 1967.

51) Roland Barthes, *Mythologies*, Eng. London: Jonathan Cape, 1972, 91–93.『현대의 신화』(동문선 역간)

52) *Ibid.*, 116.

53) *Ibid.*, 15–25.

54) *Ibid.*, 11.

55) *Ibid.*, 116.

56) *Ibid.*, 120.

57) Roland Barthes, *Elements of Semiology*, Eng. London: Jonathan Cape, 1967, 25–30, 58–88.

58) *Ibid.*, 68.

59) *Ibid.*, 79, 81.

60) *Ibid.*, 77.

61) *Ibid.*, 81, 82.

62) Ferdinand de Saussure, *op. cit.* 15, 16.

63) Fredric Jameson, *The Political Unconscious: Narrative as a Socially Symbolic Act*, Ithaca: Cornell University Press, 1981, 10.

64) Sándor Hervey, *op. cit.* 152.

65) Frank Lentricchia, *op. cit.* 130.

66) Roland Barthes, *Criticism and Truth*, 39.

67) *Ibid.*, 67, 71.

68) *Ibid.*, 72.

69) Roland Barthes, *Elements of Semiology*, 92.

70) *Ibid.*, 93.

71) *Ibid.*

72) D. W. Fokkema and Elrud Kunne–Ibsch, *Theories of Literature in the Twentieth Century: Structuralism, Marxism, Aesthetics of Reception, Semiotics*, 56.

73) Robert Detweiler, *Story, Sign and Self: Phenomenology and Structuralism as Literary–Critical Method*, Philadelphia: Fortress, and Missoula: Scholars Press, 1978, 17.

74) Roland Barthes, *On Racine*, Eng. New York: Hill and Wang, 1964, 162. 『라신에 관하여』(동문선 역간)

75) Roland Barthes, *Introduction to the Structural Analysis of Narrative, Communications* 8, 1966, 3; cf. 1–27.

76) John Sturrock, *Structuralism and Since: From Levi–Strauss to Derrida*, Oxford: Oxford University Press, 1979, 67, 69.

77) Roland Barthes, *S/Z*, Eng. London: Jonathan Cape, 1975, 13. 『S/Z』(연암서가 역간)

78) *Ibid.*, 14–21.

79) Roland Barthes, "From Work to Text" in Josué V. Harari (ed.) *op. cit.* 74.

80) *Ibid.*, 75.

81) *Ibid.*, 76.

82) *Ibid.*

83) *Ibid.*, 78; and Roland Barthes, *The Pleasure of the Text*, London: Jonathan Cape, 1975. 『텍스트의 즐거움』(동문선 역간)

84) Roland Barthes, "From Work to Text," 80.

85) Roland Barthes, *The Pleasure of the Text*, 27.

86) Roland Barthes, *Elements of Semiology*, 24.

87) James Schmidt, *Maurice Merleau–Ponty: Between Phenomenology and Structuralism*, London: MacMillan, 1985, 105–111.

88) *Ibid.*, 106.

89) *Ibid.*, 105, 107, and 108.

90) Roland Barthes, *Elements of Semiology* 93.

91) T.K. Seung, *Structuralism and Hermeneutics*, New York: Columbia University Press, 1982, 125. 『구조주의와 해석학』(전남대학교출판부 역간)

92) Raymond Tallis, *Not Saussure: A Critique of Post–Saussurean Literary Theory*, London: MacMillan, 1988, 83–96, 211–13 et passim.

93) Jonathan Culler, *The Pursuit of Signs: Semiotics, Literature, Deconstruction*, London: Routledge and Kegan Paul, 1981, 103.

94) Ludig Wittgenstein, *Philosophical Investigations*, sect 202.

95) *Ibid.*, sect. 49.

96) *Ibid.*, sect. 115.

97) *Ibid.*, sect. 109.

98) *Ibid.*, sects. 140, 146, 374, 422–26, and p.11.

99) *Ibid.*, sect. 132.

100) Benjamin L. Whorf, *Language, Thought and Reality: Selected Writings of Benjamin Lee Whorf*, ed. J.B. Carroll, Cambridge, Mass.: M.I.T. Press, 1956, 212–14. 『언어 사고 그리고 실재』(나남 역간)

101) Eugene A. Nida, "The Implications of Contemporary Linguistics for Biblical Scholarship" *J.B.L.* 91, 1972, 73–89; Max Black, "Linguistic Relativity: The Views of Benjamin Lee Whorf," *Philosophical Review* 68, 1959, 228–38; David Crystal, *Linguistics, Language and Religion*, London: Burns and Oates 1965, John Lyons, *Semantics* vol.1, 245–50, and *Structural Semantics: An Analysis of Part of the Vocabulary of Plato*, Oxford: Blackwell, 1969, 39–44.

102) B. Berlin and P. Kay, *Basic Color Terms*, Berkley: University of California Press, 1969.

103) Anthony C. Thiselton, *The Two Horizons*, 136–39, and "Semantics and New Testament Interpretation" in I.H. Marshall (ed) *op. cit.* 75–104.

104) Andreas Huyssen, *After the Great Divide: Modernism, Mass Culture, Post–Modernism*, Bloomington: Indiana University Press, 1986, 217.

105) Jacques Derrida, *Of Grammatology*, Eng. Baltimore London: Johns Hopins University Press, 1976, 40 and 41. 『그라마톨로지』(민음사 역간)

106) Jacques Derrida "Living On/Border Lines" in *Deconstruction and Criticism*, 84.

107) Guatri C. Spivak, "Translator's Preface" to *Of Grammatology*, xxi.

108) Jacques Derrida, *Of Grammatology*, 4.

109) *Ibid.*, 27 and 74–5.

110) *Ibid.*, 9.

111) *Ibid.*, 30 (cf. Ferdinand de Saussure, *op. cit.* 45).

112) *Ibid.*, 35.

113) *Ibid.*, 40 (데리다의 강조).

114) *Ibid.*, 43.

115) *Ibid.*, 45.

116) *Ibid.*, 48.

117) *Ibid.*, 49.

118) Jacques Derrida, *Speech and Phenomena And Other Essays on Husserl's Theory of Signs*, 129–60.

119) *Ibid.*, 130.

120) *Ibid.*, 135–41.

121) Jacues Derrida, "Positions," *Diacritics* 3, 1973, 39–40; cf. 33–46.

122) Martin Heidegger, *On the Way to Language*, Eng. New York: Harper and Row, 1971, 70. 『언어의 도상에서』(나남 역간); cf. *An Introduction to Metaphysics,* Eng. New York: Yale University Press, 1959. 『형이상학 입문』(문예출판사 역간)

123) Mark C. Taylor, *op. cit.* 95; Guyatri Spivak, *loc cit.* xxxii–liv; Christopher Norris, *Deconstruction: Theory and Practice*, London: Methuen 1982, 68–70; John Sallis (ed.) *Deconstruction and Philosophy: The Texts of Jacques Derrida*, Chicago: University of Chicago Press, 1987, xii–xv, 34–5; 161–96 Richard Rand, in Jacques Derrida, *Signéponge*, New York: Columbia University Press, 1984, x; David Couzens Hoy, *The Critical Circle: Literature, History, and Philosophical Hermeneutics*, Berkeley: University of California Press, 1982, 78–81.

124) Anthony C. Thiselton, *The Two Horizons*, 143–204, 327–55.

125) Martin Heidegger, *On the Way to Language*, 30.

126) Martin Heidegger, *An Introduction to Metaphysics*, 36 & 37.

127) *Ibid.*

128) *Ibid.*, 40.

129) *Ibid.*, 158.

130) *Ibid.*, 206.

131) Martin Heidegger, *On Time and Being*, Eng. New York: Harper and Row, 1972, 30 (강조는 첨가).

132) *Ibid.*, (강조는 첨가).

133) *Ibid.*, (강조는 첨가).

134) Martin Heidegger, *On the Way to Language*, 64.

135) *Ibid.*, 124.

136) *Ibid.*, 125.

137) Jacques Derrida, *Speech and Phenomena*, 154.

138) Martin Heidegger, *On the Way to Language*, 54.

139) *Ibid.*, 163.

140) *Ibid.*, 5, 21.

141) *Ibid.*, 26.

142) Jacques Derrida, *Of Grammatology* 18.

143) Martin Heidegger, *The Question of Being*, Eng. New York: Vision, 1958, 80; cf. Jacques Derrida, *Of Grammatology* xiv–xvii.

144) G.C. Spivak, *loc cit.* xvii.

145) Martin Heidegger, *On Time and Being*, 8.

146) Jacques Derrida, *The Post Card: From Socrates to Freud and Beyond*, Eng. Chicago: University of Chicago Press, 1987, 63; cf. *Writing and Difference*, Eng. London: Routledge and Kegan Paul, 1978, 90–92.

147) Jacques Derrida, *Signéponge*, New York: Columbia University Press, 1984, 64–5. 『시네퐁주』(민음사 역간)

148) *Ibid.*, 28–9; cf. ix and 157.

149) Jacques Derrida, *The Truth in Painting*, Eng. Chicago, University of Chicago Press, 1987, 16, 291–2.

150) Jacques Derrida et al. *The Ear of the Other: Otobiography, Transference, Translation* (ed. C V McDonald) Eng. New York: Schocken Books, 1985, 86.

151) *Ibid.*, 87.

152) G.C. Spivak, *loc. cit* xxxiii.

153) Jacques Derrida, *Of Grammatology*, 19.

154) Jacques Derrida, *Writing and Difference*, 281–82. 『글쓰기와 차이』(동문선 역간)

155) Jacques Derrida, "White Metaphor: Metaphor in the Text of Philosophy," *New Literary History* 6, 1971, 26; cf. 5–74.

156) Friedrich Nietzsche, *Werke* vol.3, Munich: Hanser, 1956, 311.

157) Jacques Derrida, *Writing and Difference*, 280.

158) *Ibid.*, 278–93; cf. Frank Lentricchia, *op. cit.* 169.

159) Jacques Derrida, *Writing and Difference*, 279.

160) *Ibid.*, 292.

161) Jacques Derrida, *Spurs: Nietzsche's Styles*, Eng. Chicago: Chicago University Press, 1972; and "Otobiographies" in *The Ear of the Other*, 3–38.

162) Jacques Derrida, "Otobiographies," *loc. cit.* 9 and 29.

163) *Ibid.*, 31–32.

164) *Ibid.*, 20.

165) Jacques Derrida, *Speech and Phenomena*, 48.

166) Christopher Norris, *Derrida*, London: Fontana 1987, 203–13. 『데리다』(시공사 역간); G.C. Spivak, *loc. cit.* xxi–xlix.

167) Jacques Derrida, *Writing and Difference*, 199; cf. 196–231.

168) G.C. Spivak, *loc. cit.* xlvi.

169) Jacques Lacan, *The Four Fundamental Concepts of Psychoanalysis*, Eng. London: penguin edn. 1979. 『자크 라캉 세미나. 11: 정신분석의 네 가지 근본개념』(새물결 역간); Paul Ricoeur, *Freud and Philosophy: An Essay on Interpretation*, Eng. New Haven: Yale University Press, 1970, 93; cf. Julia Kristeva, *Revolution in Poetic Language*, Eng. New York: Columbia University Press, 1984, 28. and *The Kristeva Reader* 109–111.

170) Jacques Derrida, *Writing and Difference*, 199, 221–31.

171) *Ibid.*, 224.

172) *Ibid.*, 199(강조는 첨가).

173) *Ibid.*, 230.

174) Jacques Derrida, "Living On/Border Lines" *loc. cit.* 84.

175) Hilary Lawson, *Reflexivity: The Post–Modern Predicament*, London: Hutchinson 1985, 7; Josué V. Harari (ed.) *Textual Strategies*, 69.

176) Hilary Lawson, *op. cit.* 129.

177) Jacques Derrida, "Of an Apocalyptical Tone Recently Adopted in Philosophy" in *Semeia* 23, 1982: *Derrida and Biblical Studies*, 63–97.

178) Jacques Derrida, "Living On/Border Lines" *loc. cit.* 94; cf. Jacques Derrida, *De l'esprit: Heidegger et la question*, Paris: Galilée, 1987, 126–29.

179) Geoffrey Hartman, *Ibid.*, vii–viii.

180) Henry Staten, *Wittgenstein and Derrida*, Lincoln and London: University of Nebraska Press 1984, xiv *et passim*.

181) John Dominic Crossan, *In Parables: The Challenge of the Historical Jesus*, New York: Harper and Row, 1973, 64.

182) *Ibid*., 13, 16.

183) Lynn M. Poland, *Literary Criticism and Biblical Hermeneutics: A Critique of Formalist Aproaches*, Chicago: Scholars Press, 1985 (A.A.R. Academy Series 48) 108–14.

184) Robert W. Funk, *Language, Hermeneutic and Word of God*, New York: Harper and Row, 1966, xiv; cf. 133–222.

185) J.D. Crossan, *op. cit*. xiii.

186) Lynn M. Poland, *op. cit*. lll.

187) *Ibid*.

188) John Dominic Crossan, *The Dark Interval: Towards a Theology of Story*, Niles: Argus Communications 1975. 『어두운 간격』(한국기독교연구소 역간)

189) *Ibid*., 22.

190) *Ibid*., 40–41.

191) Lynn Poland, *op. cit*. 116.

192) J.D. Crossan, *The Dark Interval*, 121.

193) *Ibid*., 57 and 60.

194) John Dominic Crossan, *Raid on the Articulate: Comic Eschatology in Jesus and Borges*, New York: Harper and Row, 1976, xiv.

195) *Ibid*., 39–40.

196) *Ibid*., 9.

197) *Ibid*., 23.

198) *Ibid*., 27.

199) *Ibid*., 34.

200) *Ibid*., 60.

201) *Ibid*., 67.

202) *Ibid*., 129.

203) *Ibid*., 148.

204) *Ibid*., 92.

205) John Dominic Crossan, *Finding is the First Act: Trove Folktales and Jesus' Treasure Parable*, Missoula: Scholars Press and Philadelphia: Fortress Press, 1979 (*Semeia Supplements* 9) esp. 104–06.

206) *Ibid*., 120 (강조는 첨가).

207) John Dominic Crossan, *Cliffs of Fall: Paradox and Polyvalence in the Parables of Jesus*, New York: Seabury Press, 1980; "Walking the Bible," *Interpretation* 32, 1978, 269–85; "A Metamodel for Polyvalent Narration" *Semeia* 9, 1977, 105–47.

208) Lynn M. Poland, *op. cit.* 118–9.

209) *Ibid.*, 119.

210) Anthony C. Thiselton, "The Parables as Language–Event: Some Comments on Fuchs's Hermeneutics in the Light of Linguistic Philosophy," *Scottish Journal of Theology* 23, 1970, 437–68; cf. and "The New Hermeneutic" in I. H. Marshall (ed.) *New Testament Interpretation*, 323.

211) Mark C. Taylor, "Masking: Domino Effect" in "On Deconstructing Theology: A Symposium on *Erring: A Postmodern A/Theology*," *Journal of the American Academy of Religion*, 54, 1986, 553; cf. 547–57; Thomas J.J. Altizer *Ibid.*, 525–29; T.J.J. Altizer *et al.*, *Deconstruction and Theology*, New York: Crossroad, 1982; and Joseph Prabhu, "The Blessing of the Bathwater," J.A.A.R. *loc cit.* 534–43, cf. also Mark C. Taylor, *Erring: A Postmodern A/Theology*, Chicago: University of Chicago Press, 1984.

212) J.D. Crossan, "A Metamodel for Polyvalent Narration" *loc. cit.* 108–9.

213) *Ibid.*, 112.

214) *Ibid.*, 140.

215) John Dominic Crossan, *Cliffs of Fall*, 94.

216) John Dominic Crossan, "A Structuralist Analysis of John 6" in Richard A. Spencer (ed.) *Orientation by Disorientation: Studies in Literary Criticism and Biblical Literary Criticism in Honor of W.A. Bearsdlee* Pittsburgh, Pickwick Press, 1980, 248; cf. 235–49.

217) J.D. Crossan, "Difference and Divinity" *Semeia* 23 1982, 38; cf. 29–40, and J. Derrida, *Speech and Phenomena*, 134–35.

218) *Ibid.*, 38–9.

219) *Ibid.*

220) J.D. Crossan, *Dark Interval*, 176.

221) J.D. Crossan, "Kingdom and Children: A Study in the Aphoristic Tradition," *Semeia* 29, 1983, 95; cf. 75–95, and *In Fragments: The Aphorisms of Jesus* New York: Harper, 1983.

222) David J.A. Clines, "Deconstructing the Book of Job" in Martin Warner (ed.) *The Bible as Rhetoric: Studies in Biblical Persuasion and Credibility*, London & New york: Routledge, 1990, 65; cf. 65–80.

223) *Ibid.*, 77.

224) Mark C. Taylor, *Deconstructing Theology*, New York: Crossroad and Chicago: Scholars Press, 1982, 81.

225) *Ibid.*, 89.

226) Mark C. Taylor, *Erring: A Postmodern A/Theology*, Chicago: University of Chicago Press, 1984, 120.

227) Mark C. Taylor, "Masking: Domino Effect," *Journal of the Academy of Religion* 54, 1986, 554. (테일러의 강조).

228) *Ibid.*

229) *Ibid.*

230) P.J. Hartin, "Disseminating the Word: A Deconstructive Reading of Mark 4:1–9 and Mark 4:13–20" in P. J. Hartin and J. H. Petzer (eds.) *Text and Interpretation. New Approaches in the Criticism of the New Testament*, Leiden: Brill, 1991, 195; cf. 187–200; see also P.J. Hartin, "Angst in the Household: A Deconstructive Reading of the Parable of the Supervising Servant (Luke 12:41–48) "in *Neotestamentica* 22, 1988, 373–90.

231) Carl A. Raschke, *The Alchemy of the Word: Language and the End of Theology*, Missoula: Scholars Press, 1979, 24–29.

232) *Ibid.*, 43.

233) *Ibid.*, 66.

234) *Ibid.*, 85.

235) *Ibid.*, 91.

236) *Ibid.*, 86.

237) Jacques Derrida, "Of An Apocalyptic Tone Recently Adopted in Philosophy," *Semeia* 23, 1982, 89–91; cf. 63–97.

238) Jacques Derrida, *La Dissemination*, Paris: Seuil, 1972, 71.

239) Anthony C. Thiselton, *The Two Horizons*, 357–432.

240) L. Witgenstein, *Philosophical Investigations*, II xi, 222.

241) Ludwig Wittgenstein, *Culture and Value*, Eng. & Germ. 2nd edn. Oxford: Blackwell, 1980, 78e. 『문화와 가치』(책세상 역간)

242) Jacob Neusner, "Introduction: Metaphor and Exegesis" in *Semeia* 27, 1983, 41 in "Contemporary Exegesis of Talmudic Literature" 37–116.

243) Hubert L. Dreyfus, "Holism and Hermeneutics," *Review of Metaphysics* 34, 1980, 3–55.

244) Richard E. Palmer, "Toward a Postmodern Interpretive Self Awareness," *Journal of Religion* 55, 1975, 313–26, esp. 322. See also Richard E. Palmer, "What are We Doing When We Interpret a Text? – Variations on the Theme of Hermeneutic *Handeln*," *Eros* 7, 1980, 1–45.

245) Ludwig Wittgenstein, *The Blue and Brown Books: Preliminary Studies for the "Philosophical Investigations"* Oxford: Blackwell 1969, 48–49, 57–59, 64, 71; *Philosophical Investigations* sects. 142–44, 173; *Culture and Value*, 78–79.

246) Ludwig Wittgenstein, *Zettel*, sect. 144.

247) E.D. Hirsch, *Validity in Interpretation*, 231–33, cf. Raymond Tallis, *Not Saussure* 65–99 and

205–34.

248) L. Wittgenstein, *Philosophical Investigations*, sect. 432.

249) *Ibid.*, sect. 436.

250) *Ibid.*, sect. 454 and *Zettel*, sect. 173 (강조는 첨가).

251) L. Witttgenstein, *Philosophical Investigations*, sect. 265.

252) *Ibid.*, sect. 271.

253) *Ibid.*, sect. 380.

254) *Ibid.*, sect. 86; cf. sects. 5, 6, 9, 143; *Zettel*, sects. 186, 318; Hans–Georg Gadamer, *Truth and Method*, 238–45, cf. 247–78.

255) L. Witttgenstein, *Philosophical Investigations*, sect. 49.

256) Karl–Otto Apel, *op. cit.* 119.

257) *Ibid.*, 124.

258) Julia Kristeva, "The System and the Speaking Subject," *Times Literary Supplement*, 12 Oct, 1973, 1249–52; rp. in *The Kristeva Reader*, 27, cf. 25–32.

259) Julia Kristeva, "From Symbol to Sign," *loc. cit.* 79; cf. 78–80.

260) Julia Kristeva, *Revolution in Poetic Language*, Eng. New York: Columbia University Press, 1984, 25.

261) *Ibid.*, 29.

262) Julia Kristeva, "The System and the Speaking Subject," *loc. cit.*

263) John Dominic Crossan, *A Fragile Craft: The Work of Amos Niven Wilder* (S.B.L. Centennial 1980) Chicago: Scholars Press, 1981, 69, 71.

264) Amos N. Wilder, *Jesus' Parables and the War of Myths: Essays on Imagination in the Scriptures*, Philadelphia: Fortress, 1982, 29.

265) *Ibid.*, 31.

266) *Ibid.*, 36 & 37.

267) Frank Lentricchia, *op. cit.* 169.

268) Christopher Norris, *Derrida*, London: Fontana, 1987, 18–19; cf. Robert Detweiler, "Introduction" *Semeia* 23 (*Derrida and Biblical Studies*) 1982, 2.

269) Jacques Derrida, *Writing and Difference* 292.

270) *Ibid.*, 293.

271) Christopher Norris, *Contest of Faculties: Philosophy and Theory and Theory after Deconstruction*,

London & New York: Methuen, 1985, 75.

272) *Ibid.*, 73.

273) *Ibid.*, 220.

274) Dick Leith and George Myerson, *The Power of Address: Explorations in Rhetoric*, London and New York: Routledge, 1989, xii.

275) David Tracy, *Plurality and Ambiguity: Hermeneutics, Religion, Hope*, San Francisco: Harper and Row, 1987, 59. 『다원성과 모호성』(크리스천헤럴드 역간)

276) Roger Lundin, Clarence Walhout and Anthony C. Thiselton, *The Responsibility of Hermeneutics*, Grand Rapids: Eerdmans and Exeter: Paternoster, 1985, 14.

4장

1) Origen, *De Principiis* IV. 1:7–20. 『원리론』(아카넷 역간)

2) Richard N. Longenecker "Three Ways of Understanding Relations between the Testaments" in Gerald F. Hawthorne and Otto Betz (eds.) *Tradition and Interpretation in the New Testament: Essays in Honor of E: Earle Ellis*, Grand Rapids: Eerdmans and Tübingen: Mohr, 1987, 28; cf. 22–29.

3) Northrop Frye, *The Great Code* 220.

4) *Ibid.*, 221.

5) *Ibid.*, 222–223.

6) G.R. Evans, *The Language and Logic of the Bible: the Earlier Middle Ages*, Cambridge: Cambridge University Press, 1984, 14, 15.

7) *Ibid.*, 24, 25.

8) John D. Caputo, *Radical Hermeneutics*, 2.

9) Clement of Alexandria, *Stromata* I:12.56.2.

10) Richard P.C. Hanson, *Tradition in the Early Church*, London: S.C.M., 1962, 125 and 127; cf. 75–129.

11) Cyril of Alexandria, *Epistles* 1 and 4; cf. Johannes Questen, *Patrology* Eng. Westminster: Christian Classics, 1984 (1950) vol. 3, 135–36.

12) C.H. Dodd, *The Authority of the Bible*, London: Nisbet, 1938, 289, 298 (강조는 첨가).

13) *Ibid.*, 299.

14) H.-G. Gadamer, *Truth and Method*, 251; cf. 245–58.

15) *Ibid.*, 258.

16) *Ibid.*, 248.

17) *Ibid.*

18) Georgia Warnke, *Gadamer: Hermeneutics, Tradition, and Reason*, Cambridge: Polity Press, 1987, 75–82.『가다머: 해석학·전통 그리고 이성』(민음사 역간)

19) Thomas S. Kuhn, *The Essential Tension: Selected Studies in a Scientific Tradition and Change* Chicago: University of Chicago Press, 1977; Jürgen Habermas, *Knowledge and Human Interests*, Eng. London: Heinemann, 2nd edn. 1978.『인식과 관심』(고려원 역간); Richard J. Bernstein, *Beyond Objectivism and Relativism: Science, Hermeneutics, and Praxis*, Oxford: Blackwell, 1983; Peter Winch, *The Idea of a Social Science and its Relation to Philosophy*, London: Routledge & Kegan Paul, 1958.

20) Ulrich Luz, *Das Geschichtsverständnis des Paulus*, Munich: Kaiser, 1968, 134 (강조 첨가).

21) Anthony T. Hanson, *The Living Utterances of God: The New Testament Exegesis of the Old*, London: Darton, Longman & Todd, 1983; 44–62, and *The New Testament Interpretation of Scripture*, London: S.P.C.K., 1980; Richard N Longenecker, *Biblical Exegesis in the Apostolic Period*, Grand Rapids: Eerdmans, 1975; J.W. Aageson, "Scripture and Structure in the Development of the Argument in Romans 9–11," *Catholic Biblical Quarterly* 48, 1986, 268–89, and "Typology, Correspondence, and the Application of Scripture in Romans 9–11," *Journal for the Study of the New Testament* 31, 1987, 51–72; D. Moody Smith, "The Pauline Literature" in D.A. Carson and H.G.M. Williamson (eds.) *It is Written: Scripture Citing Scripture–Essays in Honour of Barnabus Lindars*, Cambridge: Cambridge University Press, 1988, 265–91.

22) D. Moody Smith, *loc. cit.* 287 (강조는 첨가).

23) *Ibid.*, 288 (강조는 첨가).

24) A.T. Hanson, *The Living Utterances of God*, 62.

25) *Ibid.*, 233–34.

26) Leonhard Goppelt, *Typos: The Typological Interpretation of the Old Testament in the New*, Eng., Grand Rapids: Eerdmans, 1982, 237.

27) G.K. Beale, "Revelation" in Don A. Carson and H.G.M. Williamson (eds.) *op. cit.* 333 (강조는 원문 그대로).

28) D.A. Carson, "John and the Johannine Epistles," *Ibid.*, 259.

29) Graham Stanton, "Matthew," *Ibid.*, 205, 217.

30) Morna Hooker, *Ibid.*, 228, cf. Klaus Berger, *Die Gesetzesauslegung Jesu: Ihr historischer Hintergrund im Judentum und im Alten Testament*, Neukirchen–Vluyn: Neukirchener, 1972.

31) Bruce D. Chilton, "Commentary in the Old Testament" in D.A. Carson and H.G.M. Williamson (eds.) *op. cit.* 122–40; M.P. Horgan, *Pesharim: Qumran Interpretations of Biblical Books*, Washington: Catholic Biblical Quarterly Monograph, 1979; Daniel Patte, *Early Jewish Hermeneutic in Palestine*, Missoula: Scholars Press, 1975, 301–08, cf. 211–31; A.T. Hanson, *The Living Utterances of God* 14–43; Richard Longenecker, *op. cit.* 38–45.

32) Bruce D. Chilton, *A Galilean Rabbi and his Bible: Jesus' own Interpretation of Isaiah*, London: S.P.C.K., 1984.

33) Justin, *Apologia* Ⅰ, 46. Cf. Willis A. Shotwell, *The Biblical Exegesis of Justin Martyr*, London: S.P.C.K. 1965, 2–8.

34) Irenaeus, *Adversus Haereses* Ⅳ. 26:2 and Ⅳ. 21:3.

35) Irenaeus, Ⅳ. 27:1.

36) Elaine H. Pagels, *The Johannine Gospel in Gnostic Exegesis: Heracleon's Commentary on John*, Nashville & New York: Abingdon Press, 1973; and *The Gnostic Paul: Gnostic Exegesis of the Pauline Letters*, Philadelphia: Fortress, 1975; Samuel Laeuchli, *The Language of Faith: An Introduction to the Semantic Dilemma of the Early Church*, London: Epworth Press, 1965.

37) Anthony C. Thiselton, "Realized Eschatology at Corinth," *New Testament Studies* 24, 1978, 510–26.

38) E.H. Pagels, *The Johannine Gospel in Gnostic Exegesis*, 35.

39) Werner Foerster (ed.), *Gnosis: A Selection of Gnostic Text* (2 vols.) Eng. Oxford: Clarendon Press, 1972 and 1974; cf. Kendrick Grobel, *The Gospel of Truth*, London: Black, 1960.

40) Samuel Laeuchli, *op. cit.* 77.

41) *Ibid.*, 84 and 86.

42) *Ibid.*, 88.

43) *Ibid.*, 89.

44) *Ibid.*, 43.

45) Robert C. Gregg and Dennis E. Groh, *Early Arianism: A View of Salvation*, London: S.C.M., 1981.

46) Athanasius, *Orationes contra Arianos*, Ⅲ. 29.

47) R.C. Gregg and D.E. Groh, *op. cit.* 166–67.

48) Irenaeus, Ⅳ. 26:1.

49) Irenaeus Ⅳ. 33:6; cf. *Proof of the Apostolic Preaching*, (ed. Joseph P Smith) New York: Newman, 1952, 36.

50) Adolf Harnack, *History of Dogma*, Eng. London: Williams & Norgate, vol. 1, 3rd edn., 1895, 89.

51) Irenaeus, Ⅳ. 28:1, cf. Andrew Louth, *Discerning the Mystery: An Essay on the Nature of Theology*, Oxford: Clarendon Press, 1983.

52) Irenaeus, *Proof of the Apostolic Preaching*, 46; cf. *Epistle of Barnabas* 12:2; and Justin, *Dialogue* 91; 112; 131.

53) Irenaeus, *Proof*, 34.

54) Irenaeus, *Proof*, 57.

55) Justin, *Apologia* 1:32 and *Dialogue* 54.

56) Irenaeus, *Adversus Haereses* II. 28:3 and I. 8:1.

57) Richard P.C. Hanson, *Allegory and Event: A Study of the Sources and Significance of Origen's Interpretation of Scripture*, London: S.C.M. 1959, 111.

58) Irenaeus, *Adversus Haereses*, I. 11:1 and II. 5:2.

59) Irenaeus, I. 8:1.

60) Irenaeus, I. 9:2.

61) Andrew Louth, *Discerning the Mystery: An Essay on the Nature of Theology*, 84.

62) A. Skevington Wood, *The Principles of Biblical Interpretation as Enunciated by Irenaeus, Origen, Augustine, Luther and Calvin*, Grand Rapids: Zondervan, 1967, 31.

63) Irenaeus, *Adversus Haereses*, II:27. On Irenaeus, 또한 참고, Frances Young, *op. cit.* 45–65

64) Heraclitus Stoicus, *Quaestiones Homerieae*, 22.

65) Leslie W. Barnard, "To Allegorize or Not to Allegorize?" *Studia Theologica* 36, 1982, 1; cf. 1–10.

66) Umberto Eco, *Semiotics and the Philosophy of Language*, London: MacMillan, 1984, 148

67) 위 3장 제5 단원을 보라.

68) Andrew Louth, *op. cit.*, 97; cf 96–131.

69) *Ibid.*, 112, 113; Origen, *Philokalia*, VI.2.

70) *Ibid.*, 111.

71) Luther, *Works*, Weimar edn. VI.301.

72) Umberto Eco, *Semiotics and the Philosophy of Language*, 147.

73) Plato, Ion 534d.

74) Erwin R. Goodenough, *An Introduction to Philo Judaeus*, 2nd edn. Oxford: Blackwell, 1962; Harry A. Wolfson, *Philo* (2 vols.) Cambridge: Harvard University Press, 1947; Samuel Sandmel, *Philo of Alexandria: An Introduction*, Oxford: Oxford University Press, 1979; and *Philo's Place in Judaism* 2nd edn. New York: Ktav, 1971.

75) David Winston, *Philo of Alexandria: The Contemplative Life, the Giants, and Selections*, London: S.P.C.K., 1981, xi (John Dillon의 서문에서).

76) V. Nikiprowetzky, *Le commentaire de l'écriture chez Philon d'Alexandrie*, Leiden: Brill, 1977, 50 ff.

77) Klaus Otte, *Das Sprachverständnis bei Philo von Alexandrien: Sprache als Mittel der Hermeneutik*, Tübingen: Mohr, 1968, pp. 1–44; cf 105–118.

78) Philo, *De mutatione nominum*, 8; *Quis rerum divinarum heres sit*, 53; *De vita Mosis*, III.23.

79) Philo, *De Posteritate Caini*, 11 and 14.

80) Philo, *Legum Allegoriae*, III. 12 and 16.

81) Philo, *De ebrietate*, 36.

82) Philo, *De plantatione*, 8.

83) Philo, *De congressu quaerendae eruditionis gratia*, 1–6.

84) S. Sandmel, *Philo of Alexandria*, 24.

85) Rudolf Bultmann, "New Testament and Mythology" in Hans Werner Bartsch *Kerygma and Myth* (2 vols.), Eng. 2nd edn. London: S.P.C.K. 1964, & 1962, vol. I, 10.

86) Anthony C. Thiselton, *The Two Horizons*, 252–92.

87) Rudolf Bultmann, *Faith and Understanding* I, Eng. London: S.C.M. 1969, 29; cf *The Two Horizons*, 218–26.

88) Rudolf Bultmann, "New Testament and Mythology," *loc. cit.* 13.

89) Philo, *De Agricultura*, 96, 97.

90) Philo, *De migratione Abrahami*, 93.

91) Leonhard Goppelt, *Typos: The Typological Interpretation of the Old Testament in the New*, Eng. Grand Rapids: Eerdmans, 1982, 52.

92) Gerald Bostock, "Allegory and the Interpretation of the Bible in Origen," *Journal of Literature and Theology* I, 1987, 39; cf 39–53.

93) Frederic W Farrar, *History of Interpretation*, Grand Rapids: Baker, rp. 1961, 140.

94) J. Bonsirven, *Exégese rabbinique et exégese paulinienne*, Paris: Beauchesne, 1939, 309–10; C. K. Barrett, in *The Cambridge History of the Bible* I (ed. Peter R. Ackroyd and C.F. Evans), Cambridge: Cambridge University Press, 1970, 391–92; F.F. Bruce, *This is That: The New Testament Development of Old Testament Themes*, Exeter: Paternoster, 1968, 54, and *The Epistle of Paul to the Galatians: A Commentary on the Greek Text*, Grand Rapids: Eerdmans, 1982, 217 ff.; R.N. Longenecker, *op. cit.* 127–29; and Otto Michel, *Paulus und seine Bibel*, Gütersloh: Bertelsmann, 1929, 110.

95) Geoffrey W.H. Lampe and K.J. Woollcombe, *Essays on Typology*, London: S.C.M. 1957, 39.

96) E. Earl Ellis, "Foreword" in L. Goppelt, *op. cit.* x.

97) J.W. Aageson, "Typology, Correspondence, and the Application of Scripture in Romans 9–11," *Journal for the Study of the N.T* 31, 1987, 6; cf 51–72.

98) R.P.C. Hanson, *Allegory and Event*, 82.

99) R.N. Longenecker, *op. cit.* 129.

100) Martin Luther, *A Commentary on St. Paul's Epistle to the Galatians*, Eng. London: Clarke, 1953, 417; John Calvin, *The Epistles of Paul the Apostle to the Galatians, Ephesians, Philippians and*

Colossians, Eng. Edinburgh: Oliver & Boyd 1965, 85.

101) Ronald Williamson, *Philo and the Epistle to the Hebrews*, Leiden: Brill, 1970; 또한 참조, R.P.C. Hanson, *op. cit.* 83; E.C. Blackman, *Biblical Interpretation*, London: Independent Press, 1957, 88–9.

102) C.H. Dodd, *According to the Scriptures*, London: Fontana edn. 1963, 109 (강조는 원문 그대로).

103) *Ibid.*, 126, 128 (다드의 강조).

104) *Ibid.*, 130.

105) Elaine Pagels, *The Johannine Gospel in Gnostic Exegesis*, 52.

106) Ibid., 130.

107) Clement, *Stromata*, Ⅴ 21:4.

108) Clement, *Stromata*, Ⅴ 12.

109) Clement, *Stromata*, Ⅵ 15.

110) A.H.J. Gunneweg, *Understanding the Old Testament*, Eng. London: S.C.M. 1978, 36.

111) R.P.C. Hanson, *Allegory and Event*, 117.

112) Clement, *Fragments from the Hypotyposes*, Ⅴ.

113) Andrew Louth, *op. cit.* 94.

114) Karen Jo Torjesen, *Hermeneutical Procedure and Theological Method in Origen's Exegesis*, Berlin: Walter de Gruyter, 1986, 특히 36 ff; Gerald Bostock "Allegory and the Interpretation of the Bible in Origen," *loc. cit.*; B. de Margerie, *Introduction a l'histoire de l'exégese* (3 vols.), Paris: Les Editions du Cerf, 1980–83); R.B. Tollinton, *Selections from the Commentaries and Homilies of Origen*, London: S.P.C.K. 1929; R.P.C. Hanson, *Allegory and Event*; Joseph W. Trigg, *Origen: The Bible and Philosophy in the Third–century Church*, London: S.C.M. 1983.

115) R.B. Tollinton, *op. cit.* xxvi and xxxiii.

116) Hans Urs Von Balthasar, "Preface" to Rowan A. Greer (ed.) *Origen: An Exhoration to Martyrdom, Prayer, and Selected Works*, London: S.P.C.K. 1979, xii; Karen Torjesen, *op. cit.* 43–9.

117) Origen, *Commentary on John*, Ⅰ.10.

118) Origen, *Commentary on John*, Ⅰ.10.

119) Origen, *De Principiis*, Ⅳ. 1:6.

120) Origen, *De Principiis*, Ⅳ. 1:11.

121) Karen Torjesen, *op. cit.* 40.

122) *Ibid.*

123) *Ibid.*, 27–28; cf 26–29.

124) *Ibid.*, 146.

125) Origen, *De Principiis*, IV. 3:1.

126) Origen, *Contra Celsum* 4:41; *De Principiis*, IV. 3:1,2.

127) Origen, *Homilies in Exodus*, 5:1.

128) Origen, *Homilies in Luke*, 34.

129) Eta Linnemann, *Parables of Jesus: Introduction and Exposition*, Eng. London: S.P.C.K. 1966, 7.

130) R.P.C. Hanson, *op. cit.* 133–61.

131) James L. Kugel and Rowan A. Greer, *Early Biblical Interpretation*, Philadelphia: Westminster, 1986, 179.

132) Raymon B. Williams, "Origen's Interpretation of the Old Testament and Lévi–Strauss' Interpretation of Myth" in A.L. Merrill and T.W. Overholt (eds.) *Scripture in History and Theology: Essays in Honour of J.C. Rylaarsdam*, Rittsburgh: Pickwick Press, 1977, 297; cf 279–99.

133) *Ibid.*, 289–90.

134) Duncan S. Ferguson, *Biblical Hermeneutics: An Introduction*, London: S.C.M. 1986, 148.

135) Gerald Bostock, *loc. cit.* 51–2.

136) *Ibid.*, 42.

137) Origen, *Contra Celsum*, II.69; Gerald Bostock, *loc. cit.* 51.

138) John Chrysostom X 675A (강조는 첨가).

139) Frederic H. Chase, *Chrysostom, A Study in the History of Biblical Interpretation*, Cambridge: Deighton, Bell & Co., 1887, 157.

140) John Chrysostom, IX. 531 D.

5장

1) Marilyn J. Harran (ed.) *Luther and Learning, The Wittenberg University Luther Symposium*, Selinsgrove: Susquehanna University Press and London: Associated University Press, 1985, 69–94 *et passim*.

2) James Atkinson, *The Great Light: Luther and the Reformation*, Grand Rapids: Eerdmans, and Exeter: Paternoster, 1968, 78–81.

3) *Ibid.*, 80 (강조는 원문 그대로).

4) Richard H. Popkin, *The History of Scepticism from Erasmus to Spinoza*, Berkeley: University of

California Press, 1979, 5; cf. 1–17, cf. J.B. Payne, in B. Fatio and P. Fraenkel (eds.) *Histoire de l'exégese au XVIe siècle*, Geneva: Droz, 1978, 312–30 and Richard Popkin, *Introduction to the Philosophy of the Sixteenth and Seventeenth centuries*, New York: Freeborn, 1966.

5) Martin Luther, *On the Bondage of the Will*, Eng. Edinburgh: Clarke, 1957, 125.

6) *Ibid.*, 128, 129.

7) *Ibid.*, 71.

8) *Ibid.*, 74.

9) Henning Graf Reventlow, *The Authority of the Bible and the Rise of the Modern World*, Eng. London: S.C.M. 1984, 48; cf. 39–47.

10) Desiderius Erasmus, *The Praise of Folly*, Eng. Chicago: Packard, 1946, 84 (강조는 첨가).

11) Martin Luther, *On the Bondage of the Will*, 66.

12) *Ibid.*, 67 (강조는 첨가).

13) *Ibid.*, 67 (강조는 첨가).

14) Heinrich Bornkamm, *Luther in Mid–Career*, 1521–30, London: Darton, Longman, & Todd, 1983.

15) Friedrich Beisser, *Claritas Scripturae bei Martin Luther*, Göttingen: Vandenhoeck & Ruprecht, 1966.

16) Martin Luther, *Luther's Works vol. 35*: Word and Sacrament I, Philadephia: Muhlinberg Press, 1960, 132.

17) Jaroslav Pelikan, *Luther's Works: Companion Volume, Luther the Expositor*, St. Louis: Concordia, 1959, 81.

18) Cf. Dietram Hofmann, *Die geistige Auslegung der Schrift bei Gregor dem Grossen*, Munsterschwarzach: Vier–Türme Verlag, 1968.

19) 성 빅토르의 휴고(Hugh of St. Victor)에 대해서는 참고, Beryl Smalley, *The Study of the Bible in the Middle Ages*, 3rd edn. Oxford: Blackwell, 1983; and G.R. Evans, *The Language and Logic of the Bible*, 67–71.

20) Robert M. Grant and David Tracy, *A Short History of the Interpretation of the Bible*, 2nd edn. Philadelphia: Fortress, 1984, 86.

21) Martin Luther, *Luther's Works vol. 54*, (Philadelphia edn.) 47.

22) *Ibid.*, 406.

23) Gerhard Ebeling, *Luther: An Introduction to His Thought*, Eng. London: Collins, Fontana edn. 1972, 107–9; cf G.S. Robbert, *Luther as Interpreter of Scripture*, St. Louis: Concordia, 1982, and Duncan Ferguson, *op. cit.* 159–60.

24) Martin Luther *Luther's Works vol. 9*, 24.

25) *Luther's Works vol. 1*, 283.

26) *Luther's Works vol. 54*, 406.

27) G.C. Berkouwer, *Studies in Dogmatics: Holy Scripture*, Eng. Grand Rapids: Eerdmans 1975, 271; cf. 267–98.

28) Martin Luther, *On the Bondage of the Will*, 73; cf. 172.

29) Friedrich Beisser, *op. cit.* 82.

30) Martin Luther, *On the Bondage of the Will*, 71; F. Beisser, *op. cit.* 81.

31) G.C. Berkouwer, *op. cit.* 272; Bernard Ramm *Protestant Biblical Interpretation* 3rd edn. Grand Rapids: Baker, 1970.『성경해석학』(생명의말씀사 역간)

32) Ford L. Battles and Richard Wevers, *A Concordance to Calvin's Institutio* 1559, Grand Rapids: Calvin College and Eerdmans (n.d. continuing) cf. *Institutes* III: 8:7; III: 11: 6,23; III: 19:3; III: 22:7; III: 25:8 (*claritas*); cf. II. 11:10; III:24:4; II: 10:23 (고후 3장과 관련).

33) Thomas F. Torrance, *The Hermeneutics of John Calvin*, Edinburgh: Scottish Academic Press, 1988, 111, and T.H.C. Parker, *op. cit.* 51.

34) John Calvin, *The Epistles of Paul to the Galatians, Ephesians, Philippians and Colossians*, Edinburgh; Oliver & Boyd, 1965, 85, 갈 5:22과 관련.

35) John Calvin, *Institutes of the Christian Religion*, Eng. Edinburgh: Clarke 1957, vol. I, I.vi.1 (64).『기독교강요』(크리스찬다이제스트 역간)

36) *Ibid*., vol. I, I.viii.1 (75).

37) G.C. Berkouwer, op. cit. 275, 벌카우어는 이 점을 강조한다. 그가 볼 때 성경의 '말들'에 관한 질문으로의 전환이 있고, 또한 질문들이 보다 기능적 맥락으로부터 이탈되어 있다.

38) 이에 대한 탁월한 정리를 위해서는 보라, Hemming Graf Reventlow, *op. cit.* esp 289–410.

39) Cf. Edgar Krentz, *The Historical–Critical Method*, Philadelphia: Fortress Press, 1975, 10–14 (데카르트에 관해), 그리고 Netherlands Reformed Church, *The Bible Speaks Again*, Eng. London: S.C.M. 1969, 42 (라이마루스에 관해).

40) Thomas F. Torrance, *Theological Science*, Oxford University Press, 1969, 75.

41) Martin Luther, *Luther's Works vol. 35*: Prefaces to the Old Testament, 236.

42) *Luther's Works vol. 36*: The Misuse of the Mass, 137.

43) *Luther's Works vol. 54*, 379; *Table Talk*, 5017.

44) *Ibid*., 183, *Table Talk*, 2938b.

45) *Ibid*.

46) *Luther's Works vol. 35*: How Christians Should Regard Moses, 170.

47) Cf. James Atkinson, *op. cit.* 81–87; Heinrich Bornkamm, *op. cit.*; and A. Skevington Wood, *Captive to the Word: Martin Luther: Doctor of Sacred Scripture*, Exeter: Paternoster 1969, 105–115.

48) *Luther's Works vol. 40*: Against the Heavenly Prophets, 222.

49) *Luther's Works vol. 54*, 435; *Table Talk*, 5568.

50) *Luther's Works vol. 40*: Against the Heavenly Prophets, 156–7 (강조는 첨가) cf. vol. 37, 40–45.

51) *Ibid.*, (강조는 첨가).

52) James Smart, *The Strange Silence of the Bible in the Church: A study in Hermeneutics*, London: S.C.M. 1970, 25 (강조는 첨가).

53) *Luther's Works vol. 35*: Prefaces to the Old Testament, 236.

54) *Ibid., Avoiding the Doctrines of Men,* 132.

55) Horace D. Hummel, "The Outside Limits of Lutheran Confessionalism in Contemporary Biblical Interpretation." *The Springfielder* 35, 1971, 265; cf. 103–25, 264–73, and 1972, 37–53, and 212–22.

56) John Goldingay, "Luther and the Bible," *Scottish Journal of Theology* 35, 1982, 41; cf. 33–58.

57) Lewis W. Spitz, "Luther and the Humanism" in Marilyn J. Harran (ed.) *Luther and Learning: The Wittenberg University Luther Symposium*, Ithaca: Cornell University Press, 1979, 69–94.

58) J. Kittelson, in M.J. Harren (ed.) *op. cit.* 95; cf. 96–114.

59) *Ibid.*, 99.

60) *Ibid.*, 105.

61) *Ibid.*, 111.

62) John Reumann (ed.), *Studies in Lutheran Hermeneutics*, Philadelphia: Fortress 1979, esp. 1–76.

63) *Ibid.*, 313–34; cf. 44 and 59.

64) M. Reu, *Luther and the Scriptures*, Columbus, Ohio: Wartburg Press, 1944 특히 38–48; cf. also Horace Hummel, *loc. cit.*

65) Heinrich Bornkamm, *Luther and the Old Testament*, Eng. Philadephia; Fortress, 1969, 특히 sect. IIIA; A.H.J. Gunneweg, *op. cit.* 45–55, 116–18.

66) J.S. Preus, *From Shadow to Promise: Old Testament Interpretation from Augustine to the Young Luther*, Cambridge: Harvard University Press, 1969.

67) Gervase E. Duffield (ed.), *The Work of William Tyndale*, Appleford: Sutton Courtenay Press and Philadelphia: Fortress, 1965, xxxiv. 틴데일과 관련하여 또한 참고, Henning Graf Reventlow, *op. cit.* 105–12.

68) William Tyndale, *Ibid.*, 31–32 and 339.

69) *Ibid.*, 330.

70) *Ibid.*, 59–60.

71) G.R. Evans, *The Language and Logic of the Bible: The Road to The Reformation*, Cambridge: Cambridge University Press, 1985, 43 (강조는 첨가).

72) William Tyndale, *op. cit.*; 337 (강조는 첨가).

73) Dean Freiday, *The Bible: Its Criticism, Interpretation, and Use in Sixteenth and Seventeenth Century England*, Pittsburgh: Catholic and Quaker Studies no. 4, 1979, 34. "사적 해석"에 관한 다른 접근을 위해서는 참고, Peter Toon, *The Right of Private Judgement: The Study and Interpretation of Scripture in Today's Church*, Portland: Western Conservative Baptist Seminary, 1975.

74) Methanchthon, *Corpus Refomatorum*, cited in T.H.L. Parker, *Calvin's New Testament Commentaries*, London: S.C.M. 1971, 32–3.

75) T.H.L. Parker, *op. cit.* 33.

76) *Ibid.*, 51–54.

77) John Calvin, "Epistle to Simon Gryneaus on the Commentary on Romans" in *Calvin: Commentaries*, (Library of Christian Classics 23) London: S.C.M., 1958, 73, Cf. also B. Fatio and P. Fraenkel (ed.) *Histoire de l'exégèse au XVIe Siècle*, Geneva: Droz, 1978, 312–30.

78) John Calvin, *Institutes,* III. 17: 14 and IV. 16:13.

79) T.H.L. Parker, *op. cit.* 67.

80) John Calvin, *Commentary on the Epistles of Paul the Apostle to the Corinthians,* rp. in *Calvin: Commentaries,* 107.

81) John Calvin, *Ibid.*, 108; cf. S. Westerholm "'Letter' and 'Spirit'; the Foundation of Pauline Ethics" *New Testament Studies* 30, 1984, 240; cf. 229–48, and R.M. Grant, *The Letter and the Spirit* London: S.P.C.K., 1957, esp. 34,37,48 and 54–5.

82) Thomas F. Torrance, *The Hermeneutics of John Calvin*, 162.

83) Cf. Thomas F. Torrance, *Theology in Reconstruction*, London: S.C.M., 1965, 76–98 (하나님에 대한 말과 관련된 칼뱅의 견해에 대해), 또한 그의 책 *Theological Science*, Oxford University Press, 1969.

84) Gillian R. Evans, *The Language and Logic of the Bible: The Earlier Middle Ages* 51–124.

85) Ibid., 72–76.

86) Augustine, Confession I.8.13 in *Confession and Enchiridion*, London: S.C.M., 1955, 38.

87) G.R. Evans, *loc, cit.* 117.

88) *Ibid.*, 119.

89) T.F. Torrance *The Hermeneutics of John Calvin*, 158 (강조는 첨가).

90) Stuart Allen, *The Interpretation of Scripture*, London: Berean Publishing Trust, 1967, 18.

91) T.F. Torrance, *loc cit* 100–101.

92) Calvin College Curriculum Study Committee, *Christian Liberal Arts Education,* Grand Rapids:

Calvin College and Eerdmans, 1970, 14–15.

93) Cf. Frederick H. Borsch (ed.) *Anglicanism and the Bible*, Wilton: Morehouse Barlow, 1984, 11–80. 영국국교회가 교부들에게 의존하고 있다는 점을 다소 과장해서 표현하는 견해로 참고, Andrew Louth, "The Hermeneutical Question Approached through the Fathers" *Sobornost* 7, 1978, 541–549.

94) J.I. Packer "Introduction" to G.E. Duffield (ed.) *The Work of Thomas Cranmer*, Appleford: Sutton Courtenay and Philadephia: Fortress, 1965, xii–xvii.

95) Richard Hooker, *Works*, Oxford: Oxford University Press, 1886, II; 1:2, and II. 5,7; cf Dean Freiday, *op. cit.* 46.

96) Richard Hooker, *Of the Lawes of Ecclesiasticall Politic,* v. 22:10, cited in F.H. Borsch (ed.) *op. cit.* 73. 후커와 관련해서는 참고, Henning Graf Reventlow, *op. cit.* 116–19 and Richard H. Wilmer, "Hooker on Authority," *Anglican Theological Review* 32, 1951. 102–8

97) Gerhard Ebeling, "Hermeneutik," in *Die Religion in Geschichte and Gegenwart* 3rd edn. Tübingen: Mohr, vol. III, 1959, cols. 242–62; col. 259.

98) Cf. T.H.L. Parker, *op. cit.* 38–40.

99) Kurt Mueller–Vollmer (ed.), *The Hermeneutics Reader*, Oxford: Blackwell, 1986, 4.

100) Hans W. Frei, *The Eclipse of Biblical Narrative: A Study in Eighteenth and Nineteenth Century Hermeneutics*, New Haven: Yale University Press, 1974, 246–47.

101) John W. Rogerson, *Old Testament Criticism in th Nineteenth Century: England and Germany*, London: S.P.C.K., 1984, 16.

102) Johann Martin Chladenius, *Einleitung zur richtigen Auslegung vernunftiger Reden und Schriften* (1742), rp. Düsseldorf: Stern, 1969, sect. 194; translated in Kurt Mueller–Vollmer, *op. cit.* 64.

103) *Ibid.*, sect. 308; Eng. *loc cit* 65.

104) *Ibid.*, sect. 308 and 312; Eng. *loc cit* 66 and 67.

105) Vern S. Poythress, "What Does God Say Through Human Authors?" in Harvey M. Conn (ed.) *Inerrancy and Hermeneutic: A Tradition, A Challenge, A Debate*, Grand Rapids: Baker, 1988, 81–99.

106) Kurt Mueller–Vollmer, *op. cit.* 14.

107) Philip August Boeckh, *On Interpretation and Criticism*, Eng. Norman, Oklahoma: University of Oklahoma Press, 1968. 보다 긴 독일어판 텍스트는 뵈크의 사후에 편집되어 출판되었다. *Enzyklopädie und Methodologie der philologischen Wissenschaften*, 2nd edn. Leipzig: Teubner, 1886.

108) F.C. 바우어 사상의 이런 측면에 대한 뛰어난 논문으로는 참고, Christophe Senft, "Ferdinand Christian Baur: Methodological Approach and Interpretation of Luke 15: 11–32" in Francois Bovon and Gregoire Rouiller (eds.) *Exegesis: Problems of Method and Exercises in Reading*, Eng. Pittsburgh: Pickwick, 1978, 77–96. Cf. also Werner G. Kümmel, *The New Testament: History of the Investigation of its Problems*, Eng. London: S.C.M. and Nashville, 1972, 126–42.

109) P.A. Boeckh, *op. cit.*; r.p. in K. Mueller–Vollmer (ed.) *op. cit.* 139.

110) Wilhelm Dilthey, *Gesammelte Schriften*, vol. 7, Göttingen: Vandenhoeck & Ruprecht, 1926; 부분적 번역은 참고, "The Development of Hermeneutics" in H.P. Rickman (ed.) *Selected Writings*, Cambridge: Cambridge University Press, 1976, 일부 선정된 본문을 위해서는 참고, K. Mueller–Vollmer, *op cit* 149–64, and in David E. Klemm, *Hermeneutical Inquiry* (2 vols.), Atlanta: Scholars Press, I, 93–106 and also "Types of World–View and Their Development in the Metaphysical Systems" (1911), *Ibid.*, II, 33–34.

111) Zygmunt Bauman, *Hermeneutics and Social Science: Approaches to Understanding*, London: Hutchinson, 1978, 18–19, 49, 69–71.

6장

1) F.D.E. Schleiermacher, *Hermeneutics: The Handwritten Manuscripts* edited by H. Kimmerle, Eng. Missoula: Scholars Press 1977 (A.A.R. Text and Translation series 1, Tr. by J. Duke and J. Forstman) 21–40, 229–34 [German edition: *Hermeneutik: Abhandlung der Heidelberger Akademie der Wissenschaften* (Heidelberg: Carl Winter, 1959), 9–24]. Cf. also Manfred Frank (ed.) *Hermeneutik und Kritik: Mit einem Anhang sprachphilosophischer Texte Schleiermachers*, Frankfurt a/M: Suhrkamp 1977. 또한 참고, Heinz Kimmerle, "Hermeneutical Theory or Ontological Hermeneutics" in *Journal for Theology and the Church*, 4: *History and Hermeneutic*, Tübingen: Mohr and New York: Harper & Row, 1967, 107–121.

2) F.D.E. Schleiermacher, *Hermeneutics: The Handwritten Manuscripts*, 98, 99.

3) F.D.E. Schleiermacher, *Hermeneutics*, 52 (German edn 40).

4) Gordon E. Michalson Jr., *Lessing's 'Ugly Ditch': A Study of Theology and History*, Pennsylvania State University Press 1985, ix.

5) *Ibid.*, 18.

6) F.D.E. Schleiermacher, *Hermeneutics*, 42, 109.

7) *Ibid.*, 97.

8) *Ibid.*, 97–8.

9) John Calvin, *Institutes of the Christian Religion* (Eng. Edinburgh: Clarke, 1957) I.1.3, (Eng. edn 39).

10) Ibid., I.1.1 (Eng. edn 37).

11) F.D.E. Schleiermacher, *Hermeneutics,* 151 (강조는 첨가).

12) *Ibid.*

13) James O. Duke, *The Prospects for Theological Hermeneutics: Hegel versus Schleiermacher?* (Dissertation for Vanderbilt Ph.D. Ann Arbor: University Microfilms 1979), 76; cf 61–97, and Duke's introduction to his English translation of *Hermeneutics,* 11–15. 슐라이어마허와 헤겔의 비교를 위해서는 참고, H.–G. Gadamer, *Truth and Method,* 147–50.

14) F.D.E. Schleiermacher, *Hermeneutics,* 150; cf 100, 101, 113.

15) *Ibid.*, 38, cf 107, 113.

16) David E. Klemm, *Hermeneutical Inquiry: I The Interpretation of Texts*, 55; Kurt Mueller–Vollmer (ed) *The Hermeneutics Reader*, 72. Cf. Robert W. Funk, (ed.) *Schleiermacher as Contemporary: Journal for Theology and Church*, 7, New York: Herder, 1970.

17) Karl Barth, *Protestant Theology in the Nineteenth Century*, Eng. London: SCM 1972, 425, cf 425–73.

18) *Ibid.*, 428.

19) Martin Redeker, *Schleiermacher's Life and Thought*, Eng. Philadelphia: Fortress Press, 1973, 61.

20) F.D.E. Schleiermacher, *On Religion, Speeches to its Cultural Despisers*, Eng. New York, Harper edn, 1958, xi (from Otto's introduction). 『종교론』(대한기독교서회 역간)

21) F.D.E. Schleiermacher, "Die Weihnachtsfeier. Ein Gespräch," (rp. in Schleiermacher *Werke* IV, Aalen: Scientia Verlag, 1967 (from the 2nd Leipzig edn. of 1928) 475–532; cf B.A. Gerrish, *A Prince of the Church: Schleiermacher and the Beginning of Modern Theology*, London: SCM, 1984, 13–18.

22) Schleiermacher, *Werke* IV, 479, 495–6.

23) *Werke IV*, 477–83; cf *Hermeneutics,* 150.

24) *Werke IV*, 532.

25) Jack Forstman, *A Romantic Triangle: Schleiermacher and Early German Romanticism*, Missoula: Scholars Press (A.A.R. Studies in Religion 13) 1977, 특히 95–113.

26) J. Arundel Chapman, *An Introduction to Schleiermacher*, London: Epworth Press, 1932, 100–125.

27) William Wordsworth, *The Prelude* 2, 379–82. 워즈워스(1770–1850)와 슐라이어마허의 출생 사이에는 단 두 해의 차이만 있다.

28) M. Redeker, *op. cit.* 11.

29) F.D.E. Schleiermacher, *The Christian Faith*, Eng. Edinburgh: Clarke, 1948, 12.

30) B.A. Gerrish, *op. cit.* 18–20.

31) M. Redeker, *op. cit.* 39.

32) Karl Barth, *The Theology of Schleiermacher: Lectures at Göttingen* 1923–24, Eng. Grand Rapids: Eerdmans, 1982, xviii.

33) F.D.E. Schleiermacher, *On Religion,* 119–20.

34) Richard Brandt, *The Philosophy of Schleiermacher*, New York: Greenwood Press, 1968 (1941) 42–70; Hermann Suskind, *Der Einfluss Schellings auf die Entwicklung von Schleiermachers System*, Tübingen: Mohr, 1909.

35) Terry H. Foreman, *Religion as the Heart of Humanistic Culture: Schleiermacher as Exponent of Bildung in the Speeches on Religion of 1977* (Dissertation for Yale Ph.D), Ann Arbor: University Microfilms, 1977.

36) F.D.E. Schleiermacher, *Hermeneutics,* 175–214.

37) *Ibid.*, 116.

38) *Ibid.*, 195–6.

39) *Ibid.*

40) *Ibid.*, 208–9.

41) *Ibid.*, 55, 104. Cf. H.–G. Gadamer, *Truth and Method,* 148–49.

42) F.D.E. Schleiermacher, *Hermeneutics*, 107.

43) *Ibid.*, 97. Cf. Georgia Warnke, *Gadamer: Hermeneutics, Tradition, and Reason*, Cambridge: Polity Press 1988, 12–15.

44) Anthony C. Thiselton, *The Two Horizons*, 379–85. Cf. O.R. Jones (ed.) *The Private Language Argument*, London: Macmillan, 1971; R. Rhees, *Discussions of Wittgenstein*, London: Routldge & Kegan Paul, 1970; L. Wittgenstein, *Philosophical Investigations*, esp. sections 198–9, 202, 257 and 265, 275, 293, and "Notes for Lectures on Private Experience and 'Sense Data'" in *Philosophical Review* 77 (1968) 271–320.

45) F.D.E. Schleiermacher, *Hermeneutics*, 97.

46) F. de Saussure, *Cours de linguistique générale* 181–2; cf. *Course in General Linguistics*, (Eng. London: Owen, 1960) 81.

47) Translators' Introduction to Schleiermacher: *Hermeneutics*, 12.

48) *Ibid.*, 97–8 and 99.

49) *Ibid.*, 97–98.

50) L. Wittgenstein, *Philosophical Investigations*, Sect.23.

51) *Ibid.*, Sect.7.

52) L. Wittgenstein, *Zettel*, Germ. & Eng. Oxford, Blackwell, 1967 sect 173.

53) L. Wittgenstein, *The Blue and Brown Books*, Oxford Blackwell, 1958, 18.

54) L. Wittgenstein, *Philosophical Investigations,* sects. 198–9.

55) F.D.E. Schleiermacher, *Hermeneutics*, 102, 103.

56) *Ibid.*, 100.

57) *Ibid.*, 41.

58) Paul Ricoeur, *Hermeneutics and the Human Sciences*, Eng. Cambridge: Cambridge University Press, 1981, 46.

59) Karl Barth, *The Theology of Schleiermacher,* 179.

60) F.D.E. Schleiermacher, *Hermeneutics*, 139.

61) *Ibid.*

62) *Ibid.*, 107.

63) *Ibid.*, 142.

64) *Ibid.*, 112–13.

65) *Ibid.*, 113.

66) *Ibid.*, 100.

67) *Ibid.*, 168.

68) *Ibid.*, 200.

69) *Ibid.*, 203.

70) H.–G. Gadamer, *Truth and Method*, 235–45, 258–74, 325–41.

71) K. Barth, *The Theology of Schleiermacher*, 182.

72) F.D.E. Schleiermacher, *Hermeneutics*, 223.

73) *Ibid.*, 207.

74) *Ibid.*, 208.

75) *Ibid.*, 205.

76) *Ibid.*, 150.

77) *Ibid.*

78) *Ibid.*, (German, Lücke edn. *Werke IV* 153).

79) *Ibid.*

80) *Ibid.*, 177 (강조는 첨가).

81) *Ibid.*, 97–8.

82) *Ibid.*, 127 (강조는 첨가).

83) *Ibid.*, 162.

84) *Ibid.*, 64.

85) *Ibid.*, 205.

86) *Ibid.*, 51.

87) *Ibid.*, 91.

88) *Ibid.*, 188, 211.

89) Richard E. Palmer, *op. cit.*, 86.

90) Karl Barth, *The Theology of Schleiermacher,* 182.

91) F.D.E. Schleiermacher, *Hermeneutics*, 246 n.12.

92) *Ibid.*, 127.

93) *Ibid.*, 107.

94) *Ibid.*

95) *Ibid.*, 113.

96) *Ibid.*, 104 (강조는 첨가).

97) *Ibid.*, 105.

98) Richard B. Brandt *op. cit.*, 161.

99) F.D.E. Schleiermacher, *Hermeneutics,* 112.

100) *Ibid.*, 111.

101) *Ibid.*, 114.

102) H. R. Mackintosh, *Types of Modern Theology: Schleiermacher to Barth*, London: Nisbet, 1937, 94. 슐라이어마허의 신학에 대한 보다 최근의 논의를 위해서는 참고, Robert Williams, *Schleiermacher the Theologian: The Construction of the Doctrine of God*, Philadelphia: Fortress, 1978; Richard R. Niebuhr, *Schleiermacher on Christ and Religion: A New Introduction*, New York: Scribner 1964; and John E. Thiel, *God and World in Schleiermacher's 'Dialektik und Glaubenslehre,'* Bern, Frankfurt a.M.: Lang, 1981.

103) H.R. Mackintosh, *op. cit.*

104) F.D.E. Schleiermacher, *On Religion*, 특히 246–9.

105) Helmut Thielicke, *The Evangelical Faith I*, Eng, Grand Rapids: Eerdmans, 1974 38–40; 43–49.

106) *Ibid.*, 303.

107) F.D.E. Schleiermacher, *Hermeneutics*, 42, 109. 위 첫째 단원 참고.

108) *Ibid.*, 97.

109) K. Barth, *The Theology of Schleiermacher*, 183.

110) Richard R. Niebuhr, *Schleiermacher on Christ and Religion*, New York: Scribner 1964.

111) Hans–Georg Gadamer, *Truth and Method*, 162–73; cf. *Kleine Schriften* (4 vols) Tübingen: Mohr 1967–72, and 1977, III, 133–34.

7장

1) Charles E.B. Cranfield, *A Critical and Exegetical Commentary on the Epistle to the Romans* (2 vols.), Edinburgh: Clark 1975 and 1979; C.K. Barrett, *A Commentary on the Epistle to the Romans*, 2nd edn. London, Black, 1962; James D.G. Dunn, *Romans* (Word Biblical Commentary 38, 2 vols.), Dallas; Word, 1988.

2) Johannes Munck, *Paul and the Salvation of Mankind*, Eng. London: S.C.M., 1959, 66.

3) *Ibid.*

4) Adolf Deissmann, *Paul: A Study in Social and Religious History*, Eng. 2nd edn. London: Hodder & Stoughton, 1926, 6.

5) Wolfhart Pannenberg, *Basic Questions in Theology* (3 vols.), Eng. London: S.C.M. 1970, 1971 & 1973, II, 35.

6) J. Munck, *op. cit.* 67.

7) Anthony C. Thiselton, *The Two Horizons,* 314–26.

8) J. Christiaan Beker, *Paul the Apostle: The Triumph of God in Life and Thought,* Edinburgh: Clarke, Philadelphia: Fortress, 1980, 13.

9) Albert Schweitzer, *The Mysticism of Paul the Apostle*, Eng. London: Black, 1931.

10) W.D. Davies, *Paul and Rabbinic Judaism: Some Rabbinic Elements in Pauline Theology* (1948), 4th edn. Philadelphia: Fortress, 1980; London: S.P.C.K. 1981.

11) Rudolf Bultmann, *Theology of the New Testament* (2 vols.), Eng. London: S.C.M. 1952 and 1955, I, 191.

12) J. Munck, *op. cit.*, and *Christ and Israel: An Interpretation of Romans* 9–11, Eng. Philadelphia: Fortress, 1967; Krister Stendahl. *Paul Among Jews and Gentiles and Other Essays*, London: S.C.M. 1977 and Philadelphia: Fortress 1976; Ernst Käsemann, *New Testament Questions of Today*, Eng. London: S.C.M. and Philadelphia: Fortress, 1969, esp. 180–81; and *Perspectives on Paul*, London: S.C.M. and Philadelphia: Fortress, 1971.

13) Georg Eichholz, *Die Theologie des Paulus im Umriss*, Neukirchen–Vluyn: Neukirchener Verlag 2nd edn. 1977, 14–40; and George Howard, *Crisis in Galatia: A Study in Early Christian Theology*, Cambridge: Cambridge University Press (S.N.T.S.M.S. 35) 1979.

14) J.C. Beker, *op. cit.* 15.

15) *Ibid.*, 11.

16) *Ibid.*, 18.

17) *Ibid.*, 35.

18) *Ibid.*, 38.

19) *Ibid.*, 47.

20) Karl P. Donfried (ed.) *The Romans Debate: Essays on the Origins and Purpose of the Epistle*, Minneapolis: Augsburg, 1977.

21) J.C. Beker, *op. cit.* 74.

22) Robert Jewett, *Christian Tolerance: Paul's Message to the Modern Church*, Philadelphia: Westminster, 1982, 29.

23) *Ibid.*

24) *Ibid.*, 21–22.

25) *Ibid.*, 23–42.

26) *Ibid.*, 17.

27) Gerd Theissen, *The Social Setting of Pauline Christianity*, esp. 121–44.

28) J.H. Schütz, *Paul and the Anatomy of Apostolic Authority*, Cambridge: Cambridge University Press, 1975 (S.N.T.S. Mon., 26); and Bengt Holmberg, *Paul and Power: The Structure of Authority in the Primitive Church as Reflected in the Pauline Epistle*, Coniectanea Biblica, Lund: Gleerup, 1978 and Philadelphia: Fortress, 1980, 198–99.

29) James D.G. Dunn, *Baptism in the Holy Spirit*, London: S.C.M., 1970, 103–05.

30) J.C. Beker, *op. cit.* 30.

31) Wayne A. Meeks (ed.) *The Writings of St Paul: Norton Critical Edition*, London & New York: Norton, 1972, 192.

32) *Ibid.*, esp. 176–364.

33) *Ibid.*, 281, 282 and 287, from *The Church History of the First Three Centuries* (1860).

34) *Ibid.*, 288, 289, from "The First Christians" in *The Dawn of Day* (1880); and 291, from "The Jewish Dysangelist" in *The Antichrist* (1888), sects. 39–43.

35) *Ibid.*, 299, from "Preface on the Prospects of Christianity" to *Androcles and the Lion* (1913).

36) *Ibid.*, 438.

37) *Ibid.*

38) Anthony C. Thiselton, *The Two Horizons*, 422–27.

39) Ludwig Wittgenstein, *Philosophical Investigations,* II.x, 191–92; *Zettel*, sects. 75 and 85; cf. H.H. Price, *Belief*, London: Allen & Unwin, 1969, esp. 20–28, 290–314.

40) Vernon H. Neufeld, *The Earliest Christian Confessions*, Leiden: Brill, 1963.

41) Anthony C. Thiselton, "Schweitzer's Interpretation of Paul," *Expository Times* 90, 1979, 132–37.

42) Albert Schweitzer, *op. cit.* 38–39.

43) *Ibid.*, 98.

44) *Ibid.*, 101.

45) *Ibid.*, 107.

46) *Ibid.*, 121.

47) *Ibid.*, 124.

48) *Ibid.*, 143.

49) *Ibid.*, 165.

50) *Ibid.*, 194.

51) *Ibid.*, 223.

52) Martin Werner, *The Formation of Christian Dogma*, Eng. London: Black, 1957.

53) Maurice F. Wiles, *The Divine Apostle: The Interpretation of St Paul's Epistles in the Early Church*, Cambridge: Cambridge University Press, 1967, 139 (강조는 첨가).

54) Krister Stendahl, *Paul among Jews and Gentiles*, 78–96.

55) E.P. Sanders, *Paul and Palestinian Judaism: A Comparison of Patterns of Religion*, London: S.C.M. 1977, 442.

56) *Ibid.*, 443.

57) *Ibid.*, 9 (강조는 첨가).

58) *Ibid.*, 446.

59) *Ibid.*, 12–24.

60) *Ibid.*, 517.

61) *Ibid.*, 518 and 543.

62) Wilhelm Dilthey, *Selected Writings* (ed. H.P. Rickman), Cambridge: Cambridge University Press, 1976, 3–4.

63) H.A. Hodges, *The Philosophy of Wilhelm Dilthey*, London: Routledge & Kegan Paul, 1952, xiv.

64) Wilhelm Dilthey, *Gesammelte Schriften V: Die Geistige Welt: Einleitung in die Philosophie des Lebens*, Leipzig and Berlin: Teubner, 1927, 4. (강조 첨가).

65) Wilhelm Dilthey, *Gesammelte Schriften VII: Der Aufbau der Geschichtlichen Welt in den Geisteswissenschaften*, Leipzig and Berlin: Teubner, 1927, 131; cf. *Selected Writings* 177–78.

66) W. Dilthey, *op. cit.* VII, 203; cf. *Selected Writings*, 218.

67) W. Dilthey, *op. cit.* VII, 206; *Selected Writings*, 219.

68) *Ibid.*, 279.

69) W. Dilthey, *op. cit.* VII, 213–14; *Selected Writings*, 226–27.

70) James M. Robinson and John B. Cobb Jr. (edn.) *New Frontiers in Theology: II, The New Hermeneutic*, New York: Harper and Row, 1964, 59.

71) W. Dilthey, *op. cit.* VII, 215–16; *Selected Writings*, 227.

72) Ibid.

73) W. Dilthey, *op. cit.* VII, 191; *Selected Writings*, 208.

74) W. Dilthey, *op. cit.* V, 336; *Selected Writings*, 262.

75) W. Dilthey, *op. cit.* VII, 214; *Selected Writings*, 226.

76) W. Dilthey, *op. cit.* VII, 133–34; *Selected Writings*, 180.

77) W. Dilthey, *op. cit.* VII, 196–99 and 202–04; 146–57; cf. *Selected Writings* 191–207, 212–14.

78) W. Dilthey, *op. cit.* VII, 146–47; *Selected Writings*, 191.

79) Howard N. Tuttle, *Wilhelm Dilthey's Philosophy of Historical Understanding*, Leiden: Brill, 1969, 11.

80) W. Dilthey, "The Development of Hermeneutics," *Selected Writings* 262; cf. *op. cit.* V 336.

81) Wolfhart Pannenberg, *Theology and the Philosophy of Science*, Eng. Philadelphia: Westminster, 1976, 78–80, 130–131, [『신학과 철학』(한들출판사 역간)] 연관하여 W. Pannenberg, "Hermeneutics and Universal History" in Robert Funk (ed.) *Journal for Theology and the Church* 4, 1967, 122–52.

82) James C. McHann Jr., *The Three Horizons: A Study in Biblical Hermeneutics with Special Reference to Wolfhart Pannenberg*, University of Aberdeen, Ph.D Dissertation, 1987.

83) H.–G. Gadamer, *Truth and Method*, 204; cf. 460–62.

84) Michael Polanyi, *Personal Knowledge: Towards a Post–Critical Philosophy*, London: Routledge & Kegan Paul, (1958) 1962.『개인적 지식』(아카넷 역간)

85) Anthony C. Thiselton, *The Two Horizons*, 234–40.

86) Emilio Betti, *Allgemeine Auslegungslehre als Methodik der Geisteswissenschaften*, Tübingen: Mohr, 1967, 1–61.

87) *Ibid.*, 169.

88) *Ibid.*, 21.

89) *Ibid.*, 158, 211–16.

90) H.–G Gadamer, *Truth and Method*, 465; cf. E Betti, *op. cit.* 93–4.

91) Emilio Betti, op. cit. 98.

92) *Ibid.*, 472–77.

93) *Ibid.*, 204–16.

94) *Ibid.*, 211.

95) *Ibid.*, 216–40.

96) Josef Bleicher, *Contemporary Hermeneutics: Hermeneutics as Method, Philosophy, and Critique*, London: Reoutledge & Kegan Paul, 1980, 27–50; cf. 11–26.

97) W. Pannenberg, *Theology and the Philosophy of Science*, 166.

98) Jerome Murphy–O'Connor, *St Paul's Corinth: Texts and Archaeology*, Wilmington: Glazier, 1983; Gerd Theissen, *op. cit.*; John C. Hurd Jr. *The Origin of I Corinthians*, London: S.P.C.K., 1965; and Peter Marshall, *Enmity in Corinth: Social Conventions in Paul's Relations with the Corinthians*, Tübingen: Mohr, 1987.

99) Gordon D. Fee, *The First Epistle to the Corinthians*, Grand Rapids: Eardmans, 1987 (N.I.C.N.T.) 55.

100) J. Munck, *Paul and the Salvation of Mankind*, 135–67; 136.

101) *Ibid.*, 152.

102) *Ibid.*, 157–67.

103) Gordon D. Fee, *op. cit.* 59.

104) Jerome Murphy–O'Connor, *op. cit.* 153–61.

105) *Ibid.*, 158.

106) *Ibid.*, 159.

107) H.–G. Gadamer, *Truth and Method*, 273.

108) Albert Schweitzer, *Paul and his Interpreters: A Critical History*, London: Black, 1912, 37–8.

109) Johannes Weiss, "Earliest Christianity" vol.2, Eng. New York, Harper edn. 1959, 433–40.

110) *Ibid.*, 442.

111) *Ibid.*, 445–46.

112) Krister Stendahl, *Paul among Jews and Gentiles* 68, 70, 71, 75, *et. passim.*『유대인과 이방인의 사도 바울』(순신대학교출판부 역간)

113) *Ibid.*, 76.

114) *Ibid.*, 78–80.

115) F.F. Bruce, *Paul; Apostle of the Free Spirit*, Exeter: Paternoster, 1977, 457.『바울』(크리스챤다이제스트 역간)

116) *Ibid*; cf. 456–63.

117) *Ibid.*, 463.

118) Ronald F. Hock, *The Social Context of Paul's Ministry: Tentmaking and Apostleship*, Philadelphia: Fortress, 1980, 67.

119) Jerome Murphy–O'Connor, *op. cit.* 169.

120) *Ibid.*, 170.

121) Norman R. Petesen, *Rediscovering Paul, Philemon and the Sociology of Paul's Narrative World*, Philadelphia: Fortress, 1985.

122) Rudolf Bultmann, *Theology of the New Testament* (2 vols.), Eng. London, S.C.M., 1952 and 1955, I, 223 (강조는 첨가); cf. 220–27.

123) *Ibid.*, 224 (강조는 첨가).

124) Robert Jewett, *Paul's Anthropological Terms: A Study of their Use in Conflict Settings*, Leiden: Brill, 1971, 332.

125) D.E.H. Whiteley, *The Theology of St Paul*, 2nd edn. Oxford: Blackwell, 1974, 128–29; cf. J.N.D. Kelly, *op. cit.* 21–22.

126) Cf. N.Q. Hamilton, *The Holy Spirit and Eschatology in St Paul*, Edinburgh: Oliver and Boyd, 1957, and arguments by Vincent Taylor, Hendry and Others.

127) Church of England Doctrine Commission Report, *We believe in God*, London: Church House Publishing, 1987, 109, 104–21; and *We Believe in the Holy Spirit*, London: Church House Publishing. 1991.

128) Donald Guthrie, *New Testament Theology*, London: Inter–Varsity Press, 1981, 775.

129) Robert Jewett, *Letter to Pilgrims: A Commentary on the Epistle to the Hebrews*, New York: Pilgrim Press, 1981, 16.

130) William Manson, *The Epistle to the Hebrews: An Historical and Theological Reconsideration*, London: Hodder & Stoughton, 1951, 24, 35, 36.

131) Ernst Käsemann, *The Wandering People of God: An Investigation of the Letter to the Hebrews*, Eng. Minneapolis: Augsburg, 1984, 19.

132) Olfried Hofius, *Katapausis: Die Vorstellung vom endzeitichen Ruheort im Hebräerbrief*, Tübingen: Mohr, 1970, 17–21; 102; and 116–151.

133) *Ibid.*, 256.

134) Ralph P. Martin, *Reconciliation: A Study in Pauline Theology*, London: Marshall, Morgan & Scott, 1981.

135) G. Shrenk in G. Kittel and G. Friedrich (ed.), *Theological Dictionary of the New Testament*, Eng. Grand Rapids: Eerdmans, 1964, III, 274.

136) Graham Hughes, *Hebrews and Hermeneutics: The Epistle to the Hebrews as a New Testament Example of Biblical Interpretation*, Cambridge: Cambridge University Press, 1979, 108; cf. 104 et passim.

137) Ronald Williamson, *Philo and the Epistle to the Hebrews*, Leiden: Brill, 1970, 144–45.

138) Cf. F.F. Bruce, *The Epistle to the Hebrews*, London: Marshall, Morhan & Scott, 1964, 1–3.

139) Hugh W. Montefiore, *The Epistle to the Hebrews*, London: Black, 1964, 35.

140) George Wesley Buchanan, *To the Hebrews: A New Translation with Introduction and Commentary*, New York: Doubleday, 1972; cf. "The Present State of Scholarship on Hebrews" in J. Neusner (ed.) *Christianity, Judaism and other Greco–Roman Cults*, Leiden: Brill, 1975.

141) M. de Jonge and A.S. van der Woude, "11Q Melchizedek and the New Testament," *New Testament Studies* 12, 1966, 301–26; and Joseph A. Fitzmyer, "Further Light on Melchizedek from Qumran Cave II," *Journal of Biblical Literature* 86, 1967, 25–41.

142) Heinrich Ott "What is Systematic Theology?" in James M. Robinson and J. Cobb Jr. (eds.) *New Frontiers in Theology: I The Later Heidegger and Theology*, New York: Harper & Row. 1963, 77–111, esp. 80–81.

8장

1) Ernst Fuchs, *Studies of the Historical Jesus*, Eng. London: S.C.M. 1964, 129.

2) J. Arthur Baird, *Audience Criticism and the Historical Jesus*, Philadelphia: Westminster, 1969, 18.

3) Anthony C. Thiselton, "The Meaning of Sarx in 1 Cor 5:5: A Fresh Approach in the Light of Logical and Semantic Factors" *Scottish Journal of Theology* 26, 1973, 204–28, and "Realized Eschatology at Corinth," *New Testament Studies* 24, 1978, 510–26.

4) Donald D. Evans, *The Logic of Self–Involvement: A Philosophical Study of Everyday Language with Special Reference to the Christian Use of Language about God as Creator*, London: S.C.M. 1963; cf. Martin Heidegger, *Being and Time*, Eng. Oxford: Blackwell, 1962, 114–23.

5) D.D. Evans, *op. cit.* 11.

6) Rudolf Bultmann, *Theology of the New Testament,* vol.I, 190.

7) John L. Austin, *How to do Things with Words*, Oxford: Clarendon Press, 1962, 45. (오스틴 자신의 강조). 『말과 행위: 오스틴의 언어철학 의미론 화용론』(서광사 역간)

8) Jon Wheatley, "Austin on Truth" in K.T. Fann (ed.), *Symposium on J.L. Austin*, London: Routledge & Kegan Paul, 1969, 226–39.

9) Rudolf Bultmann, *Theology of the New Testament,* II, 251.

10) Graham N. Stanton, *Jesus of Nazareth in New Testament Preaching*, Cambridge: Cambridge University Press, 1974 (S.N.T.S.M. 27).

11) Anthony C. Thiselton, *The Two Horizons*, 205–292.

12) Clive Garrett, *The Question of Development in Rudolf Bultmann's Theology*, University of Sheffield, Ph.D. Thesis 1981.

13) Rudolf Bultmann, "New Testament and Mythology" in H.–W. Bartsch (ed.) *Kerygma and Myth* (2 vols.) London: S.P.C.K. 1962 and 1964, I, 36, German H.–W. Bartsch (ed.) *Kerygma und Mythos: Ein theologisches Gespräch* (6 vols.), Hamburg: Reich & Heidrich, 1948 onwards, I, 46.

14) Søren Kierkegaard, *The Point of View for my Work as an Author*, Princeton, Princeton University Press, 1941 (rp. New York, 1962), 11.

15) *Ibid.*, 40.

16) Søren Kierkegaard, *The Concept of Irony*, Eng. London: Collins, 1966, 340.

17) Søren Kierkegaard, *The Last Years: Journals* 1853–1855, Eng. London: Collins, 1965, 99, and *The Attack upon "Christendom"* Eng. Princeton: Princeton University Press, 1944, 150.

18) *Ibid.*, 40.

19) Søren Kierkegaard, *Concluding Unscientific Postscript to the Philosophical Fragments*, Eng. Princeton: Princeton University Press, 1941, 181.

20) *Ibid.*, (강조는 원문 그대로).

21) Søren Kierkegaard, *The Journals of Soren Kierkegaard: A Selection* (ed. A. Dru) Eng. Oxford, 1938, under 1st August, 1835.

22) Cf. Anthony C. Thiselton, "Kierkegaard and the Nature of Truth," *Churchman* 89, 1975, 85–107.

23) Søren Kierkegaard, *Fear and Trembling* (with *The Sickness unto Death*), New York: Fontana edn. 1954, 27–64. 『두려움과 떨림』(지식을만드는지식 역간)

24) Calvin O. Schrag, *Radical Reflection and the Origins of the Human Sciences*, West Lafayette: Purdue University Press, 1980, 106.

25) M. Heidegger, *Being and Time*, 62 and 39.

26) *Ibid.*, 73.

27) *Ibid.*, 95–107; cf. also 200–01.

28) *Ibid.*, 189.

29) *Ibid.*, 190–92.

30) *Ibid.*, 194.

31) *Ibid.*, 201.

32) *Ibid.*, 345.

33) *Ibid.*, 342.

34) *Ibid.*, 373.

35) *Ibid.*, 444.

36) Anthony C. Thiselton, *The Two Horizons*, 143–204 (on Heidegger's *Being and Time*) and 227–34 and 275–92 (on Bultmann's use of Heidegger).

37) Rudolf Bultmann, *Theology of the New Testament*, I, 191.

38) *Ibid.*, 239.

39) *Ibid.*, 240.

40) *Ibid.*, 276.

41) *Ibid.*, 300–01.

42) *Ibid.*, 319.

43) *Ibid.*, 322.

44) *Ibid.*, 335.

45) Rudolf Bultmann, "New Testament and Mythology," *loc. cit.*, Eng.I, Germ. 11.

46) *Ibid.*, Eng. 36; Germ. 46.

47) Wolfart Pannenberg, "The Revelation of God in Jesus" in James M. Robinson & John B. Cobb Jr. (eds.) *New Frontiers in Theology III, Theology as History*, New York: Harper & Row, 1967, 122.

48) *Ibid.*

49) J. Weiss, *op. cit.*, vol.2, 458.

50) R. Bultmann, *Theology of the New Testament*, I, 331 & 351.

51) Werner Kramer, *Christ, Lord, Son of God*, Eng. London: S.C.M. 1966, 181 & 182.

52) R. Bultmann, *Essays Philosophical and Theological*, London: S.C.M. 1955, 280, cf. 273–90; German *Glauben und Verstehen: Gesammelte Aufsätze* (4 vols.) Tübingen: Mohr, 1964–65, II, 252, cf. 246–61.

53) D.D. Evans, *op. cit.* 30–36, 46–78, 170–73; J.L. Austin, *op. cit.* 43–52, 78–90, 110–19, 150–61.

54) John R. Searle, *Expression and Meaning: Studies in the Theory of Speech Acts*, Cambridge: Cambridge University Press, 1979, 13–23; cf. 1–29; François Recanati, *Meaning and Force: The Pragmatics of Performative Utterances*, Eng. Cambridge: Cambridge University Press, 1987, 154–63; Stephen C. Levinson, *Pragmatics*, Cambridge: Cambridge University Press, 1983, 240–42. 『화용론』(한신문화사 역간); 그리고 Geoffrey Leech, *The Principles of Pragmatics*, London and New York: Longman, 1983, 205–12.

55) D.D. Evans, *op. cit.* 33.

56) J.L. Austin, *op. cit.* 150 & 154–55.

57) James D.G. Dunn, *Romans* 9–16, 616.

58) J.L. Austin *op. cit.* 152; J.R. Searle, *op. cit.* 16–20; and F. Recanati, *op. cit.* 138–54.

59) D.D. Evans, *op. cit.* 36; cf. J.L. Austin, *op. cit.* 159–60.

60) D.E.H. Whiteley, *op. cit.* 103; cf. Oscar Cullmann, *The Christology of the New Testament*, Eng. London: S.C.M. 1959, 200–13.

61) L. Cerfaux, *Christ in the Theology of St Paul*, Eng. Freiburg: Herder, 1959, 469.

62) James D.G. Dunn, *Unity and Diversity in the New Testament: An Inquiry into the Character of Earliest Christianity*, London: S.C.M. 1977, 227.

63) Rudolf Bultmann, *Theology of the New Testament*, II, 9 & 43.

64) I. Howard Marshall, *The Gospel of Luke: A Commentary on the Greek Text*, Exeter: Paternoster, and Grand Rapids: Eerdmans, 1978, 213.

65) J.L. Austin, *op. cit.* 99; cf. 94–119.

66) G. Bornkamm, "The Stilling of the Storm" in G. Bornkamm, G. Barth, and H.J. Held, *Tradition and Interpretation in Matthew*, Eng. London: S.C.M. 1963, 52–57.

67) David Hill, *The Gospel of Matthew*, London: Oliphants & Marshall (New Century) 1972, 167.

68) R.T. France, *The Gospel according to Matthew: An Introduction and Commentary*, Leicester: I.V.P. and Grand Rapids: Eerdmans, 1985, 162. 『마태복음』(CLC 역간)

69) Otto Michel, "The Conclusion of Matthew's Gospel. A Contribution to the History of the Easter Message," in Graham N. Stanton (ed.) *The Interpretation of Matthew*, Philadelphia: Fortress, and London: S.P.C.K., 1983, 30–41.

70) Graham N. Stanton, *Ibid.*, 4; cf. G. Bornkamm, *loc. cit.* 228.

71) James D.G. Dunn, *Christology in the Making: A New Testament Inquiry into the Origins of the Doctrine of the Incarnation*, London: S.C.M., and Philadelphia: Westminster, 1980, 254.

72) Norman Perrin, *Jesus and the Language of the Kingdom*, London: S.C.M. 1976.

73) P. Maurice Casey, *Son of Man: The Interpretation and Influence of Daniel* 7, London: S.P.C.K. 1979; Morna D. Hooker, *The Son of Man in Mark*, London: S.P.C.K. 1967; and Barnabas Lindars, *Jesus Son of Man: A Fresh Examination of the Son of Man Sayings in the Gospel in the Light of Recent Research*, London: S.P.C.K., 1983.

74) Robert Fowler, *Loaves and Fishes: The Function of the Feeding Stories in the Gospel of Mark*, Chico: Scholars Press, 1981; Ernest Best, *op. cit.*; M. Eugene Boring, "The Christology of Mark: Hermeneutical Issue for Systematic Theology" in *Christology and Exegesis: New Approaches: Semeia* 30, 1985, 125–54; David Rhoads and Donald Michie, *Mark as Story*, Philadelphia: Fortress Press, 1982.

75) Graham N. Stanton, *The Gospels and Jesus*, Oxford: Oxford University Press, 1989, 28.

76) Hugh C. White (ed.) *Speech–Act Theory and Biblical Criticism: Semeia* 41, 1988; Michael Hancher, "Performative Utterances, the Word of God, and the Death of the Author," 27–40, and Hugh C. White, "The Value of Speech–Act Theory for Old Testament Hermeneutics," 41–63 (특히 27쪽 참고).

77) John P. Meier, *The Vision of Matthew: Christ, Church, and Morality in the First Gospel*, New York: Paulist Press, 1979, 43; cf. 42–51.

78) Johannes G. du Plessis, *Clarity and Obscurity: A Study in Textual Communication of the Relation between Sender, Parable, and Receiver in the Synoptic Gospels*, Stellenbosch: University of Stellenbosch D. Theol. Dissertation, 1985, 2 and 3; cf. E. Arens, *Kommunikative Handlungen: die paradigmatische Bedeutung der Gleichnisse Jesu für eine Handlungstheorie*, Düsseldorf: Patmos, 1982, 355; T. Aurelio, *Disclosures in den Gleichnissen Jesu: Eine Anwendung der disclosure–Theorie von I.T. Ramsey*, Frankfurt a/M: Lang, 1977; and Anthony C. Thiselton, "The Parable as Language–Event: Some Comments on Fuchs' Hermeneutics in the Light of Linguistic Philosophy," *Scottish Journal of Theology* 23, 1970, 437–68.

79) Johannes G. du Plessis, *op. cit.* 5, 269 (강조는 첨가).

80) J.G. du Plessis, "Speech Act Theory and New Testament Interpretation with Special Reference to G.N. Leech's Pragmatic Principles" in P.J. Hartin and J.H. Petzer (eds.) *Text and Interpretation: New Approaches in the Criticism of the New Testament*, Leiden: Brill, 1991, 129–42. Cf. also his "Pragmatic Meaning in Matthew 13:1–23," *Neotestamentica* 21, 1987, 42–56; and "Did Peter Ask his Questions and How Did Jesus Answer Him? Or implicature in Luke 12:35–48," *Neotestamentica* 22, 1988, 311–24. Cf. further Nicholas Wolterstorff, *Works and Worlds of Art*, Oxford: Clarendon Press. 1980; *loc. cit.* 아래 10, 15, 16장도 참고.

81) John R. Searle, *Speech Acts: An Essay in the Philosophy of Language*, Cambridge: Cambridge University Press, 1969, 16; cf. also vii.

82) *Ibid.*, 17.

83) John L. Austin, *Philosophical Papers*, Oxford: Clarendon Press, 1961, 85–101, and 123–154; and K.T. Fann (ed.) *Symposium on J.L. Austin*, London: Routledge & Kegan Paul, 1969.

84) John L. Austin, *How to Do Things with Words*, 28.

85) *Ibid.*, 27.

86) *Ibid.*, 35.

87) *Ibid.*, 37.

88) Anthony C. Thiselton, "The Supposed Power of Words in the Biblical Writings," *Journal of Theological Studies* 25, 1974, 283–99.

89) Gerhard von Rad, *Old Testament Theology*, vol.2, Eng. Edinburgh: Oliver & Boyd, 1965, 85.

90) W. Zimmerli, "Wort Gottes," *Religion in Geschichte und Gegenwart,* vol.6 (Tübingen: 1962) col. 1810; O. Grether, *Name und Wort Gottes im Alten Testament*, Giessen: 1934, 103–7; Edmund Jacob, *Theology of the Old Testament,* Eng. London: Hodder and Stoughton, 1958, 131; L. Dürr, *Der Wertung des göttlichen Wortes in Alten Testament und im antiken Orient*, Leipzig, 1938, 52, 61, 71.

91) John R. Searle, *Speech Acts* (as cited), 1969; *Expression and Meaning: Studies in the Theory of*

Speech Acts, Cambridge: Cambridge University Press, 1979; John R. Searle, Ferenc Kiefer and Manfred Bierwisch (eds.), *Speech–Act Theory and Pragmatics*, Dordrecht, London, and Boston: Reidel, 1980, esp. 221–32 (by Searle); John R. Searle, *Intentionality: An Essay in the Philosophy of Mind*, Cambridge: Cambridge University Press, 1983; and John R. Searle and Daniel Vanderveken, *Foundations of Illocutionary Logic*, Cambridge: Cambridge University Press, 1985.

92) J.L. Austin, *How to Do Things with Words*, 108.

93) J.R. Searle, *Speech–Acts*, 24.

94) *Ibid.*, 31; cf. *Expression and Meaning*, 1; and *Intentionality* 5–7.

95) J.R. Searle, *Expression and Meaning*, 3 (설 자신의 강조).

96) F. Recanati, *op. cit.* 150; cf. 150–63.

97) *Ibid.*, 27.

98) Dieter Wunderlich, "Methodological Remarks on Speech–Act Theory" in J.R. Searle, F. Kiefer, and M. Bierwisch (eds.), *Speech–Act Theory and Pragmatics*, 297; cf. 291–312.

99) F. Recanati, op. cit. 164, 169 (르카나티의 강조); and J.R. Searle, *Expression and Meaning* 18.

100) J.R. Searle, *Intentionality*, 165–67.

101) J.R. Searle, *Expression and Meaning*, 18.

102) J.R. Searle, *Intentionality*, 1–36, 160–79, *et passim*.

103) J.R. Searle, *Speech–Acts*, 58 (강조 첨가).

104) *Ibid.*, 60.

105) L. Wittgenstein, *Zettel*, sect. 504.

106) L. Wittgenstein, *Philosophical Investigations*, II i, 174.

107) *Ibid.*, II x, 192.

108) A.J.M. Wedderburn, *The Reasons for Romans*, Edinburgh: Clark, 1988; and Francis Waston, *Paul, Judaism and the Gentiles: A Sociological Approach*, Cambridge: Cambridge University Press (S.N.T.S. Mon. Ser. 56), 1986, 88–91, *et passim*.

109) E.P. Sanders, *Paul and Palestinian Judaism*, 443.

110) K. Stendahl, *Pual among Jews and Gentiles*, 23–40, 78–96.

111) *Ibid.*, 24.

112) Marcus Barth, *The People of God*, Sheffield: J.S.N.T.S. 5, 1983, 26.

113) A. Schweitzer, *The Mysticism of Paul the Apostle*, 101.

114) *Ibid.*, 117.

115) *Ibid.*, 123.

116) A. Deissmann, *Paul*, 161.

117) Alfred Wikenhauser, *Pauline Mysticism: Christ in the Mystical Teaching of St Paul*, Eng. Freiburg: Herder, and London: Nelson, 1960, 94.

118) *Ibid.*, 104.

119) *Ibid.*, 199; cf. 184, 185.

120) Robert Tannehill, *Dying and Rising with Christ: A Study in Pauline Theology*, Berlin: Töpelmann, 1967, 1–47, 75–129, and Anthony T. Hanson, *The Paradox of the Cross in the Thought of Paul*, Sheffield: J.S.N.T.S. 17, 1987, 24–78.

121) E.P. Sanders, *Paul and Palestinian Judaism*, 465 (첫번째 강조는 첨가, 두 번째는 원문 그대로).

122) J.K.S. Reid, *Our Life in Christ*, London: S.C.M. 1963, 91. cf. also N.T. Wright, "Jesus, Israel, and the Cross" in Kent H. Richards (ed.) *Society of Biblical Literature* 1985 Seminar Papers, Atlanta: Scholars Press, 1985, 75–95 (esp. 91–93); *The Messiah and the People of God*, D. Phil Dissertation, University of Oxford, 1980; and especially *The Climax of the Covenant: Christ and the Law in Pauline Theology*, Edinburgh: Clark, 1991 4–9, 137–41, 258–67.

123) Robert Tannehill, *op. cit.* 70.

124) 참고, J.R. Searle and Daniel Vanderveken, *Foundations of Illocutionary Logic*, 74–86; Daniel Vanderveken, "Illocutionary Logic and Self–Defeating Speech Acts" in J.R. Searle, F. Kiefer, and M. Bierwisch (eds.), *Speech Act Theory and Pragmatics*, Dordrecht and Boston: Reidel 1980, 247–71; F. Recanati, *op. cit.* 265–66.

125) Stephen C. Levinson, *Pragmatics*, 226–83, esp. 276–78.

126) David J.A. Clines, *The Theme of the Pentateuch*, Sheffield: J.S.O.T.S. Press, 11, 1978, 26–27.

127) *Ibid.*, 35.

128) *Ibid.*, 32–43.

129) *Ibid.*, 50–53.

130) Ernest W. Nicholson, *God and His People: Covenant and Theology in the Old Testament*, Oxford: Clarendon Press, 1986.

131) Walther Eichrodt, *Theology of the Old Testament*, vol. 1, Eng. London: S.C.M. 1961, 38.

132) Raymond E. Brown, *The Gospel according to John*, London: Chapman, 1971, lxxviii–lxxix. 『요한복음』(CLC 역간)

9장

1) David E. Klemm (ed.) *Hermeneutical Inquiry*, I, 173.

2) David Tracy, in Robert M. Grant and D. Tracy, *A Short History of the Interpretation of the Bible* 2nd edn. Philadelphia: Fortress Press, 1984, 155.

3) Paul Ricoeur, *Hermeneutics and the Human Sciences*, Cambridge: Cambridge University Press, 1981, 76 (강조는 첨가).

4) Anthony C. Thiselton, *The Two Horizons*, 40–45, 294–326, 337–41, 344–51.

5) Stephen Fowl, "The Canonical Approach of Brevard Childs," *Expository Times* 96, 1985, 173–76.

6) *Ibid*., 176.

7) Joel C. Weinsheimer, *Gadamer's Hermeneutics: A Reading of "Truth and Method,"* New Haven: Yale University Press, 1985, 102 (강조 첨가).

8) *Ibid*., 110.

9) *Ibid*., 108.

10) Georgia Warnke, *Gadamer: Hermeneutics, Tradition, and Reason*, Cambridge: Polity Press, 1987.

11) *Ibid*., 139–66.

12) Richard J. Bernstein, *Beyond Objectivism and Relativism: Science, Hermeneutics and Praxis*, Oxford: Blackwell, 1983, 15–52.

13) R. Hollinger (ed.) *Hermeneutics and Praxis*, Indiana: University of Notre Dame Press, 1985, 277–94 (또한 각주 22에 나오는 책에 수록된 그의 논문 참고).

14) Frank Stack, *The Experience of a Poem: Jung and Wallace Stevens*, London: Guild of Pastoral Psychology 1987, 11.

15) Robert Fowler, "Who is 'the Reader' in the Text?" *Semeia* 31, 1985, 5–23.

16) *Ibid*., 9.

17) Robert Morgan, *Biblical Interpretation*, 7.

18) Hans–Georg Gadamer, *Truth and Method*, 325–41.

19) Richard Rorty "A Reply to Dreyfus and Taylor" in *Review of Metaphysics* 34, 1980, 3–23.

20) Calvin O. Schrag, *Radical Reflection*, xi, 97, 126.

21) Richard J. Bernstein, *op. cit.* 1–11 *et passim*.

22) Bruce R. Wachterhauser (ed.) *Hermeneutics and Modern Philosophy*, New York: Albany State University of New York Press, 1986, 여기에 수록된 Hans–Georg Gadamer, "Text and Interpretation," 377–96 참고.

23) Hans–Georg Gadamer, *Truth and Method*, 218, 219.

24) Martin Heidegger, *Discourse in Thinking*, Eng. New York: Harper & Row, 1966, 54 n.4 *et passim*.

25) *Ibid.*, 46, and *On the Way to Language*, 84.

26) M. Heidegger, *On the Way to Language*, 85.

27) *Ibid.*, 65.

28) Martin Heidegger, *An Introduction to Metaphysics*, Eng. New Haven: Yale University Press, 1959, 172, 173; *On the Way to Language* 108; *Poetry, Language, and Thought*, New York: Harper & Row, 1971, 32–7, 42 Cf. Anthony C. Thiselton, *The Two Horizons*, 335–42.

29) Hans–Georg Gadamer, *Truth and Method*, 92, 93, 94.

30) Georgia Warnke, *op. cit.* 48.

31) Hans–Georg Gadamer, *Truth and Method*, 95, 96.

32) *Ibid.*, 98.

33) *Ibid.*, 100.

34) *Ibid.*, 104, 110.

35) Joel C. Weinsheimer, *op. cit.* 111.

36) H.–G. Gadamer, *Truth and Method*, 20.

37) *Ibid.*, 102–03.

38) *Ibid.*, 329; cf. 325–33.

39) *Ibid.*, 19–26.

40) *Ibid.*, 10–19, 29–39.

41) *Ibid.*, 245; German, *Wahrheit und Methode: Grundzüge einer philosophischen Hermeneutik*, Tübingen: Mohr, 2nd edn. 1965, 255.

42) *Ibid.*

43) Reiner Wiehl, "Heidegger, Hermeneutics, and Ontology" in Bruce R. Wachterhauser (ed.) *op. cit.*, 468.

44) Hans–Georg Gadamer, *Philosophical Hermeneutics*, Berkeley: University of California Press, 1976, 3–17.

45) *Ibid.*, 10.

46) *Ibid.*, 11.

47) *Ibid.*, 13, 15.

48) *Ibid.*, 399.

49) *Ibid.*, 401.

50) *Ibid.*, 402, 403.

51) *Ibid.*, 411.

52) *Ibid.*, 431.

53) *Ibid.*, 434.

54) Gershon Weiler, *Mauthner's Critique of Language*, Cambridge: Cambridge University Press 1970, 272, 273.

55) *Ibid.*, 271.

56) *Ibid.*, 331 (강조 첨가).

57) L. Wittgenstein, *Tractatus Logico–Philosophicus*, Germ. and Eng. London: Routledge & Kegan Paul, 1961, 4.0031.

58) *Ibid.*, 4.002.

59) *Ibid.*, 5.6 (비트겐슈타인의 강조).

60) *Ibid.*, 4.01.

61) *Ibid.*, 4.04.

62) *Ibid.*, 4.26.

63) *Ibid.*, 6.41.

64) *Ibid.*, 4.1212 and 6.522.

65) G. Weiler, *op cit* 301.

66) L. Wittgenstein, *Philosophische Bemerkungen*, Oxford: Blackwell 1964, 54 (1929–30년 시기 사이).

67) G. Weiler, op cit 298–99.

68) *Ibid.*, 304.

69) L. Wittgenstein, *On Certainty*, Oxford: Blackwell, 1969, sect. 199.

70) *Ibid.*, sect. 204.

71) L. Wittgenstein, *Philosophical Investigations,* sect. 242.

72) *Ibid.*, sect. 179.

73) *Ibid.*, sects 156–205.

74) Gerhard Ebeling, *Introduction to a Theological Theory of Language*, Eng. London: Collins 1973, 76.

75) Gerhard Ebeling, *God and Word*, Eng. Philadelphia: Fortress, 1967, 2.

76) Gerhard Ebeling, *Introduction to a Theological Theory of Language,* 156 and 157.

77) Gerhard Ebeling, *God and Word* 17.

78) Zygmunt Bauman, *Hermeneutics and Social Science*, London; Hutchinson, 1978.

79) *Ibid.*, 58 (강조 첨가).

80) *Ibid.*, 105; cf. 88–110.

81) Karl Mannheim, *Ideology and Utopia: Introduction to the Sociology of Knowledge*, Eng. London: Routledge and Kegan Paul, 1960.

82) Alfred Schutz and Thomas Luckmann, *The Structures of the Life–World* Eng. London: Heinemann, 1974, Alfred Schutz, *Collected Papers*, (3 vols) The Hague: Nijhoff, 1962–66; and Ronald R. Cox, *Schutz's Theory of Relevance: A Phenomenological Critique*, The Hague: Nijhoff, 1978.

83) Peter Berger and Thomas Luckmann, *The Social Construction of Reality*, London: Penguin edn. 1971 (1966) 13–61. 『실재의 사회적 구성』(문학과지성사 역간)

84) Peter Berger, *Facing Up to Modernity*, London: Penguin edn. 1979 (1977) 13–14.

85) Peter Winch, *The Idea of a Social Science and its Relation to Philosophy*, London: Routledge and Kegan Paul, 1958, 102.

86) *Ibid.*, 126.

87) H–G. Gadamer, *Truth and Method*, 245.

88) *Ibid.*, 248.

89) *Ibid.*, 250 and 251.

90) Hans–Georg Gadamer, *Kleine Schriften*, Tübingen: Mohr (3 vols.) 1967, I, 42; Richard Bernstein, *Beyond Objectivism and Relativism, passim*; and Georgia Warnke, op cit 81.

91) H–G. Gadamer, *Truth and Method* 263.

92) *Ibid.*, 263–64.

93) Joel C. Weinsheimer, *op. cit.* 104.

94) *Ibid.*, 108.

95) Jürgen Habermas, *Zur Logik der Sozialwissenschaften*, Frankfurt a.M: Suhrkamp, 5th edn. 1982, 주로 가다머를 다루지만 자신의 해석학적 입장도 표명하고 있는 글 "On Hermeneutics' Claim to University"의 부분 번역을 위해서는 참고, Kurt Mueller–Vollmer (ed.) *op. cit*, 294–319.

96) Karl–Otto Apel, *Towards a Transformation of Philosophy*, 62–63.

97) Karl–Otto Apel, *Understanding and Explanation: A Transcendental–Pragmatic Perspective*, Cambridge, Mass; M.I.T. Press, 1984, xvi (from the introduction by Georgia Warnke).

98) Richard Rorty, *Philosophy and the Mirror of Nature*, 315.

99) Richard Rorty, "Solidarity or Objectivity" in John Rajchman and Cornel West (eds.) *Post–analytic*

Philosophy, New York: Columbia University Press, 1985, 3–19.

100) Richard Rorty, *Contingency, Irony, and Solidarity*, Cambridge: Cambridge University Press, 1989, 3–69. 『우연성 아이러니 연대성』(민음사 역간)

101) Wolfhart Pannenberg, "Hermeneutics and Universal History" in *Journal for Theology and the Church*, 4: *History and Hermeneutic*, Tübingen: Mohr, and New York: Harper & Row, 1967, 147; cf. 122–52.

102) *Ibid.*, 147.

103) *Ibid.*, 151.

104) Wolfhart Pannenberg, *Theology and the Philosophy of Science*, Eng. Philadelphia: Westminster Press, 1976; and *Basic Questions in Theology*, (3 vols.) Eng. London: S.C.M. 1970–73, vol.1, 15–80 (German *Kerygma und Dogma* 5, 1959, 218–37, 259–88).

105) W. Pannenberg, *Basic Questions in Theology*, vol.1, 1.

106) *Ibid.*, 41; cf. 15–80; 부분적 번역을 위해서는 참고, Westermann (ed.), *Essays in Old Testament Hermeneutics*, Richmond: John Knox, 1963, 314–35.

107) W. Pannenberg, *Basic Questions in Theology*, vol.1, 39.

108) *Ibid.*, vol.1, 15.

109) W. Pannenberg, *Theology and the Philosophy of Science*, 189.

110) W. Pannenberg, "The Revelation of God in Jesus of Nazareth" in James M. Robinson and John B. Cobb Jr. (eds.) *New Frontiers in Theology: III, Theology as History*, New York and London: Harper and Row, 1967, 127; cf. 101–33.

111) *Ibid.*, 122.

112) *Ibid.*, 120.

113) *Ibid.*, 113.

114) *Ibid.*, 129–30.

115) W. Pannenberg, "Response to the Discussion," *Ibid.*, 222.

116) *Ibid.*, 242.

117) *Ibid.*, 243n.

118) W. Pannenberg, "Hermeneutic and Universal History" in *Basic Questions in Theology* 1, 96–136; a different translation appears in W. Pannenberg et al., *History and Hermeneutic: Journal for Theology and the Church* 4, New York: Harper and Row, and Tübingen: Mohr, 1967, 122–54 (German Z.Th. K. 60, 1963, 90–121).

119) W. Pannenberg, *Basic Questions in Theology*, 1. 117.

120) *Ibid.*, vol.1, 129.

121) *Ibid.*, vol.1, 135 (판넨베르크의 강조).

122) *Ibid.*

123) Hans–Georg Gadamer, "On the Scope and Function of Hermeneutical Reflection" in *Philosophical Hermeneutics*, 36–37; cf. 18–43.

124) Wolfhart Pannenberg, *Theology and the Philosophy of Science*, Eng. Philadelphia: Westminster Press, and London: Darton, Longman & Todd, 1976.

125) *Ibid.*, 13.

126) *Ibid.*, 27.

127) *Ibid.*, 40.

128) *Ibid.*, 57.

129) *Ibid.*, 70.

130) *Ibid.*, 152.

131) *Ibid.*, 165–69.

132) *Ibid.*, 179.

133) *Ibid.*, 184.

134) *Ibid.*, 358.

135) E. Frank Tupper, *The Theology of Wolfhart Pannenberg*, London: S.C.M. 1974 (Philadelphia: Westminster, 1973) 121.

136) Allan D. Galloway, *Wolfhart Pannenberg*, London: Allen & Unwin, 1973, 14 & 17.

137) Wolfhart Pannenberg, *Jesus – God and Man*, Eng. London: S.C.M. and Philadelphia: Westminster, 1968, 74.

138) W. Pannenberg, *Basic Questions in Theology* vols.2, 8; cf. 1–27.

139) *Ibid.*, 30.

140) Jürgen Moltmann, *Theology of Hope: On the Ground and Implications of a Christian Eschatology*, Eng. London: S.C.M. and New York: Harper and Row, 1967, 77. 『희망의 신학』(대한기독교서회 역간); 또한 참고, E. Frank Tupper, *op. cit.* 259–60, 그리고 James M. Robinson, *loc. cit.* 89–90.

141) E. Frank Tupper, *op. cit.* 259.

142) W. Pannenberg, *Basic Questions in Theology* vol.3, 1–79, 192–210.

143) *Ibid.*, 58.

144) *Ibid.*, 63–4.

145) *Ibid.*, 68.

146) *Ibid.*, 201.

147) *Ibid.*, 203.

148) James C. McHann Jr., *The Three Horizons: A Study in Biblical Hermeneutics with Special Reference to Wolfhard Pannenberg*, University of Aberdeen Ph.D Dissertation, 1987, 40; cf. 14.

149) W. Pannenberg, *Theology and the Philosophy of Science,* 131; cf. 132–55.

150) Ernst Käsemann, *The Wandering People of God: An Investigation of the Letter to the Hebrews*, Eng. Minneapolis: Augsburg, 1984, 23.

10장

1) Paul Ricoeur, *The Rule of Metaphor: Multi–disciplinary Studies of the Creation of Meaning in Language*, Eng. London: Routledge and Kegan Paul, 1978 (and Toronto: University of Toronto Press, 1977) 315–22.

2) Loretta Dornisch "Symbolic Systems and the Interpretation of Scripture: An Introduction to the Work of Paul Ricoeur," *Semeia* 4, 1975, 1–22.

3) Paul Ricoeur, *The Rule of Metaphor*, 315.

4) Paul Ricoeur, *Le voluntaire et l'involuntaire*, Paris: Aubier, 1949, Eng. *Freedom and Nature: The Voluntary and the Involuntary*, Evanston: Northwestern University Press, 1966.

5) Paul Ricoeur, *Fallible Man*, Eng. Chicago: Regnery, 1967; and *The Symbolism of Evil*, Eng. Boston: Beacon Press, 1967.

6) Paul Ricoeur, *The Rule of Metaphor,* 316.

7) *Ibid.*

8) *Ibid.*, 317.

9) *Ibid.*, 318.

10) Paul Ricoeur, *De l'interpretation: Essai sur Freud*, Paris: Éditions du Seuil, 1965; Eng. *Freud and Philosophy: An Essay on Interpretations*, New Haven and London: Yale University Press, 1970.

11) Paul Ricoeur, *Freud and Philosophy,* 5.

12) *Ibid.*

13) *Ibid.*, 8.

14) *Ibid.*, 19.

15) *Ibid.*, 27 (첫번째 강조는 첨가, 두 번째 강조는 원문 그대로).

16) *Ibid.*, 28.

17) *Ibid.*, 33.

18) *Ibid.*, 54.

19) David Jasper, "The Limits of Formalism and the Theology of Hope: Ricoeur, Moltmann and Dostoyevsky" in *Literature and Theology* 1, 1987, 4; cf. 1–10.

20) Paul Ricoeur, *Freud and Philosophy*, 52.

21) Paul Ricoeur, *The Rule of Metaphor*, 318, 319.

22) Paul Ricoeur, *Freud and Philosophy*, 93.

23) *Ibid.*, 94.

24) *Ibid.*, 147–51.

25) *Ibid.*, 374.

26) *Ibid.*, 387–88; cf. 422.

27) *Ibid.*, 424.

28) *Ibid.*, 427.

29) *Ibid.*, 392 (리쾨르의 강조).

30) *Ibid.*, 386.

31) *Ibid.*, 420.

32) *Ibid.*

33) *Ibid.*, 531.

34) *Ibid.*, 543.

35) Paul Ricoeur, *The Conflict of Interpretations*, 287–334.

36) *Ibid.*, 288.

37) *Ibid.*, 334.

38) Kevin J. Vanhoozer, *Biblical Narrative in the Philosophy of Paul Ricoeur: A Study in Hermeneutics and Theology*, Cambridge: Cambridge University Press, 1990, 17–55; cf. David E. Klemm, *The Hermeneutical Theory of Paul Ricoeur: A Constructive Analysis*, London and Toronto: Associated University Presses, 1983, 27–44.

39) Anthony C. Thiselton, *The Two Horizons*, 163; cf. 161–68.

40) Martin Heidegger, *Being and Time*, 183.『존재와 시간』(까치 역간)

41) Anthony C. Thiselton, *The Two Horizons*, 164.

42) Martin Heidegger, *Being and Time*, 191.

43) Ludwig Wittgenstein, *Philosophical Investigations*, sects. 151, 323.

44) Kevin J. Vanhoozer, *op. cit.* 24.

45) Paul Ricoeur, *Interpretation Theory: Discourse and the Surplus of Meaning*, Fort Worth: The Texas Christian University Press, 1976, 45, 47, 52, 55 & 60.

46) *Ibid.*, 67.

47) Martin Heidegger, *Being and Time*, 172–74, 203.

48) John Macquarrie, *Studies in Christian Existentialism*, London: S.C.M., 1966, 30–42.

49) Paul Ricoeur, *The Rule of Metaphor*, 6 (리쾨르의 강조).

50) *Ibid.*

51) *Ibid.*, 19.

52) *Ibid.*, 24.

53) Ted Cohen, "Metaphor and the Cultivation of Intimacy" in Sheldon Sacks (ed.), *On Metaphor*, Chicago and London: University of Chicago Press, 1979, 3; cf. 1–10; Max Black, "Metaphor" rp. in *Models and Metaphors: Studies in Language and Philosophy*, Ithaca: Cornell University Press, 1962, 25–47; cf: "How Metaphors Work" in Sheldon Sacks (ed.), *op. cit.* 181–92; Philip Wheelwright, *The Burning Fountain: A Study in the Language of Symbolism*, Bloomington: Indiana University Press, 1954, and *Metaphor and Reality*, Bloomington: Indiana University Press, 1962 and 1968; and Owen Barfield, "Poetic Diction: A Study in Meaning," London: Faber & Faber, 1952.

54) Owen Barfield, "Poetic Diction and Legal Fiction," rp. in Max Black (ed.) *The Importance of Language*, Englewood Cliffs: Prentice Hall, 1963; cf. also C. S. Lewis "Bluspels and Flalansferes" in Max Black (ed.) *loc. cit.* 이 제목은 "푸른 장관들"(blue spectacles)과 "평지인들"(Flatlanders)과 관계된 가설적 은유들을 암시한다.

55) 참고, W.M. Urban, *Language and Reality*, New York and London: Allen and Unwin, 1939, 9장과 10장. 여기서 어반은 은유적 은어가 비 은유적 언어로 번역될 수 있다고 주장한다. 반면 휠라이트는 은유는 환원 불가능의 성격을 가지며 "항상 뭔가 그 이상"을 던져주므로 단편적 번역이 불가능하다고 말한다. Wheelwright, *Metaphor and Reality*, 172.

56) Max Black, *Models and Metaphors*, 242.

57) Mary Hesse, *Models and Analysis in Science*, Notre Dame: University of Notre Dame Press, 1966, 30–55.

58) Paul Ricoeur, *Time and Narrative*, Eng. 3 vols., Chicago and London: University of Chicago Press, 1984–88, vol.1, ix (강조는 첨가). 『시간과 이야기』(문학과지성사 역간)

59) *Ibid.*

60) *Ibid.*

61) *Ibid.* x.

62) *Ibid.*, 3 (강조 첨가).

63) Gérard Gennette, *Narrative Discourse Revisited*, Eng. Ithaca: Cornell Univerisy Press, 1988 (French 1983) 13–16.

64) Seymour Chatman, *Story and Discourse: Narrative Structure in Fiction and Film*, Ithaca: Cornell University Press, 1978, 19–22; Jonathan Culler, *The Pursuit of Signs*, "Semiotics, Literature, Deconstruction," London: Routledge & Kegan Paul, 1981 169–87; and Michael Toolan, *Narrative: A Critical Linguistic Introduction*, London and New York: Routledge, 1988, 12–14.

65) Seymour Chatman, *op. cit.* 19.

66) *Ibid.*, 43.

67) Paul Ricoeur, *Time and Narrative*, vol.1, 34.

68) Paul Ricoeur, *ibid.*, vol.3, 101.

69) Martin Heidegger, *Being and Time*, 357.

70) Anthony C. Thiselton, *The Two Horizons*, 181–84.

71) Paul Ricoeur, *The Conflict of Interpretations*, 223 (리쾨르의 강조); cf. 223–35.

72) *Ibid.*, 232.

73) Paul Ricoeur, *Hermeneutics and the Human Science*, Eng. Cambridge: Cambridge University Press, 1981, 61–62.

74) Paul Ricoeur, "The Narrative Function," *Semeia* 13 (*The Poetics of Faith*), 1978, 181, 182 (리쾨르의 강조); cf. 177–202.

75) *Ibid.*, 182–83.

76) *Ibid.*, 188.

77) *Ibid.*

78) *Ibid.*, 189.

79) Ibid., 189–90; cf. Hayden White, *Metahistory: the Historical Imagination in Nineteenth–Century Europe*, Baltimore: Johns Hopkins University Press, 1973, and "The Historical Text as Literary Object," *Clio* 3, 1974, 277–303; and Louis O. Mink, "History and Fiction as Model of Comprehension" in Ralph Cohen (ed.) *New Directions in Literary History*, Baltimore: Johns Hopkins University Press, 1974, 107–24.

80) Paul Ricoeur "The Narrative Function," *loc. cit.* 191.

81) *Ibid.*

82) *Ibid.*, 194–95.

83) *Ibid.*, 198.

84) Paul Ricoeur, *The Reality of the Historical Past*, Milwaukee: Marquette University Press, 1984 (The Aquinas Lecture) 32.

85) Paul Ricoeur, *Time and Narrative,* vol.1, 186 (리쾨르의 강조).

86) *Ibid.*, 175.

87) *Ibid.*, 227.

88) Kevin J. Vanhoozer, *op. cit.* 103, 104.

89) *Ibid.*, 282.

90) *Ibid.*, 97.

91) *Ibid.*, 140.

92) *Ibid.*, 158.

93) David Tracy, *The Analogical Imagination: Christian Theology and the Culture of Pluralism*, London: S.C.M., 1981, 123 (트레이시의 강조); cf. 99–153.

94) Paul Ricoeur, "The Task of Hermeneutics" in *Hermeneutics and the Human Science*, 53 (강조 첨가).

95) *Ibid.*, 54.

96) *Ibid.*, 76 (강조 첨가).

97) *Ibid.*, 77.

98) Paul Ricoeur, *The Symbolism of Evil*, 349 (강조 첨가).

99) *Ibid.*, 7.

100) *Ibid.*, 19.

101) David E. Klemm, *The Hermeneutical Theory of Paul Ricoeur: A Constructive Analysis*, Lewisburg: Bucknell University Press, and London and Toronto: Associated University Presses, 1983; and John B. Thompson, *Critical Hermeneutics: A Study in the Thought of Paul Ricoeur and Jürgen Habermas*, Cambridge: Cambridge University Press, 1981.

102) David E. Klemm, *op. cit.* 27–44 (cf. also 45–73) and 160; John B. Thompson, *op. cit.* 38–44, 50.

103) David E. Klemm, *op. cit.* 160.

104) *Ibid.*, (클렘의 강조).

105) Anthony C. Thiselton, *The Two Horizons*, 160–61, 173–76, 199–200; (cf. further 411–15); and "Truth" in Colin Brown (ed.), *New International Dictionary of New Testament Theology* vol.3, Exeter: Paternoster and Grand Rapids: Zondervan, 1978, 874–902; and David E. Klemm, *op. cit.*

161–63.

106) Don Ihde, *Hermeneutic Phenomenology: The Philosophy of Paul Ricoeur*, Evanston: Northwestern University Press, 1971 (Studies in Phenomenology and Existential Philosophy) 7.

107) Paul Ricoeur, *Freud and Philosophy*, 386 (리쾨르의 강조).

108) Kevin J. Vanhoozer, *op. cit.* 66.

109) Paul Ricoeur "Foreword" to Don Ihde, *op. cit.* xiv.

110) Paul Ricoeur, *The Rule of Metaphor*, 321–22.

111) *Ibid.*, 322.

112) Anthony C. Thiselton, *The Two Horizons*, 33–40, 그리고 특히 357–85, 407–15.

113) Ludwig Wittgenstein, *Philosophical Investigations*, sect. 109 (비트겐슈타인의 강조).

114) *Ibid.*, sects. 126–27.

115) L. Wittgenstein, *Zettel* sect. 461; cf. *Philosophical Investigations*, sect. 144.

116) Stanley Cavell, "The Availability of Wittgenstein's Later Philosophy" in *Philosophical Investigations*, London: McMillan, 1968, 151–85.

117) L. Wittgenstein, *On Certainty*, sect. 65. 『확실성에 관하여』(책세상 역간)

118) J.L. Austin, *How to Do Things with Words*, 45–52; John R. Searle, *Intentionality* 141–59; and François Recanati, *Meaning and Froce: the Pragmatics of Performative Utterances*, Eng., Cambridge: Cambridge University Press, 1987, 266.

119) J.L Austin, loc. cit.

120) John R. Searle, "The Logical Status of Fictional Discourse" in *Expression and Meaning*, 58–75.

121) *Ibid.*, 65.

122) Ibid., 74.

123) *Ibid.*, 66.

124) Paul Ricoeur, *Interpretation Theory*, 18–19; cf. 14–16 (강조 첨가).

125) John Searle, *Intentionality*, 1–36 et passim.

126) Paul Ricoeur, *Interpretation Theory*, 29–30.

127) *Ibid.*, 32.

128) F. Recanati, *op. cit.* 262.

129) *Ibid.*, 164.

130) *Ibid.*, 265 (강조 첨가); cf. 226–28.

131) *Ibid.*, 266.

132) H.H. Grice, "Logic and Conversation" in P. Cole and J.L. Morgan (eds.) *Syntax and Semantics*, 3: Speech–Acts, New York: Academic Press, 1975, 41–58.

133) F. Recanati, *op. cit.* 121.

134) Stephen C. Levinson, *Pragmatics*, Cambridge: Cambridge University Press, 1983, 97.

135) *Ibid.*, 109.

136) *Ibid.*, 148.

137) Rob A. Van der Sandt, *Context and Presupposition*, London and New York: Helm, 1988, 104–222.

138) Quentin Skinner "A Reply to my Critics" in James Tully (ed.), *Meaning and Context: Quentin Skinner and his Critics*, Cambridge: Polity Press, 1988, 274.

139) *Ibid*; cf. 262.

140) *Ibid.*, 276.

141) L. Wittgenstein, *Philosophical Investigations*, sect. 115.

142) *Ibid.*, 222.

143) *Ibid.*, sect. 55, *Ibid.*, sect. 109.

144) George Lakoff and Mark Johnson, *Metaphors We Live By*, Chicago: Chicago University Press, 1980, 3–21 *et passim*. 『삶으로서의 은유』(박이정 역간)

145) Lynn Poland, *op. cit.* 178 (강조 첨가).

146) David E. Klemm, *The Hermeneutical Theory of Paul Ricoeur*, 93.

147) Paul Ricoeur, *The Symbolism of Evil*, 355.

148) *Ibid.*, 356.

149) *Ibid.*, 357.

150) Loretta Dornisch, "Symbolic Systems and the Interpretation of Scripture: An Introduction to the Work of Paul Ricoeur," *Semeia* 4, 1975, 15–16 (강조 첨가); cf. 1–21.

151) Paul Ricoeur, "Biblical Hermeneutics," *Semeia* 4, 1975, 65.

152) *Ibid.*, 67.

153) *Ibid.*, 105.

154) *Ibid.*, 108.

155) K.J. Vanhoozer, *op. cit.* 149.

156) *Ibid.*, 156.

157) Paul Ricoeur, "Biblical Hermeneutics," *loc. cit.* 127 (강조 첨가).

158) Lewis S. Mudge, "Paul Ricoeur on Biblical Interpretation" in Paul Ricoeur, *Essays on Biblical Interpretation*, 8; cf. 1–40.

159) *Ibid.*, 12; cf. Mary Gerhart, "Paul Ricoeur's Notion of 'Diagnostics': its Function in Literary Interpretation," *Journal of Religion* 56, 1976, 137–56.

160) Lynn Poland, *op. cit.* 183–96; K.J. Vanhoozer, *op. cit.* 119–47.

161) Paul Ricoeur, "Preface to Bultmann" in *Essays on Biblical Interpretation*, 71; cf. 49–72.

162) *Ibid.*, 72.

163) Paul Ricoeur, "Toward a Hermeneutic of the Idea of Revelation," *loc. cit.* 89.

164) *Ibid.*, 87.

165) *Ibid.*, 85–6, 93.

166) K.J. Vanhoozer, *op. cit.* 275.

167) *Ibid.*, 281.

168) *Ibid.*, 288.

169) *Ibid.*, 286.

170) Don Ihde, *Hermeneutic Phenomenology*, 11.

171) Paul Ricoeur, "Preface," *Ibid.*, xvii.

172) Cf. John R. Searle, *Expression and Meaning* 3–4; F. Recanati, *op. cit.* 146–50, 또한 앞의 8장 참고.

173) Don Ihde, "Editor's Introduction" to Paul Ricoeur, *The Conflict of Interpretations*, xxii.

174) Paul Ricoeur, *Ibid.*, 23.

175) Paul Ricoeur, "Religion and Faith" in Charles E. Reagan and David Stewart (eds.), *The Philosophy of Paul Ricoeur: An Anthology of his Work*, Boston: Beacon Press, 1978, 234–35.

176) *Ibid.*, 235.

177) *Ibid.*, 244–45.

178) Paul Ricoeur, *The Symbolism of Evil*, 314.

179) *Ibid.*, 316.

180) *Ibid.*, 319 (리쾨르의 강조).

181) *Ibid.*, 321.

182) Loretta Dornisch, "The Book of Job and Ricoeur's Hermeneutics" in *Semeia* 19, 1981, 3–21, 특히 9; 또한 참고, Paul Ricoeur, "Philosophical Hermeneutics, and Biblical Hermeneutics" in François Bovon and Gregoire Rouiller (eds.), *Exegesis: Problems of Method and Exercises in Reading*, Eng. Pittsburgh: Pickwick Press, 1978, 321–39.

183) 참고, Paul Ricoeur, "The Bible and the Imagination" in Hans Dieter Betz (ed.) *The Bible as a Document of the University*, Chico: Scholars Press, 1981, 49–75; Mary Gerhart, "Imagination and History in Ricoeur's Interpretation Theory," *Philosophy Today* 23, 1979. 51–68; and *The Question of Belief in Literary Criticism: An Introduction to the Hermeneutical Theory of Paul Ricoeur*, Stuttgart: Akademischer Verlag Hans–Dieter Heinz, 1979.

11장

1) Christopher Rowland and Mark Corner, *Liberating Exegesis: The Challenge of Liberation Theology to Biblical Studies*, London: S.P.C.K. 1990.

2) *Ibid.*, 76; cf. 7, 8–34, and 78–9.

3) Richard J. Bernstein, *Praxis and Action*, Philadelphia: University of Pennsylvania Press, 1971, and London: Duckworth, 1972, 76; cf. 특히 11–83.

4) Paul D.L. Avis, "In the Shadow of the Frankfurt School: from 'Critical Theory' to 'Critical Theology'," *Scottish Journal of Theology* 35, 1982, 534; cf. 529–40.

5) Stephen K. White, *The Recent Work of Jürgen Habermas: Reason, Justice, and Modernity*, Cambridge University Press, 1988 and 1989, 1–4, 48–68; David Ingram, *Habermas and the Dialectic of Reason*, New Haven: Yale University Press, 1987, 6; Richard J. Bernstein (ed.), *Habermas and Modernity*, Cambridge: Polity Press, 1985, 1–32; and John B. Thompson, *Critical Hermeneutics: A Study in the Thought of Paul Ricoeur and Jürgen Habermas*, Cambridge: Cambridge University Press, 1981, 71–111, and *Studies in the Theory of Ideology*, Cambridge: Polity Press, 1984, 279–302.

6) R. Geuss, *The Idea of a Critical Theory: Habermas and the Frankfurt School*, Cambridge: Cambridge University Press, 1981; and T. McCarthy, *The Critical Theory of Jürgen Habermas*, Cambridge, Mass: M.I.T. Press, 1978.

7) Stephen K. White, *op. cit.* 129.

8) Richard J. Bernstein, *Habermas and Modernity*, 4.

9) Jürgen Habermas, "The Hermeneutic Claim to Universality" in Josef Bleicher, *Contemporary Hermeneutics*, 203.

10) Jürgen Habermas, "Der Universalitätsanspruch der Hermeneutik" in Karl–Otto Apel, J. Habermas et al., *Hermeneutik und Ideologiekritik*, Frankfurt: Suhrkamp, 1971, Eng. translation in J. Bleicher, *Contemporary Hermeneutics* 181–211.

11) *Ibid.*, 203 and 204 (강조 첨가).

12) *Ibid.*, 207 (강조 첨가).

13) *Ibid.*, 208.

14) Jürgen Habermas, *Knowledge and Human Interests*, Eng., London: Heinemann, 2nd edn. 1978, vii.

15) *Ibid.*, 28.

16) Karl Marx and Friedrich Engels, *Über Kunst und Literatur* (2 vols.), Berlin: Dietz, 1967–68, vol.1, 74.

17) Z. Bauman, *op. cit.* 58.

18) J. Habermas, *Knowledge and Human Interests*, 308.

19) R.J. Bernstein, *Habermas and Modernity*, 9.

20) J. Habermas, *Knowledge and Human Interests*, 67.

21) *Ibid.*, 69.

22) *Ibid.*, 142.

23) *Ibid.*, 168.

24) Hans–Georg Gadamer, *Truth and Method*, 278–89.

25) J. Habermas, *Knowledge and Human Interests*, 229, 231.

26) *Ibid.*, 214–73.

27) *Ibid.*, 272.

28) *Ibid.*, 282.

29) *Ibid.*, 310.

30) David Ingram, *op. cit.* 15.

31) Richard J. Bernstein, *Habermas and Modernity*, 12–13.

32) J. Habermas, *Knowledge and Human Interests*, 359.

33) Georg W.F. Hegel, *The Phenomenology of Mind*, Eng. London: Allen & Unwin, 2nd edn. 1949, 229 (헤겔의 강조).

34) *Ibid.*, 239.

35) Karl Marx, *Writings of the Young Marx on Philosophy and Society*, (eds. L.D. Easton and K. H. Guddat) New York: Doubleday, Anchor Books, 1967, 321.

36) Jürgen Habermas, *The Theory of Communicative Action: The Critique of Functionalist Reason*, 2 vols., Eng. Cambridge: Polity Press, 1984 and 1987, vol.2, 3.36)『의사소통행위이론』(나남 역간)

37) *Ibid.*, vol.2, 67.

38) *Ibid.*, 67–76.

39) Richard Bernstein, *Habermas and Modernity*, 21–22.

40) Z. Bauman, *Hermeneutics and Social Science*, 69; cf. 69–88.

41) J. Habermas, *The Theory of Communicative Action*, vol.1, 355–65.

42) Z. Bauman, *op. cit.* 131; cf. 131–47.

43) J. Habermas, *The Theory of Communicative Action*, vol.2, 37.

44) *Ibid.*, vol.2, 63 (하버마스의 강조).

45) Anthony C. Thiselton, *The Two Horizons*, 33–40, 357–62, 370–79.

46) J. Habermas, *The Theory of Communicative Action*, vol.2, 150.

47) David Ingram, *op. cit.* 118.

48) J. Habermas, *The Theory of Communicative Action*, 150–52.

49) *Ibid.*, 153–97.

50) *Ibid.*, 163.

51) *Ibid.*, 167.

52) *Ibid.*, 185.

53) V.M. Vološinov, *Marxism and the Philosophy of Language*, Eng. Cambridge, Mass: Harvard University Press, 1986 (1973), 27 (강조는 원문 그대로).

54) *Ibid.*, 13 and 20.

55) *Ibid.*, 48 (강조는 원문 그대로).

56) *Ibid.*, 57 (강조는 원문 그대로).

57) *Ibid.*, 94 (강조는 원문 그대로).

58) *Ibid.*, 96.

59) *Ibid.*, 97.

60) *Ibid.*, viii–xi, by L. Matejka and I.R. Titunik.

61) John W. Rogerson, "'What Does it Mean to Be Human?' The Central Question of Old Testament Theology" in D.J.A. Clines, S.E. Fowl and S.E. Porter (eds.), *The Bible in Three Dimensions*, 285–98. 지파의 생활세계와 신학적 체계 관계에 대한 또 다른 관점에서의 분석을 위해서는 참고, Norman K. Gottwald, *The Tribes of Yahweh: A Sociology of the Religion of Liberated Israel*, 1250–1050 B.C.E., New York: Orbis, 1979.

62) *Ibid.*, 291.

63) *Ibid.*, 294–95.

64) *Ibid.*, 287–88; cf. 285–98.

65) *Ibid.*, 286–87, 295.

66) Jonathan Culler, *Framing the Sign: Criticism and its Institutions*, Oxford: Blackwell, 1988, 185–200 ("Habermas and Norms of Language").

67) Richard Rorty (ed.), *The Linguistic Turn: Recent Essays in Philosophical Method*, Chicago: Chicago University Press, 1967, 39; cf. 1–39.

68) Karl–Otto Apel, *Analytic Philosophy of Language and the Geisteswissenschaften*, Dordrecht: Reidel, 1967, 37, (아펠의 강조).

69) Karl–Otto Apel, *Der Denkweg von Charles S. Pierce*, Frankfurt, a/M: Suhrkamp, 1975.

70) Karl–Otto Apel, *Towards a Transformation of Philosophy*, Eng. London and Boston: Routledge and Kegan Paul, 1980, 81.

71) Joel C. Weinsheimer, *Gadamer's Hermeneutics*, 110, 111 (강조 첨가); cf. Georgia Warnke, *Gadamer: Hermeneutics, Tradition, and Reason*, 156–76.

72) Georgia Warnke, *op. cit.* 139.

73) Richard Rorty, *Philosophy and the Mirror of Nature*, Princeton: Princeton University Press, 1979 and 1980, 356.

74) Stanley Fish, *Is There a Text in This Class?*, 16.

75) Stanley Fish, *Doing What Comes Naturally: Change, Rhetoric, and the Practice of Theory in Literary and Legal Studies*, Durham: Duke University Press, 1989, ix; cf. 29, 104–5, 121–28.

76) David Bleich, *The Double Perspective: Language, Literary, and Social Relations*, Oxford and New York: Oxford University Press, 1988, 55.

77) Anthony C. Thiselton, *The Two Horizons*, 370–85. 이와 반대되는 견해로는 참고, Paul van Buren, *Theological Explorations*, London: S.C.M. 1968; and *The Edges of Language*, London: S.C.M. 1972.

78) Richard Rorty, *Contingency, Irony, and Solidarity*, Cambridge: Cambridge University Press, 1989, 5.

79) *Ibid.*, 21.

80) *Ibid.*, xiii.

81) *Ibid.*, xv.

82) *Ibid.*

83) Richard Rorty, *Philosophy and the Mirror of Nature*, 5.

84) *Ibid.*, 171.

85) *Ibid.*, 174.

86) *Ibid.*, 178 (강조는 첨가).

87) *Ibid.*, 181.

88) *Ibid.*, 264.

89) *Ibid.*

90) *Ibid.*, 321.

91) *Ibid.*, 346.

92) L. Wittgenstein, "Bemerkungen über *Frazers The Golden Bough*" in *Synthese* 17, 1967, 233–53, cf. Peter Winch, *The Idea of a Social Science and its Relation to Philosophy*, London and New York: Routledge & Kegan Paul, 1958.

93) R. Rorty, *loc. cit.* 357; cf. 357–72.

94) *Ibid.*, 359 (강조 첨가).

95) *Ibid.*, 360.

96) *Ibid.*, 368.

97) *Ibid.*, 379.

98) *Ibid.*, 380–82.

99) Richard Rorty, *Consequences of Pragmatism*, Minneapolis: University of Minnesota Press, 1982, 특히 서론 역할을 하는 "Pragmatism and Philosophy"를 보라.

100) Richard Rorty, "Habermas and Lyotard on Postmodernity" in Richard J. Bernstein (ed.) *Habermas and Modernity*, Cambridge: Polity Press, 1985, 174–75; cf. 161–75. (Rp. from *Praxis International* 4, no.1, 1984).

101) *Ibid.*, 161.

102) Richard Bernstein, "Introduction," *Ibid.*, 31; cf. also Richard Bernstein, "What is the Difference that Makes a Difference? Gadamer, Habermas, and Rorty" in B.R. Wachterhauser (ed.), *Hermeneutics and Modern Philosophy*, Albany: State University of New York Press, 1986.

103) Richard Rorty, "Habermas and Lyotard on Postmodernity," *loc. cit.* 161, 174.

104) Richard Rorty, "Texts and Lamps," *New Literary History* 17, 1985, 1–16.

105) Georgia Warnke, *op. cit.* 146.

106) Hans–Georg Gadamer, *Truth and Method*, 329, 331.

107) David Tracy, *Plurality and Ambiguity: Hermeneutics, Religion, and Hope*, San Francisco: Harper and Row, 1987, 19–25, 58–60.

108) Georgia Warnke, *op. cit.* 154.

109) Richard Rorty, "Solidarity or Objectivity?" in John Rajchman and Cornel West (eds.) *Post–Analytical Philosophy*, New York: Columbia University Press, 1985, 3019. Cf. also his *Contingency, Irony, and Solidarity*, 189–98.

110) Georgia Warnke, *op. cit.* 156.

111) Christopher Norris, *Contest of Faculties: Philosophy and Theory after Deconstruction*, London & New York: Methuen, 1985, 158.

112) *Ibid.*, 157.

113) *Ibid.*, 158 (강조 첨가).

114) *Ibid.*, 159 (강조 첨가).

115) Robert S. Corrington, *The Community of Interpreters*, 1–29, 43–46.

116) *Ibid.*, 2–4, 11; 또한 참고, 17, 23.

117) Christopher Norris, *Contest of Faculties*, 162, and Jonathan Culler, *Framing the Sign*, 55. 또한 참고, C. Norris, loc. cit. 194–96.

118) Cornel West, "Afterword: the Politics of American Neo–Pragmatism" in J. Rajchman and Cornel West (eds.), *Post–Analytic Philosophy*, New York: Columbia University Press, 1985, 267. Cf. Cornel West, *Prophetic Fragments*, Grand Rapids: Eerdmans, 1988.

119) Karl–Otto Apel, *Towards a Transformation of Philosophy*, 46 (강조 첨가).

120) *Ibid.*, 49.

121) *Ibid.*, 27.

122) *Ibid.*, 29.

123) *Ibid.*, 33.

124) *Ibid.*, 37.

125) Karl–Otto Apel, "Scientistics, Hermeneutics, and the Critique of Ideology: Outline of a Theory of Science from a Cognitive–Anthropological Viewpoint," in *Toward a Transformation of Philosophy*, 46–76.

126) *Ibid.*, 58.

127) *Ibid.*, 55.

128) Karl–Otto Apel, *Understanding and Explanation: A Transcendental–Pragmatic Perspective*, Eng. Cambridge, Ma.: M.I.T., 1984, xx.

129) *Ibid.*, 83–178.

130) Karl–Otto Apel, *Towards a Transformation of Philosophy*, 54.

131) *Ibid.*, 58.

132) *Ibid.*

133) *Ibid.*, 58, 60, 80–92, 101–35.

134) *Ibid.*, 62–71.

135) *Ibid.*, 77–92, 93–135.

136) *Ibid.*, 103.

137) *Ibid.*, 107 (아펠의 강조).

138) *Ibid.*, 112.

139) *Ibid.*, 113.

140) *Ibid.*, 117, 118, 119.

141) *Ibid.*, 119.

142) *Ibid.*, (강조 첨가).

12장

1) Leonardo Boff and Clodovis Boff, *Introducing Liberation Theology*, Eng. London: Burns and Oates, 1987, 12.

2) *Ibid.*, 14.

3) Juan Luis Segundo, "The Shift within Latin American Theology," *Journal of Theology for Southern Africa*, 52, 1985, 17–29; "Two Theologies of Liberation," *The Month*, Oct. 1984, 321–27.

4) Julio de Santa Ana, "The Situation of Latin American Theology (1982–1987)," *Concilium: Theologies of the Third World, Convergences and Differences* (ed. L. Boff and V. Elizondo) Edinburgh: Clark, 1988, 52; cf. 46–53.

5) Carlos Mesters, "The Use of the Bible in Christian Communities of the Common People" in Norman Gottwald (ed.) *The Bible and Liberation: Political and Social Hermeneutics*, New York: Orbis, 1983, 119–33. Cf. further, Carlos Mesters, *Defenseless Flower: A New Reading of the Bible*, Eng. New York; Orbis, 1989 (Portuguese, 1983).

6) Christopher Rowland and Mark Corner, *Liberating Exegesis: The Challenge of Liberation Theology to Biblical Studies*, 9–19.

7) *Ibid.*, 22.

8) H.–G. Gadamer, *Truth and Method*, 273.

9) Ernesto Cardenal, *Love in Practice: The Gospel in Solentiname* (4 vols.), Eng. New York: Orbis, 1977–84, vol.1, 30–31.

10) Juan Luis Segundo, *The Liberation of Theology*, Eng. Dublin: Gill & McMillan, 1977 (New York:

Orbis, 1976) 7–38; cf. 231–40.

11) J. Severino Croatto, *Exodus: A Hermeneutics of Freedom*, Eng. New York: Orbis, 1981, 1–11; and *Biblical Hermeneutics: Towards a Theory of Reading as the Production of Meaning*, Eng. New York: Orbis, 1987; José Miguez Bonino, *Revolutionary Theology Comes of Age*, London: S.P.C.K. and Philadelphia: Fortress, 1975, 86–103; Clodovis Boff, *Theology and Praxis: Epistemological Foundations*, Eng. New York: Orbis, 1987. 보프의 책에 대한 비판적 논의를 위해서는 참고, David Cunningham, "Clodovis Boff and the Discipline of Theology," *Modern Theology* 6, 1990, 137–58.

12) Leonardo Boff, "What are Third World Theologies?" in *Concilium* (as cited) 1988, 11; cf. 3–13.

13) Phillip Berryman, *Liberation Theology*, London: Tauris, 1987, 85.

14) Richard J. Bernstein, *Praxis and Action*, xi.

15) *Ibid.*, 306.

16) Gustavo Gutiérrez, *A Theology of Liberation: History, Politics and Salvation*, Eng. New York: Orbis, 1973, and London: S.C.M. 1974.

17) José P. Miranda, *Marx and the Bible: A Critique of the Philosophy of Oppression*, Eng. New York: Orbis, 1974 and London: S.C.M. 1977.

18) Gustavo Gutiérrez, *op. cit.* 6.

19) Leonardo and Clodovis Boff, *op. cit.* 1–16.

20) Gustavo Gutiérrez, *op. cit.* 27 (강조는 원문 그대로); cf. 26, 82–84.

21) *Ibid.*, 106.

22) *Ibid.*, 30 (강조 첨가).

23) *Ibid.*, 27–33; cf. 216–225.

24) *Ibid.*, 223.

25) *Ibid.*, 11.

26) *Ibid.*, 156.

27) *Ibid.*

28) Karl Marx, "Theses on Feuerbach," in L.D. Easton and K.H. Guddat (eds.), *Writings of the Young Marx on Philosophy and Society*, 400.

29) *Ibid.*, 402.

30) Gustavo Gutiérrez, *op. cit.* 216.

31) Jürgen Moltmann, *Theology of Hope*, Eng. London: S.C.M., 1967, 18.

32) *Ibid.*, 84 (몰트만의 강조).

33) Jürgen Moltmann, *The Crucified God: The Cross of Christ as the Foundation and Criticism of Christian Theology*, Eng. London: S.C.M. 1974, 5.『십자가에 달시신 하나님』(한국신학연구소 역간)

34) *Ibid.*

35) *Ibid.*, 9.

36) *Ibid.*, 19, 25.

37) Jürgen Moltmann, *The Experiment Hope*, Eng. London: S.C.M. and Philadelphia: Fortress, 1975, 37, 49; cf. 3–43.

38) J. Moltmann, "Response to the Opening Presentations" in Ewert H. Cousins (ed.), *Hope and the Future of Man*, Philadelphia: Fortress and London: Teilhard Centre, 1972, 56, 58, 59; cf. 55–59.

39) Juan Luis Segundo, *The Liberation of Theology*, 8 (강조 첨가).

40) *Ibid.*, 9.

41) *Ibid.*, 13.

42) *Ibid.*, 32.

43) Carlos Mesters, "The Use of the Bible in Christian Communities of the Common People," *loc. cit.* 125.

44) *Ibid.*

45) *Ibid.*, 128.

46) David Lochhead, "The Liberation of the Bible," *Ibid.*, 81; cf. 74–93.

47) *Ibid.*, 81.

48) James H. Cone, *A Black Theology of Liberation*, New York and Philadelphia: Lippincott, 1970, 53; cf. 53–81, and Juan Luis Segundo, *The Liberation of Theology*, 29.

49) Juan Luis Segundo, *op. cit.* 25–36.

50) James H.Cone, *God of the Oppressed*, London: S.P.C.K. 1977 (New York: Seabury, 1975), 7.『눌린자의 하느님』(이화여자대학교출판부 역간)

51) *Ibid.*, 8.

52) *Ibid.*, 106.

53) Theo Witvliet, *The Way of the Black Messiah*, Eng. London, S.C.M. 1987, 257, 258.

54) Itumeleng J. Mosala, *Biblical Hermeneutics and Black Theology in South Africa*, Grand Rapids: Eerdmans, 1989, 4, 6, et passim.

55) Ibid., 13–42.

56) Alistair Kee, *Marx and the Failure of Liberation Theology*, London: S.C.M. and Philadelphia: Trinity Press, 1990, 262, 263.

57) I.J. Mosala, *op. cit.* 14, 15.

58) James H. Cone, *God of the Oppressed*, 2.

59) *Ibid.*, 6.

60) *Ibid.*, 102.

61) *Ibid.*, 103.

62) James H. Cone, *A Black Theology of Liberation*, 50–53, 114–16.

63) Paul Tillich, *Systematic Theology* (3 vols.), London: Nisbet, 1953–64, vol.1, 15. 『조직신학』(한들출판사 역간)

64) James H. Cone, *op. cit.* 46.

65) Paul Tillich, *op. cit.* vol.1, 57, 70.

66) James H. Cone, *A Black Theology of Liberation*, 218.

67) *Ibid.*, 213; cf. "The Black Christ," 212–19; and "God is Black," 120–25.

68) *Ibid.*, 218.

69) John S. Mbiti, *New Testament Eschatology in an African Background: A Study of the Encounter between New Testament Theology and African Tradition Concepts*, London: S.P.C.K. 1971 and 1978.

70) John S. Mbiti, *Bible and Theology in African Christianity*, Nairobi: Oxford University Press, 1986, 46–66.

71) *Ibid.*, 52–54.

72) Cf. Desmond M. Tutu, "Black Theology and African Theology – Soulmates or Antagonists?" in John Parratt (ed.) *A Reader in African Christian Theology*, London: S.P.C.K. 1987, 46–55.

73) Patrick A. Kalilombe, "Black Theology" in David F. Ford (ed.) *The Modern Theologians: An Introduction to Christian Theology in the Twentieth Century*, Oxford: Blackwell, 1989, 193–216; and John Parratt (ed.) op. cit.

74) John Parratt (ed.), *op. cit.* 54; cf. 46–55.

75) T.A. Mofokeng, "Black Christian, the Bible, and Liberation" in *The Journal of Black Theology* 2, 1988, 34. 이 글에 대한 관심은 다음의 글에서 도움을 받았다. Gerald O. West, *Biblical Interpretation in Theologies of Liberation: Modes of Reading the Bible in the South African Context of Liberation*, University of Sheffield Ph.D. Dissertation, 1989.

76) Desmond M. Tutu, "Black Theology and Afican Theology" in John Parratt (ed.), *loc. cit* and "The Theology of Liberation in Africa" in K. Appiah–Kubi and T. Sergio (eds.) *African Theology en Route*, New York: Orbis, 1979; Allan A. Boesak, *Black and Reformed: Apartheid, Liberation and the Calvinist Tradition*, New York: Orbis, 1984; and *Comfort and Protest: Reflections in the Apocalypse of*

John of Patmos, Philadelphia: Westminster, 1987; and Manas Buthelezi "Towards Indigenous Theology in South Africa" in S. Torres and V. Fabella, *The Emergent Gospel: Theology from the Underside of History*, New York: Orbis, 1978.

77) Bonganjalo Goba, *An Agenda for Black Theology: Hermeneutics for Social Change*, Johannesburg: Skotaville, 1988; Itumeleng J. Mosala, *Biblical Hermeneutics and Black Theology in South Africa*, Grand Rapids: Eerdmans, 1989.

78) The Kairos Theologians, *The Kairos Document: Challenge to the Church*, Grand Rapids: Eerdmans, 1986.

79) Allan A. Boesak, *Black and Reformed*, 149–56.

80) *Ibid.*, 155–56.

81) Allan Boesak, *Comfort and Protest*, 38.

82) *Ibid.*, 68, 69.

83) Christopher Rowland and Mark Corner, *op. cit.* 133, 135, 142.

84) J. Severino Croatto, *Exodus: A Hermeneutics of Freedom*, Eng. New York: Orbis, 1981, 18.

85) *Ibid.*, 20.

86) *Ibid.*, 23.

87) Bonganjalo Gobo, *op. cit.* 16, 18.

88) *Ibid.*, 44, 45.

89) *Ibid.*, 117.

90) Itumeleng Mosala, *op. cit.* 27.

91) *Ibid.*, 28 (강조는 첨가).

92) *Ibid.*, 33.

93) *Ibid.*, 35.

94) *Ibid.*

95) *Ibid.*, 38.

96) José Porfirio Miranda, *Marx and the Bible: A Critique of the Philosophy of Oppression*, Eng. London: S.C.M. 1977 (New York: Orbis, 1974) 35.

97) *Ibid.*, 202–206.

98) Fernando Belo, *A Materialist Reading of the Gospel of Mark*, Eng. New York: Orbis, 1981, 1.

99) *Ibid.*

100) *Ibid.*, 3.

101) *Ibid.*, 108.

102) *Ibid.*, 202.

103) Norman K. Gottwald, "The Bible and Liberation: Deeper Roots and Wider Horizons" in *The Bible and Liberation*, 4; cf. 1–25.

104) Sergio Rostangno, "The Bible: Is an Interclass Reading Legitimate?," *Ibid.*, 62; cf. 61–73.

105) Michel Clévenot, *Materialist Approaches to the Bible*, Eng. New York: Orbis, 1985.

106) *Ibid.*, 29; cf. 17–34.

107) *Ibid.*, 78.

108) Leonardo and Clodovis Boff, *op. cit.* 28.

109) Elisabeth Schüssler Fiorenza, *In Memory of Her: A Feminist Theological Reconstruction of Christian Origins*, New York: Crossroad, and London: S.C.M. 1983, 6, 16.

110) Mary Ann Tolbert (ed.), *The Bible and Feminist Hermeneutics: Semeia*, 28, 1983, 114; cf. 113–26.

111) Elisabeth Schüssler Fiorenza, *op. cit.* 5, 6.

112) T. Drorah Setel, "Feminist Insights and the Question of Method" in Adela Yarbro Collins (ed.) *Feminist Perspectives on Biblical Scholarship*, Chico: Scholars Press, 1985, 35–42.

113) Phyllis Trible, *God and the Rhetoric of Sexuality*, Philadelphia: Fortress, 1978, 1; cf. 1–5.

114) Elisabeth Schüssler Fiorenza, *op. cit.* 42.

115) Elisabeth Schüssler Fiorenza, "Word, Spirit and Power: Women in Early Christian Communities" in Rosemary Ruether and Eleanor McLaughlin (eds.) *Women of Spirit: Female Leadership in the Jewish and Christian Traditions*, New York: Simon and Schuster, 1979, 57; cf. 30–70; and *In Memory of Her*, 5, 80.

116) Rosemary Ruether and Eleanor McLaughlin (eds.) *op. cit.* 94.

117) Janice Capel Anderson, "Matthew: Gender and Reading," *Semeia* 28, 1983, 7; cf. 3–27.

118) *Ibid.*, 11, 15, 16.

119) *Ibid.*, 18.

120) *Ibid.*, 21.

121) J. Cheryl Exum, "'You Shall Let Every Daughter Live': A Study of Exodus 1:8–2:10," *Semeia* 28, 1983, 63–82.

122) *Ibid.*, 75.

123) Elisabeth Schüssler Fiorenza, *In Memory of Her*, xxiii (강조 첨가).

124) Katharine Doob Sakenfeld, "Feminist Uses of Biblical Materials" in Letty M. Russell (ed.), *Feminist Interpretation of the Bible*, Oxford and New York: Blackwell, 1985, 55 (강조 첨가); cf. 55–64.

125) Elisabeth Schüssler Fiorenza, *In Memory of Her*, 6.

126) Rosemary Radford Ruether, "Feminist Interpretation: A Method of Correlation" in Letty M. Russell (ed.) *op. cit.* 113 (강조 첨가); cf. 111–24.

127) *Ibid.*, 112–13 (류터의 강조).

128) Phyllis Trible, *Texts of Terror: Literary–Feminist Readings of Biblical Narratives*, Philadelphia: Fortress Press, 1984, 3.

129) *Ibid.*, 25.

130) *Ibid.*, 27–28; cf. also 107, 108.

131) Alice L. Laffey, *Wives, Harlots, and Concubines: The Old Testament in Feminist Perspective*, London: S.P.C.K. 1990 (Fortress Press, 1988) 2–3. (룻에 관해서는 보라, 209–10).

132) Simone de Beauvoir, *The Second Sex*, Introduction rp. in Elaine Marks and Isabelle de Courtivron (eds.) *New French Feminism: An Anthology*, Harvester Press, 1981, 44; cf. 41–56.

133) Elaine Marks and Isabelle de Courtivron (eds.), *op. cit.* ix–xiii et passim.

134) Julia Kristeva, *The Kristeva Reader*, esp. "Introduction" by Toril Moi, 1–23.

135) Elaine Marks and Isabelle de Courtivron (eds.) *op. cit.* xi.

136) *Ibid.*, xii

137) *Ibid.*, xi

138) Mary Daly, *Beyond God the Father: Toward a Philosophy of Women's Liberation*, Boston: Beacon Press, 1973.『하나님 아버지를 넘어서: 여성들의 해방 철학을 향하여』(이화여자대학교출판부 역간)

139) Phyllis Trible, "Depatriarchalizing in Biblical Tradition," *Journal of the American Academy of Religion* 41, 1973, 35–42; and Letty M. Russell (ed.) *The Liberating Word: A Guide to Nonsexist Interpretation of the Bible*, Philadelphia: Westminster Press, 1976.

140) Letty M. Russell, *loc. cit.* 17–18; cf. 13–22.

141) Phyllis Trible, *God and the Rhetoric of Sexuality*, 18, 21.

142) *Ibid.*, 31–56.

143) Dorothy C. Bass, "Women's Studies and Biblical Studies: An Historical Perspective," *Journal for the Study of the Old Testament* 22, 1982, 10–11; cf. 3–71.

144) 이에 대한 예외로는 Elisabeth Schüssler Fiorenza, *Bread Not Stone*, Boston: Beacon Press, 1984.

145) Elisabeth Schüssler Fiorenza, "For Women in Men's Worlds: A Critical Feminist Theology of Liberation," *Concilium: Different Theologies, Common Responsibility* (ed. Claude Geffré, Gustavo

Gutiérrez, and Virgil Elizondo), Edinburgh: Clark, 1984, 34; cf. 32–9; Phyllis Trible, "Feminist Hermeneutics and Biblical Studies," *The Christian Century*, Feb. 1982, 116–18. Rosemary Radford Ruether, "The Future of Feminist Theology in the Academy," *Journal of the American Academy of Religion* 53, 1985, 703–16.

146) Rebecca S. Chopp, *The Power to Speak: Feminism, Language, God*, New York: Crossroad, 1989.

147) Ursula King, *Women and Spirituality: Voices of Protest and Promise*, London: McMillian, 1989, 15.

148) *Ibid.*, 3.

149) Elaine Storkey, *What's Right with Feminism*, London: S.P.C.K. 1985, 138.

150) *Ibid.*, 141.

151) *Ibid.*, 153.

152) *Ibid.*, 154, 158.

153) *Ibid.*, 164.

154) Katie Geneva Cannon, "The Emergence of Black Feminist Consciousness" in Letty M. Russell (ed.), *op. cit.* 30–40.

155) *Ibid.*, 39, 40.

156) Susan B. Thislethwaite, "Every Two Minutes: Battered Women and Feminist Interpretation" in Letty M. Russell (ed.), *op. cit.* 96; cf. 96–107.

157) Letty M. Russell (ed.), *op. cit.* 138.

158) Mary Ann Tolbert "Defining the Problem," *Semeia* 28, 1983, 117; cf. 113–26.

159) Rosemary Radford Ruether, *Sexism and God–Talk: Towards a Feminist Theology*, London: S.C.M. 1983, 228–34.

160) *Ibid.*, 229, 230.

161) *Ibid.*, 231.

162) Rosemary Radford Ruether "Feminist Interpretation" in Letty M. Russell (ed.) *op. cit.* 116; cf. 111–24.

163) Ann Loades, "Feminist Theology" in David F. Ford (ed.), *The Modern Theologians: An Introduction to Christian Theology in the Twentieth Century* (2 vols.), Oxford: Blackwell, 1989, vol. 2, 250; cf. 235–52.

164) Ann Loades, *Searching for Lost Coins: Explorations in Christianity and Feminism*, London: S.P.C.K., 1987, 96–100; and *Feminist Theology: A Reader*, London: S.P.C.K., 1990, 186–89, 192–93.

165) Letty Russell (ed.), *op. cit.* 139; cf. 137–46.

166) Elisabeth Schüssler Fiorenza, "The Will to Choose or to Reject: Continuing our Critical Work" in Letty M. Russell (ed.), *op. cit.* 128; cf. 125–46.

167) *Ibid.*, 126 (강조 첨가).

168) *Ibid.*, 130, 131.

169) *Ibid.*, 130.

170) Elisabeth Schüssler Fiorenza, "For Women in Men's Worlds: A Critical Feminist Theology of Liberation," *loc. cit.* 37.

171) *Ibid.*, 36.

172) Janet Radcliffe Richards, *The Sceptical Feminist: A Philosophical Enquiry*, London: Penguin edn. 1983 (1980) 17–18.

173) John Barclay, "Mirror–Reading a Polemical Letter: Galatians as a Test Case," *Journal for the Study of the New Testament* 31, 1987, 81; cf. 73–93.

174) Anthony C. Thiselton, "The Morality of Christian Scholarship" in Mark Santer (ed.), *Their Lord and Ours: Approaches to Authority, Community, and the Unity of the Church*, London: S.P.C.K., 1982, 20–45.

175) Elisabeth Schüssler Fiorenza, *loc. cit.* 52; cf. *In Memory of Her* 315–34. Cf. also E.S. Malbon, "Fallible Followers: Women and Men in the Gospel of Mark," *Semeia* 29–48.

176) Elisabeth Schüssler Fiorenza, *In Memory of Her*, 332.

177) *Ibid.*, 333.

178) *Ibid.*, 332.

179) Walter Künneth, *The Theology of the Resurrection*, Eng. London: S.C.M. 1965, 89. See 89–91; cf. 92–149.

180) Willi Marxsen, *The Resurrection of Jesus of Nazareth*, Eng. London: S.C.M. 1970, 60, 108.

181) Ernest Best, *Mark: The Gospel as Story*, Edinburgh: Clark, 1983, 74.

182) *Ibid.*, 73.

183) Robert Morgan, "Feminist Theological Interpretation of the New Testament" in Janet Martin Soskice (ed.) *After Eve,* London: Collins and Marshall Pickering, 1990, 26; cf. 10–37.

184) *Ibid.*, 27.

185) *Ibid.*

186) Elisabeth Schüssler Fiorenza, "The Will to Choose or to Reject" in Letty M. Russell (ed.), *op. cit.* 134; and "Remembering the Past in Creating the Future: Historical–Critical Scholarship and Feminist Biblical Interpretation" in Adela Yarbro Collins (ed.), *op. cit.* 43–63.

187) Elisabeth Schüssler Fiorenza, "The Will to Choose or to Reject," *loc. cit.* 134.

188) Elisabeth Schüssler Fiorenza, "Remembering the Past," *loc. cit.* 61.

189) Elisabeth Schüssler Fiorenza, "The Ethics of Interpretation: Decentering Biblical Scholarship," *Journal of Biblical Literature* 107, 1988, 115; cf. 101–15.

190) Elisabeth Schüssler Fiorenza, "For Women in Men's Worlds: A Critical Feminist Theology of Liberation," *loc. cit.* 36.

191) *Ibid.*

192) Susanne Heine, *Women and Early Christianity: Are the Feminist Scholars Right?*, Eng. London: S.C.M. 1987, 9.

193) Mary Ann Tolbert, "Defining the Problem," *Semeia* 28, 1983, 118; cf. 113–26.

194) Anthony C. Thiselton, *The Two Horizons*, 205–93, 특히 252–75.

195) Rudolf Bultmann, *Kerygma and Myth*, vol.1, 25, 210–211; cf. A.C. Thiselton, *The Two Horizons*, 262–63.

196) Phyllis Trible, *God and the Rhetoric of Sexuality*, 22, 33; 200 *et passim*. cf. 그녀의 또 다른 글을 보라, "Departriarchalizing in Biblical Interpretation" in Elisabeth Koltun (ed.), *The Jewish Woman: New Perspectives*, New York: Schocken Books, 1978, 217–40.

197) Phyllis Trible, *God and the Rhetoric of Sexuality*, 21–22.

198) *Ibid.*, 31–59; cf. 56 n.4.

199) Rudolf Bultmann, *loc. cit.* vol. 2, 182–83; cf. A.C. Thiselton, *The Two Horizons*, 259.

200) Phyllis Trible, *op. cit.* 202.

201) Ludwig Wittgenstein, *Philosophical Investigations*, sect. 339.

202) John Macquarrie, *The Scope of Demythologizing: Bultmann and his Critics*, London: S.C.M. 1960, 11–22, 222–29.

203) Schubert M. Ogden, "Bultmann's Project of Demythologization and the Problems of Theology and Philosophy," *Journal of Religion*, 37, 1957, 156–73, 특히 168.

204) Elizabeth Achtemeier, "Female Language for God: Should the Church Adopt it?" in Donald G. Miller (ed.), *The Hermeneutical Quest: Essays in Honor of James Luther Mays*, (Princeton Theological Monograph 4), Allison Park, Pa: Pickwick Press, 1986, 97–114.

205) *Ibid.*, 109 (강조는 원문 그대로).

206) *Ibid.*, 107, and Dorothee Soelle, *The Strength of Weak: Towards a Christian Feminist Identity*, Eng. Philadelphia: Westminster, 1984, 126.

207) Rosemary Radford Ruether, *Sexism and God–Talk*, 48–49, 266; and Elizabeth Achtemeier, *loc. cit.* 100.

208) Elisabeth Schüssler Fiorenza, *In Memory of Her*, 133.

209) Susanne Heine, *Christianity and the Goddesses: Systematic Criticism of a Feminist Theology*, Eng. London: S.C.M. 1988, 8.

210) *Ibid.*, 5.

211) *Ibid.*, 8.

212) *Ibid.*, 3.

213) Susanne Heine, *Women and Early Christianity*, 109.

214) *Ibid.*, 121–22.

215) *Ibid.*, 122.

216) Susanne Heine, *Christianity and the Goddesses*, 26.

217) *Ibid.*, 28.

218) *Ibid.*, (강조 첨가).

219) *Ibid.*, 29 (강조 첨가).

220) *Ibid.*, 46; cf. 51.

221) *Ibid.*, 52.

222) *Ibid.*, 65.

223) *Ibid.*, 28.

224) *Ibid.*, 28–29.

225) *Ibid.*, 34.

226) *Ibid.*, 35.

227) *Ibid.*, 37.

228) Rebecca S. Chopp, *The Power to Speak: Feminism, Language, God*, New York: Crossroad, 1989, 2, 43, *et passim*.

229) *Ibid.*, 1–2.

230) *Ibid.*, 2.

231) *Ibid.*, 43.

232) *Ibid.*, 8.

233) *Ibid.*, 23.

234) *Ibid.*, 41.

235) *Ibid.*, 26.

236) Richard Bauckham, *The Bible in Politics. How to Read the Bible Politically*, London: S.P.C.K. 1989, 특히 41–72.

237) *Ibid.*, 45–46.

238) D.J.A. Clines, "Reading Esther from Left to Right: Contemporary Strategies for Reading a Biblical Text" in David J.A. Clines, S.E. Fowl and S.E. Porter (eds.), *op. cit.* 40; cf. 31–52.

239) Norman K. Gottwald, 24 *The Tribes of Yahweh*, 797 n. 628.

13장

1) Christopher Tuckett, *Reading the New Testament: Methods of Interpretation*, London: S.P.C.K., 1987, 175–80.

2) Michael J. Toolan, *Narrative: A Critical Linguistic Introduction*, London and New York: Routledge, 1988, 3.

3) *Ibid.*, 73.

4) Stephen D. Moore, *Literary Criticism and the Gospels: the Theoretical Challenge*, New Haven and London: York University Press, 1989, xviii.

5) *Ibid.*, xviii–xix.

6) Terry Eagleton, *Literary Theory: An Introduction*, Minneapolis: University of Minnesota Press, 1983, viii. 『문학이론 입문』(인간사랑 역간)

7) Patrick Grant, *Reading the New Testament*, London: MacMillan, 1989, 6.

8) Stanley Fish, *Is There a Text in this Class?*, 16–17.

9) *Ibid.*, 3 (피쉬의 강조).

10) Stanley Fish, *Is There a Text in this Class?*, 10.

11) Stanley Fish, *Doing What Cmes Naturally: Change, Rhetoric, and the Practice of Theory in Literary and Legal Studies*, Oxford: Clarendon Press, 1989, 25.

12) Nicholas Wolterstorff, *Work and Worlds of Art*, Oxford: Clarendon Press, 1980, 222–34 (이에 대한 보다 상세한 논의는 15, 16장을 보라), 또한 참고, John Searle, "The Logical Status of Fictional Discourse," in *Expression and Meaning* 58–75.

13) T.R. Wright, *Theology and Literature*, Oxford: Blackwell, 1988, 7–8; and David Jasper, *The New Testament and the Literary Imagination*, London: MacMillan, 1987, 특히 27–42, 83–96. 또한 참고, David Jasper, *The Study of Literature and Religion: An Introduction*, London: MacMillan, 1989.

14) George B. Caird, *The Language and Imagery of the Bible*, London: Duckworth, 1980. 케어드는 그의 옥스퍼드 대학 동료인 스티븐 울만과 매우 가까이 교류했고, 또한 제임스 바의 책에도 관심을 기울였다. Cf. Stephen Ullmann, *Semantics: An Introduction to the Science of Meaning*, Oxford: Blackwell, 1962; and James Barr, *The Semantics of Biblical Language*, Oxford: Oxford University Press, 1961.

15) George B. Caird, *op. cit.* 243–71.

16) *Ibid.*, 256.

17) Stephen Prickett, *Words and the World: Language, Poetics, and Biblical Interpretation*, Cambridge: Cambridge University Press, 1986.

18) *Ibid.*, 6; cf. 4–36.

19) *Ibid.*, 12.

20) *Ibid.*, 31.

21) Anthony C. Thiselton, "Semantics and New Testament Interpretation" in L.H. Marshall (ed.) *New Testament Interpretation: Essays on Principles and Methods*, Exeter: Paternoster 1977, 93–95; cf. 75–104.

22) 여호와의 종, 멸망의 가증한 것, 인자 등의 개념에 대한 논의를 위해서는 참고, Anthony C. Thiselton, "The Meaning of Sarx in 1 Cor. 1:5. A Fresh Approach in the Light of Logical and Semantic Factors" in *Scottish Journal of Theology* 26, 1973, 227–28; cf. 204–28. 필자의 또 다른 글 참고, "The Parables as Language–Event" in *Scottish Journal of Theology* 23, 1970, 437–68, 특히 453–61.

23) Stephen Prickett, *op. cit.* 26–27.

24) Edwin M. Good, *Irony in the Old Testament*, London: S.P.C.K. 1965, 10.

25) *Ibid.*, 41.

26) *Ibid.*, 46.

27) *Ibid.*, 53.

28) *Ibid.*, 72.

29) David M. Gunn, *The Story of King David: Genre and Interpretation*, Sheffield: J.S.O.T. Supple. 6, 1978; and *The Fate of King Saul: An Interpretation of a Biblical Story*, Sheffield: J.S.O.T. Suppl. 14, 1980.

30) David M. Gunn, *The Fate of King Saul*, 130–31.

31) R.W.L. Moberly, *At the Mountain of God: Story and Theology in Exodus* 32–34, Sheffield: J.S.O.T. Press Suppl. 22, 1983, 29.

32) *Ibid.*, 29.

33) B.W. Anderson, "From Analysis to Synthesis: the Interpretation of Genesis 1–11" in *Journal of Biblical Literature* 97, 1978, 23–29; cf. Gordon J. Wenham, "The Coherence of the Flood Narrative," *Vetus Testamentum* 28, 1978, 336–48.

34) R.W.L. Moberly, *op. cit.* 30.

35) Tzvetan Todorov, *Grammaire du Décaméron*, The Hague: Mouton, 1969; and Gérard Genette, *Narrative Discourse*, Eng. Ithaca: Cornell University Press, 1978, 7.

36) Seymour Chatman, *Story and Discourse*, Ithaca: Cornell University Press, 1978, 19–42, *et passim*.

37) 비교를 위해서는 참고, Michael J. Toolan, *op. cit.* 9–14.

38) Gérard Genette, *Narrative Discourse*, Eng. Ithaca: Cornell University Press, 1980, 4–6장.

39) Gérard Genette, *Narrative Discourse Revisited*, 33–37.

40) Wesley A. Kort, *Story, Text, and Scripture: Literary Interests in Biblical Narrative*, University Park and London: Pennsylvania State University Press, 1988, 44.

41) Robert Alter, *The Art of Biblical Narrative*, New York: Basis Books, 1981, 47.

42) *Ibid.*, 154; cf. 147–53.

43) Ronald Thiemann, "Radiance and Obscurity in Biblical Narrative" in Garrett Green (ed.) *Scriptural Authority and Narrative Interpretation*, Philadelphia: Fortress, 1987, 35–6; cf. 21–41.

44) *Ibid.*, 37.

45) *Ibid.*

46) Stephen Crites, "The Spatial Dimensions of Narrative Truthtelling," *Ibid.*, 101; cf. 97–120.

47) Ernst Fuchs, *Studies of the Historical Jesus*, Eng. London: S.C.M. 1964, 129.

48) Frank Kermode, *The Genesis of Secrecy: On the Interpretation of Narrative*, Cambridge, Mass., and London: Harvard University Press, 1979, 27–33, 44–47 *et passim*

49) Wesley A. Kort, *op, cit.* 14–28.

50) *Ibid.*, 16–17.

51) *Ibid.*, 18; cf. 1–13.

52) *Ibid.*, 24–28.

53) *Ibid.*, 29.

54) *Ibid.*, 34.

55) *Ibid.*, 38.

56) *Ibid.*, 41.

57) *Ibid.*, 42.

58) Frank Kermode, *op. cit.* 34.

59) *Ibid.*, 24, 27.

60) *Ibid.*, 45.

61) *Ibid.*, 141.

62) *Ibid.*, 145.

63) Robert C. Tannehill, *The Narrative Unity of Luke–Acts: A Literary Interpretation*, vol. 1, *The Gospel According to Luke*, Philadelphia: Fortress, 1986, xiii; David Jasper, *op. cit*, 2, 20–21; and Werner Kelber, *Mark's Story of Jesus*, Philadelphia: Fortress, 1979, 11; and Ernest Best, Mark: *The Gospel as Story*, Edinburgh: Clark, 1983, 145.

64) James Dawsey, *The Lukan Voice: Confusion and Irony In the Gospel of Luke*, Macon: Mercer University Press, 1986; cf. Wayne C. Booth, *The Rhetoric of Fiction*(2nd edn), Chicago: University of Chicago Press, 1983, 304–09.

65) Stephen D. Moore, *op. cit.* 33.

66) Meir Sternberg, *The Parables of Biblical Narrative: Ideological Literature and the Drama of Reading*, Bloomington: Indiana University Press, 1985.

67) Martin Warner (ed.) *The Bible as Rhetoric: Studies in Biblical Persuasion and Credibility*, London and New York: Routledge (Warwick Studies in Philosophy and Literature) 1990, 1–47.

68) Lynn Poland, "The Bible and the Rhetorical Sublime," *Ibid.*, 29; cf. 29–47.

69) Hans Frei, *The Eclipse of Biblical Narrative: A Study in Eighteenth and Nineteenth Century Hermeneutics*, New Haven: Yale University Press, 1974, 1–16 et passim.

70) *Ibid.*, 16; cf. 41–85, 특히 56, 75–85.

71) Paul Ricoeur, *Hermeneutics and the Human Sciences*, 147; 앞의 5장 1단원을 참고하라.

72) Jacques Derrida, "Living On/Border Lines," *loc. cit.* 73.

73) Pierre Guiraud, *Semiology*, Eng. London and Boston: Routledge and Kegan Paul, 1975, 77–81.

74) Vladimir Ⅰ. Propp, *Morphology of the Folktale*(2nd edn), Austin and London: University of Texas Press, 1968, 21.

75) *Ibid.*, 26–53.

76) Wesley Kort, *op. cit.* 65.

77) Jean–Marie Benoist, *The Structural Revolution*, Eng. London: Wiedenfeld and Nicholson, 1978. 3.

78) *Ibid.*, 7.

79) Alexander J. Gremas, *Sémantique Structurale*, Paris: Larousse, 1966; and Du Sens, Paris: Seuil, 1970.

80) David C. Greenwood, *Structuralism and the Biblical Text*, Berlin, New York, and Amsterdam: Mouton, 1985, 63; cf. 64–73.

81) 또한 참고, Terence Hawkes, *Structuralism and Semiotics*, 87–95, Susan Wittig(ed.) *Structuralism: An Interdisciplinary Study*, Pittsvurgh: Pickwick Press, 1975, 15–17; and Corina Galland, "An Introduction to the Method of A.J. Greimas" in Alfred M. Johnson (ed.) *The New Testament and Structuralism*, Pittsburgh: Pickwick Press, 1976, 1–26.

82) Roland Barthes, "The Struggle with the Angel: Textual Analysis of Genesis of 32:23–33" in R. Barthes et al., *Structural Analysis and biblical Exegesis: Interpretational Essays*, Eng. Pittsburgh: Pickwick Press,

1974 (French 1971) 21–33.

83) Roland Barthes "A Structural Analysis of a Narrative from Acts Ⅹ– " in Alfred M. Johnson Jr. (ed.) *Structuralism and Biblical Hermeneutics: A Collection of Essays*, Eng. Pittsburgh: Pickwick Press. 1979, 109–44.

84) Roland Barthes, "The Struggle with the Angel" *loc. cit.* 22.

85) *Ibid.*, 23.

86) *Ibid.*, 28.

87) *Ibid.*, 31, 33 (강조 첨가).

88) Roland Barthes, "A Structural Analysis of Narrative from Acts Ⅹ–," *loc.cit.* 123–26.

89) *Ibid.*, 126–28.

90) *Ibid.*, 137.

91) *Ibid.*, 118.

92) Jean Starobinski, "The Gerasene Demoniac: A Literary Analysis of Mark 5:1–20" in R. Barthes, F. Bovon, *et al., Structural Analysis and Biblical Exegesis*, Pittsburgh: Pickwick Press(Pittsburgh Theological Monograph 3) 1974, 57–84.

93) *Ibid.*, 59.

94) *Ibid.*, 68.

95) *Ibid.*, 63.

96) Jean Calloud, *Structural Analysis of Narrative*, Eng. Philadelphia: Fortress, and Missoula: Scholars Press, 1976 (French 1973) 49–108.

97) *Ibid.*, 50–55.

98) *Ibid.*, 59–64; 83–89.

99) Robert M. Polzin, "The Framework of Job," *Interpretation*, 28, 1974, 182–200; and *Biblical Structuralism: Method and Subjectivity in the Study of Ancient Texts*, Philadelphia: Fortress, and Missoula: Scholars Press, 1977; and Robert C. Culley, "Structural Analysis: Is it done with Mirrors?" *Interpretation* 28, 1974, 165–81.

100) Dan Otto Via Jr., *The Parables, their Literary and Existential Dimension*, Philadelphia: Fortress, 1967.

101) Anthony C. Thiselton, *The Two Horizons*, 347–52.

102) Dan O. Via, *op. cit.* 110.

103) *Ibid.*, 145.

104) *Ibid.*, 116–20, 126.

105) *Ibid.*, 169.

106) Dan Otto Via, *Kerygma and Comedy in the New Testament: A Structuralist Approach to Hermeneutics*, Philadelphia: Fortress, 1975.

107) *Ibid.*, 4.

108) *Ibid.*, 7.

109) *Ibid.*, 54.

110) *Ibid.*, 55.

111) Daniel Patte, *What is Structural Exegesis?*, Philadelphia: Fortress, 1976, 5.

112) *Ibid.*, 13.

113) *Ibid.*, 21.

114) *Ibid.*, 41–46.

115) Daniel Patte, *Paul's Faith and Power of the Gospel: A Structural Introduction to the Pauline Letters*, Philadelphia: Fortress, 1983, 238; *The Gospel according to Matthew: A Structural Commentary on Matthew's Faith*, Philadelphia: Fortress, 1987; and with Aline Patte, *Structural Exegesis: From Theory to Practice*, Philadelphia: Fortress, 1978.

116) Jean Calloud *et al., Signs and Parables: Semiotics and Gospel Texts*, Eng. Pittsburgh: Pickwick Press, 1978, xvii.

117) Daniel and Aline Patte, *op. cit.* 9.

118) Daniel Patte, *Paul's Faith and the Power of the Gospel*, 11; cf. 273.

119) *Ibid.*

120) *Ibid.*, 285 cf. 281–90.

121) Patrick Grant, *op. cit.* 7.

122) Erhardt Güttgemanns, "Linguistic–Literary Critical Foundation of a New Testament Theology," rp. in *Semeia* 6, 1976, 196; cf. 181–215, from *Linguistica Biblica* 13/14, 1972, 2–18. Cf. further his "What is 'Generative Poetics'?," *Semeia* 6, 1976, 1–22.

123) Jonathan Culler, *Framing the Sign: Criticism and its Institutions*, Oxford: Blackwell, 1988, ix.

124) Jonathan Culler, *The Pursuit of Signs: Semiotics, Literature, Deconstruction*, London: Routledge and Kegan Paul, 1981, 50; cf. *Structuralist Poetics : Structuralism, Linguistics, and the Study of Literature*, London: Routledge and Kegan Paul, 1975, viii.

125) Jonathan Culler, *Structuralist Poetics*, 30.

126) François Bovon, "French Structuralism and Biblical Exegesis" in R. Barthes *et al., Structural Analysis and Biblical Exegesis*, 4; cf. 4–20.

127) Jean–Marie Benoist, *op. cit.* 216.

128) Stephen D. Moore, *op. cit.* xvi.

129) Robert C. Culley, "Response to Daniel Patte" in Daniel Patte (ed.), *Semiology and Parables: An Exploration of the Possibilities Offered by Structuralism for Exegesis*, Pittsburgh: Pickwick Press, 1976, 156–57; cf. 151–58; and Vern S. Poythress, "Philosophical Roots of Phenomenological and Structuralist Literary Criticism," *Westminster Theological Journal* 41, 1978–79, 165–71.

130) Edgar V. McKnight, *The Bible and the Reader: An Introduction to Literary Criticism*, Philadelphia: Fortress Press, 1985, 5–8 and xvi. cf. *Meaning in Texts: the Historical Shaping of a Narrative Hermeneutic*, Philadelphia: Fortress Pres, 1978, 235–312; and *Post–Modern Use of the Bible: The Emergence of Reader–Oriented Criticism*, Nashville: Abingdon, 1988.

131) Susan Wittig (ed.) *Structuralism: An Interdisciplinary Study*, Pittsburgh: Pickwick Press, 1975, 19.

132) Jonathan Culler, *The Pursuit of Signs*, 101.

133) *Ibid.*, 102.

134) *Ibid.*, 103.

135) *Ibid.*

136) *Ibid.*, 105.

137) *Ibid.*, 107; cf. Harold Bloom, *Poetry and Repression*, New Haven: Yale University Press, 1976, 1–3.

138) *Ibid.*, 109.

139) *Ibid.*, 116 (강조 첨가).

140) *Ibid.*, 117 (강조 첨가).

141) John Barton, *Reading the Old Testament: Method in Biblical Study* London: Darton, Longman and Todd, 1984; cf. also John Barton, "Reading the Bible as Literature: Two Questions for Biblical Critics," *Literature and Theology* 1, 1987, 135–63.

142) John Barton, *Reading the Old Testament*, 204–06; cf. 19, 181–82.

143) *Ibid.*, 6 (바톤의 강조).

144) *Ibid.*, 11.

145) *Ibid.*, 12.

146) *Ibid.*, 17.

147) *Ibid.*, 131.

148) *Ibid.*, 199.

149) Robert Morgan with John Barton, *Biblical Interpretation*, 7, 215, 221 *et passim.*

150) John Barton, *Reading the Old Testament*, 163–67.

151) *Ibid.*, 191; cf. 167–70; 175–79, 191–94.

152) *Ibid.*, 205.

153) *Ibid.*

154) *Ibid.*, 207.

155) Robert Morgan with John Barton, *op. cit.* 287.

156) John Barton, *Reading the Old Testament*, 17.

157) *Ibid.*, 4.

158) *Ibid.*, 5.

159) Spike Draisma (ed.), *Intertextuality in Biblical Writings: Essays in Honour of Bas van Iersel*, Kampen: Kok, 1989.

160) Tzvetan Todorov, "Reading as Construction" in Susan R. Suleiman and Inge Crosman (eds.), *The Reader in the Text: Essays on Audience Interpretation*, Princeton: Princeton University Press, 1980, 67–82.

161) Spike Draisma (ed.) *op. cit.* 7.

162) *Ibid.*

163) Willem S. Vorster, "Intertextuality and Redaktionsgeschichte," *Ibid.*, 16; cf. 15–26.

164) *Ibid.*, 20.

165) *Ibid.*, 23.

166) Norman Perrin, *The Kingdom of God in the Teaching of Jesus*, London: S.C.M., 1963, 133.

167) Tzvetan Todorov, *Symbolism and Interpretation*, Eng. Ithaca: Cornell University Press, 1982.

168) *Ibid.*, 125.

169) *Ibid.*, 129.

170) *Ibid.*

171) Spike Draisma (ed.), *op. cit.* 30–31.

172) R.B. Hays, *Echoes of Scripture in the Letters of Paul*, New Haven: Yale University Press, 1989.

173) Anthony C. Thiselton, *The Two Horizons* 323–24; cf. Heinrich Ott, "What is Systematic Theology?" in James M. Robinson and J. Cobb Jr. (eds.), *New Frontiers in Theology I: The Later Heidegger and Theology*, New York: Harper, 1963, 94, 102.

174) Peter Stuhlmacher, *Historical Criticism and Theological Interpretation of Scripture: Towards a*

Hermeneutics of Consent, Eng. Philadelphia: Fortress, 1977, 89.

175) *Ibid.*, 88.

176) Patrick Grant, *op. cit.* 18.

177) *Ibid.*, 19.

178) *Ibid.*

179) *Ibid.*, 21.

180) *Ibid.*, 15.

181) *Ibid.*, 128.

182) *Ibid.*, 86, 87.

183) Herbert M. Gale, *The Use of Analogy in the Letter of Paul*, Philadelphia: Westminster Press, 1964, 18–19 *et passim*.

184) Patrick Grant, *op. cit.*, 132.

14장

1) Stanley Fish, "Going Down the Anti–Formalist Road," in *Doing What Comes Naturally*, 1–33.

2) Stanley Fish, "Why No One's Afraid of Wolfgang Iser," *Ibid.*, 68–86.

3) Wolfgang Iser, *The Act of Reading: A Theory of Aesthetic Response*, Baltimore and London: Johns Hopkins University Press, 1978 and 1980, ix.

4) *Ibid.*

5) *Ibid.*, x.

6) Wolfgang Iser, "Indeterminacy and the Reader's Response in Prose Fiction" in J. Hillis Miller (ed.) *Aspects of Narrative: Selected Papers from the English Institute*, New York: Columbia University Press, 1971, 1–45.

7) W. Iser, *The Act of Reading*, 21.

8) *Ibid.*, 29.

9) *Ibid.*, 38.

10) *Ibid.*, 231; cf. 180–230.

11) *Ibid.*, 183–85.

12) Susan Wittig, "A Theory of Multiple Meanings," *Semeia* 9, 1977, 75–105.

13) *Ibid.*, 84.

14) *Ibid.*, 95.

15) *Ibid.*, 95–96.

16) Robert W. Funk, *Language, Hermeneutic and Word of God: The Problem of Language in the New Testament and Contemporary Theology*, New York: Harper and Row, 1966, 17.

17) James L. Resseguie, "Reader Response Criticism and the Synoptic Gospels," *Journal of the American Academy of Religion* 52, 1984, 307–24.

18) *Ibid.*, 308.

19) Stanley Fish, *Doing What Comes Naturally*, 69–70; cf. 68–86.

20) Robert Fowler, *Loaves and Fishes: the Function of the Feeding Stories in the Gospel of Mark*, Chico: Scholars Press, 1981, 134–35.

21) *Ibid.*, 134.

22) *Ibid.*, 83.

23) *Ibid.*, 93–96.

24) *Ibid.*, 171.

25) Jouette M. Bassler, "The Parable of the Loaves," *Journal of Religion* 66, 1986, 167; cf. 157–72.

26) Wolfgang Iser, *The Implied Reader: Patterns of Communication in Prose Fiction from Bunyan to Beckett*, Baltimore: Johns Hopkins University Press, 1974, 274–75.

27) R. Alan Culpepper, *Anatomy of the Fourth Gospel: A Study in Literary Design*, Philadelphia: Fortress Press, 1983, 6–9, 20–27, 54–70 et passim.

28) *Ibid.*, 4.

29) *Ibid.*, 48.

30) *Ibid.*, 161–62.

31) *Ibid.*, 209, 233.

32) Stephen D. Moore, *op. cit.* 103.

33) Stanley E. Porter, "Why Hasn't Reader–Response Criticism Caught On in New Testament Studies?" in *Literature and Theology* 4, 1990, 280, 281, 282; cf. 278–92.

34) *Ibid.*, 282.

35) Susan R. Horton, "The Experience of Stanley Fish's Prose on the Critic as Self–Creating, Self–Consuming, Artifices," *Genre* 10, 1977, 449, 452; cf. 443–53.

36) 피쉬 자신의 자전적 언급을 위해서는 *Is There a Text in This Class?* ,1–17을 보라.

37) Stanley Fish, *Doing What Comes Naturally* 69–70, 83.

38) *Ibid.*, 83.

39) Umberto Eco, *A Theory of Semiotics*, Bloomington: Indiana University Press, 1976; *The Role of the Reader: Explorations in the Semiotics of Texts*, London: Hutchinson, 1981; and *Semiotics and the Philosophy of Language*, London: MacMillan, 1984.

40) Umberto Eco, *A Theory of Semiotics*, 4.

41) *Ibid.*, 9.

42) L. Wittgenstein, *Philosophical Investigations*, sect. 49; cf. sects. 22, 33.

43) Umberto Eco, *A Theory of Semiotics*, 135.

44) *Ibid.*, 56.

45) *Ibid.*, 136–39.

46) Umberto Eco, *Semiotics and the Philosophy of Langage*, 68–86.

47) Umberto Eco, *The Role of the Reader*, 4.

48) *Ibid.*, 8.

49) *Ibid.*, 9–11.

50) *Ibid.*, 14–17.

51) *Ibid.*, 27.

52) *Ibid.*, 33.

53) William Ray, *Literary Meaning: From Phenomenology to Deconstruction*, Oxford: Blackwell, 1984, 134.

54) *Ibid.*, 137.

55) *Ibid.*, 134.

56) Tremper Longman III, *Literary Approaches to Biblical Interpretation*, Grand Rapids: Academic and Leicester: Apollos, 1987, 38.

57) Norman R. Petersen, "The Reader in the Gospel" in *Neotestamentica* 18, 1984, 41; cf. 38–51.

58) *Ibid.*, 45.

59) *Ibid.*, 40.

60) Elizabeth Freund, *The Return of the Reader: Reader–Response Criticism*, London and New York: Metheun, 1987; cf. Jane P. Tompkins (ed.) *Reader–Response Criticism: From Formalism to Post–Structuralism*, Baltimore and London: Johns Hopkins University Press, 1980; and Susan R. Suleiman and Inge Crosman (eds.) *The Reader in the Text: Essays in Audience and Interpretation*, Princeton:

Princeton University Press, 1980.

61) Jane P. Tompkins (ed.) *op. cit.* 특히 xiv–xxiv.

62) Elizabeth Freund, *op. cit.* 7.

63) Norman Holland, *Poems in Persons: An Introduction to the Psychoanalysis of Literature*, New York: Norton, 1973; *5 Readers Reading*, New Haven: Yale University Press, 1975; and "Recovering 'the Purloined Letter': Reading as Personal Transaction" in Susan Suleiman and Inge Crosman (eds.) *op. cit.* 350–70; cf. further Norman Holland, *The Dynamics of Literary Response*, New York: Oxford, 1968; "Literary Interpretation and Three Phases of Psychoanalysis" in *Critical Inquiry* 3, 1976, 221–33; and "Transactive Criticism: Re–Creation through Identity," in *Criticism* 18, 1976, 334–52.

64) Norman Holland, "Transactive Criticism: Re–Creation through Identity," *loc. cit.* 342.

65) David Bleich, *Subjective Criticism*, Baltimore: Johns Hopkins University Press, 1978, 66; cf. *Readings and Feelings: An Introduction to Subject Criticism*, Urbana: National Council for the Teaching of English, 1975.

66) David Bleich, *The Double Perspective: Language, Literary, and Social Relations*, New York: Oxford University Press, 1988.

67) *Ibid.*, 17; cf. also 319.

68) *Ibid.*

69) *Ibid.*, 55 (강조 첨가).

70) Mark Labberton, *Ordinary Bible Reading: The Reformed Tradition and Reader–Orientated Criticism*, Ph.D. Dissertation, University of Cambridge, 1990, 특히 1–33, 86–8, 130–61, 187–213.

71) *Ibid.*, 10–13.

72) John Calvin, *Institutes*, I, 13.1.

73) M. Labberton, *op. cit.* 18–24; cf. Calvin on Deut. 30:11.

74) Cf. Calvin on Acts 15:30, and M. Labberton, *op. cit.* 24–33.

75) David Bleich, *The Double Perspective* 25.

76) *Ibid.*, 16.

77) *Ibid.*, 24; cf. 16–25.

78) Jane Tompkins, *op. cit.* xvii.

79) Jonathan Culler, *Framing the Sign*, ix.

80) *Ibid.*, 95.

81) *Ibid.*, 55.

82) Jonathan Culler, *Structuralist Poetics: Structuralism, Linguistics, and the Study of Literature*, Ithaca:

Cornell University Press, 1975.

83) Jonathan Culler, *The Pursuit of Signs*, 5.

84) Jonathan Culler, *On Deconstruction: Theory and Criticism After Structuralism*, Ithaca: Cornell University Press, 1982, 22.

85) Jonathan Culler, *The Pursuit of Signs*, 188.

86) Jonathan Culler, *Structuralist Poetics*, 247.

87) William Ray, *op. cit.* 114; 레이는 쿨러 속에서 "문학적 역량"이 중심적 자리를 차지한다는 것도 강조한다. cf. 113.

88) Jonathan Culler, *Structuralist Poetics*, 137.

89) Stanley Fish, *Doing What Comes Naturally*, 2 and 14.

90) Stanley Fish, *Self–Consuming Artifacts: The Experience of Seventeenth–Century Literature*, Berkeley: University of California Press, 1972.

91) Stanley Fish, *Is There a Text in this Class?*, 1–17.

92) *Ibid.*, 12.

93) *Ibid.*, 13.

94) *Ibid.*, 3.

95) *Ibid.*, 371.

96) Stanley Fish, *Doing What Comes Naturally*, 88; cf. 68–86; 87–119; 120–40.

97) *Ibid.*, 143 and 157–59; cf. 141–60, 485–94.

98) *Ibid.*, 489; cf. 471–502.

99) *Ibid.*, 61–67; cf. 37–60.

100) *Ibid.*, 503–524.

101) *Ibid.*, 523–24.

102) L. Wittgenstein, *Philosophical Investigations*, sect. 81.

103) *Ibid.*, sect. 97.

104) L. Wittgenstein, *Tractatus Logico–Philosophicus*, Germ. & Eng., London: Routledge & Kegan Paul, 1961. 또 다른 그의 책 참고, *Notebooks* 1914–16, Eng. Oxford: Blackwell, 1961.

105) L. Wittgenstein, *Philosophical Investigations*, sects. 108, 115, 132.

106) *Ibid.*, sect. 96.

107) L. Wittgenstein, *On Certainty*, Germ. and Eng., Oxford: Blackwell, 1969, sect. 65.

108) Rush Rhees, *Discussions of Wittgenstein*, London: Routledge & Kegan Paul, 1970, 75; cf. 71–84 (첫 번째 강조는 원문 그대로, 두 번째는 첨가).

109) L. Wittgenstein, *Zettel*, sect. 567.

110) L. Wittgenstein, *Remarks on the Foundations of Mathematics*, Germ. and Eng., Oxford: Blackwell, 1956, I, 8, sect. 16.

111) Anthony Kenny, *Wittgenstein*, London: Penguin Books, edn. 1975; David Pears, *Wittgenstein*, London: Collins, 1971; George Pitcher, *The Philosophy of Wittgenstein*, Englewood Cliffs: Prentice Hall, 1964; Allan Janik and Stephen Toulmin, *Wittgenstein's Vienna*, London: Wiedenfeld & Nicolson, 1973; Gordon P. Baker and P.M. Hacker, *Analytical Commentary on Wittgenstein's Philosophical Investigations* (3 vols) I; Understanding and Meaning; II, Rules, Grammar and Mecessity; III, Meaning and Mind, Oxford: Blackwell, 1983, 1988 and 1990.

112) Anthony C. Thiselton, *The Two Horizons*, 13장과 14장 참고; 아펠에 대해서는 앞서 11장에서 다룬 것을 참고하라.

113) S. Fish, *Doing What Comes Naturally*, 1–6.

114) L. Wittgenstein, *Philosophical Investigations*, sect. 66; cf. sects. 126–30.

115) L. Wittgenstein, *Zettel*, sect. 455; cf. sect. 452.

116) S. Fish, *loc. cit.* 3.

117) L. Wittgenstein, *Philosophical Investigations*, sect. 206; cf. sect. 281.

118) *Ibid.*, sect. 71.

119) S. Fish, *Doing What Comes Naturally*, 471–502, 특히 487; cf. Thomas S. Kuhn, *The Essential Tension: Selected Studies in Scientific Tradition and Change*, Chicago: University of Chicago Press, 1977, 특히 293–319.

120) S. Fish, *Doing What Comes Naturally*, 455; cf. 436–70.

121) L. Wittgenstein, *Philosophical Investigations*, sect. 54 (강조는 첨가).

122) *Ibid.*, sect. 281 (강조 첨가); cf. sect. 360.

123) *Ibid.*, sect. 420.

124) *Ibid.*, sect. 206.

125) S. Fish, *loc. cit.* 31.

126) *Ibid.*, 31–32.

127) L. Wittgenstein, *Philosophical Investigations*, sects. 2, 3.

128) L. Wittgenstein, *Culture and Value*, 78.

129) L. Wittgenstein, *Philosophical Investigations*, sects. 281–351; cf. *Zettel* sects. 532–42.

130) L. Wittgenstein, *Zettel*, sects. 518, 519.

131) L. Wittgenstein, *Philosophical Investigations*, sects. 250 and ii, 229.

132) *Ibid.*, sect. 249; cf. *Zettel*, sects. 89, 90.

133) L. Wittgenstein, *Philosophical Investigations*, sects. 202; cf. Anthony C. Thiselton, *The Two Horizons*, 385.

134) S. Fish, *Doing What Comes Naturally*, 27.

135) *Ibid.*, 28.

136) Christopher Norris, *The Contest of Faculties: Philosophy and Theory after Deconstruction*, London and New York: Methuen, 1985, 139–66 *et passim*; Richard Bernstein, *Habermas and Modernity* 3–10, 19–23.

137) Christopher Norris, *loc. cit.* 159 (강조는 첨가).

138) Mark G. Brett, "Four or Five Things to Do with Texts. A Taxonomy of Interpretative Interests" in D.J.A. Clines, S.E. Fowl and S.E. Porter (eds.), *The Bible in Three Dimensions*, 357–77; cf. also Mark G. Brett, *Biblical Criticism in Crisis? The Impact of the Canonical Approach in Old Testament Studies*, Cambridge: Cambridge University Press, 1991.

139) Mark Brett, "Four or Five Things to Do with Texts," *loc. cit.* 32–65.

140) Stephen E. Fowl, "The Ethics of Interpretation or What's Left Over after the Elimination of Meaning," loc. cit. 379–98.

141) Jeffrey Stoutt, "What is the Meaning of a Text?" in *New Literary History* 14, 1982, 1–12.

142) *Ibid.*, 4.

143) *Ibid.*, 2.

144) Stephen E. Fowl, *loc. cit.* 380.

145) *Ibid.*

146) Stanley E. Porter, "Why Hasn't Reader–Response Criticism Caught On in New Testament Studies?" in *Literature and Theology* 4, 1990, 278–92.

147) *Ibid.*, 280, 281.

148) *Ibid.*, 281, 282.

149) *Ibid.*, 283–85.

150) *Ibid.*, 290.

151) *Ibid.*

152) *Ibid.*, 289.

153) *Ibid.*, 287.

154) Paul Ricoeur, *Freud and Philosophy*, 54.

15장

1) Paul H. Ballard, "Pastoral Theology as Theology of Reconciliation," *Theology* 91, 1988, 375 (강조는 첨가); cf. 375–80.

2) Don S. Browning, "Pastoral Theology in a Pluralist Age" in Don S. Browning (ed.), *Practical Theology*, San Francisco: Harper & Row, 1983, 187 (강조 첨가); cf. 187–202.

3) Edward Farley, "Theology and Practice Outside the Clerical Paradigm" in Don S. Browning (ed.) *Practical Theology*, San Francisco: Harper and Row, 1983, 21–41; David Tracy, "The Foundations of Practical Theology," *Ibid.*, 61–82; and Thomas H. Groome, *Christian Religious Education: Sharing our Story and Vision*, San Francisco: Harper and Row, 1980.

4) Don S. Browning, *Religious Ethics and Pastoral Care*, Philadelphia: Fortress, 1983, 17.

5) Edward Farley, "Theory and Practice Outside the Clerical Paradigm," *loc. cit.* 23, 30.

6) Robert Morgan (with John Barton), *op. cit.* 287.

7) George Lindbeck, *The Nature of Doctrine: Religion and Doctrine in a Postliberal Age*, London: S.P.C.K. 1984, 118.

8) Zygmunt Bauman, *op. cit.* 217.

9) John R. Searle, *Intentionality*, 143.

10) *Ibid.*, 144.

11) L. Wittgenstein, *Zettel*, sects. 67, 116.

12) *Ibid.*, sect. 173.

13) *Ibid.*, sect. 51.

14) John R. Searle, *Intentionality*, 173; cf. 166–76.

15) Dick Leith and George Myerson, *op. cit.* 170.

16) F.D.E. Schleiermacher, *Hermeneutics: The Handwritten Manuscripts*, 98–99.

17) W. Dilthey, *op. cit.* 7, 191.

18) 특히 J. Murphy–O'Connor, *St. Paul's Corinth*, 1983; and "Food and Spiritual Gifts in 1 Cor. 8:8," *Catholic Biblical Quarterly*, 41, 1979, 292–98, and "Freedom or the Ghetto (1 Cor. VIII.1–13, X.23 – XI.1)," *Revue Biblique* 85, 1978, 543–74; R.A. Horsley, "Consciousness and Freedom among the Corinthians: 1 Cor. 8–10" in *Catholic Biblical Quarterly* 40, 1978, 574–89; and G. Thiessen, *The*

Social Setting of Pauline Christianity: Essays on Corinth, Eng. London: S.C.M., 1982.

19) C.A. Pierce, *Conscience in the New Testament*, London: S.C.M., 1955.

20) Robert Morgan (with John Barton), *op. cit.* 7.

21) Rudolf Bultmann, *This World and Beyond: Marburg Sermons*, London: Lutterworth Press, 1960, 21.

22) Søren Kierkegaard, *Fear and Trembling: Dialectical Lyric by Johannes de Silentio*, Eng. (ed. A. Hannay) London: Penguin edn. 1985, 44.

23) *Ibid.*, 45, 50.

24) *Ibid.*, 52, 53.

25) *Ibid.*, 54, 55.

26) S. Kierkegaard, *Purity of Heart is to Will One Thing*, London: Collins (Fontana edn.) 1961, 163.

27) S. Kierkegaard, *Fear and Trembling*, 85; cf. Anthony C. Thiselton, "Kierkegaard and the Nature of Truth," *Churchman* 89, 1975, 85–107.

28) Bruce Vawter, *On Genesis: A New Reading*, New York: Doubleday, 1977, 254, 255, and 258.

29) Don Otto Via, *The Parables: Their Literary and Existential Dimension*, 113–22.

30) Geraint Vaughan Jones, *The Art and Truth of the Parables*, London: S.P.C.K., 1964, 167–205.

31) Ernst Fuchs, *Studies of the Historical Jesus*, 32–38, 154–56.

32) *Ibid.*, 33–37.

33) 이 점에 대해서는 필자의 『두 지평』이나 다른 논문들 속에서 '신해석학'의 항목으로 보다 상세히 다루고 있는 내용들을 참고하기 바란다.

34) Stephen Crites, "The Narrative Quality of Experience," *Journal of the American Academy of Religion* 39, 1971, 291–311; and Stanley Hauerwas, *A Community of Character*, Notre Dame: University of Notre Dame Press, 1981; and David H. Kelsey "Biblical Narrative and Theological Anthropology" in Garrett Green (ed.) *Scriptural Authority and Narrative Interpretation*, Philadelphia: Fortress Press, 1987, 121–43.

35) George W. Stroup, *The Promise of Narrative Theology*, London: S.C.M. 1984 (John Knox, 1981) 91.

36) *Ibid.*

37) *Ibid.*, 202.

38) William Hordern, *Speaking of God: The Nature and Purpose of Theology Language*, London: Epworth Press, 1965, 147.

39) George W. Stroup, *op. cit.* 163 (강조 첨가).

40) Ronald F. Thiemann, *Revelation and Theology: the Gospel as Narrated Promise*, Notre dame: University of Notre Dame Press, 1987 (1985), 89.

41) Nicholas Wolterstorff, *Works and Worlds of Art*, Oxford: Clarendon Press, 1980, 3–8, 202–15.

42) *Ibid.*, 205.

43) Nicholas Wolterstorff, *Art in Action: Towards a Christian Aesthetic*, Grand Rapids: Eerdmans, 1980, 특히 122–55, and *Works and Worlds of Art*, 222–31.

44) N. Wolterstorff, *Works and Worlds of Art*, 233.

45) *Ibid.*, 231; cf. 232–34.

46) *Ibid.*, 239.

47) J.D. Crossan, *In Parables*, 64 and *The Dark Interval* 55, 106–07, 121–22.

48) Anthony C. Thiselton, *The Two Horizons*, 12–16; cf. W. Wink, *The Bible in Human Transformation: Toward a New Paradigm for Biblical Study*, Philadelphia: Fortress Press, 1973, 42–43.

49) John Goldingay, *Theological Diversity and the Authority of the Old Testament*, Grand Rapids: Eerdmans, 1987, 51–52.

50) David M. Gunn, "Reading Right: Reliable and Omniscient Narrator, Omniscient God, and Foolproof Composition in the Hebrew Bible" in David J.A. Clines, S.E. Fowl and S.E. Porter (eds.), *op. cit.* 63; cf. 53–64.

51) David J.A. Clines, "Reading Esther from Left to Right," *Ibid.*, 31–52.

52) *Ibid.*, 40–46.

53) Ronald Thiemann, *Revelation and Theology: The Gospel as Narrative Promise*, Notre Dame: University of Notre Dame Press, 1987, 113.

54) *Ibid.*, 142, 143.

55) George W. Stroup, *op. cit.* 161.

56) *Ibid.*, 157.

57) Hans Frei, *The Identity of Jesus Christ: The Hermeneutical Bases of Dogmatic Theology*, Philadelphia: Fortress Press, 1975, 164–65.

58) *Ibid.*, 3–9.

59) Sidney Greidanus, *The Modern Preacher and the Ancient Text: Interpreting and Preaching Biblical Literature*, Leicester: Inter Varsity Press, and Grand Rapids: Eerdmans, 1988, 194, 195.『성경 해석과 성경적 설교』(여수룬 역간)

60) Harvie M. Conn (ed.), *Inerrancy and Hermeneutics: A Tradition, A Challenge, A Debate*, Grand Rapids: Baker, 1988, 140, 148, 149; cf. 137–49.

61) On "count–generation" cf. Nicholas Wolterstorff, *op. cit.* 202–15.

62) *Ibid.*, 226–231 특히 무드–자세(mood–stance) 및 무드–표시자(stance–indicators)에 관해.

63) Graham Shaw, *The Cost of Authority: Manipulation and Freedom in the New Testament*, London: S.C.M. 1983, vii–viii.

64) *Ibid.*, 257.

65) *Ibid.*, 256.

66) Ronald F. Thiemann, "Radiance and Obscurity in Biblical Narrative" in Garrett Green (ed.) *op. cit.* 25.

67) *Ibid.*, 26.

68) Ernst Fuchs, *Hermeneutik*, Tübingen: Mohr, 4th edn. 1970, 110.

69) Northrop Frye, *The Great Code*, xiii.

70) Paul Ricoeur, *Interpretation Theory*, 45, and 55–57; and cf. also *The Conflict of Interpretations*, 287–334.

71) Paul Ricoeur, *Freud and Philosophy*, 93–94, 420, 543 *et passim*.

72) Wayne G. Rollins, *Jung and the Bible*, Atlanta: John Knox Press, 1983, 18–20.

73) *Ibid.*, 24–26, 37–40; and Paul Ricoeur, *Freud and Philosophy*, 5; cf. *The Rule of Metaphor*, 318.

74) 틸리히의 상징에 대한 논의를 위해서는 보라, Paul Tillich, *Systematic Theology*, Eng. London: Nisbet (3 volumes) 1953, 1957, and 1964, in *Dynamics of Faith*, London: allen and Unwin, 1957, esp. 42–47; *Theology of Culture*, New York: Oxford University Press, Galaxy edn. 1964, 53–67; and "The Meaning and Justification of Religious Symbols" and "The Religious Symbol" in Sidney Hook (ed.), *Religious Experience and Truth*, Edinburgh: Oliver and Boyd, 1961 (New York: University, 1961) 3–11 and 301–21, also rp. in F.W. Dillistone (ed.), *Myth and Symbol*, London: S.P.C.K. 1966, 15–34.

75) Wayne G. Rollins, *op. cit.* 74; cf. 72–92.

76) Carl Gustav Jung, *Man and his Symbols*, New York: Doubleday, 1971. 『인간과 상징』(열린책들 역간); cf. Jolande Jacobi, *Complex, Archetype, Symbol in the Psychology of C.G. Jung*, Eng, Princeton: Princeton University Press, 1959; and Hans Schaer, *Religion and the Cure of Souls in Jung's Psychology*, Eng. New York: Pantheon, 1950.

77) Paul Tillich, "The Religious Symbol" in Sidney Hook (ed.) *op. cit.* 303.

78) Paul Tillich, *The Shaking of the Foundations*, London: S.C.M. 1962, 86.

79) Paul Tillich, *Theology of Culture*, 56.

80) *Ibid.*

81) Paul Tillich, *Dynamics of Faith*, 43.

82) *Ibid*; cf. *Theology and Culture*, 57–58.

83) 고대 및 현대 자료들에 나타나는 수많은 상징들에 대한 해석과 관련해서는 참고, J.E. Cirlot, *A Dictionary of Symbols*, Eng. London: Routledge & Kegan Paul, 2nd edn., 1971 (New York: Vail–

Ballou Press, 1983).

84) G.R. Beasley–Murray, *The Book of Revelation,* London: Marshall, Morgan & Scott, 1974, 330–31; and G.B. Caird, *The Revelation of St John the Divine*, London: Black, 1966, 280–81.

85) Rollo May, "The Significance of Symbols" in Rollo May (ed.) *Symbolism in Religion and Literature*, New York: Braziller, 1960, 18 (강조 첨가); cf. 11–49.

86) Wayne G. Rollins, *Jung and the Bible*, 101 (강조 첨가).

87) Dominique Stein, "The Murder of the Father and God the Father in the Work of Freud" in Johannes–Baptist Metz and Edward Schillebeeckx (eds.), *God as Father? Concilium*, Edinburgh: Clark, and New York: Seabury Press, 1981, 11–18.

88) Yorick Spiegel, "God the Father in the Fatherless Society," *Ibid.*, 3–10.

89) Elisabeth Moltmann–Wendel, *A Land Flowing with Milk and Honey: Perspectives on Feminist Theology*, Eng. London: S.C.M. 1986, 91, 101.

90) Daphne Hampson, *Theology and Feminism*, Oxford: Blackwell, 1990, 86–96.

91) Othmar Keel, *The Symbolism of the Biblical World, Ancient Near Eastern Iconography and the Book of Psalms*, Eng. New York: Seabury Press, 1978.

92) *Ibid.*, 179–92, 222–25.

93) C. S. Lewis, *An Experiment in Criticism*, Cambridge: Cambridge University Press, 1961, 5–13, 16–39 et passim; see also John Barton, *Reading the Old Testament*, 194. 『문학비평에서의 실험』(동문선 역간)

94) *Ibid.*, 196.

95) Stephen R. Schiffer, *Meaning*, Oxford: Clarendon Press, 1972, 1.

96) Cf. *Ibid.*, 1–16, 118–55.

97) L. Wittgenstein, *Philosophical Investigations*, sects. 30, 31, 49.

98) George B. Caird, *The Revelation of St John the Divine*, 25 (강조 첨가).

99) G.R. Beasley–Murray, *The Book of Revelation*, 16.

100) Anthony C. Thiselton, "The Meaning of Sarx in 1 Corinthians 5:5. A Fresh Approach in the Light of Logical and Semantic Factors," *Scottish Journal of Theology* 26, 1973, 204–28; and "Realized Eschatology at Corinth," *New Testament Studies* 24, 1978, 510–26.

101) Stephen R. Schiffer, *op. cit.* 154; cf. 118–55.

102) L. Wittgenstein, *Philosophical Investigations*, II, xi, 223.

103) Robert Morgan (with John Barton), *op. cit.* 8.

104) Stanley Fish, *Doing What Comes Naturally*, 30–32.

105) Alan Montefiore (ed.) *Neutrality and Impartiality: The University and Political Commitment*, Cambridge: Cambridge University Press, 1975, 12.

106) Anthony C. Thiselton, "The Morality of Christian Scholarship" in Mark Santer (ed.) *Their Lord and Ours: Approaches to Authority, Community, and the Unity of the Church*, London: S.P.C.K. 1982, 20–45.

107) David J.A. Clines, "Deconstructing the Book of Job," *loc. cit.* 79. 이 논문의 약간 변형된 형태로의 재출판은 참고, D.J.A. Clines, *What Does Eve Do to Help? And Other Readerly Questions to the Old Testament*, Sheffield: J.S.O.T. Suppl. 94, 1990, 103–26.

108) The Doctrine Commission of the Church of England, *Believing in the Church: the Corporate Nature of Faith*, London: S.P.C.K. 1981, 특히 1–8 (John V. Taylor), 45–78 (A.C. Thiselton), 108–58 (J.V. Taylor and N.T. Wright), and 286–302 (A.E. Harvey).

109) Edgar V. McKnight, *The Bible and the Reader*, 93–94.

110) Kevin Hart, "The Poetics of the Negative" in Stephen Prickett (ed.) *Reading the Text: Biblical Criticism and Literary Theory*, Oxford: Blackwell, 1991, 289; cf. 281–340.

111) Dallas M. High, *Language, Persons and Belief: Studies on Wittgenstein's Philosophical Investigations and Religious Uses of Language*, New York: Oxford University Press, 1967, 142.

16장

1) L. Wittgenstein, *Zettel*, sect. 504.

2) Dallas M. High, *op. cit.* 124; cf. 146–63.

3) Stanley Fish, *Doing What Comes Naturally*, 37–67; cf. 488–92.

4) *Ibid.*, 40.

5) *Ibid.*, 52.

6) Ronald Thiemann, "Radiance and Obscurity in Biblical Narrative," *loc. cit.* 38.

7) Stephen Schiffer, *op. cit.* 30–42 *et passim.*

8) Janet Radcliffe Richards, *The Sceptical Feminist*, 17–18; cf. 11.

9) John Barton, *Reading the Old Testament*, 207.

10) Robert Morgan (with John Barton), *op. cit.* 271 (강조는 원문 그대로).

11) Christopher Rowland and Mark Corner, *op. cit.* 141, 142, 147.

12) *Ibid.*, 157, 163.

13) Mark L. Branson and C. René Padilla (eds.), *Conflict and Context: Hermeneutics in the Americas*, Grand Rapids: Eerdmans, 1986, 22.

14) *Ibid.*, 47.

15) J. Miranda, *Marx and the Bible*, 162–63; cf. 178.

16) J. Andrew Kirk, *Liberation Theology: An Evangelical View from the Third World*, London: Marshall, Morgan, and Scott, 1979, 88.

17) J. Miranda, *op. cit.* 123.

18) Mark L. Branson and C. René Padilla (eds.), *op. cit.* 61.

19) George Lindbeck, *op. cit.* 118; and David Kelsey, *op. cit.* 91.

20) Don Browning, "Pastoral Theology in a Pluralistic Age," *loc. cit.* 187; and David Deeks, *Pastoral Theology: An Inquiry*, London: Epworth Press, 1987, 67.

21) Edward Farley, "Theology and Practice Outside the Clerical Paradigm" in Don S. Browning (ed.), *op. cit.* 30.

22) Gareth Jones, *Bultmann: Towards a Critical Theology*, Cambridge: Polity Press, 1991, 19.

23) Nicholas Lash, "What Might Martyrdom Mean?" in N. Lash, *Theology on the Way to Emmaus*, London: S.C.M. 1986, 77; cf. 75–92 (also in *Ex Auditu*, vol. 1).

24) Peter Berger and Thomas Luckmann, *The Social Construction of Reality: A Treatise in the Sociology of Knowledge*, London and New York: Penguin University Books edn. 1971 (1966), 47, 59.

25) *Ibid.*, 76.

26) Zygmunt Bauman, *op. cit.* 217.

27) *Ibid.*, 218.

28) *Ibid.*, 240.

29) Alfred Schutz, *Collected Papers* (3 vols), The Hague: Nijhoff, 1962, 1964, and 1966; and *Reflections on the Problem of Relevance* (ed. R.M. Zaner), New Haven: Yale University Press, 1970.

30) Ronald R. Cox, *Schutz's Theory of Relevance: A Phenomenological Critique*, The Hague: Nijhoff, 1978, 3, 5.

31) Thomas H. Groome, *Christian Religious Education: Sharing our Story and Vision*, San Francisco: Harper and Row, 1980, 145.

32) *Ibid.*, 147–49.

33) *Ibid.*, 174.

34) *Ibid.*, 8.

35) C.H. Dodd, *The Authority of the Bible*, London: Nisbet, 1928, 298–99.

36) J. Moltmann, *Theology of Hope*, 198–99; cf. 201.

37) Jürgen Moltmann, *The Crucified God*, 4.

38) *Ibid.*, 15, 17.

39) *Ibid.*, 24.

40) Nicholas Wolterstorff, *Works and Worlds of Art*, 205.

41) *Ibid.*, 213.

42) Claude Geffré, *The Risk of Interpretation: On Being Faithful to the Christian Tradition in a Non–Christian Age*, Eng. New York: Paulist Press, 1987, 85.

43) *Ibid.*

44) Charles E. Winquist, *Practical Hermeneutics: A Revised Agenda for the Ministry*, Chico: Scholars Press, 1980, 17, 36.

45) Dietrich Bonhoeffer, *Meditating on the Word*, op. cit. 44, 45.

참고문헌

(* 이 표시가 붙은 것은 현대 해석학 이론의 이해를 위해 일차적으로 읽어야 할 자료를 나타낸다.)

Aageson, J.W. "Scripture and Structure in the Development of the Argument in Romans 9–11," *Catholic Biblical Quarterly* 48, 1986, 268–89.

____, "Typology, Correspondence, and the Application of Scripture in Romans 9–11," *Journal for the New Testament* 31, 1987, 51–72.

Abercrombie, Nicholas, *Class, Structure and Knowledge: Problems in the Sociology of Knowledge*, Oxford: Blackwell, 1980.

Abraham, M.H., "How to Do Things with Texts," *Partisan Review*, 44, 1978, 566–88.

Achtemeier, Elizabeth, "Female Language for God: Should the Church Adopt it?" in Donald G. Miller (ed.) *The Hermeneutical Quest: Essays in Honour of James Luther Mays*, (Princeton Theological Monograph 4), Allison Park, Pa: Pickwick Press, 1986, 97–114.

____, *The Old Testament and the Proclamation of the Gospel*, Philadelphia: Westminster Press, 1973.

Achtemeier, Paul J., "Omne verbum sonat: The New Testament and the Oral Environment of Late Western Antiquity," *Journal of Biblical Literature* 109, 1990, 3–27.

Ackroyd, P.R. et. al. (des.), *The Cambridge History of the Bible* (3 vols.), Cambridge: Cambridge University Press, 1963, 1969 and 1970.

Aichele, G., *The Limits of Story*, Philadelphia: Fortress Press and Chico: Scholars Press (S.B.L. Semeia studies), 1985.

Albano, Peter J., *Freedom, Truth and Hope: The Relationship of Philosophy and Religion in the Thought of Paul Ricoeur*, New York: University Press of America, 1987.

Alter, Robert, *The Art of Biblical Narrative*, New York: Basic Books, 1981.

Alter, Robert and Kermode, Frank (eds.), *The Literary Guide to the Bible*, London: Collins, 1987.

Altizer, T.J.J. et. al., *Deconstruction and Theology*, New York: Crossroad, 1982.

Anderson, B.W., "From Analysis to Synthesis: the Interpretation of Genesis 1–11" in *Journal of Biblical Literature* 97, 1978, 23–29.

Anderson, Janice Capel, "Matthew, Gender and Reading," *Semeia* 28, 1983, 3–27.

Apel, Karl–Otto, *Analytic Philosophy of Language and the Geisteswissenschaften*, Dordrecht: Reidel, 1967.*

____, (with Habermas, J. et. al.), *Hermeneutik und Ideologiekritik*, Frankfurt: Suhrkamp, 1971.*

____, *Der Denkweg von Charles S. Pierce*, Frankfurt, a/M: Suhrkamp, 1975.

____, *Towards a Transformation of Philosophy*, Eng. London and Boston: Routledge and Kegan Paul, 1980.*

____, *Understanding and Explanation. A Transcendental–Pragmatic Perspective*, Cambridge, Mass: M.I.T. Press, 1984.*

Arens, E. *Kommunikative Handlungen: die paradigmatische Bedeutung der Gleichnisse Jesu für eine Handlungstheorie*, Düsseldorf: Patmos 1982.

Armogathe, J.–R. (ed.), *Le Grand Siècle et la Bible*, Paris: Beauchesne, 1989.
Atkinson, James, *The Great Light, Luther and the Reformation*, Grands Rapids: Eerdmans, and Exeter: Paternoster, 1968.
Auerbach, Eric, *Mimesis: The Representation of Reality in Western Literature*, Eng. Princeton: Princeton University Press, 1953.
Aurelio, T., *Disclosures in den Gleichnissen Jesu: Eine Anwendung der Disclosure–Theorie von I. T. Ramsey*, Frankfurt a/M: Lang, 1977.
Austin, J. L., *Philosophical Papers*, Oxford; Clarendon Press, 1961.
____, *How to do Things with Words*, Oxford: Clarendon Press, 1962 (2nd edn. Cambridge Mass.: Harvard University Press, 1975).*
Avis, Paul D.L., "In the Shadow of the Frankfurt School: from 'Critical Theory' to 'Critical Theology'," *Scottish Journal of Theology* 35, 1982, 529–40.
Bailey, Ken E., *Poet and Peasant*, Grand Rapids: Eerdmans, 1976.
Baird, J. Arthur, *Audience Criticism and the Historical Jesus*, Philadelphia: Westminster, 1969.
Baker, David L., *Two Testaments, One Bible*, Leicester: Inter–Varsity Press, 1976.
Baker, Gordon P. and Hacker, P. M., *Analytical Commentary on Wittgenstein's Philosophical Investigations* (3 vols.) I, Understanding and Meaning; II, Rules, Grammar and Necessity; III, Meaning and Mind, Oxford: Blackwell, 1983, 1988 and 1990.
Ballard, Paul H., "Pastoral Theology as Theology of Reconciliation," *Theology* 91, 1998, 375–80.
Bar–Hillel, Y., "On Habermas' Hermeneutic Philosophy of Language," *Synthese* 26, 1973, 1–12.
Barbour, Ian, *Myths, Models, and Paradigms. The nature of Scientific and Religious Language*, London: S.C.M., 1974.
Barclay, John, "Mirror–Reading a Polemical Letter: Galatians as a Test Case," *Journal for the Study of the New Testament* 31, 1987, 73–93.
Barnard, Leslie W., "To Allegorize or Not to Allegorize?," *Studia Theologica* 36, 1982, 1–10.
Barnes, Barry, *Interests and the Growth of Knowledge*, London and Boston: Routledge & Kegan Paul, 1977.
Barr, James, *The Semantics of Biblical Language*, Oxford: Oxford University Press, 1961.
____, *The Bible in the Modern World*, London: S..C.M., 1973.
____, *Holy Scripture: Canon, Authority, Criticism*, Oxford: Clarendon Press, 1983.
____, "The Literal, the Allegorical, and Modern Biblical Scholarship," *Journal for the Study of the Old Testament* 44, 1989, 3–17.
Barrett, C.K., "The Interpretation of the Old Testament in the New" in P.R. Ackroyd and C.F. Evans (eds.) *The Cambridge History of the Bible*, Cambridge: Cambridge University Press, 1970, 377–411.
Barth, Karl, *Protestant Theology in the Nineteenth Century*, Eng. London: S.C.M., 1972.
____, *The Theology of Schleiermacher*, Lectures at Göttingen 1923–24., Eng. Grand Rapids: Eerdmans, 1982.
Barth, Markus, *The People of God*, Sheffield: J.S.N.T.S. 5, 1983.
____, *Conversation with the Bible*, New York.: Holt, Rinehart and Winston, 1964.
Barthes, Roland, *On Racine*, Eng. New York: Hill and Wang, 1964.
____, *Elements of Semiology* Eng. London: Jonathan Cape, 1967.*
____, *Writing Degree Zero*, Eng. London: Jonathan Cape, 1967.*
____, "Introduction to the Structural Analysis of Narrative," *New Literary History* 6, 1974(Fr. 1966, from *Communications* 8).

____, *Mythologies*, Eng. London: Jonathan Cape, 1972.*
____, "The Struggle with the Angel: Textual Analysis of Genesis of 32:23–33" in R. Barthes et. al., *Structural Analysis and Biblical Exegesis: Interpretational Essays*, Eng. Pittsburgh: Pickwick Press, 1974(French 1971), 21–33.*
____, *S/Z*, Eng. London: Jonathan Cape. 1975.
____, *The Pleasure ot the Text*, Eng. London: Jonathan Cape, 1975.
____, "From Work to Text" in Josué V. Harrai (ed), *Textual Strategies, Perspectives in Post–Structuralist Criticism*, Ithaca: Cornell University Press, 1979, 73–81.*
____, "A Structural Analysis of a Narrative from Acts X–XI" in Alfred M. Johnson Jr.(ed), *Structuralism and Biblical Hermeneutics: A Collection of Essays*, Eng. Pittsburgh: Pickwick Press, 1979, 109–44.*
____, *Criticism and Truth*, Eng. Minneapolis: University of Minnesota Press, 1987.
Barton, John, *Reading the Old Testament. Method in Biblical Study*, London: Darton, Longman and Todd, 1984.
____, "Reading the Bible as Literature: Two Questions for Biblical Critics," *Literature and Theology* Ⅰ,1987,135–63.
____, *People of the Book?: The Authority of the Bible in Christianity*, London: S.P.C.K., 1988.
Bartsch, H.–W(ed), *Kerygma und Mythos. Ein theologisches Gespräch* (6 vols.), Hamburg: Reich & Heidrich, 1948 onwards.
Bass, Dorothy C, "Women's Studies and Biblical Studies: An Historical Perspective," *Journal for the Study of the Old Testament* 22, 1982, 3–71.
Bassler, Jouette, M., "The Parable of the Loaves," *Journal of Religion* 66, 1986, 157–72.
Battles, Ford Lewis, "God Was Accommodating Himself to Human Capacity." *Interpretation* 31, 1977, 19–38.
Battles, Ford Ⅰ, and Wevers, Richard, *A Concordance to Calvin's Institutio* 1559, Grand Rapids; Calvin College and Eerdmans (n.d. continuing).
Bauckham, Richard, *The Bible in Politics. How to Read the Bible Politically*, London: S.P.C.K., 1989.
Bauman, Zygmunt, *Hermeneutics and Social Science. Approaches to Understanding*, London: Hutchinson, 1978.
Beisser, Fredrich, *Claritas Scripturae bei Martin Luther*, Göttingen, Vandenhoeck & Ruprecht, 1966.
Beker, J. Christiaan, *Paul the Apostle: The Triumph of God in Life and Thought*, Edinburgh: Clarke, Philadelphia: Fortress, 1980.
Belo, Fernando, *A Materialist Reading of the Gospel of Mark*, Eng. New York: Orbis Books, 1981.*
Belsey, Catherine, *Critical Practice*, London: Methuen, 1980.
Benoist, Jean–Marie, *The Structural Revolution*, Eng. London: Wiedenfeld and Nicholson, 1978.
Berger, Klaus, *Die Gesetzesauslegung Jesu. Ihr historischer Hintergrund im Judentum und im Alten Testament*, Neukirchen–Vluyn: Neukirchener, 1972.
____, "Wissensoziologie und Exegese des Neuen Testaments," *Kairos* 19, 1977, 124–33.
Berger, Peter and Luckmann, Thomas, *The Social Construction of Reality*, London: Penguin edn. 1971(1966).
Berger, Peter, *Facing Up to Modernity*, London: Penguin edn. 1979(1977).
Berkouwer, G.C., *Studies in Dogmatics: Holy Scripture*, Eng. Grand Rapids: Eerdmans 1975.
Berlin, Adele, *Poetics and Interpretation of Biblical Narrative*, Sheffield: Almond, 1983.
Bernstein, Richard, J., *Praxis and Action*, Philadelphia: University of Pennsylvania Press, 1971, and London: Duckworth, 1972.

____, *Beyond Objectivism and Relativism: Science, Hermeneutics, and Praxis*, Oxford: Blackwell, 1983.*
____, (ed.), *Habermas and Modernity*, Cambridge: Polity Press, 1985.
____, "What is the Difference that Makes a Difference? Gadamer, Habermas and Rorty" in Bruce R. Wachterhauser (ed.) *Hermeneutics and Modern Philosophy*, Albany: State University of New York Press, 1986.
Berryman, Phillip, *Liberation Theology*, London: Tauris, 1987.
Best, Ernest, *From Text to Sermon: Responsible Use of the New Testament in Preaching*, Atlanta: John Knox, 1978.
____, Mark: *The Gospel as Story*, Edinburgh: Clark, 1983.
Betti, Emilio, *Allgemeine Auslegungslehre als Methodik der Geisteswissenschaften*, Tübingen: Mohr, 1967. *
____, *Die Hermeneutik als allgenmeine Methodik der Geisteswissenschaften*, 2nd edn., Tübingen: Mohr, 1972.*
Birch, D., *Language, Literature, and Critical Practice*, London: Routledge, 1989.
Black, Max, "Linguistic Relativity: the Vies of Benjamin Lee Whorf," *Philosophical Review* 68, 1959, 228–38.
____, *Models and Metaphors: Studies in Language and Philosophy*, Ithaca: Cornell University Press, 1962.
____, (ed.), *The Importance of Language*, Englewood Cliffs: Prentice Hall 1963.
Blackman, E. C., *Biblical Interpretation*, London: Independent Press, 1957.
Blank, G. K., "Deconstruction: Entering the Bible through Babel," *Neotestamentica* 20, 1986, 61–67.
Bleich, David, *Readings and Feelings. An Introduction to Subjective Criticism*, Urbana: National Council for the Teaching of English, 1975.*
____, "The Logic of Interpretation," *Genre* 10, 1977, 363–94.
____, *Subjective Criticism*, Baltimore: Johns Hopkins University Press, 1978.
____, *The Double Perspective. Language, Literacy and Social Relations*, Oxford and New York; Oxford University Press, 1988.*
Bleicher, Josef, *Contemporary Hermeneutics. Hermeneutics as Method, Philosophy, and Critique*, London: Routledge & Kegan Paul, 1980.
____, *The Hermeneutical Imagination: Outline of a Positive Critique of Scientism and Sociology*, London and Boston: Routledge & Kegan Paul, 1982.
Bloom, Harold, *Poetry and Repression*, New Haven: Yale University Press, 1976.
____, Paul de Man, et. al., *Deconstruction and Criticism*, London: Routledge & Kegan Paul, 1979.
Bloomfield, Leonard, *Language*, London: Allen & Unwin 1935 (1933).
Boeckh, Philip August, *On Interpretation and Criticism* Eng. Norman, Oklahoma: University of Oklahoma Press, 1968. 더 긴 독일어판은 뵈크의 사후 편집되었다. *Enzyklopädie und Methodologie der philologischen Wissenschaften*, 2nd edn. Leipzig: Teubner, 1886.*
Boesak, Allan A., *Black and Reformed: Apartheid, Liberation and the Calvinist Tradition*, New York: Orbis, 1984.
– *Comfort and Protest: Reflections in the Apocalypse of John of Patmos*, Philadelphia: Westminster, 1987.
Boff, Clodovis, *Theology and Praxis: Epistemological Foundations*, Eng. New York Orbis, 1987.*
Boff, Leonardo and Boff, Clodovis, *Introducing Liberation Theology*, Eng. London: Burns and Oates, 1987.
Boff, Leonardo and Elizondo, V.(eds.), *Concilium: Theologies of the Third World: Convergences and Differences*, Edinburgh: Clark, 1988.
Bonhoeffer, Dietrich, *Mediating on the Word*, Cambridge, Mass.: Cowley Publications, 1986.

Bonino, José Miguez, *Revolutionary Theology Comes of Age*, London: S.P.C.K. and Philadelphia: Fortress, 1975.

Bonsirven, J., *Exégèse rabbinique et exégèse paulinienne*, Paris: Beauchesne, 1939.

Booth, Wayne C., *The Rhetoric of Fiction*, (2nd edn.) Chicago: University of Chicago Press, 1983.

Boring, M. Eugene, "The Christology of Mark: Hermeneutical Issues for Systematic Theology" in *Christology and Exegesis: New Approaches: Semeia* 30, 1985, 125–54.

Bornkamm, Heinrich, *Luther in Mid–Career* 1521–30, London: Darton, Longman & Todd, 1983.

____, *Luther and the Old Testament*, Eng. Philadelphia: Fortress, 1969.

Borsch, Frederick H. (ed.), *Anglicanism and the Bible*, Wilton: Morehouse Barlow 1984.

Bostock, Gerald, "Allegory and the Interpretation of the Bible in Origen," *Journal of Literature and Theology* I, 1987, 39–53.

Bovon, François, "French Structuralism and Biblical Exegesis" in R. Barthes *et al., Structural Analysis and Biblical Exegesis*, Eng. Pittsburgh: Pickwick Press, 1974, 4–20.

____, *Exegesis. Problems of Method and Exercises in Reading*, Eng. Pittsburgh: Pickwick Press, 1978.

Braaten, Carl and Clayton, Philip (eds.), *The Theology of Wolfhart Pannenberg*, Minneapolis: Augsburg, 1988.

Brandt, Richard, *The Philosophy of Schleiermacher*, New York: Greenwood Press, 1968(1941).

Branson, Mark L. and Padilla, C. René (eds.), *Conflict ad Context: Hermeneutics in the Americas*, Grand Rapids: Eerdmans, 1986.

Breck, John, "Theoria and Orthodox Hermeneutics," *St. Vladimir's Theological Quarterly* 20, 1976, 195–219.

____, *The Power of the Word in the Worshipping Church*, New York: St. Vladimir's Seminary Press, 1986.

Brett, Mark G., "Four or Five Things to Do with Texts. A Taxonomy of Interpretive Interests" in D.J.A. Clines, S.E. Fowl and S.E. Porter(eds.), *The Bible in Three Dimensions*, Sheffield: J.S.O.T., 1990.

____, *Biblical Criticism in Crisis?: The Impact of the Canonical Approach in Old Testament Studies*, Cambridge: Cambridge University Press, 1991.

Brown, Colin, *Christianity and Western Thought. A History of Philosophies, Ideas and Movements.* vol. I., Leicester: Apollos, 1990.

Brown, Raymond, "The Sensus Plenior in the Last Ten Years," *Catholic Biblical Quarterly* 25, 1963, 262–85.

Brown, Raymond E., *Biblical Exegesis and Church Doctrine*, New York: Paulist Press, 1985.

Browning, Don S., *Religious Ethics and Pastoral Care*, Philadelphia: Fortress, 1983.

____, (ed.), *Practical Theology*, San Francisco: Harper & Row, 1983.

Brueggemann, Walter, *The Bible Makes Sense*, Atlanta: John Knox, 1977.

____, *The Creative Word: Canon as a Model for Biblical Education*, Philadelphia: Fortress, 1982.

Bruce, F.F., *This is That: The New Testament Development of Old Testament Themes*, Exeter: Paternoster, 1968.

____, *The Epistle of Paul to the Galatians: A Commentary on the Greek Text*, Grand Rapids: Eerdmans, 1982.

Bryant, D.J., *Faith and the Play of Imagination: On the Role of Imagination in Religion*, Macon: Mercer University Press, 1989.

Buckley, J.J., "The Hermeneutical Deadlock between Revelationists, Texualists and Functionalists" *Modern Theology* 6, 1990, 325–39.

Buckley, Walter, *Sociology and Modern Systems Theory*, Englewood Cliffs: Prentice Hall, 1967.

Bultmann, Rudolf, *Theology of the New Testament* (2 vols.), Eng. London: S.C.M. 1952 and 1955.
____, *This World and Beyond: Marburg Sermons*, London: Lutterworth Press, 1960.
____, "New Testament and Mythology" in Hans Werner Bartsch (ed.), *Kerygma and Myth* (2 vols.), Eng. 2nd edn. London: S.P.C.K., 1964 & 1962.*
____, *Existence and Faith. Shorter Writings of Rudolf Bultmann*, Eng. London: Fontana edn. 1964.*
____, *Glauben und Verstehen: Gesammelte Aufsätze* (4 vols.), Tübingen: Mohr, 1964–5.
Part translated as *Faith and Understanding* Ⅰ, Eng. London: S.C.M. 1969.*
Buren, Paul van, *The Edges of Language*, London: S.C.M. 1972.
Burnaham, F.B.(ed.), *Postmodern Theology: Christian Faith in a Pluralist World*, San Francisco: Harper and Row, 1989.
Buss, Martin J.(ed.), *Encounter with the Text: Form and History in the Hebrew Bible*, Missoula: Scholars Press (S.B.L. Semeia Suppl.) 1979.
Caird, George B., *The Language and Imagery of the Bible*, London: Duckworth, 1980.
Calloud, Jean, *Structural Analysis of Narrative*, Eng. Philadelphia: Fortress, and Missoula: Scholars Press, 1976 (French 1973).
____, *et al. Signs and Parables: Semiotics and Gospel Texts*, Eng. Pittsburgh: Pickwick Press, 1978.
Calvin, John, *Institutes of the Christian Religion*, Eng. (2 vols.) Edinburgh: Clarke, 1957.
____, *Commentaries* (Library of Christian Classics 23), London: S.C.M., 1958.
Cannon, Katie Geneva, "The Emergence of Black Feminist Consciousness" in Letty M. Russell (ed.) *Feminist Interpretation of the Bible*, Oxford and New York: Blackwell, 1985, 30–40.
Caputo, John D., *Radical Hermeneutics: Repetition, Deconstruction and the Hermeneutical Project*, Bloomington: Indiana University Press, 1987.
Cardenal, Ernesto, *Love in Practice: The Gospel in Solentiname* (4 vols.), Eng. New York: Orbis, 1977–84.
Carmody, Denise Lardner, *Biblical Woman: Contemporary Reflections on Scriptural Texts*, New York: Crossroads, 1989.
Carroll, R.P., "Sisyphean Task of Biblical Transformation," *Scottish Journal of Theology* 30, 1977, 501–21.
Carson, D.A. (ed.), *Biblical Interpretation and the Church: Text and Context*, Exeter: Paternoster, 1984.
____, and H.G.M. Williamson (eds.), *It is Written: Scripture Citing Scripture: Essays in Honour of Barnabas Lindars*, Cambridge: Cambridge University Press, 1988.
____, and Woodbridge, J.D. (eds.), *Scripture and Truth*, Grand Rapids: Zondervan, 1983.
____, and Woodbridge, J.D. (eds.), *Hermeneutics, Authority and Canon*, Leicester: Inter–Varsity Press, 1986.
Cavell, Stanley, "The Availability of Wittgenstein's Later Philosophy" in *Philosophical Review* 71, 1962, 67–93, also rp. in George Pitcher (ed.) *Wittgenstein: The Philosophical Investigations*, London: McMillan, 1968, 151–85.
____, *Must We Mean What We Say?*, Cambridge University Press, 1976.
Chapman, J. Arundel, *An Introduction to Schleiermacher*, London: Epworth Press, 1932.
Chase, Frederic H., *Chrysostom. A Study in the History of Biblical Interpretation*, Cambridge: Deighton, Bell & co., 1887.
Chatman, Seymour, *Story and Discourse: Narrative Structure in Fiction and Film*, Ithaca: Cornell University Press, 1978.
Childs, Brevard S., *Myth and Reality in the Old Testament*, London: S.C.M., 1962.
____, *Introduction to the Old Testament as Scripture*, London: S.C.M., 1979.
____, *The New Testament as Canon: An Introduction*, London: S.C.M., 1984.

____, "Critical Reflections on James Barr's Understanding of the Literal and the Allegorical," *Journal for the Study of the Old Testament*, 46, 1990. 3–9.

Chilton, Bruce D., *A Galilean Rabbi and his Bible: Jesus' own Interpretation of Isaiah*, London: S.P.C.K., 1984.

Chladenius, Johann Martin, *Einleitung zur richtigen Auslegung Vernünftiger Reden und Schriften*, rp. Düsseldorf: Stern, 1969, part (chapter 4 and 8) translated in Kurt Muellner–Vollmer (ed.) *The Hermeneutics Reader: Texts of the German Tradition from the Enlightenment to the Present*, Oxford: Blackwell, 1986, 55–71.

Chopp, Rebecca S., *The Power to Speak: Feminism, Language, God*, New York: Cross–road. 1989.

Church of England Doctrine Commission Report, *Believing in the Church: The Corporate Nature of Faith*, London: S.P.C.K., 1981.

____, *We believe in God*, London: Church House Publishing, 1987.

____, *We believe in the Holy Spirit*, London: Church House Publishing, 1991.

Clarke, D.S., *Principles of Semiotic*, London & New York: Routledge & Kegan Paul, 1987.

Clévenot, Michel, *Materialist Approaches to the Bible*, Eng. New York: Orbis, 1985.

Clines, David J.A., *The Theme of the Pentateuch*, Sheffield: J.S.O.T. Press Suppl. II, 1978.

____, "Nehemiah 10 as an Example of Early Jewish Biblical Exegesis" in *Journal for the Study of the Old Testament* 21, 1981, 111–17.

____, "Deconstructing the Book of Job" in Martin Warner(ed.) *The Bible as Rhetoric, Studies in Biblical Persuasion and Credibility*, London and New York: Routledge, 1990, 65–80. also revised and reprinted in *What Does Eve Do to Help?* (as cited below).

____, *What Does Eve Do To Help? And Other Readerly Questions to the Old Testament*, Sheffield: J.S.O.T. Suppl. 94, 1990.

Clines, David J.A., Fowl, S.E. and Porter, S.E. (eds.), *The Bible in Three Dimensions: Essays in Celebration of Forty Years of Biblical Studies in the University of Sheffield*, Sheffield: Sheffield Academic Press (J.S.O.T. Supple. Ser. 87), 1990.

Cohen, L. Jonathan, *The Diversity of Meaning*, London: Methuen, 2nd end. 1966.

Collins, Adela Yarbro (ed.), *Feminist Perspectives on Biblical Scholarship*, Chico: Scholars Press, 1985.

Collins, R.F., "On Reading the Scriptures," *Emmanuel* 96, 1990, 70–73 and 98–101.

Combrink, H.J.B., "Multiple Meaning and/or Multiple Interpretation of a Text," *Neotestamenica* 18, 1984, 26–37.

Cone, James H., "Biblical Revelation and Social Existence," *Interpretation* 28. 1974, 422–40.

____, *God of the Oppressed*, London: S.P.C.K., 1977 and New York: Seabury, 1975.*

____, *A Black Theology of Liberation*, New York and Philadelphia: Lippincott, 1970.*

Conn, Harvie, M.(ed.), *Inerrancy and Hermeneutics. A Tradition, A Challenge, A Debate*, Grand Rapids: Baker. 1988.

Corrington, Robert S., *The Community of Interpreters: On the Hermeneutics of Nature and the Bible in the American Philosophical Tradition*, Macon Ga: Mercer University Press, 1987.

Court, John M., *Myth and History in the Book of Revelation*, London: S.P.C.K., 1979.

Courtivron, Isabelle de and Marks, E. (eds.), *New French Feminism: An Anthology*, Harvester Press, 1981.

Cox, Ronald R., *Schutz's Theory of Relevance: A Phenomenological Critique*, The Hague: Nijhoff, 1978.

Cranfield, Charles E.B., *A Critical and Exegetical Commentary on the Epistle to the Romans* (2 vols.), Edinburgh: Clark 1975 and 1979.

Crites, Stephen "The Narrative Quality of Experience," *Journal of the American Academy of Religion*, 39,

1971, 291–311.
Croatto, J. Severion, *Exodus. A Hermeneutics of Freedom*, Eng. New York: Orbis, 1981.*
____, *Biblical Hermeneutics: Towards a Theory of Reading as the Production of Meaning*, Eng. New York: Orbis, 1987.*
Cronbach, Abraham, "Unmeant Meanings of Scripture," *Hebrew Union College Annual* 36, 1965, 99–122.
Crossan, John Dominic, *In Parables: The Challenge of the Historical Jesus*, New York: Harper and Row, 1973.
____, *The Dark Interval: Towards a Theology of Story*, Niles: Argus Communications, 1975.*
____, *Raid on the Articulate: Comic Eschatology in Jesus and Borges*, New York: Harper and Row, 1976.
____, "Waking the Bible," *Interpretation* 32, 1978, 269–85.
____, "A Metamodel for Polyvalent Narration," *Semeia* 9, 1977, 105–47.
____, *Finding is the First Act: Trove Folktales and Jesus' Treasure Parable*, Missoula: Scholars Press and Philadelphia: Fortress Press, 1979 (*Semeia Supplements* 9).
____, *Cliffs of Fall: Paradox and Polyvalence in the Parables of Jesus*, New York: Seabury Press, 1980.*
____, "A Structuralist Analysis of John 6," in Richard A. Spencer (ed.), *Orientation by Disorientation. Studies in Literary Criticism and Biblical Literary Criticism in Honour of W.A. Beardslee*, Pittsburgh: Pickwick Press, 1980, 235–49.
____, (ed.), "The Book of Job and Ricoeur's Hermeneutics," *Semeia* 19, 1981, 41–46.
____, *A Fragile Craft: the Work of Amos Niven Wilder* (S.B.L. Centennial 1980), Chicago: Scholars Press, 1981.
____, "Difference and Divinity" in Robert Detweiler (ed.), *Derrida and Biblical Studies, Semeia* 23, 1982, 29–40.
____, "Kingdom and Children: A Study in the Aphoristic Tradition," *Semeia* 29, 1983.
____, *In Fragments: The Aphorisms of Jesus*, New York: Harper, 1983.
Crystal, David, *Linguistics, Language and Religion*, London: Burns and Oates, 1965.
Culler, Johnathan, *Structuralist Poetics: Structuralism, Linguistics, and the Study of Literature*, London: Routledge and Kegan Paul, 1975 and Ithaca: Cornell University Press, 1975.*
____, *The Pursuit of Signs. Semiotics, Literature, Deconstruction*, London: Routledge and Kegan Paul, 1981.
____, *On Deconstruction: Theory and Criticism After Structuralism*, Ithaca: Cornell University Press, 1982.*
____, *Framing the Sign: Criticism and its Institutions*, Oxford: Blackwell, 1988.*
Culley, Robert C., "Structural Analysis: Is it done with Mirrors?," *Interpretation* 28, 1974, 165–81.
____, "Response to Daniel Patte" in Daniel Patte (ed.), *Semiology and Parables. An Exploration of the Possibilities Offered by Structuralism for Exegesis*, Pittsburgh: Pickwick Press, 1976, 151–58.
Culpepper, R. Alan, *Anatomy of the Fourth Gospel: A Study in Literary Design*, Philadelphia: Fortress Press, 1983.
Cunningham, David, "Clodovis Boff and the Discipline of Theology," *Modern Theology* 6, 1990, 137–58.
Curtin, T.R., *Historical Criticism and the Theological Interpretation of Scripture. The Catholic Discussion of a Biblical Hermeneutic* 1958–83, Rome: Pontifica Universitas Gregoriana, 1987.
Daly, Mary, *Beyond God the Father: Toward a Philosophy of Women's Liberation*, Boston: Beacon Press, 1973.

Davies, W.E., *Paul and Rabbinic Judaism. Some Rabbinic Elements in Pauline Theology*(1948) 4th edn., Philadelphia: Fortress, 1980; London: S.P.C.K., 1981.

Dawsey, James, *The Lukan Voice: Confusion and Irony in the Gospel of Luke*, Macon: Mercer University Press, 1986.

Dawsey, J.M., "The Lost Front Door into Scripture: Carlos Mesters, Latin American Liberation Theology, and the Church Fathers," *Anglican Theological Review* 72, 1990, 292–305.

Deeks, David, *Pastoral Theology: An Inquiry*, London: Epworth Press, 1987.

Demetz, Peter, *et al., The Disciplines of Criticism: Essays in Literary Theory, Interpretation and History*, New Haven: Yale University Press, 1968, 193–225.

Denis, A.M., "Foi et exégèse: reflexions sur les fondements theologiques de l'exégèse," *New Testament Studies*, 20, 1973, 45–54.

Derrida, Jacques, *Speech and Phenomena, and Other Essays on Husserl's Theory of Signs*, Eng. Evanston: North Western University Press, 1973 (Fr. 1967).*

____, *Writing and Difference*, Eng. London: Routledge and Kegan Paul, 1978, (Fr. 1967).*

____, *Of Grammatology*, Eng. Baltimore London: Johns Hopkins University Press, 1976 (Fr. 1967).*

____, *La Dissemination*, Paris: Seuil, 1972.

____, (with Julia Kristeva and others), "Positions," *Diacritics* 3, 1973, 33–46 (Fr. 1972).

____, *Marges de la philosophie*, Paris: Minuit, 1972: part translated as "The White Mythology: Metaphor in the Text of Philosophy," *New Literary History*, 6, 1974, 5–74.*

____, *Spurs: Nietzche's Styles* Eng. Chicago: Chicago University Press, 1972.

____, *The Truth in Painting* Eng. Chicago: University of Chicago Press, 1987.

____, "Living On"/ "Border Lines" in Harold Bloom, Paul de Man, Jacques Derrida et al., *Deconstruction and Criticism*, London: Routledge and Kegan Paul, 1979, 75–176.

____, "Of an Apocalyptic Tone Recently Adopted in Philosophy" in *Semeia* 23, 1982, 63–97.

____, *Signéponge* New York: Columbia University Press, 1984.

____, et al., *The Ear of the Other: Otobiography, Transference, Translation*, (ed C.V. McDonald) Eng. New York: Schocken Books, 1985.

____, *De l'esprit: Heidegger et la question,* Paris: Galilee, 1987.

____, *The Post Card: From Socrates to Freud and Beyond,* Eng. Chicago: University of Chicago Press, 1987.

Detweiler, Robert, *Story, Sign and Self: Phenomenology and Structuralism as Literary– Critical Methods*, Philadelphia: Fortress and Missoula: Scholars Press, 1978.

____, (ed.), *Derrida and Biblical Studies: Semeia* 23, 1982.

Dillistone, F.W., *The Power of Symbolism in Religion and Culture*, New York: Crossroad, 1986.

Dilthey, Wihelm, *Gesammelte Schriften V: Die geistige Welt. Einleitung in die Philosophie des Lebens,* and VII*: Der Aufbau der Geschichtlichen Welt in den Geisteswissenschafte*, Stuttgart, Leipzig and Berlin: Teubner, 1927 and 1962.*

____, Vol. VII partly translated in "The Development of Hermeneutics" in H.P. Rickman (ed.) *Selected Writings*, Cambridge: Cambridge University Press, 1976, and part selections in K. Mueller–Vollmer (ed.) *The Hermeneutics Reader*, Oxford: Blackwell, 1986, 149–64.

____, "Types of World–View and Their Development in the Metaphysical Systems" (1911), Eng. in David E. Klemm, *Hermeneutical Inquiry* (2 vols.), Atlanta: Scholars Press, 1986, vol. 2*

Donfried, Karl P. (ed.), *The Romans Debate: Essays on the Origins and Purpose of the Epistle*, Minneapolis: Augsburg, 1977.

Doohan, L., "Scripture and Contemporary Spirituality," *Spirituality Today* 42, 1990, 62–74.

Dornisch, Loretta, "Symbolic Systems and the Interpretation of Scripture: An Introduction to the Work of Paul Ricoeur," *Semeia* 4, 1975, 1–22.

____, "The Book of Job and Ricoeur's Hermeneutics," in *Semeia* 19, 1981, 3–21.

Dörrie, H., "Zur Methodik antiker Exegese," *Zeitschrift für die Neutestamentliche Wissenschaft* 65, 1974, 121–38.

Draisma, Spike (ed.), *Intertextuality in Biblical Writings: Essays in Honour of Bas van Iersel*, Kampen: Kok, 1989.

Dreisbach, D.F., "Paul Tillich's Hermeneutic," *Journal of the American Academy of Religion* 43, 1975, 84–94.

Dreyfus, Hubert L., "Holism and Hermeneutics," *Review of Metaphysics* 34, 1980, 3–55.

Drury, John (ed.), *Critics of the Bible*, 1724–1873, Cambridge: Cambridge University Press, 1989.

Duffield, Gervase E. (ed.), *The Work of William Tyndale*, Appleford: Sutton Courtenay Press and Philadelphia: Fortress, 1965.

____, (ed.), *The Work of Thomas Cranmer*, Appleford: Sutton Courtenay and Philadelphia: Fortress, 1965.

Dufrenne, Mikel, *Phénoménologie de l'experience esthétique*, Paris: Universitaires de France, 1953.

Dugmore, C.W. (ed.), *The Interpretation of the Bible*, London: S.P.C.K., 1944.

Duke, J.O., *The Prospects for Theological Hermeneutics: Hegel versus Schleiermacher*, Vanderbilt University Ph.D. Dissertation, 1975, Ann Arbor: University Microfilms, 1979.

Dunn, James D.G., *Unity and Diversity in the New Testament: An Inquiry into the Character of Earliest Christianity*, London: S.C.M., 1977.

____, *Christology in the Making: A New Testament Inquiry into the Origins of the Doctrine of the Incarnation*, London: S.C.M., and Philadelphia: Westminster, 1980.

____, "Levels of Canonical Authority," *New Horizons in Biblical Theology* 4, 1982, 13–60 (also rp, in *The Living Word*, 1987, 141–76.

____, *The Living Word*, London: S.C.M., 1987.

____, *Romans* (Word Biblical Commentary 38, 2 vols.), Dallas: Word, 1988.

Du Plessis, J.G., "Some Aspects of Extralingual Reality and the Interpretation of Texts," *Neotestamentica* 18, 1984, 80–93.

____, *Clarity and Obscurity: A Study in Textual Communication of the Relation between Sender, Parable and Receiver in the Synoptic Gospels*, Stellenbosch: University of Stellenbosch D. Theol. Dissertation, 1985.

____, "Pragmatic Meaning in Matthew 13:1–23". *Neotestamentica* 21, 1987, 42–56.

____, "Why did Peter Ask his Question and How Did Jesus Answer Him" or: Implicature in Luke 12:35–48," *Neotestamentica* 22, 1988, 311–34.

____, "Speech Act Theory and New Testament Interpretation with Special Reference to G.N. Leech's Pragmatic Principles," in P.J. Hartin and J.H. Petzer (eds) *Text and Interpretation. New Approaches in the Criticism of the New Testament*, Leiden: Brill, 1991, 129–42.

Dussel, Enrique D., "Historical and Philosophical Presuppositions for Latin American Theology" in Rosino Gibellini (ed.), *Frontiers of Theology in Latin America*, London: S.C.M., 1980, 184–212.

Dwyer, Philip, *Sense and Subjectivity. A Study of Wittgenstein and Merleau–Ponty*, Leiden: Brill, 1990.

Eagleton, Terry, *Literary Theory: An Introduction*, Minneapolis: University of Minnesota Press and Oxford: Blackwell, 1983.

____, "J.L. Austin and the Book of Jonah" in Regina M. Schwarts (ed.), *The Book and the Text: The Bible and Literary Theory*, Oxford: Blackwell, 1990, 231–36.
Ebeling, Gerhard, "Hermeneutik" in *Die Religion in Geschichte and Gegenwart* 3rd edn. Tübingen: Mohr vol. III, 1959, cols. 242–62.
____, *Introduction to a Theological Theory of Language*, Eng. London: Collins, 1973.
Eco, Umberto, "Social Life as a Sign System" in David Robey (ed), *Structuralism: An Introduction*, Oxford: Clarendon Press, 1973, 57–72.
____, *A Theory of Semiotics*, Bloomington: Indiana University Press, 1976.*
____, *The Role of the Reader: Explorations in the Semiotics of Texts*, London: Hutchinson, 1981.*
____, *Semiotics and the Philosophy of Language*, London: MacMillan, 1984.
Elizondo, Virgil and Greinacher, N. (eds.), *Women in a Men's Church: Concilium* 134, Edinburgh: Clark, 1980.
Eliott, J.H., "Social–Scientific Criticism of the New Testament: More on Methods and Models" *Semeia* 35, 1986, 1–33.
Ellingsen, M., *The Integrity of Biblical Narrative: Story in Theology and Proclamation*, Minneapolis: Fortress, 1990.
Ellis, M.H. and Maduro, O. (eds.), *The Future of Liberation Theology, Essays in Honor of Gustavo Gutiérrez*, New York: Orbis, 1989.
Egelmann, Paul, *Letters from Ludwig Wittgenstein*, Oxford: Blackwell, 1967.
Erasmus, Desiderius, *The Praise of Folly*, Eng. Chicago: Packard, 1946.
Evans, Donald D., *The Logic of Self–Involvement: A Philosophical Study of Everyday Language with Special Reference to the Christian Use of Language about God as Creator*, London: S.C.M., 1963.*
Evans, Gillian R., *The Language and Logic of the Bible: the Earlier Middle Ages*, Cambridge: Cambridge University Press, 1984.
____, *The Language and Logic of the Bible: the Road to the Reformation*, Cambridge: Cambridge University Press, 1985.
Exum, J. Cheryl, "You shall Let Every Daughter Live': A Study of Exodus I :8–2:10," *Semeia* 28, 1983, 63–82.
Fann, K.T. (ed.), *Symposium on J.L. Austin*, London: Routledge & Kegan Paul, 1969.
Farley, Edward, "Theology and Practice Outside the Clerical Paradigm" in Don S. Browning (ed.) *Practical Theology*, San Francisco: Harper and Row, 1983, 21–41.
Farrar, Frederic W., *History of Interpretation*, Grand Rapids: Baker, rp. 1961.
Fario, B. and Fraenkel, P. (ed.), *Histoire de l'exegese au XVle Siecle*, Geneva: Droz, 1978.
Fatum, L., "Women, Symbolic Universe and Structures of Silence. Challenges and Possibilities in Androcentric Texts," *Studia Theoligica* 43, 1989, 61–80.
Fawcett, Thomas, *The Symbolic Language of Religion*, London: S.C.M., 1970.
Fee, Gordon D., *The First Epistle to the Corinthians*, Grand Rapids: Eerdmans, (N.I.C.N.T.) 1987.
____, "Issues in Evangelical Hermeneutics," *Crux* 26, 1990, 21–26 and 35–42.
Ferguson, Duncan S., *Biblical Hermeneutics: An Introduction*, London: S.C.M., 1986.
Fiorenza, Elisabeth Schussler, "Word, Spirit and Power: Women in Early Christian Communities" in Rosemary Ruether and Eleanor McLaughlin (eds.), *Women of Spirit: Female Leadership in the Jewish and Christian Traditions*, New York: Simon and Schuster, 1979, 30–70.
____, *In Memory of Her: A Feminist Theological Reconstruction of Christian Origins*, New York: Crossroad and London: S.C.M., 1983.*

____, "'You are not to be Called Father': Early Christian History in a Feminist Perspective" in Norman K. Gottwald (ed.) *The Bible and Liberation: Political and Social Hermeneutics*, New York: Orbis, 1983, 394–417.

____, *Bread Not Stone*, Boston: Beacon Press, 1984.

____, "For Women in Men's Worlds: A Critical Feminist Theology of Liberation," *Concilium: Different Theologies, Common Responsibility* (ed. Claude Geffre, Gustavo Gutierrez, and Virgil Elizondo) Edinburgh: Clark, 1984, 32–9.

____, "The Will to Choose or to Reject: Continuing our Critical Work" in Letty M Russell (ed.) *Feminist Interpretation of the Bible*, Oxford and New York: Blackwell, 1985, 125–46.*

____, "The Ethics of Interpretation: Decentering Biblical Scholarship," *Journal of Biblical Literature* 107, 1988, 101–15.*

____, "Biblical Interpretation and Critical Commitment," *Studia Theologica*, 43, 1989, 5–18.*

____, "Text and Reality – Reality or Text: The Problem of a Feminist and Social Reconstruction Basis of Texts" *Studia Theologica* 43, 1989, 19–34.*

Firth, J.R., *Papers in Linguistics*, 1934–51, London: Oxford University Press, 1957.

Fish, Stanley, *Surprised by Sin: The Reader in Paradise Lost*, London & New York: MacMillan, 1967.

____, *Self–Consuming Artifacts: The Experience of Seventeenth Century Literature*, Berkeley: University of California Press, 1972.

____, *Is There a Text in This Class?: The Authority of Interpretive Communities*, Cambridge, Mass: Harvard University Press, 1972.

____, *Doing What Comes Naturally: Change, Rhetoric, and the Practice of Theory in Literary and Legal Studies*, Oxford: Clarendon Press, 1989.*

Fishbane, Michel, *Biblical Interpretation in Ancient Israel*, Oxford: Clarendon Press, 1985.

Florovsky, Georges, *Bible, Church, Tradition: An Eastern Orthodox View*, Belmont: Nordland Publishing Co., 972.

Fokkema, D.W. and Kunne–Ibsch, Elrud, *Theories of Literature in the Twentieth Century: Structuralism, Marxism, Aesthetics of Reception, Semiotics*, London: Hurst, 1978.

Ford, David F. (ed.) *The Modern Theologies: An Introduction to Christian Theology in the Twentieth Century.* (2 vols.) Oxford: Blackwell, 1989.

Foreman, Terry H., *Religion as the Heart of Humanistic Culture: Schleiermacher as Exponent of Bildung in the Speeches on Religion of* 1799 (Dissertation for Yale Ph. D.) Ann Arbor: University Microfilms, 1977.

Forstman, Jack, A *Romantic Triangle: Schleiermacher and Early German Romanticism*, Missoula: Scholars Press (A.A.R. Studies in Religion 13), 1977.

Fowl, Stephen, "The Canonical Approach of Brevard Childs," *Expository Times* 96, 1985, 173–76.

____, "The Ethics of Interpretation or What's Left Over after the Elimination of Meaning" in D.J. Clines, S.E. Fowl and Stanley Porter (eds.), *The Bible in Three Dimensions*, Sheffield: J.S.O.T. Press, 1990, 379–98.

Fowler, Robert, *Loaves and Fishes. The Function of the Feeding Stories in the Gospel of Mark*, Chico: Scholars Press, 1981.

____, "Who is 'the Reader' in the Text?," *Semeia* 31, 1985, 5–23.

Frei, Hans W., *The Eclipse of Biblical Narrative: A Study in Eighteenth and Nineteenth Century Hermeneutics*, New Haven and London: Yale University Press, 1974.*

____, *The Identity of Jesus Christ: The Hermeneutical Bases of Dogmatic Theology*, Philadelphia: Fortress

Press, 1975.
Freiday, Dean, *The Bible: Its Criticism, Interpretation, and Use in Sixteenth and Seventeenth Century England*, Pittsburgh: Catholic and Quaker Studies no.4, 1979.
Freund, Elizabeth, *The Return of the Reader: Reader–Response Criticism*, London and New York: Methuen, 1987.
Froehlich, Karlfried, *Biblical Interpretation in the Early Church*, Eng. Philadelphia: Fortress, 1984.
Frye, Nothrop, *The Great Code, The Bible and Literature*, New York and London: Harcourt Brace Jovanovich, 1982.
Fuchs, Ernst, *Studies of the Historical Jesus*, Eng. London: S.C.M. 1964.
____, *Hermeneutik*, Tübingen: Mohr, 4th edn., 1970.
____, *Marburger Hermeneutik*, Tübingen: Mohr, 1968.
Funk, Robert W., *Language, Hermeneutic and Word of God*, New York: Harper and Row, 1966.*
____, (ed.) *Schleiermacher as Contemporary: Journal for Theology and the Church* 7, New York: Herder, 1970.
____, *The Poetics of Biblical Narrative*, Sonoma: Polebridge Press, 1988.
Fyall, Robert, "How God Treats His Friends: God, Job, and Satan," Unpublished Seminar Paper, Durham, 1990.
Gadamer, Hans–Georg, *Truth and Method*, Eng. London: Sheed & Ward, 1975.*
____, *Kleine Shriften*, Tübingen: Mohr (4 vols.), 1967, 1972 and 1977.*
____, *Philosophical Hermeneutics*, Berkeley: University of California Press, 1976 (part translation of *Keline Schriften* vols. 1–3).*
____, "The Problem of Language in Schleiermacher's Hermeneutics," *Journal for Theology and the Church* 7, 1970, 68–95.
____, "On the Scope and Function of Hermeneutical Reflection," *Continuum* 8, 1970, 77–95, rp, in *Philosophical Hermeneutics*, 18–42.*
____, *Reason in the Age of Science*, Eng. Cambridge, Mass.: M.I.T. Press, 1981.
____, "Text and Interpretation" in B.R. Wachterhauser (ed.), *Hermeneutics and Modern Philosophy*, New York: Albany State University of New York Press, 1986, 377–96.*
Gale, Herbert M., *The Use of Analogy in the Letters of Paul*, Philadelphia: Westminster Press, 1964.
Galloway, Allan D., *Wolfhart Pannenberg*, London: Allen & Unwin, 1973.
Geffré, Claude, *The Risk of Interpretation: On Being Faithful to the Christian Tradition in a Non–Christian Age*, Eng. New York: Paulist Press, 1987.
Genette, Gerard, *Narrative Discourse*, Eng. Ithaca: Cornell University Press, 1980.
____, *Narrative Discourse Revisited*, Eng. Ithaca: Cornell University Press 1988 (French 1983).
Gerhart, Mary, "Pual Ricoeur's Notion of 'Diagnostics': its Function in Literary Inter–pretation," *Journal of Religions* 56, 1976, 137–56.
____, "Imagination and History in Ricoeur's Interpretation Theory," *Philosophy Today* 23, 1979, 51–68.
____, *The Question of Belief in Literary Criticism: An Introduction to the Hermeneutical Theory of Paul Ricoeur*, Stuttgart: Akademischer Verlag Hans–Dieter Heinz, 1979.
Gerrish, B.A., *A Prince of the Church: Schleiermacher and the Beginning of Modern Theology*, London: S.C.M., 1984.
Guess, R., *The Idea of a Critical Theory: Habermas and the Frankfurt School*, Cambridge: Cambridge University Press, 1981.
Gibellini, Rossino (ed.), *Frontiers of Theology in Latin America*, London: S.C.M., 1980 and New York:

Orbis, 1979.
Gier, Nicholas, F., *Wittgenstein and Phenomenology: A Comparative Study of the Later Wittgestein, Husserl, Heidegger and Merleau–Ponty*, Albany: State University of New York Press, 1981.
Goba, Bonganjalo, *An Agenda for Black Theology: Hermeneutics for Social Change*, Johannesburg: Skotaville, 1988.*
Godsey, John D., "The Interpretation of Romans in the History of the Christian Faith," *Interpretation* 34, 1980, 3–16.
Goldberg, Michael, *Theology and Narrative. A Critical Interpretation*, Nashville: Abingdon, 1981.
Goldingay, John, "Luther and the Bible," *Scottish Journal of Theology*, 35, 1982, 33–58.
____, "Interpreting Scripture," *Anvil* 1, 1984, 261–81.
____, *Theological Diversity and the Authority of the Old Testament*, Grand Rapids: Eerdmans, 1987.
Good, Edwin M., *Irony in the Old Testament*, London: S.P.C.K., 1965.
Goodenough, R., *An Introduction to Philo Judaeus*, 2nd edn., Oxford: Blackwell, 1962.
Goppelt, Leonhard, *Typos: The Typological Interpretation of the Old Testament in the New*, Eng. Grand Rapids: Eerdmans, 1982.
Gottwald, Norman K., *The Tribes of Yahweh: A Sociology of the Religion of Liberated Israel*, 1250–1050 B.C.E., New York: Orbis, 1979.
____ (ed.), *The Bible and Liberation: Political and Social Hermeneutics*, New York: Orbis, 1983.*
Grabner–Haider, Anton, *Semiotik und Theologie: Religiöse Rede zwischen analytischer und hermeneutischer Philosophie*, Munich: Kösel Verlag, 1973.
Grant, Patrick, *Reading the New Testament*, London: MacMillan, 1989.
Grant, R.M., *The Letter and the Spirit*, London: S.P.C.K., 1957.
____, and Tracy, David, *A Short History of the Interpretation of the Bible*, 2nd ed., Philadelphia: Fortress, 1984.
Grayston, Kenneth, "They Set Us in New Paths: A Century of New Testament Commentaries," *Expository Times* 100, 1988, 84–87.
Green, Garrett (ed.), *Scriptural Authority and Narrative Interpretation*, Philadelphia: Fortress, 1987.
Greenwood, David C., *Structuralism and the Biblical Text*, New York and Amsterdam: Mouton, 1985.
Greer, Rowan A. (ed.), *Origen: An Exhortation to Martyrdom, Prayer and Selected Works*, London: S.P.C.K., 1979.
Greidanus, Sidney, *The Modern Preacher and the Ancient Text: Interpreting and Preaching Biblical Literature*, Leicester: Inter–Varsity Press and Grand Rapids: Eerdmans, 1988.
Greimas, Alexander J., *Semantique Structurale*, Paris: Larousse, 1966, and Seuil, 1970.
Grice, H.P., "Logic and Conversation" in P. Cole and J.L. Morgan (eds.), *Syntax and Semantics* 3: Speech–Acts, New York: Academic Press, 1975, 41–58.
____, "Meaning" in P.F. Strawson (ed.) *Philosophical Logic*, Oxford: Oxford University Press, 1971, 39–48.
____, "Utterance–Meaning, Sentence–Meaning, and Word–Meaning" in J.R. Searle (ed.), *The Philosophy of Language*, London: Oxford University Press, 1971, 54–70.
Groome, Thomas H., *Christian Religious Education. Sharing our Story and Vision*, San Francisco: Harper and Row, 1980.
Gros Louise, Kenneth R.R., *Literary Interpretations of Biblical Narratives* (2 vols.), Nashville: Abingdon, 1974 and 1982.
Gruenler, Royce Gordon, *New Approaches to Jesus and the Gospels: A Phenomenological and Exegetical*

Study of Synoptic Christology, Grand Rapid: Baker, 1982.

Gudorf, C.E., "Liberation Theology's Use of Scripture. A Response to the First World Critics" *Interpretation* 41, 1987, 5–18.

Guiraud, Pierre, *Semiology*, Eng. London and Boston: Routledge and Kegan Paul, 1975.

Gunn, David M., *The Story of King David: Genre and Interpretation*, Sheffield: J.S.O.T. Suppl. 6, 1978.

____, *The Fate of King Saul: An Interpretation of a Biblical Story*, Sheffield: J.S.O.T. Supple. 14, 1980.

Gunneweg, A.H.J., *Understanding the Old Testament*, Eng. London: S.C.M., 1978.

Gutiérrez, Gustavo, *A Theology of Liberation History, Politics and Salvation*, Eng. New York: Orbis, 1973 and London: S.C.M., 1974.*

Güttgemanns, Ehrardt, *Studia Linguistica Neotestamentica. Gesammelte Aufsätze zur linguistischen Grundlage einer Neutestamentlichen Theologie*, Beiträge zur evangelischen Theologie Bd. 60, Münich: Kaiser, 1971.

____, "Linguistic–Literary Critical Foundation of a New Testament Theology" rp. in *Semeia* 6, 1976, 181–215, from *Linguistica Biblica* 13/14, 1972, 2–18.

____, "Text' und 'Geschichte' als Grundkategorien der Generativen Poetik," *Linguistica Biblica*, 11, 1972, 2–12.

____, "What is 'Generative Poetics'?," *Semeia* 6, 1976, 1–22.

____, *Candid Questions Concerning Gospel Form Criticism*, Eng. Pittsburgh: Pickwick Press, 1979.

Habermas, Jürgen, *Knowledge and Human Interests*, Eng. London: Heinemann, 2nd edn. 1978.*

____, *Zur Logik der Sozialwissenschaften*, Frankfurt a/M: Suhrkamp, 5th edn. 1982.

The essay on Gadamer and the universality of hermeneutics is translated in Kurt Mueller–Vollmer (ed.) *The Hermeneutics Reader* (as cited), 294–319.

____, *The Theory of Communicative Action: The Critique of Functionalist Reason*, 2 vols., Eng. Cambridge: Polity Press, 1984 and 1987.*

____, *Theory and Practice*, Eng. Boston: Beacon Press, 1973.

Hagner, Donald A., "The Old Testament in the New" in Samuel Schultz and Morris A. Inch (eds.), *Interpreting the Word of God: Festschrift in Honor of Steven Barabas*, Chicago: Moody Press, 1976, 78–104.

Hampson, Daphne, *Theology and Feminism*, Oxford: Blackwell, 1990.

Hancher, Michael, "Performative Utterances, the Word of God, and the Death of the Author," in *Semeia* 41, 1988, 27–40.

Hanson, Anthony, T., *The New Testament Interpretation of Scripture*, Lodnon: S.P.C.K., 1980.

____, *The Living Utterances of God: The New Testament Exegesis of the Old*, London: Darton, Longman and Todd, 1983.

____, *The Paradox of the Cross in the Thought of Paul*, Sheffield: J.S.N.T. Suppl. 17, 1987.

Hanson, Anthony T. and Hanson, Richard P.C., *The Bible without Illusion*, London: S.C.M., and Philadelphia: Trinity Press, 1989.

Hanson, Richard P.C., *Tradition in the Early Church*, London: S.C.M., 1962.

Harari, Josué V. (ed.), *Textual Strategies: Perspectives in Post–Structuralist Criticism*, Ithaca: Cornell University Press, 1979.

Harran, Marilyn J. (ed.) *Luther and Learning. The Wittenberg University Symposium*, Selinsgrove: Susquehanna University Press and London: Associated University Press, 1985.

Hart, Ray L. *Unfinished Man and the Imagination: Towards an Ontology and a Rhetoric of Revelation.* New York: Herder, 1968.

Hartin, P.J., and Petzer, J.H. (eds.), *Text and Interpretation. New Approaches in the Criticism of the New Testament*, Leiden: Brill, 1991.

Hartin, P., "Angst in the Household: A Deconstructive Reading of the Parable of the Supervising Servant (Luke 12:41–48)," *Neotestamentica* 22, 1988, 373–90

Harvey, David, *The Condition of Postmodernity: An Enquiry into the Origins of Cultural Change*, Oxford: Blackwell, 1989 (1980).

Hauerwas, Stanley, *A Community of Character*, Notre Dame: University of Notre Dame Press, 1981.

Hawkes, Terence, *Metaphor*, London: Methuen, 1972.

____, *Structuralism and Semiotics*, London: Methuen, 1977.

Hawthorne, Gerald F. and Betz, Otto (eds.), *Tradition and Interpretation in the New Testament: Essays in Honor of E. Earle Ellis*, Grand Rapids: Eerdmans and Tübingen: Mohr, 1987.

Hays, R.B., *Echoes of Scripture in the Letters of Paul*, New Haven: Yale University Press, 1989.

Heal, Jane, "On the Phrase 'Theory of Meaning'" in D.L. Boyer, P. Grim, and J.T. Sanders (eds.), *The Philosophers Annual* 2, Oxford: Blackwell, 1979, 111–27.

Hegel, Georg W.F., *The Phenomenology of Mind*, Eng. London: Allen & Unwin, 2nd end. 1949.

Heidegger, Martin, *Being and Time*, Eng. Oxford: Blackwell, 1962.*

____, *An Introduction to Metaphysics*, Eng. New Haven: Yale University Press, 1959.

____, *The Question of Being*, Eng. New York: Vision, 1958.

____, *Discourse on Thinking*, Eng. New York: Harper & Row, 1966.*

____, *Poetry, Language and Thought*, New York: Harper & Row, 1971.*

____, *On the Way to Language*, Eng. New York: Harper & Row, 1971.*

____, *On Time and Being*, Eng. New York: Harper & Row, 1972.

Heine, Susanne, *Women and Early Christianity: Are the Feminist Scholars Right?* Eng. London: S.C.M., 1987.

____, *Christianity and the Goddess, Systematic Criticism of a Feminist Theology*, Eng. London: S.C.M., 1988.

Hervey, Sandor, *Semiotic Perspectives*, London: Allen and Unwin, 1982.

Hesse, Mary, *Models and Analysis in Science*, Notre Dame: University of Notre Dame Press, 1966.

Hesselgrave, David J., *Communicating Christ Cross–Culturally*, Grand Rapids: Zondervan, 1978.

High, Dallas M., *Language, Persons and Belief: Studies on Wittgenstein's Philosophical Investigations and Religious Uses of Language*, New York: Oxford University Press, 1967.

Hirsch Jr., E.D., *Validity in Interpretation*, New Haven: Yale University Press, 1967.*

____, "Three Dimensions of Hermeneutics," *New Literary History* 3, 1972, 245–61.

____, "Current Issues in Theory of Interpretation," *Journal of Religion* 55, 1975, 298–312.*

____, *The Aims of Interpretation*, Chicago: University of Chicago Press, 1976.*

Hodges, H.A., *The Philosophy of Wilhelm Dilthey*, London: Routledge & Kegan Paul, 1952

Hofius, Olfried, *Katapausis: Die Vorstellung vom endzeitlichen Ruheort im Hebräerbrief*, Tübingen: Mohr, 1970.

Hofmann, Dietram, *Die geistige Auslegung der Schrift bei Gregor dem Grossen*, Münster–schwarzach: Vier–Türme Verlag, 1968.

Holland, Norman, *The Dynamics of Literary Response*, New York: Oxford, 1968.

____, *Poems in Persons: An Introduction to the Psychoanalysis of Literature*, New York: Norton, 1973.*

____, *5 Readers Reading*, New Haven: Yale University Press, 1975.*

____, "Literary Interpretation and Three Phases of Psychoanalysis" in *Critical Inquiry* 3, 1976, 221–33.

____, "Transactive Criticism: Re–Creation through Identity," in *Criticism* 18, 1976, 334–52.*

____, "Stanley Fish, Stanley Fish," *Genre* 10, 1977, 433–41.

____, "Re–Covering 'The Purloined Letter': Reading as a Personal Transcation" in Susan R. Suleiman and Inge Crosman (eds.), *The Reader in the Text. Essays on Audience and Interpretation*, Princeton: Princeton University Press, 1980, 350–70.

Hollinger, R. (ed.), *Hermeneutics and Praxis*, Indiana: University of Notre Dame Press, 1985.

Holmberg, Bengt, *Paul and Power: The Structure of Authority in the Primitive Church as Reflected in the Pauline Epistles*, Coniectanea Biblica, Lund: Gleerup, 1978 and Philadelphia: Fortress, 1980.

____, *Sociology and the New Testament: An Appraisal*, Minneapolis: Fortress, 1990.

Holub, Robert C., *Reception Theory. A Critical Introduction*, London: Methuen, 1984.

Homans, P., "Psychology and Hermeneutics: an Exploration of Basic Issues and Resources," *Journal of Religion* 55, 1975, 327–47.

Hooker, Morna D., "Interpreting the Bible: Methods Old and New," *Epworth Review* 17, 1990, 69–77.

Hooker, Richard, *Works*, Oxford: Oxford University Press, 1886.

Hordern, William, *Speaking of God: The Nature and Purpose of Theological Language*, London: Epworth Press, 1965.

Horgan, M.P., *Pesharim: Qumran Interpretations of Biblical Books*, Washington: Catholic Biblical Quarterly Monograph, 1979.

Horsley, R.A., "Consciousness and Freedom among the Corinthians: 1 Cor. 8–10" in *Catholic Biblical Quarterly* 40, 1978, 574–89.

Horton, Susan R., "The Experience of Stanley Fish's Prose or the Critic as Self–Creating, Self–Consuming, Artificer," *Genre* 10, 1977, 443–53.

Howard, George, *Crisis in Galatia: A Study in Early Christian Theology*, Cambridge: Cambridge University Press (S.N.T.S.M.S. 35) 1979.

Howard, Roy J., *Three Faces of Hermeneutics: An Introduction to Current Theories of Understanding*, Berkeley: University of California Press, 1982.

Hoy, David Couzens, *The Critical Literature, History and Philosophical Hermeneutics*, Berkeley: University of California Press, 1982.

____, "Must We Say What We Mean? The Grammatological Critique of Hermeneutics" in Bruce R. Wachterhauser (ed.), *Hermeneutics and Modern Philosophy*, New York: Albany State University of New York Press, 1986, 397–415.

Hughes, F.W., "Feminism and Early Christian History," *Anglican Theological Review* 69, 1987, 287–99.

Hughes, Graham, *Hebrews and Hermeneutics: The Epistle to the Hebrews as a New Testament Example of Biblical Interpretation*, Cambridge: Cambridge University Press, 1979.

Hummel, Horace D., "The Outside Limits of Lutheran Confessionalism in Contemporary Biblical Interpretation," *The Springfielder* 35, 1971, 103–25, 264–73 and 1972, 37–53 and 212–22.

Hurd Jr., John C., *The Origin of I Corinthians*, London: S.P.C.K., 1965.

Husserl, Edmund, *Logical Investigations* (2 vols.), Eng. London: Routlege & Kegan Paul, 1976 (First German edn. 1900–01.)

Heyssen, Andreas, *After the Great Divide: Modernism, Mass Culture, Post–Modernism*, Bloomington: Indiana University Press, 1986.

Ihde, Don, *Hermeneutic Phenomenology: The Philosophy of Paul Ricoeur*, Evanston: Northwestern University Press, 1971 (Studies in Phenomenology and Existential Philosophy).

Ingarden, Roman, *The Literary Work of Art. An Investigation on the Borderlines of Ontology, Logic, and*

Theory of Literature, Eng. Evanston: Northwestern University Press, 1973.
____, *The Cognition of the Literary Work of Art*, Eng. Evanston: Northwestern University Press, 1973.
Ingram, David, *Habermas and the Dialectic of Reason*, New Haven: Yale University Press, 1987.
Iser, Wolfgang, "Indeterminacy and the Reader's Response in Prose Fiction" in J. Hillis Miller (ed.), *Aspects of Narrative: Selected Papers from the English Institute*, New York: Columbia University Press, 1971, 1–45.*
____, *The Implied Reader: Patterns of Communication in Prose Fiction from Bunyan to Beckett*, Baltimore: Johns Hopkins University Press, 1974.*
____, *The Act of Reading: A Theory of Aesthetic Response*, Baltimore and London: Johns Hopkins University Press, 1978 and 1980.*
Jacobi, Jolande, *Complex, Archetype, Symbol in the Psychology of C.G. Jung*, Eng. Princeton: Princeton University Press, 1959.
Jacobson, Richard, "The Structuralists and the Bible," *Interpretation* 28, 1974, 146–64.
Jameson, Fredric, *The Political Unconscious: Narrative as a Socially Symbolic Act*, Ithaca: Cornell University Press, 1981.
Janik, Allen and Toulmin, Stephen, *Wittgenstein's Vienna*, London: Wiedenfeld and Nicolson, 1973.
Jasper, David, "The New Testament and Literary Interpretation," *Religion and Literature* 17, 1985, 1–10.
____, "The Limits of Formalism and the Theology of Hope: Ricoeur, Moltmann and Dostoyevsky" in *Literature and Theology* 1, 1987, 1–10.
____, *The New Testament and the Literary Imagination*, London: MacMillan, 1987.
____, *The Study of Literature and Religion: An Introduction*, London: MacMillan, 1989.
Jauss, Hans Robert, *Towards an Aesthetic of Reception*, Eng. Minneapolis: University of Minnesota Press, 1982.*
____, *Aesthetic Experience and Literary Hermeneutics*, Eng. Minneapolis: University of Minnesota Press, 1982.
Jeanrond, Werner, "The Theological Understanding of Texts and Linguistic Explication," *Modern Theology* 1, 1984, 55–66.
____, "The Impact of Schleiermacher's Hermeneutics on Contemporary Interpretation Theory" in David Jasper (ed.), *The Interpretation of Belief: Coleridge, Schleiermacher, and Romanticism*, London: MacMillan, 1986, 81–96.
____, *Text and Interpretation as Categories of Theological Thinking*, Eng. Dublin: Gill and MacMillan, 1988.
Jewett, Robert, *Christian Tolerance. Paul's Message to the Modern Church*, Philadelphia: Westminster, 1982.
____, *Paul's Anthropological Terms: A Study of their Use in Conflict Settings*, Leiden: Brill, 1971.
____, *Letters to Pilgrims: A Commentary on the Epistle to the Hebrews*, New York: Pilgrim Press, 1981.
Johnson, Alfred M. (ed.), *New Testament and Structuralism*, Pittsburgh: Pickwick Press, 1976.
Johnson, Anthony L., "Jakobsonian Theory and Literary Semiotics: Toward a Generative Typology of the Text," *New Literary History* 14, 1982, 33–61.
Johnson, Cedric B., *The Psychology of Biblical Interpretation*, Grand Rapids: Zondervan, 1983.
Johnson, Elliott E., *Expository Hermeneutics: An Introduction*, Grand Rapids: Academic, 1990.
Johnston, Robert K. (ed.), *The Use of the Bible in Theology: Evangelical Options*, Atlana, John Knox, 1985.
Jones, Gareth, *Bultmann. Towards a Critical Theology*, Cambridge: Polity Press, 1991.

Jones, Geraint Vaughan, *The Act and Truth of the Parables*, London: S.P.C.K., 1964.
Jones, O.R. (ed.), *The Private Language Argument*, London: MacMillan, 1971.
Juhl, P.D., *Interpretation: An Essay in the Philosophy of Literary Criticism*, Princeton: Princeton University Press, 1980.
Jung, Carl Gustav, *Man and his Symbols*, New York: Doubleday, 1971.
Kairos Theologians, *The Kairos Document: Challenge to the Church*, Grand Rapids: Eerdmans, 1986.
Kaiser, Walter C., *Biblical Exegesis for Preaching and Teaching*, Grand Rapids: Baker, 1981.
____, *The Uses of the Old Testament in the New*, Chicago: Moody Press, 1985.
Kalilombe, Patrick A., "Black Theology" in David F. Ford (ed.), *The Modern Theologians. An Introduction to Christian Theology in the Twentieth Century*, Oxford: Blackwell, 1989, 193–216.
Käsemann, Ernst, *Perspectives on Paul*, London: S.C.M. and Philadelphia: Fortress, 1971.
____, *The Wandering People of God. An Investigation of the Letter to the Hebrews*, Eng. Minneapolis: Augsburg, 1984.
Kee, Alistair, *Marx and the Failure of Liberation Theology*, London: S.C.M. and Philadelphia: Trinity Press, 1990.
Keegan, Terence, *Interpreting the Bible: A Popular Introduction to Biblical Hermeneutics*, New York: Paulist Press, 1985.
Keel, Othmar, *The Symbolism of the Biblical World: Ancient Near Eastern Iconography and the Book of Psalms*, Eng. New York: Seabury Press, 1978.
Kelber, Werner, *Mark's Story of Jesus*, Philadelphia: Fortress, 1979.
____, *The Oral and the Written Gospel: The Hermeneutics of Speaking and Writing in the Synoptic Tradition, Mark, Paul and Q*, Philadelphia: Fortress Press, 1983.
____, "Biblical Hermeneutics and the Ancient Art of Communication," *Semeia* 39, 1987, 97–105.
____, "Gospel Narrative and Critical Theory," *Biblical Theology Bulletin* 18, 1988, 130–36.
Kelsey, David, *The Uses of Scripture in Recent Theology*, London: S.C.M., 1975.
____, "Biblical Narrative and Theological Anthropology" in Garrett Green (ed.), *Scriptural Authority and Narrative Interpretation*, Philadelphia: Fortress Press, 1987, 121–43.
Kenny, Anthony, *Wittgenstein*, London: Penguin Books, edn. 1975.
Kermode, Frank, *The Genesis of Secrecy: On the Interpretation of Narrative*, Cambridge, Mass., and London: Harvard University Press, 1979.
Kierkegaard, Søren, *The Point of View for my Work as an Author*, Princeton: Princeton University Press, 1941 (rp. New York, 1962).
____, *The Attack upon "Christendom,"* Eng. Princeton: Princeton University Press, 1944.
____, *Purity of Heart is to Will One Thing*, London: Collins (Fontana edn.), 1961.
____, *The Concept of Irony*, Eng. London: Collins, 1966.
____, *Concluding Unscientific Postscript to the Philosophical Fragments*, Eng. Princeton: Princeton University Press, 1941.
____, *Fear and Trembling: Dialectical Lyric by Johannes de Silentio*, Eng. (ed. A. Hannay), London: Penguin edn., 1985 (also with *The Sickness unto Death*, New York: Fontana edn., 1954).*
Kimmerle, Heinz, "Hermeneutical Theory of Ontological Hermeneutics" in *Journal for Theology and the Church*, 4: History and Hermeneutic, Tübingen: Mohr and New York: Harper and Row, 1967, 107–121.
King, Ursula, *Women and Spirituality: Voices of Protest and Promise*, London: MacMillan, 1989.
Kirk, J. Andrew, *Liberation Theology: An Evangelical View from the Third World*, London: Marshall,

Morgan and Scott, 1979.
Kisiel, T., "Ideology Critique and Phenomenology," *Philosophy Today* 14, 1970, 151–60.
Klemm, David E., *The Hermeneutical Theory of Paul Ricoeur: A Constructive Analysis*, Lewisburg: Bucknell University Press, and London and Toronto: Associated University Press,1983.
____, (ed.), *Hermeneutical Inquiry: I, The Interpretation of Texts, and II, The Interpretation of Existence* (2 vols.), Atlanta: Scholars Press (A.A.R. Studies in Religion, 43), 1986.
Korshin, Paul, J., *Typologies in England 1650–1820*, Princeton: Princeton University Press, 1982.
Kort, Wesley, A., *Narrative Elements and Religious Meaning*, Philadelphia: Westminster, 1975.
____, *Story, Text, and Scripture. Literary Interests in Biblical Narrative*, University Park and London: Pennsylvania State University Press, 1988.
Kraft, Charles H., *Christianity vs Culture*, New York: Orbis, 1979.
Kraus, Hans–Joachim, "Calvin's Exegetical Principles," *Interpretation* 31, 1977, 8–18.
Krentz, Edgar, *The Historical–Critical Method*, Philadelphia: Fortress Press, 1975.
Kristeva, Julia, *Revolution in Poetic Language*, Eng. New York: Columbia University Press, 1984.
____, Selected Writings in Toril Moi (ed.) *The Kristeva Reader*, New York: Columbia University Press, 1986.
____, "The System and the Speaking Subject," *Times Literary Supplement*, 12 Oct., 1973, 1249–52; rp. in *The Kristeva Reader*, 25–32.
____, *In the Beginning was Love: Psychoanalysis and Faith*, Eng. New York: Columbia University Press, 1987.
Kugel, James L. and Greer, Rowan A., *Early Biblical Interpretation*, Philadelphia: Westminster, 1986.
Kuhn, Thomas S., *The Structure of Scientific Revolutions*, 2nd revd. edn., Chicago: Chicago University Press, 1970.
____, *The Essential Tension: Selected Studies in a Scientific Tradition and Change*, Chicago: University of Chicago Press, 1977.
Kümmel, Werner G., *The New Testament: History of the Investigation of its Problem*, Eng. London: S.C.M., 1972.
Küng, H. and Tracy, D. (eds.), *Paradigm Change in Theology: A Symposium for the Future*, Eng. New York: Crossroad, 1989.
Labberton, Mark, *Ordinary Bible Reading: The Reformed Tradition and Reader–Orientated Criticism*, Ph. D. Dissertation, University of Cambridge, 1990.
Lacan, Jacques, *The Four Fundamental Concepts of Psychoanalysis*, Eng. London: Penguin edn. 1979.
Laeuchli, Samuel, *The Language of Faith: An Introduction to the Semantic Dilemma of the Early Church*, London: Epworth Press, 1965.
LaFargue, M., "Are Texts Determinate? Derrida, Barth [*sic*] and the Role of the Biblical Scholars," *Harvard Theological Review*, 81, 1988, 341–57.
Laffey, Alice L., *Wives, Harlots, and Concubines: The Old Testament in Feminist Perspective*, London: S.P.C.K., 1990 and Fortress Press, 1988.
Lakoff, George and Johnson, Mark, *Metaphors We Live By*, Chicago: Chicago University Press, 1980.
Lampe, Geoffrey W.H. and Woollcombe, K.J., *Essays on Typology*, London: S.C.M., 1957.
Lan, K.P., "The Feminist Hermeneutics of Elisabeth Schussler Fiorenza: An Asian Feminist Response," *East Asian Journal of Theology* 3, 1985, 147–53.
Lapointe, R., "La valeur linguistique du Sitz im Leben," *Biblica* 52, 1971, 469–87.
____, "Hermeneutics Today," *Biblical Theology Bulletin* 2, 1972, 107–54.

Larkin Jr., William J., *Culture and Biblical Hermeneutics, Interpreting and Applying the Authoritative Word in a Relativistic Age*, Grand Rapids: Baker, 1988.

Lash, Nicholas, "What Might Martyrdom Mean" in N. Lash, *Theology on the Way to Emmaus*, London: S.C.M., 1986, 75–92.

Lategan, B.C., "Current Issues in the Hermeneutical Debate," *Neotestamentica* 18, 1984, 1–17.

Lategen, B.C., "Reception Theory and Practice in Reading Romans 13," in P.J. Hartin and J.H. Petzer (eds.) *Text and Interpretation: New Approaches in the Criticism of the New Testament*, Leiden: Brill, 1991, 145–70.

Letegan, Bernard and Vorster, Willem, *Text and Reality: Aspects of Reference in Biblical Texts*, Atlanta: Scholars Press, 1985.

Lawson, Hilary, *Reflexivity: The Post–Modern Predicament*, London: Hutchinson, 1985.

Leach, Edmund, "Structuralism in Social Anthropology" in David Robey (ed.), *Structuralism: An Introduction*, Oxford: Clarendon Press, 1973, 37–56.

Leech, Geoffrey, *Principles of Pragmatics*, London and New York: Longman, 1983.

Leith, Dick and Myerson, George, *The Power of the Address: Explorations in Rhetoric*, London and New York: Routledge, 1989.

Lentricchia, Frank, *After the New Criticism*, Chicago: University of Chicago Press, 1983.

Lévi–Strauss, Claude, *Structural Anthropology*, Eng. London and New York: Basic Books, 1963.

Levinson, Stephen, C., *Pragmatics*, Cambridge: Cambridge University Press, 1983.

Lewis, C. S., *An Experiment in Criticism*, Cambridge: Cambridge University Press, 1961.

Lindbeck, George, *The Nature of Doctrine: Religion and Doctrine in a Postliberal Age*, London: S.P.C.K., 1984.

Linnemann, Eta, *Parables of Jesus. Introduction and Exposition*, Eng. London: S.P.C.K., 1966.

Loades, Ann, *Searching for Lost Coins: Explorations in Christianity and Feminism*, London: S.P.C.K., 1987.

____, "Feminist Theology" in David F. Ford (ed.), *The Modern Theologians: An Introduction to Christian Theology in the Twentieth Century* (2 vols.), Oxford: Blackwell, 1989, vol. 2, 235–52.

____ (ed.), *Feminist Theology: A Reader*, London: S.P.C.K., 1990.

Lochhead, David, "The Liberation of the Bible" in Norman Gottwald (ed.), *The Bible and Liberation: Political and Social Hermeneutics*, New York: Orbis, 1983, 74–93.

Longenecker, Richard N., *Biblical Exegesis in the Apostolic Period*, Grand Rapids: Eerdmans, 1975.

____, "Three Ways of Understanding Relations between the Testaments" in Gerald F. Hawthorne and Otto Betz (eds.), *Tradition and Interpretation in the New Testament: Essays in Honor of E. Earle Ellis*, Grand Rapids: Eerdmans and Tübingen: Mohr, 1987.

Longman III, Tremper, *Literary Approaches to Biblical Interpretation*, Grand Rapids: Academie and Leicester: Apollos, 1987.

Lotman, Jurij, *The Structure of the Artistic Text*, Eng. Ann Arbor: University of Michigan Press, 1977.

Louth, Andrew, "The Hermeneutical Question Approached through the Fathers," *Sobornost* 7, 1978, 541–549.

____, *Discerning the Mystery. An Essay on the Nature of Theology*, Oxford: Clarendon Press, 1983.

Lundin, Roger, Thiselton, Anthony and Walhout, Clare, *The Responsibility of Hermeneutics*, Exeter: Paternoster and Grand Rapids: Eerdmans, 1985.

Luther, Martin, *Luther's Works* (ed. J.J. Pelikan and H.T. Lehmann), St. Louis, Philadelphia: Concordia Publishing House, 1955.

____, *On the Bondage of the Will*, Eng. Edinburgh: Clarke, 1957.
Lyons, John, *Introduction to Theoretical Linguistics*, Cambridge: Cambridge University Press, 1968.
____, *Semantics* (2 vols.), Cambridge: Cambridge University Press, 1977.
Mack, B.L., *Rhetoric and the New Testament*, Minneapolis: Fortress Press, 1990.
Macky, P.W., *The Centrality of Metaphors to Biblical Thought: A Method for Interpreting the Bible*, Lampeter: Mellen, 1990.
Macquarrie, John, *The Scope of Demythologising: Bultmann and His Critics*, London: S.C.M., 1960.
____, *Studies in Christian Existentialism*, London: S.C.M., 1966.
Mailloux, Steven, "Reader–Response Criticism?," *Genre* 10, 1977, 413–31.
Man, Paul de, "Rhetoric of Temporality" in C. Singleton (ed.), *Interpretation: Theory and Practice*, Baltimore: The Johns Hopkins University press, 1960, 171–209.
____, *Allegories of Reading*, New Haven: Yale University press, 1979.
Mannheim, Karl, *Ideology and Utopia: Introduction to the Sociology of Knowledge*, Eng. London: Routledge and Kegan Paul, 1960.
Margerie, B. de, *Introduction a l'histoire de l'exégese* (3 vols.), Paris: Les Editions du Cerf, 1980–83.
Marlé, René, *Introduction to Hermeneutics*, Eng. London: Burns & Oates, 1967.
Marshall, Peter, *Enmity in Corinth: Social Conventions in Paul's Relations with the Corinthians*, Tübingen: Mohr, 1987.
Marx, Karl, *Writings of the Young Marx on Philosophy and Society*, (eds. L.D. Easton and K.H. Guddat), New York: Doubleday, Anchor Books, 1967.
May, Rollo (ed.), *Symbolism in Religion and Literature*, New York: Braziller, 1960.
Mbiti, John S., *New Testament Eschatology in an African Background: A Study of the Encounter between New Testament Theology and African Traditional Concepts*, London: S.P.C.K., 1971 and 1978.
____, *Bible and Theology in African Christianity*, Nairobi: Oxford University press, 1986.
McCarthy, T., *The Critical Theory of Jürgen Habermas*, Cambridge, Mass.: M.I.T. Press, 1978.
McEvenue, S.E. and Meyer, B.F. (eds.), *Lonergan's Hermeneutics: its Development and Application*, Washington: Catholic University of America Press, 1989.
McFague, Sallie, *Speaking in Parables: A Study in Metaphor and Theology*, Philadelphia: Fortress Press, 1975.
____, *Metaphorical Theology: Models of God in Religious Language*, Philadelphia: Fortress Press, 1982.
McGrath, Alister E., *The Genesis of Doctrine: A Study of the Foundations of Doctrinal Criticism*, Oxford: Blackwell, 1990.
McHann Jr., James C., *The Three Horizons: A Study in Biblical Hermeneutics with Special Reference to Wolfhart Pannenberg*, University of Aberdeen, Ph. D. Dissertation, 1987.
McKim, Donald K., *What Christians Believe about the Bible*, Nashville: Abingdon, 1985.
McKim, Donald (ed.), *A Guide to Contemporary Hermeneutics: Major Trends in Biblical Interpretation*, Grand Rapids: Eerdmans, 1986.
McKnight, Edgar V., *The Bible and the Reader. An Introduction to Literary Criticism*, Philadelphia: Fortress Press, 1985.
____, *Meaning in Texts: the Historical Shaping of a Narrative Hermeneutic*, Philadelphia: Fortress Press, 1978.
____, *Post–Modern Use of the Bible: the Emergence of Reader–Oriented Criticism*, Nashville: Abingdon, 1988.
____, "New Criticism and Old," *Journal of the American Academy of Religion*, 57, 1989, 385–91.

McNally, R.E., *The Bible in the Early Middle Ages*, Atlanta: Scholars Press, 1986 (1959).

Meeks, Wayne A. (ed.), *The Writings of St. Paul: Norton Critical Edition*, London & New York: Norton 1972.

____, "A Hermeneutics of Social Embodiment," *Harvard Theological Review* 79, 1986, 176–86.

Megivern, James J. (ed.), *Bible Interpretation* (Official Catholic Teachings), Wilmington: McGrath, 1978.

Meier, John P., *The Vision of Matthew: Christ, Church, and Morality in the First Gospel*, New York: Paulist Press, 1979.

Meiland, Jack W., *The Nature of Intention*, London: Methuen, 1970.

Merill, A. L. and Overholt, T.W. (eds.), *Scripture in History and Theology: Essays in Honour of J. C. Rylaarsdam*, Pittsburgh: Pickwick Press, 1977.

Mesters, Carlos, "The Use of the Bible in Christian Communities of the Common People" in Norman Gottwald (ed.) *The Bible and Liberation: Political and Social Hermeneutics*, New York: Orbis, 1983, 119–33.

____, *Defenseless Flower: A New Reading of the Bible*, Eng. New York: Orbis 1989 (Portugese 1983).

Michalson, Gordon E., *Lessing's 'Ugly Ditch': A Study of Theology and History*, Pennsylvania State University Press, 1985.

Michel, Otto, *Paulus und seine Bibel*, Gütersloh: Bertelsmann, 1929.

Mickelsen, A. (ed.), *Women, Authority and the Bible*, Downers Grove: Inter–Varsity, 1986.

Miller, Donald G. (ed.), *The Hermeneutical Quest: Essays in Honor of James Luther Mays*, Allison Park: Pickwick Press, 1986.

Mink, Louis O., "History and Fiction as Modes of Comprehension" in Ralph Cohen (ed.) *New Directions in Literary History*, Baltimore: Johns Hopkins University Press, 1974, 107–24.

Miranda, José P., *Marx and the Bible. A Critique of the Philosophy of Oppression*, Eng. New York: Orbis, 1974 and London: S.C.M., 1977.*

Misgeld, Direter, "Discourse and Conversation: the Theory of Communicative Competence and Hermeneutics un the Light of the Debate between Habermas and Gadamer," *Cultural Hermeneutics* 4, 1977, 321–44.

Miskotte, Kornelis H., *When the Gods are Silent*, Eng. London: Collins, 1967.

Mitchell, W.J.T. (ed.), *The Politics of Interpretation*, Chicago and London: Chicago University Press, 1983.

Moberly, R.W.L., *At the Mountain of God: Story and Theology in Exodus* 32–34, Sheffield: J.S.O.T. Press Suppl. 22, 1983.

Molina, David De–Newton (ed.), *On Literary Intention*, Edinburgh: Edinburgh University Press, 1976.

Moltmann, Jürgen, *Theology of Hope: On the Ground and Implications of a Christian Eschatology*, Eng. London: S.C.M and New York: Harper and Row, 1967.

____, *The Crucified God: The Cross of Christ as the Foundation and Criticism of Christian Theology*, Eng. London: S.C.M., 1974.

____, *The Experiment Hope*, Eng. London: S.C.M. and Philadelphia: Fortress, 1975.

____, "Response to the Opening Presentations" in Ewert H. Cousins (ed.), *Hope and the Future of Man*, Philadelphia: Fortress and London: Teilhard Centre, 1972, 55–59.

____, *Theology Today*, Eng. London: S.C.M. and Philadelphia: Trinity Press, 1988.

Moltmann–Wendel, Elisabeth, *A Land Flowing with Milk and Honey: Perspective on Feminist Theology*, Eng. London: S.C.M., 1986.

Moore, Stephen d., *Literary Criticism and the Gospels: the Theoretical Challenge*, New Haven and

London: York University Press, 1989.
____, "Doing Gospel Criticism As/With a 'Reader'," *Biblical Theology Bulletin* 19, 1989, 85–93.
____, "The 'Post–' Age Stamp: Does it Stick? Biblical Studies and the Post–Modernism Debate," *Journal of the American Academy of Religion*, 57, 1989, 543–59.
Morgan, Robert (with John Barton), *Biblical Interpretation*, Oxford University Press, 1988.
Morris, Charles W., *Writings on the General Theory of Signs*, The Hague: Mouton, 1971.
Mosala, Itumeleng J., *Biblical Hermeneutics and Black Theology in South Africa*, Grand Rapids: Eerdmans, 1989.*
Muddiman, John, *The Bible: Fountain and Well of Truth*, Oxford: Blackwell, 1983.
Mueller–Volmer, Kurt (ed.), *The Hermeneutics Reader: Texts of the German Tradition from the Enlightenment to the Present*, Oxford: Blackwell, 1986 and Continuum Publishing, 1985.
Munck, Johannes, *Paul and the Salvation of Mankind*, Eng. London: S.C.M., 1959.
Murphy, Roland, *Theology, Exegesis and Proclamation*, New York: Herder, 1971.
Murphy–O'Connor, J., "Food and Spiritual Gifts in 1 Cor. 8:8," *Catholic Biblical Quarterly* 41, 1979, 292–98.
____, "Freedom or the Ghetto (1 Cor. VIII.1–13, X.23– XI.1)," *Revue Biblique* 85, 1978, 543–74.
____, *St. Paul's Corinth: Texts and Archeology*, Wilmington: Glazier, 1983.
Neill, Stephen and Wright, Tom, *The Interpretation of the New Testament 1861–1986*, Oxford: Oxford University Press, 2nd edn., 1988.
Netherlands Reformed Church, *The Bible Speaks Again*, Eng. London: S.C.M., 1969.
Neufeld, Vernon H., *The Earliest Christian Confessions*, Leiden: Brill, 1963.
Neuhaus, R.H. (ed.), *Biblical Interpretation in Crisis: The Ratzinger Conference on the Bible and Church*, Grand Rapids: Eerdmans, 1989.
Neusner, Jacob, "Introduction: Metaphor and Exegesis" in *Semeia* 27, 1983, 37–116.
Nicholson, Ernest W., *God and His People: Covenant and Theology in the Old Testament*, Oxford: Clarendon Press, 1986.
Nida, Eugene A., "The Implications of Contemporary Linguistics for Biblical Scholarship," *J.B.L.* 91, 1972, 73–89.
Niebuhr, R., *Schleiermacher on Christ and Religion: A New Introduction*, New York: Scribner, 1964.
Nikiprowetsky, V., *Le commentaire de l'écriture chez Philon d'Alexandrie*, Leiden: Brill, 1977.
Nineham, Dennis, *The Use and Abuse of the Bible: A Study of the Bible in an Age of Rapid Cultural Change*, London: MacMillan, 1976.
Noll, Mark A., *Between Faith and Criticism: Evangelicals, Scholarship, and the Bible in America*, San Francisco: Harper & Row, 1987.
Norris, Christopher, *Deconstruction: Theory and Practice*, London: Methuen, 1982.
____, *Contest of Francisco: Philosophy and Theory after Deconstruction*, London & New York: Methuen, 1985.
____, *Derrida*, London: Fontana, 1987.
Ogden, Schubert M., "Bultmann's Project of Demythologization and the Problems of Theology and Philosophy," *Journal of Religion* 37, 1957, 156–73.
Olthuis, James H., *A Hermeneutics of Ultimacy*, New York: University Press of America, 1987.
O'Neill, J.C., *The Bible's Authority: A Portrait Gallery of Thinkers from Lessing to Bultmann*, Edinburgh: Clark, 1991.
Ong, W.H., "Maranatha: Death and Life in the Text of the Book," *Journal of the American Academy of*

Religion 45, 1977, 419–49.
____, "Text as Interpretation: Mark and After," *Semeia* 39, 1987, 7–26.
Ott, Heinrich, "What is Systematic Theology?" in Hames M. Robinson and J. Cobb Jr. (eds.), *New Frontiers in Theology: I The Later Heidegger and Theology*, New York: Harper & Row, 1963, 77–111.*
Otte, Klaus, *Das Sprachverständnis bei Philo von Alexandrien: Sprache als Mittel der Hermeneutik*, Tübingen: Mohr, 1968.
Padilla, C. René, "The Interpreted Word: Reflections on Contextual Hermeneutics" (1981), rp. in D.K. McKim (ed.), *A Guide to Contemporary Hermeneutics*, Grand Rapids: Eerdmans, 1986, 297–308.
Pagels, Elaine H., *The Johannine Gospel in Gnostic Exegesis: Heracleon's Commentary on John*, Nashville & New York: Abingdon Press, 1973.
____, *The Gnostic Paul: Gnostic Exegesis of the Pauline Letters*, Philadelphia: Fortress, 1975.
Painter, John, *Theology as Hermeneutics: Rudolf Bultmann's Interpretation of the History of Jesus*, Sheffield Academic Press, 1987.
Palmer, Richard E., *Hermeneutics. Interpretation Theory in Schleiermacher, Dilthey, Heidegger and Gadamer*, Evanston: Northwestern University Press, 1969 (Studies in Phenomenology and Existential Philosophy).
____, "Toward a Postmodern Interpretive Self Awareness," *Journal of Religion* 55, 1975, 313–26.
____, "What are We Doing When We Interpret a Text? – Variations on the Theme of Hermeneutic *Handeln*," *Eros* 7, 1980, 1–45.
Pannenberg, Wolfhart, *Jesus–God and Man*, Eng. London: S.C.M. and Philadelphia: Westminster, 1968.
____, "Hermeneutics and Universal History" in *Journal for Theology and the Church*, 4: History and Hermeneutic, Tübingen: Mohr and New York: Harper & Row, 1967, 122–52.*
____, *Basic Questions in Theology* (3 vols.), Eng. London: S.C.M., 1970, 1971 & 1973.*
____, *Theology and the Philosophy of Science*, Eng. Philadelphia: Westminster Press and London: Darton, Longman & Todd, 1976.*
____, *Metaphysics and the Idea of God*, Eng. Edinburgh: Clark, 1990.
Parker, T.H.L., *Calvin's New Testament Commentaries*, London: S.C.M., 1971.
Patte, Daniel, *Early Jewish Hermeneutic in Palestine*, Missoula: Scholars Press, 1975.
____, *What is Structural Exegesis?*, Philadelphia: Fortress, 1976.
____, *Paul's Faith and the Power of the Gospel. A Structural Introduction to the Pauline Letters*, Philadelphia: Fortress, 1983.
____, *The Gospel according to Matthew: A Structural Commentary on Matthew's Faith*, Philadelphia: Fortress, 1987.
____, "Speech Act Theory and Biblical Exegesis," *Semeia* 41, 1988, 85–102.
____, *Structural Exegesis for New Testament Critics*, Minneapolis: Fortress, 1990.
____, *The Religious Dimension of Biblical Texts: Greimas's Structural Semiotics and Biblical Exegesis*, Atlanta: Scholars Press (S.B.L. Semeia Studies), 1990.
Patte, Daniel and Patte, Aline, *Structural Exegesis: From Theory to Practice*, Philadelphia: Fortress, 1978.
Pears, David, *Wittgenstein*, London: Collins, 1971.
Peirce, Charles S., *The Collected Papers of Charles Sanders Peirce*, (eds. Charles Hartshorne and Paul Weiss), Cambridge, Mass.: Harvard University Press, 1934–36.
Pelikan, Jaroslav, *Luther's Works: Companion Volume, Luther the Expositor*, St. Louis: Concordia, 1959.
Perkins, P., "Crisis in Jerusalem? Narrative Criticism in New Testament Studies," *Theological Studies* 50, 1989, 296–313.

____, "Commentaries: Windows to the Text," *Theology Today* 46, 1990, 393–98.

Perrin, Norman, *Jesus and the Language of the Kingdom: Symbol and Metaphor in New Testament Interpretation*, London: S.C.M., 1976.

Peters, T., "Truth in History: Gadamer's Hermeneutics and Pannenberg's Apologetic Method," *Journal of Religion* 55, 1975, 36–56.

Petersen, Norman R., *Literary Criticism for New Testament Critics*, Philadelphia: Fortress Press, 1978.

____, "The Reader in the Gospel" in *Neotestamentica* 18, 1984, 38–51.

____, *Rediscovering Paul: Philemon and the Sociology of Paul's Narrative World*, Philadelphia: Fortress, 1985.

Peterson, Thomas D., *Wittgenstein for Preaching. A Model for Communication*, Lanham: University Press of America, 1980.

Pitcher, George, *The Philosophy of Wittgenstein*, Englewood Cliffs: Prentice Hall, 1964.

Platts, Mark de Bretton, *Ways of Meaning: An Introduction to a Philosophy of Language*, London and Boston: Routledge & Kegan Paul, 1979.

Poland, Lynn M., *Literary Criticism and Biblical Hermeneutics: A Critique of Formalist Approaches*, Chicago: Scholars Press, 1985 (A.A.R. Academy Series 48).

Polanyi, Michael and Prosch, Harry, *Meaning*, Chicago: Chicago University Press, 1975.

Polzin, Robert M., "The Framework of Job," *Interpretation* 28, 1974, 182–200.

____, *Biblical Structuralism: Method and Subjectivity in the Study of Ancient Texts*, Philadelphia: Fortress and Missoula: Scholars Press, 1977.

Popkin, Richard H., *The History of Scepticism from Erasmus to Spinoza*, Berkeley: University of California Press, 1979.

Porter, Stanley E., "Wittgenstein's Classes of Utterance and Pauline Ethical Texts," *Journal of the Evangelical Theological Society*, 32, 1989, 85–97.

____, "Why Hasn't Reader–Response Criticism Caught On in New Testament Studies?" in *Literature and Theology* 4, 1990, 278–92.

Poulet, Georges, "Phenomenology of Reading," *New Literary History* 1, 1969, 53–68.

Poythress, Vern S., "Philosophical Roots of Phenomenological and Structuralist Literary Criticism," *Westminster Theological Journal* 41, 1978–79, 165–71.

____, "Ground–Rules of New Testament Interpretation," *Westminster Theological Journal* 41, 1978–79, 190–201.

____, "Divine Meaning of Scripture," *Westminster Theological Journal* 48, 1986, 241–79.

____, "What Does God Say Through Human Authors?" in Harvey M. Conn (ed.) *Inerrancy and Hermeneutic: A Tradition, A Challenge, A Debate*, Grand Rapids: Baker, 1988, 81–99.

____, *Science and Hermeneutics: Implications of Scientific Method for Biblical Interpretation*, Grand Rapids: Academie Books and Leicester: Apollos, 1988.

Pregeant, Russell, *Christology beyond Dogma: Matthew's Christ in Process Hermeneutic*, Missoula: Scholars Press, 1978.

Preus, J.S., *From Shadow to Promise: Old Testament Interpretation from Augustine to the Young Luther*, Cambridge: Harvard University press, 1969.

Prikett, Stephen, *Words and the World: Language, Poetics, and Biblical Interpretation*, Cambridge: Cambridge University press, 1986.

____ (ed.), *Reading the Text: Biblical Criticism and Literary Theory*, Oxford: Blackwell, 1991.

Propp, Vladimir I., *Morphology of the Folktale* (2nd edn.), Eng. Austin and London: University of Texas

Press, 1968.
Quasten, Johannes, *Patrology*, Eng. Westminster: Christian Classics, 1984 (1950).
Quine, W.V.O., *Word and Object*, Cambridge, Mass.: M.I.T. Press, 1960.
Rad, Gerhard von, *Old Testament Theology* (2 vols.), Eng. Edinburgh: Oliver & Boyd, 1965.
Ramm, Bernard, *Protestant Biblical Interpretation* (3rd edn.), Grand Rapids: Baker, 1970.
Rajchman, John and West, Cornel (eds.), *Post–Analytic Philosophy*, New York: Columbia University press, 1984.
Rand, Richard, in Jacques Derrida, *Signépinge*, New York: Columbia University press, 1984.
Raschke, Carl A., *The Alchemy of the Word: Language and the End of Theology*, Missoula: Scholars Press, 1979 (A.A.R. studies in Religion 20).
Ray, William, *Literary Meaning: From Phenomenology to Deconstruction*, Oxford: Blackwell, 1984.
Reagan, Charles E. and Stewart, David (eds.), *The Philosophy of Paul Ricoeur: An Anthology of his Work*, Boston: Beacon Press, 1978.
Recanati, François, *Meaning and Force: The Pragmatics of Performative Utterances*, Eng. Cambridge: Cambridge University Press, 1987.
Redeker, Martin, *Schleiermacher's Life and Thought*, Eng. Philadelphia: Fortress Press, 1973.
Resseguie, James L., "Reader Response Criticism and the Synoptic Gospels," *Journal of the American Academy of Religion* 52, 1984, 307–24.
Reu, M., *Luther and the Scriptures*, Columbus, Ohio: Wartburg Press, 1944.
Reumann, John(ed.), *Studies in Lutheran Hermeneutics*, Philadelphia: Fortress, 1979.
Reumann, John, *Variety and Unity in New testament Thought*, Oxford: Oxford University Press, 1991.
Reventlow, Henning Graf, *The Authority of the Bible and the Rise of the Modern World*, Eng. London: S.C.M., 1984.
Rhees, R., *Discussions of Wittgenstein*, London: Routledge & Kegan Paul, 1970.
Rhoads, David and Michie, Donald, *Mark as Story*, Philadelphia: Fortress Press, 1982.
Richards, Janet Radcliffe, *The Sceptical Feminist: A Philosophical Enquiry*, London: Penguin edn., 1983.
Riches, John K. and Millar, A., "Interpretation: A Theoretical Perspective and Some Applications," *Numen* 28, 1981, 29–53.
Ricoeur, Paul, *Le voluntaire et l'involuntaire,* Paris: Aubier, 1949, Eng. *Freedom and Nature: The Voluntary and the Involuntary*, Evanston: Northwestern University Press, 1966.
____, *Fallible Man*, Eng. Chicago: Regnery, 1967.
____, *The Symbolism of Evil*, Eng. Boston: Beacon Press, 1969 (1967).*
____, *Freud and Philosophy: An Essay on Interpretation*, Eng. New Haven: Yale University Press, 1970.*
____, *The Conflict of Interpretations: Essays in Hermeneutics* (ed. Don Ihde), Evanston: Northwestern University Press, 1974.*
____, *Interpretation Theory: Discourse and the Surplus of Meaning*, Fort Worth: Texas Christian University Press, 1976.*
____, "Biblical Hermeneutics," *Semeia* 4, 1975, 29–148.*
____, *The Rule of Metaphor. Multi–disciplinary Studies of the Creation of Meaning in Language*, Eng. London: Routledge and Kegan Paul, 1978 and Toronto: University of Toronto Press, 1977.*
____, "Philosophical Hermeneutics, and Biblical Hermeneutics" in François Bovon and Gregoire Rouiller(eds.) *Exegesis: Problems of Method and Exercises in Reading*, Eng. Pittsburgh: Pickwick Press, 1978, 321–39.*
____, "The Narrative Function," *Semeia* 13, 1978, 177–202.*

____, *Hermeneutics and the Human Sciences*, Cambridge and New York: Cambridge University Press, 1981.*
____, *Essays on Biblical Interpretation* (ed. L.S. Mudge), London: S.P.C.K., 1981.*
____, "The Bible and the Imagination" in Hans Dieter Betz (ed.), *The Bible as a Document of the University*, Chico: Scholars Press, 1981, 49–75.*
____, *The Reality of the Historical Past*, Milwaukee: Marquette University Press, 1984 (The Aquinas Lecture).*
____, *Time and Narrative*, Eng. 3 vols., Chicago and London: University of Chicago Press, 1984–88.*
____, "Interpretative Narrative" in Regina M. Schwartz (ed.) *The Book and the Text. The Bible and Literary Theory*, Oxford: Blackwell, 1990, 237–57.
Robbert, G.S., *Luther as Interpreter of Scripture*, St. Louis: Concordia, 1982.
Robey, David (ed.) *Structuralism: An Introduction*, Oxford: Clarendon Press, 1973.
Robinson, James M. and Cobb Jr., John B. (eds.), *New Frontiers in Theology:* II, *The New Hermeneutic*, New York: Harper and Row, 1964.
____, *New Frontiers in Theology:* III, *Theology as History*, New York: Harper and Row, 1967.
Robinson, R.B., *Roman Catholic Exegesis Since Divino Afflante Spiritu: Hermeneutical Implications*, Atlanta: Scholars Press (S.B.L. Dissertation Ser. III), 1988.
Rogers, Jack B., "The Book that Reads Us," *Interpretation* 39, 1985, 388–401.
Rogers, Jack B. and McKim, Donald K., *The Authority and Interpretation of the Bible: An Historical Approach*, San Francisco: Harper & Row, 1979.
Rogerson, John W., *Old Testament Criticism in the Nineteenth Century: England and Germany*, London: S.P.C.K., 1984.
____, "'What Does it Mean to Be Human?' The Central Question of Old Testament Theology" in D.J.A. Clines, S.E. Fowl and S.E. Porter (eds.), *The Bible in Three Dimensions*, Sheffield: Sheffield Academic Press, 1990, 285–98.
Rohrbaugh, Richard L., *The Biblical Interpreter: An Agrarian Bible in an Industrial Age*, Philadelphia: Fortress, 1978.
Rollins, Wayne G., *Jung and the Bible*, Atlanta: John Knox Press, 1983.
Rorty, Richard, *Philosophy and the Mirror of Nature*, Princeton: Princeton University Press, 1980(1979).*
____, "A Reply to Dreyfus and Taylor" in *Review of Metaphysics* 34, 1980, 3–23.*
____, *Consequences of Pragmatism*, Minneapolis: University of Minnesota Press, 1982.*
____, "Habermas and Lyotard on Postmodernity" in Richard J. Bernstein (ed.), *Habermas and Modernity*, Cambridge: Polity Press, 1985, 161–75 (1984).*
____, "Texts and Lamps," *New Literary History* 17, 1985, 1–6.*
____, *Contingency, Irony and Solidarity*, Cambridge: Cambridge University Press, 1989.*
Rowland, Christopher, "Reading the New Testament Sociologically: An Introduction," *Theology* 88, 1985, 358–64.
Rowland, Christopher and Corner, Mark, *Liberating Exegesis: The Challenge of Liberation Theology to Biblical Studies*, London: S.P.C.K., 1990.
Ruether, Rosemary and McLaughlin, Eleanor (eds.), *Women of Spirit: Female Leadership in the Jewish and Christian Traditions*, New York: Simon and Schuster, 1979.
Ruether, Rosemary Radford, *Sexism and God–Talk: Towards a Feminist Theology*, London: S.C.M., 1983.
____, "The Future of Feminist Theology in the Academy," *Journal of the American Academy of Religion*,

53, 1985, 703–16.
Runia, K., "Some Crucial Issues in Biblical Interpretation," *Calvin Theological Journal* 24, 1989, 300–15.
Russell, Letty M.(ed.), *The Liberating Word: A Guide to Nonsexist Interpretation of the Bible*, Philadelphia: Westminster Press, 1976.
____, *Feminist Interpretation of the Bible*, Oxford and London: University of Chicago Press, 1979.
Said, Edward, "The Problem of Textuality: Two Exemplary Position," *Critical Inquiry* 4, 1978, 673–714 (on Derrida and Foucault).
____, *The World, The Text, and the Critic*, Cambridge, Mass: Harvard University Press, 1983.
Sakenfeld, K.D., "Feminist Biblical Interpretation," *Theology Today* 46, 1989. 154–68.
Sallis, John (ed.), *Deconstruction and Philosophy: The Texts of Jacques Derrida*, Chicago: University of Chicago Press, 1987.
Sanders, E.P., *Paul and Palestinian Judaism: A Comparison of Patterns of Religion*, London: S.C.M., 1977.
Sanders, J., *Torah and Canon*, Philadelphia: Fortress, 1972.
____, *Canon and Community*, Philadelphia: Fortress, 1984.
Sandmel, Samuel, *Philo of Alexandria: An Introduction*, Oxford: Oxford University Press, 1979.
____, *Philo's Place in Judaism* (2nd edn.), New York: Ktav, 1971.
Sandt, Rob A. van der, *Context and Presupposition*, London and New York: Helm, 1988.
Santa Ana, Julio de, "The Situation of Latin American Theology (1982–1987)," *Concilium: Theologies of the Third World, Convergences and Differences* (ed. L. Boff and V. Elizondo), Edinburgh: Clark, 1988.
Sartre, Jean–Paul, *Qu'est–ce que la littérature?,* Paris: Gallimard, 1948.
Saussure, Ferdinand de, *Course in General Linguistics*, Eng. London: Owen, 1960.
____, *Cours de linguistique générale* (*édition critique*) by R. Engler, Wiesbaden: Harasowitz, 1967.
Sawyer, John F.A., "Context of Situation and Sitz im Leben," *Proceedings of the Newcastle–upon–Tyne Philosophical Society* 1, 1967, 137–47.
____, "The 'Original Meaning of the Text' and Other Legitimate Subjects in Semantic Description" in G. Brekelmans (ed.), *Questions disputées d'Ancien Testament*, Gembloux: Duculot, 1974, 63–70.
Scalise, C.J., "The 'Sensus Literalis': A Hermeneutical Key to Biblical Exegesis," *Scottish Journal of Theology* 42, 1989, 45–65.
Schaer, Hans, *Religion and the Cure of Souls in Jung's Psychology*, Eng. New York: Pantheon, 1950.
Schiffer, Stephen R., *Meaning*, Oxford: Clarendon Press, 1972.
Schillebeeckx, E., "La crise du language de la foi comme problème herméneutique," *Concilium* 85, 1973, 33–46.
____, *The Understanding of Faith: Interpretation and Criticism*, London: Sheed & Ward, 1974.
Schleiermacher, F.D.E., *On Religion, Speeches to its Cultural Despisers*, Eng. New York: Harper edn., 1958.
____, *Hermeneutik: Abhandlung der Heidelberger Akademie der Wissenschaften*, Heidelberg: Carl Winter, 1959.*
____, "Die Weinachtsfeier. Ein Gespräch," rp. in Schleiermacher's *Werke* IV, Aalen: Scientia Verlag, 1967 (From the 2nd Leipzip edn. of 1928), 475–532.
____, *Hermeneutik und Kritik: Mit einem Anhang sprachphilosophischer Texte Schleiermachers* (ed. Manfred Frank), Frankfurt a/M: Suhrkamp, 1977.*
____, *Hermeneutics: The Handwritten Manuscripts* edited by H. Kimmerle, Eng. Missoula: Scholars Press, 1977 (A.A.R. Text and Translation series 1, Tr. by J. Duke and J. Forstman).*

Schmidt, James, *Maurice Merleau–Ponty: Between Phenomenology and Structuralism*, London: MacMillan, 1985.

Schneidau, H.N., "Let the Reader Understand," *Semeia* 39, 1987, 135–45.

Schneiders, Sandra M., "The Paschal Imagination: Objectivity and Subjectivity in New Testament Interpretation," *Theological Studies* 43, 1982, 52–68.

____, "Church and Biblical Scholarship in Dialogue," *Theology Today* 42, 1985, 353–58.

Scholer, D.M., "Issues in Biblical Interpretation," *Evangelical Quarterly* 60, 1988, 5–22.

Schloes, Robert, *Structuralism in Literature*, New Haven: Yale University press, 1974.

____, *Semiotics and Interpretation*, New Haven: Yale University press, 1982.

____, *Textual Power*, New Haven: Yale University press, 1985.

Schrag, Calvin O., *Radical Reflection and the Origins of the Human Sciences*, West Lafayette: Purdue University Press, 1980.

Schröer, H., "Bibelauslegung durch Bibelgebrauch: Neue Wege 'Praktischer Exegese'," *Evangelische Theologie* 45, 1985, 500–15.

Schultz, Samuel J. and Inch, Morris A. (eds.), *Interpreting the Word of God: Festschrift in Honor of Steven Barabas*, Chicago: Moody Press, 1976.

Schutz, Alfred, *Collected Papers* (3 vols.), The Hague: Nijhoff, 1962, 1964 and 1966.

____, *Reflections on the Problem of Relevance* (ed. R.M. Zaner), New Haven: Yale University press, 1970.

____, and Luckmann, Thomas, *The Structures of the Life–World*, Eng. London: Heinemann, 1974 and the Hague: Nijhoff, 1962–66.

Schütz, J.H., *Paul and the Anatomy of Apostolic Authority*, Cambridge: Cambridge University press, 1975 (S.N.T.S.M. 26).

Schwartz, R.M. (ed.), *The Book and the Text: The Bible and Literary Theory*, Oxford: Blackwell, 1990.

Schweitzer, Albert, *Paul and his Interpreters: A Critical History*, London: Black, 1912.

____, *The Mysticism of Paul the Apostle*, Eng. London: Black, 1931.

Scott, C.E., "Gadamer's *Truth and Method*," *Anglican Theological Review* 59, 1977, 63–78.

Searle, John R., *Speech Acts: An Essay in the Philosophy of Language*, Cambridge: Cambridge University Press, 1969.*

____, *Expression and Meaning: Studies in the Theory of Speech Acts*, Cambridge: Cambridge University Press, 1979.*

____, *Internationality: An Essay in the Philosophy of Mind*, Cambridge: Cambridge University Press, 1983.*

Searle, John R., Kiefer, Ference and Bierwisch, Manferd (eds.), *Speech–Act Theory and Pragmatics*, Dordrecht, London and Boston: Reidel, 1980.*

Searle, John R. and Vanderveken, Daniel, *Foundations of Illocutionary Logic*, Cambridge: Cambridge University Press, 1985.*

Sefler, George F., *Language and the World: A Methodological Synthesis Within the Writings of Martin Heidegger and Ludwig Wittgenstein*, Atlantic Highlands: Humanities Press, 1974.

Segundo, Juan Luis, *The Liberation of Theology*, Eng. Dublin: Gill & McMillan, 1977 and New York: Orbis, 1976.*

____, "Two Theories of Liberation," *The Month*, Oct. 1984, 321–27.

____, "The Shift within Latin American Theology," *Journal of Theology for Southern Africa* 52, 1985, 17–29.

Senft, Christophe, "Ferdinand Christian Baur: Methodological Approach and Interpretation of Luke 15:

11–32" in François Bovon and Grégoire Rouiller (eds.) *Exegesis: Problems of Method and Exercises in Reading*, Eng. Pittsburgh: Pickwick, 1978, 77–96.

Seung, T.K., *Structuralism and Hermeneutics*, New York: Columbia University Press, 1982.

Shaw, Graham, *The Cost of Authority: Manipulation and Freedom in the New Testament*, London: S.C.M., 1983.

Sheppard, G.T., "Biblical Hermeneutics: The Academic Language of Evangelical Identity," *Union Seminary Quarterly Review* 32, 1977, 81–94.

Shotwell, Willis A., *The Biblical Exegesis of Justin Martyer*, London: S.P.C.K., 1965.

Showalter, Elaine (ed.), *The New Feminist Criticism: Essays on Women, Literature and Theory*, London: Virago Press, 1986.

Silberman, Lou H., "Reflections on Orality, Aurality, and Perhaps More," *Semeia* 39, 1987, 1–6.

Silva, Moisés, *Biblical Words and their Meaning: An Introduction to Lexical Semantics*, Grand Rapids: Academic Books, 1983.

Silverman, Hugh J. and Ihde, Don (eds.), *Hermeneutics and Deconstruction*, Albany: State University of New York, 1985.

Singleton, C (ed.), *Interpretation: Theory and Practice*, Baltimore: Johns Hopkins University Press, 1969.

Smalley, Beryl, *The Study of the Bible in the Middle Ages*, (3rd edn.), Oxford: Blackwell, 1983,

Smart, James D., *The Interpretation of Scripture*, London: S.C.M., 1961.

____, *The Strange Silence of the Bible in the Church: A Study in Hermeneutics*, London: S.C.M. and Philadelphia: Westminster Press, 1970.

Soelle, Dorothee, *The Strength of the Weak: Towards a Christian Feminist Identity*, Eng. Philadelphia: Westminster, 1984.

Soskice, Janet Martin, *Metaphor and Religious Language*, Oxford: Clarendon Press, 1985, 158.

____ (ed.), *After Eve*, London: Collins and Marshall Picking, 1990.

Spencer, Richard a. (ed.), *Orientation by Disorientation: Studies in Literary Criticism and Biblical Literary Criticism in Honor of W.A. Bearsdlee*. Pittsburgh; Pickwick Press, 1980.

Spiegiel, Y., *Psychoanalytische Interpretation Biblischer Texte*, Munich: Kaiser, 1972.

Stack, Frank, *The Experience of a Poem: Jung and Wallace Stevens*, London: Guild of Pastoral Psychology. 1987.

Stanton, Graham N., *The Gospels and Jesus*, Oxford: Oxford University Press, 1989.

____ (ed.), *The Interpretation of Matthew*, Philadelphia: Fortress and London: S.P.C.K., 1983.

Starobinski, Jean, "The Gerasene Demoniac: A Literary Analysis of Mark 5:1–20" in R. Barthes, F. Bovon. *et. al. Structural Analysis and Biblical Exegesis*, Pittsburgh: Pickwick Press (Pittsburgh Theological Monograph 3), 1974, 57–84.

Staten, Henry, *Wittgenstein and Derrida*, Lincoln and London: University of Nebraska press, 1984.

Stein, Dominique. "The Murder of the Father and God the Father in the Work of Freud" in Johannes–Baptist Metz and Edward Schillebeeckx (eds.), *God as Father? Concilium*, Edinburgh: Clark and New York: Seabury Press, 1981, 11–18.

Stein, S.J., "The Quest for the Spiritual Sense: the Biblical Hermeneutics of Jonathan Edwards," *Harvard Theological Review* 70, 1977, 99–113.

Stendahl, Krister, *Paul Among Jews and Gentiles and Other Essays*, London: S.C.M., 1977 and Philadelphia: Fortress, 1976.

____, *Meaning: the Bible as Document and as Guide*, Philadelphia: Fortress Press, 1984.

Sternberg. Meir, *The Poetics of Biblical Narrative: Ideological Literature and the Drama of Reading*,

Bloomington: Indiana University Press, 1985.
Storkey, Elaine, *What's Right with Feminism*, London: S.P.C.K., 1985.
Stout, Jeffrey, "What is the Meaning of a Text?," *New Literary History* 14, 1982, 1–12.
Stroup, George, W., *The Promise of Narrative Theology*, London: S.C.M., 1984 (John Knox, 1981).
Stuhlmacher, Peter, *Historical Criticism and Theological Interpretation of Scripture. Towards a Hermeneutics of Consent*, Eng. Philadelphia: Fortress, 1977.
____, "Adolf Schlatter's Interpretation of Scripture," *New Testament Studies* 24, 1978, 433–46.
Sturrock, John (ed.), *Structuralism and Since: From Lévi Strauss to Derrida*, Oxford: Oxford University Press, 1979.
Suleiman, Susan R. and Crosman, Inge (eds.), *The Reader in the Text: Essays on Audience and Interpretation*, Princeton: Princeton University Press, 1980.
Suskind, Hermann, *Der Einfluss Schellings auf die Entwicklung von Schleiermachers System*, Tübingen: Mohr, 1909.
Swartley, Willard M, *Slavery, Sabbath, War and Women. Case Issues in Biblical Interpretation*, Scottdale: Herald Press, 1983.
Swidler, Leonard, *Biblical Affirmations of Women*, Philadelphia: Westminster Press, 1979.
Swinburne, Richard, "Meaning in the Bible" in S.R. Sutherland and T.A. Roberts (eds.), *Religion, Reason and the Self. Essays in Honour of H.D. Lewis*, Cardiff: University of Wales Press, 1989, 1–33.
Sykes, Stephen W., *The Identity of Christianity: Theologians and the Essence of Christianity from Schleiermacher to Barth*, Philadelphia: Fortress Press, 1984.
Tallis, Raymond, *Not Saussure. A Critique of Post–Saussurean Literary Theory*, London: MacMillan, 1988.
Tannehill, Robert, *Dying and Rising with Christ: A Study in Pauline Theology*, Berlin: Töpelmann, 1967.
____, *The Narrative Unity of Luke–Acts: A Literary Interpretation*, vol. 1, *The Gospel According to Luke*, Philadelphia: Fortress, 1986
Taylor, Charles, "Interpretation and the Sciences of Man," *Review of Metaphysics* 25, 1971, 3–51.
Taylor, Mark C., *Deconstructing Theology*, New York: Crossroad and Chico: Scholars Press, 1982 (A.A.R. Studies in Religion 28).
____,– *Erring: A Postmodern A/Theology*, Chicago: University of Chicago Press, 1984.
____, "Masking: Domino Effect" in "On Deconstructing Theology: A Symposium on *Erring: a Postmodern A/Theology,*" *Journal of the American Academy of Religion* 54, 1986, 547–57.
Taylor, Mark C. (ed.), *Unfinished...Essays in Honor of Ray L. Hart*, Chico: J.A.A.R. Thematic Issue 48, 1981.
Theissen, Gerd, *The Social Setting of Pauline Christianity: Essays on Corinth*, Eng. Philadelphia: Fortress, 1982, 121–43.
____, *Psychological Aspects of Pauline Theology*, Eng. London: S.C.M., 1987.
Thiel, John E., *God and World in Schleiermacher's Dialektik und Glaubenslehre*, Bern, Frankfurt a/M.: Lang, 1981
Thielicke, Helmut, *The Evangelical Faith I*, Eng. Grand Rapids: Eerdmans, 1974.
Thiemann, Ronald F., *Revelation and Theology: The Gospel as Narrated Promise*, Notre Dame: University of Notre Dame Press, 1987(1985).
____, "Radiance and Obscurity in Biblical Narrative" in Garrett Green (ed.), *Scriptural Authority and Narrative Interpretation*, Philadelphia: Fortress, 1987, 21–41.
Thils, G. and Brown, R.E. (eds.), *Exégèse et Theologie: Les saintes écritures et leur interpretation*

théologique, Gembloux: Duculot, 1968.

Thiselton, Anthony C., "The Parables as Language–Event: Some Comments on Fuchs's Hermeneutics in the Light of Linguistic Philosophy," *Scottish Journal of Theology* 23, 1970, 437–68.

____, "The Meaning of Sarx in 1 Cor. 5:5. A Fresh Approach in the Light of Logical and Semantic Factors" in *Scottish Journal of Theology* 26, 1973, 204–28.

____, "The Supposed Power of Words in the Biblical Writings," *Journal of Theological Studies* n.s. 25, 1974, 282–99.

____, "Kierkegaard and the Nature of Truth," *Churchman* 89, 1975, 85–107.

____, "Explain, Interpret" in Colin Brown (ed.), *The New International Dictionary of New Testament Theology*, Exeter: Paternoster and Grand Rapids: Zondervan, (3 vols. 1975–8) vol. 1, 573–84.

____, "Semantics and New Testament Interpretation" in I.H. Marshall (ed.) *New Testament Interpretation*, Grand Rapids: Eerdmans and Exeter: Paternoster Press, 1977, 75–104.

____, "The New Hermeneutic" in I.H. Marshall (ed.) *New Testament Interpretation*, Grand Rapids: Eerdmans and Exeter: Paternoster, 1977, 308–33.

____, "Realised Eschatology at Corinth," *New Testament Studies* 24, 1978, 510–26.

____, "Structuralism and Biblical Studies: Method or Ideology?" *Expository Times* 89, 1978, 329–35.

____, "Truth" in Colin Brown (ed.) *New International Dictionary of New Testament Theology* vol. 3, Exeter: Paternoster and Grand Rapids: Zondervan, 1978, 874–902.

____, "Schweitzer's Interpretation of Paul," *Expository Times* 90, 1979, 132–37.

____, *The Two Horizons: New Testament Hermeneutics and Philosophical Description with Special Reference to Heidegger, Bultmann, Gadamer, and Wittgenstein*, Grand Rapids: Eerdmans and Exeter: Paternoster, 1980.

____, "Knowledge, Myth and Corporate Memory" in *Believing in the Church: Essays by Members of the Church of England Doctrine Commission*, London: S.P.C.K., 1981, 45–78.

____, "The Morality of Christian Scholarship" in Mark Santer (ed.) *Their Lord and Ours: Approachers to Authority, Community, and the Unity of the Church*, London: S.P.C.K., 1982, 20–45.

____, "Sign, Symbol" in J.G. Davies (ed.), *New Dictionary of Liturgy and Worship*, London: S.C.M., 491–2.

____, "Address and Understanding: Some Goals and Models of Biblical Interpretation as Principles of Vocational Training," *Anvil* 3, 1986, 101–18.

____, "Speaking and Hearing" in Mark A. Noll and David F. Wells (eds.), *Christian Faith and Practice in the Modern World*, Grand Rapids: Eerdmans, 1988, 139–51.

____, "On Models and Methods: A Conversation with Robert Morgan" in David J.A. Clines, Stephen E. Fowl, and Stanley E. Porter (eds.), *The Bible in Three Dimensions: Essays in Celebration of Forty Years of Biblical Studies in the University of Sheffield*, Sheffield: Sheffield Academic Press (J.S.O.T. Suppl. Ser. 87) 1990, 337–56.

____, "Meaning" in R.J. Coggins and J.L.Houlden (eds.), *A Dictionary of Biblical Interpretation*, London: S.C.M., and Philadelphia: Trinity Press, 1990, 435–38.

____, Walhout, Clare and Lundin, Roger, *The Responsibility of Hermeneutics*, Grand Rapids: Eerdmans and Exeter: Paternoster, 1985.

Thompson, John B., *Critical Hermeneutics: A Study in the Thought of Paul Ricoeur and Jürgen Habermas*, Cambridge: Cambridge University Press, 1981.

____, *Studies in the Theory of Ideology*, Cambridge: Polity Press, 1984.

Thorne, Barrie, Kramer, Cheris, and Henley, Nancy (eds.), *Language, Gender, and Society*, Rowley,

Mass.: Newbury House, 1983.
Tillich, Paul, *Systematic theology* (3 vols.), London: Nisbet, 1953–64.
____, *Theology of Culture*, New York: Oxford University Press, Galaxy edn., 1964.
____, "The Meaning and Justification of Religious Symbols" and "The Religious Symbol" in Sydney Hook (ed.), *Religious Experience and Truth*, Edinburgh: Oliver and Boyd, 1961 (New York University, 1961), 3–11 and 301–21, also rp. in F.W. Dillistone (ed.), *Myth and Symbol*, London: S.P.C.K., 1966, 15–34.
Todorov, Tzvetan, "Reading as Construction" in Susan R. Suleiman and Inge Crosman (eds.), *The Reader in the Text. Essays on Audience Interpretation*, Princeton: Princeton University Press, 1980, 67–82.
____, *Symbolism and Interpretation*, Eng. Ithaca: Cornell University Press, 1982.
____, *Theories of Symbol*, Eng. Ithaca: Cornell University Press, 1984.
Tolbert, Mary Ann (ed.), *The Bible and Feminist Hermeneutics: Semeia* 28, 1983.
Tolbert, Mary Ann, "Protestant Feminists and the Bible: On the Horns of a Dilemma," *Union Seminary Quarterly Review* 43, 1989, 1–17.
Tollinton, R.B., *Selections from the Commentaries and Homilies of Origen*, London: S.P.C.K., 1929.
Tompkins, Jane P. (ed.), *Reader–Response Criticism. From Formalism to Post–Structuralism*, Baltimore and London: Johns Hopkins University Press, 1980.
Toolan, Michael J., *Narrative: A Critical Linguistic Introduction*, London and New York: Routledge, 1988.
Toon, Peter, *The Right of Private Judgment. The Study and Interpretation of Scripture in Today's Church*, Portland: Western Conservative Baptist Seminary, 1975.
Torrance, James, "Interpretation and Understanding in Schleiermacher's Theology: Some Critical Questions," *Scottish Journal of Theology* 21, 1968, 268–82.
Torrance, Thomas F., *Theological Science*, Oxford: Oxford University Press, 1969.
____, "Hermeneutics according to F.D.E. Schleiermacher" *Scottish Journal of Theology* 21, 1968, 257–67.
____, *The Hermeneutics of John Calvin*, Edinburgh: Scottish Academic Press, 1988.
Torjesen, Karen Jo, *Hermeneutical Procedure and Theological Method in Origin's Exegesis*, Berlin: Walter de Gruyter, 1986.
Torres, S. and Fabella, V., *The Emergent Gospel: Theology from the Underside of History*, New York: Orbis, 1978.
Torres, Sergio and Eagleson, John (eds.), *The Challenge of Basic Christian Communities*, New York: Orbis, 1981.
Tracy, David, *Blessed Rage for Order: the New Pluralism in Theology*, New York: The Seabury Press, 1975.
____, "Modes of Theological Argument," *Theology Today* 33, 1977, 387–95.
____, *The Analogical Imagination: Christian Theology and the Culture of Pluralism*, London: S.C.M., 1981.
____, "The Foundations of a Practical Theology" in Don S. Browning (ed.) *Practical Theology*. San Francisco, 1983, 62–82.
____, "Certainty in the Interpretation of Religion: the Question of Radical pluralism," *New Literary History* 15, 1983–4, 289–309.
____, *Plurality and Ambiguity: Hermeneutics, Religion and Hope*, San Francisco: Harper and Row, 1987.
Trible, Phyllis, "Depatriarchalizing in Biblical Tradition," *Journal of the American Academy of Religion* 41, 1973, 35–42; also in Elisabeth Koltun (ed.), *The Jewish Woman. New Perspectives*, New York: Schocken

Books, 1978, 217–40.
____, *God and the Rhetoric of Sexuality*, Philadelphia: Fortress, 1978.
____, "Feminist Hermeneutics and Biblical Studies," *The Christian Century*, Feb. 1982, 116–18.
____, *Texts of Terror. Literary–Feminist Readings of Biblical Narratives*, Philadelphia: Fortress Press, 1984.
Trigg, Joseph W., *Origen: The Bible and Philosophy in the Third–century Church*, London: S.C.M., 1983.
____, *Biblical Interpretation* (Message of the Fathers of the Church, 9), Wilmington: Glazier, 1988.
Tuckett, Christopher, *Reading the New Testament: Methods of Interpretation*, London: S.P.C.K., 1987.
Tully, James (ed.), *Meaning and Context: Quentin Skinner and his Critics*, Cambridge: Polity Press, 1988.
Tupper, E. Frank, *The Theology of Wolfhart Pannenberg*, London: S.C.M., 1974 and Philadelphia: Westminster, 1973.
Turner, G., "Pre–Understanding and New Testament Interpretation," *Scottish Journal of Theology* 28, 1975, 227–42.
Tuttle, Howard N., *Wilhelm Dilthey's Philosophy of Historical Understanding*, Leiden: Brill, 1969.
Tutu, Desmond M., "The Theology of Liberation in Africa" in K. Appiah–Kubi and T. Sergio (eds.), *African Theology en Route*, New York: Orbis, 1979.
____, "Black Theology and African Theology – Soulmates or Antagonists?" in John Parratt (ed.), *A Reader in African Christian Theology*, London: S.P.C.K., 1987, 46–55.
Uffenheimer, B. and Reventlow, Henning Graf (eds.), *Creative Biblical Exegesis: Christian and Jewish Hermeneutics through the Centuries*, Sheffield: Sheffield Academic Press (J.S.O.T. Suppl. 590), 1988.
Ullmann, Stephen, *Semantics: An Introduction to the Science of Meaning*, Oxford: Blackwell, 1962.
Urban, W.M., *Language and Reality*, New York and London: Allen and Unwin, 1939.
Van Aarde, A. G., "Narrative Criticism" in P.J. Hartin and J.H. Petzer (eds.), *Text and Interpretation. New Approaches in the Criticism of the New Testament*, Leiden: Brill, 1991, 101–28.
VanderGoot, Henry, *Interpreting the Bible in Theology and Church*, Toronto: Edwin Mellen, 1984.
Vanderveken, Daniel, "Illocutionary Logic and Self–Defeating Speech Acts" in J.R. Searle, F. Kiefer, and M. Bierwisch (eds.), *Speech Act Theory and Pragmatics*, Dordrecht and Boston: Riedel, 1980, 247–72.
Vanhoozer, Kevin J., *Biblical Narrative in the Philosophy of Paul Ricoeur: A Study in Hermeneutics and Theology*, Cambridge: Cambridge University Press, 1990.
Vawter, Bruce, *Biblical Inspiration*, Philadelphia: Westminster and London: Hutchinson, 1972.
____, *On Genesis: A New Reading*, New York: Doubleday, 1977.
Via Jr., Dan Otto, *The Parables. Their Literary and Existential Dimension*, Philadelphia: Fortress, 1967.
____, *Kerygma and Comedy in the New Testament: A Structuralist Approach to Hermeneutics*, Philadelphia: Fortress, 1975.
Villiers, P.G.R. de, "New Testament Scholarship in South Africa," *Neotestamentica* 23, 1989, 119–24.
Virkler, Henry A., *Hermeneutics: Principles and Processes of Biblical Interpretation*, Grand Rapids: Baker, 1981.
Voelz, J.W., "The Problem of 'Meaning' in Texts," *Neotestamentica* 23, 1989, 33–43.
Vogels, W., *Reading and Preaching the Bible: A New Semiotic Approach*, Wilmington: Glazier, 1986.
Vološinov, V.M., *Marxism and the Philosophy of Language*, Eng. Cambridge, Mass.: Harvard University Press, 1986 (1973).
Vorster, N.S., "The Reader in the Text: Narrative Material," *Semeia* 48, 21–39.
Wadsworth, M. (ed.), *Ways of Reading the Bible*, Sussex: Harvester Press and New Jersey: Barnes and Noble, 1981.
Wachterhauser, B.R. (ed.), *Hermeneutics and Modern Philosophy*, New York: Albany State University of

New York Press, 1986.
Walhout, Clarence, Lundin, Roger and Thiselton, Anthony C., *The Responsibility of Hermeneutics:* Grand Rapids: Eerdmans and Exeter: Paternoster, 1985.
Wallace, M.I., *The Second Naïveté: Barth, Ricoeur, and the New Yale Theology* (Studies in American Biblical Hermeneutics), Macon: Mercer University Press, 1990.
Walsh, Katherine and Wood, Diana (eds.), *The Bible in the Medieval World: Essays in Memory of Beryl Smalley*, Oxford: Blackwell, 1985.
Walton, Kendall L., "How Remote are Fictional Worlds from the Real World?," *Journal of Aesthetics and Art Criticism* 38, 1978, 11–23.
____, "Fearing Fictions" in D.L. Boyer, P. Grim, and J.T. Sanders (eds.), *The Philosophical Annual* 2, Oxford: Blackwell, 1979, 191–214.
Warner, Martin (ed.), *The Bible as Rhetoric. Studies in Biblical Persuasion and Credibility*, London and New York: Routledge (Warwick Studies in Philosophy and Literature), 1990.
Warnke, Georgia, *Gadamer: Hermeneutics, Tradition and Reason*, Cambridge: Polity Press, 1987.
Watson, Francis, *Paul, Judaism and the Gentiles: A Sociological Approach*, Cambridge: Cambridge University Press (S.N.T.S.M. 56), 1986.
Wedderburn, A.J.M., *The Reasons for Romans*, Edinburgh: Clark, 1988.
Weiler, Gershon, *Mauthner's Critique of Language*, Cambridge: Cambridge University Press, 1970.
Weinsheimer, Joel C., *Gadamer's Hermeneutics: A Reading of "Truth and Method,"* New Haven: Yale University Press, 1985.
Wellek, René and Warren, Austin, *Theory of Literature*, London: Penguin Books, 1973 (1949).
West, Cornel, "After Word: the Politics of American Neo–Pragmatism" in J. Rajchman and Cornel West (eds.), *Post–Analytic Philosophy*, New York: Columbia University Press, 1985.
____, *Prophetic Fragments*, Grand Rapids: Eerdmans, 1988.
West, Gerald O., *Biblical Interpretation in Theologies of Liberation: Modes of Reading the Bible in the Southern African Context of Liberation*, University of Sheffield Ph.D. Dissertation, 1989.
Westerholm, S., "'Letter and Spirit': the Foundation of Pauline Ethics," *New Testament Studies* 30, 1984, 229–48.
Westermann (ed.), *Essays in Old Testament Hermeneutics*, Richmond: John Knox, 1963.
Wheelwright, Philip, *The Burning Fountain: A Study in the Language of Symbolism*, Bloomington: Indiana University Press, 1954.
____, *Metaphor and Reality*, Bloomington: Indiana University Press, 1962 and 1968.
White, Hayden, *Metahistory: the Historical Imagination in Nineteenth–Century Europe*, Baltimore: Johns Hopkins University Press, 1973.
White, Hugh C.(ed.), *Speech Act Theory and Biblical Criticism, Semeia* 41, 1988.
White, Stephen K., *The Recent Work of Jürgen Habermas: Reason, Justice, and Modernity*, Cambridge: Cambridge University Press, 1988 and 1989.
Whorf, Benjamin L., *Language, Thought and Reality: Selected Writings of Benjamin Lee Whorf*, ed. J.B. Carroll, Cambridge Mass.: M.I.T. Press, 1956.
Whybray, R.N., "On Robert Alter's *The Art of Biblical Narrative,*" *Journal for the Study of the Old Testament* 27, 1983, 75–117.
Wilder, Amos N., *Jesus' Parables and the War of Myths: Essays on Imagination in the Scriptures*, Philadelphia: Fortress, 1982.
Wiles, Maurice F., *The Divine Apostle: The Interpretation of St. Paul's Epistles in the Early Church*,

Cambridge: Cambridge University Press, 1967.
Williams, J.G., "Exegesis – Eisegesis: Is There a Difference?," *Theology Today* 30, 1973, 218–27.
Williams, Raymond B., "Origen's Interpretation of the Old Testament and Lévi–Strauss' Interpretation of Myth" in A.L. Merrill and T.W. Overholt (eds.), *Scripture in History and Theology: Essays in Honour of J.C. Rylaarsdam*, Pittsburgh: Pickwick Press, 1977, 279–99.
Williams, Robert, *Schleiermacher the Theologian: The Construction of the Doctrine of God*, Philadelphia: Fortress, 1978.
____, "Schleiermacher, Hegel, and the Problem of Concrete University," *Journal of the American Academy of Religion* 56, 1988, 473–96.
Williamson, Ronald, *Philo and the Epistle to the Hebrews*, Leiden: Brill, 1970.
Wilson, B.A., "Hirsch's Hermeneutics: a Critical Examination," *Philosophy Today* 22, 1978, 20–33.
Wilson, R.McL., "Of Words and Meanings," *Journal for the Study of the New Testament* 37, 1989, 9–15.
Wilmer, Richard H., "Hooker on Authority," *Anglican Theological Review* 32, 1951, 102–8.
Wimbush, V.L., "Historical/Cultural Criticism as Liberation: A Proposal for an African American Biblical Hermeneutic," *Semeia* 47, 1989, 43–55.
Wimsatt, William K., "Genesis: A Fallacy Re–visited" in Peter Demetz et al., *The Disciplines of Criticism: Essays in Literary Theory, Interpretation and History*, New Haven: Yale University Press, 1968, 193–225.
Wimsatt, William K. and Beardsley, Monroe, "The Intentional Fallacy" in W.K. Wimsatt, *The Verbal Icon: Studies in the Meaning of Poetry*, New York: Noonday Press, 1966(1954).
Winch, Peter, *The Idea of a Social Science and its Relation to Philosophy*, London: Routledge & Kegan Paul, 1958.
Wink, W., *The Bible in Human Transformation: Toward a New Paradigm for Biblical Study*, Philadelphia: Fortress Press, 1973.
____, *Transforming Bible Study*, Nashville: Abingdon, 1980.
____, *Unmasking the Power*, Philadelphia: Fortress, 1986.
Winquist, Charles E., *Practical Hermeneutics: A Revised Agenda for the Ministry*, Chico: Scholars Press, 1980.
____, *Epiphanies of Darkness: Deconstruction in Theology*, Philadelphia: Fortress Press, 1986.
Wittgenstein, Ludwig, *Notebooks* 1914–16, Eng. Oxford: Blackwell, 1961.
____, *Tractatus Logico–Philosophicus*, Germ. & Eng., London: Routledge & Kegan Paul, 1961.
____, *Philosophische Bemerkung* (1929–30), Oxford: Blackwell, 1964.
____, *Philosophical Grammar* (1929–34), Oxford: Blackwell, 1974.*
____, *The Blue and Brown Books* (2nd edn.) Oxford: Blackwell, 1969.*
____, *Remarks on the Foundations of Mathematics*, Germ. and Eng., Oxford: Blackwell, 1956.
____, *Philosophical Investigations* (1936–49), Germ. & Eng. Oxford: Blackwell, 3rd edn. 1967.*
____, *Lectures and Conversations on Aesthetics, Psychology, and Religious Belief*, Oxford: Blackwell, 1967.
____, *Zettel*, Germ. and Eng. Oxford: Blackwell, 1967.*
____, "Bemerkungen über Frazers *The Golden Bough*" in *Synthese* 17, 1967, 233–53.*
____, "Notes for Lectures on Private Experience and 'Sense Data'" in *Philosophical Review* 77, 1968, 271–320.*
____, *On Certainty*, Germ. and Eng. Oxford: Blackwell, 1969.*
____, *Culture and Value*, Eng. and Germ. 2nd edn. Oxford: Blackwell, 1980.*
Wittig, Susan(ed.), *Structuralism: An Interdisciplinary Study*, Pittsburgh: Pickwick Press, 1975.

____, "A Theory of Multiple Meanings," *Semeia* 9, 1977, 75–105.

Witvliet, Theo, *The Way of the Black Messiah*, Eng. London: S.C.M., 1987.

Wolfson, Harry A., *Philo* (2 vols.) Cambridge: Harvard University Press, 1947.

Wolterstorff, Nicholas, *Art in Action: Towards a Christian Aesthetic*, Grand Rapids: Eerdmans, 1980.

____, *Works and Worlds of Art*, Oxford: Clarendon Press, 1980.

Wood, Charles M., *Theory and Understanding: A Critique of the Hermeneutics of Joachim Wach*, Missoula: Scholars Press and A.A.R., 1975.

Wood, A. Skevington, *The Principles of Biblical Interpretation as Enunciated by Irenaeus, Origen, Augustine, Luther and Calvin*, Grand Rapids: Zondervan, 1967.

____, *Captive to the Word: Martin Luther, Doctor of Sacred Scripture*, Exeter: Paternoster, 1969.

Worton, Michael, and Still, Judith (eds.), *Intertextuality: Theories and Practices*, Manchester: Manchester University Press, 1990.

Wright, N.T., *The Messiah and the People of God: A Study in Pauline Theology with Particular Reference to the Argument of the Epistle to the Romans:* D. Phil. Thesis, Oxford: University of Oxford, 1980.

____, "Jesus, Israel, and the Cross" in K.H. Richards (ed.), *Society of Biblical Literature Seminar Papers*, Atlanta: Scholars Press, 1985, 75–95.

____, *The Climax of the Covenant: Christ and the Law in Pauline Theology*, Edinburgh: Clark, 1991.

Wright, T.R., *Theology and Literature*, Oxford: Blackwell, 1988.

Wuellner, W., "Is There an Encoded Reader Fallacy?," *Semeia* 48, 41–54.

Wunderlich, Dieter, "Methodological Remarks on Speech–Act Theory" in J.R. Searle, F. Kiefer, and M. Bierwisch (eds.), *Speech–Act Theory and Pragmatics*, Dordrecht: Reidel, 1980, 291–312.

Young, Frances, *The Art of Performance: Towards a Theology of Holy Scripture*, London: Darton, Longman, and Todd, 1990.

Young, Frances, and Ford, David, *Meaning and Truth in 2 Corinthians*, London: S.P.C.K., 1987.

Young, Robert (ed.), *Untying the Text: A Post–Structuralist Reader*, London: Routledge & Kegan Paul, 1981.

Ziman, John M., *Public Knowledge: An Essay Concerning the Social Dimension of Science*, Cambridge: Cambridge University Press, 1968.

Zuck, John E., "The New Hermeneutic Language: A Critical Appraisal," *Journal of Religion* 52, 1972, 397–416.

____, "Tales of Wonder: Biblical Narrative, Myth and Fairy Stories," *Journal of the American Academy of Religion* 44, 1976, 299–308.

인명색인

Aageson, J. W.(애게슨) 215, 236
Achtemeier, Elizabeth(엘리자벳 악트마이어) 611-118
Adorno, T. W(아도르노) 506, 511-513, 554
Allen, Stuart(스튜어트 알렌) 272
Alt, A(알트) 419
Alter, Robert(로버트 알터) 92, 630, 635, 638-639, 753, 760
Althusser, Louis(루이 알튀세르) 230, 465, 569
Altizer, Thomas(토마스 알티저) 184
Alves, Rubem(루벰 알베스)
Ambrose(암브로시우스) 256,
Anderson, B. W(앤더슨) 635
Anderson, Janice(제니스 앤더슨) 575-576
Anscombe, Elizabeth(엘리자베스 앤스콤) 402
Anselm of Canterbury(안셀무스) 206, 209, 256-257, 497,
Apel, Karl-Otto(칼 오토 아펠) 214, 345, 425, 430, 446-447, 449, 453, 457, 461, 505-506, 509, 512, 519, 523-526, 529, 531, 536-541, 573, 584, 588-590, 604, 710, 715, 717, 720, 805, 810
Aquinas, Thomas(토마스 아퀴나스) 263
Arendt, Hannah(한나 아렌트) 431,
Arens, E.(아렌스) 52, 400, 402
Aristobulus(아리스토불루스) 236,
Aristotle(아리스토텔레스) 30, 110, 135, 196, 215, 277, 279, 382, 432, 440-441, 478-479, 483, 510-511, 515, 554, 759,
Assman, Hugo(휴고 아스만) 553, 556
Ast, F.(아스트) 58, 253, 284
Athanasius(아타나시우스) 228
Atkinson, James(엣킨슨) 258
Augustine(아우구스티누스) 135
Aurelio, T.(아우렐리오) 52, 399, 400, 402
Austin, John L.(오스틴) 50-53, 55, 72, 106, 122, 364, 377-379, 383, 390, 392-393, 395, 400-401, 403-423, 429, 492-500, 517-519, 720-721, 761, 798-801,
Avis, Paul(애비스) 511, 554
Ayer, A. J.(에이어) 57, 80, 149, 181, 305, 614
Baird, J. Arthur(아더 베어드) 376
Bakhtin(Baxtin, 바흐친) 15, 523, 524
Ballard, Paul(폴 발라드) 739
Balthaser, Hans Urs von(폰 발타사르) 248
Balzac, Honoré de(발자크) 157-159
Barclay, John(존 바클레이) 600
Barfield, Owen(오웬 바필드) 480
Barnard, Leslie(레슬리 바나드) 233
Barr, J.(제임스 바) 612
Barrett, C. K.(바렛) 242, 329
Barth, Karl(칼 바르트) 294, 298, 310, 313, 317, 323-324, 375, 381, 383, 740, 807
Barth, Markus(마르쿠스 바르트) 419
Barthes, Roland(롤랑 바르트) 399, 499, 625, 630, 632, 638, 640, 642, 654-658, 661-662, 672, 677-670, 680, 713, 717, 749, 773, 779, 785, 791, 800
Barton, J.(존 바톤) 671-675, 688, 700, 715, 732, 781, 803, 807, 817
Bass, D.(도로시 배스) 587
Bassler, J.(주엣 바슬러) 691, 693,783
Bauckham, R.(리처드 보캄) 626
Bauman, Zygmunt(지그문트 바우만) 285, 447, 514, 520, 744, 809-811
Baur, Ferdinand Christian(페르디난드 바우어) 284, 328, 337, 353-354, 360
Bavinck, H.(헤르만 바빙크) 264-265
Baxtin, M. M.(바흐친) 15, 523, 524
Beale, G. K.(비일) 222
Beardsley, M.(비어즐리) 107
Beauvoir, S. de(보부아르) 586-597, 589
Bede(베데) 263, 540
Beisser, Friedrich(프리드리히 바이서) 261, 264, 265
Beker, J. Christian(크리스천 베커) 63, 332-333, 336
Belo, Fernando(페르난도 벨로) 955, 74-576
Benoist, J. M.(베누아) 654, 666
Benveniste, Emile(에밀 방브니스트) 413, 482, 642
Berger, Peter(피터 버거) 448-449, 810
Bergson, H.(베르그송) 440
Berkouwer, G. C.(벌카우어) 264-265
Berlin, Adele(아델 벌린) 98
Berlin, B.(벌린) 165

Bernstein, Richard(리처드 번스타인) 63, 431-432, 437, 450, 510, 512, 514, 519, 531, 536, 554-555, 610, 729, 767
Berryman, Phillip(필립 베리만) 554
Best, Ernest(어네스트 베스트) 604
Betti, Emilio(에밀리오 베티) 32, 74, 349, 452, 556, 747
Beuken, W.(뷰켄) 678
Black, Max(막스 블랙) 165, 478-480, 614
Blackman, E. C.(블랙맨) 244
Bleich, David(데이빗 블라이치) 109-110, 532, 630, 704, 706-707, 709-716, 731, 737, 772, 785
Bleicher, Josef(조셉 블라이허) 352
Bloch, Ernst(에른스트 블로흐) 477, 558, 560-561
Bloom, Harold(해롤드 블룸) 166, 183, 669
Bloomfield, Leonard(레너드 블룸필드) 142, 145
Boeckh, Philip August(필립 뵈크) 106-107, 283-284
Boesak, A.(보삭) 565, 569-573
Boethius(보에티우스) 277
Boff, C.(클로도비스 보프) 553, 554-555, 565, 578
Boff L.(레오나르도 보프) 550, 556, 578
Bonhoeffer, Dietrich(디트리히 본회퍼) 76, 128, 677, 827
Bonino, J. Miguez(미구에즈 보니노) 553, 556
Booth, Wayne(웨인 부스) 109, 649, 694
Borges, Jorges Luis(보르헤스) 186, 188-189
Boring, Eugene(유진 보링) 398
Bornkamm, G.(보른캄) 396-397
Bornkamm, Heinrich(하인리히 보른캄) 261, 273, 341
Bostock, G.(보스톡) 247, 254
Bousset, Wilhelm(빌헬름 부세) 332, 394
Bovon, Francois(프랑수아 보봉) 113, 666
Brandt, Richard(리처드 브랜트) 299
Braun, Herbert(허버트 브라운) 615
Breck, John(존 브렉) 115
Brett, Mark(마크 브렛) 731-732
Brooks, Cleanth(클렌스 브룩스) 184
Brown, Raymond(레이먼드 브라운) 427
Browning, Don(돈 브라우닝) 739, 806
Bruce, F. F.(브루스) 356-358
Buber, Martin(마틴 부버) 127, 468
Buchanan, George Wesley(부캐넌) 369
Bullinger, Heinrich(하인리히 불링거) 279-280
Bultmann, Rudolf(루돌프 불트만) 261
Bunyan, John(존 번연) 232-233
Bure, van Paul(폴 반 뷰렌) 532

Cadbury, H. J.(캐드베리) 357
Caird, G. B.(케어드) 50, 86, 635-636, 671, 774, 783
Cairns, D.(케언스) 615
Calloud, Jean(장 칼루) 655, 659, 662, 667
Calvin, John(칼뱅) 357, 379, 590, 711
Cameron, Deborah(드보라 카메론) 624
Caputo, John(존 카푸토) 100, 216
Cardenal, Ernesto(에르네스토 카데날) 552
Carnap, Rudolf(루돌프 카르납) 142
Carson, D. A.(카슨) 222
Cassirer, Ernest(에른스트 카시러) 471
Castro, Emilio(에밀리오 카스트로) 556
Cavell, Stanley(스탠리 카벨) 492
Cerfaux, L.(서포) 393
Chapman, J. Arundel(아룬델 채프만) 296
Chatman, Seymour(세이머 채트만) 48, 482-483, 640, 642, 693, 694, 786
Childs, Brevard(브레바드 차일즈) 79, 86, 430, 616, 672
Chilton, Bruce(브루스 칠턴) 224
Chladenius, Johann Martin(클라데니우스) 110, 281-282, 301
Chomsky, N.(촘스키) 145, 148, 663, 671
Chopp, Rebecca S.(레베카 춉) 589, 624-625
Chrysostom, John(크리소스토무스) 247, 255-256, 275
Cicero(키케로) 110, 266, 275
Ciezkowski, A. V.(치즈코프스키) 554
Clement of Alexandria(알렉산드리아의 클레멘트) 217, 226, 244-247, 254, 258, 778
Clement of Rome(로마의 클레멘트) 366
Clévenot, Michel(미셀 클레브노) 576-577
Clines, David J. A.(데이빗 클라인스) 40, 84, 193-194, 199, 422-423, 626, 635, 672, 791
Cohen, Ted(코헨) 380, 479
Coleridge, S. T.(콜러리지) 631, 636

Colet, John(콜레) 267
Collingwood, R. G.(콜링우드) 381
Collins, Adela Yarboro(아델라 야브로 콜린스) 589
Comete, A.(콩트) 514
Cone, James H.(제임스 콘) 564-567, 573
Corner, Mark(마크 코너) 31, 804-805
Corrington, Robert S.(로버트 코링턴) 43, 137, 142, 539
Court, John M.(존 코트) 132
Courtivron, Isabelle de(이사벨 드 쿠르티브론) 587
Cox, Ronald R.(로널드 콕스) 812
Cranfield, Charles E. B.(찰스 크랜필드) 329
Cranmer, Thomas(토마스 크랜머) 278
Crites, Stephen(스티븐 크라이츠) 645, 757-758, 821
Croatto, J. Severino(세베리노 크로아토) 553-554, 556, 571
Cronbach, Abraham(크론바흐) 89
Crosman, Inge(잉게 크로스만) 109, 706
Crossan, John Dominic(크로산)
Crystal, David(데이빗 크리스탈) 784
Culler, Jonathan(조너선 쿨러) 529, 539, 664-672, 678, 681, 700, 702, 704, 706, 707, 710, 712, 714-717, 728-729, 737, 785, 823
Cully, Robert(로버트 컬리) 660, 666
Cullmann, Oscar(오스카 쿨만) 393
Culpepper, R. Alan(알란 컬페퍼) 693
Cupitt, Don(돈 큐핏) 202
Cyril of Alexandria(시릴) 217

Daly, Mary(메리 달리) 704, 709, 776
Dannhauer, J. C.(단하우어) 279, 301
Dante(단테) 213-214
Davies, W. D(데이비스) 332
Deeks, David(데이빗 딕스) 806
Deissmann, Adolf(아돌프 다이스만) 330, 420, 676
Delorme, J.(델로르메) 824
de Man, Paul(폴 드 만) 630
Demosthenes(데모스테네스) 266
Derrida, Jacques(자크 데리다) 630, 632-633, 652, 679, 698, 712-713, 715, 791-792, 800-801
Descartes, R.(데카르트) 78, 148, 212-213, 216, 218, 267-268, 323-324, 474, 746
Detweiler, Robert(로버트 디트와일러) 157
Dewey, John(존 듀이) 530, 532-533, 535-536, 541, 555, 609, 730
Dibelius, M.(디벨리우스) 337
Dickens, Charles(찰스 디킨스) 482
Dilthey, Wilhelm(빌헬름 딜타이) 180, 216, 282, 284, 289-301, 343-356, 360, 363-364, 371-372
Dodd, C. H.(다드) 116, 217-218, 244, 816
Dornisch, Loretta(로레타 도니쉬) 468, 503, 507
Douglas, Mary(메리 더글러스) 575
Dray, William(윌리엄 드레이) 544
Dreyfus, Hubert(허버트 드레퓌스) 200, 435
Droysen, J. G.(드로이센) 437
Duke, James(제임스 듀크) 293, 306, 317
Dunn, James(제임스 던) 335, 393, 394, 397, 603
Duras, Marguerite(마거리트 듀라) 587
Durkheim(뒤르케임) 517, 519
Dürr, L.(뒤르) 405
Du Plessis, J. G.(두 플레시스) 52, 399, 400-402
Dussel, Enrique(엔리케 두셀) 556
Dworkin, Ronald(로널드 드워킨) 720
Dwyer, P.(드와이어) 150

Eagleton, Terry(테리 이글턴) 209, 631
Ebeling, G.(에벨링) 430, 446-447
Eberhard, J. A.(에버하르트) 299
Eco, Umberto(움베르트 에코) 637, 681, 698-706, 715, 737, 780, 782, 785-786
Ehrmann, J.(어만) 187
Eichholz, Georg(아이히홀츠) 332
Eichrodt, W.(아이히로트) 425
Eliot, T. S.(엘리엇) 184, 186
Ellis, E. Earle(얼 엘리스) 242
Epicurus(에피쿠로스) 161, 261
Erasmus, Desiderius(에라스무스) 53, 60, 110, 258-261, 267
Ernesti, J. A.(어네스티) 281, 301
Evans, Donald D.(로널드 에반스) 50, 378-379, 383, 390, 392-393, 401, 404, 411, 414, 417, 721, 754, 761, 766,

Evans, Gillian R.(질리안 에반스) 60, 215, 274, 277
Evans, Mary(메리 에반스) 590
Exum, J. Cheryl(체릴 엑숨) 582

Fann, K. T.(판) 404
Farley, Edward(에드워드 팔리) 739-740, 806
Farrar, Frederick(프레더릭 파러) 231, 241
Fee, Gordon D.(고든 피) 354
Felde, Johannes von(요하네스 폰 펠데) 280, 301
Ferguson, Duncan(던칸 퍼거슨) 254
Feuerbach, L.(포이어바흐) 470, 513, 554-555, 560
Feyerabend, Paul(파울 파이어아벤트) 219
Fichte, J. G.(피히테) 299, 320, 322
Fiorenza, Elizabeth Schussler(피오렌자) 579-583, 589, 596-597, 599-607, 615, 618, 626, 734
Firth, J. R.(퍼스) 110-111, 130
Fish, Stanley(스탠리 피쉬) 36-37, 43-44, 48, 55, 67, 98, 109-110, 142, 200, 531-532, 536, 539, 542, 547, 609, 610, 631, 633, 634, 675, 677, 684, 686-688, 691, 695-698, 704, 706-707, 709, 710, 712, 714-716, 718-737, 767, 785-787, 789-790, 800-802, 821, 823-824
Fishbane, Michael(마이클 피쉬베인) 54, 82-85, 199, 677
Fisher, G. P.(피셔) 297
Fiss, Owen(오웬 피스) 720, 723

Florovsky, Georges(플로로브스키) 115
Foerster, Werner(포어스터) 227
Fokkema, D. W.(포케마) 150, 157
Foreman, T.(포어맨) 300
Forstman, Jack(잭 폴스트맨) 306, 317
Foucault, M.(푸코) 499, 533, 630, 661-662
Fowl, Stephen E.(스티븐 파울) 430, 732-734
Fowler, Robert M.(로버트 파울러) 398, 433, 687, 691-693, 695-696, 701, 786
France, R. T.(프랜스) 396
Frege G.(프레게) 496
Frei, Hans(한스 프라이) 65, 678, 765, 769, 814
Freire, Paulo(파울로 프레이리) 558, 814
Freud, Sigmund(프로이트) 33, 46, 58, 94-95, 99, 149, 151-152, 167-169, 176, 178-179, 205, 213, 284, 320, 361, 467, 470-500, 509, 513, 515-517, 528, 551, 553, 558, 575, 592, 630, 665, 707, 769-770, 773, 775, 780
Freund, Elizabeth(엘리자벳 프로인드) 706
Freyne, S.(프레인) 680
Friedman, Shamma(샤마 프리드만) 199
Frye, Northrop(노스롭 프라이) 108, 148, 213, 652, 769
Fuchs, Ernst(에른스트 푹스) 42, 50-51, 76, 185, 190, 345, 376, 405, 430, 446, 645, 660, 757, 762, 769
Funk, Robert W.(로버트 펑크) 116, 123, 185, 402, 659, 660, 690, 762, 768
Fyall, Robert(로버트 피알) 47

Gadamer, Hans-George(가다머) 23, 28, 31, 34, 35, 38, 41-46, 49, 51, 59, 62, 63, 75, 78, 80, 93, 110, 143, 181, 197, 204, 216-219, 268, 312, 326, 349, 351, 356, 376, 384, 429-454, 455-460, 467, 472, 486-488, 501, 512-515, 521, 525, 530-531, 535-537, 539, 540, 544, 552, 578, 590, 594, 601, 615, 626, 629, 651, 662, 668, 686, 708, 713, 716, 718, 724-725, 730-731, 757, 761, 811, 814, 815,
Gale, Herbert M.(허버트 게일) 683
Garrett, Clive(클라이브 개럿) 380
Gazdar, G.(가즈달) 498
Geffré, Claude(클라우드 지프레) 824
Genette, Gérard(제라르 주네트) 48, 482, 640, 642-643, 758, 786
George, Stefan(스테판 조지) 172
Gerhart, Mary(메리 게하르트) 488, 504
Gerlemann, G.(게를만) 763
Gerrish, B. A.(게리쉬) 295, 297
Geuss, R.(게우스) 511
Goba, Bonganjalo 565, 569, 571-572
Goldingay, John(존 골딩게이) 763
Good, Edwin(에드윈 굿) 638
Goodenough, E. R.(굿이너프) 236
Goodman, Nelson(넬슨 굿맨) 478
Goppelt, L.(고펠트) 241
Göttner-Abendroth, Heide(괴트너-아벤트로스) 621
Gottwald, Norman K.(노먼 갓월드) 525, 572,

576, 626, 732, 779
Grant, Patrick(패트릭 그랜트) 632, 633, 647, 663, 667, 682-683, 697
Grant, R. M.(그란트) 244
Grayston, Kenneth(케네스 그레이스톤) 636
Greenwood, D.(데이빗 그린우드) 655
Greer, Germaine(저메인 그리어) 587, 591
Gregory the Great(그레고리우스) 262-263, 277
Greidanus, Sidney(흐레이다누스) 766
Greimas, Alexander J.(그레마스) 147, 157, 640, 654-655, 656, 659, 662-663, 667, 755
Grether, O.(그레터) 405
Grice, H. P.(그리스) 81, 108, 400, 497
Grobel, K.(그로벨) 226
Groh, D. E.(그로) 228
Groome, Thomas(토마스 그룸) 739, 814-815
Guiraud, Pierre(피에르 기로) 653
Gunn, David M.(데이빗 건) 98, 635-635, 640, 763
Gunneweg, A. H. J.(군네벡) 246
Guthrie, Donald(도널드 거스리) 363, 601
Gutiérrez, Gustavo(구스타포 구티에레즈) 556-560, 571, 593
Güttgemanns, Erhardt(에리하르트 귓게만스) 148, 663-664, 667

Habermas, Jürgen(하버마스) 23, 28, 31, 35-36, 43-44, 48, 61, 63, 67, 96, 181, 206, 219, 429, 431, 436, 452, 455, 459-460, 467, 470, 487, 500-502, 509-529, 531, 532-533, 535-536, 538, 542-543, 546-547, 558, 571, 579, 590, 594, 595-596, 610, 716, 721, 724-725, 728, 794, 805, 809-811, 815, 817, 828
Hacker, P. M.(해커) 723
Hampson, Daphne(다프니 햄프슨) 776
Hancher, Michael(마이클 핸처) 398-399
Hanson, Anthony T.(앤서니 핸슨) 221, 222, 224, 420, 422
Hanson, Richard P. C.(리처드 핸슨) 217, 231, 243, 246, 253
Harari, J. V.(하라리) 180
Hare, R. M.(헤어) 496, 530
Harnack, Adolf von(아돌프 폰 하르낙) 229, 252, 807
Hart, H. L. A.(하트) 720
Hart, Kevin(케빈 하트) 792
Hartin, P. J.(하틴) 196
Hartman, Geoffry(조프리 하르트만) 142, 166, 177, 183, 667,
Hartmann, Nocolai(니콜라이 하르트만) 350
Harvey, Anthony E.(앤서니 하비) 489
Harvey, David(데이빗 하비) 143
Hauerwas, Stanley(스탠리 하우어워스) 757
Hays, R. B.(리처드 헤이스) 670, 680
Hegel, G. W. F.(헤겔) 143, 161, 169, 180, 194, 344, 347, 349, 350, 381, 432, 437, 440, 454-458, 461, 474, 484, 505, 513, 517-518, 545, 554, 558, 713, 724-725, 753-754
Heidegger, Martin(하이데거) 41, 51, 62, 75, 91, 99, 167-197, 200-203, 218-219, 282, 346, 375, 378, 381, 384-390, 407, 429, 432, 437-440, 446, 448, 450, 458, 460, 468-471, 474, 477, 478, 483, 484, 487, 490, 505, 515, 532-533, 535, 630, 668, 757, 760
Heine, Susanne(수전 하이네) 608, 618-623, 712-713
Hempel, Carl(칼 헴펠) 544
Heraclitus Stoicus(헤라클레이토스) 195-196, 235
Herder, J. G.(헤르더) 284, 296, 302, 319, 348
Herrmann, Wilhelm(빌헬름 헤르만) 807, 380
Hertz, Heinrich(하인리히 헤르츠) 380
Hervey, Sándor(산도르 허비) 142, 154, 156
Hesiod(헤시오도스) 216, 235
Hesse, Mary(메리 헤세) 219, 480
High, Dallas M.(달라스 하이) 799, 825
Hill, David(데이빗 힐) 223
Hillel, Rabbi(힐렐) 215
Hippocrates(히포크라테스) 135
Hippolytus(히폴리투스) 226 366
Hirsch, E. D.(허쉬) 44-46, 78, 81, 203, 629, 673
Hjelmslev, L.(옐름슬레브) 153
Hobbes, Thomas(홉스) 135, 267, 479

Hock, Ronald(로널드 호크) 358-359
Hodges, H. A.(핫지스) 344
Hofius, Olfried(올프리드 호피우스) 366
Holland, Norman(노먼 홀란드) 686, 704, 706-709, 716, 737, 772, 785-786

Holmberg, P.(홀름버그) 335
Homer(호메로스) 195, 216, 234, 237
Hooker, Morna(모나 후커) 223
Hooker, Richard(리처드 후커) 278, 279
Hordern, W.(호던) 532, 758
Horkheimer, M.(호르크하이머) 512, 517-518, 520
Horsley, R. A.(호슬리) 748
Horton, Susan R.(수전 호톤) 697
Howard, George(조지 하워드) 332
Hubbard, B. J.(후바트) 396
Hugh of St. Victor(빅토르 휴) 263
Hughes, Graham(그레이엄 휴즈) 367
Humboldt, Wilhelm von(훔볼트) 165, 283, 437, 443
Hume, David(데이비드 흄) 143, 344
Hummel, Horace D.(험멜) 271
Hurd, J. C. jr.(허드) 353, 748
Husserl, E.(후설) 75, 167, 169-170, 218-219, 282, 346, 385, 437-438, 448, 474, 490, 520, 687, 697, 706, 710, 712, 812
Huyssen, Andreas(안드레아스 하이센) 166
Iersel, Bas van(바스 판 이어셀) 678, 680, 682
Ihde, don(돈 이드) 491, 506
Illyricus, Matthias Flacius(플라키우스 일루리쿠스) 279
Ingarden, Roman(로망 잉가르덴) 687-689, 704, 706
Ingram, David(데이빗 인그람) 511, 516, 522
Irenaeus(이레나이우스) 211, 217, 219, 220, 225-226, 228-232, 244, 246-247, 280, 343
Iser, Wolfgang(볼프강 이서) 106, 109, 116, 401, 645, 670, 684, 685, 687-691, 703, 720, 786
Ivanov, V. V.(이바노프) 524

Jacob, E.(제이콥) 405
Jakobson, Roman(로만 야콥슨) 93, 140, 146, 152-153, 158, 179, 474, 478, 653
James, William(윌리엄 제임스) 136
Jameson, Fredric(프레드릭 제임슨) 154
Janik(야닉) 723
Jasper, David(데이빗 재스퍼) 472, 634, 649
Japers, Karl(칼 야스퍼스) 381, 384-385,469, 472, 505, 615, 750
Jauss, Hans Robert(한스 야우스) 75, 109, 110, 786
Jeanrond, Werner G.(진론드) 55, 111
Jeremias, J.(예레미아스) 769
Jerome(제롬) 366
Jewett, Robert(로버트 주엣) 334, 361, 365, 388
Johnson, Elliott E.(엘리엇 존슨) 45
Jones, Geraint Vaughan(본 존스) 754
Joyce, James(제임스 조이스) 158, 702
Jülicher, Adolf(아돌프 율리허) 116, 768, 807
Justin Martyr(유스티누스) 225, 230

Kafka, Franz(프란츠 카프카) 648
Kähler, Martin(마틴 켈러) 456, 457
Kaiser, Walter C.(월터 카이저) 80
Kalilombe, Patrick A.(패트릭 칼릴롬브) 569
Kant, Immanuel(칸트) 98, 143, 216, 267, 282, 284, 289, 299-300, 326, 344, 346, 350, 437, 444, 477, 505, 513, 517, 530, 542, 543, 545, 724
Karlstadt, Andreas(칼슈타트) 264, 270-271
Karttunen, L.(카르투넨) 498
Käsemann, E.(케제만) 332, 335, 365-366, 465
Katz, Jerrold(제롤드 카츠) 720
Keane, John(존 키인) 499
Kee, Alistair(알리스테어 키) 578
Keel, Othmar(오트마 키일) 777
Keenan, Edward(에드워드 키넌) 670
Kelber, Werner(켈버) 103, 123-126, 649
Kellog, Robert(로버트 켈로그) 649
Kelly, J. N. D.(켈리) 231, 362
Kelsey, David(켈시)69, 757, 758, 806
Kempson, Ruth(룻 캠프슨) 723
Kenny, Anthony(앤서니 케니) 723
Kermode, Frank(프랑크 커모드) 645, 647, 648, 762, 766, 767
Kierkegaard, S.(키르케고르) 178, 193, 194, 195, 216, 338, 376, 378, 381-384, 407, 437, 491, 501-502, 555, 567, 614, 750-754
Kimmerle, Heinz(하인츠 킴멀) 289, 290
King, Ursula(어슐라 킹) 589
Kirk, Andrew(앤드류 커그) 711
Klemm, David(데이빗 클렘) 429, 490, 502
Knox, W. L.(낙스) 332
Kort, Wesley A.(웨슬리 코르트) 643, 645-648,

653, 763
Kramer, Werner(워너 크래머) 391
Krentz, Edgar(크렌츠) 267, 268
Kristeva, Julia(줄리아 크리스테바) 82, 86, 132, 134, 143, 146, 148, 151, 178-179, 205-206, 209, 575, 587, 669, 677, 679
Kugel, J. L.(쿠겔) 253
Kuhn, Thomas S.(토마스 쿤) 219, 459, 534, 720, 725
Kunne-Ibsch, E.(쿤느-입쉬) 150, 157
Künneth, Walter(발터 퀴네스) 602-603

Labberton, Mark(마크 라버톤) 710-712
Lacan, Jacques(자크 라캉) 151, 178-179, 205, 209, 474, 575, 630, 655, 665
Laeuchli, Samuel(사무엘 래우츨리) 66, 225-228
Laffey, Alice L.(앨리스 라피) 585, 589
Lakoff, George(조지 라코프) 500
Lampe, G.W.(람프) 242
Lash, Nicholas(니콜라스 라쉬) 807
Lategan, Bernard(라테간) 118
Lawson, Hilary(힐러리 로슨) 180
Leach, Edmund(리치) 147
Leech, Geoffrey(조프리 리치) 72, 392, 400, 402
Leith, Dick(딕 레이스) 120, 208, 746
Lentricchia, Frank(프랑크 렌트리치아) 45, 108, 147, 177, 207
Lévi-strauss, Claude(레비스트로스) 146-147, 150, 152, 254, 654-656, 662
Levinson, Stephen(스티븐 레빈슨) 392, 422, 497-498
Lewis, C. S.(루이스) 255, 480, 781
Lindbeck, George(조지 린드벡) 678, 741, 806, 808
Linnemann, Eta(에타 린네만) 252
Lipsius, Richard(리처드 립시우스) 356
Loader, J. A.(로더) 672
Loades, Ann(앤 로즈) 398, 586, 589, 596, 598, 613
Locke, John(존 로크) 135, 272, 344, 650, 746
Longenecker, Richard N.(리처드 론지네커) 212, 221, 224
Longman, Tremper(트렘퍼 롱만) 704
Lorenzer, Alfred(알프레드 로렌쩌) 513, 515
Lotman, Jurij(유리 로트만) 701, 778, 780, 782
Louth, Andrew(앤드류 라우스) 230, 231, 233, 247
Lubac, Henri(앙리 뤼박) 680
Luckmann, Thomas(토마스 룩크만) 448, 463
Lüdemann, Hermann(헤르만 뤼데만) 356
Lukács, Georg(게오르그 루카치) 520
Lundin, Roger(로저 룬딘) 209
Luther, Martin(마틴 루터) 40, 53, 60, 61, 77, 231, 234, 243, 257-374, 375, 380, 418 711, 790
Luz, Ulrich(울리히 루츠) 221
Lyons, John(존 라이언스) 101, 111, 135, 784
Lyotard, J. F.(리오타르) 166, 181, 511, 536, 538, 630

Mccarthy, T.(맥카티) 511
Mchann, James Jr.(제임스 맥한) 64, 348, 463
Mackintosh, H. R.(매킨토시) 322
McKnight, Edgar V.(맥나이트) 667, 792
McLaughlin, Eleanor(맥롤린) 581
Malcolm, Norman(노먼 말콤) 723
Malinowski, B.(말리노브스키) 53, 147
Mannheim, Karl(칼 만하임) 447, 448, 553, 809, 810
Manson, T. W.(맨슨) 354, 376
Marcel, Gabriel(가브리엘 마르셀) 127, 468, 472
Marcion(마르키온) 225, 228, 229, 253, 336
Marcuse, Herbert(헤르베르트 마르쿠제) 518, 558
Marks, Elaine(엘레인 마크스) 587
Marquart, Kurt(쿠르트 마카르트) 273
Marshall, Peter(피터 마샬) 353, 359
Marshall, I. Howard(하워드 마샬) 395
Martinet, A.(마티넷) 153
Marx, Karl(마르크스) 46, 95, 149, 161, 447-448, 470, 472, 506, 553-556, 558, 560, 565, 573, 592, 805, 809
Marxsen, Willi(빌리 막센) 604
Mauthner, Fritz(프리츠 마우트너) 169, 216, 437, 443-446
May, Rollo(롤로 메이) 775
Mbiti, John S.(존 음비티) 567-569
Mead, George H.(조지 미드) 521

Meeks, Wayne(웨인 믹스) 336-338
Meier, John P.(존 마이어) 399
Melanchthon, Philipp(멜랑히톤) 110, 275
Mercadante, Linda(린다 멀카단테) 806, 812
Merleau-Ponty, Maurice(메를로퐁티) 149-150, 161-162
Mesters, Carlos(카를로스 메스터스) 553, 556, 561
Metrodorus of Lampsacus(메트로도루스) 235
Metz, Johnnes(요하네스 메츠) 558
Mezger, Manfred(만프레드 메츠거) 345
Michel, Otto(미헬 오토) 396, 402
Michaels, Walter(월터 마이클스) 706
Michalson, Gordon E.(고든 미켈슨) 291, 324
Michie, D.(미치) 647
Miller, J. Hillis(힐리스 밀러) 177
Millett, Kate(케이트 밀렛) 587, 591
Milton, John(밀턴) 214, 718
Miranda, José Porfirio(호세 미란다) 556, 574, 805-806, 808
Moberly, R. Walter(월터 모벌리) 640-642
Mofokeng, Takatso A.(타카초 모포켕) 569
Moltmann, Jürgen(위르겐 몰트만) 808, 816-817, 821
Moltmann-Wendel, Elisabeth(엘리자벳 몰트만-벤델) 775-776
MonteFiore, Alan(알란 몬테피오르) 369, 789
Moore, Stephen D.(스티븐 무어) 630, 649, 666, 696
Morgan, Robert(로버트 몰간) 96, 105, 112, 117, 233, 375, 435, 605-606, 672-673, 732, 740, 749, 787, 803-804, 807
Morris, Charles W.(찰스 모리스) 141-142, 341, 545, 689
Mosala, Itumeleng J.(이투멜렝 모살라) 95, 565, 569-570, 572-574
Mudge, Lewis(루이스 머지) 504
Mueller-Vollmer, Kurt(뮐러-볼머) 283
Munck, Johannes(뭉크) 330, 332, 354
Münzer, Thomas(토마스 뮌처) 270
Murphy-O'Connor, Jerome(제롬 머피오코너) 353-355, 359, 363, 748
Myerson, Geroge(조지 마이어슨) 120, 208, 746

Nagarjuna(나가르주나) 190
Nestorius(네스토리우스) 217
Neufeld, Vernon(버논 뉴펠트) 339, 824
Neusner, Jacob(야콥 노이스너) 199
Nicholson, Ernest(어니스트 니콜슨) 425
Nida, E. A.(나이다) 165
Niebuhr, Richard R.(리처드 니버) 325
Nietzsche, Friedrich(니체) 46, 94-95, 99, 148, 149, 151, 167-172, 176-178, 194-195, 201-202, 208, 213, 337, 384, 470, 472, 499, 506, 516-517, 553, 767
Norris, Christopher(크리스토퍼 노리스)
Noth, M.(노트) 425
Novalis(노발리스) 296

Ogden, Schubert(슈베르트 옥덴) 615
Ong, Walter(월터 옹) 123, 193
Origen(오리게네스) 60, 211-212, 214, 217, 242-245, 247-256, 262, 264, 276, 366 778
Ott, Heinrich(하인리히 오트) 372, 681
Otte, Klaus(클라우스 오테) 237, 241
Otto, Rudolf(루돌프 오토) 295
Overbeck, Franz(프란츠 오버벡) 229, 356

Padilla, C. René (르네 파딜라) 805
Page, Ruth(룻 페이지) 586
Pagels, Elaine(엘레인 페이젤스) 225, 226, 228, 231, 245, 619
Palmer, Richard(리처드 팔머) 200, 203, 316
Pannenberg, Wolfhart(판넨베르크) 43-44, 63-64, 330, 348, 352, 453-465, 467, 515, 525, 531, 590, 594, 596, 603, 681, 794, 808, 816, 817, 822
Parker, T. H. L.(파커) 265, 275
Parratt, John K.(존 패럿) 569
Parsons, Talcott(탈콧 파슨스) 448, 460, 517, 519-520, 810
Patte, D.(대니얼 패트) 224, 569, 632-633, 647, 655, 660-663, 666-667
Pears, David(데이빗 페어스) 723
Peirce, Charles S.(찰스 퍼스) 43, 94, 135, 168, 514, 530, 689,
Pelikan, Jaroslav(야로슬라브 펠리칸) 262
Perlitt, L.(펄릿) 425
Perrin, Norman(노먼 페린) 117-118, 397, 679
Pesch, R.(페쉬) 679

Petersen, Norman(노만 피터슨) 104-106, 119, 359, 659, 696, 700, 701, 704-705, 734, 786
Pfleiderer, Otto(오토 플라이더러) 356
Philo of Alexandria(필론) 58, 232, 236-237, 239-241, 243-244, 246-247, 251, 254, 368
Piaget J.(피아제) 713
Picard, Raymond(레이먼드 피카르드) 154
Pierce, C. A.(피어스) 748
Pindar(핀다로스) 237
Pinnock, C.(피녹) 805, 812
Pitcher, George(조지 피처) 723
Plato(플라톤) 168, 170-171, 175, 215-216, 235, 237-238, 241, 320, 368, 440-441
Plessis, J. G.(플레시스) 52, 399-402
Plutarch(플루타르코스) 236
Pobee, John(존 포비) 568
Poland, Lynn(린 폴란드) 185-186, 190, 502, 504, 650
Polanyi, Michael(마이클 폴라니) 349, 793
Polzin, Robert M.(로버트 폴진) 660
Popper, Karl(칼 포퍼) 459
Porter, Stanley(스탠리 포터) 696, 704, 705, 734, 735, 737, 786
Poulet, Georges(풀렛) 706
Pound, Ezra(에즈라 파운드) 184
Poythress, Vern(번 포이트레스) 666
Prabhu, Joseph(조셉 프라부) 190
Pratt, Mary L.(메리 프랏) 720
Prickett, Stephen(스티븐 프리켓) 792, 636-638
Propp, V.(프롭) 157, 640, 642, 652-656, 659, 662, 663, 672, 755

Quine, W. V. O.(콰인) 142, 534, 732

Racine, J.(라신) 154, 157
Rad, Gerhard von(폰 라트) 753, 405
Ramm, Bernard(버나드 램) 265
Ramsey, Ian T.(램지) 127, 378, 503
Ransom, J. C.(랜섬) 652
Raschke, Carl(칼 라쉬키) 142, 143, 196, 197
Ray, William(윌리엄 레이) 704
Recanati, Francois(르카나티) 650, 651, 760, 798, 822, 823
Redeker, Martin(마틴 레데커) 290, 295, 298
Reid, J. K. S.(리드) 421
Reid, Thomas(토마스 리드) 440,
Reimarus, Hermann S.(라이마루스) 267
Resseguie, James L.(제임스 레세기) 687, 690, 691, 696, 734
Reu, M.(류) 273
Reumann, John(존 류만) 273
Reventlow, Hennig Graf(레벤틀로) 260, 267
Rhees, Rush(러쉬 리스) 722
Rhoads, David(데이빗 로즈) 398 647
Richards, Janet Radcliffe(자넷 리처즈) 598, 599, 712, 713, 803
Richard, I. A.(리처즈) 612-615
Richardson, Alan(앨런 리처드슨) 239
Rickert, H.(리케르트) 352
Rickman, H. P.(리크만) 344
Ricoeur, Paul(폴 리쾨르) 23, 31, 33-34, 40, 42, 43, 46, 47, 51, 64-66, 78, 81, 95-96, 103-106, 122-129, 178-179, 182, 197, 201, 309, 321, 399-401, 429, 453, 457-458, 461, 463-464, 467-507, 510, 512-513, 515-516, 525, 528, 543, 545, 553, 578, 582, 590, 614, 642, 645, 651, 652, 707, 716, 731, 737, 756, 758, 760, 769-773, 795, 826
Riffaterre, M.(리파테르) 82, 86, 669, 706
Robinson, James M.(제임스 로빈슨) 345
Rogerson, John W.(존 로저슨) 281, 525-527
Rohrbaugh, Richard(리처드 로바우) 88
Rollins, Wayne G.(웨인 롤린스) 770
Rorty, Richard(리처드 로티) 23, 28, 36, 43, 48, 67, 96, 142, 181, 431, 435-436, 452-453, 455, 459, 463, 464, 467, 511-512, 529-547, 579, 590, 594-595, 609-610, 630, 686, 698, 709, 716, 720, 725-726, 728-730, 732-736, 790, 815, 824
Rostagno, Sergio(세르기오 로스타뇨) 576
Rosenblatt, L.(로젠블라트) 712
Rousseau, J. J.(루소) 297
Rowland, Christopher(크리스토퍼 롤란드) 31, 510, 550-553, 571, 804, 805
Royce, Josiah(조시아 로이스) 43, 137, 142-143, 532, 539, 544-546
Ruether, Rosemary Radford(로즈마리 류터) 581, 583-584, 588, 595-596, 598, 607, 617, 618
Rupert of Deutz(루페르트) 211, 215, 262

Russell, Bertrand(러셀) 80, 496
Russell, Letty(레티 러셀) 588, 593, 595-596
Ryle, Gilbert(길버트 라일) 530, 613

Sakenfeld, Katharine Doob(카타린 자켄펠드) 582
Sanders, J. A.(샌더스) 79
Sanders, E. P.(샌더스) 54, 62, 341-343, 388, 417-421, 54
Sandmel, Samuel(사무엘 샌드멜) 237, 239,
Sandt, Rob A. van der (롭 판 데르 산트) 498
Santa Ana, Julio de(산타 아나) 551, 556
Sapir, E.(사피르) 145, 165
Sartre, Jean-Paul(사르트르) 555
Saussure, Ferdinand de(소쉬르) 57, 61, 94, 130, 135, 136-154, 158, 160-172, 179, 191, 198, 200, 203-204, 306-307, 403, 524, 652-653, 662, 668, 671, 699, 715, 743
Sawyerr, Harry(해리 소여) 568
Schelling, F.(셸링) 299-300, 319-320, 322
Schiffer, Stephen R.(스티븐 쉬퍼) 498, 781, 785
Schlegel, Friedrich(슐레겔) 295-297, 318-320
Schleiermacher, F. D. E.(슐라이어마허) 113, 253, 256, 282-284, 287-328, 329-336, 338, 342-352, 353, 355, 360, 363, 364, 371, 372, 437, 442, 460, 478, 487, 502, 543, 586, 592, 626, 631, 634, 636, 651, 669, 716, 718, 731, 743-747, 752
Schmidt, James(제임스 슈미트) 161-162
Schoeps, Hans, Joachim(쉡스) 337, 339
Scholes, Robert(숄즈) 649
Schrag, Calvin(칼빈 슈라그) 436
Schrenk, G.(쉬렌크) 367
Schutz, Alfred(알프레드 슈츠) 448-449, 579, 812, 817
Schütz, John H.(쉬츠) 335
Schweizer, Albert(슈바이처) 332, 339-341, 356, 419, 420-421, 559, 594
Searle, John R.(존 설) 81, 85, 91, 108, 393, 378, 390, 392, 400, 401, 403, 404, 406, 407-409, 413-417, 421-422, 427, 429, 634, 744
Segundo, Juan Luis(세군도) 551, 553, 556, 561-562, 564
Sellars, Wilfrid(윌프리드 셀라스) 531, 534
Semler, Johann Salomo(제믈러) 267, 281, 283, 299, 650
Setel, T. D.(세텔) 580
Seung, T. K.(승) 162
Shakespeare, William(셰익스피어) 502
Shaw, George Bernard(버나드 쇼) 337
Shaw, Graham(그레이엄 쇼) 95, 762, 766, 822
Shklovski, Viktor(슈클롭스키) 75, 145, 187
Shotwell, Willis(쇼트웰) 225
Showalter, Elaine(엘레인 쇼알터) 626
Silberman, Lou(루 실버만) 123-124
Simon, Richard(리처드 시몬) 281
Skinner, B. F.(스키너) 142
Skinner, Quentin(퀜틴 스키너) 498, 499
Smalley, Stephen S.(스티븐 스몰리) 601
Smart, James D.(제임스 스마트) 271
Smith, D. Moody(무디 스미스) 221
Smith, Joseph(조셉 스미스) 229
Socrates(소크라테스) 440, 506
Soelle, Dorothee(도로시 쥘레) 617
Sophocles(소포클레스) 237, 601, 237
Soskice, Janet Martin(제넷 소스키스) 87, 118, 499, 605, 614
Spiegel, Yorick(요릭 스피겔) 775
Spinoza, B.(스피노자) 58, 267, 281, 299
Spitz, Lewis(루이스 스피츠) 272
Spivak, Gayatri(가야트리 스피박) 167, 174, 176, 178
Spivey, Robert(로버트 스피비) 660
Stach, Frank(프랑크 스태치) 432
Stanton, Elizabeth Cady(엘리자벳 스탠턴 586
Stanton, Graham N.(그레이엄 스탠턴) 223, 380, 396, 398
Starobinski, Jean(장 스타로빈스키) 658
Staten, Henry(헨리 스테이튼) 184, 532
Stein, Dominique(도미니크 스타인) 775
Stendahl, Krister(스텐달) 332, 337, 341, 357, 388, 418, 419
Sternberg, Meir(마이어 스턴버그) 649-650
Still, Judith(쥬딧 스틸) 82
Storkey, Elaine(엘레인 스토키) 590
Stout, Jeffrey(제프리 스타웃) 732, 733-734
Strawson, P. F.(스트로슨) 403, 530
Stroup, George W.(조지 스트룹) 756, 758-759, 762, 765, 808, 814, 820
Stuhlmacher, Peter(피터 스툴마허) 681

Sturrock, John(존 스터록) 158
Suleiman, Susan(수전 술리만) 109
Suskind, H.(서스킨드) 300, 320
Swinburne, Richard(리처드 스윈번) 78

Tallis, Raymond(레이먼드 탈리스) 86, 163, 203
Tannehill, Robert C.(로버트 탠느힐) 420, 422
Taylor, Charles(찰스 테일러)
Taylor, Mark C.(마크 테일러) 142, 190, 194-196, 202
Teilhard de Chardin(떼이야르) 561
Tertullian(테르툴리아누스) 217, 226, 229, 366
Theagenes of Rhegium(테아게네스) 234
Theissen, Gerd(게르트 타이센) 88, 335, 353, 362, 748
Theodore of Mopsuestia(데오도로스) 211
Thielicke, Helmut(헬무트 틸리케) 323, 324, 615
Thiemann, Ronald F.(로널드 티만) 645, 648, 678, 756, 759, 762, 764, 765, 767, 802, 808, 814, 821
Thiselton, Anthony C.(앤서니 티슬턴) 399-340
Thistlethwaite, Susan Brooks(수전 티슬트웨이트) 591
Thompson, John B.(존 톰슨) 490, 502, 511
Tillich, Paul(폴 틸리히) 478, 566, 567, 769, 770, 772, 773, 780
Todorov, Tzvetan(츠베탕 토도로프) 58, 59, 157, 640, 642, 655, 678, 680
Tolbert, Mary Ann(메리 톨버트) 402, 580, 589, 593, 594, 609, 629
Tollinton, R. B.(톨린턴) 248
Tolstoy, Leo(톨스토이) 494, 767
Tompkins, Jane(제인 톰킨스) 706, 715
Toolan, Michael J.(마이클 툴란) 630
Torjesen, Karen(카렌 토레센) 247, 248, 249
Torrance, T. F.(토랜스) 265-268, 276-278, 357, 789
Torres, Camilio(카밀리오 토레스) 557
Toulmin, S.(툴민) 723, 725
Tracy, David(데이빗 트레이시) 117, 209, 429, 435, 487, 537, 739, 811
Trible, Phyllis(필리스 트리블) 54, 580, 584-591, 591, 611-615
Trier, J.(트리어) 145, 653
Troeltsch, E.(트뢸치) 456
Trubetzkoy, N.(트루베츠코이) 145, 653
Tuckett, Christopher(크리스토퍼 터켓) 629
Tupper, E. Frank(프랑크 터퍼) 461-462
Turretinus, Jean A.(투레티누스) 280
Tuttle, Howard(하워드 터틀) 347
Tutu, Desmond(데즈먼드 투투) 565, 569, 573
Tyndale, William(윌리엄 틴데일) 267, 273-274, 278

Urban, W. M.(어번) 480
Urmson, J. O.(엄슨) 530

Valla, Laurentius(로렌티우스 발라) 267
Vanderveken, Daniel(다니엘 반더베켄) 422
Vanhoozer, Kevin J.(케빈 밴후저) 129, 477, 482, 484, 486-487, 489, 491, 499, 504-505
Vawter, Bruce(브루스 보터) 753
Via, Dan Otto(댄 오토 비아) 402, 504, 655, 659-660
Vico, G. B.(비코) 440-441
Voelz, James W.(볼츠) 680
Vološinov, V. N.(볼로치노프) 523-525
Vorster, W. S.(포어스터) 227, 678, 679, 681

Wach, Joachim(요아킴 바흐) 302
Wachterhauser, B.(왁터하우저) 437
Wadsworth, Michael(마이클 워즈워스) 296-297, 631, 634, 636
Wahlberg, Rachel(레이첼 왈버그) 622
Waismann, F.(와이스만) 637
Warner, Martin(마틴 워너) 650
Warnke, Georgia(조지아 완키) 63, 218, 431, 439, 440, 450, 453, 531, 537, 543, 610, 730
Warren, Austin(오스틴 워렌) 106-108, 629, 652
Watson, Francis(프랜시스 왓슨) 418
Weber, Max(막스 베버) 335, 349, 351, 425, 447, 460, 513, 517, 519-520, 523, 544, 553, 809
Wedderburn, A. J. M.(웨더번) 418
Weiler, G.(웨일러) 444-445
Weinsheimer, Joel C.(조엘 와인샤이머) 431, 440, 450, 451, 531
Weiss, Johnnes(요하네스 바이스) 356, 391, 559
Wellek, René(르네 웰렉) 106-108, 629, 652,

Wenham, Gordon(고든 웬함) 641
Werner, Martin(마틴 베르너) 339, 341
West, Cornel(코넬 웨스트) 541, 610, 728
Westerholm, S.(웨스터홀름) 276
Wheatley, Jon(존 휘틀리) 379
Wheelwright, Philip(필립 휠라이트) 117, 480
White, Hayden(하이든 화이트) 484, 489
White, Hugh C.(휴 화이트) 72, 398
White, Stephen(스티븐 화이트) 511-512
Whiteley, D. E. H.(횟틀리) 362, 393
Whorf, B. L.(보르프) 783-785
Wiehl, Reiner(라이너 빌) 441
Wikenhauser, Alfred(알프레드 비켄하우저) 420
Wilder, Amos N.(아모스 와일더) 206-207
Wiles, Maurice(모리스 와일스) 341
Williams, Raymond(레이먼드 윌리엄스) 254
Williamson, H .G. M.(윌리엄슨) 84
Williamson, Ronald(로널드 윌리엄슨) 244, 368
Winch, Peter(피어 윈치) 219, 449, 535, 544
Winquist, Charles(찰스 윈키스트) 827
Wisdom, John(존 위즈덤) 530
Wittgenstein, Ludwig(비트겐슈타인) 39, 44-46, 50-51, 54-56, 58, 60, 72, 80, 91, 92, 107, 123, 143-144, 150, 164, 184-185, 198-199, 201-204, 216, 290, 305, 307-308, 351, 403, 417, 436, 444-446, 449, 471, 477, 491, 492-493, 498-500, 515, 517, 519-521, 525, 529-530, 532-535, 540, 542-544, 546-547, 555, 600, 609, 613, 615, 632, 634, 637, 651, 676, 686, 699, 700, 713-714, 721-730, 733, 740, 745, 758, 773, 782, 785, 793-794, 795, 798-799, 801, 811, 817, 825
Wittig, Susan(수전 위티그) 668
Witvliet, Theo(테오 윗블릿) 564, 566
Wolde, Ellen van(엘렌 판 볼데) 678
Wolf, Christian(크리스챤 볼프) 58, 280
Wolf, Friedrich A.(프리드리히 볼프) 283, 301-303
Wolfson, H.(울프슨) 236
Wolterstorff, Nicholas(니콜라스 월터스토프) 797, 799, 817, 823, 401, 493, 494, 634, 651, 756, 760-761, 765-766
Wood, Skevington(스케빙턴 우드) 231
Woollcombe, K.(울콤브) 242
Wordsworth, William(윌리엄 워즈워스) 296-297, 631, 634, 636
Worton, Michael(마이클 워턴) 82
Wright, N. T.(톰 라이트) 25, 421
Wright, T. R.(라이트) 634
Wunderlich, Dieter(디터 분더리히) 410, 414, 415

Yorck, Graf(요크) 437
Young, Frances(프란세스 영) 31, 69, 758, 806

Zeno(제논) 235, 237
Zimmerli, W.(짐멀리) 405

주제색인

가족 유사성 534, 680
간본문성 76, 80, 93, 120, 124, 126, 151, 155, 157, 158, 176, 199, 248, 659, 662, 663, 664, 672, 674, 675, 676, 677, 700, 708, 709, 710
개신교 153, 214, 318, 329, 335, 652, 705, 784
개인주의 138, 206, 211, 215, 223, 241, 272, 286, 318, 320, 342, 370, 371, 382, 500, 702, 704, 706, 707, 783
객관주의 102, 103, 258, 431, 432, 444, 445, 446, 508, 513, 547, 604, 659, 660, 661, 685, 698, 706, 803, 810
객관주의자 690, 714, 809
객관화 141, 297, 340, 341, 342, 374, 383, 379, 401, 444, 454, 589, 618, 801,
-비객관화 228, 229, 233,
-객관화물 342, 345,
-탈객관화 383, 512
-준객관화 609
거리두기 55, 97, 116, 118, 482, 546, 602, 737
건설적 복구 465
결정 불가능성 202
경험주의 43, 143, 434, 494, 548, 599
계급 144, 545, 555, 566, 567, 568, 569, 570, 578, 579, 585
계몽주의 29, 36, 53, 211, 256, 261, 262, 266, 275, 289, 292, 293, 296, 430, 434, 435, 443, 447, 506, 512, 514, 549, 808
계열적 133, 140, 146, 147, 173, 648
고고학 28, 177, 347, 348, 349, 353, 470, 500, 742
고전인문주의 100
공감 308, 338, 339, 341, 344, 493, 567, 580, 586, 737
공감대 603, 639
공동체 9, 23, 27, 28, 30, 31, 32, 36, 37, 38, 42, 46, 50, 51, 53, 57, 58, 61, 65, 66, 69, 71, 73, 86, 91, 92, 96, 97, 108, 109, 111, 124, 135, 136, 137, 138, 141, 148, 150, 155, 193, 194, 199, 206, 210, 211, 212, 217, 218, 219, 227, 238, 243, 262, 268, 293, 309, 319, 334, 341, 356, 357, 361, 364, 366, 370, 383, 385, 395, 428, 429, 430, 434, 443, 447, 450, 457, 461, 522, 523, 524, 526, 527, 528, 530, 531, 533, 535, 538, 539, 544, 545, 546, 547, 556, 557, 558, 564, 566, 571, 574, 577, 584, 588, 591, 592, 593, 596, 599, 601, 602, 603, 604, 621, 624, 625, 626, 627, 628, 639, 640, 660, 669, 671, 674, 675, 678, 679, 680, 685, 687, 691, 692, 700, 701, 702, 703, 704, 705, 706, 707, 709, 711, 712, 713, 717, 718, 720, 721, 722, 723, 724, 725, 726, 727, 728, 729, 730, 731, 743, 744, 745, 747, 752, 757, 763, 774, 778, 781, 782, 783, 784, 790, 796, 799, 810, 811, 814, 817, 818,
과잉결정 40, 468, 701
과학철학 38, 213, 448, 458, 474,
교도권 211, 251, 252, 574
교리 8, 53, 85, 110, 143, 155, 160, 170, 171, 176, 187, 193, 205, 206, 207, 209, 227, 231, 240, 241, 243, 251, 252, 253, 254, 258, 269, 274, 291, 326, 333, 348, 354, 356, 357, 381, 388, 618, 719, 720, 723, 724, 728, 729, 730, 749, 751, 753, 754, 782, 785, 801
교부 30, 31, 52, 53, 54, 60, 205, 207, 211, 213, 219, 220, 223, 224, 227, 228, 231, 238, 239, 240, 241, 248, 249, 252, 256, 272, 319, 335, 574, 575, 592, 673, 772
교육 183, 227, 230, 231, 246, 252, 266, 269, 272, 282, 371, 474, 545, 552, 581, 700, 721, 803, 805, 808
교조주의 143, 785
구두성 118
구속사 449
구조주의 36, 42, 61, 89, 139, 140, 141, 142, 151, 162, 180, 185, 199, 248, 462, 467, 476, 497, 569, 623, 625, 634, 645, 646, 647, 648, 649, 650, 652, 653, 654, 655, 656, 657, 658, 659, 660, 661, 662, 664, 665, 666, 675, 679, 699, 709, 758, 774
-후기구조주의 42, 75, 76, 129, 142, 530, 583,

618, 658, 659, 660, 662, 664, 700, 704, 774
권위 5, 45, 47, 62, 167, 211, 212, 223, 255, 256, 260, 270, 273, 329, 386, 389, 390, 392, 394, 396, 410, 443, 444, 507, 517, 532, 569, 585, 591, 616, 624, 758, 759, 761, 781, 791, 811, 814, 817
규범 42, 73, 137, 198, 199, 211, 291, 425, 430, 434, 445, 447, 448, 506, 515, 516, 517, 518, 523, 524, 525, 526, 528, 535, 540, 541, 558, 561, 573, 584, 588, 590, 591, 592, 594, 609, 625, 630, 680, 717, 720, 722, 724, 746, 747, 781, 784, 795, 800, 804, 813, 818
그라마톨로지 94, 161
그레코로만 282, 309, 347
근대 해석학 55, 91, 107, 273, 288, 319, 673
근대성 505, 506, 516
글쓰기 144, 152, 161, 162, 163, 168, 170, 172, 173, 177, 627, 668
기대의 지평 32, 69, 70, 71, 84, 85, 104
기독교 강요 259, 260, 269, 270
기독론 23, 47, 113, 114, 124, 194, 207, 216, 222, 228, 231, 257, 265, 316, 319, 335, 359, 361, 363, 383, 385, 388, 389, 390, 391, 392, 393, 397, 408, 420, 448, 458, 561, 618, 686, 753, 762, 773, 778, 796, 814, 819
기초 공동체 544, 545, 546, 547
기초적 명제 438
기호학 9, 18, 23, 34, 42, 43, 51, 52, 61, 62, 66, 75, 79, 80, 84, 87, 88, 89, 93, 94, 97, 98, 102, 106, 113, 120, 124, 125, 126, 127, 128, 129, 130, 131, 134, 135, 136, 137, 138, 141, 142, 143, 144, 145, 146, 147, 148, 149, 150, 151, 152, 154, 155, 156, 157, 158, 159, 160, 162, 163, 173, 174, 175, 186, 192, 194, 195, 196, 198, 199, 200, 208, 248, 271, 467, 497, 513, 524, 538, 539, 569, 570, 624, 625, 649, 651, 655, 658, 659, 660, 661, 662, 664, 665, 668, 669, 670, 671, 674, 675, 683, 684, 692, 693, 694, 695, 698, 700, 708, 709, 710, 711, 740, 741, 753, 755, 758, 773, 774, 775, 776, 777, 778, 779, 780, 786
꿈의 해석 40, 172, 218, 278, 314, 510
낭만주의 96, 101, 207, 275, 278, 281, 284, 289, 290, 291, 293, 294, 296, 297, 303, 304, 311, 313, 315, 316, 320, 321, 324, 342, 444, 484, 625, 628, 696, 740, 769
내러티브 28, 34, 42, 58, 59, 60, 66, 67, 68, 69, 90, 92, 98, 111, 113, 118, 119, 120, 121, 141, 142, 151, 179, 232, 233, 239, 241, 245, 246, 247, 309, 353, 365, 372, 373, 391, 392, 394, 395, 427, 428, 462, 463, 470, 475, 476, 477, 478, 479, 480, 481, 482, 483, 484, 489, 491, 495, 497, 498, 499, 502, 504, 521, 530, 532, 557, 558, 559, 560, 567, 579, 585, 587, 595, 604, 620, 624, 626, 628, 629, 632, 633, 634, 635, 636, 637, 638, 639, 640, 641, 642, 643, 644, 645, 646, 647, 648, 649 ,650, 651, 652, 653, 654, 656, 657, 666, 667, 668, 676, 681, 685, 686, 687, 688, 689, 696, 697, 698 701, 702, 723, 724, 736, 749, 750, 751, 752, 753, 754, 755, 756, 757, 758, 759, 761, 762, 763, 764, 767, 780, 781, 793, 796, 799, 808, 814, 818
내재적 611, 625, 667, 739, 748
논고 74, 438, 680, 716, 804
논리실증주의 608
논리적 추론 283, 284, 294, 318, 435, 477
담론 61, 121, 137, 176, 187, 201, 228, 246, 275, 391, 471, 472, 473, 474, 475, 476, 479, 487, 488, 493, 497, 498, 499, 502, 505, 558, 565, 601, 606, 608, 619, 623, 627, 636, 637, 645, 662, 663, 668, 673, 674, 688, 692, 699
도그마 34, 148, 150, 170, 174, 187, 188, 574, 581, 785
독자반응 이론 10, 28, 34, 42, 45, 46, 75, 88, 91, 103, 109, 110, 175, 392, 541, 632, 639, 642, 664, 669, 677, 678, 679, 680, 681, 682, 689, 690, 691, 692, 698, 700, 709, 714, 728, 731, 775, 779, 780, 781, 790, 791, 796, 820
독자지향적 42, 705, 708
동방 정교회 768
두 지평 22, 25, 45, 53, 56, 58, 66, 83, 86,

160, 164, 178, 325, 342, 343, 374, 424, 457, 471, 486, 515, 526, 605, 717, 756
두려움과 떨림 377, 745
디페랑스 163
딜레마 24, 168, 180, 186, 213, 214, 318, 426, 482, 506, 535, 577, 612, 747
랑그 51, 88, 129, 130. 133. 134, 139, 142, 149, 152, 154, 156, 157, 194, 195, 197, 300, 301, 311, 320, 397, 647, 649, 651, 659, 662, 674, 692, 693, 711, 737
렉치오 디비나 53, 205, 209, 228, 256, 768
로고스 122, 130, 161, 164, 177, 242, 244, 433, 499, 773
마르크스주의 41, 145, 148, 192, 505, 507, 514, 517, 518, 548, 549, 551, 555, 557, 559, 564, 567, 568, 569, 570, 571, 572, 577, 581, 624, 774, 799, 808, 812
말건넴 114, 286, 792
말놀이 169
메시아 334, 389, 391, 558, 567, 570, 571
메시지 72, 73, 90, 93, 95, 107, 108, 110, 111, 117, 125, 126, 127, 134, 137, 140, 145, 146, 149, 154, 194, 215, 216, 218, 247, 305, 396, 428, 438, 451, 487, 497, 532, 553, 561, 564, 569, 607, 648, 724, 777, 781, 789, 811, 816, 818, 819, 821
메타비평적 해석학 57, 431, 435, 500, 707, 727, 736, 797
메타언어 128, 146, 148, 149, 150, 156, 194, 198
명료성 54, 251, 252, 253, 254, 255, 258, 259, 260, 393, 630
-불명료성 393, 394
모더니즘 160, 206, 210, 212,
모세오경 121, 416, 417
목회서신 328
목회신학 10, 68, 733, 735, 736, 737, 740, 741, 745, 749, 750, 754, 761, 766, 767, 769, 770, 773, 775, 776, 780, 781, 782, 785, 787, 792, 800, 801, 802, 803, 805
목회적 문제 26, 27, 327
무신론 122, 186, 319
무의식 65, 140, 145, 172, 173, 199, 227, 65, 278, 314, 355, 366,464, 469, 470, 510, 764, 765, 766, 767, 768, 769, 774
문법적 123, 126, 132, 274, 283, 284, 295, 297, 298, 300, 301, 302, 303, 307, 309, 310, 311, 320, 55
문학 이론 109, 119, 144, 299, 431, 462, 525, 526, 751, 753, 754
문헌학 52, 100, 101, 277, 295, 296, 297, 307
미메시스 477
반증가능성 453
반형식주의 680, 712, 715, 716, 722, 724, 726, 728, 761
발화 단위 95, 96, 104
발화수반적 45, 79, 396, 487, 488, 490, 586, 759, 590, 791, 793, 809
발화수반행위 393, 400, 401, 402, 403, 404, 405, 407, 410, 416, 420, 489, 513, 739, 750, 756, 818
발화행위 400, 416, 790
범상황적 7, 28, 30, 31, 38, 41, 56, 505, 527, 544, 577, 587, 588, 589, 591, 592, 594, 601, 602, 715, 718, 721, 724, 783, 788, 813
범신론 293
범주 27, 34, 35, 50, 54, 58, 59, 60, 62, 65, 81, 96, 110, 123, 132, 137, 138, 152, 153, 155, 156, 157, 158, 164, 171, 173, 186, 188, 195, 200, 207, 209, 216, 231, 236, 241, 244, 261, 262, 312, 320, 321, 338, 340, 348, 353, 365, 382, 383, 387, 389, 390, 395, 400, 403, 404, 405, 406, 407, 408, 414, 415, 417, 424, 439, 447, 450, 486, 490, 500, 506, 507, 708, 519, 520, 522, 524, 526, 538, 539, 567, 583, 587, 589, 591, 592, 594, 601, 612, 620, 625, 631, 632, 639, 641, 647, 653, 654, 656, 657, 675, 676, 680, 691, 694, 696, 698, 703, 719, 720, 722, 739, 740, 743, 750, 751, 755, 756, 757, 768, 774, 779, 790, 794, 813, 815
변증법 217, 314, 328, 369, 375, 467, 511, 512, 536, 549, 662, 690, 809, 810
변혁적 성경읽기 7, 21, 31
보편 화용론 529, 530, 719
보편성 38, 57, 142, 151, 202, 299, 300, 435, 436, 437, 441, 442, 447, 449, 506, 507, 535, 547, 555, 558, 601, 747, 799, 806,

811
복구의 해석학 41, 469, 470, 495
비신화화 229, 233, 234, 382, 383, 547, 570, 605, 606, 607, 610, 617, 619, 621
비역사화 245
비판적 체계 57, 521, 573
사회-실용적 해석학 30, 37, 57, 60, 61, 194, 536, 572, 573, 586, 587, 621, 706, 710, 712, 715, 722, 731, 781, 784, 815, 820
사회적 구성물 128, 603
삼위일체 224, 240, 322, 356, 357, 425
상대성 이론 159
상대주의 7, 84, 107, 171, 211, 425, 430, 431, 443, 444, 445, 447, 506, 524, 529, 535, 592, 604, 625, 626, 669, 671, 681, 712, 727, 779, 787, 788, 804, 810
상응의 원리 415
상호작용 이론 608, 681
상호주체성 38, 61, 80, 151, 155, 166, 249, 250, 299, 320, 430, 447, 538, 662, 703, 704, 706, 720, 805
상황화 56, 61, 105, 324, 344, 384, 434, 449, 557, 562, 661, 711, 772
-재상황화 48, 72, 73, 76, 77, 190, 574, 582, 661, 711
-탈상황화 49, 118
생활세계 30, 38, 50, 55, 57, 58, 61, 68, 96, 118, 324, 337, 357, 358, 375, 432, 442, 513, 514, 515, 516, 519, 520, 521, 522, 536, 540, 557, 573, 589, 591, 592, 594, 625, 645, 646, 651, 652, 655, 657, 658, 675, 693, 710, 711, 715, 733, 737, 738, 739, 741, 742, 743, 786, 787, 788, 799, 803, 804, 806, 809, 810, 811, 812, 813, 816, 818, 819, 820, 821, 822
선언행위 387, 390, 404, 405, 409
선이해 32, 76, 84, 87, 92, 424, 495, 508, 538, 543, 571, 586, 655, 661, 662, 663, 675, 696, 702, 710, 711, 746, 748, 756
성육신 50, 115, 124, 176, 177, 189, 209, 240, 242, 249, 289, 332, 376,377, 421, 452, 627
세계관 43, 51, 52, 88, 93, 142, 143, 151, 155, 174, 175, 189, 194, 195, 196, 235, 469, 522, 557, 572, 576, 607, 729
세계성 751
소여성 38, 107, 299, 318, 463, 538, 690, 728
수사학 60, 227, 259, 353, 473, 574, 582
수행어 46, 372, 373, 386, 387, 389, 390, 397, 398, 405, 407, 309, 760, 789, 791, 794, 796, 818
순수의 해석학 39
순수이성비판 278, 340
스토리텔링 760
스토아 52, 209, 210, 228, 229, 233
시간과 이야기 470, 475, 476
시대정신 297, 441
시적 상상력 483
신마르크스주의 143, 278, 519, 545, 549, 555. 557, 568, 577, 605
신비평 75, 91, 92, 100, 102, 103, 109, 148, 178, 623, 625, 631, 634, 644, 646, 654, 655, 665, 666, 679, 687
신비화 128, 130, 569, 773
신인동성동형론 228, 230, 232, 234, 247
신해석학 36, 44, 70, 184, 424, 440, 481, 654
실용주의 17, 22, 42, 49, 57, 60, 61, 90, 106, 130, 131, 425, 447, 449, 453, 457, 515, 523, 524, 525, 526, 528, 529, 530, 531, 532, 533, 534, 535, 536, 539, 541, 548, 556, 591, 602, 603, 612, 624, 627, 692, 706, 707, 708, 709, 710, 712, 718, 720, 722, 723, 724, 725, 727, 728, 729, 730, 761, 773, 781, 782, 783, 789, 790, 798, 810, 811, 818
실존주의 185, 215, 308, 351, 369, 370, 371, 373, 375, 377, 379, 381, 382, 384, 454, 462, 463, 512, 646, 654, 659, 660, 702, 736, 741, 744, 745
실존주의 해석학 35, 56, 340, 370, 371, 372, 373, 380, 383, 412, 654, 744, 748
실증주의 51, 74, 136, 143, 151, 175, 195, 434, 446, 449, 450, 453, 454, 455, 457, 458, 478, 506, 508, 509, 511, 539, 558, 574, 608, 740, 802, 804
실천적 이성 425, 504
아나키 203, 536, 603, 708
아이러니 100, 148, 181, 201, 203, 447, 504, 526, 527, 535, 631, 632, 633, 634, 687, 689
아이콘 134, 135, 203

악의 상징 122, 134, 463, 470, 482, 496
알레고리 36, 52, 54, 182, 208, 224, 225, 226, 227, 228, 229, 230, 233, 235, 236, 237, 238, 238, 240, 241, 244, 245, 246, 247, 248, 257, 258, 268, 270, 313, 674, 757
알레고리적 해석 54, 134, 205, 206, 207, 208, 209, 223, 224, 226, 227, 228, 229, 230, 231, 232, 233, 234, 236, 237, 238, 239, 244, 245, 246, 247, 250, 255, 257, 258, 260, 271, 313, 757
애매성 57, 90, 92, 141, 167, 203, 447, 468, 471, 480 481 490, 630, 631, 642, 728, 758, 768, 770
어드레스 114, 116, 120, 121, 122, 123, 176, 369, 371, 373, 374, 375, 401, 497, 609, 703, 726, 730, 760, 821
어휘소 152, 697
언약행위 391, 402, 404, 405, 406, 407, 408, 409, 410, 411, 417, 418, 419, 793, 817
언어 놀이 39, 45, 52, 779
언어적 역량 711
역사적 내러티브 59, 60, 478, 479, 480, 481, 485
역사적 재구성 228, 321, 328, 345, 358, 366, 458, 567, 570, 576, 592, 737, 738, 740, 742
역사철학 450
연기 39, 47, 130, 152, 153, 163, 333, 425, 491, 558, 627
열린 체계 213, 573, 584, 602, 811, 822
영지주의 31, 53, 54, 60, 205, 208, 211, 214, 219, 220, 221, 222, 225, 239, 243, 612, 613, 614, 730, 765, 767
영향사 57, 71, 424, 441, 443, 444, 446, 447, 461, 529, 751
예술 작품 297, 312, 314, 712
오류가능성 265
용재성 380
우상의 황혼 165
유물론 41, 89, 555, 557, 559, 562, 564, 566, 567, 568, 570, 571, 572, 726, 758, 767, 773
유사 세계 97
유아론 195, 196, 287, 581
은유 27, 29, 34, 40, 41, 60, 79, 81, 86, 87, 93, 95, 100, 112, 113, 127, 140, 167, 169, 170, 171,172, 173, 178, 179, 182, 185, 189, 193, 229, 230, 240, 247, 250, 257, 399, 444, 455, 458, 462, 463, 464, 468, 470, 471, 472, 473, 474, 475, 477, 482, 483, 484, 485, 492, 493, 494, 495, 497, 498, 509, 544, 583, 606, 607, 608, 609, 623, 627, 629, 630, 631, 684, 687, 695, 763, 764, 774
의구의 해석학 40, 89, 192, 207, 213, 278, 315, 466, 470, 483, 485, 491, 494, 495, 509, 576, 592, 702, 725, 767
의미론 36, 39, 54, 60, 104, 139, 150, 159, 191, 220, 221, 225, 238, 242, 246, 258, 312, 345, 416, 464, 472, 475, 487, 492, 539, 569, 606, 651, 662, 671, 672, 693, 695, 697, 778, 794
의미화의 조건 693
의미효과 34, 39, 40, 42, 131, 136, 475, 484, 656, 701, 735, 766,
의사소통 39, 40, 51, 62, 83, 84, 105, 114, 119, 120, 121, 122, 123, 124, 127, 137, 138, 155, 158, 160, 162, 176, 199, 200, 203, 276, 285, 292, 299, 303, 309, 370, 375, 376, 395, 397, 433, 437, 440, 491, 495, 498, 499, 505, 506, 507, 509, 510, 513, 515, 516, 519, 520, 521, 522, 537, 540, 648, 651, 662, 668, 671, 680, 689, 692, 693, 694, 695, 698, 699, 720, 722, 741, 742, 743, 767, 772, 773, 774, 776, 777, 779, 787, 789, 795, 820, 821
의사소통행위 62, 108, 113, 116, 155, 394, 513, 515, 516, 530, 626, 693, 740
의사소통행위 이론 505, 506, 511, 513, 518, 537
이데올로기 비판 464, 481, 494, 495, 496, 500, 509, 512, 537, 545
이해의 해석학 55, 124, 340, 344, 347, 358, 366, 416, 436, 580, 588, 663, 737, 739
인간중심주의 450
인식과 관심 505, 506, 510, 518, 529
인식론 98, 153, 211, 212, 252, 255, 259, 270, 332, 339, 341, 375, 441, 446, 456, 478, 481, 507, 509, 528, 536, 539, 547, 560, 588, 603, 604, 660, 668, 669, 670, 671,

703, 704
인위성 130
일상 언어 398, 485, 486, 670, 772
자기포함의 해석학 56, 416
자명성 259
잠재력 22, 44, 52, 66, 68, 69, 191, 458, 520
잠정성 302, 319,, 326, 328, 456, 477
재현적 50, 79, 676
저자의 의도 75, 97, 101, 105, 106, 171, 260, 274, 275, 284, 567, 667, 727, 736, 740
저자의 죽음 188, 493, 743, 755
적실성 31, 55, 66, 209, 287, 327, 328, 335, 442, 491, 521, 561, 573, 603, 604, 735, 799, 800, 801, 802, 804, 806, 807, 808, 810, 811, 812, 814, 821
전승 과정 77, 78
전승물 77, 78
전재성 380
전적 타자 123, 178, 498
정경적 맥락 73
정당화 62, 83, 149, 194, 236, 343, 345, 507, 512, 520, 528, 567, 572, 573, 584, 599. 605. 723, 747, 797. 804
정신분석 145, 149, 161, 172, 199, 203, 446, 462, 464, 465, 467, 468, 469, 470, 496, 500, 507, 509, 510, 539, 581, 659, 700, 701, 703
정초주의 535, 619
정표행위 387, 390, 404, 405, 409, 410, 817
정황성 55, 594
존재신학 137
존재와 시간 165, 381, 472, 478
종교개혁 36, 53, 54, 104, 137, 211, 225, 226, 237, 241, 251, 252, 253, 255, 257, 259, 260, 261, 262, 264, 266, 272, 276, 320, 326, 360, 454, 574, 584, 673, 705, 730, 783, 784
종말론 48, 57, 177, 180, 191, 193, 194, 221, 238, 326, 333, 334, 335, 342, 350, 359, 360, 361, 362, 363, 364, 382, 384, 389, 391, 411, 412, 413, 414, 448, 451, 455, 456, 459, 470, 496, 498, 500, 553, 555, 561, 587, 591, 629, 754, 768, 811, 813, 819
종말론적 지평 58, 457, 806, 820
주관주의 107, 226, 286, 531, 604
주변성의 해석학 619
중립성 102, 490, 574, 594, 783
지시행위 386, 390, 404, 405, 409, 414, 416, 418, 817
지평의 융합 452, 546, 680, 725
지향성 39, 85, 102, 405, 406, 407, 430, 441, 478, 489, 704, 737, 739, 741, 743, 744, 777, 790, 792, 813, 816, 818
진리와 방법 423
철학적 탐구 716, 717, 721
초대교회 7, 30, 216
초월적 해석학 529, 710
케리그마 234, 402, 595, 597, 606, 655, 734
코기토 72
쿰란 공동체 218
타자 58, 62, 72, 121, 123, 178, 341, 467, 469, 485, 498, 580, 604, 624, 701, 725, 737, 741, 761, 771, 807
탈안정화 52
탈이데올로기화 146, 512, 568, 570, 605
탈인격화 379
탈코드화 113, 125, 146, 148, 152
텍스트성 18, 42, 49, 50, 91, 93, 94, 96, 97, 98, 99, 100, 103, 104, 106, 107, 108, 117, 118, 124, 125, 153, 174, 177, 188, 189, 193, 194, 196, 201, 276, 467, 497, 627, 646, 650, 672
텍스트의 즐거움 153, 154
특수성 83, 242, 299, 309, 316, 319, 623, 719, 800, 806, 816
파롤 55, 83, 88, 129, 133, 134, 139, 142, 149, 154, 156, 157, 194, 195, 197, 300, 301, 311, 320, 397, 647, 649, 651, 659, 662, 674, 692, 693, 711, 737, 740,
패러다임 23, 39, 44, 62, 66, 67, 83, 91, 93, 94, 96, 98, 99, 100, 108, 193, 227, 335, 423, 424, 426, 432, 433, 443, 453, 483, 513, 528, 538, 665, 669, 671, 786, 801, 813
패러디 181, 182, 632
페미니스트 41, 89, 523, 543, 544, 575, 577, 578, 579, 580, 581, 582, 583, 584, 585, 586, 586, 590, 591, 593, 595, 596, 598, 599, 600, 601, 602, 603, 607, 609, 611,

612, 613, 615, 616, 619, 620, 624, 704, 706, 720, 758, 797
페미니스트 해석학 17, 41, 89, 504, 536, 541, 543, 562, 573, 574, 575, 576, 577, 580, 583, 585, 586, 587, 588, 589, 603, 604, 605, 614, 618, 619, 620, 621, 704, 706, 797
편견 65, 82, 315, 435, 443, 444, 503, 575, 577, 579, 708
평등주의 203, 569, 571, 624, 671, 705, 708
포스트모더니즘 6, 18, 33, 39, 43, 50, 51, 53, 60, 61, 93, 102, 137, 160, 172, 175, 176, 188, 199, 200, 276, 431, 434, 435, 505, 532, 549, 583, 594, 625, 629, 659, 660, 664, 671, 679, 704, 705, 774
프락시스 504, 505, 509, 548, 549, 556, 562, 565
프랑스어 282, 476
프랑크푸르트 학파 511, 512
프로네시스 426, 435, 504, 509
프로테스탄트사상 260
플롯 59, 395, 472, 474, 475, 476, 477, 478, 479, 480, 482, 483, 532, 636, 637, 639, 640, 641, 643, 645, 649, 654, 655, 687, 688, 697, 749, 751, 754, 755, 757, 758, 760, 762
픽션 477, 478, 479, 480, 481, 483, 487, 488, 490, 628, 697, 755, 791
하나님의 나라 111, 112, 183, 185, 389, 392, 475, 761
하부체계 61, 87, 108, 129, 158, 391, 521, 540, 557
합리주의 29, 36, 56, 206, 207, 256, 261, 262, 289, 324, 326, 430, 434, 435, 441, 443, 446, 447, 454, 494, 506, 512, 514, 549, 558, 574, 644, 705, 740, 808
해방신학 25, 29, 36, 89, 504, 511, 521, 523, 536, 540, 543, 544, 547, 550, 551, 552, 553, 555, 556, 566, 568, 571, 572, 579, 602, 605, 705
해방의 해석학 22, 25, 29, 30, 41, 574, 604
해석의 공동체 547, 556
해석학적 거리두기 116
해석학적 나선 306
해석학적 순환 49, 274, 296, 297, 305, 306, 321, 323, 328, 330, 336, 337, 346, 347, 352, 356, 380, 496, 547, 555, 558, 565, 586, 662, 698, 711
해석학적 회의 149, 172, 461
해체주의 18, 33, 42, 51, 75, 80, 88, 90, 93, 97, 124, 129, 142, 143, 144, 145, 160, 166, 170, 175, 176, 177, 178, 184, 186, 187, 188, 189, 190, 191, 192, 193, 195, 200, 201, 202, 203, 207, 431, 530, 531, 626, 658, 662, 674, 704, 773, 784, 785, 786, 810
행사행위 372, 386, 389, 390, 391, 393, 404, 405, 409, 410, 418
헬라어 119, 126, 132, 242, 282, 309, 323, 360, 361, 600, 772, 779, 791
현상학 85, 151, 163, 432, 449, 462, 463, 465, 468, 469, 484, 500, 512, 514, 681, 684, 691, 731
현실화 9, 35, 36, 37, 56, 66, 103, 108, 109, 113, 177, 197, 531, 534, 679, 682, 685, 687, 697
현존재 379, 471, 477, 478
형이상학 입문 165
화행론 9, 22, 44, 46, 48, 56, 66, 67, 69, 75, 79, 113, 372, 373, 385, 392, 393, 394, 398, 412, 419, 481, 485, 487, 491, 494, 500, 511, 513, 586, 594, 644, 744, 748, 750, 759, 762, 787, 789, 790, 795, 796
환원적 설명 465
환원주의 285, 286, 310, 312, 384, 461, 777
황금률 122
효과성 108, 109, 386, 509
희극 654, 655
희망의 신학 815

성경색인

창세기

1:1–2:25 378, 754, 755, 766
1:2 83
1:3 411
1:5, 16 251
1:12, 18, 21, 31 766
1:26, 27 588
1:26–2:25 526
1:27 238
1:28 766
1:28, 29 766
1:29 766
2:2 236
2:7 238
2:8 238
2:8, 9 378
2:9, 10 774
2:11 238
2:13 239
2:16 766
2:17 766
2:18 590
3:1 240
3:8 238, 251
3:9 751
3:12, 16 526
3:16 230
4:1–16 572
4:1–26 552
4:2–16 577
4:8 570
4:8–16 552
4:9–10 526
4:12–16 570
4:17 238
4:23–24 526
4:24 570
6:15 251
7:17, 18 641
7:18–20 641
11:7–9 526
12:1–8 365
12:3 526
12:7 423
12:18 238
14:18–20 369
15:5 423
15:6 333
16:1–16 584
16:10 423
16:11, 12 584
16:15 242
17:1–11 423
17:2 423
17:19 423
19:30–38 230
21:2 242
22:1–19 376
22:1–19 751
22:1–19 755
21:9–21 584
22:2 752
22:16–18 423
26:3, 24 423
27:33–37 405
28:15 423
29:5 14
31:49 13, 89
32:23–25 656
32:23–33 655, 656, 658
32:25–30 656
32:28–33 656
49:11 230

출애굽기

1:1–10 559
1:8–2:10 582
1:13, 14 559
1:15–21 592
1:17, 20, 21 582
1:22–2:10 592
3:1–4, 17 646
3:6, 10 424
3:7–9 559
3:7 571
3:9 571
3:11 571
4:1 571
4:10, 13 571
5:1–21 646
5:6–14 559
6:1–9 424
6:3, 6 424
6:7 424
6:8 424
7:20–11:10 646
12:31–15:21 763
13:3 559
14:5–18 646
14:11–12 559
14:21–29 646
15:1–27 763
15:2 424
17:11, 12 230
19:3 236
19:4 620
19:4–5 566
19:5, 8 424
19:18 236
20:2 559
20:5 227
20:8–11 224
23:19 224
24:26 224
34:6 639
34:6, 7 54, 84
34:10 424
34:34 362

레위기

6:5, 6 84
11:3 236
25:1–55 84
26:34–35 84
26:40 424
26:43 424
27:23 424
27:30 424

민수기

10:11, 12, 29 424
11:12 620
23:20 405

신명기

4:2 262
5:6 559
6:4 39
6:56 127
16:19 626
18:9–22 457
25:4 244
32:11 620

여호수아

1:25, 13–14 114
2:18, 21 244
6:2 114
8:1 114
10:12 114
11:23 114

사사기

3:15–30 647
6:36–40 647
11:29–40 585
19:1–30 585

룻기

1:5–14 585
1:16 187, 791
2:1–7, 14–18 585
4:7–22 585
4:17–22 187, 791

사무엘상

10:1 683
13:6 777
16:7 360
16:12, 13 641, 644
16:14 644

사무엘하

5:5 644
7:12 269
12:1–6 756
13:1–22 585
15:21–30 640
22:29 777

열왕기상

15:11–15 83
19:8–12 636
21:1–29 88

열왕기하

9:1–13 683
14:23–27 647

역대하

14:1–4 83
19:7 626
30:18–19 416
36:18–21 84
36:21 84

느헤미야

10:31–40 84

에스더

1:3 764
1:18–19 764
2:3, 8:11 764
10:3 764

욥기

1:1–3 193
1:9 193
13:3 507
23:3 507
23:8 128
29:15 626
30:20 128
38:3–9, 28–29 620
38:8–11 396
41:1–34 47
41:1 86
42:1–6 505, 507
42:7–17 193, 791
42:10–17 116
42:16 128

시편

1:3 772
7:10 777
8:4 398
8:4–6 80
8:4–9 754
16:10 777
17:8 777
17:8, 91:4 620
18:1–2 416
18:2 777
18:29 777
22:9 612
22:14 360
23:5, 63:5 777
24:1 87
28:7 777
31:2, 46:7, 11, 48:2, 3, 61:3 777
33:6, 9 378
33:20 777
36:7 777
36:9 777
38:2 250
39:7, 12 390
40:2–3 390
44:6 269
49:9 777
57:1 777
61:4 777
63:1 777
63:7 777
65:5–8 396
68:5 626
74:13, 14 86
74:14 559

75:1 416
78:2 246
86:15 639
87:4 559
89:8–9 396
89:11 559
90:3 777
91:4 253, 777
95:7 92
103:2, 3 819
103:8 639
104:26 86
104:29 777
107:5, 29–30 777
107:23–32 396
110:4 369
114:12 214
118:7 89
118:22 222
119:105 260, 777
123:2 612
136:26 87
138:1 415

잠언

1:7 87
8:25 390
11:30 772
21:9 256
22:20 249

전도서

2:16 187
9:11 187, 791 187
12:13 116

이사야

2:4 526
2:12 635
5:1–2 244
11:1–7 573
13:6, 9 635
13:19–22a 781
29:14 222
31:4, 5 79
42:14 612
43:14 559
45:18 83
46:3–4 620
47:4 559
49:1 637
50:4 637
49:15–16 620
51:9 86
51:9–10 559
52:13–53:12 637
61:2, 3 80
66:13 612, 620

예레미야

2:12 127
4:27 127
4:29 777
25:9–12 83
25:11, 12 83
28:6–9 457
31:3 416
46:10 635

에스겔

1:5, 16–18 783
11:19 127
13:5 635
43:2 783

다니엘

2:4, 7, 16, 28 224
5:5–16 224
7:13, 14 398, 679
9:2 83
9:24 83
12:11 679

호세아

6:7 425
8:1 425
13:8 621

요엘

1:15 635
2:1, 2 635
3:14, 21 635
2:28–36 221

아모스

5:12 626
5:18, 20 635

요나

1:2, 9 74
1:3 639
1:9 639
2:2–9 74
4:1–11 74
4:2 639
4:10, 11 639

나훔

1:2, 3 54, 84
1:3 85

하박국

1:5 222
1:12a 224

스바냐

1:7, 14 635

스가랴

3:2 416
4:10 253

마태복음

1:1–4:16 764
4:1 659
4:1–11 659
4:2 659
4:3 659
4:6 659

4:8 251
5:3–6 76
5:17–18 223
5:21–26 223
5:21–37 395
5:39–41 187
6:11 251
7:12 127, 746
8:22 395
8:23–27 396
8:27 396
9:2 395, 414, 416
9:20–22 581
10:17–22 696
10:23 635
10:39 76
11:25 269
12:22–30 395
12:28 118
13:1–9, 18–23 188
13:5–37 679
13:13 246
13:44 189
13:45–46 246
13:46 228
15:21–28 582
18:6 749
18:10–14 551
18:12–14 227
20:1–15 76
20:1–16 251, 661, 757, 762, 768
22:11–14 660
23:37 620
25:1–13 660
25:14–30 660, 754, 755
25:31–46 551
26:28 797
27:35 117
28:16–20 645
28:18–20 396, 399
28:19 397
28:20 397

마가복음

1:1 398
1:1–15 705, 786
1:11 705
1:15 395
1:25 395
2:21, 22 395
2:5 395
2:7 765
3:16 223
3:23–27 395
4:1–9 196
4:3–20 188
4:35–41 396, 658
5:1–20 658
5:2–5, 7, 11 658
5:13 658
5:15, 19 658
5:17 658
6:30–44 692, 786
6:36, 37 577
6:41 692
8:1–10 692, 786
8:6 692
8:35 76
9:1 635
10:17–22 691, 786
10:22 691
10:31 76
10:38 820
10:44 76
10:46–52 644
12:1–9 244
13:14 637, 679, 705, 786
13:26 679
14:3–8 682, 683
14:8 683
14:22 692, 786
14:24 797
15:16–39 644
15:24 117
16:1–8 601
16:8 602, 604

누가복음

1:14 119
1:26–2:51 552
1:46–55 552
3:1, 2 119
4:16–21 625
4:18–19 566
5:20 395
6:20–22 76
6:29 187
8:22–25 396
10:29–37 76
10:30–37 188, 252, 662, 762
10:5 416
11:14, 15, 17–23 395
11:20 118
11:31, 32 395
14:16–24 188
14:27 395
15:11 690
15:11–30 755
15:11–32 188, 247, 402, 661, 690, 754, 785
16:1–8 637
16:1–9 661
16:19–31 188
17:2 358
17:24 636
17:33 76
18:9–14 76, 188, 762
20:17 222
23:33 117
24:1–11 601
24:11 601, 604
24:27 221
24:27, 45 222
24:34 824

요한복음

1:1 183
1:1–5, 9–14 820
1:1–18 427
1:4 777
1:5 777

1:7, 8, 15, 32, 34 425
1:9 777
1:14 183, 427, 792
2:11 121
2:19–21 694
3:6 777
3:19 777
3:26 425
3:32, 33 426
4:7–26 245
4:23 246
4:39 426
5:32, 37 426
5:33 425
6:1–14 121
6:35, 41, 52–66 191
6:35 121, 777
6:63 777
6:68 427
7:43 427
7:53–8:11 371
8:12 121, 260, 777
8:12, 58 820
8:18 426
8:32 777
9:1–11 121
9:5 777
9:39 427
10:3, 4 602
10:7 777
10:10 777
10:11 777
11:1–44 426
11:23 777
11:25 121, 426, 820
11:38–44 121
12:25 76
13:5–11 121
14:6 427, 777
14:6–9 129
14:26 427
14:27 416
15:1 777
15:27 426
16:8 427
16:13 427
19:18 117
20:1–18 602
20:21 121
20:23 416
20:28 426
20:28, 31 820
20:30 121
20:31 425, 427, 779
21:24 426, 694

사도행전

2:1–14 221
2:14–36 377
2:16 224
2:20 637
7:48 368
9:1–30 364
13:2–28:31 364
13:41 222
14:15–18 377
17:22–31 377
17:31 751

로마서

1:1 391
1:3, 4 750
1:4, 10:9 393
1:4 362
1:16–17 574
1:17 77, 790
1:18–3:20 805
1:21 361
1:28, 2:5 360
3:21, 28 805
4:19–22 753
4:25 362
5:12–21 243, 420
5:2 367
5:5 361, 813
6:11 420, 422
6:3–11 820
6:4 255, 340
6:4, 5, 13 419
6:8 340, 420
7:10, 15 529
7:12 527, 528
7:6, 7 661
7:7 527, 528
7:7–25 342, 418
7:8–10 528
8:1–4 663
8:2 528, 661
8:7 387
8:11, 14–16 362
8:14–17, 26–27 362
8:15, 16 827
8:24 560
8:27 361
8:29 420
9:1–11:36 418
9:2 360
9:3 358
10:1 360
10:6 361
10:9 393
11:22 342
11:33 261
14:1 334
14:7 750
14:7–8 391
14:15 333
15:1 333
15:7 334, 826
16:1–2 358
16:3–4 358
16:18 361

고린도전서

1:12 284, 353, 355, 748
1:12 748
1:13 820
1:18 222
1:18, 23, 24 75
1:18–23 612
1:19 222
1:23 408, 414, 822
1:23–25 822

2:1–5 822
2:2 612
2:4 249
2:6–7 226
2:10, 13 771
2:15 226
4:4 393
4:5 361
4:9–13 358
4:11–12 123
4:15 93
4:16 416
4:17 334
4:19–20 122
6:9–10 342
7:1 256
7:1–11:1 339
7:17 334
7:22–23 391
7:32 391
7:37 360
8:1 88, 226, 749
8:1–11 358
8:1–11:1 88, 747
8:1–11:1 743
8:1–13 88
8:4 256, 749
8:6 362, 363, 749
8:7 88
8:9 748
8:10 355
8:11–13 749
9:1–19 123
9:9–10 244
9:12–23 121
9:20–23 377
10:1–13 243
10:14 244, 251
10:16, 17 820
10:19–11:1 88
11:10 606
11:16 334
11:17, 18 748
11:17–22 743, 747
11:20–22 355
11:23–25 362
11:25 797
12:1 226
12:3 362, 391, 408, 750
12:4–11 114
12:12 227
13:10 227
14:2–25 827
14:30 355
15:3–5 362
15:3–6 602, 603
15:3–8 604
15:4 414
15:20 340, 420
15:22–27, 45 420
15:35 220
15:35–44 603
15:37, 38 603
15:44 784, 785
15:46 238

고린도후서

1:9, 12, 24 121
3:1–4:6 681
3:6 249, 276, 661
3:14 229, 246
3:14, 15 360
3:17 362
3:18 828
4:2–12 121
4:7–14 123
4:7–15 335
4:10 420
4:10–12 340
5:9 391
5:14–15 335, 421
5:17 357, 528, 529, 559, 820
5:18–20 777
6:3–10 121, 335
6:3–13 123
8–13장 822
10:11 123
10:18 393
11:7–15 123
11:21–33 364
11:23–27 358
11:29 358
11:30 358
12:9–10 358
12:9, 15 121
12:13–16 123
13:4 121

갈라디아서

1:10 391
1:11–2:21 364
2:20 255, 340, 420
3:6 333
3:11 388
3:17 797
3:28 363, 419, 529, 711, 820
4:4 221
4:9 358
4:21–24 251
4:22–24 276
4:24–26 242, 243
5:1 528, 559
6:11 359
6:12 361
6:17 340

에베소서

2:15 820
4:4, 5 820
4:7–13 114
4:8–10 367
4:17 416

빌립보서

1:1 391
2:5–11 367
2:11 393
2:17 358
2:25–30 358
3:3–7, 9 387
3:4–7 342
3:4–16 364
3:6 357

3:10–11 340
4:2–3 358

골로새서

1:15 362
1:15, 19 129
2:14 777

데살로니가전서

1:5 122
2:4 361
2:7 121
2:8–9 123
4:16 613
4:17 393

데살로니가후서

3:8–9 123

히브리서

1:1 199, 368
1:2 228
1:2–3 129
1:3 368, 820
1:9 228
2:1–4 365
2:7, 8 80
2:11, 14 228
3:2 228
3:7, 15 92
3:7–19 365
4:3 366
4:7 92
4:8 366
4:8–9 244
4:9 366
4:14–16 365
4:16 367
5:1–10 228
5:8 228
5:9 820
5:11–6:12 365
6:19 465
6:19, 20 820
7:1–3 244
7:11–28 820
7:22 797
7:25 367
7:27 369
8:5 368
8:5, 6 820
8:8 797
9:11–14, 26 820
9:12 369
9:12–14 777
9:15 797
9:24 368, 369
9:26, 28 369
10:10 369
10:12, 13 367
10:12, 14 820
10:22 367
10:26–39 365
11:1 368, 465, 820
11:4–40 370
11:8 365
11:8–9 370
11:10 465
11:17–19 753
12:1–2 370
12:1–17, 25–29 365
12:2 365
13:13 365
13:14 365, 465

야고보서

2:14–26 114

베드로전서

2:7 222
2:24 772

베드로후서

1:19 260
1:20–21 274

요한일서

1:2 426
3:2 828
4:14 416, 426
5:6, 9 426

요한삼서

3 426

요한계시록

1:9 570
1:15 783
2:14, 20 804
3:1–3 197
4:5 772
4:8 390
6:1 772
6:3, 5, 7 197
6:9–10 571
7:1 772
7:4 132
9:10 132
11:1–2 132
12:3–17 86
13:1, 18 772
14:1 783
15:1 772
16:13 86
17:1 197
17:16 804
21:9 197
22:1 774
22:2 772, 774
22:4 774
22:17 197, 802

해석의 새로운 지평

초판1쇄 발행 2015년 5월 11일
초판3쇄 발행 2019년 2월 28일

지은이 앤서니 C. 티슬턴
옮긴이 최승락
펴낸이 이의현
펴낸곳 SFC출판부
등 록 제 114-90-97178
(06593) 서울특별시 서초구 고무래로 10-5 2층 SFC출판부
Tel. (02)596-8493 Fax. 0505-300-5437
홈페이지 www.sfcbooks.com **이메일** sfcbooks@sfcbooks.com

기획 · 편집 김성민
디자인편집 최건호
영업마케팅 이정은

ISBN 978-89-93325-84-3 (03230)
값 55,000원